M.T. Ciceronis

Opervm

M.T. Ciceronis

Opervm

ISBN/EAN: 9783741183645

Manufactured in Europe, USA, Canada, Australia, Japa

Cover: Foto ©Andreas Hilbeck / pixelio.de

Manufactured and distributed by brebook publishing software
(www.brebook.com)

M.T. Ciceronis

Opervm

M. T. CICERONIS
OPERVM
TOMVS XV.

EPISTOLARVM FAMILIARIVM
LIBER V. VI. VII. ET VIII.

M. T. CICERONIS EPISTOLARUM LIBRI XVI.

AD FAMILIARES

(UT VULGO VOCANTUR)

EX RECENSIONE IO. GEORGII GRÆVII

CUM NOTIS VARIORUM

Editio novissima post Grævianam locupletior.

TOMUS II.

M. T. CICERONIS EPISTOLARUM AD Q. METELLUM ET CETEROS

LIBER QUINTUS

EPISTOLA I.

ARGUMENTUM.

Queritur Metellus Celer, qui prætor anno superiore fuerat, Cicerone consule, & in Galliam ex pratura proconsul iverat, Metellum Nepotem, fratrem suum, a Cicerone in senatu oppugnatum. Moralis est epistola. D. Iunio Silano, M. Licinio Murena Coss.

Q. METELLUS, Q. F. CELER PROCOS. M. T. CICERONI S. D.

SI vales, bene est. Existimaram pro mutuo inter nos animo, & pro reconciliata gratia, nec absentem ludibrio læsum iri, nec Metellum fratrem ob dictum, capite ac fortunis per te oppugnatum iri: quem si parum pudor ipsius defende-

EPISTOLA I.

PRocos.) *Proprat.* quibusdam magis placet, quod hic Metellus eo tempore nondum fuisset Cos. Sed tamen legimus eos etiam, qui provincias consulares regerent, *Procos.* appellatos, quamvis nondum Cos. fuissent. Hic vero Metellus tunc Galliam provinciam consularem regebat, quam Cicero in concione depuluerat. Sunt tamen, qui Præt. in Hispania ulteriore fuisse volunt. CORRADUS.

Pro mutuo animo) *Propter* animum, amicitia ita volente. Vide ad III. ep. 10. CORT.

Nec absentem ludibrio læsum iri) Galliam

ſendebat, debebat vel familiæ noſtræ dignitas, vel meum ſtudium erga vos, remque publicam ſatis ſublevare. Nunc video illum circumventum, me deſertum, a quibus minime conveniebat. Itaque in luctu & ſqualore ſum, qui provinciæ, qui exercitui præſum, qui bellum gero: quæ quoniam nec ratione, nec majorum noſtrum clementia adminiſtraſtis, non erit mirandum, ſi vos pœnitebit. Te tam mobili in me meoſque eſſe animo, non ſperabam. Me interea nec domeſticus dolor, nec cujuſquam injuria a repub. abducet. Vale.

EPISTOLA II.

ARGVMENTVM.

Reſpondet ad Metelli querelam de Nepote fratre ejus oppugnato, ac primum ſua in eum officia commemorat, ut ſe ami-

ſtam adminiſtrantem. Idem. *Nec abſ. lud.*) Ita priſca editio, ac Victorii: neque aliter quinque Pall. Gruterianus, vulgo, *erga me a fratrem lud.* GEBHARD. Subſcribunt Pall. libri tres, quibus Gravius eſt uſus. GRÆV.

Ne. Metellum fratrem) Q. Metellum Nepotem Trib. pleb. CORRAD.

Ob dictum) Non licuiſſe cives Romanos indicta cauſa condemnari: vel, quod non ita placet, ex Aſia Pompeium cum exercitu revocandum, qui diſſenſiones urbanas componeret. Id.

Capite & fortunis per te opp. iri) Hoc eſt, ita oppugnatum iri, ut illius omnia bona in diſcrimen veniant. Phraſis eo nobilior, quod nuſquam alibi exſtat, ſed cui tantum ſimilia reperiuntur, *damnari capite*, & *periclitari capite*. Nec diverſo modo Terent. in Eunuch. *Veſtrum amorem miſere diſcidit*; *eam illum capillo conſcidit*. Etenim conſcindere capillo aliquem non eſt aliter dictum, quam oppugnare capite; ſignificat enim oblatam partem, & dicitur per intellectam præpoſitionem *in*. I. FR. GRON. Ita *capite deſerere* videtur dictum pro *in periculo capitis*, ſeu vitæ. Eo utitur Cato apud Feſtum in *ſtato ſacrificio*. CVPERVS.

Meum ſtudium erga vos) Tempore conjurationis Catilinæ, cum Prætor eſſem. CORRAD.

A quibus minime conveniebat) *Me*, puta, *circumveniri*. Alii ita totum conſtituerunt: *me deſertum ab illis, a quibus minime conveniebat me circumveniri*: *a quibus ſuſtinere* dicerent caſum abſentis, &c. *Demonſtrativum* Pronomen addendum, uti ſupra III. ep. 2. & apud Liv. XXXI. c. 3. Relativum autem caſu etiam convenire cum Demonſtrativo, docet mox ad Ep. 14. Sed qui priori ratione deficientem orationem ſuppleat, non mihi peccant. De addendo verbo *me circumveniri*; vel *me circumvenire*, vide III. ep. 7. CORT.

Nec majorum noſtrum clementia adminiſt.) Sic tres Guilielm. libri: ſic Pall. pr. tert. Grut. Vatican. quorum conſenſum non ſequi irreligioſum eſſet. Vulgo *noſtrorum*. GEBHARD.

Te tam) In omnibus fere libris legitur *etiam*: ut magis Ciceronem mordeat, quaſi dicat, ſicut ea in aliis. CORRADVS.

Non ſperabam) Non *putabam*. *Sperare* enim medium eſt, & modo in bonam, modo in malam partem uſurpatur; ſive, quod Servius ait, *Sperare eſt futurum opinari* ad IV. Æn. v. 419. Iulius Firmicus VIII. Math. c. 17. ſin. L. 25. Cod. Theod. de pet. Nos ad Sall. Cat. c. 20. CORT.

Eoſ-

amicitiæ satisfecisse ostendat; deinde his officiis non mutuo Metellum respondisse significat: nec vero a se fratrem ejus Nepotem oppugnatum, sed oppugnanti se restitisse. Postremo excusat, atque etiam laudat ejus dolorem, suamque in tuenda amicitia constantiam pollicetur.

M. T. M. F. C. Q. METELLO Q. F. CELERI PROCOS. S. D.

SI tu, exercitusque valetis, bene est. Scribis ad me te existimasse, pro mutuo inter nos animo, & pro reconciliata gratia, numquam te a me ludibrio læsum iri. Quod cujusmodi sit, satis intelligere non possum: sed tamen suspicor, ad te esse allatum, me, in senatu cum disputarem permultos esse, qui rempub. a me conservatam dolerent, dixisse: a te propinquos tuos, quibus negare non potuisses, impetrasse, ut ea, quæ statuisses tibi in senatu de mea laude esse dicenda, reticeres. Quod cum dicerem, illud adjunxi, mihi tecum ita dispertitum officium fuisse in reip. salute retinenda, ut ego urbem a domesticis insidiis, & ab intestino scelere, tu Italiam & ab armatis hostibus, & ab occulta conjuratione defenderes: atque hanc nostram tanti & tam præclari muneris societatem, a tuis propinquis labefactatam: qui, cum tu a me rebus amplissimis atque honorificentissimis ornatus esses, timuissent, ne qua mihi pars abs te voluntatis mutuæ tribueretur. Hoc in sermone cum a me exponeretur, quæ mea exspectatio fuisset orationis tuæ, quantoque in errore versatus essem, visa est oratio

EPISTOLA II.

A *Te propinquos tuos*) Metellum Nepotem fratrem. CORRAD.

Ab occulta conjuratione defenderes) Prætor a me Cos. in agrum Gallicanum Picenumque ad habendum delectum præmissus. IDEM.

Italiam) Cicero consul Q. Metellum miserat in agrum Picenum & Gallicanum, ut Catilinæ conatus impediret. CELL.

Muneris societatem) Cum uterque bonum publicum conjurationis incendio restinguendo quæreret: vide ad Sall. Cat. c. 40. CORT.

In errore versatus essem) Frustra exspectans a te laudari. *In mærore versatus essem*, hic, & paullo post, *in mærorem meum*, in omnibus fere libris paullo vetustioribus legen. CORR. *Quantoque mærore versatus essem*) Ita habent omnes Pall. Gruter. Stewech. Victorius tamen, *quantoque in errore versatus*, & paullo post, *sed magis in errorem meum*. GRÆV. *Quantoque in errore versatus essem*) Rectissime sic emendavit P. Victorius, idque confirmat meus optimus & fidissimus codex, qui clare hoc præ se fert, nec non alius codex, quem laudant marginem editionis Lam-

 bini-

tio non injucunda ; & mediocris quidam est risus consecutus, non in te, sed magis in errorem meum, & quod me abs te cupisse laudari aperte atque ingenue confitebar. Iam hoc non potest in te non honorifice esse dictum, me in clarissimis meis, atque amplissimis rebus tamen aliquod testimonium tuæ vocis habere voluisse. Quod autem ita scribis, *pro mutuo inter nos animo*, quid tu existimes esse in amicitia mutuum, nescio: equidem hoc arbitror, cum par voluntas accipitur, & redditur. Ego si hoc dicam, me tua causa prætermisisse provinciam, tibi ipse levior videar esse: meæ enim rationes ita tulerunt, atque ejus mei consilii majorem in dies singulos fructum voluptatemque capio. Illud dico, me, ut primum in concione provinciam deposuerim, statim, quemadmodum eam tibi traderem, cogitare cœpisse. Nihil dico de sortitione vestra : tantum te suspicari volo, nihil in ea re per collegam meum me insciente esse factum. Recordare cetera : quam cito senatum illo die, facta sortitione, coegerim : quam multa de te verba fecerim, cum

binianæ. Non idem meus codex, *sed magis in errorem*. Scriptum quidem erat *honorem*, sed eadem manus hanc voculam induxerat & superscripserat, *errorem*. Verum licet aliter in his codicibus legeretur, ipsa tamen loci sententia postulat sic legendum esse. Hic enim erat error Ciceronis, quod frustra speraris laudari a Metello. Ipsum loquendi genus occurrit cum alibi, tum in Orat. Cic. pro Murena. *Quoniam mihi videris istam scientiam iuris, tamquam filiolam osculari tuam, non patiar te in tanto errore versari*. Vulgata lectio *maerore*, quam propter Palatinorum omnium, aliorumque quibus usus est, librorum contensum probat Gebhardus, nata est ex vera illa; *in* enim in *m* coaluerat & sequenti postea vocabulo adhæserat, unde pro *in errore* factum est *merrore* & *merore*, sicut ita habetur in Stewech. cod. quæ cum esset vox nihili, postea mutata est a correctoribus in *mærore*. GRÆV.

Non jucunda, & mediocris) Al. *non jucunda, sed mediocris*. CORR.

Cum par voluntas accipitur; Cum amamus, & redamamus. Varro : *Si datur, quod reddatur mutuum*. Vid. III. de Pec. Vet. I 357. I. FR. GRON.

Prætermisisse provinciam) Galliam. CORR. Cum ex Consulatu in Galliam ire posset maluit in urbe remanere. Quod ipsum ep. 4. Lib. XV. scripsit ad Catonem : & ad Att. ep. 1. lib. II. CASS.

Meæ enim rationes ita tulerunt) Ut urbem defenderem. CORR.

Nihil dico de sortitione vestra) Legitur & *nostra*, hoc est, mea & C. Antonii : in qua primo mihi Macedonia, & illi evenit Gallia. Id. *Vestra*) Quidam libri veteres habent *nostra*, & paullo post *nolo*, ubi alii *volo* : ego nihil mutandum censeo. LAMB.

Tantum te suspicari volo, nihil in ea re per collegam meum) Forte : *Tantum te suspicari nolo, aliquid in ea re per collegam meum*. LAMBIN. *Per collegam meum*) In consulatu C. Antonium. GRÆVIUS.

Me insciente) Imo permittente, ut hac indulgentia illum a suspicione conjurationis revocarem. CORR.

In sola

cum tu ipse mihi dixisti, orationem meam non solum in te honorificam, sed etiam in collegas tuos contumeliosam fuisse. Iam illud S. C. quod eo die factum est, ea præscriptione est, ut, dum id exstabit, officium meum in te obscurum esse non possit. Postea vero quam profectus es, velim recordere, quæ ego de te in senatu egerim, quæ in concionibus dixerim, quas ad te litteras miserim. Quæ cum omnia collegeris, tu ipse velim judices, satis ne videatur his omnibus rebus tuus adventus, cum proxime Romam venisti, mutue respondisse. Quod scribis de reconciliata nostra gratia, non intelligo, cur reconciliatam esse dicas, quæ numquam imminuta est. Quod scribis, non oportuisse

In collegas tuos) Q. Pompeium Rufum, C. Pomptinium, L. Valerium Flaccum & C. Cosconium. Io.

Ea præscriptione est) Al. *ea præscriptione est*. Io. Habuit tot illustrium Senatorum nomina præscripta: vid. P. Manut. Graev. *Ea præscriptione est*) Præscriptio enim S. C. fuit: QVOD M. TVLLIVS CICERO COS. S. P. DE PROVINCIA GALLIA, QVÆ Q. CÆCILIO METELLO EVENIT, ORNANDA, D. E. R. I. C. ut intelligere est ex lib. VIII. ep. 7. Ex qua formula manifestum est studium, & officium Ciceronis erga Metellum, in cujus gratiam ille hæc verba fecisse, atque ad Senatum retulisse dicitur. Mirifice fallitur hoc loco Manutius. De præscriptionis necessitate nugæ: ap. Festum *præscribi* legendum est. Ex auctoritatibus autem præscriptis non potest esse officium Ciceronis clarum, quia non solebat in iis poni ipse Consul. Io. Fr. Gron. Nam non tantum nomina Senatorum, qui scribendo adfuerunt; sed etiam Consulis, quo referente, factum SC. nomen præscribebatur: accedebat honoraria quædam præscriptio, de qua Manut. aliique Cicero nomen quasi professus erat inter eos, qui Metelli causa volebant. Formam SC. dedit ad morem prisci Senatus Lipsius in Sat. Menip. Plura Brissonius II. de Form. Cortius.

Tu ipse velim judices) Forte: *tum ipse velim judices*. Lamb.

Mutue respondisse) Hanc lectionem jure prætuli ex Pall. sec. quart. quint. Vatic. editione Victorii; quibus accedit primus Græv. liber.) Vulgo interpolatione *mutuo*: sic quoque ex Stewech. Vatic. & Pall. emendandum nostr. epist. 7. *Si quando non mutue respondetur*, ubi etiam *mutuo* vulgatur. Gulielm. Sic VII. ep. 7. *Quibus si quando non mutue respondetur*. Græv.

Quæ numquam imminuta est) Nos *imminuta est*, vetustus enim codex *imminuta 'st*: & hic enim & multis locis prima littera hujus monosyllabi *est* vocali præcedente eliditur, ut in hac ipsa epistola infra: *Si humanitas appellanda 'st in acerbissima injuria*. Vbi etiam a pro h scriptum est, quod ex multis antiquorum monumentis colligitur sæpe priscos usurpasse, & paullo post: *Nulla 'st a me umquam sententia*. VICTOR. *Quæ numquam imminuta est*) Sic nunc edidimus, codicis Florentini auctoritatem secuti: neque tamen lectionem receptam *imminuta est* (quam etiam in quibusdam libris Mss reperimus) damnamus. LAMB. *Quæ n. immin. e.*) Mediceus (ut adnotat Egnatius) *imminuta 'st* & hic & multis passim locis simili exemplo collisis vocalibus, prout in metro, quod admisit Lambinus, utinam non novitatis studio! sed ut ederetur curavimus, est in omn. Pall. (nisi quod quartus primorem syllabam truncet, *minuta est*) Grut. Stew. Vatic. editionibus melio-

fuisse Metellum fratrem tuum ob dictum a me oppugnari: primum hoc velim existimes, animum mihi istum tuum vehementer probari, & fraternam plenam humanitatis ac pietatis voluntatem: deinde, si qua ego in re fratri tuo reip. causa restiterim, ut mihi ignoscas: tam enim sum amicus reip. quam qui maxime. Si vero meam salutem contra illius impetum in me crudelissimum defenderim, satis habeas, nihil me etiam tecum de tui fratris injuria conqueri: quem ego cum comperissem omnem sui tribunatus conatum in meam perniciem parare, atque meditari, egi cum Claudia, uxo-

lioribus, ab omnium principe Veneta; sicque ipse Cicero ep. seq. 5. ad C. Antonium: *Aliquid de nostra conjunctione imminutum esse ostenderem*: vulgo male, *quae numquam imminuta est*. Gra. *Imminuta* etiam reperitur in Gravii primo deficiente *est*. In.

Si qua ego in re fratri tuo reip. causa restiterim) Nam dum me apud populum de conjuratorum morte accusabat, totum Senatum, qui censuit, accusabat. Corr. *Reip. causa restiterim, ut mihi ignoscas*) Iterum intruserunt correctores seu paedagogi illi fuerunt, *restiterim, peto, ut mihi ign.* quod abest ab editione primaria, Victorii, Pall. omn. Gruter. Pech. Vaticano. Germano.

Si vero meam salutem) Quoniam me reum faciebat. Corr.

Satis habeas) Contentus sis. Cor. Nepos Epamin. c. 8. quomodo & Sall. Jug. c. 31. Cort.

Egi cum Claudia uxore tua) Haec est *Claudia* illa P. Clodii soror, quam in oratione pro Caelio Cicero vexat multis contumeliis. Impudica enim fuit, & existimata est cum P. fratre stupri consuetudinem habuisse. Appellabant ipsam vulgo *Quadrantariam*, quod cum amatorem suum grandem pecuniam illa poposcisset, callidi ingenii adolescens, qui sine damno rei familiaris vellet libidinem suam explere, *quadrantes*, abjectissimam pecuniam, ex aere ut argenteos nummos in loculos ei immisit: qua re cognita, & fabula pervulgata, illa postea ita appellata semper est. Tangit hanc rem obscure Cicero pro Caelio, cum inquit: *Nisi forte mulier potens quadrantaria illa permutatione familiaris facta erat balneatori*; & toto illo loco: *Audita & pervulgata & percelebrata sermonibus res est*; nam quod in fine inquit: *Nisi omnia quae cum turpitudine aliqua dicerentur, in istam quadrare apte viderentur*, alludit illo verbo ad hoc nomen *Quadrantariam*. Plutarchus totam historiam narrat in Cicerone. Et ut obscurissimum Quinctiliani locum interpretari conemur, arbitramur nos *Quadrantariam Clytaemnestram* Clodiam hanc esse, quam *Quadrantariam* appellaverit Caelius ex fabula supra exposita. *Clytaemnestram* autem, quia illa conjugi suo Q. Metello mortem attulisse credita est, quemadmodum Clytaemnestra Agamemnoni, quamvis haec ferro, illa veneno grassata in maritum sit. Agit de hac suspicione Cicero in Oratione pro M. Cael. cum inquit: *Proh Dii immortales! cur interdum in hominum sceleribus maximis aut conniventis*, &c. Nam in fine hujus loci apertius adhuc: *Ex hac igitur domo progressa ista mulier de veneni celeritate dicere audebit? nonne ipsam domum metuet, ne quam vocem ejiciat? non parietes conscios? non noctem illam funestam ac luctuosam perhorrescet?* Verba Quinctiliani sunt haec in VIII. libro, cap. de Tropis, cum de aenigmatibus loqueretur: *Et oratores nonnumquam, ut Caelius, Quadrantariam Clytaemnestram*; ita enim legi debet, non ut in vulgatis *Caecilius*. Caecilius enim poeta Comicus fuit, non orator. Sed aliis etiam in locis apud Ciceronem, ut quon-

uxore tua, & cum vestra sorore Mucia, cujus erga me studium pro Cn. Pompeii necessitudine multis in rebus perspexeram, ut eum ab illa injuria deterrerent. Atque ille, quod te audisse certo scio, pridie Kal. Ianuar. qua injuria nemo umquam in aliquo magistratu improbissimus civis affectus est, ea me consulem affecit, cum remp. conservassem, atque

ut quondam ostendimus, hæc nomina inter se commutata fuerunt. Ex verbis quoque Ciceronis paullo ante citatis magnum mendum sustulimus. Victor. *Claudia uxore tua*) Quadrantæ, P. Clodii sorore. Corr.

Vestra sorore Mucia) Pompeii uxore. Iofm.

Ab injuria deterrerent) Sic plerique Pall. Grut. Steiwech. Vatic. nisi quod in Pal. sec. & editione principe *deterrerem*, qualiter & in quint. fuisse apparet, aut *deterrerent*, ad marginem *provocarent*: vulgo *detraherent*. Gron. *Ab inj. deterr*) Ita MSi, hoc est precibus & rationibus expugnarent, ut desisteret ab injuria mihi inferenda. Vid. Manut. Graev.

Atque ille quod te audisse credo, prid. Kal. Ian. qua injuria nemo umq. in animo magistratu) Nonnulli in *aliquo magistratu* legunt. Nos cum meliores codices hoc loco corruptos invenerimus, vulgatam lectionem immutare, etsi nobis parum probatam, noluimus. Quid enim prodest, si non sinceriorem & clariorem reponas, receptam quamvis parum firmam repudiare? Vetus ille codex, quem omnium longe optimum cognovimus, *in animo* habet; quam scripturam volui hic notare, etsi procul dubio depravatam, ut possint ex his vestigiis studiosi veram lectionem indagare, & suo loco inventam reponere. Vnusquisque igitur nunc in veritate pervestiganda se exerceat. In eodem etiam codice & altero pari fere bonitate, paullo ante hunc locum, dictio illa *credo* variata est, & forrasse corrupta: illic enim *quod te audisse certo* legitur. Quare nisi desit *scio*, aut alia vox, quæ sensum ejus loci perficiat, procul dubio peccatum fuisse librarii dicendum est: etsi ille quemadmodumque negligens fuit, aut aliquam dictionem omittendo, aut *certo* pro *credo* scribendo. Victor. *In anno magistratu*) Vt quondam docui. Medicæus codex *in animo magistratu* habet: aliorum judicium non reprehendo: sed quia unicuique licet quid ipse sentiat proferre, suspicor legendum esse, *in mi magistratu*, deleta posteriore parte mediæ vocis, priore autem cum primo monosyllabo copulata: ita enim & antitheton erit, & parva immutatio fiet. Natum hic esse mendum arbitror ex principio consequentis dictionis. Iosm. *In aliquo magistr.*) Leges *in anno*, *in animo*, *in minimo*. Corr. *Quod te audisse credo*) Sic legendum *quod te audisse credo*, ut habent omnes nostri libri veteres: & ita olim excudi jusseram. Nam altera illa vulgata *quod te audisse certo scio*, supposititia est. Lamb. *In minimo magistr.*) Paull. Manutius, seu Vbaldinus Bandinellus, legendum putat *in minimo magistratu*: & recte, quamvis nonnulli ex nostris habeant *in aliquo magistratu*: quomodo olim edendum curavi. Iofm. *Atque ille quod te audisse credo*) *At ille*, ex ingenio Ant. Augustinus: pro *credo* autem legebat Pantagathus *certe*; & paullo post pro *in aliquo magistratu*, vetus liber habet *anno magistratu*: sed sententiæ aptius esset *minimo*, ut sit antitheton vocis, quæ sequitur, *consulem*. Vrsin. Omnes MSi, tam Pall. quam Guilielmio consulti *umq. in aliquo mag.* Gron. Quibus accedunt Mentel. Amstelod. meus sec. at prim. *in animo mag* quod etiam cum meum librum inspexisset, in mentem venit Gronovio. Non possum vero assentiri Lambino legere jubenti: *Quod te audisse credo*. Nam cum antiquissimi codices Medicæus, & ei persimilis alius le-

atque abeuntem magistratu concionis habendæ potestate privavit: cujus injuria mihi tamen honori summo fuit. Nam cum ille mihi nihil, nisi ut jurarem, permitteret, magna voce juravi verissimum pulcherrimumque jusjurandum: quod populus idem magna voce me vere jurasse juravit. Hac accepta tam insigni injuria, tamen illo ipso die misi ad Metellum communes amicos, qui agerent cum eo, ut de illa mente desisteret: quibus ille respondit, sibi non esse integrum: etenim paullo ante in concione dixerat, ei qui in alios animadvertisset indicta causa, dicendi ipsi potestatem fieri

legunt, *quod te audisse certo*: meus vero liber pervetustus, qui raro a Mediceo discedit, liquido præ se fert, ut legendum conjecerat P. Victorius, *quod te audisse certo scio*, nullus dubitavi hanc lectionem tamquam certissimam retinere. Sic statim idem meus liber eamdem scripturam habet, quam in Mediceo invenerunt viri docti, *nemo umquam in animo magistratu*, unde recte conjecisse Bandinellum existimo, *nemo umquam in minimo magistratu*. Sic *magistratus maximus* apud Sallust. Catil. est Consul: *Ea potestas*, inquit, *more Romano magistratui maximo permittit exercitum parare, bellum gerere, coercere omnibus modis socios, atque cives; domi militiaeque imperium atque judicium summum habere: aliter sine populi jussu, nulli earum rerum consuli jus est*. Sic iste locus legendus, & interpungendus, qui vulgo circumfertur corruptissimus, ut alias ostendemus. *Cum* etiam probavit Pantagathus, & pro *aliquo* mallet quoque F. Ursinus *minimo*. GRÆV. *In aliquo magistratu*) MSus Græv. *in alio magistratu*. L. *in minimo*; ut quidam voluerunt. De magistr. major. & minor. Gell. XIII. 15. Liv. XXXII. 26. I. F. GRON. *Nemo umquam in aliquo magistratu*) Cum viderem quo tenderent conjecturæ doctorum hominum ex lectione scripta, quæ vel hæc est vel *in animo mag.* cogitabam an non in eo ambiguitas duplicis scripturæ restaret, & sic librarii in dubio scripsissent *umquam in animo magistr.* ut haberint, utrum dixerit Tullius *nemo in magistratu*, scilicet quocumque, an *nemo imo magistratu*; quippe meminerant & imi subsellii magistratuum alibi occurrere; & Lib. XII. epist. 4. non dissimiliter scribit *infimo quemque honore*. Sed cum animadverterem sæpe contigisse in his aliquid litteræ primis, ut mutaretur cum aliis, unde lib. II. hærent inter *habui* & *hauriai*. Lib. III. *Cofecuto* & *accenso aere*. Lib IV. *perpetuis* & *patriciis*, *censuisse* & *consensisse*. Lib. hoc *immutata* & *imminuta*, *ingenuus* & *ingenuus*, *vetustas* & *venustas*; præterea Ciceronem non ita loqui, ut volunt, *nemo in magistratu*, sed solere omittere præpositionem, ut præter locum ex lib. XII. jam citatum etiam patet ex epist. 10. ad Brutum, *nemo triumphavit*, *nemo aliquo magistratu*, *nemo primatus*, ex duo judicans nunc etiam advertenda conclusi dedisse Tullium *nemo umquam minimo magistratu*, ut contra scribit lib. XII. ep. 10. *maximus magistratus gereremus*, & Suetonius in Domitiano *maximo* dixit *officio*. Lib. II. ep. 15. dicit *superiore honore usus*. JAC. GRON.

Nisi ut jurarem) De more, jusse me Consulatum gessisse. CORRAD.

Magna voce juravi verissimum pulcherrimumque jusjurandum) Rempublicam, atque hanc urbem mea unius opera esse salvam. IDEM.

Qui in alios animadvertisset) MSus, *animum advertisset*, qui supplicium sumsisset de nobilissimis civibus non auditis, non servato ordine judiciorum. Hoc semper objecerunt postea Ciceroni ini-

fieri non oportere. Hominem gravem, & civem egregium, qui qua pœna senatus, consensu bonorum omnium, eos affecerat, qui urbem incendere, & magistratus, ac senatum trucidare, bellum maximum conflare voluissent, eadem dignum judicaret eum, qui curiam cæde, urbem incendiis, Italiam bello liberasset. Itaque ego Metello, fratri tuo, præsenti restiti. Nam in senatu Kal. Ian. sic cum eo de rep. disputavi, ut sentiret; sibi cum viro forti & constanti esse pugnandum. A. d. tertium Non. Ianuar. cum agere cœpisset, tertio quoque verbo orationis suæ me appellabat, mihi minabatur: neque illi quidquam deliberatius fuit, quam me, quacumque ratione posset, non judicio neque disceptatione, sed vi atque impressione evertere. Hujus ego temeritati si virtute, atque animo non restitissem, quis esset, qui me in consulatu non casu potius existimaret, quam consilio fortem fuisse? Hæc si tu Metellum cogitare de me nescisti, debes existimare, te maximis de rebus a fratre esse celatum: sin autem aliquid impertivit tibi sui consilii, lenis a te & facilis existimari debeo, qui nihil tecum de his ipsis

el inimici, quasi non convicti fuissent illi, quasi tempus Reip. ordinem & mores judiciorum pateretur, quasi non omnis Senatus, non tantum Cicero, de illo supplicio decrevisset. I. F. Gron.

Dicendi ipsi potestatem fieri non oportere) Pal. tert. *ad dicendum ipsi*, quo vergunt prim. & Grut. *ad dicendi*. Pal. sec. *adicendi*, quart. quint. *adicienli* & *adjiciendi*. Nihil hic innovo. Gebhard. *Dicendi potestatem*) MSus *adiciendi*; Lege *ad dicendum*, ut est in Pal. *potestas ad dicendum*, ut Terent. Andr. I. 1. *Canes ad venandum*. Liv. *Argentum ad referendum*. I. Fr. Gronov.

Urbem incendere) Lege, quomodo fœda illa, & crudelia facinora inter conjuratos divisa fuerint apud Sall. Cat. c. 43. Cort.

Præsenti restiti) Nam postea victus a me, abiit in Asiam ad Pompeium. Corrad. *Itaque ego Metello fratri tuo præsenti restiti*) Orationem suam Metellinam nominat libro ad Atticum primo, sed & Plutarchus orationem Ciceronis in Metellum. Bern. Rutil.

Tertio quoque verbo) Paucis verbis interjectis. Utuntur ad id numero ternario. Hinc Ovid. IV. Pont. ep. 3. v. 25. *Venisset verbis charta notata tribus*. Cort.

Neque illi quidquam deliberatius fuit) Hoc est, nihil illi fuit prius, & antiquius, hoc plane decreverat, & constituerat. Cic. XV. ad Att. epist. 5. *Mihi vero deliberatum est, ut nunc quidem est, abesse ex ea urbe*. Graev.

Neque disceptatione, sed vi) Cic. I. de Off. *Duo genera sunt decertandi, unum per disceptationem, alterum per vim; quorum illud est hominis, hoc belluarum*. Idem.

Sed vi atque impressione evertere) Quidam legendum putant, *vi atque oppressione evertere*. Lambin.

Casu .... consilio) Hæc sibi opponuntur etiam apud Claud. Eid. VI. v. 80. Cæsar I. G. 12. adde Sall. Iug. c. 91. Cort.

ipsis rebus expostulem. Et, si intelligis, non me dicto Metelli, ut scribis, sed consilio ejus animoque in me inimicissimo esse commotum, cognosce nunc humanitatem meam, si humanitas appellanda est in acerbissima injuria remissio animi ac dissolutio. Nulla est a me umquam sententia dicta in fratrem tuum; quotiescumque aliquid est actum, sedens iis assensi, qui mihi lenissime sentire visi sunt. Addam & illud etiam, quod jam ego curare non debui, sed tamen fieri non moleste tuli, atque etiam ut ita fieret pro mea parte adjuvi, ut senatusconsulto meus inimicus, quia tuus frater erat, sublevaretur. Quare non ego oppugnavi fratrem tuum; sed fratri tuo repugnavi: nec in te, ut scribis, animo fui mobili; sed ita stabili, ut in mea erga te voluntate etiam desertus ab officiis tuis permanerem. Atque hoc ipso tempore tibi paene minitanti nobis per litteras hoc rescribo, atque respondeo: Ego dolori tuo non solum ignosco, sed summam etiam laudem tribuo: meus enim me sensus, quanta vis fraterni sit amoris, admonet. A te peto, ut tu quoque aequum te judicem dolori meo praebeas: si acerbe, si crudeliter, si sine causa sum a tuis oppugnatus, ut statuas, mihi non modo non cedendum, sed etiam

Remissio animi ac diss.) Bene haec conjunguntur nimiae facilitatis exprimendae causa. Sueton. Tib. cap. 52. Quinctil. 11, c. 2. Treb. Pollio Gallien. c. 5. Ianu.

Sedens iis assensi) Ut M. Catoni, qui Senatum retinuit, ne Metellum ignominia afficeret. CORRAD.

Nec in te, ut scribis, animo fui mobili, sed ita stabili) Omnes sciunt stabilem animum mobili oppositum esse, quod testimonio etiam hoc Ciceronis confirmatur: non tamen omnes *spondeos stabiles mobilibus trimetris* opposuisse Horatium in libello de Arte poetica noverunt. Corruptus enim locus ille est, & pro mobilibus, in cunctis impressis codicibus *nobilibus* legitur, cum quidam manuscripti *mobilibus* retineant: quam veram esse illius loci lectionem, qui attente eum legent, facile animadvertent: tradit enim non multo ante receptum esse inseri trimetris spondeum, cum apud antiquos poetas in eo genere carminis raro reperiretur. Appellat autem *mobilia trimetra*, quae ex iambis ac pedibus, qui syllabas breves habent constarent; labuntur enim illa & miram celeritatem in se continent. Si quis lente hanc castigationem probaret & vulgata lectione teneretur, auctoritate Aristotelis victus sententiam mutare debebit: qui in primo libro [illegible] iambica & tetrametra [illegible], id est, *mobilia* appellavit, cum autem heroicum metrum [illegible], id est, *maxime stabile* appellaret, quod multos in se spondeos recipit. VICTOR.

Desertus ab officiis tuis) Quae erant, ut tu fratris consilii conscius vel illum inhiberes, vel me ut caverem moneres. CORRAD.

In

etiam tuo, atque exercitus tui auxilio in ejusmodi causa utendum fuisse. Ego te mihi semper amicum esse volui: me, ut tibi amicissimum esse intelligeres, laboravi. Maneo in voluntate, &, quoad voles tu, permanebo: citiusque amore tui fratrem tuum odisse desinam, quam illius odio quidquam de nostra benevolentia detraham. Vale.

EPISTOLA III.

ARGVMENTVM.

Libri veteres hanc epistolam Nepotis nomine inscribunt: quod si credimus, ex Hispania missam, cui post consulatum Nepos præfuit, simul credere necesse est. Scribit hæc: a se fratrem suum, assidue Ciceroni obtrectantem, despici; Ciceronem autem, qui suam in eum benevolentiam officiis declararet, fratris loco diligi: de provinciæ rationibus ad Lollium se litteras dedisse. Amoris conservationem petit in extremo. Moralis epistola: quibus consulibus, incertum: cum Nepos Hispaniæ triennium præfuerit, ut ex Pediano in commentario orationis pro Scauro colligitur.

Q. METELLVS NEP. M. T. C. S. D.

HOminis importunissimi contumeliæ, quibus crebris concionibus me onerat, tuis erga me officiis leniuntur: &, ut sunt leves ab ejusmodi homine, a me despiciuntur: liben-

In ejusmodi caussa utendum fuisse) Et hic nihil muto, licet Pall. quatuor, Grut. Stewech. Pechian. Geut XII. libri Manutii habeant *tuendum*. Palat. quint. *utendum*. GEBHARD. Merito nihil mutatur. Nam & Grævii liber ille optimus *utendum* legit. GRÆV.

Me ut tibi amicissimum esse intelligeres) Non placet, quod est in Stewech. Grut. Pal. tert. *Me autem tibi amicissimum esse laboravi*. GEBHARD.

EPISTOLA III.

Q. *Metellus Nepos*) Qui post Consulatum in Hispaniam Procos. est profectus. CORRAD.

Hominis importunissimi) P. Clodii. IDEM.

Crebris concionibus) Romæ quidem habitis, sed ad me in Hispaniam perlatis. IDEM.

Me onerat) Quod te revocarim. IDEM.

Ut sunt leves ab ejusmodi homine) Sic ex Mediceo codice edidit Victorius, sicque est in Vaticano: (Affentit & hic Grævii liber primus Mediceo & Vatic.) alias *et sunt leves ejusmodi hominis*: porro paullo statim *vo bis* inficiuntur Pall. tert. quart. quint. Grut. Stewech. (ut & Græv. prim.

libenterque, commutata perſona, te mihi fratris loco eſſe duco. De illo ne meminiſſe quidem volo, tametſi bis eum invitum ſervavi. De meis rebus, ne vobis multitudine litterarum moleſtior eſſem, ad Lollium perſcripſi: de rationibus provinciæ quid vellem fieri, ut is vos doceret & commonefaceret. Si poteris, velim priſtinam tuam erga me voluntatem conſerves. Vale.

E P I S T O L A IV.

A R G U M E N T U M.

Exſul opem implorat conſulis Nepotis: ſeque non immemorem beneficii futurum confirmat. P. Lentulo Spinthere, Q. Metello Nepote Coſſ.

M. C. Q. METELLO NEPOTI COS. S. D.

LItteræ Q. Fratris, & T. Pomponii, neceſſarii mei, tantum ſpei dederant, ut in te non minus auxilii, quam in tuo collega mihi conſtitutum fuerit. Itaque ad te litte-

prim. Amſtelod. Mentel. Gravii tamen ſecundus *bis* habet) GEBHARD. *Ab ejuſmodi homine*] Profectæ, uti III. ep. 13. *quibus ego a tali viro contemtus eram*: ubi vide. CORT.

Te mihi fratris loco) P. Clodii, qui meus eſt frater: id non in Quæſtura probavimus. CORRAD.

Tametſi bis invitum eum ſervavi) Cum illum Ædilem faciendum curavi, ut judicium de vi vitaret: ad quod illum bis Milo vocavit. Nec me hic temporis ratio movet, quoniam epiſtolæ per tempora non ſunt digeſtæ: ne miretur quiſpiam hanc ſequenti eſſe præpoſitam. IDEM.

De meis rebus — ad Lollium perſcripſi] Exſtat in omnibus noſtris MSis item editione Victorii *de meis rebus*: alii *de me meiſque rebus*: paullo poſt, *ad Lollium preſcripſi* legunt Pall. pr. tert. Stewech. unde ſuſpicatur verum eſſe poſſe Guilielmius, *ad Lollium proteram ſcripſi*: ſic expreſſe ſecundus ſcripſi. GEBHARD. *Ad Loll. perſcripſi*) Sic Gravii liber, aliique. GRAV. Quod attinet ad meas res, ut II. ep. 17. ubi plura legas. CORT.

EPISTOLA IV.

Q. *Metello Nepoti Coſ.*) Sic enim legendum eſt ex omnibus fere libris veteribus. Nam conſuli Cicero exſul ſcribit. CORR.

Litteræ Q. fratris) Sic ad Atticum: *De Metello ſcripſit ad me frater, quantum ſperaret perfectum eſſe per te*. IO.

T. Pomponii) Attici: ad quem lib. III. ſic ſcribit: *Accepi a te epiſtolam, in qua de Lentuli ſtudio, de Metelli voluntate, de tota Pompeii ratione perſcribis*. IDEM.

In tuo collega) P. Lentulo. IDEM.

Conſtitutum fuerit. Hoc eſt plenum. Dicitur enim etiam omiſſo Participio; *Eſt mihi in vos auxilium*. Vide Donat. ad Terent. Hec. A. II. Sc. II. Confer IV. ep. 5. & de vi hujuſmodi additamentorum XI. ep. 22. CORT.

De re-

litteras statim misi: per quas, ut fortuna postulabat, & gratias tibi egi, & de reliquo tempore auxilium petii. Postea mihi non tam meorum litterae, quam sermones eorum, qui hac iter faciebant, animum tuum immutatum significabant: quae res fecit, ut tibi litteris obstrepere non auderem. Nunc mihi Quintus frater meus mitissimam tuam orationem, quam in senatu habuisses, perscripsit: qua inductus ad te scribere sum conatus, & abs te, quantum tua fert voluntas, peto quaesoque, ut tuos mecum serves potius, quam propter arrogantem crudelitatem tuorum me oppugnes. Tu, tuas inimicitias ut reipublicae donares, te vicisti; alienas ut contra rempub. confirmes, adduceris? Quod si mihi tua clemen-

De reliquo tempore) In reliquum tempus. Convenit cum ea Praepositionis notione, cujus cum saepe, tum modo ep. 3. meminimus. Sall. Cat. c. 45. Jona.

Qua inductus ad te scribere sum conatus) Cum olim in libris manuscr. pro *sum conatus* (quod est in vulgatis) scriptum reperissem *sum commotus*, in uno neque *conatus*, neque *commotus*: suspicatus sum, utramque vocem esse alienam & subdititiam. Omnino duo illa participia sic posita ut leguntur in libris vulg. *qua inductus, conatus sum*, aures nostrae respuebant. Ea res me olim induxit ut ita ederem, *qua, ut ad te scriberem, sum inductus*. Nunc quia plerique libri veteres habent participium *commotus*, ex eoque facile fieri potest *conatus*, sic edidi, *qua inductus, ad te scribere sum conatus*. Paullo post, ubi omnes libri habent: *Tu tuas inimicitias ut reip. donares, te vicisti*: quidam viri docti legi volunt, *ut reip. condonares*, &c. Lamb. *Ad te scribere sum conatus*) Ita reperi in Pall. pr. quint. Vatic. editione Victorii, sic & Graev. prim. & Amstelod.) Stew. tamen, *qua ad te scribere sum conatus*. Paullo ante Pall. pr. tert. quint. Grut. Steweck. *in senatum habuisses* similiter jam, ex notatione Doctorum, Ciceroni: quod tamen huc non introduxi, contentus animadvertisse. Gren. Graevii tamen uterque, Amstelod. Mentel. stant pro vulgata. Graev.

Ut tuos mecum serves potius) Ita reperi praeter Victorianam ac Manutianam editionem in quinque Pall. Grut. Steweck. (hanc lectionem etiam quatuor codd. quos Graevius evolvit, tuentur) vulgo, *ut tu me conserves potius*. Gebhard.

Arrogantem crudelitatem tuorum) P. Clodii fratris. Corr.

Tuas inimicitias ut reipublicae donares) Quas mecum in tuo tribunatu ex Reip. dissensione susceperas, in templo Jovis Opt. Max. dixisti te & temporibus & Reip. permissurum. Id. Aliter tamen Manut. quem vide. *Donare* autem *inimicitias reipublicae* venustissime dicitur propter rempublicam, sive boni publici causa exuere inimicitias, & deponere simultates. Justin. lib. XXXII. 2. *donare filio patrem* est ignoscere patri, & culpam poenamve remittere propter filium. Id. XXXVIII. 6. *Ne ullum quidem memoriae patris donarent*. Apud eund. *donari uxori & liberis*. Petron. *Quidquid rogo est, dono vobis*, hoc est, illi condono propter vos, vestram intercessionem. Haec in illorum gratiam, qui hic voluerunt substituere *condonare*. Graev. Propter remp. remitteres, ut Liv. XXXIX. c. 5. De *Donare* citavit jam Graevius Justin. XXXVIII. c. 6. Sed vide Gronov. III. Observ. c. 24. & Schulting. ad Quinctil. Declam. 1. c. 8. Corr.

Alienas) P. Clodii. Corr.

Omni-

mentia opem tuleris, omnibus in rebus me fore in tua potestate tibi confirmo: sin mihi neque magistratum, neque senatum, neque populum auxiliari, propter eam vim, quæ me cum rep. vicit, licuerit: vide, ne cum velis revocare tempus omnium reservandorum, cum qui servetur non erit, non possis. Vale.

E P I S T O L A V.

A R G V M E N T V M.

Omnia benevoli animi signa in C. Antonium a se esse profecta, nullam ab illo relatam gratiam, ostendit: quod si gratum cognoverit, se non esse ei defuturum. Commendat in extremo Atticum. Est autem hic Antonius, qui collega Ciceronis fuerat in consulatu, filius M. Antonii summi oratoris, patruus M. Antonii, qui postea remp. oppressit. Macedoniam hoc tempore Proconsul administrabat, Silano, & Murena Coss.

M. C. C. ANTONIO, M. F. IMPERATORI S. D.

ETsi statueram nullas ad te litteras mittere, nisi commendatitias; non quo eas intelligerem satis apud te valere, sed ne iis, qui me rogarent, aliquid de nostra con-

Omnibus in rebus me fore in tua potestate] Hoc est, me omnia facturum, quæ imperes, me tibi obnoxium semper fore, numquam a tuis rationibus & voluntate discrepaturum. Est loquendi genus elegans, & Ciceroni perfamiliare, I. ad Att. ep. 11. *At ne aliud mirere, cum ego antea significarim tibi per litteras, me sperare, illum in nostra potestate fore*; hoc est, facturum quæ volumus; sic alias sæpe. Graev. Et ita loquebantur proprie de servis. Liv. lib. III. c. 21, Terent. Hec. II. 2. 8. Atque ita explicandus Nepos in Cimone: *Itaque hic & populum urbanum omnis in sua potestate*. Corte.

Propter eam vim] Tribunitiam Clodii, & consulum Pisonis & Gabinii: qualis erat tua, si impedias. Graev.

Omnium reservandorum] Ex unico libro mallet Manutius *Conservandorum*; sed præter causam. Nam *re* in otiose quasi adficitur quibusdam verbis, de quo ad Sall. Jug. c. 4. *nunc ad inceptum redeo*; & vim significationis eleganter auget, ut Sueton. Aug. c. 78. ubi vide Casaubonum & Schulting. ad Senec. I. Suasor. p. 4. Cort.

E P I S T O L A V.

C. *Antonio*] In consulatu collegæ, nunc in Macedonia Procos. Graev.

Non quo eas intelligerem] Sic Pall. pr. sec. quart. quint. sic duo Guilielmiani: aliter *quod*; non sperno, sed hoc potius duxi ob tantum consensum. Gru. Quo exstat etiam in Amstelod. & Mentel. Graev.

T. Pom-

coniunctione imminutum esse ostenderem: tamen, cum T. Pomponius, homo omnium meorum in te studiorum & officiorum maxime conscius, tui cupidus, nostri amantissimus, ad te proficisceretur, aliquid mihi scribendum putavi: præsertim cum aliter ipsi Pomponio satisfacere non possem. Ego si abs te summa officia desiderem, mirum nemini videri debeat: omnia enim a me in te profecta sunt, quæ ad tuum commodum, quæ ad honorem, quæ ad dignitatem pertinerent. Pro iis rebus nullam mihi abs te relatam esse gratiam, tu es optimus testis. Contra etiam esse aliquid abs te profectum ex multis audivi: nam comperisse me, non audeo dicere, ne forte id ipsum verbum ponam, quod abs te ajunt falso in me solere conferri. Sed ea quæ [illegible] ad me

T. Pomponius] Atticus. Corr.

Omnia enim a me in te profecta sunt.] Concessio Macedoniæ, provinciæ sorte meæ: commendatio Galliæ, [illegible] quoque meæ: & defensio contra suspicionem, quæ fuit, te cum Catilina conspirasse. Corr.

Nullam mihi abs te relatam esse gratiam] Pal. pr. Grut. relatum; sed [illegible], quod sciam, [illegible]; sicut in Pal. sec. relatam; hujus [illegible] [illegible] habet; [illegible] reddidimus. Grut.

Contra aliquid] Contrarium commodo, dignitati, honori meo, v. 4 ep. 14 De significatione vero *contra*, quod Ovidius in simili posita pro *vicissim* utitur, vide ad Sall. Jug. c. 2. Cort.

Nam comperisse me] Cic. Philipp. *Me omnia comperisse criminabatur*. Graev.

Quod ajunt falso a me solere proferri] Libri vulgati sic habent, *quod abs te ajunt falso in me solere conferri*; a quibus non discrepant antiqui: nisi quod nonnulli pro *conferri* habent [illegible]: unde & alii *proferri*, plane mendose. Si quis locus est in epistolarum libris difficilis & obscurus, & meo quidem judicio, corruptus, hic est. Difficultas autem est in verbo *comperisse*, & in his verbis, *quod abs te ajunt*, &c. quæ plane depravata sunt. Quod igitur ad verbum *comperisse* attinet, cum illud sæpe objectum fuisse Ciceroni, jurantem dixisse, se comperisse se patefecisse conspirationem contrahendamque illam Catilinariam, libro I. epistolarum ad Atticum, epist. cujus initium est, [illegible], &c. sic Cicero: *Clodius contiones miseras habebat, in quibus Lucullum, Hortensium, C. Pisonem, Messallam Cos. contumeliose lædebat: me tantum comperisse omnia criminabatur*. Sallustius, aut quisquis auctor fuit illius declamationis in M. Tull. *Qui* [illegible] *tum reperit, aut insidias senatui fecerat* [illegible] *de eo tibi compertum erat*. Huc pertinet etiam illud quod est in Lucullo: *An tu cum res occultissimas aperueris in lucemque protuleris, juratusque dixeris ea te comperisse*, &c. Et quod est in Orat. pro Sulla: *Exclusus hac criminatione Torquatus, rursus in me irruit, me accusat* [illegible] *in tabulas publicas retulisse*. Ex his igitur & similibus locis, & ex verbo *proferre* (ne longior sim) puto hunc locum pravum esse correptum, deinde sic emendandum, *Nam comperisse me, non audeo dicere, ne forte id verbum ponam, quod ajunt falso a me solere proferri*. Lamb. Miratur qui hoc viro doctissimo potuerit in mentem venire, cum Cicero sæpe hoc loquendi genere utatur, quod optimi libri [illegible] servant. Superius l. III. ep. 10. *Quod si effecta ea prosunt, quæ sunt in* [illegible] *tamen ea* [illegible]

[illegible]

ad me delata sunt, malo te ex Pomponio, cui non minus molesta fuerunt, quam ex meis litteris cognoscere. Meus in te animus quam singulari officio fuerit, & senatus, & populus R. testis est. Tu quam gratus erga me fueris, ipse existimare potes: quantum mihi debeas ceteri existimant. Ego quae tua causa antea feci, voluntate sum adductus postea que constantia. Sed reliqua, mihi crede, multo majus meum studium, majoremque gravitatem, & laborem desiderant. Quae ego si non profundere ac perdere videbor, omnibus meis viribus sustinebo: sin autem ingrata esse sentiam, non committam, ut tibi ipse insanire videar. Ea quae sint, & cujusmodi, poteris ex Pomponio cognoscere: atque ipsum tibi Pomponium ita commendo, ut quamquam ipsius causa confido te facturum esse omnia; tamen abs te hoc petam, ut si quid in te residet amoris erga me, id omne in Pomponii negotio ostendas. Hoc mihi nihil gratius facere potes. Vale.

EPISTOLA VI.

ARGUMENTUM.

Exponit suam diligentiam in eo adhibitam, ne Sextio, qui cum C. Antonio Proconsule Quaestor in Macedoniam ierat, succederetur: addit de domo a se emta, non sine joco: de Sex-

titiis certe tum fuissem, ut in obscuro odio apertas inimicitias ostenderem. Et VII. ep. 32. *Ais enim omnia omnium dicta, in his etiam Sestiana, in me conferri.* GRAEV.

Ea quae ad me delata sunt) Valerio interprete nuntiante, Thylloque scribente, se audisse, te in pecuniis cogendis dictitare, partem mihi quaeri, & a me custodem communis quaestus Hilarum libertum esse missum. CORR.

Singulari officio) In iis, quae paullo ante diximus. Hoc ipsum in oratione pro P. Sextio *indulgentiam* vocat. CORRAD.

Reliqua, mihi crede, multo majus meum studium, &c.) Quae imminent, ut accusatio conjurationis: & quod Pompeiani prodromi nuntiant aperte, Pompeium acturum, tibi succedi oportere: eodemque tempore aget praetor ad populum, quod contra Dardanos avare, & ob id infeliciter rem gesseris. ID.

Non committam ut tibi ipse insanire videar) Sic fere Terentius in Hecyra:

Nam qui amat, cui odio ipsus est, bis facere stulte duco,
Laborem inanem ipsus capit, & illi molestiam affert.

LAMBIN.

de Sextii quæ ædificabantur ædibus: de C. Antonio a se in senatu defenso. M. Messalla, M. Pisone Coss.

M. C. P. SEXTIO, L. F. PROQVÆSTORI S. D.

CVm ad me Decius librarius venisset, egissetque mecum, ut operam darem, ne tibi hoc tempore succederetur, quamquam illum hominem frugi, & tibi amicum existimabam; tamen, quod memoria tenebam cuiusmodi ad me litteras antea misisses, non satis credidi homini pudenti tam valde esse mutatam voluntatem tuam. Sed postea quam & Cornelia tua Terentiam convenit, & ego cum Q. Cornelio locutus sum, adhibui diligentiam, quotiescumque senatus fuit ut adessem, plurimumque in eo negotii habui, ut Q. Fufium, tribunum plebis, & ceteros, ad quos tu scripseras, cogerem potius mihi credere, quam tuis litteris. Omnino res tota in mensem Ianuarium rejecta erat: sed facile obtinebatur. Ego tua gratulatione commotus, quod ad me pridem scripseras, velle te bene evenire, quod de Crasso domum emissem, emi eam ipsam domum XXXV. aliquanto post tuam gratulationem. Itaque nunc me scito tan-

EPISTOLA VI.

P. *Sextio L. F.*) Vel hic, P. F. vel in epistola 18. hujus libri L. F. legendum videtur, cum idem sit Sextius. Corr.

Librarius) Qui libros transcribit. Liquet notio ex Ciceronis filii ep. 21. extrema, lib. XVI. Cell.

Proquæst.) Memini me alibi legere *Quæst.* & sane P. Sextius C. Antonii in Italia Consulis & in Macedonia Proconsulis Quæstor fuit. Sed in Macedonia revocato Antonio forsasse relictus, hic a Cicerone *Proquæst.* dicitur. Corr. A recentioribus tamen emendatum fuit *Proquæst.* Grav.

Homini prudenti) Roberti Stephani editio: *homini pudenti*, hoc est homini frugi, ut ante ipsum appellat. Sic quoque scribendum esse vidit Gronovius supra II. 6 Grav. *Prudens* est gnarus rerum. De ius autem optime nosset voluntatem Sextii, cui satis credere debuisset Cicero. Terent. Eu-

nuch. A. I. Sc. I. v. 27. Cœlius ep. 16. Cic. pro Sexto Roscio c. 8. Cæsar G. H. c. 3. Quare nihil equidem mutandum existimo. Corr.

Librarius tuus) Al. *librarius tuus*. Cortin.

Cornelia tua) C. Scipionis filia. Id.

Q. *Fufium Trib. pleb.*) M. Pisone & M. Messala Coss. Id.

Facile obtinebatur) Ne tibi hoc tempore succederetur. Id.

Emi eam ipsam domum millibus nummum XXXV.) *Dirbus* XXXV. in perveteri libro legimus. Id. *Emi eam ipsam domum XXXV.*) Sic voluit prudentissimus Victorius, sic nos; quia sic scriptum reperimus in quinque Pall. in primo ac tert. ante numerum nonnihil spatii erat relictum, significando aliquid deesse. Lambin. ex voluntate Budæi edidit: *Emi eam ipsam domum tricies quinquies* HS Porro *ipsam* expungitur in Pal. tert. Grut. Siew. Graev. In Amstelodam. cod. spatium quo-

tantum habere æris alieni, ut cupiam conjurare, si quisquam recipiat: sed partim odio inducti me excludunt, & aperte vindicem conjurationis oderunt; partim non credunt, & a me insidias metuunt: nec putant ei nummos deesse posse, qui ex obsidione fœneratores exemerit. Omnino semissibus magna copia est. Ego autem meis rebus gestis hoc sum

quoque id ipsum conspicitur, quod in antiquo libro bibliothecæ Divi Marci reperit P. Victorius. In Grævii vero duobus libris sine ullo interstitio vacuo scribitur XXXV. quamvis in recentiore pro V. scribatur II. In illo inani spatio, si quid desideratur, est nota Sestert. HS. Fit autem *vicies quinquies sestertium*, octoginta septem millia quingenti coronati. ID.

Æris alieni) Nam inter conjuratos plerique erant ære alieno oppressi. Sall. Cat. c. 14. 16. aliis. CORT.

Si quisquam recipiat) Hoc est in quatuor Pall. Grut. Stewech. (nec non in omnibus quatuor libris, quibus Grævius usus est) nam Pal. quint. *si qui recipiat*, non absone: Vatican. *si quisquam me recipiat*; nonnes melius quam vulgo, *si quis me recip.* GRAEV.

Qui ex obsidione fœneratores exemerit) Hoc est, qui homines divites, qui pecuniam locant fœnori, liberaverim præsentissimo periculo, quod eis a Catilina imminebat. Cic. Orat. ad Quirites: *Tum se fuisse miserum, cum carere patria, quam obsidione liberasset*. Plin. Paneg. de Venatione. *Nec mediocre pacis decus habebatur submota campis irruptio ferarum, & obsidione quadam liberatus agrestium labor*. Fœneratores autem sunt cives opulenti, qui civilibus & licitis usuris nummos aliis locant. Cic. VII. ad Attic. ep. 7. *Quos tu bonos esse dicas, si ordinem singulorum quærimus, non intelligo. Singulos bonos novi, per quem sint imperio provinciæ sunt? &c. an fœneratores? an agricolas?* sic in multis aliis locis. Nobis hodie *trapezitæ*. Hæc non notassem, nisi vidissem doctos homines nuper in his impegisse, qui censebant, fœneratores esse non alios, nisi qui nimio & illicito lucro rem facerent, quos Belgæ vocant *Woekeraers*. GRAEV.

Omnino semissibus magna copia est) Et hic locus diligenter etiam considerandus est. Alii legunt *omnino semissium*: vetusti codices *omni semissibus*. Nos lectionem eam secuti sumus, quæ parum a priscis exemplaribus discederet, & sententiam eamdem retineret. In *semissibus* enim clari sunt, & certi vetusti codices. Vox illa *omnino*, quam restituimus, non integra in illis legitur, ut nonnihil scrupuli etiam restet. Mentionem facit hujus loci Hermolaus in II. editione Plinianarum Castigationum lib. XIV. cap. 4. qui eamdem fere, quam nos, emendationem probat. Quæ sit in veteribus exemplaribus scriptura, voluimus nos notum facere, cum videamus adhuc hunc locum titubare. VICTOR. Varie legitur, *omni semissibus*, *homini semissis*, *omnino semissium*, *omnino emissionis*, *homines semissi*; & denique in vetustissimo libro *homini semissibus*; ut forte interpretandum sit, semiviris, quos Nonius, & veteres *semisses* appellarint, sicut & Valerius in epist. 9. hujus libri. CORRAD. *Omnino semissibus magna copia est*) Sic Victorius, quia erat in suis, quemadmodum est in Pall. quatuor. Grut. *omni semissibus*, quod probavit Hermolaus Barbarus & secutus est. Jam quia eam sic reperit Manutius in Thomæ Leonici libro, visiturque in Vaticano, omnis dubitationis alea tollenda est: vulgo *omnes semisse m. c. e.* GRAEVIUS. In Menteliano quoque clare scribitur, *omnino semissibus*. In Amstelod. *omni semissibus*. Sunt autem *semisses usuræ*, cum in centum denarios, quot mensibus usuræ nomine penditur semis denarius, sive octo asses, qui in anno faciunt sex denarios. *Centesimæ usuræ* est denarius menstruus in denarios centum, qui in annum generant duodecim denarios: dicuntur & *asses usuræ*.

sum adsecutus, ut bonum nomen existimer. Domum tuam atque ædificationem omnem perspexi, & vehementer probavi. Antonium, etsi ejus in me officia omnes desiderant, tamen in senatu gravissime ac diligentissime defendi, senatumque vehementer oratione mea, atque auctoritate commovi. Tu ad me velim litteras crebrius mittas. Vale.

EPISTOLA VII.

ARGVMENTVM.

Gratulatur Pompeio de Mithridate victo: deinde carpit eum, ut gratiæ referendæ parum studiosum, quia sibi de Catilinæ conjuratione extincta frigide gratulatus erat; se tamen ei tum in republ. tum in amicitia conjunctum fore significat: scripta Silano & Murena Coss. ante ceteras omnes, quæ hoc volumine continentur.

M. T.

re, *maalf van honderd in 't jaer*. Contra *unciarium fœnus*, cum pro centum denariis menstrua usura solvitur, unciis centesimæ, hoc est, ut cum triente: hi annui sunt duodecim asses & duodecim trientes, hoc est, denarius unus tredecim assium. *een van honderd in 't jaer*: sententiam P. Manutii, ejusque argumenta pluribus solide refellit [illegible] Gronovius, cum in libro de Pecun. Vet. III. cap. 13 tum in prima & secunda Αντεξηγήσει, quas vide. GRÆV. *Omni semissibus*) Leg. *Bonis*, id est iis, quorum fides non laborat, parata facultas est pecuniæ mutuæ sub semissibus usuris, vel fœnore sex nummorum in centenos. *Vsura centesima*, vel asses sunt unus nummus menstruus in centum, & sic duodecim annui: *Vsura deunces* est nummus menstruus in centenos minus duodecima parte, & sic undecim nummi annui. *Vsuræ dextantes*, decem in centenos annui. *Vsuræ dodrantes*, novem. *Vsuræ besses*, octo. *Vsuræ septunces* septem. *Vsuræ semisses*, sex. *Vsuræ quincunces*, quinque. *Vsuræ trientes*, quatuor. *Vsuræ quadrantes*, tres. *Vsuræ sextantes*, duo. *Vsuræ unciæ*, unus in centum annuus. Vid. IV. Ubi 9. Io. Fr. GRON. Regii codices scribunt *omni*, vel *omnis semissibus*, idque favet conjecturæ Fr. Gronovii legentis *bonis semissibus*, i. e. iis, quorum fides non laborat, &c. LALLEM.

Ego autem) Quasi dicat, non semissis homo. CORRAD.

Bonum nomen existimer) Cui homines pecunias credere possint; sed id duntaxat, cum illi interim pecunias habeant. IDEM. *Nomen autem* est debitor, qui solvendo est. *Ut bonum nomen existimer*) Qui hoc non ceperunt, inculcarunt *nomen adeptus*, contra omnes MSS. ac libros. GEBHARD. *Ita nomina facere*, est pecuniam mutuam dare, vel debitorem sibi aliquem facere. Vide virum doctum ad hæc Petronii c. 117. *Præterea habere in Africa trecenties sestertium fundis nominibusque depositum*. CERDA.

Antonium) Collegam meum, Cos. & Procos. tuum reum conjurationis. CORRAD.

Gravissime, ac diligentissime defendi) Illo ipso die, quo Clodius est adoptatus. CORRAD.

M. T. M. F. CICERO, CN. POMPEIO CN. F. MAGNO, IMPERATORI, S. D.

S. T. E. Q. V. B. E. E. V. Ex litteris tuis, quas publice miſiſti, cepi una cum omnibus incredibilem voluptatem; tantam enim ſpem otii oſtendiſti, quantam ego ſemper omnibus, te uno fretus, pollicebar. Sed hoc ſcito, tuos veteres hoſtes, novos amicos, vehementer litteris perculſos, atque ex magna ſpe deturbatos jacere. Ad me autem litteras quas miſiſti, quamquam exiguam ſignificationem

EPISTOLA VII.

S. T. E. Q. V. B. E. E. V.) Illud malui cum Victorio ac Lambino quam expreſſum verbis. Sed quod mireris, Pall. pr. quart. quint. repræſentant: *ſi tibi eſt, quomodo vis, bene eſt*, ex ignoratione, ac falſa interpretatione litterarum Capitalium; quippe vult: *ſi tu exercitusque valetis, bene eſt: ego valeo*. GEBHARD. Notam etiam referunt meus primus & Amſtelodam. ſed tamen illæ ultimæ duæ litteræ *E.V.* in iis non leguntur, nec fuerunt in Palatinis illis, qui has notas iſtis verbis expreſſerunt, *ſi tibi eſt, quomodo vis, bene eſt*: quibus accedit Mentelianus: nec in meo ſecundo, in quo ſic explicantur hæ litteræ, *ſi tu exercitusque valetis, bene eſt*, non addito, *ego valeo*: cui adſtipulantur editiones fere omnes. Et ipſe eas expunxiſſem, niſi me retineret auctoritas codicis Medicei. GRAEV.

Quas publice miſiſti) Ex Aſia de Mithridatico bello confecto. CORRAD. *Litteras publice mittere*, eſt ad ſenatum populumque Romanum ſcribere de rebus geſtis. IDEM. Quæ publice in ſenatu recitarentur. Latinitatem dictionis cognoſces ex IV. epiſt. 7. Rem ſervarunt etiam Auguſti, Dio LXIX. p. 794. De recitatione Sall. Cat. c. 34. CORT.

Tuos veteres hoſtes novos amicos) Cæſarem intelligere poſſumus, etſi difficilis eſt conjectura. CORRAD. Manutius intelligit M. Craſſum, & L. Lucullum, quem vide. Sed ne Lucullum Craſſumque intelligam, movet, & quod Lucullum non ita multo ante inimicum ſibi comparavit; ſed illa ipſa cauſa, quod ei ſucceſſiſſet in provincia, quaſique gloriam laborum præripuiſſet, ut ſcribit in utriuſque vita Plutarchus. Craſſum vero non ante ſibi conciliavit, quam Romam reverſus a bello Mithridatico, idque Cæſaris opera: idem, Appianusque auctores. Ut potius veteres amici novi hoſtes appellandi fuerint. Nam & alioqui Craſſus quoque, ut Pompeius, Sullanus denique in primo conſulatu collega, ſimultates veteres depoſuerant, quæ tamen poſtea revixerunt, uſque ad eam Cæſaris reconciliationem: teſte in vitis eorum Plutarcho. Nec eſt tamen alter, quem innui ſuſpicer, niſi Cæſarem forte. Nam & alioqui cum Craſſo ſimultate potius atque æmulatione, quam odio, inimicitiiſque certavit, ut ait Plutarchus. BAUD. RUTG. *Tuos veteres hoſtes, novos amicos*) Craſſum, & Lucullum, Manutius. Ego vero intelligo reliquias Catilinariæ conjurationis, de quibus I. Att. ep. 14. *Barbatuli juvenes, totus ille grex Catilinæ*. Hos dicit veteres hoſtes Pompeii, quod ille omnibus Remp. turbare volentibus fortiſſime olim reſtiterat. Novos amicos, quia Pompeius in epiſtola de Rep. per Ciceronem vindicata, & punitis ſupplicio ſontibus, nullum verbum poſuerat; ne offenderet homines populares, eoque illis reconciliatus & amicus videbatur. I. F. GRON.

Deturbatos jacere) Plus eſt quam *deturbatos eſſe*. Lamprid. Severo c. 56. Capitolin. Marco cap. 3. Lucanus II. v. 18. Seneca de morte Claudii c. 18. & quæ ibi olim notavimus. CORT.

nem tuæ erga me voluntatis habebant, tamen mihi scito jucundas fuisse; nulla enim re tam lætari soleo, quam meorum officiorum conscientia: quibus si quando non mutue respondetur, apud me plus officii residere facillime patior. Illud non dubito, quin, si te mea summa erga te studia parum mihi adjunxerint, resp. nos inter nos conciliatura conjuncturaque sit. Ac ne ignores, quid ego in tuis litteris desiderarim, scribam aperte, sicut & mea natura, & nostra amicitia postulat. Res eas gessi, quarum aliquam in tuis litteris, & nostræ necessitudinis, & reipub. causa, gratulationem exspectavi: quam ego abs te prætermissam esse arbitror, quod vererere, ne cujus animum offenderes: sed scito, ea, quæ nos pro salute patriæ gessimus, orbis terræ judicio ac testimonio comprobari. Quæ, cum veneris, tanto consilio tantaque animi magnitudine a me gesta esse cognosces, ut tibi multo majori, quam Africanus fuit, me non multo minorem, quam Lælium, facile & in rep. & in amicitia adjunctum esse patiare. Vale.

EPISTOLA VIII.

ARGVMENTVM.

M. Licinius Crassus, ejus P. Crassi filius, qui seipsum, ne in manus incideret inimicorum, occidit, ut est in orationibus

Residere f. patior) Residuum manere, quod nempe ego amplius præstiterim, quam acceperim. Cic. Antonio inter Epist. ad Att. XIV. Cæsar VII. B. G. c. 77. Ionn.

Res eas gessi) In consulatu. CORRAD.

Africanus) Minor, Scipio, Æmilianus dictus. Ioan.

Quod vererere, ne cujus animum off.) Ita Victorii editio, Pall. pr. sec. Grut. Vatic. nam Pal. tert. Stewech. verere, vulgo verberare. GEBHARD. Sed meus primus cum vulgatis: quod ne verberare. Ex hac scriptura videtur manasse quod vererere. Nam in aliis libris fuisse verere Stewechianus ostendit, omissa media syllaba in verberare, quod reponendum censeo. GRÆV.

Fuit, tamen non multo minorem, quam Lælium facile & in Rep.) Scripsi ex auctoritate Victorii ac Vatic. codicis; nam in omnibus Pall. & Grut. me, non tamen; sed Lælium non Lælius iidem omnes: ceterum tibi ex eorumdem omnium consensu ejeci. GEBHARD.

Me non multo minorem quam Lælium) Sic recte Amstelodam. & omnes Pall. Tamen, quod Victorius hic pro me substituit, adversatur & loci hujus sententiæ, & omnibus aliis codd. hinc ei non ausus sum adstipulari, ut Gebhardus fecerat. Tibi vero recte ejecerunt. Nam id nulli habent libri paullo vetustiores. GRÆV.

Lælius) Cognomento Sapiens, qui de amicitia apud Ciceronem disputat. CORRAD.

nibus pro Scauro, & pro Sextio, Romanorum opulentissimus, postremis diebus secundi consulatus sui, contra diras & obnunciationes Atei tribuni plebis, de quibus Appianus, Plutarchus, Dio, in Syriam provinciam profectus est; cum apud Ciceronem in ejus generi Crassipedis hortis cœnasset, ut legimus in epist. 9. lib. I. Ad eum Cicero in provinciam scribit, quam studiose dignitatem ejus in senatu defenderit: excusat superiorum temporum simultatem; constantiam & fidem post gratiæ reconciliationem pollicetur, affirmans ejus honestati & gloriæ nullo umquam se loco defuturum: quiddam etiam de suo in filium ejus P. Crassum amore, ejusque in se observantia interponit. Negotialis & moralis epistola; nam & actam in senatu rem narrat; & de reliquo tempore omnia studia sine ulla exceptione promittit. Scripta L. Domitio Ahenobarbo, Ap. Claudio Pulcro Coss. qui Pompeio & Crasso proxime successerunt.

M. T. C. M. LICINIO P. F. CRASSO S. D.

QVantum meum studium extiterit dignitatis tuæ vel tuendæ, vel etiam augendæ, non dubito quin ad te omnes tui scripserint. Non enim fuit aut mediocre, aut obscurum, aut ejusmodi, quod silentio posset præteriri. Nam & cum consulibus & cum multis consularibus tanta contentione decertavi, quanta numquam antea ulla in causa, suscepique mihi perpetuam propugnationem pro omnibus ornamentis tuis; veterique nostræ necessitudini jamdiu debitum, sed multa varietate temporum interruptum officium cumulate reddidi. Neque mehercule umquam mihi tui aut colendi aut ornandi voluntas defuit: sed quædam pestes hominum,

EPISTOLA VIII.

VEl *tuendæ*) Contra Ateium Trib. pl. & reliquos adversarios, ep. 8. lib. I. CONRAD.

Cum Consulibus) L. Domitio Ahenobarbo, & Appio Claudio Pulcro. IDEM.

Veterique nostræ necessitudini) Quæ ante conjurationem Catilinæ fuerat. IDEM.

Interruptum officium) Maxime tempore conjurationis. IDEM.

Quædam pestes hominum) Catonis & aliorum. IDEM.

Pestes) De noxiis & pessimis quibusque dicunt Cic. II. Offic. c. 5. Flor. III. c. 6. de Piratis. Porcius Latro in Catilin. c. 11. adde Sallust. Iug. c. 106. CORT.

minum, laude aliena dolentium, & te nonnumquam a me alienarunt, & me aliquando immutarunt tibi. Sed exstitit tempus optatum mihi magis quam speratum, ut, florentissimis tuis rebus, mea perspici posset & memoria nostræ voluntatis & amicitiæ fides. Sum enim consecutus, non modo ut domus tua tota, sed ut cuncta civitas me tibi amicissimum esse cognosceret. Itaque & præstantissima omnium feminarum uxor tua, & eximia pietate, virtute, gratia tui Crassi, meis consiliis, monitis, studiis, actionibusque nituntur: & senatus populusque R. intelligit, tibi absenti nihil esse tam promtum, aut tam paratum, quam in omnibus rebus, quæ ad te pertineant, operam, curam, diligentiam, auctoritatem meam. Quæ sint acta, quæque agantur, domesticorum tibi litteris declarari puto. De me sic existimes ac tibi persuadeas vehementer velim, non me repentina aliqua voluntate aut fortuito ad tuam amplitudinem meis officiis amplectendam incidisse, sed ut primum forum attigerim, spectasse semper, ut tibi possem quam maxime esse conjunctus. Quo quidem ex tempore memoria teneo, neque meam tibi observantiam, neque mihi tuam summam benevolentiam ac liberalitatem defuisse. Si quæ interciderunt, non

Vxor tua) Tertulla. Corrad.

Tui Crassi) Marcus & Publius iunior, qui a Cæsare e Gallia cum mille equitibus remissus, nondum patrem fuerat secutus. Idem.

Vt primum forum attigerim) Eloquentiam auspicaturus, die (ut vocant) tirocinii. Idem. *Vt pr. for. att.*) Hoc est, ab ineunte adolescentia, simul ac indui togam virilem deposita prætexta, ab amicis deductus in forum, ut transcriberer in viros. Cic. lib. XV. epist. 16. *Qui postquam forum attigisti, nihil fecisti, nisi plenissimum amplissimæ dignitatis*: pro quo in lib. XIII. epist. 10. dicit *in forum venire*. Suet. est *in forum deduci*. Solebant enim tum ab amicis deduci in forum atque in templa sacrificandi caussa. Ipse dies, quo togam virilem capiebant, dicebatur *dies tirocinii*, & annus ille, *annus tirocinii*: qui pro captu adolescentum nonnumquam erat annus quartus, quintus, aut sextus decimus. Certum enim non fuisse sat multis argumentis ostenderunt viri docti. Plerumque tamen fuisse quartum decimum satis apparet ex Servio, qui ad VII. Æn. notat, tirones anno quarto decimo exeunte togam virilem sumsisse, quinto decimo armis se exercuisse in campo Martio, sexto decimo exeunte stipendia mereri cœpisse. Graev.

Neque mihi tuam summam benevolentiam ac liberalitatem defuisse) Erat Crassus in amicos liberalis adeo, ut omnibus semper eius domus pateret: pecunias insuper sine ullo fœnore mutuo traderet: & cum se militari gloria inferiorem animadverteret Pompeio, civilibus studiis quam maximam posset auctoritatem & potentiam comparare nitebatur. Itaque petentibus omni-

non tam re quam suspicione violata, ea cum fuerint & falsa & inania, sint evulsa ex omni memoria vitaque nostra. Is enim tu vir es, & eum me esse cupio, ut quoniam in eadem reip. tempora incidimus, conjunctionem amicitiamque nostram utrique nostrum laudi sperem fore. Quamobrem tu quantum tuo judicio tribuendum esse nobis putes, statues ipse: &, ut spero, statues ex nostra dignitate. Ego vero tibi profiteor atque polliceor eximium & singulare meum studium in omni genere officii, quod ad honestatem & gloriam tuam spectet: in quo etiamsi multi mecum contendent, tamen cum reliquis omnibus, tum Crassis tuis judicibus omnes facile superabo: quos quidem ego ambo unice diligo, sed in Marco benevolentia impari, hoc magis sum Publio deditus, quod me quamquam a pueritia sua

omnibus praesto aderat officiis, patrociniis, pecuniarum etiam mutuis dationibus. Maximo autem in supplicationibus ei decernendis laborasse Ciceronem. Item certe Plutarchus est auctor, initio multas Mesopotamiae civitates se ei sponte dedentes, a Crasso in fidem ditionemque receptas, Zenodotiam etiam vi captam. Quamobrem cum se Imperatorem appellatum iri putasset a militibus, ipe sua frustratus sit. BERN. RVTIL.

Non tam re quam suspicione violata) Nam a P. Clodio infestissimus esse meis fortunis praedicabaris. CORRADVS. *Si quae intercesserunt non tam re, quam suspicione violata*) Sic Pall. pr. quart. quint. Vatic. Victorii editio; vulgo: *si quae interc. n. t. re q. susp. violenta*. GEBHARD. *Violatam*) Quod violaret. In fragmentis pro Gabinio: *Post reditum in gratiam si quid est commissum, id non neglectum, sed violatum putatur*: id est, non per negligentiam, sed per fraudem commissum. IO. FR. GRON. *Violata*. Cellarius olim vulgatum *violenta*, nec quid nec quare receperat; cum ne quidem Graevii editio, cui inhaerere solet, agnoscat. Sed jam Manutius contulit Cic. I. ad Att. ep. 16. Et sic infra VI. ep. 22. Auson. Fast. epigr. 2. *Vigilatae accipe noctes*. CORT.

In Marco benevolentia impari) Suspectum: neque enim videtur posse dicere Marci erga se non esse parem benevolentiam, cum jam dixit, Crassos ambos consiliis, monitis, studiis, actionibus ipsius niti. *F. at Marco benevolentiam impertio, sic magis sum Publio*. Att. II 18. *Tu vi pro multa signa benevolentiae a bonis impertiantur*. Vide Ovid. I. Met. 370. IO. FR. GRON.

Hoc magis sum Publio deditus, quod me, quamquam a pueritia semper, tamen hoc tempore maxime, sicut alterum parentem & observat, & diligit) Non alienum puto Plutarchi verba apponere, quibus & origo inimicitiarum cum Crasso, & consuetudo cum filio continentur. *Conjurationis* (inquit in Crasso) *ejus, quae Catilina auctore coepta evertere pene funditus omnis Rempub. consilium atque participem fuisse Crassum, non parva suspicio fuit. Nam ex conjuratis quidam magna voce Crassum compellans auditus est. Attamen ejus verbis nemo fidem habuit. Et M. Cicero conjurationis vindex aperte fatis in oratione quadam in Crassum & Caesarem conjurationis illius non minima ex parte causam refert. Eam tamen orationem numquam, nisi post utriusque mortem edere ausus est. In illa vero, quam de suo consulatu habuit, Crassum ad se noctu venisse refert, epistolam a Catilina missam tenentem, quae illam quasi

sua semper, tamen hoc tempore maxime, sicut alterum parentem & observat, & diligit. Has litteras velim existimes fœderis habituras esse vim, non epistolæ, meque ea quæ tibi promitto ac recipio, sanctissime esse observaturum diligentissimeque esse facturum. Quæ a me suscepta defensio est, te absente, dignitatis tuæ, in ea jam ego non solum amicitiæ nostræ, sed etiam constantiæ meæ causa permanebo. Quamobrem satis esse hoc tempore arbitratus sum hoc ad te scribere: me, si quid ipse intelligerem, aut ad voluntatem, aut ad commodum, aut ad amplitudinem tuam pertinere, mea sponte id esse facturum: sin autem quidpiam aut a te essem admonitus, aut a tuis, effecturum ut intelligeres, nihil neque te scripsisse, neque quemquam tuorum frustra ad me detulisse. Quamobrem velim ita & ipse ad me scribas de omnibus minimis, maximis, mediocribusque rebus, ut ad hominem amicissimum: & tuis præcipias, ut opera, consilio, auctoritate, gratia mea sic utantur in omnibus, publicis, privatis, forensibus, domesticis, tuis, amicorum, hospitum, clientium tuorum negotiis, ut, quoad ejus fieri possit, præsentiæ tuæ desiderium meo labore minuatur. Vale.

EPI-

qui ejus consilium ad firmandam conjurationem hortatur. Atque hac causa semper in posterum Ciceronis inimicus Crassus est habitus. Quod vero palam illum non infestaretur, filius impedimento fuit; qui cum studiorum ac disciplinae amantissimus esset, vehementer Ciceronem diligebat, ejusque congressu ac familiaritate plurimum utebatur; adeo ut cum exsilio damnatus esset Cicero, P. Crassi filius una cum eo vestem mutaverit, atque alios adolescentes complures idem facere compulerit: tandem vero patrem etiam Ciceroni conciliavit. BART. RVTIL. *Obs. & dil.* Quasi qui natum observet eique obediat. Sic XIII. ep. 78. Plura Ciceronis congessimus ad ea Crispi Jug. c. 10. *Colite, observate talem hunc virum.* CORT.

A pueritia sua semper) Tamquam magistrum. CORRAD.

Sanctissime esse observaturum, diligentissimeque esse facturum) Sic Pall. pr. sec. quint. Vatic. Grut. editio Victorii; nec tamen displicet Pal. quart. & Stewech. scriptura, *sanctissime observaturum diligentissimeque esse fact.* GEBHARD.

Aut ad voluntatem, aut ad commodum) Sic Cic. lib. I. epist. 3. 4. & 6. & epist. 5. hujus libri; & ep. 9. lib. VI. GRÆV.

Opera consilio, &c.) Hic nescio quid affectat Cicero per plura Asyndeta, quibus nihil concedunt illa Sidon. IV. ep. 1. *Neque illorum frequentiam studiorum, quæ secundum bellum impetit, brutescit, marcescit, videremus, consenesceremus, præmansissemus*: qui, ut in aliis, ita in his fere nimius. CORT.

EPI-

EPISTOLA IX.

ARGVMENTVM.

P. Vatinius, qui tribunatum pl. gesserat Caesare consule, omniaque ex ejus libidine administraverat, post consulatum in Illyricum a Caesare dictatore missus, ut Appianus & Dio significant, commendat suam dignitatem Ciceroni contra malevolorum atque invidorum obtrectationes: rebus enim prospere gestis, supplicationes, missis ad senatum litteris, petebat. Caesare IV. Consule, sine collega.

VATINIVS IMP. CICERONI SVO S. D.

S. V. B. E. E. V. Si tuam consuetudinem in patrociniis tuendis servas, P. Vatinius cliens advenit, qui pro se causam dicier vult. Non, puto, repudiabis in honore, quem in periculo recepisti. Ego autem quem potius adoptem, aut invocem, quam illum, quo defendente vincere didici? An verear, ne, qui potentissimorum hominum conspirationem neglexerit pro mea salute, is pro honore meo pusillorum ac malevolorum obtrectationes & invidias non prosternat atque obterat? Quare, si me, sicut soles, amas, suscipe me totum: atque hoc quidquid est oneris ac muneris

EPISTOLA IX.

VATINIVS IMP CICERONI SVO) Ita concipitur inscriptio in Pall. sec. tert. quart. Gruteriano, Stewech. nam Pall. pr. quint. etiam illud Imp. extinguunt; vulgo praenominibus augent P. VATINIVS IMP. M. CICERONI. GEBHARD.

Patrociniis tuendis) Conservandis & tenendis. Cic. III. Offic. c. 4. CORT.

P. Vatinius) A Caesare in Illyricum cum tribus legionibus missus, ut tributa imponeret, & obsides acciperet. CORRAD.

Cliens advenit) Sic est in editione Victorii, Pall. quatuor, Grut. Stew. (quibus accedunt Graev. prim. & Amstelod.) et quint. Simplicius *Cliens venit*; vulgo *ad te venit*; paullo post Lambinus legit *qui pro se causam dicere vult*, quam lectionem in Pal. quart. reperi. Vulgata se omnium ceterorum auctoritate tuetur, & ipsa ratione; quidquid dicat Dionysius aut alii pro illo. GEBHARD.

Qui pro se causam) De supplicationibus obtinendis. CORRAD.

Repudiabis in honore) Imperatorem appellatum. IDEM.

Quem in periculo recepisti) Reum factum anno decimo fere ante epist. 8. lib. I. IDEM.

Qui potentissimorum hominum) Catonis, Favonii, & aliorum. IDEM.

Suscipe me totum) Non est ut hic vitio librarii repertum perperam *me totius* Vaticani cod. auctoritate geminemus. Nam & meus & alii libri vulgatam tuentur. GRAEV. *Suscipe me me totum*) Sic quoque reperit editio Naugeria-

tis, pro mea dignitate tibi tuendum ac sustinendum puta. Scis meam fortunam, nescio quomodo, facile obtrectatores invenire, non meo quidem mehercules merito: sed quanti id refert, si tamen fato nescio quo accidit? Si qui forte fuerit, qui nostræ dignitati obesse velit, peto a te ut tuam consuetudinem & liberalitatem in me absente defendendo mihi præstes. Litteras ad senatum de rebus nostris gestis quo exemplo miseram, infra tibi perscripsi. Dicitur mihi tuus servus anagnostes fugitivus cum Vardæis esse: de quo tu mihi nihil mandasti: ego tamen terra marique ut conquireretur, præmandavi: & profecto tibi illum reperiam, nisi si in Dalmatiam aufugerit: & inde tamen aliquando eruam.

geriana funera, quod sine scriptis non contigisse puto, scripsisseque *memoriæ tradita*. I. Gron.

Liberalitatem] Est studium de aliis bene merendi; ut lib. I. epist. 9 & X. epist. 3. Graev. Et id faciendi, quod mihi *libenter*. Terent. Adelph. A. I. Sc. I. v. 31. Sall. Cat. c. 11. Cort.

Quo exemplo miseram, infra tibi perscripsi] Hoc est, exemplum, sive, ut barbari loquuntur, copiam epistolæ meæ ad Senatum de rebus gestis scriptæ, hisce litteris subjeci. Graev.

Tuus servus] Dionysius epist. 77. lib. XIII Cortius. *Tuus serv. anagnostes fugitivus*] Eruditi & opulenti homines inter alia ministeria habebant quoque, qui ipsis cœnantibus, lavantibus, aut vigilantibus noctu aut alio tempore libros vel aliorum, vel suos legerent, hos *anagnostas* Græco vocabulo, ut Cic. I. ad Att. epist. 9. *lectores* Latino appellarunt. Plinius lib. III. epist. 5. de avunculo suo: *Sudebat in cœna tempus: super hanc liber legebatur, adnotabatur, & quidem cursim. Memini quendam ex amicis, cum lector quædam perperam pronunciasset, revocasse & repeti coegisse.* Huc pertinet, quod paullo post ibidem subjicit: *Dum destringitur (in balneo) tergiturque audiebat aliquid, aut dictabat.* Quod & Carolum Magnum tenuisse Eginhardus in vita ejus auctor est: *Inter cœnandum*, inquit, *aut aliquod acroama, aut lectorem audiebat; legebantur ei Historiæ, & antiquorum Regum gesta.* Severus Imperator ipse legebat in mensa, & Poetas quidem; ut Lampridius in ejus vita auctor est. A. Burmannus. Solebant isti servi lectores etiam quæstiones proponere, quod patet ex aliquot veterum scriptorum locis, ut Sueton. Tiber. LVI. Gell. lib. II. c. 22. init. & aliis. Locus autem, sive auditorium, ubi fiebant recitationes, *ἀκροατήριον* vocabant. Cic. lib. XV. ad Att. c. 17. Notaverunt quoque viri eruditi, *acroamata* deinde non tantum recitationes dictas, sed ipsos homines, qui solebant recitare aliquid scriptum eo nomine fuisse vocatos, in quo significatu dictum illud a Lampridio, quod Alexander Rom. Imp. *nanos & nanas, & morriones & vocales exoletos, & omnia acroamata, & pantomimos populo donaverit.* Adde Lambecium in Biblioth. Vindob. lib. II. p. 164. Cort.

Cum Vardæis esse] Sic recte emendavit Manut. adstipulante Vatic. & Gravii libro primo, in quo, *cum Vardæi se esse*, nec non Victor. ed. aliisque libris melioribus. *Vardæi* Dalmatiæ populus; posteri *Ardiæos* & *Ardieos* dixerunt; in Glossario sunt *Bardei*; dicuntur & *Varalii*. Hos a mari in mediterranea Romani abegerunt; oram enim Dalmatiæ tenebant, coegeruntque agriculturæ vacare, teste Strab. Abram. Ortelius.

Nato-

eruam. Tu nos fac ames. Vale. A. d. v. Idus Quintiles, ex castris, Narona.

EPISTOLA X.

ARGUMENTUM.

Scribit de Dionysio servo, de Catilio pirata, de rebus a se in Dalmatia gestis, pro quibus supplicationes sibi decerni postulat. Eodem anno, cum in urbem rediisset Caesar.

P. VATINIUS CICERONI SUO S. D.

S. V. B. E. E. Q. V. De Dionysio tuo adhuc nihil extrico: & eo minus, quod me frigus Dalmaticum, quod illinc ejecit, etiam hic refrigeravit. Sed tamen non desistam, quin illum aliquando eruam. Sed tamen omnia mihi dura imperas. De Catilio nescio quid ad me scripsisti deprecationis diligentissimae. Apage te cum nostro Sexto Servilio: nam mehercule ego illum quoque amo: sed hujusmodi vos clientes, hujusmodi causas recipitis? hominem unum omnium crudelissimum, qui tot ingenuos, matresfamilias, cives R. occidit, arripuit, disperdidit, regiones vasta-

Narona) Liburniae civitas, postea colonia facta, ad fluvium Naronem. Ptolemaeo & *Narbona* dicitur, sicut & in hac & seq. epist. in antiquo Graevii libro; hodie *Narrata* dicitur. GRAEVIUS.

EPISTOLA X.

De Dionysio tuo adhuc nihil extrico) Hoc est, de Dionysio tuo nihil adhuc audivi, ubi lateat. GRAEV.

De Catilio nescio quid ad me scripsisti) De Catilia familia non memini me apud scriptores quidquam legisse; quo fit, ut suspicer legendum esse *C. Anilio*. F. URSIN. Sed neque hic dicitur Romanum fuisse *Catilium*, sed piratam ex Dalmatia. GRAEV.

Ego illum quoque amo) Quia dixerat *nostro*, quod est amantium. I. ep. 9. CORT.

Qui tot ingenuos matres familias, cives R. occidit) Vetus omnino codex elegantiorem & sinceriorem lectionem habet, quam nos accepimus. Non enim *ingenuas matresfamilias* appellat. Matres enim familias & probatas mulieres, & nobiles intelligimus, sed *ingenuos, matresfamilias* separatim de diversis generibus: ut Orat. VI. in Verrem: *Mitto adhibitam vim ingenuis, matresfamilias violatas*. Pueros enim ingenuos & honesto loco natos nefas erat stuprare. Nam in mancipiis, & libertinis quasi impune libidinem suam exercebant. Quod autem addit *cives Romanos*, tribusque verbis tria haec nefaria scelera exaggerat, oratorie est & gravissime dictum. Cujus tam elegantis locutionis nullum in vulgatis codicibus vestigium inerat. VICTORIUS.

simul

vastavit? Simius non semissis homo contra me arma tulit, & eum bello cepi. Sed tamen, mi Cicero, quid facere possum? Omnia mehercule cupio, quæ tu mi imperas. Meam animadversionem & supplicium, quo usurus eram in eum, quem cepissem, remitto tibi & condono. Quid illis respondere possum, qui sua bona direpta, naves expugnatas, fratres, liberos, parentes occisos, actiones expostulant? Si me-

Simul vero semissis homo] Longe alia est in antiquis codicibus lectio, quam libenter arripuimus: *Simius non semissis*. *Simiolum* etiam Cicero, quem irridet, appellat, & qui suis inimicitiis propter humilitatem ejus & sordes indignus esset, Græci quoque quos contemnunt, ita vocant, ut Aristophanes in Ranis: Οὐδ' ὁ πίθηκος οὗτος, ὁ νῦν ἐνοχλῶν Κλειγένης ὁ μικρός. *Vel simius iste, qui nunc molestus est, Cligenes inquam parvus*: ut duobus hic modis Catilium ignominiose appellet, & vocando ipsum *simium*, & ne vilissimo quidem pretio illum dignum esse dicendo. VICTOR. *Semissis*) *Semissis*. Sed hic locus sic etiam legitur: *Simius, non semissis homo*. CORRAD. *Simius non semissis homo*] Sic Victorius & eum secutus Lamb. reperiturque in Vaticano; nec divertit longius Pal. pr. *Simius non semissis homo*; reliqui vel, *si minus non servus sit*; vel *si minus non servus sit homo*; vel etiam aliter, quod non operæ pretium est adnotare; vulgo, *simul vero semissis homo*. Paullo ante Pall. omnes, Grut. Steweeh. *qui tot ingenues*, &c. GRUMANN. *Non semissis*. Id est vilissimi ac nullius pretii. CELL.

Actiones expostulant] Ita legendum est, quemadmodum etiam vetusti codices habent: non ut Manutii in priore & posteriore sua editione scripserunt, *actione expostulant*. In Verrem, *actionem ejus rei postulant*. P. VICTOR. *Actione expostulant*) Victorius edidit, *actiones expostulant*, quomodo & nonnulli codd. Memm. habent. Ego lectionem receptam retinui, quæ & in aliis quibusdam manuscriptis libris reperitur. *Actionem* autem interpretur, actionem legis: qualis est actio furti, actio servi corrupti, & similes. Lambin. Sed *actiones* constanter legunt Medicæus, & fidus ejus comes antiquus ille meus codex, Amstelodam. Mencel. quatuor Pall. pluresque alii, quos viderunt Manutius & Lambinus: quod cur *repudiemus* causa nulla est. Nam *expostulare actionem* est petere a prætore in urbe, aut proprætore in provincia agendi contra hunc aut illum copiam, sicuti *dare actionem* dicebatur prætor, quos admittebat ad agendum, hoc est, jus suum persequendum in judicio; sic *intendere actionem*, & *instruere actionem*, sæpe legitur. Pro vulgata tamen *actione expostulare* stant Vaticanus, & princeps Palat. forsan scripsit Varinius, *actione postulare*: illud *ex* natum est ex vitiosa repetitione litteræ *e*. *Actione* autem *postulare* dicitur, ut *actione experiri*. *Postulare* esse accusare, tritum est & pervulgatum. Suet. Iul. XXIII. *Mox ipse a L. Antistio Trib. pleb. postulatus, appellato demum collegio, obtinuit, cum Reip. causa abesset, reus ne fieret*. Sic *postulationes* sunt accusationes, actiones; apud eumdem in Ner. VII. *Celeberrimis patronis non translatitias, ut assoles, & breves, sed maximas plurimasque postulationes certatim ingerentibus*. Et *postulator*, ibid. cap. 14. est accusator: *In jurisdictione postulatoribus, nisi sequenti die, ac per libellos, non temere respondit*. GRÆV. Si salva est lectio, ita eam interpretarer: *Postulant, ut publico judicio accusent & probent, bona sua direpta, naves expugnatas esse*. Nam *actiones expostulare*, est *postulare ut agant & probent*. Hoc censeo. Quod si quis dicat Præpositionem *propter*, post *bona direpta* esse omissam; aut positum eumdem esse, quem II. ep. 6. exposuimus, non ita prope veritati accedat. CORT.

Arpil

mehercules Appii os haberem, in cujus locum suffectus sum, tamen hoc sustinere non possem. Quid ergo est? Faciam omnia sedulo, quæ te sciam velle. Defenditur a Q. Volusio, tuo discipulo, si forte ea res poterit adversarios fugare: in eo maxima spes est. Nos, si quid erit istic opus, defendes. Cæsar adhuc mihi injuriam facit de meis supplicationibus; & rebus gestis Dalmaticis adhuc non refert: quasi vero non justissimi triumphi in Dalmatia res gesserim. Nam si hoc exspectandum est dum totum bellum conficiam, viginti oppida sunt Dalmatiæ antiqua, quæ ipsi sibi adsciverunt amplius sexaginta: hæc nisi omnia expugno, si mihi supplicationes non decernuntur, longe alia conditione ego sum, ac ceteri imperatores. Ego post supplicationes mihi decretas in Dalmatiam profectus sum: sex oppida vi oppugnando cepi: unum hoc quod erat maximum, quater a me jam captum; quatuor enim turres, & quatuor muros cepi, & arcem eorum totam: ex qua me nives, frigora, imbres detruserunt: indigneque, mi Cicero, oppidum captum & bellum jam confectum relinquere sum coactus. Quare te rogo, si opus erit, ad Cæsarem meam causam agas, meque

Appii os) Audaciam, impudentiam. CORRAD. *Si me hercule Appii os haberem*) Hoc est, si essem tam impudens, ut est Appius, ore scilicet durissimo. *Os* sæpe dicitur impudentia, homo impudens. Ovid. epist. Helen. ad Paridem:

Nec tibi plus cordis, sed minus oris adest.

Vid. Manut. ad hunc locum & Casaub. ad Suet. Ner. 11. GRÆV.

In cujus) Jampridem apud Euboicum Gnum mortui. CORRAD.

Locum) In auguratu: nisi me conjectura fallit. Nam provinciam qui significare possit, non video. IDEM. *In cujus locum suffectus sum*) Cui successi in provincia Illyrico; non est autem hic Appius, ad quem Cicero lib. III. scribit, quippe qui bello civili periisset. Val. Max. 1, 6. sed alius, qui rexit Illyricum A. V. C. 706. Cæsare Dictat. II. I. F. GRON.

Oppida antiqua) Quæ propterea μητροπόλεις, urbes matrices dicuntur, de quibus vide Valesium ad Excerpt. Peiresc. p. 6. 7. Sed non de coloniis tantum, sed etiam de iis novitiis urbibus; quæ victa in nomen gentemque imperantium concessere, loquitur; de quibus, ut & de ceteris, eleganter Seneca Consol. ad Helv. c. 6. GRÆV.

Ego post supplicationes mihi decretas) In quibusdam libris ab hoc loco nascitur epistola novæ principium, ita ut ex hac X. fiant duæ, X. & XI. Nos unam facimus, ut probabilius est. LAMBIN. Vide & not. P. MANUT. GRÆV.

Vi oppugnando cepi) Alterum ex his satis fuisset, vel *vi*, vel *pugnando* capere. Sed conjungit etiam Hirtius de B. Afric. c. 35. ubi non debuisset Ciacconius tentare *vi & pugnando*. Sed distinctio adponenda, quam male & hic, & in Hirtio editores omittunt: pariter ac Cic. VI. Verr. c. 56. de Harusp. Resp. c. 58. CORT.

Ad Cæsarem meam causam agas) Apud Cæsarem Dictatorem: quo paullo post inter-

que tibi in omnes partes defendendum putes: hoc existimans, neminem te tui amantiorem habere. Vale. D. N. Decembribus, Narona.

EPISTOLA XI.

ARGUMENTUM.

Respondens Vatinii litteris, quæ non exstant, ornat eum grati animi laude: sua studia pollicetur: uxori præsto futurum in omni re, significat. In extrema epistola rogat de Dionysio servo: Dalmatis imprecatur. Eodem anno, aut qui proxime secutus est.

M. T. C. P. VATINIO IMPERATORI S. D.

GRata tibi mea esse officia non miror: cognovi enim te gratissimum omnium: idque numquam destiti prædicare; nec enim tu mihi habuisti modo gratiam, verum etiam cumulatissime retulisti. Quamobrem reliquis tuis rebus omnibus pari me studio erga te & eadem voluntate cognosces. Quod mihi feminam primariam, Pompeiam, uxorem tuam commendas, cum Sura nostro statim tuis litteris lectis locutus sum, ut ei meis verbis diceret, ut, quidquid opus esset, mihi denunciaret: me omnia, quæ ea vellet,

interfecto, Vatinium ab Illyriis superatum, Dyrrachium confugit, & postea venienti M. Bruto portas aperuit, & exercitum tradidit. CORRAD.

EPISTOLA XI.

TV mihi habuisti modo gratiam) Pro defensione, & laudatione. CORRADUS.

Reliquis tuis rebus omnibus) Id e. in rebus tuis: vide notas II. epist. 1. & confer IV. ep. 6. de tribus autem Adjectivis uni Substantivo positis, III. ep. 4. de *pari studio* IV. ep. 15. Sed sic hoc loco idem *casus* aliquoties concurrit, quod magistelli nostri peccatum in elegantiam existimant. Sed indulget sibi Livius XXXI. c. 1. ubi Gronovium vide, & alii ad Sall. Cat. c. 11. *omnia recepta republica*. CORT.

Vt, quidquid opus esset, mihi denunciaret) Hoc est, quacumque in re mea opera & consilio indigerent, me arcesserent. *Denunciare* enim concise interdum significat, *jubere ut adsit & ad se veniat, arcessere*. Brutus & Cassius ad Anton. lib. XI. ep. 2. *Illud valde leve est ac nugatorium, ea re denuntiationem esse veteranis, quod de commodis eorum mense Iunio laturus esses*; hoc est, ideo veteranos fuisse arcessitos in urbem. Idem lib. XIII. ep. 77. *Atque ut hoc tui necessarii sciant, hoc me animo erga te esse, velim facias eos certiores, ut si quid tibi opus sit, ne dubitent mihi jure suo denunciare*. Sic *denuntiare testimonium alicui*: in Orat. pro Sex. Rosc. & sæpe apud ICtos est jubere aliquem præsto esse in judicio

let, summo studio curaque facturum: itaque faciam, eamque, si opus esse videbitur, ipse conveniam. Tu tamen ei velim scribas, ut nullam rem neque tam magnam, neque tam parvam putet, quæ mihi aut difficilis, aut parum me digna videatur. Omnia quæ in tuis rebus agam, & non laboriosa mihi, & honesta videbuntur. De Dionysio, si me amas, confice: quamcumque ei fidem dederis, præstabo. Si vero improbus fuerit, ut est, duces eum captivum in triumpho. Dalmatis dii male faciant, qui tibi molesti sunt. Sed, ut scribis, brevi capientur, & illustrabunt res tuas gestas: semper enim habiti sunt bellicosi. Vale.

EPISTOLA XII.

ARGUMENTUM.

Petit a Lucceio, historiarum scriptore, ut res a se in consulatu gestas litteris mandet, ut separato volumine, ut statim, ut majore cum laude, quam historiæ leges aut veritas ipsa patiatur. Argumentum proponit a principio conjurationis Catilinæ ad reditum suum ab exsilio: in qua temporum varietate summam inesse delectationem, tum rationibus ad probandum aptis, tum etiam Epaminondæ ac Themistoclis docet exemplo. Et, ut impetret facilius, aucupatur ejus gratiam laudationis artificio. Denique, si non impetret, ipsum de se, licet invitum, scripturum esse significat. Est autem, si nimiam laudis cupiditatem excipias, quo vitio nonnihil Cicero noster laboravit, egregie scripta epistola,

dicio ad dicendum testimonium. Sic & Græcis παραγγέλλειν hoc sensu accipitur. GERMANIUS.

Quamcumque ei fidem dederis præstabo) Hoc est, quidquid ei meo nomine de impunitate promiseris, servabo. GRÆV.

Duces eum captivum in triumpho) Quis non animadversione dignam deputet scripturam Pall. pr. quint. *duces eum in triumpho captum*: interim quoque Pall. sec. tert. Græv. Steweck. captum, non ut vulgatum *captivum*. GERMANUS.

Habiti sunt bellicosi) Et ideo magis illustrabunt res tuas, qui illos viceris. CORRAD. Efferum genus, Floro IV. c. 12. & qui XX. & CC. annos rebelles fuerunt, antequam ad certam confessionem pacati sunt imperii, Vellei II. c. 90. ipsum Vatinium, quem Cæsar iis imposuerat, acie superarunt, sed Octavianus tandem plene subegit, Dio XLIX. p. 414. CORT.

Est-

stola, ut sæpissime lecta satietatem tamen numquam afferat: itaque cum ad Atticum scriberet epistola 6. lib. IV. Epistolam, *inquit*, Lucceio quam misi, qua res meas ut scribat, rogo, fac ut ab eo sumas: valde bella est. *Lucceii responsio desideratur: respondisse tamen ac pollicitum, velle se roganti morem gerere, ex tertia ad Atticum epistola constat; ex qua etiam intelligitur, hanc esse scriptam Marcellino & Philippo Coss.*

M. C. L. LVCCEIO Q. F. S. D.

Coram me tecum eadem hæc agere sæpe conantem deterruit pudor quidam pæne subrusticus, quæ nunc expromam absens audacius. Epistola enim non erubescit. Ardeo cupiditate incredibili, neque, ut ego arbitror, reprehendenda, nomen ut nostrum scriptis illustretur & celebretur tuis; quod etsi mihi sæpe ostendis te esse facturum, tamen ignoscas velim huic festinationi meæ. Genus enim scriptorum tuorum etsi erat semper a me vehementer exspectatum, tamen vicit opinionem meam, meque ita vel cepit, vel incendit, ut cuperem quam celerrime res nostras monumentis commendari tuis. Neque enim me solum commemoratio posteritatis ad spem quandam immortalitatis rapit: sed etiam illa cupiditas, vel ut auctoritate testimonii tui, vel indicio benevolentiæ, vel suavitate ingenii, vivi per-

EPISTOLA XII.

M. C. a. D. L. LVCCEIO Q. F.] M. Quod in Mediceo codice [illegible] servatum animadvertimus, id ipsi quoque custodivimus, Lucceius scilicet esse illius nomen, non Luceius. Quod quamvis parvi momenti esse videatur, non multi quoque laboris est [illegible], postquam antiquis monumentis fidem habere volumus; præsertim quod semper hic per duo CC scribitur, vidimus etiam Romæ in antiquo lapide hoc nomen ita scriptum esse.

D. M.
LVCCEIÆ
SECVNDINÆ
TI. CLAV.

Cic. Op. T. XV. Epist. Fam. T. II.

PRISCVS VITRICVS
VIX. AN. II. MEN. V.

Sed alium etiam Atticii esse lapidem, in quo idem nomen eodem modo scriptum sit, Victor. *L. Lucceio*) De hac epistola sic ad Atticum scribit: *Epistolam, Lucceio quam misi, qua res meas ut scribat rogo, fac ut ab eo sumas; valde bella est: eumque ut adproperet, adhorteris; & quod mihi se ita facturum rescripsit, agas gratias.* Cum [illegible].

Quæ nunc expromam absens audacius) Sic omn. Pall. Grut. Stemerh. Pach. editio princeps, ut Victorii (sic in Amstelodam. Manut. & Graev. [illegible], quod in primis expendam, in loc. *expromam*) substituerunt *exponam*, [illegible]

perfruamur. Neque tamen hæc cum scribebam eram nescius, quantis oneribus premerere susceptarum rerum, & jam institutarum: sed quia videbam Italici belli, & civilis historiam jam a te pæne esse perfectam, dixeras autem mihi te reliquas res ordiri, deesse mihi nolui, quin te admonerem, ut cogitares conjuncte ne malles cum reliquis rebus nostra contexere, an, ut multi Græci fecerunt, Callisthenes Troicum bellum, Timæus Pyrrhi, Polybius Numantinum: qui omnes a perpetuis suis historiis ea, quæ dixi, bella separaverunt: tu quoque item civilem conjurationem ab hostilibus externisque bellis sejungeres. Equidem ad nostram laudem non multum video interesse: sed ad properationem meam quiddam interest non te exspectare, dum ad locum venias, ac statim causam illam totam & tempus arripere. Et simul si uno in argumento unaque in persona mens tua tota versabitur, cerno jam animo, quanto omnia uberiora atque ornatiora futura sint. Neque tamen ignoro, quam impudenter faciam, qui primum tibi tantum oneris imponam (potest enim mihi denegare occupatio tua), deinde etiam, ut ornes me, postulem. Quid si illa tibi non tantopere videntur ornanda? Sed tamen, qui semel verecun-

sam addidisse debebant. GRONOV.

Italici belli) De hoc vide Flor. III. 17. Appian. 1. de Bell. Civ. & Epit. Liv. LXXI. & seq. GRÆV.

Civilis) Nimirum Mariani, de quo vid. Flor. III. 21. Liv. Ep. 77. & seq. Appian. lib. 1. de Bell. Civ. & Plutarch. in vit. Marii. IDEM.

Deesse mihi nolui) Propter commodum meum faciendum putavi. Similes Macrologias adnotavi III. ep. 10. Tacitus XIV. Ann. c. 39. CORT.

Cum reliquis rebus nostra contexere) Malim legi *nostras*. LAMBIN.

Callisthenes Troicum bellum) Vide de hoc Callisthene & ejus scriptis Gerard. Voss. I. de Hist. Græc. cap. 9. De hoc Bello vero vide Homerum, & Dictyn Cretensem, aliosque. GRÆV.

Timæus Pyrrhi) Fuit domo Siculus, Tauromenita, vixit tempore Agathoclis, cum bellum Tarentinum a Pyrrho gereretur in Italia: vide de ejus vita & scriptis G. Voss. de Hist. Græc. lib. I. cap. 12. De hoc bello vero vide Flor. lib. 1. cap. 18. Liv. ep. lib. XII. & seqq. Plutarchum in vita Pyrrhi. IDEM.

Polybius Numantinum) Vixit temporibus Ptolemæi Philometoris. De quo vid. Ger. Voss. lib. I. de Hist. Græc. cap. 19. De bello vero Numantino vid. Flor. II. 18. epit. Liv. LVII. & seqq. Vell. II. 4. IDEM.

Perpetuis historiis) Gestis continentibus, Sisennæ verbis apud Gell. XII. c. 15. quibus opponit *vellicatim* scribere, quod Sall. Cat. cap. 4. *carptim* dixit. Sic *perpetuum carmen* Ovid. I. Metam. v. 3. CORT.

Ut ornes me postulem) Legendum censeo, *ut ornes me*, quam lectionem adjuvat id quod sequitur, *quid si illa tibi*, &c. & illud aliquanto remotius, *ut & ornes ea verbis*. &c. LAMBIN.

In ea

eundem fines transierit, cum bene & naviter oportet esse impudentem. Itaque te plane etiam atque etiam rogo, ut & ornes ea vehementius etiam, quam fortasse sentis, & in eo leges historiae negligas: gratiamque illam, de qua suavissime quodam in procemio scripsisti, a qua te deflecti non magis potuisse demonstras, quam Herculem Xenophontium illum a voluptate: eam, si me tibi vehementius commendabit, ne aspernere: amorique nostro plusculum etiam, quam concedet veritas, largiare. Quod si te adducemus, ut hoc

Et in eo leges historiae negligas] Quae sunt, ne quid falsi dicere audeat; deinde ne quid veri non audeat; ne qua suspicio gratiae sit in scribendo, ne qua simultatis. Corrad.

A qua te deflecti non magis potuisse] Quidam pro *affici*, *allici* legunt, quae ex varietate oriuntur ex ambigua & corrupta antiqua lectione. In melioribus enim codicibus *affecti* scriptum est, quam vocem nos etiam diligenter considerantes, [illegible] legi posse *flecti*, non admodum longe a veterum exemplarium vestigiis, & fortasse sententia non inepta. [illegible] enim ut ferme colligitur ex verbis Cic. Lucceium de gratia in quodam procemio librorum historiarum scripsisse, ut se diceret libere de vera historia explicandam: nec unquam potuisse tantum [illegible] in se gratiam, ut a veritate & fide rerum gestarum discederet. Quamvis enim [illegible] esset, & [illegible] commendaretur [illegible] ad [illegible] vertisset, se [illegible] non magis potuisse flecti & de via [illegible], quam Herculem a voluptatis illecebris sibi objectis, de proposito flecti & trahi potuerit. Si cui nostra lectio minus placebit, ipse meliorem excogitet; [illegible] omnibus copiam facimus, ut quivis judicet, an nos conjectura fefellerit, & si quem, [illegible] Victor. *A qua te flecti non magis potuisse demonstras*] P. Victorius edidit, *a qua te flecti*. Ego vulgatam lectionem, quia eam ubique veterum librorum auctoritate confirmatam animadverti, retinere ac tueri posse [illegible] Manut. Lamb. *A qua te affici non magis potuisse demonstras*] Sic [illegible] in omnibus fere libris tum calamo exaratis, quam impressis, nisi quod in [illegible], quibus *a qua te affici*. Victorius ex conjectura *flecti*, [illegible] *deflecti*, ante omnes [illegible], nos [illegible] librorum constantium conjecturae praetulimus; quamquam eandem confirmet Vaticanus [illegible]. Quam praeclare [illegible] ille liber meus totus [illegible], hic quoque locus argumento est. Nam quod in Mediceo [illegible] scribebatur *affecti*, unde colliget P. Victorius [illegible] esse, *flecti*, [illegible] in hac lectione [illegible] quae non ex libris, sed conjectura sit, [illegible], ut in meis membranis [illegible] scribitur, [illegible] literis [illegible], *a qua te deflecti*. Et sic quoque in alio quodam vetere codice legi marginem Lambinianae editionis ferens, in Vaticano vero *flecti*. Reponenda itaque vera lectio, [illegible] in posterum quisquam de ea [illegible], dubitabit. Nam & hoc *deflecti* [illegible] natum est ex praecedenti [illegible], quod male repetitum [illegible] corruptum est, & ex *flecti* [illegible]. Nam *deflecti* nusquam legitur, [illegible], a qua [illegible] deflecteret, [illegible] pro Quintio, [illegible] a veritate deflecti. [illegible] Lucceius, se ob nullius gratiam & favorem, [illegible], potuisse [illegible], ut a vero in historia scribenda se passus sit abduci. Graev.

Quam Herculem Xenophontium illum] Dicente tamen Prodico, ut scribit Cicero lib. I. de Officiis. Corrad.

hoc suscipias, erit, ut mihi persuadeo, materies digna facultate & copia tua. A principio enim conjurationis usque ad reditum nostrum videtur mihi modicum quoddam corpus confici posse: in quo & illa poteris uti civilium commutationum scientia, vel in explicandis causis rerum novarum, vel in remediis incommodorum, cum & reprehendes ea, quæ vituperanda duces, & quæ placebunt, exponendis rationibus comprobabis, & si liberius, ut consuesti, agendum putabis, multorum in nos perfidiam, insidias, proditionem notabis. Multam etiam casus nostri tibi varietatem in scribendo suppeditabunt, plenam cujusdam voluptatis, quæ vehementer animos hominum in legendo tenere possit. Nihil est enim aptius ad delectationem lectoris, quam temporum varietates, fortunæque vicissitudines: quæ etsi nobis optabiles in experiendo non fuerunt, in legendo tamen erunt jucundæ. Habet enim præteriti doloris secura recordatio delectationem. Ceteris vero nulla perfunctis propria molestia, casus autem alienos sine ullo dolore intuentibus, etiam ipsa misericordia est jucunda. Quem enim nostrum ille moriens apud Mantineam Epaminondas non cum qua-

Reditum nostrum] ab exilio. Io.

Modicum corpus] Hoc est, librum, volumen. Io II. ad Q. Fratrem, ep. [illegible] Vitruv. [illegible] Cic. VI. ad Att. ep. 1. [illegible] Hesych. [illegible] Sic & Corpus [illegible] Ge.

Illa poteris uti civilium commutationum scientia] Cum scias quare civiles commutationes fiant, ea scientia uti poteris, & ita ad rem accedere, quod [illegible] Corr.

Quæ vehementer animos hominum in legendo tenere possit] [illegible] Hoc est, in legendo, & in ea memoria [illegible] Cic. IV. Acad. [illegible] Plin. IV. ep. [illegible] Cic. VII. ad Fam. ep. [illegible] Ovid. IV. Metam. [illegible] Gron.

Epaminondas] Lege Probum in vita. Corr.

Tum

quadam miseratione delectat? qui tum denique sibi avelli jubet spiculum, postea quam ei percontanti dictum est, clypeum esse salvum: ut etiam in vulneris dolore aequo animo cum laude moreretur. Cujus studium in legendo non erectum Themistocli fuga redituque retinetur? Etenim ordo ipse annalium mediocriter nos retinet, quasi enumeratione fastorum. At viri saepe excellentis ancipites variique casus habent admirationem, exspectationem, laetitiam, molestiam, spem, timorem: si vero exitu notabili concluduntur, expletur animus jucundissima lectionis voluptate. Quo mihi acciderit optatius, si in hac sententia fueris, ut a continentibus tuis scriptis, in quibus perpetuam rerum gestarum historiam complecteris, secernas hanc quasi fabulam rerum eventorumque nostrorum. Habet enim varios actus multasque actiones & consiliorum, & temporum. Ac non vereor, ne assentatiuncula quadam aucupari tuam gratiam videar, cum hoc demonstrem,

Themistoclis fuga ed. vet.] Vetera exemplaria *Themistocli* [illegible] veteris declinationis, qua dandi casum in hujusmodi nominibus pro genitivo ponebant, ut *Pisoni* pro *Pisonis*, *Achilli* pro *Achillis*: sic etiam in nostro probatiore codice ep. ad Att. lib. XIII. *Non video ipsum illum Aristoteli discipulum*, pro *Aristotelis*. Item ad Att. lib. IX. [illegible] *Theophani* [illegible]. Et eodem lib. etiam in vulgatis, [illegible], pro [illegible]. Hanc tum prisci & recentiores Grammatici admonuerunt, plurimis ex Virgilio, & ex oratoribus etiam, & historicis exemplis adductis. Victorius. *Redituque retinetur*] Quamvis non redierit Themistocles, ut scribit Plutarch. in vita; tamen qui legunt de fuga, ita retinentur, quasi is rediturus sit. Sunt tamen qui hoc loco legunt, *exituque*. Corr. *Redituque retinetur*] Nonnulli legunt *exituque* pro *redituque*, alii *exitoque*: alii hoc totum *redituque* delent, neque quidquam in ejus locum substituunt. Lamb. *Erectum Themistocli fuga redituque retinetur*] Non habent *Themistoclis* Pall. sec. tert. quart. Mediceum, Vatic. editio Victorii; pro *erectum* vero Pall. sec. quart. [illegible]; [illegible]. Bremenh. [illegible], unde Graevius [illegible], quod non probo: deinde [illegible] duo recentiores [illegible]. Item Bremenh. ac Pal. quint. [illegible] *Themistocli* habet etiam Graevii prim. vid. Gerard. Voss. lib. II. de Anal. cap. 9. Graev. *Redituque*] Ad haec verba Manutius scribit: *Reditum Themistoclis post fugam non invenio*. Hac tamen [illegible] Hieronymus Ferrarius [illegible] opinabatur, teste eodem Manutio, *[illegible]* pro *reditu*. Aliis placet *exitu* rescribere, alii [illegible]; alii plane audent *redituque* delere. Sed haec omnia ab antiquis libris dissentiunt. Mihi dubium non est, quin Cicero [illegible] admiserit, Themistocli tribuens, quae de Alcibiade scripta reliquerunt Historici. Scribere igitur Cicero debebat, immo volebat, *Alcibiadis*, sed imprudens posuit [illegible]; id quod [illegible] Criticus debet, non emendare. Havercamp.

Ut a continentibus tuis scriptis, in quibus perpetuam rerum gestarum historiam complecteris] Forte: *Ut a continentibus tuis scriptis, quibus perpetuam rerum gestarum historiam complecteris*. Lamb.

strem, me a te potissimum ornari celebrarique velle. Neque enim tu is es, qui quid sis, nescias; & qui non eos magis, qui te non admirentur, invidos, quam eos, qui laudent, assentatores arbitrere. Neque autem ego sum ita demens, ut me sempiternae gloriae per eum commendari velim, qui non ipse quoque in me commendando propriam ingenii gloriam consequatur. Neque enim Alexander ille gratiae causa ab Apelle potissimum pingi, & a Lysippo fingi volebat: sed quod illorum artem cum ipsis, tum etiam sibi gloriae fore putabat. Atque illi artifices corporis simulacra ignotis nota faciebant: quae vel si nulla sint, nihilo sint tamen obscuriores clari viri. Nec minus est Spartiates Agesilaus ille perhibendus, qui neque pictam, neque fictam

Qui quid sis nescias] Sic habent omnes libri vulgati: & ita edidit P. Victorius. Nonnulli libri MSS habent, qui, qui sis, nescias; quos sequitur [illegible]. *Qui quid sis nescias.* Commendat hanc lectionem ipsa veritas, quam secuti quoque sunt Victorius ac Manutius. Lambinus tamen est in omnibus editis habere *quidquid sis* nescias, [illegible] Gulielmius ex [illegible] Plautina; [illegible] tamen [illegible] Lambinus, quod in [illegible] MSS reperisset qui [illegible] [illegible]. Pall. prim. [illegible] [illegible] [illegible] *qui sis nescias*. Pal. sec. Grut. qui sis [illegible]. In Medicaeo fuisse [illegible] [illegible] [illegible] [illegible] Archetypum quod cuilibet optimum videtur, [illegible] est omnium integerrima. Graev. *Qui quid sis nescias*] Qualis & quantus sis. Neutrum de Masculinis dici, [illegible] ad IV. ep. 4. *Quid* autem ad qualitatem pertinere egregie [illegible] est Varro IV. Epistolarum, quae [illegible] Charisius lib. I. p. [illegible]. Ovid. IV. Trist. el. I. v. 95. Phaedrus V Fab. ult. v. 9. Cort.

Ignotis] [illegible] non norant, Terent. Eun. V. [illegible] [illegible] [illegible] [illegible] [illegible]; ubi Don. [illegible] [illegible] [illegible], [illegible] [illegible] Plaut. [illegible] IV. [illegible] 37. [illegible] [illegible] [illegible]. [illegible] [illegible] [illegible] [illegible] Ovid. IX. Met. 108. [illegible] [illegible] [illegible] [illegible] [illegible]

[illegible], [illegible] [illegible]. Io. Fr. Gronov.

Nihilo sint tamen obscuriores clari viri] [illegible] (fateor) [illegible], sed tamen magnam & vim & claritatem tali sententiae refundens. Alii libri omnes [illegible] praeter Pall. prim. quint. Vasic. editionem V. [illegible] (quibus accedit Graevii primus). [illegible] ante legebat Henricus Stephanus [illegible] [illegible] [illegible], male, si non pessime; nam omnes [illegible] [illegible] abque libris [illegible] [illegible] [illegible] nulla [illegible] [illegible] [illegible] [illegible] [illegible], [illegible] omnes MSS. & Victorii editio. Prima tamen & Pal. sec. [illegible] [illegible] [illegible], ut Pal. quart. [illegible] [illegible] [illegible] pro [illegible]. [illegible] [illegible] paucis [illegible] verbis [illegible] [illegible] [illegible] [illegible] [illegible] [illegible], numquam satis [illegible] [illegible] [illegible], [illegible] [illegible] [illegible] [illegible]; [illegible] quoque ex [illegible] [illegible] Victorius, reperiaturque in Vaticano; nec alioni [illegible] Pall. [illegible] [illegible], [illegible] [illegible] [illegible] [illegible] [illegible]. [illegible] pro [illegible] [illegible] [illegible] [illegible] [illegible] ad nostra. Graev.

Nec minus est Spartiates Agesilaus ille perhibendus] [illegible] [illegible] [illegible] [illegible] [illegible] [illegible] [illegible] [illegible] interpretes [illegible] [illegible], [illegible] [illegible] [illegible] [illegible] [illegible] [illegible]; quoniam tota epistola agitur

de [illegible]

fictam imaginem suam passus est esse, quam qui in eo genere laborarunt: unus enim Xenophontis libellus in eo rege laudando facile omnes imagines omnium, statuasque supe-

de perennitate. Quasi vero hac ipsum prohibere non esset intelligendum de perennitate, & omni posteritati memoriam denegaret, ut recte hanc coniectionem [illegible] contulerit cum loco lib. I. ep. 8. *monumentorum perennitate*. Et similem in modum comprobant testimonia apud Gellium X. 17. *Democritus ut pauci alios veterum doctrinam nec artibus artifices produxit*. Et apud Symmachum I. LXXVI. *Philosophorum literaturae in constitutionem professiones*. Iac. Gron.

Quam qui in eo genere laborarunt] Lambinus legit *elaborarunt*. Graevius. *Qui in eo genere laborarunt*] Scribe, *elaborarunt*, qui operam dederunt, ut sic statuae & imagines exstarent. H. 4. I. Fr. Gron.

Xenophontis libellus in eo rege laudando] De Agesilao sermo est, & intelligit laudationem ipsius a Xenophonte confectam & appellatam Agesilaum, quae ad nostra etiam tempora pervenit. Neque tamen ea est, ut quidam credunt, quae inter vitas Plutarchi legitur, & multas, easque ab eo gestas continet: liber enim ille a Plutarcho scriptus est, qui ipse Agesilai vitam quemadmodum multorum clarissimorum virorum edidit: sed una cum aliis Xenophontis commentariis legitur. Veteri tamen Plutarchi codices, illam ut non veram Plutarchi, nota illi adposita habent, qui error ab eo ortus est, qui epistolam confecit, quo divinum illud Plutarchi opus commendavit: in hac enim re falsus est. Multa quae in ea vita leguntur, manifesto arguunt, illam Chaeronei esse, & longe aliam ab ea, quam commentariis litteratam Xenophon prodidit. Vivenius. *Unus Xenophontis libellus in eo rege laudando facile omnes imagines omnium statuasque superavit*] In animo est quaedam de voce *signum* sive *statua* & *imago* addidisse, quorum vocum discrimen hoc in loco satis indicat Tullius. Sunt, qui nihil a signis secernunt, vocem imagines latius patere, quam *signa* aut *statuas* arbitrantur, imaginesque recte dici, sive corpus integrum exhibeatur, sive tantum oris simulacrum humerorum tenus, sive denique pictae umbilicus. Sed ut verum fatear, plane *imago* adhibitam fere semper mihi videre visus sum pro solo *pictis tabulis*. Exemplorum autem ingentem me animus iubet, in quibus palam est, *imagines* semper a *signis* distingui. Tullius pro Arch. XII. inquit: *Statuas & imagines non animorum simulacra, sed corporum studiose multi reliquerunt*. Et ne quid dubitationis in eo sit, ipse Tullius, qui hic distinxit *statuas* ab *imaginibus*, saepe alias, quid pro eo imagines intellexit, luculente aperuit, scilicet pictas tabulas. In Verr. Act. I. 10. *Quae ista tabulae pictae, quae signa sublata?* Eadem verba bis leguntur cap. 21. & c. 23. & lib. 4. c. [illegible]. & denique in hac epistola legere est. Igitur apud maximum oratorum perinde est *imago*, ac *picta tabula*. Idem observat in caeteris locis exemplis, nota Suetonio, Suetonio quam saepissime in Ner. XXIV. in Calig. XXXIII. in Tib. XIII. in Iul. XLVII. in Aug. LXXXI. apud Velleium quoque lib. I. 11. apud auctorem Dialogi de Oratoribus qui Tacito adscribitur 8. 9. 11. apud Plinium Hist. XXXV. 2. & 10. apud quos omnes *signa* semper a *pictis tabulis* distinguuntur; quin imo specie Suetonius quas *pictas tabulas* in Aug. LXXXI. nominat, eas imagines in Tib. XIII. aperte appellat. Sistam tantum Plinii locum L. IV. ep. 28. ex quo suspicionem a me imaginum notionem firmum relatumque habebis: *Herennius Severus magni aestimat in bibliotheca sua ponere imagines municipum tuorum, Cornelii Nepotis, & Titi Cassii, petitque, si sunt istic, ut esse credibile est, exscribendas pingendasque delegem*. *Verba autem, ad pictorem quam diligentissimum adsumas*. Hinc voces *Pingendas*, & *Pictorem*, illunt verbalium *Imagines*, haud esse *statuas*. Praeterea vultus auctorum, quae in libris olim facile de-

superavit. Atque hoc præstantius mihi fuerit & ad lætitiam animi, & ad memoriæ dignitatem, si in tua scripta pervenero, quam si in ceterorum; quod non ingenium mihi solum suppeditatum fuerit tuum, sicut Timoleonti a Timæo, aut ab Herodoto Themistocli, sed etiam auctoritas clarissimi & spectatissimi viri, & in reipub. maximis gravissimisque caussis cogniti, atque in primis probati: ut mihi non solum præconium, quod cum in Sigæum venisset Alexander, ab Homero Achilli tributum esse dixit; sed etiam grave testimonium impertitum clari hominis magnique videatur. Placet enim Hector ille mihi Nævianus, qui non tantum laudari se lætatur, sed addit etiam, a laudato viro.

pictos ex Martiale XIV. 186. novimus, eo quod picturæ fingebantur, *imagines* dictas esse reperi in Plinio lib. XXXV. cap. 2. Hanc ipsam notionem & ingenium vocis *imaginis* ab legum *ex...* etiam teneo, & a marmoribus, quæ binas hasce voces distinxerunt. Illud eruitur l. 12. D. de aur. arg. leg. & alibi; hoc apud Gruter. 169. 5. Verum non fugiam aliquando apud scriptores vocem *imago* audire *statua*, sed numquam eam reperies solitariam, atque aliquo adjuncto desertam. Præsto est mihi Tullius hac eadem epistola: *Spartiates ille Agesilaus perhibendus, qui neque pictam, neque fictam imaginem suam passus est esse*. Et Hor. Serm. 8. lib. I. v. 43. *Et imagine cerea largior arserit ignis*. Præterea Vitruvius l. I. 6. Tacitus in ult. cap. vitæ Agricolæ, Plinius XXXV. 3. Solinus 55. Suetonius in Vitell. II. ceterique bene multi, atque etiam marmora apud Gruter. 170. 4. & alibi. Quare certum te facio, cur oppido rara sit vox *imagines* in lapidibus scriptis, contrario solemnis sit *statua signa* præsertim, vel *statua*, aut *simulacrum*: nam illis ... est, vel potissimum picturam adnotat. Est & alia voci *imago* notio, quæ ... est, atque Græci vocant *ἰδέαν*, speciem illam, quam de quavis re animo concipimus; sane hic & de scalptoribus, ac de pictoribus dici potest, eique ... se habet vox *effigies*, & ea accipienda est tunc notione, qua nos Itali dicimus *Ritratto*. Quemadmodum apud Plinium l. III. 10. lib. XXXV. 10. & alibi, & ita quoque accipiendi sunt in Vegetio II. de Re Milit. c. 7. Imaginarii sive imaginiferi, *coloro che fanno i ritratti*. Hæc de triplici *imaginis* significatu, atque ingenio probe distincta, perturbata leges apud Sallengre t. I. diss. 10. de signo & statua, & propter hæc dissentiens a Lipsio lib. I. Elect. c. 29. imagines definiente, *non aliud fuisse, quam expressas corporum effigies humanorum tenus; non enim corporis totius, sed corporis, atque vultus* fuisse docet. Adeo vero adstruas hanc imaginis notionem, & præsertim quando valet pro pictura, ut Græcis Latini id acceptum referre debeant, qui etiam binas has voces distinguunt *εἰκὼν* & *ἄγαλμα*; atque hanc quidem pro statua, illam vero pro tabella picta constanti tenore adhibitam advertes; & si aliquando *εἰκὼν* sit statua *προσθετον* aliquod adjiciunt, veluti *εἰκὼν χαλκῆ*, ut apud Pausan. Supersedeo aliis auctoritatibus afferendis, quæ tot sunt, ut tædio potius legentibus futura crediderim. MARTORELLIVS. *De Reg. Theca Calam.*

Ab Homero Achilli tributum esse dixit] Hoc modo: *O fortunate adolescens, qui tuæ virtutis Homerum præconem inveneris*. CORRAD.

Vero-

viro. Quod si a te non impetro, hoc est, si quae te res impedierit (neque enim fas esse arbitror, quidquam me rogantem abs te non impetrare) cogar fortasse facere, quod nonnulli saepe reprehendunt: scribam ipse de me, multorum tamen exemplo & clarorum virorum. Sed, quod te non fugit, haec sunt in hoc genere vitia: & verecundius ipsi de sese scribant necesse est, si quid est laudandum, & praetereant, si quid reprehendendum est. Accedit etiam, ut minor sit fides, minor auctoritas, multi denique reprehendant, & dicant, verecundiores esse praecones ludorum gymnicorum, qui cum ceteris coronas imposuerint victoribus, eorumque nomina magna voce pronuntiarint, cum ipsi ante ludorum missionem corona donentur, aliam praeconem adhibeant, ne sua voce ipsi se victores esse praedicent. Haec nos vitare cupimus, &, si recipis causam nostram, vitabimus; idque ut facias rogamus. Ac, ne forte mirere, cur, cum mihi saepe ostenderis, te accuratissime nostrorum temporum consilia atque eventus litteris mandaturum, a te id nunc tanto opere & tam multis verbis petamus: illa nos cupiditas incendit, de qua initio scripsi, festinationis, quod alacres animo sumus: ut & ceteri viventibus nobis ex litteris tuis nos cognoscant, & nosmetipsi vivi gloriola nostra perfruamur. His de rebus quid acturus sis, si tibi non est molestum, rescribas mihi velim. Si enim suscipis causam, conficiam commentarios rerum omnium. Sin autem differs me in tempus aliud, coram tecum loquar. Tu interea

Verecundiores esse praecones ludorum gymnicorum, qui &c.) Elegantissima sententia, qua etiam usus est doctissimus vir Plutarchus in commentario, quo docet, quomodo quis possit sui ipsius laudes citra invidiam praedicare: sed tamen a Cicerone minus eleganter aut copiose exposita est. Graeci auctoris verba haec sunt, quae cum Latinis conferre inutile non erit: [illegible] sed & in ludis gymnicis *coronas donatos alii victores jussit praedicari, ut propriae laudationis verecundiam adferant.* VICTORIUS. *Alium praeconem adhibeant*] Aliter tamen Nero, qui in his sacris certaminibus *victorem se ipse pronuntiabat: quo de usu & praeconis adhibendi*, ut Suet. notat in ejus vita, cap. 24. Solebant enim in illis ludis, ut palaestra hic vocant Mancurius, praecones etiam de victoria contendere. GRAEV.

Commentarios] Praestat, ut haberet, unde sumeret, qui vellet scribere historiam. Haec de plura de Caesaris Commentariis Cic. de Clar. Orat. c. 75. quem vide, GRAEV.

Ipsi

ea non cessabis, & ea, quæ habes instituta, perpolies, nosque diliges. Vale.

EPISTOLA XIII.

ARGVMENTVM.

Ciceronem in obitu filiæ Lucceius litteris consolatus erat, ex litteræ quantum profecerint, & simul quam omnis recuperandæ reip. spes amissa sit, hæc epistola demonstrat. Cæsare IV. Consule sine collega.

M. C. L. LVCCEIO Q. F. S. D.

QVamquam ipsa consolatio litterarum tuarum mihi gratissima est: declarat enim summam benevolentiam conjunctam pari prudentia; tamen illum fructum ex iis litteris vel maximum cepi, quod te præclare res humanas contemnentem, & optime contra fortunam paratum armatumque cognovi. Quam quidem laudem sapientiæ statuo esse maximam, non aliunde pendere, nec extrinsecus aut bene, aut male vivendi suspensas habere rationes. Quæ cogitatio, cum mihi non omnino excidisset (etenim penitus insederat), vi tamen tempestatum & concursu calamitatum erat aliquantum labefactata atque convulsa; cui te opitulari & video, & id fecisse etiam proximis litteris, multumque profecisse sentio. Itaque hoc sæpius dicendum, tibique non significandum solum, sed etiam declarandum arbitror, nihil mihi

Instituta perpolies) Limabis & emendabis. Plin. II. ep. 5. qui & *limam* I. ep. 1. & 8. ita usurpavit. Ioan.

EPISTOLA XIII.

QVam quidem laudem sapientiæ statuo esse maximam) Palat. prim. *Quam equidem laudem sapientiæ statuo esse maximam*. Meus vero primus: *Quam quidem laudem sapientiæ autumo esse maximam*. Scripsisse Ciceronem censeo: *Quam equidem laudem sapientiæ autumo esse maximam*. Vsus hoc etiam vocabulo est in Topicis: *Bene quem meritum esse autumes, dicis male merori*. Plauto aliisque perquam frequens est. Graev.

Non aliunde pendere) Vid. Epicteti Enchiridion cap. 1. 2. 3. & seq. Graev. Alligatum esse ad alia, iisque obedire Senec. de Tranq. c. 2. Idem de Brev. Vit. c. 5. Corr.

Sed etiam declarandum) Sine ulla simulatione & aperte indicandum. Sic pro Mil. c. 2. dixit *vultu & verbis significare, sed sententiis declarare*. Vide Vavas. de vi & usu quor. verb. p. 10. Ioan.

Ita

mihi esse potuisse tuis literis gratius. Ad consolandum autem cum illa valent, quæ eleganter copioseque collegisti; tum nihil plus, quam quod firmitudinem gravitatemque animi tui perspexi, quam non imitari turpissimum existimo. Itaque hoc etiam fortiorem me puto, quam teipsum præceptorem fortitudinis, quod tu mihi videre spem nonnullam habere, hæc aliquando futura meliora. Casus enim gladiatorii, similitudinesque eæ, tum rationes in ea disputatione a te collectæ, vetabant me reipub. penitus diffidere. Itaque alterum minus mirum, fortiorem te esse, cum aliquid speres: alterum mirum, spe ulla teneri. Quid est enim non ita affectum, ut id non deletum extinctumque esse fateare? Circumspice omnia membra reipub. quæ notissima sunt tibi, nullum reperies profecto, quod non fractum debilitatumve sit: quæ persequerer, si aut melius ea viderem, quam tu vides, aut commemorare possem sine dolore; quamquam tuis monitis præceptisque omnis est abiiciendus dolor. Ergo & domestica feremus, ut censes, & publica paullo etiam fortius fortasse, quam tu ipse, qui præcipis. Te enim spes aliqua consolatur, ut scribis: nos autem erimus etiam in o-

Itaque hoc etiam fortiorem me puto] In vetere libro scriptum est, atque hoc fortiorem: quæ lectio multo quam vulgata videtur melior. V. VRSIN. *Itaque hoc etiam fortiorem me puto*] Vrsinus ex aliquo vetere codice, atque hoc fortiorem: quod in nullo manuscriptum comparet, & habet iste [illegible] libros, ut omnino cum Grutero nostro existimem eum plurima domi confinxisse, quæ deinde aliis, ipsis ignaris, nobis obtruderet tamquam veterum exemplarium varias lectiones. GEBHARD. Iniurius est Gebhardus in F. Vrsinum, virum non tantum se doctiorem, sed etiam longe meliorem. Hactenus doctus fuit non nisi in [illegible] [illegible], tam bene literarum [illegible] [illegible], etiam Vrsinum videt [illegible] [illegible] habet, cum nobis aliunde constet, Vrsinum habuisse codices Ciceronis longe optimos, qui deinde in Bibliothecam Vaticanam immigrarunt, atque, [illegible] in [illegible] [illegible]. Vide Interpr. Castal. Advers. Crit. c. 3. Drand. l. Ceterum ego hanc [illegible] mihi plerasque Gebhardi non placere, cum sæpe [illegible] quid ab elegantiæ consuetudine remotum, & illa videatur in Ciceronem [illegible] talia inducere, qualia [illegible] latine dicuntur, verum [illegible] sunt toleranda, nec tamen tolerandi, nisi ubi jam exstant. Semper est in [illegible], nec tamen semper meliora eligere, ubi duarum [illegible] lectionum dubiam faciunt [illegible]. Hac præter [illegible] dicta, sed [illegible] prave docti hominis [illegible] [illegible] reprimenda. VICTORIO.

Fortiorem te esse] Ms ipso, qui [illegible]. CRATAND.

Ergo & domestica feremus] Fratris & ejus filii [illegible], uxoris divortium, & aliam [illegible].

Erimus etiam in omnibus desperatione fere-

in omnium desperatione fortes, ut tu tamen idem & hortaris & præcipis. Das enim mihi jucundas recordationes conscientiæ nostræ, rerumque earum, quas, te in primis auctore, gessimus. Præstitimus enim patriæ non minus certe quam debuimus: plus profecto quam est ab animo cujusquam, aut consilio hominis postulatum. Ignosces mihi de meipso aliquid prædicanti: quarum enim tu rerum cogitatione nos levare ægritudine voluisti, earum etiam commemoratione lenimur. Itaque, ut mones, quantum potero, me ab omnibus molestiis & angoribus abducam: transferamque animum ad ea, quibus secundæ res ornantur, adversæ adjuvantur: tecumque & ero tantum, quantum patietur utriusque ætas & valitudo: & si esse una minus poterimus, quam volumus, animorum tamen conjunctione, iisdem studiis ita fruemur, ut numquam non una esse videamur.

EPI-

fortes) Vulg. *in omni desperatione f.* cum alius codex præ se ferat, *in omnium rerum desperatione f.* sed nostra omnino melior, quam accepimus ex Pall. pr. tert. quint. Grut. Vatic. videturque ideo hæc lectio immutata, quia non cuivis puero plana & obvia: sed non sic itur in alta. GEBHARDVS. Accedit his etiam Gravii primus liber. Præstat tamen lectio veteris codicis, *in omnium desperatione*. GRAV. Cum id etiam Gravius receperit, nihil muto: neque hac tamen via iturum me in alta confido. Gebhardi optimi pace dixerim, mihi vulgatam placere. Neque umquam ita locutus est Cicero, neque umquam, opinor, ita sensit, ut se desperatione fortem diceret. Aliud fortitudinis genus, non barbarum illud noverat. OLIV.

Præstitimus enim patriæ non minus certe quam debuimus) Forte: *Non plus certe quam debuimus*. LAMB. *Præstitimus enim patriæ non minus certe, quam debuimus*) Officii illius numeros & Tullius, & optimus quisque immodicos & infinitos solet ducere ac numquam integre solutos, quamdiu adest spiritus. Ne quid mirum, sic de patria censuisse Tullium, qui & amicitias privatorum ac beneficia non minoris æstimaverit, ut patet l. 8. fine ad Lentulum? Itaque ut hæsit in hac jactatione Lambinus, pietati Ciceronis consulens, sed sævior in loco tractando; ita & Pricæus, sed lenior, in notis ad S. Lucæ Evangelium XVII. 10. ubi similia multa ex more congerens, delet negativam voculam, quam facile ex sequente voce, similibus literis constante, potuit inculcari. Sed debuerant animadvertere, hanc significationem mentis Tullianæ certam esse, & cum forsan nullus civis id ipsum gloriari merito queat, Tullium unum debito illi satisfecisse, & intelligendum ex lib. I. Ep. 9. *Collegi ipse me, & cum ipsa quasi rep. collocutus sum, ut mihi tam multa pro se perpesso atque perfuncto concederet, ut officium meum memoremque in bene meritos animum præstarem; eumque, quem bonum civem semper habuisset, bonum virum esse pateretur*. IAC. GRON.

Transferam animum ad ea, quibus secundæ res ornantur, adversæ adjuvantur) Hoc est, studiis litterarum. CORRADVS.

EPI-

EPISTOLA XIV.

ARGVMENTVM.

Duas ad Ciceronem Lucceius consolatorias misit epistolas; & utrique Cicero respondit. Luccei prior desideratur; Ciceronis utraque extat. In hac quaerit primum causam Lucceius, cur ab urbe Cicero absit; laudat, si solitudinem sequitur, ut otio ad scribendum abundet; non probat, si maeroris causa ob filiae mortem suscepit: deinde rationes cur dolori finem facere debeat subjungit. Ad rationes postremo preces addit, sibi ut hoc tribuat roganti, ne diutius angatur. Claudit epistolam amoris & modestiae significatio. Eodem anno scripta.

L. LVCCEIVS Q. F. M. T. C. M. F. S. D.

SV. B. E. V. sicut soleo, paululo tamen etiam deterius, quam soleo. Te requisivi saepius ut viderem: Romae quia postea non fuisti, quam discesseras, miratus sum, quod

EPISTOLA XIV.

SI vales bene est, valeo sicut soleo.] Repositi hic Notas, quas per se ferunt & margines Lambinianae editionis, & meus primus, nec non Amstelodamensis codex, *S. V. B. E. V. sicut soleo*. GRAEV.

Romae quia postea non fuisti quam a me discesseras.] Sic omnes vulgati codices nulla mendi suspicione. Ipsi antiquam lectionem secuti sumus, quam & genuinam & probam putamus, ut intelligat postquam Roma discesseras, Caesar sc. quanquam nomen Caesaris non ponit. Nihil autem mirum videri debet, de magnis enim & principibus viris sic loquimur. Dicit igitur Lucceius Ciceronem Roma exisse cum Caesar discessit, nec postea rediisse dum Caesar abesset. Possemus infinita exempla ex epistolis ad Atticum citare, quae nunc praetermittimus. Speramus enim rem clarum contemporum concertationi fore. In epistola ad Varronem: *Sit igitur nobiscum [illegible]* [illegible]. Sic enim plerique illum [illegible] esse legi eo loco docebimus. Aliqui tamen dum rem clariorem facere student, contrarium docendi modum [illegible] cum enim hanc loquendi rationem non alibi in veteribus auctoribus admonerent, & nostris etiam temporibus communem esse non cogitarent, locum Ciceronis depravarunt. In eandemque culpam inciderunt, eodem errore decepti, qui nuper hos epistolas Venetiis ediderunt. Cum enim ante in vulgatis omnibus libris recte hic locus legeretur in epistola ad Varronem: *Cum ipse [illegible] in Tusculano, propterea quod [illegible]* [illegible] *quam antea [illegible] familiari sum*; (sermo enim procul dubio est de Caesare, nec tamen nominatur, atque legitur in codicibus antiquis, & ante hanc impressis codicibus;) hi hic etiam *Caesare* reposuerunt. Nos [illegible] hos locos antiquam, & meliorem lectionem conservavimus. VICTORIVS. *Discesseras*) In tua praedia, non multo post Tulliae mortem. Alii legunt, *quam discesserat*, scilicet Caesar in Hispaniam contra Pompeii filios profectus. Cun-

quod item nunc miror. Non habeo certum, quæ te res hinc maxime retrahat: Si solitudine delectare, cum scribas & aliquid agas eorum, quorum consuesti, gaudeo, neque reprehendo tuum consilium: nam nihil isto potest esse jucundius, non modo miseris his temporibus & luctuosis, sed etiam tranquillis & optatis; præsertim vel animo defatigato tuo, qui nunc requietem quærat ex magnis occupationibus, vel erudito, qui semper aliquid ex se promat, quod alios delectet, ipsum laudibus illustret. Sin autem, sicut hic dum eras, lacrymis ac tristitiæ te tradidisti, doleo, quia doles & angere: non possum te non, si concedis quod sen-

MANUT. *Quam a me discesseris*) Secutus sum cod. vulgatos, quibuscum consentiunt duo MSti. Et ita P. Manutius edidit. P. Victorius autem, *quam discesserat*; ut subintelligatur Cæsar. LAMBINUS. *Discesserat*) Adstipulantur quidem omnes Pall. vulgatæ lectioni, *quam a me discesseris*; sed tamen verior omnino est nostra, quam acceptam retulimus Victorio ac Vaticano; subintelligitur (ut etiam recte notavit Lambinus) Cæsar, cujus nomen subticeri solebat: consulantur epistolæ ad T. Pomponium; ut lib. IX. ep. 6. & 17. GRUTERUS. Retinet etiam hic Graevii primus liber vestigia veræ lectionis, in quo sic scribitur: *Te requisivi sæpius ut viderem, Romæ quod postea non fuisti, quam discesseras, miratus sum*. GRÆV.

Non hab. certum, quæ te res) *Certum habere* dixit etiam Livius XXXVI. c. 28. Sed inter *certum* & *res* ea est convenientia, quæ inter *res* & *quod*. Cic. IV. ad Att. epist. 10. Sall. Cat. c. 40. Vide quæ ad XVI. epist. 4. CORT.

Eorum quorum consuesti) Genus loquendi Græcis usitatum: apud quos relativum, quod appellant, congruit cum eo, quod antecedens nominant. LAMBIN. Supple: *quorum aliquid agere consuesti*. Ut I. ep. 9. Terent. Heaut. A. I. Sc. I. v. 35. Ovid. V. Trist. el. 6. v. 35. A. Gell. I. c. 25. CORT.

Qui nunc requietem quærit) Sic edidit ex Mediceo Victorius; neque dissensit Vaticanus; in nostris omnibus reliquis vulgatis lectio *requiem*. GRUTERUS. *Qui nunc requietem quærit*) *Requietem* ex Mediceo Victorius reposuit, adstipulante Vaticano, & Gebhardo, quamvis dissentiant omnes Palatini, & quos ego, & Guilielmius vidimus codices. *Quærat* autem ego rescripsi ex meo primo; sic enim scribendum esse sequens *promat* ostendit. GRÆV.

Sin autem, sicut hic dum eras, lacrymis, ac tristitiæ te tradidisti) Palam inepta scriptura: nam tunc fuit lætior, & ideo illum ad se retrahere conatur. Ex sequentibus omnino patet scribere Lucceium ex sua conjectura, & vereri, ne ideo siluerit, quod pergat in mœstitia, quæ oborta fuit Ciceroni discessuro; & inde patet manifeste ex Amstelodamensi, & Palatino primo legendum *sicut hinc discesseras*, nempe lacrymis, ac tristitiæ traditus. JA. GRON. *Sicut hic dum eras*) Romæ, antequam ad Asturam proficiscereris. CORRAD. *Sin autem, sicut hic dum eras, lacrymis & tristitiæ te tradidisti*) Amstelodami. *Sin autem sicut hinc discesseras*. Pal. prim. *Sin autem sicut hinc discesseras, lacrymis*. Meus codex videtur melius quam alii omnes scribere: *Sin autem, sicut indicat, lacrymis ac tristitiæ te tradidisti*. Sane videntur innuere sequentia, Ciceronem scripsisse se in luctu & mœrore jacere. GRÆV.

Non

sentimus, ut liberius dicamus, accusare. Quid enim? tu solus aperta non videbis, qui propter acumen occultissima perspicis? tu non intelliges te querelis quotidianis nihil proficere? non intelliges duplicari sollicitudines, quas elevare tua te prudentia postulat? Quod si non possumus aliquid proficere suadendo, gratia contendimus & rogando, si quid nostra causa vis, ut istis te molestiis laxes, & ad convictum nostrum redeas, & ad consuetudinem, vel nostram communem, vel tuam solius ac propriam. Cupio non obtundere te, si non delectare nostro studio; cupio deterrere, ne permaneas in incepto, cum duae res istae contrariae me conturbent: ex quibus aut in altera mihi velim, si potes, obtemperes; aut in altera non offendas. Vale.

EPI-

Non possum te non, si occurrit, ut liberius dicamus, accusare] Sic ex Pal. pr. quinq. Vatic. [illegible] corrupta fere sunt, [illegible] hanc [illegible], si [illegible] sequeris. Vulgo *non possum te non, si* [illegible] *non* [illegible]. Paulo post pro *obvert* Guilielmius in duabus suis Frisiis invenit *obtrectes*; [illegible] non longe intervallo, ex Pal. ter. antiquissimo codice lubenter legerim, *& convictum nostrum redeas, & consuetudinem vel* [illegible], [illegible] litera minus; quod ex similitudine [illegible] eadem] *redeas*; non [illegible], [illegible] quam est in vulgatis. Gruter. *Non possum . . . dicamus*] Non insolens plane hujusmodi constructio. [illegible] Pral. [illegible] Lamb. V. v. 109. Tullius supra ep. 15. & alii locis [illegible]. Corr.

Ut istis te molestiis laxes] [illegible] primus: *ut istis te tuis molestiis laxes*; quod non displicet. Gaeb.

Ad convictum nostrum redeas] Latine elegans in voce *convictus*, quae cum refertur ad *vitam nostram communem*, significat familiarem usum, conversationem; cum ad eam *tuam solius ac propriam*, significat morem ac rationem vivendi. In. Fr. Gaeb.

Tuam solius ac propriam] [illegible] [illegible] Cic. XI. ad Att. ep. 75. Liv. XLI. c. 23. & saepius alii. Corr.

In altera . . . in altera] Sed sensu diverso illa res [illegible] Lacceri, qui [illegible] *Ciceronem ab incepto*; *in altera obtemperes*, ubi semper te deterreo; *in altera non offendas*, ubi te quasi [illegible] videor. Cl. Stagelius in eo tantum dissert, quod membra opposita [illegible] eorumdem [illegible]. *Offendas* est [illegible] *offendas*, vel *offenderis*. [illegible] tamen [illegible] [illegible] II. ep. 9. Corr.

Non offendas] Passive pro non offenderis. Sic ep. 1. lib. I. ad Q. Fratrem: [illegible] *si quid offendit*, [illegible]. Et Varr. [illegible] *ipsa sit offendant*. Lamb.

EPISTOLA XV.

ARGVMENTVM.

Quærenti Lucceio, cur ab urbe absit, ejusque sollicitudines minuere conanti, ad utrumque respondet: lugere se non tam filiæ obitum, quam reip. tempora: in urbe non esse, quod in ea nihil jucundum, odiosa omnia.

M. CICERO L. LVCCEIO Q. F. S.

OMnis amor tuus ex omnibus partibus se ostendit in his litteris, quas a te proxime accepi: non ille quidem mihi ignotus, sed tamen gratus & optatus: dicerem, jucundus, nisi id verbum in omne tempus perdidissem; neque ob eam unam causam, quam tu suspicaris, & in qua me lenissimis & amantissimis verbis utens, re graviter accusas: sed quod illius tanti vulneris quæ remedia esse debebant, ea nulla sunt. Quid enim? ad amicos ne confugiam? quam multi sunt? habuimus enim fere communes, quorum alii occiderunt, alii nescio quo pacto obduruerunt. Tecum vivere possem, equidem & maxime vellem: vetustas,

EPISTOLA XV.

NIsi id verbum in o. t. perdid.) Quasi nihil Ciceroni jucundum esset post mortem filiæ, & casum reip. Bene *verbum*, quomodo apud Plin. XIII. Hist. Nat. c. 25. *herbarum vocabulum*, & Tac. sæpe *magistratuum vocabula*. CORTIVS.

Neque ob eam unam causam quam tu suspicaris) Quemadmodum & alii, me reip. tempora & aliorum victoriam lugere. CORRAD. Sed rectius Manut. quem vide, GRÆV.

Illius tanti vulneris) Ex morte filiæ accepti. CORRAD.

Ea nulla sunt) Quoniam domo mœrens ad Remp. confugere non possum, ut in eius bonis, quæ nulla sunt, adquiescam. IDEM.

Alii, nescio quo pacto obduruerunt) Ad omnia, ut neque Reip. neque sui ipsius, neque amicorum meminisse videantur, ut Marcellus, & alii. BERN. RVTIL.

Tecum vivere possem, equidem & maxime vellem) Paullo aliter habent codices Memmiani: nempe hoc modo: *Tecum equidem vivere possem, & maxime vellem*. Quæ scriptura mihi videtur facilior: quamquam non admodum discrepat a vulgata, quam secutus sum: cum qua congruit Florentina editionis postremæ, quæ talis est: *Tecum vivere possem, equidem & maxime vellem*. Si mihi tamen quod sentio dicere liceat, neutram harum lectionum rectam esse puto. Videtur autem mihi sic legendum: *Tecum vivere possem equidem maxime vellem*. LAMBIN. *Tecum vivere possem, equidem & maxime vellem*) Hunc locum, pene solus intellexit Victorius, ut ex ipsius distinctione apparet, quam & nos expressimus. Deest enim particula *si* vel *etiam* (& sic est in Pal. prim. & tertio (nec non in Amstelod. & primo Grævii) nam Pal. sec. *Tecum equidem vivere*

stas, amor, consuetudo, studia paria, quod vinculum quasi est nostrae coniunctionis. Possumus ne igitur esse una? nec mehercule intelligo, quid impediat; sed certe adhuc non fuimus, cum essemus vicini in Tusculano, in Puteolano. Nam quid dicam in urbe? in qua, cum forum commune sit, vicinitas non requiritur. Sed casu nescio quo in ea tem-

[illegible] Lambinus has scripturae varietates [illegible] [illegible] Gronovius.

[illegible] Ita antiquis exemplaribus [illegible] ut nos etiam scripsimus. Hæc enim est vera hujus loci lectio, & sic ipse etiam alibi loquitur, ut in epist. ad D. Brutum de L. Lamia loquens, [illegible] Victor.

Quod vinculum quasi [illegible] Possumus ne igitur esse una? [illegible] Forte [illegible]

[illegible]

tempora nostra aetas incidit, ut cum maxime florere nos oporteret, tum vivere etiam puderet. Quod enim mihi poterat esse perfugium, spoliato & domesticis & forensibus ornamentis atque solatiis? litterae, credo, quibus utor assidue. Quid enim aliud facere possum? sed nescio quomodo ipsae illae excludere me a portu & perfugio videntur, & quasi exprobrare, quod in ea vita maneam, in qua nihil insit, nisi propagatio miserrimi temporis. Hic tu me abesse urbe miraris, in qua domus nihil delectare possit? summum sit odium temporum, hominum, fori, curiae? Itaque sic litteris utor, in quibus consumo omne tempus, non ut ab his medicinam perpetuam, sed ut exiguam doloris oblivionem petam. Quod si id egissemus ego, atque tu, quod ne in mentem quidem nobis veniebat propter quotidia-

dis salutis, litterae interierunt. Utique plenissime Quintilianus lib. I. Instit. c. 2. *Mitto amicitias, quae ad senectutem usque firmissime durant, religiosa quadam necessitudine imbutas. Neque enim sanctius est sacris iisdem, quam literis initiari*. Iac. Gron.

Tum vivere etiam puderet] Ne dum simul vivere, & una esse. Conrad. *Sed ea so ... quae in ea tempora nostra aetas incidit, ut cum maxime florere nos oporteret, tum vivere etiam puderet*] Haec est causa, cur nondum una fuerint: quasi scilicet alterius alter conspectum pudore vitaret, qui in tantas miserias tamque turpem servitutem recidissent: non culpa Lucceii, ut voluit Clericus. Bern. Rutil.

Excludere me a portu, & perfugio videntur] Eadem metaphora usus est Plutarchus, & eadem verba conjunxit, cum de domo Trib. pleb. loqueretur, cujus fores claudi leges non sinebant, sed & noctu & die patebant, ut quilibet omni tempore praesidio ipsius uti posset, in explicatione rerum R. CCLII. [illegible] *Unde neque ipsius hominis fores claudi legibus constitutum sit; sed noctu atque interdiu reseratae erant, tanquam portus quidam, et perfugium iacentibus*, qui *ope illorum indigerent*. Victor.

Nisi propagatio miserrimi temporis] Non intelligo scripturam Pal sec. *prorogatio*: quarti item *propagatio*. Alii dicunt curialiorem, semper novare paratis quibus adlaborari. Gammarus.

Propagatio miserrimi temporis] Est productio, sive, ut barbari loquuntur, prolongatio. Suet. Iul. XXIV. *Ut in quinquennium sibi imperium propagaret*. Calig. XXIX. *Propagari sibi commeatum saepius deprecantem*. Graev.

Quid enim est utrique nostrum aptius] Sic & ipse curavi, ut meliorem tribum sequeretur haec editio, dico Naugerium, Victorium, Manutium, Lambinum, non Gebhardum, qui exhibuit *utrinsque*. Ab Manutio etiam omitti video *to est*. Iac. Gron.

Ut exiguam doloris oblivionem petam] Tanquam quae velut aventem semper esse in obtutu malorum, ut alibi in Tristibus inquit Ovidius. Nil igitur aliud videri vult Cicero utilitatis e litteris capere, quam percipitur ab iis qui saltatione delectantur, quibus ea secundum Lucianum est [illegible] *sicut aliquod remedium oblivionis obruens, & aliquod ...* De Saltat. p. 948. Edit. Salm. quod Cicero expressit per *doloris oblivionem*. Verburg.

Ego

diamus meis, omne tempus una fuissemus; neque me valetudo tua offenderet, neque te mœror meus: quod quantum fieri poterit consequamur. Quid enim est utrique nostrum aptius? Propediem te igitur videbo.

EPISTOLA XVI.

ARGUMENTUM.

Mœrentem Titium interitu filii consolatur. Orditur autem primum a dolore suo; quia communicatio doloris quasi quædam consolatio est: deinde suam commemorat benevolentiam, qua commotus ad consolandum aggreditur: postremo, languentem amicum spe confirmat, cum opem effectu aliquam pollicetur. Tres igitur partes tamquam proœmii loco sunt. Consolatio autem multiplex est & copiosa, ab ingenii doctrinæque fontibus derivata. Angeris interitu filii. Quid? tibi ne soli ante diem eripiuntur filii? nascimur omnes ea lege plurimis ut afficiamur incommodis; itaque non licet aut propriam & præcipuam conditionem postulare, aut communem recusare: quis porro, quod nullo vitare consilio potest, id cum evenerit, angatur? hæc si ratio parum ad minuendam sollicitudinem proficit, **adde** *exempla*, *quæque aliis eadem* **aut** *similia contigerint, animadverte; ne nimium isto casu, quasi proprium tibi fortuna vulnus inflixerit, ingemiscas. Hæc atque hujus generis alia, ut ad leniendum dolorem vehementer apta, litterarum monumentis mandanda sapientissimi homines censuerunt: eaque nos in ore semper, atque in animo habere debemus. Sed nulla magis consolatio proficiet, quam si miserias horum temporum, & statum nostræ civitatis tibi ante oculos proponas. Quis enim, cum probitati aut bonis artibus, atque adeo libertati & saluti nihil jam relictum sit loci, filios habere cupiat, ac non potius beatum se, quia nullos omnino susceperit, existimet? sin aliquis eos amisit, non ille quidem propterea beatus est (nec enim gaudere debemus liberorum interitu, neque id natura patitur), sed certe minus miser, quam si eosdem stante, aut* *saltem non penitus eversa republica perdidisset. Age, concedis haec esse vera, nec infeliciter cum iis esse actum, qui tam miseris temporibus a vita discesserunt: sed incommodo tuo mares liberorum suavitate privatus. Fateor id quidem acerbum esse: veruntamen cum te antea semper & privatis in rebus, & publicis praestitisti, tuendo tibi ut sit gravitas, & constantiae serviendum. Venit etiam in mentem, ideo te fortasse cruciari, quod eos, qui mortui sunt, versari in miseria putes. Mihi vero, quod saepissime legi & audivi, vel miseria nulla videtur esse in morte, si caret sensu; vel si residet in ea sensus, immortalitas potius appellanda quam mors. Verum finge miseros esse, qui occiderunt: nihil in morte gravius esse potest, quam quae reipublicae impendent. Postremo, cum omnes luctus vetustate tollantur, impetret statim ratio, quod impetratura aliquando dies est. Quo anno scripta, non liquet: ultra tamen post Pharsalicum scripta praelium videtur ex iis verbis,* Bona aut denique aliqua republica, *quod ante victum Pompeium, ut opinor, non diceret. Eodem illud spectat:* Hoc gravissimo & pestilentissimo anno; *& illud:* Quid est enim jam non modo pudori, probitati, virtuti, sed omnino libertati ac saluti, loci?

M. T. CICERO TITIO S. D.

ETsi unus ex omnibus minime sum ad te consolandum accommodatus, quod tantum ex tuis molestiis cepi doloris, ut consolatione ipse egerem: tamen cum longius a summi luctus acerbitate meus abesset dolor, quam tuus, statui nostrae necessitudinis esse, meaeque in te benevolentiae, non tacere tanto in tuo maerore tamdiu: sed adhibere aliquam modicam consolationem, quae levare dolorem tuum posset, si minus sanare potuisset. Est autem consolatio pervul-

EPISTOLA XVI.

S. D. TITIO] P. Titio Trib. pleb. interfecto [illegible] ipsam [illegible] esse conjicimus potius, quam affirmamus. GRAEVIUS.

Non tacere tanto in tuo maerore tamdiu] Haec omnia habet pro glossa Gruterus noster, sicut & illud paullo post [illegible], mallemque solum legi, non tacere, *sed adhibere aliquam, quae levare dolorem tuum possent, si minus sanare*: quae tamen praeferunt MSS. omnia. GRAEVIUS.

Mi-

vulgata quidem illa maxime, quam semper in ore atque in animo habere debemus, Homines nos ut esse meminerimus ea lege natos, ut omnibus telis fortunae proposita sit vita nostra: neque esse recusandum, quominus ea, qua nati sumus, conditione vivamus: neve tam graviter eos casus feramus, quos nullo consilio vitare possimus: eventisque aliorum memoria repetendis, nihil accidisse nobis novi cogitemus. Neque hae, neque ceterae consolationes, quae sunt a sapientissimis viris usurpatae memoriaeque litteris proditae, tantum videntur proficere debere, quantum status ipse nostrae civitatis, & haec prolatio temporum perditorum: cum beatissimi sint, qui liberos non susceperunt, minus autem miseri, qui his temporibus amiserunt, quam si eosdem bona, aut denique aliqua rep. perdidissent. Quod si tuum te desiderium movet, aut si tuarum rerum cogitatione maeres, non facile exhauriri tibi istum dolorem posse universum puto: sin illa te res cruciat, quae magis amoris est, ut eorum, qui occiderunt, miserias lugeas: ut ea non dicam, quae saepissime & legi & audivi, nihil mali esse in morte, in qua si resideat sensus, immortalitas illa potius, quam mors ducenda sit; sin sit amissus, nulla videri miseria debeat quae non sentiatur: hoc tamen non dubitans confirmare pos-

Memoriaeque litteris proditae] Male vulgo & [illegible] ante litteris [illegible] litteris aut memoriae proditae, & [illegible] literarum & scientia [illegible]. Sic autem legunt omnes Pal. Grut. [illegible] non Graev. prim. [illegible] Menel. & Victorii editio [illegible].

Haec perturbatio temporum perditorum] Pal. pr. sec. tert. quint. superne *prolatio*: quod & in Gruteriano erat, sed correctum postea *perturbatio*. [illegible]. Varie scribitur in antiquis libris hic locus. Ambrosianus, & Gruterianus, [illegible]. Pal. quartus *probatio*: [illegible] verum, scribendum enim est ex uno primo, *prolatio temporum perditorum*, [illegible] in hac vox est [illegible] *prolatio*. [illegible] in praecedente epistola dixit, *propagatio miseriarum temporis*; quia nullus finis est harum civilium turbarum; quia mala haec tempora, quibus dominantur impotentes homines, qui libertatem, leges, & iura oppresserunt, proferuntur, extenduntur; sic *prolatio judicii* in Orat. pro Rab. Graev.

In qua si resideat sensus] MSS pr. Graev. Amstelodam. [illegible] Pal. Grut. [illegible] *resideat sensus*: quod [illegible] librorum consensum amandum. Graev. *In qua si resideat sensus*] Cum [illegible] Codices [illegible] habeant [illegible] ut [illegible] auctorem scripsisse [illegible] *residet* [illegible], vel [illegible] qui moritur. [illegible] Graev. [illegible] est, post mortem, ut in illo Cic. Brut. [illegible] Sic Suetonius [illegible] Cort.

poſſum, ea miſceri, parari, impendere reip. quæ qui reliquerit, nullo modo mihi quidem deceptus eſſe videatur. Quid eſt enim jam non modo pudori, probitati, virtuti, rectis ſtudiis, bonis artibus, ſed omnino libertati ac ſaluti loci? non, mehercule, quemquam audivi hoc graviſsimo & peſtilentiſsimo anno adoleſcentulum aut puerum mortuum, qui mihi non a diis immortalibus ereptus ex his miſeriis atque ex iniquiſsima conditione vitæ videretur. Quare, ſi tibi unum hoc detrahi poteſt, ne quid iis, quos amaſti mali putes contigiſſe, permultum erit ex mœrore tuo diminutum.

Ea miſceri) M. Antonio omnia perturbante. CORRAD.

Nullo modo mihi quidem deceptus eſſe videatur) *Direptus*, vel *ereptus* alii. F. VRSIN. Nihil mutandum: nam in permutatione dicitur *decipi*, cum deterius acceperis, meliore amiſſo; videatur Plauti Trinummus, quod obſervavit Guilielmius. Sic habent omnes Pall. Grut. (nec non Græv. pr. Amſtelod. & Mentel.) niſi quod in ſec. *decepto*; invitum ergo aliorum *direptus* aut *ereptus*. GRUTER.

Bonis artibus) *Artes* hic non ita capiendæ, ut ad opifices tantum pertineant; ſed de virtutibus, ſtudiis, aliiſque talibus dicuntur. Criſpus l. de Rep. Ordin. c. 3. adde B. Cat. c. 2. Donatum ad Terent. Andr. init. ibique etiam Muretum. CORT.

Graviſſimo & peſtilentiſſimo hoc anno) Poſt Cæſaris mortem, ut omnia ad ſuperiorem conjecturam accommodemus. CORRAD.

A diis immortalibus ereptus ex his miſeriis) Elegantiſſima eſt hæc Victorii lectio, quem & hic (ut in omnibus) ſequuti ſumus. Noſtri fere omnes *ereptus*, quod gloſſam reſipit; ſert. *ereptus*: & videtur Pal. quint. habuiſſe quid ſimile, nam raſuram excepit. Paulo poſt pro *ſejunctus*, Pal. quint. *miſeriis maliſque disjunctus*: puto reponendum *disjunctus*, ut ſupra aliquoties. GRUTER. *Non a diis immortalibus exceptus ex his miſeriis*) Hæc lectio eſt a Victorio, quam probavit Gebhardus. Aliæ tamen editiones omnes, nec non vetuſti codices, quibus ego ſum uſus, quibuſque uſi ſunt Gebhardus, Guilielmius, Manutius, legunt *ereptus*, quod ſane mutandum non fuit. Hoc enim, cum de iſta re loquitur Cicero, verbo perpetuo fere utitur. Qui putant *excipi* poſſe ferri & defendi ex illo fragmento Ciceronis, quod legitur apud Nonium, ex IV. de Rep. *Quod incipitos reliquiſſent eos, quos ex mari, propter vim tempeſtatis, excipere non potuiſſent*, hi ſane vim verbi non intelligunt. GRÆVIUS. *A diis immortalibus exceptus ex his miſeriis*) Sane id feci, ut Gebhardus in hac parte poſſet ſuam editionem agnoſcere, cum locutio eſſet bene latina, & eleganter ſatis conveniens, ut apud Senecam Controv. 32. *Cum illum ipſa natura publicis excepiſſet malis*. Sic cum alii in miſeriis hærerent impediti, ſolus mortuus facta ſuppoſitione miſſio, & exceptio illis data ex malis, quæ alios retinerent. Cum tamen in ſola Victoriana Stephani eam lectionem obſervem, non in Naugeriana Juntæ, facile crediderim *hapax* illius eſſe. Utcumque acciderit, tibi fateri oportet in libro primo Cl. Grævii eſſe *exceptus*, unde Pater colligebat *exemtus*, ut epiſt. 6. *Qui ex obſidione fenoris nos exemeris*. De quo etiam collegit aliqua ad Livii verba XXXIII. 23. *Plerique etiam, cum apud hoſtes eſſent, ſervitute exceptos*. JAC. GRON.

Ne quid iis quos amaſti mali putes contigiſſe) *Amiſiſti* magis placet, quam *amaſti*, veteribus libris præſertim confirmantibus. F. VRSIN.

tum. Relinquetur enim simplex illa jam cura doloris tui, quæ non cum illis communicabitur, sed ad te ipsum proprie referetur: in qua non est jam gravitatis ac sapientiæ tuæ, quam tu a puero præstitisti, ferre immoderatius casum incommodorum tuorum, qui sit ab eorum, quos dilexeris, miseria maloque sejunctus. Etenim eum semper te & privatis in rebus & publicis præstitisti, tuenda tibi ut sit gravitas, & constantiæ serviendum. Nam quod allatura est ipsa diuturnitas, quæ maximos luctus vetustate tollit; id nos præcipere consilio prudentiaque debemus. Etenim si nulla umquam fuit, liberis amissis, tam imbecillo mulier animo, quæ non aliquando lugendi modum fecerit: certe nos, quod est dies allatura, id consilio anteferre debemus: neque exspectare temporis medicinam, quam repræsentare ratione possimus. His ego litteris si quid profecissem, existimabam optandum quiddam me esse adsecutum: sin minus forte valuissent, officio tamen esse functurum benevolentissimi atque amicissimi: quem me tibi & fuisse semper existimes velim, & futurum esse confidas.

EP.

Id nos præcipere consilio, prudentiaque debemus.] Quiddam in his verbis est, quod eum malum [illegible], in nostros etiam codices incuria librariorum irrepsit: *præcipere* enim, non *percipere*, legendum est, ex auctoritate & fide scriptorum exemplarium, & ratione ipsa id confirmante. *Præcipere* enim *anteceptare*: ut nos infinita exempla prætereamus huius apud auctoris, pulcherrimum est in elegantissima illa M. Antonii epistola, quam Cicero in Philippicis exagitat: *Ita autem illud per fidem novi, præcipio gaudia supplicationum vestrarum*, &c. VICTOR.

Id nos præcipere consilio] Sic est in editione prima, admonetque Victorius: invenique hoc verbo in Pall. pr. omnib. (sic etiam legitur in Grævii primo) quorum hic glossam habet ad interiorem [illegible]. Hoc verbum in aliis scriptoribus reperimus in [illegible] pendiorum nostrorum vestibulo: e [illegible] Pal. sec. legit, *quæ maximos luctus tollit*, omisso *vetustate*, quod ut glossam recte [illegible] Henricus Stephanus lib. II. Schediasmatum. GEBHARD.

Repræsentare ratione] Animo *præsentem reddere*, illa in [illegible] est. Cæsar I. B. G. c. 40. Adde Hirtium de B. Alex. c. 70. & quæ ibi Davisius; & præter eos Tennulium ad Frontin. I. Strategem. c. 11. qui omnes fere hoc nostri Ciceronis loco [illegible]. GRAV.

Officio tamen esse functurum] Sic est in Pall. prope omnib. Grut. Steweck. Fed. alias *functum*, quod Pal. sec. suo loco [illegible], veterum exemplar, sicut & ex *forte valuissent* pro glossematibus obduxerunt Græviii nostri. GEBHARD. *Functurum* extat etiam in Grævii primo, librisque aliis veteribus, quos vidi. GRAV.

EPISTOLA XVII.

ARGUMENTUM.

Excusat tarditatem litterarum suarum: hortatur Sextium ut exsilii casum sapienter fortiterque ferat: idque ut ei persuadeat, & ut afflictum consoletur, argumenta sumit a communi omnium hominum conditione, ab ipsius Sextii virtute, ab exemplis, a statu reipublicæ, a Sextii filio, a judicio amicorum, ab ipsius conscientia: postremo, quod ipsum ad mœrorem minuendum pertinet, sua studia & officia vel ad consolandum, vel ad levandum ejus fortunam pollicetur omnia. Moralis est: scripta, ut opinor, Cæsare & Lepido Coss. anno V. C. DCCVI.

M. C. P. SEXTIO P. F. S. D.

NOn oblivione amicitiæ nostræ, neque intermissione consuetudinis meæ, superioribus temporibus ad te nullas literas misi; sed quod priora tempora in ruinis reip. nostrisque jacuerunt: posteriora autem me a scribendo tuis injustissimis atque acerbissimis incommodis retardarunt. Cum vero & intervallum jam satis longum fuisset, & tuam virtutem animique magnitudinem diligentius essem mecum recordatus, non putavi esse alienum institutis meis hæc ad te scribere. Ego te, P. Sexti, & primis temporibus illis, quibus in invidiam absens, & in crimen vocabare, defendi: & cum in tui familiarissimi judicio ac periculo tuum crimen conjungeretur, ut potui accuratissime te

EPISTOLA XVII.

P*Riora tempora*) Statim post te præt. dict. ambitus, accusante T. Annio, damnatum, & me paullo ante ab exsilio revocatum. CORRAD. Vide tamen Manut. qui hæc de alio Sextio intelligit & interpretatur, omniaque, quæ ab aliis notata sunt, refellit. GRÆV.

In ruinis reip. nostrisque jacuerunt) P. Clodio remp. & meam privatam rapina disturbante. CORRAD.

Posteriora autem me a scribendo) Te jam multo ante expulso. IDEM.

Quibus in invidiam absens & in crimen vocabare) Quibus accusabaris in judicio de gravi crimine, & quidem absens in Macedonia quæstor. CORRAD.

Tui familiarissimi) C. Antonii: quidquid a nobis alibi sit dictum. IDEM.

Periculo tuum crimen conjungeretur, ut potui) Sic habent codices Memmiani, & ita edidit P. Victorius. Quidam tamen habent, *tuum crimen conjungeretur*, &c. LAMBIN. Tuum crimen conjunge-

te namque caussam tutatus sum: & proxime, recenti adventu meo, cum rem aliter institutam offendissem, ac mihi placuisset, si adfuissem, tamen nulla re saluti tuæ defui; cumque eo tempore invidia annonæ, inimici non solum tui, verum etiam amicorum tuorum, iniquitas totius judicii, multaque alia reip. vitia, plus quam caussa ipsa, veritasque valuissent, Publio tuo neque opera, neque consilio, neque labore, neque gratia, neque testimonio defui. Quamobrem, omnibus officiis amicitiæ diligenter a me sancteque servatis, ne hoc quidem prætermittendum esse duxi, te ut hortarer rogaremque, ut & hominem te, & virum esse meminisses, id est, ut communem, incertumque casum, quem neque vitare quisquam nostrum, nec præstare ullo pacto potest, sapienter ferres, & dolori fortiter ac fortunæ resisteres; cogitaresque, & in nostra civitate, & in ceteris, quæ rerum potitæ sunt, multis fortissimis atque optimis viris injustis judiciis tales casus incidisse. Illud utinam ne vere scriberem, ea te rep. carere, in qua neminem prudentem hominem res ulla delectet. De

tuo

proxime, et proxi.) Sic [illegible] MS. [illegible] [illegible] Germanus.

Caussam tutatus sum) Ante tuum exsilium. Carrio.

Recenti adventu meo) Ab exsilio. Idem.

Invidia annonæ) Cum homines quidam [illegible] Clodii, [illegible] inopiam esse [illegible] Idem. [illegible] Vulgati male distinguunt post verbum annonæ. Lambin.

Inimici non solum tui) Clodiani. Carrio.

Iniquitas totius judicii) De ambitu. Non de vi, Cicerone defendente, absolutus fuit. Idem.

Publio tuo) Filio tuo. [illegible]

Et hominem & virum) Hominem, qui [illegible]

[illegible] Cic. Lel. c. 2. [illegible] Gaav.

Et in ceteris [illegible] Meus antiquus codex, [illegible] & rect. Palat. & [illegible], & [illegible] [illegible] Idem.

Tales casus incidisse) [illegible] scriptum [illegible] in uno cod. [illegible] in quibus est [illegible], quod [illegible] probo. Lambin. [illegible] Gruterus primus, [illegible] pro vulgato. Graev.

Prudentem hominem res ulla delectet) Hoc [illegible] [illegible] Gaav. [illegible] Amstel. vero, Mentel. *deferret*. Graev.

Deb

tuo autem filio, vereor ne si nihil ad te scripserim, debitum ejus virtuti videar testimonium non cepisse: sin autem omnia, quæ sentio, perscripserim, ne refricem meis litteris desiderium ac dolorem tuum. Sed tamen prudentissime facies, si illius pietatem, virtutem, industriam, ubicumque eris, tuam esse, tecum esse duces. Nec enim minus nostra sunt, quæ animo complectimur, quam quæ oculis intuemur. Quamobrem & illius eximia virtus, summusque in te amor magnæ tibi consolationi debet esse; & nos, ceterique, qui te non ex fortuna, sed ex virtute tua pendimus semperque pendemus: & maxime animi tui conscientia, cum tibi nihil merito accidisse reputabis, si & illud adiunges, homines sapientes turpitudine, non casu; & delicto suo, non aliorum injuria commoveri. Ego & memoria nostræ veteris

Debitum ejus virtuti videar testimonium non cepisse] Libris omnibus veteribus invitis, edendum curavi: *Debitum ejus virtuti videar testimonium non dedisse*. Nam quod illi habent *cepisse*, natum ex *dedisse*, cum pro eo *depisse* esset scriptum, oberrante librario, deinde ab alio ex *depisse*, factum *cepisse*. LAMBINUS. *Cepisse*] Non erat Lambini, jus ac potestatem omnibus antiquis codicibus eripere, illisque proculcatis suum *dedisse* reponere: tenemus firmiter hoc, ex quinque Pall. Gruteriano duobus Guilielmii, editionibus omnibus. GRAEVIUS. Meus primus liber, *testimonium non accepisse*. Sed eadem manus se et induxerat. Melior tamen est lectio hæc, quæ in meo libro reperitur, quam vulgata, sic enim potest exponi: ne videar non audivisse præconium, & laudes ejus virtutum, quas alii ad me pertulerunt. *Accipere* enim Ciceroni & aliis scriptoribus infinitis in locis est audire, intelligere. GRAEV. Riccius ita interpretatur: *ne videar ignorare eum in meis opinione esse*: ut testimonium *alienum* accipere videatur, quod Cicero *ceperit* h. e. audiverit. Lambinus mavult *dedisse*; sed contradicitur, ut sæpe. *Capere* vero idem est quod *dare*, quod bene probat Io. Fr. Gronovius ad ea Cic. I. Off. c. 3. *Triplex autem est, ut Panætio videtur, consilii capiendi deliberatio*. Nec aliter hæc exponenda; multo minus ad sequioris ætatis notiones *rem capere* confugiendum esse arbitror. CORT.

Tuam esse, tecum esse] Deest conjunctio, qualem defectum ipse Cicero Orat. ad Brut. p. 209. inter *lumina*, & *insignia* orationis numerat. Liv. X. c. 4. Præterea *tecum esse* significat de absente. Rutilius Itiner. I. v. 311. Terent. Eunuch. A. I. Sc. II. v. 112. IDEM.

Et maxime animi tui conscientia] *Et maxime si animi tui conscientia, cum tibi &c.* Hæc est vera hujus loci lectio, ex antiquis & MSis libris petita: cujus hæc sententia est: *Et maxime* (subintellige, *magnæ tibi consolationi debet esse*) *si adjunges animi conscientiæ*, per quam *nihil tibi merito accidisse reputabis*: *si adjunges* (inquam) illud quod sequitur, *homines sapientes*, &c. LAMBIN. *Et maxime animi tui conscientia*] Sic emendavit primus hunc locum Bapt. Egnatius, cum in Mediceo reperisset, *& maxime animi tui conscientiæ*, quod est in omnibus nostris: tenuit postea Victorius, sicque exstat in MSis Antwerpiensi, ac Vaticano. Vulgo: *pendemus: maxime etiam tua conscientia*. GRAEVIUS. Omnes quidam libri, quos Manutius, Gebbardus, Lam-

ris amicitiæ, & virtute atque observantia filii tui motus, nullo loco deero neque ad consolandum, neque ad levandum fortunam tuam. Tu, si quid ad me forte scripseris, perficiam, ne te frustra scripsisse arbitrere.

EPISTOLA XVIII.

ARGUMENTUM.

Consolatoria est: valet autem ad consolandum societas ægritudinis; index enim benevolentiæ dolor est; itaque Cicero orditur a significatione doloris sui, quem ex Fabii ceperat incommodo; sic ad Titium epist. 16. sic Sulpicius epist. 5. lib. IV. & Cicero in ea, qua respondit, levatum se aliqua fatetur luctus parte non solum oratione Sulpicii & auctoritate, verum etiam societate pene ægritudinis. Hoc igitur initio ad consolandum Fabium aggressus, subjungit hæc, quæ ad minuendam molestiam valeant; primum eam esse omnium hominum conditionem, ut adversa sæpe accidant; qua de re sic ad Titium: Est autem consolatio pervulgata quidem illa maxime, quam semper in ore atque in animo habere debemus, homines nos ut esse meminerimus, ea lege natos, ut omnibus telis fortunæ proposita sit vita nostra; neque esse recusandum, quo minus ea, qua nati sumus, conditione vivamus. *Alterum, perdita esse tempora mutato reip. statu; quod ideo dicit, ut eam conditionem, quæ bonis quoque temporibus, tamen omnium communis est, & eodem loco in eadem ad Titium epistola; nam cum de communi conditione pr[illegible] ea, quæ proxime recitavi, adjungit hoc de ratione temporum:* Neque hæc neque ceteræ consolationes, quæ a sapientissimis viris usurpatæ memoriæque litteris proditæ, tantum videntur proficere debere, quantum status ipse nostræ civitatis, & hæc perturbatio temporum per-

Lambinus & ego quoque consului, habent *consiliatio*. [illegible] autem postulat, ut retineamus quod in aliis est, *conciliatio*. Sed enim, quod & ipsum in omnibus libris exstat, sine dubio correptum est, restaque emendatum ab Ignatio; si vero eum in locum posui, quo collocatum inveni in meo veteri codice. Grav.

perditorum. *Tertio loco, bona virtute parta cum fortunæ damnis comparavit: quæ cogitatio maxime luctum levat: cui enim plus, quam abstulit fortuna, virtus dedit, is nisi de suo statu lætatur potius, quam angitur, imperitus rerum suarum ratiocinator est; & ea ipsa, quam possidet, virtute videtur indignus. Quarta ratio est, desperatio rerum communium; dixerat jam de præsenti temporum statu: nunc de imminenti subjungit: ne acerbum Fabio videatur ea rep. carere, in qua legum, judiciorum, bonarum omnium rerum timeatur interitus; præsertim cum ab ea discesserit quam levissima pœna, relictis ei fortunis, liberis, amicis. Consolatio concluditur opinione hominum de illius innocentia, & iniquitate judicii. Extrema officii promissio: quod ipsum consolandi quoddam genus videtur: itaque similiter clauduntur duæ superiores quæ consolantur epistolæ. Consolationis causam non opinor fuisse, quod repulsam in petitione magistratus Fabius tulisset, verum quod judicio damnatus esset; non enim ob ejus repulsam se esse consolandum Cicero diceret; nec eam, ut puto,* incommodum *vocaret; nec argumentaretur a communi conditione; nec ad repulsam illud spectat,* Fortuna abstulit; *nec illud* quam levissima pœna: *repulsa enim neque pœna est, neque nominatur; mentio vero judicii & sententiæ minus potentiæ condonatæ, non video qui referri ad repulsam possit. Annum epistolæ plane non definio: sed omnino videtur scripta ante civile bellum, atque etiam ante quam Cicero iret in provinciam, cum opes Pompeii maximæ essent, Cæsare in Gallia res gerente: quod illa verba demonstrant:* Ea videtur conditione impendere legum, judiciorum; *& illa:* Potentiæ alicujus condonatum.

M. CICERO T. FADIO S. D.

ETsi egomet, qui te consolari cupio, consolandus ipse sum: propterea quod nullam rem gravius jamdiu tuli, quam

EPISTOLA XVI.

T. FABIO] Is esse videtur T. Fabius, qui Ciceronis fuit Quæstor, & postea cum P. Sextio Trib. pl. ut quoniam idem honorum cursus, & fortasse etiam idem casus eodem tempore conjunxit, eos epistolæ quoque conjungant. CORRAD. T. FADIO] Sic est in Pall. quint. Vaticano: sicque ediderunt Victorius & Lambinus; vulgo T. Fabio,

quam incommodum tuum: tamen te magnopere non hortor solum, sed etiam, pro amore nostro, rogo atque oro, te colligas, virumque praebeas; & qua conditione omnes homines, & quibus temporibus nati simus, cogites. Plus tibi virtus tua dedit, quam fortuna abstulit: propterea quod adeptus es, quod non multi homines novi: amisisti, quae plurimi homines nobilissimi. Ea denique videtur conditio impendere legum, judiciorum, temporum, ut optime actum cum eo videatur esse, qui quam levissima poena ab hac rep. discesserit. Tu vero, qui & fortunas, & liberos habeas, & nos, ceterosque necessitudine & benevolentia tecum conjunctissimos, cumque magnam facultatem sis habiturus nobiscum, & cum omnibus tuis vivendi; & cum unum sit judicium, ex tam multis, quod reprehendatur, ut quod una sententia, eaque dubia, potentiae alicujus condonatum existimetur: omnibus his de caussis debes istam molestiam quam lenissime ferre. Meus animus erit in te, liberosque tuos semper, quem tu esse vis, & qui esse debet.

EPISTOLA XIX.

ARGVMENTVM.

Cum Pompeius, Italia pulsus a Caesare, in Graeciam magno cum bonorum civium comitatu, in quibus uterque consul

bir, male. Fabii enim nobilissimi; hic autem fuit homo novus, ut innuit ipse Cicero. Grunnam.

Te colligas] Animum turbatum in sedem suam revoces, ut omnia tua tibi constent. Virg. XII. Aen. v. 491. Papin. Stat. XII. Theb. v. 759. vide supra I. ep. 9. Corr.

Plus tibi virtus tua dedit] Ut Quaesturam & Tribunatum. Cortius.

Quam fortuna abstulit] Spem fortasse Praeturae. Idem. Sed melius Manutius, quem vide. Graev.

Sis habiturus] Haec ipsa est ratio. Forte non perpetuo exsilio damnatus fuit, sed ad certos annos. Cell.

Ut quod una sententia, &c.] Sic edidit Manutius. Alii fere omnes libri vulgati habent *idque una sententia, &c.* cum quibus consentiunt quidam libri MSS. Unde quidam docti legi volunt *quodque, una sententia, &c.* Ego *idque una sententia* improbare non possum. Lambin.

Potentiae alicujus condonatum] In quo reus non ob culpam, sed ob potentiam adversarii, vel alicujus judicum damnatus sit. Vid. IV. Pec. Ver. 9. I. Fa. Graev.

Et qui esse debet] Beneficiis a te Tribuno pl. in me collatis. Corrad.

Epi-

sul fuit, revocandi belli causa navigasset, Rufus ad eum officii causa, quod ea reip. castra esse videbantur, transire cogitabat: ejus consilium probat Cicero; idemque sibi jamdiu ait esse constitutum. Pompeii causam meliorem judicat: de belli exitu non minus adversa timere, quam sperare videtur secunda: ad extremum tacite petit, non modo ut reipublicæ, verum etiam amicitiæ suæ causa in sententia maneat. Scripta est post sequentem, profecto jam in Græciam Pompeio, C. Marcello, L. Lentulo Coss.

CICERO RUFO.

ETsi mihi numquam dubium fuit, quin tibi essem carissimus; tamen quotidie magis id perspicio, exstatque id quod mihi ostenderas quibusdam litteris, hoc te studiosiorem

EPISTOLA XIX.

CICERO RUFO) Hos titulos epistolarum quemadmodum in antiquis exemplaribus invenimus, ita scripsimus: id alii postea facere neglexerunt. Quod si res magni ponderis non est, non est fortasse tam levis, quam quispiam existimaret. Ita frequenter scribere solitos esse veteres duobus in locis, quod nunc meminerim, testatur Cicero: in quibus etiam non parum referre docet, prænomina ponantur, & tituli honorumque gradus; an nominibus tantum, qui scribit, utatur: alter est in epistola ad Volumnium 5. *Quod sine prænomine, familiariter ut debebas, ad me epistolam misisti*, &c. alter in Oratione pro Domo Sua: *Litteras in concione recitasti, quas tibi a C. Cæsare missas diceres: CÆSAR PULCHRO. Cum etiam es argumentatus amoris esse hoc signum, cum nominibus tantum uteretur: neque adscriberet Proconsul, aut Trib. pl.* Ita enim legendus ille locus est, non Proconsuli: pertinet enim ad Cæsarem vox illa, quemadmodum alia ad *Pulcro*. Tertium exemplum esse potest, si quis his contentus non sit, titulus epistolæ M. Antonii, quæ in XIII. Philipp. inclusa est. Hujus autem & sequentis epistolæ nomina nuda sunt in priscis & bonis libris. VALEBAS. RUFO) L. Mescinius Rufus fuit Ciceronis in Cilicia Quæstor, unde paullo post Ciceronem decessit, & Romam venit, Cicerone jam ora maritima prætecto. Cons. In vetere quodam libro *Mescinio Rufo* hæc epistola inscribitur, & recte: est enim *Rufus* Mescinia familiæ cognomen. *L.* autem hujus *Mescinii Rufi*, sive ejus, ut ego puto, filii mentio est in Augusti denariis, quos cum esset Triumvir monetæ cudendæ signavit cum titulo L. MESCINIUS L. F. RUFUS III. VIR. F. VARIN.

Etsi mihi numquam dubium fuit) Si temporum ordo servatus esset ab eo, qui has Cic. epistolas retulit in volumina, quædam (ut arbitror) nobis magis plana essent, neque in multis locis tantopere hæsitaremus. Hæc, nisi fallor, illam sequi debebat, cujus initium est, *Quamquam malo puruissem*, non præcedere. Obscurum est totum negotium, de quo hic agit: quid tamen sentiamus, libere pronunciabimus, freti æquitate lectorum. Cum illa non multo post quam e provincia Cicero rediit, scripta sit; hæc jam suscepto civili bello, & pulso ex Italia Pompeio, scripta est. Exornabat jam Tullius fugam, & in castra Pompeiana proficisci cogitabat, cupiebatque comitem habere illius consilii & itineris Rufum: de quo ipse Rufus

rem in me colendo fore, quam in provincia fuisses (etsi, meo judicio, nihil ad tuum provinciale officium addi potest), quo liberius judicium esse posset tuum. Itaque me & superiores litteræ tuæ admodum delectaverunt, quibus & exspectatum meum adventum abs te amanter videbam, &, cum aliter res cecidisset ac putasses, te meo consilio magnopere esse levatum: & his proximis litteris magnum cepi fructum & judicii, & officii tui: judicii, quod intelligo, te, id quod omnes fortes ac boni viri facere debent, nihil putare utile esse, nisi quod rectum honestumque sit: officii, quod te mecum, quodcumque cepissem consilii, polliceris fore; quo neque mihi gratius, neque, ut ego arbitror, tibi honestius esse quidquam potest. Mihi consilium captum jamdiu est; de quo ad te, non quo celandus esses, nihil scripsi antea, sed quia communicatio consilii, tali tempore, quasi quædam admonitio videtur esse officii, vel potius efflagitatio ad coeundam societatem vel periculi, vel laboris. Cum vero ea tua sit voluntas, humanitas, benevolentia erga me, libenter amplector talem animum: sed ita (non enim dimittam pudorem in rogando meum) si feceris id, quod ostendis, magnam habebo gratiam: si non feceris, ignoscam; & alterum timori, alterum mihi te negare non potuisse arbitrabor. Est enim res profecto maxima: quid rectum sit, apparet, quid expediat, obscurum est: ita tamen, ut, si nos ii sumus, qui esse debemus, id est, studio digni

Rufus in epistola sua spem aliquam Cæsaris dederat: quod tamen cum cuperet Cicero operire, modeste recusat, quia res multum periculi, si emanasset, habebat; ideo obscure loquitur, ne si forte litteræ in alienas manus incidissent, aliquid mali suspicionisque ex eo eo susciperet. Victorius.

Quibus & exspectatum meum adventum) Ex ora maritima, a Capua ad urbem. Corradus.

Cum aliter res cecidisset ac putasses.) Non venissem. Id.

Te meo consilio magnopere esse levatum.) Quod cepissem in ora maritima manendi, & postea Pompeium sequendi. Idem.

Nihil putare utile esse, nisi quod rectum honestumque sit.) Utile enim videbatur, Cæsarem sequi; honestum vero, Pompeium; sed sapienti utile ab honesto non separatur. Id.

Mihi consilium captum jam diu est.) Eundi ad Pompeium. Id.

Si feceris id quod ostendis.) Te mecum fore. Id.

Alterum timori.) Si non feceris, Timori tribuam, qui impendet a Cæsare. Idem.

Alterum mihi.) Si feceris. Id.

Quia

digni & literis nostris, dubitare non possimus, quin ea maxime conducant, quae sint rectissima. Quare tu, si simul placebit, statim ad me venies; sin idem placebit, atque eadem, nec continuo poteris, omnia tibi ut nota sint faciam. Quidquid statueris, te mihi amicum, sin id quod opto, etiam amicissimum judicabo.

EPISTOLA XX.

ARGVMENTVM.

Purgat se Rufo quaerenti per litteras, quod rationes provinciae ad aerarium, eo non exspectato, Cicero deferre properasset; cum ipse vel addita, vel immutata quaedam in iis cuperet. Haec argumenti summa est: partes autem singulae ob ignorationem historiae fortasse non satis apertae; nos in tollenda obscuritate pro viribus enitemur. Annus epistolae videtur esse, Marcello & Lentulo Coss. exorto jam civili bello: quod & maxime locus indicat; Pro ea spe facultatum, quam tum habebamus: *tempus autem anni post [illegible], id est, aliquanto post relatas rationes, ut infra demonstrabimus; nam rationes, quas Rufus cum [illegible] urbem non collegatas, referri ad aerarium noluerat, [illegible] argumentum epistolae [illegible], quia dubitet, [illegible] post [illegible] Ciceronis relatas esse? quod ipse jussu [illegible] a se factum dicit.*

CICE-

Quam [illegible]) [illegible] [illegible] habet Medicaeus liber cum aliis, quem Manutius in omnibus [illegible] invenisse se [illegible]: [illegible] enim in eo legitur, non [illegible], quod [illegible] a recepta lectione discrepat. Nam si forte ex [illegible], [illegible] fieri [illegible], [illegible] literam [illegible] necesse erit: & ex ea scriptura, [illegible] non [illegible]. Quid tamen legere [illegible], doctiores cogitabunt. VICTOR. Sic in Ausfe[illegible] & in Graevii primus, [illegible] Mentelianus vero, [illegible] GRAEV.

[illegible] eadem modo, [illegible]) Al. [illegible] eadem [illegible]. Quidam vero legunt: [illegible] eadem modo, [illegible]. [illegible]

[illegible]) [illegible], [illegible] fieri, ut [illegible] GRAEV.

[illegible]) Al. [illegible] CORRADUS.

Ep. I.

CICERO RVFO.

QVo modo potuissem, te convenissem, si eo, quo constitueras, venire voluisses. Quare etsi mei commodi causa commovere me noluisti, tamen ita existimes velim, me antelaturum fuisse, si ad me misisses, voluntatem tuam commodo meo. Ad ea, quæ scripsisti, commodius equidem possem de singulis ad te rebus scribere, si M. Tullius, scriba meus, adesset: a quo mihi exploratum est, in rationibus dumtaxat referendis (de ceteris rebus affirmare non possum), nihil eum fecisse scientem, quod esset contra aut rem, aut existimationem tuam: dein, si rationum referendarum jus vetus & mos antiquus maneret, me relaturum rationes, nisi tecum pro conjunctione nostræ necessitudinis contulissem confecissemque, non fuisse. Quod igitur fecissem ad urbem, si consuetudo pristina maneret, id, cum lege Julia relinquere rationes in provincia necesse erat,

EPISTOLA XX.

QVomodo potuissem) Sic editio prima ac Victoriana, easque & MSos secutæ Gebhardi, Gravii, Gronovii: non quoquo modo, quod ex vulgatis repuerat Cellonius. Brutus infra XI. ep. 23. *Si te vomes, quot fero, constantem loqui ferre potuerunt.* CORT.

Si ad me venisses) Quis non videat, si diligenter consideret, legendum esse cum antiquis codicibus, *si ad me misisses*? id est, si mihi notum fecisses, si misisses, qui mihi id nunciarent. Ad D. Brutum: *Mitte ad Lupum nostrum, ut is eas centurias conficiat.* Et hujus significationis hujus verbi plurima sunt apud Ciceronem exempla, quæ nunc in re clara non proferemus. Terentius in Eun. *Misit porro orare, ut venirem serio.* Si enim Rufus ad Ciceronem venisset, morem gessisset ei Cicero nullo suo incommodo. Dicit autem se ante laturum fuisse illius voluntatem suo commodo. Quare penitus convicta vulgata lectio explodatur. VICTOR. Etiam ex libris nostris manuscriptis aliqui habent *si ad me misisses*: quo modo scriptum esse in suis Manutius testatus est: pro quo vulgati habent, *si ad me venisses*, &c. Hanc præterea dissimilitudinem reperi in nonnullis manuscript. qui habent, *si commovisses*, pro *si ad me venisses* seu *si ad me misisses*, &c. LAMB. *Si ad me misisses*) Ita est in Pal. quinto, Vaticano, Victorii editione, itidemque credo in reliquis, nisi tota hæc epistola deesset Pal. secundo, tertio, Gruteriano, Stewechiano, vulgo *venisses*. Principio Epistolæ scripsi *quomodo*, non *quoquo modo*: auctoritate Pall. prim. quart. quint. Vatic. editionum primæ ac Victorianæ. GRUT.

Si rationum referendarum jus vetus) Mos vetus erat, ut ad urbem is, qui proconsul erat, cum quæstore suo rationes conferret, priusquam ad ærarium referret. Ius autem vetus est, quod fuit ante legem Iuliam. GRAV.

Id, cum lege Iulia relinquere rationes) De lege Iulia idem dicit in oratione in Pisonem; quo loco inducit ipsum cum genero suo Iulio Cæsare ita loquentem: *Rationes ad ærarium retuli continuo, sicut tua lex jubebat; neque ulla alia in re legi tuæ parui.* VICTORIVS.

rat, easdemque totidem verbis referre ad ærarium, feci in provincia. Neque ita feci, ut te ad meum arbitrium adducerem: sed tribui tibi tantum, quantum me tribuisse numquam me pœnitebit; totum enim scribam meum, quem tibi video nunc esse suspectum, tibi tradidi; tu ei M. Mindium, fratrem tuum, adjunxisti. Rationes confectæ me absente sunt tecum, ad quas ego nihil adhibui præter lectionem. Ita accepi librum a meo servo scriba, ut eumdem acceperim a fratre tuo. Si honos is fuit, majorem tibi habere non potui: si fides, maiorem tibi habui, quam pæne ipsi mihi; si providendum fuit, ne quid aliter ac tibi & honestum & utile esset referretur, non habui cui potius id negotii darem, quam cui dedi. Illud quidem certe factum

Id feci in provincia] Contuli eas rationes tecum in provincia ex Cæsaris lege; vid. ep. 17. lib. II. Graev.

Sed tribui tibi tantum, quantum me tribuisse numquam me pœnitebit] Auctiora sunt proverbialia ista Pall. pr. quart. quinto, editioque Victorii: & posteriore me, Vatic. Mediceus atque editio Victoriana. Garat.

M. Mindium] Epist. 26. & 28. lib. XIII. Corrad.

Ad quas ego nihil adhibui præter lectionem] Hoc est, confectas a scriba meo & fratre tuo legi. Graev.

Non habui cui potius id negotii darem quam Tullio scribæ] Sic omnes vulgati, & impressi. antiqui vero cuncti codices hoc loco corrupti & diminuti aliqua dictione sunt. Nos autem & hic, & aliis multis locis rectius esse putavimus mutila & imperfecta multa relinquere, ut in antiquis exemplaribus inveniuntur, quam ut a nonnullis supplera & restituta sunt, legere pauca autem admodum, & fortasse nusquam Tullii tantum desideratur. Victorius. *Quam darem*. Cum hic olim antiquam lectionem repoluimus: quid autem nostri iudicii esset, non valde aperuimus: alii quid ipsi conjicerent exposuerant: quos qui probabunt, sequi poterunt: ea nobis nimis dura & violenta videntur. In *Darem, quam scribæ meo*] Hæc verba (post *scribæ meo*) *M. Tullio Laureæ*, nulli codices MSS habent: quemadmodum nec illa quæ reperiuntur in aliis vulgatis, *quam scribæ meo*: nisi quod hæc quæ olim edenda curavi, ad unius libri veteris oram adscripta reperi, idque aliena manu. Et vero licet, illa tollamus; nam his deletis sententia est integra & aperta; facile enim subintelliguntur. Et credibile est, ex adnotatiuncula esse nata, vel ab aliquo correctore, qui deesse putaret, addita. Quare sic legendum puto, ab illo loco: *si providendum fuit ne quid aliter ac tibi & honestum & utile esset, referretur, non habui cui potius id negotii darem. Illud q.* Lamb. *Non habui cui potius id negotii darem quam scribæ meo*] Pantagathus aliter legit: *Non habui cui potius id negotii darem, quam darem illud* &c. F. Urs. *Cui potius id negotii darem? quam darem*] Per nos vacua potius sit hæc Ciceroni lacuna, quam ut impleatur aliorum pluvia ac sordida aqua: sic autem est in Pal. pr. ac Vaticano, nam Pal. quartus ac prima editio, *cui potius id negotii darem quam tibi*, sic & Pal. quint. nisi quod *id negotium*. Lambinus tamen emendat *non habui cui potius id negotii darem; illud q.* Vulgo, *Cui potius id negotii darem, quam scribæ meo*. Unde lubebat H. Stephanus *commendarem*, quod non dicam quale sit. Pantagathus vero referente Ursino: *Non habui cui potius id negotii darem, quam darem illud* &c. Garat.

ctum est, quod lex jubebat, ut apud duas civitates, Laodicensem & Apameensem, quæ nobis maximæ videbantur, quoniam ita necesse erat, rationes confectas & consolidatas deponeremus. Itaque huic loco primum respondeo, me, quam-

Gen. Amstelodam. & Menrel. neque ut alii, cui potius id negotii darem quam dedi. Sed illa manus primus hic quoque ad veram lectionem restituendam plus opis fert, quam quos homines eruditi evolverunt, ipseque Mediceus. In hoc autem legitur *potius id negotii darem, quam dedi*. Non longe abit Pal. quart. & edit. prima, qui pro *dedi* legunt *tibi*. Cicero scripsit, *cui potius id negotii darem, quam cui dedi nimirum tibi*. Hæc istius perditi loci emendatio tam liquida est & certa, ut ne Carneades quidem de illa possit dubitare. GRAEV. *Cui potius id negotii darem, quam dedi*] Sic MSst. Lege: *quam cui dedi*: hoc est, tibi. Nemo fuit, cui tutius ac fidelius hoc negotium committi potuerit. Jo. F. GRONOV. *Non video cur potius id negotii darem, quam dedi*] Cur hæc non sit plena locutio, quæ in egregiis exemplaribus occurrit, sed interponi debeat ante verbum postremum vox *cui*, quod nusquam reperitur, ita ut locus debeat asterisco insigniri, nullus video. I. GRONOV.

Quod lex jubebat] Lex Julia. CORR.

Rationes confectas & consolidatas] Non ut in antiquis *consolutas* legimus. VICTORIVS. Nuper cum Mediceum codicem accuratius super hac castigatione consulerem, nunquam enim mihi illa penitus satisfecit, cognovi veterem scripturam me fefellisse. Quare cum ea tantum nitar *consolutas* legerim, & ipsa quoque titubet, diligentius esse puto totam rem considerandam, & fortasse ad priorem lectionem redeundum. Antiquam hic ponimus, quæ sane valde manca & incerta est; nam & copula deest, quæ videtur tamen necessaria, *rationes confectas consolidatas deponeremus*. Idem in Addendis. *Consolidatas*] Cur non mendum tollam ex divinatione in Verrem, nactus aliquam hujus rei occasionem? Cupio enim omni tempore omnique in negotio studiosos litterarum adjuvare. Scias igitur locum illum mendose legi: *At enim fortum id est, ut me dimidi maxime velim*; alterum illud credo obscurum est: legendum enim est *solidum*, hoc intelligo. Cum enim planum fecisset antea se patrimonium fortunatum fratrum Siculus maxime optare, idque ita confirmasset, ut labefactari non posset, incipit de altero capite disserere. *Solidum* id fit, id est, firmum, stabile, quod de gradu & sede sua dejici non possit. Quemadmodum etiam nos eleganter sermone nostro familiari dicimus: retinemus enim pene Latinam vocem, eaque eum idem significare volumus, passim utimur. Idem. *Rationes confectas & consolidatas*] Sic habent omnes libri veteres, & ita edidit P. Victorius. Vulgati, alii *consignatas*, alii *consolutas*. LAMBINVS. *Rationes confectas & consolidatas deponeremus*] Sic Pal. quint. atque Muret, omnes denique Lambini. Quid sit autem *consolidare rationes*, suggessit Asconius in III. Verrinam, ad verbum *quadrantes*. Victorius *consolutas*, ex Med. Pal. pr. *solutas*; quart. *consolatas*, alii *conlatas*, vel *consignatas* habent. GEBHARDVS. Oppugnat Manutius lectionem vulgarem *consolidatas*; sed male. *Consolidatæ* enim *rationes* sunt liquidæ, cum expensis respondent accepta. Docet hoc insignis locus Asconii Pediani, ad illa verba Orat. Cic. in Verr. de Prætura Urbana: *Quomodo de eodem quadrantur*] *Solida facta sunt, ut neque plus quidquam, neque minus inveniretur in summa; ubi enim ratio sive summa est, difficile est sacrare, detractis quadringentis, quadrare, & solidari, vel solida fieri, quia vel minus, aut plus aliquid reperiatur*. Hæc Asconius. Unde patet *solidari rationes*, aut, ut hic Cicero loquitur, *consolidari* dici, cum quadrant. GRAEV. Detractis detrahendis, & additis addendis solidas

quamquam justis de caussis rationes deferre properarim, tamen te exspectaturum fuisse, nisi in provincia relictas rationes pro latis haberem. Quamobrem de Volusio quod scribis, non est id rationum; docuerunt enim me periti homines, in his cum omnium peritissimus, tum mihi amicissimus C. Camillus, ad Volusium transferri nomen a Valerio non potuisse: sed prædes Valerianos teneri; neque id erat

& integras lustas; ita *solidum* dicunt JCti Leg. 6. §. 1. Dig. de peculio legato, alibi. Petron. Sat. c. 43. Vbi vide Burmannum V. Cl. CORT.

Justis de caussis) Instante bello civili. CORRAD.

Rationes deferre properarim) Querebatur Rufus, quod rationes deferre ad ærarium nimis properasset; quædam enim corrigi cupiebat. GRAEV. *Rationes referre properarim*) Ita legendum, ad ærarium puta. Etsi caussa impulerant atque urgerent graves, ut primo quoque tempore hoc officio referendarum ad ærarium rationum defungerer; tamen id dilaturum fuisse usque in adventum tuum, nisi putarem frustra exspectari, ut conferremus, cum jam in provincia confectæ & depositæ essent; nihil enim jam poterat mutari, cum utrumque codicem concordari oporteret. Io. FR. GRON.

Te exspectaturum fuisse) Qui nondum de provincia decesseras. CORRADUS.

Pro latis) Alii legunt *pro relatis*, vel *delatis*. IDEM. *Pro latis haberem*) Videtur scribendum, *pro relatis*: supra: *Nisi tecum pro c. n. n. contulissem*. Io. FR. GRON.

Quamobrem de Volusio quod scribis) Duos Volusios secum habuit Cicero in provincia, Cn. quem Attici quæstorem ipse appellat, & Q. quem in Cyprum misit, ut ibi jus diceret. Sed utrum hic intelligat, est considerandum. CORRAD. Vid. Manut. *De Volusio quod scribis*) Vocem, seu tres voces, *quamobrem*, aliunde huc illatas, & ex verbo *haberem*, quod proxime antecedit, natas, sustuli. LAMBIN. Retinent *quamobrem* omnes Pall. Grævii pr. Amstelodam. aliique. GRAEV.

Ad Volusium transferri nomen a Valerio) Quod Rufus petierat. Vid. Manut. Veteres codices hic *traferri*. Qua ratione ad Atticum lib. XVI. *tralatum*. *Hunc tu tralatum in Macrobium*; nec tamen sic in nostro scripsimus, ne omnia velle immutare videremur; eadem tamen notasse antiquitatis caussa placuit. Ille etiam locus in 4 epistola ad Lentulum in veteribus codicibus ita scriptus est: *Caussam enim frequenti Senatu non magna varietate, magnaque invidia eorum, qui a te caussam regiam alio traferebant, obtinebamus*. Quod etiam aliis non paucis locis observavimus. Nam *tralatio* pro *translatione* boni codices semper habent in libris oratoriis. Donatus etiam accuratissimus Terentii interpres sic veteres dixisse testatur, cum locum hunc in prologo Phormionis exponeret: *hic trandere hominem in otium*; sic enim inquit, *Transdere* veteres sonantius quod nos lenius dicimus *tradere*, ut *tralatum*, quod nos *translatum* e contrario. Consuetudinem autem ita pronunciandi ad ætatem usque M. Tullii productam esse verisimile est: cum in vetustioribus cunctis ejus libris ita fere semper scriptum sit. Nam Ciceronem inter veteres a Donato poni non mirum videri debet, qui tot seculis post eum fuit. Retinuisse etiam quædam libenter Ciceronem ab antiquioribus usurpata notissimum est; ut postquam ita fere ubique in integrioribus exemplaribus scriptum invenitur, ita legendum omnino censeam: si auctoribus sermo, qui eorum ætate vigebat, conservandus est, & non ad posteriorum normam & consuetudinem conformandus. VICTOR.

Neque id erat ns aax, ut scribis) Repo-

erat HS XXX. ut scribis, sed XIX. Erat enim nobis curata pecunia Valerii mancipis nomine: ex qua reliquum quod erat in rationibus retuli. Sed sic me & liberalitatis fructu privas & diligentiæ, & (quod minime tamen laboro) mediocris etiam prudentiæ. Liberalitatis, quod mavis scribæ mei beneficio, quam meo legatum meum præfectumque maxima calamitate levatos, cum præsertim non deberent esse obligati: diligentiæ, quod existimas de tanto officio meo, tanto etiam periculo nec scisse me quidquam, nec cogitavisse: scribam, quidquid voluisset, cum id mihi ne recitavisset quidem, retulisse: prudentiæ, cum rem a me non insipienter excogitatam, ne cogitatam quidem putes. Nam & Volu-

Reposita est nota, quam habent MSi, in quibus & meus primus, & Amstelodamensis. legendumque videtur non *sestertiis*, sed *sestertium triciens*, hoc est, septuaginta quinque millia scutatorum: XIX. sunt septies quadragies mille, quingenti scutati. GRAEV.

Neque id erat sestertium triciens, ut scribis, sed nongenties deciens] Sic allegavit hunc locum, & notas exprimendas esse jamdiu monuit Pater in lib. II. Pecuniæ Veteris c. 3. In quo tamen miratus sum taciturnitatem, aut conniventiam omnium, his totidem nec pluribus verbis eam periodum absolventium, cum tam Naugeriana Iuntæ, quam Victoriana Stephani habeant, ut Lambinus in margine, *HS. XXX. ut scribis, sed HS. XIX*; quod credo ex bonis MSis ita illic factum, ac propterea revocavi, idque lectoris est more Romano eloqui. IAC. GRON.

Ex qua reliquum, quod erat, in rationibus retuli) Ita distingue. Ejus; quo usus non eram, quodque restabat inconsumtum, id retuli, populo scilicet, in rationibus scriptu vel scribi curavi, seu testatus sum & residuum salvum esse. Manut. vult simul cum rationibus eam pecuniam ad ærarium relatam: quod fieri posset, ut quandoque factum fuerit: sed hoc proprie verbis his non explicatur. IO. FR. GRON.

In rationibus retuli) Hoc est, in ærarium retuli cum aliis rationibus. Vid. Manut. GRAEV.

Legatum meum præfectumque Q. Leptam) Nihil ab ea quæ in nostris impressa est lectione discedendum puto: nec duas illas dictiones ullo pacto delendas censeo. Nam quod Manutii argumentum primum est, qui eas inducit, in antiquo libro illas non esse, Mediceus codex eas habet, & nos olim illi voci nomenque, illius exemplaris auctoritatem secuti, prænomen addidimus. Alia item ejusdem argumenta nullo negotio tentari refellique possunt. VICTORIVS. Argumenta tamen Manutii non video qui possint labefactari; sunt enim firmissima. Accedit auctoritas veterum codicum, inter quos etiam meus optimus est, qui non agnoscit Q. *Leptam*, quod merito cum Manutio rejecimus. GRAEV.

Legatum) Volusium. CORRADO.

Præfectum) Fabrum. IDEM.

Diligentiæ, quod existimas) Pal. pr. & Amstelodam. *diligentiaeque qui existimes*. GRAEV.

Cum rem a me non insipienter etiam, ne cogitatam quidem putes) Lacera aliquantulum sunt in his verbis antiqua exemplaria. Quare vulgatam receptamque lectionem secutus sum. Hic tamen vitium est diligentius hanc rem considerare, videreque, an ex vetere scriptura quamvis mutila & decurtata legitima lectio conjectura elici possit: maxime cum alii etiam qui Manutium

num

Volusii liberandi meum fuit consilium; & ut multa tam gravis Valerianis prædibus, ipsique T. Mario depelleretur, a me

rum nomine has epistolas nuper Venetiis castigarunt, id facere tentaverint. Eam igitur primo cum fide proponam. Sic autem in melioribus cunctis legitur: *Cum rem a me non inspienter excogitatam quidem putes*, manifesto defectu. Quod si licet libere sententiam suam proferre, sic ego hunc locum restituendum putarim: *Cum rem a me non inspienter excogitatam, ne cogitatam quidem putes*. Ut similitudine duarum illarum pene earumdem vocum deceptus librarius, incuria alteram cum monosyllabo, quod eam præcedebat, omiserit: qui lapsus frequens est, & quandoque totius clausulæ damno fletit. Sensus, si ita legas meo judicio optimus erit, ut queratur Cicero, mireturque Rufum illam rem, quæ non solum a se cogitata sit, sed etiam acute & sapienter excogitata, in mentem sibi non venisse, neque a se cogitatam esse credidisse. *Excogitare* autem esse cogitando quod quærebatur invenire, notissimum est. Sic autem castigarunt Veneti, *Cum rem a me ne inspienter quidem cogitatam putes*, antiqua scriptura in duobus verbis contaminata, & frigidiore sane sensu; nisi intelligas voluisse Ciceronem ostendere rem illam a se non tantum cogitatam, sed perspectam & animadversam fuisse. Quare magis judicium Rufi reprehendit, qui ab ipso illam ne cogitatam quidem esse existimaverit. Ostendit autem infra suo consilio gesta esse omnia, & a se initam rationem esse, quomodo ea recte fieri posset. Quam etiam sententiam recepta lectio continet, quamvis a vetere scriptura recedat, & (ut puto) ab aliquo suppleta sit, qui ex suo arbitrio locum hunc restituere voluerit. VICTORIUS. *Non inspienter excogitatam, ne cogitatam quidem putes*) Secutus eram initio libros quosdam vulgatos, qui sic habent: *Non inspienter actum, ne cogitatum quidem putes*. Sed Victorio malui tandem assentiri, qui sequitur optimum illum codicem Florentinum manuscriptum: cum quo præsertim nonnulli ex nostris congruunt. Nam manuscriptorum nostrorum alii habent: *Cum rem a me non inspienter excogitatam, ne cogitatam quidem putes* (quomodo edidit P. Victorius: quam scripturam nos secuti sumus.) alii: *Cum rem a me non inspienter excogitatam quidem putes*, plane mendose. Ego Florentinam editionem solam veram & rectam judico: vulgatam tamen, tolerabilem & probabilem esse puto. LAMBINUS. *Cum rem a me n. insp. excog. ne cog. q. p.*) Libuit amplecti emendationem Victorii tanto opere laudatam ac probatam Lambino, eo magis, quod cum Mediceo codice congruant Pall. tres. GRUTERUS.

Et ut multa tam gravis Valer. pr. ipsique T. Mario) Videtur legendum: *Et ut multa tam grav. a Valerianis prædibus ipsique T. Mario depelleretur*, &c. LAMBINUS. *Multam* non mancipum sed prædum fuisse hic notat Manutius. Sed utique & mancipum fuit & prædum. Mancipes enim & prædibus & prædiis cavebant publico. Si non præstitissent fidem, & prædia sive possessiones quas Reipublicæ obligaverant mancipes ipsi sive redemtores, & prædum quoque facultates vendebantur. Neque hoc probo, quod paullo ante scribit idem Manutius, Valerium multam a Volusio debitam in se suscepisse exigendam, & prædes dedisse. Sed quis umquam audivit ad exactionem multæ prædes requiri, aut exactores multæ mancipes appellari? Cui multa irrogabatur, is quoque prædes dare cogebatur. Gell. VII. 19. *L. Scipioni Asiatico P. Scipionis Africani superioris fratri C. Minucius tribunus pl. multam irrogavit, eumque ob eam causam prædes poscebat*. Si itaque in re obscura liceat divinare, censeo Volusium quemdam fuisse publicanum, & reipublicæ debuisse aera sestertium. In ejus locum postea successisse Valerium, & non solum conduxisse vectigal illud, sed & reliqua Volusii solvenda in se suscepisse,

a me inita ratio est: quam quidem omnes non solum probant, sed etiam laudant: &, si verum scire vis, hoc uni scribae meo intellexi non nimium placere. Sed ego putavi esse viri boni, cum populus suum servaret, consulere fortunis tot vel amicorum, vel civium. Nam de Lucceio est ita actum, ut auctore Cn. Pompeio ista pecunia in fano poneretur: id ego agnovi meo jussu esse factum: qua pecunia

pisse, & hoc nomine praedibus praeditique reipublicae cavisse; ideoque praedes ejus tenebantur, quos liberare cupiebat Cicero. *Multa* vero dicitur hic pecunia, qua & a mancipe Volusio, & eius praedibus solvenda erat. Haec mea de hoc loco sententia est: si modo sit verus, sed dubito. Prim. Pal. Amstelodam. Mentel. meus u-terque, *multi tam gravis* leguntur. Sed meus primus, *& ut multi tam graviter Valeriani praedibus, ipsique T. Mario depellerentur*. Videant acutiores, num inde lectio melior possit elici. Meorum ego partium esse duxi veterem scripturam indicare. GRAEV. Fr. *ipsique Mar. depelleretur*. Verbis cum *De* compositis in primis jungunt tertium casum. Ep. 16. *Si tibi hoc unum detrahi potest*. Quod tamen non magis a vi verbi, quam tertii casus, quae alibi manifestata est, interpreteris. Sic cum Virg. Horatius I. Od. XVII. v. 3. *Et igneam aestatem defendit capellis*. Nec aliter, credo, legendum apud Liv. I. c. 1. quam *Aeneae Antenorique abstinuisse jus belli*. Quae omnia tenuare quidem potes per *a* quo. Analogia autem requirit *commodo hujus*, vel simile. CORT.

Cum populus suum servaret) Alii emendarunt *populis*. Nos ut in antiquis libris invenimus, & ut ratio ipsa docet, *populus*, haec sententia; Putavi esse boni viri cum possem, nullo populi damno, commodare civibus, & eorum fortunas sustentare. VICTOR.

Nam de Lucceio est ita actum) Locus non nimium certus, & sane tota epistola obscurior, & fortasse mendosior: parum enim constans est scriptura etiam in melioribus exemplaribus. Nos, ut in antiquo illo probatiore codice invenimus, scripsimus. *Lucceii* autem nomen in illo semper per duo c scriptum est: hoc loco alii *Lucro* reposuerunt, nescio quam recte. IDEM. Sic & MSus prim. Graev. Lucceio. GRAEV. *De Lucceio*) L. Lucceio, quamvis *Lucro*, vel *Lagro* nonnulli scribant: & in vetere libro *De luero* legitur. GEBHARD. *De Lucceio*) Scaliger ad Catullum *lucello*, quod nullibi reperio, & puto verum non esse: alii *Lucretio*, alii *Lagro*. GRONOV. Scaliger ad Catullum emendat, *nam de lucello est ita actum*. Satis constat vitiosum esse το *Lucceio*: sed multo constat magis alienissimum esse *lucello*, quod ille substituit: *Video*, inquit, *privatum amicorum ac civium vocari lucellum*. Ego vero non video; nam duo genera diversissima sunt, hoc quod in fano positum est, & ista *fortunae amicorum vel civium*. Fortunae istae sunt ipsum patrimonium vel bona Volusii, & praedium Valerianorum & Marii: at illa pecunia publica parum neutra ullam lucelli hujus, quo de agitur, habet imaginem. Nam cui ponebatur in foro, si distribuenda erat praetoriae cohorti? Lege GRONOV. III. de Pec. Vet. cap. 17. *Fanum*, sive Αργεῖον est locus, ubi pecuniae reponuntur, ut e Suida & veteri Lexico ostendit Vossius ad Catullum p. 69. VERBURG.

Ista pecunia in fano poneretur) Quam tu in fano posuisti meo jussu, quam nunc quereris a me esse in rationibus referendis praetermissam. Veteres in fanis publicas privatasve pecunias solebant deponere. Caesar III. de Bell. Gall. *Ephesi a fano Dianae depositas antiquitus pecunias Scipio tolli jubebat*. Vid. Cic. de Leg. II. 16. & Mead. Miscell. IV. 17. GRAEV.

nia Pompeius est usus, ut tua, quam tu deposueras, Sextius. Sed hæc ad te nihil intelligo pertinere. Illud me non animadvertisse moleste ferrem, ut adscriberem, te in fano pecuniam jussu meo deposuisse, nisi ista pecunia gravissimis esset certissimisque monumentis testata, cui data, quo senatusconsulto, quibus tuis, quibus meis litteris P. Sextio tradita esset. Quæ cum viderem tot vestigiis impressa, ut in his errari non posset, non adscripsi id, quod tua nihil referebat. Ego tamen adscripsisse mallem, cum id te video desiderare. Sicut scribis tibi id esse referendum, idem ipse sentio: neque in eo quidquam a meis rationibus discrepabunt tuæ. Addes enim tu meo jussu, quod ego quidem non addidi: nec causa est, cur negem: nec, si esset,

Quam tamen deposuerat Sextius) In veteribus codicibus sic fere ut nos quoque scripsimus, locus hic legitur: *Qua pecunia Pompeius est usus, ut tua, quam tu deposueras ex his.* Etsi nostri librarii pro *tu*, *tum* perverse, ut est negligens hominum genus, scripserunt. *Sextius* sane pro *ex his* habet ille vetus codex, sed puto eamdem litteram, ultimam scilicet antecedentis dictionis & primam hujus, ut sæpe accidit, bis inutiliter esse repetitam. Nam *Sestius* nomen vix umquam perscriptum invenies in antiquis exemplaribus, de quo paullo post. Sed tamen etsi nos antiquæ viciniorem, & nostro judicio meliorem lectionem secuti sumus, non adeo certa hæc esse judicamus, ut non velimus totam rem in arbitrio eruditorum relinquere. VICTORIUS. *Ut tua quam tu deposueras Sextius*) Sic etiam legitur, ne minima quidem varietate, in Mediceo: quod olim quomodo nos præterierit, nescio: certe si id animadvertissemus, non tantopere laborassemus. IDEM. *Quam tum deposuerat Sextius*) Nonnulli ita corrigunt, *quam tu deposueras ex his*. CORR. *Ut tua, quam tum deposuerat Sextius*) Sic habet castigatissimus Pal. prim. quart. *quam tu tamen quam dep. S. Sext.* quint. *tu tamen, quam deposuerat Sextius*, alii. *quam tum deposueras ex his*, GRUTERUS. Medicei codicis scriptura cum consentiat meus primus, non dubitavi eam reponere, quamvis Gebhardus ex Palatino primo receperit, *ut tua, quam tum deposuerat Sextius*. GRÆV.

Non adscripsi id) Non scripsi in rationibus meo jussu a te esse positam. IDEM.

Quod ego numquam addidi) Suspecta mihi hæc lectio semper fuit, præsertim cum in melioribus exemplaribus aliter scriptum sit, & tota etiam epistola non parvam obscuritatem in se habeat. Mediceus ita legit, *quod ego quidem non addidi*, quod diligenter considerandum est: nihil tamen adhuc certi ex vetere scriptura elicere potui; nam per se etiam vox illa *numquam* hoc in loco mihi parum probatur: etsi conjecturam nostram non contemnendam putamus, qui olim particulam *qui* supervacaneam judicavimus, eamque sustulimus, non autem recinuimus. Nunc tamen, ut unusquisque, quid sui consilii sit, sequi possit, antiquam scripturam omnibus proposuimus. VICTOR. *Quod e. numq. a.*) Anton. Augustinus *quod ego tum non addidi*: alii *quod ego quidem non addidi*: sed nimis longe a vulgata scriptura, quamvis veteres libros se auctores habere dicant. F. VRSINUS. *Quod ego quidem non addidi*) Est e Palat. quinto, Vaticano, editione Victorii; nec longe abeunt reliqui duo, repræsentantes, *quod ego qui non addidi*.

esset, & tu nolles, negarem. Nam de HS nongentis millibus, certe ita relatum est ut tu, sive frater tuus referri voluit. Sed, si quid est, quod de legato parum * gavisum est, quod ego in rationibus referendis etiam nunc corrigere possim, de eo mihi, cum senatusconsulto non sum usus, quid

est. Ant. Augustinus, *quod ego tuae non audiui*: & nostra opinione melior ac Cicerone dignior. Vulgo, *quod eg numquam audiui*. GEBHARD.

Nongentis] Al. *nonaginta*, CORR.

De HS nongentis millibus] Hoc est XVIII millibus & quingentis Italis sive Philippicis nostratibus, non XXII. millibus, ut vult Manutius. GRAV.

Cum de logio parum gavisum est] Videndum, an locus hic respondeat superiori, *Nam de Lucerio est ita actum*. Fortasse enim λογεῖον appellat locum, ubi rationes deponuntur. Quod si ita sit, dubito, an illic etiam *de logeio* scribendum sit, nihil tamen in dubia re certi asserimus, suspiciones nostras proponimus quae nobis ex parum firma scriptura oriuntur, quas cupimus eadem animi sinceritate qua proferimus accipi, & examinari: totamque rem accuratius a peritioribus perpendi & iudicari. Nam quod in posteriore loco quidam legunt *de Lucerio parum provisum est*. *Logeio* habent omnes praeter hunc super Venetiis impressum excusi codices: & vulgata lectio in voce illa *provisum*, quam ipsi restituerunt, magis mihi placet; etsi in ea etiam dictione titubat antiquus codex. Totus enim locus sic est in illo melioris notae, ne amplius lectorem suspensum teneam, & is nostrae haesitationi veniam det, cum videat quot difficultatibus premamur, *quom de logeo parum gravisum est*: sed & antiquae scripturae, & sententiae etiam magis convenire mihi videtur communi & vulgatae lectioni quam huic novae, & ab aliquo pro suo ingenio excogitatae. Nos nihil quod in medium afferamus certius habemus, VICTORIUS.

Provisum] Al. *gratissum* vel *gravisum* legis: at forte legendum ut *gratum visum*. CORRADUS.

Quando de logeo parum gratum est] Ego quum primum putui, accessi ad scripturam antiquam; nam libri manuscripti hoc loco fuere corrupti: sed tamen partim sic habent: *quando de logeo parum gravisum est*, partim: *gravissimum est*. Vulgati autem, *parum provisum est*, quae lectio tolerabilis est: nec eam damnamus. Praeterea quod ad vocem *logeum* pertinet, nos putavimus utrobique, & supra, ibi, *nam de logeo ita est actum*, &c. & hic, *quando de logeo*, &c. eamdem rem agi: ideoque idem nomen poni oportere. *Logium*, autem, seu *logeum*, vox Graeca est, quae significat praeter alia, locum ubi rationes referuntur, & ubi deponuntur. LAMBINUS.

Quando de Lucerio parum provisum est] Panthagatus, *quom de Logeo*, vel *quom de Lucerio parum gravisum est*. F. URSINUS.

Cum de logio parum gravisum est] Mirum agitatus locus, quem compositum ivit Scaliger, & in eo mira aliis tarifecit, [illegible] *de logio* reponendo. Nos ut in his Cimmeriis nihil post alios cernere possumus, ita nihil cupide, nihil temerarie fecisse videri volumus. Habebat Mediceus, *quom de logio parum gravisum est*; ex quo emendarat Rynalius, *quando de Lucrio parum provisum est*. Pal. primus, quem non inferiorem bonitate Medic. experimur, *quomodo de legeo parum gavisum est*: alii, *quando de logio parum gratum est*. Alii, *quando de logio parum ratum visum est*. Eligat inde quod quisque velit. Ego cum Claudiano navabo operam, ne *nimium simulando volnus exulcerem*. GEBHARD. Quam varie hic locus in veteribus libris scribatur vel ex Lambini nota patet. Meus primus liber ab aliorum omnium scriptura recedit. Sic in illo habetur: *si quid est quod de legato parum gravissime, quod ego in rationibus referendis*, &c. Amstelodam. Mentel. Pal. prim. *quomodo de logeo parum gravisum est*, atque fere ut Mediceus qui scribit, *quom de logeo parum*

quid per leges liceat, considerandum est: te certe in pecuniæ exacta * ita efferre ex meis rationibus relatis non oportuit, nisi quid me fallit: sunt enim alii peritiores. Illud cave dubites, quin ego omnia faciam, quæ interesse tua, aut etiam velle te existimem, si ullo facere modo possim. Quod scribis de beneficiis, scito a me & tribunos militares, & præfectos, & contubernales dumtaxat meos delatos esse. In quo quidem ratio me fefellit: liberum enim mihi tem-

rum gravisum est. Forte scripsit Cicero: *Si quid est, quod de legato parum gratum visum est*. Nimirum de legato, quem cum præfecto maxima calamitate levare cupiebat, ut supra ostendit. GRAV.

Te certe in pecunia exacta ita efferre) Ita nos quoque olim scribi volebamus ex melioribus codicibus, in quo tamen una in littera nostri librarii peccarunt: prisca certe scriptura hæc est, *in pecunia exacta ita efferre*, ut facile inde hæc lectio concinnari possit: rectum tamen esse judicavimus, in re obscura lectori omnia indicare. VICTORIVS. *In pecunia exacta ista* al. *In summa pecunia exacta ita*. CORRADVS. *Te certe pecunia abs te exacta rationem referre*) Etiam hoc loco scripturæ veteris vestigia secutus sum; nam cum in veteribus libris partim hoc modo scriptum reperissem, *te certe in pecunia exacta ista referre, ex meis*, &c. partim sic, *te certe pecunia exactionem ista referre*, & ego ex voce *exactionem*, feci *exacta rationem*, ex *ista* feci *abs te*: quas voculas operæ per imprudentiam omiserunt. Cetera integra & immota servavi. LAMBINVS. *Te certe in pecunia exacta ita efferre*) Nullum mihi fore periculum judicavi, si sequerer Victorii editionem; & a vulgata una littera discederem; illa enim *efferre*. Ceterum Politiani liber, *te pecunia exacta ista*; cum in Pall. quarto ac quinto reddet, *te certe in pecunia exacta ista referre*; nec multum dissentiant Lambinianæ ac Medic. ut notat Egnat. *te certe in pecunia exacta ista referre*: unde Dionysius ille nimis libere fecit, *te certe pecunia abs te exacta rationem referre*. GEBHARD. *In pecunia exacta* habent præter Mediceum Amstelodam. Mentel. Palat. prim. aliique plerique omnes libri vetustiores. Sed in meo libro scriptum est, *te certe in pecunia exacta ita efferre*. Videre hinc est, unde *pecunia* in omnes propagatum sit membranas; *exacta* vero quoniam non intelligebant scioli, hinc formarunt alii *exacta*, alii *exacta*, unde & necessario *pecunia* in *pecunia* fuit refingendum: alii vero *exactione*. Recte vero in meo libro scribitur, *in pecunia exacta*. Cur non veteres *exactas* ut *evictas* dixerint? Et sane ab hoc verbo eos non abhorruisse ostendit etiam Quinctil. Declamat. 19. *Aversa ista mercator opportunum mercis exactam putaverit*. Pro *ita efferre* nonnulli libri legunt, *ista referre*. Hinc Ciceronis hæc fuisse verba colligo: *Te certe in pecunia exacta ista referre ex meis rationibus relatis non oportuit*; hoc est, te non oportuit in rationem pecuniæ a te exactæ referre, quod ego in meas rationes ad ærarium relatas jam ante aliter retuleram. Videtur enim Cicero HS nongenta millia in rationes suas retulisse, quæ postea in pecuniam a se forte post Ciceronis decessum exactam quoque retulit Rufus. Sed viderint acutiores. Nihil in re tam obscura definio, nec mihi ipse satisfacio. GRÆV. *Ita efferri*) Sic lege: ex rationibus a me relatis causam capere cur mihi succenseres. Pro Cæl. 9. *Ipse doleat, iratus est rerum*. De Harusp. resp. 2. *Dolore me etiam & iracundia longius prope digressum*. IO. FR. GRON.

Quod scribis de beneficiis, scito a me & tribunos militares, & præfectos, & contuber-

tempus ad eos deferendos existimabam dari: postea certior sum factus, triginta diebus deferri necesse esse, quibus rationes retulissem. Sane moleste tuli, non illa beneficia tuæ potius ambitioni reservata esse, quam meæ, qui ambitione nihil uterer. De centurionibus tamen, & de tribunorum militarium contubernalibus, res est in integro: genus enim horum beneficiorum definitum lege non erat. Reliquum est de HS centum millibus, de quibus memini mihi a te Myrina litteras esse allatas, non mei errati, sed tui: in quo peccatum videbatur esse, si modo erat, fratris tui, & Tullii. Sed cum id corrigi non posset, quod jam depositis ratio-

contubernales diminueras meos delatos esse] Comites & contubernales magistratuum & adjutores publicorum negotiorum deferebantur in beneficiis ad ærarium a Proconsulibus, & Prætoribus & Quæstoribus, cum redirent ex provinciis. Non hoc erat emolumentum, ut Scaliger ad Catull. putat, sed merus honor & commendatio illarum personarum apud populum Romanum, profutura illis, vel ad majora emolumenta ab rep. consequenda, vel ad pericula, si quæ extitissent, sublevanda, tanquam olim meritis, ut judicio & beneficio principum honestarentur. Sic Archiam *in beneficiis ad ærarium delatum* ab Lucullo Prætore & Consule, sic L. Cornelium Balbum a Pompeio in illorum defensione jactat Cicero. Male Scaliger hoc dicit *nomen in ærarium referri*, & *vocari in beneficiariis*; omni antiquitati ignoratur hoc loquendi genus, quæ dicebat *deferri in beneficiis ad ærarium*. I.Fr.Gronov. III. de Pec. Vet. c. 17.

Sane moleste tuli non illa beneficia tuæ potius ambitioni reservata esse, quam meæ, qui ambitione nihil uterer] *Ambitionem* hanc recte interpretatur Manutius, quasi ostendere voluerint cohortem apud se fuisse lectissimorum hominum, qui beneficia in rem publicam contulissent. Non quidem de nihilo est, & potuerunt hoc quoque nonnulli recipere: sed non id intelligit Cicero, cui *ambitio* est gratia & demonstratio studii in clientes. Significat se facile pati potuisse, ut hanc apud delatos gratiam iniret Rufus, cum ipse deferendo non sit secutus gratiam, sed morem & veritatem, & merita. Illud haud proprium, *qui ambitione nihil uterer*. Plaut. Trinum. *Apage a te amor, non places, nihil te utor*. Cæsar. III. Civ. *Si vero alteri paullum modo tribuisset fortuna, non esse usurum conditionibus pacis eum, qui superior videretur, neque fore æqua parte contentum, qui se omnia habiturum confideret*. Liv. IX. *Tum primum petentes, quod usi erant, cum darentur, noluissent, abstinentia*. Idem ibidem.

De HS centum millibus] Hoc est, viginti quinque millibus scutatorum, non tribus millibus, ut vult Manutius. Grav.

Myrinæ literas esse allatas] Veteres codices omnes *Myrina*, quod nos rectum judicamus: est autem *Myrina* Urbs in insula Lemno, Stephano, Ptolemæo, & Strabone lib. XIII. auctoribus. Plinius etiam lib. IV. in descriptione Lemni: *Oppida*, inquit, *habet Hephæstiam & Myrinam, in cujus forum solstitio Athos ejaculatur umbram*. Victor. *Myrina litteras esse allatas*] Sic & prim. Grav. & Amstelodam. & Mentel. nisi quod in omnibus his libris scribatur *Mirina*. Est autem Myrina Urbs Æolia, de qua Vell. I. 1. Grav.

Fratris tui & Tullii] Qui rationes me absente confecerunt. Iunius.

De-

tionibus ex provincia decessimus, credo me quidem tibi pro animi mei voluntate, proque ea spe facultatum, quam tum habebamus, quam humanissime potuerim, rescripsisse. Sed neque tum me humanitate litterarum mearum obligatum puto, neque tuam hodie epistolam de HS centum sic accepisse, ut ii accipiunt, quibus epistolæ per hæc tempora molestæ sunt. Simul illud cogitare debes, me omnem pecuniam, quæ ad me salvis legibus pervenisset, Ephesi apud publicanos deposuisse: id fuisse HS XXII. eam omnem pecuniam Pompeium abstulisse: quod ego sive æquo animo, sive iniquo fero, tu de HS centum æquo animo ferre debes, & existimare eo minus ad te, vel de tuis cibariis, vel de mea liberalitate pervenisse. Quod si mihi expensa ista HS centum tulisses, tamen, quæ tua est suavitas, quique in me amor, nolles a me hoc tempore æstimationem accipere: nam numeratum si cuperem, non erat. Sed hæc jocatum me putato, ut ego te existimo. Ego tamen, cum Tullius rure redierit, mittam eum ad te, si quid ad rem putabis pertinere. Hanc epistolam cur non scindi velim, caussa nulla est. Vale.

EPI-

Decessimus) Sic recte Man. pro *decessissemus*, quam sententiam male postea mutavit. Silius II. 457.

Tum Deus, et liquidi discussit flegma profundi.

Iam abierat e provincia Cicero: itaque in rationibus, quas secum deportabat, Romæ referendis id corrigere non poterat, quia has cum depositis in provincia consentire oportebat. I. Fr. Gron.

Pro animi mei voluntate) Hoc est, pro animi mei sensu, ut eram animatus. Vid. Manut. Graev.

Id fuisse HS XXII) Ut conjecerat Manutius, sic legitur in meo primo, Amstelodamensi, & Menteliano, quos secutus sum. In vulgatis sic habetur: *HS XXII. millia*. Bis vicies autem sestertium sunt 55000. scutati, non 66000. ut Manutius vult. Idem.

De HS centum) Hoc est, bis mille, quingentiis scutatis. Idem.

De tuis cibariis) Quæ *salaria* cum modernis vocare videtur Vopiscus Aureliano c. 9. Distinguit Sueton. Tiber. c. 46. Corr.

Quod si mihi expensa ista HS centum tulisses) Hoc est, si mihi ea credidisses, dedisses mutua: lib. X. ad Att. epist. 17. *Debes mihi multos nummos, nec habeo locupletem: nam eis sum daturum, cui expensum tuleris, meruit.* Sic & IX. ad Fam. 10. & XV. ad Att. ep. 20. Graev. *Quod si mihi expensa ista HS. centum tulisses*) Si mihi ea mutua dedisses, aut in rem meam expendisses jussu meo, ut jussus tibi debitor forem. Quod eleganter usurpamus. Vide not. ad Liv. XXVII. 7. I. Fr. Gron.

Æstimationem accipere) Possessionem lege Cæsaris æstimatam pro pecunia commodata. Vid. Manut. Graev.

EPISTOLA XXI.

ARGVMENTVM.

Mescinio sui videndi cupido mutua se teneri cupiditate significat; subjungit hac: frequentari domum suam a Cæsaris familiaribus; eorum tamen sermonibus ita se non delectari, ut solitudinem, si ea uti possit, præponat: itaque litteras colere, & ab iis, & ab optimorum consiliorum conscientia consolationem eam petere, quam Mescinio quoque petendam censeat: Africani belli exitum appropinquare: utra pars vincat, crudelem fore victoriam; eversam funditus esse publicam fortunam: nihil tamen iis, qui culpa careant, horribile esse aut pertimescendum. De congressu, neque spem affert, neque adimit: valetudini ut serviat animoque tranquillo sit, hortatur. Index benevolentiæ, ac negotialis omnino epistola, licet major ejus pars officii potius quam negotii sit: dixi enim a principio, spectandam esse causam, cur scribatur epistola, & ab ea sive negotialem epistolam sive moralem vocandam; nam quæ adduntur præterea, declarandi amoris gratia, licet ad officium pertineant, quia tamen argumenti propria non sunt, nomen epistolæ non tribuunt. Scripta est Cæsare tertium, & M. Lepido Coss. cum Cæsar in Africa adversus Pompeii socerum Scipionem & Iubam regem bellum gereret.

M. T. C. L. MESCINIO S. D.

GRatæ mihi tuæ litteræ fuerunt, ex quibus intellexi; quod etiam sine litteris arbitrabar, te summa cupiditate affectum esse videndi mei: quod ego ita libenter accipio, ut tamen tibi non concedam: nam tecum esse, ita mihi omnia, quæ opto contingant, ut vehementer velim. Vt,

EPISTOLA XXI.

MESCINIO) Ita Pall. pr. quint. & alius vetus codex: nec longe abit Victorius cum suo *Messinio*; vulgo *Messinio*. Gesner.

Tecum esse mihi omnia) Ordo verborum non est immutandus, si expungeris communia. Sic Sall. Iug. c. 43. Est autem tecum esse mihi hoc, ita, ut tu, hoc cupio. Nempe Cicero vicissim cupidum se esse Mescinii videndi asseverat. Cort.

Ita mihi omnia, quæ opto, contingant) Mediceus liber, & alii veterum

Ut enim cum esset major & virorum, & civium bonorum, & jucundorum hominum, & amantium mei copia, tamen erat

commoda omnia: in quibus verbis vitium inesse manifestum est; quomodo illud emendari posse arbitrati simus, spectari potest; & fortasse non inelegantius quam alii, qui castigarunt *commode omnia*; magna enim vis est illorum verborum, *ita mihi omnia*, *quae opto*, *contingant*. Cupimus enim saepe, precamurque a Diis immortalibus non nobis tantum commoda, sed amicis etiam & aliis, qui nobis cari sunt; non parvamque ex ea re, si impetramus, voluptatem capimus. Honestius enim est amicis suisque commoda, quam sibi ipsi optare. Haec ratio fecit, & alia etiam argumenta, ut priorem vocem deleremus; arbitramur enim cum *omnia* scribere vellet perperam librarium *commoda* scripsisse; cumque erratum suum cognovisset, *omnia* postea scripsisse, nec priorem vocem inducere curasse, quod multis locis facit. VICTOR. *Ita mihi omnia q. o. c.*) Secutus sum & hic editionem Victorii, praeeunte tamen Lambino, & eamdem in lucem admittente. Vulgo: *Ita mihi commoda omnia*, *quae opto*, *contingant*: cum Pall. pr. sec. quart. quint habet Stewech. & Gruterianus (nec non Amstelodam. & Mentel.) *Ita mihi commoda* (quart. quint. *commoda mihi*) *omnia quae opto*. His omnibus puto melius Pal. tert. *Ita mihi etiam omnia*, *quae opto*, *contingant*. Nam inde scaturiit illud *commoda*. Nam & *commode* & *commoda* additamentum est, ut etiam post ep. 3. fin. *ut omnia* additum est in V. GEMMANO. Primus Gravii: *Nam tecum ita esse commoda omnia*, *quae opto*, *contingant*, *ut vehementer velim*; *ut commoda* delere invitis omnibus codicibus temerarium est. Sed hic locus ex vestigiis veterum codicum sic rescribendus est: *Nam tecum esse mihi commoda omnia*, *ita quae opto contingant*, *ut vehementer velim*. Vides nihil hic tolli, nihil immutari plane, transponi tantum vocula *ita*, quae suo loco vitio librariorum fuit deturbata. Sensus autem est clarissimus, & quae sequuntur clamant, Ciceronem ita scripsisse. Praestat tamen Victorium sequi. Nam erat sollemnis formula jurisjurandi. Sueton. Octav. 28. *Ita mihi salvam ac sospitem rempublicam sistere in sua sede liceat*, *atque ejus rei fructum percipere*, *quem peto*, *ut optimi status auctor dicar*. GRAEV.

Ut enim cum esset major) Haec est Mediceii codicis & aliorum etiam veterum lectio, quam tamen nonnulli damnant, qui olim & ipsi eam valde amaverant, ersi ut omnia commovere, infra suo ex ingenio lectionem mutaverant. Quam restituerunt lectionem, nullo modo probo; neque hoc facio concertationis studio, sed quod ita verum esse existimo. Si quis acute perspiciet, si *etenim* (quemadmodum illi volunt) legatur, videbit multo minus verba inter se cohaerere, quam si prisca lectio conservetur. Quare peccasse nobis non videmur, qui, si aliquis error est, una cum antiquis libris peccare volumus. Potius animadvertendum est, an sit e genere eorum, quae speciem soloecismi habere videntur, de quibus nos aliis in locis locuti accurate sumus, & Paullus etiam in suis Scholiis ad hunc locum agit. VICTOR. *Ita ut. cum ess. maj.*) Sic autem habent Pall. omn. Grut. editio prima, ac Victorii. Alii *etenim*. GEMMANO. Palatinis subscribunt Amstelodamensis & Mentelianus. Sed nondum locus est perpurgatus: & recte vidit Manutius, nihil esse quod ad *ut* referatur; recte quoque vidit Victorius aeque male cohaerere verba, licet legatur *etenim*. Vide quid nobis primus suggerat, in quo scribitur: *Tu enim cum esses*. Ciceronem scripsisse crediderim: *Tu enim mecum cum esses major erat & virorum*, *& civium bonorum & jucundorum hominum*, *& amantium mei copia*, *tamen erat nemo*, *quicum essem libentius*, *quam tecum*: mecum absorpsit sequens particula *cum*; *ut erat* vero ultima syllaba *ut major*, ac sequens vocalis *&*: quod saepe factum esse, norunt, qui non hospites sunt

erat nemo, quicum essem libentius, quam tecum, & pauci quibuscum essem æque libenter: hoc vero tempore, cum alii interierint, alii absint, alii mutati voluntate sint, unum, medius fidius, tecum diem libentius posuerim, quam hoc omne tempus cum plerisque eorum, quibuscum vivo necessario. Noli enim existimare, mihi solitudinem non jucundiorem esse, qua tamen ipsa uti non licet, quam sermones eorum, qui frequentant domum meam, excepto uno, aut summum altero. Itaque utor eodem perfugio, quo tibi utendum censeo, litterulis nostris, præterea conscientia etiam consiliorum meorum. Ego enim is sum, quemadmodum tu facillime potes existimare, qui nihil umquam mea potius, quam meorum civium causa fecerim: cui nisi invidisset is, quem tu numquam amasti, (me enim amabas) & ipse beatus esset, & omnes boni. Ego sum, qui nullius vim plus valere volui, quam honestum otium: idemque, cum illa ipsa arma, quæ semper timueram, plus posse sensi

sunt in veteribus libris; sic autem omnes salebræ sunt sublatæ. GRAEV.

Quicum essem libentius) Quicum esse *quicum*, omnes norunt. Descendit autem ab antiqua declinatione *quis*, *quis*, qui tertio & sexto casu; & ab hoc erat *quibus*; contra a *quo*, veniebat *quis*, ut notat Donatus ad Terent. Adelph. A. II. Sc. 3. Confer Nannium ad Cic. II. Verr. c. 59. & quæ nos alibi latius disputamus. Hinc *qui* pro *quomodo*, Comici sæpissime. CORT.

Totum diem libentius posuerim) Hoc est, tecum transegerim. Cic. VI. ad Attic. 2. *Nonis Maii in Ciliciam cogitabam: ibi cum [illegible] [illegible] consumsissem, atque utinam in pace (magnum enim bellum impendet a Parthis) Quintilem in reditu ponere*; hoc est, transigere. GRAEV.

Cum plerisque eorum) Cæsarianorum. CORRAD.

Uti non licet) Ne offendam Cæsarem, si absim. IDEM.

Eorum qui frequentant domum meam) Cæsaris familiarium. GRAEV.

Summum) Sic primus Grævii aliique, pro quo vulgatius dicitur *ad summum*. Vid. Manut. IDEM.

Cui nisi invidisset is) Vel Pompeius, ut quibusdam placet; vel M. Cato, quem Cicero sibi invidisse *sæpe* testatur. CORRAD. Quid si Pompeium intelligas? qui societatem cum Crasso Cæsareque inierit, ut resistere Ciceronis Catonisque factioni, nimium, ut ipsis videbatur, libertatis cupidæ posset. Nota est enim illa M. Tullii suspiratio: *Utinam, Cn. Pompei societatem cum Cæsare aut numquam coisses, aut numquam diremisses*. BERN. RUTIL.

Et omnes boni) Optimates, de quibus multa Cicero in Orat. pro Sestio, Sall. Cat. c. 19. & 23 CORT.

Ego sum qui nullius vim) Lege, *Ego sum is, qui nullius vim*. LAMBIN. *Qui nullius vim plus valere volui*) Si quam me duret, abstinerem cum Pal sec. illud *pio* ut minime necessarium, sumque absentia plus elegantiæ relicturum. Quod autem legit Lambinus, *ego sum is, qui &c.* in nullo Palatinorum codicum reperi, nisi quod eamdem lectionem ex Stewech. notat Guilielmius. GEBHARD.

Cum illa ipsa arma) Cæsariana. CORRAD.

Esse-

sensi, quam illum consensum bonorum, quem ego idem effeceram, quamvis tuta conditione pacem accipere malui, quam viribus cum valentiore pugnare. Sed & hæc, & multa alia coram brevi tempore licebit. Neque me tamen ulla res alia Romæ tenet, nisi exspectatio rerum Africanarum: videtur enim mihi res in propinquum adducta discrimen. Puto autem mea nonnihil interesse (quamquam id ipsum, quid intersit, non sane intelligo): verumtamen, quidquid illinc nuntiatum sit, non longe abesse a consiliis amicorum. Est enim res jam in eum locum adducta, ut quamquam multum intersit inter eorum causas, qui dimicant; tamen inter victorias non multum interfuturum putem. Sed plane animus, qui dubiis rebus forsitan fuerit infirmior, desperatis confirmatus est multum, quem etiam tuæ superiores litteræ confirmarunt, quibus intellexi quam fortiter injuriam ferres: juvitque me, tibi cum summam humanitatem tum etiam tuas litteras profuisse. Verum enim scribam, teneriore mihi animo videbare, sicut omnes fere qui vita ingenua in beata civitate, & in libera viximus. Sed

Effeceram) In consulatu. Incer.

Quamvis tuta) In veteribus libris fere semper scribitur *quamvis tuta*. Item. *Quamvis tuta conditione*) Etsi minus honesta. Graev.

Videtur enim mihi res in propinquum adducta discrimen) Hoc est, videtur mihi instare tempus, quo de summa rerum Cæsar cum Scipione, & Iuba certaturus est, lib. VI. epist. 13. *Cum viderem tuum magistratum in ipsa discrimina incidisse salutis fortunarumque communium*. Graev.

Non longe abesse velim a consiliis amicorum) Vox *velim* abest a libris nostris MSis, & vero tollatur licet; nam sententia pendet ab illo loco, *puto autem nonnihil mea interesse*: sequitur deinde interpositio (*quamquam id ipsum &c.*) Licet etiam retinere, ut intelligamus, propter illam interpositionem, mutatam esse orationis formam, & de integro additum verbum *velim*. Lambin. At ego verbum *velim* Stoica constantia tollo, ex Pall. omnib. Gruteriano, Vaticano, editione Victorii, sicut & paullo statim pro vocabulum *ipsi*. Gebhard.

Tamen inter victorias non multum interfuturum putem) Utriusque victoriam fore crudelem putat. Vid. ep. 9. & 14. lib. XIV. Graev.

Qui vita ingenua, in beata civitate, & in libera viximus) Pal. sec. *Quia in vita ingenua & in beata civitate viximus*. Forte scripsit Cicero: *Qui in vita ingenua, & in libera civitate viximus*. Vetus genus loquendi, quale apud Senecam Consol. ad Helv. cap. 10. *Quasi in ultima fame victurus, si in sestertio centies vixisset, veneno vitam finivit*. Et apud C. Nep. in Pomp. Att. *Neque in sestertio centies affluentius vixerit, quam instituerat*, de quo pluribus agit Gronov. lib. de Pec. Vet. cap. 1. Graevius. *Vita ingenua*) Ovid. I. Trist. 4.

Illi corpus erat durum patiensque laborum;
Invalidæ vires ingenuæque mihi.

III. Amor. 10.

Ergo ego sustinui foribus tam sæpe repulsus,

Inge-

Sed ut illa secunda moderate tulimus; sic hanc non solum adversam, sed funditus eversam fortunam fortiter ferre debemus: ut hoc saltem in maximis malis boni consequamur; ut mortem, quam etiam beati contemnere debeamus, propterea quod nullum sensum esset habitura, nunc sic affecti, non modo contemnere debeamus, sed etiam optare. Tu, si me diligis, fruere isto otio, tibique persuade, præter culpam ac peccatum, qua semper caruisti & carebis, homini accidere nihil posse, quod sit horribile aut pertimescendum. Ego, si videbitur recte fieri posse, ad te veniam brevi: si quid acciderit, ut mutandum consilium sit, te certiorem faciam statim. Tu ita fac cupidus mei videndi sis, ut istinc te ne moveas tam infirma valetudine, nisi ex me prius quæsieris per litteras, quid te velim facere. Me velim, ut facis, diligas, valetudinique tuæ & tranquillitati animi servias.

Fugiemus clara ponere corpus humo. Martial. III. 48.

In turbam incideris? cunctos umbone repelles;

Insolitum est nobis ingenuumque fatus. Homines enim liberi & liberaliter educati neque animo, neque corpore consueverunt tam multa indigna iniqua pati, quam servi per fortunam in omnia obnoxii, ut Florus III. 20. Io. Fr. Gron. Cl. Gravius ampleteretur in vita, sed vita minore dictum, uti Luca XXIII. commate 46. φωνῇ μεγάλῃ. Liv. XXXV. c. 9. [illegible]; quemadmodum & Lucanus IV. v. 43. Auson. Profess. Epigr. XVI. Cort.

Ut illa secunda moderate tulimus) Cum resp. floreret. Grav.

Funditus eversam fortunam) Cum Cæsari servivimus. Io.

Propterea quod nullum sensum esset habitura) Rerum mortalium. Id.

Non modo contemnere debeamus, sed) Leg. *Non modo contemnere audeamus, sed.* Lamb.

Præter culpam ac peccatum, qua semper caruisti) Sic est in Pall. quatuor, Grut. Vat. editione prima ac Victorii Pal. tert. *culpam ac peccatum quo*, male; vulgo, *quo*. Gron. Gravii primus, Amstelod. Mentel. *quo* habent etiam. Graevius. Qui hic respicere id, quod dignius est, dicerent Grammatici. Sed nulla tali respectu Terent. Andr. A. III. Sc. I. v. 9. Noster X. ep. 25. Aliter ibid. ep. 24. Cort.

M. T. CICERONIS EPISTOLARUM AD A. TORQUATUM ET CETEROS

LIBER SEXTUS.

EPISTOLA I.

ARGUMENTUM.

Athenis exsulantem Torquatum, qui contra Caesarem a Pompeio steterat, revocare studet a sollicitudine ac moerore animi ad tranquillitatem; in quam sententiam colligit haec, quae ad consolandum valeant: primum, ita perturbata esse omnia, ut sua fortuna contentus nemo vivat: deinde, conditionem eorum, qui Romae sint, & ea cernant, quae quotidie fiunt, deteriorem esse quam eorum, qui ablint: quare non esse ei moleste ferendum, quod urbe careat: quod si suos suaque desideret, ne hoc quidem nomine dolendum; quando illa nullo sint in proprio periculo, nec ut meliore statu fruantur, ipsum praesentem praestare posse: quod vero ad ejus fortunam pertineat, nec desperandum esse, nec timendum aut a Caesare, aut a Pompeianis, si acciderit ut vincant: sin ob commune reipub. periculum angatur, solatio esse debere conscientiam optimorum consiliorum; ut virtus licet rebus omnibus destituta, se tamen ipsa sustentet: nec vero eum, qui alios olim excitaverit, abjectiore esse animo debere: propterea, cur non aliquam ab ipsa Athenarum urbe, rationis ac moderationis parente atque altrice, doloris medicinam petat? cur non Servii Sulpicii amicissimi hominis ac sapientissimi consuetudine recreetur? extremum illud, quasi extra consolationem, subjungitur; quod mihi tamen ad leniendum dolorem vim habere aliquam videtur; de sua in eum, ejusque liberos voluntate, & de spe proficiendi aliquid in ejus causa; quod assiduitas uni rei dedita, vel si absit auctoritas, nonnihil tamen præstare posse videatur. Suspicor interdum scriptam esse hanc epistolam non Africani belli tempore, sed Hispaniensis; quia quarta hujus libri sine dubio scripta videtur Cæsare in Hispaniis rem gerente: significat enim Sulpicium Athenis discessisse; qui cum in Græcia fuerit, quo tempore M. Marcellus interfectus est, ut ex epistola 12. lib. IV. intelligitur; Marcellus autem, Cæsare in Hispaniis contra Pompeii liberos pugnante, obierit; quod indicant epistolæ quædam ad Att. lib. XIII. non videtur Sulpicius ante bellum Hispaniense Athenis discedere potuisse; præterea, Tullia, Ciceronis filia, bello Hispaniensi periit; Cæsarque ex Hispaniis, & Sulpicius e Græcia consolatorias ad Ciceronem litteras miserunt; cum Sulpicius brevi discessurus esset; quod indicat epistola 6. lib. IV. in qua est: Sperabam tuum adventum (hic enim audiebam) jam appropinquare; quo patet, discessum Sulpicii in Hispaniense bellum cadere. Nec patetur illa quarta Hispaniensi bello, hæc vero prima Africano scripta; nam in quarta, in qua de Sulpicii discessu mentio fit, appellatur hæc prima, in eo loco: Vt antea ad te scripsi, tempus est hujusmodi, ut suam quisque conditionem miserrimam putet; *& ibi quisque sit, ubi esse minime velit. Quod, opinor, Cicero non diceret de litteris ante tot menses conscriptis, quot inter Africanum & Hispaniense bellum intersunt.*

M. CICERO A. TORQVATO S. D.

ETsi ea perturbatio est omnium rerum, ut suæ quemque fortunæ maxime pœniteat, nemoque sit, quin ubivis, quam

A. TORQVATO) Is in causa Milonis quæsitor fuit. Corr.

Etsi ea perturbatio est omnium rerum) Consolatur a communi hominum conditione; & adverte in principio hujus epistolæ quater esse repertum *etsi tamen*, quod in nobis vitio duceretur. Grav.

quam ibi, ubi est, esse malit: tamen mihi dubium non est, quin hoc tempore bono viro Romæ esse miserrimum sit. Nam, etsi, quocumque in loco quisquis est, idem est ei sensus & eadem acerbitas ex interitu rerum & publicarum, & suarum; tamen oculi augent dolorem, qui ea, quæ ceteri audiunt, intueri coguntur, nec avertere a miseriis cogitationem sinunt. Quare etsi multarum rerum desiderio te angi necesse est, tamen illo dolore, quo maxime te confici audio, quod Romæ non sis, animum tuum libera. Etsi enim cum magna molestia tuos tuaque desideras; tamen illa quidem, quæ requiris, suum statum tenent, nec melius, si tu adesses, tenerent, nec sunt ullo in proprio periculo. Nec debes tu, cum de tuis cogitas, aut præcipuam aliquam fortunam postulare, aut communem recusare. De te autem ipso, Torquate, est tuum sic agitare animo, ut non adhibeas in consilium cogitationum tuarum desperationem, aut timorem. Nec enim is, qui in te adhuc injustior, quam tua dignitas postulabat, fuit, non magna signa dedit animi erga te mitigati. Nec tamen is ipse, a quo salus petitur, habet explicatam aut exploratam rationem salutis suæ. Cumque omnium bellorum exitus incerti sint, ab altera victoria tibi periculum nullum esse perspicio, quod quidem sejunctum sit ab omnium interitu: ab alte-

Quin ubivis, quam ibi ubi est, esse malit) Concinnior foret hic orationis complexus, si obtemperes Pall. quart. quint. illud *ibi* longum relegantibus; paullo post refert Pal. tert. Grut. *Quin hoc tempore bono Romæ esse miserrimum sit*; excusso illo *viro*. Graev. *Quin ubivis esse malit*: in omnibus magis locis, quam ibi, ubi est. Sic autem Latini alterum membrum, ut hic *ubi est*, tanto intensius vel laudant, vel vituperant. Sall. Iug. c.14. Idem Cat. I, 15. quæ satis evincunt ea, quæ diximus. Cort.

Quocumque in loco quisquis est) Sic habent omnes libri MSi. *Quisquis* autem positum pro *quisque*, ut *quidquid* sæpe ab eodem & Lucretio, Terentio, Plauto, pro *quidque* usurpatum esse alias docuimus. Lamb.

Tamen oculi augent dolorem) Lib. IV. epist. 4. & 13. & VII. 30. Aurium autem sensum plus doloris afferre quam oculorum dixit supra ad Marcellum IV. 9. Oratoris hoc est eisdem rebus, si res postulet, vel contrariis uti. Graev.

Ut non adhibeas in consilium cogitationum tuarum desperationem) Ut non cogites de desperando. Id.

Nec enim is) C. Iulius Cæsar. Corr.

Habet explicatam aut exploratam rationem salutis suæ) Ipse non satis tutus est, nec satis novit, quomodo salutem suam contra hostium insidias possit tueri. Grav.

Ab altera victoria tibi periculum nullum esse) Nimirum Cæsaris. Id.

Ab al-

altera te ipsum numquam timuisse certo scio. Reliquum est, ut te id ipsum, quod ego quasi consolationis loco pono, maxime excruciet, commune periculum reip. cujus tanti mali, quamvis docti viri multa dicant, tamen vereor, ne consolatio ulla possit vera reperiri, praeter illam, quae tanta est, quantum in cujusque animo roboris est atque nervorum. Si enim bene sentire, recteque facere, satis est ad bene beateque vivendum, vereor, ne eum, qui se optimorum consiliorum conscientia sustentare possit, miserum esse nefas sit dicere. Nec enim nos arbitror victoriae praemiis ductos, patriam olim, & liberos, & fortunas reliquisse, sed quoddam nobis officium justum, & pium, & debitum reip. nostraeque dignitati videbamur sequi: nec cum id faciebamus, tam eramus amentes, ut explorata nobis esset

Ab altera te ipsum) Pompeianorum. Iman.

Certo scio) Sic rescripsi ex meo primo & Stewechiano; vulgo *certo scio*: alii MSi *certum scio*. Id.

Reliquum est, ut te ipsum) Cum jam ostenderim tibi de te ipso nihil esse timendum. Id.

Vereor ne consolatio ulla possit vera reperiri) Sic legendum est, vel (ut quidam alii libri habent) *vereor ut ulla consolatio*, &c. quorum verborum eadem sententia est, atque eorum quae in hac editione posita sunt. Lambin. Non solum omnes libri Manutiani, sed & quos Graevius consuluit, habent *vereor ne consolatio ulla possit vera reperiri*. Grammaticorum decreta de *vereor ne*, quod affirmare volunt, & *vereor ut*, quod negare tradunt, dudum explosit Franc. Sanctius in Minerva, lib. IV. cap. de Homonymis. Grav.

Non vereor ne eum qui se optimorum consiliorum conscientia sustentare possit) Negativam particulam ante *vereor*, vetus ille codex non habet. Quae tamen si non sit, sententiam non corrumpit. Potest enim cum interrogatione locus legi, quasi dixerit, vereri debeo? &c. Nos nihil immutavimus: si quis vetere lectione magis delectatur eam reponat. Victor. *Vereor ne eum qui se opt. cons. consc. sust. poss. mis. esse, nef. sit d.*) Sic legendum est: & ita scriptum est in nostris libr. omnibus veteribus, & in plerisque editionibus impressum. Neque vero legendum cum interrogatione (ut putat Victorius,) sed contra: & sic declarandum, *vereor ne nefas sit*, &c. id est: *Fortasse nefas est*; vel: *fieri potest ut nefas sit*, &c. Lamb. *Non vereor, ne eum*) Solus Pal. quint. ignorat *non*; reliqui quatuor, ut & Gruterianus, tres Guilielmiani, prima editio, ac Victorii prae se ferunt: nos majori consensui socios praebuimus. Gebh. In primo Graevii & Amstelodamensi non exstat particula negandi *non*: exstat tamen in Mentel. aliisque scriptis & editis, sed praestat sequi veterrimos codices, quorum scripturam egregie tuetur Manutius. Grae.

Nefas sit dicere) Videtur deesse *non*, ut legatur *nefas non sit dicere*. F. Urs.

Fortunas reliquisse) Pompeium sequentes. Cornar.

Debitum reip. nostraeque dignitati videbatur, qui neque cum id faciebamus) In vetere quodam libro aliter hic locus scriptus reperitur, nihilo tamen meliore sententia: *Debitum reip. nostraeque dignitati videbamur sequi, atque cum id faciebamus*. F. Urs. *Debitumque reip. nostraeque dignitati videbamur sequi: nec cum id fac.*) Ita edidit Victorius eumque secutus Lambin. neque aliter in Va-

set victoria. Quare si id evenit, quod ingredientibus nobis in causam propositum fuit accidere posse, non debemus ita cadere animis, quasi aliquid evenerit, quod fieri posse numquam putarimus. Simus igitur ea mente, quam ratio, & veritas præscribit, ut nihil in vita nobis præstandum præter culpam putemus: eaque cum careamus, omnia humana placate & moderate feramus. Atque hæc eo pertinet oratio, ut, perditis rebus omnibus, tamen ipsa virtus se sustentare posse videatur. Sed, si est spes aliqua rebus communibus, ea tu, quicumque status est futurus, carere non debes. Atque hæc mihi scribendi veniebant in mentem, me eum esse, cujus tu desperationem accusare solitus esses, quemque auctoritate tua cunctantem & diffidentem excitare. Quo quidem tempore non ego causam nostram, sed consilium improbabam. Sero enim nos iis armis adversari videbam, quæ multo ante confirmata per nosmetipsos erant: dolebamque, pilis & gladiis, non consiliis neque auctoritatibus nostris de jure publico disceptari. Neque ego ea, quæ facta

tirano. MSi hic corrupti sunt, quorum Pall. prim. tert. quint. Gruter. *videbatur; sed qui etc.* (sic & Grav. prim. Amstelod. & Mentel.) prima editio, Pal. sec. Peck. *sed quia etc.* quart. *sed quid etc.* vulgo, *videbatur, qui neque cum id fec.* Grav.

Cadere animis) Ut *cadere causa, formula*, & reliqua: v. VII. ep. 14. VI. ep. 13. *frangi* & *cadere* conjungit Ovid. XIV. Metam. v. 117. Corr.

Quam rat. & veritas præscribit) *Virtus præscribit*, in omnibus fere libris legitur. Corrado. *Quam ratio & veritas præscr.*) Quidam libri veteres habent *& vel veritas*; nonnulli *ratio & virtus*, &c. Lamb. *Simus igitur ea mente, quam ratio & virtus præscribit*) Sic Pall. sec. Gruterianus quoque ad oram *virtus*; tertius vero Pal. *qua* non *quam*; vulgo, *quam ratio & veritas præscr.* quid agat hic *veritas* non excogito: est ex compendio nata vox. Grav. *Simus igitur ea mente, quam ratio & veritas præscribit*) Sic veteres libri, inter quos & meus primus & Amstelodam. Male Gruterus & Gebhardus ex Palatino & margine Gruteriani MSi hanc scripturam immutarunt, reduxeruntque in istam, *quæ ratio & virtus præscribit*. Quid agat hic *veritas*, inquit Gebhardus, non excogito: est ex compendio nata vox. Imo *ratio & veritas* est, per *ἐν διὰ δυοῖν vera ratio*: quam dictat sana ratio, quam sapientes homines sequuntur. Sic inferius in hac epistola: *In ea urbe es, ubi nata & alta est ratio ac moderatio vitæ*; est ratio moderandæ vitæ. Justinus lib. II. *Lanæ iis usus ac vestium ignotus*, hoc est, lanearum vestium usus ignotus est. Exempla passim occurrunt, & multa viri docti pridem congesserunt. Grav.

Ut nihil in vita præstandum præter culpam putemus) Ut omnia nobis sustinenda & ferenda sint, quæcumque nobis imponuntur, præter culpam, si modo culpa absit. Lib. IX. epist. 7. *Video philosophis placuisse, nihil esse sapientis præstare præter culpam*. Grav.

Consilium improbabam) Relinquendi Italiam, & pugnandi. Corr.

Iis armis adversari) Cæsaris. Id.

Quæ multo ante confirmata per nosmet ipsos erant) Pompeio provinciis Cæsaris propagatore. Id.

Cum

facta sunt, fore cum dicebam, divinabam futura: sed quod & fieri posse, & exitiosum fore, si evenisset, videbam: id ne accideret, timebam, praesertim cum, si mihi alterumutrum de eventu atque exitu rerum promittendum esset, id futurum, quod evenit, exploratius possem promittere. Iis enim rebus praestabamus, quae non prodeunt in aciem: usu autem armorum & militum robore inferiores eramus. Sed tu illum animum nunc adhibe, quaeso, quo me tum esse oportere censebas. Haec eo scripsi, quod mihi Philargyrus tuus omnia de te requirenti, fidelissimo animo (ut mihi quidem visus est) narravit, te interdum sollicitum solere esse vehementius: quod facere non debes, nec dubitare, quin aut aliqua rep. sis futurus, qui esse debes; aut perdita, non afflictiore conditione, quam ceteri. Hoc vero tempus, quo exanimati omnes & suspensi sumus, hoc moderatiore animo ferre debes, quod & in urbe ea es, ubi nata & alta est ratio ac moderatio vitae: & habes Ser. Sulpicium, quem semper unice dilexisti, qui te profecto & benevolentia & sapientia consolatur: cujus si essemus & auctoritatem & consilium secuti, togati potius potentiam, quam armati victoriam subissemus. Sed haec longiora fortasse fuerunt, quam necesse fuit: illa quae majora sunt, brevius exponam. Ego habeo, cui plus, quam tibi debeam, neminem:

Cum si mihi alterutrum) In Vaticano & Mediceo exstat *alterumutrum*, quod receperunt Victorius, & Gebhardus. Sicut & in epistola tertia hujus libri *alterum utrum* scribitur in primo Graeviano. Graev.

Iis enim rebus) Dignitate & auctoritate. Corr.

Philargyrus tuus) In eburnea quadam apud me tabella, quae Cn. Pompeii & M. Crassi Cos. nomina habet inscripta, PHILARGYRUS LUCII libertus notatus est. F. Urs.

Te interdum sollicitum solere esse vehementius) Rectius meus primus, *te interdum sollicitum esse vehementius*, potest commodissime abesse τὸ *solere*. Graev.

Aliqua rep.) Puta *existente*, vel aliud quid, quod Graecorum ὄντος, οὔσης, ὄντος respondeat; ea nempe in hac structura omitti, docuit Diomedes lib. I. p. 303. Sic ep. 2. Liv XXXI. c 29. Sall. Histor. I. Seneca Controv IX. adde supra IV. ep. 6. notata. Cort.

Suspensi sumus) Exspectatione belli Africani. Corr.

In ea urbe) Athenis. Id.

Ser. Sulpicium) Achaiae praefectum. Idem.

Cujus si essemus auctoritatem & consilium secuti) Ep. 3. lib. IV. Id.

Togati) Caesaris, quoniam depositis armis Cos. esset factus. Id.

Armati) Caesaris. Id

Cui plus quam tibi debeam) *Cujus quantum studium & quam insigne fuerit erga me temporibus illis, quae nota sunt omnibus, scire necesse est*, inquit lib. II. de Finibus. Corr.

minem: quibus tantum debebam, quantum tu intelligis, eos mihi hujus belli casus eripuit. Qui sim autem hoc tempore, intelligo: sed quia nemo est tam afflictus, qui, si nihil aliud studeat, nisi id quod agit, non possit navare aliquid & efficere: omne meum consilium, operam, studium certe velim existimes tibi, tuisque liberis esse debitum.

EPISTOLA II.

ARGVMENTVM.

Excusat se, quia rarius antea scripserit: spem aliquam affert de reconciliato Cæsaris animo: nihil ei præcipue timendum significat. Scripta videtur eodem anno.

M. T. C. A. TORQVATO S. D.

PEto a te, ne me putes oblivione tui rarius ad te scribere, quam solebam, sed aut gravitate valetudinis, qua tamen jam paullum videor levari, aut quod absim ab urbe, ut, qui ad te proficiscantur, scire non possim. Quare velim ita statutum habeas, me tui memoriam cum summa benevolentia tenere, tuasque omnes res non minori mihi curæ, quam meas esse. Quod majore in varietate versata est adhuc tua causa, quam homines aut volebant aut opinabantur, mihi crede, non est pro malis temporum quod moleste feras. Necesse est enim aut armis urgeri remp. sempiternis, aut his positis recreari aliquando, aut fundi-tus

Qui, si nihil aliud studeat nisi id quod agit, possit navare) Sic edidit ex Med. Victorius, spernuntque omnes Pall. non, ante possit; neque secus est in Vatic. Pal. tamen sec. pro agit egit. tert. Gruter. Stewech. agit. Miram tamen ostendunt scripturam, quod agit, possit navare aliquid & efficere. Gulielm. Grævii quoque libri, & Amstelodam. Mentel. non agnoscunt το non, quod tamen omnino sensus postulat. Græv.

Tibi tuisque liberis esse debitum) Forte, tibi tuisque liberis esse deditum. Gruterus. Deditum est præsens & quod ita constat, ut numquam deesse videatur. Cort.

EPISTOLA II

QVod absim ab urbe) In meis prædiis. Corr.

Pro malis temporum) Pro conditione malorum, propter mala temporum, vide V. ep. 1. Liv. XXXIII. c. 46. Cortius.

tum interire. Si arma valebunt, nec eos, a quibus reciperis, vereri debes, nec eos, quos adjuvisti. Si armis aut conditione positis, aut defatigatione abjectis, aut victoria detractis, civitas respiraverit, & dignitate frui tibi, & fortunis licebit. Sin omnino interierint omnia, fueritque is exitus, quem vir prudentissimus M. Antonius jam tum timebat, cum

Si arma valebunt, nec eos a quibus recesseris vereri debes, nec eos quos adjuvisti] Etsi hic vulgatam lectionem conservaverimus, magis tamen antiquam probamus; quæ nescio quomodo tunc nos subterfugit; pro *recesseris* enim *reciperis* legendum est, ut intelligat nunc Cæsarianas partes. Si enim *recesseris* legas, Pompeianas intelligas oportet: ab illis enim discesserat post adversam eorum pugnam, quod sententiæ nullo modo quadrabit. Eadem autem erant quas adjuverat, & a quibus recesserat, cum hic de ambabus loquatur. Aut enim armis, inquit, urgebitur Resp. sempiternis, quo casu nulla tua præcipua calamitas erit, sed ut in malis res tuæ in tuto sunt: nec enim Cæsarianos timere debes, a quibus *reciperis* (præsenti autem tempore utitur, quia nondum res confecta erat: nam, ut supra inquit, *in magna varietate ejus rams sa versata est*, de qua tamen bene sperare licebat, propter animum Cæsaris mitigatum:) nec eos quos adjuvisti: hi autem erant Pompeiani. Durante igitur bello, inquit, malum a neutra parte exspectare debes. Illi enim quibus favisti, & cum quibus in rebus gerendis fuisti, propter pristinam societatem te incolumem volent: hi autem te recipiunt, & suum jam numerant. Sæpe autem veteres codices propter variam, & aliquantulum inquinatam scripturam primo ita perturbant, ut non mirum sit, si quæ quandoque prætereunt. Nec enim facile est si quid boni lateat perspicere. Nam parva quæque illuvio & labes, optimam lectionem occulere potest. *Receperis* autem in illis scriptum est, cum *reciperis* esse deberet. Quod si ita scriptum fuisset, non alii fortasse, cum verbum illud corrigere vellent, mendosum esse arbitrantes, nec satis sententiam hujus loci intelligentes, deterius multo fecissent. Est autem pro *i* sæpe positum *e* in priscis exemplaribus, & *i* pro *e*. Quin etiam hoc ipsum verbum eadem ratione in iisdem codicibus scriptum est in epistola ad Brutum, *non recepi a Lepido Antonium*, pro *recipi*. Præterea in his verbis est *audivisti*, Mediceus codex *adivisti*, facili in aliam vocem lapsu, nisi observatum esset hoc verbum per unum tantum *u* in eo exemplari semper legi, & aliis etiam quos vidi vetustis codicibus. VICTOR. *Nec eos*] Cæsarianos. CORR. *A quibus reciperis*) Cæsare tibi jam fere reconciliato: al. *recesseris*. ID. *Nec eos*] Pompeianos. ID. *Nec eos, a quibus reciperis, vereri debes*] Hæc est codicis Vaticani lectio: cum exstet in Mediceo, Pall. tribus, Grut. Steweeh. (nec non Graev. primo & Amstelodam.) *receperis*: in quart. *recipere*: in quint. *acciperas* sicque emendavit ad oram primæ editionis Baptista Egnatius Venetus, post eumque P. Victorius, quos secuti Manutius ac Lambinus; vulgo *a quibus recesseris*. GRUT. *A quibus reciperis*. Non penetrare mihi videntur ad vim verbi plerique interpretum, qui non cogitant, *recipere* esse hostile, non minus quam apud Sall. Cat. c. 11. *Sed postquam L. Sulla armis recepta rep. bonis initiis malos eventus habuit*, ubi vide. CORTIUS.

Armis conditione positis) Transactione, pactione. Cic. in Topicis Liv. XXIII. c. 7. XXXIV. c. 23. ubi plura, & hæc Tullii, Gronovius, & nos ad ea Sall. Jug. c. 112. *Posse conditionibus bellum poni*. ID.

Is exitus) Reipubl. eversio. CORR.

M. Antonius) Orator. ID.

cum tantum instare malorum suspicabatur, misera est illa quidem consolatio, tali præsertim civi & viro, sed tamen necessaria, nihil esse præcipue cuiquam dolendum in eo, quod accidit universis. Quæ vis insit in his paucis verbis (plura enim committenda epistolæ non erant) si attendes, quod facis, profecto etiam sine meis litteris intelliges te aliquid habere, quod speres, nihil quod aut hoc, aut aliquo reip. statu timeas: omnia si interierint, cum superstitem te esse reip. ne si liceat quidem, velis, ferendam esse fortunam, præsertim quæ absit a culpa. Sed hæc hactenus. Tu velim scribas ad me quid agas, & ubi futurus sis, ut aut quo scribam, aut quo veniam, scire possim.

EPISTOLA III.

ARGVMENTVM.

Quatuor utitur rationibus ad consolandum: primum, quia maxime ad timorem mors proponitur, miserrimum esse ostendit ita vivere, ut non sit vivendum, quod malum impendeat, utracumque pars vicerit; deinde consolatur a communi conditione, tum, a vita innocenter traducta: postremo, ab ipsa etiam morte, quæ malorum sensum adimit. Scripta est paucis diebus post primam, quam significari primis verbis videmus; itaque restituenda videtur in suum locum, unde retrusa est in tertium.

M. T. C. A. TORQVATO S. D.

SVperioribus litteris benevolentia magis adductus, quam, quo res ita postularet, fui longior. Neque enim confirmatione nostra egebat virtus tua: neque erat ea mea causa

Quod accidit universis) Sic rescripsi ex primo Palatino, Amstelod. Mentel. & duobus meis: vulgo, *accidet*. GRAV.

EPISTOLA III.

S*Uperioribus litteris*) Hujus libri prima. CORR.

Quam quo res ita postularet) Sic ex Pall. prim. quarto, quinto, Vaticano, (quibus accedunt Amstelodam. Mentel. & Grav. prim.) rescripsimus, non *quod*, ut vulgo, quomodo & lib. II. emendasse me recordor: sicque legitur epist. seq. & lib. X. ep. 3. Lib. XI. Lib. XII. GRAV.

Egebat virtus tua) Virtus est in adver-

causa atque fortuna, ut, cui ipsi omnia deessent, alterum confirmarem. Hoc item tempore brevior esse debeo: sive enim nihil tum opus fuit tam multis verbis, nihilo magis nunc opus est: sive tum opus fuit, illud satis est, præsertim cum accesserit nihil novi. Nam etsi quotidie aliquid audimus earum rerum, quas ad te perferri existimo, summa tamen eadem est, & idem exitus, quem ego tam video animo, quam ea, quæ oculis cernimus: nec vero quidquam video, quod non idem te videre certo scio. Nam etsi, quem exitum acies habitura sit, divinare nemo potest; tamen & belli exitum video, &, si id minus, hoc quidem certe, cum sit necesse alterumutrum vincere, qualis futura sit vel hæc, vel illa victoria. Idque cum optime perspexi, tale video, nihil ut mali videatur futurum, si id vel ante acciderit, quod vel maximum ad timorem proponitur. Ita enim vivere, ut tum sit vivendum, miserrimum est: mori au-

versa fortiter ferendis. GRAEV.

Alterum confirmarem] Forte: *Ego alterum confirmarem*, LAMB.

Rerum rerum] Hispaniensium rerum, quia scripta epistola, cum Cæsar in Hispaniam adversus Pompeii filios profectus esset. CRAT. *Summa tamen eadem est*: idem præcipuum, in quo omnes res conveniunt. Quinctil. VII. Inst. l. 4. Sueton. Cæsar. C. 34. Seneca Ep. 40. *Summa summarum*. Hinc *summatim dicere*, *differre*, & alia. CORT.

Aies] Al. *hac res*. CORR.

Si id] Mors. Io.

Alterutrum vincere] Utriusque victoriam video crudelem, lib. IV. ep. 9. & 14. & prim. & seq. hujus libri. GRAEV.

Nihil ut mali videatur futurum, si id vel ante acciderit] Ita est in omnib. Pall. Grut. Stewech. (nisi quod in his eisdem binis *acciderit* solemni mutatione *o* pro *a*) item editione Victorii: vulgo, *esse futurum si id vel ante accid.* GRU.

Quod vel maximum ad timorem proponitur] Hoc est, mors, quam Aristoteli τῶν φοβερῶν φοβερώτατον, terribilium maxime terribile, GRAEV.

Ita enim vivere ut non sit vivendum] Manuscripti codices, *ut tum sit vivendum* habent. Quantum autem intelligo, ex utraque lectione idoneus sensus elicitur: ex recepta, ut opinor, hic: Vivere amissa dignitate miserrimum est: docti enim & graves viri ne tum non esse judicabant vivere illi, qui dignitatem perdidisset. Quod etiam vetere proverbio declarabatur, quo Cicero ipse usus est in epistola tertia ad Marium: *Ubi non sis qui fueris, non esse cur velis vivere*. Ex antiqua vero sic: vivere ut vivendum tum esset, si Cæsar, aut Pompeiani Remp. oppressissent; quod omnino eventurum Cicero arbitrabatur miserrimum. Item unusquisque lectionem sequatur, quam veriorem putat. VICTORIUS. Cum omnes libri quatuor, quos ego consului, habeant, *ut tum sit vivendum*, nec non quatuor Pall. & tres alii quos inspexit Gulielmius, non dubitavi hanc lectionem hic revocare, quam recte Victorius exposuit. IDEM. *Ne bene quidem*: supple. *miserum duxit*: quale Zeugma etiam in lib. V. ep. 2. *Tam amicus sum reip. ut qui maxime*: lib. IX. ep. 8. & sic in aliis. Liv. LX. c. 54. Vopiscus Aureliano c. XL. Quod vero

ri autem nemo sapiens miserum dixit, ne beato quidem. Sed in ea es urbe, in qua hæc, vel plura, & ornatiora parietes ipsi loqui posse videantur. Ego tibi hoc confirmo, etsi levis est consolatio ex miseriis aliorum, nihilo te nunc majore in discrimine esse, quam quemvis aut eorum, qui discesserint, * *aut eorum qui remanserint*: alteri dimicant, alteri victorem timent. Sed hæc consolatio levis est, illa gravior,

vero alteri membro casus quidam nominis additur, qui in altero nullus est, unde durum quid nascitur, illud ejusmodi est, cujus Terent. Adelph. A. I, Sc. I, *Nam qui mentiri, aut fallere insuerit patrem*; ubi Donatus: *Appositium subaudiendum est insuerit apud eu mentiri*. Cort.

Aut eorum qui discesserint) Quia uno membro deminuti hic sunt omnes non solum veteres, sed etiam recentiores manuscripti codices, ipse meum esse arbitratus sum rem novam facere, lectoresque admonere notha esse hæc verba (nisi fallor) & supposititia. Sic enim in melioribus cunctis nulla varietate legitur, *aut eorum qui discesserint alteri dimicant*. Puto autem librarium in particula *aut* deceptum esse, totumque superius membrum reliquisse. Ego vulgatam lectionem removere nolui, si quis illa delectetur: mihi non dubium est, quin ab aliquo suppleta sit eorum, qui semper, quæ desiderari credunt, pro suo arbitrio reponunt: quorum differentiam ab his, alibi dixi. Est autem & in sequenti epistola alter locus, quem pariter mancum cum invenerim, eodem judicio ductus, eadem nota signavi. Sic autem ille proculdubio jacet & decurtatus in antiquis codicib. legitur: *Equidem cum hæc scribebam, aliquid jam actum putabam; non quo, sed quod difficilis erat conjectura*. Quo autem verbis additis restitutus sit, & quam apte, quivis nunc videt: itaque suam sententiam sequatur: nos in his plane divulsis & truncatis locis, nihil habemus quod melius afferamus. VICTORIVS.

Quam quemvis, &c.) Al. *Quam quemvis eorum qui discesserunt, alteri*, &c. CORRADVS.

Quam quemvis eorum qui discesserint alteri dimicant) Ita Pantagathus. F. VRSINVS. Nec in iis codicibus, quos Gravius vidit, nec ullo Palatino hæc verba, *aut eorum qui remanserint*, exstant. Vid. Manut. GRAEVIVS.

Locum quidem permisi ineptissimo Glossemati *aut eorum qui remanserint*, quod in nullis, ne recentioribus quidem MSis invenitur, neque ad sensum id, quod debuerat, confert; sed facile patiar plane hinc ejici, & auctoribus suis reddi. Potuit ne Cicero in tali re *remanserint* scribere? Potuit ne? Sed non de eo litigabimus, quod facile semet ipsum damnat. Sensum potius in eis, quæ a Cicerone sunt, quæramus. At is facilis & paratus est. *Quemvis* est alterum membrum, hoc est, *quem tu, litteris tuis voluisti*, ubi beatos prædicaverat, qui essent in armis, & honesta morte defungi possent. Hoc etsi *proprium* sit demorare *eo quivis*, tamen ne insolens quid subesse putes, accipias vulgari notione, & eadem res redibit. Neque hoc, credo, negotium facessivit librariis, aut cuivis alii, sed provocabulum *eorum*, cujus nudum, ut videtur, positum, consequere non potuerunt. At perpende hæc Crispi mei Cat. c. 47. *Volturcius interrogatus de itinere, de litteris, postremo quid, aut qua de causa consilii habuisset*. Vides penes *consilii* adsumendum esse *quid*, vel potius *id*, per Synezeugmenon. Ita penes *eorum* adde *quemvis*, vel *quem*; & priori loco penes *quemvis* adde *eorum*, ut ita demonstrentur & designentur, qui pari sint periculo. Talis est locus Cicer. I. de Offic. c. 41. quem examinamus ad dicta verba Sallustii, ubi plura. CORT.

Sed hæc consolatio levis est, illa gravior) In meo primo, *sed hæc levis est, illa gravior*. Commodius sane pot-

est

gravior, qua te uti spero, ego certo utor: nec enim, dum ero, angar ulla re, cum omni vacem culpa: & si non ero, sensu omnino carebo. Sed rursus γλαυκ' εις Αθηνας, qui ad te hæc. Mihi tu, tui, tua omnia maximæ curæ sunt, &, dum vivam, erunt.

EPISTOLA IV.

ARGUMENTUM.

Tres partes habet hæc epistola: prima est de propinquo belli exitu, altera ad consolandum pertinet, tertia studium ac diligentiam pollicetur in iis rebus, quæ ad Torquatum pertineant. Scripta est paullo post superiorem proximam: nam in illa dixit, videre se exitum belli: in hac idem significat, cum ait: Nunc tantum videmur intelligere, non diuturnum bellum: *& in illa, nihil accessisse novi; in hac, novi nihil esse quod scriberet.*

M. T. C. A. TORQUATO S. D.

NOvi, quod ad te scriberem, nihil erat: & tamen si quid esset, sciebam, te a tuis certiorem fieri solere. De futuris autem rebus etsi semper difficile est dicere, tamen interdum conjectura possis propius accedere, cum est res ejusmodi, cujus exitus provideri possit. Nunc tantum videmur intelligere, non diuturnum bellum: etsi id ipsum nonnullis videatur secus. Equidem cum hæc scribebam, aliquid jam actum putabam: non quo * *ego certo sciam*; sed quod *haud* difficilis erat conjectura. Nam cum omnis belli Mars

est *consolatio* ex præcedentibus verbis repeti animo, quam hic iterari. GRÆV.

Dum ero, angar ulla re] Pall. pr. tert. Grut. *tangar ulla re*: de qua quid sentiam, dicturum dicere: paullo post, duo postremi Pall. legunt, *qui hæc te*; quæ lectio ut non absurda, ita inde nata est vulgata, *qui ad te hæc*. GRUTERO.

Γλαυκ' εις Αθηνας] *Noctuam Athenas*. Et proverbium est loco maxime accommodatum: nam Torquatus Athenis erat. CORR.

EPISTOLA IV.

NOn diuturnum bellum] Hispaniense. Egnatius vero, & Lambinus censuerunt legendum, non diuturnum bellum fore. GRÆV.

Non quo ego certo scirem, sed quod non difficilis erat conjectura] Al. *Non quo sed quod difficilis erat conjectura*: unde suspi-

Mars communis, & cum semper incerti exitus præliorum sunt: tum hoc tempore ita magnæ utrinque copiæ, ita paratæ ad depugnandum esse dicuntur, ut, utercumque vicerit, non sit mirum futurum. Illa in dies singulos magis magisque opinio hominum confirmatur, etiam si inter causas armorum aliquantum intersit, tamen inter victorias non multum interfuturum. Alteros propemodum jam sumus experti; de altero nemo est, quin cogitet, cum sit metuendus iratus victor armatus. Hoc loco si videor augere dolorem tuum,

suspicantur multi hunc locum esse mendosum. CORRAD. *Non quo ego certo sciam*] Sic Victorii editio: at Pall. pr. tert. Grut. prima editio: *Aliquid jam illum putabam, non quo sed quod difficilis erat conjectura*. Verum ad primam editionem notat Egnatius alias legi: *Non quo scirem, sed quod non difficilis erat conjectura*. alii tamen putant legendum, *sed quod facilior erat conjectura*. Mihi præstant Victoriana. GEBHARDVS. *Quo* castigate in MSis etiam iis, quos Grævius consuluit, non *quod*: sed hæc verba, *ego certo sciam* insuta sunt a primis editoribus. In nullo enim ne recentissimis quidem extant codicibus, in quibus sic distinguitur, *non quo: sed quod difficilis conjectura*, Aut etiam intruserunt, qui omnes lacunas ex ingenio supplere in animum induxerunt suum. Pantagathus, *non quo sciam, quod difficilis erat conjectura*. GRÆVIVS. Si quid conjectura adsequi possumus, Tullius in re dubia, & obscura, dubiam & obscuram dictionem non casu, sed consilio elegisse videtur. Indagandæ vero sententiæ facies ita supplere: *Non vero putabam, quo aliquid actum sit*, i. e. a quo, vel ad quid, sive in cujus victoriam, ut in illis dictionibus Senecæ I. Nat. Quæst. c. 16. *Quo acquirimus aurum, si ad usum modum prico?* Idem I. Controv. 2. *Quo mihi sacerdotem, cujus precaria est castitas?* Lege Gronovium utrobique, & N. Heins. ad Ovid. Heroid. ep. 11. v. 53. Horat. I. ep. 5. v. 12. ubi Beurleius eosdem citavit. Qui vero de suo aliquid addiderunt, *quo* acceperunt pro *eo quod*, de quo supra, sed male. Alterum membrum planius est, si modo *difficilis* sensu suo prægnanti acceperis hoc modo: *Sed quod conjectura tantum assequi poteram, difficile esse victoriam cupidos exercitus diu quiescere*: id enim in sequentibus docet. Esse autem hujusmodi significatum Adjectivis quibusdam, patet ex III. ep. 8. *binæ sententia*, & quæ nos ibi. Sed de his, ubi locus permittet, plura. CORT.

Cum omnis belli Mars communis] Cum victoria in omnibus bellis sit anceps & incerta. Vid. Manut. GRÆV.

Ita paratæ ad depugnandum] Sic veteres codices *depugnandum*, quos secuti sumus. Est autem *depugnare*, una pugna unoque prælio de tota re, & toto bello decernere. Ad Atticum lib VII. *Nec adhuc fere inveni, qui non concedendum putaret Cæsari, quod postularet, potius quam depugnandum*. In eodem lib. *Depugnare oportet, nisi concedis*. Sæpe & alibi Cic. ne longiores simus in re aperta, hac utitur voce. VICTOR.

Alteros] Pompeianos. CORRADVS.

Sumus experti] Lib. IV. ep. 9. Idem. *Alteros propemodum jam sumus experti*] Cæsarianos. Et ait *propemodum*, quasi significet non omnino. In ad hæc modestiores fuisse, dum superarent, quos timere poterant. Io. FR. GRON.

De altero] Cæsare. CORRAD. Pompeio filio: præsagiunt omnes, si fuerit superior, victoria crudelissime usurum. Sen. Troad. 278.

Sed regi frenis nequit
Et ira ardens hostis & victoria
Commissa hosti. Io. FR. GRON.

Cum sit metuendus iratus victor armatus]

tuam, quem consolando levare debeam, fateor me communium malorum consolationem nullam invenire, præter illam: quæ tamen, si possis eam suscipere, maxima est, quaque ego quotidie magis utor: conscientiam rectæ voluntatis, maximam consolationem esse rerum incommodarum: nec esse ullum magnum malum, præter culpam. A qua cum tantum absumus, ut etiam optime senserimus, eventusque magis nostri consilii, quam consilium reprehendatur, & cum præstitimus, quod debuimus, moderate quod evenit feramus. Sed hoc mihi tamen non sumo, ut te consoler de communibus miseriis, quæ ad consolandum maioris ingenii, & ad ferendum singularis virtutis indigent. Illud cuivis facile est docere, cur præcipue tu dolere nihil debeas. Ejus enim, qui tardior in te levando fuit, quam fore putaremus, non est mihi dubia de tua salute sententia: de aliis autem non arbitror te exspectare quid sentiam. Reliquum est, ut te angat, quod absis a tuis tamdiu. Res molesta, præsertim ab iis pueris, quibus nihil potest esse festivius. Sed, ut ad te scripsi antea, tempus est hujusmodi, ut suam quisque conditionem miserrimam putet, &, ubi quisque sit, ibi esse minime velit. Equidem nos quod Romæ sumus miserrimum esse duco, non solum, quod in malis omnibus acerbius est videre, quam audire; sed etiam, quod ad omnes casus subitorum periculorum magis objecti sumus, quam si abessemus:

...ere) Vulgo *quem sit mutandus*: adnotat quoque Egnatius legi *ut fit mut.* sed nostrum trahimus longe accommodatius ex Victorii editione, Pall. pr. tert. Gruteriano. GEBHARDUS. Quibus adstipulantur Amstelod. Mentel. & duo Graeviani. GRAEV.

Eventusque magis nostri consilii) Sequendi Pompeium. CORR.

Cur præcipue tu dolere nihil debeas) Cur tibi singulariter magis dolendum sit, quam aliis. GRAEV.

Ejus enim) Cæsaris. CORR.

Ad te scripsi) Epistol. 1. hujus lib. CORR.

Ad omnes casus subitorum periculorum) Sic etiam locutus est doctissimus & politissimus poeta Catullus in Hendecasyllabo ad Furium: *Nec casus alios periculorum*. Totum autem carmen & elegans est, & summo artificio confectum: ludit enim Furium mendicum hominem, & qui omnibus bonis fortunæ carebat, quem tamen jocans fortunatum esse ac beatum hominem ostendit, cum ea ipse quoque haberet, quæ vitam beatam constituere existimantur. Nam valentem esse, bene concoquere, non metuere fures, non alia incommoda, quæ opulentos homines continue angere ac sollicitare solent: omnibus denique hujuscemodi malis carere, est fortunatum esse; & quibuscumque hæc sunt, illis bene ac beate est: ut poeta ipse loquitur. Est autem captiosa oratio: quamvis enim beati homines ipsi

mus: etsi meipsum, consolatorem tuum, non tantum litteræ, quibus semper studui, quantum longinquitas temporis mitigavit. Quanto fuerim dolore, meministi. In quo prima illa consolatio est, vidisse me plus, quam ceteros, cum cupiebam, quamvis iniqua conditione, pacem. Quod etsi

ipsi quoque hæc, quæ videntur commoda, habeant, non tamen necessario, qui ea habent, statim beati sunt: nam qui nihil, quod amittant, habent, ii quoque non metuunt fures: & qui propter egestatem famem explere nequeunt, pulcre cibum concoquunt, nec cruditate umquam laborant. Hæc fallax ratio concludendi ab Aristotele excogitata est, & vitium illius accurate expositum in II. libro de Arte dicendi, & in commentario, quem appellavit Σοφιστικῶν ἐλέγχων, ac tota denique res elegantissimis exemplis explicata. Late autem patet hoc vitium, quemadmodum ipse in Elenchis ostendit, & multos hæc captio in fraudem inducere consuevit. Nam in Rhetorice docet eum, qui cum Alexandrum Priami regis filium laudibus ornaret, argumentatum erat illum magnanimum esse, quod spreta consuetudine multorum, in Idæ montis solitudine degeret, hac captiuncula usum esse. Quamvis enim magni animi viri multitudinem fugiant, ac sola desertaque loca libenter frequentent: non tamen necessario quicumque in silvis desertisque locis morantur, magnanimi sunt. Inde autem error ducitur, quod putant totam rem converti, & ut dialectici loquuntur, [illegible], quod falsum est. Eadem ratio erat ejus qui exsules beatos esse prædicabat, quod possent sedem ac domicilia sua ponere ubicumque terrarum ipsis visum esset: quia (inquit Arist.) hæc illis qui beati existimantur, adsunt; omnes quibus hæc sunt, beati videri possunt. Si quis tamen acute perspexerit, intelliget rem magnum discrimen habere. aliterque (ut in exemplo Catulliano permaneamus) mendicos non metuere fures, & aliter divites: nam auget etiam vitam beatam, habere res suas ita clausas & custoditas, ut fur damnum afferre non possit. Quare cum hæc captio appellatur παρὰ τὸ ἑπόμενον, deduci etiam posse Aristoteles adfirmat ad aliam quæ παρ' ἔλλειψιν vocata est, quod quædam desiderentur, nec sermo plenus & absolutus fit. VICTOR. *Objecti sumus*. Notanter *objecti*, & magis fere, quam *expositi*. Sic Virg. II. Æn. v. 750. Boet. I. Prosa IV. Sall. Jug. c. 7. *Studiis tum objectare periculis*, ubi vide. CORT.

Quanto fuerim dolore, meministi, in quo prima illa consolatio est, vidisse me plus, quam ceteros, cum &c.) Legendum est *in dolore*, etiamsi Ciceroniani quidam hanc locutionem, ut quo rariorem, tanto elegantiorem, amplexi sint. Dicant igitur eodem modo: *ego sum lætitia*. Itidem vero, quia libri VII. epist. 4. etiam in Manutiana editione legitur: *Quare si quid constitutum cum podagra habes*, hoc dicendi genus magis Ciceronianum esse jurabunt: *aliquid constitutum habere cum aliquo*, quam si dicatur: *aliquid constitutum*. Item quia proxime sequente epistola legitur etiam in illa ipsa editione *singularis memoriæ*, ubi legendum est *singulari*, clamabunt, imo vero jam clamant, magis Ciceronianum stilum redolere hanc locutionem *hominem singularem memoriæ*, quam illam *hominem singulari memoria*. Nec tantum in his, sed in aliis multis multoque majoris momenti locis ex librorum erroribus raras quasdam elegantias homines hujusmodi fecerunt. Quidni vero in his dicendi generibus fidem adhibeant, quantumvis mendosis libris isti minorum gentium Ciceroniani, cum quidam ex illis majorum gentium Ciceronianis depravatissimi cujusdam exemplaris (manuscripti tamen) auctoritate fretus *multissimus* superlativum pro *plurimus* usurpare non dubitarit, imo scriptum etiam reliquerit? Sciunt multi

etsi casu, non divinatione mea factum est; tamen in hac inani prudentiæ laude delector. Deinde, quod mihi ad consolationem commune tecum est, si jam vocer ad exitum vitæ, non ab ea republ. avellar, qua carendum esse doleam, præsertim cum id sine ullo sensu futurum sit. Adjuvat etiam ætas, & acta jam vita, quæ cum cursu suo bene confecto delectatur, tum vetat in eo vim timere, quo nos jam natura ipsa pæne perduxerit. Postremo is vir, vel etiam ii viri hoc bello occiderunt, ut impudentia videatur eamdem fortunam, si res cogat, recusare. Equidem mihi omnia propono, nec ullum est tantum malum, quod non putem impendere. Sed cum plus in metuendo mali sit, quam in ipso illo, quod timetur, desino: præsertim cum impendeat, in quo non modo dolor nullus, verum finis etiam doloris futurus sit. Sed hæc satis multa, vel plura potius, quam necesse fuit: facit autem non loquacitas mea, sed

multi) quem dicam. Hera. Stephanus. *Vidisse me prius quam ceteros*) Sic prima editio, Pall. pr. tert. Grut. Vatican. (nam ceteros consulere hic desino, tempori consulens meo) alias omnes, *vidisse me plus*. Paullo post, ex iisdem codicibus, item editione Victorii, ejusque compilatore Lambino reposui, *cum cupiebam quamvis iniqua conditione pacem*. Aliter quam supra lib. V. epist. 21. *Quavis tota conditione pacem accipere*: sed ibi alia quoque res erat. Gebhard. *Vidisse me plus*) Hanc lectionem optimarum editionum tuetur primus meus codex, reliqui habent *prius*, quod temere recepit Gebhardus. *Videre plus* Ciceroni est magis sapere, rectius consulere. Philipp. II. *Cum me vidisse plus fateretur, se speravisse meliora*. Id. pro Leg. Manilia: *Sin autem plus tum in republica vidistis*. Terent. Heaut. III. 2.

Ita comparatam esse hominum naturam omnium,
Aliena ut melius videant, & dijudicent
Quam sua. Graev.

Tamen in hac inani prudentiæ laude delector) Sic Pal. tert. Grut. Vatic. editio prima, ac Victorii: (nec non Mentel. Amstelod. & Grævii duo) vulgo in abest, non bono exemplo. Graev.

Acta jam vita) Exacta & consummata fere. X. ad Att. ep. 4. Oratio Cottæ apud Sall. in Incertis: *Cui miserο, acta jam ætate, ut mortem quidem honestam sperare licet*: sic libri veteres; vulgo *senecta*. Sed illa etiam propter proxima hic legi meretur. Graev.

Quo jam natura i. p. perduxerit) Sollenne solatium mortis, quo ii maxime usi sunt, qui cum periculo mortis aliquid agere debuerunt. Adfero exempla ad ea Sall. Iug. c. 106. *mansurum potius, quam terga fuga &c*. Id.

Postremo is vir) Pompeius. Cortius.

Vel etiam ii viri) L. Domitius, L. Lentulus, & alii. Id.

Ut impudentia videatur) Videtur legendum, *ut impudentiæ videatur*. Lambinus.

Plus in metuendo mali) Vere dictum, & de omnibus animi lubidinibus valet, quod in se potius, quam in rebus extra se positis bonum & malum maximum habeant. Quinct. Declam. XI. c. 8. Quo pertinet illud Senecæ ep.

sed benevolentia longiores epistolis. Servium discessisse Athenis molestie tuli: non enim dubito, quin magnæ tibi levationi solitus sit esse quotidianus congressus, & sermo cum familiarissimi hominis, tum optimi & prudentissimi viri. Tu velim te, ut debes & soles, tua virtute sustentes. Ego, quæ te velle, quæque ad te, & ad tuos pertinere arbitrabor, omnia studiose diligenterque curabo: quæ cum faciam, benevolentiam tuam erga me imitabor, merita non adsequar. Vale.

EPISTOLA V.

ARGVMENTVM.

A. Cæcinam, qui non modo contra Cæsarem pro Pompeio pugnaverat, verum etiam illi, edito libro, maledixerat, patria carentem consolatur, beneque sperare jubet de fortunis suis ac de seipso. In extrema epistola pollicetur officia sua, tamquam Cæcinæ meritis, & vetustæ debita necessitudini. Scripta videtur paullo ante, quam Cæsar in Hispaniam contra Pompeii liberos iret: nam de vivo Marcello & restituto, in sequentibus litteris mentio fit; Marcellus autem restitutus est post bellum Africanum; interfectus, cum in Hispania pugnaretur: quod suo loco jam probavimus.

M. T. C. A. CÆCINÆ S. D.

QVotiescumque filium tuum video (video autem fere quotidie) polliceor ei studium quidem meum & operam, sine ulla exceptione aut laboris, aut occupationis, aut temporis: gratiam autem, atque auctoritatem, cum hac exceptione, quantum valeam, quantumque possim,

Liber

ep. 21. *Nemo tam timidus est, ut malit semper pendere, quam semel cadere.* Quare & quidam opinati sunt, Cæsarem *insidias undique imminentes subire semel confessum, satius esse, quam cavere semper*, Sueton. Cæsar. c. 86. Contivs.

Tu velim te ut deb.] Ita Palat. tert. Grut. Stewechianus, vulgo *te velim te, ut debes*: illud efficacius. GRÆV. *Tu velim te, ut debes*] Sic meus primus: & Mentel. Amstelod. vero, *te te*, ut & tres alii, quos inspexit Gebhardus. GRÆV.

Liber tuus & lectus est, & legitur a me diligenter, & custoditur diligentissime. Res & fortunæ tuæ mihi maximæ curæ sunt, quæ quidem quotidie faciliores mihi & meliores videntur, multisque video magnæ esse curæ, quorum de studio, & de sua spe filium ad te perscripsisse certo scio. His autem de rebus, quas conjectura consequi possumus, non mihi sumo, ut plus ipse prospiciam, quam te videre atque intelligere mihi persuaserim: sed tamen, quia fieri potest, ut tu ea perturbatiore animo cogites, puto esse meum, quid sentiam, exponere. Ea natura rerum est, & is temporum cursus, ut non possit ista aut tibi, aut ceteris fortuna esse diuturna, neque hærere in tam bona causa, & in tam bonis civibus tam acerba injuria. Quare ad eam spem, quam extra ordinem de te ipso habemus, non solum propter dignitatem & virtutem tuam (hæc enim ornamenta sunt tibi etiam cum aliis communia), accedunt tua præcipua, propter eximium ingenium summamque virtutem: cui mehercules hic, cuius in potestate sumus, multum tribuit. Itaque ne punctum quidem temporis in ista for-

EPISTOLA V.

Liber tuus) Epist. 7. hujus libri. Corr.

Quæ quidem quotidie faciliores mihi & meliores videntur) Hoc est, latiores. Liv. XXIII. cap. 11. *Tum si ita faxitis Romani, vestræ res meliores facilioresque erunt*: utroque loco male nonnulli substituerunt *feliciores*. Vide ad hunc Livii locum notas Gronovii. Grav.

Ut tu ea perturbatiore animo cogites) Forte Cicero scripsit, *ut tu ea perturbatiore animo non cogites*; ut ea tibi mœrore perturbato non occurrant, non in animum veniant. Nam hac sententia usus est quoque alibi. Idem.

Ea natura rerum est) Epist. sequ. Corrad.

Ut non possit ista aut tibi, aut ceteris fortuna esse diuturna) Ep. 13. lib. IV. Idem.

Quare ad eam spem quam extra ordinem) Hic locus plane mendosus & inexplicabilis est in libris omnibus & veteribus, & MSis; sic enim in illis scriptum est: *Quapropter ad eam spem, quam de te ipso habemus, non solum propter dignitatem & virtutem tuam, (hæc enim &c.) sed etiam accedunt tua præcipua, propter eximium ingenium, summamque virtutem*, &c. Lambin. *Quare ad eam spem, quam extra ordinem*) Hic locus, ut edidimus, est in editione Victorii, & Palatino primo. (quibus accedunt Gravii primus, & Amstelodam.) Tertius vero, *quam extra ordinem*: & post sicut quoque Grut. *per non propter*. Stephan. leg. contendebat, *quam ad eam spem*; & *ipsi*, non *ipso*. Gebhard. *Extra ordinem*) Singularem, præ illis, qui sunt tui ordinis atque conditionis. Sæpissime ita Suetonius: Vell. Paterc. *extraordinarie sperare diriguisse, ut respondere*. Sed meliores illud alterum amplectuntur. Corr.

Eximium ingenium summamque virtutem) Legendum: Summam eruditionem. II. de Div. 63. *Et ingenio præstanti & eruditione perfecta*. J. F. Grav.

fortuna fuisses, nisi eo ipso bono tuo, quo delectatur, se violatum putasset: quod ipsum lenitur quotidie, significaturque nobis ab iis, qui simul cum eo vivunt, tibi hanc ipsam opinionem ingenii apud ipsum plurimum profuturam. Quapropter primum fac animo forti atque magno sis: ita enim natus, ita eductus, ita doctus es, ita etiam cognitus, ut tibi id faciendum sit; deinde spem quoque habeas firmissimam propter eas causas, quas scripsi. A me vero tibi omnia, liberisque tuis paratissima, esse confidas, velim. Id enim & vetustas nostri amoris, & mea consuetudo in meos, & tua multa erga me officia postulant.

EPISTOLA VI.

ARGVMENTVM.

Excusat litterarum tarditatem: tum inducit divinationem quamdam a Cæsare ipso, & rerum temporumque natura sumtam: postremo consolatur eum proposita fortitudinis laude, conscientia recte factorum, delectatione litterarum, calamitate ducum vel recentium vel veterum, perturbatione reip. Eodem anno, atque etiam ante proximam superiorem.

M. T. C. A. CÆCINÆ S. D.

VEreor, ne desideres officium meum, quod tibi pro nostra & meritorum multorum, & studiorum, & partium conjunctione deesse non debet: sed tamen vereor, ne lit-

Significatur nobis ab iis) Balbo & Oppio. CORRAD.

Ita educatus, ita doctus es) Sic habent omnes libri vulgati: nec aliter vidit P. Victorius. Sed cod. Memmiani tres, & alii nonnulli habent, *ita eductus*: quod probo. LAMBIN. *Ita eductus, ita doctus*) Sic recte ex Memmianis Lambinus: vulgo *educatus*. in editione antiqua est *ducatus*. GRÆVIUS. Alii tamen codices Græv. pr. Amstelodam. Mentel. Pall. omnes habent *educatus*. GRÆV. *Ita eductus*) Sic Græv. MSus pro *educatus*. Liv. XXI. 43. *In prætorio patris clariss. imp. prope natum, certe eductum*. Ter. Eun. I. 11. 37. *Cœpit studiose omnia docere, educere, ita ut si esset filia*. J. FR. GRON.

EPISTOLA VI

VEreor ne desideres) Sic legendum, non, ut vulgo, *non vereor*. LAMBINUS.

Studiorum & partium) In codicibus etiam regiis deest conjunctio, unde Manu-

litterarum a me officium requiras, quas tibi & jam pridem, & sæpe misissem, nisi quotidie melius exspectans, gratulationem, quam confirmationem animi tui complecti litteris maluissem. Nunc, ut spero, brevi gratulabimur. Itaque in aliud tempus id argumentum epistolæ differo. His autem litteris animum tuum, quem minime imbecillem esse & audio, & spero, etsi non sapientissimi, at amicissimi hominis auctoritate confirmandum etiam atque etiam puto: nec iis quidem verbis, quibus te consoler ut afflictum & jam omni spe salutis orbatum; sed ut eum de cujus incolumitate non plus dubitem, quam te memini dubitare de mea. Nam cum me ex rep. expulissent ii, qui illam cadere posse, stante me, non putarunt, memini me ex multis hospi-

Manutio videtur legendum *studiorum partium*. Supra nonnulli addunt negantem particulam ante vocem *vereor*, sed invitis codicibus, & sensu recusante. LALLEM.

Quas tibi & jam pridem & sæpe misissem] Mutilatus locus, cui tamen nihil curant libri veteres. Pal prim. *Quas tibi etiam pridem esse dimisissem.* (sic & Græv. prim. & Mentel.; Pal. tert. Stewech. (et & Amstelodam.) *etiam pridem Esfedi misissem*: sic quoque Grut. unica littera auctius *essedis*. Videndum ne loci nomen delit; vulgata autem lectio debitæ est Egnatio, cujus emendationem ad oram primæ editionis positam exscribo fidei causa. *quas tibi jam pridem essedi misissem*: ita repositum est in libris recentioribus omnibus. Et non video quo sensu, quod ad *essedam*. In vetus (Mediceum intelligit) corruptum quidem est; habet enim, *quas tibi & jam pridem & se demisissem*. Ego (ait porro Egnatius) una tantum littera *d* in *p* mutata, fuit enim inversa, sic lego collimans ut puto ad scopum: *Quas tibi & jam pridem, & sæpe misissem*. Veneta editio antiquissima, *pridem e fessi misissem*. In ea statim altera ab initio, *& studiorum & partium conjunctione*, legunt cum Victorio vulgatæ: sed Pal. pr. tert. Grut. Stewech. (nec non Græv. prim. & Mentel.) poste- riorem copulam omiserunt *&*. Palat. quoque tertius (& pr. Græv.) *partium*. Mihi libuit hic mirari vel temeritatem, vel credulitatem Manutianam *studiorum partium* admittentis. GRONAV.

Sed tamen vereor] Est quædam quasi Epanalepsis, non contrariorum Oppositio; sed per interjecta post primum *Vereor* particulæ illæ Adversativæ necessariæ redduntur, ut in aliis: vide IV. ep. 5. notas. Particulam vero *sed* sæpe inceptivam esse, & denotare *Atque* notat bene Donatus ad Terent. Andr. A. II. Sc. 1. v. 10. CORT.

Id argumentum epistolæ differo] Sic Victor. & Vatic. (Græv. prim. Mentel.) codex, & Grut. a secunda manu. Pal. vero pr. & Gruterianus a prima manu, *in argumentum epistolæ differre*: cum aliis Pal. tert. *in argumentum epistolæ differretur*. Stewech. *differrem*, vulgo *differetur*. GERMANN.

Quem minime imbecillem esse] Vulgo *imbecillum*. sed nostram accepi ex editionum antiquissima ac primus, Pal. tert. Grut. Stewech. lectio.

Et omni spe salutis orbatum] Sic meus primus, Stewech. aliique: vulgo: *Et jam omni spe salutis orbatum*. GRÆV.

Cum me ex republica expulissent ii] Clodius, Piso, & Gabinius. CORRAD. Tum Cæsar, Pompeius, Crassus. GRÆV.

hospitibus, qui ad me ex Asia, in qua tu eras, venerant, audire, te de glorioso & celeri reditu meo confirmare. Si te ratio quædam Tuscæ disciplinæ, quam a patre, nobilissimo atque optimo viro acceperas, non fefellit, ne nos quidem nostra divinatio fallet, quam cum sapientissimorum virorum monumentis atque præceptis, plurimoque, ut tu scis, doctrinæ studio, tum magno etiam usu tractandæ reip. magnaque nostrorum temporum varietate consecuti sumus. Cui quidem divinationi hoc plus confidimus, quod ea nos nihil in his tam obscuris rebus tamque perturbatis umquam omnino fefellit. Dicerem, quæ ante futura dixissem, ni vererer, ne ex eventis fingere viderer. Sed tamen plurimi sunt testes, me & initio, ne conjungeret se cum Cæsare, monuisse Pompeium; & postea, ne sejungeret: conjunctione frangi senatus opes: disjunctione civile bellum excitari videbam. Atque utebar familiarissime Cæsare, Pompeium faciebam plurimi: sed erat meum consilium cum fidele Pompeio, tum salutare utrique. Quæ præterea providerim, prætereo. Nolo enim hunc de me optime meritum existimare, ea me suasisse Pompeio, quibus ille si paruisset, esset hic quidem clarus in toga & princeps; sed tantas opes,

Ad me) Exsulem. CORRAD.

In qua tu eras) Negotiabaris. IDEM.

Ratio quædam Etruscæ disciplinæ) Duo Pall. Grut. Peck. Amstelod. Mentel. Græv. sec. *ratio quædam vetustæ disciplinæ*. Propius absunt a scriptura vera duo Guilielmii codd. *ratio quædam hujusce disciplinæ*; legendum enim, ut in meo primo habetur, *ratio quædam Tuscæ disciplinæ*. Est autem *Tuscæ disciplinæ* ars divinandi, ut notum. Sic *Tusci libelli* Juven. Sat. XIII. *Ne Tuscis digna libellis*, & *Tuscus augur*. GRÆV.

A patre) Qui fortasse originem habuerit ab eo Cæcinna Volaterrano, qui augurum princeps fuit. CORRAD.

Ne conjungeret se cum Cæsare monuisse Pompeium, & postea ne sejungeret) Nota est vox illa: *Utinam, Cn. Pompeii, cum C. Cæsare societatem aut numquam coisses, aut numquam diremisses*. CORRAD. Mei libri primi scripturam, & hic saniorem puto, quæ per se fert: *Ne conjungeret secum Cæsarem monuisse Pompeium*. Orat. pro Quint. *In quibus te aut voluntas congregavit, aut fortuna conjunxit*. GRÆV.

Nolo enim hunc) Cæsarem. CORRAD.

Ea me suasisse Pompeio) Duo: unum, ne quinquennii imperium Cæsari prorogaretur: alterum, ne pateretur ferri, ut absentis ejus ratio haberetur. IDEM.

Clarus in toga & princeps) *Principes* libera Rep. erant, qui rebus gestis & propterea gloria & auctoritate uni omnium maxime excellebant. Sic Pompeius *princeps* vocatur Orat. de Harusp. Resp. & Vellei. Pat. II. c. 53. *Princeps Romani nominis*. Differt itaque quidem a *Principe Senatus*; sed quia ex Senatu plurimi fuerunt, qui maxime benefecerunt Reip. accidit, ut haud raro confundantur utrique. Sed Ciceronis locus I. ad Att. ep. 13. hic memo-

pes, quantas nunc habet, non haberet. Eundum in Hispaniam censui; quod si fecisset, civile bellum nullum omnino fuisset. Rationem haberi absentis non tam pugnavi, ut liceret, quam ut cum ipso consule pugnante populus jusserat haberetur. Causa orta belli est; quid ego praetermisi aut monitorum, aut querelarum, cum vel iniquissimam pacem justissimo bello anteferrem? Victa est auctoritas mea, non tam a Pompeio (nam is movebatur), quam ab iis, qui duce Pompeio freti peropportunam & rebus domesticis, & cupiditatibus suis illius belli victoriam fore putabant. Susceptum bellum est, quiescente me: depulsum ex Italia, manente me, quoad potui: sed valuit apud me plus pudor meus, quam timor: veritus sum deesse Pompeii saluti, cum ille aliquando non defuisset meae.

memorandus: *& illo frumento in dicendo laus habet auctoritatem pene principis*: qui propter eos notandus, quibus *princeps senatus*, & *princeps senatoriae* uni iidemque sunt. Sic habemus apud Caesar. IV. Gall. c. 11. *Ubiorum principes*; & V. c. 4. *Trevirorum principes* propria hujus vocis notione. Cort.

Eundum in Hispaniam censui) Pompeio in suam provinciam, quae in quinquennium ei data erat. Graev.

Civile bellum nullum omnino fuisset) Nam Caesar dimisso exercitu, ad comitia venisset. Conrad.

Rationem haberi absentis) Hoc est, ut absens inter candidatos consulatus reciperetur. *Ratio illius* dicitur *haberi* qui in numerum candidatorum recipitur, cui licet petere magistratum. Est proprium in hac re loquendi genus. Liv. XXVII. *Si suum nomen dictator exciperet, comitiis intercessurum, si alienum praeterquam ipsius ratio haberetur, comitiis se moram non facere.* Flor. IV. 2. *Nec ille abnuebat si ratio sui proximis comitiis haberetur.* Suet. Caes. XVIII. *Sed cum edictis jam comitiis, ratio ejus haberi non posset.* Utitur & Cicero saepe in aliis locis: vid. Brisson. de Form. lib. II. Graev.

Ipso consule) Pompeio solo. Conr.

Populus jusserat) Decem trib. pleb. ferentibus. Idem. Populus proprie dicitur *jubere*, cum aliquid in comitiis suis suffragiis comprobat. Hinc sollemnis formula ferentium aliquid ad populum, *Velitis, jubeatis, Quirites*. Vide Brisson. lib. II. de Form. Graev.

Cum vel iniquissimam pacem justissimo bello anteferrem) Lib. IV. ep. 9. Conradus.

Peropportunam & r. domest.) Pessimum genus hominum, quod turbis alitur, & ex novis rebus remedium aeri alieno & cupiditatibus suis quaerit. Harum enim rerum causa saepe inter homines bella fuere: nec aliunde causas belli Catilinarii derivat Crispus, quem vide c. 15. seqq. & c. 37. Cort.

Manente me) In ora maritima. Conrad.

Cum ille aliquando non defuisset meae) Al. *aliquando defuisset*: cum nos sibi quondam ad pedes stratos ne sublevabat quidem. Idem. *Cum ille aliquando non defuisset meae*) Ex loco simili in epistola ad Atticum, puto legendum esse, *cum ille aliquando defuisset meae*. Vrsin. Omnes libri, *cum ille aliquando non defuisset meae*: quod moneo, ne quis facile accedat Vrsino, negationem temere ejicienti. Graev.

meae. Itaque vel officio, vel fama bonorum, vel pudore victus, ut in fabulis Amphiaraus, sic ego prudens & sciens ad pestem ante oculos positam sum profectus. Quo in bello nihil adversi accidit, non praedicente me. Quare cum ut augures & astrologi solent, ego quoque augur publicus ex meis superioribus praedictis constitui apud te auctoritatem augurii & divinationis meae, debebit habere fidem nostra praedictio. Non igitur ex alitis involatu, nec e cantu sinistro oscinis, ut in nostra disciplina est, nec ex tripudiis solistimis, aut soniviis tibi auguror: sed habeo alia signa,

In fabulis Amphiaraus) Sciens se terra hiatu absumtum iri, ad bellum Thebanum profectus. CONRAD.

Ex meis superioribus praedictis) Hoc est, vaticiniis. Plin. II. Hist. Nat. c. 27. *Praedicta augurum*. Iust. XII. 13 *Ibi ob Anaxarcho Philosopho compulsus est rursus Magorum praedicta contemnere.* Pers. Sat. V.

Incussere Deos inflantes corpora, si non
Praedictum ter mane caput gustaveris alli.

Hoc est, quod superstitionis causa gustandum erat. GRAEV.

Debebit habere fidem nostra praedictio) Hoc melius ex Pal. pr. Vaticano atque editione Victorii: vulgo *debet*. Germano. *Debebit*) Sic MSi, etiam Graevii primus. Est autem elegans idiotismus, cujus haec sententia, quantum certis conjecturis adsequi possum, vera sunt quae tibi praedico: nemini, cui sana mens est, dubitandum est aut dubitare potest de nostris praedictionibus, cum earum fidem tot documentis asseruimus. Petrus. *Hic boni nescio quid debet esse*. GRAEV.

Ex alitis) *Aves quasdam* (inquit alibi) *& alites, & oscines, ut nostri augures appellant, rerum augurandarum causa esse natas putamus*. CONRAD.

Volatu) *Praepetis omina pennae*, dixit Poeta. IDEM.

Ex cantu) *Et volucrum linguas*, dixit idem. IDEM.

Sinistro) Prospero. Nam Latinis sinistra videntur, Grajis, & barbaris dextra meliora. IDEM.

In nostra disciplina) Augurali. IDEM.

Ex tripudiis solistimis) Quae fiunt, cum quid ex ore pulli in solum cecidit: quae tamen hic, & lib. II. de Divinatione, ab augurali disciplina excludere videtur. IDEM.

Aut soniviis) Ipse priscam, quam restitui, vocem ex priscis erui exemplaribus. Posse autem fieri arbitror, ut in Augurali disciplina quaedam *tripudia sonivia* appellata sint: sed haec tam obsoleta sunt propter vetustatem, & diversos ritus, ut penitus incognita sint. Vocem certe hanc Sex. Pompeius exponit, *Sonivio* inquiens, *sonanti*. Nam vulgata lectio procul dubio falsa, & inepta est: nec enim hic de divinatione per *somnia* agit, quae etsi sit (de ea enim Artemidorus Graece copiose scripsit,) non tamen de hac intelligit: loquitur enim de Augurali disciplina, & ut ipse augur, & ut ad Etruscum hominem, & Etruscae disciplinae peritum scribens. Ego alibi hanc vocem non inveni, nec mirum est rerum tam priscarum, ac ne umquam quidem vulgatarum & communium vocabula penitus ignorari. Quod si etiam apud alios auctores hoc nomen fuit, forteasse quia non intellectum, ut depravatum deletum est: nonnulla enim hujusmodi voces nisi e veteribus, & non contaminatis exemplaribus restituantur, obliteratae sunt, & e finibus Latinae linguae ejectae & expulsae. Videndum tamen accuratius, an hujus vocis certior ulla ratio, & signi-

gna, quæ observem; quæ etsi non sunt certiora illis, minus tamen habent vel obscuritatis, vel erroris. Notantur autem mihi ad divinandum signa duplici quadam via: quarum alteram duco a Cæsare ipso, alteram e temporum civilium natura atque ratione. In Cæsare hæc sunt: mitis clemensque natura, qualis exprimitur præclaro illo libro Querelarum tuarum. Accedit, quod mirifice ingeniis excellentibus, quale est tuum, delectatur: præterea cedit multorum justis & officio incensis, non inanibus aut ambitiosis volun-

significatio haberi possit. Nam quod paullo supra nos scripsimus *involata* pro *volare*, ex antiquo etiam codice accepimus. VICTOR. *Aut somniis*) Excubabant antiqui in templis somniandi causa, quia vera quietis oracula ducebant. Etsi quidam hoc loco *somniis* legunt. CORRAD. *Aut somniis*) Recte sic Mediceus codex, modo committas *soni viis*: neque aliter Vaticanus: quod optimus P. Victorius observavit primus; cupideque, sed tamen dissimulato auctore, sustulit Lambinus: vulgo *somniis*. Sed quid *somniis* cum Auguribus? videatur Festus, ejusque Castigator Scaliger. Ego puto profecto mutum fuisse Manutium aut qui ad tam bona nullum habere sensum potuerit; aut adeo livore cæcum, ut noluerit. GERMANN. Festus: *Sonivio significat in carmine, item in commentario augurali sonanti*. Idem: *Sonivium tripudium dicitur, ut ait App. Pulcher, quod sonet, ut cum pullo excidit pula, quadrupedive aliquid ex ore*. Plinius de nucibus juglandibus: *Quæ causa eas nuptiis fecit religiosas, tot modis fetu munito, quod est verisimilius, quam quia cadendo tripudium sonivium faciant*. Manifesto errore legitur in vulgaris Plinianis, *sonivium faciant*. Servius Danielis in illud, *Tremere omnia visa repente*: *Hoc augurium*, inquit, *juxta auguralem disciplinam dictum est, quod appellatur tripudium sonivium; id est, a sono. Ad quod pertinet, si arbor sponte radicibus cadat, si terra tremat, quod hic Æneæ factum ostendit, antequam voce divina responsa perciperet*. JOS. SCALIGER. His enim auspiciis credebant non secus ac oraculis, adeo ut Græci augurium avium [illegible], id est, *oraculum*, dixerint, Apoll. Rhod. lib. I. Argon. v. 65. Sunt quoque aves quædam certo hominum generi prosperæ vel infelices. *Pelicanus* bonum omen est fabris, Antonin. Liberal. c. 11. item avis boni ominis euntibus ad venatum: Idem c. 22. *Upupa* est auspicata & terra & mari: Idem c. 11. [illegible], [illegible] &c. Sunt item boni auspicii: Id. c. 19. [illegible] gratissima Diis hominibusque avis: [illegible] est [illegible], Id. c. 15. ut & [illegible] c. 21. ac *vultur* ibid. Aves nonnullæ futuram tempestatem prædicunt. Vide Scalig. ad Varr. p. 36. Quia autem aves frequenter auspicia faciebant, hinc [illegible] pro *inauspicato* sumitur apud Eurip. in Hippolyto v. 759. & quia sedentes avium volatus, seu de cælo, servabant, hinc Græci eleganter [illegible], Ælian. lib. VIII c. 5. de Animal. qua in phrasi corruptum Plutarchum in Marcello corrigit vir summus If. Casaubonus ad Suetonii August. c. 95. Ita apud Ælian. V. H. lib XVI. c. 43. [illegible], *confæderati ad tesseras*. CREDE.

Præclaro illo libro) Sic Pall. pr. tert. Gruter. editio prima: vulgo *præclare*. GERMANN.

Cedit multorum justis & officio incensis, non inanibus aut ambitiosis voluntatibus) Hoc est, facile patitur Cæsar se exorari ab iis, quos justæ causæ, & officii ratio pro parentibus, cognatis, patronis & amicis intercedere compellit, non vero ab iis, qui nulla in-

voluntatibus. In quo vehementer eum consentiens Etruria movebit. Cur hæc igitur adhuc parum profecerunt? Quis non putat se sustinere causas posse multorum, si tibi, cui justius videtur irasci posse, concesserit. Quæ est igitur, inquies, spes ab irato? Eodem fonte se hausturum intelligit laudes suas, e quo sit leviter adspersus. Postremo homo valde est acutus & multum providens: intelligit te hominem in parte Italiæ minime contemnenda facile omnium nobilissimum, & in communi rep. cuivis summorum tuæ ætatis vel ingenio, vel gratia, vel fama, populi R. parem, non posse prohiberi rep. diutius. Nollet hoc temporis potius esse aliquando beneficium, quam jam suum. Dixi de Cæsare: nunc dicam de temporum rerumque natura. Nemo est tam inimicus ei causæ, quam Pompeius animatus melius, quam paratus susceperat, qui nos malos cives dicere aut homines improbos audeat. In quo admirari soleo gravitatem, & justitiam, & sapientiam Cæsaris. Numquam nisi honorificentissime Pompeium appellat, at in ejus personam multa fecit asperius. Armorum ista & victoriæ sunt facta, non Cæsaris. At nos quemadmodum est complexus? Cassium sibi legavit, Brutum Galliæ præfecit, Sulpicium Græciæ, Marcellum, cui maxime succensebat, cum summa

ma

In indocti ratione, aut saltem favoris aucupandi gratia pro aliis supplicant. GRAEV.

Consentiens Etruria) Pro te, qui Volaterranus es, rogans. CORRAD.

In parte Italiæ minime contemnenda) Etruria. IDEM.

Non posse prohibere republ. diutius) Sic est in Pal. prim. Grut. Vatic. editione Victorii. Lambinus ne non nihil novaret *prohiberi* edidit. Stewech. *prohiberi rep.* vulgo, *prohibere a rep.* GEBHARD. *Non posse prohiberi republica*) Sic optimus meus liber, ut & Stewechianus, & quos Lambinus vidit. GRAEV.

Temporis potius esse) Dum tempora incidere possunt, quibus necessario cunctus sibi conciliare debeat. Crisp. Cat. c. 51. Ut hic *temporis beneficium*, sic V. epist. 16. dixit *temporis medicinam*. CORT.

Quam paratus) Sæpe de eo conqueritur Tullius & in his, & in ad Atticum epistolis. VII. ad Att. ep. 13. ducem ἀστρατηγητότατον vocat: & de eo, quam fuerit imparatus, mira legas ibidem, & VIII. ep. 3. IDEM.

At nos) Pompeianos quidem, sed jam restitutos. CORRAD.

Cassium) C. Cassium. IDEM.

Brutum) M. Brutum, qui postea conspiravit cum Cassio contra Cæsarem, lib. XIII. epist. 10. illum autem præfecit Galliæ Cisalpinæ, cum ad bellum Africanum profecturus esset. IDEM.

Sulpicium) Serv. Sulpicium. IDEM.

Græciæ) Achaiæ. IDEM.

Marcellum) Lib. IV. ep. 4. IDEM.

Rerum

ma illius dignitate restituit. Quo igitur hæc spectant? Rerum hoc natura, & civilium temporum non patietur, nec manens nec mutata ratio feret, primum ut non in causa pari eadem sit & conditio & fortuna omnium: deinde, ut in eam civitatem boni viri & boni cives nulla ignominia notati non revertantur, in quam tot nefariorum scelerum condemnati reverterunt. Habes augurium meum, quo, si quid addubitarem, non potius uterer, quam illa consolatione, qua facile fortem virum sustentarem: te, si explorata victoria arma sumsisses pro rep. (ita enim tum putabas) non nimis esse laudandum: sin, propter incertos exitus eventusque bellorum, posse accidere ut vinceremur putasses, non debere te ad secundam fortunam bene paratum fuisse, adversam ferre nullo modo posse. Disputarem etiam, quanto solatio tibi conscientia tui facti, quantæve delectationi in rebus adversis litteræ esse deberent. Commemorarem non solum veterum, sed horum etiam recentium vel ducum, vel comitum tuorum gravissimos casus. Etiam externos multos claros viros nominarem. Levat enim dolorem communis quasi legis, & humanæ conditionis recordatio. Exponerem etiam, quemadmodum hic, & quanta in turba quantaque in confusione rerum omnium viveremus: necesse est enim minore desiderio perdita rep. carere, quam bona. Sed hoc genere nihil opus est: incolumem te cito, ut spero, vel potius ut perspicio, videbimus: interea tibi absenti, & huic qui adest, imagini animi & corporis tui, constantissimo atque

Rerum hoc natura, &c.) Videtur legendum: *Rerum hoc natura non patietur; civilium temporum nec manens nec mutata ratio feret*, &c. LAMBIN. *Nec manens nec mutata ratio feret*) Amicus meus legebat, *nec communis vitæ ratio feret*: nimis a vulgata scriptura recedens. VASIN.

Ita enim putabas) Scilicet te bellum gerere pro republica contra tyrannum. GRAV.

Communis quasi legis) Fati atque necessitatis; ita ius propterea & conditionis. Seneca I. Controv. p. 66. *fati maligna lex*. Et sic jus pro eo, quod ex jure descendit, Sall. Jug. c. 3. Triste hujusmodi solatium innuit etiam Seneca Thyeste A. IV. CORT.

Imagini animi & corporis tui) Rara, ut crediderunt olim, felicitate. Catullus Carm. LX. v. 216. & 221. Putabant autem similitudinem liberorum indicium esse casti conjugii. Martial. VI. Epigr. 27. De quo toto negotio vide inter multos Aristotel. IV. de Gener. Animal. c. 3. Plinium VII. c. 12. & Lactant. de Opif. D. c. 12. Sic & Sidon. VII ep. 13. Rutil. Itiner. I. v. 601. IDEM.

Fami-

atque optimo filio tuo, ſtudium, officium, operam, laborem meum jampridem & pollicitus ſum, & detuli: nunc hoc amplius, quod me amiciſsime quotidie magis Cæſar amplectitur: familiares quidem ejus, ſicuti neminem. Apud quem, quidquid valebo vel auctoritate vel gratia, valebo tibi. Tu cura, ut cum firmitudine te animi, tum etiam ſpe optima ſuſtentes.

EPISTOLA VII.

ARGVMENTVM.

Excuſat Cæcina filium, quia Ciceroni librum ſero reddiderit. Queritur, ſibi Cæſarem iraſci, quod in eum ſcripſerit, cum ignoverit omnibus, qui deos venerati ſint contra ejus ſalutem. Rurſus, omiſſam repetit libri ſui mentionem: & quam parce quamque timide tum de ipſo Cicerone, tum etiam de Cæſare ſcripſerit, diligenter oſtendit. Non iturum in Aſiam, ſuadente Cicerone ut in Sicilia commoretur, confirmat. Petit, ut ſibi venia poteſtaſque redeundi a Cæſare impetretur. Librum cuſtodiri cupit, aut ita emendari, ne, ſi exeat, ejus rationibus obeſſe poſſit.

A. CÆCINA M. CICERONI S. D.

QVod tibi non tam celeriter liber eſt redditus, ignoſce timori noſtro, & miſerere temporis. Filius, ut audio, pertimuit (neque injuria) ſi liber exiſſet, cum non tam intereſt, quo animo ſcribatur, quam quo accipiatur, ne ea res inepte mihi noceret; cum præſertim adhuc ſtili pœnas dem. Qua quidem in re ſingulari ſum fato:

Familiares) Subaudi, amplectuntur me. Familiares Cæſaris, iidemque amici Ciceronis, Panſa, Hirtius, Balbus, Oppius, Marius, &c. CELL.

Cum firmitudine te animi, tum etiam ſpe optima ſuſtentes) Sic optimus codex Pal. primus; (ut & Græv. pr.) ſicque edidit accuratiſſimus P. Victorius. Pal. tert. Grut. (nec non Amſtelod.) editio prima paucis immutatis, *tum firmitudine animi te, tum etiam*. Sic quoque edendum eſſe dudum cenſuit Joannes Rivius. Vulgo interpolatius: *Ut cum fortitudine animi tui te, tum etiam ſpe optimarum ſuſtentes*. GEBHARD.

Ret-

fato: nam cum mendum ſcripturæ litura tollatur, ſtultitia fama multetur, meus error exſilio corrigitur: cujus ſumma criminis eſt, quod armatus adverſario maledixi. Nemo noſtrum eſt, ut opinor, quin vota victoriæ ſuæ fecerit; nemo, quin, etiam cum de alia re immolaret, tamen eo quidem ipſo tempore, ut quam primum Cæſar ſuperaretur, optaret. Hoc ſi non cogitat, omnibus rebus felix eſt: ſi ſcit & perſuaſus eſt, quid iraſcitur ei, qui aliquid ſcripſit contra ſuam voluntatem, cum ignorit omnibus, qui multa deos venerati ſint contra ejus ſalutem? Sed, ut eodem revertar, cauſa hæc fuit timoris: ſcripſi de te parce medius fidius & timide, non revocans me ipſe, ſed pæne refugiens

EPISTOLA VII.

Stultitia fama multetur] Meus optimus liber, *ſtultitiam fama mulcet*; legendum videtur, *ſtultitiam fama mulcet*. GRÆV. Si facile perſuaderi poſſet, vel unicum librum contra omnes reliquos veram lectionem tenere, arriperem h. l. id, quod in uno Grævii apparet, *ſtultitiam fama mulcet*; neque plane cum Grævio ſcriberem *mulcet*; cum alterum æque probum ſit, & accommodatum huic loco. Imo melius: ſi *mulcare* eſt lædere, lacerare, quemadmodum *lacerare maledictis*, & contra *fama integra* elegantiſſime dicuntur. Vide de verbo, ut brevi defungar, Lambin. in C. Nep. Annib. c. 3. Gronov. ad Liv. XXVIII. c. 30. Gravium ad Sueton. Cæſar. c. 17. & Walleum ad Porcii Latron. Declamat. in Cat. c. 6. Librarios autem mutatum genus dicendi in *tollatur* & *mulcet* impulerit ad mutandum. Sed ſimilia adſero ad illa Criſpi Cat. c. 53. *Scribam contendiſſe i coguoveram, bella geſta*. CORT.

Vota victoriæ ſuæ fecerit] Propter victoriam ſuam, vel, *pro victoria*, ut alii loquuntur. Claud. III. Rapt. v. 64. Sueton. Aug. c. 10. Opera pretium eſt, legiſſe votum illud *victoriæ* apud Homer. Iliad. H. v. 195. ID.

Qui multa Deos venerati ſunt contra ejus ſalutem] Hoc eſt, qui ſæpe Deos precati ſunt, ut ipſum perderent. *Venerari Deos* frequens eſt, præſertim Comicis pro *precari*. F. Urſinus in libro manuſcripto ſe reperiſſe ait: *Qui multa Deos venerati, multa precati ſint contra ejus ſalutem*. GRÆV.

Non revocans me ipſe, ſed pæne refugiens] Hoc eſt, non quod priſtinam meam de te ſententiam mutarim, ſed quod pæne invitus mihi vim intulerim in tam parce ſcribendo de te contra animi mei ſententiam metu ſubactus. In Grævii primo libro legitur *ſed fugiens*. ID. *Non revocans me*] Optime Cellarius amici ſui Grævii explicationem ſequitur: ſed quæ verbis *revocans* & *refugiens* non ſatisfacit. Differunt illa gradu retentionis: *revocans* eſt *retrahens* me a more meo leviter; at *refugiens* eſt, qui plane *deſerit* ſe, alius eſt & omnino obliviſcitur moris ſui. Quare hoc vult Cæcina, ſe in libro de Cicer. timide ſcripſiſſe & parce; non modo quoniam ſibi *temperaverit* aliquantulum, ſed quia etiam *plane alius* fuerit, dum pro more ſuo ſcribere non potuiſſet, ſed exhorruiſſet. *Revocare* tranſlatum a re militari & aliis pugnis: milites enim dicuntur *revocari* a prælio: vide Sall. Cat. c. 9. *Refugere* notum ex noto illo Virg. II. Æneid. v. 12. *Quamquam animus meminiſſe horret, luctuque refugit*. Sed quod *me refugiens* dixit, quamquam id per figuram Syneugmenon dictum ſit, tamen ita ſe habet, ut V. ep. 12. Sic hoc loco *me* pro *morem meum*, *ingenium meum* ſcripſit Cæcina. CORT.

Jacla-

giens. Genus autem hoc scripturæ, non modo liberum, sed incitatum atque elatum esse debere, quis ignorat? Solutum existimatur esse alteri maledicere, tamen cavendum est, ne in petulantiam incidas: impeditum se ipsum laudare, ne vitium arrogantiæ subsequatur: solum vero liberum, alterum laudare, de quo quidquid detrahas, necesse est aut infirmitati, aut invidiæ asignetur. Ac nescio, an tibi gratius

Incitatum atque elatum esse debere] Sic etiam in Mediceo legitur, quare hanc prorsus lectionem sequendam censeo. VICTOR. *Incitatum atque latum esse*) Sic edit. prima & Victor. exstatque hæc lectio in Pall. primo, tertio, Grut. qui hanc non repererunt, *elatum* intruserunt. GRAEV. Mediceo codici subscribit meus primus, & Amstelod. *elatum*, ut optime jam olim emendarat ex Bernardini Maffei codice Manutius, quod miror rejecisse Gebhardum. Cum facile videre sit primam litteram hujus vocis absorptam esse ab ultima præcedentis. Quid vero est *latum dicendi genus*? quis sic loquitur? *Elatum* vero *dicendi genus* qui ignorat? Cic. de Clar. Orat. *Horum sententiæ effecit Theopompus elatione atque altitudine orationis suæ*; sic alibi sæpe. GRAEV. *Incitatum* opponit eleganter *remisso*; est enim *vehemens & ardens*, quomodo equi *incitati* dicuntur. Sic Sueton. Cæsar. c. 7. *Fam conjectores ad amplissimam spem incitaverant*; non autem potest esse scriptura *incitata*, ubi *affectus* sæpe revocatur & retinetur, eique contrarium scribendum: *Elatum* genus dicendi est *altum*, in quod genio indulgentes quasi raptu quodam *efferuntur*: unde vides, quomodo illi, qui ingenium suum *timide refugit*, contra ponatur. Cic. de Clar. Orator. Quinctilian. VI. Instit. c. 2. CORT.

Solutum existimatur alteri maledicere) Hoc est, libere licere in adversarium invehi, eumque atro sale defricare. *Soluto* opponitur *impeditum*: cum non licet nobis scribere ut volumus, cum refrænatur impetus cogitationum sive ipsa materia, sive alia quadam ratione. Sic Mela proœm. descriptionem situs orbis vocat *impeditum opus, & facundiæ minime capax*. Cicero vero II. ad Att. ep. 6. *Res difficiles ad explicandum & ὁμοειδεῖς, nec tam possunt ἀνθηρογραφεῖσθαι*. GRAEV.

Ne in petulantiam incidas) *Petulantia* Latinis significat sæpe maledicentiam, linguæ effusam procacitatem, effrenem aliis obtrectandi, & acerbis dicteriis ac conviciis proscindendi libidinem. Tacit. Hist. II. 27. *Postremum Valens e petulantia, etiam præsidium spectabat*. Illam petulantiam non nisi linguæ procacitatem fuisse, & contumeliosa illa militum dicta, quæ jactabant: *Carcinas e se quartadecimanos, ablatam Neroni Italiam, atque omnem belli fortunam in ipsorum manu sitam*, præcedentia declarant. Cic. pro Cæl. *Maledictio si petulantius jactatur, convicium nominatur*. Idem II. ad Att. ep. 19. *Ludis Apollinaribus Diphilus tragœdus in nostrum Pompeium petulanter invectus est*. Orat. pro Muren. *Nullum ejus petulans dictum in vita proferetur*. Id. de Orat. *Si quis mihi maledixit, petulans & plane insanus videtur*. Pers. Sat. I.

Quid faciam? sed sum petulanti splene cachinno.

Vbi *petulans splen* non est, qui justo majus spatium petit & occupat, ut exponit vir summus, sed qui proclivis est ad aliorum vitia irridenda & salsis dicteriis, quæ risum plerisque maxime movent, traducenda. GRAEV.

Quidquid detrahas] De laudibus ejus; intelligas etiam *de quo*, de laudando viro; utrumque recte dicitur. Ammianus XXX. c. 29. C. Nepos Chabr. c. 3. Quinctilian. Decl. V. c. 21. *Non quidem quidquam velim detractum de virtutum tuarum admiratione*; qui ibidem videtur dixisse pro *inimicitiam*, uti nostet pro *amicitiam*, quæ notiones sunt propriæ. V. ep. 19. CORT.

Aut infirmitati assignetur] Adscribatur infam-

tius opportuniusque acciderit: nam quod præclare facere non poteram, primum erat non attingere: secundum beneficium, quam parcissime facere: sed tamen ego quidem me sustinui: multa minui, multa sustuli, complura ne posui quidem. Quemadmodum igitur scalarum gradus si alios tollas, alios incidas, nonnullos male hærentes relinquas, ruinæ periculum struas, non adscensum pares: sic tot malis cum vinctum, tum fractum studium scribendi, quid dignum auribus aut probabile potest afferre? Cum vero ad ipsius Cæsaris nomen veni, toto corpore contremisco, non pœnæ metu, sed illius judicii: totum enim Cæsarem non novi. Quem putas animum esse, ubi secum loquitur? hoc probabit: hoc verbum suspiciosum est: quid si hoc muto? at vereor, ne pejus sit. Age vero laudo aliquem, num offendo? cum porro offendam, quid si non vult? armati stilum

infantiæ, aut ingenii imbecillitati. Graev. *Infirmitati aut invidiæ*. Ad plura *infirmitas* illa referri potest: sed duo sunt proxima. Vel infirmitas eadem faciendi; vel *infirmitas dicendi* & facta dictis exæquandi, quod sane requirit firmum & exercitatum ingenium. De *posteriori* itaque intelligo. Quinctilian. Procem. Instit. p. 8. Virgilius in Ceiri v. 41. De *invidia* vide Sall. Cat. c. 3. Cort.

An tibi gratius o. acciderit) Nescio, an in re laudando non idem acciderit, quod tibi nec gratum nec opportunum fortitan fuerit. *An* post verbum *nescio* hoc loco proprie est *sic*, vel *credo*, non gratius tibi accidisse. C. Nepos Timol. c. 1. *Huic uni contigit, quod nescio an ulli*; ubi temere *nulli* referibunt temerarii: etsi, alterum illum horum verborum usum non ignorem. Idem.

* *Quod præclare facere*) Ordo est aliquantum trajectus, & sic habet: *Nam primum erat non attingere beneficium, quod præclare facere non poteram*. De eo, quod Relativum ita præmittatur, vide notas V. ep. De Zeugmate illo, quo *beneficium* ex posteriori membro repetitur, vide Sall. Cat. c. 36. Reliquum est, quid sit *facere præclare*, exponere. Est autem *præclare describere*, & cum multa laude (vide IV. ep. 7.) benefacta Ciceronis *memorare*; hoc est, dicere, præclare facta esse. Nam ita solere scriptores loqui, observavi ad II. ep. 10. Claudian. Cos. Manlii v. 71. de Philosophis diversa principia statuentibus: *Hic prætrat omnia flammis*. Idem.

Secundum beneficium quam parcissime facere) Vocem *beneficium*, quæ huc in alienum locum irrepsit, delendam censeo. Lamb.

Sic tot malis cum vinctum, tum fractum studium) Elegantissime sic edidit P. Victorius, habetque Vaticanus codex; cum in Pall. prim. tert. Grut. editione prima, unica tantum abhorreat littera, *tum vinctum*: in vulgatis vero deformatum sit, *tum victum, tum fractum*. Gebhard.

Dignum auribus aut probabile) *Probabile* est hic, quod probent aures tersæ & limatæ. Graev.

Verbum suspiciosum) Suspicionem Cæsari movere potest: in quo aliquid amplius latere putet. Sic Sueton. Domit. c. 10. Qua eadem voce opportune utitur Seneca ep. 114. Cort.

Laudo aliquem, num offendo? cum porro offendam, quid si non vult?) Legendum esse, *cum porro non offendam*, &c. Intelligent qui hæc attente legent, & non

lum perſequitur: victi & nondum reſtituti, quid faciet? Auges etiam tu mihi timorem, qui in Oratore tuo caves tibi per Brutum, & ad excuſationem ſocium quæris. Vbi hoc omnium patronus facis, quid me, veterem tuum, nunc omnium clientem ſentire oportet? In hac igitur calumnia timoris & cæcæ ſuſpicionis tormento, cum plurima ad alieni ſenſus conjecturam, non ad ſuum judicium ſcribantur, quam difficile ſit evadere, ſi minus expertus es, quod te ad omnia ſummum atque excellens ingenium armavit, nos ſentimus. Sed tamen ego filio dixeram, librum tibi legeret, & auferret: aut ea conditione daret, ſi reciperes te correcturum, hoc eſt, ſi totum alium faceres. De Aſiatico itinere, quamquam ſumma neceſſitas premebat, ut impera-

non erunt tardiſſimi. Hoc enim ſenſit M. Tullius: *Age*, laudo aliquem: ſic mecum cogito: num offendo Cæſarem illius laudatione? Sed finge me non offendere: quid ſi non vult illum laudari? Fieri enim poteſt ut facto aliquo aliquis non offendatur, neque lædatur: id factum tamen non probet, aut id factum nolit. LAMB. Sic Lambinus contra omnes MSos, niſi quod in Gruter. a manu interpolatrice, *non offendo? cum*. GRON. Meus primus codex: *Laudo aliquem. Non offendo. Cum potero offendam, quid ſi enim vult?* Mentel. *Laudo aliquem non offendere. Cum potero offendam*. Ab alia manu ſuper *offendere* ſcriptum *offendo*. Eſt locus procul dubio corruptus. Medicina vero anceps. Legebam ex veſtigiis mei & Menteliani libri: *Laudo aliquem. Non offendo. At potero offendere; quid ſi enim non vult?* ſcilicet illum laudari. Hæc mea de hoc loco conjectura eſt. Cogitent acutiores. Cæterum Lambinus memoria lapſus male hæc tribuit Tullio, cum ſint a Cæcina ſcripta. GRAEVIUS. *Laudo aliquem*) Alium. Forte quemquam alium honeſtate appello: quid ſcio, an eum laudari ferat? I. F. GRONOV.

Cum potero offendam) Forte quid dixi in alicujus præjudicium aut contumeliam: unde ſcio, an illum tangi nolit? Io.

In Oratore tuo caves tibi per Brutum) Quem tu Bruto petenti negare non potuiſſe ſcribis, niſi malimus illum librum intelligere, qui Brutus, ſive de Claris Oratoribus inſcribitur: in quo & major de temporibus querela eſt, & Brutus ipſe loquitur. CORR.

Vbi hoc omnium patronus facis) Secuti ſunt libros vulg. qui legunt *ubi hoc omn. p. facio*. Nam MSi habent, *ubi hoc omnium patronus facit*: & ita edidit P. Victorius. LAMB. *Facis* habent Amſtelod. & Mentel. nec dubito mutatum hoc eſſe in *facit* ab iis, qui crediderunt non niſi tertias, ut vulgo loquuntur, perſonas addi nominibus. Sed hoc vulgarium Grammaticorum præceptum dudum a viris doctis eſt exploſum. Liv. *Hannibal peto pacem*. GRAEV.

Me veterem tuum clientem) Pro quo exſtat oratio. CORR.

Sentire oportet) Lege, *ſentio oportere*. GVILIELM.

Calumnia timoris) Hoc falſo metu; dum modo hoc modo illud metuo, ſed forte falſo. GRAEV. Mala interpretatione verborum meorum, quam ſuggerit meus timor: illud enim proprie eſt *calumnia*, v. I. ep. 1. Phædr. Prolog. lib. III. v. 37. Timor autem ad peſſima quæque fingenda aptus. Curt. IV. c. 3. Quinctil. Declam. XI. CORT.

Quamquam ſumma neceſſitas premebat) Vt ad reliquias Aſiaticæ negotiationis proficiſcerer. CORR.

VT

perasti feci. Te pro me quid horter? vides tempus venisse, quo necesse sit de nobis constitui. Nihil est, mi Cicero, quod filium meum exspectes: adolescens est, omnia excogitare vel studio, vel ætate, vel metu non potest. Totum negotium tu sustineas, oportet: in te mihi omnis spes est. Tu, pro tua prudentia, quibus rebus gaudeat, quibus capiatur Cæsar, tenes: a te omnia proficiscantur, & per te ad exitum perducantur, necesse est: apud ipsum multum, apud ejus omnes plurimum potes: unum tibi si persuaseris, non hoc esse tui muneris, si quid rogatus fueris, ut facias (quamquam id magnum & amplum est) sed totum tuum esse onus, perficies: nisi forte aut in miseria nimis stulte, aut in amicitia nimis impudenter tibi onus impono. Sed utrique rei excusationem tuæ vitæ consuetudo dat: nam quod ita consueris pro amicis laborare, non jam sic sperant abs te, sed etiam sic imperant tibi familiares. Quod ad librum attinet, quem tibi filius dabit, peto a te, ne exeat; aut ita corrigas, ne mihi noceat.

EPISTOLA VIII.

ARGUMENTUM.

Datum sibi a Balbo & Oppio scribit, ut Cæcinæ liceret esse in Sicilia, ibique ut commoretur, suadet.

M. C.

Ut imperasti) Ut censuisti in Sicilia commorandum. Io.

Vel studio) Hoc est, nimio amore mei, vel nimio impetu meam restitutionem conficiendi. Grev.

Apud ejus omnes plurimum potes) P. Faber Tholosan. putat legendum, *apud ejus homines*: a quo dissentio. Ita enim sæpe loquitur M. Tull. *Mei omnes*, *Tui omnes*: ubi subintelligitur familiares, seu domestici, seu comites. Lambin.

Sed totum tuum esse onus perficies) In vetere libro scriptum est, *sed totum tuum esse onus onus perficies*; ut fortasse legendum sit, *sed totum tuum esse*, *onus*, *onus perficies*. Vat. *Non hoc*... *sed totum*. Expone *non solum hoc*.. *sed etiam*: ita tamen, ut posteriori membro plus adfirmationis addas: quasi scripsisset *non tam hoc*, *quam totum*. Liv. X. c. 6. Velleius Paterc. II. c. 18. ibi bene advocat Gerardus Vossius Sallust. B. Jug. c. 14. Cort.

Nam quod ita consuevisti) Meus liber vetustissimus, *quod ita consueris*; leg. *quod ita consueris*; paullo ante idem codex: *aut in amicitia nimis impudenter tibi onus impono*. Grev.

Non jam sic sperant) Affinis hac superiori observationi, quod *Non* ponitur pro *Non modo*, & excipiat *sed etiam*: de quo vide Victor. ad Cic. III. ad Att. ep. 15. p. 317. Ed. Grav. Cort.

M. C. A. CÆCINÆ S. D.

CVm esset mecum Largus, homo tui studiosus, locutus Kalendas Ian. tibi præfinitas esse: quod omnibus rebus perspexeram, quæ Balbus & Oppius, absente Cæsare, egissent, ea solere illi rata esse, egi vehementer cum his, ut hoc mihi darent, tibi in Sicilia, quoad vellemus, esse uti liceret. Qui mihi consuessent aut libenter polliceri, si quid esset ejusmodi, quod eorum animos non offenderet; aut etiam negare, & afferre rationem cur negarent, huic meæ rogationi potius non continuo responderunt: eodem die tamen ad me reverterunt, mihi hoc dederunt, ut esses in Sicilia quoad velles, se præstaturos, nihil ex eo te offensionis habiturum. Quando, quid tibi permittatur, cognovisti, quid mihi placeat, puto te scire oportere. Actis his rebus litteræ a te mihi redditæ sunt, quibus a me consilium petis, quid sim tibi auctor, in Sicilia ne subsidas, an ad reliquias

EPISTOLA VIII.

CVm esset mecum Largus) Solet sæpe Manutius adnotare, cum Cicero meminit hominis alicujus aliunde minus noti, ex qua gente is fuerit. Hic autem simpliciter adscripsit, *Largus* esse cognomen gentis Romanæ, ipsa gente non indicata, quæ est Licinia, ut multis ostendit Illustr. Spanhemius Dissert. X. de Præst. & Usu Numism. p. 10. VERBURG.

Ut hoc mihi darent) In hoc mihi gratificarentur: propter me & preces meas facerent: vide supra IV. ep. 5. Mox uti pro ut terminatione antiqua & in Plauto, Terentio, Crispo frequentissima. CORT.

Huic meæ actioni seu rogationi potius non continuo responderunt) Sic legendum est, quamvis aliter ediderit P. Victorius. LAMBINUS. *Huic meæ rogationi pot.*) Pro hac Victorii lectione stant Pall. pr. tert. Gruter. editio princeps; vulgata quam defendit Lambinus, *Huic meæ actioni vel rogationi potius*. GRONOVIUS. Sed ex hac lectione, quam mei quoque libri afferunt, nullus commodus sensus elicitur; nec fert Latina lingua expositionem Manutii. Fallor: an Cicero scripsit: *Huic meæ rogationi protinus non responderunt*? ut *continuo* sit ex *protinus* explicatio a magistro margini adscripta, aut *protinus* superposita, quæ inde in contextum irrepsit, & monstrosam hanc produxit lectionem. Bernard. Kuril. mallet scribi, *huic meæ petitioni vel rogationi potius*; sed hoc nihil est. Turbas has dedit *potius* perperam scriptum pro *protinus*. GRÆVIUS.

Ut esses in Sicilia) In omnibus fere libris legitur *Gallia*: quam bene, nihil nunc ad me. CORR.

Nihil ex eo te offensionis habiturum) Docti quidem legi volunt, *offensionis aditurum*. LAMB.

Quando quid tibi permittatur cognosti) Sic restitui, quæ media intercesserunt, quorumcumque editionibus, instauravi, quod & Naugeriana, Iunia, & Victoriana Rob. Stephani exhibuerunt haud dubie ad fidem MSorum, cum toto inde tempore legatur *cognovisti*. IAC. GRON.

Quid sim tibi auctor) Quid tibi suadeam. GRÆV. Intellige *faciendi*: aliter si esset, diceret *ut*. Et quidem non insolitum post *Quid* verbum *facere* omitti, quod ex unico Terentio cum-

liquas Asiaticæ negotiationis proficiscare. Hæc tua deliberatio non mihi convenire visa est cum oratione Largi. Ille enim mecum, quasi tibi non liceret in Sicilia diutius commorari, ita locutus erat; tu autem, quasi concessum sit, ita deliberas. Sed ego, sive hoc, sive illud est, in Sicilia censeo commorandum. Propinquitas locorum vel ad impetrandum adjuvat crebris litteris & nuntiis, vel ad reditus celeritatem re aut impetrata, quod spero, aut aliqua ratione confecta. Quamobrem censeo magno opere commorandum. T. Furfano Postumo, familiari meo, legatisque ejus, item meis familiaribus, diligentissime te commendabo, cum venerint: erant enim omnes Mutinæ: viri sunt optimi, & tui similium studiosi, & mei necessarii. Quæ mihi venient in mentem, quæ ad te pertinere arbitrabor, ea mea sponte faciam. Si quid ignorabo, de eo admonitus omnium studia vincam. Ego etsi coram de te cum Furfano ita loquar, ut tibi litteris meis ad eum nihil opus sit; tamen cum tuis placuit te habere meas litteras, quas ei redderes, morem his gessi: earum litterarum exemplum infra scriptum est.

EPISTOLA IX.

ARGUMENTUM.

Brevis est epistola, sed perfectæ commendationis exemplum.

M. T.

constare potest; neque tamen etiam Prænomina *quid*, *quod*, *id*, *hoc* casibus sæpe a communi regula discedere: quod suo loco pluribus declarabo. CORT.

Re aut impetrata quod spero) Librum veterem, in quo sic legatur, postulat proferri Manutius, ut tum facile & libenter assentiremur. En tibi veterem meum codicem illum tam bonæ notæ & spectatæ fidei, in quo scribitur: *Re aut impetrata* (vitiose pro *impetrata*) *quod spero, aut aliqua ratione confecta*. GRÆV.

T. Furfano Postumo) Is videtur Allieno successisse, qui tempore belli Africani Prætor in Sicilia fuit. CORTIUS. *Furfanio* legendum hic esse, & in epistola quæ proxime sequitur, constat cum ex veteribus libris, tum ex hac inscriptione, quæ Romæ reperta est ad portam Capenam,

Q. FVRFANIO. C. F.
NIGRINO
PROC. FABRORVM &c.

F. Vasin. *T. Furfanio Postumo* habent Pal. pr. (ut & Grævii primus) Victorii editio, ac codex Vatican. Gravaan. In inscriptionibus tamen perpetuo scribitur *Furfanius*. Vide Gruter. inscript. GRÆV.

M. T. C. T. FVRFANO PROCOS. S. D.

CVm A. Cæcina tanta mihi familiaritas consuetudoque semper fuit, ut nulla major esse possit. Nam & patre ejus, claro homine & forti viro, plurimum usi sumus: & hunc a puero, quod & spem magnam mihi afferebat summæ probitatis summæque eloquentiæ, & vivebat mecum conjunctissime, non solum officiis amicitiæ, sed etiam studiis communibus, sic semper dilexi, ut non ullo cum homine conjunctius viverem. Nihil attinet me plura scribere, quam mihi necesse est ejus salutem & fortunas, quibuscumque rebus possim, tueri vides. Reliquum est, ut, cum cognorim pluribus rebus, quid tu & de bonorum fortuna, & de reipub. calamitatibus sentires, nihil a te petam nisi

EPISTOLA IX.

T. FVRFANO PROCOS.) Al. Praetori; id quod nihil refert. Nam diximus alibi, Praetorem Procos. & Procos. quandoque Praetorem appellari. CORR.

Non ullo cum homine) Recte non *ullo*. Rutil. Itiner. I. v. 735. Plura ad illa Crispi Cat. c. 6. *Igitur talibus viris non labor insolitus, non locus ullus asper, aut arduus erat*. CORT.

Quam mihi necesse sit ejus salutem, & fortunas, quibuscumque rebus possim, tueri vides) Sic hic locus legitur in Manutiano & aliis recentibus. Omnes vetustiores, sicut & meus primus, & qui ex vetusto descriptus, Amstelodamensis, legunt, *quam mihi necesse est*; & pro *vides*, *ut dea*. Duo vero Guilielm. *quam quid mihi necesse*. Stew. cod. *quam quod mihi necesse est*. Scribendum: *Nihil attinet me plura scribere, quam quod mihi necesse est ejus salutem & fortunas, quibuscumque rebus possim, tueri, ut vides*. In aliquot libris ut absorptum est a *vides*, in aliis ut ab *ut*, hinc diversitas ista est orta. GRAEVIUS.

Quam mihi necesse est ejus salutem & fortunas quibuscumque rebus possim tueri, vides) Optime fecit Gebhardus, cum qualemcumque scripturam librorum veterum tenere maluit, quam constructioni inserviendo altera sua, ut faciunt alii, mutare. Nam dum duo, tresve codices habent vel *quam quod mihi*, vel *quam quid mihi*, id nil nisi certissimum hæsitationis signum est, & eodem loco habendum quo Rivianum & Lambino ita placens 7. 1. *quid quod ne id quidem leporis*, de quo vide. Non autem dubito, quin dederit Tullius: *Nihil attinet me plura scribere: nam mihi necesse esse ejus salutem & fortunas, quib. reb. possim, tueri, vides*. Sic scribit IX. 6. *Vincere autem aut hos aut illos necesse esse*. Et nescio qui ista littera q sæpius invasit has epistolas tractu temporis, ubi ab initio non videtur fuisse. Ipse Victorius sic queritur de *qui liquisset*, pro *liquisset*. Sic etiam persuadeo mihi contigisse Libro V. Epist. 4. ubi cum Cicero scripserit per aposiopesin, *aliquid esse jam putabam; non quo scilicet verum id ita esset vel esse scirem, sed non difficilis erat conjectura*, mali existimatorum non modo suppleverunt, *non quo ego certo scirem*, sed & dein fecerunt, *sed quod haud difficilis e. c.* cum ne *haud* usquam exstet in scriptis; ex litteris item ne quas videmur non bene agnovisse & putasse fuisse *ne*, repetiverunt *d* ex sequente voce *difficilis*, & ante inolevit q, ut etiam hoc loco. IA. GRON.

EPI-

nisi ut ad eam voluntatem, quam tua sponte erga Cæcinam habiturus esses, tantus cumulus accedat commendatione mea, quanti me a te fieri intelligo. Hoc mihi gratius facere nihil potes. Vale.

EPISTOLA X.

ARGUMENTUM.

Hujus epistolæ neque consolatio argumentum est, neque auxilii alicujus promissio: nisi si amoris quædam significatio, & consolationis loco est, & promittere etiam aliquid videtur: certe, cum Trebianus post pugnam Pharsalicam ab armis non discesserit, quod epistola declarat, justam irascendi causam Cæsar habuit; unde illud epist. 13. Africanæ causæ iratior, diutius velle videtur eos habere sollicitos, a quibus se putat diuturnioribus esse molestiis conflictatum. *Quare nil mirum est, si Cicero spem ei perexiguam affert incolumitatis; parce enim & exiliter pollicetur in eo loco:* Si quis mihi erit aditus. *Scripta est post bellum Africanum: quod ex iis verbis conjicio:* Consilium tuum, vel casus potius, diutius in armis civilibus commorandi. *Deinde excusationem affert, quod antea non scripserit: tum hortatur eum, ut conscientia se sustentet factorum & consiliorum suorum: sperare etiam jubet, exsulem non diu futurum: eam porro spem sumit a Cæsaris clementia, a statu reipub. jam reviviscentis, a suo studio, ab amicorum Trebiani copia. Quibus causis ut forti magnoque animo sit, hortatur. Scripta videtur ante superiorem proximam: nam prima illa verba,* Antea misissem ad te litteras, si genus scribendi invenirem; *nullas antea Ciceronem litteras ad eum misisse, perspicue demonstrant. Eodem anno. Quod ad hujus Trebiani familiam aut vitam pertinet, eruere ex historia nihil potui. Cæsare III. Lepido Coss.*

M. T. C. TREBIANO S. D.

EGo quanti te faciam semperque fecerim, quanti me a te fieri intellexerim, sum mihi ipse testis. Nam & consilium tuum, vel casus potius diutius in armis civilibus commorandi, semper mihi magno dolori fuit: & hic eventus, quod tardius, quam est æquum, & quam ego vellem, recuperas fortunam & dignitatem tuam, mihi non minori curæ est, quam tibi semper fuerunt casus mei. Itaque & Postumuleno, & Sextio, & sæpissime Attico nostro, proximeque Theudæ, liberto tuo, totum me patefeci, & hæc his singulis sæpe dixi, quacumque re possem, me tibi & liberis tuis satisfacere cupere: idque tu ad tuos velim scribas, hæc quidem certe, quæ in potestate mea sunt, ut operam, consilium, rem, fidem meam sibi ad omnes res parata putent. Si auctoritate & gratia tantum possem, quan-

tum

EPISTOLA X.

TREBIANO) AL. *Trebatio*. Sed videndum est, an *Torquato* sit legendum; nos certe ad *L. Torquatum* verba accommodabimus, donec aliquis melius inveniat. CORRAD. *Trebiano*) Antea legebatur *Trebatio*, postea Paullus Manutius veterum librorum secutus scripturam, restituit *Trebiano*: atque ita plane est in manuscripto apud me codice; ego tamen *Trebonio* legendum puto ex auctoritate argentei nummi, & item aerei, in quibus *L. Trebani* incisum est: errorem autem ex transpositione litterarum fluxisse arbitror ab imperitis librariis factu, qui *Trebiano* scripserint pro *Trebonio*. VRSINVS. *M. T. C. Trebiano*) Sic edidit Victorius, & sic est in Pall. prim. tert. Vaticano, editione principe (sic & Grævii primus & Amstelod.) vulgo *Trebatio*. GEBHARD.

Quod tardius quam est æquum & quam ego vellem recuperas fortunam & dignitatem tuam) Non *recuperas*: vetus codex *reciperas* per *i*, quod fortasse fecit, ut *recipería* jam scriberetur. Est sane & hic & sequenti epistola hoc verbum in Mediceo codice per i scriptum, *quid reciperaris cogitare*: & saepe eodem modo. Quandoque tamen, quod etiam in Pandectis Florentinis animadvertas, *recuperare* legas, quod hodie in usu est, sed tamen multo rarius quam *reciperare*. VICTOR. *Recuperas fort.*) Quia Mediceus *reciperas* habet, ego olim scripsi *recuperas*, quemadmodum tunc adnotavi. Alii *recuperes* malunt: res sane parvi ponderis: sed mea ut arbitror lectio verior. IDEM. *Reciperas fortunam & dignitatem*) Sic scripsi, cum esset in MSis tribus nostris, & Stewech. *reciperas* sicut in Mediceo, vel *reciperes*. Victorius ac Vatic. *recuperas*; vulgo male *recuperis*. GEBHARD. *Recuperas* habet Grævii primus, tres Pall. & Stewech. *reciperas*. GRÆV.

Attico nostro) Ad quem ut ad Epicureum, de se Epicureo, & condiscipulo sæpe etiam scripsit, libro XIII. CORR.

Proximeque Theudæ lib. t. totum me pat. & hæc his sing.) Vulgo *Teudo* contra omnes libros, qua calamo exaratos, qua impressos: provocabulum quoque *hæc* spernunt seu ignorant vulgati; immisi id ex Pal. pr. ac Victorii edit. GEBHARD.

Fidem paratam putent) Vulgo *paratæ*, sed invitis codicibus etiam regiis LAMB.

Cum

tum in ea repub. de qua ita meritus ſum, poſſe deberem, tu quoque is eſſes, qui fuiſti, cum omni gradu ampliſſimo digniſſimus, tum certe ordinis tui facile princeps. Sed cum eodem tempore, eademque de cauſa noſtrum uterque cecidit, tibi & illa polliceor, quæ ſupra ſcripſi, quæ ſunt adhuc mea: & ea, quæ præterea videor mihi ex aliqua parte retinere, tamquam ex reliquiis priſtinæ dignitatis. Neque enim ipſe Cæſar, ut multis rebus intelligere potui, eſt alienus a nobis, & omnes fere familiariſſimi ejus caſu devincti magnis meis veteribus officiis me diligenter obſervant & colunt. Itaque ſi qui mihi erit aditus de tuis fortunis, id eſt, de tua incolumitate, in qua ſunt omnia, agendi, quod quidem quotidie magis ex eorum ſermonibus adducor ut ſperem, agam per me ipſe & moliar: ſingula perſequi non eſt neceſſe: univerſum ſtudium meum & benevolentiam ad te defero. Sed magni mea intereſt, hoc tuos omnes ſcire, quod tuis litteris fieri poteſt, ut intelligant omnia Ciceronis patere Trebiano. Hoc eo pertinet, ut nihil exiſtiment eſſe tam difficile, quod non pro te mihi ſuſceptum jucundum ſit futurum. Antea miſiſſem ad te litteras, ſi genus ſcribendi invenirem: tali enim tempore aut

Cum omni gradu ampliſſimo digniſſimus) Dignitatis pro digniſſimus eſt in veteribus libris. Vasin.

Caſu devincti) Sane caſus quidam fuiſſe videtur, ut Cæſaris familiares Ciceroni devincti eſſent. Corr. *Devincti*) Ut Dolabella, Balbus, Rabirius, P. Sulla, & alii, quos defendit. Ioan. *Caſ. dev.*) Vulgo *quaſi devincti*: ſed illud recepi ex Pal. prim. Grut. Vatic. (quibus accedit Græv. prim.) editione Victorii. Germ. *Caſu*) Hoc loco nihil ſignificat, & Manutius non explicat hanc vocem, ſed ſenſum qualemcumque fingere maluit, quam fateri, ſe, quid ea vox hic ſibi velit, ignorare. Mihi dubium nullum eſt, quin aliquis vocem *ejus* ex proxime antecedentibus explicaturus, in margine appoſuerit *Caſ.* compendioſa ſcribendi ratione pro *Cæſaris*. Ex illo ſcripturæ compendio deinceps *caſu* factum eſſe ab imperito librario, plane mihi perſuadeo. Havman.

Agam per me ipſe) Conjungunt utrumque, cum alterum ſenius ſolum ſatisfaceret. Liv. II. adde ſupra III. ep. 2. Corr.

Patere Trebiano) Dedita & in promtu eſſe; ut Sall. Cat. c. 10. Phædr. I. Fab. 18. v. 2. Ioan.

Antea miſiſſem ad te litteras) In nonnullis editionibus hinc naſcitur novæ epiſtolæ initium: ſed non debet; nam quod ſequitur, pars eſt hujus 10. epiſtolæ. Lamb. In meis libris ſane priori adnectitur epiſtolæ. In aliis tamen initium eſt novæ epiſtolæ, quos ſecutus eſt Manutius, qui & eam ſcriptam putavit ante ſuperiorem proximam, quia prima illa verba, *antea miſiſſem ad te litteras, ſi genus ſcribendi invenirem*, nullas antea Ciceronem lit-

H 4

aut consolari amicorum est, aut polliceri. Consolatione non utebar, quod ex multis audiebam, quam fortiter sapienterque ferres injuriam temporum, quamque te vehementer consolaretur conscientia factorum & consiliorum tuorum: quod quidem si facis, magnum fructum studiorum optimorum capis, in quibus te semper scio esse versatum; idque ut facias, etiam atque etiam te hortor. Simul & illud tibi, homini peritissimo rerum, & exemplorum, & omnis vetustatis, ne ipse quidem rudis, sed in studio minus fortasse quam vellem, at in rebus atque usu plus etiam, quam vellem, versatus spondeo, tibi istam acerbitatem & injuriam non diuturne fore. Nam & ipse, qui plurimum potest, quotidie mihi delabi ad æquitatem & ad rerum naturam videtur: & ipsa causa ea est, ut jam simul cum rep. quæ in perpetuum jacere non potest, necessario reviviscat atque recreetur: quotidieque aliquid fit lenius & liberalius, quam timebamus. Quæ quoniam in temporum inclinationibus sæpe parvis posita sunt, omnia momenta observabimus, neque ullum prætermittemus tui juvandi & levandi locum. Itaque illud alterum, quod dixi, litterarum genus quotidie mihi, ut spero, fiet proclivius, ut etiam polliceri possim: id re, quam verbis faciam libentius. Tu velim existimes, & plures te amicos habere, quam, qui in isto casu sint, ac fuerint, quantum quidem ego intelligere potue-

litteras ad eum misisse perspicue demonstrent. Hæc quidem ille in argumento hujus epistolæ declaravit, quæ cum mihi præcidenda fuerint, haud de iis hic esse monendum. Nam quamvis mei libri adstipulentur vulgaris editionibus, has epistolas conjungentibus, & pro una habentibus, tamen sententia Manutii mihi videtur potior. Nam verba, quæ hæc præcedunt, plane ostendunt eis finiri epistolam. Ista vero *antea misissem*, &c. initium novæ epistolæ arguunt. Sed sine libris nihil ausus sum immutare. GRÆVIVS.

Tali enim tempore) In adversa fortuna. Idem.

At in rebus atque usu) MSi optimi, Pal. prim. tert. Grut. Græv. pr. Amstelodam. Mentel. *& in rebus atque usu*. Sensus tamen *at* desiderat. Idem.

Tibi istam acerbitatem & injuriam non diuturne fore) Sic Pall. pr. tert. Grut. Stewech. Vatic. prima editio ac Victorii (sic & Græv. prim. Amstelod. vero *diuturnam*) vulgo *acerbitatem istam & injuriam non diuturnam fore*. GEBH. *Non diuturne f.* Sic libri veteres, unus Grævii *diuturnam*: vulgo *diuturnam*. Sed Adverbiis pro Adjectivis utuntur, uti contra. Sall. Jug. c. 4. adde supra IV. ep. 14. CORT.

Cum

tuerim, & me concedere eorum nemini. Fortem fac animum habeas & magnum, quod est in uno te: quæ sunt in fortuna, temporibus regentur, & consiliis nostris providebuntur.

EPISTOLA XI.

ARGUMENTUM.

Reditum in patriam Dolabellæ maxime beneficio impetratum nunciat: gratulationem ab ipso exposcit: gratiarum actionem repudiat: jacturam fortunarum ut æquiore animo ferat, hortatur: quando nec rei familiaris damnum cum adquisitæ dignitatis lucro conferri debeat; nec privata res, cum publica sit amissa, magnopere curanda videatur. Prædicationem suorum in illum officiorum sibi non ingratam esse confitetur. Eodem anno.

M. C. TREBIANO S. D.

DOlabellam antea tantummodo diligebam, obligatus ei nihil eram: nec enim acciderat mihi opus esse, & ille mihi debebat, quod non defueram ejus periculis. Nunc tanto sum devinctus ejus beneficio, quod & antea in re, & hoc tempore in salute tua cumulatissime mihi satisfecit, ut nemini plus debeam. Qua in re tibi gratulor ita vehementer, ut te quoque mihi gratulari, quam gratias agere malim: alterum omnino non desidero, alterum vere facere poteris. Quod reliquum est, quando tibi virtus & dignitas tua reditum ad tuos aperuit, est tuæ sapientiæ, magnitudinis-

Consiliis n. providebuntur) Cavebuntur, aut dirigentur. Terent. Andr. A. I. Sc. III. ibi Donatus: adde Sall. Cat. c. 41. Ioann.

EPISTOLA XI.

DOlabellam antea tantummodo diligebam) Sic ad Atticum: *Quid possum de Torquato, nisi aliquid a Dolabella, quod simul ac, continuo scietis.* Corrad. *Dolabella gener Ciceronis*, II. epist. 16, 8, 12. Graev.

Ejus periculis) Duobus capitis judiciis. Corr.

Et antea in re) Quod ad rem ipsam. Sed quam? Gratum animum erga illa, quæ præstiterat ipsi Ciceroni? Sed *res* est, prout negotia obvenerunt. Sic Sall. Cat. c. 20. & Terent. Adelph. A. V. Sc. IV. v. 3. Puto tamen illa in re commodius abesse. Cort.

Veste-

dinisque animi, quid amiseris, oblivisci, quid recuperaris, cogitare. Vives cum tuis, vives nobiscum: plus adquisisti dignitatis, quam amisisti rei familiaris: quæ ipsa tum esset jucundior, si ulla res esset publica. Vestorius noster familiaris ad me scripsit, te mihi maximas gratias agere. Hæc prædicatio tua mihi valde grata est, eaque te uti facile patior, cum apud alios, tum mehercule apud Syronem, nostrum amicum. Quæ enim facimus, ea prudentissimo cuique maxime probata esse volumus. Te cupio videre quam primum.

EPISTOLA XII.

Argumentum.

Gratulatur Balbo de reditu impetrato; nec amplius consolationem esse necessariam confirmat, re jam confecta: qua in parte dum versatur, quædam colligit ad laudem: remp. tamen plane perditam significat, nec se medicinam ullam, præter litteras, invenire. Eodem anno.

M. T. C. AMPIO S. D.

GRatulor tibi, mi Balbe, vereque gratulor: nec sum tam stultus, ut te usura falsi gaudii frui velim, deinde frangi repente, atque ita cadere, ut nulla res ad æquitatem te animi possit postea extollere. Egi tuam causam aper-

Vestorius noster) Sic recte meus liber primus. Fuit Puteolanus, cujus sæpe in epistolis ad Atticum mentionem facit. Amstelodamensis, Mentel. pr. Pal. aliique perperam *Nestorius*, quos temere Gebhardus sequitur. Grav.

Gratias agere) Hinc ad Atticum: *Torquato nostra officia grata esse facile patior, eaque augere non desinam*. Corradus.

Syronem) Epicureum: quem suum familiarem L. Torquatum lib. II. de Finib. vocat. In.

Epistola XII.

M. *T. C. AMPIO S. D.*) T. Ampio Balbo, epist. 70. lib. XIII. Corr. *M. T. C. Ampio S. D.*) Vulgo T. *Ampio Balbo*, contra libros. Victorii editio recte solum medium nomen agnoscit, ut & Varic. & Grut. (nec non Amstelodam.) codices. Pal. pr. (ut & Grav. prim. & Mentel.) hic in vitio leviter hæret: præfigat enim, *Cicero Appio salutem plurimam*. Grut.

Usura falsi gaudii) Quæ tantum ad breve tempus utaris. Quomodo fere Seneca ad Marciam c. 10. Corr.

Quam

apertius, quam mea tempora ferebant. Vincebatur enim fortuna ipsa debilitatæ gratiæ nostræ tui caritate, & meo perpetuo erga te amore, culto a te diligentissime. Omnia promissa, confirmata, certa, & rata sunt, quæ ad reditum & ad salutem tuam pertinent: vidi, cognovi, interfui. Etenim omnes Cæsaris familiares satis opportune habeo implicatos consuetudine & benevolentia, sic ut cum ab illo discesserint, me habeant proximum. Hoc Pansa, Hirtius, Balbus, Oppius, Matius, Postumius plane ita faciunt, ut me unice diligant. Quod si mihi per me efficiendum fuisset,

Quam mea tempora ferebant) Paullum a Pall. pr. tert. Grut. Stewech. Vatic. (Mentel. Græv. prim.) editione Victorii discedit prima editio, *quam tempora mea f.* unde credo processit vulgata lectio, *quam tempora nostra ferebant*. Grut. *Quam mea temp. fer.*) Hoc est, conditio, fortuna mea, status iste miser meus permittebat, quo omni gratia, omnique auctoritate sum exutus. Græv.

Vincebatur fortuna ipsa debilitatæ gratiæ nostræ) Sic olim hunc locum emendaram, *fortuna ipsa, debilitateque gratiæ nostræ*: nam vulgata lectio (a qua non admodum discrepat antiqua) sic habet, *vincebamur enim fortuna ipsa debilitate gratiæ nostræ, &c.* plane mendose. Sed cum in uno codice manusc. reperissem scriptum *debilitatesque*: in alio *debilitatæ*, in ceteris, *debilitate*, ut in vulgatis, ex *debilitatesque*, feceram *debilitateque*. Neque tamen ignoraram, in nonnullis editionibus impressum esse, *debilitatæ gratiæ nostræ*. Sed eam lectionem, quamvis mihi tolerabilis videretur, non usque tamen mihi placere scripseram, atque illam, *debilitateque gratiæ nostræ*. Nunc sententia mutata, hanc amplector, *fortuna ipsa debilitatæ gratiæ nostræ*; quod mihi ab antiqua & recepta minus longe abesse videatur. Lamb. *Vincebatur fortuna ipsa debilitatæ gratiæ nostræ, tui caritate*) Amor tui me cogit plura præstare, quam nunc videbatur pati hic meus status afflictus, cum gratia, qua olim valui, imminuta valde est, & fere extincta. In omnibus libris tam Pall. quam quos Grævius excussit est *debilitatæ*. Græv. *Tui caritate*: eo, quod carus eras: ut in Catil. *Utraque pro sui dignitate & pro rerum magnitudine*. Vide omnino Sanctium II. Min. c. 15. & quæ contra eum disputat Perizonius p. 282. Cort.

Omnes Cæsaris familiares satis opportune habeo implicatos) Meus optimus liber non agnoscit *satis opportune*, & commode possunt abesse. Græv.

Cum ab illo discesserint) Hoc est, illo excepto. Vide Manut. In.

Matius) C. Matius, epist. 27. lib. XI. Corn. Ita Pal. pr. Vat. Victor. vulgo *Marius*, male. Codex Mediceus *Mattus*: inde peccatum; sed *Matius* Cæsarianus, cujus meminit Tranquillus. Grut.

Postumius) Curtius, vel Fulvius. Corn.

Quod si mihi pro me effic.) Pall. prim. tert. Gruter. Stewech. Park. *quod si mihi per me efficiendum*: non *pro me*: quod sic habet prima editionum: quamvis non displicet, tamen nihil audeo mutare. Grut. *Quod si mihi per me efficiendum*) Sic omnes veteres libri, quos inspexit Manutius, sic & duo mei, Amstelodam. Mentel. Pall. duo, prima edit. Quid ergo est, cur veterem lectionem hic respuamus, quam rectissime Manutius exposuit? Locutiones tales occurrunt frequenter. Suet. Iul. 56. *Cum Cæsar pleraque & quæ per alios erant gesta, temere crediderit, & quæ per se, vel consulto, vel etiam memo-*

ria

set, non me pœniteret pro ratione temporum ita esse molitum. Sed nihil est a me inservitum temporis causa: veteres mihi necessitudines cum his omnibus intercedunt, quibuscum ego agere de te non destiti. Principem tamen habuimus Pansam, tui studiosissimum, mei cupidum, qui valeret apud illum non minus auctoritate, quam gratia. Cimber autem Tillius mihi plane satisfecit. Valent tamen apud Cæsarem non tam ambitiosæ rogationes, quam necessariæ: quam quia Cimber habebat, plus valuit, quam pro ullo alio valere potuisset. Diploma statim non est datum, quod mirifica est improbitas in quibusdam, qui tulissent acerbius veniam tibi dari, quem illi appellant tubam belli civilis: mol-

tio lapsus perperam ediderit. Id, Aug. cap. 21. *Externa bella duo omnino per se gessit.* Id cap. 64. *Nepotes & litteras, & natare, aliaque rudimenta per se plerumque docuit.* Recentiores quidam libri, & vulgatæ editiones, *pro me*. Sed perperam. Ignorantia illius locutionis peperit hanc, quam vulgatæ præ se ferunt. GRAV. *Quod si nimi pro te efficiendum*) Qui si nunc demum conciliandi mihi fuissent, ut tibi per eos consulerem. Io. FR. GRON.

Non me pœniteret) Non fastidissem illorum gratiam ambire, ut quidem nunc sunt tempora, quibus multis indignis etiam adulandum est. ID.

Nihil est a me inservitum) Neminem colui, aut delinivi, nunc demum ob præsentem necessitatem. ID.

Cimber autem Tillius) Hic paullo post in Cæsarem conjuravit, cujus illum fuerat secutus. CORR. Censet Manutius rescribendum *Tillius*. Et videtur ei suffragari meus liber vetustus, in quo scribitur mendose quidem, sed ut vestigia veteris lectionis satis appareant: *Cimber autem illius mihi plane satisfacit*; quam scripturam etiam inveni in Menteliano. Τίλλιος etiam appellatur a Plutarcho & Appiano, ut merito videantur omnes codices Suetonii ac Senecæ corrupti esse, in quibus insolentius nomen *Tillius*, mutarunt in *Tullius*. Nam non in omnibus Latinis codicibus *Tullium* appellari Cimbrum, ut sensit vir magnus ad Suetonium, testis est iste meus Ciceronis liber, quo hic sum usus. GRAV.

Quam quia Cimber habeb.) Sic scripsi ex omnibus nostris, *quam quia Cimber hab.* cum vulgo feratur, *quas quia*, nimis pædagogice. GRON. Vulgo, *quas*, quod *rogationes* præcessit. At MSS *quam*. Intellige unam solius Cimbri rogationem, seu unam e multis: quam quod *necessaria* erat, videtur Tillius propinquus Ampii fuisse. CELLAR.

Diploma statim non est datum) *Diplomata* sunt literæ indices ac testes concessi beneficii ab eo, qui præest reipublicæ; proprie & per excellentiam diplomata dicebantur litteræ, quibus dabatur a summo reipublicæ rectore cursus publicus. Sunt sic a forma appellata; nam formabantur in modum tabularum duplicum, ut docet Casaubonus ad *Suetom.* Aug. cap. 53. quem vide. GRAV.

Quem illi appellant tubam belli civilis) Vnica syllaba auctiores sunt codices Pall. prim. tert. Grut. Sieweck. Peck. editio prima, *& quam illi appellant tubam*: vulgo *quem illi appellabant*. GEBHARD. *Quem illi app. tub. b. civ.*) Sic Gravii primus & meliorem. Victorius & Gebhard. mutarunt in *quem illi appellant*, perperam. GRAV. *Quem illi*) Sunt multi veteres libri, in quibus scribitur, *& quam illi appellant tubam*; unde legendum forsasse,

multaque ita dicunt, quasi non gaudeant id bellum incidisse. Quare visum est occultius agendum, neque ullo modo divulgandum, de te jam esse perfectum. Sed id erit perbrevi: nec dubito, quin legente te has litteras, confecta jam res futura sit. Pansa quidem mihi, gravis homo & certus, non solum confirmavit, verum etiam recepit, perceleriter se ablaturum diploma. Mihi tamen placuit, hæc ad te perscribi: minus enim te firmum sermo Epuleiæ tuæ, lacrymæque Ampiæ declarabant, quam significant tuæ litteræ: atque illæ arbitrabantur, cum a te abessent ipsæ, multo in graviore te cura futurum. Quare magno opere putavi, angoris & doloris tui levandi causa, pro certis ad te ea, quæ

se, veniam dari ei, quem illi appellent: aut *veniam dari, quam illi appellant*, ut in Vatinii ad Ciceronem epistola. GVLIELM. *Tubam b. civ.* Concitatorem. Nam de *Tuba* Seneca III. de Ira c. 9. & Auctor Paneg. Constantino dicti c. 1. Porro Victor. Gebhard. cum aliis dederunt *quam illi appellant tubam*; non ita male. Videsis nostra ad illa Crispi Cat. cap. 55. *Est locus in carcere, quod Tullianum appellatur*. CORT.

Id bellum incidisse) Ex quo potentes sunt facti. CARRAR.

Ablaturum diploma) Impetraturum. Cic. in epistola ad Plancum, quæ est in XVI. ad Attic. epist. 14. *Adivimus Cæsarem, verba fecimus pro Buthrotiis, liberalissimum decretum abstulimus, quod est obsignatum ab amplissimis viris*. Plaut. Mostell. IV, 1.

. . . . Bene successit
Hoc pretium inde abstuli.

Horat. lib. II. ep. 1.

—— Aufert
Pramia dulci famam scenis, Accius alii.

GRAV.

Sermo Eppuleiæ tuæ) Sic Victorius edidit; exstatque in Pal. pr. ac Grut. (ut & Grav. prim. & Amstelod. m.) *Epuleiæ*, vulgo *Appuleiæ*: editio princeps *Apuliæ*. GEBHARD.

Magno opere putavi) Sic passim Victorii editio ac Vaticanus codex, & hoc loco Pal. pr. Gulielmius tamen legendum judicat *magnopere a te*, non absurde; ita tamen, ut ei hanc non invideam *conjecturam*. Verbum *oportere* expungunt omnes MSi post *perscribi*. IDEM. *Perscribi oportere*) Verbum *oportere* abest a plerisque libris MSis: quod tamen necessarium videtur. LAMBIN. Recte Lambinus ostendit necessarium esse, ut *ego perscribi* adjiciatur *oportere*: pendet enim sensus sine hoc verbo. Immo istam locutionem quæ in editis exstat, plane repudiat Latina lingua, quæ postulat, *magnopere putavi mihi perscribendum esse*; aut *perscribi oportere*, ut habent editiones multæ. In meo optimo totus locus sic legitur & distinguitur: *Minus enim te firmum sermo Epuleiæ tuæ, lacrymæque Ampiæ declarabant, quam significant tuæ litteræ, atque illæ arbitrabantur, cum ad te adessent. Ipse multo in graviore te cura futurum quia magnopere putavi angoris & doloris tui levandi causa pro certis ad te ea, quæ essent certa, perscripsi*. Videtur mihi is nunc sic esse restituendus: *Minus enim te firmum sermo Epuleiæ tuæ, lacrymæque Ampiæ declarabant, quam significant tuæ litteræ, atque illæ arbitrabantur, cum apud te essent. Ipse multo in graviore te cura futurum quia putavi, magnopere angoris & doloris tui levandi causa pro certis ad te ea, quæ essent certa perscripsi*. Transposui solum *magnopere* & pro *cum ad te adessent*, rescripsi, *cum apud te essent*: quamvis non ignorem *ad* non-

quæ essent certa perscribi. Scis, me antea sic solitum esse scribere ad te, magis ut consolarer fortem virum atque sapientem, quam ut exploratam spem salutis ostenderem, nisi quam ab ipsa rep. cum hic ardor restinctus esset, sperari oportere censerem. Recordare tuas litteras, quibus & magnum animum mihi semper ostendisti, & ad omnes casus ferendos constantem ac paratum: quod ego non mirabar, cum recordarer, te & a primis temporibus ætatis in rep. esse versatum, & tuos magistratus in ipsa discrimina incidisse salutis, fortunarumque communium: & in hoc ipsum bellum esse ingressum, non solum uti victor, beatus, sed etiam ut si ita accidisset, victus, ut sapiens esses. Deinde, cum studium tuum consumas in virorum fortium factis memoriæ prodendis, considerare debes, nihil tibi esse committendum, quamobrem eorum, quos laudas, te non simillimum præbeas. Sed hæc oratio magis esset apta ad illa tempora, quæ jam effugisti. Nunc vero tantum te para ad hæc

numquam pro *apud* accipi. Friget *ex ipsa* in editionibus, & nihil facit ad sententiam hujus loci. Nullus dubito, quin Cicero ita scripserit &c. GRAEV.

Quam ut exploratam spem salutis ostenderem, nisi ejus quam, &c.) Sic emendavi; nam quis non videt, hunc esse verborum ordinem, hancque sententiam? Magis ut consolarer fortem virum atque sapientem, quam ut exploratam spem salutis ostenderem, *nisi ejus salutis quam sperari*, &c. *Hæc eo* scripsi quod libri vulgati habent, *nisi eam*, &c. Hoc præterea dissimilitudinis in libris antiquis reperi, quod alii habent *exploratam*, alii *exploratæ*. Ego *exploratam* magis probo. LAMBIN. *Nisi quam*, &c.) Sic scripsi ex editione principe, Gruter. Palat. tert. Stewech. Pech. *nisi quam ab ipsa rep.* cum vulgetur, *nisi eam*, *quam &c.* Lambinus perperarat, *nisi ejus*, *quam &c.* Denique ex omnibus MSis *restinctus*: pro quo exstat *extinctus*. GEBHARD. Cui subscribunt Grav. prim. Amstelod. Mentel. Victor. edit. male ex quibusdam recentibus recepit Gebhardus, *exploratæ*. Recte tamen ex edit. prima Grut. Pal. tert. Stewech. Pech. reposuit, *nisi quam ab ipsa rep.* quamvis Graevii primus, *nisi ea quam ab ipsa rep.* Amstelod. vero, *nisi eam quam*. GRAEV.

Cum hic ardor extinctus) Supra *incendium* dixerat Reip. Hic vero *ardorem* de studiis & iræ partium in bello civili & maxime Cæsaris accipit: de quo X. ad Att. ep. 4. Livius XL. c. 8. CORT.

Victus ut sapiens esses) Sic MSi & Græv. prim. al. *victus & sapiens esses*. *Et* abundat sensumque dehonestat. BAUM. RVTIL.

Fortium factis) Nam & de Cæsare scripsit, si modo *T. Ampius*, apud Tranquillum in Cæsare, ut volunt docti, legatur. CORRAD.

Te non simillimum præbeas) Vnanimo consensu hanc lectionem præstant Pall. pr. tert. Grut. Vatic. editio princeps et Victorii. Lambinus tamen, ne nihil post Victorium novi addidisse putetur, legit *te non quam simillimum præbeas*; quam tamen video exstare in V. C. ut hic ei ignoscam e vulgata *te similem præbeas*. GEBHARD.

ad haec nobiscum ferenda: quibus ego si quam medicinam invenirem, tibi quoque eamdem traderem. Sed est unum perfugium, doctrina ac litterae, quibus semper usi sumus: quae secundis rebus delectationem modo habere videbantur, nunc vero etiam salutem. Sed, ut ad initium revertar, cave dubites, quin omnia de salute ac reditu tuo perfecta sint.

EPISTOLA XIII.

ARGUMENTUM.

Bene sperare Ligarium jubet: hortaturque, ut interea fortem animum habeat. Scripta est post Africanum bellum, eodem fere tempore, quo M. Marcellus restitutus est; quod intelligitur ex oratione pro ipso habita, quae exstat. Eodem anno.

CICERO LIGARIO.

Etsi tali tuo tempore me aut consolandi, aut juvandi tui caussa scribere ad te aliquid pro nostra amicitia oportebat; tamen adhuc id non feceram: quia neque lenire videbar oratione, neque levare posse dolorem tuum. Postea vero, quam magnam spem habere coepi, fore, ut te brevi tempore incolumem haberemus, facere non potui, quin tibi & sententiam, & voluntatem declararem meam. Primum igitur scribam, quod intelligo & perspicio, non fore in te Caesarem duriorem: nam & res eum quotidie, & dies, & opinio hominum, &, ut mihi videtur, etiam sua natura mitiorem facit: idque cum de reliquis sentio, tum de te etiam audio ex familiarissimis ejus, quibus ego ex eo tempore, quo primum ex Africa nuncius venit, supplicare una cum

EPISTOLA XIII.

LIGARIO) Pro quo exstat oratio: is hic revocatus, in Caesarem paullo post, Appiano auctore, conjuravit. CORRAD.

Adhuc id non feceram) Sic Mediceus codex, & ex eo Victorius, neque variant Vatic. et Pall. prim. tert. Gruterianus, Graev. prim. & Amstelod.) vulgo feci. GRAEVIUS.

Magnam spem) de Victoria Caesaris, vel tua de te a te missas. CORRAD.

Fra-

cum fratribus tuis non destiti: quorum quidem & virtus, & pietas, & amor in te singularis, & assidua & perpetua cura salutis tuæ tantum proficit, ut nihil sit, quod non ipsum Cæsarem tributurum existimem. Sed si tardius fit, quam volumus, magnis occupationibus ejus, a quo omnia petuntur, aditus ad eum difficiliores fuerunt: & simul Africanæ causæ iratior, diutius velle videtur eos habere sollicitos, a quibus se putat diuturnioribus esse molestiis conflictatum: sed hoc ipsum intelligimus eum quotidie remissius & placatius ferre. Quare mihi crede, & memoriæ manda, me tibi id affirmasse, te in istis molestiis diutius non futurum. Cum quid sentirem exposui, quid vellem tua causa, re potius declarabo, quam oratione: &, si tantum possem, quantum in ea rep. de qua ita sum meritus, ut tu existimas, posse debebam, ne tu quidem in istis incommodis esses: eadem enim causa opes meas fregit, quæ tuam salutem in discrimen adduxit. Sed tamen, quidquid imago veteris meæ dignitatis, quidquid reliquiæ gratiæ valebunt, studium, consilium, opera, gratia, fides mea, nullo loco deerit tuis optimis fratribus. Tu sic habeas fortem animum, quem semper habuisti, primum ob eas causas, quas scripsi; deinde, quod ea de rep. semper voluisti atque sensisti, ut non modo nunc secunda sperare debeas, sed etiam si omnia adver-

Fratribus tuis) Duobus, quorum alter T. Ligarius dicebatur. Idem.

Et amor in te) Meus. Nam *amor* & cura, ad Ciceronem: virtus & pietas, ad fratres est referenda. Idem.

Quod non ipsum Cæsarem tributurum existimem) Sine cujusquam intercessione. Grav.

Africanæ causæ) In qua tu fuisti. Corrad. *Iratior*) Quia bellum renovaverant: lib. IV. ep. 13. Idem

Ne tu quidem in istis incommodis esses) Cum in manuscripto libro ante verbum *esses*, legatur *non*, videtur pro *ne* scribendum esse *ut*; ut sit, *ut tu quidem in istis incommodis non esses*, elegantiore, ut videtur, sententia. Vrsin. Omnes tamen alii libri stant pro vulgata. Grav.

Ut non modo nunc secunda sperare debeas) In aliis editionibus est, *ut non modo nunc secunda sperare debeas*. Meus optimus codex, *ut non modo non secunda sperare debeas*. Causas mutationis, cur *nunc* in *non* retinuerit Gebhardus, nullas reddit. Vulgata scriptura non est abolenda. Sensus enim hic est: Quia tam bene de rep. semper voluisti & sensisti, debes nunc sperare secunda, tamquam bonæ hujus tuæ voluntatis & sensus præmia: non poterit enim ferre respublica, de qua tam bene sensisti, te diutius in exsilio agere: sed nisi fortuna tibi adversaretur, ut numquam in patriam tibi redire liceret, non debes tamen inique hanc injuriam fortunæ ferre, sed ut solent viri sapientes & fortes in conscientia suorum factorum & consiliorum conquiescere. Grav. *Ut non modo*

adversa essent, tamen conscientia & factorum, & consiliorum tuorum, quæcumque acciderent fortissimo & maximo animo ferre deberes.

EPISTOLA XIV.

ARGUMENTUM.

Exordii loco significatio officii & amoris est; narratio, quid actum cum Cæsare sit de Ligarii incolumitate, demonstrat: concludit epistolam cohortatio ad lætitiam, & constantis in eo juvando animi promissio. Eodem anno.

CICERO LIGARIO.

ME scito omnem laborem, omnem operam, curam, studium in tua salute consumere: nam cum te semper maxime dilexi, tum fratrum tuorum, quos æque atque te summa benevolentia sum complexus, singularis pietas amorque fraternus, nullum me patitur officii erga te, studiique munus, aut tempus prætermittere. Sed quæ faciam, fecerimque pro te, ex illorum te litteris, quam ex meis malo cognoscere. Quid autem sperem aut confidam, & exploratum habeam de salute tua, id tibi a me declarari volo. Nam si quisquam est timidus in magnis periculosisque rebus,

modo cum secunda sperare debeas] Non peccavit opinor Gebhardus, cum ad priores Naugerii, & Victorii editiones revocavit Ciceronem, rejecta mutatione, quam posteriores attulerunt quascumque ob caussas. Certe firma consequentia non est, quia bene sensferit de rep. ideo nunc secunda sperare licere, aut debere. *Cum secunda* autem dixit Cicero, si reip. negotia prospere quodammodo successura sint, si sit aliqua futura resp. ut solet alias loqui. Est enim præpositio cum ablativo. JAC. GRON. Vel intellige cum Gronovio *cum secunda futura*; vel, quod potius mihi videtur, agnosce Ellipsin particulæ *tum*, *cum secunda sperare debeas*, i. e. prospera omnia. Sic & ante *cum maxime* modo addunt, modo demunt particulas *Tum*, *Nunc*, Græci. CORT.

Tamen conscientia] Illud *tamen* el tantum, quod proximum est, membro convenit proprie, aliter priori, cujus rei jam duriora exempla habuimus. Vide modo IV. ep. 3. Quare non debuerat ea res interpretem in errorem inducere. IDEM.

EPISTOLA XIV.

ME scito omnem meum laborem] In meo primo & Pith. abest, *meum*, & vix credo id esse a manu Tullii. GRÆV.

Nam si quis est timidus] Ita sidenter scribo ex Pal. tert. Gruter. Stewech. quod ita meminerim loqui Plautum Mostellaria de hac re: *Qui homo timidus erit in rebus dubiis, nauci non erit.*

rebus, semperque magis adversos rerum exitus metuens, quam sperans secundos, is ego sum: & si hoc vitium est, eo me non carere confiteor. Ego idem tamen cum a. d. v. Kal. intercalares priores, rogatu fratrum tuorum venissem

Vulgo *quisquam*. Gronov. Perinde quidem est scribatur ne *quisquam*; an *quis*. Sed quoniam meus primus liber, ut & Amstelod. & Mentel. nec non Pal. prim. Medic. Vatican. ac vetustissimi quique stant pro *quisquam*, id loco movere ausus non sum. Plauti locus, quem Guilielmius margini adscripserat, nihil ad rem facit: is sententiae caussa adnotatus fuerat. Graev.

Cum ad II. Kal. intercalares priores) *Ad II Kal.* hoc est, *ad pridie Kalendas*. Sic enim saepe loquitur ad Atticum scribens. Hic ultimum diem mensis Novembris significari, Ambrosius noster Regiensis scribit. Sunt tamen, qui VI. *Kalendas* non II. *Kalendas* describant. Nos ut de mense Februario accipiamus, facit, quod Ligarium non multo post Marcellum legimus absolutum, & Marcellum non ita multo post absolutionem circiter X. Kalend. Iunii a Chilone interfectum. *Priores*; quoniam si VI. *Kalendas*, legamus, bis eodem anno VI. *Kalendas* dicamus, & *priores intercalares* appellemus, necesse est: sin II *Kalendas* tueare, ita erit exponendum: *priores intercalares*, prioris mensis ex duobus mensibus inter Novembrem & Decembrem intercalaris. Corrad. *Cum ad V. K. i pr.*) Numa Pompilius talem annum instituerat ut alternis annis, sive post biennium quodque, modo dierum viginti duorum, modo viginti trium mensis intercalaretur. Hic mensis dicebatur *Merkedonius*, & *intercalaris*. Cujus meminit Cic. in oratione pro Quintio, cum ait, *pridie Kalendas intercalares*: quo loco vicesimum tertium Februarii diem, qui proximus intercedit primum intercalaris mensis diem, significari non dubito: nam qui dies sequebantur idus Febr. ii signabantur nomine *Kalendarum intercalarium*, si modo annus erat intercalaris. Ipsi vero dies sic appellabantur, primus *Kalendae intercalares*: alter, *quarto Nonas intercalares*. (nam quatuor tantum, non sex Nonae in mensibus erant intercalaribus, ut major est Kalendarum numerus, quam reliquorum dierum: quod in ordinariis quoque mensibus observatum) tertius, *tertio Nonas intercal res*: & sic deinceps usque ad mensis intercalaris idus, id est, diem intercalarem decimum tertium: deinde singulis diebus nominabantur *Kalendae Martiae*. Nam primus dies post Idus intercalares dicebatur, si dies viginti duo intercalabantur, *XV. Kal. Martias*, subductis hac ratione quinque postremis Februarii diebus, qui sequebantur post intercalares, eodemque modo reliqui dies intercalares, & quinque praedicti dies Februarii, a Kalendis Martiis nomen accipiebant, deminuto numero usque ad Kalendas Martias. Fiebat alternis annis haec intercalatio, non post ultimum Februarii diem, sed post vicesimum tertium, id est, post Terminalia. Sed quia vitio Pontificum per intercalandi licentiam turbatus erat hic annus, eum rursus correxit Iul. Caesar, & instituit annum 365. dierum, & illi anno, quo fastos emendabat, inter Novembrem & Decembrem mensem interjecit duos alios, fuitque is annus quindecim mensium, cum intercalario, qui in eum annum inciderat. Eo anno dies illi omnes Novembris mensis, qui *Kalendarum Decembrium* nomine signari solebant, appellari coepti sunt, omissa Decembris mentione, *Kalendarum intercalarium priorum* nomine, hoc modo, *quartus decimus Novembris dies* dicebatur *XVII. Kal. intercalares priores*, & sic deinceps usque ad ultimum Novembris diem, qui vocabatur *II. Kal. intercalares*, qui est hic dies in hac epistola. Quo loco legit vir doctus *V. Kal.* Ald. Manut. de Quaesitis per

Epi-

ferè mane ad Cæsarem, atque omnem adeundi & conveniendi illius indignitatem & molestiam pertulissem: cum fratres & propinqui tui jacerent ad pedes, & ego essem locutus, quæ causa, quæ tuum tempus postulabat: non solum ex oratione Cæsaris, quæ sane mollis & liberalis fuit; sed etiam ex oculis & vultu; ex multis præterea signis, quæ facilius perspicere potui, quam scribere, hanc in opinionem discessi, ut mihi tua salus dubia non esset. Quamobrem fac, animo magno fortique sis: &, si turbidissima sapienter ferebas, tranquilliora læte feras. Ego tamen tuis rebus sic adero, ut difficillimis: neque Cæsari solum, sed etiam amicis ejus omnibus, quos mihi amicissimos esse cognovi, pro te, sicut adhuc feci, libentissime supplicabo. Vale.

EPISTOLA XV.

ARGUMENTUM.

Epistolæ brevitas argumentum non desiderat: quis enim ea

Epistol. ep. 3. cent. prim. liber Amstelodam. & Mentel. legunt *ad II Kal. intercalares priores*, Gravii vero primus *ad V. Kal. intercalares priores*, ut & Vatic. & Vict. ac Gebh. edd. GRAEV. Hanc epistolam anno ipso confusionis scriptam oportuit, quo anno Cæsar, ut in posterum menses ad suas rationes revertierentur, vide quid excogitarit. Ante Julianam correctionem alter quisque annus intercalaris erat, eoque anno inter Terminalia sive XXIII. Februarii & Regifugium, sive XXIV. ejusdem mensis diem, mensis intercalarius infundebatur a Romanis ex Plutarcho Μερκηδῖνος, aut Μερκηδόνιος dictus. Jam Cæsar præter hunc Merkedonium, qui forte eo anno post Terminalia intromittendus fuit, duos alios menses inter Novembrem Decembremque inseruit, ita ut ille annus quindecim habuerit menses. Quare post idus Novembres is, qui sequebatur quartus decimus dies, ita enunciandus fuit, ut diceretur *XVIII. Kal. intercalares priores*, & ita deinceps: itemque post idus mensis intercalaris prioris Kalendæ, opinor, intercalares posteriores numerabantur. MAZOCHIUS in Amph. Camp. p. 151.

Indignitatem) Dum multa perpetienda erant *indigne & inhoneste* pro meo pristino statu. Cæsar II. B. G. c. 14. VII. c. 16. Curt. IX. c. 5. CORT.

Propinqui tui) Tullius Brochus avunculus, ejus filius, Lucius Martius, Caius Cæsius, & Lucius Cornificius. CORRAD.

Quæ tuum tempus postulabat) Omnes MSi melius, quam vulgo *quæ tempus tum postulabat*: paullo post, *& vultu; ex multis præterea signis* habent cum omn. MSis editiones Victorii, ac prima: Lambinus tamen & *vultu & ex multis*: vulgo, *& vultu & multis præt.* GRAEVIO.

Hanc in opinionem discessi) Est, veni in hanc opinionem. Dicitur, ut *discedere in sententiam*. GRAEV.

 Epi-

ea contineri non videt gratulationem, benevolentiam, officium?

CICERO BASILIO S.

Tibi gratulor, mihi gaudeo, te amo, tua tueor: a te amari, & quid agas, quidque agatur, certior fieri volo.

EPISTOLA XVI.

ARGVMENTVM.

Mutui amoris commemoratione quasi viam sibi ad petendum munit: petit autem, ut absentem se tueatur: siquidem gratum fore non dubitet. Scripta quo anno interfectus est Caesar: si modo hic Bithynicus ille est, quem Siciliae praetorem post Caesaris necem praefuisse narrat Appianus. Antonio & Dolabella Coss.

BITHYNICVS CICERONI S.

Si mihi tecum non & multae & justae causae amicitiae privatim essent, repeterem initia amicitiae ex parentibus nostris; quod faciendum iis existimo, qui paternam amicitiam nullis ipsi officiis prosecuti sunt. Itaque contentus ero nostra ipsorum amicitia, cujus fiducia peto a te, ut absentem me, quibuscumque in rebus opus fuerit, tueare, si nullum officium tuum apud me intermoriturum existimas. Vale.

EPI-

EPISTOLA XV.

CICERO BASILIO) Is esse videtur, qui cum Caesarianus esset, in Caesarem tamen conjuravit, & postea a servis est interfectus: quem L. Minucium Basilium vocant historici. CORRAD. Vid. ad Att. II. 16. Male scribitur Basilius, cum Minuciorum cognomen sit Basilus. Vide ad Att. II. 16. & quae notantur ad Cic. III. de Officiis cap. 18. GRAEV.

EPISTOLA XVI.

BITHYNICVS CICERONI S.) Videant docti, an is sit Bithynicus, quem Praetorem in Sicilia fuisse post Caesaris mortem scribit Appianus. CORRAD.

Pom-

EPISTOLA XVII.

ARGUMENTUM.

Scribenti Bithynico, cupere se remp. constitutam, ut cum Cicerone ducere vitam posset, respondet, se quoque eadem teneri cupiditate; deinde confirmat; si beneficia spectentur, conjunctiores ei, quam se, alios esse; si necessitudo, neminem.

M. CICERO BITHYNICO S.

CVm ceterarum rerum causa cupio esse aliquando remp. constitutam, tum velim mihi credas accidere id etiam, quo magis expetam promissum tuum, quo in litteris uteris. Scribis enim, si ita sit, te mecum esse victurum. Gratissima mihi tua voluntas est, facisque nihil alienum necessitudine nostra, judiciisque patris tui de me, summi viri. Nam sic habeto, beneficiorum magnitudine eos, qui temporibus valuerunt, aut valeant, conjunctiores tecum esse, quam me, necessitudine neminem. Quamobrem grata mihi est & memoria tua nostrae conjunctionis, & ejus etiam augendae voluntas.

EPI-

EPISTOLA XVII.

CVm ceterarum rerum causa) Non respondet haec Ciceronis epistola, quemadmodum ego existimo, superiori Bithynici: id autem, qui attente ambas legerit, facile animadvertet. Scripserat alias litteras Bithynicus ad Ciceronem, quibus cupere se ostenderat cum eo vivere. Quae aut postea periere, aut in hoc volumine relatae non sunt. VICTORIUS.

Accedere id etiam) Rectius meus liber primus, & nonnullae veteres editiones, *accidere id etiam*. Melius tum cohaerent sequentia. Hiat alioquin oratio. Cum propter alia multa vellem, inquit Cic. rempublicam collapsam restitui, & recreari, tum hanc quoque ob caussam, ut tui promissi te possem admonere. GRAEV. Manut. Lambin. Graev. *accidere*. Non ita bene. Sensus est: Promissum tuum accedit ad res ceteras, quarum causa cupio Remp. esse aliquando constitutam. *Id*, hoc ipsum est, Remp. esse constitutam. Doctiores videant: quibus morem geram, & libenter quidem. OLIV.

Patris tui) Q. Pompeii Bithynici; nisi me conjectura fallit. CORR.

Aut valeant) Prim. meus, & Palat. *ut valeant*. Sed puto haec verba esse delenda, aut legendum *aut valent*. GRAEV.

EPISTOLA XVIII.

ARGVMENTVM.

Audierat Lepta scriptam esse legem a Cæsare, quam ferre propediem cogitaret, cum aliis de rebus, tum de creandis municipiorum decurionibus: &, quoniam familiares quosdam suos, qui præconium fecerant, fieri decuriones volebat; ideo quæsiit a Cicerone per litteras, ut ea de re quid in lege nondum promulgata scriptum esset, ex Balbo, Cæsaris familiarissimo, cognosceret. Respondit Cicero, quod ex Balbi codicillis cognoverat, licere iis, qui præconium fecissent, in decurionibus esse; qui facerent, vetari. Rescribit etiam de bello Hispaniensi, de Leptæ negotio, de Oratore suo, de mansione urbana. Præceptum in extremo dat Leptæ filio, ut Hesiodum ediscat, ac sæpe recitet ejus versus de virtute per sudorem comparanda. Scripta est eo anno, cum Cæsar quartum consul sine collega, contra Pompeii liberos in Hispania pugnaret.

CICERO LEPTÆ.

SImul accepi à Seleuco tuo litteras, statim quæsivi e Balbo per codicillos, quid esset in lege. Rescripsit, Eos,

EPISTOLA XVIII.

CICERO LEPTÆ) Qui Præfectus fabrum cum Cicerone in Cilicia fuit. CORR.

Simul accepi a Seleuco) In antiquis exemplaribus *simul*, sine *ac*, quod alibi apud Ciceronem legimus, si vetustis codicibus fides habeatur. Ad Atticum libro VIII. *Simul aliquid audiero, scribam ad te*. Non, ut vulgati, *simul atque*. Item libro IX. in epistola Balbi & Oppii ad Ciceronem: *Ut simul Romam venerit, agat de reconciliatione gratiæ suæ & Pompeii*. Quamvis hic etiam impressi omnes *simul ac*. Videnda res diligentius: cum enim tot probati libri sæpe eamdem diversis locis locutionem habeant, non facile existimandum est corruptos esse. Rem forsasse aliquorum judicio parvi momenti non neglexismus. Nihil enim in hoc auctore non accurate, quod ad ornatum sermonis faciat, considerandum est. VICTOR. *Simul accepi a Seleuco*) Rectissime & elegantissime sic Pall. pr. tert. Gruter. Peck. & Medic. Vulgo *simul ut accepi*. Alii *simulac acc.* alii *simul atque acc.* Memini sic loqui sæpissime optimos auctores, & in illis Curtium meum. Videantur tamen ad hunc locum Manutiana, nam cum vir linguæ Latinæ elegantiis adspersum dixerim, qui dubitatur aut ignoret talia. GRONOV. *Simul accepi* agnoscit quoque Amstelod. Gravii tamen primus, æque ut codex Mediceus, *simul atque accepi*. GRÆV.

Quæsivi e Balbo) Cornelium, puto, Balbum Cæsaris familiarem intelligit. MANUT.

Qui

Eos, qui facerent præconium, vetari esse in decurionibus, qui fecissent, non vetari. Quare bono animo sint & tui, & mei familiares: neque enim erat ferendum, cum, qui hodie haruspicinam facerent, in senatu Romæ legerentur, eos, qui aliquando præconium fecissent, in municipiis decuriones esse non licere. De Hispaniis novi nihil: magnum tamen exercitum Pompeium habere constat. Nam Cæsar ipse ad nos misit exemplum Paciæci litterarum, in quo erat, illi undecim esse legiones: scripserat etiam Messala Q. Salasso, P. Curtium fratrem ejus, jussu Pompeii, inspectante exercitu,

Qui facerent præconium) Qui præcones ipsi merces venderent: quomodo translate Cic. XIII. ad Att. ep. 12. *Ligarianam præclare vendidisti: posthac quidquid scripsero tibi præconium deferam*. Ab honestate autem remotum hoc negotium fuisse, videre est ex illis quæ idem I Offic. c. 42. disserit, collatis quæ eo contulerunt viri docti. Corr.

Quid esset in lege) De ea *lege* agitur, quam Cæsar Hispaniæ municipiis dare volebat. Creditur enim Epistola hæc anno Urbis DCCVIII. scripta, cum Cæsar Romam recens ex Hispania revertisset. Id.

Qui hodie haruspicinam facerent, in senatu Romæ legerentur) Jocus (nisi fallor) in Cæsarem, qui in eum ordinem indignissimos legerat: supplevit enim ille Senatum: nam multi civilibus bellis Senatores defecerant. Victor. *Aruspicinam*) Forte propter Spurinam. Corrad. *In senatu legerentur*) Forte, in senatum. Lamb.

In municipiis decuriones esse) *Municipia* potissimum nominat, quod hujus conditionis illa essent, in quibus Lepta familiares decuriones fieri cupiebant. Atque hinc patet, cur in Hispaniis tam multa municipia (præter colonias) fuerint: quorum municipiorum leges ditissima colligitur ex Augusti & sequentium Cæsarum nummis apud Vaillantium in *Coloniarum & Municipiorum numismatibus*. Ex municipiis sive Cæsar proxime ante mortem datis legibus constituerat, sive eadem ex patris postea instantia Augustus ordinavit. Nonnulla eorum *Julii* cognomen gerunt, alia *Augusti*, aut utrumque. Manut.

Pompeium) Cn. Pompeium Magni filium. Corr.

Ipse ad nos misit exemplum Paciæci litt. —— illi unde., esse leg.) Sic, *ad nos*, Victor. ex Mediceo, quem sequitur prim. Palat. & Amstelodam. At Graev. prim. & Mentel. hic consentit vulgatis editionibus, in quibus *vos* scribitur. Et vero similius est *vos* legendum. Cicero enim Leptæ significat, quid ex Paciæci litteris ad se missis cognovissent. *Paciæci*) L. Junii Paciæci, quem Cæsar ad ferendum subsidium Ulliæ oppido præmiserat. Corr. *Ad vos misit exemplum Paciæci*) Sic Pal. pr. Victorius, ac Vatican. nec longe divertit Grut. in quo visitur *paciaci*: ceterum *vos* non *nos* ingerunt Pal. pr. Grut. Vatic. editio Victorii. Statim modo: *In quo erat, illi undecim esse legiones*. Pall. prim. tert. Grut. *illas undecim esse leg.* non male, sed præferenda videtur scriptura Stewech. *ipsos undecim esse leg.* hoc est, expletas, integras. Peck. *In quo erat illas* XI. unde Guilielm. conjectabat, *erat illic*, nescio quo sensu. Germann. *Illi undecim esse legiones* XIII. scribit Hirtius. Corr. Multi libri vetustissimi, inter quos prim. Pal. & prim. Graev. hic legunt *illos* XI. *esse legiones*. Non male. Sed elegantius Stewech. *ipsos undecim esse legiones*, hoc est, integras, expletas, ut bene exponit Gebhardus. Graev.

citu, interfectum, quod consensisset cum Hispanis quibusdam, si in oppidum nescio quod Pompeius rei frumentariæ causa venisset, eum comprehendere, ad Cæsaremque deducere. De negotio tuo, quod sponsor es pro Pompeio, si Galba consponsor tuus redierit, homo in re familiari non parum diligens, non desinam cum illo communicare, si quid expediri possit: quod videbatur mihi ille confidere. Oratorem meum tantopere a te probari, vehementer gaudeo. Mihi quidem sic persuadeo, me quidquid habuerim judicii de dicendo, in illum librum contulisse. Qui si est talis, qualem tibi videri scribis, ego quoque aliquid sum: sin aliter, non recuso, quin quantum de illo libro tantumdem de mei judicii fama detrahatur. Leptam nostrum cupio delectari jam talibus scriptis: etsi abest maturitas ætatis, jam tamen personare aures ejus hujusmodi vocibus, non est inutile. Me Romæ tenuit omnino Tulliæ meæ partus. Sed cum ea, quemadmodum spero, satis firma sit, teneor tamen, dum a Dolabellæ procuratoribus exigam primam pensionem: &, mehercule, non tam sum peregrinator jam, quam solebam: ædificia mea me delectabant & otium: domus est, quæ nulli villarum mearum cedat, otium omni deser-

Si Galba consponsor tuus) Forte is est, cujus lib. X. epistola exstat ad Ciceronem, quæ numero in illo libro est XXX. Grav.

Si quid expediri possit) Expediri inter difficultates. Plaut. Captiv. Prolog. adde III. ep. 12. Sed hic Lepta *sponsor erat*, cui fortasse aliquid solvendum erat: quare illud *expedire* eleganter in rem dixit. Phædr. I. Fab. 16. Cort.

Oratorem meum tantopere a te probari) Ad M. Brutum, de quo lib. II. de Divinatione sic scribit: *Libri tres erant de Oratore, quartus Brutus, quintus Orator.* Corr.

Partus) Ex quo decessit. Io.

Exigam primam pensionem) Tertiam partem dotis, quæ primum debebatur. Annua, bima, trima die numerabatur dos uxoris marito, hoc est, tribus pensionibus: & si divortium factum esset, eodem modo reddebatur: Vid. not. ad M. Senecæ Suasor. I. Io. Fr. Gron.

Ædificia mea me delectant) Nos ut in antiquis *delectabant* scripsimus, longe diverso sensu, quam si præsenti tempore legas. Affert enim rationem, cur non sit tam peregrinator quam antea; ob id (inquit) peregrinabar libenter, quia ædificia mea me delectabant & otium. Magnificas enim villas & sumtuose ædificatas habebat, quas ipse *ocellos Italiæ* ad Atticum scribens appellat. Nunc ea, quæ quærebam in villis, domi habeo. Infert enim: *Domus est, quæ nulli mearum villarum cedat, otium omni desertissima regione majus.* Victor. *Ædificia mea me delectabant*) In prædiis meis esse gaudeo, & quiete frui, vitatis negotiis. Videtur autem legendum *delectant*. Io. Fr. Gron.

In

desertissima regione majus. Itaque ne litteræ quidem meæ impediuntur, in quibus sine ulla interpellatione versor. Quare, ut arbitror, prius hic te nos, quam istic tu nos videbis. Lepta suavissimus edíscat Hesiodum, & habeat in ore,

Της δ' αρετης ίδρωτα.

EPISTOLA XIX.

ARGUMENTUM.

Lepta significaverat, diversatum se esse apud Maculam, beneque ab eo acceptum: deinde petierat a Cicerone, ut a Balbo curam sibi eorum ludorum impetraret, quos Cæsar, devictis jam in Hispania Pompeii liberis, per singulas regiones dare cogitabat; eaque jam de re ad Balbum & Oppium scripserat. De Macula respondet Cicero gaudere se, quod officio functus esset amicitiæ humanitatique debito, ejusque Falernum laudat. Ludorum curationem non probat. Scripta est revertente ad urbem Cæsare post Hispaniense bellum.

CICERO LEPTÆ S. D.

MAculam officio functum esse gaudeo: ejus Falernum mihi semper idoneum visum est diversorio, si modo tecti satis est ad comitatum nostrum recipiendum. Cetero-

qui

In quibus sine ulla interpellatione versor) Vulgatur, *Sine ulla interpellatore versor*: sed nostram reposui ex Pall. pr. tert. Grut. Vatican. editione Victorii. GEBHARD. *Sine u. interpellatore*: qui inter litteras meas veniat, & mediam meam actionem, ut Asconius interpretatur, interrumpat. Sueton. Aug. c. 72. adde XI. ep. 10. CORT.

Της δ' αρετης ίδρωτα) Quod non quatuor integros Hesiodi versus, sed primi partem scripsimus, in hoc et iam antiquorum codicum auctoritatem secuti sumus. Scimus præterea semper in his allegationibus Ciceronem brevem & concisum admodum esse, et trium etiam dictionum proverbium non integrum quandoque adducere, nedum quatuor totos versus celebres & vulgatissimos recitaret. VICTOR.

EPISTOLA XIX.

MAculam) Pompeium Maculam: de quo meminit Macrobius. CORRADUS.

Officio functum esse gaudeo) Parando nobis (sic enim interpretandum videtur) hospitio. IDEM.

Ad comitatum nostrum) Qui Cæsari ex Hispaniis redeunti ire obviam cogitamus. IDEM.

Ma-

qui mihi locus non displicet, nec ea re Petrinum tuum deseram. Nam & villa, & amœnitas illa commorationis est, non diversorii. De curatione aliqua munerum regionum cum Oppio locutus sum: nam Balbum postea, quam tu es profectus, non vidi; tantis pedum doloribus afficitur, ut se conveniri nolit. Omnino de tota re, ut mihi videtur, sapientius faceres, si non curares: quod enim eo labore adsequi vis, nullo modo adsequere: tanta est enim intimorum multitudo, ut ex his aliquis potius effluat, quam novo

Munerum regiorum) Sciebam sane nonnullos *regionum* in suo codice scripsisse, contra impressorum & meliorum omnium codicum fidem: in quo quod illos imitarer, non fuit. Historiam hujus loci paullo post explicabo. Cur *regia* appellaret *munera*, paucis nunc exponam, quæ Cæsar dictator daret: quem *regem* vocat multis in locis (ut etiam *regiam* domum ejus, *Te plane visum in regia non reprehendo*, & *reginam* uxorem) quod regiam Romæ potestatem haberet, & cuncta pro arbitrio suo administraret. Cum sexcenta alia exempla hujus nominis afferre possem, uno contentus ero, quod huic rei docendæ mirifice accommodatum est: agitur enim in eo quoque de curatione ludorum, etsi diversi ludi fuerint, quos curaverat Matius ab his, quos Lepta curare cupiebat. In epistola ad Matium &c. *Sed te hominem doctissimum non fugit, si Cæsar rex fuerit, quod mihi quidem videtur*, & quæ sequuntur. Quamvis autem munera per singulas urbis regiones Cæsar ediderit, nemo umquam *munera regionum* illa appellaret, nisi omnia me fallunt. Vocasse autem *regem* quandoque Ciceronem, quem Græci *τύραννον* dicunt, perspicuum est: unde liber locum in Oratione prima contra Catilinam emendare: *Si te hunc animadvertissem, crudeliter, non egregie factum esse dicerent*. Legendum enim est, *& regie*, id est, *τυραννικῶς*. Hanc scripturam, sua sponte planam, confirmat auctoritas optimi codicis: vidi enim librum litteris Longobardis exaratum, qui continebat historiam Sallustii, & quasdam Ciceronis, in quibus erant orationes hæ in L. Catilinam, in quibus ita legebatur. VICTOR. *Munerum regiorum*) Ludorum qui a Tarquinio rege instituti, modo Romani, modo Magni, modo etiam Circenses sunt appellati: sed nunc *regii* a Cicerone in Cæsaris invidiam dicuntur. Legitur tamen etiam *regionum*, ut cum Suetonio exponas, regionatim faciendorum. CORR. Omnes libri manuscripti, quos quidem viderim, etiam is quo usus est P. Victorius, habent *regiorum*: præterquam quod in uno est *munerum regionis*: cujus auctoritate defendi potest Manutii conjectura, qui vult legi *munerum regionum*. LAMBINVS. *De curatione aliqua munerum regiorum*) Ita optimus codex Palat. primus: sed ante ita legendum conjecerat Paullus Manutius, non improbante Lambino, quandoquidem is aliquo suorum reperterat *regionis*: vulgo *regiorum*. GEBHARD. *Mun. regiorum*) Non possum in animum inducere, Ciceronem apud Cæsaris amicum ausum fuisse Cæsarem appellare *Regem*, præsertim cum id nomen tam invidiosum esset. Epistola ad Matium scripta est post Cæsaris cædem. Itaque non possum non assentiri Manutio & Gebhardo, præsertim cum & primus Palatinus, & primus meus, & Amstelodam. libri præstantissimi, legant *regionum*. GRÆV.

Quod enim eo labore) Muneribus curandis. CORR.

Nullo modo adsequere) Ut sis inter Cæsaris domesticos. IDEM.

Potius effluat) Ex intimis, ut Cæsar ejus obliviscatur, nec amplius inti-

novo sit aditus; præsertim qui nihil afferat præter operam, in qua ille se dedisse beneficium putabit (si modo ipsum sciet), non accepisse. Sed tamen aliquid videbimus in quo sit species: aliter quidem non modo non appetendum,

latime admittatur. De significatione hujus Verbi non multum diversa, vide ad VII. ep. 14. Corr.

Præter operam) Qualis esset tua, quam velles illi navare curandis muneribus. Corr.

Si modo hoc ipsum sciet) Adeo non curat hæc minima. Idem.

Aliquid videbimus, in quo sit spes) Nos cum antiquis exemplaribus *species* legimus, id est, dignitas & honestas aliqua: ut ad Lentulum: *Hic meæ vitæ cursus offendit eos fortasse qui splendorem & speciem hujus vitæ intuentur*, &c. Hujus vocis hoc significatu plurima exempla adjungerem, nisi tam obvia essent, ut quivis per se facile invenire posset. Potius conabor historiam hujus epistolæ ex nonnullis locis ad Atticum collectam explanare. Instabant hoc tempore Ludi Romani, qui magnifice semper edi soliti erant. Jamque Cæsar e bello contra liberos Cn. Pompeii gesto revertebatur, scripseratque ad Lamiam se ante diem ludorum Romæ futurum: nonnihilque se properaturum, ut ludis ipsis interesset; mandaratque ut ad ludos omnia pararent. Desiderabat igitur Lepta sibi horum ludorum aliquam curationem tradi: cum Oppioque & Balbo de ea re Ciceronem agere volebat: jamque domum ad Balbum propter hoc negotium eum perduxerat. Rem totam sibi displicere Cicero hac epistola ad Leptam scribit, nec laborandum esse in ea re docet: se tamen, quoniam tam valde ille cuperet, ei non defuturum pollicetur, operamque daturum, ut si aliquid in ea curatione quod aliquem splendorem habeat, inveniri possit, ab illis impetret, ut Leptæ committatur. Quod autem hic de hospitio loquitur, cogitabat obviam ire Cæsari, & hospitia sibi parabat. Nam etiam libro XIII. ad Atticum, dicit se ad Matium de hospitio scripsisse, sed tunc Romæ erat: nunc fortasse jam exierat: dicit enim, *se arbitrari Alsiensem sibi diversorium commorandum esse, quoad ille quandoque veniat*. *Ille* autem Cæsar, κατ' ἐξοχὴν, sic enim de magnis & claris viris loqui mos est, ut nos supra adnotavimus: *ille* enim, & *ipse* pro nominibus propriis sumuntur, ut etiam Aristophanis interpres docet in Nubibus, eo loco: Ἀλλ' [illegible]; sic etiam loquitur Thetis apud Homerum: [illegible]: & apud Pythagoricos αὐτὸς ἔφα, id est, Pythagoras, dicebatur. Victor. *In quo sit species*) Si rem semel de qua hic agit, nonnulli intelligere voluissent (poterant autem ex epistolis ad Attic. omnia accipere; his enim, quæ a me pro hujus loci declaratione scripta sunt, fortasse parum fidebant) non tam multa peccassent, & veram lectionem, quæ in Mediceo est, a me restitutam, veriorem esse cognossent. Sententia hujus loci, & vis illius nominis, copiose a me in meis castigationibus explicata est, addam tamen hujus nominis eodem significatu exemplum, e primo de Oratore ad Q. Fratrem: *Et quamquam in utroque nostrum summum esse ingenium studiumque perspexi: tamen hæc quæ sunt in specie posita*, &c. Sed magis adhuc simile huic loco est illud in L. Pisonem: *At fuit pompa, fuit species, fuit incessus*; nam locus ille ad Atticum non parum lucis rei de qua hic agit, adfert: *Balbum conveni. Lepta enim de sua vi in curatione laborant, me ad eum perduxerat*. Idem. *In quo sit spes*) Libros vulgatos secuti sumus, quibuscum consentiunt tres manuscripti. P. Victorius mavult legi *in quo sit species*: quo modo dicit esse scriptum in cod. manuscripto antiquissimo. Ego *spes* probo: *species* nullo modo probare possum: neque me exempla, quæ collegit Victorius, movent; non enim

sut

dum, sed etiam fugiendum puto. Ego me Asturæ diutius arbitror commoraturum, quoad ille quandoque veniat. Vale.

EPISTOLA XX.

ARGVMENTVM.

Accurate multa colligit ut Toranio exsulanti persuadeat, ne se commoveat. Consolationem unam illam affert, qua etiam usus est in epist. 4. ad Torquatum, nihil iis horribile aut extimescendum videri; qui tum recte vixerint, tum ætate etiam eo jam pervenerint, ut vita non multum superesse videatur. Scripta belli Hispaniensis tempore.

CICERO TORANIO S.

DEderam triduo ante pueris Cn. Plancii litteras ad te: eo nunc ero brevior, teque, ut antea consolabar, hoc tempore monebo. Nihil puto tibi esse utilius, quam ibidem opperiri, quoad scire possis, quid tibi agendum sit. Nam præter navigationis longæ, & hiemalis, & minime portuosæ periculum, quod vitaveris, ne illud quidem non quantivis, subito cum certi aliquid audieris, te istinc posse prosi-

aut ignoramus, aut negamus, in illis locis *species* legendum esse, & locum habere: sed scimus illa exempla nihil ad rem pertinere. LAMBINUS.

Species) Quandoquidem in omnibus non sequi tantum, sed etiam exprimere Victorianam editionem statuimus: lectionem quoque ejusdem ex Medic. libro adscitam, & eruditissime explicatam; frustra tamen ab ejusdem æmulis impugnatam prætulimus vulgatæ: cum illam quoque codex Vaticanus agnoscat. Vulgo *spes*: ex compendio nata. GEBHARD. Hanc lectionem *species* agnoscit etiam Vaticanus, & Grævii primus: in quo scriptum *spes*, quo exprimitur *species*. Nota vero illa omissa in aliis libris hanc peperit mendam, quam pulcre sustulit P. Victorius. GRÆV. *Aliquid videbimus; in quo sit species*) Aliquid inveniemus, comparabimus tibi officii vel negotii, quod sit solidum, non inane, sine corpore & specie, ut loquitur Sveton. Iul. 77. *Videre*, ut II. 16. Io. FR. GRON.

EPISTOLA XX.

CICERO TORANIO) Toranius vir prætorius, paullo ante Ciceronem a Triumviris interfectus fuit, nunc exsulabat. CORR.

Cn. Plancii) Epistola 14. libri IV. IDEM.

Ibidem opperiri) Fortasse Corcyræ. IDEM.

Ne illud quidem negligendum quantivis) Negligendum in antiquis codicibus non est, sed ejus loco negativa est particula *non*. Ipsi legimus *non quantivis*, hoc sensu: Præter pericula & molestias

proficisci. Nihil est, cur adventibus te offerre gestias: multa

stias quæ vitaris, commodum illud non parvum habendum est, sed vale et magni faciendum sit, subito cum certi aliquid audieris te isthinc posse proficisci. VICTOR. *Ne illud quidem non quantivis, quamvis subito*) Secutus fueram olim libros vulgatos, in quibus ita legitur, *ne illud quidem negligendum quamvis subito*, &c. cum manuscripti Memmiani haberet *ne illud quidem non negligendum*, &c. plane mendose. Unde in hanc opinionem veni, verbum *negligendum*, esse alienum, & ioris profectum: eamque solam esse rectam & veram scripturam, quam P. Victorius ex illo optimo codice hausit, *ne illud quidem non quantivis, subito cum certi aliquid*, &c. *Ne illud quidem non quantivis*, id est, illud est plurimi faciendum. Illud est quantivis æstimandum, *posse subito*, &c. Vulgata tamen lectio tolerabilis est, & sententiam continet planam & facilem. Verum quid tum postea, si non est Ciceronis oratio, sed aliena? Omnino igitur Florentinam scripturam censeo esse amplectendam, & vulgatam respuendam. Sed scripturæ Florentinæ addendum censeo *quamvis*, post *quantivis*, ut sit, *ne illud quidem non quantivis, quamvis subito, cum certi aliquid*, &c. *Quamvis subito* autem, id est, quantumvis subito. LAMB. *Ne illud quidem non quantivis subito*) Pall. primus, tertius, Gruterianus, *ne illud quidem non quamvis subito* (sic & Amstelodam. Grav. vero prim. *ne illud quidem non subito quamvis*:) ut liqueat vel cæco, illud *quantivis* degenerasse in *quamvis*, quod adstruit Vatic. Vulgo, *ne illud quidem negligendum quamvis*. GRAEVIUS.

Te istinc posse proficisci) Hic veteres codices & in fine hujus epistolæ iterum pro *istinc*, *istim* habent, neque hac epistola solum, sed multis etiam aliis locis, etsi nos numquam ita scripsimus, ne antiquitatis nimis cupidi & affectatores videremur: rem tamen quin adnotaremus facere non potuimus. Sic etiam est in hoc codice locus ille ad Plancum: *Ita erant omnia, quæ istim adferebantur, incerta*; & illud ad Tironem, *Iis enim rebus istim navigatur*. Et alibi etiam, idem adverbium multis locis est in illo codice epistolarum ad Atticum, quem nos omnium optimum atque integerrimum vidimus, ut ille locus in VII. *De malis nostris tu prius audis, quam ego: istim enim emanant*; item ille: *Quæ tibi istim adferuntur? quæ hic video?* Item ille in II. *Valde ego te istim excitarem*. Nam II. Æneidos: *Illi mea tristia facta*: illi pro ibi adverbium esse vult Donatus Terentii interpres. Et etiam alibi, *Patet isti janua leto*, pro istic quidam intelligunt: nam Petrus Bembus in suo illo disertissimo & elegantissimo de Terentianis fabulis dialogo, sic hunc versum legit in Phormione: *Interea dum sedemus illi, intervenit*; & illum item in Hecyra: *Itaque ineptus hodie dum illi sedeo, ut quisque venerat*. Hæc igitur, quæ rara admodum, & absurda videntur, videmus ab optimis auctoribus crebro esse usurpata, & frequentius etiam inveniremus, nisi a junioribus quibusdam castigatoribus tamquam menda, & errata librariorum ex omnibus fere libris sublata essent. VICTORIUS.

Cur adventibus te offerre gestias) Ita Pal. prim. Vaticanus, Victorii editio; vulgo *advenientibus*. Scio Magistellos, qui pueris suis has epistolas interpretabuntur, non adsecuturos emendationes nostras; sed per me illis in linguæ Latinæ arcana penitus se penetrare licet: non vacat singula nec lubet eviscerare, & commentarios [illegible] ἁμάξαις exaggerare & undequaque coacervare: qui sapit, sapiat. Paullo statim scripsi *quæ cum Cilone nostro communicavi* ex auctoritate Pal. pr. Victorius *Chilone*; vulgo *Milone*. GRAV. *Adventibus*) Lectionem Victorii meus quoque veterrimus confirmat. Non est, inquit, ut velis in illis versari locis, in quibus solent advenire, qui Cæsaris partes sequuntur. Sic & alibi loquitur, Orat. in Pison. *Quid dicam adventus meos? quid effusiones hominum ex oppidis?* GRAEV.

Quæ

ta præterea metuo, quæ cum Cilone nostro communicavi. Quid multa? Loco opportuniore in his malis nullo esse potuisti, ex quo te, quocumque opus erit, facillime & expeditissime conferas. Quod si recipiet ille se, ad tempus aderis: sin (cum multa accidere possunt) aliqua res eum vel impediet, vel morabitur, tu ibi eris, ubi omnia scire possis: hoc mihi prorsus valde placet. De reliquo, ut te sæpe per litteras hortatus sum, ita velim tibi persuadeas, te in hac caussa nihil habere, quod tibi timendum sit præter communem casum civitatis: qui etsi est gravissimus, tamen ita viximus, & id ætatis jam sumus, ut omnia, quæ non nostra culpa nobis accidant, fortiter ferre debeamus. Hic tui omnes valent, summaque pietate te desiderant, & diligunt, & colunt. Tu & cura, ut valeas, & te istinc ne temere commoveas.

EPISTOLA XXI.

ARGVMENTVM.

Consolationis loco præterita colligit: & quid ipse amissa reip. salute sentiat, quasi exemplum ad imitandum proponit: pluri-

Quæ cum Milone) Non *Chilone*, ut sit liberti nomen, Milo enim jam perierat. Vetus sane codex *Cilone* sine aspiratione, ut etiam in epistola Sulpicii, *A. P. Magio Cilone*. Videndum igitur an sic legi debeat, ut est in antiquo codice. *Cilo* enim sine aspiratione auctore Sexto Pompeio appellabatur, cui frons esset eminentior, ac dextera, sinistraque velut recisa videretur: sive *Chilo*, qui a magnitudine labiorum sic nominabatur. Alibi etiam nomina quædam quæ aspirationem exigunt, sine ea in illo scribuntur, ut in epistola ad Lucceium, *Herculem Xenopontium*: & ad Pætum, *Pilerum tabellarium*, pro *Xenophontium*, & *Philerum*. VICTOR. *Milone*) Non T. Annio Milone, qui jampridem in agro Turino a Q. Pelio interfectus fuerat: sed altero. Nisi *Chilone*, vel *Cilone*, ut quibusdam placet, legas: ut sit liberti, vel Clientis nomen, vel potius servi, de quo lib. III. ad Q. Fratrem fit mentio. CORR. *Cilone* habet etiam Pal. primus Grav. prim. GRÆV.

Ille) Cæsar. CORRAD.

Quum multa accidere possunt) Ita Victorius: malim tamen adminiculante Pal. primo, *cum vel multa acc.* vulgo *quoniam multa acc.* GRÆV.

Id ætatis jam sumus) Pro *ea ætate*, hoc est, *ea ætate*. Cic. II. Verr. c. 37. VI. ad Att. ep. 16. Auson. ep. 4. Et sic Tacitus XIII. Ann. c. 16. Sic Plaut. Amphitr. A. 1. Sc. 1. v. 1. Non alio modo ista dicuntur, quam *diro & noctes*, *omnem ætatem*, cetera hujus commatis. Confer, si placet, adscripta I. ep. 9. CORT.

Res-

plurimum quidem ad levandum dolorem valere mentis optimæ conscientiam, ostendit: Toranio autem, præter communem casum civitatis, nihil timendum: se quidem pro viribus curaturum omnia, quæ ad salutem ejus, ac liberos pertinere videbuntur. Eodem anno.

CICERO TORANIO S.

ETsi, cum hæc ad te scribebam, aut appropinquare exitus hujus calamitosissimi belli, aut jam aliquid actum, & confectum videbatur; tamen quotidie commemorabam, te unum in tanto exercitu mihi fuisse assensorem, & me tibi: solosque nos vidisse, quantum esset in eo bello mali, in quo, spe pacis exclusa, ipsa victoria futura esset acerbissima, quæ aut interitum allatura esset, si victus esses, aut si vicisses, servitutem. Itaque ego, quem tum fortes illi viri & sapientes, Domitii & Lentuli, timidum esse dicebant (eram plane: timebam enim, ne evenirent ea, quæ acciderunt) idem nunc nihil timeo, & ad omnem eventum paratus sum. Cum aliquid videbatur caveri posse, tum id negligi dolebam: nunc vero, eversis omnibus rebus, cum consilio profici nihil possit, una ratio videtur, quidquid evenerit, ferre moderate: præsertim cum omnium rerum mors sit extremum: & mihi sim conscius, me, quoad licuerit, dignitati reipub. consuluisse: &, hac amissa, salutem retinere voluisse. Hæc scripsi, non ut de me ipse dicerem; sed ut tu, qui conjunctissima fuisti mecum & sententia, & voluntate, eadem cogitares. Magna enim consolatio est, cum recordare, etiam si secus acciderit, te tamen recte vereque sensisse. Atque utinam liceat aliquando ali-

EPISTOLA XXI.

HUjus *calamitosissimi belli*) Civilis & Hispaniensis. Corr.

Commemorabam) Memoria repetebam. Grav.

Te unum) Forte, *&* *te unum* Lamb.

In tanto exercitu) Pompeiano. Corr.

Si vicisses, servitutem) Injustos Dominos eramus habituri, Pompeium & paucos, quos ille audiebat: quamquam potius mallem, *si vicisses*, propter proscriptionem & cædes denuntiatas a Pompeianis: *aut si victus esses, servitutem*, nempe sub Cæsare, quod evenit. Io. F. Grov.

Domitii) L. Domitius pater, & Cn. Domitius filius. Corr.

Lentuli) L. Lentulus, & P. Lentulus. Idem.

Aliquid . . . caveri) Sic I. ep. 7. *si aliquid esset effectum*. XII. ep. 2. adde V. ep. 8. Corr.

Ev-

do aliquo reip. statu nos frui, inter nosque conferre sollicitudines nostras, quas pertulimus tum, cum timidi putabamur, quia dicebamus ea futura, quæ facta sunt. De tuis rebus nihil esse, quod timeas, præter universæ reip. interitum, tibi confirmo. De me autem sic velim judices, quantum ego possim, me tibi, saluti tuæ, liberisque tuis summo cum studio præsto semper futurum. Vale.

EPISTOLA XXII.

ARGVMENTVM.

Victo in Thessalia Pompeio, boni cives multi ab armis discesserunt: quorum alii spe veniæ a Cæsare impetrandæ in Italiam reversi sunt, ut Cicero, & hic Domitius: alii eodem consilio in Asiam ierunt, aut in Achaia remanserunt, ituri obviam Cæsari ex Alexandrino bello redeunti: alii vero vel quia victori supplicare nollent, vel quod ei se committere non auderent, in oppida libera, bello vacua, successerunt, ut M. Marcellus, qui Rhodi vel Mitylenis aliquandiu maluit vivere, quam Romæ. Sed in Italiam primi Cicero, & D. Lælius venere: unde illud epist. 7. lib. II. ad Attic. Edixit ita, ut me exciperet, & Lælium nominatim. *Domitii serior adventus fuit: quod & ex hac epistola, & ex ea ad Atticum scripta, quam appellavi proxime, cognoscitur. Excusat igitur Cicero officium suum, quia litteras ad eum antea non miserit: oratque & obtestatur, ut, cum reip. jam satisfecerit, incolumitati suæ consulat, amicorumque, quos belli casus eripuit, desiderium æquo animo, aut forti saltem ferat. In extremo pollicetur se omnia facturum studiosissime, quæ saluti illius, & dignitati conducere arbitrabitur. Cæsare III. & Lepido Coss.*

CICERO DOMITIO.

NOn ea res me deterruit, quo minus, postea quam in Italiam venisti, litteras ad te mitterem, quod tu ad me nul-

EPISTOLA XXII.

DOMITIO) Cn. Domitio Ænobarbo L. F. CORRAD.

In Italiam venisti) Ex prælio Pharsalico. IDEM.

Nihi-

me nullas miseras: sed quia, nec quid tibi pollicerer, ipse egens rebus omnibus, nec quid suaderem, cum mihimet ipsi consilium deesset, nec quid consolationis afferrem in tantis malis, reperiebam. Haec quamquam nihilo meliora sunt, nunc etiam atque etiam multo desperatiora; tamen inanes esse meas litteras, quam nullas malui. Ego si te intelligerem plus conatum esse suscipere reip. causa muneris, quam quantum praestare potuisses; tamen, quibuscumque rebus possem, ad eam conditionem te vivendi, quae daretur, quaeque esset, hortarer. Sed cum consilii tui bene fortiterque suscepti eum tibi finem statueris, quem ipsa fortuna terminum nostrarum contentionum esse voluisset, oro obtestorque te pro vetere nostra conjunctione ac necessitudine, proque summa mea in te benevolentia, & tua in me pari, te ut nobis, parenti, conjugi, tuisque omnibus, quibus es, fuistique semper carissimus, salvum conserves, incolumitati tuae, tuorumque, qui ex te pendent, consulas: quae didicisti, quaeque ab adolescentia pulcherrime a sapientissimis viris tradita memoria, & scientia comprehendisti, iis hoc tempore utare: quos conjunctos summa benevolentia plurimisque officiis amisisti, eorum desiderium si non aequo animo, at forti feras. Ego quid possim nescio, vel potius me parum posse sentio: illud tamen tibi polliceor, me quaecumque saluti dignitatique tuae conducere arbitrabor, tanto studio esse facturum, quanto semper tu & studio, & officio in meis rebus fuisti. Hanc meam voluntatem ad matrem tuam, optimam feminam, tuique amantissimam, detuli. Si quid ad me scripseris, ita faciam, ut te velle intellexero. Sin autem tu minus scripseris, ego tamen omnia, quae tibi utilia esse arbitrabor, summo studio diligenterque curabo. Vale.

Nihilo meliora sunt nunc etiam, atque etiam multo desperatiora) Leg. *Nihilo meliora sunt nunc, atque etiam multo desperatiora*. Lamb.

Parenti) Porciae, M. Catonis sorori. Corr. *Salvum conserves*) In commodum nostrum: vid. ep. 7. & alibi. Corrad.

Voluntatem ad matrem detuli) Ut Caesar III. G. B. c. 23. *Hoc et ad consilium defert*: & sic alii saepissime. Petron. Satyr. c. 125. *Iudicium ad amicos detulit*. Ernest.

M. T. CICERONIS EPISTOLARUM AD M. MARIUM ET CETEROS

LIBER SEPTIMUS.

EPISTOLA I.

ARGUMENTUM.

CNeus Pompeius Magnus, iterum consul, in theatri a se exstructi consecratione, ut Pedianus, Plinius lib. VII. cap. 48. Plutarchus, Dio scriptum reliquerunt, ludos dedit. Sed idem Plinius lib. VIII. cap. 7. datos ait in dedicatione templi Veneris Victricis: at Gellius lib. X. cap. 1. in aede Victoriae dedicanda: quae controversia ita sedatur, si templum Veneris Victricis cum theatro dedicatum putemus: nam etsi de templo Veneris Plutarchus, ubi de theatro & ludis loquitur, mentionem nullam facit; idem tamen infra Pompeium ait, in campis Philippicis, nocte, quae praelium proxima antecessit, somniasse, ire se ad theatrum, & Veneris Victricis templum spoliis exornare. Quod autem Gellius Victoriam, non Venerem, appellat, non differre, opinor: existimavit victoriam a Venere Victrice; quoniam utrique cognomen idem esset, Caeligenae. Itaque Varro lib. IV. de ling. Lat. Hinc, inquit, comicus: Victrix Venus vides ne haec? non quod vincere velit Venus, sed quod vincire, & vinciri ipsa. Victoria ab eo, quod superati vinciuntur: utrique testis poesis, quod & Victoria & Venus dicitur Caeligena. Ludorum igitur duo genera Pom-

Pompeius dedit, unum in theatro ipso, alterum in circo. Græci αγωνας, *id est, certamina, vocaverunt. Certamen autem in theatro vel scenicum erat, vel gymnicum: scenicum Pompeii fuit actione duarum tragœdiarum, Clytamnestræ Accii poetæ, & equi Trojani Livii Andronici, additis Græcis Oscisque ludis: gymnicum athletæ. In Circo, qui & Hippodromus, & Stadium dictus est, equorum cursus, venationes binæ per dies quinque, in quibus leones quingenti cæsi sunt, pugna elephantorum XX. ut ait Plinius, vel XVIII. ut Dio. Nec vero dissentire quisquam putet aut a Cicerone Plutarchum, & Dionem, quod neque de duabus tragœdiis, neque de ludis Græcis & Oscis, a Cicerone nominatis, mentionem ullam faciunt; aut Ciceronem ipsum a Plutarcho, & Dione, quod musicum certamen, ab ipsis nominatum non appellat: nam & tragœdiæ, & Græci Oscique ludi in scena dabantur: scenicos autem ludos Græci scriptores in Musicum certamen incluserunt: qua de re Pollux libro III.* Των αγωνων οἱ μεν γυμναστικοι, οἱ δε καλουμενοι σκηνικοι, ονομασθειεν αν Διονυσιακοι τε, και μουσικοι. *Latine sic:* Certaminum alia quidem gymnastica, alia vero scenica vocata, Dionysiaca, & musica nominari possint. *Obscure ne dixit, scenica, & musica idem esse? Sequitur:* Οἱ δε Αττικοι ου ῥαδιως λεγουσιν αγωνας μουσικους, αλλα μουσικης: *id est:* Attici autem non facile dicunt certamina musica, sed musices. *Non igitur Attice locutus est Plutarchus, cum dixit,* αγωνας μουσικους*: nec mirum: natus enim Chæronea, Bœotiæ vico: at Dio Attice,* θεαν και μουσικης, και αγωνος γυμνικου. *Idem Pollux paullo post:* Χωρια δε, των μεν σταδιον, των δε θεατρον: *id est:* Loca vero, *inquit*, aliorum quidem stadium, aliorum autem theatrum. *Ludos enim dari solitos vel in stadio, id est, Circo, vel in theatro, significat etiam Varro in proœmio lib. II. Rei Rust.* Manus (*ait*) movere maluerunt in theatro ac circo patresfamiliæ, quam in segetibus ac vineis. *Partes epistolæ quatuor præcipuæ sunt. Prima, gratulatio, quod ludos Marius, omnis leporis expertes, non spectaverit; secunda, ludorum descriptio; tertia, Caninii defensio, ejusque*

 tam-

tamquam appendix, cupiditas discedendi a judiciis. Postremus excusationis locus est, quia prolixior ludorum narratio fuerit. Annum epistolæ constat esse, quo Pompeius & Crassus alterum consulatum gesserunt.

M. CICERO M. MARIO S. D.

SI te dolor aliquis corporis, aut infirmitas valetudinis tuæ tenuit, quo minus ad ludos venires, fortunæ magis tribuo, quam sapientiæ tuæ. Sin hæc, quæ ceteri mirantur, contemnenda duxisti, & cum per valetudinem posses, venire tamen noluisti, utrumque lætor, & sine dolore corporis te fuisse, & animo valuisse; cum ea, quæ sine causa mirantur alii, neglexeris: modo ut tibi constiterit fructus otii tui, quo quidem tibi perfrui mirifice licuit, cum esses in ista amœnitate pæne solus relictus. Neque tamen dubito, quin tu ex illo cubiculo tuo, ex quo tibi Stabianum perforasti, & patefecisti Seianum, per eos dies matu-

EPISTOLA I.

M. *Mario*) Conjicimus hunc esse M. Marium Gratidium, qui fuit Q. Fratris in Asia legatus, quique cum Ciceronibus cognatione erat conjunctus. Corrad.

Si te dolor aliquis corporis) Ut podagra, epist. 4. hujus libri. Ib. *Dolor aliqui*) Sic Victorius & Vatic. & alibi sæpissime restituimus qui, pro quo vulgabatur *quis*. (Grævii tamen primus *aliquis*) Gron.

Ad ludos) Factos a Pompejo in secundo Consulatu. Corr.

Mirantur alii) Vulgus. Ib.

Ex cubiculo) Pro *in*; Cæsar II. B G. c. 13. infra ep. 18. Et forte Tacitus XIII. Ann. c. 46. Cort.

Ex quo tibi Stabianum perforasti, & patefecisti Seianum) Quidam legunt *Scianum*: nos nihil immutavimus, etsi veteres codices *Senum*. Puto autem nomina esse locorum. Nam *Stabiæ* collis celebris in agro Campano, laudatus etiam a Galeno in Therapeutica propter casei bonitatem. *Stabias* autem oppidum fuisse dicit Plinius, posteaque deletum in villas abiisse. Columella etiam de eo agit in Hortulo, *Stabiæque [illegible]*. Victor. *Patefecisti Seianum*) Quæ scriptura esset in Mediceo, olim exposuimus; quamvis autem multi multa dicant, a recepta lectione discedendum non puto, nisi aliquid firmius veriusque reperiatur. Existimavi semper nomina esse locorum; nam de *Stabiis* dubitari non potest. Columella etiam in Hortulo mentionem illarum facit: *Fontibus & Stabiæ celebres*. De *Seiano* obscurius est; potest tamen oppidi ignobilis, vel montis nomen esse, a quo etiam Seianus fortasse vocatus sit; qui tantam potentiam apud Tiberium Imp. consecutus est. Nihil tamen novum certi, quod sine culpa temeritatis affirmari possit; nam ille *Seianus* a *Seio* possessore appellatus est. Qui autem *Senam* putant legi debere, meo judicio falluntur; quod facile intelliget, qui *tempus* Ciceronis hujus epistolæ scribendæ acute spectabit. Ib. *Et patefecisti Misenum*) Alii legunt, *perforasti Stenam*; alii, ut Turnebus, *Senum*, alii *Seianum*, ut est impressum in libris vulgatis; alii *Scianum*, alii ali-

matutina tempora lectiunculis consumseris: cum illi interea, qui te istic reliquerunt, spectarent communes mimos semisomni. Reliquas vero partes diei tu consumebas his delectationibus, quas tibi ipse ad arbitrium tuum compararas: nobis autem erant ea perpetienda, quæ scilicet Sp. Mæcius probavisset. Omnino, si quæris, ludi apparatissimi, sed non tui stomachi: conjecturam enim facio de meo. Nam primum honoris causa in scenam redierant ii, quos ego honoris causa de scena decessisse arbitrabar. Deliciæ vero tuæ, noster Æsopus ejusmodi fuit, ut ei desinere per omnes homines liceret: is jurare cum cœpisset, vox eum defecit in illo loco, Si sciens fallo. Quid tibi ego alia narrem? nosti enim reliquos ludos. Quid? ne id quidem leporis habuerunt, quod solent mediocres ludi. Apparatus enim

aliter; ego *Misenum*, non longe discedens ab antiqua scriptura *stenum*. LAMBIN. *Patefecisti Seianum*) Prima editio, *Stainum*: Gruterianus, Medic. Palat. *stenum*; & hic præterea ad oram, *seminium*. Pal. alter, *simi nuper eos dies*. Lambinus, *Misenum*, quod si a libris est, valde probo. GRAEV. *Ex quo tibi Stabianum perforasti*) Ex quo in Stabiano prædio tuo, prope Stabias Campani agri, fenestram fecisti. IO. FR. GRON. Adde *perspiciendum*, ut sollemne optimis scriptoribus unum verbum ponere, cui alterum intellectu adjungendum. Cæsar I. B. G. c. 28. Ibid. c 29. init. adde VI. ep. 15. CORT. *Ex patef. Seian.*) Nomen vicini prædii, sed unde sit, incertum. Miro etiam in nomine libri variant. CELL.

Quas tibi ipse ad arbitrium tuum) Sic reperi scriptum in codicibus Memmianis, cum vulgati habeant, *quas tibi ipsi*. LAMB. *Tibi ipse* volumen in membrana descriptum, ubi recentiores codices, *quas tibi ipsi*. Quin autem prior lectio magis sit Tulliana, nemo, opinor, negabit, qui sit diligenter in scriptis Ciceronianis versatus. Nam sic fere Cicero, *me ipse*, *mihi ipse*, *a me ipse*, *te ipse*, *tibi ipse*, *a te ipse*, *se ipse*, *sibi ipse*, *a se ipse*. Ac Fenestellam quoque tale apud Ciceronem quiddam observasse, testatur alicubi Seneca. Sic primo de Divinatione: *In templo Herculis valvæ clausæ repagulis, subito se ipsæ aperuerunt*. Et secundo: *Dubitans plerumque, & mihi ipse diffidens*. Ibidem: *Alter mortem sibi ipse consciverit*. Rursus: *A constantia atque a mente, atque a se ipse discessit*. Primo de Oratore: *Ita in judiciis capitis pro se ipse dicit*. Secundo: *Virtus autem, quæ est per se ipsa laudabilis*. Et tertio: *Ut vita se ipse privaret*. IO. RIVIUS.

Sp. Mæcius) Tarpa; fuit censor fabularum & poematum. Vid. MANUT. GRAEVIUS.

Æsopus) Tragœdus. CORRAD. Vid. MANUT.

Vox eum defecit) Jam senem, qui juvenis non sæpe Ajacem eligebat, in qua magna voce erat utendum. CORR.

Si sciens fallo) *Si sciens fallo*, qui me despicit, salva urbe, arceque, bonis ejiciat, ut hunc lapidem. Hoc enim erat carmen jurantis per Jovem lapidem. IDEM.

Quid? ne id quidem leporis habuerunt) *Quid? quod ne id quidem leporis habuerunt*, emendavit Rivius multos abhinc annos: cujus judicium probamus; nam libri vulgati habent, *quid? ne id quidem*, &c. LAMB. Videtur scribendum, *qui ne id quidem leporis habuerunt*, VASSIN. Lambinus obsecutus judi-

enim ſpectatio tollebat omnem hilaritatem: quo quidem apparatu non dubito, quin animo æquiſſimo carueris. Quid enim delectationis habent ſexcenti muli in Clytæmneſtra? aut in Equo Trojano craterarum tria millia? aut armatura va-

judicio Rivii introduxit, *quid, quod ne id quidem leporis hab.* quam quidem ſcripturam in nullo noſtrorum offendi. Guilielmius ex conjectura ſanandum ſumebat hoc modo, *qui ne id quidem*. Sagacior omnino mihi Rivius. GRONOV. Sed omnes vetuſti codices huic lectioni adverſantur. Guilielm conjiciebat: *Qui ne id quidem*; quæ & Fulvii Urſini ſententia eſt; quam ſuſpicionem confirmat meus primus, in quo ſcribitur: *Qui ne quidem leporis habuerunt, quod ſolent mediocres ludi.* Non ſollicito vulgatam, præſertim cum eam quoque ſtabiliat Amſtelodam. & Mentel. Ex veſtigiis tamen mei libri perantiqui non abſurde colligas Ciceronem ſcripſiſſe. *Quinæ quidem leporis habuerunt, quæ ſolent mediocres ludi*; *leporis* antiqua ſcribendi ratione, ut *omnis*; quod cum alii acceperunt pro ſecundo caſu, interſeruerunt illud *id*, & *quæ* mutarunt in *quod*. GRÆV. *Noſti enim reliquos ludos, qui ne quidem leporis habuerunt, quod ſolent mediocres ludi*) Vix credibile eſt voces ſic in MSis poſitas tot conjecturis & ab multo tempore obnoxias fuiſſe, & quidem talibus, quæ viderentur certare in deferenda hic vetuſtæ lectionis. Nam quid aliud hic later, niſi quod toties docuit Victorius in antiquiſſimo exemplari factas fuiſſe eliſiones vocalium; ut lib. V. *imminuteſt*, pro *imminuta eſt*: ut ipſe Gebhardus XV. 18. in eo ſic cognoſcit poſitum *moleſteſt*, pro *moleſta eſt*. Itaque lege, *qui neque idem leporis habuerunt*. Adde ad lib. IX. ep. 20. IA. GRON.

Sexcenti muli) Agamemnonis, veluti capta Troja redeuntis. CORRAD.

In Equo Trojano) Tragœdia Livii Andronici. GRÆV.

Craterarum tria millia) Joſephus Scaliger, vir ingenio & doctrina excellens, pro *craterarum t. m.* reſtituit *arcerarum t. m.* *Arcera* autem, genus eſt vehiculi, ut docent Varro, & Nonius, & alii. LAMBIN. *Craterarum*) Quid cratere in equo Trojano? Forte ut heroes Achivi in iſto carcere latius ſe iis invitarent, aut, ne capta Troja, cum diis eſſet libandum, crateras deſiderarent? Nugæ. Præterea equus Trojanus nulla præda fuit onuſtus. Joſephus Scaliger legi volebat *arcerarum*; quod laudat Lambinus. Sed quis credat currus equo fuiſſe incluſos? Aut in illa fabula tot plauſtra ruſtica ex tabulis compacta, quibus ſenes & ægroti vectabantur, fuiſſe producta, quæ quotidie Romæ, & in agris videbant? Rara & inuſitata in ludis iſtis exhibebantur ſpectanda, non vulgaria. Prim. GRÆV. *cetteraum*, Amſtelodam. *ceratterarum*, lege, *cetrarum*. Cetræ ſunt clypei excerti ex corio elephantino, quibus variæ gentes utebantur, Hiſpani præcipue, & Afri, aliique. Hinc *cetratæ cohortes* apud Caeſ. cetris armata. Hæ *cetræ* quoniam tum temporis raræ erant Romæ, tantam vim earum ſecum advexit Pompeius, ut omnes ex Equo Trojano Livii Andronici prodeuntes tali clypeo fuerint inſtructi, quod magnificentiam fabulæ auxit. Sic Suetonius narrat de novo atque inaudito ſpectaculi genere, quod excogitavit Caligula, in ejus vita c. 19. *Per hunc pontem ultro citroque commeavit, biduo continenti. Primo die phalerato equo, inſignisque quercea corona, & ſecuri, & cetra, & gladio, aureaque chlamyde.* Curt. lib. III. de Barcanis; *Armati bipennibus levibuſque ſcutis, cetræ maxime ſpeciem reddentibus.* In Suetonii libris vulgo ſcribitur *& cetera*. Ignoratio vocis rarioris has mendas peperit. Hæc mea de hoc loco eſt ſententia, quam ſpero doctis & acutis viris me probaturum. GRÆV. *Craterarum*) Variæ iſtæ ſcripturæ hoc quidem loco inde ortæ ſunt, quod jam olim *Creterras* & *Cratterras* dicebant a *Cratere*: vide Feſtum p. 102. & Nonium Marcel-

varia peditatus, & equitatus in aliqua pugna? quæ popularem admirationem habuerunt, delectationem tibi nullam attulissent. Quod si tu per eos dies operam dedisti Protogeni tuo, dummodo is tibi quidvis potius, quam orationes meas legerit, næ tu haud paullo plus, quam quisquam nostrum delectationis habuisti. Non enim te puto Græcos, aut Oscos ludos desiderasse: præsertim cum Oscos ludos vel in senatu nostro spectare possis: Græcos ita non ames, ut ne ad villam

cell. c. 15. Isidor. XX. Orig. c. c. Et Nonius quidem inter prædam Sybaritanam *craterras* recenset. In Pompeiis autem illas prælatas esse, nullum est dubium, etsi parum haberent delectationis. Antequam Equus Troianus fabula luderetur, tria millia craterarum spectare parum juvabat. Et sic vulgata lectio bene habet; etsi hoc loco, quam minime possum, improbo factum Cl. Cellarii, qui ex doctissima & acutissima Grævii conjectura receperat *creterrum*. CORT.

Equitatus in aliqua pugna) Scrib. *Equitatus ut in aliqua pugna*. LAMBIN. Pro *aliqua* videtur legendum *Ilica*, vel *Attica*, vel aliquid tale, ut recte Anton. Augustinus conjecit. VRSIN.

Græcos aut Oscos) Nam hos quoque Pompeius dedit sua quosque lingua. Similiter Brutus prætor XVI. Att. 5. *Commissionem Græcorum frequentiam non fuisse*. Sueton. Oct. 45. *Nullique Græco certamini interfuit, quo non, &c.* Sueton. Iul. XXXIX. *Ludos regionatim urbe tota, & quidem per omnium linguarum histriones*. Osci vetus gens Campaniæ, & vicinæ regionis. Tacit. IV. Ann. 14. *Oscum quondam ludicrum levissimæ apud vulgum oblectationis, quas aliquanto Atellanas vocant*. Liv. VII. 2. & *Atellanum exodium* Suet. Tib. XLV. Cal. XXVII. Galb. XIII. I. FR. GRON.

Cum Oscos ludos vel in senatu vestro spectare possis) Ita est in Pal. pr. Vaticano, editione Victorii: *vestro* quidem, pro quo vulgo *nostro* Gruter. & alter Pal. postrema vero ita concipiunt: *Græcos vero ita amas*: vulgo: *Græcos vero ita non ames*. GEBHARD.

Oscos ludos vel in sen. nostro sp. p.) Non videtur hic Cicero jocari in Senatorum Arpinatium linguam Osca mistam, quæ Manutii est sententia: sed in senatum Romanum, qui inconstantia, levitate, de qua tot locis Cicero conqueritur, adulatione Pompeii & Cæsaris, sæpe prudentibus viris risum excitabat, aut æque se ridiculum præbebat, ac exodiarii, sive Oscorum ludorum histriones. Osci enim ludi, qui & Atellanæ dicuntur, ut dudum ostenderunt viri docti, unice comparati erant ad risum ciendum. Vnde Iuvenal. Sat. VI.

Vrbicus exodio risum movet Atellanæ.

Vbi vetus interpres: *Exodiarius apud veteres in fine ludorum intrabat, quod ridiculus foret, ut quidquid lacrymarum atque tristitiæ coegissent ex tragicis affectibus, hujus spectaculi risus detergeret*. Nimirum *Osci ludi*, sive *Atellanæ* Belgis *erne kluchs*, Gallis *une farce*. Meus optimus liber legit *in senatu sine nostro*: alii vero scribunt *in senatu vestro*; & sic quidem etiam Amstelodam. Vtrumque infartum est. Scriptura mei libri est antiquissima; potest tamen etiam *nostro* ferri. GRÆV.

Vel in senatu nostro) Arpini (unde ortus erat Cicero & ab inimicis municeps *Arpinas* vocabatur) inter decuriones ubi erant reliquiæ Oscorum, non quod in senatu agerentur fabulæ, sed quia ei consilio interveniebant Osci, hoc est Oscorum posteritas, (homines in veterum Oscorum sedibus habitantes.) Ipsam eorum consultationem de rebus non magnis *ludos* vocat. I. FR. GRON.

Græcos vero ita ames) Sic omnes vulgati, quasi ironice dictum sit, sed elegantius in antiquis, *ita non ames*,

villam quidem tuam via Græca ire soleas. Nam quid ego te athletas putem desiderare, qui gladiatores contempseris? in quibus ipse Pompeius confitetur se & operam, & oleum perdidisse. Reliquæ sunt venationes binæ per dies quinque, magnificæ, nemo negat: sed quæ potest homini esse polito delectatio, cum aut homo imbecillus a valentissima bestia lania-

amore, id est, tam infenso odio prosequare, tam longe es ut φιλέλλην jure dicaris. Qua & alibi locutione utitur, ut in II. de Fin. *Atqui reperiemus asotos, primum ita religiosos, ut edant de patella: deinde mortem ita non timentes, ut illud in ore habeant, &c.* Tantum, inquit, longe es, ut *Græcos* ames, ut omnia quæ ejus gentis nomine appellantur, ferre non possis, adeo ut ne ad villam quidem tuam Græca via ire velis. VICTOR.

Ad villam quidem tuam via Græca) Iocus elegans. Erat ibi viæ publicæ pars, quæ vocabatur via Græca, octo stadiorum, quam Herculem muniisse credebatur. Eam vitabat Marius, quod quacumque de causa parum commoda esset. Id calumniatur lepide Cicero, quasi id faceret odio Græcorum. I. FR. GRON.

Qui gladiatores contempseris) Non intelligit gladiatorios ludos: sed & hic jocus est Cicerone dignus. Tu qui contempsisti Clodium cum suis gladiatoribus, & mihi semper contra illius vim præsto fuisti, nunc delecteris athletis. *Gladiatores* etiam Ciceroni nonnumquam dicuntur homines audaces ac feroces, quorum opera mali cives utebantur ad bonos vexandos, & exagitandos, si nollent eorum obsequi cupiditatibus. GRÆVIUS. Recte quidem Grævius, sed notandum est, gladiatores habitos quoque fuisse a veteribus athletas, verum graviorum certaminum, ut describit Dionys. Halicarnass. lib. VII. cap. 72. in pompa ludorum: Μεθ' οὓς οἱ τῶν ἀθλημάτων, inquit, (nuncupantur) ἀγωνισταὶ τῶν τε κούφων καὶ τῶν βαρέων, τὸ μὲν ἄλλο σῶμα γυμνοί, τὰ δὲ περὶ τὴν αἰδῶ καλυπτόμενοι. *Post hos* (sequuntur) *athleticorum certaminum certatores tam leviorum, tam graviorum: illi quidem toto corpore nudi, hi vero pudenda operti certant.* Vbi statuuntur duo athletarum genera, unum quidem leviorum certaminum, qui proprie athletæ, alterum graviorum, qui gladiatores. Atque ita, puto, patet, cur Cicero dicat Marium non desiderare athletas, quorum certamina erant leviora quam gladiatorum, cum vel ipsos gladiatores contempserit. VERBURG.

Oleum) Vsurpatum loco proverbium. Nam athletæ oleo perungebant corpora. CORRAD.

Venationes) Leonum CIↃCCC. Ipse.

Sed quæ potest homini esse polito delectatio) Vetusti omnes codices, ut nos scripsimus, *homini esse polito* Latina voce habent. Frequens autem est apud hunc auctorem hæc elegantes homines significans elegans dictio, ut etiam apud Lucretium candidissimum & facundissimum Romanæ linguæ scriptorem:

—— quamvis doctrina politos
Constituat pariter quosdam, tamen &c.

VICTOR. *Homini esse polito*) Mediceus sane liber, & Petrarchæ manu (ut putant) scriptus, hanc lectionem retinens, quæ non video cur rejici debeat: est enim elegans & huic loco valde accommodata. Tantæ autem hi apud me auctoritatis sunt, &, nisi fallor, apud alios propter fidelitatem erunt, ut testimonio duorum illorum magis credam, quam reliquorum omnium. II. etiam de Orat. 154. Cicero hac voce usus est: vel quod ipsum Oratorem *politum* esse hominem significat, quod eruditum, quod urbanum Græci, ut opinor, hujusmodi hominem χαρίεντας appellant. Aristot. lib. I. de Vita & Moribus, ubi de vita beata disserit, inquit: Τὴν δὲ εὐδαιμονίαν, καὶ οἱ πολλοί, καὶ οἱ χαρίεν-

laniatur, aut præclara bestia venabulo transverberatur? quæ tamen, si videnda sunt, sæpe vidisti: neque nos, qui hæc spectavimus, quidquam novi vidimus. Extremus elephantorum dies fuit, in quo admiratio magna vulgi atque turbæ, delectatio nulla exstitit: quin etiam misericordia quædam consecuta est, atque opinio ejusmodi, esse quamdam illi belluæ cum genere humano societatem. His ego tamen diebus, ludis scenicis, ne forte videar tibi non modo beatus, sed liber omnino fuisse, dirupi me pæne in judicio Galli Cani-

peritos legunt. Felicitatem & multi, & politi homines deligunt, Idem. *Homin. politico*) Vetustus liber habet *polito*; quem Græci vocant χαρίεντα. VASINUS. *Quæ potest homini esse polito delectatio*) Ita Victorii editio, ac Vaticanus codex. Pal. alter *polito*: reliqui, ut & primus & Grut. *politico*: quod hic a Cicerone scriptum esse, licere Manutiis putatis non accredam. GERMANUS. *Polito* etiam in meo fidissimo codice reperitur. GRAV.

Qui hæc spectavimus) Liber pr. Grav. Grut. Amstelodam. & Streweck. *qui hæc spectamus*, non frustra. Idem.

Extremus elephantorum dies) Dion lib. XXXIX. magnificentiam & apparatum horum ludorum copiosissime narravit: multaque de *elephantis*, & de misericordia, quæ in animis vulgi exorta est, disputavit. Quod autem Cicero inquit, *venationes binæ per dies quinque*, Dion tradit, quingentos leones quinque diebus ferro absumtos esse. VICTOR.

Delectatio nulla exstitit) Grut. *ad-stitit*: Pal. alter *extitit*: ut apud Nasonem in Fabula Alcyones: *Quæ præs admonet abstitit*. GERMAN.

Quin etiam misericordia quædam consecuta est) Elephantis oculos ad cælum tollentibus, & quasi cum Diis querentibus, fidem sibi in Africa datam non servari. Si modo vera sunt quæ scribit Dion. CORRAD.

His ego tamen diebus, ludis scenicis, ne forte) Nullam varietatem inveni in priscis codicibus: quid tamen repente, dum hæc scriberem, in mentem venerit, libet exponere: lectores ipsi, an penitus explodendum sit, judicabunt. Vereor, ne duæ illæ dictiones *ludis scenicis* vacent, & Ciceronis non sint, sed declaratio quondam fuerint prioris illius partis, quæ postea ab imperitis librariis temere huc inculcata sit, neque Ciceroni ad Marium scribenti id significare necesse erat: non enim ille ignorare poterat, qui illi dies essent. Verum, quemadmodum diximus, tenuis hæc suspicio; nec aliquid immutandum, nisi ita doctioribus visum fuerit. eo loco poterat enim hoc addere, adhuc magis significare volens infelicem conditionem suam: qui dum alii ludis oblectarentur, & a curis sollicitudinibusque animum reficerent, in rebus molestis odiosisque implicatus esset. Mentionem fecit horum ludorum Cicero in Orat. contra L. Pisonem: *Instant post hominum memoriam apparatissimi magnificentissimique ludi: quales non modo nunquam fuerunt, sed, ne quomodo fieri quidem posthac possint, possum ullo pacto suspicari.* Quem locum sic interpretatus est Pedianus: *Cn. Pompeii ludos significat, quibus theatrum a se factum dedicavit, quibus ludis elephantorum pugnam primus omnium dedit in circo*: VICTOR. *Cum ludi scenici essent*. Livius XXXII. c. 26. Eadem appositione Sall. Jug. c. 38. De *Scena*, unde hi ludi nominati, vide Serv. ad I. Æn. v. 168. Originem eorum præclare descripsit Livius VII. c. 2. quem vide. CORT.

Sed ne liber omnino fuisse) Sic legendum, non ut vulgo, *sed ne liber*,

Caninii, familiaris tui. Quod si tam facilem populum haberem, quam Æsopus habuit, libenter mehercule artem desinerem, tecumque, & cum similibus nostri viverem. Nam me cum antea tædebat, cum & ætas & ambitio me hortabantur, & licebat denique, quem nolebam non defendere; tum vero hoc tempore vita nulla est. Neque enim fructum ullum laboris ex his exspecto: & cogor nonnumquam homines non optime de me meritos, rogatu eorum, qui bene meriti sunt, defendere. Itaque quæro causas omnes aliquando vivendi arbitratu meo; teque, & istam rationem otii tui & laudo vehementer & probo: quodque nos minus intervisis, hoc fero animo æquiore, quod, si Romæ esses, tamen neque nos lepore tuo, neque te (si qui est in me) meo frui liceret, propter molestissimas occupationes meas: quibus si me relaxaro (nam ut plane exsolvam, non postulo) te ipsum, qui multos annos nihil aliud commentaris,

ber, *&c.* nisi quis malit ita legi, *sed me liber quidem omnino fuisse*: vel sic, *sed liber omnino me fuisse*; sed hic operæ omiserant olim particulam *me*. Non celabo lectorem tamen, in plerisque libris MSis ita legi, *sed liber omnino fuisse*: quæ scriptura fortasse nihil habet vitii, ut ita hic locus explicetur. Ne videar tibi non modo fuisse beatus, sed vel liber omnino fuisse: subintellige, me videar. Id est, Ut scias me non modo beatum non fuisse, sed ne liberum quidem. Iudicent eruditi. LAMBIN. *Sed liber omnino fuisse, dirupi me paene*] Rectissime sic Pall. duo, Grut. Sicut editio Victorii. Ego quidem hujus lectionis longe aliam sententiam video, quam non potuisse venire in mentem Lambino, demiror: vulgatum est: *Sed me liber omnino fuisse, dirupi paene me*. GEBHARD.

Artem desinerem] Suet. Tib. XXXVI. *Sed deprecantibus, ac se artem desituros promittentibus veniam dedit*. Gell. XV. c. 16. *Cum jam aetate grandis artem athleticam desisset*. GRAEV.

Vita nulla est] Nullus praeclarus & gratus vivendi modus. Quinctil. Declam. XIV. c. 5. Tacit. I. Ann. c. 9. Ter. Phorm. A. II. Sc. 1. v. 16. *Nulla* ut mox epist. 3. *Nullus Imperator*. GRAEV.

Neque enim fructum laboris ex his exspecto] Non affirmarim cujus culpa mendum hoc natum sit: incuria certe commissum est, & pro *exspecto* Mediceus codex vetere scriptura fere habet *exspecto* (quamvis hoc in loco *exspecto* meminisse habeat) quemadmodum non multo post *exciverim*, & in epistolis Q. Ciceronis ad M. Fratrem *restitui* gaudio, & a me jampridem ex meo codice sublatum erat, quemadmodum aliud etiam septimo ab hoc versu: deleri enim debet vox illa *id*. VICTOR. *Neque enim fructum ullum laboris ex his exspecto*] Ita Victorius, & Vaticanus codex: Pall. tamen bini, Grut. prima editio, quinque Guilielmio super hoc loco consulti, *fructum ullum laboris ex his peto*: vulgo *laboris exspecto*. GEBHARD.

Nonnumquam homines] Ut Vatinium. CORRAD.

Rogatu eorum] Ut Caesaris, & Pompeii. IDEM.

Ac te ipsum quidem, qui multos annos nihil

ris, docebo profecto, quid sit humaniter vivere. Tu modo istam imbecillitatem valetudinis tuæ sustenta & tuere, ut facis, ut nostras villas obire, & mecum simul lecticula concursare possis. Hæc ad te pluribus verbis scripsi, quam soleo, non otii abundantia, sed amoris erga te; quod me quadam epistola subinvitaras, si memoria tenes, ut ad te aliquid hujusmodi scriberem, quo minus te prætermisisse ludos pœniteret. Quod si adsecutus sum, gaudeo: sin minus, hoc me tamen consolor, quod posthac ad ludos venies, nosque vises, neque in epistolis relinques meis spem aliquam delectationis tuæ. Vale.

EPISTOLA II.

ARGUMENTUM.

Emere M. Marius nescio quæ bona cupiebat, quæ Cicero

nihil aliud commentaris, docebo) Sic legeram, *Id ipsum, quod multos annos nihil aliud commentere, te docebo, &c.* nam varie hic legitur. CORRAD. *Nec possulo: te ipsum, qui id multos annos nihil aliud commentaris docebo*) Accepi hanc lectionem ex editione Victorii, & cod. Vaticano, utpote rectissimam & elegantissimam. Pall. duo, Grut. tres Guilielm. *& te ipsum quidem, quod multos annos, &c.* ceterum primus, ac Gruter. *commentares*. Pal. alter *commentatere*, a manu secunda: vulgatum est, *non postulo, te ipsum quidem qui multos, &c.* GEBHARD. Victorius tamen jubet delere *id*; neque sane in ullo librorum, quos ego evolvi, conspicitur; & turbat sensum & omnino debet abesse. Meus prim. & Amstelodam. *& ipsum, quod multos annos nihil commentatere*. Si *id* tantum deleatur, meo quidem judicio recte se omnia habent. GRÆV.

Quid sit humaniter vivere) Hoc est, ita vivere ut decet hominem elegantem, & litteris humanioribus deditum. Plauto est, *Modice autem agere*. Sic Maximus Tyrius [illegible] & homines [illegible] vocat, qui Latinis sunt politi, elegantes. IDEM.

Tu mihi imbecillitatem valetudinis tuæ sustentes) Sic melius ex Grutertiano & Stewech. nam Pal. tert. ac vulgo, *tu modo istam &c.* Paullo statim post edidi, *& mecum simul lecticula concursare*, cum vulgo exstet *circumcursare* ex Pall. duob. Gruter. editione Victorii ac omnium antiquissima Veneta. Pal. tamen alter stabilit talem lectionem, *& mecum nostra simul lecticula concursare*. GEBHARD. *Tu modo istam imbecillitatem*) Cum hanc lectionem vulgatam tueantur non commodior solum sensus, sed & omnes mei aliorumque libri, non ausus sum eam immutare cum Gebhardo, auctoritate tantum duorum codicum, non antiquissimorum, Gruteriani, & Stewechiani. GRÆV.

Et mecum simul lecticula concursare) Ad Q. Fratrem: *Marium autem nostrum in lecticam mehercule conjecissem*. Sed etiam quod hic Cicero inquit: *Tu modo istam imbecillitatem valetudinis tuæ*; eodem loco ad Quintum idem traditur: *Sed hominem infirmum in villam apertam, ac ne rudem quidem etiam nunc, invitare nolui*. VICTOR.

cero, & alii, hereditate relicta possidebant: eam curam Ciceroni per litteras dederat; & simul condemnato Planco Bursa, ejus inimico, gratulatus erat. De Marii negotio primum jocatur Cicero; deinde se diligenter caraturum confirmat. De Bursa, rem non mediocri gratulatione dignam esse significat: praeterea, calere judicia, novas leges ferri; utrisque se vehementer distineri. Scripta Ser. Sulpicio, M. Marcello Coss. nam T. Munatium Plancum Bursam, de cujus damnatione in hac epistola fit mentio, damnatum ait Dio, cum primum exiit magistratu, id est, tribunatu pleb. quem gessit Pompeio Magno tertium consule: quem secuti consules sunt Sulpicius & Marcellus. Neque vero hoc solum constat, scriptam esse hanc epistolam Sulpicio & Marcello Coss. sed illud etiam, primis fere diebus ejus anni, ante quam senatus Ciceroni Ciliciam provinciam decrevisset: nam extremo Aprili mense, aut ineunte Majo, ab urbe discessit ut in provinciam iret: quod indicant epistolae ad Attic. lib. V. at, cum has ad Marium dedit litteras, nondum ei decreta provincia fuerat: nec tamen ea decreta statim discessit: quo argumento, & magis etiam damnatione Bursae, quam Dio, ut dixi, confert in primos anni dies, videor posse confirmare scriptam epistolam paucis diebus post initum a Sulpicio & Marcello consulatum.

M. T. C. M. MARIO S. D.

MAndatum tuum curabo diligenter. Sed homo acutus, ei mandasti potissimum, cui expediret illud venire quam plurimo. Sed eo vidisti multum, quod praefinisti, quo ne pluris emerem. Quod si mihi permisisses, qui meus amor in te est, confecissem cum coheredibus: nunc, cum tuum pretium novi, licitatorem potius apponam, quam illud

EPISTOLA II.

SEd eo vidisti multum) Hoc est, in eo magis sapuisti. Vide Manut. GRAV.

Quo ne pluris emerem). Quo pretio non pluris aris pretio emerem. quo n *pluris* pendet; ut *plus* *ame*, de quo Gronov. ad Liv. V. cap. 30. Plaut. Menaechm. *Ego tibi redimam bis tanto pluris pallam*. CORT.

Licitatorem) In vetere libro legimus *islicitatorem*; ut fortasse legendum sit, *illi licitatorem*. GRONOVI.

In licitatorem potius ponam) Sic Pal. prima

lud minoris veneat: sed de joco satis est. Tuum negotium agam, sicuti debeo, diligenter. De Bursa te gaudere certo scio: sed nimis verecunde mihi gratularis. Putas enim, ut scribis, propter hominis sordes minus me magnam illam lætitiam putare. Credas mihi velim, magis me judicio hoc, quam morte inimici lætatum. Primum enim judicio malo, quam gladio; deinde gloria potius amici, quam calamitate. In primisque me delectavit, tantum studium bonorum in me exstitisse contra incredibilem contentionem clarissimi & potentissimi viri. Postremo, vix verisimile fortasse videatur, oderam multo pejus hunc, quam illum ipsum Clodium. Illum enim oppugnaram, hunc defenderam:

pr. atque editio Victorii: alter vero, *in licitatorem potius ponam*. Gruterianus, *in licitationem potius ponam*: sicut & editio prisca. Editum est, *licitatorem potius apponam*. GRÆVIUS.
Licitatorem potius apponam) Optima hæc est lectio veterum editionum. Subornabo, inquit jocans, potius emtorem fictitium, qui pretium in auctione extendat, ne vilius vendatur, quam tu præfinisti. Lib. III. de Offic. *Tollendum est igitur in rebus contrahendis omne mendacium, non licitatorem venditor, nec qui contra se liceatur, emtor apponet*. Lib III. in Verr. *Appositus erat Venulejus quidam qui emeret: is liceri non destitit*. Sic & in aliis locis dixit *apponere accusatorem*, *apponere prævaricatorem*, pro immittere, subornare, ut in Anton. *Jam vereor P. C. ne, quod est turpissimum, prævaricatorem mihi apposuisse videar*. MSS corrupte, *in licitatorem potius ponam*, quos sequuti sunt perperam Victorius & Gebhardus. Corradus conjiciebat, *illi licitatorem potius apponam*. BENED. RUTIL. *Mihi licitatorem potius apponam*. GRÆV. *In licitatorem potius ponam*) Hanc primam vocula sic præpositam cum habeant quoque scripti libri omnes, non est nostrum fastidire. Puto autem esse eam literam numerandi III, cum significet *tertium licitatorem*. IAC. GRON. Subornabo (jocatur) qui licitando pretium extendat, ne vilius vendatur. CELLAR.

De Bursa te gaudere certo scio) T. Munatio Planco Bursa, ep. 18. lib. XII. CORRAD.

Quam calamitate) Ut Milonis exsilio. IDEM. Mihi vero hæc ad *inimicum* pertinere videntur: quasi Cicero *magis gloria amici, quam calamitate* lætatur. Cujus generis Syllepsis est Ciceronis in Bruto p. 188. *Noristimabatur bene Latine, sed litteras nesciebat*: pro eo, quod esset *latine scire*. Tac. XIII. Ann. c. 46. ubi vide doctissimos viros Mercerum, Gruterum, & Gronovios. CORT.

Clarissimi & potentissimi viri) Pompeii. Nam Crassus multo ante contra Parthos erat profectus. CORRAD.

Illum opp. . . , hunc defend.) Pronomina ista verso ordine ad præcedentia referri solent, ut Quinctil. XII. Inst. c. 10. Sed postquam Cicero penes ipsa Nomina *hunc* & *illum* vitandæ ambiguitatis causa posuerat, tanto facilius illi licebat *illum* ad proximius, & *hunc* ad remotius referre, quod & aliis sine tali causa licitum fuisse videmus. Plinius I. epist. 20. Prudent. Cathemer. Hymn. II. v. 39. Justin. XXII. cap. 3. Cic. pro Sex. Roscio Com. c. 2. adde ibi, & aliis citatos Gronov. III. Observ. c. 16. Sanct. II. Minerv. c. 9. & ad illum p. 236. Perizonium. CORT.

Cum

ram: Et ille, cum omnis resp. in meo capite discrimen esset habitura, magnum quiddam spectavit: nec sua sponte, sed eorum auxilio, qui, me stante, stare non poterant: hic simiolus, animi causa, me in quem inveheretur delegerat: persuaseratque nonnullis invidis meis, se in me emissarium semper fore. Quamobrem valde jubeo gaudere te: magna res gesta est: numquam ulli fortiores cives fuerunt, quam qui ausi sunt eum contra tantas opes ejus, a quo ipsi lecti judices erant, condemnare. Quod fecissent numquam, nisi iis dolori meus fuisset dolor. Nos hic in multitudine, & celebritate judiciorum, & novis legibus ita distinemur, ut quotidie vota faciamus, ne intercaletur, ut quam primum te videre possimus.

EPISTOLA III.

ARGUMENTUM.

Vituperatorum quorumdam voces, discessum ejus a civili bello reprehendentium, iniquo animo ferebat: causam igitur exponit, cur devicto acie Pharsalica Pompeio in patriam redire maluerit, quam vel bellum renovare, vel capere tamquam exsilio locum, vel mortem sibi consciscere voluntariam. Scripta post bellum Africanum, ut Iubæ regis mentio declarat, Cæsare III. & Lepido Coss.

M. CI-

Cum omnis respublica in meo capite discrimen esset habitura) Lambinus legit, *aditura*: & sic exstare in vetere codice margo ejus editionis affirmat; alii tamen libri omnes, quos Victorius, Manutius, Gebhardus, ego consului, præ se ferunt *habitura*. Præstaret tamen *aditura*, si veteres libri subscriberent. GRAV.

Eorum auxilio) Gabinii, Pisonis, & aliorum. CORRAD.

Emissarium) Nam Ciceroni diem se dicturum ostenderat. IDEM. *Se in me emissarium semper fore*) Se subornatum esse, ut semper me infestaret, & injuriis afficeret; lib. VIII. ep. 8. *Ea prætereo de vi prius a quodam emissario Titii factus est*. GRAV.

Nos hic multitudine & celebritate) Legendum fortasse est: *Nos hic multitis. & celebritate*, &c. LAMBIN. *Nos hic in mult. & celebritate judi.*) Ita emendavit & edidit Victorius, assentitur Vaticanus (& Grav. prior.) Vulgo in omittitur. GEBHARD.

Et novis legibus) A Pompeio tertium Cos. latis. CORR.

Ne intercaletur) Mensis & tempus prorogetur. IDEM.

EPI-

M. CICERO M. MARIO S. D.

PErsæpe mihi cogitanti de communibus miseriis, in quibus tot annos versamur, & (ut video) versabimur, solet in mentem venire illius temporis, quo proxime fuimus una: quin etiam ipsum diem memoria teneo. Nam a. d. III. Idus Majas, Lentulo, & Marcello consulibus, cum in Pompeianum vesperi venissem, tu mihi sollicito animo præsto fuisti. Sollicitum autem te habebat cogitatio cum officii, tum etiam periculi mei. Si manerem in Italia, verebare, ne officio deessem: si proficiscerer ad bellum, periculum te meum commovebat. Quo tempore vidisti profe-
cto

EPISTOLA III.

IN *mentem venire illius t.*) Res & negotium *illius temporis*. Alii putarunt Genitivum poni pro Nominativo, quos refutat L. Valla I Eleg. c. 15. adde Sanctium IV. Minerv. c. 4. p. 678. qui intelligit *mentionem* vel *recordationem*: & Linacrum VI. p. 185. CORT. Sc. recordatio. Quod glossema alii adscripserunt textui, non satis caute. FVNC.

Lentulo & Marcello consulibus) Qui temporibus his per notas *Consulibus* scribunt, duobus ss uti consueverunt, atque ita scribere *Coss.* quos non reprehendo: scio enim hunc morem scribendi veterem esse. In veteribus tamen codicibus, & in lapidibus priscis, qui superioribus seculis scripti sint, *Cos.* sæpe legi. Mediceus codex hic *Cos.* habet. Antiquus Florentiæ lapis est, in quo hoc nomen eodem pacto scriptum invenitur:

TI. CÆSARE TERT. GERMANICO CÆSARE ITER. COS.

Continet autem quædam quæ ad historiam pertinent, & sane cognitu indigna non sunt. De quo eo libentius mentionem feci, quod qui ea quæ in lapidibus leguntur in volumen redegerunt, & Epigrammata antiquæ urbis inscripserunt, eruerunt illud, lacerumque adposuere: in privata autem domo parieti adfixum est, non longe a porta, quam Divi Galli vulgo appellant. Quod autem ita in multis lapidibus ac vetustis libris scriptum sit, culpa fabrorum librariorumque factum est; nam veram illam incorruptamque antiquitatem melius nostri homines reddunt, si Quinctiliano credimus, qui primo libro inquit: *Et Consules geminata eadem littera s & legimus*. Quoniam autem ea quæ sequuntur Quinctiliani verba mendum continent, non patiemur ipsum amplius hunc locum inquinare, præsertim cum possimus facile uno (nisi fallor) illum delere. In cunctis codicibus legitur: *Et Suburra cum tribus litteris notatur b, tertiam ostendit* e cum legi debeat, *c tertiam*. Qui, inquit doctissimus rhetor, per notas *Suburra* scribunt, cum tribus primis litteris totum nomen intelligi velint, non b tertiam, sed c scribunt. Quod sane mirum, cum c in hac voce *Suburra* non sit. Differit autem de illis quæ scribuntur aliter atque pronunciantur. Ita autem, ut nos castigavimus, legi debere, ostendit doctissimus Varro lib. V. de lingua Latina ad Ciceronem: *Sed ego a pago potius Sucusanam dictam puto Sucusam, nunc scribitur tertia littera c, non b.* Qui etiam hujus rei rationem reddit, quod antiquitus *Sucusa* appellata sit: quamvis autem postea nomen variatum esset, ratio tamen illud scribendi permanserit. VICTOR.

Sollicitum te habebat) Sollicitus fuisti in cogitatione. CORT.

Ne officio deessem) Erga Pompeium & optimates. GRÆV.

Sole-

cto me quoque ita conturbatum, ut non explicarem, quid esset optimum factu; pudori tamen malui famæque cedere, quam salutis meæ rationem ducere. Cujus me mei facti pœnituit, non tam propter periculum meum, quam propter vitia multa, quæ ibi offendi, quo veneram. Primum neque magnas copias, neque bellicosas: deinde, extra ducem, paucosque præterea (de principibus loquor), reliqui primum in ipso bello rapaces; deinde in oratione ita crudeles, ut ipsam victoriam horrerem: maximum autem æs alienum amplissimorum virorum. Quid quæris? nihil boni præter causam. Quæ cum vidissem, desperans victoriam, primum cœpi suadere pacem, cujus fueram semper auctor; deinde, cum ab ea sententia Pompeius valde abhorreret, suadere institui, ut bellum duceret. Hoc interdum probabat, & in ea sententia videbatur fore; & fuisset fortasse, nisi quadam ex pugna cœpisset suis militibus confidere. Ex eo tempore vir ille summus nullus imperator fuit. Signa tirone & collectitio exercitu cum legionibus robustissimis contulit: victus turpissime, amissis etiam castris, solus fugit. Hunc ego belli mihi finem feci, nec putavi, cum integri pares non fuissemus, fractos superiores fore. Discessi ab eo bello, in quo aut in acie cadendum fuit, aut in aliquas insidias

Salutis m. rat. ducere) *Ducere* proprium rationibus, ut optime ostendit Gronov. II. Observ. c. 10. Supra V. ep. 20. *inire rationem* dixit. Corr.

In oratione ita crudeles) Sic ad Atticum: *Me discessisse ab armis nunquam pœnituit: Tanta erat in illis crudelitas, tanta cum Barbaris gentibus conjunctio, ut non nominatim, sed generatim proscriptio esset informata: ut jam omnium judicio constitutum esset, omnium vestrum bona prædam esse illius victoriæ*. Epist. 9. lib. IV. Corr.

Victoriam horrerem) Quod civium prorsus nemini permitterent esse otiosis, & interim minitarentur omnibus, qui reip. causa non fuerint sua castra sequuti. Sueton. Cæsar c. 75. Fvrr.

Æs alienum amplissimorum virorum) Vt Lentuli. Corr.

Cœpi suadere) Et quidem cum capitis periculo. Idem.

Duceret) Lente gereret, præliorum aleam non committeret. Gellus.

Nisi quadam ex pugna cœpisset suis militibus confidere) Ad Dyrrachium facta, in qua Pompeius ipse Imperator fuit appellatus. Corr.

Nullus imperator fuit) Hoc est, nullius pretii imperator, nihil gessit dignum imperatore. Sic contra *imperator unicus* ap. Suet. est præstantissimus, optimus Imperator. Grav. Quia negligebat victoria uti, nec territum Cæsaris exercitum extemplo persequebatur. Gellus.

Signa contulit) In Thessalia ad Pharsalum. Corr.

Solus fugit) Larissam. In.

Cadendum fuit) Vt L. Domitio. Idem. Opportunum est, quod hæc in pro-

sidias incidendum, aut deveniendum in victoris manus, aut ad Iubam confugiendum, aut capiendus tamquam exsilio locus, aut consciscenda mors voluntaria. Certe nihil fuit praeterea, si te victori nolles, aut non auderes committere. Ex omnibus autem iis, quae dixi, incommodis nihil tolerabilius exsilio, praesertim innocenti, ubi nulla adjuncta est turpitudo: addo etiam, cum ea urbe careas, in qua nihil sit, quod videre possis sine dolore. Ego cum meis (si quidquam nunc cujusquam est), etiam in meis esse malui. Quae acciderunt, omnia dixi futura. Veni domum, non quo optima vivendi conditio esset; sed tamen, si esset aliqua forma reipub. tamquam in patria ut essem; si nulla, tamquam in exsilio. Mortem mihi cur consciscerem, causa nulla visa est; cur optarem, multae causae. Vetus est enim: *Ubi non sis, qui fueris, non esse, cur velis vivere.* Sed tamen vacare culpa magnum est solatium: praesertim cum habeam duas res, quibus me sustentem, optimarum artium scientiam, & maximam rerum gloriam: quarum altera mihi vi-

proxima cum historia contulit Sebastianus Corradus. Nempe *in acie cecidit* L. Domitius, *in insidias incidit* Pompeius, *in victoris manus devenit* Cassius, *ad Iubam confugit* Scipio, *exsilio locum cepit* M. Marcellus, *mortem voluntariam consciuit sibi Cato*. Vide Caesarem, Lucanum, alios. Corr.

In aliquas insidias incidendum) Ut Pompeio. Corr.

Deveniendum in victoris manus) Ut Cassio. Idem.

Ad Iubam confugiendum) Ut Scipioni. Idem.

Capiendus tamquam exsilio locus) Ut Marcello. Idem.

Consciscenda mors voluntaria) Ut Catoni. Idem.

Si esset aliqua forma reip.) Sic Victorii editio, cui accedit item antiquissimus, Pall. duo, Grut. (quibus subscribunt Graev. primus & Amstelodam.) vulgo *formae*. Paullo post iidem omnes libri, *cur optarem, multae caussae*; vulgo abest *caussae*; & meo animo abesset rectius; sed ab iisdem libris & ipsum Ciceronem in ordinem redigamus, quod non scripsit interdum ut volumus? Gronov.

Optimarum artium scientiam, & maximarum rerum gloriam) Sic edidi relegens vestigia Naugerii, Victorii, Lambini, Manutii, & illius aurei temporis, cum nesciam unde prodierit in nuperis editionibus *maximam*. Sic lib. I. de Nat. Deor. 1. *In summo errore & maximarum rerum ignoratione versari*; etsi illic in MSo vidi *maxima*. Mox non mutavi illa, quae etiam firmantur ab omnium codicum consensu, *mihi ipse fecisse finem belli*, etsi constructionis vitium impingi audiam: quod crimen facile elido, si dixero me opinari Ciceronem una voce sic locutum esse *mihiipse*, quod ego non dubito ei placuisse, ut *mihipte* placuit Catoni. Festus: *Mihipte*, *pro mihi ipse Cato posuit cum dixit* &c. Iac. Gron. *Maximarum*. Ita Vict. Man. Lamb. Sed Gruterus, ex quo deinde Graevius, & Cellarius, *maximam*. Neque tamen dicunt, cur prius illud mutaverint. Si conjectura tantum, minus placet. Oliv.

hi vivo numquam eripietur, altera ne mortuo quidem. Hæc ad te ſcripſi verboſius, & tibi moleſtus fui, quod te cum mei, tum reipub. cognovi amantiſſimum. Notum tibi omne meum conſilium eſſe volui, ut primum ſcires, me numquam voluiſſe plus quemquam poſſe, quam univerſam rempub. Poſtea autem, quam alicuius culpa tantum valeret unus, ut obſiſti non poſſet, me voluiſſe pacem: amiſſo exercitu, & eo duce, in quo ſpes fuerat uno, me voluiſſe etiam reliquis omnibus, poſtquam non potuerim, mihi ipſi finem feciſſe belli: nunc autem, ſi hæc civitas eſt, civem eſſe me; ſi non, exſulem eſſe non incommodiore loco, quam ſi Rhodum, aut Mitylenas contuliſſem. Hæc tecum coram malueram; ſed quia longius fiebat, volui per litteras eadem: ut haberes, quid diceres, ſi quando in vituperatores meos incidiſſes. Sunt enim, qui, cum meus interitus nihil fue-

Hæc ad te ſcripſi verboſius & tibi moleſtus fui) Prim. Grav. *& tibi moleſtus fui*. Non male vetus codex Nic. Serli. *Hæc ad te ſcripſi verboſius & tibi moleſtius*. Grav.

Alicuius culpa] Pompeii. Corrad. Cæſar enim Pompeii culpa tantam potentiam eſt conſecutus, ut plus potuerit unus, quam univerſa reſpublica. Grav.

Ut obſiſti non poſſet] Nullam controverſiam huic lectioni moveo, ſilentibus MSſis. Vix tamen abeſt, quin ſcripſiſſe Ciceronem crediderim, *ut ſiſti non poſſet*, hoc eſt, ut reſpublica non poſſet ſervari, ut actum de ea eſſet. Sic enim loquebantur veteres. Liv. lib. II. *Totam plebem ære alieno demerſam eſſe, nec ſiſti poſſe, niſi omnibus conſulatur*. Vide quæ de hoc loquendi genere notavit Gronovius ad Liv. IV. cap. 12. Grav.

Eo duce) Pompeio, Corrad.

Me voluiſſe etiam reliquis omnibus; poſtquam non potuerim) Sic interpungendum; nam vulgata interpunctio, *me voluiſſe etiam, reliquis omnibus poſtquam*, &c. vitioſa eſt: eamque jam in priore editione damnaveramus, & poſtea a P. Manutio emendatam eſſe cognovimus. In iis verbis autem, *me voluiſſe etiam reliquis omnibus*, ſubintelligendum, finem belli facere. Lambinvs. *Me voluiſſe etiam, reliquis omnibus poſtquam non potuerim, mihi ipſi finem feciſſe belli*) Hæc vera ac recta eſt diſtinctio lectioque huius loci. Lambin. cum Manutio eliserre diſtinguendum atque interpungendum, *me voluiſſe etiam reliquis omnibus; poſtquam non potuerim, mihi* &c. qua totam ſententiæ elegantiam periſſe vel puer viderit; ceterum *ipſe* non *ipſi* ingerunt omn. MSſi, editiones priſcæ, ac Victorii. Grav. Temere hic contradicitur Lambino & Manutio; quo illud *etiam* referendum, niſi ſic diſtinguatur, uti diſtinguendum viderunt, & meus præcipit liber primus; quamvis corrupte in illo pro *me voluiſſe* ſit exaratum *melius ſe*. Deinde *ipſi* legendum eſt, ut habet Amſtelod. Mentel. *ipſe* non fert orationis ſtructura; dicendum enim *ipſum* eſſet. Grav. *Reliquis omnibus*. Scilicet finem belli feciſſe, non tantum mihi. Cicero enim poſt Pharſalicam cladem ſuaſit omnibus, ut tempori ſervirent, neque repararent bellum. Cellar.

Mitylenas contuliſſem) Ut Marcellus. Corradvs. Supra lib. IV. ep. 7. Grav.

Non

fuerit reip. profuturus, criminis loco putent esse, quod vivam. Quibus ego certo scio non videri satis multos perisse: qui si me audissent, quamvis iniqua pace, honeste tamen viverent. Armis enim inferiores, non causa fuissent. Habes epistolam verbosiorem fortasse, quam velles: quod tibi ita videri putabo, nisi mihi longiorem remiseris. Ego, si, quæ volo, expediero, brevi tempore te, ut spero, videbo.

EPISTOLA IV.

ARGUMENTUM.

Præmonet Marium de adventu suo in Pompeianum. Eodem anno.

M. T. C. M. MARIO S. D.

AD. IX. Kal. in Cumanum veni cum Libone tuo, vel nostro potius: in Pompeianum statim cogito. Sed faciam ante te certiorem. Te cum semper valere cupio, tum certe, dum hic sumus. Quare si quod constitutum cum podagra habes, fac, ut in alium diem differas. Cura igitur ut valeas: & me hoc biduo, aut triduo exspecta.

EPI-

Non videri satis multos perisse) Vid. lib. VI. epist. 6. Inem.

Armis inferiores) Hoc est, non boni bello, minores militia. C. Nepos Datame c. 8. Cæsar III. B. G. c. 24. adde Capitolin. Macrin. c. 8. Ammian. Marcell. XXX. c. 8. Corr.

EPISTOLA IV.

Dum hic sumus. Vides enim quanto post una fuimus simus. Quare si) Hæc verba *Vid. en. qu. post un. fui. sim.* nec scio quid ad rem faciant, nec an satis Latina sint. Si Latina sunt, longe aliud significant, quam quod Cicero voluit, quod & Manutius vidit. Nec in Palatino primo, nec in meo optimo libro illa leguntur. Delenda sunt omnino, quod etiam in hac editione feci secutus auctoritatem vetustissimarum membranarum. Graev.

Si quod constitutum cum podagra habes) locus dignus ingenio Tullii. Viri docti scholiis suo ostendunt, se eum non intellexisse, cum significent intelligi propositum de podagra curanda. Qui cupit aliquem valere, quomodo auctor est in morbo curationis differendæ? Immo, si amica tua & familiaris, inquit, podagra petitur constitui tibi, & bona fide ante constitutum non appellat, differ eam in aliam diem, & fac ut careas, dum nobiscum eris. *Constituere alicui & cum aliquo*, est convenire cum aliquo de loco & tempore coeundi. Iuven.

His ubi nocturnæ Numa constituebat amicæ.

Sic *venire ad constitutum* Varroni, Cic. pro Cæcina, Petronio. Gronov. lib. I. Observ. cap. I. quem vide pluribus ibi de hoc verbo agentem. Graevius.

EPISTOLA V.

ARGUMENTUM.

C. Trebatium Testam jurisconsultum familiarem suum commendat C. Caesari, Galliarum proconsuli. Scripta Domitio & Appio Coss. quod ex epist. 14. lib. II. ad Q. Fratrem intelligitur.

CICERO CAESARI IMPER. S. D.

VIde, quam mihi persuaserim, te me esse alterum, non modo in his rebus, quae ad me ipsum, sed etiam in iis, quae ad meos pertinent. C. Trebatium cogitaram, quocumque exirem, mecum ducere, ut eum meis omnibus studiis, beneficiis quam ornatissimum domum reducerem. Sed postea, quam & Pompeii commoratio diuturnior erat, quam putaram, & mea quaedam tibi non ignota dubitatio aut impedire profectionem meam videbatur, aut certe tardare, vide, quid mihi sumserim. Coepi velle, ea Trebatium exspectare a te, quae sperasset a me. Neque mehercule

EPISTOLA V.

QUocumque exirem] Legatus Pompeii ad rem frumentariam. CONRADUS.

Mecum ducere] Imperatores enim eorumdemque legatos ut plurimum sequebantur iurisconsulti: quorum opera in provinciis, cum rei essent faciendi, aut absolvendi, aliaque judicia haberentur, praeclara vulgo uti possent. FUNC.

Ut cum meis omnibus studiis, beneficiis quam orn.] Sic Gruterianus, & Victorii editio ex Mediceo codice: (sic & Grav. prim.) ita ut non displiceat lectio Vaticani: *Ut cum meis studiis, beneficiis omnibus quam orn.* Vulgo. *Meis communibus studiis & beneficiis.* &c. GRÆVIO.

Mea quaedam tibi non ignota dubitatio) Qui & morem illi gerere, & in oculis civium esse vellem. CORR.

Vide quid mihi sumserim) Gruterianus, *quid mihi viderim sums.* quid si legamus *quid mihi interim sums.* Paullo post retinui vulgatam lectionem stabilitam a Medic. Pal. pr. editione Victorii, *quae sperasset a me*; cum praeferant prima editio, Pal. alter, Grut. Guilielmiani quatuor, *quae exspectasset*. GRÆVIO. *Vide quid mihi sumserim*) Eleganter quidem mihi videtur invertere ordinem vocum codex Gruterianus, dum praefert *quid mihi interim sumserim*. Quo non aliud inesse judico, quam *quid mihi vide tamen sumserim*. Nam το *tamen* compendio scribi solet tn. IA. GRON.

Coepi velle) Genus dicendi cum optimo cuique Scriptorum, tum Phaedro in primis familiare; nec minus Petronio, qui cap. 9. *Coepit mihi velle pudorem extorquere*. Seneca de morte Claudii c. 18. Hygin. Fab. Epit. c. 4. Sidon. II. ep. 13. CORT.

Minus

cule minus ei prolixe de tua voluntate promisi, quam eram solitus de mea polliceri. Casus vero mirificus quidam intervenit, quasi vel testis opinionis meæ, vel sponsor humanitatis tuæ. Nam cum de hoc ipso Trebatio cum Balbo nostro loquerer accuratius domi meæ, litteræ mihi dantur a te, quibus in extremis scriptum erat, *M. ORFIVM, quem mihi commendas, vel regem Galliæ faciam, vel hunc Leptæ delega: si vis tu, ad me alium mitte, quem ornem.*

Minus ei prolixe) Minus *benigne*, ut interpretatur Donatus illa Terent. Adelph. A. V, Sc. VIII. v. 20. *Age, age prolixe Micio*. Dein *prolixe polliceri* in ea structura jacet, qua supra IV. ep. 13. *benigne polliceri*. Idem.

M. FVRIVM quem mihi commendas) Ego castigavi *M. Orfium*; vetus codex in hoc nomine omnino nihil mendi continet: potius enim *Vefivium* ibi legas. Nos & ex his vestigiis, & ex loco in epistola ad Quintum Fratrem *Orfium* legendum esse censuimus: nam hunc esse apparet, quem cum litteris ad Fratrem mittit, & quem illi commendat, & Tribunum militum esse dicit in Cæsaris exercitu. Verba autem hæc Cæsaris ita leguntur in omnibus antiquis exemplaribus, ut nos majoribus litteris (ut facilius distinguantur) scripsimus. VICTORIVS. Nonnulli conantur ostendere diversum hunc esse, de quo hic agit Cæsar, ab eo quem Cicero commendat Quinto Fratri in epistola, quæ est 237. potuit tamen fieri, ut domestici negotii causa ab exercitu discesserit & Romam venerit, vel ab Imperatore missus fuerit; cum autem in Gallias rediret, epistolam ei dederit Marcus Cicero, qua illum fratri conciliaret: nam tunc primo eum ad Cæsarem profectum non esse, illud aperit, quod inquit de hoc ad Fratrem scribens, *Est tribunus militum in exercitu vestro*. Si enim tunc primum illum ad Cæsarem misisset, ita locutus non esset, nec affirmasset eum Trib. esse: nesciebat enim an id a Cæsare impetraturus esset. *Orfium* autem ipsum litteras Ciceronis ad Cæsarem attulisse, quæ peterent ab eo, ut ipsum Tribunum militum faceret, Cæsaris verbis intelligitur, Idem. *M. Furium*) Varie leges *M. Rufium*, *Iunium*, *Insium*, *Ithium*, *Ypcium*, *Vesivium*, ex quibus verbis colliget legendum *M. Curtium*, quicumque epistolas ad Q. Fratrem viderit: etsi *M. Orfium* nonnulli legunt, CORRAD. *M. Orfium*) Sic edidit Victorius, sic quoque est in Vaticano. Pal. pr. *M. Iysium* (in Grav. primo est *M. Ilsumm*) sec. *Nusium*. Grut. *Isfium*; vulgo *M. Furium*, alii, ut prisca editio, *M. Rufum*. GAGNARO.

Vel hunc Leptæ delega) Vereor sane, ut in his verbis mendum sit, nihil tamen ausus immutare: alii vulgatæ lectionis vestigiis hærentes, hunc locum emendare conantur, quod prorsus faciendum non fuit; verisimile enim est, in vetere scriptura minorem (si ulla est) labem esse: peritiores hoc diligenter considerabunt. Ad Atticum Cicero eumdem modum loquendi usurpavit, qui hic est in priscis exemplaribus, 504. *Quinto delegabo, si quid ero meo superabit, & emisi ocius*. Sed etiam aliis in locis. Quare videndum est, an omnis obscuritas nascatur ex rei ipsius ignoratione. Quod si historiam illius negotii teneremus, omnia plana essent & in verbis nullam maculam esse intelligeretur. VICTOR. *Vel Leptæ legatum*) Ita discrepant hoc loco inter se exemplaria vetusta, & ea ipsa a libris vulgatis, ut putem mihi licere vel unam aliquam scripturam probare, vel unam fingere. Cum igitur ex manuscriptis alii habeant *vel Leptæ delegem*, alii *delegam*, alii *delega*: vulgati partim *vel certe legatum*, partim *vel Leptæ le-*

ornem. Sustulimus manus & ego, & Balbus: tanta fuit opportunitas, ut illud nescio quod non fortuitum, sed divinum videretur. Mitto igitur ad te Trebatium, atque ita mitto, ut initio mea sponte, post autem invitatu tuo mittendum duxerim. Hunc, mi Cæsar, sic velim omni tua comitate complectare, ut omnia, quæ per me possis adduci, ut in meos conferre velis, in unum hunc conferas: de quo tibi homine hæc spondeo non illo vetere verbo meo, quod, cum

gatum: ego *vel Lepte delegabo*, reponendum putaverim, hoc sensu, Lepta delegabo, qui eum ornet & locupletet: non pugnaturus, si quis acutior meliorem lectionem reperiat. Quidam docti volunt legi *vel certe proregem*. Manutius, *vel tertiæ legionis legatum*. Turnebus scripturam in uno cod. vetere repertam, integram retinens, legit *vel Lepta delega*, libro XII. Adversar. cap. 18. quam minus probo. LAMBIN. *Vel regem Galliæ faciam, vel Leptæ legatum*) Octavius Pantagathus existimabat hunc locum non vacare mendo, atque ita corrigebat ex antiquæ scripturæ vestigiis, *et me regem Galliæ faciam Leptæ delegabo*; quid si legas? *vel leg.* 111. *legatum*, pro *Leptæ legatum*. URSIN. *Vel hunc Lepte delega*) Sic quoque editio prisca, Victorii, Pal. pr. Grut. Vatican. Steweck. Peck. vulgo *vel Leptæ legatum*. LAMBIN. *delegabo*. Liber Politiani *delegatum*, quibus omnibus nihil opus est ad nostram. GRONOVIUS. *Lepte delega* bono sensu mihi scriptum videtur, ut dicat jocans, tam divitem fore propediem eum hominem ipsum, ut creditori suo Leptæ Cicero qui solvat delegare possit: id enim est delegatione solvere. Nam is qui tua causa a me ditatus fuerit, tibi debebit, ut tuum æs alienum solvere debeat; aut dicit, nisi hoc faciam, eum delega & commenda non mihi Imperatori, sed Lepte. TURNEBUS. Ego nulla propemodum licentia scribo: *vel Leptidæ legatum*. Cum enim Leptis non nobilissima tantum omnium eo tempore Africæ urbium, sed & colonia Iulia fuerit, credibile est, Cæsarem eam potissimum delegisse, in qua eius regionis præfecti sedem atque domicilium suum collocarent. I. RYCKIUS. Var. Lect. I. 5.

Vel hunc Lepte delega sicut re) Sic MSus: forte: *vel Iynge Lerinæ deligabo*; id est, commoratiunem in insula Lerina vel Lerone tam dulcem & gratam reddam, ac si philtrum vel amatorium medicamentum ibi bibisset: ac si ad Lotophagos Homericos venisset. Lerina, insula circa Rhodani ostia. Plin. III. 5. de Galliæ ora: *Lero & Lerina adversus Antipolim*. Strabo IV. 185. Μετὰ δὲ τὰς Στοιχάδας ἡ Πλανασία, καὶ Λήρων, ἔχουσαι κατοικίας. ἐν δὲ τῇ Λήρωνι ἐστὶ καὶ ἡρῷον τοῦ Λήρωνος. κεῖται δ' αὕτη πρὸ τῆς Ἀντιπόλεως. *Post Stœchades Planasia & Lero sunt, colonias habentes. In Lerone fanum est Leronis: e regione Antipolis hæc ipsa jacet*. In ea prædia vel possessiones hic M. Orfius habuisse videtur. Iynges omne philtri, vel illecebræ magici genus, ab avicula Iynge sive motacilla, qua a sagis in hunc usum adhibebatur. Vide Salmas. ad Solin. p. 913. *deligare*, quod alias *defigere*. Plin. XXVIII. 2. *defigi diris imprecationibus*. Paulus IC. V. Recept. Sent. 23. *Vt quem obcantarent, defigerent, obligarent*. Tibull.

. . . . magico religatum brachia nodo.

Tertull. de Spectac. *devinctiones magicas*. Auctor Ciris:

Idæi cie animum defigere votis.

Vide Salm. ad Solin. p. 1088. Io. Fr. GRON.

Mare

cum ad te de Milone scripsissem, jure lusisti: sed more Romano, quo modo homines non inepti loquuntur: probiorem hominem, meliorem virum, pudentiorem esse neminem. Accedit etiam, quod familiam ducit in jure civili, singularis memoria, summa scientia. Huic ego neque tribunatum, neque præfecturam, neque ullius beneficii certum nomen peto: benevolentiam tuam, & liberalitatem peto: neque impedio, quo minus, si tibi ita placuerit, etiam hisce eum ornes gloriolæ insignibus. Totum denique hominem tibi ita trado de manu (ut ajunt) in manum tuam istam, & victo-

More Romano) Id est *simpliciter*, sine falsa specie vocabulorum. Cui enim *Romana simplicitas* non dicta, quæ fuit primis temporibus? Martialis epistola lib. I. dolet quosdam, *quod quos Latine loqui in nulla pagina fas sit*: hoc est, simpliciter rem, quæcumque fuerit, proloqui, turpis illa sive honesta fuerit: adde epist. 14. CORR.

Pudentiorem esse neminem) Hanc lectionem ex v. c. oræ primæ editionis adscripsit Egnatius, conspiciturque in Pal. pr. libro aurum contra non caro ac probato; Vatic. (nec non Amstelodam.) recepit denique Lambinus; vulgo *prudentiorem*. GRÆ.

Quod familiaritatem induxit) Sic omnes vulgati codices, omnino male. Ego veterem lectionem restitui, *familiam ducit*. Dicitur enim familia jurisconsultorum, familia gladiatorum, familia philosophorum, id est, secta. Ad Attic. lib. II. *Puto enim me Dicæarcho affatim satisfecisse: respicio nunc ad hanc familiam, quæ mihi non modo ut requiescam permittit, sed reprehendit, quia non semper quieverim*. Ille autem *familiam ducere* dicitur, quem ceteri ejusdem generis sequuntur ut auctorem & ducem, ut in V. Philippica: *L. quidem frater ejus, utpote qui peregre depugnaverit, familiam ducit*. In IV. de Finib. dicit *sententiam ducere familiam*, quæ majorem vim habet & majoris est ponderis, & quasi caput aliarum: *Sed primum illud vide gravissimum illam vestram sententiam, quæ familiam ducit*, *Honestum quod sit, id esse solum bonum, honesteque vivere, bonorum finem: communem fore vobis cum omnibus*, &c. Non parvæ igitur auctoritatis esse dicit Trebatium in jure civili, habereque suos sectatores. Nam quod paullo supra erat *prudentiorem esse neminem*: ego *pudentiorem*, ut in melioribus libris inveni, scripsi: loquitur autem & in secunda post hanc epistola de pudore Trebatii. Nam & in alia sic ait: *Semper autem etiam, quod a te alienissimum est, subimpudens videbare*. VICTORIUS.

Quod familiam ducit) Quasi discipulorum. CORR. *Familiam ducit in jure civili*) Sic Victorii editio, Pal. alter ac Vatican. nam unica littera dispersa peccant Pal. pr. Gruter. prima editio, *familia induxit*; vulgatur ineptissime, *quod familiaritatem induxit, in jure civili singularis memoria, summa scientia*. GRÆ. Sed recte vidit Manutius hunc locum male distingui, & explicari a Victorio, quem vide. Male Gebhardus sequitur Victorium, qui tamen in notis posterioribus se ipse pæne retexit. In Grævii primo libro & duobus aliis, quos vidit Guil. legitur: *In jure civili singulari memoria, summa scientia*; scilicet est. GRÆV.

De manu in manum) De iis proprie dicitur, quæ studiose scrutamur, & si omnino aliis committenda sunt, e manu statim in manus tradimus. Hinc & illa intelligenda Sall. Jug. c. 63. *Etiam tum alios magistratus plebes, Consulatum nobilitas inter se per manus tradebat*: ibi plura. CORT.

victoria & fide præstantem. Simus enim putidiusculi, quam per te vix licet: verum, ut video, licebit. Cura, ut valeas, & me, ut amas, ama.

EPISTOLA VI.

ARGVMENTVM.

Trebatium desiderium urbis vix ferentem hortatur, ut urbis urbanitatisque curam & memoriam, quasi quasdam ineptias, abjiciat; operamque det, ut quod ei ab urbe discedenti propositum fuerat, id assiduitate & virtute consequatur. Eodem anno.

CICERO TREBATIO S. D.

IN omnibus meis epistolis, quas ad Cæsarem, aut ad Balbum mitto, legitima quædam est accessio commendationis tuæ, nec ea vulgaris, sed cum aliquo insigni indicio meæ erga te benevolentiæ. Tu modo ineptias istas, & desideria urbis & urbanitatis depone: & quo consilio profectus es, id assiduitate & virtute consequere. Hoc tibi tam ignoscemus nos amici, quam ignoverunt Medeæ, quæ Corinthum arcem altam habebant, matronæ opulentæ, optimates: quibus illa manibus gypsatissimis persuasit, ne sibi vitio illæ verterent, quod abesset a patria.

Nam

Sumus enim impudentiusculi) Al. *pudentiusculi*, *blandiusculi*, *putidiusculi*. Corr. *Simus enim putidiusculi*.) Mihi hæc placuit codicis Vaticani scriptura, quam gaudeo quoque probatam Victorio & receptam; (sic etiam codex prim. Grav. nisi quod in illo scribitur, *simus enim putidiusculis*, sed addita nota *s* delendum esse;) vulgo *sumus*; ceterum alii *blandiusculi*, alii *impudentiusculi*: utrique glossa decepti. Gron.

EPISTOLA VI.

QVam ignoverunt Medeæ) Vid. Polit. Miscell. cap. 27. Corr.

Quæ Corinthum arcem altam habebant) Sic meliores editiones omnes ac MSS; alii tamen *Corinthi*; editum tamen est, *Corinthi*. Gron.

Manibus gypsatissimis) Hic notavit vir doctus ad editionem principem talem glossam, id est, *fugitivis*, *improbissimis*. Gypsati enim de catasta venalicii. Talis & Medea fugitiva erat patris & patriæ proditrix; quod & ex Politiani codice iisdem verbis exscripsit Ioannes Isaacius Pontanus. Victorii editio ac Pal. primus scribunt *gypsatissimis*. Pal. alter ad marginem *citatissimis*. Gron. Per *gypsatas manus* barbaram mulierem significari puto; nam barbaræ mulieres manus sibi pingere solebant, ut Valer. Flaccus scribit, &, ut opinor, ad candorem gypsare. Turneb. Advers. XII. 18. quem vide,

Nam multi suam rem bene gessere, & poplicam, patria procul.
Multi, quei domi aetatem agerent, propterea sunt improbati.

Quo

vide. *Medea gypsatis manibus* est Ennii, fraudulenta, quae dolos suos praetextu exornat, & illis aliquam bonam causam praetendit, puta legum & juris, aut simile: quas fraudes εὐπρεπεῖς Graeci vocant. Apud Plaut. iidem homines dicuntur *creta se occultare*. Et *albo rete aliena oppugnare bona*. [illegible]. *Illa manibus gypsatissimis*] Illa, ut persona comica, manibus gypso, ut candidiores essent, illitis gubernans vocem, ut Petron. c. 87. Jo. Fr. Gron. Licet etiam haec verba Columnae ad Ennium, & Manutio ad hunc locum, videantur redolere stilum poeticum & elocutionem Ennianam, non crediderim tamen ea a Cic. aliunde adsumta, cum haec profecto scribat joco. Majus quid hoc loco me torquet. Nempe nondum discere potui, unde vir summus, & alii interpretes, didicerint personas comicas manus habuisse gypso illitas: nam sic vertendo quod scribit Columna, id ejusmodi est, ut in censum venire non debeat, ut nec quod adfert ex Isidori lib. X. Nic. Coccei. Epiphill. lib. II. c. 8. Servorum pedes creta illitos solitos, notissimum est, & a multis observatum; verum de manibus mihi nihil occurrit. Nam cum Valer. Flac. Argon. lib. II. v. 150. dicit:

Picta manus, ustaeque placent tibi barbara malae,

coloratas potius quam candidas innuit. E contrario certum est mulieres faciem creta, sive gypso aut cerussa illinire solitas fuisse, & non difficile est demonstratu. Alia ut mittam, ita legas apud Plin. lib. XXXV. c. 16. de creta Selinusia: *Usus ad mulierum maxime unum*. Cui adde Plautum Mostell. A. I. Sc. III. v. 101. Ut igitur dicam quod res est, videtur mihi Cicero scripsisse *malis gypsatissimis*, non *manibus*, quam vocem cum compendio scriptam putarent; qui nobis hasce epistolas descripserunt, veram scripturam obscuraverunt. Nunc omnes MSS in *manibus* conspirant, sensu aut nullo, aut incommodo, cum *malis* nobis reddat sensum egregium. Scilicet ut mulieres, quarum malae sunt infucatae, erubescere nesciunt, & ita numquam coloris mutatione animi a verbis discrepantis sensum produnt: sic Medea, cum longe aliud cogitaret, aliud diceret, vultu se ipsam nequaquam prodidit, sed tamquam faciem fuco oblevisset, mulieribus Corinthiis persuasit, quidquid volebat. Hoc modo erunt omnia, ut credo, planiora. Nec tamen hanc meam conjecturam, cum nullo MSo adjuvetur, in textu recipi velim. Si cui haec minus placent, is ita legat: *Quibus illa manibus Assyrii sponsis persuasit*: quod quodammodo a MSo. qui in margine citatus est, adjuvatur. VERB.

Nam multi suam rem bene gessere] Ita hos versus disposuit Victorius:

Nam multi suam rem bene gessere & poplicam, patria procul.
Multi qui domi aetatem agerent, propterea sunt improbati.

Alii aliter; vide Manutium. Ego praeterquam quod in horum versuum dispositione ab iis dissentio, longe plura Enniana in verbis Ciceronis latere puto. Talem autem Ennii fuisse suspicor:

Matronae opulentae, optimates,
Quae Corinthi arcem altam habetis,
Ignoscite: quaeso ne mihi vitio vertite
Quod absim a patria mea.
Nam multi suam rem bene gesserunt,
Et poplicam, patria procul.
Multi quei domi aetatem agerent,
Propterea sunt improbati.

Primus, secundus, quintus, & postremus sunt Anacreontici. Sed in primo postremam vocem, in postremo primam in scandendo contrahe, hoc modo, *Optimates*, & *Propterea* ut apud Lucret. *Puerisiae*; apud hunc *Assyra*; apud

Quo in numero tu certe fuisses, nisi te extrusissemus. Sed plura scribemus alias. Tu qui ceteris cavere didicisti, in Britannia ne ab essedariis decipiaris caveto: &, quando Medeam agere cœpi, illud semper memento: *Qui ipse sibi sa-*

apud Lucill. *Friglaria*; apud alios alia. Tertius, quartus, sextus & penultimus Iambici: tertius quidem trimeter, reliqui vero dimetri. Ac, ut quatuor postremos versus apud Cic. eo quo scripsi modo disponendos puto: ita priores quatuor suo more immutavit ac dissolvit. IAN. RUTGERS. Var. Lect. VI. cap. 1. Nemo non videt poetae cujusdam verba esse, & quia *Medeae* mentio infertur, ex Ennii Medea deprompta esse. Victorius, Muretus, Manutius ex iis demum verbis, *Nam multi suam rem*, incipiunt versus investigare ac metiri, sed aliter atque aliter singuli. Cell. Ex omnibus, qui in digerendis his versibus laborarunt, solus operam non perdidisse mihi videtur Gerard. Io. Vossius, qui ita scribit:

Matronae opulentae, optumates, quae Corinthium
Arcem altam habetis, Ne mi vitio vertitis,
A patria quod absum; Nam multi suam
Rem bene gessere, & publicam patria procul;
Multique, qui domi aetatem agerent, propterea
Sunt improbati.

Vide illum ad Fragmenta Ennii p. 3364. Edit. Hesselii. Cort.

In Britannia) Ubi illum jam esse credebat Cicero. Corr.

Ne ab essedariis) Militibus Britannicis, ex essedis pugnantibus. Id.

Et quando Medeam agere cœpi, illud semp. mem. Qui ipse sibi &c.) Ita loquitur Cicero, ut aperte ostendat, haec verba e Medea fabula sumta esse: versiculum autem Graecum, unde expressa sunt, posuit in epistola ad C. Caesarem, qua commendavit Precilium, & illum Euripidis esse docet: *Itaque ab Homeri magniloquentia confero me ad vera praecepta Εὐριπίδου,*

Μισῶ σοφιστὴν, ὅστις οὐχ αὑτῷ σοφός.

Odi sapientem, qui sibi non sapit.

Eandem etiam Plutarchus in commentario, quo disseruit fit honeste utiliterque pronunciatum est [illegible]; nec tamen in Graeca Euripidis Medea hic senarius invenitur; quomodo hic nodus dissolvi possit, fateor me ignorare. Nonius Marcellus cum Ennii testimonium e Medea adduceret, fabulae illius nomen *Medeae exsul* esse voluit, atque id duobus in locis, in *Eliminare semper*: sic enim eum locum aliquantulum deformatum legendum arbitrantur: Ennius Medea exule:

Antiqua herilis fida custos corporis,
Quid sic te extra aedes exanimata eliminas?

Quia autem intelligat Medeam fabulam, quam hodie habemus, Euripidis, dubium esse non potest: nam sententia illa ex his versibus, qui a custode liberorum Medeae cum ejusdem nutrice loquente pronuntiantur, accepta est,

Παλαιὸν οἴκων κτῆμα δεσποίνης ἐμῆς,
Τί πρὸς πύλαισι τήνδ' ἄγουσ' ἐρημίαν
Ἕστηκας, αὐτὴ θρεομένη σαυτῇ κακά;
Antiqua ancilla domus meae dominae
Cur pro foribus ita solitaria
Stas, tecum ipsa mussitans tristia?

Tertio adhuc loco in *cernere* Nonius *Medeam exsulem* hanc fabulam vocat. *Ennius Medea exsule.*

Nam ut sub armis malim vitam cernere.

Esse autem hanc sententiam in Graeca quam habemus, notissimum est. Inde autem quispiam suspicari possit duas Medeas scripsisse Euripidem, ambasque Ennium expressisse, in Graeco poeta tituli illius vestigium nullum, quemadmodum Iphigeniae, de qua cum duas fabulas confecisset, nominibus quoque ipsas separavit. Docti viri totam hanc rem accurate cogitabunt, ego scrupulum, qui me diu sollicitum habuit, aliis notum facere volui. Vercon. *Qui ipse sibi*, &c.) Carmen Euripidis vide in ep. 15. lib. XIII. unde hoc Ennius transtulit. Corr.

Ne-

bi sapiens prodesse non quit, nequidquam sapit. Cura, ut valeas.

EPISTOLA VII.

ARGUMENTUM.

Studium suum in commendando Trebatio significat: monet, ut assiduam Cæsari operam navet, ab ejus liberalitate exspectet omnia. Eodem anno.

CICERO TREBATIO.

EGo te commendare non desisto: sed quid proficiam, ex te scire cupio. Spem maximam habeo in Balbo: ad quem de te diligentissime, & sæpissime scribo. Illud soleo mirari, non me toties accipere tuas litteras, quoties a Q. mihi fratre afferantur. In Britannia nihil esse audio neque auri, neque argenti. Id si ita est, essedum aliquod suadeo capias, & ad nos quam primum recurras. Sin autem sine Britannia tamen adsequi, quod volumus, possumus, per-

Nequidquam sapit) Frustra sapit, vide de *nequidquam* Sall. Cat. c. 20. In hanc sententiam confer, quæ scripsit S. Sulpicius IV. ep. 5. Noster III. Offic. c. 15. adde XIII. ep. 15. Cort.

EPISTOLA VII.

Balbo) Qui Cæsaris familiarissimus fuit. Fvnc.

Quoties a Q. mihi fratre afferantur) Sic transponit Pal. pr. Grut. editio prima: ceterum *afferantur* Pal. sec. Varic. Victorii editio, Pal. vero pr. *afferantur*; vulgo *a Quinto fratre mihi afferuntur*. Pal. alter *fratre meo aff.* legebat, quod primo proposui. Gron. Quam lectionem firmat etiam primus Grævii, & Amstelod. nisi quod *afferuntur* hic præ se fert. Græv. *Quæ a Q. Fr.* puta datæ, scriptæ. Confer dicta ad III. ep. 13. *Quibus ego a tali viro contrarius eram*. Cort.

In Britannia nihil esse audio neque auri, neque argenti) Sic ad Atticum: *Etiam illud jam cognitum est, neque argenti scrupulum esse ullum in illa insula, atque ullam spem prædæ*. Cort.

Essedum aliquod suadeo capias) Ita habet editio Victorii, Pall. duo; vulgo nimis importune *rapias*. Paullo post ex Pall. duobus, Gruteriano, editione Victorii ac Vaticano edidi, *adsequi quod volumus*, deleto *ex id*, quod vulgo male hic uberat; hic ex *enim* paullo post; ideo & ibidem auctoribus omnibus libris nostris scripsi, *multum te in eo frater adjuvabit*, cum Pal. alter tamen sufficiat novam plane lectionem, *multum te adjuverit in eo frater meus*. Gron. *Essedum*, vehiculum breve, duabus rotis, & celeritati aptum: duplicia illa erant; *militaria*, currus falcati, vide Jornand. Rer. Goth. c. 2. neque tamen illa semper falcibus armata, vide Cæsaris IV. c. 5. *Vulgaria* cum aliis rebus, tum iter faciendo utilia. Cic. VI. Att. ep. 1. Sueton. Calig. c. 51. Cort.

Epi-

perfice, ut sis in familiaribus Cæsaris: multum te in eo frater adjuvabit meus, multum Balbus: sed mihi crede, tuus pudor & labor plurimum. Imperatorem liberalissimum, ætatem opportunissimam, commendationem certe singularem habes: ut tibi unum timendum sit, ne ipse tibi defuisse videare.

EPISTOLA VIII.

ARGVMENTVM.

Quid Cæsar ad se de Trebatio scripserit, quid ipse Cæsari responderit, officiose significat: deinde Trebatium quasi molli brachio reprehendit, quia delatum a Cæsare tribunatum mil. recusaverit: hortaturque, ut in occasione & facultate optima sibi ne desit. Eodem anno.

CICERO TREBATIO.

SCripsit ad me Cæsar perhumaniter, nondum te sibi satis esse familiarem propter occupationes suas, sed certe fore: cui quidem ego rescripsi, quam mihi gratum esset futurum, si quam plurimum in te studii, officii, liberalitatis suæ contulisset. Sed ex tuis litteris cognovi præproperam quamdam festinationem tuam, & simul sum admiratus, cur tribunatus commoda, demto præsertim labore militiæ, contemseris. Querar cum Vacerra, & Manilio: nam

EPISTOLA VIII.

QUam mihi gratum esset futurum) Pal. alter, Stewech. solemni errore esse: unde tamen velit Guilielm. perquam mihi gratum esse futurum. Ego nolim quidquam mutari. GEBHARD.

Cur tribunatus commoda, demto præsertim labore militiæ, contemseris) Hoc est, cur nolueris frui stipendio tribuni legionis, quod sine ullo onere tibi volebat assignare. *Commoda* proprie dicuntur de stipendio & præmiis militaribus. Ovid. I. de Arte:

Romule militibus scisti dare commoda solus.

Sueton. Cal. XLIV. *Commoda emeritæ militiæ ad sex millium summam recidit.* Id. Galb. XII. *Germanorum cohortem a Cæsaribus olim ad custodiam corporis institutam, multisque experimentis fidelissimam dissolvit, ac sine ullo commodo remisit in patriam.* GRAV.

Manilio) Torquato, ad quem scribit Catullus, nisi fallimur. CORRAD. Quod te patiantur adeo desipere: quem communibus illis amicis de meliori nota commendavi. FVRC.

Con-

nam Cornelio nihil audeo dicere, cujus tu periculo stultus es, cum te ab eo sapere didicisse profiteris. Quin tu urges istam occasionem & facultatem, qua melior numquam reperietur? Quod scribis de illo Preciano jureconsulto, ego te ei non delino commendare: scribit enim ipse mihi, te sibi gratias agere debere. De eo quid sit, cura ut sciam. Ego vestras litteras Britannicas exspecto. Vale.

EPISTOLA IX.

ARGVMENTVM.

Litterarum officium a Trebatio requirit: monet, ut reditum in urbem praepropere cupiat.

MARCVS CICERO TREBATIO.

IAmdiu ignoro, quid agas: nihil enim scribis: neque ego ad te his duobus mensibus scripseram; quia cum Q. Fratre meo non eras: quo mitterem, aut cui darem, nesciebam. Cupio scire, quid agas, & ubi sis hiematurus. Equidem velim cum Caesare: sed ad eum propter ejus * nihil sum ausus scribere: ad Balbum tamen scripsi. Tu desse

Cornelio] Epistola sequenti. CORRADVS.

Cujus tu periculo] *Cum* periculo, vel, ita, ut sit periculosum Cornelio. Vide ep. 17. *post tua disertim.* Petron. Sat. c. 72. Plin. XXIX. c. 1. Cic. pro Sext. c. 22. CORT.

Quin tu urges] *Cur non* urges. Vellei. Pat. II. cap. 7. Sall. Cat. c. 20. IDEM.

Litteras Britannicas] Credebat Cicero, Trebatium cum Caesare in Britanniam profectum. CORRADVS.

EPISTOLA IX.

IAmdiu ignoro quid agas] Victor. & Ven. edd. *Tam diu ignoro quid agas.* Grav. pr. *Quam diu ignoro quid agas* : non inepte; sed vulgatam non puto sollicitandam. GRAV.

His duobus mensibus] Id est, proximis, proxime exactis. Phaedr. I. Fab. I. v. 10. ubi notas Schefferi videas. CORT.

Hiematurus] Diversis enim locis, ut imperatori commodum videbatur, legiones, aestivis confectis, hiemare solebant. FVNC.

Sed ad eum propter ejus occupationem nihil sum ausus scribere] Ipse huic loco mendi notam adposui, quod fortasse multi mirati sunt, cum sententia loci satis plana & aperta sit: reprehenderent etiam, nisi, quid me, hoc ut facerem, impulerit, explicassem. Primo scire debent omnes, me vocem illam *occupationem* in nullis paullo antiquioribus libris nedum vetustissimis legisse, quod mihi originem attulit suspicionis. Deinde cum accuratissime considerassem, non mihi visa est satis digna causa esse, quae retraheret Ciceronem a scribendo, occupa-

esse tibi noli: serius potius ad nos, dum plenior. Quod huc pro-

cupationem Caesaris. Nam saepe ad eam Cicero scribebat, cum ille mirifice Ciceronis litteris delectaretur, & ipsas omni ratione eliceret: nec ea tempestate ullo majore negotio impediebatur, ut cavere deberet, ne ob id illi molestus esset. Nec tamen tantum temporis in legendis amicorum litteris collocatur, ut non quivis occupatissimus se ab illis de omnibus rebus certiorem fieri velit. Majus igitur quiddam esse putavi, quod Ciceronem ab instituto suo deduceret: & ut libere omnem meam suspicionem proferam, si aliquando conjectari datum est, putarim *propter ejus luctum* legendum esse. Constat enim hoc tempore Caesaris filiam mortuam esse, quae Pompeio nupta erat, Juliam scilicet: quod etsi valde notum sit, tamen verba Dionis historici de hac re ponemus: Ἐν δὲ τῷ αὐτῷ τούτῳ χρόνῳ καὶ ἡ τοῦ Πομπηΐου γυνὴ θυγατέρα τι τεκοῦσα ἐτελεύτησε. καὶ αὐτὴν εἴτε διαπραξάμενοι τῶν τε ἐκείνου καὶ τῶν τοῦ Καίσαρος φίλων τινὲς καὶ ἄλλως καὶ χαριεῖσθαί σφισιν αὐτοὺς ἐθελήσαντες, συναρπάσαντες, ἐπειδὴ τὰ ἐγκώμια ἐν τῇ ἀγορᾷ ἐπαινεῖν ἔτυχε, καὶ ἐν τῷ Ἀρείῳ πεδίῳ ἔθαψαν. καὶ τοῦ τε Δομιτίου ἀνθισταμένου, καὶ λέγοντος ἄλλα τε καὶ ὅτι οὐχ ὅσιον ἐν τῷ ἱερῷ χωρίῳ ἄνευ τινὸς ψηφίσματος θάπτεσθαι. *Sub idem tempus Pompeii conjux filiolam enixa obiit: eamque nonnulli, sive ad hoc a Pompeii Caesarisque amicis inducti, sive quod aliqua rem eis gratam facere vellent, corripuerunt, quamprimum in foro funebri laudatione ornata fuit, & in Campo Martio sepelierunt: quamvis Domitio resistente, atque inter alia dicente, non fas esse eam in loco sacro sine decreto sepeliri.* Dicit etiam lib. III. ad Quintum, se ad Caesarem non rescripsisse propter ejus luctum, de obitu filiae intelligens: *Ex Britannia Caesar ad me Kal. Septembr. dedit litteras, quas ego accepi IV. Kal. Octobr. satis commodas de Britannicis rebus, quibus ne admirer, quod a te nullas acceperim, scribit, se sine te fuisse, cum ad mare accesserit. Ad eas ego ei litteras nihil rescripsi, ne gratulandi quidem causa, propter ejus luctum.* De hac eadem re intelligit etiam illo loco ad Quintum, de virtute & gravitate Caesaris, quam in summo dolore adhibuisset: *Magnam ex epistola tua accepi voluptatem.* Nam & ipse Cicero ad Dolabellam scribens de morte Tulliae, non satis confirmatum se dicit ad scribendum, impedit enim officia moeror: & providi omnes homines eos, qui in dolore, & luctu sunt propter carissimarum personarum interitum nolunt afflictos, & perturbatos amplius perturbare, & in ulla re illis molesti esse. Haec est causa, cur stellulam posuerim, ut lector scilicet locum illum attentius accuratiusque examinet: nec tamen conjecturis fretus receptam lectionem delere volui, etsi eam nullo modo probo. Si enim ulla reponenda est vox, ut defectum illum suppleat, nostram potiorem judico. Sed tamen judicio eruditorum stare volo. VICTORIUS. *Sed ad eum propter ejus * nihil sum ausus scribere*) Indicio Victorii, & hunc locum asterisco notavi, quia sic quoque eum reperi in laudatissimo Pal. prim. & Gruteriano. Pal. alter sic concipit: *Sed ad eum perpetuo nihil ausus sum scribere.* Guilielm. talem affectabat medicinam, *sed ad eum propterea nihil sum aus. sc.* Victorii tamen non absurda conjectura injicienda, *propter ejus luctum.* GRONOV. Obtemperavi & ego hic Victorio, qui *occupationem*, quod prae se ferebant editi, secutus MSStorum fidem ejecit, & asteriscum apposuit, corruptionis notam. Nam nec in meo primo haec vox exstat. In Menteliano, qui est recentior, habetur *occupationes*. Probo conjecturam Victorii, qui Ciceronem scripsisse censet *propter ejus luctum*, quia tum Caesar luxerit filiae, quam Pompeio elocarat, mortem. GRAEV.

Dum plenior) Dummodo ditior & pecunia, & favore Caesaris: *dum* pro dummodo etiam Terent. Heaut. A. IV. Sc. II. v. 35. Sall. Cat. c. 5. CORT.

Prae-

propterea, nihil est, præsertim Battara mortuo: sed tibi consilium non deest. Quid constitueris, cupio scire. Cn. Octavius, an Cn. Cornelius quidem tuus familiaris, summo genere natus, terræ filius, is me, quia scit tuum familiarem esse, crebro ad cœnam invitat, adhuc non potuit perducere: sed mihi tamen gratum est. Vale.

EPISTOLA X.

ARGUMENTUM.

Objicit hæc Trebatio vitia per jocum, ambitionem, inscitiam, paupertatem, timiditatem: deinde petit, ut quamprimum significet, quid profecerint litteræ ad Cæsarem de eo dili-

Præsertim Battara mortuo] Sic Pal. prim. sic & Grav. prim. & Amstelodam.] editio Victorii, Pal. alter, Grut. Stewech. & alius, quo Guilielmius usus est codex, *Bataro*: MS. Politiani *Ballra*: vulgo *Vattera*, GEBHARD.

Cn. Octavius est tuus familiaris] Hæc verba addidimus ex vetustis codicibus, *an Cn. Cornelius quidem*: quæ ab Angelo olim Politiano dum hunc locum citaret, etiam restituta fuerant cap. 18. suorum Miscellaneorum: habuimus enim & nos pervetterem illum codicem, quem Philelphi fuisse dicunt, qui etiam nunc in bibliotheca Medicea cum multis nobilissimisque librorum voluminibus custoditur: & illum item non adeo veterem, qui in Divi Marci bibliotheca adhuc manet. Quorum ille maxime auxilio nonnulla corrigit: & quibus nos quæcumque fere in his castigavimus, accepta referimus. Non sunt autem otiosa hæc verba: ostendunt enim illum sibi adeo ignotum esse, ut ne nomen quidem hominis recordetur, ut si vellet eum proprio nomine appellare, nesciret utro, cum diversa inter se sint, nominaret. VICTOR. Pall. duo, Grut. edit. prim. *Cn. Octavius, an Cn. Cornelius quidem tuus familiaris*. In Gravii primo, & Amstelodam. vestigia ejusdem lectionis manifesta sunt: quam merito probavit Gebhardus. GRÆV.

Summo g. n. terræ filius] Jocum adfectat in *summo genere*, dum *terræ filium* dicit: *antiquo* quidem genere prognatum putat, sed quod in obscuro lateat; ultimum autem bene constare, nempe *terram*, ex qua omnia orta. Vide Wowerum, ceterosque ad locum Minucii Fel. c. 21. Præterea multa in Cicerone Oxymora, quæ Cacozelia videri possent. Sed defendit ea Asconius ad Divin. in Verr. Sic *tacendo loqui*, pro Sextio c. 18. *absentes adsunt*, Lælio c. 7. VII. ad Att. ep. 13. *Una non sex*, quem locum supra laudavimus. Sic & alii. Sidon. II. ep 8. & 9. lege quæ ibi Io. Savaro. Plaut. Amph. A. I. Sc. 1. v. 92. CORT.

Terræ filius] Est homo obscurissimus, ignobilis. Iuv. Sat. IV.

—— *giganteum fraterculus*.

Pers. Sat. III.

—— *Progenies est mihi Manius hæres*
Progenies terræ: quære ex me, quis mihi quartus
Sit pater, haud prompte dicam: tamen adde etiam unum
Unum etiam, terræ est jam filius. GRÆV.

Egi-

diligenter scriptæ, & omnino de toto statu suo, consiliisque omnibus certiorem se faciat. Eodem anno.

MARCUS CICERO TREBATIO S. D.

LEgi tuas litteras, ex quibus intellexi, te Cæsari nostro valde jureconsultum videri. Est, quod gaudeas, te in ista loca venisse, ubi aliquid sapere viderere. Quod si in Britanniam quoque profectus esses, profecto nemo in illa tanta insula peritior te fuisset. Verumtamen (rideamus, licet; sum enim a te invitatus) subinvideo tibi, ultro te etiam arcessitum ab eo, ad quem ceteri non propter superbiam ejus, sed propter occupationem adspirare non possunt. Sed tu in ista epistola nihil mihi scripsisti de tuis rebus, quæ mehercule mihi non minori curæ sunt, quam meæ. Valde metuo, ne frigeas in hibernis: quamobrem camino luculento utendum censeo. Idem Mucio, & Manilio placebat, præsertim, qui sagis non abundares: quamquam vos nunc istic satis calere audio: quo quidem nuntio valde me-

EPISTOLA X.

TE *Cæsari valde Jureconsultum videri*) locus, quem non satis intelligimus, quia nescimus, quid scripserit Trebatius; nam quod ejus levitatem, nescio quam argui notat Manutius, alienum videtur. Potius *valde Jureconsultum videri* est, sapere videri & scire, quid ex usu sit. Pro hoc autem dixit illud, quod alio sensu ea *sapere* tribuebatur Iurisperitis, qui sapientes dicebantur. Io. F. GRONOV.

Ubi aliquid sapere viderere) Gruter. *videres*, unde legendum fortasse quemadmodum est in Pal. altero *viderere*; paullo post legunt duo Pall. Grut. *ultro etiam arcessit*, misso pronomine *te*. GEBHARD. *Ubi aliquid sapere viderere*) Ubi non haberis de vulgo, non publici saporis. I. FR. GRON.

Subinvideo tibi, ultro te etiam arcess. ab eo, ad quem cet. non propter ejus superb. sed propter occupationem, adspirare non possunt) Puto certam quamdam occupationem hic non notari, legendumque esse *occupationes*, ut epist. 8. *Nondum te sibi satis esse famil. propter occupationes suas; sed certe fore.* Item epist. 9. *Equidem velim cum Cæsare; sed ad eum propter ejus occupationes nihil sum ausus scribere.* HENR. STEPHANUS.

Valde metuo ne frigeas in hibernis) Nihil facias. CORRAD. *Ne frigeas in hibernis*) Ne per hiemem parum commodis tuis servire possis. I. F. GRON.

Camino luculento utendum censeo) Quasi de vero frigore locutus esset. Sed hic allegoricus sensus est, eam hibernorum partem eligas, ubi friges, hoc est, paupertatem, camino luculento, id est, fructibus provincialibus pellere possis. IDEM.

Qui sagis non abund.) *Sagum* vestimentum militare, quod medium tantum corpus tegebat, idque angustius agilitatis caussa. Militum erant densa & villosa, ut contra injurias cæli munitiores essent. Vide Schegkium ad Vellei. Pat. II. c. 16. Torrentium & Casaubonum ad Sueton. Iul. c. 48. præter eos, qui de re vestiaria integros nobis libros dederunt. CORT.

Calere) Bello. CORRAD. *Satis calere*) Satis negotii habere. Lib. VII. ad

mehercule de te timueram. Sed tu in re militari multo es cautior, quam in advocationibus: qui neque in Oceano natare volueris, studiosissimus homo natandi; neque spectare essedarios; quem antea ne andabatam quidem defraudare poteramus. Sed jam satis jocati sumus. Ego de te ad Cæsarem quam diligenter scripserim, tute scis; quam sæpe, ego.

ad Att. ep. 19. & hic lib. VIII. ep. 6. GRÆV.

In re militari multo es cautior) A præliis attingendis multo melius tibi caves, quam aliis cavere soles adhibitus in contractibus & testamentis signandis: non ob inscitiam Trebatii, ut rustice Manutius, sed quia plerumque accidit, utcunque caveant I.C. tamen ne sic tutos. Io. Fr. GRON.

Neque spectare essedarios) Qui milites sunt qui ex *essedis* pugnabant, & aurigæ, qui in spectaculis spectari solent, de quibus vid. Lips. II. Saturn. 12. GRÆV. *Spectare essedarios*) Britannos ex essedis præliantes. Sed loquitur, ut de gladiatoribus essedariis, de quib. Lips. II. Saturn. 12. Io. Fr. GRON.

Quem antea ne Andabatam quidem defraudare poteramus) Nos hic communem vulgatamque lectionem secuti sumus, nulla re ab antiqua diversam: alii *ne anabata quidem* legendum putant, permutato vocabulo & casu. Nos tamen affirmare possumus de integritate hujus verbi, quam de significatu respondere. Nonius certe sæpe Varronem *Andabatis* citat. Erasmus putat hic *Andabatam* vim proverbii habere, quo etiam sæpe Divus Hieronymus usus sit, quos locos diligenter ille colligit, ut cum nihil amplius viderim, malim eo ab eo peti, quam hic nulla necessitate describere. Nec tamen vir ille eruditissimus potuit originem hujus proverbii aperire: fuerint enim populi Ambatæ clausis oculis pugnare soliti, an gladiatores quidam, qui sic in adversarium ferrent, seu potius lusus genus, se non compertum habere ingenue fatetur; etsi in ultimam sententiam potius inclinat. VICTOR. *Andabatam*) Vide Erasmi proverbia. GEBHARD. *Quem antea ne antambatam quidem*) *Antambatæ* non populi fuerunt, sed gladiatores, seu certatores, qui ex equis pugnabant: idque oculis clausis, aut capite operto, ne cernere alter alterum posset. Dicti autem sunt antambatæ a præpositione *ἀντὶ* & *ἀναβάτης*, quæ vox significat eum qui equum conscendit, quive in equo sedet. Ita antanabatæ sunt, qui ex equis inter se certant: seu qui in equis sedentes inter se adversantur & pugnant. Quod autem vulgo dicuntur *andabatæ*, vitium est temporum & chartarum. LAMBIN. *Quem antea ne Andabatam quidem defraudare poteramus*) Sic est in Pall. omnibus, editioneque Victorii. Grut. tamen *Andabatam*, unde forsan legendum *Andabatæ*: quasi dicat; noluisti adesse spectandis essedariis, quem novimus adeo cupidum fuisse spectandi Andabatas, ut nulla te ratione intervertere atque avertere ab eorumdem spectaculo potuerimus: verum hoc quoque modo citat Lipsius lib. II. Saturn. sermon. c. 12. quem vide. GRUTERO. Male hic Lambinus. *Andabata* est ex Græco *ἀναβάτης*, interposito *d*, ut in multis aliis, id est, *ἐπιβάτης*, quia in equis pugnabant andabatæ, galea frontem oculosque tecti. *Andabatam* agnoscunt etiam Grævii primus, & Amstelod. GRÆV. *Ne Andabatis quidem defraudari*) Qui adeo delectaris spectaculis amphitheatralibus, & muneribus gladiatorum, ut ne Andabatis quidem, in quibus minima voluptas est, introductis abesse spectaculo velis. Andabatæ oculis obvolutis cæci pugnabant. Unde proverbium *Andabatarum more pugnare*, in illos, qui litigant de re, quam ambo non intelligunt. Io. Fr. GRON.

ego. Sed mehercule jam intermiseram, ne viderer liberalissimi hominis meique amantissimi voluntati erga me diffidere. Sed tamen his litteris, quas proxime dedi, putavi esse hominem commonendum: id feci: quid profecerim, facias me velim certiorem; & simul de toto statu tuo, consiliisque omnibus. Scire enim cupio, quid agas, quid exspectes, quam longum istum tuum discessum a nobis futurum putes. Sic enim tibi persuadeas velim, unum mihi esse solatium, quare facilius possim pati, te esse sine nobis, si tibi esse id emolumento sciam: sin autem id non est, nihil duobus nobis est stultius: me, qui te non Romam attraham: te, qui non huc advoles. Vna mehercule nostra vel severa, vel jocosa congressio pluris erit, quam non modo hostes, sed etiam fratres nostri Ædui. Quare omnibus de rebus fac, ut quam primum sciam:

Aut consolando, aut consilio, aut re juvero.

EPISTOLA XI.

ARGVMENTVM.

Primum jocatur, ut solet, occasione sumta ab interregnis; deinde suadet, ut, si honestatem facultatesque suas auget, maneat apud Cæsarem; sin minus, Romam se recipiat. Anno urbis DCC. in interregno.

CICERO TREBATIO.

NIsi ante Roma profectus esses, nunc eam certe relinqueres: quis enim tot interregnis jureconsultum desiderat? Ego omnibus, unde petitur, hoc consilii dederim, ut a

Fratres nostri Ædui) Sic ad Atticum, *Ædui fratres nostri pugnant*. CORRAD.

EPISTOLA XI.

INterregnis) Post M. Messalam & Cn. Domitium Coss. CORRAD. Interregni autem tempore judicia jacebant. Vid. MANUT. GRAEV. *Interregnum* est intervallum regni, aut tempus illud, quo imperium rege, seu magistratu vacat. Sic *interrex* proprie is est, qui regis defuncti administratione fungitur: postea vero etiam interregna extra regium imperium essentia fuerunt. Livius V. c. 31. FREC.

Omnibus unde petitur) Est propria jurisconsultorum formula. Sic appellabatur alter litigatorum, qui minirum

ut a singulis interregibus binas advocationes postulent. Satis ne tibi videor abs te jus civile didicisse? Sed heus tu, quid agis? ecquid fit? video enim te jam jocari per litteras. Hæc signa meliora sunt, quam in meo Tusculano. Sed

eum in jus vocatum erat in judicio privato, sicuti is, qui in jus vocabat, dicebatur *petitor*, sive *actor*, quoniam ab eo, cui litem intendebat, petebat aliquid plerumque dicere aut facere oportere. Cic. pro Mur. *Quid huic tam loquaciter litigioso responderet ille, unde petebatur, non habebat.* Cato: *Si quid alter ab altero peteret, si ambo pares essent: sive boni, sive mali essent, quod duo res gessissent, uti testes non interessent, illi, unde petitur, potius credendum esse.* Terent. Prolog. Eunuch. v. 10.

Atque in thesauro scripsit, causam dicere
Prius, unde petitur aurum, quare sit suum,
Quam ille, qui petit, unde is sit thesaurus sibi.

Unde petitur est, *a quo petitur*. Cic. III. in Verr. *Ille autem, unde ablatum est, judicio suum recuperare nullo modo possit.* Liv. lib. V. *Unde minime quis crederet, accepta calamitas.* Gron. lib. IV. Obs. cap. 11.

Binas advocationes postulent) Est & hoc loquendi genus ex Jurisconsultorum schola. Proprie enim unde petitur *postulare advocationem* dicebatur, cum, postquam petitor actionem edidisset, peteret a Prætore tempus deliberandi, velit ne stare judicio, an facere quod petitor postulabat. Hoc tempus ideo dicebatur *advocatio*, quia tum amicos suos convocabat, cum quibus deliberabat, unde petitur, num vellit causam excipere ac jure experiri, nec ne. Hi dicebantur *advocati* proprie, & tempus *advocatio*. Senec. præm. lib. IV. Controv. *Tanta illi perturbatio fuit, ut advocationem peteret.* Hinc *advocatio* pro quavis mora. Senec. Consol. ad Marc. cap. 10. *Nihil de hodierna die promittitur; nimis magnam advocationem dedi: nihil de hora:* & *advocare* est moras nectere. Plinius lib. V. epist. 8. *Ideoque interim veniam, ne a fortassibus verbis recedam, advocandi peto*: hoc est, moras nectendi. Graev.

Satis ne tibi videor abs te jus civile didicisse) Quia usus erat Jurisconsultorum formulis, *unde petitur*, *advocationem postulare*, ideo jocans subjicit, *satis ne tibi videor abs te jus civile didicisse?* Graev. *Satis ne tibi videor*) Non intelligis me loqui etiam posse ut I. C.? nec frustra fuisse nostram consuetudinem, cum per eam mihi jam adhæserit aliquid de vestro jure civili. Erat autem genus interrogandi frequens antiquis per *Satin'*, vel *Satisne*. Plaut. Amph. II. 11. 1. *Satin' parva res est voluptatum in vita.* Epid. V, 11. 1. *Satin' illic homo ludibrio nos habet?* Mostell. I. 1. 73. *Satin' abiit, neque quod dixi flocci existimat?* Sic *Satin' salve?* Ter. Eun. V. vi. 8. Liv. I. 58. & XLI. 8. 10. Fa. Gron.

Quid agis? ecquid fit) Variæ scriptorum codicum lectiones indicio sunt hic aliter olim scriptum fuisse, ac nunc scribitur. Pal. prim. *Quid agis hac? quid fit?* Grav. pr. *quid agis? & ecquid fit?* Amstelodam. *quid agis? hem, & fit hac?* Mentel. *quid agis, hac quod fit*. Forsan Cicero scripsit, *quid agis? istic quid fit?* *Fieri aliquid* elegans est loquendi genus: Plaut. Truc. *Mane aliquid fiet, ne abi.* Terent. *Interea fiet aliquid*; pro hoc paullo post Cicero in hac ipsa epist. dicit: *Erit his aliquid*. Cic. in ep. 18. hujus libri: *An hoc significans, nihil fieri, frigere te?* Graev.

Hæc signa meliora sunt) Te jocari. Corrad. *Quam in meo Tusculano*) Signa, hoc est, statuæ, sive imagines pictæ. Jors. *Hæc signa meliora sunt, quam in meo Tusculano*) Ludit in signorum significatione duplici. Nam & significationes notat, & statuas, quibus Tusculanum ornaverat, & quarum emtio ei æs alienum conflaverat: vi-

 de

Sed quid sit, scire cupio. Consuli quidem te a Cæsare scribis: sed ego tibi ab illo consuli mallem: quod si aut fit, aut futurum putas, perfer istam militiam, & permane. Ego enim desiderium tui, spe tuorum commodorum consolabor: sin autem ista sunt inaniora, recipe te ad nos. Nam aut erit hic aliquid aliquando: aut si minus, una mehercule collocutio nostra pluris erit, quam omnes Samarobrivæ. Denique si cito te retuleris, sermo nullus erit: si diutius frustra abfueris, non modo Laberium, sed etiam sodalem nostrum Valerium pertimesco. Mira enim persona induci pot-

de epist. 23. hujus libri. GRAEV. *Hoc signo meliore sum*) Hoc indicium est animi hilaris in rebus suis contenti, non spe carentis. Ter. Andr. III. ii. 2. *Quæque opus sunt signa ad salutem esse, omnia huic esse video*. Dein Cicero: *Hoc signo avi eo hoc signum*. IV. Herenn. 5. *Eam usque adeo præmeditatam fuisse, ut confidentissime resistere responderet, quæ signa conscientiæ non innocentiæ sunt*. XIV. ad Attic. 5. *Signa bona, quod Calvenae molestè fert, se suspectum esse Bruto*. Denique ludit in *signa*: quod si referatur ad præcedens, significat indicia: ad quod sequitur, sonat, quasi pro statuis dictum fuisset: iis enim prætoria, & villas ornabant. Io. FR. GRON.

Consuli quidem te a Cæsare) Tamquam Iurisconsultum, qui proprie dicuntur *consuli*. GRAEV.

Tibi ab illo consuli) Commoda tua promoveri: ea, quæ tu volueris, ab illo fieri. Sic Sall. Cat. c. 51. quo plura consulimus. CORT.

Sin autem ista sunt inaniora) Si frustra hæc speras, si inanis est spes. GRAEV.

Quam omnes Samarobrivæ) In Gallia Belgica, ubi Cæsar trinis hybernis hiemare constituit. Hanc Camerarensem urbem quidam nunc vocant. CORRAD. *Samarobrivam* scribendum esse ex auctoritate Strabonis, & veterum librorum, docui in adnotationibus in Cæsarem. VASSW. *Quam omn. Samarobrivæ*) In aliis vero *Samarobrigæ*: metropolis Ambianorum in Gallia Belgica: hodie *Amiens*. Sic autem recte scribitur in melioribus libris: *Briva* enim, & *Briga* sunt antiqua vocabula Gallica, quæ pontem significant; hinc *Samarobriva* est pons Samaræ fluvii, qui per illam urbem transit. *Samara* est fluvius, qui Ptolemæo *Phrudis*, in Notitia Imperii *Sominica* dicitur, hodie *la Somme*. GRAEV.

Sermo nullus) Iudicium deterius, fama maligna. IX. ad Att. epist. 2. XIII. ep. 16. Eodem idiotismo & nostrates ea voce utuntur. CORT.

Non modo Laberium) D. Laberium poetam, scribendis mimis clarum & mordacem. CORRAD.

Valerium) Fortasse Catulum. IDEM. *Valerium*) Iurisconsultum: vide Manut. Sed puto scenicum intelligi, cujus meminit III. de Oratore: *Valerius quotidie cantabat, erat enim scenicus: quid faceret aliud? At Numerius Furius, noster familiaris, cum est commodum, cantat; est enim pater familias, est eques Romanus*. GVILIELM. Volunt L. Valerium I. C. ad quem scribit I. 10. & Appio commendat III. 1. quem si accipimus, quare eum pertimescat, ignoramus. Si Valerium Catullum, quem volunt, facilis est explicatio, nempe ne in epigrammate te traducat; & eum fuisse amicum Ciceronis apparet ex epigr. I. *Disertissime Romuli nepotum, Quot sunt, quotque fuere, Marce Tulli*. Io. FR. GRON.

Pertimesco) Ne in te scribant, vel dicant. CORRAD.

Persona induci) Fingi in mimo vel epi-

potest Britannici jureconsulti. Hæc ego non rideo, quamvis tu rideas: sed de re severissima tecum, ut soleo, jocor. Remoto joco, tibi hoc amicissimo animo præcipio, ut, si istic mea commendatione tuam dignitatem obtinebis, perferas nostri desiderium, honestatem, & facultates tuas augeas; sin autem ista frigebunt, recipias te ad nos. Omnia tamen, quæ vis, & tua virtute profecto, & nostro summo erga te studio consequere.

EPISTOLA XII.

ARGVMENTVM.

Iocatur more suo, & in joco reprehendit opiniones Epicureorum, ipsumque Trebatium, quem Epicureum esse factum, ex Pansa cognoverat. Eodem anno in interregno.

CICERO TREBATIO.

Mirabar, quid esset, quod tu mihi litteras mittere intermisisses. Indicavit mihi Pansa meus, Epicureum te esse factum. O castra praclara! quid tu fecisses, si te Tarentum, & non Samarobrivam misissem? Iam tum mihi non placebas, cum idem intuebare, quod & Seius familiaris

epigrammate, aut proponi. Sueton. Ner. II. *Inducta est & Afranii togata.* Io. Fr. Gron.

Induci potest) A poetis. Corrad.

Ista frigebunt) Quasi otio & languore, hoc est, non bene procedent. Sic *friget Venus*. Terent. Eunuch. A. IV. Sc. v. v. 6. adde ep. 18. Cort.

EPISTOLA XII.

Epicureum te esse factum) Te sectam Epicuri adamasse, id est, te omnia referre ad tui ipsius utilitatem. Erat enim dogma Epicuri, sapientem omnia facere propter se. Qua sententia abutebantur, qui se juvabant damno & publico, & alieno; supra III. 9. Io. Fr. Gron.

O castra praclara) In quibus scilicet homines Epicurei & voluptarii sunt. Idem.

Si te Tarentum) Quod molle dicitur, & molles homines reddit. Corradus.

Non Samarobr. misissem) Vbi sunt homines duri & feroces. Idem.

Iam tum mihi non placebas, cum idem intuebare &c.) Quid si legamus, *cum idem tuebare*, &c. Lamb. *Id. intue.* eodem spectabas, eidem studebas. C. Nepos Themist. c. 8. & sic idem Attico c. 10. Cort.

Quod & Titius familiaris meus) Diversa ab hac scriptura est in Mediceo codice: ita enim ibi legitur, *quod Zeius familiaris tuus*. Quare accurate videndum est an *Seius* legi debeat, quod sane mihi non displicet: pro *se*, enim antiqui librarii ac fabri z, sæpe ponebant, quod Romæ in multis lapidibus visitur, & a doctis est dili-

oris meus. Sed quonam modo jus civile defendes, cum omnia tua causa facias, non civium? Vbi porro illa erit formula fiduciæ: *Vt inter bonos bene agier oportet?* Quis enim est, qui facit nihil, nisi sua causa? Quod jus statues communi dividundo, cum commune nihil possit esse apud eos,

gentibus viris adnotatum est. *Seius* autem Ciceroni familiaris erat, quod intelligitur his verbis ex epist. ad Varronem 122. *Cenabam apud Seium, cum utrique nostrum redditæ sunt a te litteræ.* 166. *Cognoscere ex M. Seio arbitror, qui nostro sermoni interfuit.* Quis hoc nomen crebro legum interpretes usurpant, & Trebatius jurisconsultus erat, ideo (ut opinor) aliqui, cum locum mendosum putarent, *&* *Titio* reposuerunt. VICTORIVS. *Et Titius*) In antiquis libris varia est lectio, *Ethirius*, *Eshirius*, *Catius*. Quare difficilis est conjectura, quo modo sit legendum. *Catius* qui fuit Epicureus, fortasse reponi posset; nisi magis placeret *Attius*, qui & Epicureus, & Ciceronis familiaris fuit: quod nemo est, qui nesciat. CORRAD. Proxime a Mediceo abest primus Grævii, qui legit *quod Zeus familiaris*. GRÆV.

Ius civile defendes) Est enim justitia, virtus extra se patens, & magis consulens alii, quam sibi. Arist. V. Ethic. 3. *Διὰ δὲ τὸ αὐτὸ τοῦτο καὶ ἀλλότριον ἀγαθὸν δοκεῖ εἶναι ἡ δικαιοσύνη μόνη τῶν ἀρετῶν, ὅτι πρὸς ἕτερόν ἐστιν. Ἄλλῳ γὰρ τὰ συμφέροντα πράττει. Propter hoc ipsum Iustitia sola inter virtutes alienum commodum esse videtur; quoniam adversus alterum comparata est. Quæ enim alteri conferunt, præstat.* Quomodo poteris retinere auctoritatem, tutari locum IC.? Io. FR. GRON.

Tua causa facias) Al. *facies*, ut Epicurei, qui dicunt sapientes omnia sua causa facere. CORR.

Non civium) Hæc duo verba non sunt in veteribus libris. IDEM.

Formula fiduciæ ut inter bonos bene agier oportet) Consentiunt prisci, quos vidi, codices cum impressis. Et nobilissimus omnium Mediceus eandem, quam vulgati libri, lectionem servat; aliis doctioribus quid faciendum sit, judicandum relinquo: ipse contra tot exemplarium consensum nihil ausim statuere. VICTOR. Hanc lectionem confirmant Græv. prim. Amstelod. Mentel. In Gruteriano autem & Stewechiano deest ut, & pro *oportet* Steweck. legit *oportere*. *Int. bon. b. ag. op.*) *Inter bonos bene agier oportet, & sine fraudatione*, lib. III. de Offic. CORRAD. In vett. libris est, *inter bonos bene agier* sine particula ut, & sine verbo *oportet*; & ita videtur legendum. VAVR. *Formula fiduciæ*) In pignore vel hypotheca constituenda, excludens omnem fraudem. III. Off. 17. *Quam illi aurea, ut inter bonos bene agier oportet & sine fraudatione.* Ibidem: *Idque versari in tutelis, societatibus, fiduciis, mandatis, rebus emtis venditis, conductis locatis.* Io. FR. GRONOV.

Quis enim est, qui facit nihil, nisi sua causa) Hæc verba ita concepta sunt in Pal. in Grut. ad marginem, nam seriem ipsa destituunt in editionibus, prima ac Victoriana; (ut & Grævii prim. Amstelod. & Mentel. nisi quod in Amstelod. sit *quid enim est.*) Aute edebatur: *Quis enim est bonus, qui facit nihil.* GRUTER. *Quid est enim qui facit nihil nisi sua causa?*) Sic MSti: nempe fur, aut latro, utique non bonus. I. F. GRON.

Quod jus statues communi dividundo) Vbi quod commune esse cœpit (ut si duo rem eandem emerint, aut duobus idem legatum, eadem hereditas obvenerit) oportet dividi, & adhibeberis IC. An suadebis utrique, ut se tantum respiciat, socium fraudet. IDEM.

Communi dividundo) Rerum communium divisioni: qua de in eo legis capite agitur. CORR. Pro *dividundo*, ut *faciundum*, *gerundum*, de quibus ad Sall. Ceterum quid *commune*, vide. Senec.

eos, qui omnia voluptate sua metiuntur? Quomodo autem tibi placebit, Iovem Lapidem jurare, cum scias, Iovem iratum esse nemini posse? Quid porro fiet populo Vlubrano, si tu statueris, πολιτεύεσθαι non oportere? Quare si plane a nobis deficis, moleste fero: sin Pansæ assentari commodum est, ignosco: modo scribe aliquando ad nos, quid agas, & a nobis, quid fieri aut curari velis.

EPISTOLA XIII.

ARGVMENTVM.

Intermissionis litterarum causam exponit: quam non agnoscente Trebatio, inde occasionem arripit liberius jocandi. Scripta eodem anno, & in interregno: quia dies adscripta, III. Non. Mart. Interregnum autem sex mensibus hoc anno fuisse, jam diximus.

M. CICERO TREBATIO S. D.

Adeo ne me injustum esse existimasti, ut tibi irascerer, quod parum mihi constans, & nimium cupidus decedendi viderere, ob eamque causam me arbitrarere litteras ad te jamdiu non misisse? Mihi perturbatio animi tui, quam

Senec. VII. de Benef. c. 12. & Cic. I. Off. c. 7. Praeterea exstat hodieque Titulus & in Digestis, & in Codice *Communi dividundo*: qui ab antiquis ICtis petitus est. Corr.

Iovem lapidem jurare) Vid. sup. ad epist. 1. hujus libri. Corr.

Cum scias) Vt Epicurei, qui nihil tam verentur, quam ne dubitare aliqua de re videantur. Idem.

Iovem iratum esse nemini posse) Epicurus enim dicebat, Deos nec sibi fingere ullam molestiam, nec alteri quaerere. Idem.

Pop. Vlubrano) *Vlubræ* est oppidum parvum, frigidum, in ultima Italia. Sic Horatius.

Quod petis hic est,
Est Vlubris, animus si te non deficit
æquus. Pa. Manvt.

Πολιτεύεσθαι) Rempublicam administrare. Dicebat Epicurus, Rempublicam capessere hominem bene sanum non oportere. Corr.

A nobis) Academicis. Idem.

Sin Pansæ assentari) Qui & ipse Epicureus erat, & ejdem sequitur. Epistola 19. lib. XV. Idem.

Modo scribe aliquando ad nos) Ita Pal. pr. Grut. Victorii editio, & omnium antiquissima, scribunt: vulgo *scribe*. Sicut & illud succinctius, *a nobis quid fieri, aut curari velis*; cum edatur, *a nobis quid agi, quid fieri, aut curari* m. Stewech. quoque illa duo non necessaria vocabula spernit. Graevius. Vtramque scripturam firmant Grav. Amstelod.m. & M. aiel. codd. Grav.

 Et-

quam primis litteris perspiciebam, molestiam attulit. Neque alia ulla fuit causa intermissionis epistolarum, nisi quod, ubi esses, plane nesciebam. Hic tu me etiam insimulas, nec satisfactionem meam accipis. Audi, Testa mi: Vtrum superbiorem te pecunia facit, an quod te imperator consulit? Moriar, ni, quæ tua gloria est, puto te malle a Cæsare consuli, quam inaurari. Si vero utrumque est: quis te feret, præter me, qui omnia ferre possum? Sed, ut ad rem redeam, te istic invitum non esse, vehementer gaudeo: &, ut illud erat molestum, sic hoc est jucundum. Tantum metuo, ne artificium tuum tibi parum prosit. Nam ut audio istic

Non ex jure manu consertum, sed magis ferro
Rem repetunt.

Et

EPISTOLA XIII.

C*ausa intermissionis epistolarum*] Litterarum alias; sed hoc est ex Pall. Gruter. Victorio; statim post, transposui verba, ex Palatino (nam primum tantum, & Gruterianum persequi decrevi ex temporis angustiis, cum queis ceteri in rebus bonis fere concurrunt) & Victorii editione, *Testa mi*: licet passim feratur, *mi Testa*. GERMANO.

Nec satisfactionem m. accipis] Excusationem meam, qua tibi satisfacio pro commisso meo, nempe intermissione litterarum. Sueton. Cæsar. c. 73. adde Casaubon. ad Claud. Ejusdem c. 38. Cæsar. V. B. G. c. 1. CORT.

Ne artificium tuum tibi parum prosit] Iuris civilis prudentia. CORT.

Non ex jure manu consertum] Non totos duos hos Ennii versus scripsimus; reliquum enim posterioris in multis antiquis legitur. Quidam minime necessariam partem reposuerunt, easque verba omiserunt, quæ & in antiquis leguntur, & sententiam integriorem & concinniorem reddunt, cum statim illum interroget an & ipse ad vim faciendam adhiberi soleat; qui autem hæc viderant, ii quoque parum castigata scripserunt: nec enim incommode importuneque de suo addiderunt. Nullum tamen ex eum Ennii verbis conjunctum esse, quod vitio librariorum factum est in nostris codicibus: separentur igitur ab illis, eum verbisque Ciceronis conjungantur. VICTOR. *Ex jure manu consertum*] Hæc verba sunt loco Romani [illegible]. Corr. D. *Ex jure manu consertum petere* est rem suam petere actione forensi, rei vindicatione. Vid. Gell. XX. 9. GRAEVIUS. Id est *ad manum conserendam*, ut interpretatur A. Gell. Erat, ubi in vindicanda possessione agri, vel alius rei, adversarii *manus corripiebantur*, & in agri vel alterius rei loco præsenti vindicabatur per Prætorem. Hæc fere ex eodem Gellio, qui integros hos Ennii versus dedit:

Pellitur e medio sapientia, vi geritur res,
Spernitur orator bonus, horridus miles amatur.
Haud doctis dictis certantes, sed maledictis
Miscent inter sese inimicitias agitantes.
Non ex jure manum consertum, sed mage ferro
Rem repetunt, regnumque petunt, vadunt solida vi.

quos omnium optime illustravit Columna ad Ennii Fragm. p. 144. adde Manut. h. l. Brissonium V. de Form. p. 174. & quæ viri docti ad Gellium. CORT.

Et tu

Et tu ſoles ad vim faciundam adhiberi ? neque eſt , quod illam exceptionem in interdicto pertimeſcas : *Quod tu prior vi hominibus armatis non veneris*. Scio enim te non eſſe procacem in laceſſendo. Sed ut ego quoque te aliquid admo-

Et tu ſoles ad vim faciundam adhiberi) Legendum eſſe , *At tu non ſoles ad vim faciundam adhiberi*, ſententia ipſa clamat ; hoc enim ſignificat Cicero , Vereor ne artificium tuum tibi parum proſit : quia iſtic non eſt opus juriſconſulto , cum arma valeant . Nam tu quidem qui juriſconſultus es , non ſoles ad vim faciendam adhiberi . LAMBINUS . *Et tu ſoles ad vim faciundam adhiberi* , eſt in manuſcripto apud me libro . VRSIN. *Adhiberi* eſt in conſilio adhiberi , conſuli . Vid. ſup. ad lib. IV. cap. 1. GRAEV.

Illam exceptionem) Adjunctionem , quæ in interdicto addi ſolebat , ſine qua tamen fieri poterat . CORR.

In interdicto) De vi hominibus armatis ; ſive , Unde vi . IDEM.

Quod tu prior vi hominibus armatis non veneris) De quo tot diverſæ ſententiæ , concertationeſque fuerunt ; ſcripſimus ut in Mediceo eſt ; cujus lectionem ejus libri ſinceram & integram eſſe credimus ; ut qui immutare aliquid velint , potius corrumpant quam corrigant ; nam verba eſſe interdicti patet . Inveniuntur ea in oratione pro Cæcina multis locis , & in Pandectis ſæpius . Hunc autem eorum ſenſum eſſe exiſtimamus, ut dicat Cicero , non eſſe Trebatio pertimeſcendam exceptionem illam , qua utuntur illi ad Prætorem , qui cum confeſſi ſint ſe dejeciſſe , clamant tamen ſe non interdicto teneri , nec debere reſtituere ; nam ſe *prius* ab adverſariis *vi hominibus armatis* dejectos eſſe ; ſubjungit enim, *Scio enim te non eſſe procacem in laceſſendo* , ut injuriarum origo a te orta eſſe poſſit ; nam ut timidum & parvi animi hominem taxat , & qui libenter pugnas turbaſque fugeret, & bello minime eſſet aptus: quibus enim valebat armis, in prælio uti non poterat : cum autem cum juriſconſulto ſermo ſit , verbis juris frequenter utitur Cicero , joci cauſa , VICTOR. Mediceo adſtipulantur Amſtelod. Mentel. Græv. primus . Pal. prim. editio prim. niſi quod pro *vi* legat corrupte *in* . GRAEV. *Quod tu prior vi hominibus armatis non veneris*) Si hæc ſunt exceptionis verba, negatio tollatur neceſſe eſt ; quoniam Prætor in interdicto eum alloquebatur , qui dejeciſſet , qui ſine dubio prior venerat. Sin Ciceronis ſunt ad Trebatium , negatio legi poteſt . CORRAD. *Neque eſt quod illam exceptionem in interdicto pertimeſcas , Quod tu prior* &c.) Id eſt , nemo te agentem , hac exceptione repellet , Recte ageres , niſi *prior vi hominibus armatis* veniſſes . Numquam enim vim cuiquam prior inferes , neque quemquam hominibus armatis oppugnabis . At hæc exceptio convenit in eos, qui priores alteri vim intulerunt , & qui alterum laceſſiverant . Sic puto hunc locum & legendum eſſe & intelligendum . Negatio ſcilicet , quæ debebat locari ante verbum *ſoles* , fuerat in alienum locum translata , & ante verbum *veneris* , collocata . LAMB. Ut Mediceus , ita quoque Pal. concepit , neque magnopere titubat Gruterianus , tantum *omnibus* pro *hominibus* referens . Vaticanus hæc omnia ita transformata *Non reperitur* , *& tu ſoles ad vim faciundam adhiberi ? neque eſt , quod tu prior vi hominibus armatis* . Mihi quoque interjacentis vulgo verba pro commento ac gloſſemate oboleſcunt : quod auget ſuſpicionem, quodque neque in Grut. editione prima in conſpectu ſit. Alius cetera ſic circumferuntur, *quod tu prior cum hominibus armatis veneris* . Prima editio ſinceram lectionem fere exhibet, ſi modo pro *in* emendes *vi*, GRONOVIUS. Habes ſimilem exceptionem L. 22. §. 2. D. quod vi aut clam. adde tit. *de vi & vi armata* : & miror quoſdam hic offendere potuiſſe particulam *Non* , cum frequenter in ipſis interdictis appareat *Niſi* , imo ipſum

moneam de nostris cautionibus: Treviros vites censeo: audio capitales esse: mallem, auro, ære, argento essent. Sed alias jocabimur. Tu ad me de istis rebus omnibus scribas velim quam diligentissime. A. d. IV. Non. Mart.

EPISTOLA XIV.

ARGUMENTUM.

Familiariter & jocose Trebatium, qui litteras nullas miserat, objurgat. Eodem fortasse anno.

CICERO TREBATIO.

Chrysippus Vettius, Cyri architecti libertus, fecit, ut te non immemorem putarem mei: salutem enim verbis tuis mihi nuntiarat. Valde jam lautus es, qui gravere litteras ad me dare, homini præsertim prope domestico. Quod si scribere oblitus es, minus multi jam te advocato causa

ipsum quod est L. 1. §. 7. de Cloacis, & aliis. CORT.

De nostris cautionibus) Sic edidit Victorius & Gebhardus; sic & Pal. prim. Grut. Grav. prim. & Amstelod. Sensus tamen postulat ut aliorum librorum lectioni subscribamus, in quibus exstat, *de vestris cautionibus*. Et sic in Mentelliano. Non enim hæc, quam subjicit, juris prudentum cautio erat, sed Ciceronis. GRÆV. *De vestris cautionibus*) Mentionem aliquam faciam cautionum, quibus vos IC. uti soletis. I. F. GRON.

Treviros vites censeo) Hic jocatur Cic. nam *Treviri* sunt inter Belgas populi, sed & Romæ capitales, & monetarii. CORR.

Capitales) In Gallia quidem bellicosos & perniciosos, sed Romæ Treviri (*Treviri* enim dicebantur) *capitales* ii erant, qui carceris custodiæ præerant, quos Sosia apud Plautum timet. IDEM.

Auro, ære, argento essent) *Treviri* ; qui sic ab antiquis scribebantur. III. V. A. A. A. F. F. hoc est, triumviri, auro, argento, ære flando, feriundo. IDEM. Hi erant præfecti monetæ. GRÆV.

EPISTOLA XIV.

Vettius) Ita nomen scribitur in MSS. & editis veteribus. Recentiores maluerunt *Vettius*. LALL.

Valde jam lautus es) Hoc est, valde delicatus, fastidiosus. GRÆV.

Quod si scribere oblitus es) Lusit in hoc verbo Cic. eleganter: nam *scribere* dicuntur jurisconsulti, cum clientibus suis scripto cavent. Cum litteras ad se nullas Trebatius mitteret, aperit Cicero, quod incommodum ex ea re oriturum sit: transit tamen ad alium minus communem hujus verbi significatum: *Minus multi jam te advocato causa cadent*, paucos habebis clientes, nec multi suas causas ad te deferent. In qua etiam re exponenda, carpit illum ut malum advocatum & defensorem causarum: quasi omnes, qui ad eum patronum confugerent, causas amitterent, nec eas tueri possent. Utitur autem in ea re narranda vocibus peculiaribus jurisconsul-

causa cadent: sin nostri oblitus es, dabo operam, ut istuc veniam ante, quam plane ex animo tuo effluo; sin aestivorum timor te debilitat, aliquid excogita, ut fecisti de Britannia. Illud quidem perlibenter audivi ex eodem Chrysippo, te esse Caesari familiarem. Sed mehercule mallem, id quod erat aequius, de tuis rebus ex tuis litteris, quam saepissime cognoscerem. Quod certe ita fieret, si tu maluisses benevolentiae, quam litium jura perdiscere. Sed haec jocati sumus, & tuo more, & nonnihil etiam nostro. Te valde amamus, nosque a te amari cum volumus, tum etiam confidimus.

EPISTOLA XV.

ARGUMENTUM.

Declarat suum absentis Trebatii desiderium: gratulatur de C. Matii familiaritate. Eodem anno.

CICERO TREBATIO.

QUam sint morosi, qui amant, vel ex hoc intelligi potest: moleste ferebam antea, te invitum istic esse: pungit me rursus, quod scribis esse te istic libenter: neque

sultorum. Vidi antiquum exemplar Topicorum, in quo locus ille ita scriptus esset: *Etenim cum tu mihi, meisque, multa saepe scripsisses*; cum formulis narrasti omnes amisisse. Victor.

Minus multi causa cadent] Quam cum respondebas de scripto, & loquitur Cic. Corr. Notanda est differentia inter *causa cadere*, & *formula cadere*; qui formula cadebat, poterat a praetore in integrum restitui; qui causa, is perdebat litem. Vide Rupert. ad Tit. de Orig. Jur. p. 107. & Christ. Color. Pareng. c. 9. Gron.

Ex animo tuo effluo] Animus tuus mei plane obliviscatur. Catullus Carm. 66. Silius Ital. II. v. 617. adde inprimis Broekhusium, quem ibi Drakenb. cit. ad Tibull. III. Eleg. I. v. 20. qui aliquot Ciceronis loca congessit. Cort.

De Britannia] Quia ne irem, nescio quid excogitasti. Corr.

Mallem id quod erat aequius, de tuis rebus ex tuis litteris quam saepissime cognoscerem] Nescio cur ita considerint posteriores nulla ratione praeposito addita, cum & Naugeriana, & Victoriana, & Lambiniana, & Manutius habeant *cognoscere*, & id ipse malui sequi, cum ita fere singulis paginis Cicero. I. Gron.

Si tu maluisses benevolentiae quam litium jura perdiscere] Melior jurisconsultus, quam amicus. Graev.

EPISTOLA XV.

MOrosi qui amant] Amor enim iniquus interdum, impotens saepe, intemperies semper, ut docet Plinius II. ep. 2. Cort.

Istic esse] In Gallia. Corr.

In C.

neque enim mea commendatione te non delectari facile patiebar: & nunc angor, quidquam tibi sine me esse jucundum. Sed hoc tamen malo, ferre nos desiderium, quam te non ea, quae spero, consequi. Cum vero in C. Matii, suavissimi doctissimique hominis familiaritatem venisti, non dici potest, quam valde gaudeam: qui fac, ut te quam maxime diligat: mihi crede, nihil ex ista provincia potes, quod jucundius sit, deportare. Cura, ut valeas.

EPISTOLA XVI.

ARGVMENTVM.

Laudare Trebatium videtur ut sapientem, qui belli discrimina vitaret: sed revera notat ut timidum: quod saepe facit: adscribit quaedam per jocum, de Cn. Octavio, de futuris Trebatii dictellis, de ejusdem superbia. Scripta videtur eodem anno: quod ex eo cognoscitur, quia scribit Cicero, & in Britanniam ire Trebatium noluisse, & adhuc quidem Samarobrivae esse; ubi eum fuisse cum interreges crearentur, indicat epist. 11.

M. CICERO TREBATIO S. D.

IN Equo Trojano scis esse in extremo: *Sero sapiunt*. Tu tamen, mi vetule, non sero: primas illas rabiosulas sac

In C. Matii) Hic est, cujus epistola legitur 28. in lib. XI. Graev.

Deportare) Iustin. XX. 3. *Solatia sua pro auxiliis deportant*. Vide I. Obs. 12. I. Fr. Gron.

EPISTOLA XVI.

IN *Equo Trojano*) Livii Andronici tragoedia. Corn.

In extremo) In extrema parte. Vide ep. 5. Et nota insuper Epanalepsin *in extremo*, de qua vide V. ep. 8. IV. ep. 7. Corr.

Sero sapiunt) Phryges. Corn.

Tu tamen mi vetule, non sero) Haec & vulgata, & antiqua hujus loci lectio est: qua nihil mutavimus: etsi nonnullos scimus pro *vetule* [illegible] emendare conatos. Cujus tamen Graecae vocis nulla in antiquo exemplari vestigium ullum vidimus: scimus [illegible] antiquo proverbio appellatos esse languidos, & dissoluto corpore homines, & potius mulieres, quam viros. Non tamen recte facere existimamus, qui tam facile veterem scripturam tollunt; appellat autem hunc variis saepe cognominibus, ut *testam* etiam, quorum rationem si velim conectari, fortasse non facile explicare possim. Victor. *Mi vetule*) Consilio & prudentia. Sed jocatur more suo. Corn. *Mi vetule, non sero: primas, illas rabiosulas*) Sic habetur in Pal. Grut. editione principe, ac Victorii,

sit fatuas dedisti: deinde, quod in Britannia non nimis φιλοθέωρον te præbuisti, plane non reprehendo: nunc vero in hi-

storii. Alii [illegible] intendunt. Vulgo *primum illic* tab. GRÆV. *Ali* [illegible] Verum Amiculo. *Vendor* [illegible] Plaut. Merc. II. 11. 43. I. FR. GRÆV.

Primas illas) Nam te sapere argumentum sunt illæ literæ, quas postquam illuc venisti (nondum cognito Cæsare, nondum & loco, & conditione, qua usurus esses) scripsisti: primas illas plenas indignationis & interdum pœnitentiæ. Ostendebant enim te nolle in bello perire. In, *Rabiosulas*. Ludit ICtum Trebatium, qui sic *rabiosulas* literas miserat, sive tales, quas solent *rabiosi* [illegible], quæ ostenderunt *rapere* velle Trebatium a Cæsare, quæ possei, & Romam evolare. Senec. Herc. Fur. v. 372. Festus p. 419. Confer hic ep. 10. Sive *rabiosulas* [illegible] ad nimium & quasi [illegible] desiderium urbis pertinet: qua ratione *sat fatuas* ad laudem pertinet, quomodo *infinitas* alibi. CORR.

Sat fatuas dedisti) Quando te istic invitum esse scripsisti; sed paullo post, cum sapere incepisses, scripsisti item, te esse istic libenter. Propterea tu nunc loco sapis. CORR.

In Britannia) De Britannia: nam eo profectus non est. Id.

Nec nimis Philotheoron te præbuisti) Magna est eruditorum hominum dissensio in hujus loci declaratione, & scriptura: nos tamen opinionem nostram inter tantos auctores libere proferemus, & fortasse, in quo illi decepti sint, demonstrabimus. Et primo [illegible], quem [illegible] [illegible] parum mutatum verbo [illegible]: eadem enim exempla- [illegible], quibus ille adjutus cum [illegible] hunc locum facit, [illegible] [illegible] certis & frequenti ad- [illegible] perscrutata. Nonnihil [illegible] hominum ver- [illegible] [illegible] fallor enim, [illegible] ille in hortis vel [illegible] Trebatium in in- [illegible] credisse, quod fal- [illegible] [illegible] Ciceronis: Qui [illegible] [illegible] materia, [illegible] sive *Effiderius*. Item ex hoc loco confirmatur: *Sin aestivorum timor te debilitet, aliquid excogita, ut fecisti de Britannia*. Quæ declarant satis jam Ciceronem eum in Britanniam non profectum, cum dicat illi, ut aliquam caussam quærat, ne faciat, quod non sibi commodum sit, ut fecerat de Britannia, quo ire noluerit excusatione quapiam usus. Nam primo crediderat Cicero illum eo cum Cæsare ille. Verba autem hæc *in Britannia*, &c. quæ (ut nos putamus) Politianum in errorem induxerunt, persuaseruntque illi, ut crederet eo profectum Trebatium, illicque valde *philotheoron* fuisse, non eam habent sententiam quam ille existimavit: sed *in Britannia* sic intelligo, in expeditione & negotio Britannico: quantum ad Britanniam, in navigatione illa, quæ in Britanniam facta est. Quo modo dicendi tam sæpe utitur hic auctor, ut non mirum observasse pudor sit illis, qui aliquando ipsum viderint: nam credere Trebatium etiamsi in Britanniam accessisset, in theatris versatum, spectationibusque operam dedisse fugitantem prælium, omnique se ullo retem, ut ille exponit, nimis ineptum mihi videtur indignumque acerrimo hominis judicio. Paucis enim diebus, quibus in maximis periculis in insula manserunt, non locus erat ludis, deliciisque. Nos hic φιλοθέωρον intelligimus φιλόπραγμον, φιλοπλανήτην. Sic enim Græci appellant illum, qui novas terras, novosque locos semper videre vult, studioque peregrinationis mirifice, ut sinum orbis terrarum spectet, moresque diversarum gentium, & instituta perdiscat: quemadmodum Plutarch. in libello περὶ τῶν ἀκλάστων χωρίων dicit fuisse Cleombrotum quemdam Lacedæmonium, his verbis: Κλεόμβροτος δὲ ὁ Λακεδαιμόνιος, [illegible] μὲν [illegible], καὶ περὶ τὴν Τρωγλοδυτικὴν γῆν [illegible], [illegible] δὲ τὴν Ἐρυθρὰν θάλασσαν [illegible] [illegible] [illegible], ἀλλ' ἀνὴρ φιλοθεάμων καὶ φιλομαθής, οὐσίας δὲ

in hibernis injectus mihi videris: itaque te commovere non curas. Usquequaque sapere oportet: id erit telum acerrimum. Ego si foris cœnitarem, Cn. Octavio, familiari tuo, non defuissem: cui tamen dixi, cum me aliquoties invitaret, Oro te, quis tu es? Sed mehercules, extra jocum, homo bellus est; vellem, eum tecum abduxisses. Quid agatis,

[illegible] *Cleombrotus Lacedæmonius, multum quidem in Ægypto, ac per Troglodyticam terram vagatus, longe autem per Erythræum mare peregrinus non ad mercaturam, sed cum esset visendi ac discendi cupidus, atque amplo patrimonio ditatus, & divitiarum copiam non magni faciens, ad hæc omnia etiam usus est.* Et hanc denique sententiam esse horum verborum putamus, ut Cicero dicat se laudare consilium Trebatii, quod non fuerit ex hoc hominum genere, qui omnia visere cupiunt: multos enim illuc studio videndæ insulæ, quæ tunc tamquam novus orbis Romanis apertus erat, libenter accessisse verisimile est, cum navigatio illa multorum periculorum & incommodorum plena esset; ut sapientius fecisse videretur, qui neglecta gloria, contemtaque etiam loci spectatione, aliquam caussam invenerunt, quare illuc non irent: quod fecisse Trebatium laetatur: simulque ut parum militarem virum, nec bellicæ laudis avidum, clam taxat; quod etiam aliis locis joci gratia libenter facit. VICT. *Non minus, quam Philoctetes*) Qui vulnere impeditus, ire ad bellum Trojanum non potuit, sed in Lemno remansit: sic tu, simulato nescio quo dolore, ne in Britanniam ires, in Gallia restitisti, idque etiam fuit *non ferro sapere*. Qui vero, *non nimis philotheoron*, scribunt, eum intelligi volunt, qui novas terras, & nova loca semper cupiat visere. Ne quod de spectaculis quidam dicunt, referam. CORRAD. *Non nimis φιλοθέωρον*) Firmat hanc lectionem Gravii primus. Sic enim in eo scribitur, *non minus philotheorum te præmisisti.* Sed recte emendarunt viri docti, *non nimis φιλοθέωρον*. GRAVIUS.

Nunc vero in hibernis injectus mihi videris) Legendum est *vinctus*, non *injectus*. Sic autem reposui ab uno codice manuscripto adjutus, & quasi manu ad hanc conjecturam ductus: in quo scriptum est *inunctus*; ex qua scriptura tamen licet facilius & propius facere *innexus*. Omnino lectio vulg. *injectus* mendosa est, neque ferri potest. Non enim dici potest Latine, *injectus in hibernis*: sed *injectus in hiberna*, dicendum. LAMBINUS. *Nunc vero in hibernis injectus mihi videris*) Ita est in Pal. primo, Grut. editione prima, & Victorii. Lambinus quod in unico MSo repererat *inunctus*, fecerat *innexus* vel potius *vinctus*; quasi difficile fuisset, quod alii ante me viderunt, extricare *injectus*. Guilielm. tamen conjectat, *in lectis*. GRONOV. *In hibernis injectus*) Lego *illectus*, vel *inlectus*: id est, delinitus, inescatus, captus aliqua illecebra. Lucr. V I. & a. GRON. Quia æstivo tempore Samarobrivæ hærebat, tamquam in hibernis, nec movebatur inde. CELL. Probe Cellarius; nec moratur Sextus Casus, cum hic quies denotetur. Praeterea & Auson. Idyll. 31. & Commodianus Instruct. 45. *mapit in morte fecunda*. Videndum tamen, an ne Cicero scripserit *inertus*? quod cum sequenti *commovere* elegantius cohæret: videndum, dixi, nam nihil temere. CORTIUS.

Oro te, quis tu es?) Est hæc formula, qua compellabant illos, quos contemnebant præ se. Hinc superius hunc Octavium appellavit *terræ filium*. Dux Mysorum ad Romanos apud Flor. IV. 12. *Qui vos*, inquit, *estis?* Et Ariovistus apud eumdem lib. III. cap. 10. *Quis est autem Cæsar?* Ovid. epist. Phyllidis:

Hei mihi, si, quæ sim Phyllis, & unde, rogas. GRAVIUS.

Respon-

tis, & ecquid in Italiam venturi sitis hac hieme, fac plane sciam. Balbus mihi confirmavit, te divitem futurum: id utrum Romano more locutus sit, bene nummatum te futurum, an, quemodo Stoici dicunt, Omnes esse divites, qui cælo & terra frui posšint, postea videro. Qui istinc veniunt, superbiam tuam accusant, quod negent te percunctantibus respondere; sed tamen est, quod gaudeas: constat enim inter omnes, neminem te uno Samarobrivæ juris peritiorem esse.

EPISTOLA XVII.

ARGUMENTUM.

Gratulatur Trebatio, quod urbis urbanarumque rerum desiderium aliquando deposuerit: eumque cohortatur, ut Cæsaris amicitiam plurimi faciat: quam fore fructuosam promittit, in seque ipsum recipit. Eodem anno.

CICERO TREBATIO S. D.

EX tuis litteris & Quinto Fratri gratias egi, & te aliquando collaudare possum, quod jam videris certa aliqua in sententia constitisse. Nam primorum mensum litteris tuis vehementer commovebar, quod mihi interdum (pace tua dixerim) levis in urbis urbanitatisque desiderio, inter-

Respondere) Idem de Valerio epist. 9. lib. I dixit. Corr.

Constat enim inter omnes) Jureconsulti sic loquuntur. Id.

EPISTOLA XVII.

PRimorum mensum litteris) Plerique ex nostris libris veteribus habent *mensum*, ubi libri vulgati, *mensium*. Lamb. Sic & Grævii & Pal. primus. Sane Carrio auctor est in MSis Codd. Censorini cap. 70 legi *duodecim mensum*, & *decem mensum*, & *mensum genere duo*, item *mensum nomina*. Paulus JC. in l. 101. de diversis regulis juris: *Ubi lex duorum mensum fecerit mentionem*. Sic sane Charondæ & Russardi edd. Quin & sic legi plurimum in Juris libris, semper in codice Theodosiano, olim tradidit Brissonius. Ex in & Priscianus refert Ciceronem pro Sextio dixisse, *mensum fertum templ. renique causa*, ut observavit Gerard. Vossius lib. II. de analog. cap. 14. cui hæc pleraque debes. Græv.

Pace tua dixerim) Terent. Eunuch. A. III Sc. II. *Pace quod fiat tua*. Donatus: *Dixit*, inquit, *cum*. Et sic dicendum esse etiam de *Spe*, *Metu*, quæ ita nude proferuntur. Vide ep. 1. ad scripta: adde ep. 7. Corr.

Urbanitatisque) Rerum urbanarum; alia siquidem significatione, atque lib. III, ep. 7. Fvnc.

Tim-

interdum piger, interdum timidus in labore militari, saepe autem etiam, quod a te alienissimus, & subimpudens videbare: tamquam enim syngrapham ad imperatorem, non epistolam attulisses, sic, pecunia ablata, domum redire properabas: nec tibi in mentem veniebat, eos ipsos, qui cum syngraphis venissent Alexandream, nummum adhuc nullum auferre potuisse. Ego, si mei commodi rationem ducerem, te mecum esse maxime vellem: non enim mediocri afficiebar vel voluptate ex consuetudine nostra, vel utilitate ex consilio atque opera tua. Sed cum te ex adolescentia tua in amicitiam & fidem meam contulisses, semper

Timidus in labore mil.) *Laborem* eleganter de militia dicunt. Virg. XII. Æn. v. 435. Sall. Cat. c. 7. Cort.

Quod a te alienissimus & subimpudens videbare) Revocavi hanc lectionem ex Pall. omn. Gruteriano, editione prima (quibus subscribunt Amstelodam. Mentel. Graevii primus, nisi quod in hoc pro *& subimpudens*, legatur *quam subimpudens*) cujus acrimoniam facile senserit, cui sagaciores nares: neque enim possum me in explicationes undantes effundere, quod forsan plerique quaerent ac querentur. Vulgo interpolatrice est editum, *quod a te alienissimum est, subimpudens vid.* Paullo post scripsi, *Alexandream* auctoritate Vaticani & alterius Victoriani; vulgo *Alexandriam*. Ad rem quod attinet, signat decoctionem Ptolemaei Regis cum Rabirio Postumo & aliis creditoribus. Inepte ergo Lambinus *Alexdrinum* introduxit. Gron. *Quod a te alienissimus*, est, quod a te descriveris ipse, & a tuo ingenio, qui es pudentissimus, nunc vero factus sis impudens. Quia in meo primo legitur *quam subimpudens*, possit quis conjicere non absurde, Ciceronem scripsisse, *& quam impudens*, quod est, valde impudens. Graevius.

Syngrapham) Litteras, quibus se quis obligat ad praestandum: *Signata utriusque manu utrique parti servanda traduntur*, inquit Asconius. Plaut. Asin. A. IV. Sc. I. v. I. Cort.

Eos ipsos, qui cum syngraphis venissent Alexandream) Eos, C. Rabirium Postumum, & ejus amicos, ep. I. lib. I. *Syngraphis*, in Albano Pompeii factis, de pecunia Regi Alexandrino a Rabirio suppeditata. Cellar. Evidentissime significari C. Rabirium Postumum ceterosque, qui Ptolemaeo Alexandrino Regi pecunias crediderant, Cicero pro Rabirio: *Pulsus interea*, inquit, *regno Ptolemaeus, dolosis consiliis, ut dixit Sibylla, sensit Postumus, Romam venit; huic egenti & roganti hic infelix pecuniam credidit. Nec tum primum: nam regnanti crediderat absens; nec temere se credere putabat. Quod erat nemini dubium, quin is in regnum restitueretur a S.P.Q.R.* Et infra: *Quamquam ad sumtum itineris, ad illam magnificentiam apparatum comitatumque regium suppeditata pecunia a Postumo est, factaeque syngraphae sunt in Albano Cn. Pompeii, cum ille Roma profectus esset,* &c. Ibidem: *Dominatus est enim*, inquit, *Alexandriae. Immo vero in superbissimo dominatu fuit, pertulit ipse custodiam, vidit in vinculis familiares suos: mors ob oculos saepe versata est, nudus atque egens ad extremum fugit e regno.* Denique pluribus verbis contendit in ea Oratione Cicero, creditam pecuniam numquam a Rege exegisse Postumum, in quem hoc loco jucunde ludit. Brand. Kvik.

Cum te ex adolescentia tua in amicitiam & fidem meam contulisses) Graev. prim. *cum te adolescentiam tuam*. Pal. prim. Gruter. Amstelodam. Mentel. multique alii libri, edit. prim. *Cum te & adolescentiam tuam in amicitiam & fidem*

per te non modo tuendum mihi, sed etiam augendum atque ornandum putavi. Itaque quoad opinatus sum, me in provinciam exiturum, quæ ad te ultro attulerim, meminisse te credo: postea, quam mea mutata ratio est, cum viderem me a Cæsare honorificentissime tractari, & unicè diligi, hominisque liberalitatem incredibilem & singularem fidem nossem: sic ei te commendavi & tradidi, ut gravissime diligentissimeque potui. Quod ille ita & accepit, & mihi sæpe litteris significavit; & tibi & verbis, & re ostendit, mea commendatione sese valde esse commotum. Hunc tu virum nactus, si me aut sapere aliquid, aut velle tua causa putas, ne dimiseris: &, si quæ te forte res aliquando offenderit, cum ille aut occupatione, aut difficultate tardior tibi erit visus, perferto, & ultima exspectato, quæ ego tibi & jucunda, & honesta præstabo. Pluribus te hortari non debeo: tantum moneo, neque amicitiæ confirmandæ clarissimi ac liberalissimi viri, neque uberioris provinciæ, neque ætatis magis idoneum tempus, si hoc amiseris, te esse ullum umquam reperturum. Hoc, quemadmodum vos scribere soletis in vestris libris, idem Q. Cornelio videbatur.

fidem meam contulisses. Sed vulgata non temere movenda loco. GRAEV.

Augendum atque ornandum] In altum evehendum, extollendum honoribus. Suet. Claud. c. 12. imminuit. Plura ad Sall. Iug. c. 86. CORT.

Me in provinciam exiturum] Pompeii legatum, ep. 5. hujus lib. CORRAD.

Quod ille ita accepit, & mihi sæpe litteris significavit] Lege: *Quod ille ita accepit, ut & mihi sæpe litteris significaris, & tibi verbis, & re ostenderit*. LAMBIN.

Et tibi verbis & re ostendit] Ita elegantius Vaticanus, & Victorii editio: vulgo secundum ordine & negligitur: paullo statim ex Vaticano ac Victorio scripsi, *& si quæ te forte res aliquando*: vulgo *si quæ*; cum tamen omnes MSi & editio prima contra est, & *quæ te forte res*. GEBHARD.

Honesta præstabo] Honesta *fore*, fide mea interposita tibi confirmare possum. Vide I. ep. 4. & V. ep. 17. Præterea præsens verbum tempus absentis sustinet, cum esse deberet *præsto*. Quod in nominibus æque in casibus fieri solet: & alioquin non intulens est dixisse: *immutisse non debes*, Auctor Dial. de Orat. c. 24. pro non debuisti immutare. CORT.

Hoc, quemadmodum vos scribere soletis in vestris libris, idem Q. Cornelio videbatur] Ad veterem Iurisconsultorum consuetudinem æqualium aut superiorum auctoritatem sententiis atque opinionibus suis adjungendi, adspexisse Ciceronem certum est: quæ ad recentiores quoque Iurisconsultos, quorum in Pandectis responsa exstant, permanavit atque recepta est, ut exemplis pæne innumeris in eam rem prolatis confirmare possum. Celsus L. *si cui simpliciter* 9. D. de serv. *Verum constitit, ut qua primum viam direxisset, ea demum ire agere deberet, nec amplius mutandæ ejus potestatem habere, sicuti Sabino quoque videbatur*. P Fab. Semestr.

tur. In Britanniam te profectum non esse gaudeo, quod & labore caruisti, & ego te de rebus illis non audiam. Ubi sis hibernaturus, & qua spe, aut conditione, perscribas ad me velim.

EPISTOLA XVIII.

ARGUMENTUM.

Laudat Trebatium, quod videretur certa aliquando in sententia constitisse, & velle in militia permanere. Tum jocatur in ejus parsimonia, quia scripserat in palimpsesto. Eodem anno.

CICERO TREBATIO S. D.

ACcepi a te aliquot epistolas uno tempore, quas tu diversis temporibus dederas, in quibus me cetera delectarunt. Significabant enim, te istam militiam jam firmo animo ferre, & esse fortem virum & constantem. Quæ ego paullisper in te ita desideravi, non imbecillitate animi tui, sed magis ut desiderio nostri te æstuare putarem. Quare perge, ut cœpisti: forti animo istam tolera militiam. Multa, mihi crede, assequere: ego enim renovabo commendationem, sed tempore. Sic habeto, non tibi majori esse

---

l. 21. quem vide. GRÆV.

In Britanniam te profectum non esse) Ita Pal. prim. Grut. editio prima ac Victorii. Vulgatum antehac est: *In Britanniam te non esse profectum, vehementer gaudeo*. GREMARN.

Te de rebus illis) Magnifice & insolenter referentem, *non audiam*) cum fastidio: sed jocatur. CORRAD.

EPISTOLA XVIII.

PAullisper a te) Al. *paullisper in te*. CORRADUS.

Non imbecillitate animi tui, sed magis ut desiderio nostri te æstuare putarem) Forte: *Non ut imbecillitate animi tui, sed magis ut*. LAMBIN. Pro vulgata tamen stant omnes veteres codices. GRÆV. *Æstuare*, proprie est commoveri, & hinc de inconstantia & dubitatione optime dicitur, ut Cic. II Verr. c. 32. *Itaque æstuabat dubitatione*: & hac prima notione accipit Tullius in priori membro *imbecillitatem animi æstuare*. Quod vero etiam de *desiderio* dixerit, tale est, quale Sall. Cat. c. 23. ubi plura. CORT.

Ego enim renovabo commendationem, sed tempore) Nos quin hæc lectio & integra & incorrupta sit, non dubitamus; volumus tamen antiquam quamdam scripturam a nobis animadversam notare, quæ fortasse aliquem, qui eam non observasset, perturbaret, molestiamque ei non parvam exhiberet, ut videant omnes non posse quemlibet vetera exemplaria tractare. Hoc loco

esse curæ, ut iste tuus a me discessus quam fructuosissimus tibi sit, quam mihi. Itaque, quando vestræ cautiones infirmæ sunt, Græculam tibi misi cautionem chirographi mei. Tu me velim de ratione Gallici belli certiorem facias: ego enim ignavissimo cuique maximam fidem habeo. Sed,

loco vetustissimus ille Mediceus codex, & alter etiam non malus, non æque tamen antiquus, pro *tempore* habent *tem*, fractam omnino & parum commodam huc loco vocem. Ipsi unius litteræ mendum ibi esse existimamus, deceptoque librarium *tem* pro *tam* scripsisse. Non semel autem in priscis exemplaribus, sic concisam hanc vocem reperies; ut prima ad Atticum epistola in vetere illo nostro codice sic locus hic scriptus est: *Nos initium prensandi facere cogitaramus eo ipso tem. quo tuum puerum &c.* pro *tempore*, ubi vulgati codices *tum* habebant, ab illis, ut putamus, repositum, qui hanc scribendi rationem non animadverterant, & quid intelligi deberet, suo ingenio ferme perspexerant. Item ille lib. X. *Quod me maneo, & in illa, & oratione, ad tem. accommodanda*, pro *ad tempus*; qui locus etiam corrupte legebatur *ad rem*; cum enim non intelligerent posteriores librarii, nimis temere & indocte *tem.* in *rem* converterunt. Harum minutarum, pusillarumque rerum inscitia maximas perversiones labesque gignit in antiquis voluminibus describendis. Nos tam tenuem notationem aspernatos non esse, neminem mirari volumus: duxit enim studio juvandi pro imbecillis nostris viribus hunc præclarissimum auctorem, ad omnia, dum desiderium nostrum explemus, descendimus. Cupimus autem hanc nostram diligentiam in bonam partem accipi: illos certe, qui quandoque in hoc negotio laborarunt, sedulitatem nostram non contempturos credimus & speramus. Eo autem loco, qui paullo post sequitur, *quando vestræ cautiones*, antiqui codices etiam illi probatiores & antiquiores, *confessiones* pro *cautiones* habent. Nos hoc erratum librarii putamus, sed tamen non dissimulavimus, peritiores rem subtilius considerabunt. VICTORIUS. Prim. Grævii habet *sed tempr.* Et statim idem codex quoque habet *confessiones*, & *Græculam confessionem*. GRÆV.

Ut iste tuus a me discessus fructuosissimus tibi sit] Lego, *quam fructuosissimus tibi sit*: est enim in manuscripto mendose, *tam fructuosissimus*. URS.

Discessus quam fructuosissimus tibi sit quam mihi.] Ita edidit Vict. Palat. tamen, Grut. prima editio, Vatican. *tam fructuosissimus*. Vulgo: *discessus fructuosissimus tibi sit, quam mihi.* Grævii liber prim. *tam fructuosus tibi sit quam mihi.* Qui paullo post *Græculam*, expunctum, pro eoque *graviculam* substituram iverunt, viderint an Græca fide egerint; nam mihi constat eos hoc caeco die vidisse. GRUTER. Recte Victorius, & Ursinus *quam fructuosissimus*. Qui hunc locum depravarunt, nescierunt *quam* etiam superlatis addi. Terent. Andr. *Quibus id maxime utile est illum esse quam deterrimum*. Alia dudum docti hujus locutionis congesserunt exempla. GRÆV.

Græculam tibi misi cautionem] Puto sententiam esse, commendavi te Cæsari litteris Græce scriptis. VICTOR. Ego potius crediderim epistolam esse eam ipsam Latinam, quam ad Trebatium mittit suo chirographo scriptam, quam *Græculam cautionem* vocat propter Græcam fidem, de qua apud Plautum in Asinaria, Sc. Unumquodque istorum? *Græca mercamur fide*: & apud Auson. ep. 6. *Mutatur ad Græcam fidem*. Iterum ep. 2. *Non Pœna, sed Græca fide*. Ut enim Græca fides certa est, sic Græca cautio certa firmaque intelligenda est. Nam in cautionibus nostram obligationem fidem, ut Cicero suam ea epistola obstringit, eum promittat Trebatium multa assecuturum. TURNEB. Advers. XII. 18.

Ignavissimo cuique] Trebatius enim scri-

Sed, ut ad epistolas tuas redeam, cetera belle: illud miror: quis solet eodem exemplo plures dare, qui sua manu scribit? Nam quod in palimpsesto, laudo equidem parsimoniam: sed miror, quid in illa chartula fuerit, quod delere malueris, quam haec scribere; nisi forte tuas formulas.

Non

frigebat, nihil fiebat. Ignavis autem propterea maxime creditur, quia omnia, inquit Manutius, spectare & auscultare solent. Sed latere simul illud videtur, quod illis ignavis, qui nulli parti belligerantium operam dant neque student, maxime credi potest, de quo Crispus Cat. c. 4. CORT.

Qui sua manu scribit] Cum non habeat, qui describant. CORNAR.

Quid in illa chartula fuerit] Unus Guilielmii codex, *quid in ima charta fuerit*. Optime meus primus, *quid in illa chartula fuerit*; hoc enim magis facit ad deridendam ejus parcimoniam. GRAEV.

Quam haec scribere] Vera ne sit nonnullorum conjectura, alii judicabunt; meliores certe libri, ac manuscripti fere omnes a nostris nihil discrepant. Ita quondam legebatur hic locus, ut non malus omnino sensus ex ea scriptura eliceretur, atque ille quidem satis planus: *Quam haec non scribere*; ut dicat Cicero, se mirari, quidnam ibi scriptum ante fuerit, ut sine culpa deleri posset, ut quae scripserat, postea reponerentur. Solemus enim inulsa nilaque delere, ut bona reponamus: nihil autem deterius iis frigidiusque esse poterat. Quare ostendit, se non probare consilium ejus, & in hac re facetissime ludit. Verumtamen optima exemplaria dissentiunt: unum tamen ex multis, quod negatorem illam particulam haberet, studio ac diligentia amicorum inventum est. VICTOR. *Q. haec scrib.*] Suspicor mendum subesse. Mihi enim perobscurus est sensus, &, ut libere dicam quod sentio, legendum crederem, *quam exscribere*, nulla propemodum mutatione facta. Depravationis enim origo, ut opinor, ea fuit: describendis libris saepe duos praeficimus, qui legat, & qui de legente excipiat, ut scilicet celerius & certius id munus conficiatur. Cum autem is, qui legeret, pronuntiasset *exscribere*, credidit scriptor *exscribere*, dictum esse; itaque fecit in libro. Alius deinde errorem, quem per imprudentiam commissum debuit tollere, temeritate auxit, una dictione in duas divisa, priori duabus litteris, ex quas falso desiderari credidit, adscriptis h & a, ut legeretur *haec*, sensu fortasse commodo, sed, ut dixi, mihi perobscuro. Quod si legatur *exscribere*, hoc dicet: Video te parum discernere, cui chartam detis, in qua tuas formulas aut aliud quidpiam exscribas. Ea enim si suppeditaret, numquam profecto ad nos in palimpsesto. Inseri enim: *An hoc significas, nihil fieri, frigere te, ne chartam quidem tibi suppeditare?* Dixit autem, *quod delere malueris, quam exscribere*, per jocum significans, non habuisse Trebatium, in quo exscriberet id, quod deleverat, itaque se mirari quid fuerit in illa chartula, quasi moleste ferat id periisse: chartae enim inopiam ostendit, cum scribat in palimpsesto. Idem error in 3. epistolam VIII libri ad Atticum irrepserat: ubi enim antea legebatur, *fasces laureatos hac ferre ex Italia*, nemo non videt legendum esse *efferre*, ut ex vetustis codicibus Florentini reposuerunt. Idem in Post. Hoc totum, sive, *quam haec scribere*, sive *quam exscribere*, sive *quam haec non scribere*, (nam variis in libris vulgatis legitur) delendum curavi. Est enim ex adnotatione natum, & ex ora libri in contextum verborum Ciceronis invectum, quod & antea Mureto venit in mentem. LAMBINUS. Quod illa posteriora verba *quam haec scribere* inducit, atque ejicit Lambinus, solenni more sui ingenii facit, non ex veritate, sed ex libidine: restant illa in libris omnibus, atque adeo editione principe, nisi quod ad cam-

Non enim puto, te meas epistolas delere, ut reponas tuas. An hoc significas, nihil fieri? frigere te? ne chartam quidem tibi suppeditare? Iam ista tua culpa est, qui verecundiam tecum extuleris, & non hic nobiscum reliqueris. Ego te Balbo, cum ad vos proficiscetur, more Romano commendabo. Tu, si intervallum longius erit mearum litterarum, ne sis admiratus: eram enim abfuturus mense Aprili. Has litteras scripsi in Pomptino, cum ad villam Metrilii Philemonis devertissem: ex qua jam audieram fremitum clientium meorum, quos quidem tu mihi conciliasti. Nam

eamdem notet Egnatius, legi alias (ut Manut. volebat postea, adnotatumque ad Politiani librum) *quam rescribere*. Caeterum tamen amplius malebat, *quam hoc rescribere*. Gronov. *Quam haec scribere*) Haec ab aliquo imperito adjecta videntur. Intelligitur enim, quam servare, & aliis chartis ad scribendam epistolam uti. Sic & Mur. & Lamb. I. Fr. Gron.

Tuas formulas) Sc. delere maluisti, quas vos IC. multas scribitis. *Formulas componendarum litium*. III. Off. 14. *Nondum Aquilius protulerat de dolo malo formulas*. Idem.

Frigere te) Te ignavum esse, non consuli, nihil agendum habere: quomodo Persius Sat. I. v. 109. Supra ep. 11. Contra Hirtius apud Cic XV. ad Att. epist. 6. *An ego, cum omnes caleant, ignaviter aliquid faciam?* Et ipse IV. ep. 6. ad eumdem: *judicia calent*. Innuit autem adeo nihil negotii esse Trebatio, quo aliquod lucrum facere posset, ut ne chartam quidem emere queat. Corr.

Iam ista tua) *Iam* pro *Atqui*, *At vero*, ut II. ep. 8. pro quo Virgilius, Apulei. & Sall. Iug. cap. 14. *Iam jam* eadem notione. Idem.

Cum ad villam Metrilii Philemonis) In cunctis antea impressis ita legebatur: manu etiam scripti quos vidi, neque inter se, neque ab impressis differunt. Scripserunt tamen nonnulli, satis levi conjectura ducti, *M. Aemylii Philemonis*: quos, nisi aliquid certius invenerint, non sequar. Nec mirum autem videri debet, tenuis hominis ac libertini mentionem alibi non reperiri. Victor. Cum in libris manuscriptis varie legeretur (quidam enim *Menilii*, quidam *Metilii* habent) ausus sum emendare *M. Aemylii*: procul enim dubio libertus fuit adoptatus in Romanam familiam, ut alii multi. Cum autem *Metriliorum* mentionem nondum invenerim, & codicum vetustiorum varietate, in quibus verae lectionis quasi quaedam vestigia remanent, & Pediani verbis, qui ejusdem (ut opinor) liberti meminit, adductus sum ut *M. Aemylii* corrigerem. Libet autem ipsius Pediani locum recitare, ut studiosis quaerendi labor absit; is igitur ita in argumento orationis pro Milone: *Manutius Plancus Tribunus pl. produxerat in concionem M. Aemylium Philemonem, notum hominem, libertum M. Lepidi*. Ita tamen hoc sentimus, ut afferentibus aliis meliora, perlibenter de nostra sententia discessuri simus. Idem in Poster. *Ad villam Metrilii Philemonis devertissem*) Sic Pal. primus, Vaticanus, editio Victorii. Vulgo *divertissem*: sicut & *Philomenis* pro *Philemonis* subingerunt editiones. Graevio. Rutgersius III. Var. Lect. cap. 2. legit *Metilii*, quem vide. Graev.

Fremitum clientum meorum) Coaxationem ranarum in Paludibus Pomptinis profectarum (ut fingit) ex Ulubrano, quod oppidum Ciceroni commendaverat Trebatius, effeceratque, ut nescio quam eorum causam apud Senatum ageret. I. Fr. Gron.

Nam Vlubris honoris mei caufa vim maximam ranunculorum fe commoffe conftabat. Cura, ut valeas. VI. Idus April. de Pomptino.

Epiftolam tuam, quam accepi ab L. Arruntio, confcidi innocentem: nihil enim habebat, quod non vel in concione recte legi poffet. Sed & Arruntius ita te mandaffe ajebat, & tu adfcripferas. Verum illud efto: nihil te ad me poftea fcripfiffe demiror, præfertim tam novis rebus.

EPISTOLA XIX.

ARGVMENTVM.

Poft obitum Cæfaris, M. Antonio, P. Dolabella Coss. cum civitas refpiraffe, & quasi revixiffe resp. videretur; repente

Honoris mei caufa) Quafi ut mihi obviam prodirent venienti. III. 7. Ioan.

Ranunculorum) Vlubrenorum, qui in paludibus habitant. CORRAD. Vid. Manut.

Se commoffe) Ab Vlubris in Pomptinum falutando fe contuliffe. *Commoffe*, ut *regreffe*, *decreffe*. I. FR. GRON.

Epiftolam tuam, quam accepi ab L. Arruntio) Ante hæc verba titulus nullus eft in manufcriptis codicibus, quod nos quoque fervavimus: nec nova epiftola hæc eft, fed potius addita fuperiori. Cum enim jam litteras fcripfiffet, diemque, quibus dari debebant, adpofuiffet, aliud in mentem rediit, quod prætermittere noluit, quemadmodum fæpe in fcribendo fit. Vnde apud nos quoque pars illa epiftolæ nomen inde accepit, quod poft priora illa jam fcripta confecta fit. Ex indice, qui ante fingulos libros in Mediceo exemplari eft, hoc præclare etiam intelligi poteft; cum enim fingulis epiftolis tituli addantur, nulli leguntur ante verba illa, *epiftolam tuam, quam accepi*. Quia tamen novum hoc erat principium litterarum poft primum illud verum initium, hujus etiam membri primæ voces adponuntur: ita enim ibi legitur:

CICERO TREBATIO SAL.
ACCEPI A TE ALIQVOT
EPISTOLAS.
EPISTOLAM TVAM QVAM
ACCEPI
AB L. ARVNTIO.

Adde quod dies adfcripta non eft, quod in fine fuperioris epiftolæ jam adpofita erat. VICTOR. Hæc omnia firmat Gravii primus, qui Mediceo hic plane refpondet. GRÆV.

Ab L. Arruntio) Quidam fcribunt *Aruntio*, unico r, fed male: exftat enim apud me tabella ænea, in qua ita incifum eft:

SVB . L. ARRVNTIO
STELLA
NAVIS . HARENARIA
QVÆ . SERVIT
IN . ÆMILIANIS

VASIVVS.

Tam novis rebus) Cum res tam novæ acciderint: quod nefcio, utrum per jocum ad epiftolam transtulerit confciffam, an eo, quod nihil in Gallia agebatur. CORT.

pente Kalendis Jun. Antonii consulis culpa, ita mutata sunt omnia, ut boni viri tum de statu reipub. tum de sua quisque salute vehementer timere cogerentur; quae cum Cicero vidisset, desperata libertate, consilium cepit in Graeciam proficiscendi, discessitque ea mente, ut adesset Kalendis Jan. quod initium cogendi senatus, Pansa & Hirtio consulatum ineuntibus, fore videbatur: hanc rem attingit Cicero epist. 1. lib. X. & epist. 25. lib. XII. & in Philippica 1. & lib. III. Offic. Cum igitur in Graeciam proficiscens Veliam pervenisset; ab ipsa urbe, Trebatii amantissima, admonitus, Topicorum librum scripsit, de quo jam rogatus erat a Trebatio, cum in Tusculano simul essent: id significat in hac epistola: Topica vero ipsa obscuriora esse dicit, nec legenda sine interprete: exercitationem esse necessariam, si expeditam in quaestionibus habere doctrinam velit. Hanc epistolam post sequentem scriptam esse, adscripta utrique dies ostendit.

CICERO TREBATIO S.

Vide, quanti apud me sis, etsi jure id quidem: non enim te amore vinco. Verumtamen, quod praesenti tibi prope subnegarem, non tribuerem certe, id absenti debere non potui. Itaque, ut primum Velia navigare coepi, institui Topica Aristotelea conscribere; ab ipsa urbe com-

mone-

EPISTOLA XIX.

Vide quanti apud me sis) In meo primo codice legitur, *vide ut quanti apud me sis*. Cicero forte scripsit *vides ut quanti apud me sis*; quamvis vulgatum non reprehendum. Nam sic saepe Tullius loquitur. Lib. XVI. epist. 5. *Vide quanta in te sit suavitas. Duas horas Thyrrei fuimus. Hermeraus hospes tam te diligit, quam si vixerit tecum*. Graev.

Verumtamen quod praesenti tibi prope subnegarem) Ex veteribus libris, & Topicorum prooemio sic legendum censeo: *Verumtamen, quod praesenti tibi prope subnegaram, non tribueram certe, id absenti debere non potui*. Corrad. A vulgata tamen lectione stant MSS. pr. Pal. Vatic. Grev. pr. & sec. Amstelod. Mentel. Graev.

Id absenti debere non potui) Hoc est, volui persolvere: vid. Manut. Idem.

Veliae) Ubi tua tuosque vidi, & admonitus sum hujus aeris alieni. Corrad. *Velia* urbs fuit Lucaniae ad Paestanum sinum, ante *Elia*, *Elea*, *Hyela* dicta, ad quam est portus Velinus. Graev.

Navigare coepi) In Graeciam proficiscens, cum operam nec Reipubl. nec amici uterentur; nec honeste interea versari possem, ne si tuto id quidem mihi liceret. Corrad.

Topica Aristotelea) Hoc edidit Victorius ex Mediceo, & sic quoque Vatican. Vulgo *Aristotelica*: post ste-

sim,

monitus, amantissima tui. Eum librum tibi misi Rhegio, scriptum, quam planissime res illa scribi potuit. Sin tibi quædam videbuntur obscuriora, cogitare debebis, nullam artem litteris sine interprete, & sine aliqua exercitatione percipi posse. Non longe abieris: num jus civile vestrum ex libris cognosci potest? qui quamquam plurimi sunt, doctorem tamen unum, quem desiderant. Quamquam tu si attente leges, si sæpius, per te omnia consequere, ut certe intel-

tim, edidi *planissime* ex Pal. prim. Grut. Stewech. editione prima atque Victorii: vulgo *planissime*. GEBHARD. Utramque lectionem firmat Grævii primus: secundam etiam Amstelodam. GRÆV.

Nullam artem litteris) Hoc est ex solis libris. Sic litteræ pro libris Liv. lib. II. *Eam clarum, quia vere pro eo tempore litteræ erant, notam auctori auctorem fuisse fatetur*. Iustin. XI 11. *Firmata ætatulæ, quam Græcorum litteris didicerat*: hoc est, ex Græcorum libris. Cic. III. de Nat. Deorum: *leves plures in priscis Græcorum litteris invenimus*. Ibidem: *Illud nomen veterum litteris usitatius*. GRÆV.

Sine interprete) Orali doctorum institutione. ERNE.

Doctorem tamen unumque desiderant) Non tam sola in antiquis cunctis exemplaribus inventam lectionem restituimus, *unumque desiderant*: nec enim vulgata lectio *lumenque desid.* nobis valde satisfaciebat, & hanc non ineptum sensum habere judicavimus. Ipsi quoque hunc modum dicendi vulgo fere habemus, cum aliquid uno indigere dicimus, qui regat & instituat: ut hoc in loco, qui lucem afferat rebus obscuris; quamvis enim libri Iurisconsultorum, qui jus civile continent, tot sint, tamque explicari, non tamen sine doctore & aliquo, qui aliquantum in illorum lectione exercitatus sit, & quem rudes eius disciplinæ sequantur, intelligi possunt, quasi quivis, dum non omnino rudis sit, possit hoc munus sustinere. Non displicet tamen Paulli conjectura; nam & vestigiis hæret priscæ lectionis, & sententiam idoneam habet. VICTOR.

lumenque) Al. varie legitur *unum*, *unumque*, *unumquodque*. CONRADUS.

Doct. tam. unumquemque desid.) P. Victorius suum, nos nostros (hoc est, Memmianos) codices secuti sumus, in quibus omnibus (præterquam in uno, qui congruens cum vulgatis, habet *lumenque*) scriptum est plane *unumquemque*: quod nobis videtur probabilius, quam quod Victorius reposuit, *unumque*. Quod si conjecturæ locus daretur, ego magnopere probarem Manutii conjecturam, qui legit *doctorem usumque desiderant*. Interea hanc lectionem utramque, quam reposui, censeo retinendam, longeque illis, *lumenque* & *unumque*, anteponendam: nec tamen eos reprehenderim, qui lectionem illam, *doctorem usumque desiderant*, probaverint; nam eam & quæ antecedunt, & quæ sequuntur, confirmant. LAMBIN.

Doctorem tam. unumque desiderant) Ita est in Palat. Stewech. Pock. Vaticano, editione prima & Victorii: nec erat quod Manutius istam emendationem *usumque* pro sua nimis venditaret, cum eam adnotarit ad editionem primam, nescio unde, Egnatius. Grut. habebat *unumquam*, fronti deinde diverso calamo additum *ue*: quod tamen glacie fragilius (licet a Lambino omni judicio præferatur) durare non potest. Vulgo: *Doctorem tamen lumenque desiderant*. GEBHARD.

Doctorem tamen unumque desiderant) An non *virumque*? Iac. GRONOVIUS. Grævii primus, *doctorem unum, quem desiderant*. Sed Manutii conjecturam certissimam esse duco, qui scribendum censet: *Doctorem tamen usumque desiderant*: hoc est, exercitationem, ut paullo ante appellat. GRÆV.

Ipsi

intelligas: ut vero etiam ipsi tibi loci proposita quæstione occurrant, exercitatione consequere. In qua quidem nos te continebimus, si & salvi redierimus, & salva ista offenderimus. v. Kal. Sext. Rhegio.

EPISTOLA XX.

ARGUMENTUM.

Scribit de amore Veliensium in Trebatium: & hortatur, ne paternas possessiones vendat, quæ, tam miseris temporibus, perfugium esse possint. Adscripta dies indicat, ante superiorem datam esse.

CICERO TREBATIO S. D.

AMabilior mihi Velia fuit, quod te ab ea sensi amari. Sed quid ego dicam te, quem quis non amat? Rufio, medius fidius, tuus ita desiderabatur, ut si esset unus e nobis. Sed ego te non reprehendo, qui illum ad ædificationem tuam traduxeris. Quamquam enim Velia non est vilior, quam Lupercal, tamen isthuc malo, quam hæc omnia. Tu, si me audies, quem soles, has paternas possessiones tenebis (nescio quid enim Velienses verebantur), neque

Ipsi tibi loci) Inveniendorum argumentorum. CORR.

In qua nos te continebimus) Ego tibi præceptor ero. Verbum proprium de magistris. Petron. *Nondum juvenes declamationibus continebantur*. Gell. XIX. 1. *Nam parem virum auctoritate, satisque multos discipulos juvenes continebat.* Io. FR. GRON.

Salva ista) Remp. nunc a M. Antonio vexatam. CORR.

V. Kal.) Hoc docet, sequentem epistolam heic præponi debere. IDEM.

EPISTOLA XX.

RUfio) *Rufio*, *Rufius*, *Rufus* etiam legitur. CORRAD. *Rufio medius fidius*) Hujus Rufionis meminit etiam Att. V. 2. Io. FR. GRON.

Ut si esset unus e nobis) Vetus liber habet, *ut si esset unus homo nobis*, meliore, ut videtur, lectione. VASINUS. Alii tamen codd. non agnoscunt το *homo*, & jure. GRAEV. *Unus e nobis*) Vel Senator Romanus, ut ego; vel I. C. ut tu. I. FR. GRON.

Te non reprehendo) Utcumque illi eum requirant, tu bene fecisti, quod illum pellexisti Romam, ut præsit domui ædificandæ, quam paras in Lupercali. IDEM.

Lupercal) Locus in urbe Roma, sic appellatus a Lupercali, sive lano Patris Luperci. Varro IV. d. L. L. 24. *Luperci, quod Lupercalibus in Lupercali sacra faciebant*. Iustin. XL. III. 1. IDEM.

Tamen isthuc malo) Nempe ut domus tibi sit, in qua nobiscum vivas Romæ. IDEM.

Neque

neque Haletem nobilem amnem relinques, nec Papirianam domum deseres: quamquam illa quidem habet lotum, a quo etiam advenæ teneri solent: quem tamen si excideris, multum prospexeris. Sed in primis opportunum videtur, his præsertim temporibus, habere perfugium, primum eorum urbem

Neque Haletem nobilem amnem) *Heletem* legi debet; hujus fluvii mentionem fecit libro XVI. epistolarum ad Atticum his verbis: *Feci enim cum fuis navibus apud Haletem fluvium citra Veliam*: quo in loco nostrum illud exemplar *Heletem* habet. Strabo in initio VI. libri ubi de omni illa ora agit, plures sententias adducit, unde *Velia* a Græcis *Helea* appellata esse possit, nonnullosque tradit ab *Helete* fluvio ei nomen inditum voluisse. Stephanus inde nomen illam accepisse affirmat; hæc ipsius verba sunt: [illegible] *Quæ nunc Velia nuncupatur, olim Helea dicta fuit a fluvio eam præterfluente.* VICTORIUS. *Heles* nsiv millia a Pæsto remotus, nunc vocatur *Halente*. GRÆV.

Quamquam illa quidem habet lotum) Nos antiquos codices in hoc etiam secuti sumus, quos incorruptos esse censemus. De lotorum nobilitate, & quam jucunda earum opacitas esset, quantique olim in domibus æstimarentur, Plinius docet in libri XVII. proœmio. Polybius a se visam in Africa describit lib. XII. histor. quem locum, quia nondum integer vulgatus est Polybius, leges apud Athenæum [illegible] lib. XIV. qui totam verbis ipsius hujus arboris descriptionem persequitur; nam qui *lucum* emendarunt, deceptos esse putamus. Impium enim Ciceronis consilium fuisset: cum enim sacri essent luci, non sine ingenti piaculo & scelere incidi poterant; domusque privata non luci erat capax, cum *loti* deliciarum causa summa arte in domibus colerentur, advenæ autem raram arborem visebant, & ejus jucundo aspectu tenebantur: propter quam rem jocans (ut arbitror) jubet ipsum lotum illam excindere, quia sibi esset sumtus causa, cum semper hospitum domus plena esset. Nam in verbo illo *prospexeris* ambiguum sensum esse puto. Videtur enim dicere, *si lotum excideris*, *majus cœli spatium aspicies*: illa enim sua capacitate prospectum impedit & luminibus obstruit: cum dicat, Rebus tuis consules, minores enim sumtus facies, non enim causa erit advenis, cur domum tuam frequentent. Et omnia hæc facete & cum joco, ut consuevit; fere enim semper cum eo jocatur. Adversatur solum antiquæ lectioni, quod *lotum* feminino genere alii auctores appellarunt, cum ipse masculino usurpet: quare accurate considerandum est, vitium ne ea parte vetus habeat, sive eo genere contra plurimorum morem, quod vix verisimile est, Cicero appellare lotum voluerit. VICTOR. P. Victorius edidit *lotum*: Manutius *lucum*, ut habent omnes libri vulg. LAMB. *Habet lotum*) Non quidem, quæ licet, ne pilum a Victorio discredimus; quod & hic cavimus, quamloquidem illi secundas fert Varie. licet hic dissentiat Manutius, quod fere animadvertimus, eum facere animi morbo in Victorium; quem quidem post Politianum omnium maxime, ut debeo, facio; vulgo *locum*, alias *lucum*, quidam *lotum*. Cæteri *lotum* locum non habet. GEBHARDUS. Quoniam luci sublucantur, non inciduntur sine scelere, ut pluribus docet in notis posterioribus P. Victorius, quas vide inferius in Manutianis, & quoniam meus primus codex proxime accedit ad Medicei libri scripturam; in eo enim legitur *lotum*, nullus dubitavi cum Gebhardo hanc lectionem recipere. Martialis VIII. 51.

Palladius tenero lotus ab ore fonat. GRÆV.

Multum prospexeris) Et longe videris, & rebus consulueris tuis. CORRADUS.

Do-

urbem, quibus carus sis: deinde tuam domum, tuosque agros, eaque remoto, salubri, amœno loco: idque etiam mea interesse, mi Trebati, arbitror. Sed valebis, meaque negotia videbis, meque, diis juvantibus, ante brumam exspectabis. Ego a Sext. Fadio, Niconis discipulo, librum abstuli: Νικωνος περι πολυφαγιας. O medicum suavem, meque docilem ad hanc disciplinam! Sed Bassus noster me de hoc libro celavit, te quidem non videtur. Ventus increbescit. Cura, ut valeas. XIII. Kal. Sext. Velia.

EPISTOLA XXI.

ARGVMENTVM.

Silii caussam, viri optimi, amici sui, Trebatio commendat. Incertus videtur annus epistolæ: ego tamen suspicor esse scriptam, quo anno Cæsar necatus est. Suspicor autem ex mentione Q. Cæpionis prætoris: qui, nisi fallor, est M. Brutus, is, qui in Cæsarem conjuravit: gessit enim præturam eo anno, ut ex historicorum libris, & epist. 2. & 3. lib. II. cognoscitur: & Q. Cæpio vocatur in Phil. 10. *quod erat, ut arbitror, adoptatus ab avunculo Q. Servilio Cæpione; quem nominat Plutarchus in Catone Vticensi.*

CICE-

Domum . . . agros . . . eaque) Recte eo, ut Livius XXIV. c. 21. Sall. Iug. c. 38. Idem Cat. c. 10. CORT.

Meaque negotia, meque diis juvantibus) Eruci το *videbis* post *negotia* jussu Pall. Grut. Streuech. & editionis primæ hanc verbi reduviam præcidentium. Præterea plurima in hac epistola emendavi auctoritate librorum; ad quorum singulorum rationes considerare & immorari cujus tandem otii esset? GERNARD. *Meaque negotia videbis*) Palatini codices & Guilielmiani hic sublestæ fidei sunt, quid enim est, *mea negotia exspectabis*? Itaque reponendum est το *videbis* non solum ex iis libris, quos evolverunt Manutius & Victorius, sed & ex iis, quibus ego sum usus, Amstelodam. Meerel. & tam suo optimo, quam illo sequioris seculi. *Videre negotia* est curare. Cic. XIV. ad Attic. ep. 21. GRAEV. *Videbis*: id est, curabis, quasi providebis. Vide II. ep. 16. Et sic Ovidius in primis cum tali casu e. g. *Videris ista Deus*, & quæ sunt alia. CORT.

Niconis) Al. *Miconis*, de quo apud Plinium fit mentio. CORR. Niconis liber *de Edacitate*, aut Tertulliani verbo, *Multivorantia*. CORT.

Te quidem non videtur) Ita sine metu morbi escam maximam videris. Io. Fr. GRON.

Ro-

CICERO TREBATIO S. D.

Silii caussam te docui: is postea fuit apud me, cum ei dicerem, tibi videri sponsionem illam nos sine periculo facere posse: *Si bonorum Turpiliæ possessionem, Q. Cæpio Prætor ex edicto suo mihi dedit*, negare ajebat Servium,

EPISTOLA XXI.

Silii caussam te docui) Is est, ad quem lib. XIII. scribit. CORRAD. *Caussam te docui*) *Docet caussam*, cujus res agitur, cum pro se acturum instruit, docetque, qui defensurus est. Seneca in nobili fragmento apud Augustinum lib. VI. de Civ. Dei, cap. 10. *Sunt qui vadimonia sua Deos advocent; sunt qui libellos offerant, & illos caussam suam doceant*. Plin. III. ep. 9. *Legatos interrogabam, docuissent ne me aliquid, quod re probari posse confiderent*. I. FR. GRON. Silio quæ lis esset, tibi diligenter exposui. II. Verr. 42. *Cn. Lentulum patronum Siciliæ dicere audisti, Siculos, cum se causam, quæ pro his sibi in Senatu agenda esset, docerent*. Pro Cluent. 70. P. *Helvidium Rufum, cum me hanc caussam doceret*. IDEM.

Sponsionem illam nos sine periculo facere posse) Quæ fiebat interposita stipulatione certæ pecuniæ, quam perderet is, qui sponsione vinceretur. CORR. *Sponsionem illam*) Iudicialem, ut judicio vicisse credatur adversarius, ni ita fit. Vide Pithœi Advers. 18. Io. FR. GRON.

Si bonorum Turpiliæ possessionem Q. Cæpio prætor ex edicto suo mihi dedit) Verba sponsionis; & sane ni, & si, particulæ fere erant sponsionum principia. CORR. *Ni bonorum Turpiliæ poss.*) Sic esse legendum declarat formula sponsionum, quæ concipiebantur per ni. Hæc autem erat controversia: Turpilia testamentum fecerat, eoque testamento Silium heredem, sive ex asse, sive ex aliqua parte, fecerat. Silius bonorum possessionem secundum tabulas ex edicto prætoris petiverat; seu potius prætor edixerat, se bonorum possessionem secundum tabulas testamenti Silio daturum. Silius, cum cognati bona ad se pertinere dicerent, quia Turpilia testamenti factionem non habuisset, & ita testamentum non esset jure factum, edicto prætoris fretus sponsionem facere cum eis cogitabat hujusmodi: *Ni bonorum Turpiliæ possessionem Q. Cæpio prætor ex edicto suo mihi dedit*, centum dare spondes? Sed Cicero Silii patronus, priusquam hanc sponsionem Silius faceret, Trebatium consulueras, posset ne hanc sponsionem facere sine periculo. Responderat Trebatius, posse. *Servius* autem Sulpicius item consultus, negabat: rationemque hanc afferebat, quia tabulæ testamenti non essent eæ, quas instituisset is, qui testamenti factionem non haberet. Omnino Trebatius bene responderat; satis erat enim esse tabulas testamenti, secundum quas bonorum possessio peteretur. Non enim quærebatur, testamentum esset ratum, an irritum; firmum, an infirmum: sed esset ne factum testamentum. Itaque sine periculo poterat illa sponsio fieri. LAMB. *Si bonorum Turpiliæ poss. Cæpio, prætor*) Verba sponsionis sunt, ubi tamen vereor ne legi oporteat, *quam prætor ex edicto suo mihi dedit*. Cum enim aut creditori forte hereditario, aut alii cuipiam promittere vellet *Silius*, quæsivit ex Trebatio Cicero, numquid fieri ea sponsio sine periculo posset. Sub ea conditione recte ac citra periculum sponsurum respondit Trebatius, *Si bonorum Turpiliæ possessionem Cæpio, quam prætor ex edicto suo mihi dedit*. Hoc enim magis probo, quam Manutii scripturam: etsi ne ipsa quidem ita absurda est, quin sensum habeat. B. RUTG. *Si bonorum*) Manutius *ni*; ea enim particula propria Sponsionum. Cic. III. Off. 19. *Cum is sponsionem fecisset, ni vir bonus esset*. Pro Quint. c. 8. *Iubet P. Quintium sponsionem cum Sex. Nævio facere, ni bona sua ex edicto P. Burrieni prætoris XXX. dies possessa essent*. IO. FR. GRON.

Tabu-

vlom, tabulas testamenti esse eas, quas instituisset is, qui factionem testamenti non habuerit; hoc idem Offilium dicere; tecum se locutum negabat: meque rogavit, ut se & causam suam tibi commendarem. Nec vir melior, mi Testa, nec mihi amicior P. Silio quisquam est, te tamen excepto. Gratissimum igitur mihi feceris, si ad eum ultro veneris, eique pollicitus eris: sed, si me amas, quam primum: hoc te vehementer etiam atque etiam rogo.

EPISTOLA XXII.

ARGVMENTVM.

Probat auctoritate jurisconsultorum, quod dixerat dubitari, posset ne heres, quod furtum antea factum esset, recte furti agere. Scriptam opinor eodem anno, quo superiorem proximam.

CICERO TREBATIO S. D.

ILluseras heri inter scyphos, quod dixeram, controversiam esse, posset ne heres, quod furtum antea factum esset, furti recte agere. Itaque, etsi domum bene potus seroque redieram, tamen id caput, ubi hæc controversia est, notavi, & descriptum tibi misi: ut scires, id, quod tu neminem sensisse dicebas, Sex. Ælium, M. Manilium, M. Bru-

Tabulas testamenti esse eas) Hoc est, testamentum non esse ratum. GRAV.

Qui factionem testamenti non hab.) Ius faciendi testamenti. ID.

Offilium) Iureconsultum. CORR.

EPISTOLA XXII.

B*Ene potus*) Pro valde. Petron. Sat. c. 85. Terent. Andr. A. I. Sc. I. v. 105. ibi *multum* significare docet Donatus. Auctor B. Hispaniensi. c. 4. CORT.

Id caput) Eam partem libri de iure civilis quæsivi. Vid. de Fin. Ver. IV. 7. IO. FR. GRON.

Quod neminem sensisse) Censuisse pro sententia: infra IX. ep. 16. CORT.

Sex. Ælium) Patum Iureconsultum, de quo in Quæstura diximus. CORRADVS.

M. Manilium) Iureconsultum, de quo libro primo de Oratore, & in Bruto meminit. IDEM.

M. Brutum) Iureconsultum, qui tres libros de jure civili reliquit. IDEM.

Testa & Testa) Trebatii cognomina, quæ per copulam disiungit, quasi plures essent in uno Trebatio Iureconsulti. LALL.

Brutum sensisse. Ego tamen Scævolæ, & Testæ assentior. Vale.

EPISTOLA XXIII.

ARGVMENTVM.

Signa quædam Ciceroni, pictas potius tabellas cupienti, Gallus emerat: ex illis emtionibus nullam a se desiderari, Cicero rescribit. Tum subjungit, sibi esse vehementer gratum, quod proximam domum cupiat conducere. Incertus epistolæ annus: non enim scripta videri potest eodem tempore, quo illæ ad Atticum libro primo, in quibus item de signis agitur: nam illæ ante consulatum, quod probavimus olim in Commentariis, hæc vero post consulatum scripta: quod (opinor) illa verba satis ostendunt, Martis vero signum quo mihi pacis auctori? *Præterea de Tulliola, tamquam nupta, in hac mentio fit: illa vero, nondum nupta, scriptæ sunt. Accedit, quod in hac non de Xysto, verum de particula ornanda cogitare se ostendit: in illis de Xysto, qui porticus amplior fuit, atque etiam de palæstra & gymnasio.*

CICERO FABIO GALLO S. D.

TAntum quod ex Arpinati veneram, cum mihi a te litteræ redditæ sunt; ab eodemque accepi Aviani lit-

EPISTOLA XXIII.

CIcero S. D. Fabio Gallo] Cur hic omittitur Fabii prænomen *M.* quod apud Naugerium, Victorium, Lambinum, Manutium æque in hac inscriptione legitur, quam in sequentibus? IAC. GRON.

Tantum ex Arpinati veneram] Nos ex veteribus exemplaribus *tantum quod* restituimus. Quod primo multos miraturos credimus, & fortasse non nimium probaturos: aliquos etiam (qui receptâ lectione non solum magis delectantur, verum etiam hanc, etsi non novam (non enim nunc primum in impressos codices migravit,) tamen ut sæpius explosam & ejectam, tanquam satis primo adspectu elegantem, abhorrent) fore qui nostro judicio damnato, hanc iterum sua sede indigne dejicere conentur. Quod ne accidat, conabimur antiquorum exemplarium fidem auctoritatemque tueri, ostendentes alibi etiam Ciceronem sic locutum esse, ut libro XV. epistolarum ad Atticum, ep 537. quod etiam in vulgatis libris inviolatum permansit: *Hoc cum scriberem tantum quod existimabam ad te orationem esse perlatam: tui quam timeo, quid existimes.* Existimamus autem nos *tantum quod* idem fere significare, quod *commodum*, quo frequenter utitur Cicero: ut, libro XIII. ad Atticum: *Commodum discesserat* litteras: in quibus hoc inerat liberalissimum, nomina se facturum, cum venisset, qua ego vellem die. Fac, quæso, qui

ferat Milerius librarius IV. Kalend. cui dederam litteras ad te, cum venit tabellarius cum tuis litteris pridie donis; & aliis infinitis locis: quod manifestum fit, si duo hæc loca diligenter consideres. Sed habeo aliud etiam non parvum testimonium. Est apud me Terentius ille, quem olim Angelus Politianus cum venerandæ vetustatis codice (ut suos ejus verba) Petri Bembi contulit, suaque manu non tantum quæcumque in eo vulgaris discrepabant, verum etiam doctas quasdam interpretationes, quæ in ejus libri marginibus adscriptæ erant, accurate perscripsit, quæ & multæ sunt, & eruditi prorsus viri, judicio etiam optimi & doctissimi viri Petri Bembi, qui libri illius dominus sermonem elegantissimum de ipsius laudibus confecit, in quo declarationes etiam has & probat & amplexatur. Is igitur liber in Phormione, eo loco: *Tun' dixeras huic? facimus indignum, Chreme, fecit uxori*. *Dem. id cum hoc agebam commodum*: supra dictionem illam *commodum* scriptum habet *tantum quod*, notà juxta apposita, qua Politianus significabat ex antiquo exemplari se accepisse: ut nunc neque de integritate horum verborum, neque de sententia dubitari amplius debeat. Credimus si vetera exemplaria haberemus omnium librorum M. Tullii, frequentius hujus etiam adverbii exempla reperturos non fuisse: quod nunc tam raro invenimus, quia vulgati codices contaminati sunt: quodque hoc loco ausus quispiam est, ut probam lectionem perverteret, existimare possumus aliis etiam plurimis accidisse. Donatus etiam Terentii interpres *commodum* semper per *tantum quod* declarat. VICTOR. *Tantum*) Al. *tantum quod*, quod docti exponunt, *commodum*. CORRAD. *Tantum quod ex Arpin.*) Sic legendum esse, & libri veteres evincunt, & P. Victorius, aliquot exemplis collectis, docet. Plurima autem collegimus in commentariis in Cornelium Nepotem. LAMBIN. *Tantum quod ex Arpinati venerat*) Ita Pall. Vatic. Pech nam Gruteriano & Stewechiano tota deest: ita prima editio ac Victorii: vulgo editio pædagogorum ex *quod* exsulat. Paullo fuit etiam ex Pall. Vaticano, editione Victorii scripsi: *Accepi Aviani litteras: in quibus hoc inerat*; cum vulgetur, *Aviani*, in quibus hoc erat. GRONOV. *Tantum quod*. Sic MSi & optimus quisque librorum: deteriores sine *quod*. Est autem *tantum quod*, vix, modo, commodum, simul ac. CASA.

Aviani litteras) M. Æmilius Avianus & C. Avianus Flaccus, Ciceronis familiares fuere: sed horum ne alter, an neuter hic intelligatur, scire non possumus; artifex certe is signorum, vel venditor esse videtur. CORR. In Grævii primo, veteribusque libris aliis legitur *Aviani*. GRÆV.

Nomina se facturum) In codicem relaturum. CORR. *Nomina se facturum cum venisset, qua ego vellem die*) Se in tabulas accepti & expensi relaturum, quæ deberem pro statuis, ut solverem quandocumque mihi commodum videretur. *Nomen facere* dicitur creditor, cum in tabulis accepti & expensi nomen ejus, cui pecuniam dabat, scribebat. Senec. I. de Benef. *Nomina facturi diligenter in patrimonium debitoris inquirimus*. Debitor dicebatur *solvere nomen*. Phædrus lib. I.

Fraudator nomen cum locat sponsu improbo,
Non rem expedire, sed malum dare expetit.

GRÆV. *Nomina se facturum*) Se nobis crediturum, tradendumque statuas, quas ab eo emimus, non præsenti pecunia, sed in diem. *Facere nomen* est credere alicui, vel cum aliquo in creditum ire, sive pecunia mutua data, sive mercede tradita, pro qua pretium non præsens, sed in diem dictam solvatur. Nomen facit creditor, cum scribit in libro expensi se alicui tantum credidisse, aut mercem tradidisse, quam pecuniam mutuam, quave pro merce pecuniam ad diem placitam recipiat. Sen. II. de Benef. 27.

qui ego sum, esse te. Est ne aut tui pudoris, aut nostri, primum rogare de die, deinde plus annua postulare? Sed essent, mi Galle, omnia facilia, si & ea mercatus esses, quae ego desideraham, & ad eam summam, quam volueram. Ac tamen ista ipsa, quae te emisse scribis, non solum rata mihi erunt, sed etiam grata: plane enim intelligo, te non modo studio, sed etiam amore usum, quae te delectarint, hominem (ut ego semper judicavi) in omni judicio elegantissimum, quae me digna putaris, coemisse. Sed velim, maneat Damasippus in sententia: prorsus enim ex istis emtionibus nullam desidero. Tu autem ignarus instituti mei, quanti ego genus omnino signorum omnium non aesti-

27. *Idque fiebat praesente & vidente debitore*. Cic. pro Sex. Rosc. c. 1. debitor dicebatur *locare nomen* Phaed. I. 16. etsi eumdem *facere nomen* etiam dicat Cic. III. Off. 14. Vid. Salmas. de Usur. p. 146. 147. Io. Fr. Gron.

Rogare die) Ita videtur legendum. Emere pro quo non solvas, nisi ad diem. *Rogare*, puta emtum; nam cum convenissent, rogabat emtor: *Est ne mihi emtum hoc?* Plaut. Epid. III. iv. 31. *Est ne mihi emta haec?* Ve. *istis legibus habere licet*. *Die*, ut Cato de R. R. 151. *Die lanam & agnos vendat*. Idem.

Plus annua postulare) Postulare ut summam, quam me illi debere in tabulas retulerat, intra annum non restituerem, sed diutius retinerem, & solverem usuras. *Annua die debere* est hac conditione & lege pecuniam mutuam accipere, ut post annum elapsum restituatur. Sueton. Aug. cap. 101: *Quibus solvendis annuam diem finit*. Senec. Suasor. *Dicito illos tibi annua, bima, trima die debere*; hoc est, tribus aequalibus pensionibus intra tres annos solvenda esse. Grav. *Deinde plus annua postulare?*) Nam & bima & trima die, id est, ut post biennium post triennium solveretur, interdum paciscebantur; quod sibi non convenire judicat Cicero. Io. Fr. Gron.

Essent omnia facilia) Expedita. Sic Senec. de Tranquill. An. c. 1. *facilis cibus*, pro *facilis* parata. Claud. de laud. Hercul. v. 102. Mart. X. Epigr. 47. Sall. Jug. c. 80. Cort.

Ad eam summam) Pro *ea summa*. Aug Sueton. c. 71. Livius XLV. c. 4. Sed in his Sextum Casoni nondum satis perspicere est, addo Caesar. I. B. G. c. 15. Cic. II. Offic. c. 16. Dicitur tamen & alia ratione cum aliis tum Terent. Heaut. A. I. Sc. I. Et aliquo modo huc facit Propert. II. Eleg. 13. v. 21. Posses etiam hoc loco *ad* per *secundum* vel *ex* exponere, quod tamen non multum a nobis diverit. Idem.

Attamen ista ipsa) Sic edidit Victorius, sic quoque primus, & Vaticanus. Pal. tamen optimus, *hac tamen ista ipsa*; vulgo, *istaec ipsa*; pusilla haec sunt, sed tamen exoneranda, quia non Ciceronis. Gebhardus. *Ac tamen ista ipsa*) Sic Grav. prim. aliique codd. Vulgo: *Attamen isthaec ipsa*. Grav.

Maneat Damasippus in sententia) Emendi signa, quae tu mihi comparaveras. Damasippus se forte emturum ea signa dixerat, si minus Ciceroni placuissent. Barv. Rutil.

Ex istis emtionibus) Ex istis, quae emisti, signis. Grav.

Genus omnino signorum omnium) Sic Pall. Grav. prim. Amstelod. ed. prim. Vict. Gebh. Vulgati: *Genus omne signorum omnium*. Idem.

Tanti

æstimo, tanti ista quatuor, aut quinque sumsisti. Bacchas istas cum Musis Metelli comparas. Quid simile? primum ipsas ego Musas numquam tanti putassem; atque id fecissem Musis omnibus adprobantibus: sed tamen erat aptum bibliothecæ, studiisque nostris congruens. Bacchis vero ubi est apud me locus? At pulchellæ sunt. Novi optime, & sæpe vidi: nominatim tibi signa mihi nota mandassem, si probassem. Ea enim signa ego emere soleo, quæ ad similitudinem gymnasiorum exornent mihi in palæstra locum. Martis vero signum quo mihi pacis auctori? Gaudeo nullum Saturni signum fuisse: hæc enim duo signa putarem mihi æs alienum attulisse. Mercurii mallem aliquod fuisset. felicius, puto, cum Aviano transigere possemus. Quod tibi destinaras trapezophoron, si te delectat, habebis: sin autem sententiam mutasti, ego habebo scilicet. Ista quidem summa

Tanti ista quatuor aut quinque sumsisti) Indicanda est scriptura veterum codicum, num forsan acutioris ingenii homines possint eruere aliud, quam quod in vulgatis legitur. Illi enim habent, *Tanti ista quatuor aut quinque sumsisse*. Sic nimirum Palatinus prim. & Amstelod. duo Graviani: *sumere* vero est emere. Graevius.

Bacchas) Baccharum imagines, id est, mulierum ebriarum, quasi celebrantium Bacchi orgia. Carr. De Bacchis in universum earumque etiam, ut Bacchi cum Musis, consortio, lege late tractantem Christ. Gottl. Schwartzium in Miscellan. politioris Humanitatis cap. maxime 4. Cort.

Bacchis vero ubi est apud me locus?) Quem nec Bacchus, nec Venus delectat. Grav.

At pulchellæ sunt) Prim. Grav. *At pulcherrimæ*. Ioan.

Martis vero signum quo mihi pacis auctori?) Hoc est, quid mihi prodest, quid me juvat Martis simulacrum? Horat.

Quo mihi divitias, si non conceditur uti?

Gaudeo nullum Saturni signum fuisse) Mars, & Saturnus infesta signa, Mercurius boni eventus index. Ioan.

Mercurii mallem) Cujus signum commune omnium gymnasiorum ornamentum nominat l. ad Att. ep. 4. Hic vero in *Mercurio* jocatur, ut indicat Callarius. Cort.

Felicius puto cum Aviano transigere possemus) Conjectura ductus arbitror legendum esse *facilius*; plura hoc mihi persuadent, & quod usitata perversio est: multis enim locis has voces confuderunt librarii, ut ubi *felicior* legendum esset, *facilior* legeretur & contra ubi *facilius*, *felicius*. Præterea supra inquit, *sed essent, mi Galle, omnia facilia*. Sensus denique totus elegantior & verior: nulla enim felicitas in hoc negotio reperiri poterat: sed cupiebat Cicero invenire, quem illa capere & delectare possent, sperabatque, si illa, quæ paullo ante exposuit, Fabius emisset, facilius inventurum fuisse, qui se omni jactura molestiaque liberarent. Victor.

Trapezophoron) L. 3. D. Supell. leg. inter supellectilem numerantur *trapezophora*, Glossis *Calicinaria* seu ligna quædam, quæ loco tripodum mensas sustinent, in quibus calices ponuntur: quibus certe similis apud multos etiam videre licet. Cort.

Ego habebo scilicet) Pal. prim. Amstelo-

ma ne ego multo libentius emerim diversorium Tarracinæ, ne semper hospiti molestus sim. Omnino liberti mei video esse culpam, cui plane res certas mandaram: itemque Iunii, quem puto tibi notum esse, Aviani familiarem. Exedria quædam mihi nova sunt instituta in porticula Tusculani: ea volebam tabellis ornare: etenim, si quid generis istiusmodi me delectat, pictura delectat. Sed tamen, si ista mihi sunt habenda, certiorem velim me facias, ubi sint, quando arcessantur, quo genere vecturæ. Si enim Damasippus in sententia non manebit, aliquem pseudodamasippum vel cum jactura reperiemus. Quod ad me de domo scribis iterum, jam id ego proficiscens mandabam meæ Tulliæ. Ea enim ipsa hora acceperam tuas litteras: egeram etiam cum tuo Nicia, quod is utitur, ut scis, familiariter Cassio. Vt redii autem, prius, quam tuas legi has proximas litteras, quæsivi de mea Tullia, quid egisset: per Liciniam se egisse dicebat: sed opinor, Cassium uti non ita multum sorore: eam porro negare se audere, cum

[illegible]stelodam. & Grævii duo, *ego habeo filiam*. GRÆV.

Liberti mei video esse culpam] In commendis istis signis. CORR.

Cui plane res certas] Cui sic exposueram sententiam meam, ut si ille mandata tibi recte edidisset, errare non posses. Vide notas ad Sen. de morte Claud. Io. FR. GRON.

Exedria quædam mihi nova sunt] Vitruv. V, 2. *Constituuntur autem in tribus porticibus exedræ spatiosæ, habentes sedes, in quibus Rhetores, reliquique, qui studiis delectantur, sedere possunt*. GRÆV.

In porticula Tusculani, ea volebam tabellis ornare] Porticulam appellat, quas Græci [illegible], illas autem partes domus tabulis pictis veteres ornabant, quod ex Diogene quoque Laertio intelligitur, apud quem Theophrasti doctissimi hominis, elegantissimique omnium philosophorum in testamento ipsius hæc verba sunt: [illegible] *Deinde porticum parvam, quæ juxta musæum erat, ea ædificari jubeo non deteriorem, tabulasque, in quibus orbis situs fuerit, in inferiore porticu exponi*. In inferiore igitur porticu Græcus homo, & ipse tabulas collocari mandavit, sed in quibus terræ ambitus descripti essent, non aliquid quod posset coloribus, aut artificio magistri delectare. VICTOR.

Egeram etiam cum tuo Nicia] Epist. 10. libro IX nisi liberti nomen sit hoc loco. CORR.

Is utitur, ut scis, familiariter Cassio] Opinor ego quoque *Crasso* legi propter Liciniam sororem oportere. Io. Domus possessore. FERR.

Per Liciniam se egisse dicebat] P. Victorius edidit *per Liciniam*, quo modo scriptum est in omnibus libris manuscriptis Memmianis. Idem Victorius edidit *Decius*, pro quo nostri libri habent *Decius*, & item vulgati. Ego *Decimus* legendum puto. LAMB.

Eam porro negare] Sic Pall. pr. Græv. duo Amstelodam. nisi quod in nonnullis legatur *meum*, vulgati *negat* legunt. GRÆVIVS.

cum vir abesset (est enim profectus in Hispaniam Dexius) illo & absente, & insciente, migrare. Est mihi gratissimum, tanti a te æstimatam consuetudinem vitæ, victusque nostri: primum ut eam domum sumeres, ut non modo prope me, sed plane mecum habitare posses; deinde ut migrare tantopere festines. Sed ne vivam, si tibi concedo, ut ejus rei tu cupidior sis, quam ego sum. Itaque omnia experia… Video enim, quid mea intersit, quid utriusque nostrum: si quid egero, faciam ut scias. Tu & ad omnia rescribes, & quando te exspectem, facies me, si tibi videtur, certiorem.

EPISTOLA XIV.

ARGUMENTUM.

Exponit, quam injuste sibi Tigellius irascatur. Cæsare quartum consule sine collega.

CICERO M. FABIO GALLO S. D.

AMoris quidem tui, quoquo me verti, vestigia; vel proxime de Tigellio. Sensi enim ex litteris tuis, valde

Ut migrare tanto opere festines) Sic edidi amplexus fidem Naugerii, & Victorii, cum vel Lambinus, vel Manutius inceperint edere *tantopere*, quod vulgo continuatur. Ut dicam quod sentio, etsi hæ epistolæ fluctuent inter has duas lectiones, & modo hanc, modo illam occurrere videamus, ego tamen sine dubitatione censeo, eam varietatem esse edentium culpam, qui vetustissimorum codicem non sunt adsequuti, in quo ubi occurrit *tantopere*, factum est ab scriba vel forte, vel de industria, dum caute imitatur exemplum antiquius, quod passim discimus noluisse committere duas vocales. Etiam propter eundem & Manutium deserui Gebhardum in præcedenti periodo *eam porro augere se ord.* cum Lambinus sit, qui edidit *ea p. augat*. Ex quibus duobus etiam epist. 32. eabibui *cohortare & confirma & valde plane meam*, ut etiam habet Lambinus, cum nunc omittant secundam copulativam. sec. Gaum.

Ne vivam, si tibi concedo) Formulam *ne vivam*, vidimus supra ep. 13. quid sit *non concedo*, videas ex illis IV. ep. 3. *Sic a me diligitur, ut tibi uni concedam, præterea nemini*; adde V. ep. 21. Corr.

Si quid egero, faciam ut scias. Tu & ad omnia rescribes) Pal. prim. *si quid egero faciam ut scias te, & ad omnia rescribes*. Mem. primus: *Si quid ego faciam ut scias te, & ad omnia rescribes*. Forte scripsit Cicero: *Si quid egero faciam ut scias tu, & ad omnia rescribes*. Grav.

EPISTOLA XIV.

UT proxime de Tigellio) M. Tigellio Hermogene, Sardo cantore. Cons. In negotio & causa Tigellii, vi-

valde te laborasse. Amo igitur voluntatem. Sed pauca de re. Capius (epiner) olim, non omnibus dormio: sic ego non omnibus, mi Galle, servio; etsi quæ est hæc servitus? Olim, cum regnare existimabamur, non tam ab ullis, quam hoc tempore observor a familiarissimis Cæsaris omnibus, præter istum. Id ego in lucris pono, non ferre hominem pestilentiorem patria sua: eumque addictum jam tum puto esse Calvi Licinii Hipponactéo præconio. At vide, quid

de adductis ep. 14. ut scripsisti de Britannis. Corr.

Capius, ut epiner, olim) Ita scripsimus, ut ab aliis restitutum fuerat. Medicæus tamen *Citius*. Apud Festum Pompeium, a quo hoc proverbium explicatur, *Cipius* legitur. Nec tamen est, quod te librorum hæc temere credamus: ipsius enim commentarii ut improbe olim detruncati fuerunt, ita nunc multis maculis fœdati sunt. Plutarchus in Erotico, qui totam historiam accurate exponit, nequam hunc hominem Cabbam, vel Galbam potius appellat. Totus autem locus ab Erasmo in Proverbiis expressus est. Animadvertendum tamen, quis fuerit ille Mecænas, a quo uxorem suam subagitari tam æquo animo Capius hic, sive Gabba passus sit: non enim familiaris ille augusti Cæsaris esse potuit. nam antiquius ejus ætate hoc proverbium fuit: a Cicerone enim adhibetur, & a Lucilio quoque, vetere poeta, celebratum fuit. Præterea in verbis Sex. Pompeii cogitandum, an ὡς παρρέγχων legi debeat, quod puto: quem enim locum ibi *pertrendo* hoc solo habeat, non video: quamvis docti viri mendum in illis esse suspicati non sint. Victor. *Capius*) Qui *Pertrendo* dictus est, quod simularet dormientem, quo impunitius ejus uxor mœcharetur. Corr. *Cipius* (*epiner*) *olim*, *non omnibus*, &c.) Sic legendum censet Anton. Augustinus: non *Capius*, neque *Capinas* quamvis ita ediderit P. Victorius. Nostri quidem codices, (Memmianos dico) partim sic habent, partim *Citius*. Sed omnem dubitationem tollit Sex. Pompeius, in proverbio *Non omnibus dormio*: ubi docet, proverbium videri natum a *Cipio* quodam, qui *pararenchon* dictus est, quod simularet dormientem, quo impunius uxor ejus mœcharetur. Eamdem commemorat & Plutarchus ἐν ἐρωτικῷ, ubi tamen Κάββας nominatur, si locus emendatus est. Lamb. MSus Pal. prim. Gargvilani hic, ambo Rel. *Citius*, aut *Citius* scribunt. Grav.

Non omnibus dormio) Vide Erasmi proverbia. Corr. Simulaverat enim se dormientem, quo impunitius uxor mœcharetur, inquit Festus. *Omnibus* est, in commodum omnium, pro omnibus, ut sæpe monitum, V. ep. 3. VI. ep. 7. Sic Cicero non *omnibus* servit; etsi *in gratiam* quorumdam servire videatur, non omnibus tamen procederet, qui servitutem sibi intentare vellent, ex quorum numero Tigellius. Conveniit fere Propert. II. Eleg. 18. v. 15. Corr.

Cum regnare existimabamur) Nam Torquatus in causa P. Sullæ Ciceronem *Regem* appellavit. Cellar.

Præter istum) Tigellium. In.

Id ego in lucris pono - - - *patria sua*: - - *Calvi Licinii Hipponactéo præconio*) *Patria sua*, Sardinia, quæ hodieque pestilens esse dicitur. *Calvi Licinii*, Cornelii Licinii Calvi poetæ. *Hipponactéo præconio*) Iambico scazonti, sic ab auctore appellato; quale est illud,

Sardi Tigelli putidum caput venit.

Præconio autem dixit, quia præco Sardos venales pronuntiabat. In. *Id ego in lucris pono non ferre hominem pestilentiorem patria sua: eumque addictum jam tum puto esse Calvi Licinii Hipponactéo præconio*) Manutii interpretatio non potest probari. Ego *Hipponacteum* carmen

quid succenseat. Phameae causam receperam, ipsius quidem causa: erat enim mihi sane familiaris. Is ad me venit, dixitque, judicem sibi operam dare constituisse eo ipso die, quo de P. Sextio in consilium iri necesse erat: respondi nullo modo me facere posse, cum vellem: alium diem si sum-

men ab *Licinio Calvo* in ipsum *Tigellium* strictum fuisse censeo. Nam quid est studiosum esse versuum? num libenter eos legere? Si quia docti & diserti erant, auctoris ingenio, non odio eius, in quem facti erant, placebant: sin, quia Ciceronem oderat, & gaudebat eius contumeliis, alia gravior praecesserat causa simultatum, neque pro magno putaret Cicero non coli ab homine carmina in ipsum scripta legente. *Calvus* immo *Tigellium* olim probroso carmine infamaverat, & meritis, omnes inusserat turpitudinis notis. Hoc dicit ἀλληγορικῶς Cic. *addictum Hipponacteo praeconio*. Praeconum est proclamare venales, eorumque praedicare virtutes & artes, ut citius emtorem inveniant: iidem addicebant emtori, seu jubebant emtorem ducere emtum, ubi de pretio convenerat. Cic. pro Rab. Postumo repetundarum reo: *Ex, Postume, nummo sestertio a me addicitur. O meum miserum acerbumque praeconium!* Ita proscripsit proclamavitque Hipponacteo carmine Tigellium, & praedicavit publicavitque eius scelera & vitia, & hominem duraturae in aeternum infamiae quasi addixit Calvus. Suspicor autem supervacanea esse duo verba, *pute esse*; ut fuerit: *Non ferre hominem pestilentiorem patria sua, eumque addictum jam tum Calvi Licinii Hipponacteo praeconio*. Eum praesertim, inquit, quem jam ante tot annos praedicavit Calvus ut Hipponax Anthermum & Bupalum: quasi praeco venalem exposuit cum ornamentis omnibus, tradiditque infamiae velut proprium & addictum. Gronov.

Vide quid succenseat) Propter quod, uti supra ep. 12. Sed non aliter dicitur, ac Claudian. III. Rapt. v. 295. de quibus ad IX. ep. 3. Cort.

Phameae causam receperam) Contra puerum Octavii. Corr.

Ipsius quidem causa) Phameae. Id.

Erat enim mihi sane familiaris) Phameae, qui mihi in consulatus petitione pollicitus erat, si quid opus esset. Id.

Operam dare) Non tantum aurium, ut locutus est Plaut. Bacchid. A. IV. Sc. IX. v. 72. sed etiam decisionis. Nam haec est opera, quae a judicibus expectatur. Sic tibicen dicitur *operam dare Bathyllo*, apud Phaedr. V. Fab. 7. v. 5. qui accinit saltanti Bathyllo. Cortius.

De P. Sextio) Epist. 18. lib. V. Corr.

In consilium iri necesse erat) Magis placeret *ire*, ut ad Ciceronem referatur, ob ea, quae sequuntur. Est autem antiqua formula, quae in fragmento etiam Serviliae legis reperitur, quod exstat apud me in aere incisum: *Verum audire. in. consilium. ire. indi.* [illegible] *iudicium. dimittere.* [illegible] *senatus*, &c. Vasin. Vid. Manut.

Necesse erat) Lege Pompeia, qua dies iudiciorum praestituti fuerant. Corr.

Respondi nullo modo me facere posse, cum vellem) Ita olim emendavi, imprimique jussi: nam, quemadmodum nunc ostendam, in pluribus libris haec fere scriptura invenitur, quam Manutii probabat, quamvis insimulent me aliam sensum ex iis verbis accepisse, quod culpa impressorum non bene interpunctionibus distincta sint: quasi ab ullo, qui penitus stultus non sit, alius ullus sensus ex iis verbis elici possit. Ego autem impressioni non interfui, nec quae illud hominum genus quotidie turbaret, corrigere potui: nam saepe me questum esse de istorum negligentia in meis scriptis, omnibus notum est. Sed, his relictis, Mediceus codex hanc scripturam retinet: *Respondi me nullo modo facere posse, cum vellem alium diem si sumsisset*, & quae sequuntur: non sine aliqua omnino perversione: aliquid enim necessario in ea vitii est, sive prior

sumsisset, me ei non defuturum. Ille autem, qui sciret, se nepotem, bellum tibicinem habere, & sat bonum unctorem, discessit a me, ut mi videbatur, iratior. Habes Sardos venales, alium alio nequiorem. Cognosti meam causam, & istius

illa, sive posterior lectio magis probetur. Quare saepe de hoc loco solliciti fuimus: ac quandoque veriti sumus, ne peccaverimus, quod aliquid tunc immutarimus: cum ita peccatum esse potuit ab vetere librario a dictione illa *vellem*, ut in altera *quem* peccatum enim omnino fuit. Aut enim legendum est *cum vellem*, ut nos tunc scripsimus, aut *quem vellet*, quemadmodum antea in impressis libris legebatur: nam recepta lectio non malum intellectum habebat: declaratur enim magis per illam liberalitas Ciceronis, & cupiditas satisfaciendi Phameae, qui affirmat cum uno illo excepto omnibus aliis diebus in potestate ipsius fore. Haec omnia accuratius acuti ac docti viri perpendent: & quid de tota hac re faciendum sit statuent. VICTORIUS. *Cum vellem*] Libri vulgati & nonnulli scripti habent *quem vellet*, *alium diem si sumsisset*, &c. Nos P. Victorii emendationem secuti sumus. LAMB. *Respondi nullo modo me facere posse cum vellem; alium diem si sumsisset*) Vide num melius legatur: *Respondi nullo modo me facere posse: quem vellet alium diem si sumsisset*. URSIN. *Cum vellem al. d. si sums.*] Haec est Vaticani codicis lectio, in Victoriana quoque editione conspicua; vulgo *quem vellet*. GRUT. Lectionem, quam probarunt Victorius, Lambinus, Gebhardus, firmat meus fidissimus codex, sed aliter distinguit, & meo judicio verius: *Respondi id nullo modo me facere posse cum vellem; alium diem si sumsisset, me ei non defuturum*; hanc scripturam secutus sum, quam video & aliis probari. GRAEV.

Qui sciret] Quasi ob hoc cristas erigeret, & Ciceronem putaret negare sibi nihil debere, quia Tigellii avus esset Io. FR. GRON.

Nepotem bellum] Tigellium. CORR. *Bellum tibicinem*. Si ad Horatianum Tigellium haec epistola spectat, hoc ipso ineptum ejus cantandi studium perstringitur, nec est, quod in proximis *unctorem* in *cantorem* refingatur, quod denotat vel Amatorem Tigellii, de quibus Cresoll. Theatr. Rhet. III. c.18. vel, quod potius est, delicatulum Rhetorem fuisse. Simul *tibicem* apposite ille, qui causam agit: dicitur, cum Sidonius serio VI. ep. 1. Lupum Tricassinum ita alloquatur: *Nosti peritissimus tibicen ad Christum e peccatis receptui canere*. Nec aliter alii ejusdem praesertim aetatis. Iratus igitur Phameas, quod Ciceronem requisierit, cum haberet nepotem bellum Oratorem. Si haec displicent, intelliges simpliciter istum iratum fuisse, quod Cicero illi non gratificatus esset, cum tamen vel propter Tigellium id facere debuisset, hominem tam gratum Caesari. CORT.

Sat bonum unctorem) Alius *infectorem*, al. *cantorem*. CORRAD. *Unctorem*] Sic habent etiam nostri libri veteres, non discrepantes a vulgatis. Quidam legendum putant *& sat bonum cantorem*, ego nihil muto. LAMBIN. *Et sat bonum unctorem*) Alii ex conjectura, *sat bonum cantorem*: ego miror, cur hoc velit quoque Manutius. Sic autem est in Pal. editione primaria, ac Victorii e duo Guilielmii *victorem*: unde ille facit *victorem*. GRUT. Gravii prim. *unctorem*. Amstelod. *auctorem*. GRAEV.

Sardos venales] Erasm. in proverbiis. CORR. *Habes Sardos venales, alium alio nequiorem*] Nempe Phameam, & M. Tigellium Hermogenem, nepotem illius, modulatorem optimum, in Sardinia natum, ut notat Acron. Proverbio hoc utebantur de hominibus improbis, nequitia & fraude inter se certantibus, ut qui alteri praeferendus sit, non facile possit intelligi. Proverbio dederunt originem Sardiniae capti venales, qui nequiter servierunt, & improbitatis ac nequitiae palmam tulerunt inter mancipia: non vero a

Vejen-

istius Salaconis iniquitatem. Catonem tuum mihi mitte; cupio enim legere: me adhuc non legisse, turpe utrique nostrum est.

EPISTOLA XXV.

ARGUMENTUM.

Epistolam Galli non conscissam significat. Monenti, ut de Caesare caute loquatur, & scribat, gratias agit. Hortatur, ne scribendi exercitationem intermittat. Eodem anno.

CICERO M. FABIO GALLO S. D.

QUod epistolam conscissam doles, noli laborare: salva est, domo petes, cum libebit. Quod autem me mones, valde gratum est; idque ut semper facias, rogo.

Vejentibus, qui quoniam Etrusci sunt, hi vero Coloni Lydorum, quorum caput fuerit Sardes, a quo *Sardi* dicti sunt, ut Festus & Plutarchus docent. Nam a *Sardes* est *Sardianus*, a *Sardianis* vero *Sardus*. Sic recte hoc proverbium exponit, & pluribus refellit Festi & Plutarchi sententiam Gronovius IV. de Pec. Vet. c. 10. quod vide. Graev.

C. gessi causam meam) Intellexisti, & adprobas justissimam meam excusationem. Vide de Pec. vet. IV. 3. I. Fr. Gronov.

Salaconis) Coelius lib. VII. cap. 16. Conr. *Iste istius Salaconis*) Utitur hac eadem voce epistola 18. libri XVI. ibi *Salaco arrogantissimus*. Σαλάκων (inquit Suidas) ὁ προσποιούμενος πλούσιος εἶναι, πένης ὤν, ἀλαζών: hoc est, *Salaco*, is qui *simulat se divitem esse*, *cum pauper sit*, *Arrogans*. Alii *Salaconem* quemdam, Autolyci patrem, mollem, & delicatum fuisse tradiderunt; ab eo molles, & delicatos, & impudicos, *Salacones* appellatos: & Σαλακωνίζειν, τὸν ἀσελγῶς σοβαρεύεσθαι [illegible]: quod Latini dicunt *Cevere*. Quamquam in epistola illa 28. alii legunt *Helico*, alii *Heluo*, alii *Elico*. Est autem *Helico*, homo nullius usus, ut docet Festus. *Heluo*

vero, stupidum, hebetem, languidum significat. Lamb. *Salaconis*) Hominis mollis, aut in paupertate valde superbi. Vid. Manut. Graev.

Catonem tuum) Librum a te de M. Catone scriptum. Conr.

EPISTOLA XXV.

Salva est domi, petes cum libebit) Ita legitur in cunctis impressis, a quibus Medicaeus dissentit. *Domo* enim, non *domi* habet; quae scriptura si attente consideretur, fortasse pejor inelegantiorque non erit: ita autem distingui debet: *Salva est*, *domo petes cum libebit*. Cum enim dixit *salva est*, eripuit illi errorem, in quo erat, qui arbitrabatur illam conscissam, & ex ea re dolorem capiebat: cum addidit *domo petes*, declaravit penes se illam esse, seque illius copiam ei facturum semper esse. *Domo petes*, dictum est, quemadmodum etiam *petere a Graecis*, *petere a maellio*, aliis in locis Cicero dixit: est enim peculiaris ipsius locutio, non alia ratione, quam *efferre domo*, *depromere domo*. Qui vero receptam lectionem retinere volet, non magnopere me adversum habebit: atque is tamen non moleste feret, me

 ea oc-

go. Videris enim mihi vereri, ne, si istum habuerimus, rideamus γελωτα σαρδονιον. Sed heus tu, manum de tabula: ma-

ea occasione alium locum manifeste corruptum restituisse. VICTOR. Hunc locum de Oratore, ut & alium quem in Oratione de Haruspicum Responsis hac occasione emendavit Victorius, quoniam prolixior est, reiicimus in calcem, & notis Manutianis subnectimus. Ceterum quoniam & meus vetustus codex convenit Mediceo, nullus dubitavi, eam lectionem recipere. GRAV.

Si ipsum haberimus) Mediceus liber, *nisi ipsum haberimus*. Semper mihi suspectus hic locus, ac merito quidem fuit: & est sane tota epistola obscurior. Quid mihi in mentem non multo ante venerit, libet narrare. Arbitror legendum esse, *nisi istum caverimus*. Quibus autem argumentis ductus hoc faciam, cum exposuero, qui non probat, totam opinionem meam reficiat. Sententia, ut patet, egregia est: intelligit enim per *istum*, Caesarem, cujus voluntatem laedebant, quod perpetuum inimicum ejus laudabant, quem Gallus putabat cavendum, ac pertimescendum, quod quibus vellet, incommoda multa conciliare posset. In dictione etiam illa immutanda, nulla aut parva licentia nos usos nunc ostendemus. Observavimus aliis in locis in Mediceo codice *a* pro *e*, positam esse, ut in epistola Lentuli ad Ciceronem locus ille sic legitur, 179. *Praeterea mihi promiserunt Pansa & Hirtius ...*. In antiquis etiam lapidibus ita quandoque scriptum est, ut docti & diligentes viri adnotarunt: nam saepenumero veteres librarios pro *u*, *b* scripsisse, & contra, magis notum est, quam ut exemplis confirmari oporteat. Addam (quamquam vereor ne haec mea diligentia nimia nonnullis in re satis aperta videatur) aliis in locis in Mediceo me observasse duo *u u*, positis esse, ubi unum satis erat, ut in epistola ad Caelium sic locus ille legitur, 28. *Praesertim contra eum, cui spero me satisfecisse*. Nam apte respondere hoc verbum superiori perspicuum est. Sic enim crebro Cicero locutus est. II. Philipp. *Et si ... admonent quidquam, quod caveamus*. II. *A quo admoniti, diligentius & vigilantius caveamus Antonium*. Memini dicere, nobilissimum virum, & summa ingenii laude florentem, cui ego & in secunda & in adversa fortuna valde amicus fui, sed magis in perditis ipsius rebus officii gratia familiaris, qui & ipse hunc locum depravatum esse sentiebat, sic eum emendare solitum, *ut si stilum caverimus*. Nondum autem quae a me supra exposita sunt, excogitaveram, ut videre potuerim, quid ipse acutissimi ingenii vir de hac mea suspicione sentiret. Illum autem nomine etiam appellarem, si arbitrarer hanc rem posse ei aliquam laudem afferre. VICTOR.

Si *istum*) Tigellinum, vel Phameam potius, quam Caesarem significat, propter proverbium quod addit, & nescio quam suspicionem, de qua lib. XIII. ad Atticum scribit. CORRAD.

Nisi ipsum caverimus, &c.) Locus est obscurissimus & corruptissimus: sic autem fere habent libri manuscripti, parum discrepantes a vulgatis: *Videris enim mihi vereri, nisi istum haberimus, &c.* vulgati autem sic: *Vid. enim m. v. ne si istum haberimus, &c.* P. Victorii igitur conjecturam, ut probabilem, secuti sumus jam olim in priore editione: neque hic mutavimus: sed videtur mihi longe acutior & ad sententiam accommodatior ea, quam ille refert, neque cujus sit, adscribit, *ne si stilum caverimus, &c.* Itaque hanc libenter amplecteremur, si nobis per judicium & assensum eruditorum liceret. LAMBIN. Graevii liber primus legit *nisi*, non *ne si*. GRAV.

Γελωτα σαρδονιον) Proverbium de iis usurpatum, qui risu & iocis sibi nocivum conciliant periculum: vide Erasm. in proverb. loco. Aliunde Zenodotus in Collectaneis suis originem proverbii derivat; aliunde Timaeus apud eumdem. In hoc autem con-

la: magister adest citius, quam putaramus. Vereor, ne in Catonium Catoninos. Mi Galle, cave putes quidquam melius,

conveniunt, quod risus sit fallax, hoc est, cum malo quodam conjunctus. Ab *hoc sensu* hominis sui decipientis derivat etiam Servius ad IV. Eclog. Virg. v. 24. & VII v. 41. quem vide. *Corr.*

Manum de tabula] De libro, in quo de Catone tu quoque scribis. Corrad. Allusum putat Erasmus ad dictum Apellis, quo ille dixerat uno se praestare Protogeni, quod *is manum de tabula nesciret tollere, memorabili praecepto, nocere saepe nimiam diligentiam*, inquit Plinius XXXV. c. 10. Sic Ciceronem sese & Fabium admonere, desistendum esse a dicteriis. Sed forte ad illos pertinet, qui sunt sub magistro, & illo absente tabulam, vel picturam, vel aliam rem contrectant. Silere utrumque Caesarem respexisse potest. Corr.

Magister] Auctionis, vel potius Dictator, qui *Magister* populi dicebatur. Corrad.

Adest citius] Ex bello Hispaniensi, contra Pompeii filios gesto rediens. Idem.

Vereor ne in Catonium Catoninos] Locus valde obscurus, nec uno modo in omnibus exemplaribus scriptus. Mediceus & quique optimi libri pro *Catoninos*, *Catonianos* habent: quod non improbavi. Mendi autem notam hic apposui, quia in priore quoque voce diversos antiquos codices inveni; nec apud me constituere potui, quae sincerior lectio habenda esset. Quamvis autem certam ex tam dubio & contaminato loco sententiam vix elici posse putem, tamen non veritus sum quid sentiam exponere. Per *magistrum* arbitror, eum intelligere Caesarem dictatorem. *Manum* autem *de tabula*, proverbium esse existimo sumtum a pueris pictorum, qui absente magistro furtim penicillo aliquid de ipsi furtim in tabula pingere conantur; quo repente superveniente, admonentur a ceteris, ut cito manum de tabula removeant, ne in illos magister animadvertat. Monet igitur Cic. Fabium, ut appropinquante Caesare manum & ipse de tabula cito auferat: scribebat enim Catonem, quae scriptio parum Caesari grata & jucunda esse poterat, & qua inimicissimum illi hominem summis laudibus ornaret. Cum autem se quoque cogitaret, quia & ipse etiam Catonem scripserat, apud eum offendisse, subjungit, *vereor ne in Catonium Catoninos*, id est, timeo ne Caesar communiter ita ad inferos demittat Catoni deditos, & Catonem amantes, id est, meipsum, & te, qui Catonis laudes scripsimus. *Catonium* autem pro *Catonianos* dictum videtur, quemadmodum saepe veteres loquuntur, paullo post ostendam. Nam & Aulus Gellius videtur ostendere *Catonium* pro inferis sumi quandoque solitum. Sic enim lib. XVI. Noctium Atticarum, c. 7. quod contra Laberium scriptum est, inquit, postquam ostendit illum multa verba licentius novasse: *Neque non obsoleta quoque & maculanda ex sordidiore vulgi usu ponit, quale est in Staminariis:*

Tollet bona fide vos Orcus nudas in Catonium.

Ubi etiam admirandum est, quod vidi priscum ejus scriptoris & valde probatum exemplar, quod *Catonem* non *Catonium* in eo versu habet, quemadmodum in hac epistola in melioribus exemplaribus scriptum est. Ex hac causa fuit, quod e regione ejus vocis asteriscum apposui. Quis enim dijudicare possit, impressis ne codicibus, an potius priscis exemplaribus major fides habenda sit in dictione jam pridem obsoleta, & cujus certam rationem nemo assignare possit? nisi illa a Graeco adverbio κάτω originem ducat, quod & ipsum inferiora & subterranea loca significat. Victor. Mediceus codex: *vereor ne in Catonium Catonicos*. Ita accurate olim de hoc loco disserui, ut necessarium esse non existimem, verbum de hac re addere: omnino enim censeo *Catonianos* pro *Catoninos* scriptum fuisse, & intelligi debe-

lius, quam epistolæ tuæ partem ab eo loco: *cetera labuntur*. Secreto hoc audi, id tecum habeto, ne Apellæ quidem liberto tuo dixeris: præter duo nos loquitur isto modo nemo: bene, male ne videro: sed, quidquid est, nostrum est. Urge igitur, ne transversum unguem (quod aiunt) a stilo: is enim est dicendi opifex: atque equidem aliquantum jam etiam noctis assumo. Vale.

EPI-

debere Catonis studiosos. Nam quin, sive *Catonium*, sive *Catonium* legendum sit (nihil enim certi de hac voce afferre possum,) ea dictione inferos & sedem mortuorum intelligat, non dubito. Ioan. *In Catonium Catoninos*] Al. *in Catonium Catoninos*: de quo loco multi multa scribunt, sed de *Catonio* Gellius lib. XVI c. 7. Conrad. *Vereor ne in Catonium Catoninos*] Etiam hic locus valde est obscurus, & fortasse corruptus: ego quidem antiquam scripturam religiose secutus sum. Videtur autem significare, metuendum esse, ne Cæsar, quem *magistrum* dicit, eos, qui laudes Catonis scripserunt, ad inferos præcipites agat. Vox *Catonium* a Laberio usurpata est, ut refert Gellius lib. XVI. c. 7.

Tullii bona fide vox Orcus audet in Catonium.

Quamquam doctissimi quidam viri legunt *Catenam*, & hic, & apud Laberium, interpretanturque catenam: & ita P. Victorius edidit. Lambinus. *Vereor ne in Catonium Catoninos*] Ita Pal. editioque Victorii; nec longe abit impressio prima, *in Catonem Catoninos*. Malebat tamen Victorius, sicut & apud A. Gellium *Catenam*. Alii tamen, *ne in Catonium Cato nos*. Muretus vero pro *Catonium* malebat *Charonium* ex Polluce. Notat quoque Guilielmius ex suorum uno: *Catonium, Cato nos*. Vulgatum est, *ne in Catonem, Cato ne nos*: quod licet multis logis explicet Manutius, cordatiorum tamen nemini probaverit. Gebhardus. Grævii primus, *Vereor ne in Catonium Catoninos*. Grav. *In Catonium*] id est, ne morte afficiat Catonianarum partium homines & orco demittat: sic circumscribit hæc Salmasius ad Spartian. Adrian. cap. 28. p. 171. quem & de formatione vocis consulas. Vossius, & cum eo Cl. Grævius ad Isidori Glossas p. XIV. 6. intelligit ergastulum; catonium enim illi *subterraneum*, qualia sunt ergastula. Tu intellige, quod volueris. Cort.

Cetera labuntur] Verba Fabianæ epistolæ. Conrad.

Secreto hoc audi, tecum habeto] Pal. prim. *Secreto hoc audii, et cum habeto*; sed optime meus vetustus: *Secreto hoc audi, id tecum habeto*. Grav.

Urge] Al. *urgeo*: & sane his temporibus multa scripsit Cicero. Conradus.

Transversum unguem] Erasm. in proverbiis. Ioan. *Nec transversum unguem, quod ajunt, a stilo*] Pal. pr. *Ne transversum unguem, quod ajunt, a stilo*. Scribe, ut in meo habetur: *Ne transversum unguem, quod ajunt, a stilo*. Grav.

Is enim] Stilus. Conrad.

Atque equidem] Rectius legitur in manuscripto, *atqui ego quidem*. Victorius. Sed pro vulgata stant Grævii primus, Pal. prim. aliique complures libri. Grav.

Epi-

EPISTOLA XXVI.

ARGUMENTUM.

Scribit se in morbum incidisse, quia suaviter conditas herbas parum caute comedisset: sibi tamen jam esse melius, & mansurum in Tusculano, quoad se reficiat. Scripta videtur epistola eo anno, quo P. Lentulus, & Q. Metellus Nepos consulatum gessere: nam Lentuli filium, cujus auguris cœna hic nominatur, eo anno augurem creatum, oratio pro Sextio declarat his verbis: Video P. Lentulum in hoc misero squalore & sordibus: cui superior annus idem & virilem patris, & prætextam populi judicio togam dederit.

CICERO GALLO S. D.

CUm decimum jam diem graviter ex intestinis laborarem, neque iis, qui mea opera uti volebant, me probarem non valere, quia febrim non haberem, fugi in Tusculanum: cum quidem biduum ita jejunus fuissem, ut ne aquam quidem gustarem. Itaque confectus languore & fame, magis tuum officium desideravi, quam abs te requiri putavi meum. Ego autem cum omnes morbos reformido, tum quod Epicurum tuum Stoici male accipiunt, quia dicat,

EPISTOLA XXVI.

GALLO S. D.) Fortasse Q. Fabio Sangæ Gallo; nam in veteribus libris superiores epistolæ, post librum ad M. Varronem scriptum sunt positæ: hæc & sequens, hoc loco: & hic Gallus calulabat Cæsare Dictatore, ille Romæ erat: hic Epicureus erat, ille Academicus: hic nescio quid ad Ciceronem detulit, quod Sanga propter conjurationem convenit: ille nihil, quod sciam. CORRADUS.

Ex intestinis laborarem) Id est, δυσεντερία. IDEM.

Neque iis, qui mea opera uti volebant, me probarem non valere) Meus codex omittit *iis*, & elegantius intelligitur, ut in plurimis aliis locis. GRÆV.

Tum in quod Epicurum tuum Stoici male accipiunt) Sic Gebhardus edidit: vulgo: *Tum in quo Epicurum tuum Stoici male accipiunt*. Sed rectius veteres libri, prim. Pal. Amstelodam. meus, Victor. & Ven. edd. *Tum quod Epicurum tuum Stoici male accipiunt*. Mallem tamen cum Manutio: *Tum quo Epicurum tuum Stoici male accipiunt*. Sententia sane hanc lectionem postulat. IDEM. *Tum quo Epicur.* Hoc est, cum hunc maxime, quo Epicurum laborantem Stoici reprehendebant, quia putabant eum his morbis conflictatum fuisse ob edacitatem & impudicitiam. QUART. Lectio hæc est Manutii

dicat, *δυσυρικα, και δυσεντερικα* παθη sibi molesta esse: quorum alterum, morbum edacitatis esse putant, alterum etiam turpioris intemperantiæ. Sane *δυσεντεριαν* pertimueram. Sed visa est mihi vel loci mutatio, vel animi etiam relaxatio, vel ipsa fortasse jam senescentis morbi remissio profuisse. Attamen, ne mirere, unde hoc acciderit, quomodove commiserim: *lex* sumtuaria, quæ videtur λιτοτητα attulisse, ea mihi fraudi fuit. Nam dum volunt isti lauti terra nata, quæ lege excepta sunt, in honorem adducere, fun-

---

nutii ex aliquot veteribus libris; adprobat Gravius, quod nempe sensus ita requirat. Reliqui *quod*; id Cl. Bengelius arripuit & per *quia* explicat, ita ut verba inde a *quod Epicurum* usque *turpioris intemperantiæ* parentheti simul includat, & tum *sane δυσεντεριαν pertimueram*, conjungat. Non ita male. Cort.

Quia dicit δυσυρικα και δυσεντερικα παθη sibi molesta esse] Multis modis quidam peccant in hoc loco, tria enim verba nullorum antiquorum codicum testimonio citato, neque ullis etiam argumentis, quæ id saltem confirment, allatis, contaminant, aut tollunt. Nam quod erat in omnibus & manuscriptis, & impressis libris, *quia dicat*, commutant, & ex illis verbis *qui dicunt* faciunt: præterea *sibi* ab ipsis etiam in priore sua editione receptam eorem delent. Scriptura, quam secuti sumus, in omnibus vetustis exemplaribus est. Sententia, quam habet, diligenter a nobis in prioribus nostris scriptis exposita est, & auctoritatibus doctissimorum virorum confirmata. Quod in epistola sua confessus est Epicurus, se torminibus ac stillicidio laborare, acerrimi ipsius adversarii Stoici, occasione ea arrepta, maledicebant illi, & affirmabant, merito id ipsi evenire, quod intemperantissimus esset, ac obscœnis voluptatibus deditus: res tota a nobis jam explicata. Indicavimus epistolam Epicuri, in qua verba illa erant, expressamque esse docuimus a Cicerone elegantissime: cujus tamen (ut quærenti labore alios liberemus) partem illam adducemus, qua hoc narrat:

Την μακαριαν αγοντες και αμα τελευτωντες ημεραν του βιου, εγραφομεν υμιν ταυτα, στραγγουρια τε τε παρηκολουθηκει και δυσεντερικα παθη υπερβολην ουκ απολειποντα του εν αυτοις μεγεθους. Ita autem a Cicerone reddita est: *Cum ageremus vitæ beatum, & eumdem supremum diem, scribebamus hæc. Tanti autem morbi aderant vesicæ, & torminum, ut nihil ad eorum magnitudinem posset accedere*. VICTOR. Expositionem hanc habes meo not. IX. *Δυσυρ. και δυσεντ. παθ.*) *Vesicæ & viscerum morbos*. Sic enim ipse interpretatur Cicero. CORRAD. *Sibi molesta esse*) Nam Stoici nihil esse dicunt malum, nisi quod turpe, aut vitiosum est. IDEM. *Quia dicit*) Epicurus ad Idomeneum scribens, quam epistolam vide in Laertio. GRÆV.

Δυσεντεριαν) *Viscerum morbum*, sive *tormina*; ita enim quoque vertit Cicero. CORRAD.

Lex sumtuaria) Vide Plinium, Gellium, & Macrobium. IDEM. Gell. II, 24.

Ea mihi fraudi fuit) Hoc est, nocuit, damno fuit. Vid. Manut. GRÆV. *Ea* signanter, & velut ex abundanti indicat, ut ep. 9. II. de Offic. c. 6. Sall. Cat. c. 37. CORT.

Terra nata, quæ lege excepta sunt) Etsi nihil momenti sit in his verbis, volui tamen ut melius hic locus intelligatur, verba ex Athenæo legis Fanniæ sumtuariæ adponere, quæ & ipsa omnia, quæ oriuntur e terra excipiebat. Cum enim aliis cibis & dapibus modum quemdam statueret, olera, leguminaque, & cuncta quæ terra fert, concedebat; sunt autem lib.

fungos, heluellas, herbas omnes ita condiunt, ut nihil possit esse suavius: in eas cum incidissem in cena augurali apud Lentulum, tanta me Διάῤῥοια arripuit, ut hodie primum videatur cœpisse consistere. Ita ego, qui me ostreis, & murænis facile abstinebam, a beta, & a malva deceptus sum. Posthac igitur erimus cautiores. Tu tamen cum audisses ab Anicio (vidit enim me nauseantem) non modo mittendi causam justam habuisti, sed etiam visendi. Ego hic

lib. VI. [illegible] *Lege s.idem erat, ne præter domesticos convivas plures tribus exciperentur, aut ad summum quinque: & in singulis mensibus ter nundinis modo fieret: ne pluris quam duabus drachmis & dimidia obsonarent e foro. Eadem carnis sumo induratæ in annum talenta quindecim absumere permisit, & alterum ex leguminum q. [illegible] terra gignit decoctis.* Quod autem Stoicos dicit male accipere solitos Epicurum, quod lateretur sibi vesicæ & torminum morbos valde molestos esse, narrat hoc ipse de se in epistola ad Idomeneum, auctore Laertio: quamvis Cicero ad Hermachum missam dicat lib. II. de Finib. Ibi enim elegantissime illam interpretatur. Græcam invenio apud Laertium in vita Epicuri, quam non inutile erit cum Latina conferre. Erant autem infensissimi Epicuro Stoici, & iniquo animo rationem & vitam illius exagitabant: nam parcissimi illum victus fuisse apud optimos auctores legimus. Modestius se gerit Plutarchus, qui nedum ob hoc Epicurum maledictis incessat, excusat potius tueturque exemplo temperantium sanctorumque virorum Pherecydis, & Heracliti, qui summæ abstinentiæ corporis, victusque moderatione, molestissimis tamen ægritudinibus impliciti & confecti sunt: atque hoc in libello facit, quem contra illius decreta scripsit, cui titulus est: Non posse jucunde vivi secundum Epicurum. VICTOR. *Terra nata:* qualia mox recenset, fungos, betam, malvam, & alias herbas. CORR.

Heluellas] Olusculá minuta. CONRADUS.

Apud Lentulum] Fortasse P. Lentulum, cujus filium in augurum collegium cooptatum fuisse eo anno, quo Cicero est revocatus, auctor est Dion. IDEM.

Διάῤῥοια] Defluxionem vertit Cælius, & variorum descriptionibus definit inter morbos acutos III. c. 22. Vides, cur dysenteriam timuerit Cicero. CORR.

Ut hodie primum videatur cœpisse consistere] Ita Pall. Grut. prisca editio, Stewechianus; alii *videatur*. GEBHARD. Non est, ut recedamus a vulgata lectione, quam & Medicæus, & meus primus tuetur. Nam *διάῤῥοια consistere* dicitur, ut alibi *alvus consistere*. GRÆV.

Murænis] Muræna quidem piscis marinus est, anguillam magnitudine & figura referens, sed qui corpore paullo est crassiori. Plin. lib. IX. c. 23. Mart. lib. X. ep. 30. *Natat ad magistratum delicata muræna*. FURN.

A beta etiam & malva deceptus sum] Delevi *etiam*, secutus auctoritatem mei libri vetustioris: in Amstelodamensi & omittitur. GRÆV. *A beta & malva deceptus sum*] Ab istis placidis parum cavi. Mart. X. 48.

Exoneraturas ventrem mihi villica malvas
Attulit, & varias quas habet hortus opes.

Idem

hic cogito commorari, quoad me reficiam: nam & vires & corpus amisi. Sed, si morbum depulero, facile, ut spero, illa revocabo.

EPISTOLA XXVII.

ARGUMENTUM.

Idque Gallus Ciceronem litteris accusaverat; vicissim igitur eum Cicero repungit. Incertus est hujus epistolæ annus; id tantum constat, scriptam esse Cæsare dominante; quod illa verba demonstrant: Et ais fore, ut te Cæsar restituat. *Quod si Gallus hic est P. Sextius, ut infra indicabitur, scripta videri potest vel quo anno Cæsar occisus est, vel anno superiore.*

CICERO GALLO S. D.

Miror, cur me accuses, cum tibi id facere non liceat: quod si liceret, tamen non debebas. *Ego enim te in consulatu observaram*: & ais, fore, ut te Cæsar restituat.

Idem XIII. 10.

[illegible].

J. Fr. Gron.

Corpus amisi) Hoc est, carnem, macrescere cœpi. Ovid. I. Am. el. 16.

Aptaque subducto corpore membra dedi.

Hoc est, postquam de pinguedine aliquid decessit. Contra *corpus facere* est pinguescere Phædro lib. II.

Ut restiterunt: unde sic, quæso, nites? Aut quo cibo fecisti tantum corporis? Graev.

EPISTOLA XXVII.

Cicero M. Fabio Gallo S. D.) Is non fuit M. Fabius Gallus, sed M. Fadius Gallus; & sic legendum esse contendit Steph. Pighius Annal. XVI. quem vide. Sed vetustissimi libri, & inter hos Graevii primus, non legunt *M. Fabio*, ideo & hic fuit expunctum. Graev.

Miror cur me accuses) Adnotationes duas prolixas P. Victorii, quibus disputat de initio hujus epistolæ, & totius sensu, vide in calce explanationis P. Manutii, ei enim illas subjecimus. Idem. *Cur me accuses*) Ludit in hoc verbo, quod posuit pro *culpas*, *arguis*, *reprehendis*; at quæ sequuntur sonant, quasi id posuisset de accusatione in foro coram judice. Jo. Fr. Gron.

Cum tibi id non liceat) Male Man. Pighius propter sortis quæstoriæ necessitudinem. Divin. in Cæcil. c. 19. Fuerat autem quæstor Ciceronis Cos. A. V. 690. pro Sextio. Sed ex alia potest causa dari, quia erat exsul. Idem.

Ego enim te in consulatu observaram) Volunt docti, hæc verba ex epistola Galli esse repetita, nisi *conservaram* legatur. Cornar. Credibile est his verbis usum Fadium in sua epistola. Sed hic Cicero reddit ei sua verba aliter accepta. Nam Fadius imputat Ciceroni cultum, & officia, quæ ei præ-

tuat. Multa tu quidem dicis, ſed tibi nemo credit. Tribunatum plebei dicis te mea cauſa petiiſſe. Vtinam ſemper eſſes tribunus, interceſſorem non quæreres. Negas, me audere, quod ſentiam, dicere; quaſi tibi, cum impudenter me rogares, parum fortiter reſponderim. Hæc tibi ſcripſi, ut iſto ipſo in genere, in quo aliquid poſſe vis, te nihil eſſe cognoſceres. Quod ſi humaniter mecum queſtus eſſes, libenter tibi me & facile purgaſſem. Non enim ingrata mihi ſunt, quæ feciſti, ſed quæ ſcripſiſti moleſta. Me autem, propter quem ceteri liberi ſunt, tibi liberum non viſum, demiror. Nam ſi falſa fuerunt, quæ tu ad me, ut ais, detuliſti, quid tibi ego debeo? ſi vera, tu es optimus teſtis, quid mihi populus R. debeat.

EPI-

praſtiterit. Cicero & ſic videtur accipere, cum ponit tamquam cauſam, propter quam non conveniat Fadio ipſum accuſare. Intelligit autem ſe intentum in eum fuiſſe, & actiones ejus ſpeculatum, ne quæſtor de pecunia publica quid ſuffuraretur. Sic Att. VIII 19. *Tibi eſſe in animo obſervare Cæſarem*. Suet. Iul. LXV. *dubitare obſervandum ſe admoneret*. Io. Fr. Gron.

Nemo credit) Vel aliquid dicenti, vel pecuniam. Idem.

Tribunatum plebei dicis te mea cauſa petiiſſe) Cum exularem: ſic enim exiſtimo. Gronov. *Tribunatum plebei d. t. m. cauſa pet.*) Sic eſt in Pall. Grut. Peck. editione principe, ſicque ex Mediceo notat Victorius (accedit his Grævii primus & Amſtelod.). Illud tamen quoque notandum, in Vaticano & Gruteriano (nec non Græviano, in Amſtelodam. *tribuno*) haberi *tribunum*. Vulgatur autem: *Tribunatum plebis dicis te mea cauſa petiiſſe*. Garnaro.

Interceſſorem non quæreres) Tribuni enim intercedebant. Gallus autem Ciceronem rogaverat, ut pro ſe intercederet apud Cæſarem; eſt igitur ἀμφιβολία. Grav. *Interceſſorem non quæreres*) Nam qui Tribunus eſt, ipſe habet jus intercedendi, Manut. non rogaret, ut ego pro te apud Cæſarem intercederem. Atqui *intercedere pro aliquo*, pro deprecari, Latinum non eſt. Immo hoc confirmat, quod diximus de *ego nemo nisi credit*. *Intercedere pro aliquo pecuniam*, eſt, fidejubere Phil. II. 18. *Orabat, ut contra ſuum patrem, ſi ſeſtertium ſexagies peteret, defenderem; tantum enim pro ſe te interceſſiſſe dicebat*. VI. Att. 1. *Interceſſiſſe ſe pro iis magnam pecuniam*. Sen. ep. 119. *Nolo per interceſſorem mutuari*. Non igitur ait, non quæreres, cujus fide, & quo ſponſore quiſquam tibi crederet nummos. Io. Fr. Gron. Reſpondet Gallo, qui petierat a Cicerone, ut de ſe reſtituendo cum Cæſare ageret. Itaque ludens in ambiguo, *interceſſorem* & pro tribuno vetante, & pro amico deprecante uſurpat. Facciol.

Cum impudenter me rogares) Ita Pall. Vaticanus, Victorii editio (quibus ſubſcribit Grævii primus) prima tamen & Gruter. (nec non Amſtelod.) *cum parum impudenter*, mendoſe. Editum eſt, *cum parum pudenter me rogares*. Illud vero miror Victorium edidiſſe, *quod ſi inhumaniter mecum queſtus eſſes*. Sphalma accuratiſſimi typographi non puto eſſe. Garnaro.

Iſto ipſo in genere) Acerborum ſalium, jocandi cum morſu, pungendi ſpecie urbanitatis. Io. Fr. Gron.

Quæ feciſti) Mea cauſa. Corr.

Quæ tu ad me, ut ais, detuliſti) De C. Antonii Conſulis cui conſiliis. Vide Manut. Grav.

Eo-

EPISTOLA XXVIII.

ARGVMENTVM.

Probat consilium Curii, qui, rep. desperata, in Græciam se contulerit: & adjungit, se totum, postea quam libertatem amissam viderit, litteris & scriptioni tradidisse. Scripta Cæsare dominante, anno tamen incerto.

M. CICERO CVRIO S. D.

MEmini, cum mihi desipere videbare, quod cum istis potius viveres, quam nobiscum. Erat enim multo domicilium hujus urbis (cum quidem hæc urbs), aptius humanitati & suavitati tuæ, quam tota Peloponnesus, nedum Patræ. Nunc contra & vidisse mihi multum videris, cum, prope desperatis his rebus, te in Græciam contulisti; & hoc tempore non solum sapiens, qui hinc absis, sed etiam beatus: quamquam quis, qui aliquid sapiat, nunc esse beatus potest? Sed, quod tu, cui licebat, pedibus es consecutus, ut ibi esses, ubi nec Pelopidarum, nosti cetera: nos

EPISTOLA XXVIII.

CVRIO) M. Curio, qui Trib. pl. fuit, quo tempore Cicero ab exsilio est revocatus. CORR.

Memini, cum desipere) Fuit tempus, cum improbarem consilium tuum, cum mihi parum pro sano agere videbare. Sic autem MSti *cum*, non *quod*, ut Manut. I. FR. GRON.

Qui cum istis potius viveres) Ita melius Pall. Grut. prima editio ac Victorii (nec non Græv. prim. in Amstelodam.); vulgatam est *quod istis potius v.* GEBHARD. *Quod cum istis*) Sic MSti non, quod istic; sc. Græculis. I. FR. GRON.

Cum quidem hæc urbs) Quasi nunc non sit urbs, ubi dominatur tyrannus cum satellitibus suis latronibus, exsulibus: lex nulla, mos nullus, nullus pudor. IDEM.

Aptius humanitati) Studio tuo, eruditioni tuæ: vide Gellium ad ep. I. CORT.

Nedum Patræ) Vbi negotiaris. CORRADVS.

Vidisse mihi multum) Hoc est, sapuisse, ut supra. IDEM.

Te in Græciam contulisti) Paullo ante bellum civile; nam Cicero ex Cilicia rediens, Tironem ægrum Patris, ubi erat Curius, reliquit. IDEM.

Hoc tempore) Quo in potestate unius sunt omnia. IDEM.

Vbi nec Pelopidarum) Subaudi, neque *facta audiam*, neque *nomen*: epist. 30. hujus libri. *Pelopidæ* autem hic dicuntur mali cives, qui remp. oppresserunt. GRÆV.

Nosti cetera) Sic veteres loquuntur, pro quo vulgo dicunt *& cetera*. Cicero pro Plancio: *Hæc illi sollere præcipere, quæ ille a Iove ortus suis præcipit filiis:*

Vigilandum est semper: multæ insidiæ sunt bonis.

Nosti cetera.

Idem de Senectute: *Non dubitavit dicere*

nos idem propemodum consequimur alia ratione. Cum enim salutationi nos dedimus amicorum: quæ fit hoc etiam frequentius, quam solebat, quod, quasi avem albam, videntur bene sentientem civem videre: abdo me in bibliothecam. Itaque opera efficio tanta, quanta fortasse tu senties. Intellexi enim ex tuo sermone quodam, cum meam mœstitiam & desperationem accusares domi tuæ, dicere te, ex meis libris animum meum desiderare. Sed mehercule & tum remp. lugebam, quæ non solum suis erga me, sed etiam meis erga se beneficiis erat mihi carior: & hoc tempore, quamquam me non ratio solum consolatur, quæ plurimum debet valere, sed etiam dies, quæ stultis quoque mede-

ente ille, qui versibus perscriptus Ennii est:

Quo vobis mentes, rectæ quæ stare solebant

Antehac, dementes sese flexere viai? celeraque gravissime; notum enim vobis est carmen. Plin. III 9. *[illegible] reliquos nosti.* A. BUCHNERUS.

Cum salutationi nos dedimus) Cum mane salutavimus amicos. Moris enim Romæ, mane salutare amicos. Martial.

Prima salutantes atque altera continet hora.

Hoc dicebatur *salutationis officium*. GRÆVIUS.

Quanta fortasse tu senties) Iisdem tibi, ut mihi probabuntur. IDEM. *Opera tanta quanta: talia qualia esse*, vide I. ep. 7. ubi videbis hæc verba non semper augere: adde III. ep. 7. nam & hic repetere licet *efficere*. CORT.

Dicere te ex meis libris animum meum desiderare) Hæret hic sensus, & aut *me* hic inferendum, aut subaudiendum: utrumque vero durum est: aut *dicere* delendum. Fateor in omnibus id exstare codicibus, quos evolvi. Vide vero, quam liquida omnia sint & plana, si expungatur: *Intellexi enim ex tuo sermone quodam, cum meam mœstitiam & desperationem accusares domi tuæ, te ex meis libris animum meum desiderare*. Sed nihil ausim invitis libris mutare. Est autem *te ex meis*. GRÆV. *Te desiderare*, quod pronomen omittitur etiam II. ep. 13. & alio habitu IV. ep. 4. Vel intellige *aliquos* ut *eum* III. ep. 5. qua ratione Activum verbum pro Passivo ponitur *desiderari*. Sic Sall. Jug. c. 47. ubi Gronovius legendum putat *mutari*. CORT.

Te ex meis libris animum meum desiderare) Non eum me esse, qui viderer in meis libris. GRÆV.

Quæ non solum suis erga me, sed etiam) In cunctis, quos vidimus, manuscriptis paullo antiquioribus codicibus locus hic mancus, decurtatusque est. Nos tamen, cum vulgata lectio commoda sit, eam loco non movimus; sic autem legitur in illis, *quæ non solum sed etiam a meis erga se beneficiis*, &c. procul dubio cum desiderio nonnullarum dictionum. VICTOR. *Suis erga me*) Adnotavimus olim in antiquioribus libris hæc verba desiderari: in Mediceo certe non leguntur; neque tamen cuique auctores fuimus, ne ea deleret: propositum nobis fuit, vitia etiam illius codicis indicare. Alii postea in nonnullis ea se invenisse affirmant: qui codices utinam semper, quemadmodum hic fortasse sunt, nostris meliores essent. IDEM. In Grævii primo: *Quæ non solum a me; sed etiam a meis erga se beneficiis*. In Amstelodam. *Quæ non solum suis erga me*. GRÆV.

Erat mihi carior) Quam nunc: quam figuram habes & VI. ep. 8. & IV. ep. 3. CORT.

scripserit, egerit non multum. At illa nostra prædicatio quanti

tractare animus non est. Ciceronis tantum locum in Oratione pro Murena ponemus: *Sacra interire illi noluerunt; horum ingenio senes ad coemtiones faciendas interimendorum sacrorum caussa reperti sunt*. Nostrum potius consilium est maculas, quas possumus delere, quam vocabula (nisi necesse fuerit) interpretari: cum autem opus fuerit, dabimus operam, ut illa etiam pro infirmitate nostri ingenii declaremus. VICTORIUS. *Si inter senes coemtionales venale proscripserit*) Pal. prima editio, Stewech. Peck. excerpta: *si inter senes conticnales*. GRUT. *Si inter nos senes contionales* ven. Hortomannus vero ad LL. XII. Tabularum dicit legi in vet. libro, *inter nos contionales*. At Egnatius, ad oram priscæ editionis adnotat perscriptum alias esse in cod. vet. *inter nos senes*, sicut non multum diverse ex Gruter. indicavi. GEBHARD. Alii sunt *senes ad coemtiones interimendorum sacrorum caussa reperti*, alii *senes coemtionales*. De illis dicetur ad illum locum orationis pro Murena. *Senes* autem *coemtionales*, sunt mancipia reicula & veterana, quæ, quod non ita facile emtorem invenirent aut minimo æstimarentur, solebant vel plura in cumulum vendi, vel quasi mantissa & appendix dari melioribus, ut qui bene habitum conciliare cuperet, imparem contubernalem simul acciperet. Unde *senes coemtionales* dicebantur, hoc est, simul venales. Plaut. Bacchid. IV. sc. 9.

Nunc Priamo nostro, si quis est emtor, coemtionalem senem
Vendam ego, venalem quem habeo, extemplo, ubi oppidum expugnavero.

Habeo venalem senem coemtionalem, hoc est, ex eo genere, in quibus singulis vix quisquam facit pretium, sed qui auctioni aliorum accedunt. Vendam, inquit, ubi oppidum expugnavero. Sic Curius hic dicit, si mihi inter reicula istiusmodi mancipia titulum in venalitio pinxeris, vendideritque me, parum rei feceris: quia inutiles sumus & nullius pretii. Curius se vix ait prodesse Attico, cujus sit amicus, posse, nisi proscribatur ab eo venalis inter mancipia veterana, quæ plerumque in cumulum venduntur, aut aliis rebus vel mancipiis melioribus accessiones dantur: sic quoque non multum. J. Fr. Gronovius IV. de Pec. vet. cap. 8. quem vide pluribus id explicantem, & multis egregie illustrantem exemplis, aliorumque opiniones refellentem. Ceterum in meo vetusto libro non legitur *venale*; corrupte autem in eo exaratur *perscripseris* pro *proscripseris*. Abesse potest sine ullo sensus detrimento *venale*. Nam *proscribere* est venale proponere adposito titulo, seu tabella appensa, qua significatur id venale esse. Cic. III. de Off. *Itaque Calpurnius, cum demolitos esset cognoscitque Claudium ædes postea proscripsisse*. Et IV. ad Att. ep. 2. *Tusculanum proscripsi*, hoc est, venale proposui; & sæpe aliis in locis. Nec obstat quod venales κατ' ἐξοχὴν dicuntur mancipia venum. Nam hoc satis indicat locutio *proscribere inter coemtionales senes*. Nemo enim proscribebatur nisi servus. Itaque scribendum: *Quod quidem si inter senes coemtionales proscripserit, egerit non multum*. GRÆVIUS.

Venale proscripserit) *Proscribere* est addito titulo seu tabella, qua die & quibus conditionibus addici posset, proponere. Plin. VII. ep. 27. Vide quæ ex Brissonio attulit Taubmann. ad Plaut. Trin. A. I. Sc. II. p. 1107. Terent. Heaut. A. I. Sc. I. Forsitan & ibi *proscripsi ac vendidi* legendum. In Grævii vetusto libro non legitur *venale*, & abesse posse, imo debere putat. Non placet. Nam *proscribere* etiam *committere*, *ponere*, *pugnare* per se sæpe id significant, quod additis *dies*, *facinus*, *quæstionem*, *prælium*; nemo tamen facile ea ab auctoribus addita repudiabit. CORT.

Egerit non multum) Quoniam vile est mancipium. CORT.

At illa, nostra prædicatio quanti est) Exponit, qui sit Ciceronis fructus. Inam. At tuus ille fructus ex me longe majoris est. Alludit ad præcones auctio-

quanti est, nos, quod simus, quod habeamus, quod homines existimemur, id omne abs te habere? Quare, Cicero mi, persevera constanter nos conservare, & Sulpicii successori nos de meliore nota commenda, quo facilius tuis praeceptis obtemperare possimus, teque ad ver lubentes videre, & nostra desigere, deportareque tuto possimus. Sed, amice magne, noli hanc epistolam Attico ostendere: sine, eum errare, & putare, me virum bonum esse, nec solere duo

auctionibus adhiberi solitos. Io. Fr. Gron.

Quod simus, quod habeamus, quod homines existimemur) Post haec verba, *quod simus*, in omnibus fere libris, scripta sunt haec, *quod habeamus*; quae sine dubio aliena sunt, non Ciceronis: idcirco delenda curavimus. Lambin. *Quod simus, quod habeamus, quod homines existimemur*) Ita Pall. Stewech. & editio prisca, ac Victorii. Gruterianus autem codex: *Quod simus, habeamus, quod homines existimemur*. Neque erat Lambini, additio falsu tam bonam mercem effundere: nam illa verba, *quod habeamus*, abjecit: recte ergo revocantur praepostera importunitate pulsa innoxie. Gulielm. Merito nec Gebhardus, nec alii Ciceronis editores hic Lambino obtemperarunt, contra librorum omnium fidem expungenti: *quod habeamus*. *Habere* hoc loco positum puto, ut ἔχειν apud Graecos pro *possidere bona*: sic ἔχοντες apud Aristoph. in Equitibus sunt divites:

Ψαει γαρ αυτον αρπαζομενον
Τα των εχοντων ακρων.

Divus illum devorare bona divitum; ἔχοντες ἄνδρες sunt divites; hinc *habentia* divitiae. Cassius Hemina, *Habentia, animos eorum inflant*. Graev. *Quod simus*) Quod non fuerimus; quod non simus nulli. Io. Fr. Gron. *Quod homines*) Id est, homo alicujus pretii, & ponderis, non despectus & nihili. Ter. Adelph. I. II. 28. *Si homo esses*. Plaut. Epid. III. IV. 57. *Pergnovisti, homo es*. IV. Act. 15. *Si vis homo esse, recipe te ad nos*. Idem.

Sulpicii successori) Ep. 50. lib. XIII. al. *Sulpicio successori*. Oliv.

Tuis praeceptis obtemperare possimus) *Praeceptis*, de meo reditu. Idem. *Te possimus* residet in Pall. edit. prim. ac Victorii, Manutiique: videturque adeo in illo libro fuisse, ex quo Gruterianus transcriptus est: nam primo huc deceptus, cum putaret se postcrius quoque scripsisse tota illa verba praeteriit, *teque ad ver lubentes videre, & nostra desigere, deportareque tuto possimus*. Gulielm.

Teque ad ver lubentes, &c.) Sic habent libri fere omnes manuscripti, quibus usi sumus. Lambin.

Et nostra desigere) Videtur legendum *& nostra deferre*, vel potius, ut edidimus *refigere*, id est, auferre: non, ut est in libris vulg. *desigere*. Verum utrum judicent lectores. Idem. *Nostra refigere*) Sic legendum; id est, pecunias, quas hic habeo collocatas & fundatas, & quasi fixas, liberare & religere; nam *refigere* contrarium τῷ *figere*. Hist. XII. 1. Iustin. IX. alii. at *desigere* est idem, quod *figere*. Io. Fr. Gron.

Sed, amice magne) *Amicum magnum* appellat, quem Horatius *amicum potentem*, in epistolis, — *Tu cede potentis amici Lenibus imperiis*; & item alibi. Paullisper in quibusdam libris scriptum est, *Sulpicio successori* ubi alii habent *Sulpicii successori*: quos secuti sumus. Lamb.

Sine eum errare & putare me bonum virum esse) Volebat enim Curius Attico & Ciceroni pariter videri summus, ac de se uno fructum quidem Ciceronis, mancipium autem Attici facere. Graev.

Duo

duo parietes de eadem fidelia dealbare. Ergo, patrone mi, bene vale, Tironemque meum saluta nostris verbis. Dat. a. d. IV. Kal. Novemb.

EPISTOLA XXX.

ARGUMENTUM.

Improbat ea, quæ Cæsaris ex voluntate fiunt contra leges moremque majorum: suam ab urbe discedendi cupiditatem significat: Caninium, Q. Fabio pr. Kal. Ian. mortuo, consulem in ejus locum esse subrogatum, ut in magistratu esset usque ad Kal. Ian. Addit de litteris commendatitiis ad Acilium, Sulpicii successorem, scriptis. Cæsare quintum & M. Antonio Coss. quo anno, Idibus Mart. Cæsar est interfectus.

CICERO CURIO S. D.

EGo vero jam te nec hortor, nec rogo, ut domum redeas, quin hinc ipse evolare cupio, & aliquo pervenire, ubi nec Pelopidarum nomen, nec facta audiam. Incredibile est, quam turpiter mihi facere videar, qui his rebus

Duo parietes de eadem fidelia) Scripsi ex Victorii editione ac Vaticano (quibus adstipulatur primus Graev.) *duo parietes de eadem fidelia dealbare*: sicut supra epist. 29. ex Pall. atque iisdem, *[illegible] duo nos legitur isthæc in uno*: cum editur ad gustum quidem [illegible] pædagogorum. [illegible] quæ contra dicunt in lingua Latina [illegible]. GRONOVIUS. Significat autem hoc proverbium una [illegible] opera duas res conficere. [illegible] est [illegible], in quo color [illegible] singulis parietibus. Vid. Erasm. Adag. GRAEVIUS. Conjectura, qua Cl. Muratorius ductus ait antiquos penicillo usos ad inducendum parieti albarium, aliunde non confirmatur, nisi hodiernis moribus. Sed nodus erat vindice dignus, penicillone, an trulla, an ascia albarium opus parietibus illi inducerent, aut omnino dealbarent. Hic locus pro penicillo stare videtur. Nam *fidelia* erat κεράμιον, aut certe (quia in *fictili fidelia* dixit Colum. XII. 38. ut videatur etiam non fictilis fuisse) vas erat. Quoniam autem albarium in vas infundebant, id liquidum erat, ac penicillo, non ferramento inducendum. Eamdem parœmiam paullo aliter affert Suidas in Δύο, ubi ait: *Δύο τοίχους ἀλείφεις, Duos parietes linis* atque usum parœmiæ docuit *[illegible]*, *de iis qui utrique [illegible] blandiuntur*. Hæc ad hunc locum Ciceronis: cetera ad opus albarium pertinentia vide de Delicat. sub Ascia p. 103. n. 132. MAROCH.

EPISTOLA XXX.

E*volare*) Excedere celeriter, & alio me conferre. Lælio c. IV. X. ad Att. ep. 10. Seneca de morte Claudii c. 16. CORT.

bus intersim. Nae tu videris multo ante providisse, quid impenderet, tum cum hinc profugisti: quamquam haec etiam auditu acerba sunt, tamen audire tolerabilius est, quam videre. In campo certe non fuisti, cum H. II. comitiis quaestoriis institutis, sella Q. Maximi, quem illi consulem esse dicebant, posita esset: quo mortuo nunciato, sella sublata

In campo certe non fuisti, cum H. II Comitiis Quaestoriis institutis) Historia obscurior, & quae, si ignoretur, magnas tenebras huic loco offundat. Dion historicus rerum Rom. non indiligens scriptor, totum negotium, quemadmodum gestum sit, exponit, & jocum etiam Ciceronis adducit, qui ab ipso in hac epistola Curio narratur (nam Plutarchus & alii auctores breviores in hac re explicanda sunt,) tradit enim quemadmodum Caesar absens fieri voluit Cos. & antequam urbem ingrederetur magistratum cepit; nec tamen ad exitum anni tenuit, sed posteaquam Romae fuit, repudiavit, & Quinto Fabio & Caio Trebonio tradidit. Verum cum Fabius postremo Consulatus die mortuus esset, subito illius loco alium Caium inquam Caninium Consulem fecit, qui reliquas horas consulatum gereret. Vide Dionem lib. XLIII. Hunc enim Ciceronis iocum in Caninium Rebilium celebravit Macrobius, qui ostendit, non hunc tantum, sed alios etiam illa occasione a Cicerone, ut erat vir faecundi ingenii, in Caninium dictos esse. Scrupulum alicui inijcere possent verba illa Dionis, cum dicit, Caesarem duos creasse Consules, qui pro se magistratum eum gererent, qui historia cognita eximitur; factus enim Cos. Caesar erat sine collega, quod etiam ex antiquo lapide intelligitur, qui est in hortis Colotianis; sic enim est in illo:

C. IVLIVS CAESAR IIII. SINE
CONLEGA DICT.
Q. FABIVS MAXIM.
C. TREBONIVS.
C. F. V. F.
C. CANINIVS. C. F.

Qui mirifice utilis esse potest ad hanc Ciceronis epistolam declarandam. Vides enim Caninium locum Fabii mortui occupasse, & pro illo substitutum esse, quamvis spatio H. XVII. consulatum gesserit. VICTORIUS. *In campo.* Martio, ubi comitiis habebantur, tum Tributa, pro quaestoribus creandis, quae adhuc in extremum Decembrem dilata fuerant. CELLAR. Martius absolute *campus* dicitur, ut apud Sall. Cat. c. 26. CORT.

Q. *Maximi*) Q. Fabii Maximi, qui legatus exercitui in Hispania praefectus fuerat. CORR.

Illi) Caesariani. ID.

Quem illi consulem esse dicebant) Ita loquitur Cicero, quia contra leges ac instituta civitatis factus erat, ut vere Consul vocari non posset: tunc enim primo inceptum est, quod postea ab Imp. Rom. qui totam Remp. occuparunt, frequenter usurpatum fuit, quempiam habere magistratum, quem aliquis vivus adhuc sua sponte, non aliqua re coactus, reliquisset. Quamvis enim *Maximus* a Caesare cum collega ipsius Trebonio Consul factus esset; vivente Caesare, qui eo anno Consul legibus creatus erat, magistratum illum habere non poterat. VICT.

Consulem esse dicebant) Cum vere Cos. non esset, a Caesare tantum in tres menses suffectus, non a populo creatus. Hinc scribit Tranquillus, *exclamatum esse, eum non esse Cos.* CORR.

Ille autem) Caesarem intelligit, quem saepe ita appellat, quemadmodum docuimus in prioribus castigationibus, cum locum illum explicaremus: *Est igitur adventus in exspectatione, neque tu id ignoras: sed tamen cum ille scripsisset.* Quin hic certe per *ille* Caesar intelligatur, negari non potest. VICT.

Comi-

lata est. Ille autem, qui comitiis tributis esset auspicatus, centuriata habuit: Cos. H. VII. renuntiavit, qui usque ad kalendas Ian. esset: quæ erant futuræ mane postridie. Ita, Caninio consule, scito neminem prandisse: nihil tamen eo consule mali factum est: fuit enim mirifica vigilantia, qui suo toto consulatu somnum non viderit. Hæc tibi ridicula videntur: non enim ades: quæ si videres, lacrymas non teneres. Quid, si cetera scribam? sunt enim innumerabilia generis ejusdem: quæ quidem ego non ferrem, nisi me in philosophiæ portum contulissem, & nisi haberem socium studiorum meorum Atticum nostrum: cujus cum proprium te esse scribis mancipio & nexu: meum autem usu & fructu, contentus isto sum. Id enim est cujusque proprium, quo quisque fruitur atque utitur. Sed hæc alias pluribus. Acilius, qui in Græciam cum legionibus missus est, ma-

. ximo

Comitiis tributis) Quibus plebeii, & minores magistratus, inter quos erat Quæstura, dabantur. Corr.

Esset auspicatus) Ut quæstores crearet. Io. Vid. Manut. Auspicia fecerat, de quibus Manut. de Comit. c. 9. comitiis tributis, quibus populus per tribus suffragium ferebat, Gell. XV. c. 27. in quibus magistratus minores, adeoque & *Quæstores* creabantur; *Centuriata*, ubi populus per Classium centurias divisus suffragia ferebat, Gell. l. c. & quibus majores magistratus, ut *Consules auspicato* creabantur, Id. XIII. c. 15. Cic. pro Mur. c. 1. Cort.

Centuriata) Quibus majores magistratus fiebant. Corr.

Cos. H. VII. renuntiavit) C. Caninium Rebilium. Io.

Neminem prandisse) Quod fieri multo ante horam septimam solebat. Iom. Ioca sunt in Caninium unius diei consulem: quem ob eamdem causam [illegible] facete appellavit, cum significare vellet, ita brevem, & tenuem, ut vix oculis cerni posset, sed ratione tantum & intelligentia comprehenderetur. Lamb.

Qui suo toto consulatu somnum non viderit) Reliquis quinque diei horis. Nam nox sequens ad ejus consulatum non pertinebat. Corr. Sed vid. Manut. Rectius jam olim Vinetus ad Ausonii Consulat. Precat. suspicatus est, decedentem Consulem jam pridie Kalend. Ianuar. Consuli designato fasces misisse, de quo quædam disputamus ad Sall. Cat. c. 18. Cort.

Mancipio & nexu) Nexum ipse dixit; lege Boethium in Topicis. Corr. *Proprium te esse scribis mancipio & nexu*) Cui ita sis obstrictus & devinctus ad omne studium, observantiam & obsequium, ac res mancipio data, aut nexu tradita. *Mancipio dantur*, quorum jus dominii & possessio traditur. Mancipio dationem autem semper sequebatur traditio *nexu*, qua tradens se dominum profitebatur, seque obligabat & nexum faciebat ad evictionem præstandam. Cic. pro Muræn. *Quod si in rebus repetendis quæ mancipi sunt, is periculum præstare debet, qui se nexu obligavit*. Lex XII. Tabb. *Cum nexum faciet mancipiumque, uti lingua nuncupassit, ita jus esto*. Vide Salmas. de Usuris cap. 8. Graev. Traditione, qua tradens se dominum profitebatur, seque obligabat & nexum faciebat ad evictionem præstandam. Salmas. de Usur. c. 8. Cic. Paradox. V. c. 1. Cort.

Acilius) Al. *Anilius*; sed nisi *Vatinius* legatur, res mihi in obscuro est. Corrad.

ximo meo beneficio est: bis enim est a me judicio capitis, rebus salvis, defensus: & est homo non ingratus, meque vehementer observat. Ad eum de te diligentissime scripsi, eamque epistolam cum hac conjunxi: quam ille quomodo acceperit, & quid tibi pollicitus sit, velim ad me scribas.

EPISTOLA XXXI.

ARGUMENTUM.

Invitat eum ad officia mutua: Et ad urbem ut redeat veteris urbanitatis tuendæ causa, rogat. Scripta eodem anno.

CICERO CURIO S. D.

Facile perspexi ex tuis litteris, quod semper studui, & me a te plurimi fieri, & te intelligere, quam mihi carus esses. Quod cum uterque nostrum consecutus est, reliquum est, ut officiis certemus inter nos, quibus æquo animo vel vincam te, vel vincar abs te. Acilio non fuisse necesse, meas dari litteras, facile patior. Sulpicii tibi operam

Maximo meo beneficio affectus est) Sic omnes vulgati codices habebant: in antiquioribus dictio illa *affectus*, non est, quare eam delevimus: repositam autem ab aliquo arbitramur, qui sine ea sententiam horum verborum non perciperet, quam esse hanc existimamus, *ut maximo meo beneficio est*, par sit huic, *maximo meo beneficio vivit*, id est, quod sit & vivat, mihi debet; qui enim bis erat judicio capitis defensus, vitam conservatori suo debebat. Non negamus Latine dici posse, *affici beneficiis*: scimus enim ab antiquis Grammaticis observatum esse dici hoc verbum de bonis & malis, hujusque locutionis plura exstare exempla, sed illam lectionem concinniorem, venioremque judicamus. Nam & majorem vim habet: qui enim salutem ab aliquo accepit, potius dicetur esse & vivere beneficio illius, qui salutem dedit, quam affectus esse beneficio illius; hoc enim nomen de minoribus commodis dici solet. Eandem quasi vim habet (ut arbitramur) hoc verbum in epistola ad Quintum Fratrem libro III. cum inquit: *Cicero tuus, nosterque summo studio est Pæonii sui Rhetoris hominis, opinor, valde exercitati & boni*. VICTOR. *Maximo meo beneficio est)* Manuscriptus liber habet *M. m. beneficio affectus est*. VASIW. Recte Victorius interpretatur *vivit*: respicit enim ad judicium capitis. Prudent. Cathemer. Præfat. Petron. Sat. c. 34. Supra VI. ep. 3. Propert. II. Eleg. 19. v. 74. CORTIUS.

EPISTOLA XXXI.

Sulpicii tibi operam) Epist. 17. lib. XIII. COGNAT.

Præ-

ram intelligo ex tuis litteris, non multum opus fuisse propter tuas res ita contractas, ut, quemadmodum scribis, nec caput, nec pedes. Equidem vellem, uti pedes haberent, ut aliquando redires. Vides enim exaruisse jam veterem urbanitatem: ut Pomponius noster suo jure possit dicere, *nisi nos pauci retinuamus gloriam antiquam Atticam*. Ergo is tibi, nos ei succedimus. Veni igitur, quæso, ne tamen semen urbanitatis una cum rep. intereat.

EPISTOLA XXXII.

ARGUMENTUM.

Scripsit hanc epistolam, cum proconsul Ciliciæ præesset, Marcello & Sulpicio Coss. tribuno pl. designato Curione. Prima pars de dictis est, secunda de judiciis, tertia de rep. postrema de Dolabella, nondum genero. Sulpicio, & Marcello Coss.

CICE-

Propter tuas res ita contractas) Non damno lectionem Stewech. & Grut. *per tuas res ita contractas*: imo elegantior mihi videtur ac verior; illa vero verba, *nisi nos pauci retinemus gloriam antiquam Atticam*, videntur ex aliquo vetere poeta huc traducta a Cicerone eleganter; ideoque jussi diverso charactere imprimenda, tamquam integrum complexa Trochaicum. OLIV. *Res tuas ita contractas*] Valde implicatas, quia illi cum triconibus & hominibus non solvendo res est. I. FR. GRON.

Nec caput, nec pedes) Nec initium nec finis appareat; quin sic turbatæ sunt, ut nescias, unde incipias, ubi finias. ID. *Nec pedes*] Habeant. CORR.

Uti pedes haberent) Uti exitum earum reperire posses. ID. FR. GRON.

Pomponius] Atticus. CORR.

Ergo is tibi, nos ei succedimus] Sequutus editionem Florentinam postremam. Nam alii libri habent, *nos ei succedamus*; alii, *succedemus*. LAMB. Curio primas, Attico secundas, sibi tertias urbanitatis partes tribuit. Erat enim, ut Attico scribit lib. VII. ep. 2. in Curio *αὐτόχθων urbanitas*, hoc est, *nativa*. CELL. ID.

Ne tamen semen urbanitatis cum Rep. intereat) Sic eleganter Pall. Vatic. Victorii editio: licet displiceat Manutio, quoniam hujus particulæ elegantiam capere non potuit: sic Terent. Eunuch. *Perfice ut herum aliquo in parte tamen apud Thaidem*. Plura notarunt ex Sallustio, atque eodem Terentio super hac particula docti. Quidam Guilielmii codex quoque refert, *una cum rep. in totum intereat*: ex glossa verissime. GRON. *Ne tamen semen*. Integra esset sententia, si scripsisset: *si rep. intereat, semen tamen urbanitatis intereat*. Et hinc est, quod pro *saltem* poni possit. Nonius Marcellus interpretatur *tandem*, adducens ex Sallustii: *Multato fœde corpore, postremo tamen periere*. Sed & hoc est: *Fasi multato fœde corpore sese sustinebant, postremo tamen periere*. Et sic Seneca de morte Claud. c. 2. Noster supra ep. 7. & multi alii sic locuti; quos a viris doctis, qui præcisam hoc loquendi genus animadvertere noluerunt, tales habitos esse, doleo. CORT.

Rev-

CICERO VOLUMNIO S. D.

QVod sine prænomine familiariter, ut debebas, ad me epistolam misisti, primum addubitavi, num a Volumnio senatore esset, quo cum mihi est magnus usus: deinde εὐτραπελία litterarum fecit, ut intelligerem tuas esse. Quibus in litteris omnia mihi perjucunda fuerunt, præter illud, quod parum diligenter possessio salinarum mearum a te procuratore defenditur. Ais enim, ut ego discesserim, omnia omnium dicta, in his etiam Sextiana, in me conferri. Quid? tu id pateris? nonne defendis? non

EPISTOLA XXXII.

VOLVMNIO) P. Volumnio Eutrapelo. CORR.

Deinde εὐτραπελία litterarum fecit) Quid *eutrapelia* sit, notissimum est: utitur Aristoteles hac voce sæpe lib. VIII. Ἠθικῶν. In secundo autem de Arte dicendi quo loco de moribus singularum ætatum disserit, naturam, vimque hujus nominis expressit: cum enim adolescentes risus studiosos esse dixisset, addidit, [illegible]. Nihil aliud est, inquit, εὐτραπελία, nisi eruditum & urbanum convicium. Mirifice igitur quadrabat cognomen hoc Volumnio (*Eutrapelus* enim ille dicebatur: ut ostendit Cic. in epistolis ad Pætum: *Quæris ubi? apud Volumnium Eutrapelum*) & ex leporibus quibus usus est in epistola & salibus a quo scripta erat, intelligi potuit, cum aliter sciri vix posset. Erat enim Volumnius quidam senator temporibus iisdem, Ciceroni valde familiaris. Hic Eutrapelus, de quo Cicero loquitur, est Volumnius ille (ut puto,) qui cum Antonium in castra secutus esset (delectabatur enim hujuscemodi hominibus: neque in maximis etiam rebus has voluptates, quas mimi & scurræ prabent, spernebat) incidit in manus Bruti, & ab amicis ipsius trucidatus est, cum non bene illi vocem Imperatoris accepissent, & antea Volumnio huic irati essent, & alteri ejusdem studii homini Saculioni appellato, quod dicacitatem eorum, qui in ea etiam fortuna a scommatibus non abstinerent, ferre non possent. Hæc tradit Plutarchus in M. Bruti vita his verbis: [illegible], & quæ sequuntur. *Fuisse adhuc mimum quidam Volumnius mimus, & Saculion scurra captivi, quos Brutus [illegible]* &c. Nam fuisse illum Antonio familiarem, testimonio Ciceronis confirmatur, qui in XII. Philip. inquit: *Alsitie domesticum [illegible], & sodales, Eutrapelum, Melam, Caelium, Verrum.*

Possessio salinarum mearum) Locorum, in quibus mei sales & facetiæ consistunt. CORRAD. Quod *sales* joca sunt, quorum dives erat Cicero; per jocum sibi quasi salinas tribuit, quarum procuratorem, cum in provinciam iret, Volumnium, æque εὐτράπελον hominem, constituisset. CELL.

Ut ego discesserim) In Ciliciam profectus. CORRAD.

Omnia omnium) Cum gratia quadam ita voces sese excipiunt, ut I. ep. 9. V. ep. 12. Plin. I. ep. 20. CORT.

In his etiam Sextiana in me conferri) Quis fuerit hic *Sextius*, cujus dicta ita insulsa essent, ut proverbio locum fecerint, quærendum. Suspicor illum intelligi, quem politissimus poeta Catullus & ipse deridet. & secum pessime actum esse tradit, quod ejus convivia esse voluerit; cum in illius scripta inciderit, quæ tantum morbum repente ei conciliarent, ut vix in agellum suum confugeret, atque ibi se dili-

non resistis? equidem sperabam ita notata me reliquisse genera dictorum meorum, ut cognosci sua sponte possent. Sed quando tanta faex est in urbe, ut nihil tam sit ἀκύθηρον, quod non alicui venustum esse videatur: pugna, si me amas, nisi acuta ἀμφιβολία, nisi elegans ὑπερβολή, nisi παράγραμμα bellum, nisi ridiculum παρὰ προσδοκίαν, nisi cetera, quae sunt a me in secundo libro de Oratore per Antonii personam disputata de ridiculis, ἔντεχνα, & arguta apparebunt, ut sacramento contendas mea non esse. Nam de judiciis, quod quereris, multo laboro minus, trahantur per

diligenter curans, illum pellere potuerit.

Nam Sextianus dum volo esse conviva. Cum enim iisdem temporibus Cicero, Catullusque viverint, de iisdem etiam hominibus mentionem faciunt: nam Sextium insulsum hominem fuisse, & ineptum scriptorem, ex loco illo ad Atticum perspicuum est 405. *In quo accusavi meum ipse Pomptinum, qui tum scriptor luculentus esset, sed tunc rem atque eam, quae in omnium manus venturae essent, Sextio nostro scribendas dederit*: itaque *nihil umquam legi scriptum σεξτιωδέστερον*, id est, *insulsius*; quod facilius probari posset ab illo scriptum esse, quod melius illum redderet: lusit enim in Latina voce Cicero Graecorum more illam conformans. VICTORIUS. Vid. Manut.

Non resistis) Primus Graev. & Strewech. *num resistis?* Primo loco *ne* addidit, signum interrogationis; at altero omittit, ut Auson. Epigr. XII. Etiam si primo loco nulla particula interrogandi fuerit, cujus generis exempla multa collegit Gronovius ad Senec. III. de Ira c. 38. ad epist. 58. ad Quaest. Nat. lib. IV. Praefat. CORT.

Ut nihil tam sit ἄκυρον) *Abrogatum* quidam, alii vero *alienum* interpretantur. Sed in vetere libro legitur ἀκύθηρον, & *invenustum* exponitur. CONRAD. Ἀκύθηρον) Sic recte Lambin. quemadmodum quoque ipse video expressissime in Pal. pr. & edit. prima manu Egnatii ex v. c. adnotatum: vulgo ἄκυρον, inepte. GRAEVIUS. Grav. primus: ΑΚΤΘΗΡΟΝ. Mentel. clare ἀκύθηρον, hoc est, invenustum. GRAEV.

Ἀμφιβολία) *Ambiguitas*, *ambiguum* frequentius Ciceroni. CONRAD.

Ὑπερβολή) *Superlatio*. IDEM.

Παράγραμμα) *Allitteratio* a Pontano interpretatur, ab aliis *annominatio*. Sed hae a Cicerone alibi παρονομασία dicitur. IDEM.

Per Antonii personam disputata) Referente tamen Caesare, sed in eo libro in quo M. Antonius primas agit partes, sicut Crassus in tertio. IDEM. Immo per *Julii* personam. Itaque vel μνημονικὸν ἁμάρτημα est: vel hoc totum non est Ciceronis, sed ab aliquo parum attento aut memori huc illatum. Supra autem, eadem epistola, ἀκύθηρον edidimus, id est, invenustum, pro vulgato ἄκυρον, id est, improprium. LAMBIN. *Per Antonii personam*) Immo Jul. Caesaris Strabonis, II. de Orat. 58. & seq. Sed quia Antonii persona primas ibi partes agit, quod in toto libro est, adscribit Antonio. I. FR. GRON.

Sacramento contendas) Deposita pecunia certes. Vid. Manut. GRAEV. *Sacramento*) Quingentis aeris depositis: lege Varronem. CONRAD. Ita *contendere pignore*, dixit Phaedr. Fab 77. pro quo *certare* Virgilius in Eclogis. Adde Revard. lib. II Variar. cap. 18. ubi Fruterius Festi locum sub verbo *Sacramentum* corrigit, a quo abit Fr. Hotomannus de Magistr. Rom. Quod autem Latini *Sacramentum* vocant, id Graeci παρακαταβολή. Pollux lib VIII. c. 6. Adi quoque Varronem de L. L. lib.

per me pedibus omnes rei; sit vel Selius tam eloquens, ut possit probare se liberum, non laboro. Vrbanitatis possessionem, amabo, quibusvis interdictis defendamus: in qua te unum metuo, contemno ceteros. Derideri te putas. Nunc demum intelligo, te sapere. Sed mehercules extra jocum, valde mihi tuæ litteræ facetæ elegantesque visæ sunt: illa quamvis ridicula essent, sicut erant, mihi tamen risum non moverunt. Cupio enim nostrum illum amicum in tribunatu quam plurimum habere gravitatis: id cum ipsius causa (est mihi, ut scis, in amoribus) tum mehercule etiam reip. quam quidem, quamvis in me ingrata sit, amare non desinam. Tu, mi Volumni, cum instituisti, & mihi vides esse gratum, scribe ad me quam sæpissime de rebus urbanis, de republ. Iucundus est mihi sermo litterarum tuarum. Præterea Dolabellam, quem ego perspicio & judico cupidissimum esse atque amantissimum mei, cohortare & confirma, redde plane meum. Non mehercule, quo quidquam desit; sed quia valde cupio, non videor nimium laborare.

EPI-

lib. IV. p. 43. CORRAD.

Traducantur per me pedibus omnes rei] Maximis licet malis afficiantur rei, non curo. Vid. Manut. GRAEV. *Pedibus*] Erasm. in proverb. CORRAD. *Traducantur per me pedibus*] Formula loquendi de iis, quæ susque deque habemus: in quibus nihil moramur, quid fiat. IV. Att. 17. *Per me iste pedibus trahatur*. IO. FR. GRON. De *per me* dictum ad Ep. 1. *Trahi* est reorum, quando vel in carcerem, vel ad supplicia ducuntur. Prudent. Cathemer. Hymn. IV. v. 82. Sall. Cat. c. 51. CORT.

Selius] Al. *Avius*, al. *Cœlius*; qui eo tempore ab Appio lege Scatinia postulatus est, epist. 12. lib. VIII. CORRAD.

Quibusvis interdictis] Omni cura & studio, ope quasi prætoris. Interdictis enim Prætorum tuebantur possessionem facultatum. Cic. I de Orat. *Multis praessem, qui aut interdicto tecum contenderent, aut ex jure manu consertum vocarent*: hoc est, qui ope prætoris possessionem suam defendere vellent. GRAEV.

Nostrum illum amicum] Curionem. CORRAD.

Id cum ipsius causa, est mihi, ut scis, in amoribus] Ita Pall. Vat. editio Victorii (sic & Grav. prim.) vulgo. *Idque cum ipsius causa (est enim mihi, ut scis, in amoribus)* Gruterian. & Stewech. *id tum ipsius*. Prima editio; *id tamen in ipsius causa*: statim post, scripsi ex Pall. Gruter. editione Victorii ac Vatic. (quibus accedit Grav. pr.) *in me ingrata sit, amare non desinam*, deleta particula superflua *tamen* ante *amare*. GERHARD.

Cum instituisti] Scilicet: *scribere ad me de rebus urbanis*: quales repetiones supra II. ep. 12. & hoc libro ep. 28. observavimus, Sall. Iug. cap. 3. ibi vide CORT.

De rebus urbanis, de Rep.] Quidam putant scholium esse *de Rep.* abest enim a veteribus libris. VRSIN.

Non videor] Al. *nunc videor*. CORRADVS.

EPI-

EPISTOLA XXXIII.

ARGUMENTUM.

Afflicta rep. sublata exercitatione forensi, retulit se Cicero ad declamationes, auditoribus Hirtio, Cassio, Dolabella: quibus quod non interesset, angi se scripserat Volumnius, & Hirtio propterea invidere. Cicero Hirtii laudat eloquentiam, sibi detrahit potius, quam arrogat. Volumnium vero invitat ad eadem studia: deliberatum sibi jam significans, abdere se totum in litteras, Cæsare permittente. Scripta videtur post bellum Africanum, Cæsare III. & Lepido Coss.

M. CICERO VOLUMNIO S. D.

QVod declamationibus nostris cares, damni nihil facis. Quod Hirtio invideres, nisi eum amares, non erat causa invidendi; nisi forte ipsius eloquentiæ magis, quam quod me audiret, invideres. Nos enim plane, mi suavissime Volumni, aut nihil sumus, aut nobis quidem ipsis displicemus, gregalibus illis, quibus te plaudente vigebamus, amissis: ut etiam, si quando aliquid dignum nostro nomine emisimus, ingemiscamus, quod hæc *pinnigero, non armigero in corpore tela exerceantur*, ut ait Philoctetes apud

EPISTOLA XXXIII.

AUt nihil sumus] Nullius nominis in eloquentia. Sic quidem Cæsar apud Sueton. cap. 77. *Nihil esse remp. appellationem modo sine corpore & specie*. Sed magis accommodata ea, quæ notamus & citamus ad epist. 27. CORT.

Invideres] Sic enim scribis. CORRADUS.

Declamationibus) Sunt declamationes apud Romanos exercitationes rhetoricæ, quibus fictas agebant causas, & probe ad studium fori præparabantur: vid. commentar. de Virili ætate Latinæ ling. p. I. c. 2. §. 22. FUNC.

Gregalibus illis) Hortensio, Marcello, Cælio, & reliquis. CORRAD.

Pinnigero, non armigero in corpore tela exercentur] Quemadmodum in antiquis codicibus scriptum inveni, ita scripsi: præcipue enim Medicæi scripturam animadversione dignam judicavi: eadem enim est, quæ in vetustis lapidibus. Nam paullo supra *ingemiscamus*, in eo legitur, ut in epist. Cæcinnæ *contremisco*, & non multo ante ad Curium *item nimum*, pro *nimium*. Nec me latet veteres litteratos viros de hac voce, quomodo scribenda esset, inter se concertasse. Accurati quoque ac docti hominis verba sunt super illo Virgilii, *formidine pennæ. In Romano pinnæ mutat fun, contra Capri fractationem*. VICTOR. *Pennigero corpore*] Pennigeris avibus, quas Philoctetes

apud Accium, abjecta gloria. Sed tamen omnia mihi erunt, si tu veneris, hilariora; quamquam venis, ut ipse intelligis, in maximarum quasi concursum occupationum: quas si, ut volumus, exceperimus, ego vero multam salutem & foro dicam, & curiæ, vivamque tecum multum, & cum communibus nostris amatoribus. Nam & Cassius tuus, & Dolabella noster, vel potius uterque noster, studiis iisdem tenentur, & meis æquissimis utuntur auribus. Opus est huc limatulo & polito tuo judicio, & illis interioribus litteris

Arma configebat tardas celeres, stans volantes. Nisi de Philoctetæ corpore dictum volumus, de quo idem Accius: *Pennarumque contexto corpori tegumenta faciebat*. Cic. certe id dolet, se, qui veris in caussis solebat regnare, sub Cæsare in declamationibus versari: Philoctetæque dolorem ad suum accommodat. CORRAD. MSi vero, pr. Græv. prim. Pal. Medic. habent *pinnigero*, non *pennigero*. Optime apud Ovid. Metam. XIII. v. 53. Ajax hæc verba explicat:

> —— *Quæ succeſſere sagittæ*
> *Herculis utuntur, fraudes mendaciaque fumosque*
> *Velatosque aliterque avibus; volucrisque petenda*
> *Debita Trojanis exercet spicula fatis*.

Scilicet in Lemno relictus Philoctetes utebatur sagittis Herculis, sine quibus Troja non poterat capi, in avibus configendis, ad quem usum non erant facta, quemadmodum nec Ciceronis ingenium ad declamationes, quod aptius erat ad agendum caussas veras & gravissimas. Adde Scaligeri Conject. in Varr. p. 123. Edit. Steph. VERBURG.

Exceperimus) Hic, *Excipere*, opinor, est ferre, subire: ut alibi *excipere dolorem, laborem*. Vide Tusc. II. 5. & Brut. 69. OLIV.

Multam salutem & foro dicam & curiæ) Nec caussas agam in foro, nec in senatum veniam ad dicendam sententiam. GRÆV.

Cum communibus nostris amatoribus) Quidam legi volunt, *nostri amatoribus*: ego nihil muto. LAMBIN. *Cum communibus nostris amatoribus*) Pall pr. editio, *cum omnibus nostris amatoribus*. Gruterianus vero ac Stewech. succinctius, *cum omnibus nostris*. *Nam & Cassius*. Nihil hic audeo mutare; quandoquidem pro vulgata stant Victorius, Lambinus, Manutius. GEBHARD. Stat etiam pro vulgata Grævii primus. GRÆV. Forte legendum, *nostri*. Oblectabo me cum illis, qui & te, & me insigniter, & præ ceteris amant. J. FR. GRON.

Meis æquiss. utuntur auribus) Declamantes. CORRAD.

Opus est hic limatulo &c.) Al. *opus est huc*. IDEM. *Opus est huc limatulo & polito tuo judicio*) Ita Vaticanus codex, atque editio Victorii, nec secus liber Politiani, (in Grævii primo scribitur etiam *polito tuo*) in Pal. primo erat *politulo*, sed nota addita expunctionis duarum litterarum *ul*. Veneta, seu editio primaria, *opus est hac delimatula & polita*: unde conjicio coaluisse lectionis monstrum in Grut. *delimatulo & polito tuo judicio*: vulgabatur antehac *politulo*. GEBHARDUS. *Opus est hue* pro *ad hoc*: est enim *hue* pro *hoc* antiquis tam quarto, quam sexto casu: etsi doctissimum Perizonium, scio, pro *huic* accepisse: sed falso: quod ex *adhuc*, *isthuc* pro *isthoc*, & aliis apparet. Nec est, quod quis Ablativo vim illam Dativi deroget. Nam non modo *quo*, *eo*, *illo*, & similes particulæ illi eam adferunt; sed etiam Sall. Jug. c. 52. *adversa colle evaderet*: ejusdem, ut & aliorum, *inquietum fiat*; Seneca I. Controv. 2. *humano sanguine adsuetus*, & præterea multa, quæ expendam Dissertatione nostra

teris meis, quibus sæpe verecundiorem me in loquendo facis. Mihi enim judicatum est, si modo hoc Cæsar aut patietur, aut volet, deponere illam jam personam, in qua me sæpe illi ipsi probavi, ac me totum in litteras abdere, tecumque, & cum ceteris earum studiosis honestissimo otio perfrui. Tu vellem, ne veritus esses, ne perinvitus legerem tuas litteras, si mihi (quemadmodum scribis) longiores forte misisses: ac velim posthac sic statuas, tuas mihi litteras longissimas quasque gratissimas fore.

nostra IV. de Usu Orthographiæ Latinæ. Illud V in *hoc* postea mutarunt in I dicendo *hi*, ubi exiles soni, Quinctiliani verbis, in usu esse cœperunt; ut adeo non diversum sit, quando Ovidius dixit: *His erit artis opus*. CORT.

Illis interioribus litteris, ex quibus) Sic est legendum vel reclamantibus libris omnibus, in quibus legitur, *&* *illis interioribus litt. meis*. LAMBINUS. *Et illis interioribus litteris meis*) Antiquus codex habet, *&* *illis interioribus litteralis*. URSIN. *Et illis interioribus litteris meis*) Ita Pall. Victorii editio, atque omnium prima Veneta (*nec non* Grav. pr. & Amstelod.) Stewech. tantum, & Grater. minima mutatione *meis litteris*; quemadmodum Lambinus emendat, præcepit Ferrarius. GERMANO. *Illis interioribus litteris*) Philosophia. CORRAD. *Illis litteris meis*) Quas in te diligo, vel quibus maxime delector. GRAV.

Verecundiorem) Ut Academicum, qui nihil affirmem. CORRADUS. Quibus, quia doctior es, quam ego, facis, si quid de illis studiis meis loquendum sit, ut parcius & verecundius loqui debeam. CATT.

Facis) Quasi industria, sive existimas. CORRAD.

Mihi judicatum est) Hoc est, *a me*, *per me* judicatum & statutum est: sed ut accedat notio *pro me*. Sic Gall. II. de Rep. Ord. adde IV. ep. 13. Ad alterum illud spectat C. Nepos Attic. c. 21. CORT.

Ne pluribus legerem tuas litteras) Hæc erat omnium impressorum, & antiquorum codicum lectio, parum sanum sincera, ni fallor. Quidam substituunt pro *pluribus*, *perinvitus* legere: quos non reprehendimus, quippe quos imitari simus: vulgata lectione offensi, & nulla meliore excogitata, aut inventa. VICTOR. In hac epistola retinui vulgatam scripturam, *ne perinvitus legerem*, cum ea extet in Vaticano, neque aliter reperit Victorius: in nostris omnibus, sicut & Stew. atque editione principe est, *ne pluribus legerem*. GERMANO.

Longissimas, *gratissimas*) Quale fere judicium de Tullii nostri Orationibus olim latum est; nam sic Plinius I. ep. 20. *Imprimis Marcum Tullium oppono, cujus oratio optima fertur, quæ maxima*. CORT.

M. CI-

verear, ne tibi nimium arguta hæc sedulitas videatur. Tametsi tu, scio, quam sis curiosus, & quam omnibus peregrinantibus gratum sit, minimarum quoque rerum, quæ domi gerantur, fieri certiores: tamen hoc deprecor, ne meum officium arrogantiæ condemnes, quod hunc laborem alteri delegavi: non quin mihi suavissimum sit, & occupato, & ad litteras scribendas, ut tu nosti, pigerrimo, tuæ memoriæ dare operam. Sed id ipsum volumen, quod tibi misi, facile, ut ego arbitror, me excusat. Nescio quojus otii esset, non modo perscribere hæc, sed omnino animadvertere. Omnia enim sunt ibi senatusconsulta, edicta, fabulæ, rumores: quod exemplum si forte minus te delectarit, ne molestiam tibi cum impensa mea exhibeam, fac me certiorem. Si quid in rep. majus actum erit, quod isti operarii minus commode persequi possint, & quem-

quart. *decederes* affini lapsu scribens, vulgo *decedens*. GERMANO. *Quod tibi decedens*) Sic quidem MSS, sed *discedens* legendum, id est, me a te separans, cum te proficiscentem prosecutus fuissem, & valere dixissem. Io. FR. GRON.

Ne tibi nimium arguta) Nimis diligens, & modum excedens. Vid. Manut. GRAV.

Parvuiqui) Puta *aliquem*, *qui*. Plaut. Pœnul. A. III. Sc. V. Sall. Iug. c. 85. CORT.

Tamen in hoc te deprecor) Longe melius meus optimus, *tamen hoc deprecor*. Illud redolet infelicium temporum barbariem. GRAV.

Alteri delegavi) Hoc est, commisi; *delegare* enim est alii committere, quod sibi ipsi faciendum erat, suum pensum, munus, officium, suas partes alii mandare. Vid. Manut. GRAEVIUS.

Non quin m. suaviss. sit) Non propterea alteri delegavi laborem, *quod mihi non suavissimum sit memoriæ tuæ operam dare*. Sic Crispus Cat. c. 35. *Publicam miserorum causam suscepi: non quin æs alienum solvere possem*. CORT.

Tuæ memoriæ dare operam) In tuam gratiam scribere, aut scriptum dare.

Nam quæ scribuntur, eorum exstat memoria, ea memoriæ traduntur. Or. pro Mur. c. 28. Male Manut. Io. FR. GRON.

Sed ipsum volumen) Meus codex primus, *sed id ipsum volumen*; quem sequor. GRAV.

Nescio cujus otii esset) Cum in Pal. quart. editione prima (& Amstelodam.) esset *quovis* in Pal. quint. *quovis*, scribendum duxi *quojus*, quemadmodum erui ex Pal. prim. & Pecliano (in Grav. prim. *nec si quid jus aliis*) paullo post scripserunt tres Pall. (& Grav. prim.) pr. editio, *senatusconsulta*, *dicta fabulæ*, *rumores*: quam bene, non discerno. GERMANO.

Fabulæ) Non sunt hoc loco ludi scenici, ut vult Manutius, sed sermones de hoc, vel illo: ut apud Suet. *Ambiguitas cum in fabulis fuit*; de ea in omnibus circulis loquebantur. Ovid.

Fabula narratur toto lepidissima coetu.

sic *fabulam vulgi fieri*. GRAV. *Fabulæ*) Comœdiæ, Tragœdiæ, nimirum in scena repræsentari. Io. FR. GRON.

Quod exemplum) Quæ res noviter instituta: *institutum*. Vellei. Pat. II. c. 18. Sulpic. Sever. Ep. I. CORT.

& quemadmodum actum sit, & quæ existimatio secuta, quæque de eo spes est, diligenter tibi perscribemus. Vt nunc est, nulla magnopere exspectatio est. Nam & illi rumores de comitiis Transpadanorum, Cumarum tenus caluerunt. Romam cum venissem, ne tenuissimam quidem auditionem de ea re accepi. Præterea Marcellus, quod adhuc nihil retulit de successione provinciarum Galliarum, & in Kalendas Iun. ut mihi ipse dixit, eam distulit relationem, sane quam eos sermones expressit, qui de eo tum fuerant, cum Romæ nos essemus. Tu si Pompeium, ut volebas, offendisti, qui tibi visus sit, & quam orationem habuerit tecum, quamque ostenderit voluntatem (solet enim aliud sentire & loqui, neque tantum valere ingenio, ut non appareat, quid cupiat), fac mihi perscribas. Quod ad Cæsarem,

Quæ existimatio secuta) Quid homines judicarint. *Existimatio* sæpe est judicium, opinio. Grav. *Quæ existimatio consecuta*) Quid de re aliqua acta judicarint, aut opinati sint homines. Io. Fr. Gron.

Vt nunc est) Pro quo barbari, *rebus sic stantibus*. Grav.

Illi rumores de comitiis Transpadanorum) Quos rumor fuerat jussu Cæsaris Quatuorviros creare. Corr. Cn. Pompeius Strabo, Magni pater, Transpadanas colonias deduxerat ita, ut veteribus incolis manentibus jus Latii daret. Ascon. in Pison. sub. init. Quibus Cæsar post quæsturam spem civitatis facit. Sueton. c. 8. Jam novus rumor erat, eum laborare, ut rem perficeret, quo suffragiis novis in comitiis juvaretur. Adi Sigon. de Jure Ital. lib. III. c. 2. Cell.

Cumarum tenus caluerunt) Cumas usque, quo eum prosequentes venerant, perlati sunt, non ulterius pervenerunt. In Cumano, multi ad Ciceronem in Ciliciam proficiscentem officii gratia convenerant, & in his, quod simile vero est, Cælius. Corr.

Auditionem accepi) *Accipere* per se est *audire*, apud Plautum, Virg. Crispum, & multos præterea; vide Nonium Marcell. c. 4. *Auditionem* ita posuit Apuleius Apolog. p. 310. Facilius est, quod Sueton. Aug. c. 21. habet: *Indi etiam ac Scythæ auditu modo cogniti*. Nam & Cælium credo auditionem pro fama, rumore posuisse. Cort.

Kalendas Junias) Al. *Kalend. Januar.* Corr.

Sane quam eos sermones expressit) Al. *quæ sine meos sermones expressit*. Iom. *Sane quam e. s. express.*) Ita Victorii editio, & Vatic. Pall. omnes hic leviter corrupti sunt. Primus *sineque eos*; quarti, *sane quia meos*, sicut prima editio, *sineque meos serm.* quipi. proxime ad verum, *sane quam meos s.* *Expressit* autem habent unanimo consensu; non, ut vulgo, *repressit*. Gron. *Expressit* exstat etiam in Amstelodam. & Gravii binis. Grav. *Prosequendo* vi quadam expressit: ea vis particularum *sane quam*, ut diximus ad IV. ep. 5. Et sic aliquoties Cælius noster, & cum eo A. Gellius. Cort.

Cum Romæ nos essemus) Simul ego & tu ante tuum discessum. Nam Cælius hæc scribens, Romæ erat. Corradus.

Si Pompeium offendisti) Si Pompeium invenisti. Invenerat autem Tarenti. Grav.

Fac mihi perscribas) Id fecit Cicero epist. 8. lib. II. Corr.

Quod

sarem, crebri & non belli de eo rumores dumtaxat veniunt: alius equitem perdidisse, * quod, opinor, certe factum est: alius septimam legionem vapulasse: ipsum apud Bellovacos circumsederi, interclusum ab reliquo exercitu: neque adhuc certi quidquam est, neque hæc incerta vulgo jactantur: sed inter paucos, quos tu nosti, palam secreto narrantur: at Domitius, cum manus ad os apposuit. Te ad

IX.

Quod ad Cæsarem, crebri & non belli de eo rumores) Vulgo, *quod ad Cæsarem attinet; crebri*: sed illud verbi supposititium removi a Cœlio auctoritate Pall. trium editionum primæ ac Victorianæ; sicut & statim illud *susurratores*, cum iidem libri singuli, quemadmodum & excerpta Pechii & Vaticani codicis, *susurratores*. GEBHARDUS. Utramque lectionem firmant bini Grav. & Amstelod. GRÆV. *Quod ad Cæsarem*) Ita MSi sine *eo attinet*, quod satis intelligitur. Io. Fr. GRON.

Sed susurratores dumtaxat) Inter susurratores quidem, & rumores non ea est convenientia, quam vulgo requirunt: gemina tamen fere sunt ex Ausonii periocha Iliad. XI. Idyll. VIII. Ep. 23. Nisi potius dicere velis Cœlium *susurratores* adjective, ut dicunt, sumsisse. Sic Sall. Iug. c. 38. *Exercitus victor*. Ovidius: *amnis advena*: ejus generis plura ad Sallustium. CORT.

Quod opinor certe factum est) Quidam legi volunt *fictum*, a quibus dissentio. Nam videtur Cœlius significare, se existimare, rumores illos de Cæsare veros esse. Denique in omnibus libris manuscriptis, quos vidi, scriptum est, aut *factum est*, aut *factum esse*. LAMBIN. Pro *factum* legendum esse puto *fictum*. Opponuntur autem hæc duo, ut ex illo epistolæ ad Octavium loco (quæ tamen vel suspecta) apparet: *Quidnam tali futurus ingenio est, qui posse hæc ita mandare literis, ut facta, non ficta videantur, esse?* HENR. STEPHANUS. MSi, *quod opinor certe factum est alius*, leg. *quod opinor, & certe factum est*. Ut ad Att. VI. 3. Q. *Cicero puer legit, ut opinor, & certe, epistolam inscriptam patri suo*. Io. Fr. GRONOVIUS.

Apud Bellovacos circumsederi) Vulgo *circumsideri*: illud malui, quia in his epistolis tales antiquitatis affectationes; deinde quia sic reperi in Pall. primo, quinto, editione primaria, & Vaticano. GEBHARD. Sic & Grav. bini & Amstelod. Bellovaci inter Parisios & Ambianos, hodie *du Diocese de Beauvais*. GRÆV.

Neque hæc incerta tamen, vulgo jactantur) Politiani codex expungit *tamen*, neque mihi necessarium magnopere videtur: cum de eo quoque ambigere videam Pal. quart. *neque hæc incerta quidem tam vulgo jact.* quintum, *neque hæc incerta quidem, tamen vulgo jactantur*. GEBHARD. *Neque hæc incerta vulgo jactantur*) Sic juxta Politian. librum etiam primus Grav. nisi quod *hæc* iste non habeat; vulgo, *neque hæc incerta tamen vulgo jactantur*. Sed tamen hic nulli rei est. GRÆV.

Palam secreto narrantur) Hoc est, inter ipsos quidem, sed palam, ut ab omnibus fere audiri possint. CORRAD. *Quos tu nosti, palam secreto narrantur*) Ita est in tribus Pall. (quibus accedit Gravii prim.) editionibus prima ac Florentina: sunt tamen qui distinguant, *quos tu nosti palam, secreto narrantur*. Vulgatum est, *quos tu nosti plane*, &c. GEBH.

At Domitius cum manus ad os apposuit) In Pall. tribus, atque editione primogenita, *aut Domitius*, cum ad eam notet Egnatius ex v. c. legi, sicut & Politiani liber agnoscit, *apud Domitium*: melius meo animo, quam vulgo. Idem. Prim. Grav. *At Domitius cum ad eos apposuit*. Puto Cœlium scripsisse, *At Domitius cum ad os apposuit*. Videtur enim digitum aut manus, ubi concisus est Cœlius & bre-

IX. Kal. Iun. subrostrani (quod illorum capiti sit) dissipant periisse: & te urbe ac foro toto maximus rumor fuit a Q. Pompeio in itinere occisum. Ego, qui scirem Q. Pompeium Baulis embæneticam facere; & usque eo, ut ego

via, subaudiendum: *Domitius hæc narrabat, cum ad os opposuit digitum*; aut manus, significans silendum esse, nec propagandum, aut aliis narrandum. GRÆV.

Subrostrani) Homines otiosi in rostris versantes assidue, rumorum aucupes & nugivendi. Horat.

Frigidus a rostris manat per compita rumor.

Plauto *subbasilicani*. GRÆV.

Quod illorum capiti sit) Quod malum in eos recidat. Utebantur hac formula cum quis mala dixisset, aut male precatus esset, & male ominatis verbis usus esset: credebant enim hac ratione mala posse declinari ab illo, quem amabant, in illius caput, qui imprecatus erat. Cic. ad Att. VIII. ep. 5. *Nam quod ad te non scripseram, postea audivi a tertio milliario tum eum isse, πολλὰ μάτην κεράεσσιν ἐς ἠέρα θυμήναντα, multa inquam, mala cum dixisset, suo capiti, ut ajunt.* Tibull. I. el. 2.

Et mala si qua tibi dixit dementia nostra.

Ignoscas: capiti sint precor illa meo. GRÆV.

Ita ut in urbe ac foro toto maximus rumor fuit) *Fuit* in omnibus exstat codd. Primus Græv. *de urbe ac foro toto maximus rumor fuit*. Amstelod. *ut de urbe ut de foro toto maximus rumor fuit*; scribe, *periisse & te in urbe ac foro toto maximus rumor fuit a Quinto Pompeio in itinere occisum*, quod & Rutilius vidit, ac in vetere codice se hanc scripturam reperisse testatur. GRÆV. *Ita ut in urbe ac foro toto maximus rumor fuit*) Dubitavi, an non hanc constructionem donari oporteat Cœlii cuidam in scribendo negligentiæ, & celeritati, quam & paulo ante ostendit in hac periodo, *quemadmodum actum sit, & quæ existimatio secuta, quæque de eo spes sit, diligenter tibi perscribemus*, ut quidem in optimis editionibus legi video. Cum tamen in libris scriptis aliqua hic occurrat varietas, in Cœlii gratiam opinor fuisse: *ita & in urbe ac foro toto maximus rumor fuit*. IAC. GRON.

A Q. Pompeio) Ruso: qui non multo ante, cum Trib. pl. esset, in caussa Milonis Ciceroni diem dicere cogitarat. CORN.

Qu. Pompeium Baulis Schænobaticam facere) Hunc locum alii aliter castigarunt: suum autem quisque judicium secutus est, suoque arbitrio in hoc usus, quod diversitas lectionum arguit. Quid enim adhuc habet vox *epibaticam*, cum vulgata & recepta non ne una quidem littera a veteribus exemplaribus mutata, *Baulis embæneticam facere* scripsimus, quam veram esse lectionem cupimus & ab eruditis probari, & corroborari; eam autem potiorem duximus, quæ hic staret propter vetustiorum codicum auctoritatem, in quibus passim invenitur, & quia fortasse non incommodior sensus ex hac elicitur, quam ex illis, quas juniores suo ingenio excogitarunt: cum tamen rarior sit, & Græcum verbum, nisi prius recipi a peritioribus audierimus, non firmiter id tenebimus: cum & alia significet ἐμβαίνειν, non est dubium quin significet etiam in navim conscendere, ut contra ἐκβαίνειν de navi exire, ut apud Aristophanem in Ranis, ἔμβαινε ταχέως. Et paullo post, ἔκβαινε δή, in eadem comœdia; cum jubet de navi exire, ἐκβαίνειν, ἐμβαίνειν ἐς πλοῖον. Appellari igitur potuit ars embænetica eorum, qui naviculariam facerent, cum esset ipsorum hoc frequens, & familiare verbum, dum crebro hortarentur in navim ascendere, juberentque festinare, qui aliquo vehi volebant; quod sordidum erat & vile ministerium. Unde dicit se misereri ejus esuritii, qui eo descenderit, ut tam turpem quæstum sequa-

ego misererer ejus esuriei, non sum commotus: & hoc meu-

querentur. *Bauli* autem locus in littore Neapolitano, de quo Tacitus XIV. *Drusus ... in litore, ... Antia ad-venerat) excepit manu, & amplexu, deducitque Baulos, id villae nomen est, quae promontorium Misenum inter, & Ba-janum lacum flexo mari alluitur.* Aliqui fortasse hanc sua diligentia lectionem juvabunt, aut meliorem invenient. Nos tantum illi fidem habuimus, quia integram & incorruptam in cunctis melioribus codicibus reperimus, quorum consensum magni faciendum semper existimavimus. Vict[illegible]. Placet legere *embaeneticam*, hoc est, navicu-lariam: quod Petro Victorio, viro erudito & nobili acceptum refero. CONRAD. Q. Pompeium. *Baulis emporeti-cam facere*) Olim frontem libros vul-gatos emendatiores, sic [illegible] [illegible] *[illegible] facere*; sed idem tamen ab-sensus eram doctiss. viro [illegible], collega meo, qui conjicit [illegible] *empineticam facere*, seu potius *empeine-ticam*, ut [illegible] [illegible] Coelium [illegible] voce *empeineticam*; quae oritur a verbo πειναν, quod va-let esurire: quasi dixisset eum artem esuriendi facere [illegible], ut di-cimus, navicularium & argentariam facere. Quin sit autem haec vera scri-ptura, dubium nemini esse debet, cum propter sententiam, tum propter-ea quod libri veteres eam confirmant: qui partim sic habent, partim *emene-ticam*: nulli *embaeneticam*, praeter u-num, qui tamen non me valde mo-vet, cum is sit fere p inversum. LAMBIN. *Embaeneticam fac.*) *Epidati-cam* est in manuscr. quodam libro: quae vox eundem sensum efficit. Pan-tagathus legebat *embaeneticam*. VARIN. *Baulis embaeneti[illegible] fac.*) Ita castigatis-simus Pal. pr. Vaticani excerpta, edi-tio prima ac Victoriana; nec dissen-tiunt multa Pall. quart. quint. *Bauli fembaeniticum*. Miror Lambini aviditatem, pro Turnebi *empineticam*; cum statim de Esurie illius insequatur. Alii *Epidaticam*; notumque *epimeticam facere* idem esse, quod Varroni *velatu-ram facere*. Gloss. [illegible], [illegible]. Alii *embeticam*. Alii nuper *[illegible]*

[illegible] substituunt. Vulgata lectio est *[illegible] facere*. Duo Guilielmis consulti, *emeneticam facere*. GEBHARD. In pr. Graev. *Bauli fembaeniticam*. Amstelod. *baiis embaeneticam*. GRAEV. *Bau-lisinis baeneticam facere*) Sic MSS. Lu-cas vertens infamem in modum. Forte, *Baulis aucupem facere*, id est, cu-rare se vomitoriis, vel vomendo. XIII. ad Att. ep. ult. Eam autem Campa-niae oram valetudinis causa petebant. Huic convenit illud *esurire*, id est, jejunitatis, famis, esuriginis, ut Var-ro loquitur. IN. FR. GRON. *Baulis embaeneticam facere*) Vix videtur vesti-gia esse ulla ratio verbi hujus in alienam formam conferendi; adeo sae-pe jam mutata est. Sed tamen auget corrigentium varietatem in notis ad Catullum pag. 84. Vossius, reponendo *[illegible]*, audacissime quidem & in-doctissime, ut solet, cum & fingat hanc vocem Graecis ignoratam, & addat verbum [illegible], quod nullo in monumento exstat. Reliqua cum con-sidero, nihil video securius, quam optimis libris adhaerere, qui aut ha-bent aut proxime accedendo confir-mant id, quod allegavi recte ab Ge-bhardo contra tandem Lambini infi-ciationem servatum. Neque aliud in-nui puto, quam aquis & balneis eum insidisse, ut illic solebant. Quam locutionem sumtam. Certo esse a me-dicis, cur dubitamus; cum utique *ex-udare* in illa significatione etiamnum restet, ut notat solium in balneis, quod notatum viris doctis? Itaque cum illud derivativum ille significa-tione sit superstes, ad quod sane illa significatio transferri non potuit, nisi etiam tale quid fuerit jam in primi-tivo, tota res clamat *[illegible]* de la-vantibus in balneo usitatum fuisse, ratione translationis manifesta & ele-gante ab navigatoris, & navem con-scendentibus, ut balneo usuris labrum. IAC. GRON.

Ut ego misererer ejus esuriei) Lege Valer. Max. lib. IV. c. 2. CONRAD. *Ut ego misererer ej. esuriei*) Praefero Palat. primi & editionis priscae scri-pturam, *misereer ejus esuriei*: quae val-

mendacio, si qua pericula tibi impenderent, ut defungeremur, optavi. Plancus quidem tuus Ravennæ est: & magno congiario donatus a Cæsare, nec beatus, nec bene instructus est. Tui politici libri omnibus vigent.

EPISTOLA II.

ARGUMENTUM.

M. Valerius Messalla ante annum consul fuerat cum Cn. Domitio Calvino, creatus ex interregno, per ambitum, septimo anni mense, ut ex Dione & Appiano cognoscitur, accusatus de ambitu est, absolutusque anno ante, quam consul fieret: de quo sic in epistola ultima lib. III. ad Quintum; Messallam, reliquosque molestia levatos, vehementer gaudeo: eumque quod certum consulem cum Domitio numeratis, nihil a nostra opinione dissentitis. *Rursus eodem crimine in judicium vocatus, evasit incolumis, Hortensio defendente: qua de re in epist. 12. lib. IV. ad Attic. in libro autem de claris oratoribus ita loquitur Brutus:* Hortensium, magnum oratorem semper putavi, maximeque probavi pro Messalla dicentem, cum tu abfuisti. Sic ferunt, inquam: idque declarat totidem, quot dixit, ut ajunt, scripta verbis oratio. *Et Valerius lib. V. cap. 9. sic:* Hortensius Messallam, suæ sororis filium, heredem habiturus, ambitus reum defendens, judicibus dixit; si illum damnassent, nihil sibi,

valde titillat meis auribus. Quartus *misereret emidere*; quint melius, *eri-mer*. Vulgatam lectionem non sanam esse liquido, puto, jam constat. GRONOVIUS. Sic & optimus Grævii codex, *ut ego miserer ejus esurire*. GRÆVIUS.

Hoc mendacio ut defungeremur] Ut hoc mendacium illud malum sit, quod necessario perferendum est: & in eo perferendo finis sit omnium periculorum, si qua impenderent. Hæc est vis verbi *defungi*, quam non cepit Cellarius. Virg. VI. Æneid. v. 83. ubi Servius. Cic. pro S. Roscio Amer. c. 8. structura illa per *si qua* dissimilis paullo, ad verbum relata videtur. Sed notata ea jam supra; & explanat illam Plinius loco facillimo I. ep. 1. Et ita omnes reliqui. CORT.

Plancus quidem tuus] L. Munatius Plancus. CORT.

Magno congiario donatus a Cæsare] Magna pecuniæ summa; vide Torrent. ad Suet. Cæs. cap. 27. GRÆV.

Nec bene instructus, nec beatus] Nec tantam habet supellectilem, nec dives. Ceterum est ἀλληγορούμενον, & latet jocus, quem ignoramus, perinde ut in illis: *speciem facientis esurire*. Io. FR. GRON.

sibi, præter osculum nepotum, in quibus adquiesceret, superfuturum; hac scilicet sententia, quam etiam editæ orationi inseruit, filium potius in tormento animi, quam in voluptatibus, reponens. *Idem postea retractus in judicium damnatus est: quod epistola Cælii quarta significat. De absolutione igitur, quam nemo exspectaverat, de exsibilato Hortensio, Messallæ patrono, de Marcelli consulis impetu sedato, de consularibus comitiis, de suis in ædilitate competitoribus, de pantheris, de syngrapha Sittiana, de commentariis rerum urbanarum brevissime ad Ciceronem Cælius, &, suo more, familiarissime scribit. Tota negotialis est epistola.*

CŒLIUS CICERONI S.

CErte, inquam, absolutus est: me repræsentante pronunciatum est, & quidem omnibus ordinibus, & singulis in unoquoque ordine sententiis. Vide modo, inquis. Non,

EPISTOLA II.

C*Erte, inquam, absolutus est*] Hæc epistola, quotidianis in libris legitur in epistolarum familiarium Ciceronis lib. VIII. At in antiquiore meo hanc lego esse non octavi libri, sed XV. quod mirum videri debet, cur tanta varietas. Sed alii judicent quo in libro sit legenda. NIC. SCUTA.

Absolutus est] Valerius Messalla: epist. 4. hujus lib. CORRAD.

Me repræsentante pronunciatum] Secutus sum libros vulgat. Nam manuscripti habent partim *me repræsentare*, partim *me repræsentante*, partim *me præsente*. LAMBIN. In manuscripto meo exemplari cum esset scriptum *me præsente*, ita exterius correctum erat, ut *me repræsentante* legi debere doceretur. Mihi tamen, si divinare licet, commodissime scribi videtur *me præsente*, vel *rem spectante*, vel *me rem inspectante*. BERN. RUTIL. *Me repræsentante pronunciatum est*) Ita in Pall. prim. quart. editione prima, ac Victoriana. Vulgo *præsente*. GERMANO. *Me repræsentante*: Sic MSti lege, *Me in re præsenti. Me*, id est, *me coram*. Cic. I. Offic. 10. *Si compromiseris cuipiam te adventurum in rem præsenti esse venturum*, id est, in foro præsto fore. IO. FR. GRONOV. Mira licentia Cælius *repræsentante* pro *præsente* dixit, quod tamen in quibusdam libris visitur. *Repræsentatus est in judicio*, noster ille Apuleius X. Metam. p. 243. dixit; sed id parum juvat. CORT.

Et quidem omnibus ordinibus] Senatorio, equestri, & tribunitio: hoc est, ordine Tribunorum, qui ærarii dicebantur. CORRAD. *Omnibus ordinibus*] Absolventibus omnibus decuriis judicum, Senatoribus, Equitibus, Tribunis ærariis. I. FR. GRON.

Et singulis in unoquoque ordine sententiis] Hoc si ita est, omnium consentientibus suffragiis absolutus est; sed meus primus codex, *sed singulis: in imo quoque ordine sententiis*: *sed* exstat quoque in Peck. meo secundo, & plurimis aliis, quæ scriptura mihi probatur. Dicit enim Messallam aliquot ex omnibus ordinibus fuisse absolutum, sed omnium imi ordinis, nimirum tribunorum ærarii, sententiis. Amstelod. tamen ut & Pall. pr. quart. & edit. prima ac Victor. *& in unoquoque ordine*. Caeterum sic rescripsit:

Non, mehercules: nihil enim umquam tam præter opinionem, tam quod videretur omnibus indignum, accidit: quin ego, cum pro amicitia validissime faverem ei, & me jam ad dolendum præparassem, postquam factum est, obstupui, & mihi visus sum captus esse. Quid alios putas? clamoribus scilicet maximis judices corripuerunt: & ostenderunt, plane esse, quod ferri non posset. Itaque relictus lege Licinia, majore esse periculo videtur. Accessit huc, quod postridie ejus absolutionem in theatrum Curionis Hortensius introiit, puto ut suum gaudium gauderemus. Hic tibi *strepitus*, *fremitus*, *clamor tonitruum*, & *rudentum sibilus*. Hoc

certe inquam absolutus est, (*ne præsente pronuntiatum est*) *non quidem omnibus ordinibus*, *sed singulis in unoquoque genere sententiis*: perperam. Si enim singulis in unoquoque ordine sententiis fuit absolutus, ab omnibus quoque ordinibus fuisse absolutus recte putatur & dicitur. GRÆV. *Sed singulis*) Id est, ut in Senatoria decuria, & inter equites, interque Tribunos ærarii absolventes una sententia vincerent, pluresque essent iis, qui condemnabant. Vereor, ut Manutius ceperit. I. FR. GRON.

Vide modo inquis) Secutus sum libros omnes MStos. Nam vulgati habent *videor? regni inquis, &c.* LAMBIN. Verba comminantis & admonentis, ut sibi caveat, ne mendacium jubeste deprehendatur. Petronius c. 51. cum nota Schefferi. GRÆV.

Ad dolendum præparassem) Si condemnatus fuisset. CORRAD.

Relictus lege Licin.) Pro *relictus* al. *relicto*. *Lex* erat *Licinia* de civibus regundis, quam *Licinius* Crassus orator tulit, in qua de judicibus ædilitiis fiebat mentio: quos hic significari, facile adducor ut credam. CORRADUS. *Lege Licinia*) Lex Licinia a M. Crasso, una cum Pompeio secundum Cos. lata in *sodalitiis* *etiam*, id est, qui judices corrumpunt. Dio lib. XXXIX. *Itaque relictus*, id est, itaque statim iterum delatus, & in reos receptus (hoc vult eo relictus, non expunctum esse nomen ejus in albo reorum, post absolutionem de ambitu, sed in eo relictum & servatum) nunc magis laborare, quam prius videtur. *Majore periculo esse*, pro, in periculo esse majore, IV. Fam. 15. Male Man. I. FR. GRON.

Postridie ejus absolutionem) Sic Vaticani & Pechii excerpta, editioque adeo Victorii (nec non pr. Græv.) nam ceteri tres Pall. hic mihi turbas ac tricas inconciliant, transposita factum in modum. Sic, ut notant docti, Cæsar, *postridie ludos*, dixit a vulgo *absolutionis*. GERMANN.

Theatrum Curionis) De hoc vid. Plin. lib. XXXVI. 15. CORRAD.

Hortensius) Qui pridie pro Messalla causam dixerat & vicerat. IDEM.

Hic tibi strepitus, *fremitus*, *clamor*) At ille pastoritia fistula, ut loquitur ad Att. sive sibilo exceptus est, exsibilatus est II. Att. 19. *Gladiatoribus*, *qua dominus*, *qua advocati sibilis conscissi sunt*. Sed hoc eleganter explicat Cœlius versu Pacuvii, quo ille tumultum in navi oborta tempestate descripserat. Plin IX. epist. 26. *Cum crisant funes*, *curvatur arbor*, *gubernacula gemunt*: *Rudentes* sunt funes nautici, unde Plauti Comœdia *Rudens*. Proprie sibilant rudentes flatu vehementi ventorum. Male Man. *Tibi* eleganter expletiva. I. FR. GRON.

Rudentisibilus) Sic mihi legendum videtur. Est autem *Rudentisibilus*, nomen compositum, seu junctum ex *Rudente* & *sibilo*: quo usus est Pacuvius, teste Varrone, libro IV. de lingua Latina. Quod autem Rivius puta-

Hoc magis animadversum est, quod intactus ab sibilo pervenerat Hortensius ad senectutem. Sed tum ita bene ut in totam vitam quoivis satis esset, & pœniteret eum jam vicisse. De rep. quid tibi scribam, nihil habeo. Marcelli impetus resederunt, non inertia, sed (ut mihi videbatur) consilio. De comitiis consularibus incertissima est existimatio. Ego incidi in competitorem nobilem, & nobilem agentem. Nam & Octavius, Cn. filius, & C. Hirrus mecum petit. Hoc ideo scripsi, quod scio, te acriter, propter Hirrum, nuncium nostrorum comitiorum exspectaturum. Tu tamen simul ac me designatum audieris, ut tibi curæ sit, quod ad pantheras attinet, rogo. Syngrapham Sittianam tibi commendo. Commentarium rerum urbanarum primum dedi L. Castrinio Pæto: secundum ei, qui has litteras tibi dedit.

EPI-

putavit legendum *Rudentum similis sibilus*, mera divinatio est. LAMBINUS. *Rudentum sibilus*) Ita Victorius & Vaticanus (nec non Graev. pr.) Lambinus unica voce *rudentisibilus*, quod non satis poterat consolidere atque expungere Guilielmius. Rivius olim, *rudentum simili sibilo* conjecerat, quod explosit Lambinus: vulgo *sibilus*. GERMANO. Est septenarius Trochaicus integer, veteris comici. GRAEV.

Sed tum ita, ut in totam vitam quoivis satis esset, & pœniteret eum jam vixisse) Vulgo post *ita*, addunt *bene*; sed illud expungit Vatic. *vixisse* quoque editum, cum alii libri melius *vicisse*. GERMANO. Verumque male. Nam & hunc optimum meum codex agnoscit, nec potest sine sensus detrimento abesse: in eo quoque scribitur *vicisse*. Sic omnino scribendum. Dolebat enim se vicisse, se defendente, Messallam fuisse absolutum, cum propterea fuerit exsibilatus. GRAEV.

Marcelli impetus) De Galliarum successione. CORRAD.

Incidi in competitorem nobilem & nobilem agentem) Non veterem hanc, & sinceriorem, ut putamus, lectionem restituimus. Is enim nobilem agit, qui cum non sit, videri vult nobilis, *agere* enim *nigrum*, est personam illam imitari, & effingere. VICTOR. Hanc lectionem firmant prim. Graev. & Peck. *Nobilem agens* est Octavius: competitor vero erat ædilitatis. *Competitorem nobilem & ignobilem agentem*) Competitorem ædilitatis, *nobilem* Hirrum: *ignobilem* M. Octavium. Nam Octavii quidam novi & ignobiles habebantur. Sunt tamen qui legant, *ignobilem & nobilem agentem*. CORRAD. *Competitorem nobilem & nobilem agentem*) Ita Vaticanus. Peck. Victor. ac Lambin. Vulgo: *Competitorem nobilem, & ignobilem agentem*. GERMANO.

Propter Hirrum) Qui tum in auguratu competitor fuit. CORRAD.

Quod ad pantheras attinet, rogo. Syngrapham Sittianam tibi c.) Peck. excerpta sic concipiunt, *quod pantheras attinet. Syngrapham*. Vatic. vero, ut & Victorii editio, *attinet rogo Syngrapham Sittianam*: nisi quod etiam hæc *syngrapham*: in fine epistolæ ex excerptis Peck. ac Vaticani, editione Victorii, edidi, *qui has litteras tibi dedit*: vulgo *reddet*. GERMANO.

Commentarium rerum urban.) Acta urbana: res urbanas breviter descriptas, vide V. ep. 12. CORT.

L Castrinio Pæto) Lib. XIII. ep. 13. CORRAD.

Ep-

EPISTOLA III.

ARGVMENTVM.

Principium epistolæ morale est: significat enim Cœlius & suam in scribendo diligentiam, & quo Ciceronis absentis desiderio teneatur. Deinde ad negotia sermonem convertit. Se certiorem Hirro candidatum esse ait: Philotimum absenti Miloni satisfacturum: valde sibi gratum fore, ut eum suis Cicero scriptis ornet.

CŒLIVS CICERONI S.

EST ne? vici? & tibi sæpe, quod negaras discedens curaturum tibi, litteras mitto? est, si quidem perferuntur, quas do. Atque hoc eo diligentius factito, quod cum otiosus sum, plane, ubi delectem otiolum meum, non habeo. Tu cum Romæ eras, hoc mihi certum ac jucundissimum vacanti negotium erat, tecum id otii tempus consumere: idque non mediocriter desidero: ut non modo mihi solus esse, sed Romæ, te profecto, solitudo videatur facta: & qui (quæ mea negligentia est) multos sæpe dies ad te, cum hic eras, non accedebam, nunc quotidie non esse te, ad quem cursitem, discrucior. Maxime vero, ut te dies noctesque quæram, competitor Hirrus curat. Quomodo illum putas auguratus tuum competitorem dolere & dissimulare, me certiorem, quam se, candidatum? de quo, ut, quem optas,

EPISTOLA III.

EST ne? . . . est] Nonne verum est, quod discedens tibi promisi? Nonne vici te, qui negaras? *Est* adserendi vim habet, ut docui ad III. ep. 1. GRAEV.

Quod negaras discedens curaturum tibi] Sic Vatic. Pal. Grev. prim. ed. Victor. vulgo *tibi* omittitur. GRAEV. *Tibi* addunt optimæ editiones ex melioribus libris, & partim cum *curaturum* conjungunt, ut sit *pro se*, ut sæpe; partim cum *mitto*, ut abundet alterum *tibi*, quomodo ea supra VII. ep. 15. GRAEV.

Hoc mihi certum et jucundissimum] Forte: *Hoc mihi certissimum ac jucundissimum*. LAMBIN.

Dolere & dissimulare] Forte, *dissimulari*. GULIELM.

Me certiorem quam se candidatum] Hoc est, omnium opinio est me potius ædilem futurum, quam Hirrum. Hoc enim est *certus competitor*, *certus candidatus*. Cic. ad Attic. *De iis, qui nunc petunt, Cæsar certus putatur*. Id. ad Q. Fratrem: *Fama fert, quod certum consulem cum Domitio numerarint, nihil a nostra opinione differentis*. Idem: *Catilina, si judicatum erit meridie non lucere,*

optas, quam primum nuncium accipias, tua medius fidius magis, quam mea causa cupio. Nam mea, si fio, forsitan cum locupletiore referam: sed hoc usque eo suave est, quod, si acciderit, tota vita risus nobis deesse non poterit: sed tanti? sed mehercule: non multum M. Octavius eorum odia, qui Hirrum premunt, quæ permulta sunt, sublevat. Quod ad Philotimi liberti officium, & bona Milonis attinet, dedi-

certe, certus erit competitor. Tametsi hic certus sit, non qui pro certo designandus sit, sed sine dubio petiturus. BERN. RUTIL.

Nam me) Al. nam mea, scilicet bona. CORRAD. Cum locupletiore) Quem vincere magnificentia non potero, & ob id nullam consequi gloriam. IDEM. Referam) In tabulas, vel quasi conferam. IDEM. Nam mea, si fio, forsitan cum locupletiore referam) Lego: Nam me, si fio, forsitan non locupletior referam: vel, nec locupletiorem referam. Venustè, quasi dicas, dubio procul pecuniariu mihi damno erit ædilitas, propter scilicet ludorum impendia. BERN. RUTIL. N. mea f. f. f. cum locupletiore ref.) Hæc est Victorii lectio (eam etiam præ se fert primus Gravii, nisi quod pro forsitan scribat si forte,) quam magis ac lubentius amplexus sum, quam Lambinianam illam, nam mea, si fio, forsitan non locupletiora referam: quando & Peckio excerpta cum non eo non agnoscant. Vulgatum est, nam me, si fio, forsitan non locupletiorem referam. GEBHARD. Mea. sc. bona. Lege omnino: Non mea: nam, si fio, forsitan, cetera: hoc est, Non mea causa propterea cupio, quia, si fio ædilis, fortitan cum locupletiore (alio quodam ædili) referam, seu reportabo ædilitatem, qui me muneribus aut vincat, aut nihil mihi remaneat gratiæ: aut me ad multa impendia secum trahat, quod meis rebus non multum proficiat. Ita demum sensus procedit, qui mistum est, ut ab aliis vel lectionibus, vel interpretationibus turbetur. Illud referam potest & præsentis temporis esse, propter forsitan. CORT.

Forsitan cum locupletiore referam) Domum scilicet de Comitiis. Cum locupletiore, cum collega, qui me est opulentior, & sumtum in ludos & spectacula faciendo, me potest superare. I. FR. GRON.

Sed hoc usque eo suave est) Sed Hirrum repulsam pati tantum habet suavitatis, ut per omnem vitam, quoties nobis ridere libebit, causam simus habituri, hujus repulsæ recordationem. IDEM.

Quod si acciderit, tota vita risus nobis deesse non poterit) Forte: Ut, si acciderit, tota vita risus nobis deesse non possit. LAMBIN.

Sed tanti? sed mehercules: non multum M. Octavius eorum odia) Sic Manutius legit & distinguit. Gebhardus vero: Sed tanti, mehercule, non multum M. Octavius. Gravii vetus liber: Sed tanti; sed mehercule non multum. M. Octavius eorum odia. Lambinus legendum conjicit: Est tanti; sed mehercule non multum M. Octavius. Sed optime Rob. Stephani editio: Sed tanti? sed est mehercule. Nec multum M. Octavius. Cælius scribit quasi Cicero sibi objiceret, tanti ne putas hanc rem? cui respondet Cælius: utique tanti eam duco. GRÆV. Octavius non multum sublevat) Id est, non leviora ea sese reddit, & habet odia eorum: quæ Hirrum premunt, i. e. ea, quæ in Hirro oderunt & propter quæ minus ei favent: ut non multo majorem fiduciam in his comitiis habeant. Male Man. qui ait Latini sermonis rationem requirere Qui. I. FR. GRON.

Quæ permulta sunt) Legendum fortasse est, qui permulti sunt. LAMBIN.

Sublevat) Quod ignobilis sit, cui propterea Hirrus præponi deberet: sed id odia in Hirrum non minuit: CORRAD.

Liberti) Tui. IDEM. Philotimi lib. Cice-

dedimus operam, ut & Philotimus quam honestissime Miloni absenti, ejusque necessariis satisfaceret, & secundum ejus fidem & sedulitatem existimatio tua conservaretur. Illud nunc a te peto, si eris (ut spero) otiosus, aliquod ad nos, ut intelligamus nos tibi curæ esse, σύνταγμα conscribas. Qui tibi istuc, inquis, in mentem venit, homini non inepto? Aliquid ex tam multis tuis monumentis extare, quod nostræ amicitiæ memoriam posteris quoque prodat. Cujusmodi velim, puto, quæris. Tu citius, qui omnem nosti disciplinam, quod maxime conveniat, excogitabis. Genere tamen, quod & ad nos pertineat, & διδασκαλίαν quamdam, ut versetur inter manus, habeat. Vale.

EPISTOLA IV.

ARGUMENTUM.

Varium est, si spectentur sententiæ, hujus epistolæ argumentum: si genus; totum negotiale: nam de Messalla damnato, quem ante scripserat absolutum, de C. Marcello consule designato, M. Claudio absoluto, Dolabella xv. viro creato, Lentulo repulso, condemnato Servio tribuno pleb. designato, Curione ejus locum petente, Cælius significat: adjun-

Ciceronis vel Terentiæ libertus, subornatus ut damnati Milonis bona publicata emeret, restituenda Miloni. Vide ad Att. V. 8. GELLAR.

Miloni absenti) Massiliæ exsulanti. CORRAD.

Satisfaceret) In ejus bonis, in quibus Philotimus ipse est, tuo, & C. Duronii consilio, ut ea facilius conserventur. IDEM.

Secundum ejus fidem) Quam tibi dedit, se, invito Milone, in ejus bonis non fore. IDEM. *Secundum fidem & sedulitatem ejus*) Ut primum tua existimatio & fama, dein Philotimi fides, & diligentia salva & inviolata esset. Lib. V. Attic. ep. 8. *Ut & tu non videreris hominem amicissimum in sua calamitate præmere & libertus tuus fe-*

cisse, quod ex officio deberet. Io. FR. GRON.

Æstimatio tua conservaretur) Al. *existimatio*, quæ agebatur, si Philotimus in his bonis, invito Milone, perseverasset: cum præsertim id Milo quereretur. CORRAD.

Tu citius, qui omnem nosti disciplinam) Vulgo, *tu optime*; sed nostrum accepimus ex Pet. Vatic. editione Victorii (quibus consentit pr. Græv.) statim post ex editione Vict. & Peck. edidi *excogitabis*. *Genere tamen*: cum vulgetur aliter, *excogitabis*: *ex eo tamen genere*; sicut & superius ex iisdem reposui, *posteris quoque prodat*: *cujusmodi velim*: melius quam vulgo, *prodat velim*: *cujusmodi, puto, quæris*. GRÆVIUS.

Sei,

adjungit de comitiis & pretoriis, & ſuis ædilitiis: quid actum ſit in ſenatu, quem in Cæſarem Pompeius animum oſtenderit: claudit epiſtolam commendatione rerum ſuarum.

M. CŒLIVS M. CICERONI S. D.

INvideo tibi: tam multa quotidie, quæ mirere, iſtoc perferuntur. Primum illud, abſolutum Meſſallam, deinde eumdem condemnatum: C. Marcellum conſulem factum: M. Claudium a repulſa poſtulatum a Galliis duobus: P. Dolabellam quindecimvirum factum. Hoc tibi non invideo, caruiſſe te pulcherrimo ſpectaculo, & Lentuli Cruris repulſi vultum non vidiſſe. At qua ſpe, quam certa opinione

EPISTOLA IV.

INvideo tibi) Hæc epiſtola in antiquioribus libris legitur in Novo. Nic. Heins. Puta voluptatem illam, quam capis ex cognitione tam multarum rerum mirabilium. Plin II. epiſt. 10. Ovid. II. Faſt. v. 591. Seneca de morte Claud. c.12. Et familiare hujuſmodi principium epiſtolæ eſt, quale Plin. II. ep. 2. init. *Iraſcor, nec liquet mihi an debeam; ſed iraſcor*. Cort.

Iſthuc perferuntur) In Ciliciam. Corrad.

Abſolutum Meſſallam) Ambitus. Idem.

Conſulem factum) Cum L. Paullo. Idem.

M Claudium) *M. Calidium* legerem, ex epiſt. 9. hujus lib. quæ hanc ſequi debuit. Et ſane M Calidius cum Q Gallio inimicitias geſſit, ut a duobus Galliis M. & Q Calidium accuſatum intelligamus. Ne plures conjecturas perſequar. Idem. *Hanc conjecturam* pluribus firmat Pighius ad annum V. C. DCCIII. qui conſulatur. Graev.

A repulſa) Poſt conſulatus repulſam. Idem.

Poſtulatum a Galliis duobus) Sic legendum *a Galliis duobus*, inquam, quod eo adſcripſi, quod olim operarum culpa editum eſt *a Gelliis duobus*; ſignificantur enim M. & Q. Gallii. Lambin. *A repulſa poſtulatum a Galliis duobus*) Ita Victorius edidit, quem in hac editione (quandoquidem tempus præciſum, accurate MSos conſulendi; totum ſequi imbibimus. Lambinus tamen, *a Galliis duobus*; ſed *Gallis* habent quoque duo Guilielmii libri. Edebatur alias, *a repulſa condemnatum a Galliis duobus*. Gebhard.

Quindecimvirum factum) Sacrorum curandorum, quibus mandata erat cuſtodia librorum Sibyllinorum. Graev.

Lentuli Suræ repulſi vultum non vidiſſe) Sic omnes impreſſi codices. Antiqui quos vidimus, *Cruris*. Puto cum Cœlius ſciret Lentulum illum, qui Catilinæ conjurationis ſocius ſupplicio affectus eſt, *Suram* eſſe vocatum: cujus cognominis originem, & cauſam Plutarch. in Ciceronis vita explicat, Lentulum alium, ut ad hujus cognomen alluderet, jocoſe *Crurem* appellaſſe, quem irridere vellet, ut omnes ejus familiæ ab ea corporis parte cognomen acciperent. Sed hæc conjectura eſt: vox certe illa *Cruris* cum in antiquis exemplaribus ſit, non debuit a nobis relinqui & negligi. De re tam parva, cum alibi nulla mentio fiat, relinquitur unicuique liberum ſuum judicium. Quod autem nonnulli *Spintheris* legunt, novum eſt, & ut omnes nunc videre, longe ab antiquorum codicum fide. Quare melius operam poni credimus in vetere lectione confirmanda. Victor.

Suræ)

nione descenderat? quam ipso diffidente Dolabella? &, hercules, nisi nostri equites acutius vidissent, pæne concedente adversario superasset. Illud te non arbitror miratum, Servium designatum tribunum pleb. condemnatum, cujus locum C. Curio petiit: sane, quam incutit multis, qui eum, facilitatemque ejus non norunt, magnum metum. Sed, ut spero & volo, &, ut se fert ipse, bonos & senatum malet: totus, ut nunc est, hoc scaturit. Hujus autem voluntatis initium & causa est, quod eum non mediocriter Cæsar, qui solet infirmorum hominum amicitias sibi qualibet impensa

Sura) Al. *Curia*: ut jaceretur in Suram, & Curam Cælius. Legitur etiam *malis*. CONRAD. *Lentuli Curia repulsam vitam suo vidisse*) Ita Vaticani & Pechio excerpta: nec secus Victorii editio: vulgo *Lentuli Sura*: duo Guilielm. libri *a curiis*: unde ille facit *a cupiis*: quia curiata erant comitia. GEBHARD. Medicei, Vatic. & Peck. libri lectionem etiam confirmat meus primus. Ludit autem in voce *Curia* & *Sura*; sic & *Sulla* & *Crispillus*. Est enim a *sura dicta*, non a Sibylla, ut a *surus sillus*, ut Gronovius olim me docuit. GRÆV.

Quam orcus opinione descenderet) Nimirum in Campum Martium ad comitia. Suet. Iul. XIII. *Cum mane ad comitia descenderet, prædixisse matri osculanti fertur*. Sic *descendere* simpliciter sæpe apud Ciceronem est in campum, in forum ire, prodire. In Verrin. sec. *Postridie mane descendit, Agathinum ad se vocat*. Et Philip. II. *Hodie non descendit Antonius*. Inferius epistola 8. hujus libri: *Itaque sine ullo subscriptore descendit, & Tuscum reum fecit*. Multi proceres habitabant in collibus: inde istud loquendi genus ortum est. GRÆV.

Nisi nostri equites acutius vidissent) Cuncti autem impressi quoque codices equites habebant: Mediceus codex & ipse eo loco perturbatus. VICTOR. *Acut. vidis.* sollicitius curassent, cavissent: quæ notiones verbo supra pluribus adsertæ sunt. CORT.

Ut se fert ipse) Forte scribendum, *ut præ se fert ipse*, aut *ut fert ipse*. GRÆV.

Totus, ut nunc est, hoc scaturit) Sic restitui, cum & veritas hanc scripturam postularet, & liber unus manuscriptus me admonuisset, in quo scriptum est *senaturit*; pro eo quod est in vulgatis *scaturit*. *Senaturit* autem ita dictum est ut *Syllaturit*. LAMBIN. *Totus, ut nunc est, hoc scaturit*) Ita Victorius (& primus Græv.) Lambinus tamen, *hic senaturit* nescio qua fiducia: videatur tamen Turnebus lib. XIII. cap. 20. Advers. vulgo *hic* pro *hoc*. GEBHARD. *Totus, ut nunc est, hoc scaturit*) Huc effundit, ebullit, fervide instat, ut fons aquas ejaculatur. Etsi belle Lambinus, *hic senaturit*. I. FR. GRON.

Hujus voluntatis initium & causa est) Ita scripsi: nam Pechio excerpta ignorant τὸ *autem* post pronomen *hujus*: deinde Victor. quoque editio *inest*, præfert vulgato *est*. GEBHARD. Sed ego rescribo ex meo primo & vulgatis, *hujus autem voluntatis initium & causa est*. Mox idem codex, *infirmiorum hominum amicitias*: quod non improbem. Per *infirmos* videtur intelligere alieno ære obrutos, propter debita & angustias rei familiaris miseros & corruptibiles. Cæsaris enim castra erant portus perditorum hominum, qui cum timore ac mala spe vivebant, ut alibi loquitur Cic. Huic paullo post opponit *valentes*. GRÆV.

Infirmorum hominum amicitias) Nulli pecuniæ parcere, etiam in humilibus promerendis, quibus tamen aliquis aditus ad potentes esset. Suet. Iul. c. 27. I. FR. GRON.

Vide-

pensa adjungere, valde contemsit. Qua in re mihi videtur illud perquam venuste cecidisse, quod a reliquis quoque usque eo est animadversum, ut Curio, qui nihil consilio facit, ratione & insidiis usus videretur in evitandis consiliis, qui se intenderant adversarios in ejus tribunatum: Lælios, & Antonios, & id genus valentes dico. Has ego tibi litteras eo majore misi intervallo, quod comitiorum dilationes occupatiorem me habebant, & exspectare in dies exitum cogebant, ut, confectis omnibus, te facerem certiorem. Ad Kalendas Sextiles usque exspectavi. Prætoriis moræ quædam inciderunt. Mea porro comitia, quem eventum sint habitura, nescio: opinionem quidem, quod ad Hirrum attinet, incredibilem, ædilium pleb. comitiis nacta sunt. Nam M. Cœlium Vinicianum mentio illa fatua, quam deriseramus

Videtur illud venuste cecid.] Curionem se primo Cæsaris amicum ostendisse. CORRAD.

Consilio] Quo se Cæsaris amicum præ se tulit, ne Lælium, & M Antonium adversarios haberet. CORRAD.

Ratione, & insidiis usus videretur] Nulla in re discrepat a vulgata lectione scriptura, quæ in Medicæo est: quare etsi quædam dura sunt, nihil ausim immutare. VICTOR.

In evitandis iis consiliis] Sic Perk & Victor. ed. sed recentiores primus omittit iis, quod videtur natum esse ex ultima syllaba præcedentis vocabuli. Temerarii vero sunt, qui ex conjectura Manutii receperunt, *in evitandis eorum consiliis*. GRÆV. Ut *petitorem* supra ep. 3. pro *petitione* Cœlius dixit: ita contra hoc loco *consiliis* pro hominibus consilia agitantibus posuisse videtur. Ovid. III. Fast. v. 275. Auson. Periocha Iliad. XXI. adde Sall. Cat. c. 14. Manutius *iis* accipit pro *meum*: non male, si consideraveris ad V. ep. 20. scripta. Restabat Bengelio addendum *eorum* esse omissum, de quo dixi III. ep. 2. V. ep. 1. & alibi. CORT.

Lælios & Antonios] Medicæus item *Lælios* nulla varietate: nam locus in epistola Metelli, ubi antea *Lælium* legebatur, nunc *Lollium* a nobis ope Medicæi codicis castigatus est: cui si fidem habuimus, quod *Lollium* habuit, ubi ceteri omnes *Lælium*, non possumus nunc facile eidem non credere, quod *Lælios* cum omnibus aliis & impressis & manuscriptis habet. Nam conjectura illa levis est, quod *Lollios* legendum sit, quia illi Cæsaris amici in civili dissensione fuerant: tunc enim Pompeianus erat Curio, & sententias illas in Rep. defendebat, quæ Cæsari adversarentur, quod ab omnibus historicis traditur. Repente autem ille totus mutatus est, quemadmodum etiam Cœlius ostendit, cum inquit: *Quod tibi supra scripsi, Curionem frigere, jam calet: nam ferventissime concerpitur. levissime enim, quia de intercalando non obtinuerat, transfugit ad populum, & pro Cæsare loqui cœpit*. VICTOR. *Lælios & Antonios*] Legendum *Lollios*, ut emendavit Manutius: itaque olim excudi jusseram. Nam libri fere omnes & vulgati, & MSi habent *Lælios*, quod Victorius tamen retinet. LAMBIN.

Ædil. pl. comitiis] In quibus Vicinianus Ædilis pleb. esse non potuit. CORRAD.

Vinicianum] Al. *Vicinianum*, ut vocat Hirtius. Idem. *Nam M. C. Vinicianum*, &c.] Secutus sum nunc libros manuscriptos, qui habent *Vinicianum*,

mus olim, & promulgatio de dictatore subito dejecit, & dejectum magno clamore insecuta est. Inde Hirrum cuncti, an non faciendum, flagitare. Spero, te celeriter & de nobis, quod sperasti, & de illo, quod vix sperare ausus es, auditurum. De republ. jam novi quidquam exspectare desieramus.

Sed

anum, quod hæc scriptura sit veræ & rectæ proxima, *Vinicianum*. Id quod nuper intellexi ex nummo argenteo, quem mihi indicavit Clemens Terentinus, homo Romanæ antiquitatis studiosissimus ac peritissimus: cujus nummi pars altera Victoriæ alatæ effigiem præ se ferebat, coronam manu tenentis. Inscriptio autem erat, *L. Vinici*: id est, L. Vinicius, seu potius, L. Vinicianus: in altera parte effigies erat Concordiæ. Hoc igitur ex illo nummo & cognovi, & cognoscere licere dico, Vinicios fuisse Romæ, non Vicinios: & hic legendum esse *Vinicianum*, non *Vicinianum*, neque *Licinianum*. Lamb. *Vinicianum* est apud Hirtium in vetustissimo apud me libro, ut sit Vinicius adoptatus a Cælio, quomodo hic legendum arbitror. Vinicia autem gens frequens est in *L. Vinicii* denariis cusis sub Augusto. Aliud autem agebat Manutius cum scripsit se vidisse apud me nummum argenteum, in quo esset Cælii hujus Viniciani mentio: exstat enim apud me non Cælii, sed CRASSI. IVNIANI denarius, cujus ego auctoritatem secutus, locum Ciceronis restitui in epist. 8. lib. III. ad Q. Fratrem. Vrsinvs. *M. Cælium Vinicianum*] Ita edidit Victorius, cui plane accedunt Peckio excerpta, & alter Guilielmii liber; in quo *Vicinianum*. Lambinus propugnat *Vinicianum*, ut & Vrsinus noster in *Liciniale*; ubi invehitur in Manutium reponentem *Licinianum*: consulatur: nos & libri isti unica litera a vulgata lectione alieni sumus. *Vinicianum* enim prius legebatur. Gebhardvs. Peccatur hic trajectione syllabæ; & nummi & antiqua monumenta ostendunt legendum esse, *Vinicianum*, quamvis & Grævii liber præ se ferat, *Vicinianum*. Graev.

Mentio illa fatua] In Tribunatu. Nam Trib. pleb. auctore Dione, prædicabant, necesse esse Pompeium dictatorem dici. Corr.

Quem desideramus olim] Meus prim. *quem desideravimus olim*: quæ possit esse vera scriptura. Sed quis in tantis tenebris ausit præstare? Graev.

Promulgatio de dictatore] Odium ex ea promulgatione natum. Corr.

Dejecit] Ab ædilitate. Idem.

Magno clamore insecuta est]. Hypallage est, sed durior, quam illa: *dies deficitate* vide l. ep. 4. Ita autem exponas: *per promulgationem dejectus est*, & dejectum homines magno clamore exceperunt. Adde Sall. Jug. c. 5. ubi vide. Cort.

Inde Hirrum cuncti jam ad non faciendum flagitare] Cum Vicinianus repulsam tulisset, cum quo Hirrus fortasse senserat. Idem. *Cuncti jam*] Sic reperi scriptum in duobus cod. Memmianis: ut non dubitem de veritate hujus scripturæ, quamvis aliter ediderit Victorius. Lambin. *Inde Hirr. c. an non fac. flag.*] Lambinus in duobus se Memmianis reperisse testatur, *cuncti jam ad non faciendum flag.* Nos Victorianam lectionem retinuimus a Vaticano quoque exhibitam; eo magis, quod exiguissima mutatione a vulgata distet: nam pro *jam* regessimus *an*. Gebhardvs. Non sollicitanda fuit veterum editionum scriptura: *Inde Hirrum cuncti non faciendum flagitare*. Omnes cœperunt flagitare Hirrum non faciendum sc. ædilem. Graev. *Hirrum cuncti jam non faciendum flagitare*] Hoc velut præjudicium de Hirro fuit, qui & ipse auctor Dictatoris creandi fuerat. Non faciendum, sc. Ædilem Curulem, in quo erat eadem culpa, quæ in Viniciano. Io. Fr. Gron.

De nobis quod sperasti] Nos ædiles futuros. Corr.

Vix sperare] Hirrum repulsam laturum. Id.

Sed cum senatus habitus esset ad Apollinis a. d. XI. Kalend. Sext. & referretur de stipendio Cn. Pompeii, mentio facta est de legione ea, quam expensam tulit C. Caesari Pompeius, quo numero esset, quo appeteretur: cum ex Gallia coactus esset dicere Pompeius, se legionem abducturum, sed non statim sub mentionem, & convicium obtrectatorum. Inde interrogatus de successione C. Caesaris: de qua, hoc est, de provinciis, placitum est, ut quam primum ad urbem reverteretur Cn. Pompeius: ut coram eo de successione provinciarum ageretur. Nam Ariminum ad exercitum Pompeius erat iturus: & statim iit, puto Idib. Sextil. de ea re factum iri: profecto aut transigeretur aliquid, aut turpiter intercederetur. Nam in disputando conjecit illam vocem Cn. Pompeius, Omnes oportere senatui dicto audientes esse. Ego tamen sic nihil exspecto, quomodo

Ad Apollinis) Sc. aedem, utique locutio de Graecis ducta loquentibus, lib. XIV. ep. 2. Graev.

Quam expensam tulit C. Caesari) Quam de suis legionibus ei dedit. Id.

Quo numero esset, quo appeteretur) Numero, suo, an Caesaris: vel legionum, quae a numero appellabantur. Pompeius legionem primam, quam ad Caesarem miserat, confectam ex delectu provinciae, Caesari enim jam quam ex suo numero dederat. [illegible] *Appeteretur* &c.) Videtur legendum: *Cum appeteret eam esse in Gallia, coactus est dicere Pompeius, se* &c. Id. *Quo appellaretur*) Locus corruptus, ut & multi sunt alii in hoc libro. Libri vulg. habent quo appeteretur. Quidam legunt quo appellaretur. A numero enim appellabantur legiones: legio prima, secunda, tertia, &c. Alii volunt legi, quando repeteretur. Principes libri manulani habent: *Cum Pompeius esset in Gallia, coactus est dicere Pompeium* &c. meo judicio mendose. Quidam pro [illegible], legunt [illegible]. Lambin. *Quo appeteretur*) Sic edidit Victorius, & ipsi quoque veteres [illegible] adstipulatur primus Gruterus. Lambinus vero quo appellaretur: quia legionis numero appellabantur: legio prima, secunda, tertia. Alii volunt legi, quando repeteretur. Gillinimus duplicem suam conjecturam adduxerit, vel quo appeteretur, vel quo abduceretur: sed non video, cur vulgata prae aliis omnibus locum habere non possit. Gronovius. Sensus autem est, quo numero milites in illa legione sint, & quam ob causam [illegible] missa, & a Caesare petita, aut, quo fuerit ablegata. Ferebat enim hoc Pompeius incredibiliter senatu. *Cum ex Gallia coactus esset dicere Pompeius se legionem abducturum*) Prim. Manut. *cum Pompeius esset in Gallia coactus est dicere Pompeius se legionem abducturum*. Caelium scripsisse puto, *cum esset in Gallia, coactus est dicere Pompeius, &c. se legionem abducturum*. Graev. *Quo appeteretur*) Fort. quando repeteretur, quando vellet eam revocare, ac recipere a Caesare. J. Fr. Gronov.

Hoc est, de provinciis) Hoc totum alienum puto, & idcirco delendum. Lamb.

Puto Idib.) Victorius puto adhuc vel: sed Caelianum est. Lamb.

Profecto aut transigeretur aliquid, aut intercederetur) Sic Victor. Grut. prim. Victor. ed. vulgo: *Profecto aut transigetur aliquid, aut intercedetur*. Graev.

Conjecit illam vocem) hoc est, inter alia hoc dixit. Sall. Jug. c. 11. Tacit. III. Ann. c. 66. Cort.

Omnes oportere senatui dicto audientes esse

do Paullum consulem designatum primum sententiam dicentem. Sæpius te admoneo de syngrapha Sittiana: cupio enim te intelligere, eam rem ad me valde pertinere. Item de Pantheris, ut Cybiratas arcessas, curesque, ut mi vehantur. Præterea nunciatum nobis, & pro certo jam habetur, regem Alexandrinum mortuum: quid mihi suadeas, quomodo regnum illud se habeat, quis procuret, diligenter mihi perscribas. Kalendis Sextil.

EPISTOLA V.

ARGUMENTUM.

Prior epistolæ pars moralis est, quia profectum a benevolentia metum Cælii significat, ne cum Parthorum copiis congressus Ciceronis exercitus profligetur: posterior, quia de successione provinciarum agit, negotialis. Hæc epistola, quo die scripta sit, non apparet: sed videtur superiorem proximam paucis diebus consecuta; nam, neque iteravit Cælius de pantheris, quia scilicet paullo ante scripserat; neque Curionem designatum esse tribunum pl. significat, quem in proxima dixit petere: quoque magis moveor, huic, & supe-

esse] Antiqua exemplaria Senatui dandi casu habent, quemadmodum etiam illum locum in hujus item epistola: Item C. Cæsar [illegible] senatui non esse, [illegible] qui [illegible] decernere non [illegible]. Sic item Varro sic loquitur de Re Rustica [illegible] dicto [illegible] audiens. Cicero in VII. Philipp. [illegible] legatos ad eum misimus, non ut pareret, & dicto audiens esset huic ordini, sed ut conditiones ferret. VICTOR. Adde I. Fr. Gronovii, viri omni præconio majoris, observata ad Liv. Lib. XXIX. c. 20. VERBURG.

Paullum Consulem] L. Æmilium Paullum. CORR. vel Designatum primum sententiam [illegible] primo loco, quod erat coss. designatorum, ut docent ad [illegible] Cæs. c. 50. CORR.

Arcessitum admoneo] Quippe, quia [illegible] leret, jam tum fortasse Cæsari conciliatus. CORR.

Cybiratas mihi [illegible]] Quid? Cybiratas, an Pantheras? Nugæ. Primum [illegible] ut mihi [illegible] pantheras. GRONOV.

Curesque ut mi vehantur] Sic Neapolitana, & Victoriana, quamvis [illegible] Gebhardus, cum suis [illegible] & [illegible] qui [illegible] & aliis, qui ut mihi videntur. Opinor autem prius illud [illegible] ex vero, [illegible] incuriositatem, [illegible] vestigemur ad [illegible]. Ad quod verbum videtur respexisse [illegible] do Tullius lib. II. Epist. 11. dum scribit, [illegible]. Ita GRONOV.

Quid mihi suadeas] Magis, ut [illegible] possumus, crediderim. CORR.

EPI-

superiori Cicero una respondet epistola, quae decima est lib. II.

CAELIUS CICERONI S.

QUa tu cura sis, quod ad pacem provinciae tuae finitimarumque regionum attinet, nescio: ego quidem vehementer animi pendeo. Nam si hoc moderari possemus, ut pro viribus copiarum tuarum belli quoque exsisteret magnitudo, &, quantum gloriae triumphoque opus esset, adsequeremur, periculosamque & gravem illam dimicationem evitaremus, nihil tam esset optandum. Nunc si Parthus movet aliquid, scio non mediocrem fore contentionem: tuus porro exercitus vix unum saltum tueri potest. Hanc autem nemo ducit rationem: sed omnia desiderantur ab eo (tamquam nihil denegatum sit ei, quo minus, quam paratissimus esset) qui publico negotio praepositus est. Accedit huc, quod successionem futuram propter Galliarum controversiam non video. Tametsi hac de re puto, te constitutum, quid facturus esses, habere: tamen, quo maturius constitueres, cum hunc eventum providebam, visum est ut te facerem certiorem. Nosti enim haec tralatitia: de Galliis constituetur; erit, qui intercedat: deinde alius exsistet, qui,

EPISTOLA V.

Nam si hoc more moderari possemus) Sic enim in omnibus impressis, nec non priscis manuscriptis codicibus legebatur: ipse conjectura ductus emendavi, *si hoc moderari possemus*: superioremque existimavi totam vocem *more*, & ex primis syllabis duabusque [illegible] negligentia librarii confusam, quemadmodum antea arbitratus sum in verbo illo scriptoris in ani- mo *magistrum* a librario excerptum esse, & jussi *magistrum* legi oportere. Nonnulla sunt hujusmodi, quae in perfectis exemplaribus, quae inde in libros excusos fluxerunt: eorum autem partim sublata sunt, partim adhuc manent. In Medicea sic locus ille legitur in epistola ad Cornificium: Primum in *spem libertatis ingressus sum*. Id tamen erratum facile cognorum Victorius. *Hoc more*) Alii legunt, *hoc modo*. Comman. *Si hoc moderari possemus*) Prim. Grav. & reps. Guilielmii, *si hoc more moderari possemus*: hoc est, si possemus hoc suadere Senatui, ut id decerneret, hoc ita tractare, dirigere. Sall. [illegible] de Rep. Ord. [illegible] Cic. [illegible] *moderari* pro imperare, ut & alibi [illegible] est enim proprie *moderari imperare*. Corr.

Ab eo qui publico negotio praepositus est) Imperatore, vel Proconsule. Grav.

Galliarum controversiam) De Galliis, & de successione in illa provincia. Sup. II. ep. [illegible] Richardum [illegible] Cornelius [illegible] Corr.

Visum est ut te facerem certiorem) Fortas. *Visum est ut facerem certiorem*. Lambin.

qui, niſi libere liceat de omnibus provinciis decernere ſenatui, reliquas impediat: ſic multum ac diu ludetur, atque ita diu, ut plus biennium in his tricis moretur. Si quid novi de repub. quod tibi ſcriberem, haberem, uſus eſſem mea conſuetudine, ut diligenter, & quid actum eſſet, & quid ex eo futurum ſperarem, perſcriberem. Sane tamquam in quodam incili jam omnia adhæſerunt. Marcellus idem illud

Qui niſi libere) Si Cæſari relinquentur Galliæ, nec in alias provincias ſucceſſorem deſtinari, nec de iis decerni ſinet. Io. Fr. Gron.

Reliquas impediat) Res, ſucceſſionem reliquarum, ea figura, qua Cicero II. ep. 6. *provinciam prorogare*, & Livius *confecta provincia*, quem alibi laudavimus. Cort.

Sane tamquam in quodam in Cilicia omnia adhæſerunt) Nos hunc locum valde corruptum invenimus in antiquis exemplaribus: vulgati etiam codices diverſas inter ſe, & parum firmas lectiones habent: eam igitur ſumus ſecuti, quam probabiliorem duximus, niſi nulli ſatis confidimus. Cum tamen neceſſe eſſet unam aliquam ex illis omnino capere (nec enim meliorem ipſi aut invenimus, aut excogitavimus) minus depravatam (niſi fallor) elegimus. Sic autem habent antiquiores codices: *Sane tamquam in quodam in Cilicia omnia adhæſerunt*. Quæ profecto verba non parum perverſa & inquinata ſunt. Nos ea hic poſuimus, ut omnes hunc locum ſuſpectum habeant, & ut ingenioſiores videant attente, poſſint ne meliorem ex his veſtigiis lectionem elicere, aut comminiſci. Victor. *Tamq. in quod. ſilice jam omn.*) Quid de hoc loco ſentiremus, olim planum fecimus, & quam ad illum reſtituendum operam dare potuimus, tunc præbuimus. Non poſſumus in tantis anguſtiis temporis tantiſque tenebris aliquid lucis videre. Quod de eo etiam loco dicimus, qui hunc ſequitur: ille enim quoque, ut olim docuimus, minoribus maculis inquinatus eſt. Id. in Poſter. *Tamquam in quodam incili jam omn.*) Sic puto legendum ex antiquæ ſcripturæ veſtigiis: quod & Manutio jam olim ante venit in mentem. Sunt autem *Incilia* (ut docet Feſtus) *foſſæ, quæ in viis fiunt ad deducendam aquam, ſive derivationes de rivo communi factæ*. Ulpianus lib. XLIII. D. tit. de aqua quotid. & æſt. cap. 1. *Caput* (inquit) *aquæ illud eſt, unde aqua naſcitur; ſi ex fonte naſcitur, ipſe fons: ſi ex flumine, vel lacu, prima incilia, vel principia foſſarum, quibus aquæ*, &c. Turneb. tamen lib. XII. Adverſ. cap 17. legit *in quodam cilicio*, &c. fortaſſe melius & verius. Lamb. *In quod. ſilice*) Pantagathus ex antiquis libris: *Sane tamquam in quodam vetta linire omnia adhæſerunt*. Vrsin. *Sane tamquam in quodam ſilice jam omnia adhæſerunt*) Retinuimus vulgatam lectionem, cum Victorio, & Vaticani excerptis. Antiquiores codices, adnotante Victorio habent: *Sane tamquam in quodam in Cilicia omnia adhæſerunt*. Libri autem Guilielmii duo *in Cilicia*; unus quidem *in Cilio*; malebat ipſe *in quodam ſilice*. Turnebus tamen lib. XII. cap. 17. ex veſtigiis v. c. hariolans emendabat, *in quodam cilicio*: quod per *cilicium & coactilia* aliquando liquores tranſmittuntur, ut in iis ramenta auri adhæreſcant aqua tranſlata. Paullus Manutius, quod probabat Lambinus, *in quodam incili jam omnia adh.* utramque tamen conjecturam ingenioſam quidem, ſed fortaſſe coactiorem & alieniorem affirmat Andreas Schottus, mavultque ex antiquæ ſcripturæ veſtigiis codic. Mſſ. *in quodam vitilitio omn. adh.* *in quodam ſtilili ea omnia adhæſerunt*: quod fictilia vaſa odorem ſemel imbuta retinent. Amicus porro ejus *adnotes* quidam volebat, *tamquam in quodam jejunio* vel *interſtitio*, vel iterum hoc ei placebat, *tamquam in quodam vitiligine*, cujus conjecturæ rationes apud ipſum videantur lib. II cap.

lud de provinciis urget, neque adhuc frequentem senatum efficere potuit. Quod si anno præterito Curio tribunus, & eadem actio de provinciis introivit: quam facile nunc sit omnia

cap. 11. Nodot. Denique divinabat, *sublati luce, omnia exhaeserunt*: quæ forma ac fictione proxima epistulæ dixisse videatur: *His nos rebus absolvimur, & Marcellus, confecta omnia sunt & incunabula sunt*. Quæ, ut ipsius pace dicam, omnia coactiora & alieniora hoc loco videntur: quamquam illius conatus literas juvandi laude sua non fraudandi sunt. Pantagathi conjectura non prætereunda est: *dum tamquam in quodam incili omnia adhæserunt*: est tamen talis, qualia omnia ipsius: hoc est, parum verisimilis, licet aliis arguta. Græv. Manutii emendationem probat etiam Salmasius in Solinianis exercitationibus; & cum a scriptura vetustissimorum librorum propius absit quam aliorum, licet non inepta sint (nam & meus primus habet *tamquam in quodam incilicio*,) non potui eam non probare. Verum quidem est, aquas non hærere in incilibus, sed per illa derivari aut in flumina, aut lacus, aut e fluminibus & lacubus in agros. Homines tamen & jumenta & currus hærent, si in incilia in viis facta inciderint. Sicut & hodie fossæ fodiuntur nec admodum latæ, nec admodum profundæ a colonis ad impediendum iter ac transitum hominum, jumentorum per suos agros. Festus: *Incilia fossæ, quæ in viis fiunt ad deducendam aquam*. Apul. Metamorph. lib. IX. *Via lacunosis incilibus voraginosa*. In tali via necesse est sæpe hærere currus, jumenta, homines, cum incilia in iis sunt paullo profundiora. Græv. *Dum tamquam in quodam incili omnia adhæserunt*) Omnia stupent ac cessant, ut aqua quæ non currit obturato incili. Cato de R. R. 155. *Per hiemem aquam de agro depelli oportet. In monte fossas incilia puras habere oportet*. Mox: *Cum pluere incipiet, familiam cum ferramentis sarculis exire oportet, incilia aperire*. Columella VIII. 9. *Ex superiore parte, si villa in clivo sit, incilia excitentur*. Huc pertinet proverbium a clepsydra vel incili petitum: *aqua hæret*. Cic. III. ad Q. ep. 8. *In hac causa mihi aqua hæret*, id est, cessat consilium, nescio quid agere debeam. III. Offic. extremo. I. F. Gron.

Frequentem senatum efficere) Frequentis senatus, hoc est, plurium senatorum. *Senatum efficere non potuit*. Manutius autem intelligit, *Marcellum non potuisse frequentare senatum*: quod vix credibile est: nisi ita capias, quod numerum SC. faciendo necessarium efficere nequiverit: quomodo tamen ad *sententias*, ut dixi, potius, quam ad numerum convenientium respiciendum esse apparet: pro Manutio tamen facere videtur ep. 9. Corr.

Quod si anno præterito) Finito. Corr.

Curio Trib. pleb.) Designatus. Id.

Hoc si anno præterito Curio Tribunus, & eadem actio de provinciis introibit) Hæc est lectio vetustiorum editorum nisi quod addant, *quod*, id non agnoscente meo primo. Male recentiores *introibit* mutarunt ex corruptis libris in *introivit*, quod vitium quam frequens sit in libris & lapidibus nemo nisi hospes in litteris ignorat. Ordo verborum hic est: *Si hoc anno præterito Curio tribunus, & eadem actio de provinciis introibit*, in scenam quasi Romanæ reipublicæ, hoc est, si post hunc annum, vel præterierit, Curio erit tribunus, & denuo hoc negotium de provinciis agitabitur, quam facile tunc possint omnia impediri non ignoras. Sed in sequentibus pro *nunc* legendum *tunc*. Græv. *Hoc si præterito anno*) Sic MSS, non *quod*. Si post elapsum hunc annum Curione tribuno rursus introducetur & agitabitur actio de successione provinciarum. Io. Fr. Gronovius. *Quod si anno præterito Curio tribunus, & eadem actio de provinciis introivit* &c.) Admodum dura mihi accidunt, quæ ad commentandum hunc locum adferuntur. *Introibit* autem invenio jam in Naugeriana & Victoriana Stephani, ut id pro sanctiore habeam, quam *introivit*. Tum eædem editiones, *Hoc si præterito anno*. Denique eædem *et quam facile*. Quæ possunt exstare clariora ad sententiam, vena-

omnia impedire, & quam hoc Cæsari, qui sua causa remp. non curet, superet, non te fallit.

EPISTOLA VI.

ARGUMENTUM.

Scribuntur hæc: Appium, qui cum Cicerone in gratiam redierat, a Dolabella esse accusatum: cavendum Ciceroni, ne, si Appio non studuerit, parum simpliciter & candide inimicitias deposuisse videatur: uxorem a Dolabella discessisse: posse ei Tulliolam, Ciceronis filiam, collocari: Pompeium valde pro Appio laborare: summam esse consulum negligentiam: totam otiosam esse civitatem: Bibulum in Syria male pugnasse: Curionem tribunum pleb. mutata voluntate, ab optimatibus ad Cæsaris partes transisse: Appii gratiam se cupere: Dolabellæ affinitas si probetur, celandum: nisi pantheras Græcas habeat, turpe Ciceroni futurum. Tota negotialis est epistola: scripta Paullo & Marcello Coss. Respondit Cicero epist. 13. lib. II.

CŒLIUS CICERONI S.

NOn dubito, quin perlatum ad te sit, Appium a Dolabella reum factum: sane quam non ea, quam existimaveram invidia. Neque enim stulte Appius: qui simul atque

venustissimamque sententiam? Scripsit enim Cælius: *Hoc sic præteriit anno Curio tribunus & eadem actio de provinciis intercidit, ut quam facile nunc sit omnia impedire.* Iac. Gron.

Et quam hoc Cæsari, & iis qui suam causam non reip. curant, suppetat, non te fallit) Libri manuscripti habent: *Et quam hoc Cæsari, qui sua causa remp. non curet, superet, non te fallit.* Ego nihil muto. Lamb. *Cæsari qui sua causa remp. non curet, superet*) Libri MSti Lamb. hanc lectionem habent, repræsentatam quoque in editione Victorii. Pecc. quoque *superet*. Vulgata lectio tota abhorret: *Cæsari & iis qui suam causam non reipub. curant, suppetat, non te fallit.* Gron. Codices tamen tam Lambini, quam primus Grævii *superet* scribunt, non *suppetat*. Græv. *Et quam hoc Cæsari, qui suam causam remp. non curet, suppetat*) Ita leg. Et Cæsari, qui curet suum commodum, non curet quid ex usu sit Reip. quam hinc suppetat, in promtu sit, nempe ut omnia impediantur, non ignoras. Io. Fr. Gron.

EPISTOLA VI.

APpium a Dolab. reum fact.) Lib III. Corradus.

Sane quam non ea quam existimaveram invidia) Leg. *qua existimaveram invidia.* Lamb. *Sane non ea qua existimaveram invidia*) Non ita adprobantibus homini-

atque Dolabella accessit ad tribunal, introierat in urbem, triumphique postulationem abjecerat. Quo facto remisit sermones, paratiorque visus est, quam speraverat accusator. Is nunc in te maximam spem habet. Scio tibi eum non esse odio: quam velis eum obligare, in tua manu est: cum quo simultas tibi non fuisset, liberius tibi de tota re esset. Nunc si ad illum summum veritatem legitimum jus exegeris, cavendum tibi erit, ne parum simpliciter & candide posuisse inimicitias videaris. In hanc partem porro tutum tibi erit, si quid volueris gratificari: nemo enim necessitudine & amicitia te deterritum ab officio dicet. Illud mihi occurrit, quod inter postulationem, & nominis delationem, uxor a Dolabella discessit. Quid mihi discedens mandaris memini, quid ego tibi scripserim, te non arbitror oblitum. Non est jam tempus plura narrandi. Unum illud monere te possum, si res tibi non displicebit, tamen hoc tempore nihil de tua voluntate ostendas, & exspectes, quemadmodum

militibus & faventibus [illegible], ac petendo ejus tamquam [illegible], & [illegible] gaudentibus. Io. Fr. Gron. Pro [illegible] Coelius ex Lamb. conjectura [illegible] nulla contra omnes codices. [illegible] ab [illegible] addendo [illegible]. Crispus Cat. cap. 12. Cortius.

Introierat in urbem) Triumphare enim volenti urbem ingredi non licebat. Corrad.

Quo facto remisit sermones) Sic Victorius; [illegible] quo multo in vulgatis [illegible]; paulo post scripsi ex Victorio, *cum quo simultas tibi non fuisset*, licet editum sit, *cum quo simultates si tibi non fuissent*. Graev. Victorio subscribit Grav. primus. Graev.

In tua manu est) In potestate tua. Lucan. VIII. v. [illegible] Sall. Jug. c. [illegible] ubi plura. Cort.

Simultas tibi non fuisset) Pro si non fuisset, quam conjunctionem omittere solent. Plin. I. ep. [illegible] Sall. Jug. c. [illegible] ita quidem vulgati, sed MSS. addunt *si*. Io.

Nunc si ad illum summum veritatem) Nonnulli libri manuscripti habent, *ad illum summum veritatem*. Lamb. *Nunc si ad illum summum veritatem*) In MS. [illegible] Lambino, quidem, [illegible] exemplar, utroque Victorii [illegible] liber), vulgo *summam veritatem*. Graev. *Ad illum summum veritatem*) Summa veritas, quod in Officiis, *Summum jus*, [illegible], *summum jus, summa injuria*. *Exigere legitimum jus ad summum veritatem*, est [illegible], quod rigor legum & strictum jus requirit. Si cum eo agis, ut strictio & severo jure agere [illegible]. Io. F. Gron.

Inter postulationem, & nominis delationem) Primum postulabat accusator a Praetore, ut sibi liceret nomen deferre: ubi [illegible], constituebatur dies. Postquam is dies venisset, [illegible] accusator nomen, i. e. petebat, ut adversarius reciperetur in reos. Medio igitur tempore uxor nuntium remisit Dolabellae. Io.

Quid mihi discedens mandaris memini) De Tullia collocanda. Corr.

Si res tibi non displicebit) Forte, *ut si res tibi non displicebit*. Lamb. Si matrimonium Tulliae cum Dolabella tibi non displicebit. Graev.

dum exeat ex hac causa. Denique invidiosum tibi sit, si emanarit. Porro, significatio ulla si intercesserit, clarius, quam deceat, aut expediat, fiat. Neque ille tacere eam rem poterit, quæ suæ spei tam opportuna acciderit: quæque in negotio conficiendo tanto illustrior erit: cum præsertim is sit, qui si perniciosum sciret esse loqui de hac re, vix tamen se contineret. Pompeius dicitur valde pro Appio laborare, ut etiam putent alterutrum de filiis ad te missurum. Hic nos omnes absolvimus: & hercule confecta omnia, fœda, & inhonesta sunt. Consules autem habemus sum-

Exeat ex hac causa) Dolabella. Corr.

Ne quo invidiosum tibi sit) Libri manuscripti habent *denique invidiosum*, &c. ego vulgatos sequor. Lamb. *Denique invidiosum tibi sit*) Ita MSti alii; & Petr. Victorii editio. Vulgo *ne quo invidiosum tibi sit*: quod sequi se potius ajebat Dionysius Lambinus. Gron. Afferat tibi *invidiam*, h. e. malam famam. Vide init. Cæsar. VII. B. G. c. 33. Sall. Cat. c. 48. Cort.

Si emanarit) Tulliam Dolabellæ desponderi. Corr.

Significatio ulla si intercesserit) Hoc matrimonium tibi placere. Id.

Neque ille) Dolabella. Id.

Quæ suæ spei tam opportuna acciderit) De Appii damnatione. Graev.

Pompeius dicitur valde pro Appio laborare) Nec mirum. Nam Pompeii filius Appii gener erat; lib. III. ep. 4. Idem.

Ut etiam putent alterum utrum de filiis ad te missurum) Sic denique post plurimos annos revocavi, quod Naugeriana, & Victoriana Stephani exhibet, ut opinor, ex religiosa observatione scripturæ veteris, quam tanto medii temporis spatio unum neglectam, ejectamque, an in nullis aliis MSis animadverteram nescio cur ex Cælio abire jusserunt, cum ipse se defendat secunda post hanc epistolæ hoc loco: *Itaque jam, ut video, alterum utrum ad condicionum descendere vult Cæsar*. Et sic aliquoties ipse Cicero. Jac. Gron.

Hercule confecta omnia, fœda & inhonesta sunt) Nos hunc locum in melioribus etiam exemplaribus miserabiliter lacerum invenimus. Quia tamen variis modis legitur, quod fere semper accidit, cum veritas ex vetustissimis libris accipi non potest, cui omnes libenter adquiescant; nos hic antiquam scripturam apponemus, etsi perversam & corruptam; ut possit, qui voluerit experiri, an commodiorem ullam lectionem ex ea exprimere queat, simulque videre, quæ circumferuntur diversæ hujus loci lectiones quam pudenter, quamque fideliter ex antiquis fere vetustate deletis vestigiis deductæ sint. Est autem hæc, *& Hercules consepta omnia fœdera & inhonesta sunt*. Quidam legunt, *conscripta omnia fœdera*, alii *consilia omnia*, ut nihil incertius sit. Victor. *Confecta omnia*) Al. *consepta*: melius *conscripta* scil. a Dolabella in delatione nominis. Corr. *Confecta omnia fœda & inhonesta sunt* alii libri habent, *confecta, omnia fœda & inhonesta sunt*: quibuscum manuscripti quidam consentiunt; alii, *consepta omnia fœdera & inhonesta sunt*, mendose, opinor. Nonnulli legunt *conscripta omnia*, &c. Lamb. In manuscripto, pro *confecta* scriptum est *consepta*: Pantagathus autem legebat, *& hercules confecta omnia fœda & inhonesta sunt*, vel, *& hercules consepta omnia fœdere*. Ursin. Primus Graevii scripturam codicis Medicei fere sequitur: *Et hercule consepta omnia fœdera & inhonesta sunt*. Graev.

Consules autem habemus) L. Paulum & C. Marcellum. Corr.

summa diligentia: adhuc senatusconsultum, nisi de feriis Latinis, nullum facere potuerunt. Curioni nostro tribunatus conglaciat. Sed dici non potest, quomodo hic omnia jaceant. Nisi ego cum tabernariis & aquariis pugnarem, veternus civitatem occupasset. Si Parthi vos nihil calfaciunt, nos hic frigore frigescimus. Tamen, quoquo modo hic omnia jaceant, potuit sine Parthis. Bibulus in Amano nescio quid cohorticularum amisit. Hoc sic nunciatum est. Quod tibi supra scripsi, Curionem valde frigere, jam calet: nam ferventissime concerpitur. Levissime enim, quia de intercalando non obtinuerat, transfugit ad populum, & pro

Tribunatus conglaciat) Otio, ut rescribit Cicero ep. 13. lib. II. Inam. Transit sine ullo motu, aut singulari actione, quasi frigore devinctus & immobilis sit. Io. Fr. Gron.

Ego cum tabernariis, & aquariis pugnarem) Erat enim aedilis, & iis, qui tabernas circa forum habebant, item, qui aquas publicas in urbem deducebant, & partiebantur in vicinas, ob nescio quod peccatum multam videtur dixisse, de qua certarunt ad populum. Io. *Cum tabernariis*) Opificibus, sive qui praesunt curandis tabernis. Corr. Qui cibos vendunt in tabernis. Vid. Manut. Graev. *Aquariis*) Aquarum & aquaeductuum curatoribus. Corr. *Haec* autem faciebat tanquam aedilis, ad quem harum rerum cura pertinebat. Graev.

Veternus) Metaphoricws de magistratuum socordia. Corr. *Veternus civitatem occuparet*) Omnia torperent, nihil ageretur. Vid. lib. II. epist. 13. Graevius.

Si Parthi vos nihil calfaciunt) Hoc est, vobis non molesti sunt, non negotium facessunt. Vid. lib. VII. ep. 10. Io.

Nos hic frigore frigescimus) Pech. nos nihil frigore frigescimus; quemadmodum superius pro *confecto*, *confeciptas*. Guilielmius pro *frigescimus* conjecit *rigescimus* non male, nisi & sic auctores loquerentur. Graev. *Nos hic frigore frigescimus*) Forte *senescimus*, in segnitiem, & torporem resoluti sumus. Io. Fr. Gron. Valde frigemus, & nihil plane agendum habemus, dum omnia frigent: eo pertinet *frigore*. Alioquin dictum esset, ut *vita vivere* V. ep. 21. Graevius.

Tamen quoquo modo hic omnia jaceant, potuit sine Parthis. Bibulus) Prim. Graevii: *Tamen quoquo modo hic omnia jaceant, potuisti. Sine Parthis Bibulus*. Graev. *Bibulus*) M. Bibulus tunc Syriae Procos. Corr. *Potuit sine Parthis*) Forte: *potius sine Parthis*. Io. F. Gron.

Nescio quid cohorticularum amisit) Cohortem primam totam, centurionemque primipili, & reliquos cohortis ejusdem, & Tribunum mil. Corr. Cicero ad Att. lib. V. ep. 20.

Curionem valde frigere) Interserui *valde* ex Victorii editione, Pechiano, Vaticano (sic & Graev. prim. nisi quod pro *frigere* scribat *valde frigescere*) Sicut ex iisdem *levissime* non *bellissime*, ut vulgo: paullo post Guilielmius malebat, *quo jubet aediles*, ex conjectura. Gruterus.

Jam calet) Minime otiosus est. Cic. ad Att. lib. XV. ep. 7. Graev.

Ferventissime concerpitur) Hoc est, boni seu optimates ubique male de eo loquuntur, & ejus levitatem, quod ad Caesaris partes transfugerit, gravissime accusant. Non possum hic Manutio subscribere, qui male hunc locum interpretatur. Io. A multis simul petitur, carpitur. Sueton. Aug. c. 27. Illud *vox* in verbo eam notionem sustinet, quam in *contestor* III. epist. 10. Graevius.

Levissime enim, quia de intercalando non obtinuerat) Sermo est de Curione, qui

pro Cæsare loqui cœpit: legemque Viariam, non dissimilem Agrariæ Rulli, & Alimentariam, quæ jubet ædiles metiri, jactavit: hoc nondum fecerat, cum priorem partem epistolæ scripsi. Amabo te, si quid, quod opus fuerit, Appio facies, ponito me in gratia. De Dolabella integrum tibi reserves suadeo: & huic rei, de qua loquor, & dignitati tuæ, æquitatisque opinioni hoc ita facere expedit. Turpe tibi erit, pantheras Græcas me non habere.

EPI-

qui eum antea senatum defenderet, & contra Cæsarem sententias diceret, subito transfugit ad populum, & pro Cæsare loqui cœpit; quod incredibilem ipsius inconstantiam declaravit: quare vere hic Cœlius inquit, *levissime enim*, & quæ sequuntur. Qui locus cum mendose antea legeretur, a me purgatus est, & ratione ipsa hortante, & auctoritate vetusti codicis: ita enim legitur in Mediceo: quam animadversionem ut firmam & apertam, tunc argumentis & testimoniis confirmandam esse non putavi. Manutii tamen *bellissime* in posteriore sua editione, quemadmodum in priore fecerant, scripserunt. VICTOR. *Bellissime enim*, *quia*, &c.] Secutus sum etiam hic codd. vulgatos; quibuscum congruunt & nonnulli manuscripti. Alii autem habent *levissime*, quod magis probo; & ita Victorius edidit. Paullo post quidam docti legendum censent *legemque viariam*; ubi libri vulgari & scripti manu habent *legemque viariam*. Et paullo post libri Menimiani habent, *ponito me in gratia*; non, ut alii in *gratiam*. LAMB.

Quia de intercalando non obtinuerat] Cum sciret Curio, qui sacerdotio fungebatur, eo tempore intercalari necesse non esse, id tamen petebat, ut si negaretur, justam causam consilii mutati habere videretur. Aliter in Quæstura retulimus: quoniam tabulas omnes, & præsertim Dionis, qui rei hujus est auctor, nobiscum non attulerámus. CORR.

Legemque viariam] De viis muniendis. ID. *Viariam*] *Vinariam* Pantagathus; & paullo post, *quæ jubet ædiles metiri*. URSIN.

Non dissimilem Agrariæ Rulli] In eo præsertim, quod se ad eam rem in quinquennium creari volebat. CORR.

Rulli] Contra quem exstant Ciceronis orationes. ID.

Alimentariam] Vid. Manut.

Quæ jubet ædiles metiri] In his nullus sensus. Manut. conjicit *quæ jubet*; sed optime meus primus *quæ jubet ædiles metiri*, hoc est, quæ jubet ædiles, ut harum rerum & præsertim annonæ curatores, pauperioribus dividere frumentum. GRÆV.

Ponito me in gratia] Sic exhibitis Vaticanus ac Victorii editio. Vulgo nequius editum est *gratiam*. Paullo post edidi ex Pech. Vatican. Victorii editione, *æquitatisque opinioni hoc ita facere expedit*, omisso illo *te*, quod non bene ante *hoc* constiterat. GRÆV. Sic & prim. Græv. nisi quod *opinione* scribat male. GRÆV. Significa illi, quod mihi atque intercessioni meæ dederis, quidquid illi feceris, ut hoc modo gratiam apud illum ineam. Sic V. ad Attic. ep. 3. Cicero: *Apud Lentulum ponam te in gratiam*, h. e. significabo Lentulo, te pro illo mecum sollicite egisse. Hæc Gronovius ad Liv. XLIV. c. 13. quem omnino, si plura cupis, vide. CORT.

De Dolabella] Hoc est, de nuptiis Tulliæ cum Dolabella. GRÆV.

Huic rei] Matrimonio. CORR.

Turpe tibi erit Pantheras Græcas me non habere] Lectionem hanc inventam a me in cunctis manuscriptis, & impressis codicibus retinui. *Pantheras Græcas* appellat, quæ in Pamphylia, & Cilicia caperentur, quibus provinciis Cicero præerat. Græci autem homines eas venabantur, ut distinguat ab Afri-

EPISTOLA VII.

ARGVMENTVM.

Brevis epistola; quia pridie scripserat pluribus verbis, nec deinde novi quidquam acciderat, præter Cornificii & Orestillæ filiæ nuptias, Paullæ divortium, Ocellæ adulteria. Morale principium, quia timet amoris causa, ne Parthi aliquid moveant: quæ sequuntur, ad negotiale genus pertinent.

CŒLIVS CICERONI S.

QVam cito tu istinc decedere cupias, nescio: ego quidem eo magis, quo adhuc felicius rem gessisti. Dum istic eris, de belli Parthici periculo cruciabor, ne hunc risum meum metus aliqui perturbet. Breviores has litteras properanti publicanorum tabellario subito dedi: tuo liberto pluribus verbis scriptas pridie dederam. Res autem novæ nullæ sane acciderunt, nisi hæc vis tibi scribi, quæ certe vis. Cornificius adolescens Orestillæ filiam sibi despondit. Paulla

Africanis: nam in Africa etiam nascuntur, quod non multo post Cœlius declarat, cum inquit, *quæ ad ludos ei advecta erant Africanæ*. Easdem a nationibus ac populis, apud quos nascerentur, vocavit Cicero ad Atticum scribens, *Cybiratas*. Quam recte igitur ferendi, qui ex ingenio legunt, *Pantherarum greges*, facile cognosci potest. Vidimus Florentiæ Africanam, quam devicto invictissimo archipirata, regnoque, quod occuparat, spoliato, Carolus Imper. ex Africa adportavit, Florentiæque reliquit: ibi autem cum publice aleretur, mortua est. VICTOR. *Pantheras Græcas*] Sic nunc edidi, libros veteres & P. Victorii sententiam secutus, rejecta vulgata lectione *pantherarum greges*. LAMB. *Pantheras Græcas me non habere*] Ita Victorius & Prck. et quoque Lambinus in hanc discessit sententiam. Vulgo *Pantherarum greges*. GRAN. Accedit Feckianus & aliis codicibus Grævii primus. GRÆV.

EPISTOLA VII.

D*Vm istic eris*] In Cilicia imperator. FVRE.

Ne hunc risum meum] De Hirro. CORRADVS.

Metus aliqui perturbeat] Vetus codex *perturbet* singulari numero; frequenter autem in vetustis codicibus *aliqui* pro *aliquis* invenitur, ut in fine hujus epistolæ, *cum quo sit aliqui deprehensus*. Et in principio epistolæ ad Marium, *si te dolor aliqui corporis*. VICTOR. *Metus aliqui perturbet*] Secuti sumus cum Lambino accuratissimum P. Victorium, eo magis, quod sic habent Vaticani excerpta. Qui non intellexerunt sic *aliqui* qui pro *aliquis quis* in v. c. perscribi, *perturbent* ex *perturbet* scilicet emendarunt. Pejores illi, qui *aliquis* supposituram iverunt. Sicut in fine, *cum quo sit aliqui deprehensus* ex Victorio & Vaticano, non *aliquis*. GRÆV. Primus tamen, Grævii, *metus aliquis perturbet*. GRÆV.

Cornificius adolescens] Q. Cornificius, qui

Paulla Valeria, ſoror Triarii, divortium ſine cauſa, quo die vir e provincia venturus erat, fecit. Nuptura eſt D. Bruto: nondum retulerat. Multa in hoc genere incredibilia, te abſente, acciderunt. Servius Ocella nemini perſuaſiſſet ſe mœchum eſſe, niſi triduo bis deprehenſus eſſet. Quæres ubi? ubi hercule ego minime vellem: relinquo tibi, quod ab aliis quæras: neque enim diſplicet mihi imperatorem ſingulos percontari, cum qua ſit aliqui deprehenſus.

EPISTOLA VIII.

ARGUMENTUM.

Privata primum narrat de judiciis; deinde ſubjungit publica, de S. C. de Pompeio, Caſare, Curione: poſtremo, iterum

qui paullo poſt fuit Cæſaris Quæſtor. CORR. Meus primus codex: *Cornificius adoleſcentior eſt, ille filiam ſibi deſpondit*; quæ ſcriptura videtur magis confirmare acutiſſimam conjecturam doctiſſimi Manutii, qui legendum exiſtimat: *Cornificius adoleſcentiorem Sullæ filiam ſibi deſpondit*. GRÆV.

Oreſtillæ filiam] Aurelia Oreſtilla fuit Catilinæ amica. CORR. Si quid mutandum omnino erit, ſic legam: *Cornificius adoleſcentiorem Sullæ filiam deſpondit*: vel *Cornificius adoleſcens Oreſtillæ filiam ſuam deſpondit*, ut Oreſtilla ſit nomen virile, ut Ocella. Sibi omitto, quia *deſpondere* proprie eſt Parentum, vel quaſi, quod bene animadvertit Cl. Brugelius, qui legendum cenſet: *Cornificius adoleſcens Oreſtillæ filiam ſibi deſpondit*: paullulum durius. Sed in tantis tenebris via nos expedimus. Cœlii autem epiſtolis, ſi tanti eſſent, ſingularem quamdam curam deberi exiſtimamus, quæ nobis certe properantibus non fuit integra. CORTIUS.

Soror Triarii] C. Valerii Triarii. CORRADUS.

Nuptura eſt D. Bruto] Al. *nuptura eſt D.* Paullam certe D. Brutus uxorem habuit, ep. 8. lib. XI. Id.

Nondum retulerat] Locus valde obſcurus. Medicæus codex (nihil enim melius mihi facere poſſe videor, quam veterem ſcripturam in his difficultatibus indicare:) *Nondum retulerat*. Aliorum conjecturas non reprehendo, etſi illis non valde aſſentior. VICTOR. *Nondum retulerat*) Sic habent omnes libri veteres. Quidam legi volunt, *nondum retulerat*. Ego nihil muto: aut, ſi quid licet, ſic legi velim *nondum res ſuas tulerat*. LAMB. *Nondum retul.*] *Mundum retulerat* Pantagathus: qua quidem emendatione nihil poteſt aptius excogitari, ſive ex ingenio ea ſit, ſive ex libris veteribus. VRSIN. Prim. Græv. *non modum retulerat*. GRÆV.

Ocella nemini perſuaſiſſet] Sed forte non laboravit perſuadere. Agnoſce elegantiſſimam figuram, qua Tacitus, Plinius, Curtius & alii etiam dicunt: *adverterit ea res viri animum*. Et Cic. ſupra l. ep. 6. *dira debilitas*. CORT.

Ubi hercule ego minime vellem] Non dubito, quin *nollem* legendum ſit pro *vellem*. VRSIN.

Aliquis deprehenſus] Sic forte ludit, ut conjugis quiſque ſuæ forſan cognoſceret culpam. FURC.

Epi-

iterum de privatis agit : quæ ad ipſum pertinent , id eſt, de pant'eris , de ſyngrapha Sittiana , de liberto Philone, & Diogene Græco .

M. CŒLIVS M. CICERONI S. D.

ETſi de repub. quæ tibi ſcribam , habeo : tamen nihil , quod magis gaviſurum te putem , habeo, quam hoc . Scito , C. Sempronium Rufum , Rufum mel ac delicias tuas, calumniam maximo plauſu tuliſſe : quæris , qua in cauſa ? M. Tuccium , accuſatorem ſuum , poſt ludos Romanos , reum lege Plotia de vi fecit , hoc conſilio , quod videbat

EPISTOLA VIII.

NIhil quo magis te gaviſurum put.) Meus primus , nihil , quod magis te gaviſurum put. Et hoc Cœlianum eſt ; ſic ſuperius epiſt. 2. Puto , ut ſuum gaudium gauderemus . Et inferius epiſt. 14. Num ſeris tam gaviſos homines ſuum dolorem . GRAV.

C. Sempronium Rufum , &c.) In melioribus codicibus repetitum eſt nomen illud *Rufum* omnino eleganter , non librariorum vitio , ut putarunt qui bis vocem illam deſcribere neglexerunt . VICTOR. Huius *Rufi* ſuuſtrior ſe cognoviſſe ad Atticum ſcribit Cicero . CONRAD. *Scito C. Sempronium , Rufum , Rufum mel ac delicias tuas*) Elegantiſſime ex v. c. repetiit τὸ *Rufum* Victorius , cum quo Vaticanus facit , ſecutuſque eſt in ſua editione Lambin. ut Catullus :

Cœli Lesbia noſtra , Lesbia illa ,
Illa Lesbia , quam Catullus unam, &c.

GEBHARD. Grev. tamen primus non repetit τὸ *Rufum* . GRAV.

Calumniam maximo plauſu tuliſſe) Duneſius *juriſſe* ſcribit pro *tuliſſe* auctoribus libris manuſcriptis, quibus valde aſſentior : in fragmento enim æneo legis Serviliæ , quod eſt apud me ex muſeo Petri Bembi tranſlatum , ita ſcriptum eſt : *Ad . iudicem . in . eum . maxume . quei . ex . H. L. ſoſtas . eiit , in . iure . eduxit . nomenq. eius . deferto . ſei . deiuraverit . calumniæ . cauſa . non . poſtulare* . VASSN. *Calumniam maximo plauſu tuliſſe : quæris qua in cauſa*) Ut edidit Victorius , ita ſequutus eſt Lambinus , a quibus neque nos diſcedimus . Vaticani tamen excerpta , *tuliſſe quæris quæ in cauſa* . Vulgo , *tuliſſe , quod is in cauſa* . GEBHARD. *Quæris , qua cauſa*) Al. *quæris , in cauſa ?* CONRAD. Grævii primus , *an quæris cauſa* . Eſt autem *maximo plauſu calumniam tuliſſe* , calumniæ damnatum eſſe . Vide quæ notavit I. Fr. Gronovius ad Senec. Controv. lib. II. Controv. GRÆVIUS . *Calumniam tuliſſe*) Ut *præmium ferre* . Calumniæ , ſeu litis falſæ , & calumnioſæ intentatæ damnatum , & id ſuæ temeritatis præmium tuliſſe. MAL. MAN. IO. FR. GRONOV. *Maximo plauſu*) Omnibus, qui in foro erant, lætis , & gaudentibus infortunio eius , ſcurræ . *Calumniam maximo plauſu tuliſſe*) Iamdiu deſiudit , & ſatis commode interpretatus fuit pater in notis ad Senecam libro II. Controv. IX. IAC. GRONOV. Calumniæ notatum eſſe , qui falſo accuſaſſet accuſatorem ſuum . *Calumniæ notari* habes apud Sueton. Rhetor. c. 4. CORT.

Poſt ludos Romanos) Ep. 19. lib. VI. lege Aſconium in Verr. 2. CONRAD.

Lege Plotia de vi) Etſi Q. Catulus legem de vi , armata diſſenſione civium , Reip. pæne extremis temporibus tulit , conſtat tamen *M. Plotium* Sullanam legem de judiciis tuliſſe ; ut videri poſſit , eodem tempore etiam *de vi* legem rogaſſe. IDEM . *Lege Plotia de vi*) Fuit lex tribunitia de vi : vid. Aſcon. in Commentar. Milon. GRÆVIUS . *Lege Plotia de vi*)

Chiara

debat, si extraordinarius reus nemo accessisset, sibi hoc anno causam esse dicendam: Dubium porro illi non erat, quid futurum esset. Nemini hoc deferre munusculum maluit, quam suo accusatori. Itaque sine ullo subscriptore descendit, & Tuccium reum fecit. At ego simul atque audivi invocatus ad subsellia rei occurro: surgo, neque verbum de re facio. Totum Sempronium usque eo perago, ut Vestorium quoque interponam, & illam fabulam narrem, quemadmodum tibi pro beneficio dederit, si quid injuriis suis esset, ut Vestorius teneretur. Hæc quoque magna nunc contentio forum

Quam M. Plautius Silanus trib. pleb. tulit in eos, qui vel palam, vel per insidias reip. vel aliorum saluti vim parassent. Cort.

Si extraordinarius nemo reus accessisset] Hoc est, si nemo accusaretur, cujus caussa extra ordinem ageretur: caussæ autem de vi extra ordinem agebantur, non tamen in extraordinario judicio: vid. Cic. Orat. pro Milon. Graev. *Si extraordinarius reus*] Cui statim, aliis judiciis sepositis, caussa esset dicenda. Ut erat judicium de vi, quod unum, & diebus festis, ludisque publicis, omnibus negotiis forensibus intermissis, exercebatur, ut ait Cicero pro Cælio I. 1o. Fr. Graev.

Sine ullo subscriptore] Qui in accusationibus erat secundarum, aut tertiarum partium. Cornrad. Asconius Divinat. in Verrem: *Subscriptores dicuntur, qui adjuvant accusatorem consiliis solent: quive operam submissius agunt, quam dicat ille, partes sequuntur*. C. Nep. in vit. Att. cap. 7. *Neminem neque suo nomine, neque subscribens accusavit*. Graev.

Descendit] In forum ex ædibus suis. Sic Cic. III. Offic. c. 20. quod quomodo ita dicatur, vide docte ibi docentem Cl. Graevium. Cort.

Invocatus ad subsellia rei occurro] Sic Vaticanus, meus, excerpta Peck. Victor. edit. vulgo, *accurro*. Eadem ratione, *occurrere ad vadimonium*, & *occurrere ad horam cœnæ* apud Sueton. ad quem pluribus egi de hoc loquendi genere. Graev.

Ut Vestorium quoque interponam] Hic Ciceronis & Attici erat perfamiliaris, habebatque nescio quid controversiæ cum Sempronio, quem vicisse tandem videtur: cum Cicero ad Atticum scribat, se illius potentiæ invidere. Cornrad.

Si quid injuriis suis esset, pro Vestorius teneretur] Possum & hic vetustam scripturam proferre, si quid ex ea commodi elici possit. Locus certe variis & inter se diversis modis legitur: quas tam incertas lectiones quivis videre poterit, & etiam alias excogitare: nos in tantis tenebris, cum nihil lucis afferre queamus, veterem scripturam proposita, ad alia transibimus: *Si quod injuriis suis esset, ut Vestorius teneret*. Victor. Hæc etiam est scriptura primi Graeviani. Mihi placet (ut mittam quæ ab aliis dicuntur) legere, ut in vetere libro fere scriptum est, *si quid in juribus suis esset, quod Vestorius teneret*. Cornrad. *Si quid i. s. e. quo Vestorius teneretur*] Pantagathus, *si quod injuriis suis esset ut Vestorius teneretur*. Idem paullo post, *pro prævaricationisque caussam dicere depositum*, recte (ut opinor) scribebat, *prævaricationisque caussa dejeceri depositum*. Et infra, a quodam [illegible]. Ursin. Lambinus conjicit, *si quid juris sui esset, ut eo Vestorius teneretur*. Graev. *Si quid injuriis suis esset*] Lege, *si quid in Thuriis suis esset*: quemadmodum concesserit Vestorio, & in eum transtulerit possessiones, & res, quas habebat in Thuriis, prope veterem Sybarin, non tamquam ob debitum (quod ab eo exi-

forum tenet. M. Servilius, postquam, ut cœperat, omnibus in rebus turbarat, nec, quod non venderet, quoiquam reli-

exigebat Victorius, Sempronius abjurabat) sed in gratiam Ciceronis arbitri inter eos sumti. Io. Fr. Gron.

Si quid injuriæ sui esset) Non magis hanc loquutionem in optimis codicibus servatam mutandam reor aut non admittendam, quam alteram huic oppositam, qua utebatur Tullius VII. 30. *Acilius qui in Græciam cum legionibus missus est, maximo meo beneficio est*; quod verissime restituit Victorius. Ut enim aliquis aliquidve dicitur esse beneficio meo, tuo; sic & injuriis: in quo vocabulo aut sæpe malunt singularis loco pluralem, aut multiplicem injuriæ illatæ significationem declarant. Iac. Gron.

Contentio forum tenet) De M. Servilii prævaricatione, ut ex sequentibus cognoscitur. Corrad.

M. Servilius) In quem eo tempore Q. Celer orationem scripsit. Iman. *M. Servilius, postquam, ut cœperat, omnibus in rebus turbarat, nec quod non venderet, quoiquam reliquerat; maximaque nobis traditus erat invidia, &c.*) Totus hic locus de M. Servilio est contaminatissimus. Sententia, si animum attendas, non cohæret. Quid fecit M. Servilius, cum omnia turbasset, & nihil reliquisset, cumque maxime esset traditus Cælio invidiæ? Valde εὐστόχως Nicolaus Rubenius, V. Cl. quem honoris causa nomino, illum sic legendum & interpungendum censuit: *M. Servilium (postquam ut cœperat, omnibus in rebus turbarat; nec quod venderet, quoiquam reliquerat, maximaque nobis traditus erat invidia) neque Laterensis prætor, postulante Pausania, nobis patronis, quo ea pecunia pervenisset, recipere voluit, quod Pilius necessarius Attici nostri de repetundis eum postulavit. Magna illico fama surrexit, & de damnatione ferventer loqui est cœptum.* M. Servilium, cum Pausanias eum in jus vellet vocare, ut ubi esset pecunia ex bonis damno creditorum venditis redacta, cogeretur fateri, noluit prætor actionem Pausaniæ dare, sive potestatem in jus vocandi, quia jam postulatus sit Servilius repetundarum a Pilio. Nullum enim actionibus locum esse, nec in jus posse vocari, cum quis criminis postuletur. Gaev. *M. Servilius, postquam, ut cœperat &c.*) Quæ hic multa tentantur ab viris doctis atque ea mutantur, paulo infirmiores sumus, quam ut nobis queant placere. Omnia facillime reduni ex MSis, si legas: *M. Servilius postquam, ut cœperat, omnibus in rebus turbarat*, (ab hoc enim verbo pendet nominativus, ab omnibus scriptis firmatus, & ideo mutatione non violandus; suntque hæc conjungenda) *nec quod non venderet, quoiquam reliquerat, maximaque nobis traditus erat invidia; neque Laterensis prætor, expostulante Pausania, nobis patronis, QUO EA PECUNIA PERVENISSET, recipere voluit*. Plane illud *expostulante* apparet in illis quæ sunt in MSis *prætor postul.* quod verbum ut nunc Cælius, ita superius adhibuerat Vatinius V. 10. *Quid illis respondere possum, qui sua bona direpta, navos expugnatas, fratres, liberos, parentes vendi[t]os, actione expostulant?* Verba vero, *quo ea pecunia pervenisset*, accipienda per intellectum *eam formulam*, aut etiam pro his ipsis vocibus, quippe quæ verbo *recipere* dant plenam syntaxim, ut ad illas respiciat, non ad ipsum Servilium. Nam ut dixerunt *recipere reum*, vel *aliquem inter reos*; similiter etiam *recipere nomen*, *recipere formulam*. Postea edidi depositum HS LXXXI. ut vidi jam fuisse excusum ab Naugerio & Victorio, & ubique in his epistolis: quod mutatum video nonnisi ab Lambino in *I. L.* Iac. Gron.

Omnibus in rebus turbarat) Id est, conturbarat, decoxerat. *Conturbasse*, & *conturbasse rationes* dicuntur decoctores Iuven.

Sic Pedo conturbat, Matho deficit.

Martial. IV.

Conturbabit Atlas, & non erit uncia tota,
Decidat tecum qua Pater ipse Deum.

Et sic

reliquerat: maximeque nobis traditus erat invidiæ: neque Laterensis prætor, postulante Pausania, nobis patronis, Quo ea pecunia pervenisset, recipere voluit. Quod Pilius, necessarius Attici nostri de repetundis eum postulavit, magna illico fama surrexit, & de damnatione serventur loqui est cœptum. Quo vento projicitur Appius minor, ut indicet pecuniam ex bonis patris pervenisse ad Servilium, prævarica-

Et sic conturbator eidem VII. 26. N. 96. Jo. Fr. Gron.

Ne, quod non venderet, quicquam reliquerat, maximeque traditus nobis erat invidiæ) Ita hunc locum emendavi ex Peckio excerptis, & editione Victorii: quibus adstipulatur primus Grævii, nisi quod pro *ne*, *nec* scribat). Vulgabatur: *Nec, quod non venderet, quidquam reliquerat: maxime nobis traditus erat invidiæ.* Vaticanus & Victorianus, *reliquerat*; sed quis in Peckio excerptis (ut & in Græviano primo, sigon.) erat *quo* loquam: cuivis proclive erat facere *quicquam*. Gulielmus. Legerim, *maximeque nobis traditus erat invidiæ*, hoc sensu, erat, cum nobis traditus esset, cum se nobis defendendum tradidisset, in maximo odio & male homines de eo loquebantur, sicut supra: *Non dubito quin perlatum ad te sit, Appium a Dolabella reum factum; sane non eo quam existimaveram invidia.* Græv. *Maxime nobis traditus erat invidiæ*) Susceptus erat a me defendendus in reatu, admodum adverso rumore hominum. J. Fr. Gron. *Nobis traditus erat invidiæ*: ut vulgo dicimus: *mihi est honori*, *datur mihi laudi*; Sic *traditur mihi illic invidiæ*, id est, ad invidiam ipsi faciendam. Sall. Cat. c. 21. nec alia hujus dictionis ratio comminiscenda est. Cort.

Laterens. præt. &c.) M. Laterensis, qui paucis ante annis cum Cn. Plancio Ædilitatem petiit, ut tunc suo anno Prætor esset. Corrad. *Pausania*, *nobis*) Sunt qui ex veteribus etiam libris legant, *Pausania nobis*: quo modo sæpe locuti sunt veteres. *Pausa* autem illa est, quo ea pecunia pervenisset. Cicero quamdam quasi appendiculam causæ judicatæ, atque damnatæ appellat. Nam jubet lex Julia persequi ab iis, ad quos ea pecunia, quam is ceperit qui damnatus sit, pervenerit. Idem. *Neque Laterensis prætor postulante Pausania*) Sic Victorius (& Græv. prim. nisi quod pro *Laterensis* legit *Leterensis*) amplius Peck. *Laterensis prætore*: vulgo *Laterensis prætor*, *postulante Pausania*. Gulielmus. Hanc lectionem sensus postulat. Græv.

Recipere noluit) Postulationem nimirum, ut eos persequendi facultas daretur, ad quos pecunia pervenisset. Idem.

Pilius necessarius Attici nostri) Uxor enim Attici Pilia fuit. Corradus. Prim. Græv. *quo Pilius necessarius Attici nostri repetundis eum postulavit*. Forte leg. *Cum Pilius necessarius Attici nostri repetundis eum postulavit, magna illico fama surrexit*. Græv.

Eum postulavit) Servilium. Corr.

Appius minor) Nam fuit & major eo tempore, qui Milonem accusavit. Idem.

Ut impliceret pecuniam ex bon.) Sic Vaticanus & Victorius. Peck. tamen *impliare de pecunia*; hinc forte *replicare*; vulgo male *indicet*. Gulielmus. *Ut indicet pecuniam ex bonis patris pervenisse ad Servilium*) Victorius ex Mediceo, & Gebhard. eum, Vaticanique & Peckiani codicis scripturam secutus edidit, *ut impliceret pecuniam ex bonis patris*. In meo codice est *impiaet*; unde natum est in aliis *impliceret*, in aliis *imputet*; cum una littera sit inversa, & legendum cum vulgatis, *ut indicet*. Neque male in eodem libro, ut & in Peck. legitur, *ut indicet de pecunia*. Græv.

ricationisque causa diceret depositum LLS. LXXXI. Admiraris amentiam: immo si actionem, stultissimasque de se, nefarias de patre confessiones audisses. Mittit in consilium eosdem illos, qui litis æstimarant, judices. Cum æquo numero sententiæ fuissent, Laterensis leges ignorans pronunciavit, quid singuli ordines judicassent: & ad extremum, ut solent, non redigam. Postquam discessit, & pro

Prævaricat. causam diceret) Videtur legendum, *causa iniret*. CORRADUS. *Prævaricationisque causa diceret depositum*) Ut Servilius Appii patris accusator prævaricaretur. GRÆV.

Immo si actiones stultissimas, quid si nefarias patris confessiones audisses?) Hæc longe emendatius leguntur in illo meo primo, quem cum hic aliis præferimus: *Immo si actionem, stultissimasque de se, nefarias de patre confessiones audisses*; sic interpunxi; nec longe aliorum librorum scriptura ab hac abest: *immo si actiones* est in Medic. Vatic. & Vict. ed in Peck. erat *non*. In eodem erat, *qui de se nefarias patris confessiones*. GRÆV.

Mittit in consilium eosdem illos, qui litis æstimarant, judices) Ascon. Verr. III. CORRAD. Iisdem judicibus commiserit hanc causam decernendam, qui de repetundis judicaverant, cum illos deberet rejicere tamquam suspectos; *litis* ut omnia, & multa talia pro vulgato *lites*. *Litem æstimare* est definire pecuniam, quæ damnato repetundarum vel peculatus pendenda erat. GRÆV. Optime hæc explicat Asconius in Verrinam III. *Mittere judices in consilium, est dimittere judices ad sententiam dicendam, ubi allegatis omnibus argumentis, orator dixerit, Dixi*. Dicebantur quoque de *consilio dimitti*, cum sententia pronunciata præco dixisset, *Ilicet*. Donat. ad Terent. Phorm. I. 4. 31. *Sic judices de consilio dimittebantur, supremo dicto, cum prætor pronunciasset, Ilicet; quod significat ire licet*. GRÆV.

Quid singuli ordines judicassent) Tres enim ordines judicabant, senatores, equites, tribuni ærarii. GRÆV.

Et ad extremum, ut solent &c.) Sic omnes antiqui & novi codices, uno excepto nuper Venetiis impresso, habet enim ille, *ut solet ait referam*, etsi postea iidem qui librum ipsum excudere, inter varietates exemplarium, quas ad finem libri adposuerunt, negativa particula addita, *non referam* corrigunt; de qua lectione quid statuendum sit, alii viderint. Ego sane parum illi confido: nam cum tantopere ab antiquis vestigiis recedat, existimo quempiam conjectura ductum sic perturbatum & deminutum locum supplere voluisse. VICTOR. *Ut solet, ait, referam*) In tabulas absolutum: ut ostendunt sequentia, licet in aliis libris aliter legitur. CORRADUS. *Et ad extremum, ut solent, non redigam*) Sic omnes habent libri manuscr. Memm. & Hurale. & ita P. Victorius edidit. Vulgati quidam, *& ad extremum, ut solet, ait, referam*. LAMBIN. *Et ad extremum ut solet ait referam*) Manuscriptus habet: *Et ad extremum absolutum ait referam*. URSIN. *Ad extremum, ut solent, non redigam*) Quemadmodum edidit Victorius, & probavit Lambinus, habent Peckio excerpta & prim. Grævii, nisi quod interserat *solum*, quod tamen subducitur. Vulgatum est, *ut solet, ait referam*. GRONARD. *Non redigam*. Forte intelligendum *ad numerum*, quomodo fere Sueton. Vespas. c. 10. *redigere ad brevissimum numerum*: uti Tiber. c. 34. Numerandæ autem erant sententiæ, quod ex hac ep. & multis aliis constat. Nisi sit, pro *non iterum agam*, admonitus nempe, quod non legitime pronunciasset. Alioquin *redigere* proprium pecuniæ, quæ conficitur ex rebus venditis, ut Cic. II. Verr. c. 19. sed ea notio vix ac ne vix quidem huc redigetur. Aut denique ad nullam antiquam formulam

pro absoluto Servilius haberi cœptus, legisque unum & centesimum caput legit, in quo ita erat: *Quod eorum judicum major pars judicarit; id jus ratumque esto*: in tabulas absolutum non retulit, ordinum judicia perscripsit: postulante rursus Appio, cum L. Lollio transegisset, & se relaturum dixit. Sic nunc neque absolutus, neque damnatus Servilius, de repetundis saucius Pilio tradetur. Nam de divinatione Appius, cum calumniam jurasset, contendere ausus non est, Pilio-

respiciendum est, sed hæc verba *ad extremum non redigam* ut restet æquitatis suæ Laterensis pronunciasse potest. CORR.

Pro absoluto) De prævaricatione. CORRAD.

Legisque unum & centesimum caput legit) Melius primus meus: *Legemque unum & centesimum caput legit*. GRÆVIUS.

Quod eorum judicium major pars judicarit) Vulgo *judicum*; sed illud antiquius, quemadmodum apud Plautum *meretricium* pro *meretricum*. Et ego apud Fabium Quintilianum inveni *artificium* in Pal. MSo pro *artificum*, sic quoque editio Antwerpiensis. Scripsi præterea *ratumque*: pro quo Peckio excerpta *certumque*. GEBHARD. Male hic nullorum vett. librorum auctoritate nisus antiquitatem affectat Gebhardus. Meus sane codex vetustissimus cum reliquis scribit *judicum*, quod merito retinemus cum editionibus melioribus. GRÆV.

Cum L. Lollio transegisset) Sic Vasic. prim. Græv. Peck. edd. Vict. & Gebh. sed legendum, *cum cum L. Lollio transegisset*; alterum *cum*, ut sæpe, alterum absorpsit, & incuria descriptorum omissum est. Vulgo, *cum L. Lollio transegit*; ante primus meus omittit *rursus*, & pro *postulante* scribit *postulanti*. GRÆV. *Cum L. Lollio transegisset*) Sic video etiam esse in Edd. Naugerii, & Victorii, ut credam in MSis id exstare: sed pergendum est, nam habent *transegisset; relaturum dixit*, ut dubitare nullus possim illud *& se* quod solet intercedere, ab illa plusquam perfecti terminatione similium litterarum exstitisse, nec aliud hic latere in MSis, quam quod vulgo edi solet, atque etiam secutus sui. Quid vero nugarum est, quod mox editur passim *quodam emissario suo*, inverso ordine, quem tenuit Cicero, ut indicare MSos optimos audimus *quodam suo emissario*? quod sane mutassem, si id juris exercere nunc constituissem. Eadem licentia lib. XIII. ep. 21. editur *omni genere officii diligendus*, cum perspicue MSos habere sciant, *omni officii genere*. Nam Titium qui Tullio hic obtulerunt vereor ut probent. Potior Manutianus *Tritius*, vel *Heius*, aut *Seius* aliquis. JAC. GRON.

Et se relaturum dixit) In tabulas absolutum. GRÆV.

Saucius) Qui nec damnatus sit, nec absolutus; sed cui in superiore judicio, quo prævaricationis accusabatur, multæ inustæ erant notæ & maculæ, ut facilius nunc possit damnari: qui quasi convictus est superiore judicio. Sic sæpe historicis *exsangues* dicuntur, quorum vires & opes fractæ sunt. IDEM.

De divinatione) Lege Asconium. CORRADUS. *Cum de constituendo accusatore quæritur, judiciumque super ea re redditur, cuinam potissimum ex duobus pluribusve accusatio subscriptiove in reum permittatur: ea res atque judicum cognitio, Divinatio appellatur*. Gell. II. 4. Vide ibi rationes hujus nominis. IDEM.

Cum calumniam jurasset) Cum jam accusandi partes suscepisset. *Calumniam jurare* dicitur accusator, cum in initio judicii jurat, se non per calumniam litem intendere adversario, sed quod justas ac legitimas accusandi causas habere se putet. IDEM. *Jurare calu-*

Pilioque cessit: & ipse de pecuniis repetundis a Serviliis est postulatus, & praeterea de vi reus a quodam emissario suo Titio factus est. Recte hoc par habet. Quod ad remp. pertinet, omnino multis diebus exspectatione Galliarum actum nihil est. Aliquando tamen saepe re dilata, & graviter acta, & plane perspecta Cn. Pompeii voluntate in eam partem, ut eum decedere post Kalendas Martias placeret, senatusconsultum, quod tibi misi, factum est, auctoritatesque perscriptae. *SC. auctoritas. Pridie Kal. Octob. in aede Apol-*

calumniam, est ex integra locutione *jurare jusjurandum calumniae*; hoc est nihil calumniae causa a se dictum aut factum iri. MARCIL. *In Tabb. Heracl.* p. 433.

Contendere ausus non est) Viri committendae sint partes accusandi. GRAEVIUS.

De vi reus a quodam emissario suo est factus) Est certe miserum videre, quot vulneribus confectus sit hic M. Caelii liber, cum praesertim ea sint, quae vix aut ne vix quidem sanari queant. Nos quod tutius remedium visum est, ubi nullam meliorem opem afferre possumus, veterem plagam nudamus: feliciorique medico jam desperatum aegrorum libenter tradimus. Vetusti igitur codices *a quodam suo misteno factus*; significat autem nota quaedam in illis huic loco adposita depravatum eum esse. Quidam ex his reliquiis legunt, *a quodam suo emissario Titio est factus*. Nos nec damnamus, nec probamus: unusquisque rem ante oculos sibi positam attente accurateque animadvertat, & secum quid agendum sit deliberet, si modo dignam, in quam tantus labor insumatur, judicarit. VICTOR. Peccarunt nostri librarii, dum veterem scripturam, & maxime Medicei codicis, exscriberent: dictionem enim omiserant, quae ante *misteio* poni debebat, ea autem haec est, *emissi*. Doleo peccatum illorum causam fuisse erroris docto ac diligenti viro: & tamen quod ille ex Asconii commentariis erutum huc accommodari posse censuit, adhuc, si modo verum est, defendi potest: quod scilicet ad *Titium* pertinet: legi enim

potest, *a quodam suo emissario est Titio factus*; nam *S*, significasse olim *Sextum* vix credo. Praeterea post *factus* in vetere exemplari *est* non legitur, quod verbum hic necessarium est, ut fortasse possit concinnari ex litteris illis, quae consecto *emissario* e priscis vestigiis, reliquae sunt, ut nihil addi ad vulgatam lectionem, nisi *Titio* necesse sit; quod tamen nec valde confirmare, nec diluere volumus: est enim res dura, sed subtiliter excogitata. IDEM. In *Pall.* eadem scriptura, quae in Mediceo fuit, in primo Graevii quoque conspicitur. Haec autem nota respicit emendationem hanc, quam inde eliciuerat amicus Manutii, *a quodam suorum S. Titio*: postea cum errorem typographorum deprehendisset, scribendum censuit, *a quodam emissario S. Titio*. GRAEV. *A quodam emissario suo, Titio*) Hic idem est P. Titius, quem commemorat epist. ad Plancum lib. X. ibi, *Rogatu Servilii intercessit*, &c. LAMBIN. *Emissario*. Ad calumniandum subornato. Translatio ex militiis. CELLAR.

Recte hoc par habet) Est par bene comparatum, sunt duo egregii adversarii. Nimirum adversarius & reus sunt homines nequam. GRAEV.

Ut eum decedere) Caesarem. CORR.

S. C. factum, auctoritatesque perscriptae) S C. inquit, factum, respiciens ad primum, cui intercessum non est; tribus, quae sequuntur, decretis intercessum est, ideo non vocantur S. Cta, sed auctoritates perscriptae. Vide ad lib. I. ep. 2. Mal. MAN. *perscriptae*, Io. Fr. GRON. *Auctoritatesque perscriptae*) Hoc est, nomina senato-

Apollinis, scrib. adfuerant L. Domitius Cn. Filius Ahenobarbus, Q. Cæcilius Q. F. Metellus Pius Scipio, L. Villius Lucii F. Pomt. Annalis, C. Septimius T. F. Quirina, Caius Lucceius C. F. Pup. Hirrus, C. Scribonius C. F. Pop. Curio, L. Ateius L. F. An. Capito, M. Op-

rum, qui scribendo adfuerunt. Cic. III. de Orat. ubi de L. Crasso loquitur: *Permulta cum vehementissima contentione animi, ingenii, virium, ab eo dicta esse constabat, sententiamque eam, quam senatus frequens secutus est ornatissimis & gravissimis verbis, ut populo Romano satisfieret, numquam senatus consilium reipublicæ, neque fidem defuisse, ab eo dictam, & eundem, id quod in auctoritatibus perscriptis exstat, scribendo adfuisse.* GRÆV.

SC. auctoritates) Hic aliter sumitur vocabulum *auctoritas*: significat enim nomina eorum, qui præsentes fuere, cum SC. in æs incideretur, & ejus rei testes, auctoresque sunt. Io. Fa. Grov.

Scribendo adfuerunt) Erat hæc sollemnis formula, quam præmittebant senatusconsultis, qua significatur in sequentium senatorum sententiam factum esse SC. sive iis præsentibus SC. factum. Vid. Brisson. de Formulis. Grævius.

Q. Cæcilius Q. F.) Adoptione, sed revera Scipionis Asiatici filius. Cortian. Vid. Manut.

L. Villius Lucii F. Pomt. Annalis) Sic recte Manutius emendavit, adstipulante Grævii primo, in quo, *L. Vil. L. Fab. Pom. annalis*. Inferius tamen scriptum est *Julius* in eodem libro, corrupte; ut & pro *Vibius Pansa* in Peckiano cod. scribitur *Julius Pansa*. Pomt. autem significat Pomtinam tribum, ex qua erat Villius; sic ejusdem *Quirina* tribuum nomina. Sic & *Pup.* Pupiniam, *Pop.* Popiliam, *An.* Aniensem notat. Vid. Manut. Græv.

Caius Lucceius C. F. Pup. Hirrus) Sic recte Manutius, quamvis inviti libri: vide notas ejus. Idem.

L. Ateius L. F. A. N. Capito) Cum diu anceps in hac lectione fuissem, existimavi tandem, non incommode ita legi posse: in qua si vitium ullum est, hujuscemodi est, quod defendi possit, nec absurdam ullam sententiam habeat. Manutii prima sua editione litteras illas, quæ scrupulum habebant, & quæ ipsi, & aliis negotium facessebant, sustulerunt, atque ita se putarunt omni molestia liberare. Hanc ipsorum culpam tacui, quæ & magna est, & antiquis scriptoribus periculosa, si quis quæcumque non intelligit, in illis delet. Quanto modestius me liberaliusque gesserim, dicere non oportet: nam me fidemque meam laudare, mihi nunc propositum non est. Quod putant litteras illas sejungi non oportere, non reprehendo: intelligo enim ipsas Tribum significare posse. Si negant veteres in titulis monumentisque non patris solum nomen, sed avi etiam ponere solitos, facile redargui possunt: ex Ciceronis enim libris, & aliorum optimorum auctorum hoc intelligitur. Qui Romæ priscas inscriptiones curiosius legerunt, passim hoc animadvertere potuerunt. Possemus infinita exempla afferre, sed non erimus nunc pluribus citandis testibus, quam oportet, ambitiosi. In magno illo volumine, quod Epigrammata antiquæ urbis inscribitur, multis locis hoc observari potest. Sed maxime pagina 122. nec non pagina 146. in quibus plurima virorum nomina scripta sunt, quæ cuncta avi quoque nomen retinent, & notis his semper signata, quibus ea tunc signari consuetudo fuerat. Victor. *Capito*) Al. *Ancapito*. Sed ita legendum est, *A. N. Capito*, hoc est, Auli nepos Capito. Cortian. Verior tamen est sententia Manutii, qui per *An.* Aniensem tribum significari contendit. Græv.

Quod

Oppius M. fil. Terentina. Quod M. Marcellus consul, V. F. de provinciis consularib. D. E. R. I. C. uti L. Paullus, C. Marcellus consules, cum magistratum iniissent, ex a. d. x. Kal. Mart. quae in suo magistratu futurae essent, de consularibus provinciis ad senatum referrent, neve quid prius

Quod M. Marcellus Cos.) SC. principium. *V. F.* verba fecit. CORR.

D. E. R. I. C.) Id est, de ea re ita censuerunt. Et supra *V. F.* id est, verba fecit. Et infra, *S. Q. C.* id est, Senatusque consultum. Et inferius, *S. C. A.* id est, Senatusconsulti auctoritas. LAMB.

L. Paulus, C. Marcellus Coss. des. cum magistratum iniissent, ex Kal. Mart.) Ita leg. Paullus, & Marcellus non erant Coss. sed in proximum annum designati. Neque autem *ad ex* Latinum est, neque *ex a. d. Kalendas*. Nam illo *ex ante d.* non utebantur, nisi apposito numero; velut *ex ante diem IV. Kalendas, ex ante diem III. Kalendas*. *Ex Kalendis*, est aut eodem die, aut ubi primum referrent quid ad Senatum post eum diem. Io. FR. GRON. *C. Paullus*) *L. Paullus* ab omnibus aliis dicitur. CORRAD. *Ad ex Kal. Mart.*) Locus Varronis restitutus magno auxilio est ad docendum immutari debere ordinem priorum harum vocum, & pro *ad ex Kal.* legi debere *ex ad Kal.* quemadmodum Paullus quoque emendat. Illum autem jampridem nos castigavimus, statimque suspicati sumus, hanc esse hujus loci germanam lectionem. Cum Romae XXX. fere menses fuit, fuissem, saepe multumque cum Marcello Cervino, qui postea in amplissimum ordinem a Paullo III. Pont. Max. cooptatus est, de studiis litterarum locutus sum; cumque semel sermo incidisset de vetustis exemplaribus, dixi Florentiae priscum codicem Terentii Varronis inveniri librorum, quos scripsit de agricultura: magno statim desiderio ille affectus est librum hunc videndi, a meque diligenter petiit, cum Florentiam redissem, darem saltem operam, ut cum impresso aliquo conferrem, & ad se cuncta accurate adnotata mitterem. Non potui hoc amicissimo & optimo viro denegare. Cumque in antiquo docuissem menda quaedam reperiri, voluit ille notari a me locos, quos putarem castigatius illic legi, in impressis autem depravatius; in quo ei quoque morem gessi. Hunc autem in primis notavi, quem ibi sincere legi, in impressis vero mendosissime judicabam. Volui autem codicem illum summo studio a me cum antiquo collatum, communem illi esse cum Angelo Colotio, sancto ac docto viro. Citavi igitur hujus rei optimos ac locupletissimos testes. Sed aliud etiam auxilium habebam, non minoris momenti, quo locum hunc Caelii ita castigandum esse animadverteram. Nam eodem illo in lapide Colotiano, de quo supra mentionem feci, ita legitur, EX A. D. V. K. DEC. AD PR. KAL. IAN. SEX. Utinam integer esset, magnam utilitatem studiis litterarum afferret. Est enim Ciceronis temporibus exaratus. Ut ut autem est, ita ut a me exscribi potuit, hic eum adponemus: nam hoc praecipue loco accommodatus est, in quo etiam bis sunt litterae illae, quae in illo lapide saepe leguntur, id est, V. F. Quin autem VERBA FECERUNT significent, dubitari non potest: id enim Cicero infinitis locis declarat; aperte autem in X. Philipp. *Quod Pansa Cos. verba fecit de litteris*: & quae sequuntur. VICTOR. (Inscriptionem subjecimus notis Manutianis) *Ad Kalend. Mart.*) Al. *ad x Kalend. Mart.* al. *A. D. ex x Kalend. Mart.* CORRADUS. *Ad ex Kal. M.*) Cum ita sit in MSis cur dubitem oportere legi *a. d. ix Kal. M.* non quod tunc magistratum inierint, sed ea temporis designatio pertinet ad sequentia. Mox edidit *Neve quid prius ex Kal. Mart. ad Senatum referrent*, auctoritatem secutus Naugerianae, & Rob. Stephani, quod non opinor illos admisisse sine MSis.

 Po-

prius ex Kalendis Mart. neve quid conjunctim de ea re referretur a consulibus, utique ejus rei causa per dies comitiales senatum haberent, S. Q. C. facerent: &, cum de ea re ad senatum referretur a Coss. eorum, qui in CCC. judicibus essent, sex adducere liceret. Si quid ea re ad populum, ad plebemve lato opus esset, uti Serv. Sulpicius, M. Marcellus Coss. prætores, tribunique pleb. quibus eorum videretur, ad populum, plebemve ferrent: quod ii non tulissent, uti, quicumque deinceps essent, ad populum plebemve ferrent. I. V. *Prid. Kalend. Octob. in æde Apollinis, scrib.*

Postea cum Victorius ediderit *a Coss. qui eorum in CCC. judicibus essent*, non intelligo cur alii mutarint ordinem, & reddiderint *eorum qui*. Nam certe ista est locutio Romanæ curiæ. Jac. Gron.

Neve quid conjunctim de ea re referretur) Prim. meus, *neve quid junctum de ea re referretur*; sic in seq. epistola Pers. *non quid conjunctum referretur*, pro vulgato *conjunctim*; recte: quamvis & vulgata tolerari possit, sed illa præstat lectio. Graev.

Per dies comitiales) Qui erant post Quirinalia; hoc est XII. Kalend. Mart. per quos lege Pupia haberi Senatus non poterat. Corr.

Sex adducere liceret) Prim. Graev. *ses adducere liceret*: unde videtur stabiliri correctio Manutii, qui legendum censuit, *eos adducere liceret*. *Sex*, & *ses*, videtur exstitisse ex præcedent. Syllaba *sunt* repetita. Potest omnino abesse, & non inficite subaudiri eos. Graev. *Sex adducere licet*) *Sex* vitiosum est. Haud dubie enim multo major numerus fuit. Abducere, e foro a tribunali Prætoris, ut scilicet frequentiorem redderent Senatum, & ejus numeri, per quem SC. posset confici. Jo. Fr. Gron.

Si qui de ea re) Ita scribendum, *quo est*) *si quo*: refertur enim ad *re lata*. Si qui lato opus esset, si quid ferre opus esset, si qua rogatione lata opus esset. Idem.

Ad plebemve referri opus esset) Al. *plebem vel at*. ut omnino legendum sit, ut est in Probo, *plebemve lato*. *Opus esset*) Post hoc SC. prid. Kalend. Octob. factum. Corr.

Ut Serv. Sulpicius) Rescripsi ex meo primo, *uti Serv. Sulpicius*, Graev.

Quibus eorum videretur) Fortasse videndum sit, an ex Probi notis legi oporteat, quod eis. Corr.

S. C. A Pridie Kal. Oct. in æde) Mediceus codex cum supra nihil ab impressis hac parte discrepaverit, hic ab illis diversus est: neque enim habet tres illas priores litteras, sed earum loco *I. V.* sic enim in eo scriptum est, *I. V. PRID. KAL. OCT.* quam rem explicare, ut verum fatear, non possum. Victor. Secutus Mediceum est Manut. sed Gebhard. editio, L. V. in Graevii primo, *I. II PR. KL OCT.* Graev. *I. V. vel I. V.*) Forte *AV.* id est, auctoritatem, aut *A. D.* id est, ante diem pridie Kalendarum: sic enim quoque loquebantur. Male Man. *IN.* quod significet intercessum, nam huic intercessum non est, ideo supra *SC.* appellatur. Jo. Fr. Gron. *L. V.*) Non Gebhardus in Gruteriana est, quæ sic prima edidit, sed ipse Victorius, ut ostendunt editiones ejus tam Juntina, quam Stephanica; unde nec ipse ab ista ratione discedere potui. Sive autem *I. V.* sive *I. V.* habent veteres libri, sane tantum non dico perinde esse, & alterutri certe eorum adhærendum est, non illi licentiæ, qua Lambinus & alii utuntur. Opinor autem eas literas notare *lege*, vel *jure vocare*, quas voces duabus illis litteris compendifieri solitas manifeste docemur ex notis Valerii Probi, ut no-

scrib. adfuerunt, L. Domitius Cn. F. Ahenobarbus, Q. Cæcilius Q. F. Metellus Pius Scipio, L. Villius L. F. Pom. Annalis, C. Septimius T. F. Quirina, C. Scribonius C. F. Pop. Curio, L. Atteius L. F. An. Capito, M. Oppius M. F. Terentina. Quod M. Marcell. Cos. V. F. de provinciis, D. E. R. I. C. senatum existimare, neminem eorum, qui potestatem habent intercedendi, impediendi, moram afferre oportere, quo minus de R. P. Q. P. ad senatum referri, senatique consultum fieri possit: qui impedierit, prohibuerit, eum senatum existimare contra rempubl. fecisse. Si quis huic senatusconsulto intercesserit, senatui placere auctoritatem perscribi, & de ea re ad senatum, populumque

et noteretur, omnia rite facta esse, nihil extraordinarium, & ideo SCtis, vel auctoritatibus perscriptis præfigi placuit. Iac. Gronov. Ego credo his notis significari *Item*, cujus scriptura per compendium in MSis & IV. & IN interdum referre videtur. Cort.

Q. *Cæcilius Q. F. Metellus Pius Scipio*) Ne hoc quidem ex concordi fide probatorum codicum. Nam eadem, quas nominavi optimæ professio editione, habent Q. Metellus P. F. Pius Scipio. Quod ab illis opinor mutatum esse, qui ad exemplum antecedentis præscriptionis hanc quoque citationem formari oportere censuerunt; aut cum ordo solitus prænominis, nominis, patris, cognominis in Domitio recte procederet eum quoque in hoc retineri debere voluerunt, non animadvertentes, quam multa casu aut miro ipsorum Romanorum judicio intercesserint. Hic autem videtur sibi placuisse quatuor his appellationibus designari, ut valide colligi potest ex duobus nummis vel ab ipso, vel per gentilem quemdam ejus cusis apud Fulv. Ursinum. Iac. Gron.

Quo minus de Re. Ro. quam primum ad senatum referri) Ita in Mediceo scriptum est, *quo minus de Rep. Q. P. ad Senatum referri*. Hoc autem adnotavi non quod in impressis ullum mendum sit, sed ut notæ illæ ex hoc loco percipiantur: nam majorem partem hujuscemodi notis in S. Consultis, & hujuscemodi rebus usos fuisse veteres, planum est. Victor. *Quam primum*) Al. Q. P. quæ litteræ apud Frontinum significant, quid placeret. Corr. In codice Grævii hæ notæ rectius exprimuntur de R. P. Q. P. *Quo minus de repub. ad senatum referri, senatique consultum fieri*) Ita Victorius, Vaticani, ac Peckio excerpta. Vulgo interjiciunt post *de repub. quam primum*, & *senatusque consultum*. Gron. Sed valde negligenter legit animadversiones Victorii, qui *quam primum* nec delevit, nec delendum censuit, sed pro eo notas, quas in codice Mediceo repererat, & Peckii etiam ac Grævii cod. præ se ferunt, substituit. Grav. *Quo minus de republica ad senatum ref.*) Ab Gebhardo non discedo, etsi palam negligenter in citando Victorio ad patrocinium hujus lectionis. Nec minus miror Victorium, qui cum videretur in Mediceo esse *de Rep. Q. P.* ediderit in Juntina *de rep. Q. P.* in Stephanica *de rep. Q. P.* Ego vereor, ne quid pravum acciderit istis notis, &, quod facillime tamen fateor fieri potuisse, acciium quid sit pro R. P. P. Q. P. quibus significari crediderim *de republica populique provinciis*. Iac. Gron.

Qui impedierit, prohibuerit) Prohibuerit, quod desiderabatur, immisi suo loco ex Vaticano ac Peck. & Victor. editione. Gron. Huic adstipulatur primus Grævii. Grav.

Auctoritatem perscribi) Vid. sup. ad lib. I. ep. 2. Io.

De ea re ad senatum populumque ferri)

lumque referri. Huic senatusconsulto intercessit C. Cœlius, L. Vinicius, P. Cornelius, C. Vibius Pansa. *Item senatui placere, de militibus, qui in exercitu C. Cæsaris sunt: qui eorum stipendia emerita, aut causas, quibus de causis missi fieri debeant, habeant, ad hunc ordinem referri, ut eorum ratio habeatur, causæque cognoscantur. Si quis huic S. C. intercesserit, senatui placere auctoritatem perscribi, & de ea re ad senatum, populumque referri*. Huic S. C. intercessit C. Cœlius, C. Pansa, tribuni pleb. *Itemque senatui placere, in Ciliciam provinciam, in octo reliquas provincias, quas prætorii pro prætore obtinerent, eos, qui prætores fuerunt, neque in provincia cum imperio fuerunt, quos eorum ex S. C. cum*

ferri] Mediceus liber, *de ea re publice ad hunc ordinem referri*: arbitror legendum, *de ea re ad hunc ordinem referri*. Victor. Omnes libri veteres habent, *ad hunc ordinem referri*: quo modo P. Victorius edidit; & ego sic etiam olim edi jusseram. Lamb. Primus tamen Grævii, *ad senatum populumque referri*. Græv.

L. Vinicius] *Vinicius* scribendum: quod est nomen familiæ in veteribus monumentis frequens. *Vicinia* autem gens apud scriptores, quod sciam, non reperitur. Vrsin.

P. Cornelius] Præclara vero hoc loco est nota Manutii admonentis hunc plebejum Cornelium debere intelligi. Atqui probare debet Cornelium aliquem hic vere nominari a Cicerone. Nam etsi vulgo sic edant, castigatissimæ tamen illæ duæ editiones, cum reliquorum trium tribunorum nomina integre explanata habeant, in hoc solum produnt *P. Corn.* Atqui is potest intelligi *P. Cornificius*. Ita Gron.

Vibius Pansa] Sic ex vett. libris & historia legi debet, non *Iulius Pansa*. Corrad.

Stipendia emerita] Emeriti milites. Iden.

Causas] Causarii milites. Io. *Causas*, *quibus de causis*. Vide de hoc genere dicendi IV. ep. 5. causæ justæ missionis erant morbus, debilitas, vel alia quædam imbecillitas; quæ ob valetudinem hebet, *causaria* dicebatur. Vide Lips. de Mil. Rom. V. Dialog. 19. Corr.

Vt eorum ratio habeatur] Vt exauctorentur honesta missione, hæc addiderunt, ut veteranos Cæsaris in quibus præcipue vires erant ab eo alienarent, & ad se pertraherent. Io. Fr. Gron.

Causæque cognoscantur] Proprie *causas referre* & *cognoscere* dicebantur magistratus populi Romani in delectu, scilicet illorum, qui se a militia immunes esse dicerent: tum enim accipiebant nomina illorum, qui justam vacationis causam proferrent; qui non justam, eos cogebant nomina dare. Sic & eorum, qui militantes missionem honestam aut causariam habebant *causæ cognoscebantur*. Gron. *de Pec. vet. lib. III. cap.* 3. quem vide.

Et de ea re ad senatum, populumque referri] Hic Græv. codex legit: *Et de ea rep. ad hunc ordinem referri*; idem statim cum Victorio, *Huic senatus C.* pro vulgato, *huic senatus Consulto*. Græv. *Et de ea re ad senatum populumque referri*] MSti & *de ea rep. ad hunc ordinem referri*. Melius, modo deleatur *rep*. Cur enim ad populum? Nisi forte quis populare erat gratumque in vulgus, illos etiam ad populum ea de re agi volunt Io. F. Gron.

Prætorii pro prætore] *Prætorii*, qui præturam in urbe gessissent. MSus, *Propretore* f. *Propretoriæ*. Proprie enim qui ex prætura in Provinciam abibant *Proprætores* dicebantur, ut qui ex

C. cum imperio in provincias pro prætore mitti oporteret, eos sortito in provincias mitti placere; si ex eo numero, quos ex S. C. in provincias ire oporteret, ad numerum non essent, qui in eas provincias proficiscerentur: tum uti quodque collegium primum prætorum fuisset, neque in provincias profecti essent, ita sorte in provincias proficiscerentur; si ii ad numerum non essent, tunc deinceps proximi cujusque collegii, qui prætores fuissent, neque in provincias profecti essent, in sortem conjicerentur, quoad is numerus effectus esset, quem ad numerum in provincias mitti oporteret. Si quis huic S. C. intercessisset, auctoritas perscriberetur. Huic senatusconsulto intercessit C. Cœlius, C. Pansa, tribuni pleb. Illa præterea Cn. Pompeii sunt animadversa, quæ maxime confidentiam attulerunt hominibus, ut diceret, se ante Kalend. Mart. non posse sine injuria de provinciis Cæsaris statuere, post Kal. Mart. se dubitaturum. Cum interrogaretur, si qui tum intercederent, dixit, hoc nihil interesse, utrum C. Cæsar senatui dicto audiens futurus non esset, an pararet, qui senatum decernere non pateretur. Quid si, inquit alius, & consul esse, & exercitum habere volet? At ille, quam clementer: Quid si filius meus fustem mihi impingere volet? His vocibus, ut existimarent homines Pompeio cum Cæsare esse negotium, effecit. Itaque jam, ut video, alteramutram ad conditionem descendere

ex Consulatu, *Proconsules*. Æque autem dicebant, *Pro Consule obtinere provinciam* & *Proconsulem*, *pro Prætore obtinere*, & *Proprætorem*; immo illud elegantius. ID.

Quos ex SC. in provincias ire oporteret) Prim. Grav. *quos in provincias ire oporteret*, nec male, si ire legas. Mox pro *proficiscerentur*, Victorius, *profecti essent*. GRAV.

Quodque collegium) Octo prætores Ciceronis tempore erant, qui inter se unius anni collegium faciebant, & superiore anno aliud collegium prætorum, & sic deinceps. *Primum* autem est, quod proxime antecessit. CELL.

Quæ maxime confidentiam attulerunt hominibus) Illum male animatum esse in Cæsarem. GRAV.

An pararet) Hoc est, subornaret tribunum plebis, qui intercederet Senatusconsulto. ID.

Quid si, inquit alius) Vix crediderim sic scripsisse Cœlium pro sua argutia, cum & aliis *inquit* adversationis cujuscumque formula esse soleat. Refingas itaque: *Quid si, inquit, & consul esse*, reliqua: *inquit* nempe aliquis, vel ille qui interrogabat. Seneca II. de Benef. c. 34. Liv. XXXIV. c. 3. Vide ibi omnino Viri Summi J. Fr. Gronovii notas. CORT.

Quam clementer) Id est, valde leniter, minime iracunde. GRAV.

Ut exi-

dere vult Cæsar, ut aut maneat, neque hoc anno sui ratio habeatur: aut, si designari poterit, decedat. Curio se contra eum totum parat: quid adsequi possit, nescio. Illud video, bene sentientem, etsi nihil effecerit, cadere non posse. Me tractat liberaliter Curio, & mihi suo munere negotium imposuit. Nam si mihi non dedisset eas, quæ ad ludos ei advectæ erant Africanæ, potuit supersederi. Nunc, cum dare necesse est, velim tibi curæ sit, quod a te semper petii, ut aliquid istinc bestiarum habeamus: Sittianamque syngrapham tibi commendo. Libertum Philonem istuc misi, & Diogenem Græcum, quibus mandata & litteras ad te dedi: eos tibi, & rem de qua misi, velim curæ habeas: nam, quam vehementer ad me pertineat, in iis, quas tibi illi reddent, litteris descripsi.

EPISTOLA IX.

ARGUMENTUM.

Gloriatur ædilem se designatum, Hirrum repulsum: de rep. nihil actum significat: pantheras petit: Feridium commendat: addit de Pompeii ac Scipionis in Cæsarem animo: disertum in sua defensione Calidium, in accusatione frigidum appellat. Tota præter Feridii commendationem, quæ ab officio proficiscitur, negotialis est epistola.

CŒ-

Ut aut maneat) In provincia. Is.

Neque hoc anno sui ratio habeatur) Non in candidatorum numerum absens recipiatur, aut absens Consul designetur, quod ei lex dabat. Is.

Contra eum totum parat. Contra Cæsarem, Gaulane. Nam paullo post: *Transfugit ad populum, & pro Cæsare loqui cœpit*, epist. 6. hujus libri, quæ post hanc poni debuit. Corr. Omnibus modis. Spart. Adrian. c. 4. nation Idyll. VIII. Cort.

Bene sentientem) Senatus & optimatum partes tuentem. Grav.

Suo munere) Suo dono africanarum pantherarum fecit, ut nunc ludis supersedere non possim. Curatum ergo onus imposuit, ut belluarum numerum compleam, & ludos edam. Cas.

Negotium imposuit) Quasi onus imposuit. Grav.

Ad ludos) Lib. II. ep. 3. Corr.

Potuit supersederi) A meis ludis dandis. Grav.

Nunc, cum dare necesse est) Ludos. Corrad.

Bestiarum) Pantherarum, ep. 9. Is.

Quam vehementer ad me pertineat) Erat enim ex ea syngrapha exigenda pecunia. Vid. ep. 4. & seq. Grav.

Epi-

CŒLIUS CICERONI S.

SIc tu, inquis, Hirrum tractasti? Immo, si scias, quam facile, quam ne contentionis quidem minimum fuerit, pudeat te, ausum illum umquam esse incedere tamquam tuum competitorem. Post repulsam vero risus facit, civem bonum ludit, & contra Cæsarem sententias dicit: exspectationem corripit: Curionem prorsus non mediocriter objurgat, ac repulsa se mutavit. Præterea, qui numquam in foro apparuerit, non multum in judiciis versatus sit, agit caussas liberales; sed raro post meridiem. De provinciis, quod

EPISTOLA IX.

HIrrum) Hirrus Lucceiæ gentis cognomen, ep. 8. GRÆV.

Quam ne contentionis quidem minime fuerit) Lambin. conjicit, *quam ne contentionis quidem minime res fuerit*. Sed optime meus primus, *quam ne contentionis minimum fuerit*. ID.

Tamquam tuum competitorem) Auguratus, ep. 4. GRÆV. Ut Cœlii competitor fuit in ædilitate curuli, & Ciceronis aliquot ante annis in auguratu. FERR.

Civem bonum ludit) Hoc est, simulat ac præ se fert se bonum civem esse. GRÆV.

Contra Cæsarem sententias dicit) De mittendo Cæsari successore, ep. 8. ID.

Exspectationem corripit) Hoc est, eorum patientiam, quod tam diu ferant Cæsarem in Galliis dominantem, & legibus insultantem. ID.

Curionem prorsus non mediocriter objurgatus, hac repulsa se mutavit) Mediceus liber: *Curionem prorsus Curionem non mediocriter objurgatus hac repulsa se mutavit*. Quare non assentior illis, qui voce hac *objurgatus* offensi, censent aliter legendum esse: nulla enim illius lectionis in antiquis codicibus vestigia invenio. VICTOR. P. Manutius conjecit esse legendum: *Curionem prorsus non mediocriter objurgat; scilicet hac repulsa*, cui difficile fuit non assentiri. Verumtamen non displicet mihi Passeratii conjectura, *non mediocriter objurgat; ita hac repulsa*. LAMB. Omnes vero codices antiquos in *objurgatus* consentire, quod Paullus affirmat, falsum est. Nam meus ille optimus sic legit: *Exspectationem corripit Curionem. Prorsus Curionem non mediocriter objurgat, ac repulsa se mutavit*: quam scripturam non potui non probare. Cogitabam alioquin *Curionem prorsus non mediocriter objurgabat, sic hac repulsa se mutavit*. Curionem autem ideo corripit, quod tum ad Cæsaris partes transierit. *Corripit* autem *exspectationem*, est reprehendit Romanos, cum tam diu exspectant, & sustinent Cæsarem in Gallia dominantem. GRÆV. *Exspectationem corripit. Curionem prorsus non mediocriter objurgat*) Mihi videtur non otiose adspiciendum, quod tam fideliter & benigne ex manu Ciceronis suppeditat Mediceus codex repetendo *Curionem prorsus Curionem non*, præsertim cum id ipsum roboret accessione auctoritatis suæ primus (*). Grævii codex, duo sane incomparabiles. Hinc lego: *Exspectationem corripit, Curionem, prorsus Curionem! non mediocriter objurgat*. Qua repetitione eleganter subindicat Cœlius, qualem se tunc gesserit Curio, & quam perseveraverit in suscepta factione defendenda. Et has repetitiones sic Cœlio placuisse vel antecedentis epistolæ initium demonstrat, ubi scripsit: *Scito C. Sempronium Rufum, Rufum mel ac delicias tuas! calumniam m. p. tulisse*. JAC. GRONOV.

Hac repulsa se mutavit) Post hanc repulsam, alius, quam fuit, factus videtur. JO. FR. GRON.

Agit caussas liberaliter) Vetusti codices *liberaleis* pro *liberaliter*. Si igitur *liberaleis*, accusandi casu intelligas,

caussas

quod tibi scripseram idibus Sextil. actum iri, interpellat judicium Marcelli, consulis designati. In Kalend. rejecta re ne frequentiam quidem efficere potuerunt. Has litteras a. d. IV. Non. Septembr. dedi, cum ad eam diem ne profligatum quidem quidquam erat. Ut video, causa hæc integra in proximum annum transferetur: &, quantum divino, relinquendus tibi erit, qui provinciam obtineat. Nam non expe-

causas legere oportebit, ut numerum copules, vel contra facere. Non est autem contemnenda hæc lectio: quæ essent *causæ liberales* notissimum est. Cic. etiam pro Flacco: *Atque huic iidem nuper tres equites R. honesti & graves, cum in causa liberali eum qui asserebatur, cognatum suum esse diceret, non crediderunt*. Ursin. Primus meus, *agit causam liberalis*; sed alius vetus codex, quem Lambinus inspexit, ut volebat Victorius, *causas liberales*. *Liberalis* vero est *liberales*, ut superius *litis* pro *lites*, *omnis* pro *omnes*. Pessime hunc locum interpretatur Manutius. *Liberalis causa* est, qua quis, qui pro servo erat, in libertatem vindicabatur judicio, quod vocant Plautus & Terent. *liberali causa asserere manu*. Pantagathus legit, *agit causas liberalius*; perperam. Grav. *Agit causam liberalis*] Forte *libertatis*, sc. publicæ, contra Cæsarem, qui eam vult opprimere. Io. Fr. Gron.

Sed vero post meridiem] Quasi dicat, ita prandere luxuriose solitum, ut deinde magnarum curarum oblivisceretur. Id.

Quod tibi scripseram] Epist. 4. hujus libri. Corr.

Marcelli Cos. des.] Cum L. Paullo. Idem.

In Kl. rejectum ne frequentiam quidem efficere potuerant] Ita Victorii editio & Vaticani excerpta. Peck. quoque expungunt *ex causa*; nam adebatur *rejecta causa est*; *ne freq.* Grav. Meus primus, *in Kl. rejecta est*; *ne frequentiam quidem efficere potuerant*: optime meo judicio Mediolanensis liber, *in Kl. rejecta res est*. Vera lectio est, *in Kl. rejecta re ne frequentiam quidem efficere potuerunt*: hoc est, quamvis res fuerit dilata in Kalendas, non tot tamen patres præsto fuerunt Kalendis, ut posset fieri Senatusconsultum. Ursinus.

In Kalend. rejectum ne frequentiam quidem efficere potuerant] Mirifice & minute convulsus locus, etiam in plurimis MSS. in quibus cum intelligam exstare vel *rejecta est ne freq.* vel *rejecta res est ne*, cum quod edidit Gebhardus, ex Vaticani excerptis, & Victorio adsciverit, ut ipse prædicat; sed non sane debuerat ita distinguere, cum & constructio in illis sana non sit, & Victorianæ editiones habeant *interpellat judicium Marcelli Cos. desig. in Kal.* vel *Cal. rejectum ne frequentiam*. Ego tamen ab Gebhardo non discessi, nec in eo aliquid mutavi, quia nihil omnium mihi probabatur. Opinor enim ex indicio meliorum codicum ab Cælio scriptum fuisse, *In Kalendas rejecta ne freq. q. effic. potuerant*. Iac. Gron.

Ne frequentiam quidem efficere potuerunt] Ut legitimo Senatorum numero SC. fieri posset, lib. I. ep. 9. Grav.

Ne profligatum quidem quidquam erat] Illoc est, nihil profectum; promotum in hoc negotio de provinciis. Front. II. Stratagem. exemplo 20. *Quo genere cum profligari nihil videret*. Justin. XX. 4. *In juventute quantum profligatum sit*. Senec. de Beata vita lib. I. cap. 1. *Intelligemus in ipso itinere, si modo rectum erit, quantum quotidie profligetur, quantoque propius ab eo simus, ad quod nos cupiditas naturalis impellit*. Vid. Manut. h. l. & Lips. ad II. Hist. Tac. not. 21. Hanc autem lectionem Vatic. Peck. Grav. & Vict. edd. afferunt: vulgo *Ne promulgatum quidem quidquam esset*. Idem.

Qui provinciam obtineat] Regat, suo loco. Cæsar I. B. Civ. c. 85. adde Sall. Cat. c. 18. Corr.

Quo

expeditur ſucceſsio, cum Galliæ, quæ habent interceſſorem, in eamdem conditionem, quam ceteræ provinciæ, vocantur. Hoc mihi non eſt dubium: quo tibi magis ſcripſi, ut ad hunc eventum te parares. Fere litteris omnibus tibi de pantheris ſcripſi: turpe tibi erit, Patiſcum Curioni decem pantheras miſiſſe, te non multis partibus plures, quas ipſas Curio mihi, & alias Africanas decem donavit: ne putes illum tantum prædia ruſtica dare ſcire. Tu, ſi modo memoria teneres, & Cybiratas arceſsieris, itemque in Pamphyliam litteras miſeris (nam ibi plures capi ajunt), quod voles efficies. Hoc vehementius laboro nunc, quod ſeorſum a collega puto mihi omnia paranda. Amabo te, impera tibi hoc curæ. Soles libenter, ut ego, majorem partem nihil curare. In hoc negotio nulla tua, niſi loquendi, cura eſt, hoc eſt, imperandi & mandandi. Nam ſimul atque erunt captæ, qui alant eas & deportent, habes eos, quos ad Sittianam ſyngrapham miſi. Puto etiam, ſi ullam

Quo habent interceſſorem) Cum ſit tribunus plebis, qui interceſſurus ſit, & impediturus, ne Cæſari Galliæ præfecto ſuccedatur. Graev.

Quo tibi magis ſcripſi) Forte: Quod tibi eo magis ſcripſi. Lamb.

Multis partibus plures) Hoc eſt, longe plures: vid. ſup. ad lib. I. ep. 2. Graev.

Prædia ruſtica donare ſcire) Agros pauperioribus de plebe. Alludit ad actionem Curionis de agro Campano ep. 10. Male Man. I. Fr. Gron.

Tu ſi modo memoria teneres) Leg. tenueris. Lambin.

A collega) M. Octavio. Corrad.

Amabo te, impera tibi: hoc cura. Soles libenter, ut ego, majorem partem nihil curare) Placeret: Impera tibi hoc curæ: atque ita eſt in codice MSo. F. Urſin. Aliter diſtinguit meus primus: Amabo te, impera tibi hoc. Curare ſoles libenter, ut ego majorem partem nihil curare. Sed hæc non videntur cohærere bene cum ſequentibus. Itaque conjiciebam legendum eſſe: Amabo te, impera tibi hanc curam. Soles libenter, ut ego, majorem partem nihil curare. Sic ſuſpicabar: ſed poſtea Pechiani libri excerpta veram lectionem mihi oſtenderunt, quam & expreſſi, amabo te impera tibi hoc curæ: ſoles libenter, & reliqua. Sed & ſic in cod. antiquo MSo ſe repperiſſe F. Urſin. teſtatur, & probat. Graev.

Majorem partem) Ex majore parte: vid. Manut. Idem.

Hoc eſt imperandi & mandandi) Primus meus, imperandi & amandi, leg. imperandi & amandandi, ſc. venatores ad pantheras capiendas. In ſequentibus verbis, puto etiam ſi ullam ſpem, deſinit meus ille præſtantiſſimus & fidiſſimus codex, qui bonitate nulli eorum cedit, quos docti viri excuſſerunt, immo omnibus, excepto Mediceo, melior eſt. Ejus ope ſane quam multa in his octo libris prioribus ſunt emendata, aut, quæ dubia habebantur, confirmata, eruditi facile cognoſcent. Idem.

Quos ad Sittianam ſyngr. miſi) Ad pecuniam ex ſyngrapha debitam exigendam, ut mox, venit ad ſuam negotium. Cort.

di mul-

ullam ſpem mihi litteris oſtenderis, me iſto miſſurum alios. Marcum Feridium, equitem Romanum, amici mei filium, bonum & ſtrenuum adoleſcentem, qui ad ſuum negotium iſtuc venit, tibi commendo, & te rogo, ut eum in tuorum numero habeas. Agros quos fructuarios habent civitates, vult tuo beneficio, quod tibi facile & honeſtum factu eſt, immunes eſſe: gratos & bonos viros tibi obligaris. Nolo te putare Favonium a columnariis præteritum eſſe: optimus quiſque eum non fecit. Pompeius tuus aperte Cæſarem & provinciam tenere cum exercitu, & conſulem eſſe: tamen

Si nullam spem . . . ostenderis) Ita cum editis veteribus unus e regiis codicibus. Vulgati: *Si ullam spem . . . ostenderis*. LALLEM.

M. Feridium) *Fufidium* habet antiquus liber, antum Romanæ familiæ nomen a *Fufiis* ductum; cum *Feridia* nuiquam inveniatur. VASIN. *M. Feridium*) Ita Pall. (nam hic redeant meliores a turbis suis) Vatic. Peck. prima editio *Feridum*: Victorius *Federium*: vulgo *Feridium*. GEBHARD.

Qui ad suum negotium istuc venit) Qui habet negotia quædam ibi expedienda. GRÆV.

Quos fructuarios habent civitates) In vetustis codicibus legitur *habet*, quod suspicionem mihi auget: nam de mendo ob alias etiam causas valde timeo. Quidam legunt *Cybiratæ*, quod diligentius considerandum est. Est autem in VI. ad Atticum locus huic valde similis & affinis, de quo non minus male existimo: *Nam Cœlius libertum ad me misit & litteras accurate scriptas, & de pantheris: sed a civitatibus rescripsi*, &c. Videtur enim & illic nonnihil inesse mendi. Tota res accuratius animadvertenda: nihil adhuc certi habeo, quod afferam. VICTOR. Pantagathus: *Agros quos fructuarios habet Cybiratis*. VASIN.

Nolo te putare Favonium a Columnariis præteritum) *Faonium* scribendum videtur ex auctoritate veteris lapidis, cujus exemplum subjeci: & quidem recte si a *pavo* nomine, hoc nomen deductum est:

FAONIO . PATERNO . EX . EVOCAT.
QVI . SE . PROBAVIT . AV. EV.
MILITAVIT . COH. XI. VRB. ANN.
XIII. PANT. LEG. II. GEN VIXIT
ANN. LVIII. M. VNO . DIES . ALIER. &c.

VASIN. *Columnariis*) De hoc loco in Quæstura diximus. CORRAD. *Nolo te putare Favonium a Columnariis præteritum*) Huic lectioni patrocinatur Victorius, & Vaticanus, quamquam tres Pall. *præteritum*, non *preteritum*. Pall. prim. quint. *Favilam*: quartus *Frimelum*. GEBHARD. *A columnariis*) A vulgo otiosorum urbanorum, qui consisterent multum circa columnas, & sub peristyliis fori. Ut supra dixit *subrostranos*. I. FR. GRON.

Optimus quisque enim eum fecit) Vetus liber *nihili fecit*: quod placet. VASIN. *Optimus quisque eum non fecit*) Quis damnet hanc lectionem amplius a tribus Pall. invectam, & editioni Victorianæ usurpatam? tamen vulgo fecerunt, quia veterum codicum lectio non conveniebat palato eorum, *eum nihili fecit*. GEBHARD.

Pompeius tuus aperte, Cæsarem vetat provinciam tenere c. e. & consulem esse) Melius (ut videtur) hic locus legitur in manuscripto: *Pompeius tuus molestie fert Cæsarem & provinciam tenere cum exercitu & consulatum petiturum esse*. VASIN. *Pompeius tuus aperte Cæsarem & provinciam tenere cum exercitu & consulem esse*) Tutissima via ivimus, & hanc lectionem ex Victorii editione & Vaticano excerpsimus. Pall. tamen primus, quintus, Peckio excerpta, *& consul ipse tamen*: quartus vero, *& consul*

men hanc sententiam dixit, nullum hoc tempore senatusconsultum faciendum. Scipio hanc, ut Kalend. Martiis de provinciis Galliis, neu quid conjunctim referretur. Contristavit hæc sententia Balbum Cornelium: & scio eum questum esse cum Scipione. Canidius in defensione sua fuit disertissimus, in accusatione satis frigidus.

EPISTOLA X.

ARGUMENTUM.

Quid C. Cassius, quid rex Deiotarus de Parthorum transitu scripserint, qui ex eo sermones excitati, quæ de Cassio suspicio, significat. Subjungit de repub. quæ putet actum iri anno sequenti. Concludit epistolam officio suo: cum se præstaturum promittat, ne quid ei temporis in provinciali munere prorogetur.

CŒLIUS CICERONI S.

SAne quam litteris C. Cassii, & Deiotari sumus commoti. Nam Cassius cis Euphraten copias Parthorum esse scripsit: Deiotarus, profectas per Commagenen in provinciam nostram. Ego quidem præcipuum metum, quod ad te at-

consul ipse tamquam hanc sententiam. Vulgatum tamen est: *Pompeius tunc aperte Cæsarem velle provinciam tenere cum exercitu & consulem esse*. GEBHARD. *Pompeius tunc aperte*) Sc. dixit indignum esse Cæsarem velle, dum tenet provinciam cum exercitu, Consulem designari. I. FR. GRON.

Canidius) Leg. *Calidius*. Lamb. epist. 4. hujus lib. GREV.

In accusatione satis frigidus) More suo. Lege librum de Claris Oratoribus. CORRAD. Minime disertus. Plinius IV. ep. 16. *Mihi omnia ista frigida atque inania videntur*: adde quæ Cerda ad Virg. IV. Georg. v. 104. CORTIUS.

EPISTOLA X.

SAne quam litteris C. Cassii) Hic quæstor, interfecto M. Crasso, reliquias legionum conservavit, & Syriam in P. Rom. potestate retinuit, & postea proquæstor has litteras scripsit. Hic etiam postea in Cæsarem conjuravit. CORRAD.

Deiotari) Regis Armeniæ minoris, pro quo exstat Ciceronis oratio. IDEM.

Cis Euphraten) Terminus erat Euphrates imperii Romani. *Euphraten* vero exstat in primo Palat. & Amstelodamensi. pro vulgat. *Euphratem*. GREV.

Per Commagenen) Commagena pars Syriæ inter Mesopotamiam, Ciliciam, & Armeniam. IDEM.

Quam

Parthos esse, senatui renunciasse. Quare tibi suadeo, quicumque est istic status rerum, diligenter & caute perscribas; ne aut velificatus alicui dicaris, aut aliquid, quod referret scire, reticuisse. Nunc exitus est anni: nam ego has litteras a. d. XIIII. Kal. Decemb. scripsi. Plane nihil video ante Kalend. Januar. agi posse. Nosti Marcellum, quam tardus & parum efficax sit; itemque Servium, quam cunctator. Cujusmodi putas hos esse? aut qui id, quod nolint, conficere posse, qui, quæ cupiunt, tamen ita frigide agunt, ut nolle existimentur? Novis magistratibus autem, si Parthicum bellum erit, hæc causa primos menses occupabit. Sin autem non erit istic bellum, aut tantum erit, ut vos aut successores parvis additis copiis sustinere possint: Curionem video se dupliciter jactaturum, primum, ut aliquid Cæsari adimat; inde ut aliquid Pompeio tribuat, quidvis, quamlibet tenue munusculum. Paullus porro non humane de provincia loquitur: hujus cupiditati occursurus est Furnius noster: plures suspicari non possum. Hæc novi: alia, quæ

Ne aut bellificatus alicui dicaris) Ita prima editio, Pall. prim. quart. Pechianus; at quint. *belificatus*. *Bellificari*, ut *gratificari* dictum: aliæ *velificatus*: quod quomodo huc pertineat, non excogito. Gebhard. *Ne aut velificatus alicui dicaris*) Mirum, Gebhardum recepisse, quod in nonnullis exstat codicibus, *bellificatus*, addens ineptissimam rationem, se non posse excogitare, quomodo *velificatus* huc pertineat: quasi sit vel paullo humanior, qui ignoret *velificari* Latinis esse gratificari, assentari, assentando gratiam aucupari. Florus lib. I 9. *Brutus vero favori civium etiam domus suæ clade & parricidio velificatus est*. Cic. Orat. in Rullum: *ut vos vestrum spe ducimur, se posse turbulento vestro animi velificari suo*. Sic hoc loco monet Ciceronem Cælius, ut quomodo se res habeant ibi, accurate perscribat, nihilque gratiæ det, ne videatur ambitiose Cassio assentari. Grav.

Nosti Marcellum, quam tardus) Pro *quam tardus Marcellus sit*: sed a verbo *Nosti* regitur *Marcellum*, ut supra IV. ep. 1. *Rem videas, quomodo se habeat*. Cort.

Aut tantum erit) *Tantum* hoc loco refertur ad parvitatem, ut lib. I. epist. 7. & VII. ep. 31. & lib. XV. ep. 14. & lib. XII. ad Att. ep. 29. Cæsar VI. de Bell. Gall. & III. de Bell. Civ. Grav.

Dupliciter se jactaturum) Venditaturum operam suam optimatibus gratiæ captandæ causa. *Jactare se* dicuntur, qui alios student demereri, & cum ambitione quadam studia sua ostentant. Iuven.

Ipse lacernatæ cum se jactaret amicæ. Idem.

Paullus) Cos. designatus. Corrad. Paulus Æmilius, consul designatus, non relinqui vult Cæsari provinciam, dure adversus illum loquitur. Cellar.

Occursurus est Furnius) Quia tribunus plebis esset designatus, lib. V. ad Att. ep. 18. Grav.

quæ possunt accidere, non cerno: multa tempus afferre & præparata multa scio: sed intra fines hos, quæcumque acciderint, vertentur. Illud addo ad actiones C. Curionis, de agro Campano: de quo negant Cæsarem laborare, sed Pompeium valde nolle, ne vacuus advenienti Cæsari pateat. Quod ad tuum decessum attinet, illud tibi non possum polliceri, me curaturum, ut tibi succedatur: illud certe præstabo, ne amplius prorogetur. Tui consilii est, si tempus, si senatus coget, si honeste a nobis recusari non poterit, velis ne perseverare. Mei officii est meminisse, qua obtestatione decedens mihi, ne paterer fieri, mandaris.

EPISTOLA XI.

ARGUMENTUM.

Cum Cicero, litteris ad senatum missis, supplicationes pro re in Amano monte bene gesta postulasset, C. Curio, tribunus pleb. Ciceronis cupidissimus, iratus senatui, quod ei potestas agendi cum populo eriperetur, fieri senatusconsultum de supplicationibus non patiebatur: postremo ventum est ad pactionem, permittente Curione senatusconsultum fieri; modo nullæ præterea in reliquum annum supplicationes eriperentur: qua tota de re, & de cujusque sententia ac voluntate diligenter Cælius perscribit. De rep. narrat contentiones inter Pompeium & Curionem de successore Cæsari mittendo. Mittit commentarium rerum urbanarum. Sittianum negotium commendat.

CŒLIUS CICERONI S.

Non diu, sed acriter nos tuæ supplicationes torserunt: incideramus enim in difficilem nodum. Nam Curio tui

De agro Campano) Dividendo, lib. I. ep. 9. & XX. ep. 20. Ioan.

Ne vacuus advenienti Cæsari pateat) Ne Cæsar eum dividat, cum redierit. Idem.

Ne amplius prorogetur) Tempus manendi in provincia: vide II. ep. 7. Sic ad *speciem libertatis* pertinebat, quod Tiberius ad Senatum referebat, *quibus imperium prorogari placeret*. Sueton. c. 30. Vellei. II. c. 46. Corr.

EPISTOLA XI.

Tuæ supplicationes) De rebus in Cilicia gestis. Corrad. Pro victo-ria

tui cupidissimus, cui omnibus rationibus comitiales eripiebantur, negabat se ullo modo pati posse, decerni supplicationes; ne quod furore Paulli adeptus esset boni, sua culpa videretur amisisse, & prævaricator causæ publicæ existimaretur. Itaque ad pactionem descendimus: & confirmarunt consules, se his supplicationibus in hunc annum non usuros. Plane, quod utrisque consulibus gratias agas, est: Paullo magis certe. Nam Marcellus sic respondit ei, spem in istis supplicationibus non habere: Paullus, se omnino in hunc annum non edicturum. Renunciatum nobis erat, Hirrum diutius dicturum: prendimus eum: non modo non fecit,

ria Ciceronis in Amano monte. Supplicationes enim festi dies sunt, quibus pro victoria & liberatione gratias diis suis Romani agebant. Cellar.

In difficilem nodum) *Nodus* de quacumque difficultate & mora dicitur. Virg. X. Aeneid. v. 428. Cort.

Cui omnibus rationibus Comitiales eripiebantur) Qui sulpiciis impediebatur diebus, quibus Comitia habebantur, agere cum populo de suis supplicationibus. Poterant enim magistratus de cælo servare & obnunciare, hoc est, infaustum quid visum esse, aut auditum significare; qua ratione dies ille comitialis irritus reddebatur: vide supra ad lib. I. ep. 2. & 3. Grav.

Ne quod furore Paulli adeptus esset boni) Ita Pall. quartus, quint. Vaticani, & Fæchio excerpta, nec displicet Lambini & Palat. primi lectio, *ne quod furore Paulli ademtum esset boni*; (& sic Amstelod.) quia paullulum secedebant a vulgata, *ne, si quid furore Paulli ademtum esset boni*. Gebhard. De sensu hujus loci vide Manut. Ne occasionem rependendæ vicis, obnunciantis consulis importunitate datam, amitteret. Cellar. Sed Turnebus XII. Advers. cap. 17. legit *ademtus*, quod confirmatur aliquot MSis; insolentia autem dictionis in mutationem induxit: intelligit autem facultatem agendi cum populo. Dicitur autem *ademtus sum hoc*, ut *creditus sum tribunum*, de quo ad VII. ep. 10. & Terent. Eunuch. Prolog. v. 17. *Q. e ... ademebitur*. Virgil. I. Aeneid. v. 232. & 324. Ovid. II. Fast. v. 803. & sic alii permulti. Cort.

Se his supplicationibus in hunc annum non usuros) Se nulli alii Imperatori, præterquam Ciceroni supplicationes decreturos. Grav.

Marcellus sic respondit ei, spem in istis supplicationibus non habere) Scribe: *Marcellus sic respondit, se spem in istis supplicationibus non habere*. Respondit iis scilicet, qui ad pactionem descenderant. Grav. *se in his supplicationibus spem non habere*) Alia sibi esse adversus Curionem præsidia, quibus confidat. Mal. Man. Io. Fr. Gron. Receperat h. l. Cellarius conjecturam Gravii, præter rei necessitatem: *respondit ei*, puta *Curioni*. Deinde si omnino *se* intelligendum est, non statim in textum recipias. Sic Liv. XXIII. cap. 13. *Cum id* (se) *nescire Mago diceret*: & alia quædam superius jam notata. Deinde male etiam interpretantur ipsa verba: hoc vult Marcellus: *se non sperare, futuras istas supplicationes*. *Spem habere* pro *sperare* notum est, & adfuit VI. ep. 14. & *in istis supplicationibus*, quod fraudi fuit, est, *quod spectat ad istas supplicationes*; sed eamdem constructionem habes I. epist. 9. ubi vide. Cort.

Non edicturum) Nullas supplicationes edicto publicaturum, seu indicturum toto hoc anno, quamvis decretæ essent. Grav.

Prendimus eum) Illum rogavimus, obtestati sumus. Ioan.

cit; sed, cum de hostibus ageretur, & posset rem impedire, si ut numeraretur postularet, tacuit. Tantum Catoni assen-

Sed cum de hostibus ageretur, & poss. rem impед. si ut numeraretur &c.] Nos, *de hostiis* scripsimus cum vetustis codicibus. Quamvis autem ratio ipsa, & priscorum exemplarium auctoritas sic legendum esse persuadeant, non tamen (ut verum fateamur) morem hunc *numerandi hostias* penitus cognitum habemus, nec tamen ob id sinceram (ut putamus) lectionem contemsimus; nam quandoque speramus inveniri posse hanc consuetudinem numerandi hostias: apud Græcos maxime Romanarum historiarum auctores, qui cum externis gentibus scriberent, quæ Romanos ritus ignorabant, diligentius minutiusque hæc pertractarunt, quæ Latini scriptores ut passim vulgoque nota præteribant. Est autem idem error cum de eadem re ageret, in epistola ad Quintum Fratrem: *Interim ipso decimo die, quo ipsum oportebat hostiarum numerum, & militum renuntiare, &c.* Sic enim etiam eo loco habent antiquiores codices, non *hostium*. Quomodo enim poterat hostium numerum qui triumphum postulabat, renunciare, qui aut dissipati & deleti essent, aut, si manerent, fere in remotissimis regionibus versarentur? Quod si de cæsis intelligas, oportebat enim definitum quemdam numerum uno prælio cecidisse: cum multo ante interfecti essent, quomodo tunc poterant numerari? aut quis rem, quæ non præsens sit & adsit, numerat? Multa sunt, ne omnia recenseamus, quæ lectionem illam vulgatam coarguunt; est enim omnino inepta & nova: sed potius operam demus, ut morem hunc, & ritum hostiarum numerum renunciandi in postulatione triumphi investigemus: tunc enim nihil scrupuli restabit. Non recte autem facere mihi videntur, qui ea, quæ non adsequuntur suo ingenio, statim delent: existimare enim debent esse alios peritiores & diligentiores, multaque præterea quæ abdita adhuc sunt, cum novi quotidie Græci maxime auctores e tenebris eruantur, in lucem proditurum esse proditura. Victor. Amstelodam. etiam liber *de hostiis* scribit. *Et posset rem impedire, si ut num. post.*] Ad Atticum 193. de hoc ipso negotio agitur, & de Hirri voce, qui & ipse affirmabat in potestate sua fuisse, si voluisset impedire, cujus voluntas mirifice Ciceroni grata fuit: & cum videret incipere illum sibi placari, studiosius ei operam dedit, si posset illius gratiam diligentia amicorum sibi reconciliare. In Mediceo nulla varietas est: quod alii excogitarunt legi debere *numerus daretur*, non reprehendo, nec magnopere laudo. Tota res melius perciperetur, si mos ille numerandi hostias cognitus esset, de quo hic & ad Quintum Fratrem agitur. Nam *hostibus* nullo pacto legendum censeo, & iis argumentis ductus, quæ a me olim allata sunt, & auctoritate priscorum codicum, qui duobus in locis, ubi impressi omnes corrupti erant, fideliter, ut puto, veram lectionem custodierunt. Vellem autem tam facile meam lectionem tueri possem, quam vulgatam refellere. Victor. in Postar. *De hostibus*] Casii. Nam lege cautum erat, ne quis triumpharet, nisi quinque hostium millia cecidisset: & supplicatio triumphi fere prærogativa erat. Alii tamen *hostiis* legunt. Corrad. *Sed, cum de hostibus ageretur*] Codices omnes Memmiani, præter unum & alterum, habent *de hostiis ageretur*; & ita edidit P. Victorius. Quod autem in aliis est *de hostibus*, errorum erratum putat ex antiqua scriptura *hostis*, pro *hostiis*. Nos tamen *de hostibus* edendum curavimus, ut & Manutius: non pugnaturi, si quis *de hostiis* malit. Paullo post, ubi omnes emendati libri habent *numeraretur*, quidam doctus existimat esse legendum *numerus daretur*. Lambin. Omnino legendum, *hostibus*, & *numeraretur*. Vide Manut. Gaev. *Si, ut numeraretur*] Festus: *Numera Senatum, ait quivis Senator Consuli, cum impedimento vult esse, quo minus faciat &c.* Quia scili-

assensus est, qui de te locutus honorifice, non decrerat supplicationes. Tertius ad hos Favonius accessit. Quare pro cujusque natura, & instituto, gratiæ sunt agendæ: his, quod tantum voluntatem ostenderunt, pro sententia, cum impedire possent, non pugnarunt: Curioni vero, quod de suarum actionum cursu tua causa deflexit. Nam Furnius & Lentulus, ut debuerunt, quasi eorum res esset, una nobiscum circumierunt, & laborarunt. Balbi quoque Cornelii operam & sedulitatem laudare possum. Nam cum Curione vehementer locutus est: & eum, si aliter fecisset, injuriam Cæsari facturum dixit: tum ejus fidem in suspicionem adduxit. Decrerant quidem, qui neque transigi volebant, Domitii,

scilicet raro convenerant justo numero, præcipue tali negotio. Phil. I. 5. I. Fa. Gron.

Assensus est) Epist. 15. lib. XI. Corradus.

Qui de te locutus honorifice) Varie hic locus legitur, alii *qui de locutus honorifice*; al. *qui de te tum locutus honorifice*; al. *jam locutus honorifice*. Amstelodam. *qui locutus honorifice*. Illa *de*, *tum*, *jam* ex præcedentibus vocibus nata sunt: lectionem hanc, quam veram esse censeo, debeo editioni Lambinianæ, nonnullisque aliis. Grav.

Non decrerent supplicationes) Ep. 6. lib. XV. Corrad.

Quod tantum voluntatem ostenderunt) Tantum pro saltem, ut lib. VII. ep. 31. Sed rectius alii *tantum voluntatem* scribunt. Grav.

Cum Curione vehementer locutus est) Quasi Curio minus bona fide cum Cæsare in gratiam rediisset, nisi ei de supplicationibus Ciceronis gratificaretur. Idem.

Tum ejus fidem in suspicionem adduxit) Quasi fictus esset reditus in gratiam cum Cæsare: non bona fide cum illo in gratiam rediisset. Idem.

Decrerant qui neque transigi volebant) Pantagathus mendum olim his verbis inesse suspicatus, emendarat ex ingenio, *sed erant qui neque*, &c. Videtur autem rectius esse in manuscripto, *nec deerant qui id numquam transigi volebant*, &c. Paullo supra idem Pantagathus pro *hostibus* optime conjectura legebat *hostiis*: &c, *qui eloquitur honorifice*, pro *qui de te jam locutus honorifice*. Vasin. *Nec deerant quidem, qui neque transigi vol.*) In Amstelodam. & Pall. non exstat τὸ nec. Varie autem scribitur. Assentior Manutio, qui legit, *decreverant* pro *deerant*. Sed ex Victoriana recepi, *qui neque transigi volebant*. Scipiones & Domitii, decreverant quidem supplicationes, contra tamen animi sententiam, qui nolebant hanc rem confici, & cum has de causa sæpius compellassent Curionem, rogassentque acte ne intercederet, hoc enim est ad *evocandam intercessionem*, ad impediendam intercessionem, respondit Curio lepidissime, & reliqua: pro *neque* Lambinus conjicit legendum & in suam quoque admisit editionem, *id numquam*, quod Fulvius in manuscripto se reperisse testatur: pro *avocandam* Amstelodam. & Manut. edd. *evocandam*, quæ vera est hujus loci scriptura. *Ad evocandam intercessionem* est ad eliciendam intercessionem: X. ad Attic. epist. 8. *Sed sæpe hæc te nimis, ne meam perspicias jam evocem.* Hortensio: *Quod dolorem, quod non evocetur atque eliciatur voluptate?* Sic apud Senecam *evocare lacrymas*: ad quem plura congessit Gronovius exempla. Grav. *Decrerant, qui neque transigi*) Sic lege, qui nequaquam transigi nolebant: vel qui mire transigi nolebant, Hoc enim dicit. Erant, qui lon-

mitii, Scipiones, quibus hac re ad intercessionem evocandam interpellantibus, venustissime Curio respondit, se eo libentius non intercedere, quod quosdam, qui decernerent, videret confici nolle. Quod ad remp. attinet, in unam causam omnis contentio conjecta est de provinciis: in quam adhuc incubuisse cum senatu Pompeius videtur, ut Cæsar Id. Novemb. decedat. Curio omnia potius subire constituit, quam id pati: ceteras suas abjecit actiones. Nostri porro, quos tu bene nosti, ad extremum certamen rem deducere non audent. Scena rei totius hæc: Pompeius tamquam Cæsarem non impugnet, sed, quod illi æquum putet, constituat, ait, Curionem quærere discordias. Valde autem non vult, & plane timet Cæsarem consulem designari prius, quam exercitum & provinciam tradiderit. Accipitur satis male a Curione, & totus ejus secundus consulatus exagitatur: Hoc tibi dico: si omnibus rebus prement Curionem, Cæsar defendetur: si intercessorem, quod videntur, reformidarint, Cæsar, quoad volet, manebit. Quam quisque senten-

sententia sua tibi decrevissent supplicationem; cupiebant autem revera nihil fieri, & quocumque modo rem impediri. Io. Fr. Gronov. *Non decrevant quidem*) In tanta sententiarum & explicationum varietate adhærere malui Victorio, in cujus editionibus sic exhiberi animadverto, tanto certius, quanto ab omnibus video confidenter eam spretam, ut ne memoretur quidem apud editores vel interpretes. Non solet autem ille pati imposita vocabula, quæ aliunde orta fuisse potuit suspicari. Iac. Gron.

Quibus hac re ad intercessionem evocandam) Quibus ea de causa obturbantibus, & lacessentibus per amara dicta Curionem, ut is iracundia ablatus intercederet potestate tribunitia, & sic S.C. fieri non pateretur. Io. Fr. Gron. *Ad intercessionem evocandam*) Eliciendam a Curione irato. Vid. notas meas ad Senec. ep. 47. Idem.

In unam causam omnis contentio conjecta est, de provinciis adhuc. Incubuisse) Sic rectius distinguitur in Rob. Steph. editione. Gronovius est transponit, & sic legit: *In unam causam omnis contentio conjecta, de provinciis in quam adhuc est*. Graev. *In u. c. o. c. conjecta, de provinciis in quam adhuc est*) Ita legendum. Quidquid erat antea dissensionum, cessat & quiescit, dum ducitur sermo de provinciis. Io. Fr. Gron.

Ut Cæsar Id. Novembr. decedat) Vulgatur, *ante Idus Novembres decedat*; sed ut edidi, erat in Victorii editione, ac Pal. primo. Gebhard. Amstelod. *ut Cæsar Idus non decedat*: nimirum *non* scriptum pro *Nov.* Graev.

Nostri porro) Optimates. Idem.

Scena rei totius hæc) *Summa totius rei hæc* habet liber manuscriptus, longe quam vulgati melius. Vasis. Sed MSi recte legunt *scena*, hoc est, totius rei hæc est ratio, tota res sic se habet. Graev.

Cæsar defendetur) Non ab amicis, ut Manutius, sed ab ipso Curione intercessuro, quidquid in Cæsarem statuent. Io. Fr. Gron.

In pri-

ſententiam dixerit, in commentario eſt rerum urbanarum: ex quo tu, quæ digna ſunt, ſelige: multa tranſi, in primis ludorum exploſiones, & funerum, & ineptiarum ceterarum: plura habet utilia. Denique malo in hanc partem errare, ut quæ non deſideras audias, quam quidquam, quod opus eſt, prætermittatur. Tibi curæ fuiſſe de Sittiano negotio, gaudeo. Sed, cum suspicaris, minus certa fide eos tibi viſos, tamquam procurator, ſic agas, rogo.

EPISTOLA XII.

ARGUMENTUM.

Queritur de Appii Claudii, qui cum L. Piſone cenſuram gerebat, non ingrato ſolum animo, ſed graviſſima etiam injuria: quem cum inimicum ſibi eſſe, accuſationemque cogitare comperiſſet, antevertit ipſe, eumque lege Scantinia poſtulavit.

CŒLIUS CICERONI S.

PUdet me, tibi confiteri & queri de Appii, hominis ingratiſsimi, injuriis, qui me odiſſe, quia magna mihi debebat beneficia, cœpit: & cum homo avarus, ut ea ſolveret, ſibi imperare non poſſet, occultum bellum mihi indixit,

In primis ludorum exploſiones, & funerum, & ineptiarum ceterarum: plura habet utilia) Non video, unde funerum & ineptiarum pendeat. Peck. Italiæ, ut Guilielmius legendum conjicit .... Malim ego, quoniam in omnibus his libris utilia ſcribitur, legere & ceterarum ineptiarum plura habet & utilia. Sed nunc edita non moveo; funerum & ineptiarum ceterarum, ſcilicet exploſiones. Ludi explodebantur, ſeu homines inviſi populo, cum ludos venirent ſpectatum, exploderentur de quibus exploſionibus toties agitur in epiſtolis ad Atticum. Explodebantur funera, cum mimi in funeribus defunctorum, quorum perſonam gerebant, vitia exprimerent, & deridenda explodenda populo praeberent, ut Favor Archimimus in exſequiis Veſpaſiani, de quo Sueton. in eius vita c. 19. quem vide, & quæ docti ibi notarunt. GRÆV.

Denique malo in hanc partem errare) Pal. prim. legit, *denique malo in hac parte me errare*; quod mihi minime adſpernandum videtur. GEBHARD. Adſtipulatur Amſtelodamenſis. GRÆV.

Tamquam procurator) Qui aliena negotia adminiſtret, Leg. 1. D. de procur. & defenſ. In re pecuniaria autem ſingulariter uſurpatur, ut Seneca ep. 14. quamobrem ſcripſit *tamquam procurator*. CORT.

EPISTOLA XII.

D*E Appii*) Iam cenſoris. CORRADUS.

dixit: ita occultum tamen, ut multi mihi renunciarent, & ipse facile animadverterem, male eum de me cogitare. Poſteaquam vero comperi, eum collegium tentaſſe: deinde aperte cum quibusdam locutum: cum L. Domitio, ut nunc eſt, mihi inimiciſsimo homine, deliberare: velle hoc munusculum deſerre Cn. Pompeio: ipsum reprehenderem, & ab eo

Poſteaquam vero comperi) Pech. *complexi*, leg. *conſpexi*. GULIELM.

Collegium tentaſſe) Legendum, ut bene monuerunt alii, *collegam*; nimirum *L. Piſonem*, qui in cenſura erat collega Appii. Hunc iſte tentavit, ut & ipſe notaret Cælium. Nam unius Cenſoris nota, ſine alterius collegæ aſſenſu, habebatur irrita. Inepti ſunt qui de collegio augurum hæc intelligunt. GRÆV. *Collegium tentaſſe*) *Augurum* interpretandum. Sed multo probabilius illi quos rejicit Manutius, *Collegam*, nempe in cenſura L. Calpurnium Piſonem, ut ſcilicet is ſecum conſentiret in notando Cælio & infamando. Io. FR. GRON.

Cum L. Domitio) Quicum ipſe Appius Coſ. fuerat. CORR.

Velle hoc munuſculum deferre Cn. Pompeio: ipſum reprehenderem, & ab eo deprecarer injuriam, quam vitam mihi debere putarem, impetrare a me non potui) *Munuſculum*, accuſandi. CORRAD. *Cn. Pompeio*) Filio. IDEM. Acriter me torſit hic locus. Turbabant etiam veteres codices, & Manutius. Amſtelodam. *ipſum reprehendere*. Vetus Manutii, *ut ab eo deprecarer injuriam*. Cogitabam pro *ipſum reprehenderem*, ſcribendum eſſe *ipſum prenderem*, hoc eſt, obteſtarer, precarer; ſed hiabat oratio. Commodum vero mecum erat, cum hæc ſcriberem in villa ſuburbana agri Trajectini, in quam æſtivatum ieram, vir ille & eruditione & ſanctitate morum nulli noſtra ætate ſecundus Iohannes Fridericus Gronovius, qui huc inviſerat ut poſt graviſſimum & diuturnum morbum, animi relaxandi gratia, aliquot dies nobiſcum poneret. Cum de litteris crebri inter nos & aſſidui fere ſermones eſſent, egi etiam cum eo de hoc loco. Non modo probabat hanc emendationem; ſed ne hiems eſſet periodus teſtabatur jam olim ſe vidiſſe legendum eſſe, *ipſum ut prenderem*. *Munuſculum autem deferre Pompeio*, non eſt hoc loco accuſare, ſed in gratiam Pompeii velle hoc facere, ſcilicet me notare. Senſus totius loci eſt: Poſtquam comperi illum collegam ſuum, Cenſorem Piſonem ſollicitare, ut mihi notam inureret, & cum meo inimico Domitio conſilia in meam perniciem inire, voluiſſe hoc in illius gratiam facere, ut ipſum precarer, & obteſtarer, ne tam inique mecum ageret; ſed non potui hoc a me impetrare, ut ei, quem ſervaveram, fierem ſupplex. Sic ſuperius ep. 8. hujus libri: *Nemini hoc deferre munuſculum maluit, quam ſuo accuſatori*. Cic. III. de Officiis c. 18. *Alieni facinoris munuſculum non repudiaverant*. GRÆV. *Ipſum reprehenderem, & ab eo deprecarer injuriam &c.*) Cum quidquid afferant eruditi viri, pateat ex omnibus, religioſe illud compoſitum *reprehendere* quacumque terminatione in nullis non manuſcriptis exſtare, violentam puto rationem ejus caſtam non haberi, præſertim cum id tam commode, & facile queat fieri. Nec enim poteſt eſſe dubium, quin ſcripſerit Cælius ille adhuc juvenilior: *Ipſum ne prenderem, & ab eo deprecarer injuriam, quam vitam mihi debere putarem? Impetrare a me non potui*. Eſt deliberatio prorſus genuina illi, quam in comœdia habemus Poſtea in verbo *ſcandit* cum plus ſimplici in eo verbo reſidere arbitrarer, & ipſe ſequutus quidem ſui priores, qui inde atque etiam ex adductis in libris *incandit* ediderunt; ſed diligere nequeo, quia a quibus illud repoſitum inditum eſt, illi ignoverint, quid vere per antiquiſſimam ſcripturam demonſtraretur. Illi autem

ab eo deprecarer injuriam, quem vitam mihi debere putaram, impetrare a me non potui. Quid ergo est? Tum quidem aliquot amicis, qui testes erant meorum in illum meritorum, locutus sum. Postea quam illum, ne cui satisfaceret quidem me dignum habere sensi, malui collegæ ejus, homini alienissimo mihi, & propter amicitiam tuam non æquissimo, me obligare, quam illius simiæ vultum subire. Id postquam rescit, incanduit, & me causam inimicitiarum quærere clamitavit; ut si mihi in pecunia minus satisfecisset, per hanc speciem simultatis eum consectarer. Postea non destitit arcessere palam Servium accusatorem, inire cum Domitio consilia: quibus cum parum procederet, ut ulla lege mihi ponerent accusatorem, compellari ea lege me

rem non esse istud, sed alterum *excandui*, omnino liquido colligere est ex simili confusione, quæ occurrit in MSis libris, *spectare* exhibentibus, cum innuant *exspectare*, de quo vide ad epistolam 4. lib. I. Jac. Gron.

Quid ergo est?) Formula connectendi. Petronius c. 3. *Quid ergo est? Parentes objurgatione digni sunt.* Cic. Orat. pro Quint. 18. pro Rosc. Amer. 29. lib. V. ep. 5. Jo. Fr. Gron.

Tum quidem aliquot amicis) Ita Victorii editio; nam Pal. primus, *tamen quasi aliquot* (Peckio excerpta *aliquid*) *amicis* (Palat. primo subscribit Amstelodamensis. Manutii quoque editio, *tamen quasi aliquid*). Vulgatæ editiones, *tum quidem cum aliquot amicis*, &c. Graevius.

Postea quam illum neque iis sati facere, neque animum me &c.) Al. *Postea quam illum ne cui satisfaceret quidem, me dignum habere sensi; malui*, &c. *Satisfaceret* autem, in pecunia: ut paullo post. Corrad. *Postea quam illum ne cui satisfaceret quidem me dignum habere sensi*) Quid si contra, *Postea quam illum, ne qui sibi satisfacerem, me dignum habere sensi*. Vel, *qui ei*. Nam in aliis erat, *ne quo ei satisfacerem*, &c. Hoc enim dicit ita se despectum ab Appio, ut ne purgari quidem apud se Appius voluerit, ostenditque nihil esse, cur tam acriter Cælium insectaretur. Bernh. Rutil.

Mihi propter amicitiam tuam) Ciceronem enim, & ejus amicos oderat L. Piso, cujus inimicitiæ cum Cicerone notissimæ sunt. Corr. *Mihi & propter amicitiam tuam non æquissimo*) Sic MSi, & Amstelodam. præstat tamen: *Et mihi propter amicitiam tuam non æquissimo*. Graev.

Illius simiæ) Appii. Corr.

Id postquam rescit, incanduit) Legendum *excanduit*, id est ira exarsit. Jo. Fr. Gron. *Incanduit*) Sic Manutius ex libro Sigonii & suo. Alii *excanduit*, Mediceus *scanduit*, ut & Amstelodam. ac Victorii ed. Grut. vero ed. *canduit*, sed istum ἀρχαϊσμὸν affectasse Cælium, quis credat, ut pridem obsoletam vocem in usum voluerit revocare? Graev.

Arcessere Palam Servium accus.) Sic legendum, non *arcessere palam*, &c. Confirmat hanc emendationem quod sequitur, *nisi hoc erat Pola clamitans*, &c. Erat autem *Pola* cognomen eorum horum Serviorum. Lamb. *Postea non destitit arcessere palam Servilium*) Videtur legendum *Polam Servilium* ex loco simili in epistola ad Atticum: & paullo infra, *nisi hoc erat Pola clamitans* &c. Ursin.

Ut ulla lege mihi ponerent accusatorem) Ut subornarent accusatorem, qui ulla lege me posset accusare. Pro *ponere accusatorem* Cicero dicit frequentius

ge me voluerunt, qua dicere non poterant. Insolentissimi homines summis Circensibus ludis meis postulandum me lege Scantinia curant. Vix hoc erat Pola locutus, cum ego Appium censorem eadem lege postulavi. Quod melius caderet, nihil vidi. Nam sic est a populo, & non infimo quoque adprobatum, ut majorem Appio dolorem fama, quam postulatio attulerit. Præterea cœpi sacellum, in domo quod est, ab eo petere. Conturbat me mora servi hujus, qui tibi litteras attulit. Nam acceptis prioribus litteris, amplius quadraginta mansit. Quid tibi scribam, nescio. Scis Domitio diem timori esse. Exspecto te valde, & quam primum

adponere accusatorem, ut V. in Verr. *Adponitur his tamen accusator, Nævius Turpio quidam, qui Caio sacerdote prætore injuriarum damnatus est.* Et IV. in Verr. *Adponit de suis comitibus quemdam, qui dicat se Diodorum Melitensem, rei capitalis reum facere velle.* Ponere tamen in hoc sensu etiam accipitur in I. Verr. *Accusator ponitur civis Romanus de creditoribus Lampsacenorum.* GRÆV.

Compellari) Accusari. Vid. Manut. IOAN.

Summis Circensibus ludis meis) Extremis diebus ludorum Romanorum, quos ego in ædilitate mea edidi. IO.

Postulandum me lege Scantinia curant) Accusant me lege Scantinia, quam Scantinius Aricinus in molles & effeminatos tulit. IO.

Vix hoc erat Pola locutus) Antiquissimus ille Mediceus codex, *Pola locutus* habet; nos nihil addimus, veterem scripturam tantum signasse volumus. Quare deliberent alii, quomodo legendum sit. Paullo autem supra idem codex *scandit* habet, pro *ascendit*; quod si compositum verbum in usu est, non est mirandum quandoque simplex, etsi rarius inveniatur a Cœlio præsertim, usurpatum fuisse. VICTOR. *Vix hoc erat Pola elocutus*) Hanc olim ipse lectionem adnotavi ex Mediceo libro, quam tunc non restitui, quia non incideram in locum illum ad Q. Fratrem, ubi de *Pola* accusatore mentio est, quod tamen non multo post feci. Neque tamen is sum, qui aut omnia legerim, aut quæcumque legerim, memoria firmiter teneam. Verum intelligi potest, hanc sinceram lectionem (ut ipsi quoque adfirmant) in nullis a quibusdam inventam esse vetustis codicibus; quos tamen, ut aiunt, & multos & vetustissimos habuerunt. Non enim testimonium citarent Medicei codicis. Hoc autem ideo adnotavi, ut omnes intelligant, unum hunc & vetustate, & fidelitate longe omnibus aliis antecellere. IDEM.

Cœpi sacellum, in domo quod est, ab eo petere) Sacella enim in domo non licebat habere, quæ non paterent populo. Vid. Manut. GRÆV. *Cœpi sacellum*) Quasi quod publicum esset, ac male occuparetur a privato. Liv. XL. 51. *Complura sacella publica occupata a privatis, publica ut essent, paterentque populo, curarunt.* IO. FR. GRON.

Ab eo petere) Postulare illum ob sacellum domesticum: ea vis patet ex formula *unde petitur*, de qua ad VII, ep. 11. CORT.

Amplius quadraginta mansit) Secuti sumus hanc lectionem Pal. pr. Vaticani, editionisque Victorianæ, & omnium primæ; (his etiam accedit Amstelodamens.) Qui deesse aliquid putarent, *dies* intulerunt. GRONOVIUS.

Scis Domitio diem timori esse) Diem comitiorum auguratus intelligit. Epist. 14. hujus libri. CORRAD. Diem possumus comitiorum accipere, quasi jam

primum videre cupio. A te peto, ut meas injurias proinde doleas, ut me existimas & dolere, & ulcisci tuas solere. Vale.

EPISTOLA XIII.

ARGUMENTUM.

Gratulatur affinitate Dolabellae, qui Tulliam, Ciceronis filiam, uxorem duxerat: de Curionis triboni pl. intercessione, de provinciis quid actum sit, exponit: Hortensii oratoris interitum significat.

COELIUS CICERONI S.

GRatulor tibi affinitate viri medius fidius optimi. Nam hoc ego de illo existimo. Cetera porro, quibus adhuc ille sibi parum utilis fuit, & aetate jam sunt decursa, & consuetudine, atque auctoritate tua, & pudore Tulliae, si qua restabunt, confido celeriter sublatum iri. Non est enim pugnax in vitiis, neque hebes ad id quod melius sit intelligendum. Deinde (quod maximum est) ego illum valde amo. Velles C. Curionem nostrum lautum intercessionis de

jam tum praeviderat, si repulsam tulisset, quantus esset risus excitatus. B. Rutil. *Domitia dicam clausi esse.*) Quae a medico quo ei dicta erat ad judicium subeundum. Et illud fuit, ut ep. 14. *Solo Appium censorem hic [illegible] fuerit?* quasi esset, nimpid [illegible]? Io. Fr. Gron.

EPISTOLA XIII.

GRatulor tibi affinitate) Leg. affinitatem. Lamb.

Viri medius fidius optimi) Dolabellae, lib. II. ep. 16. Graev.

Quibus adhuc ille parum sibi utilis fuit) Quibus sibi ipse nocuit; nimirum temeritatem illam in accusando intelligit. Id.

Aetate jam sunt decursa) Aetas illa vitia sustulit, quae ferebat fervor juvenilis. Amstelodam. *Aetate jam sunt detersa.* Palat. prim. *Aetate jam sunt decussa, vel detersa, & consuetudine* &c. quorum utrumque a vestibus desumtum mihi esse videtur: de sinu enim sordes decutiuntur; itemque floccus ac villosa decutiuntur. Potest aliunde quoque constare ratio. Graevius.

Aetate jam sunt decussa) Ita leg. Vitia fuerunt adolescentiae, quibus jam se liberant; translatio a veste, de qua decutiuntur sordes. Io. Fr. Gron. *Decursa* e translata; finita. Cic. de Senect. c. ult. Minuc. Felix c. 1. adde III. ep. 2. Cort.

Velles C. Curionem nostrum lautum &c.) Sic edidit Victorius, quod sequuti sunt: Palatinus nihilominus primus, Perk. excepta, Veneta seu prisca editio, *Velles, Cicero, Curionem* &c. (sic & Amstelodam.) Vulgo, *Vides, Cicero, Curionem nostrum*. Graev. *Velles C. Curionem nostrum l. i. d. p. r. habuisse*) Cum sic in respondendo scribat Caelius, inde scripsisse videtur Tullius, ati-

nis de provinciis exitum habuisse. Nam cum de intercessione referretur, quæ relatio fiebat ex S. C. primaque M. Marcelli sententia pronunciata esset, qui agendum cum tribunis plebis censebat: frequens senatus in alia omnia iit. Stomacho est scilicet Pompeius Magnus nunc ita languenti, ut vix id, quod sibi placeat, reperiat. Transierant illuc, ut ratio esset ejus habenda, qui neque exercitum, neque provincias tradere vellet. Quemadmodum hoc Pompeius laturus sit, cum cognoscat, quidnam reipub. futurum sit, si aut

Utinam C. Curio . . . exitum habuisset. Huic et conveniat responsio Cœlii, quæ in MSS ut intelligo, plurimis, & forsan omnibus reperitur ita, *Volo C. Curionem*, non *vellem*, unde ab viris doctis vulgata est effecta, scribendum erat, ut codices indicant: *Volo C. Curionem* &c. Jac. Gron. *Velles C. Curionem*. Sic quidem Victorius, & qui illum sequuntur. Sed melior pars librorum: *Volo, Cicero, Curionem*, cetera; quod omnino probo. *Volo habuisse* est, quomodo placet, quod habuerit; & consueta est Periphrasis per *Velle*. Macrob. Saturn. V. c. 17. Phædr. I. Fab. 29. Vulgati: *Vides, Cicero*, quod est interpretis. Cort.

Cum de intercessione referretur) Intercesserat Curio, ne SC. fieret de successore ante tempus Cæsari mittendo. Grav.

Quæ relatio fiebat ex SC.) Quod est in ep. 8. hujus libri. Corr.

Frequens senatus in alia omnia iit) *Marcello*, inquit Opplus, *dissentiente facilitate*, *Senatus frequens in alia omnia transiit*. Corr. *In alia omnia iit*) Pro, dissensit: vid. lib. I. ep. 2. Grav.

Stomacho est scilicet Pompeius Magnus nunc ita languenti) Hoc totum, *scilicet Pompeius*, quod reperitur in omnibus libris vulgatis, & nonnullis calamo exaratis, delevi, ut alienum, & eu adnotatione professum: quod jam olim Paullo Manutio venerat in mentem. Atque, ut intelligas ita esse, incidi in unum codicem manuscr. in quo non erat vox *magnus*, sed hoc tantum, *Cn. Pompeius*: cum videlicet scriptor librarius errans, id quod esset Ciceronis, ejecisset: quod alienum & subditititium, retinuisset. Lambin. *Stomacho est scilicet Pompeius Magnus nunc ita languenti*) Verba *scilicet Pompeius* additamentum esse, nemo non videt. Itaque merito in suis editionibus ea rejecit Lambinus. Vrsin.

Ut ratio esset ejus habenda) Sic ediderunt P. Victorius, & P. Manutius: & ita habent aliquot libri veteres: alii, *ut rationem esset ejus*, &c. plane mendose: unde nata forsasse est illa vulgata lectio, *ut ne ratio esset ejus*, &c. quam nullo modo probo. Pompeius enim nolebat ejus rationem haberi, qui neque exercitum neque provincias tradere vellet. Lamb. *Ut ratio ejus esset habenda*) Sensus est: plerique probabant Cæsarem Consulem esse designandum, aut inter candidatorum numerum recipiendum absentem, antequam exercitum & provinciam tradiderat. Grav.

Quemadmodum hoc Pompeius laturus sit, cum cognoscat, quidnam reip. futurum sit) Pantagathus hunc locum ita legebat: *Quemadmodum iste Pompeius laturus sit cum cognoscat, aut quidnam reip. futurum sit, si non curet, non fenes divites vidrrits*. Vrsin. Amstelod. aliique, quos Manutius cum editis composuit, libri scribunt: *Quemadmodum Pompeius laturus iste, cum cognoscam, quidnam reip. futurum sit*. Lege: *Quemadmodum Pompeius laturus iste, cum cognoscam, quidnam reip. futurum sit*, &c. *quidnam reip futurum*, est, quo loco ejus sit futura auctoritas in republica. Dein delevi ista verba cum Manutio, *si aut non posse*; quæ nec in Amstelodamensi, nec in ullo alio vetere codice reperiuntur. Locus enim est mutilus.

aut non curet, * vos senes divites videritis. Q. Hortensius, cum has litteras scripsi, animam agebat.

EPISTOLA XIV.

ARGUMENTUM.

Multa complectitur hæc epistola: de L. Domitii Ahenobarbi repulsa in auguratu; de Saturnino ab Cn. Domitio Calvino in judicium vocato; de Pompeii, Cæsarisque discordia; de Appii ridicula in emendandis civitatis moribus diligentia.

CŒLIUS CICERONI S.

TAnti non fuit Arsacen capere, & Seleuciam expugnare, ut earum rerum, quæ hic gestæ sunt, spectaculo careres: numquam tibi oculi doluissent, si in repulsa Domitii vultum vidisses: magna illa comitia fuerunt, & plane

tilus, Graev. Sigonii codex, teste Manutio, habebat *futurus*, nempe Pompeius: hoc est, utrum præsidium & defensor, an desertor, & proditor, ut interpretatur I. Fr. Gronovius: vel, quo loco ejus sit futura auctoritas in republica, ut vult Grævius. Deinde hæc verba, *si aut non possit*, delent Man. & Grævius, locumque asterisco indicant mutilum esse. Quod si ea delen; quia in MSis non reperiuntur, legendum erit fortasse: *si haud curet*. Plana enim sententia erit, ac dilucida. Fuerat a librariis scriptum *aut* pro *haud*; ac deinde interpretationis causa, additum in margine *non*: quod postremo cum altera particula negante simul contextum occupavit. Erit igitur hic sensus: Vos senes divites videritis, quidnam Reip. futurum sit, si Pompeius haud curet. Ironice dictum. Oliv.

Si aut non curet) Sic legendum. Et interpunctio: *Si curet, aut non curet*. Et est ellipsis, qualis ap. Tac. XIII. ann. 56. *Deesse nobis terra, in qua vivamus, in qua moriamur, non potest*. I. Fr. Gron. *Si aut non possit, aut non curet*) Cum animadverterem hæsitationem, quæ his adest, tenui morem jam antea observatum, ut quas voces in MSis non esse intelligebam, alio charactere exprimi curarem. Tales autem sunt illa tres *aut non possit*, si fides Manutio, cui nunc me dedi: nam voculam *si* in antiquis legi testatur, & idcirco expelli nequaquam debuit. Iac. Gron.

Animam agebat) Et, agit. Corr.

EPISTOLA XIV.

A*Rsacen capere*) Quia Cicero cum Parthis bellum gerebat, quorum rex *Arsaces*, regia *Seleucia*. Nam ut Ægypti reges Ptolemæi, sic apud Parthos Arsacidæ. Graev.

Et Seleuciam expugnare) Sic Pal. pr. & Amstelodam. nisi quod in hoc desit *Seleuciam*. Vulgatis in editionibus desideratur copula. Id.

In repulsa) Augurali, M. Antonio competitore augure facto. Corr.

Domitii) Lucii Domitii. Id.

Per-

plane studia ex partium sensu apparuerunt: perpauci necessitudinem secuti officium præstiterunt. Itaque mihi est Domitius inimicissimus, ut ne familiarem quidem suum quemquam tam oderit, quam me: atque eo magis, quod per injuriam sibi putat ereptum, quojus ego auctor fuerim. Nunc furit, tam gavis homines suum dolorem, unumque me studiosiorem Antonii. Nam Cn. Saturninum adolescentem ipse Cn. Domitius reum fecit, sane quam superiore a vita invidiosum: quod judicium nunc in exspectatione, inest etiam in bona spe, post Sext. Peducæi absolutionem. De summa republ. sæpe tibi scripsi, me annum pacem non videre:

Perpauci necessitudinem secuti officium præstiterunt] Manutius hanc sententiam perperam exigitat, quæ est planissima: pauci, inquit, iis, quibus cognatione & amicitia fuerunt conjunctissimi, & quibus debebant suffragari propter cognationem, & officium præstare, ac facere, quod se decebat, sunt suffragati, sed potius in suffragiis ferendis partes, quibus studebant, secuti sunt. Graevius.

Ut ne familiarem quidem suum quemquam tam oderit] Nolui discedere a Palatino primo, Pechio excerptis, Victorii editione & omnium primaria Veneta. Vulgatum est: *Familiarem quidem suum, quem nosti, non oderit.* Paullo post scripsi ex Palatino primo & Pechio excerptis, *superiore a vita*, cum Victorius tamen ediderit, *quam superiore vita invidiosum*. Graev.

Per injuriam sibi putat ereptum) Adeo desponderat sibi auguratum & unum deberi putabat, ut non accepisse injuriam interpretetur. Forte, *sibi putet ereptum auguratum*. Io. Fr. Gron.

Cujus ego auctor fuerim) Videtur excidisse *eo rei*. Me auctorem fuisse putet repulsæ, quoniam & ipse laboravi pro Antonio. Id.

Unumque me studiosiorem Antonii) Competitoris sui, qui auguratum obtinuit. Cæsar VIII. de Bell. Gall. Graev.

Nam Cn. Saturninum adolescentem, &c.] Quidam legi volunt: *Nam Cn. Saturninum adolescens ipse Cn. Domitius*, &c. ut intelligatur Lucii Domitii filius. Lambin.

Cn. Domitius] L. filius. Cort.

Quod judicium nunc in exspectatione, inest etiam in bona spe] Hunc locum corruptum esse nemo non videt. Hanc lectionem Gebhardus expressit ex Palatino primo, Victorio, editione prima & Veneta; sed omnes MSS., quos vidit Manutius, legunt *exspectationem*, ubi & Amstelodamensis hanc lectionem præ se fert, *nunc* vero non agnoscit: Manutius in suis libris pro *nunc* scriptum invenit *non*. Vulgatæ editiones *Nunc in exspectatione est, etiam in bona spe*. Cœlium scripsisse puto: *Quod judicium præter exspectationem est jam in bona spe*. *Præter* excidit; ex ultima syllaba præcedentis vocis ortum est *nunc* aut *non*, uti etiam ex ultima littera *exspectationem* in: nec difficilis conjectura unde exstiterit *etiam* pro *jam*, qui ad vocculam quæ ante eam posita est attenderit. Hæc mea de hoc loco sententia. Graev. *Nunc in exspectatione est*) Tenet erectos & suspensos homines; & tamen evasurum reum putant; præsertim cum absolutus sit Sex. æque aut gravius nocens. Io. Fr. Gron.

De summa republ.] De rep. in universum, vide VI. ep. 3. Alii *summa reip.* sed alterum bene habet. Liv. XXVI. c. 10. Ubi vide Gronovium & ad XXXVIII. c. 50. adde Cujac. XII. Observ. 32. Cort.

Me annum pacem non videre) Sic scripsi ex Pal. prim. Pech. Venet. & Vict. ed. (quibus accedit Amstelod.) cum editur, *me etiamnum pacem non videre*. Gab-

dere: &, quo propius ea contentio, quam fieri necesse est, accedit, eo clarius id periculum apparet. Propositum hoc est, de quo, qui rerum potiuntur, sunt dimicaturi: quod Cn. Pompeius constituit non pati C. Cæsarem consulem aliter fieri, nisi exercitum & provincias tradiderit: Cæsari autem persuasum est, se salvum esse non posse, si ab exercitu recesserit. Fert illam tamen conditionem, ut ambo exercitus tradant. Sic illi amores, & invidiosa conjunctio, non ad occultam recedit obtrectationem, sed ad bellum se erupit: neque mearum rerum, quod consilii capiam reperio; quod non dubito, quin te quoque hæc deliberatio sit perturbatura. Nam mihi cum hominibus his & gratia, & necessitudo est; tum causam illam, non homines odi. Illud te non arbitror fugere, quin homines in dissensione domestica debeant, quamdiu civiliter sine armis cernetur, honestiorem sequi partem: ubi ad bellum & castra ventum sit,

Gebhard. est autem hic sensus, me non credere per annum pacem duraturam. Intra annum bellum orietur civile. Graev.

Ea contentio) Inter Cæsarem, & Pompeium. Io.

Sic illi amores, & invidiosa conjunctio, non ad occultam recidit obtrectationem, sed ad bellum se erupit) Induxi hanc lectionem ex Pal. pr. (cujus tamen ora alia allita est, *& in diss conjunctio non ad occultam recedit obtrectationem, sed ad bellum se erumpit.*) editionum primaria, ac Peckiu, Vaticanique excerptis: nec longe dissidet Victorius, nisi quod elegantiam corruperit, omittendo *se*. Editiones aliæ habent: *Sic illi jam amores & inv. conj. n. a. occ. recidit obtr. s. a. bellum erumpit.* Gebh. *Illi amores*) Intelligi matrimonium Pompeii, cum potentiæ cupiditate duceret Juliam Cæsaris filiam, de qua nundinatione matrimoniorum, qua respublica opprimebatur, queritur Cato apud Plutarch. in vita Julii. *Invidiosa conjunctio*, est triumviratus quem inierant Crassus, Pompeius, & Cæsar, his legibus, ut nihil in republica gereretur, ipsis improbantibus. Graevius.

Ad occult. recedit obtrectat) *Recedit* pro *cedit*, compositum pro simplici, de quo ad Sall. Iug. c. 4. Cort.

Et gratia & necessitudo est; tum causam illam non homines odi) Exemplar ubique nobis est Victorii editio, quam ubique exprimere studemus, præsertim accedentibus nostris libris, qui leviculis vocculis tantum ab hac abhorrent; quippe primum, *necessitudo e non causam illam unde homines odi* (sic Amstelodam.) Sic Veneta quoque impressio, nisi quod in hoc solum absurdior est: circumferebatur antea: *Gratia est & necessitudo, tamen causam illam, non homines odi*. Gebhard. *Causam illam*) Cæsaris scilicet, qui nimiam potentiam quærebat, & contra patriæ antiqua instituta volebat absens Consul creari, neque sine pactione, ut senatus volebat, exercitus & provinciam tradere. Graev.

Quamdiu civiliter sine armis certetur) Elegantissimam lectionem & Cælianæ eruditione dignissimam erasit accuratissimus Victorius, quam eo libentius admisi, quod eam propugnent excerpta Vaticani. Ad quorum statum plebes vasculum erat, *cernetur*. Gebh. *Certare* enim est dimicare, certare. Virgil.

Inter

sit, firmiorem; & id melius statuere, quod tutius sit. In hac discordia video, Cn. Pompeium senatum, quique res judicant, secum habiturum: ad Cæsarem omnes, qui cum timore aut mala spe vivant, accessuros: exercitum conferendum non esse: omnino satis spatii sit ad considerandas utriusque copias & ad eligendas partes. Prope oblitus sum, quod maxime fuit scribendum. Scis Appium censorem hic ostenta facere? de signis, & tabulis, de agri modo, de ære alieno acerrime agere? Persuasum est ei, censuram lomentum, aut nitrum esse: errare mihi videtur. Nam sordes

Iatere se credisse viros, & cernere ferro. Sallust. Catil. LIX. *Contra latrones inermes pro patria, pro liberis, pro aris atque focis suis cernere.* Varro: *Nonne vides apud Ennium esse scriptum: ter sub armis malim vitam cernere, quam semel parere.* GRÆV.

Quique res judicant) Ita loquebantur, cum judices significarent; exempla non desunt. ID.

Cum timore aut mala spe vivant) Hoc est, *convicti in judiciis aut pro factis judicium timentes*, Sall. Cat. c. 14. Idem c. 21. init. Et Auctor de Rep. Ord. ep. 1. vere refert, initio multos hujuscemodi ad Cæsarem concurrisse, qui postea ad Pompeium defluxerint, c. 3. CORTIUS.

Omnino sat spatii sit) Forte: *Opto.* Dii velint, ne citius hoc malum nobis superveniat, quam sat temporis habuerimus ad æstimandas utriusque vires. IO. FR. GRON.

Ad eligendam partem) Præstat scriptura veteris codicis, quo Lambinus usus est, ut ejus editionis margines testantur, *ad eligendas partes.* *Partium* dux apud Florum. Res trita. GRÆV.

Ostenta facere) Mirifica, quæ nemo crediderit facile, dum scilicet gravem censorem ludit. GRÆV.

De agris modo) Residet hæc lectio per editiones nostras, & Palatinum primum; quam ut introducerem, ejicienda erat vulgatior, *de agri modo.* GEBHARD. Sed non satis est lectionem ingerere, quam codices præ se ferunt, a quibus non facile discedendum. Si ea lectio ferax, insulsa, & sine ullo sensu est, levissimaque mutatione unius literulæ optime corrigitur, quis non potius tum rationem, quam libros sequatur? Manutius vero ostendit omnino hic legendum esse, quod & alii facile videant, *de agri modo.* GRÆV. Quantum quisque agrorum habere debeat, quæ res multas sæpe turbas in rep. dedit. CORT.

Lomentum aut nitrum esse) Veteres codices omnino melius *nitrum.* Nec enim vitrum res est vilis, & nullius pretii, ut fere *nitrum*, quo nonnullæ gentes pro sale utebantur in condiendis, conservandisque obsoniis: viriditatem etiam brassicæ nitro reddebant: Martial.

Ne tibi pallentes moveant fastidia caules,
Nitrata viridis brassica fiet aqua.

VICTOR. *Lomentum, aut nitrum*) Quibus sordes eluuntur. CORRAD. Explicationem veram hujus loci vide apud Manutium. GRÆV. *Lomentum aut nitrum esse: errare mihi videtur*) Sic Pal. primus, Vaticani, & Pechio excerpta, atque adeo editiones, prima ac Victorii; nam vulgo *vitrum* publicarunt, ut a Victorio animadversum est; paullo autem statim post, ex Vaticano & Victorii impressione de novo vulgavi, *nam sordes eluere vult*: licet alii aliter; Lambinus suo ingenio, ne videretur aliunde accepisse, addidit, *eam dum sordes eluere vult.* Libri nostri mera ostenta hic faciunt; quorum Palatinus: *Nam sordes ei vere vultu emisti sibi omnia & viscera aperit.* Venera vero editio, quemadmodum & Pechio excer-

dens cluore vult, venas sibi omnes, & viscera aperit. Curre per deos atque homines, & quam primum hæc risum veni: legis Scantiniæ judicium apud Drusum fieri: Appium de tabulis & signis agere. Crede mihi, est properandum. Curio noster sapienter id, quod remisit de stipendio Pompeii, fecisse existimatur. Ad summam, quæris, quid putem futurum. Si alteruter eorum ad Parthicum bellum non eat, video magnas impendere discordias: quas ferrum & vis judicabit: uterque animo, & copiis est paratus. Si sine tuo periculo fieri posset, magnum & jucundum tibi fortuna spectaculum parabat.

EPISTOLA XV.

ARGUMENTUM.

Prima pars epistolæ Pompejum vituperat, Cæsarem laudat: orto enim civili bello, tutiorem partem, non honestiorem, Cælius elegerat: ut re ipsa comprobaret, quod scripserat epistola proxima, his verbis; Illud te non arbitror fugere, quin homines in dissensione domestica, debeant, quam diu civiliter sine armis certetur, honestiorem sequi partem: ubi ad bellum & castra ventum sit, firmiorem, & id melius statuere, quod tutius sit. *Subjungit de sua cupiditate conveniendi, & alloquendi Ciceronis: de itinere ad Alpes: de Domi-*

excerpta, *non fordes ei vere velim venae*: publicatum est, *non fordes elavere volens*. GEBHARD. *Nitrum* & *vitrum* etiam apud Cæsarem de B. G. lib. V. c. 14. inter se permutata sunt in codicibus antiquis. Nec scio, an hoc loco *nitrum* magis conveniat, quam *vitrum*, cum lamentum & vitrum optime possint jungi. Vide viros doctos ad locum e Cæsare prolatum, & Salmas. in Tertull. de Pallio, p. 433. VERBURG

Venas sibi omnes & viscera aperit) Dum ex Palat. primo notatur *venas sibi omnis*, dum in Amstelodamensi codice haberi evulgat Cl. Grævius *venas si sibi*, quid aliud quam clamant in vulgata emendatione omitti vocem post *ve venas*, quam Cælius addiderit? Eam opinor esse *se*, vel *scilicet*. IAC. GRON.

Judicium apud Drusum fieri) Judicem esse Drusum, qui reus esse debebat. GRÆV.

Ad summam) In summa, prout Plinius proferre solet. Conf. VII. ep. 23. notata. Formula Petroniana Sat. cap. 31. *Ad summam statim scietis cui dederitis beneficium*. Vide ibi Burmannum. CORT.

Magnum & jucundum tibi fortuna spectaculum parabat) Committendo scilicet duos illos viros, qui præcipui sui consilii auctores fuerant. GRÆV.

Domitio, Cæsaris hospite, interfecto. Scripsit autem hanc epistolam anno sequenti post superiores, id est, Lentulo & Marcello Coss. Meminit enim in extrema epistola de Domitio Ahenobarbo Corfinii a Cæsare capto, & dimisso.

CŒLIVS CICERONI S.

ECquando tu hominem ineptiorem, quam tuum Cn. Pompeium vidisti, qui tantas turbas, qui tam nugax esset, commorit? Ecquem autem Cæsare nostro acriorem in rebus gerendis, eodem in victoria temperatiorem, aut legisti aut audisti? Quid est? nunc tibi nostri milites, qui durissimis & frigidissimis locis, teterrima hieme, bellum ambulando confecerunt, malis orbiculatis esse pasti videntur? Quid jam, inquis? gloriose omnia: si scias, quam sollicitus sim, tum hanc meam gloriam, quæ ad me nihil pertinet, derideas: quæ tibi exponere, nisi coram, non possum: idque celeriter fore spero. Nam me, cum expulisset ex Italia Pompeium, constituit ad urbem vocare: id quod jam existimo confectum, nisi si maluit Pompeius Brundusii circumsederi. Peream, si minima causa est properan-

EPISTOLA XV.

NVnc tibi nostri milites &c.) Ita legitur cum in aliis editionibus, tum etiam in Manutianis: at ego quin legendum sit *nunc tibi*, nescio cujus fuerit dubitare. HENR. STEPHAN.

Bellum ambulando confecerunt) Quasi ludendo. GRAEV. Perpetuis itineribus iter faciendo, quod significat ambulare, ut notavit Dacerius ad Festi *Ambulare*. CORR.

Malis orbiculatis pasti) Hoc est, delicatis cibis, deliciis adsueti, qui nec frigus, nec famem pati possunt. GRAEV.

Quid jam, inquis? gloriose omnia) Ex Victorii, & Veneta editione, tum Pechiano & Palat. traduxi, nisi quod Pal. primus paullo diversius distinguat, *quid jam inquis gloriose? omnia si scias* (& sic Amstelodam.) Publicati libri, *quid jam, inquis, gloriosum? Imo, si scias*. GRONOV. *Quid? tam gloriose, inquis, omnia*) Sic apud vos sese habent? Ita autem legendum, non *jam*. I. FR. GRON.

Quæ tibi exponere) Te quo non habes, cui respondeat. Et est tale, quale Sallust. Catil. XXXV. *Satisfactionem ex nulla conscientia de culpa proponere decrevi: quam mediusfidius veram licet recognoscere*. Vid. Lib. III. Obs. c. 2. intelligitur, quippe in iis negotiis, quæ. I. FR. GRON.

Idque celeriter fore spero) Legendum fortasse est: *Id quod celeriter fore spero*. LAMBIN.

Nam me, cum expulisset) Legendum videtur: *Nam me cum Cæsar expulisset*, &c. quamquam subintelligi potest nomen Cæsar. IDEM.

Nisi si maluit Pompeium Brundusii circumsedere) Vatic. *nisi si malit*; sed illud tuetur Pal. primus, editio Victorii, ac Veneta. Non tamen damnem lectionem, ad quam inclinant Pall. spectatque prima editio, plenamque ex vet. cod. ad eam repoluit Egnatius,

perandi isto mihi, quod te videre, & omnia intima conferre discupio: habeo autem quam multa. Hui vereor (quod solet fieri) ne, cum te videro, omnia obliviscar. Sed tamen quodnam ob scelus iter mihi necessarium retro ad Alpes versus incidit? Adeo quod Intimelii in armis sunt, neque de magna causa. Bellienus, verna Demetrii, qui ibi cum præsidio erat, Domitium quemdam, nobilem illi Cæsaris hospitem, a contraria factione nummis acceptis comprehendit, & strangulavit: civitas ad arma iit: eo cum quatuor cohortibus mihi per nives eundum est. Usquequaque, inquies, Domitii mali dant. Vellem quidem Venere prognatus tantum animi habuisset in vestro Domitio,

tium, *maluit Pompeius Brundisi circumsederi*. Gebhard. Hæc est vera lectio, cujus vestigia extant etiam in Amstelodam. in quo *Pompeius* scriptum est, quamvis male in illo exaratum sit *circumsedere* pro *circumsederi*. Iam, inquit, existimo Pompeium ex Italia expulsum esse, nisi maluerit obsideri Brundusii. Gebh.

Sed tamen quodnam ob scelus] Pech. *sed tam quam hoc scelus*, leg. *quodnam hoc scelus?* Terent. Eunucho. Gulielm.

Intimelii] Plinius lib. III. 5. Corradus.

Verna Demetrii] *Verna* dicitur servus familiæ, domino domi suæ natus ex ancilla, aut servo. [illegible]

Domitium quemdam, nobilem illic Cæsaris hosp.] Secutus sum libros vulgatos, a quibus non discrepant nostri MSi, uno atque altero excepto, in quo scriptum est, *nobilem illi Cæsaris hosp.* quam scripturam quidam amplectuntur, ut *illi* positum intelligamus pro *illic*. Ego autem minus probo, arbitrorque in adverbio *illic c* fuisse omissum ab errante librario, propter vocem sequentem, ab eadem littera initium capientem. Si quis tamen *illi* contendet esse legendum, non magnopere pugnabo. Non desunt enim innumerabilia exempla. Sic Terentius Phormione: *Interea dum sedemus illi*, &c. Et Lucret. lib. 1. in ext. *Illi cum videant*; &c. ad quem locum hæc de re plura. Lambin. *Illi* extat quoque in Amstelod. & Pech. Gebh.

Eo cum quatuor cohortibus mihi per nives eundum est] Hæc est scriptura Victorianæ editionis, quam, si ex Mediceo hausta est, non improbo: sin, non repudianda est plerorumque omnium librorum lectio, *eo cum cohortibus mihi per nives eundum*: quam & Manutius tuetur & asserit Amstelodamensis, nisi quod pro *cum* legat *eum*. Gebh.

Usquequaque, inquies, Domitii mali dant] Ita Vaticanus & Victorii editio, neque multum discrepant Palatinus primus & Venetus: *Usquequaque inquis sed Domitii mali dant*: cum publicitus excusum sit: *Usque inquis se D. male habent*. Gebhard. Sed unde dependet *mali*? legendum *male dant*. Phædrus:

Fraudator nomen cum locat sponsu improbo,
Non rem expedire, sed mala dare expetit.

Ut bene ibi antiquus codex. Verum quia in antiquis libris legitur, ut & Amstelodam. *usquequaque inquis, sed Domitii mali dant*, scribendum censeo *usquequaque, inquies, se Domitii male dant*, *Male se dare*, ut apud Terent. *turpiter se dare*. Gebh. In Italia, & Gallia; nam & L. Domitius cum illo Corfinii captus fuerat. Casaub.

Vellem quidem Venere prognatus] Sic in omnibus vulgatis. Antiquiores codi-

initio, quantum Pſecade natus in hoc habuit. Ciceroni F. S. D.

EPI-

codicem multo melius, etſi ne illi quidem penitus purgati: ſic enim habent, *Venerem propagantem*. Nos emendavimus *Venere prognatum*, ut Cæſarem intelligat, quem ſuæ ſtirpis originem a Venere duxiſſe omnibus notum eſt, ut ipſe etiam in laudatione amitæ apud Suetonium docet: *Amitæ meæ Iuliæ maternum genus a regibus ortum, paternum cum diis immortalibus conjunctum eſt. Nam ab Anco Martio ſunt Martii Reges, quo nomine fuit Mater, a Venere Iulii, cujus gentis familia eſt noſtra*. Appianus libro ſecundo Ῥωμαϊκ. ἐμφυλίων. [illegible] ... Ῥώμῃ [illegible]. *De media nocte operatus ſacris Martis & genitricis Veneris; nam a Iulio Æneæ filio Iulia gens ut nomen ita genus ducere creditur; ſimulque eidem Deæ vovit in Urbe ſacrandam, ſi propitia juvaret victoria.* Dion etiam lib. XLIII. hiſtoriarum: [illegible] Ἀφροδίτης [illegible]. *Hoc autem* (forum) *& templum Veneris, quam ſui generis auctorem ferebat, a ſe condita Cæſar ſtatim tunc conſecravit: multaque horum cauſa, & varia ſpectacula edidit.* Hanc autem ſententiam eſſe puto & vim horum omnium verborum. Poſtquam, inquit, tam ubicumque moleſti ſunt *Domitii*, vellem Cæſar fortius ſe in veſtrum Domitium geſſiſſet, nec dubitaſſet facere divina ſtirpe oriundus, quod Bellienus verna auſus eſt facere in ſuo Domitio. Acerbiſſimas autem gerebat inimicitias M. Cœlius cum L. Domitio, quem Corfinii captum Cæſar dimiſerat (ne mirum alicui videatur, eum adverſus Domitium tam male animatum fuiſſe) quod prius quarta ab hac epiſtola docuit, *Cum L. Domitio* (*ut ſcis*, *inimiciſſimo homine*. Quare oſtenſus eſt clementia Cæſaris. Quantum poteſt autem, oſtendit rectius & honeſtius Cæſarem potuiſſe facere quod verna commiſerat, illius ſtirpem extollendo, hujus contra elevando, dum *catenas ei verna*.) quæ peſſima eſt ſervorum conditio) appellat: Cæſarem autem *Venere prognatum*. VICTOR. *Venere prognatus*) Cæſar: quo de loco in Quæſtura diximus. CORRAD.

Veſtro Domitio) L. Domitio Corfinii capto. IDEM.

Quantum ipſe catenatus) Hunc totum locum peſſime acceptum olim reſtitui ac declaravi, & niſi fallor, neque ad ſententiam, neque ad elegantiam verborum aliquid deſiderari poterat: fuere tamen, qui legi melius putarint, pro *ipſe catenatus*, *Pſecade natus*, quorum acumen non contemno: maluiſſem tamen eos tantam ingenii aciem, ubi opus erat, exercere. hoc enim ab illis excogitari nullo pacto hic neceſſarium fuit: ea vetere enim lectione egregius ſenſus ducitur, & illa nimis dura & violenta eſt. Quod autem facere voluit Cœlius, ſi ita legeretur, non feciſſet: ſtuduit enim afferre antitheton ſuperioribus illis verbis, *Venere prognatus*; nec majus excogitare potuit, quam appellare Bellienum ipſum, *catenatum*: quæ fortuna etiam in ſervis deterrima eſt. Nam quod ancilla natus eſſet, jam ante oſtenderat, cum eum *vernam* appellaverat, neque hoc contemnere ac deprimere conditionem illius erat. Dolet, ac vehementer quidem dolet, mihi eam neceſſitatem impoſitam, ut iis adverſer, a quibus nulla in re diſſentire vellem, id tamen feci, quam parciſſime potui. Nam quod in antiquis *Catenatus* legitur, nullo diſcrimine veteres librarii duabus illis litteris utebantur, quod ex Mediceo facile colligitur: nam crebro *inquid* ſcriptum eſt, & contra *illut*, *aliut*, *quinquatverſum*, *at* pro *ad*. In epiſt.

Cœlii

EPISTOLA XVI.

ARGUMENTUM.

Pulso ex Italia Pompeio, suadet Ciceroni Cælius, ne afflictam fortunam sequatur; sed in aliquem locum a bello vacuum secedat. Suasio est ab utili contra honestum: castris enim Pompeii, & consulum defendi resp. videbatur.

M. CŒLIUS M. CICERONI S.

EXanimatus sum tuis litteris, quibus te nihil, nisi triste cogitare ostendisti: neque id quid esset, perscripsisti: neque non tamen, quale esset, quod cogitares, aperuisti:

Cælii: *Paucis verbis iterum, qui multa sæpe dixit ad te, cum hoc vult, non audiendum: nam videtur non esse te, ut quem terferem; dissimilior.* VICTOR. Qu. *Ipse antecendas*) Bellilenus. CORR. *Quantum Pseudo natus.*) Secuti sumus P. Victorii conjecturam, quam & Manutius probat, & veteres codices adjuvant: nam nostri quidem sic habent, *quantum ipse audractus*. LAMB. Non est Victorii hæc conjectura, qui eam improbat, sed Pantagathi, quam verissimam puto. Nam & Pall. & Amstelodam. legunt *ipse audemotus*. Verum raro erant *antemati*. Præterea non conspirarent tot veteres codices in pravam scriptionem vocis vulgaris *antractus*. Adde quod hic frigeat *ipse*. Itaque cum Lambino hanc emendationem Pantagathi elegantissimam recepi. Venustissime enim *Ora nata* opponitur *ancillæ natæ*. *Pseciades* enim seu ornatrices erant ancillæ. GRÆV.

P. s. D.) Filio salutem dic. CORRADUS.

EPISTOLA XVI.

EXanimatus sum tuis) Vehementer perturbatus. Videtur autem defendum ex *sum*. Ita enim coheret oratio: *Exanimatus tuis litteris, quibus te nihil nisi triste cogitare ostendisti; neque id quid esset perscripsisti; neque tamen, quale esset quod cogitares aperuisti*) *has ad te illico litteras scripsi*. Io. FR. GRON. *Exan. t. lit. quibus te* nihil t. cog. ostendisti . . . . *has ad te illico lit. scripsi*. Ita regii codices. Locus in vulgatis abundat vocibus superfluis, & male interpunctione laborat. LALL.

Non enim quale esset quod cogitares aperuisti) Et hanc clausulam tenere debemus accuratissimo Victorio. Pal. & prisca editio hallucinantur hic, (ut & Amstelodam.) *non enim qualis esset quam cogitares res aperuisti*: & vulgares editiones: *neque non tamen, quale esset, quod cogitares, aperuisti*. GRÆV. Vulgarium tamen librorum lectio hic præferenda Victorii codici, quippe quam integram servarint epistolæ ad Atticum, in quibus hæc Cælii verba ad Atticum mittit. Secundum Medicei codicis scripturam esset fœda sensus ejusdem repetitio; hinc primo adspectu hæc verba priorum interpretatio margini adscripta magistro, quæ postea in contextum irrepserit, mihi esse videbatur: quod & Bernardum Rutilium cogitasse vidi; sed postea hanc sententiam visa veritate, rejeci. Lambinus totum hunc locum ita concinnandum existimat: *Exanimatus tuis litteris, quibus te nihil nisi triste cogitare ostendisti: neque id quid esset perscripsisti, neque non tamen, quale esset, quod cogitares, aperuisti; has ad te illico litteras scripsi*. Huic epistolæ respondet Cicero lib. II. epist. 16. GRÆV.

ruisti. Has illico ad te litteras scripsi. Per fortunas tuas, Cicero, per liberos, oro, obsecro, ne quid gravius de salute, & incolumitate tua consulas. Nam deos, hominesque, amicitiamque nostram testificor, me neque temere tibi prædixisse, neque temere monuisse; sed postquam Cæsarem convenerim, sententiamque ejus, qualis futura esset, parta victoria, cognoverim, te certiorem fecisse. Si existimas eamdem rationem fore Cæsari in dimittendis adversariis, & conditionibus ferendis, erras. Nihil nisi atrox & sævum cogitat, atque etiam loquitur. Iratus senatui exiit: his intercessionibus plane incitatus est: non, mehercule, erit deprecationi locus. Quare si tibi tu, si filius unicus, si domus, si spes tuæ reliquæ tibi caræ sunt: si aliquid apud te nos, si vir optimus, gener tuus valet, quorum fortunas non debes velle conturbare, ut eam causam, in cujus victoria salus nostra est, odisse, aut relinquere cogamur, aut impiam cupiditatem contra salutem tuam

Per fortunas tuas) Usurpatur hic loquendi modus in re misera; vid. lib. XIV. ep. 1. Id.

Neque temere monuisse) Id etiam testatur Cicero ad Atticum sic scribens: *Tantum abest ut Cœlius meam sententiam moverit, ut valde ego ipsi, quod de sua sententia decesserit, pœnitendum putem.* Corr.

Conditionibus ferendis) Pacis, quas Cæsar æquas ferre videbatur. Id.

Iratus senatui exiit) Sic vulgati codices, & antiqui etiam. Nos tamen scripsimus *exiit*: Hæc enim ipsa Cœlii epistola est etiam lib. X. ad Atticum: quo loco, etsi impressi *exiisti* habent, *exiit* tamen retinet noster ille probatior, & recte quidem, ut nos putamus, loquitur enim de Cæsare, qui Roma *exiit senatui iratus*, quod ea, quæ volebat, ab eo impetrare non potuerit: proficiscebatur autem in Hispaniam. *Exire* & alibi positum est absolute, ut X. ad Atticum, *eo animo* de te loquitur Cicero, id est, ex Italia discedamus. Est autem in omnibus codicibus quibusdam locis aliquantulum impedita hæc epistola. Nam quod infra in vulgatis legitur *parum optimatem esse*, in antiquis est *parum adeptatum esse*; quod etsi non probo (perversum enim & inquinatum omnino est) nonnihil scrupuli tamen relinquit, non esse quam habemus genuinam lectionem, & fortasse aliter legendum locum illum esse. Victor. *Ir. sen. exii.*) Al. *iratus senatu exiit* scil. in Hispaniam. Corr.

His intercessionibus) L. Metelli Trib. pleb. qui qualecumque res agere Cæsar Romæ instituerat, impediebat. Idem.

Tibi caræ sunt) Nonnulli codices habent *cara sunt*; magis tamen probamus, *caræ sunt*. Lamb.

Quorum fortunas non debes velle conturbare ut eam odisse, &c.) Al. *quorum f. n. d. v. c. sequere eam causam, in cujus victoria salus nostra est, ne, aut odisse te, aut, &c.* Corr. Eleganter & hic *velle* additur, ut supra. Ovid. II. Fast. v. 251. vide omnino Broukhus. ad Tibul. I. Eleg. V. v. 50. p. 108. Cort.

Impiam cupiditatem c. sal. tuam habes.)

tuam

tuam habeamus. Denique illud cogita: quod offensae fuerit in ista cunctatione, te subisse: nunc te contra victorem facere, quem dubiis rebus laedere noluisti: & ad eos fugatos accedere, quos resistentes sequi nolueris, summae stultitiae est. Vide, ne, dum pudet te parum optimatem esse, parum diligenter, quid optimum sit, eligas. Quod si totum tibi persuadere non possum, saltem, dum quid de Hispaniis agamus scitur, exspecta: quas tibi nuncio, adventu Caesaris fore nostras. Quam isti spem habeant, amissis Hispaniis, nescio. Quod porro tuum consilium sit ad desperatos accedere, non, mediusfidius, reperio. Hoc, quod tu non dicendo mihi significasti, Caesar audierat: ac, simul atque, have, mihi dixit, statim quid de te audisset, exposuit: negavi me scire: sed tamen ab eo petii, ut ad te litteras mit-

ire.) Cum ego & Dolabella tuus simus a parte Caesaris, tu vero a parte Pompeii, impiis utrimque adversus salutem aliorum versis, Rom.

Quod offensae fuerit in ista cunctatione, te subisse) Reiecimus hic ex Vaticano, Palatino, Neckio, atque aliis editionibus, Rocusi vulgo libri, *te potius subisse*. Gron. Ostenderat autem Cicero Pompeium cunctatione Capuae in ora maritima. Corr.

Ac simul atque have mihi dixit) Nos antiquam lectionem restituimus *have*. Hunc autem sensum hujus loci credimus esse, Simul atque Caesar me salutavit, primis statim verbis mihi narravit, quae de te audisset. Audiverat autem Caesar Ciceronem parare fugam, velleque omnino ex Italia discedere. Quod si *have* legas, nullum inde commodum sensum elicere poteris. Si quis autem *have*, quia aspirate scriptum est, suspectum habet, is omnino infrequens est in antiquorum librorum & lapidum observatione, in quibus passim sic scribitur. Est pulcherrimis litteris ita scriptus lapis Pisis: PARTHENI HAVE BENE VALEAS QVI ME SALVTAS CVM SOSIA FILIA MEA. Item plurimi Romae sic leguntur: raro contra admodum aliter. Harum autem inscriptionum cum exempla quaedam ab eo petiissem, qui possem hanc scripturam non abolitam confirmare, magnam copiam mihi Roma misit Marcellus Cervinus juvenis omni laude dignus propter summam omnium ingenuarum artium eruditionem, & candidissimorum morum integritatem. Nonnulla igitur ex iis, quae illi debeo, ascribam, alteram: MACEDO HAVE, BENE VALEAS QVISQVIS ES FECER. C. MODESTIVS MACEDO PATRI PIISSIMO, ET FORTVNATA CONIVX. CVRANTE RVFINO COLLIBERTO. Item: IPHIGENIA SVAVIS HAVE. VIX. MEN. SIB. OCTO. Item: HAVE HYGIA ANIMA DVLCISSIMA ERIAE SECVRISSIMAE QVAE VIX. ANN XVI. SIT TIBI TERRA LEVIS. Item Hadriae hanc inscriptionem esse idem mihi affirmavit: IVLIAE SP. F. THAIDI: HAVE THAIS: DII TIBI BENE FACIANT; & aliam etiam ibidem; quam ne in re tot jam testimoniis clara, longiores simus, praeterimus: nec non Arimini plures eandem orthographiam servantes. Nihil igitur dubitandum, quin haec vera sit lectio. Cum autem in pluribus pervetustis codicibus hanc epistolam legerimus (quippe quae sit etiam inter ad Atticum), omnes concordes sunt in hac lectione. Victor.

mitteret, quibus maxime ad remanendum commoveri posses. Me secum in Hispaniam ducit. Nam, nisi ita faceret, ego prius quam ad urbem accederem, ubicumque esses, ad te percurrissem, & hoc a te præsens contendissem, atque omni vi te retinuissem. Etiam atque etiam Cicero, cogita, ne te, tuosque omnes funditus evertas: ne te sciens prudensque eo demittas, unde exitum vides nullum esse. Quod si te aut voces optimatium commovent, aut nonnullorum hominum insolentiam & jactationem ferre non potes, eligas censeo aliquod oppidum vacuum a bello, dum hæc decernuntur: quæ tu cum feceris, & ego te sapienter fecisse judicabo, & Cæsarem non offendes.

EPISTOLA XVII.

ARGUMENTUM.

Quo tempore bellum in Pharsalia Cæsar, iterum consul, contra Pompeium gerebat, Romæ prætor Cælius, rerum novarum cupidus, vel quia prætori Trebonio mandatam urbanam jurisdictionem inique ferret, vel quod gravi ære alieno premeretur, magnas turbas commovit; quibus cum Servilius consul removendum a rep. censuit, quæ dum in urbe agitantur, scripsit Cælius hanc epistolam, doloris & iracundiæ plenam: in qua se Curionis amore, & Appii odio ab optima mente dejecisse, Cæsarisque partes potius, quam Pompeii, secutum esse, conqueritur: ejusque mutationis culpam in fortunam quoque confert, quæ effecerit, ut in Hispania esset, quo tempore Cicero ad Pompeium in Græciam profectus est. Leviter etiam ipsum Ciceronem accusat, quod amici

Vt ad te litteras mitteret) Quæ sunt lib. X. ad Attic. has autem Cæsar misit ex itinere. Corr.

Quæ cum confeceris, & ego te sapienter fecisse) Sic edidi cum Victorio, cum alii fecerint, *quæ jam erunt confecta. Id si feceris.* Pall. vero Perkio excerpta ex vetustissima editio, *quæ tum erunt confectis*. Politiani vero codex, *quæ tamen tu feceris*. Gaur. Sed ex Politiani libro aliorumque vestigiis, non dubito quin legendum sit, *quæ tu cum feceris*; cum bis ab oscitante librario scriptum, inde ab alio ademtum sequenti verbo. Grav.

Ep-

amici officium neglexerit, passusque sit eum cum Cæsare conjungi.

CŒLIUS CICERONI S.

ERgo me potius in Hispania fuisse tum, quam Formiis, cum tu profectus es ad Pompeium? quod utinam * ut Appius Claudius in ista parte C. Curio: quojus amicitia me paullatim in hanc * perditam caussam imposuit:

EPISTOLA XVII.

ERgo me potius in Hispania fuisse tum, quam Formiis] Si non profectus essem in Hispaniam cum Cæsare, sed ad te Formias, has discordias, in quas incidi, vitassem. CORRAD. *Ergo me potius fuisse in Hispaniam proficisci, quam Formiis esse*] *Ergo me*, quod est in Mediolanensibus, non improbo; ut sit illa Octaviani energia:

Ergone supremis potuit vox improba verbis
Tam dirum mandare nefas?

sed ne id quidem, quod vetustiores impressi habent, *quam Formias*; ut hoc dicat: Ergone potius fui proficisci in Hispaniam, quam Formias, antequam tu ad Pompeium proficiscerere? quasi dicat, minime. Utinamque ad te essem profectus potius Formias, ubi eras, cum scilicet superiores ad te dedi litteras. Nam ibi fuisse se indicat Cicero lib. II. illis literis, quibus superiori Cælianæ epistolæ respondet: *Sed mea prædiola*, inquit, *tibi nota sunt; in his mihi necesse est esse, ne amicis molestus sim.* Pluribus prædia in Formiano pulcherrima fuisse Ciceronis testatur; sed & Cælii verba hanc sententiam indicant, superioribus litteris: *Me sanum*, inquit, *in Hispaniam duxit; nam, nisi ita fuisset, ego prius quam ad urbem accederem, ubicumque esses, ad te percurrissem*. BERN. RUTIL.

Quod utinam aut non in ista parte A. Cl. aut non in hac C. Curio: cujus] Parte Pompeiana. Hoc loco scimus, aliter in veteribus libris legi; sed nihil elici potest sensus. CORR. *Quod utinam aut non Appius Claudius*] Ita interpungebat Pantagathus. F. VARN. *Quod utinam ut Appius Claudius in ista parte C. Curio, cujus amicitia me paullatim in hanc perditam caussam imposuit*] Ut Victorius edidit, ita nos repræsentamus. Doctus tamen vir leg. putat: *Quod utinam, ut Appius Claudius in ista parte C. Curio; cujus amicitia me paullatim in hanc imposuit*; itaque scriptum in vet. cod. ait præter quod ie habet (ut & Mentelianus), *in hanc partem caussæ imposuit*; sed illa verba, *partem caussæ*, ut glossema, delenda censet. Duas, porro ait, reddi caussas a Cælio, cur partes Cæsaris secutus fuerit: unam amorem Curionis, quem optat ad Pompeii partem, sicut Appius fuerit, transiisse; alteram quod sibi Cicero nihil consilii impertitus fuerit. Libri quoque nostri *in hanc partem caussam*. Vulgo: *Quod utinam aut non in ista parte Appius Claudius, aut non in hac C. Curio fuisset*. GRÆV. Appii vero odio sententiam mutavit Cælius, cum Pompeium sequi constituisset. CORR. *Quod utinam non Ap. Claudius in ista, aut in hac parte Caius Curio*) Sic legendum & intelligendum *fuisset*; ex quod nempe. Significat se odio Appii abstinuisse Pompeianorum societate, amore Curionis Cæsari adhæsisse. Jo. FR. GRON. *Quod utinam ut Appius Claudius in ista parte C. Curio*] Mirum est cessavisse Victorium, ut ab Manutio demum discere deberem, quæ scriptura exstaret in optimo codice Mediceo, nempe *utinam aut Appius*. Porro cum illud *aut* in aliis etiam suis legi testetur idem Manutius, cur ab eo abiit Victorius & ejus exemplo tot alii editores? Sic utique divinat Victorium quod

posuit; nam mihi sentio bonam mentem iracundia & amore ablatam. Tum tu porro, cum ad te proficiscens noctu Ariminum venissem, dum mihi pacis mandata das ad Cæsarem, & mirificum civem agis, amici officium neglexisti, neque mihi consuluisti. Neque hæc dico, quod diffidam huic causæ: sed, crede mihi, perire satius est, quam hos videre. Quod si timor vestræ crudelitatis non esset, ejecti jam pridem hinc essemus. Nam hic nunc, præter feneratores paucos, nec homo, nec ordo quisquam est, nisi Pompeianus. Equidem jam effeci, ut maxime plebs, &c, qui antea

quod tamen consilium suum esse continue negabat. Omnino libri veteres ita satis conspicue veram Cœlii manum enunciant, quæ fuit: *Quod etiam haud Appius Claudius in ista parte, mirum fuisset. C. Curio est, cujus amicitia me paulatim in hanc perditam causam impulit*. Sic nihil temere mutato, & sententia est sane quam perfecta. Iac. Gron.

Bonam mentem iracundia timore ablatam) Non *iracundia, & amore* ut est in antiquis, legimus; etsi non ignoramus eloquentissimum juvenem Christoph. Longolium *timore ablatam* hinc, ut opinor, acceptum in suas elegantissimas epistolas transtulisse. Queritur Cœlius se parum felicem in hac re fuisse: partes enim Pompeii fugisse, ne cum inimicissimo esse cogeretur (illic enim erat Appius), Cæsarisque secutum, illectum amicitia Curionis. Iracundia igitur, & inimicitia cum Appio a Pompeii castris Cœlium retraxerunt, amor & familiaritas Curionis in Cæsaris amicitiam deduxerunt. Nos quod potuimus præstitimus in his Cœlii epistolis: multa nos præteriisse fatemur. Qui meliorem codicem nacti fuerint, quæ restant non pauca vulnera, sanare facilius poterunt. Alius mihi visus est in hoc libro, quam in cæteris. Meminerunt enim nos ab eo exemplari, quantum cupiebamus facere non potuimus: non enim divinare sed emendare consilium est. Victor.

Iracundia & amore ablatam) Negare equidem non possum hanc esse antiquam scripturam, quam & Rivius se in uno cod. perantiquo reperisse testatur, *iracundia timore ablatam*. Sed ego vulgatam, *iracundia & amore ablatam*, magis probo: atque ita olim edi jusseram, si mihi typographus obtemperare voluisset. Nam hoc dicit Cœlius, se odio Appii compulsum, & amore Curionis adductum esse, ut partes Cæsaris sequeretur. Fuit autem Appius Pompeianus; Curio, Cæsarianus. Lamb.

Quam hos videre) Servilium, Trebonium, & reliquos Cæsarianos. Corradus.

Quod si timor vestræ crudelitatis non esset) Pompeius enim discedens ab urbe, in senatu dixerat, eodem se habiturum loco, qui Romæ remansissent, & qui in castris Cæsaris fuissent, id est, minatus erat, qui cum ipso arma non sumsissent, pro hostibus habiturum. Gron.

Præter feneratores) Sunt homines pecuniosi, qui nummos aliis fenori dant, nobis *usurarii*. Feneratoribus Cæsar caverat, datis arbitris, per quos fierent æstimationes possessionum & rerum, quanti quæque earum ante bellum fuissent, atque ea creditoribus traderentur. Cœlius vero prætor causis debitorum suscepta fore auxilio pollicebatur: ut in Quæstura Iulius ex Cæsare retulimus. Corr.

Effeci ut maxime plebs) Appellatione certa, legibusque de mercede habitationum condonanda, & de novis tabulis promulgatis, &c. Quidam libri manuscripti habent, *ut maxime patres*, &c. Vnde dicti quidem suspi-

tea noſter fuit, populus veſter eſſet. Cur hoc, inquis? immo vero reliqua exſpecta. Vos invitos vincere coegero: irritavi in me Catonem. Vos dormitis: nec hæc adhuc mihi videmini intelligere quam nos pateamus, & quam ſimus imbecilli. Atque hoc nullius præmii ſpe faciam: ſed quod apud me plurimum ſolet valere, doloris atque indignitatis cauſa. Quid iſtic facitis? prœlium exſpectatis, quod firmiſſimum eſt? Veſtras copias non novi: noſtri valde depugnare, & facile algere, & eſurire conſueverunt.

ſuſpicantur legendum, *ut maxime parere*, &c. LAMB. In multis libris exſtat *pive*, unde Guilielm. conjicit ſcribendum *Piſo*. Non eſt vero, & veteres libri non repugnent, ut vulgatam lectionem repudiemus propter rationes allatas a Manutio. Sæpe enim *populus* & *plebs* conjunguntur. Inferius lib. X. epiſt. 8. *Plancus Imp. Conſ. deſ. S. D. Coſſ. pr. trib. pleb. ſen. pop. pl. q. R.* hoc eſt, *Conſulibus, prætori, tribunis plebis, ſenatui, populo, plebique Romanæ*. Tacitus 1. Annal. *legata non ultra civilem modum: niſi quod populo & plebi ccccxxxv. dedit*. Plebs nimirum eſt viliſſima pars populi, fæx populi. GRÆV. *Pieri . . . . populus*. Haud raro *populus* & *plebs* ita conjunguntur, quod exemplis oſtendo ad Sall. Cat. c. 31. CORT.

Cur hoc, inquis? Immo reliqua exſpecta, &c.) Al. *Cur hoc inquis imo reliqua exſpectabat nos invitos vincere coegere Arrunteum me Catonem*, &c. locus eſt mendoſiſſimus. CONRAD. *Imo reliquias exſpectat*) Scrib. *imo reliqua exſpecta*. LAMB.

Irritavi in me Catonem) Aliter hæc verba leguntur in libris veteribus, ſed adeo confuſe, & inquinate, ut pigeat meminiſſe. Nam quod nonnulli *irritavi in me Arabonem* vel *in me Cæſarem* legunt, ſunt longe a veteribus veſtigiis: & vereor ne quanto magis corrigere volunt, tanto magis contaminent. Jaceant igitur hi loci, donec ex melioribus codicibus vera lectio eluceſcat. VICTOR. *Irritavi in me Catonem*) MSſ. *Arruntanum me Catonem*. Forte *alienum me Catonem*, ſc. videris, tam ſtrenuum & implacabilem adverſarium Cæſari, quam Cato eſt. IO. FR. GRON. *Irritavi in me Catonem*) Cum ſic deſperaret Victorius, certe hæc aliemiſſima tolerare non debuit in contextu Cælii; cujus tamen locum ſatis aperire mihi videtur antiqua lectio, quam ex Medicæo indicavit Manutius, *Aruntanum me Catonem*. Nam hic colligo *ut Italicum me Catonem?* quod declaratione non eget. In fine non dubitavi edere *conſueverunt*, cum ſic habeat Victorius tam in Juntina, quam Stephanica, etiam Manutius, quorum fidem niſum fuiſſe antiquis libris imaginor. JAC. GRON.

Vos dormitis) Segniter omnia agitis. Hinc Catilina apud Criſpum c. 20. *Quin igitur expergiſcimini*. CORT.

Nec hoc adhuc, &c.) Quidam delent pronomen *hoc*. LAMB.

Doloris atque indignitatis cauſa) Quin legendum hic ſit *indignationis*, negabit, ut opinor, qui quidem latine ſciet, nemo. HENR. STEPH.

Quod firmiſſimum eſt) Lege: *quo firmiſſimus eſt*, nempe Cæſar, quo invictus eſt. IO. FR. GRONOV. Prœlium, quod committeret Cæſar firmiſſimum eſt, propter firmiſſimos milites veteres, qui *firmiſſimi*: docebit te Sam. Tennulius ad Frontin. III. Stratag. c. 3. p. 131. CORT.

Facile algere.) Ergo paratiores ad ſuſtinendum etiam diuturnum bellum. Nec eſſe, quod ad fatigandum Cæſaris exercitum Pompeiani bellum trahant. CELL. Idem teſtatur Auctor B. African. c. 24. Cæſar VII. B. G. c. 17. adde III. B. Civ. c. 47. CORT.

PAVLLI MANVTII
COMMENTARIVS
IN
M. T. CICERONIS
LIBROS V. VI. VII. ET VIII.
EPISTOLARVM AD FAMILIARES.

PAVLLI MANVTII
COMMENTARIVS
IN
EPISTOLAM I.
LIBRI V.

Q. *Metellus*) Qui biennio post cum L. Afranio consulatum egregie gessit, ut ex ep. ad Attic. liquet. In oratione etiam pro Cælio: *simul ac pedem limine extulerit, omnes prope cives virtute, gloria, dignitate superabat*. Extinctum veneno uxoris Clodiæ scelere, quæ P. Clodii soror erat, infra eadem oratio significat. De hoc in Bruto sic: *Duo Metelli, Celer, & Nepos, nihil in causis versati, nec sine ingenio, nec indocti, hoc erant populare dicendi genus adsecuti*.

Celer) Cognomen hoc gens Metellorum accepit, ut Plutarchus in Coriolano docet, ab eo, qui gladiatorum munus patri mortuo celerrime dedit.

Procos.) Proconsul Metellus post preturam citeriori Galliæ præfuit, Silano & Murena coss. cum prætor ob Catilinæ motus, a Cicerone consule in Picenum, agrumque Gallicum, qui a Piceno ad Rubiconem pertinebat, missus esset: erat autem hic ager Gallicus non Galliæ citerioris, quam postea Metellus rexit, sed Italiæ pars, disjunctus a Gallia Rubicone flumine; *Gallicus* autem appellatus, quia Senones eum possederant. Nec vero mirum videatur, proconsulis nomine provinciam rexisse, qui consulatum non gesserat; id enim usitatum fuisse supra docuimus. Plinius quoque lib. 2. cap. 67. proconsulem appellat. *Nepos* (inquit) *tradit, Q. Metello Celeri, L. Afranii in consulatu collegæ, sed tum Galliæ proconsuli, Iudex a rege Sarmentum dono datos*.

Reconciliatam) Ostendit, simultatem inter se, & Ciceronem aliquando fuisse: Cicero negat, vel vere, vel dissimulanter.

Metellum) Nepotem.

Fratrem) Germanum; ut pater utrique fuerit Q. Metellus Nepos, Balearici filius, Macedonici nepos; nam hunc Nepotem, Ciceronis inimicum, filium ejus Nepotis fuisse, qui cum T. Didio consul fuit anno DCXCV. Pedianus ostendit in commentario Corneliana. Hic oritur quæstio: Si fratres germani, cur utrique prænomen idem? Respondetur; quia Celer, cui etsi fortasse Lucio prænomen esset, tamen adoptatus a Q. Metello Celere, eo qui nominatur in lib. de Claris Oratoribus, omisso vetere prænomine, Quintus appellatus est, & cum prænomine Celeris etiam cognomen accepit, ex adoptionum consuetudine; opinor autem, post hanc adoptionem natum esse fratrem ejus, qui nominatur in hac epistola, quem pater suo prænomine appellari voluit. Id ex eo possum suspicari, quia Celer consulatum prior gessit: ex quo patet, natu majorem fuisse. Rursus objiciat aliquis, credibile non esse, ut pater unicum filium adoptandum concesserit; sed licet opinari, cum hic Metellus a Q. Metello Celere est adoptatus, alterum ei fuisse majorem natu fratrem, qui appellaretur Quintus: quod verisimile est: quia filius primo loco natus prænomen patris assumebat, quo, post adoptionem minoris fratris, mortuo, tertius postea natus patris prænomine Quintus dictus sit. Fratres autem germani potius, quam patrueles videntur fuisse: quia, si patrueles, unde utrique prænomen Quintio? an a patribus? at

ita

ita credi necesse esset, duos Metelli Balearici filios, quem hujus Nepotis avum fuisse ostendimus, eodem prænomine usos esse: quod verisimile parum videtur; germani igitur potius; idque etiam Cicero significat in eo loco: *Meus mi frater, quanta vis fraterni sit amoris, admonet*. Quæ verba majorem, quam inter patrueles, amorem videntur ostendere.

Ob dictum] Vide, quæ Cicero respondeat.

Familiæ dignitas] *Cum intra duodecim ferme annos*, ut ait Velleius lib. II *consules Metelli fuissent, aut censores, aut triumphavissent amplius duodecim*; unde illud Nævii apud Pedianum: *Fato Metelli Romæ fiunt consules*. Originem ducebant Celer & Nepos ab eo L. Metello, qui primo Punico bello triumphavit, hoc modo: Celeris & Nepotis pater is fuit Q Metellus Nepos, qui cum T. Didio consul fuit, anno 655. avus Q. Metellus Balearicus, consul anno 630. proavus Q Metellus Macedonicus, consul anno 610. abavus Q Metellus, consul anno 547. atavus L. Metellus, qui de Pœnis triumphavit, consul anno 502. Hac ex historiæ observatione: in qua Plinii ἀμάρτημα deprehendimus, qui Macedonici patrem putat L. Metellum, Punico triumpho clarum: cum avum fuisse, non patrem satis constet. Metellus autem Calvus, Macedonici frater, qui cum Fabio Serviliano consul fuit anno 611. genuit Metellum Calvum, qui consulatum gessit cum L. Cotta, anno 634 hic Q. Metellum Numidicum: Numidicus Q. Metellum Pium: Pius adoptavit P. Scipionem, qui Pompeii Magni socer fuit.

Provinciæ] Citeriori Galliæ.

Bellum gero] Cum Salassis, & inalpinis gentibus, quæ nondum populo Romano parebant; & cum iisdem pugnasse D. Brutum, cognoscitur ex ep. 4 lib. II.

Per nuntios] Nimis arroganter; itaque respondit Cicero: *Tibi porro misissent nobis per litteras, hoc rescribo*.

Te tam] Suspicor esse conjecturam: nam in omnibus antiquis libris video plane scriptum esse, *Etiam*.

Non sperabam] In rebus, quas minime volumus, usurpatur nonnumquam hoc verbum, ut Virgil. lib. IV.

Hunc ego si potui tantum sperare dolorem,

EPISTOLA II.

C*Onsectatam*]. In consulatu, anno superiore, oppressa conjuratione Catilinæ.

Propinquos tuos] In primis Metellum Nepotem, Celeris fratrem, Ciceronis inimicum, ut infra patet.

Domesticis] Quas maxime Lentulus & Cethegus, egresso jam Catilina, in urbe comparabant.

Armatis hostibus] Catilina & Manlio. Sallustius, Ciceronis orationes, alii.

Occultis] Ne qua per Italiam, cum aliquo reip. damno, erumperet conjuratio.

Tanti & tam præclari muneris] Modus amplificandi; conjungitur enim cum magnitudine laus: cum interdum possit esse alterum sine altero. Sic pro lege Manilia: *Et quo homini vos tanta & tam præclara judicia fecistis*? Pro Milone: *In hoc tanto & tam præclaro natura motu*. In Antonium oratione V. *Habeat hujus tanti facti tamque præclari decreto nostro testimonium sempiternum*. In eumdem 6. *Hunc vestro judicio tanto tamque præclaro excitatos*. In eumdem 7. *Hunc tantum tamque præclarum apparatum*. Et lib. de Leg III. *Tam præclara lege vero laudatus*. Ejusdem generis illud in Verrem lib. VI. *Incredibile est, quam multa & quam præclara fuerint*. Et pro Milone: *Quanta potuit occasione: quam præclara ferrent*. Jam non vereor, cum hæc tam multa ex ipso Cicerone loca recitaverim, ne mihi posthac petulans & insulsa Grammaticorum turba litem intendat, quod aliquando scripserim, *Tanti ac tam præclari muneris initium unde sumi optime potuit*; abundare enim *Tam* arbitrabantur, quoniam *Præ*, in compositione augeret: ignari, quam libere interdum, soluta artis Grammaticæ vinculis, excurreret Latina lingua: quod & nos per otium nonnumquam conferentes intelleximus; & intelliget, quicumque conferendi curam susceperit. Nec vero desunt alia ejusdem Ciceronis exempla, ut in Verrem bis præ-

præterea in eodem libro, in Rullum, in Catilinam, pro Flacco, oratione V. in Antonium, & in libro de Claris Oratoribus.

A tuis propinquis) Iterum *propinquos* nominat: quod est, iterum Metello inconstantiam objicere, quem e grati animi significatione propinquorum iniquitas abduxerit.

Honorificentissimis) Quid enim honorificentius, quam Italiam tibi ab armatis hostibus & ab occulta conjuratione defendendam tradere?

Aperte confitebar) Cum ambitionis confessio risum moveret.

Pari voluntate) Aculeus in Metellum: quasi rebus amplissimis atque honorificentissimis a Cicerone ornatus, parem voluntatem non reddiderit.

Provinciam) Cum ex consulatu in Galliam ire posset, maluit in urbe remanere: quod ipsum epist. 4. lib. XV. scripsit ad Catonem his verbis: *Provinciam ornatam, & spem non dubiam triumphi neglexi*. Et ad Att. epistola 1. lib. II. ait, *se, cum provinciam in concione deposuit, orationem habuisse*. In oratione autem in Pisonem: *Ego provinciam Galliam, senatus auctoritate, exercitu, & pecunia instructam & ornatam, quam cum Antonio commutavi, quod ita existimabam tempora reip. ferre, renunciavi*. Et Phil. II. *Imitare me, qui instructam ornatamque a senatu provinciam deposui, ut incendium patriæ, omissa omni cogitatione, restinguerem*. Atque hanc ipsam Galliam a Metello administratam, Plinii jam testimonio probavimus, & Sallustius etiam ac Dio lib. XXXVII. ostendit.

Sortitione) Vel sortiebantur provincias inter se, vel comparabant, id est, pactione, quam quisque vellet, capiebant; epist. 9. lib. I.

Vestra) Inter te, & collegas tuos facta.

Collegam meum) C. Antonium, collegam Ciceronis in consulatu. Opinor, cum Galliam Antonio Cicero tradidisset: id quod ex oratione in Pisonem demonstravimus, & Sallustius narrat, eum dedisse operam, ut omnino Metellus Galliam sortiretur, arte fortasse aliqua ad curandum sortis eventum adhibita: cum ipsi gratior esset Macedoniæ administratio, quam hoc anno susceperit: ut ex epist. 10. lib. I. ad Att. intelligitur.

Facta sortitione) In qua tibi obvenerat Gallia.

Collegas tuos) Prætores; nam in magistratu provincias sortiebantur.

In præscriptione est) Quid hac præscriptione significetur, communis intelligentia fortasse non assequitur: quod exponere conabimur. Duplex erat in S. C. præscriptio, necessitatis una, honoris altera: necessitatis, quod infirmum erat S. C. cum in decernendo certus ac lege definitus senatorum numerus non adfuisset: itaque singulis S. C. ut valerent, præscribebatur, quot senatores adfuissent; de quo Festi verba recitabo: *Numera senatum, ait quivis senator consuli, cum impedimento vult esse, quo minus faciat S. C. postulatque, ut aut ea, quæ afferuntur, dividantur; aut singuli consulantur; aut, si tot non sint senatores quo numero liceat perscribi S. C.* Tulit etiam legem C. Cornelius tribunus pl. quem Cicero defendit; non ille quidem de omnibus S. C. sed de iis, quibus aliquem solvi legibus placeret, ut ita rata essent, si ducenti senatores adfuissent. Quod Festi locus, etsi non plane, tamen quodam modo confirmat. Altera, quæ auctoritatem S. C. adderet, præscriptio erat, cum nobilissimi senatores scribendo aderant; qui certus numerus non erat, sed pro ejus dignitate & gratia, cujus de honore in S. C. ageretur; quo de genere præscriptionis hic puto significari; & illud infra, *Obscurum esse non potuit*, sic interpretor, ob eorum claritatem, qui scribendo adfuerant. Et in eo S. C. quod Cœlius Ciceroni misit, epist. 10. lib. VIII. legendum opinor: *S. C. quod tibi misi factum est, auctoritatesque præscriptæ*: non *perscriptæ*; nam senatorum nomina qui adfuissent scribendo, *S. C. auctoritates* dicebantur, & ante S. C. scribebantur; de quo etiam more loquitur in epist. ad Catonem VI. lib. XV. cum inquit: *Hæc S. C. non ignoro ab amicissimis ejus, de cujus honore agitur, scribi solere*; non quod id scriberent, sed quod scribendo adessent, & fortasse etiam dictarent. Sic in Agraria 2. *Collegas suos, adscriptores legis agrariæ, non repudiabis; a quibus ei locus primus invidiæ in præscriptione concessus est*. Et lib. III.

de Orat. legitur in antiquo Borromæi libro, *In auctoritatibus præscriptis exstant*, ubi est in pervulgatis, *Perscriptis*.

Profectus es] Post furtivitionem profectus est Metellus prætor non in Galliam, quam post præturam administrandam sortitus erat, sed in Picenum, in quo permansisse usque ad illud tempus, cum Catilina victus est, è Sallustio cognoscitur. Catilina superato, Galliam provinciam accepit.

Proxime] Post necem Catilinæ videtur Metellus, antequam in Galliam iret, Romam revertisse.

Parare] Nam extremo anno consulatus Ciceronis, id est, IV. idus Decembris, ut mos erat, magistratum initurus erat Metellus Nepos tribunus pl. designatus.

Clodiæ] Impudica muliere, P. Clodii sorore, de qua in oratione pro Cœlio, & epist. 1. lib. II. ad Attic. Plutarchus in Cicerone *Quadrantariam* vocatam scribit, à quadrantibus in ejus loculos ab amatore conjectis.

Vxore tua] Quomodo uxor fuerit Celeris, cum ejus fratrem P. Clodium, fratrem patruelem Celeris nominet Cicero in oratione pro Cœlio? an eadem & soror, & conjux? sic opinor: ut Clodius, & Clodia filii fuerint Cæciliæ, sororis ejus Metelli, qui Celerem, & Nepotem genuit.

Vestra sorore Mucia] Vxore Cn. Pompeii, ut ex Pediano, Plutarcho, Dione, ad Att. epist. 10. lib. I. planum fit; soror autem fuit avorum Metellorum, Celeris & Nepotis, vel quod ejus mater patris soror esset; vel quod Celeris & Metelli mater, Muciæ gentis, id est, soror esset patris hujus Muciæ; sic enim feminæ sorores dicuntur, licet germanæ non sint, ut mares sæpe fratres appellantur, cum sint patrueles, aut consobrini. Potuit etiam soror esse uterina, Celeris & Nepotis hoc modo, ut eorum mater, viro mortuo Q. Metello Nepote, nupserit Q. Scævolæ, ex quo postea Muciam hanc pepererit. Eam & Dio lib. LXXXVII. sororem vocat Metelli Celeris: cum hanc postea, stupratam a C. Cæsare suspicatus, post duos susceptos filios, divortium Pompeius fecit; epist. 10. lib. I. ad Attic. Pedianus, Suetonius, Plutarchus, Dio.

Deterrerent] Removerent, non minis aut injecto metu, sed rationibus & precibus. Interdum enim *Deterrere* & *Cohortari*, ut contraria opponuntur; l. I. de Orat. *Verum, ut majorem vim ad deterrendum habuerit, quam ad cohortandum*. Exempla non desunt.

Quod te audisse credo] Patet sententia: nec discrepant mei veteres libri, quibus in omnibus plane legitur, *Credo*. At in uno Mediceo libro est *Certe*, non *Credo*; ex quo aliis orta de mendo conjectura; mihi verisimile non fit, reliquos omnes libros ab uno illo esse descriptos; cum & ab illo, & inter se dissentiant. Nec vero librum ullum tam antiquum esse arbitror, qui omni prorsus vacet mendo: quippe cum ne illa quidem interdum, quæ a nobis cogitata ipsi nostra manu scribimus, emaculata satis esse videamus.

In eiusmo magistratu] Ne minimo quidem; sic in meis antiquis libris; nec sane video, cur quidquam mutetur: aut si mutandum, placeret, *Minimo magistratu*, ut legebat Vbaldinus Bandinellus; cum sic in Mediceo libro, *In animo magistratum*. Sic opponeretur *Consul*, & *Minimo Magistratu*.

Pridie Kal. Ian.] Vltimo consulatus die.

Concionis habendæ] De rebus in consulatu actis: ut more comparatum erat.

Prinvavit] Pro potestate tribunicia.

Vt juravem] Consules, commemoratis rebus in consulatu gestis, jurare soliti sunt, omnia se consilia atque facta ad reip. dignitatem commodumque retulisse, quod Ciceroni & Metellus permisit: reliqua commemorare vetuit.

Verissimum pulcherrimumque jusjurandum] Hoc, remp. a se uno conservatam; de quo sic in oratione pro Domo: *Reip. semper interesse putavi, me illius pulcherrimi facti, quod ex auctoritate senatus, consensu bonorum omnium, pro salute patriæ gessissem, splendorem verbis dignitatemque retinere; præsertim cum mihi uni in hac republ. audiente populo Romano, opera mea hanc urbem & hanc remp. esse salvam juratum di-*

dicere fas fuisset. Et in Pisonem: *Ego, cum in concione, abiens magistratu, dicere a tribuno pl. prohiberer, quae constitueram; cumque is mihi tantummodo, ut iurarem, permitteret; sine ulla dubitatione iuravi, rempub. atque hanc urbem mea unius opera esse salvam.* Idem confirmat Dio lib. XXXVII. Plutarchus autem, prohibitum Ciceronem a duobus tribunis, Metello, & Bestia, prodidit falso: nam Bestia non eodem anno cum Metello tribunatum gessit; Bestia Cicerone consule, quod Sallustius ostendit, Metellus anno sequenti; quod vel hic locus declarat; nam tribuni pl. magistratum inibant IV. idus Decembris. Itaque non eum concione privare potuit Bestia extremo consulatus die, id est, Kalendis Ianuarii, cum III. idus Dec. tribunatu abiisset: sed id a Metello factum, qui tribunatum, antequam Cicero consulatum absolvisset, inierat.

Populus) Confirmatum a populo Ciceronis jusjurandum, & oratio in Pisonem loco proxime excitato, & Plutarchus in Ciceronis vita demonstrat.

Indicta causa) Significabat, Lentulum, Cethegum, Statilium, Gabinium, Ceparium, conjuratos & participes conjurationis Catilinae, indicta causa, contra leges moremque majorum, esse condemnatos. Animadvertisse autem in eos Ciceronem dicit, quod eo jubente in carcere strangulati sunt, ut Sallustius, Plutarchus, Dio scriptum reliquere. Appianus hoc addit, Ciceronem eos necari in conspectu suo jussisse, quod falsum est.

Hominem gravem) Cum ironia, ut Tusc. 2. *Hominem severissimum; quis tot verba tecum in lectulo contineret?* Phil. 13. *Turpem vero actionem, qua defenditur amplissimi auctoritas ordinis contra crudelissimi gladiatoris amentiam.* Ad Q. Fr. ep. 4. lib. III. *Lepidum amicum Sallustium, qui mihi aut inimicitias putet periculosas subeundas fuisse, aut infamiam sempiternam.*

Agere) In senatu.

Non judicio, neque disceptatione) Eadem conjunxit lib. IV. de Repub. *Iudiciis enim ac magistratuum disceptationibus legitimis propositam vitam, non poetarum ingeniis, habere debemus.*

Impressionem) Impressionem facere, quo loquendi genere Varro, Hirtius, Livius usi sunt, est cum impetu irruere.

Restitissem) Acerrime disputando. Scripsit etiam contra Metelli concionem: ut est in epist. 9. lib. I. ad Att. & in Gellio lib. XVIII. cap. 7.

Casu) Sic ep. 17. ad Att. l. I. *Reliqua sic a me aguntur & agentur, ut non committamus, ut ea, quae gessimus, fortuito gessisse videamur.* Et Phil. 5. *Quis est, qui hunc non casu existimet recte fecisse? Laus enim a consilio pendet, non a casu.* Itaque Cicero, cum ea commemorat, quae pro salute reipub. in opprimenda Catilinae conjuratione gesserat, casum a se rejicit, consilium assumit. *Ego committam* (inquit in oratione pro Sulla) *ut ea, quae pro salute omnium gessi, casu magis & felicitate a me, quam virtute & consilio gesta esse videantur?* Et in Catilin. III. *Quaeque, ut ea virtute, non casu gesta esse videantur.* In epistola quoque ad Curium lib. VII. consilio casum quasi opponit, & ex casu felicitatem deducit: *Sapienter haec* (ait) *reliquisti, si consilio; feliciter, si casu.* Propterea dixit etiam in oratione pro Sulla: *Casu magis & felicitate: quia posset ex casu felicitas nasci, nullo nostro merito.*

Celatum) Vel peccavit Nepos, si te celavit; vel tu, si celatus non es, inique facis, qui me accuses, quem oppugnatum non ignoras.

Dissolutio) Dissolutus est, qui fert ea, quae non debet; aut indulget plus, quam oporteat. In epist. ad M. Brutum: *Neque dissolutum a te quidquam homines exspectant, nec crudele.* Et lib. III. Offic. *Negligere quid de se quisque sentiat, non solum arrogantis est, sed etiam omnino dissoluti.*

Sedens) Assensio enim paucis verbis absolvitur; stantes autem sententiam pluribus verbis dicebant.

Levissime) Cum alii gravissime sentirent, quibus non assensi.

Senatus) Cum ageretur in senatu de Nepote tribuno pleb. puniendo, quia leges iniquissimas adversus collegarum intercessionem ferret: cui Caesar praetor cum opem ferret, utrumque decreto patrum administratione reipubl. submotum, Suetonius narrat, prae-

propterea scripserat Metellus Celer: *Fratrem meum capite ac fortunis per te oppugnatum iri*.

Cavere non debui] Quis enim curat, ut subleveturr inimicus?

Sublevaretur] Opinor alterum significari decretum, quo Metello & Caesari senatus ignovit, inducto priore decreto. Suetonius.

Desertus ab officiis tuis] Supra dixit: *Velim judices, satis me videtur his omnibus rebus, cum proxime Romam venisses, mutuo respondisse*.

Aequum te judicem praebeas] Quod impulsus dolore ita cum fratre tuo de rep. disputavi, ut sentiret sibi cum viro forti & constanti esse pugnandum. Sic locutus in epist. 1. lib. II.

Exercitus] Tres enim legiones habuisse, cum in Piceno praesideret, ait Sallustius: nec fuisse pauciores, cum Galliam proconsul regeret, consentaneum est.

Verendum] Placet; pro mea tamen consuetudine lectorem admoneo, in antiquis duodecim libris esse, *Tuendum*, non, *Verendum*.

Quoad voluissem] Humanitatem ostendit, habita ratione gravitatis; nam invitum amare dementiae est.

EPISTOLA III.

Importunissimi] Publ. Clodii, qui Nepotis frater appellatur & in ep. 3. lib. IV. ad Att. Fratres autem fuere, vel consobrini, vel quod Clodii mater, patris Nepotis soror fuerit.

Contumelia] In Ciceronem.

Concionibus] Ita longis, itaque acerbis litteris, ut concionari videatur.

Onerat] Mihi molestus est.

Leniuntur] Earum acerbitate non moveor, quae minuitur ac tollitur officiis tuis.

Ejusmodi homines] Sic mei veteres libri; omnes, *Hominis*: ut sit, Ejusmodi hominis quia leves contumeliae sunt, a me despiciuntur; ita opponuntur, *Onerat*, &, *Leves*: sin *Homines* legatur, potest esse eadem sententia, hoc modo: quia sunt leves ejusmodi homines, a me despiciuntur eorum contumeliae; potest etiam sic: despiciuntur a me, tamquam leves, ejusmodi homines. Mediceus liber, *ab ejusmodi homine*: sententia eadem, quae elicitur ex *Ejusmodi hominis*.

Commutata persona] Translatio ab histrionibus, qui, commutata persona, diversas agunt partes.

Invitum] Nemo servatur invitus; sed qui palam peccat, nec poenae metu flagitiis abstinet, is cum impunitatem adipiscitur, servari videtur invitus. Clodii autem conctis paene sceleribus inquinatam vitam quis ignorat?

Provinciae] Dixi jam praefuisse Nepotem Hispaniae, dixi autem auctoribus Appiano lib. II. Bell. Civ. Plutarcho in Caesare, Dione lib. XXXIX.

Si poteris] Nolim, te fratris injuriae ita commoveant, ut propterea de tua in me voluntate quidquam detrahatur.

EPISTOLA IV.

Collega] P. Lentulo consule, Ciceronis reditum enixe curante; ut ex epist. & orationibus constat.

Mirificum] Quae mihi antea diffidenti, spem attulit auxilii tui. Fortasse oratio illa significatur, quam habuit primo consulatus die, referente de reditu Ciceronis collega ejus P. Lentulo. Vide pro Sex.

Sum conflictus] Malo, *Sum cruciatus*, ut est in quatuor antiquis libris; nam *Conflictus*, cum proxime dictum sit *Inductus*, sententia non desiderat. *Cruciatus* autem significat, non invitum Ciceronem scripsisse, inductum ejus oratione mirifica.

Tuorum] Clodiorum, cum esset frater P. Clodii.

Tuas inimicitias] Fortasse quas cum C. Curione, qui de Dardanis triumphavit, acerbissimas gesserat. Vide Pedianum in commentario Corneliano.

Magistratum] Consulem P. Lentulum, qui cum primo consulatus die de revocando Cicerone retulisset, confecta res non est, noctem sibi ad deliberandum postulante Sext. Attilio Serrano tribuno plebis, quem *Gavianum* appellat in oratione pro Sextio.

Conservandorum] Sic in uno tantum vetere libro: cui potius assentior, quam reliquis omnibus, in quibus est,

Re-

Ne fruendorum ; aut Asservandorum, dixit, habita ratione temporis omissi : quasi iterum servandorum, quos antea non servaveris, cum posses.

Non sit) Extimum a P. Clodio impendere universæ reip. dixit : siquidem plus posset unus, quam consul, senatus, populus.

EPISTOLA V.

Imp.) Fortasse rem militarem feliciter gesserat, cum hæc epistola scripta est : postea vero male pugnavit ; nam triennio post, Cæsare & Bibulo coss. item damnatus est, quod in Thracia & Mysia parum prospere rem gessisset ; epitome Liviana, Dio, Obsequens.

Nisi commendatitias) Non igitur hæ sunt commendatitiæ, licet Atticus commendetur ; argumentum enim hoc videtur, ut ei Cicero, Attico rogante, suum studium in accusationis, quæ parabatur, periculo deferret ; quam partem non ante aggressus est, quam ei, commemoratis officiis suis, ingrati animi vitium exprobravit.

Ipsi Pompeio) Qui Ciceronis animum, nonnihil ab Antonio abalienatum, reconciliari cupiebat.

Officia desiderem) Infra subjunxit : *Nullam mihi abs te relatam esse gratiam, tu es optimus testis*. Et in epistola sequenti : *Ejus in me officia omnes desiderant*.

A me in te profecta) Defenderat jam eum Cicero in senatu, cum de revocando ex Macedonia ageretur ; quod ex epistola sequenti cognoscitur.

Falso in me solere conferri) Cum dicas, comperisse te, me tibi amicum non fuisse : quod falso a te dicitur.

Delata) De querelis tuis. Libentius enim ad querelas Antonii refero, quam ad id quod legitur epist. 10. l. I. ad Att. de parte pecuniarum, quas contra leges ab Antonio in provincia cogeretur Ciceroni danda.

Constantia) Etsi non deberem, cum te non esse in me gratum audirem ; feci tamen, ne inconstans in amicitia viderer ; epist. 8. *Quæ a me suscepta defensio est, te absente, dignitatis tuæ ; in ea jam ego non solum amicitiæ nostræ sed etiam constantiæ meæ causa permanebo*.

Reliqua) Fore putabat, ut de repetundis accusaretur ; quod ex epist. 10. lib. I. ad Attic. satis constat ; fit enim in ea mentio & de coactis ab Antonio pecuniis, & de prætore ad populum acturo : quamquam non nisi triennio post, Cæsare & Bibulo coss. accusatus est, ut Suetonius & oratio pro Domo demonstrat : quo tempore, Cicerone defendente, damnatum esse, ex oratione pro Cælio, & ex Dione cognoscitur. Damnatum autem de majestate, accusante Cælio, & Dio & proxime nominata oratio videtur significare : de repetundis etiam ostendit locus ille in epist. 10. lib. I. ad Attic. *Antonium in cogendis pecuniis dictitare, partem mihi quæri*. Quod altero confirmatur argumento, quia damnatum accusante Q. Maximo plane demonstrat oratio in Vatinium, ut de majestate a Cælio, de repetundis a Maximo accusatus, ex utroque crimine damnatus sit : nam & duos quæstiores, Q. Claudium & Cn. Lentulum, apud quos reus factus est, in eadem oratione video nominari.

EPISTOLA VI.

P. *Sextio*) Quæstor Antonio fuit & consuli Romæ, & proconsuli in Macedonia ; quod ex oratione pro ipso patet.

Procos.) Sic omnes antiqui libri, eadem ratione, qua Proconsul Sallustius in epist. 17. lib. II. inscriptione nominatur.

Frugi) Ad quod genus hominum prudentia spectare videtur ; itaque subjunxit : *Non satis credidi homini prudenti*.

Q. Fufium tribunum pl.) Hic locus epistolam Messalla & Pisone coss. scriptam esse significat ; nam hoc anno tribunatum a Fufio gestum ait Dio lib. XXXVIII. idque confirmat Asconius, qui, quo tempore Clodius de incestu accusatus est, hujus Fufii opera factum tradit, ne a senatu asperius decerneretur. De incestu autem Clodii actum Pisone & Messalla coss. ex epist. ad Att. lib. I. in quibus etiam Fufius tribunus plebis nominatur, facile intelligitur. Idem, interfecto Clodio, acerrimus Milonis fuit adversarius : & a Cicerone notatur in oratione pro Milone, cum ait: *Divisa sententia est, postulante nescio quo; nihil enim necesse est, omnium flagitia proferre*. Bironio post, aedilitate omissa, praeturam gessit Caesare & Bibulo coss. legemque de suffragiis tulit; teste Dio. Consul fuit cum P. Vatinio, anno DCCV. ut fasti docent Capitolini. Socer fuit Pansae consulis, qui Mutinensi praelio, partium reipub. contra M. Antonium defensor, interfectus est. Defendit Antonium in senatu, a Cicerone oppugnatum: ut ex Philippicis & epistolis ad Brutum constat. Calmo cognomen fuit.

Scripseras) Cupere te, ut tibi succederetur.

De Crasso) A Crasso. Notum loquendi genus. Hoc & in ea declamatione, quae Sallustii nomine inscribitur, in Ciceronem confertur his verbis: *Domum ipsam tuam vi & rapinis funestam tibi ac tuis comparasti; videlicet ut nos commonefacias, quam conversa resp. sit, cum in ea domo habitares, homo flagitiosissime, quae P. Crassi, viri consularis, fuit.*

XXXV) Tricies quinquies: ut subaudiatur, centenis millibus nummum: id est, centum quinque scutatorum millibus; acceperat autem mutua a P. Sulla, qui tunc reus erat, *H-S. vicies*, id est, sexaginta scutatorum millia, ut ait Gellius lib. XII. cap. 12. Haec domus primum fuerat M. Livii Drusi, ejus qui tribunus plebis initio belli Italici a nescio quo est interfectus; deinde possedit eam Crassus hic a Cicerone nominatus; post Crassum, Cicero; post Ciceronem, Censorinus; post Censorinum, Statilius Sisenna; quod Velleius lib. II. memoriae tradidit.

Ut cupiam conjurent) Loquitur: quia Catilina ejusque socii, cum aes alienum feneratoribus solvere non possent, in patriam conjurarunt. Sallustius.

Excludunt) Conjurationis participes.

Ex obsidione) Maxime enim contra feneratores & locupletes facta conjuratio est; quo spectat illud in ep. 1. lib. I. ad Fratrem: *Publicani, quod ita negotiantur, ut locupletes sint, nostri consulatus beneficio incolumes se fortunas habere arbitrantur*. Et lib. II. Off. *Nunquam vehementius actum est, quam me consule, ne solveretur: armis & castris tentata res est.*

Ex mortis) Oppressa enim conjuratione feneratores impendenti periculo liberati.

Omnium semissibus magna copia est) Et Mediceus liber & reliqui habent, *Omni*, non *Omnium*, uno excepto, qui Thomae Leonici fuit, doctissimi hominis, in quo est, *Omnium*. *Omni*, pro *quolibet*, duriuscule positum videtur; nam illud epist. 3. lib. VII. ad Att. *His omnia facere omnis, ut arma deponantur*: potest esse quarto casu, numero multitudinis: quare *Omnium*, malui, consensu tamen antiquorum exemplarium indicato. Deesse, inquit, nummi non possunt, si quis usuras semisses velit pendere, id est, senos annuos pro centenis: haec autem civilis & moderata fuit usura: gravissima vero omnium, quae legibus cancellabatur, ea fuit, cum duodeni annui pro centenis, quae *centesima* vocabatur; in quo dissentire cogor a doctis hominibus, qui affirmant, unciarium fenus levissimum fuisse: quod, ut arbitror, gravissimum fuit, idemque cum centesima: usurarum enim quaedam nomina menstruam solutionem, quaedam annuam significant: menstruam ut centesima, unciaria, semunciaria: annuam, ut semis, triens, bes. Nam si centesima vel unciaria, vel semiunciaria, semel in anno solverentur; quis tantulo quaestu pecuniam suam collocasset? rursus, si bes, vel semis, vel etiam triens, usura menstrua esset: quis tanta rei familiaris jactura, fenebrem pecuniam accipere voluisset? Opinor igitur, unciarium fenus, & centesimam idem esse: ut ratio habeatur menstruae solutionis, non annuae: semunciarium autem idem cum semissibus: ut in semissibus annua solutio spectetur, in semunciario fenore, menstrua: propterea l. 5. ait Tac. VI. *Tabulis sanctitum esse, ne quis unciario fenore amplius exerceret; cum antea ex libidine locupletium agitaretur: deinde rogatione tribunicia usuram ad semuncias redactam*. Nam, si duodecim tabulae antiquum fenus unciarium significassent; & si tribuni pl. postea de semunciario, item annuo rogationem tulissent: gra-

ves

vel admodum postea semisses usuræ vitæ eidem, quas tamen civiles ac modicas fuisse, cum Plinius lib. XIV. cap. 14. tum alii latis ostendunt, gravissima vero centesima, quæ tamen legibus concedebatur: supra vero non licebat: ideoque cum trientem, semissem, bessem, nominari videmus, non de menstrua, sicut in nostro foenore, sed de annua dictum usura existimare debemus: alioqui non fuisset gravissima omnium centesima.

Ego autem meis rebus gestis) Mea, inquit, præcipua causa est: cum ob res a me gestas, id est, ob severitatem, quibus exitium Catilina moliebatur, *bonum nomen*, id est, bonæ fidei debitor existimer. Debitorum nomina in expensi codicem referebantur; inde factum, ut *Nomen* acciperetur & pro debita pecunia, unde *exigere nomina*, in Verrem; & pro debitore, ut hic, & quod ab Alphio feneratore dici solitum refert Columella, *vel optima nomina non appellando fieri mala*.

Antonium) C. Antonium, collegam Ciceronis in consulatu, qui hoc tempore Macedoniam regebat.

Omnes) Omnes, qui testes sunt meorum in te meritorum. Dixit enim in epistola superiore: *Meus in te animus quam singulari officio fuerit, & senatus, & populus Romanus testis est*.

Desideramus) Sic in proxima superiore: *Si abs te summa officia desiderem, mirum nemini videri debeat*. Et ibidem post: *Nullam mihi abs te relatam esse gratiam, tu es optimus testis*. Notatur ingrati animi vitium hoc verbo: quia desiderantur ea, quæ non habemus.

In senatu) Cum ageretur de Antonio ex provincia ob rapinas revocando, ut ex epist. 10. lib. I. ad Att. intelligo: in qua scriptum est hoc: *Pompeiani prodromi nunciant, aperte Pompeium acturum, Antonio succedi oportere*. Et ibidem paullo post, pecuniæ nominantur a C. Antonio injuste coactæ. Ea porro epistola iisdem, quibus hæc, id est, Pisone & Messalla coss. scripta est. Revocatus tamen Antonius hoc anno non est, sed in provincia mansit usque ad consulatum Cæsaris & Bibuli; quibus consulibus damnatus est, atque etiam videtur aliquot ejus anni menses in Macedonia fuisse, si epitomæ Livianæ verba considerentur.

Gravissime) Ut, *graviter accusare*, ita *graviter defendere*, dicitur: quæ summi studii significatio est.

Defendi) Quamquam, nec licere sibi eum defendere, nec libere jam ad Atticum scripserat, ep. 10. lib. I.

Commovi) Ita commovit, ut manserit postea C. Antonius in provincia usque ad Cæsarem & Bibulum coss.

P. VICTORIUS.

Emi eam ipsam domum millibus nummum XXXV.) Nos antiquam scripturam reposuimus, sed suspicamur hunc locum non vacare mendo. Nec enim est hoc pretium domus illius, quæ invidiam Ciceroni faciebat. In codice, qui est in Divi Marci bibliotheca, aliquantum spatii inane relictum est, ubi vulgares codices *Millibus nummum* habent, ille Mediceus contractius spatium habet, & angustius. Sed etiam dubitari potest, quia *Domum* est extrema dictio lineæ, etsi non tam producta sit linea illa, ut æqualis sit aliis: an fortasse relictum sit a librario, non quia desit, sed, quia numerum integrum locus ille non caperet: quem cum ipse interrumpere & frangere nollet, citius ad initium alterius lineæ properarit. Cupio hunc locum diligentius animadverti a peritioribus: nos ut in antiquo præcipue illo scriptum invenimus, sic & ipsum locum descripsimus, & quæcumque suspiciones ortæ sunt, significamus. Existimamus enim aliquam notam deesse, & eam aut ante, aut supra collocatam numerum hunc augendi vim habuisse. Nam etiam vulgata lectio non idoneum pretium illius domus significat. Budæus etiam, cujus judicium in his rebus magni apud omnes esse debet (is enim hæc acute, & perdiligenter tractavit) numerum hunc inquinatum esse censet, legique debere arbitratur: *Tricies quinquies sestertium*. Ejus opinionem confirmant nostri vetustiores codices, qui duabus illis dictionibus vacant, in quibus maxime vitium esse putat, ut aliqua fortasse (ut diximus) nota desideretur, quæ his numeris adposita pecuniam eam redderet: aut per hos numeros (quod vix verisimile est) summa illa ingens pecuniæ significetur. Ipse quid sentiat de de hoc loco, lib. III. de Asse & partibus ejus, exposuit.

EPISTOLA VII.

Cn. *N. F.*] Cn. Pompeii Strabonis, qui de Asculanis & Picentibus consul triumphavit, anno DCLXIV.

Magno] Hoc ei cognomen dedit Sulla salutatio; cum adhuc eques Romanus, adolescens annos natus XXIV. Siciliam, ejecto Perperna, caeso Carbone consule, Marianarum partium ducibus, recuperasset, Africam vero XL. diebus, interfecto Cn. Domitio, Hiarba Numidiae rege capto, subegisset. Epitome, Velleius, Plinius, Plutarchus, alii.

Misisti] Ex castris, confecto bello Mithridatico: ex quo triumphavit anno sequenti, pridie Kal. Oct. die natalis sui, ut scripsit Plinius lib. XXXVII.

Apem otii] Ab externis bellis; unus enim, reliquis devictis aut pacatis, formidandus hostis Mithridates videbatur: cum quo per annos triginta continenter bellum gessit populus Romanus.

Pollicebar] Id maxime pollicitus est in oratione pro lege Manilia.

Veteres hostes] M. Crassum, & L. Lucullum puto significari; quibus potentia & gloria Pompeii molesta semper fuit.

Novos amicos] Pompeio quidem ita reconciliatos, ut apertas non gererent inimicitias, ejus tamen secunda fortuna valde moerentes.

Perculsos] Perculsi deturbantur, & deturbati jacent; ideo dixit: *Perculsos atque ex magna spe deturbatos, jacere*. Sic ep. 4. lib. IV. *Perculsa & prostrata foedissimo bello jacent omnia*.

Ex magna spe deturbatos] Non dubito, quin hoc loquendi genus, ut alia multa, e Graecis fontibus deduxerit; dixit enim Plato in Euthyphrone: Ἀπ' ἐλπίδος με καταβαλὼν μεγάλης οἴχῃ. *Ex magna spe me postquam deturbasti, discedis*.

Meorum officiorum] Quorum te non satis esse memorem, literae tuae significant. Officia vero Ciceronis in Pompeium erant multa: cum ejus dignitatis ab adolescentia fautor, in pratura autem & in consulatu adjutor etiam extitisset: quod scripsit ad Lentulum ep. 9. lib. I. Prator enim suasit Maniliam rogationem, ut ei bellum Mithridaticum demandaretur. consul ad senatum retulit, quia maritimis terrestribusque bellis virtute sua Pompeius finem attulisset, ut ei duplicaretur supplicatio consularis, id est, dierum decem, decerneretur: quod antea nemini concessum erat: in oratione de Provinciis.

Non mutuo respondetur] Et hic mordet Pompeium, qui suis officiis non mutuo respondere videatur.

Facillime patior] Hoc loquendi genere neque laetitia, neque molestia significatur: perinde ac si dicas, non laboro: probatur exemplis: epist. 9. lib. I. *Facile patior, ea me de republ. sentire ac dicere, quae maxime cum mihi, tum etiam reipub. rationibus putem conducere*; pro non invitus ea sentio ac dico. Et epist. 11. lib. VI. *Vestorius ad me scripsit, te mihi gratias agere; hæc praedicatio tua mihi grata est: eaque te uti facile patior*. Et ad Att. ep. 43. lib. XII. *Hirtium aliquid ad te συμπαθῶς de me scripsisse, facile patior*.

Mea summa erga te studia] Quae non tanti Pompeius aestimare videbatur, ut eum diligeret: idque significaverat gratulatione praetermissa.

Res eas gessi] Quarum causa senatus ei togato supplicationem decrevit; Q. Catulus parentem patriae nominavit; L. Gellius civicam coronam deberi a rep. dixit: epist. 4. lib. XV. & in Pisonem, Gellius lib. V. cap. 6.

Ne cujus animum offenderes] Ut C. Caesaris, aut M. Crassi, quos occultos fuisse conjuratis multi suspicati sunt. Crassum etiam, ut conscium & participem conjurationis in senatu a L. Tarquinio nominatum, scripsit Sallustius, confirmaverunt Plutarchus & Dio. Caesar quidem, ne conjurati vita privarentur, accurata oratione disseruit: idem Sallustius, Plutarchus, Appianus, alii.

Tanto consilio tantaque animi magnitudine] Quod utrumque requiritur in custode civitatis: & in utroque Ciceronem excelluisse, cum illa indicia communis exitii indagavit, patefecit, extinxit, historiae demonstrant.

Africanus] Minor, qui Carthaginem & Nu-

& Numantiam evertit: hunc enim Cicero significat, cum simpliciter eum nominat.

Lelium) Ut duo Africani, sic Lelii duo memorantur; quorum utrorumque pariter amicitia celebratur: nec in re manifesta exemplis opus est.

EPISTOLA VIII.

Cum consulibus) Cum Domitio & Appio, fortasse contendentibus, ut revocaretur Crassus; quandoquidem dirarum obnunciatione neglecta, in provinciam iisset: quod perniciosum reip. fore videbatur, sicuti fuit, ipso cum exercitu a Parthis interfecto.

Interruptum) Ob eam simultatem, quam inter eos Catilinae temporibus exortam, quia Crassus conjurationis conscius & particeps putaretur, Plutarchus in Crassi vita prodidit.

Pestes hominum) Ut & Crassum, & se ipsum culpa liberaret, attribuit id hominum hic, proxime autem varietate temporum factum esse dicit, ne, quemadmodum instituerant, perpetuo amarent inter se. *Pestes hominum*, pro pestiferi homines, vitandi tamquam pestis.

Laude) Laus enim sita est in mutua benevolentia: cum utriusque dignitas utriusque augeri possit officiis. Confirmatur infra, cum dixit: *Te enim eo vir es, & eum me esse cupio, ut amicitiam nostram utrique nostrum laudi sperem fore*.

Immutarunt) Minus est, quam *alienarunt*: ut, quo nunc erga Crassum animo sit, vel hoc probet argumento, quod, eo a se alienato, ipse tamen adduci non potuerit, ut amare prorsus desineret.

Optatum magis, quam speratum) Hoc refertur ad id quod sequitur, *Florentissimis rebus tuis*: quia rebus afflictis, non florentissimis, amor vere perspicitur. Mihi autem, inquit, contigit, quod optabam potius, quam sperabam, ut optimo rerum tuarum statu, mea tantum & memoria veteris nostrae necessitudinis, & post reconciliatam gratiam fides perspici posset. Confirmat hanc sententiam epistola ad Petum: *Non facile dijudicatur amor verus, & fictus, nisi aliquod incidat ejusmodi tempus, ut quasi aurum igne, sic benevolentia fidelis periculo aliquo perspici possit: cetera sunt signa communia*. Eodem loquendi genere usus est lib. II. ad Q. Fratr. *Id erat hujusmodi, ut magis optandum, quam sperandum putarem*. Et lib. I. de Orat. *Insperanti mihi & Cottae, sed valde optanti utrique nostrum accidit, ut in istum sermonem, Crasse, delaberemini*. Et Balbus lib. VIII. ad Att. *Ut eidem ad ullam conditionem Pompeius possit, magis opto, quam spero*.

Fides) Quae maxime requiritur in iis, qui post simultatem amicitia juncti sunt: ad App. ep. 8. lib. III. *Si quis est, qui neminem bona fide in gratiam putet redire posse; non nostram is perfidiam coarguit, sed indicat suam*. Et ad eumdem, epist. 10. *Si essem ex perfidia, qua sunt ii, qui in nos hec contulerunt*.

Vere tua) Tertullae nomen fuisse, & a Caesare stupratam, Suetonius auctor est.

Tui Crassi) Filii Marcus & Publius, quos hoc tempore constat fuisse Romae: quamquam Publius paullo post patrem subsecutus est, cum quo periit in Parthis. Marcum autem & ante hoc tempus, & post in Gallia, Caesaris quaestorem fuisse, patet ex lib. I. II. III. V. VI. quos ipse Caesar de rebus a se in Gallia gestis composuit.

Nitantur) Plus est, quam *utantur*; est enim *Niti*, fulciri, sustentari, quasi roboris in eo, qui nititur, pro rerum gravitate parum sit.

Non me repentina) Ne videatur simulata & ad artem composita benevolentiae significatio, quia tam prolixe, cum paullo ante simultas inter eos fuisset, officia sua polliceatur ac deferat; non est haec, inquit, augendae tuae dignitatis repentina voluntas, sed quaedam pristini studii renovatio, a prima adolescentia suscepti.

Ut primum forum attigerim) Toga virili sumta, absoluto anno aetatis 16. Vel ad eos qui jus civile profitebantur, vel in forum, ut oratores audirent, adolescentes ire soliti sunt. Cicero statim ad Scaevolam Iurisconsultum accessit, deductus a patre, ut ipse scribit in Laelio: primam vero privatam causam pro P. Quintio egit annos natus XXVI. publicam XXVII.

pro

pro Sex. Roscio Amerino: quod utrumque Gellius animadvertit.

Observantiam) Vel aetatis, vel honorum gratia. Sex enim annis natu major, quam Cicero, erat Crassus, totidemque prior consulatum gessit, jure igitur plus Crasso tribuit, quam sibi, ut infra quoque: *Te enim tu mi te, & eum me esse cupio*.

Non tam te) Injuriarum memoria coire animos & conjungi amore mutuo vix patitur: ideo praeteritae offensae suspicione utrumque liberat.

Violata) Sic ad Att. epist. 15. lib. I. *Illa, quae violata, expiabuntur*. Violari enim dicitur, quasi sacrosancta amicitia sit.

Inania) Indigna quae cogitemus: levia, minimi ponderis.

Eum me esse cupis) Laudis cupiditatem profiteri, arrogantia non est, & modestia benevolentiam conciliat.

Auctore ipso) Nihil petit; quid tamen expectat eo, quod sequitur, ostendit; est enim haec epistola ut omnium officiosissima, sic eadem omnium prudentissime ac modestissime conscripta.

Quod ad honestatem & gloriam tuam spectet) Quod tibi vel honori vel gloriae possit esse. Non omnino idem, sed simile in epist. 1. lib. X. *Omne nostrum consilium, studium, officium, operam, laborem, diligentiam ad tuam amplitudinem conferemus*.

Publio) Quo intercedente, Cicero & Crassus reconciliati sunt: amabat is Ciceronem unice propter eloquentiam: epist. 8. lib. II. ad Fratrem: *Totum negotium Crasso permisi, neque in ejus potestate duci fore: interfuit huic sermoni P. Crassus, adolescens nostri, ut scis, studiosissimus*. Et in Bruto: *Quo quidem etiam cum P. Crassus M. F. cum initio aetatis ad amicitiam se meam contulisset, saepe egisse me arbitror; cum eum vehementer hortarer, ut eam laudis viam rectissimam esse duceret, quam majores ejus ei tritam reliquissent; erat enim cum institutus optime, tum etiam perfecte planeque eruditus: ineratque & ingenium satis acre, & orationis non inelegans copia: praeterque sine arrogantia gravis esse videbatur, & sine segnitia verecundus*. Interfectus est a Parthis, ut Plutarchus, Appianus, Dio multis verbis exponunt.

Constantiae) Ne famam inconstantiae subeam: epist. 5.

Mea sponte) Similiter ep. 8. lib. VI.

Quoad ejus fieri possit) Quam maxime possit, quantum liceat.

Desiderium) Quo tenentur amici tui, hospites, clientes, qui, te praesente, opera, consilio, auctoritate, & gratia tua nitebantur.

Meo labore) Quam eorum causa, non modo tua, suscipiam.

Minuatur) Tolli enim prorsus non potest, propterea dixit, *Quoad ejus fieri posset*.

EPISTOLA IX.

Vatinius) *Struma* dictus, quia tumidam strumis cervicem haberet: ex quo eum, ut in Plutarcho legimus, *inflatam cervicem* Cicero per jocum appellavit. Eodemque spectat illud in oratione contra eum habita in senatu: *Repente enim te, tanquam serpens e latibulis, oculis eminentibus, inflato collo, tumidis cervicibus intulisti*. Et in ea pro Sextio: *Ut mederetur reip. qui exsecaret pestem aliquam, tanquam strumam civitatis*. Et ad Att. epist. 9. lib. II. *Vatinii strumam sacerdotii dibapho vestiant*. Vatinios autem, Vatias, Varos a cruribus dictos ait Plinius lib. XI. cap. 45.

Imper.) Ab exercitu, nondum a senatu appellatus: cum nondum decretae essent supplicationes.

Cliens) Defenderat eum, rogatu Caesaris, Cicero, a Calvo de ambitu accusatum: quo judicio absolutus est: defendit & alio crimine judicio publico, ut Valerius Max. lib. IV. cap. 2. scriptum reliquit.

In honore) In supplicationibus a senatu impetrandis.

Adoptem) Eligam patronum: vel, *Adoptem*, exoptem: ut Ciceronis filius epist. 24. lib. XVI. *Adoptatissimus adventus*, dixit, pro *exoptatissimus*.

Fata) Fatum ait Alexander causam esse, & causam agentem: causarum enim quatuor genera esse; quae agit, ut statuarius; quae materia est, ut aes, aut lapis, ex quo fit statua; quae forma, quam statuarius ex ea materia facere cogitavit; quae finis, ut cum artifex non id solum spectat, ut staut statuam faciat, sed, ut statua facta, vel pecuniam, vel honorem consequatur. Porro, non ejusdem generis agentes causæ sunt; quædam enim aguntur alicujus rei gratia; quædam vero nihil eo, qui agit, cogitante: quæ aguntur aliqua causa, vel a natura, vel a ratione aguntur: quæ ratione aguntur, & agi possunt, & non agi; agendi enim facultas in nobis est; itaque ejusmodi rerum causa fatum non est, verum electio nostra: est igitur fatum in iis, quæ natura fiunt, nec inter fatum & naturam, præter nomen, quidquam interest; utque enim & natura, & fato, equus ex equo, homo ex homine generatur. Nam, ut naturalis rerum omnium generationis causæ primæ divinæ sunt, certo ordine & perpetuo motu circumductæ; ita fati non aliæ causæ sunt, quam quæ a divinis pendent. Nec tamen fatum est causa, propter quam semper aut hoc, aut illud necessario fiat, sed plerumque: ut in iis quoque, quæ natura fiunt, locum habent ea, quæ interdum præter naturam fiunt. Atque hanc esse Peripateticorum de fato opinionem, ex Alexandro cognoscitur. Alii vero fato omnia fieri voluere, quos refellit idem Alexander; cum ab iis fortunam, & casum, & omnes humanæ vitæ actiones, & consultationem auferri dicat. Vide ep. 12. lib. IV.

Liberalitatem) *Liberalis* est non modo qui pecuniam largitur, sed etiam qui quocumque officii genere subvenit, aut commodat: ep. 9. lib. I. in extremo, & ep. 9. lib. V.

Ad fructum) Ut supplicationes ei decernerentur.

De rebus gestis) In Dalmatia: ut in epistola, quæ sequitur.

Tuus servus) Dionysius: in epistola sequenti, & lib. XIII. ep. 77. ad Sulpicium.

Cum Vardæis) Dalmatiæ populis; a quibus olim vastatam Italiam, auctor est Plinius lib. III. cap. 22. Antea *Verdæis*, non olim, *Vardæis*, restituimus.

In Dalmatiam) In quam eum aufugisse jam audierat: dixit enim, *Dicitur mihi cum Vardæis esse*. Dalmatiæ nomen ab urbe Dalmio deductum, significat Strabo lib. VII.

Ad V. id. Quint.) Scripta igitur est epistola ante reditum Cæsaris ex Hispania, in qua Pompeii liberos jam devicerat; nam Velleius eum Romam Octobri mense revertisse, auctor est.

Naronæ) Et fluvius, & castellum fuit. Plinius, Ptolemæus.

EPISTOLA X.

Omnia mihi dura) Cum neque servum invenire, neque de Catilio, quod petis, facile possim consulere.

Imperas) Jam igitur ei per litteras Cicero de Dionysio servo mandaverat; nam in superiore epistola nihil sibi mandatum Vatinius dixit.

De Catilio) Pirata.

Apage te) Hac voce rejicimus a nobis eos, qui molesti sunt: utuntur ea frequenter comici.

Matres familias) Feminas honoratas. Hoc nomen pluribus modis accipitur: primum quæ peperit ex marito patre familias: deinde, quæ tantummodo maritum patrem familias habet, licet non pepererit: tertio, quæ convenerit in manum, id est, per coemtionem nupserit; quæ sola in heredis locum veniebat: quarto, quæ maritum amiserit, viduaque honeste vivat. Primum probatur ex Festo, cum ait: *Nec vidua hoc nomine, quæ sine filiis est, appellari potest*. Quod negat Ulpianus. Secundum ex Cicerone in Topicis. *Genus* (inquit) *est uxor: ejus duæ formæ, una matrum familias, earum, quæ in manum convenerunt; altera earum, quæ tantummodo uxores habentur*. Quod Gellius auctoritate veterum videtur confutare, solam affirmans appellatam esse matrem familias, quæ in mariti manu mancipioque esset. Tertium hæc ipsa ex Topicis proxime recitata verba demonstrant. Accedit Quinctilianus: *Si quis* (inquit lib. V.) *non legatum sit ei, quæ viro mater familias esset, negat deberi ei, quæ in manum non convenerit*. Et Gellius lib. XVIII. cap. 6. *Matrem familias ab idoneis vocum antiquarum explanatoribus eam solam appellatam dixit, quæ in mariti manu mancipioque, aut in ejus, in cujus maritus manu mancipioque esset: quoniam*

nam

nere in matrimonium tantum, sed in familiam quoque mariti, & in sui heredis locum venisset. Eodem spectat illud Servii in lib. VII. Æn. *Per coemptionem facto matrimonio, sibi invicem succedebant; testari tamen arbitratu suo poterant; nam a tutoris potestate liberabatur, quæ mater familias fiebat.* Quartum & ultimum de vidua matre familias, ostendit Vlpianus l. pronunciatum, 47. D. de Verb. Sign. *Matrem familias accipere debemus eam, quæ non inhoneste vixit; matrem enim familias a ceteris feminis mores discernunt, atque separant: proinde nihil intererit, nupta sit, an vidua, ingenua, an libertina.* Et Cicero in Oratione pro Cælio *matrem familias* Clodiam viduam vocat. De his, opinor, locutum Vatinium, neque cogitasse, an maritum haberent, vel peperissent, aut per coemptionem nupsissent, aut viduæ ingenuæve essent; sed tantummodo rationem habuisse honestatis earum & auctoritatis. Sic oratione in Antonium: *Ingenui pueri cum meretriciis, scorta inter matres familias versabantur.* Et III. in eundem: *Matres familias, virgines, pueri ingenui abripiuntur.* In Verrem quoque: *Mitto adhibitam vim ingenuis, matres familias violatas.* Nam, quod ait Gellius appellatam esse *matrem familias* eam solam, quæ in mariti manu mancipioque, aut in ejus, in cujus maritus manu mancipioque esset, verius fortasse, quam *Eam solam*, dixisset, *Eam proprie*: ut ei cum Cicerone conveniret, qui duo genera matrum familiarum constituit in Topicis. Nisi si juris hereditarii Gellium, vel eos potius, quos Gellius secutus est, rationem habuisse dicamus: quod ea sola, quæ in manum convenisset, marito mortuo heres esset: quæ vero aliter nupsissent, jure hereditatis excluderentur. *Matres familias*, & *matres familiæ* dicebant veteres; *familias* autem genere randi caso; quia nomina, ut Plinius dubii sermonis lib. VI. admonuit, in a finita singulari nominativo, *as* syllaba declinabant, ut *Maja Majas*. Ideo Sallustius, amator priscæ linguæ, dixit hist. lib. IV. *Castella custodias thesaurorum in deditionem acciperentur.* Quod ne celebraretur, Sisenna effecit; ait enim, eum, qui diceret *pater familias*, etiam pluraliter dicere debere, *patres familiarum*, & *matres familiarum*; quod quoniam erat durum, & longe jucundius, *patres familias* sonabat, etiam *patri familias* ut diceretur, consuetudo probavit: & tamen ratio Sisennæ non est valida; nec enim necesse est, pluralem numerum rei unitati adhibere; & Varro de scenicis originibus primo & tertio libro dixit: *matres familiæ*: & Gracchus, *patres familiæ*, non *familiarum*.

Simius) Deductum a simia, per contemptum: epist. 2. lib. VII. *Hic Simius, animi causa, me, in quem inveheretur, delegerat.* Horatius in Serm. *neque simius iste*. *Simia* quoque de homine dicebant: epist. 13. lib. VIII. *Illius simiæ vultum subire.* Afranius in Temerario: *Quis hic est simia, qui me hodie ludificatus est.*

Non semissis) *Semis*, assis dimidium fuit: *as* autem, minimus æreus, quadrantes quatuor continens; *homo* igitur *non semissis*, minimi pretii, nihili æstimandus. Similiter Persius Satyra V. *Hic Dama est, non tressis agaso*; pro, tribus assibus non æstimatus.

Actione) Actione legis: ut actio furti, & similia. Libri veteres, *Actiones*; novus Sigonii, *Actores*; mihi vel *Actione* (ut imprimi volui, una littera s abjecta) vel *Actores*, placet; nam *Actiones*, vacare mendo non arbitror.

Si Appii os haberem) Si essem ea, qua Appius impudentia. Epist. 8. lib. IX. *Nosti os ejus adolescentioris Academiæ.* In Verrem: *Nostis os hominis.* Pro Cluentio: *Quod tandem os est illius patroni, qui ad eas causas sine ulla scientia juris audet accedere?* Interdum additur, *durum*; ut apud Terentium in Eun. ubi Donatus: *Os durum, os impudens: ut contra mollis frontis dicuntur, qui sunt verecundi.* Et quia ferro nihil est durius, propterea *ferreum Pisonis os*, ut insignem quamdam notaret impudentiam, Cicero vocavit in oratione contra ipsum habita. Appius hic, cui se successisse Vatinius dicit, non est is, ad quem sunt epistolæ lib. III. qui bello civi-

li

li Pompeium secutus jam perierat: ut auctor est Valerius libro I. cap. 6.

Tuo discipulo) Declamabant nobiles adolescentes praesente Cicerone, ut eius praeceptis erudirentur. Epist. ult. lib. VII. *Cassius tuus & Dolabella noster studiis iisdem tenentur, & meis aequissimis utuntur auribus*. Et epist. 18. lib. IX. suos discipulos vocat Caesaris familiares: & in textu ejusdem libri.

Caesar) Consul, idemque dictator.

Justissimi) Ob numerum caesorum hostium. Sic epist. 10. lib. II. *Victoria justa imperator appellatus sum*. Et Phil. XIV. *Is demum est justus ac verus triumphus, qui optime meritis de republ. defertur ac datur*. Et Suetonius in Calig. *Querens inter cetera, fraudatum se justo triumpho*.

Triumphi) Qui supplicationem fere sequebatur: epist. 15. lib. II.

Ipsi) Dalmatiae.

Post supplicationes) Scripta, necdum missa superiore epistola, certior factus de supplicationibus sibi decretis, in Dalmatiam, ut bellum conficeret, statim profectus est, oppida sex cepit: quo facto, eamdem misit epistolam, quam per dies plures in manibus habuerat, ut aliquid de rebus a se post supplicationes gestis appingeret.

Unum hoc) Quod a me proxime relictum est.

Meam causam) Non jam ut supplicationes, quae decretae fuerant, sed ut triumphum, quasi confecto bello, consequeretur. Triumphasse autem illum triennio post, fasti Capitolini ostendunt.

In omnes partes) Sic ad Marcellum, *Valete in omnes partes*, epistola 10. lib. IV.

EPISTOLA XI.

Grata tibi esse officia mea, non miror) Ep. 20. lib. X. *Studia mea erga te, tibi tam grata esse minime miror, vehementerque laetor*.

Sura) Cognomen videtur aut liberti, aut etiam civis ingenui; nam & Lentulus ille *Sura* vocatus est, qui praetor in conjuratione Catilinae in carcere necatus est, & *Lentuli Surae* mentio fit epist. 4. lib. VIII.

Et non laboriosa mihi, & honesta) Proxime dixit in eadem sententia: *Quae mihi aut difficilia, aut parum me digna videantur*. Similiter ep. 9. lib. V. *Hoc eo pertinet, ut nihil existimes esse tam difficile, quod non pro te mihi susceptum, jucundum sit futurum*.

Fidem dederis) Redire nolebat, poenae metu, Dionysius ad Ciceronem, a quo surreptis multis libris, aufugerat: epist. 77. lib. XIII.

Improbus) Ut redire nolit. Ergo non erat Dionysius in potestate Vatinii; quod etiam confirmatur superioribus verbis: *Quamcumque ei fidem dederis, praestabo*. Allici enim cum conditionibus, ut ad se rediret, omnino Cicero volebat. Conditionibus autem cum servo cur ageretur, si esset in potestate Vatinii?

In triumpho) Cum de triumpho, tamquam certa de re, loquatur; apparet, scriptam epistolam esse post supplicationes decretas. Triumphavit autem Vatinius post interitum Caesaris: oppressa rursus ab Octaviano rep. quod lapides Capitolini docent.

Dii male faciant) Sic ep. 21. lib. XI. *Dii isti Segulio male faciant*.

Molesti) Quia nimium acriter resistunt.

Ut scribis) Dixi jam, has Vatinii litteras, in quibus etiam uxorem suam Ciceroni commendaverat, periisse: ut alias quoque aliorum multas, quibus Cicero respondet, periisse constat.

Bellicosi) Vardaeos quidem Italiae populatores, ut jam dixi, Plinius appellat. *Bellaces* & *Bellicosi* non iidem sunt: cum possint bellaces esse populi, id est, bellorum gerendorum studio delectati, nec tamen bellicosi, id est, in bellis excellere: quorum vero fortitudo eminet, ii *bellicosi* vocantur.

EPISTOLA XII.

Lucceio) Fortasse is est, de quo sic in oratione pro Caelio: *Habeo L. Lucceium, sanctissimum hominem, & sanctissimum testem*. Et subjungit: *An ille vir, illa humanitate praeditus, illis studiis, artibus, atque doctrina, &c.*

Curam me tuam) Petitionis impudendentiam excusat, initio a modestia sumto.

Conantem) Ad res difficiles, quæque ad exitum non perducantur, hoc verbum adjungitur.

Paene subrustice) Est enim, quatenus pudor deceat: nullius improbitatem aut stultitiam, nimius agreste quiddam indicat.

Tuis) Animadvertenda numeri suavitas ex Jambo post spondeum sententiam claudente, ut paullo post, *Commendari tuis*.

Visis optimum autem) Hoc induxit callide, ad benevolentiam colligendam.

Auctoritate) Quod esset Lucceius in reipubl. maximis gravissimisque caussis cognitus, atque in primis probatus: infra.

Vivi) In extrema epistola: *Ut nosmet ipsi vivi gloriola nostra perfruamur.*

Italici) Marsici, vel socialis. Tribus enim modis appellatur illud bellum, quod cum sociis Italicis, indignantibus civitate se, lege Licinia & Mucia esse exclusos, varia diu fortuna & periculoso eventu gestum est; quamquam Cicero lib. II. de Off. metu judiciorum excitatum ostendit; sed fortasse utrumque fuit; primi quidem Marsi, unde Marsici belli nomen fluxit, Iulio & Rutilio coss. arma sumserunt; solus, confecto bello triumphavit de Asculanis & Picentibus consul Cn. Pompeius Strabo, Magni pater.

Civilis) Quo resp. victis Marii partibus ad unius arbitrium L. Sullæ translata est.

Callisthenes) Olynthi natus, Aristotelis discipulus, comes Alexandri Magni bello Persico, cujus etiam res gestas litteris mandavit: interfectus ab eo, vel quia, more Persico, divino cultu venerandum non censuerit, vel quod in eum cum aliis conjurasse putaretur.

Timaeus) Duo Timæi memorantur, hic quidem Siculus historicus, quem valde Cicero laudat lib. II. de Orat. Plutarchus in Nicia reprehendit; alter Philosophus Pythagoreus, Locris natus, cujus nomine Plato librum de Natura inscripsit.

Pyrrhi) Epirotarum regis, qui cum Romanis in Italia bellum gessit. Plutarchus, Trogus lib. XVII. *Ejus* bello Timæus propriis complexus est historiis. *Timaeus*, inquit Dionysius lib. I. Antiquit. τῶν Σικελιώτης τὰ μὲν ἀρχαῖα τὰ ἐν ταῖς κοιναῖς ἱστορίαις ἀφηγησάμενος, τοὺς δὲ πρὸς Πύρρον τὸν Ἠπειρώτην πολέμους ἐν ἰδίᾳ καταχωρίσαντος πραγματείᾳ. *Timaeus quidem Siculus antiquas narrationes in communibus narrat Historiis; bella autem adversus Pyrrhum Epirotam in peculiare opus conjecit.*

Polybius) Præceptor & comes Africani minoris, cujus historiæ pars aliqua ad nostram ætatem pervenit.

Numantinum) Numantiam Scipio Æmilianus, annis 14. post Carthaginem, excidit. Velleius, Appianus, alii.

Conjurationem) Factam ipso consule a duobus maxime patriciis, L. Sergio Catilina pretorio, P. Cornelio Lentulo consulari, & pretore iterum.

Confines totum) Quidquid ad eam conjurationem pertinet, & cum ea conjunctum est.

Uno in argumento) Scire non inutile est, quid in problemate scripserit Aristoteles, cujus initium est, διὰ τί ποτε τὰς ἱστορίας ἥδιον ἀκούομεν τὰς περὶ ἓν συνεστηκυίας, ἢ τὰς περὶ πολλὰ πραγματευομένας; *Quamobrem libentius eas historias audimus, quæ circa unum versantur, quam quæ plures?*

Uno in persona) In ipso tantum Cicerone, conjurationis vindice.

Uberiora atque ornatiora) Quod ad scriptoris quoque laudem pertinet; commendat enim historiam vehementer copia rerum & verborum ornatus.

Semel) In eo, quod tibi occupatissimo tantum oneris imponam.

Bene) Valde: ut, *Bene mane*, *Bene doctus*.

Naviter) Strenue: in eo scilicet, quia postulet, ut ornetur.

Leges historiae) Tres historiæ leges Cicero ipse commemorat lib. II. de Orat. primam, ne quid falsi dicere audeamus; alteram, ne quid veri non audeamus; tertiam, ne qua suspicio gratiæ sit, ne qua simultatis: ex his legibus tertia hic significatur, ut sequentia declarant.

Quam-

Quodam in proœmio] Variis proœmiis veteres historici usi sunt, teste Luciano in libro de Historia conscribenda: apud Latinos quidem Livius & paucis & brevibus, Sallustius pluribus & longioribus. Apud Græcos autem ut l. XVI. auctor est Diodorus Siculus, Ephorus singulis libris singula proœmia proposuit.

Afficit] Commoveri: afficit autem gratia, cum nos ad eam, quam ratio nos probat, voluntatem perducit; quamquam interdum bona de re usurpatur hoc verbum, & absolute, nullo casu; ut epist. 6. lib. XVI. *Varie sum affectus tuis litteris, valde priore pagina perturbatus, paullum altera recreatus.* Legunt alii, *Electi*; alii, *Allicit*. Suum cuique arbitrium relinquo: ego non video, cur quatuordecim veterum librorum, in quibus est, *Allicit*, consensum adspernari debeam: cum præsertim nec in sententia, nec in loquendi genere vitii quidquam esse videatur.

Herculem Xenophonteum] De quo scribit Xenophon lib. II. Memorabilium, & Cicero lib. I. de Off. his verbis: *Herculem Prodicus dicit, ut est apud Xenophontem, cum primum pubesceret, quod tempus a natura ad deligendum, quam quisque viam vivendi sit ingressurus, datum est, exisse in solitudinem, atque ibi sedentem diu secum multumque dubitasse, cum duas cerneret vias, unam voluptatis, alteram virtutis, utram ingredi melius esset.* Idem de Prodico Suidas.

A principio conjurationis usque ad reditum] A consulatu Ciceronis, quo patefacta conjuratio est, ad consulatum Lentuli & Nepotis, quo rediit ab exsilio: quod integri quinquennii spatium fuit.

Scientia] Quam tenes, & quam tua cum laude ostendes vel in explicandis caussis rerum novarum, vel in remediis incommodorum.

Caussis rerum novarum] Sumtibus nimiis, imperii immoderati ac licentiæ cupiditate: quas Sallustius persequitur.

Remediis] Quæ civilibus malis adhiberi possunt, quæque Cicero ipse consul adhibuit.

Perfidiam] Sæpe fidem hominum accusat in epist. ad Attic. ad Q. Fratrem, ad Lentulum: nominatim vero se destitutum & inductum queritur a Pompeio, qui se numquam ei defuturum juraverat, & ab Hortensio, Catone, Attico.

Casus nostros] Calamitates, quas ob patriam e conjuratorum insidiis ereptam pertulit.

Varietatem] Quia varia fortuna sum usus: cum a summa dignitate ad ultimas miserias inimicorum me detruserit injuria: rursusque in patriam eximio cum honore, expetitus ab omnibus, rediierim.

Habet enim præteriti doloris secura recordatio delectationem] Quod in proverbium abiit: unde lib. II. de Fin. contra Epicureos: *Quid si etiam*, inquit, *jucunda memoria est præteritorum malorum? Ut proverbia nonnulla veriora sint, quam vestra dogmata.* Vulgo enim dicitur, *jucundi acti labores*; unde Virgilius:

> —— *Forsan & hæc olim meminisse juvabit.*

Nec male Euripides:

> *Suavis est laborum præteritorum memoria.*

Græcus autem versus hic est:

> Ἀλλ' ἡδύ τοι σωθέντα μεμνῆσθαι πόνων.

Cessu ad nos sine ullo dolore intuentibus] Lucretius:

> *Suave, mari magno turbantibus æquora ventis,*
> *E terra magnum alterius spectare laborem.*

Mantineam] Urbem Arcadiæ, nobilitatam clade Lacedæmoniorum, & victoria Epaminondæ, Thebanorum ducis. Æmilius Probus, Iustinus l VI. Strabo lib. VIII.

Epaminondas] Quem summum ducem exterarum gentium videtur Cicero judicare lib. I. de Oratore, cum ait: *Vetera exempla Afric anorum, & Maximorum; Epaminondam, atque Hannibalem omnitto.* Et lib. III. *Pythagoreus ille Lysis Thebanum Epaminondam, haud scio, an summum virum unum omnis Græciæ.*

Non cum quadam miseratione delectat] Cum ex illius interitu miseratio, ex animi autem magnitudine constantia oriatur, Tuscul. 1. *Quam me delectat Theramenes, quam elato animo est! etsi enim flemus, cum legimus; tamen* non miserabiliter vir clarus emoritur.

Clypeum esse salvum) Aliter Probus in ejus vita, cujus verba recitabo: *Epaminondas* (inquit) *cum animadverteret, mortiferum se vulnus accepisse, simulque si ferrum, quod ex hastili in corpore remanserat, extraxisset, animam statim amissurum, usque eo retinuit, quoad renunciatum est, vicisse Bœotios: id postquam audivit: Satis, inquit, vixi: invictus enim morior.* Cicero lib. II. de Fin. & de clypeo, & de victoria percunctatum Epaminondam ostendit: *Cum vicisset* (inquit) *Lacedæmonios apud Mantineam, simulque ipse gravi vulnere exanimari se videret, ut primum dispexit, quæsivit, salvusne esset clypeus: cum salvum esse flentes sui respondissent, rogavit, essentne fusi hostes: cumque id quoque, ut cupiebat, audivisset, evelli jussit eam, qua erat transfixus, hastam: ita multo sanguine profuso, in lætitia & in victoria est mortuus.* Clypeum ἀπὸ τοῦ κλέπτειν, quia corpus celet, appellatum Servius ait: Plinius ἀπὸ τοῦ γλύφειν, id est a sculpendo: & itidem Grammaticos, qui deducerent a cluendo. Trebellius Pollio in Claudii vita videtur existimasse, ex Grammaticorum sententia dicendum, *clypeum*, non, *clypeus*: ut sit: *Ille clypeus aureus*, vel; *ut Grammatici loquuntur, clypeum aureum senatus totius judicio in Romana curia collocatum est*. Verum omnes Poetæ semper *clypeus*, numquam *clypeum*, dixere: quod si de soluta oratione Grammatici illi loquebantur, ne id quidem concedi potest, ut recitata proxime Ciceronis verba declarant.

Themistoclis) Hujus vitam Æmilius Probus & Plutarchus exponunt.

Fuga) Fugit ad Artaxerxem, Persarum regem, veritus iram Atheniensium, quibus in suspicionem venerat initæ cum Persarum rege contra Græciam societatis.

Reditu) Reditum Themistoclis post fugam non invenio: forte secutus est Cicero annales, quos neque Plutarchus, neque Probus viderint, aut quibus habendam fidem non putarint: quando & de interitu ejus aliter alios existimasse, in Bruto legimus. Memini, cum homo ingeniosus, industriaque excellens, familiaris meus Hieronymus Ferrarius, cui mortuo bene sit, legendum opinabatur, *Interitu*, pro *Reditu*: quæ conjectura, etsi dissentit ab antiquis libris, tamen, quia cum sententia congruit, prætermittenda non fuit.

Ordo ipse annalium) Quo quasi filo perpetuo texitur historia.

Mediocriter) Non multum: viri autem excellentis ancipites variique casus non mediocriter, id est multum, retinent: seipsum alienis designat exemplis.

Retinet) Delectat: retineri enim videtur, qui libenter legit. Eodem modo verbum *Capior* ad delectationem transfertur.

Quasi enumeratione fastorum) Ut fasti delectant, enumerandis rebus, quæ singulis diebus agantur; unde Ovidius *Fastos* inscripsit libros suos.

Exitu notabili) Ut notabilis fuit ejus in patriam reditus post exilii calamitatem.

Quo mihi acciderit optatius) Modus loquendi, pro, *Quem ob causam mihi acciderit optatius*; tale illud lib. I. de Orat. *Stultitia excusationem non habet: quia nemo videtur, aut quia [illegible] fuerit, aut quod ita maluerit, stultus fuisse: quo etiam gravius judicium in dicendo subimus.*

Quasi fabulam) *Fabulam* vocat, non quia fictæ sint res, sed quia, tamquam fabula, varios actus habeat.

Et consiliorum & temporum) Quædam enim actiones consiliis hominum proprie tribuuntur, quædam temporibus potius, quam consiliis.

Non vereor, ne videar aucupari) Hoc dicit: Certe me non putas aucupari gratiam tuam assentatiuncula quadam, cum ipse te optime noveris.

Neque autem ego sum ita demens) Essem autem demens, si laudari vellem ab eo, qui non ipse propriam in me laudando ingenii gloriam consequeretur; laudari enim ab eo velle, qui caret ingenio, dementis est: itaque me tibi assentari, non est cur existimes: neque id tamen tibi in mentem venire arbitror.

Ille) De celeberrimis viris, & apud omnes fama cognitis, hoc pronomen usurpamus, ut de Agesilao infra. Alexandro autem quis majorem nominis celebritatem consecutus? qui paucis annis & Darium ultimum Persarum

sarum regem, & Oceano tenus omnia superavit, prolatis ab angulo Thraciæ ad extremum orientem imperii terminis.

Apelle] Pingendi laude omnium clarissimo.

Lysippo] Vnde Horatius epist. 1. lib. II.

> *Edicto vetuit, ne quis se, præter Apellem,*
> *Pingeret, aut alius Lysippo duceret æra,*
> *Fortis Alexandri vultum simulantia.*

Addit Plinius lib. XXXVII. cap. 1. eumdem Alexandrum vetuisse edicto, in gemma se ab alio scalpi, quam a Pyrgotele, eius artis clarissimo. Tres vero hos artifices, & edictum Alexandri simul nominat lib. VII. cap. 37. Apuleius autem lib. 1. Florid. Polycletum, non Lysippum ait fuisse, qui Alexandrum ære duxit.

Corporis simulacra] Simulacrum & imago sunt idem, ab effigie quiddam differunt; idem esse, indicat id quod sequitur infra: *Qui neque pictam, neque fictam imaginem suam passus est esse*; nam simulacra jam vocaverat Cicero, pictam ab Apelle, fictam a Lysippo imaginem Alexandri. Sunt igitur *simulacra* & *imagines*, quæ pinguntur, & quæ finguntur: *effigies* autem, contra Vallæ sententiam, est, quæ fingitur, non quæ pingitur: quod ipsum nomen arguit; & Cicero Tuscul. III. cum dixit, *Eminentem effigiem virtutis*, ad ficta opera spectavit; cum vero subjunxit, *Adumbratam imaginem gloriæ*, ad picturam: non quod imago tantum picturæ sit, sed quod, cum vocabulum generale sit omnium similitudinum, picturam quoque complectitur; *effigies* autem vel solida est, ut signum & statua; vel expressa, ut cælatum opus, & quæ in cera, annulo impresso, effingitur imago. Latiorem igitur significationem habet *simulacrum* aut *imago*, quam *effigies*: nec necesse est, ut *simulacrum* qui dicit aut *imago*, addat *effigies*; cum & *simulacrum* & *imago* similitudines omnes comprehendant. Itaque statuam Ennii, quam lib. XXXVIII. Livius nominat, Valerius Maxim. lib. VIII. cap. 15. vocat *effigiem*. Qui vero *effigies* dicit, interdum addit *simulacrum* aut *imago*, quasi explanandi gratia, non quod re vera idem sint, ut Cicero in Verrem: *Effigies & simulacrum virginis*, & lib. I. de Nat. deor. *Effigies hominis & imago dei*. A parte enim transimus ad totum, non a toto ad partem.

Ignotis erit facilius] *Ignotis*, posuit, non pro iis qui ignorarentur, sed qui ignorarent illa simulacra: ut id, quod patitur, accipiatur pro eo quod agit: antique; nam & Plautus in Pseudolo: *Noti, mali prædicas*, pro, iis qui noverant. Et noster in oratione pro Cælio: *De dignitate, Cælius noris ac majoribus natu, etiam sine mea oratione, tacitus facile ipse respondet*. Et in Verr. lib. VI. Livius lib. III. *Notas gratia eorum, turbam indignitas rei virgini conciliat*. Et Curtius: *Ignoti jumenta agebant*.

Nihilo sunt tamen obscuriores clari viri] Hoc tum ad alterum virtute præstantium, tum suam etiam ad laudem scripsit: claritatem, inquit, & splendorem a mutis imaginibus virtus non accipit, sed ingenii monumentis celebrata immortalem famam consequitur. Hoc Agesilao contigit, quem Xenophon laudibus extulit; hoc & diutur ipso futurum confido, si in tua scripta pervenero. *Obscuriores*, clari viri: nota contraria, ut epist. 9. lib. II. *Obscuro fronmoni clarissimam unum opposuit*.

Spartiates] Spartanus: a Græco Σπαρτιάτης, nomina ita desinentia patriam significant. & *Spartiata*, idem erat: nam utroque modo dicitur: ut *Tegeates*, *Tegeata*; *Eleates*, *Eleata*; *Cosmoliara*, *Crotoniata*.

Agesilaus ille] Eorum qui Spartæ regnarunt, tum aliis virtutibus, tum bellicæ rei scientia præstantissimus.

Perhibendus] *Perhiberi* dicitur id, de quo omnes consentiunt: *Non minus perhibendus est Agesilaus*, valet, non minore hominum consensu celebrandus. Tuscul. 1. *Tyndaridæ fratres victoriæ populi Romani nuntii fuisse perhibentur*.

Neque pictam neque fictam] Vt Alexandri pinxerat imaginem Apelles, finxerat Lysippus. Agesilaus ita sensit, non quod esset claudus, & brevi corpore, ut apud Æmilium Probum, Athenæum lib. XIV. Dionem Chrysostomum in oratione Corinthiaea scriptum est; sed quod memoriæ perpetuitatem a virtute potius, quam ab imagine corporis, expectandam duceret; qua de re Xenophontis præclara verba recitabo: *Ta men somatos* [illegible] *Corporis quidem imaginem sibi poni numquam voluit; cum multi eam ipsi donare studerent. Animi autem monumenta statuere summo labore numquam cessavit: existimans illud quidem artificum, hoc vero sui ipsius opus; & illud ditiorum, hoc proborum virorum.*

Vnus enim Xenophontis libellus) Qui exstat, de Agesilai laudibus ita scriptus, ut imaginem animi atque ingenii, omni præstantiorem imagine corporis mirabiliter exprimat. Quem vero *libellum* appellat Cicero, tempori serviens, eumdem Themistius in oratione, qua Cæsari gratias agit, *longum librum* vocat, & ab eo scriptum ait, ut Agesilao gratiam referret, quod eius opera a Spartanis agro donatus esset. Videndus Xenophon lib. V. [illegible], Pausanias in Eliacis lib. I.

Imagines omnium statuasque superavit) Cum de statuis etiam *imago* dicatur, sine causa, *statuas* videtur addidisse. Verum addidit, quia proxime non de omni, sed de picta tantum & ficta imagine locutus erat: nec eo genere statuæ omnes comprehenduntur; sunt enim non modo fictæ, id est æneæ, ut Alexandri statua a Lysippo facta, & Sp. Cassii, quam Plinius lib. XXXIV. cap. 6. nominat: verum etiam marmoreæ, quæ sculpuntur. Vt igitur Xenophontis librum omnibus omnium simulacris Cicero præferret; marmorea etiam opera, quæ antea non nominaverat, pictis & fictis adiunxit.

Omnes omnium) Cum lepore: ut epist. 32. lib. VII. *Omnia omnium dicta in me conferri*. Et pro Milone: *Omnibus omnia minabatur*. Catullus de Lesbia:

Omnibus una omnes surripuit Veneres.

Timoleonti) Corinthio, cuius res gestas Timæus exposuit: vitam eius ab Æmilio Probo & Plutarcho scriptam habemus. Timæi scripta perierunt.

Herodoto) Qui novem libros Musarum nominibus inscribit, & in eorum septimo & octavo, quorum alteri Polymniæ, alteri Vraniæ nomen est, Themistoclis virtutem & prudentiam singularem ostendit. *Parentem historiæ* lib. I. de Leg. Cicero vocat, quia princeps historiam ornaverat, ut idem Cicero lib. II. de Orator.

Sigeum) Troiæ promontorium.

Dixit) His verbis: *O fortunate adolescens, qui tuæ virtutis Homerum præconem inveneris*. In oratione pro Archia, & Plutarchus in vita.

Nævianus) Apud Nævium Poetam.

A laudato viro) Abs te, pater, laudato viro: alloquebatur enim patrem Hector apud Nævium, ut ex epist. 6. lib. XV. cognoscitur.

Quod nonnulli sæpe reprehendunt) Itaque proverbio reprehenditur: *Ve ipsum laudas, tamquam Arpalides*.

Multorum exemplo) L. Sulla Commentariorum libros XXII ut auctor est Plutarchus, composuit de rebus suis. M. Scaurus, ille princeps senatus, tres libros de vita ipsius acta perscripsit, quos memorat Cicero in Bruto, & Tacitus in Agricolæ, soceri sui, vita: eiusdem Scauri æqualis & inimicus, P. Rutilius vitam suam litteris mandavit, forsitan æmulatione permotus. Hos maxime, & alios quoque Cicero significat.

Verecundius ipsi de sese scribant) Impedimentum se ipsum laudare, dixit Cæcina in epistula ad Ciceronem.

Præcones ludorum gymnicorum) Præcones in ludis gymnicis erant Poetæ Melici, qualis fuit Pindarus, & alii, qui lyra & cantu certatim Olympionicarum laudes & præclara facta celebrabant; ex magno autem Poetarum numero, qui ceteris ingenio præstitisse putabatur, is & Olympionicæ coronam imponebat; cum tamen eius patriam, non eum, coronari pronunciaret; & ipse, tamquam Poetico certamine victor, ab alio Poeta, eum laudante, coronabatur. Plinius lib. XVI. cap. 4. Ludi autem gymnici erant, in quibus nudi exercebantur, apud urbes Græciæ, Elidem, & Pisas: eidem *Olympica certamina* vocabantur; nam, quæ Pisa, *Olympia* postea appellata. Nudi autem certabant, ut apud Pollucem scri-

scriptum est, lucta, cursu, pugillatione, disco, saltu. Vide Plutarchum *περι του εαυτον ανεπιφθονως επαινειν*. Horum ludorum inventorem Arcadem Lycaonem Plinius nominat lib. VII. c. 56.

Ceteris victoribus) Olympionicis, qui non a quovis Poeta, sed a victore coronabantur. *Ceteris* igitur dixit, quia ipsi quoque Praecones, quos fuisse Poetas diximus, victores erant; itaque post ludorum missionem corona donabantur.

Coronas) Oleastri. Plinius lib. XV. cap. 4. & lib. XVI. cap. 44. & Plutarchus in Catone.

Se victores esse) Praeconum quoque certamen fuisse, tum ex hoc admonemur loco, tum ex Pausania, cujus haec sunt verba Eliac. *α*. *Καθιερωσαν δε σαλπιγκτων αυτῳ, και τους κηρυκας αγωνιζεσθαι καθεστηκε*. *Tubicines autem, & praecones ad ipsam (aram) stantes jussit de palma certare*.

Alacres animo sumus) Plus omnino significavit, quam si *Cupimus*, aut aliquid simile dixisset; nam in alacritate inest laetitiae motus inest.

Suscipio causam) Saepe jam dixi, *Causam* pro eo, quod agitur usurpari.

Commentarios) Perpetuam ac diligentem, nullis ingenii luminibus distinctam, rerum narrationem. *Commentarii* enim dicuntur, qui materiam historiae praebent. In Bruto, de Caesaris Commentariis: *Nudi sunt, recti & venusti omni ornatu orationis tamquam veste detracta: sed, dum voluit alios habere parata, unde sumerent, qui vellent scribere historiam; ineptis gratum fortasse fecit, qui volunt illa calamistris inurere; sanos quidem homines a scribendo deterruit*.

EPISTOLA XIII.

Benevolentiam) Quae ipsa per se valet ad consolandum; conjuncta vero pari prudentia, multo plus.

Pari prudentia) Rationibus ad levandum curas accommodatis.

Non aliunde pendere) Quod perfectae virtutis est: sine qua fortunam quotidie cogimur timere. *Aliunde* igitur *pendet*, qui extrinsecus, id est, ab ipsa fortuna exspectat omnia. Haec tota sententia ex Platonis Epitaphio sumta est: *Ὁτῳ γαρ ανδρι εις εαυτον ανηρτηται παντα τα προς ευδαιμονιαν φεροντα, η εγγυς τουτου, και μη εν αλλοις ανθρωποις αιωρειται, εξ ων η ευ η κακως πραξαντων πλανασθαι ηναγκασται και τα εκεινου, τουτῳ αριστα παρεσκευασται ζην*. *Quicumque enim, a quo res omnes pendent, quae ad beatitudinem conducunt, aut huic accedunt, neque ab aliis hominibus, ut hi bene aut male agentibus, & suas vivendi rationes mutare cogatur, is quidem optimam vivendi rationem paratam habet*.

Aut bene, aut male) Fortunae enim arbitrio vel beatam vitam vel miseram exspectat, qui virtute caret.

Suspensas) Minime firmas: incerta enim sunt, quae in fortuna ponuntur. Praeclare in hanc sententiam pronunciavit illa Cicero in Paradoxo 2. *Nemo potest non beatissimus esse, qui est totus aptus ex sese, quique in se uno sua ponit omnia: cui autem spes omnis, & ratio, & cogitatio pendet ex fortuna, huic nihil potest esse certi, nihilque quod exploratum habeat permansurum sibi ne unum quidem diem*.

Tempestatum) Adversa tempora *Tempestates* vocat, translatione usus, ut epist. 3. lib. IV. *Multo ante, tanquam ex aliqua specula, prospexit tempestatem futuram*. Cum, inquit, ego quoque fortunae vim contemnerem, praesidii satis esse ad omnes casus in una virtute existimarem, ab hac tamen sententia, temporibus victus, prope desciveram: sed me labantem confirmarunt litterae tuae.

Concursu) Concurrentibus in me calamitatibus, suoque impetu insitam illam opinionem non omnino quidem, sed aliquantum labefactantibus atque convellentibus.

Convulsa) Metaphora conclusio, quam in verbo *Excidisses*, institueram, verbis deinde similibus exceptam, & ad exitum sententiae conservatam videmus. *Convellere* autem plus aliquanto significat, quam *labefactare*; nam *labefactare* movere est, non amovere & auferre: *convellere* vero, ita movere, ut separatio sequatur: itaque seorsum, quasi diversa, ponuntur in oratione pro Cluentio: *Si quam opinionem jam vestris mentibus comprehendistis, si eam ratio convellet, si ratio labefactarit*. Et lib. II. de Oratore: *Ne convellere videamur ea, quae non possint commoveri*.

Proximis litteris) Binis igitur litteris Ciceronem Lucceius consolatus erat; nam de posterioribus in eo significat. *Cui te opitulari video*: de prioribus, cum ait: *Et id fecisse etiam proximis litteris, multumque profecisse sentio.*

Sed etiam declarandum) Potest enim obscura esse significatio, cum non omnia signa perspicue demonstrent, declaratio non potest. Pro Milone: *Si umquam locus amplissimorum virorum delectis viris datus est, ubi sua studia erga bonos & fortes cives, quæ vultu & verbis sæpe significassent, re & sententiis declararent.*

Itaque) Quiddam accederet ad sententiam, si legeretur, *Atque*. nec tamen, *Itaque*, rejicio, præsertim ab antiquis libris comprobatum. *Atque hoc etiam* legendum putat Hieronymus Ferrarius, sensu omnino meliore: tamen nihil immutandum duxi, cum libri omnes manu scripti cum impressis consentiant.

Nos aliquando futuros meliores) Hic locus ostendit, Lucceii consolationem adhibitam esse non ad eam tantum sollicitudinem, quam ex obitu filiæ Cicero capiebat; sed ad mœrorem etiam ex reip. pernicie susceptum: idemque confirmatur infra, in eo loco: *Et domesticas ferremus, ut censes, & publicas paullo etiam fortius ferre, quam tu ipse, qui præcipis.*

Casus gladiatorii) Gladiatorum similitudine Lucceius probare studuerat, non esse penitus de rep. desperandum: cum sæpe, qui jam victus ab adversario gladiator videtur, is ita convalescat, ut victorem prosternat.

Versabant) Non quod re vera proficerent, sed ea spectabant, ut ad aliquam spem traducerent: ex quo videbam, te aliqua spe teneri, cum ego prorsus desperem.

Cum aliquid sperem) Cum ego nihil sperem: &, qui nulla spe tenetur, eum esse fortem quis non miretur?

Ita effectum) Eo calamitatis & miseriæ redactum.

Fractum debilitatumve) Ut enim integris firmitas, ita fractis debilitas inest. Sic ep. 9. lib. I. *In te potissimum fractam illam & debilitatam vim suam contulit.* Pro Flacco: *Quæ urbe auctoritate tanta est, ut jam fractum prope ac debilitatum Græciæ nomen hujus urbis laude* *demittere*. De Orat. lib. I. *Adolescentulus fui in initio accusationis exanimatus sim, ut hoc summum beneficium Q. Maximo debuerim, quod continuo consilium dimiserit, simul ac me fractum ac debilitatum metu viderit.*

Monitis) Tantam quod se esse Lucceii auctoritatem ostendit, ut quamquam de rep. prorsus actum putet, dolorem tamen, eo monente & præcipiente, abjicere decreverit.

Domestica) Interitum filiæ.

Spes aliqua) Ob rationes a te collectas, maximeque ob gladiatorios casus.

Ut tu tamen idem) Adductis jam rationibus ad aliquam sublevandæ reipub. spem accommodatis, ad illam postremo consolationem Lucceius confugerat, ut diceret, vel in summa desperatione fortitudinem tamen esse Ciceroni præcipue retinendam: cur enim qui maximas res, adversis patriæ temporibus fortissime gesserit, idem non perpetuo se sui similem, id est, fortem constantemque præbeat?

Conscientia) Quod est maximum solatium in malis: ep. 3. lib. IV. *Multa me consolantur, maximeque conscientia consiliorum meorum*: & ep. 1. lib. VI.

Te auctore) Consilio tuo.

Gessimus) Catilinæ tempora significat: tunc enim maxime virtus Ciceronis enituit: & eas sæpe res gloriose commemorat.

Ab animo aspexissent aut consilio) In opprimenda conjuratione non animi tantum, sed consilii quoque præstantia opus fuit: ideo conjungit utrumque in ep. 7. cum ait: *Quæ, cum veneris, tanto consilio, tantaque animi magnitudine gesta esse cognosces.*

Aliquid) Quid amplius potuit? Nimirum haud paullo plus, quam satis est, avidior gloriæ fuit Cicero noster: quod ipse ad Dolabellam scribens, epist. 14. lib. IX. ingenue confessus est: nos autem amemus ingenium, & imitemur, quantum licet, eloquentiam, cujus in illo præstantissimum habemus exemplum: & quæ tantis virtutibus adspersa labes fuit, ut est sæpe nævus aliquis in pulcherrimo corpore, dissimulemus potius, quam reprehendamus.

Ad eo) Ad illa præclara Philosophiæ studia, quæ maxime post eversam

sam temp. coluit; quod eius indicant scripta, de Officiis, de Finibus, Tusculanae disputationes, & alia.

Accendit res eventus) Quia Philosophiae praeceptis ita nos gerimus in secunda fortuna, ut ab omnibus temperantiae laudem consequamur.

Adjuvantur) Tum quia Philosophiae tractatio ita delectat, ut a ceteris molestiis animum abducat: tum etiam, quia, quod abest a culpa, non esse malum persuadet, ideoque nec magnopere dolendum. Laudat eadem studia in ep. 3. lib. IV. & epist. 12. lib. VI. & ep. 2. 3. lib. IX. & alibi saepe.

Iisdem studiis) Sic malo, ut est in duobus antiquis libris, quam, ut in ceteris, *iisdemque studiis*; copulam non video necessariam esse, & additam suspicor e conjectura, quod illud, *Animis tam conjunctissimis*, ad verbum *Fremur*, referendum videretur, cum a se ipso potius regatur; ut sit: ideo simul esse videbimur, quia fruemur iisdem studiis, animis conjunctis.

EPISTOLA XIV.

Quam a me discesseras) Cur hoc mendosum suspicati quidam sint, quibus placuisse video, *Quam discesseras*, non equidem intelligo; praesertim cum antiqui omnes libri, quibus quidem ego nunc utor, cum vulgata lectione consentiant.

Hinc) Ab urbe.

Solitudine) In quam se post obitum filiae Cicero contulerat: ad Att. epist. 13. lib. XII. *Me haec solitudo minus stimulat, quam ista celebritas: te unum desidero: sed litteris non difficilius utor, quam si domi essem: ardor tamen ille urget & manet, non mehercule indulgente me, sed tamen non repugnante*. Et ibidem, ep. 14. 15. 16. 18. 21. 23.

Cum scribas) Scripsit in solitudine librum de Consolatione ad se ipsum: scripsit etiam libros quinque de Finibus: quod utrumque ex epistolis ad Atticum intelligitur.

Quorum consuesti) Quorum aliquid agere consuesti. Graeca figura.

Lacrymis & tristitiae) Fletus & moeror dolentis animi signa sunt: quae tamen saepe ratio minuit, interdum etiam plane tollit: propterea Ciceronem hortatur Lucceius, ut a lacrymis tristitiaque abstineat.

Non possum te non, si contendis) In vulgatis libris: *Nec possum*; malui: *Non possum*, ut habent omnes antiqui libri, alterum *Non*, quod refertur ad verbum *deesse*, paullo videtur durius: verum in antiquorum scriptis, unde haurimus ubertatem Latinae linguae, exculanda omnia, non omnia tamen imitanda: quamquam hic veterum librorum dissensio nonnullam mendi suspicationem affert: alii enim habent: *Non possum te non si contendis*, alii: *Non possum te si non contendis*, alii: *Non possum te non si non contendis*.

Aperte non videbis) Quid enim apertius, quam, nihil proficere querelis?

Duplicari) Augetur enim dolor retractando.

Vel nostram communem) Vel ita vive, ut vivimus omnes: vel, si nostram consuetudinem imitari non vis, vive saltem, ut solebas ipse; sequere eam consuetudinem, quae tua solius ac propria fuit, ut ab isto angore te liberes.

Tuam solius) Sic pro Q. Roscio: *Tuas solius Cicero tabulas flagitamus*. Livius lib. II. *Certe in vulgus legem ferre: quam cum solus pertulisset, ut sua unius gratia esset; tum demum cemetiis collegae subrogando habiti*.

Proprium) Si non impetro, ut ad communem, saltem, ut ad tuam consuetudinem redeas, & peto, & impetrare debeo.

Studio) Minuendi doloris tui cupiditate.

Contrarie) Nam neque plura scribo, ne te obtundam; & plura tamen libenter scriberem, ne permaneres in intercepto, id est, ne susceptum dolorem diutius ferres. Fortasse autem dixit, *cupio te non obtundere*; quod alteris jam litteris antea consolatus erat.

In altera) In hoc studio meo levandi doloris tui.

In altero) Quod hortor & rogo, ut istis te molestiis laxes.

Non offendas) Offendere quinque modis accipitur. Aut enim est *laedere*: quae notissima significatio est, propterea supersedeo exemplis. Aut *reperire*, ut epist. 9. lib. I. *Non offendes eum bonorum sensum, mi Lentule, quem reliquisti*.

sti. Et epist. 14. lib. IV. *Tum misero tempore nihil novi consilii cepissem, nisi in reditu meo nihilo meliores res domesticas, quam rempubl. offendissem*. Aut incidere, ut lib. II. de Invent. *Quod si in ceteris quoque studiis a multis eligere homines commodissimum quodque, quam sese uni alicui certe vellent addicere, minus in arrogantiam offenderent*. Aut peccare, vel aliquid committere, unde existimationis, honoris, benevolentiæ jactura fiat, ut epist. 7. lib. I. *Si ceciderit, ut volumus & optamus, omnes te & sapienter & fortiter; sin aliquid esset offensum, eosdem illos & cupide & temere fecisse dicturos*. Et epist. 18. lib. II. *si dignum se majoribus suis præbuerit, ut spero & opto: tuæ laudi ex aliqua parte serviet: sin quid offenderit, sibi totum, tibi nihil offenderit*. Et epist. 4. lib. X ad Attic. *Eumque perturbatum, quod intelligeret, se apud ipsum plurimum offendisse de ærario*. Et pro Cluentio: *Qui bis apud judices offendisset*. Aut passive sumitur: quæ minus nota significatio est: non enim est hic, *offendas*, pro *pecces*, ut credidit homo doctus, exemplis adductus alio spectantibus, sed pro *offenderis*: quod ipse probat Cicero; nam epist. 1. lib. I. ad Q. F. *Si quis est*, inquit, *in quo jam offenderis, de quo aliquid senseris; huic nihil credideris, nullam partem existimationis tuæ commiseris*. In Verrem lib. I. Act. 2. *Hospes Ianitor, veritus ne quid in ipso se offenderit, hominem summa vi retinere cœpit*. Et Cæsar lib. II. Bel. Civ. *An, credo, si Cæsarem probatis, in me offenditis*. Quæ si attendantur, profecto patiendi vim potius habere videbuntur, quam agendi.

P. VICTORIVS.

Quam dissolveret) Antiqua hic olim a nobis, & elegans lectio restituta est, quam tamen quibusdam non probavimus, spero tamen illam doctis aliis & ingeniosis viris probatum iri. Lib. VIII. epistolarum ad Atticum Cicero eodem pacto locutus est; cum enim Pompeii peccata colligeret, & omnis de eo sermo esset, nomen ipsius numquam posuit: *Aluerat Cæsarem, eundem repente timere cœperat, conditionem pacis nullam probarat*, &c. Possemus & alia exempla adferre: sed hoc, quod valde accommodatum est, contenti erimus, & alios etiam fore arbitramur. Postquam autem illius elegantissimæ epistolæ, & cum magno ardore animi scriptæ, mentionem fecimus, ostendemus in Græcis verbis, quæ in ipsa inclusa sunt, nihil vitii contineri, nec illa Aristophanis esse, quemadmodum nonnulli crediderunt, qui valde in hac re falsi sunt. Quamvis autem hujus rei maturum tempus nondum sit, semper tempestivum esse puto, studiosos litterarum adjuvare. In optimo nostro epistolarum exemplari ita leguntur, ut a nobis exscripta sunt, necnon in commentariis Suidæ: quod mihi non parvum argumentum est, illa recte habere. Animadverti postea ipsa a Clemente usurpari in VI. Stromate, & eodem pacto ibi legi, ut in epistolis Ciceronis, & in Commentariis Suidæ: nam vetustos etiam libros Suidæ inspexi, eosque nihil ab excusis differre cognovi: quare his tot, tamque incorruptis testibus de sinceritate illius lectionis credendum puto. Qui ea nuper ad Aristophanis lectionem redigere voluerunt, non animadverterunt hanc præclaram sententiam ab alio Poeta accepisse Aristophanem, & eam ad sensum suum exponendum accommodasse, quemadmodum crebro facit, & ut nonnullos etiam Latinos Poetas facere notum est. Quidquid autem sensui suo non quadrabat, lepidissimus comicus commutavit. Sed in extremo quod planum facit, veterem eam sententiam fuisse, & non ab ipso tunc primum prolatam; nam quod vetus ipsius auctor dixerat, *καὶ τὸ δίκαιον συμμαχεῖν ἐμοί, καὶ οὐ μήποθ' ἁλῶ κακὰ πράττων*, *justumque meum pugnabit, nec umquam male facere deprehendar*, (id autem percipitur ex commentariis Clementis, & Suidæ, qui plura ejus sententiæ verba, quam Cicero, adducunt) Aristophanes ita confirmavit: *καὶ οὐ μήποθ' ἁλῶ περὶ τὴν πόλιν ὢν οἷος ἐκεῖνος δειλὸς καὶ λακκοκαταπύγων. Neque umquam deprehendar erga Rempublicam talis, qualis ille est, timidus & effeminatissimus*. Post sententiam illam suis verbis expositam, Clemens eruditissimus scriptor hæc adjunjungit, quæ vim, intellectumque illius non parum aperiunt: [illegible Greek passage] Hoc autem loco conscientia te probitatem ergo Deum, & justitiam ergo homines conservit, mundum custodiens animam à pessimis cogitationibus, & urbis vitiis, & justis operibus. Verba autem ipsa, quæ sunt elegantissima, cum ad eum locum deveniemus, accuratius declarabimus, & omnem vim illorum studiose illustrabimus.

EPISTOLA XV.

Dicerem, jucundus) Dixi jam, nihil esse jucundum, quin idem gratum; non contra: nam sæpe multa grata, non eadem jucunda; epist. 6. lib. IV. *Cujus officia jucundissima licet sæpe mihi fuerint, numquam tamen gratiora.*

In omne tempus) Ad temporis & nomen ipsum, & significationem utimur particula *in*. Epist. 14. lib. II. *In multa secula videbimus remp. liberatam*. Et in oratione III in Rullum: *In hunc annum professus sum esse me & concordiæ patronum*.

Ob eam unam causam) Ob interitum filiæ: quo equidem angor; sed non hæc una me torquet cura, verum illa simul, quod nec ab amicis, qui supersunt paucissimi, nec ab ipsa rep. quæ ipsa quoque interiit, nec mehercule a litteris, quæ negare perfugium videntur, solatium petere possum. Eripuit igitur mihi jucunditatem in omne tempus non tam filiæ mors, quam amissio reip. & amicorum: quæ remedia tanti vulneris esse debebant.

Quam tu suspicaris) Scripserat enim Lucceius: *Sin autem sic ut dum eras in lacrymis & tristitia te tradidisti*.

Lenissimis & amantissimis verbis) Ita enim scripserat Lucceius, ut & modestiam suam, & eximiam in Ciceronem benevolentiam ostenderet.

Re graviter accusas) In eo loco: *Tu solus aperta non videbis?*

Illius tanti vulneris) Cruciatus ex obitu filiæ summus translatione demonstratur; est enim acerbus vulnerum dolor, eoque magis, quo graviora sunt; ideo satis non putavit, *Vulneris*, sed addidit, *Tanti*: sic ad Sulpicium, ep. 6. lib. IV. *Hoc tam gravi vulnere*.

Habuimus enim fere communes) Propterea scis, quam non multi supersint.

Occiderunt) Civili bello Cæsaris & Pompeii, ut duo Lentuli, L. Domitius, M. Bibulus, App. Claudius, L. Scipio, consulares omnes.

Obduruerunt) Ut M. Marcellus, qui Mitylenis in exsilio maluit, quam in patria servitute oppressa vitam ducere: postea tamen, Ciceronis litteris, reditum suadentibus, permotus, cum ad urbem se conferret, in itinere a familiari suo Magio Cilone occisus est; ep. 12. lib. IV.

Vetustas) Vetus notitia; epist. 10. lib. X epist. 14. lib. XI. epist. 32. lib. XIII.

In Tusculano) Quæ villa fuerat antea L. Sullæ dictatoris. Plinius lib. XXIII. cap. 6.

Vicinitas non requiritur) Possunt cives, licet prope non habitent, crebro tamen, nec ullo incommodo, simul esse, quia forum commune sit, quo omnes quotidie fere conveniunt.

Floreremus) Gratia, auctoritate, gloria; epist. 13. lib. IV. *In qua urbe modo gratia, auctoritate, & gloria floruimus, in ea nunc iis quidem omnibus caremus*.

Oporteret) Quia civibus rerum pro rep. gestarum optimorumque consiliorum præmia sunt gratia, auctoritas, gloria.

Vivere etiam pudere) Amissa libertate, sine qua bonis civibus dulce nihil est; epist. 13. lib. IV. *Sæpius mihi veniebat in mentem, queri, quod ita viverem, quam gaudere, quod viverem*. Et epist. 5. lib. VII. *Ubi non sis, qui fueris, non esse, cur velis vivere*.

Domesticis) Non domesticis ornamentis, sed solatiis: ornamentis autem forensibus; nam, cum eum reipub. calamitatibus mærentem consolari filia soleret, domesticum quoque, illius morte, solatium amiserat; ep. 6. lib. IV. *Mihi, amissis ornamentis iis, quæ eram maximis laboribus adeptus, unum manebat illud solatium, quod ereptum* prium est. Et in eadem, paullo post: *Non enim ut tum me a republica maestum domus excipiebat, quae levaret; sic nunc, domo maerens, ad rempublicam confugere possum, ut in ejus bonis acquiescam.*

Forensibus ornamentis] Honestate, dignitate, honoribus; haec enim nominat Sulpicius in epist. 5. lib. IV. & Cicero respondens *Ornamenta sua* vocat. Potest etiam referri ad gratiam, auctoritatem, gloriam: quibus cum antea Cicero floruisset, caruit omnino post interitum reipublicae, idque scribit epist. 13. lib. IX.

Quid enim aliud facere possem] Sublata reipublicae administrandae facultate.

Ipse illa] Quibus utor assidue.

A portu] In eas enim ego me, tot malis vexatus, tamquam ex tempestate in portum recepi: sed ejicior & excludor, hoc est, ne in iis quidem acquiesco: quandoquidem exprobrare mihi videntur, quod in ea vita maneam, in qua miseria semper eadem futura sit; oderunt enim turpia: nec servitute quidquam turpius.

In qua nihil insit, nisi propagatio miserrimi temporis] Quod Plautus dixit in Trin. *Illi producit vitam ad miseriam.*

Hic] Quae cum ita sint, tu tamen [illegible] me abesse urbe miraris; subjungitur [illegible] interrogationi: ut epist. [illegible] VII. *Hic tu me etiam insimulas.* In Verrem lib. V. *Hic tu etiam dicere audebis* [illegible] *ille familiaris meus.* Pro Archia: *Hic tu Heracliensium tabulas requiris.* Sic epist. 9. lib. I. *Hic ego quantum humano consilio efficere potui, circumspectis rebus omnibus, rationibusque subductis, summam feci cogitationum mearum omnium.*

Fori, curiae] Judiciorum, & senatus: nam in foro judicia, in curia senatus habebatur; epist. 6. lib. IV. *Nihil in foro agere libebat: adspicere curiam non poteram.*

Medicinam] Perfugium, solatium, portus, medicina, remedium vulneris, eodem spectant: quibus nominibus Cicero utitur in hac epistola.

Doloris abitionem] aberrationem quamdam a dolore; sic enim appellavit epist. 37. lib. XII. ad Atticum. *Qui me* (inquit) *fractum & debilitatum putant; si sciant, quid litterarum & cujus generis conficiam; credo, si modo homines sint, existiment me, sive ita levatus sim, ut animum vacuum ad res difficiles scribendas afferam, reprehendendum non esse; sive hanc aberrationem a dolore delegerim, quae maxime liberalissima, doctoque homine dignissima, laudari etiam oportere.*

Si id egissemus] Si id utrique nostrum curae fuisset, ut una essemus.

Propter quotidianos metus] Qui enim quotidie timet, non modo non agit, sed ne cogitat quidem ea, quae agenda essent.

Omne tempus] Post suum a Thessalica pugna reditum in Italiam.

Offenderet] Offenderet quidem, sed non tam graviter; nam, si essemus una, teque non ita, ut horis omnibus timeo, male affectum viderem; & minus angerer.

Maerore meo] Tu quoque leviorem, quam nunc, ex maerore meo molestiam praesens susciperes; amor enim [illegible] fingit omnia.

Consequamur] Non dicit, *conveniamus*, sed *consequamur*; non enim id erat in utriusque potestate: Paullo ante: *Nos mehercule*, inquit, *video quid impediat.*

Aptius] Ne tua me valetudo, te maeror meus offendat.

EPISTOLA XVI.

E*TSI unus*] Non dissimile principium epist. 14.

Tantum cepi doloris] Hoc ipso jam incipit consolari; nam doloris communicatio solatii nonnihil afferre solet: epist. 6. lib. IV. *Quantum*, inquit, *praesens me adjuvare potueris, & consolando, & prope aeque dolendo, facile ex eo intelligo.* Sic Sulpicius ep. 5. lib. IV.

[illegible]] Dolemus uterque, sed impari dolore, cum tu filium lugeas, ego tuo dolore doleam.

Tardius] Non statim igitur eum consolatus est, audito interitu ejus filii.

Pervulgata]. Quae patet omnibus; seu non propriam quamdam e statu nostrae civitatis consolationem capere debemus; qui ejusmodi est, ut beatissimi videamur, qui liberos non susce-

susceperant, minus autem miseri, qui his temporibus amiserunt, quam si easdem bona aut denique aliqua republ. perdidissent. Consolatio haec a communi omnium hominum conditione sumitur, ut epist. 18. & lib. VI. ep 6. altera, quae sequitur proxima, a temporum statu: quod idem notavimus infra, in ep. 18.

Ex lege nati) Interpretatio antecedentium verborum.

Ut omnium fortunae telis proposita sit vita nostra) Quod etiam senarius ille Naevii Poetae docet:

Pati necesse est multa mortalem mala.

Accidisse) Cum adversi aliquid nobis accidit, eventa aliorum memoria repetamus.

Neque hanc) Consolationem unam proposuit; deinde subjunxit: *Hae*, quasi non unam solam proposuisset: verum, quae consolationis unius partes sunt, *consolationes* appellat. Partes autem hae sunt, una: *Homines ut nos esse meminerimus*; altera: *Neque esse recusandum*; tertia: *Ne tam graviter*; postrema: *Eventisque aliorum*.

Usurpata) In sermonibus usurpata, atque etiam scriptis consignata; nam *usurpari* dicitur, quod usitatum antea, sermonibus refertur, ut Phil. II. *Quod si te in judicium quis adduceat, usurpetque Cassianum illud, Cui bono fuerit*. Et alibi.

Memoriaque litteris prodita) Scriptis ab hominum oblivione vindicata. Posuit idem aliis modis, ut, *memoriae prodita*, *litteris prodita*: verum, *Memoria litteris prodita*, ita dixit, quasi, memoria prodita litterarum adjumento.

Status ipse nostrae civitatis) Quem intuens diligere vitam nemo debet.

Aut denique aliqua) Ostendit nullam esse remp. Quo adducor, ut post interitum Pompeii scriptam epistolam existimem.

Tuum desiderium) Quia desideras, quos amisisti.

Tuarum rerum cogitatione) Non puto, *Tuarum rerum*, de fortunis dici, sed de liberis immatura morte ereptis: ut sit, *Tuarum rerum*, pro, *tuorum incommodorum*: quod indicant & quae antecedunt, & quae sequuntur.

Universum) Dixit jam: *Neminem adhibere aliquam mediocrem consolationem, quae levare dolorem tuum posset, si minus, sanare potuisset*. Tua, inquit, causa si doles, quia cares iis quos dilexisti, prorsus tibi istum dolorem evelli posse non arbitror: haeret enim quodammodo in ipsa natura, quae amorem quemdam in ea, quae procreata sunt, cunctis ingeneravit animantibus.

Quae magis amoris est) Qui enim sua potius, quam aliorum causa angitur, vere non amat: contra, id magis amoris est, aliorum miserias ipsorum causa lugere, non nostra.

Nihil mali esse in morte; in qua si resideat sensus, immortalitas illa potius, quam mors ducenda sit; sin sit amissus, nulla videri miseria debeat, quae non sentiatur) Haec te Cicero legisse dicit; legerat autem cum aliorum alia, tum illud Xenophontis lib. VIII. Cyripaediae de ipso Cyro moriente: cujus haec sunt verba ad filios: [illegible]. *In tuto jam ero, nec mihi mali quidquam accidere poterit; sive adeo cum numine divino fuero, sive in nihilum redigar*. Eamdem sententiam, ut auctore Lactantio cognovimus, libro de Legibus incerto expressit Cicero his verbis: *Gratulemur nobis, quoniam mors aut meliorem, quam qui est in vita, aut certe non deteriorem est allatura statum; nam sine corpore, animo vigente, divina est vita; sensu carente, nihil profecto est mali*. Et in Hortensio apud Augustinum: *Magna spes est, aut si haec, quae sentimus & sapimus, mortalia & caduca est, jucundum nobis, perfunctis muneribus humanis, occasum, neque molestam extinctionem, & quasi quietem vitae fore: aut si, ut antiquis Philosophis, hisque maximis longeque clarissimis placuit, aeternos animos ac divinos habemus, sic existimandum, quo magis hi fuerint semper in suo cursu, id est, in ratione & investigandi cupiditate, & quo minus se admiscuerint atque implicuerint hominum vitiis atque erroribus, hoc illis faciliorem adscensum & reditum in caelum fore*.

Si resideat sensus) Quod sensere Pherecydes, Pythagoras, Socrates, Plato, alii postea. Tuscul. I. idque ipse Cicero comprobat in libro de Senectute, ftite, ex Catonis Cenforii perfona. In oratione autem pro Archia dubitare videtur his verbis: *Hoc five a meo fenfu poft mortem abfuturo fuit, five, ut fapientiffimi homines putaverunt, ad aliquam animi mei partem pertinebunt; nunc quidem certe cogitatione quadam, fpeque delector.*

Sin fit amiffus) Qua in fententia maxime fuit Epicurus, cum ita difputaret: *Mors nihil ad nos; nam quod diffolutum eft, fenfu caret: quod fenfu caret, nihil ad nos*. Sextus Empiricus l. III. Pyrrh. hypot. cap. 24.

Reliquerit] A vita difcedens.

Privatus] Tamquam aliquo bono privatus!

Peftilentiffimo] Quo, tamquam pefte aliqua, occiderunt.

Ne quid iis quos amifisti, mali putes contigiffe] Quod putare debes tribus de caufis; vel fi relinquat in morte fenfus; vel fi cum corporibus animi fimul intereant; vel quod ea reipub. impendeant, quae qui reliquerit, nullo modo deceptus effe videatur.

Cura doloris tui] Cura illa, quia doles tua caufa.

Non enim illis] Non enim ideo dolebis, quia mali aliquid iis evenerit; fed ob incommodum tuum.

A puero] Sapientia non cadit in puerum; fed elucere tamen in illa aetate figna quaedam futurae fapientiae poffunt. Eft igitur laudatio paullo liberalior, ut ad minuendum moerorem valeat, qualis enim de nobis opinio eft, tales ut re ipfa nos praeftemus, operam dare folemus: itaque poft laudem fequitur admonitio; tuendam effe gravitatem, & conftantiae ferviendum.

Incommodorum tuorum] Quod amiferis eos, quos amabas.

Dilexeris) Etfi *Diligere*, minus eft, quam *Amare*: quod patet ex illo loco epift. 14. lib. IX. *Tantum acceffit ad amorem, ut mihi nunc denique amare videar, antea dilexiffe*. Et ex altero epift. 1. ad M. Brutum: *Clodius valde me diligit, vel, ut ἐμφατικώτερον dicam, valde me amat*; tamen hic pro *amare* accipitur, paullo enim ante dictum eft: *Ne quid iis, quos amafti, mali putes contigiffe*.

Sejunctus] Cur nihil in morte mali fit, antea demonftravit, vel commemoratio, vel amiffo.

Tuenda) Qui tuetur, defendit: & quoniam, qui defendit, confervare cupit, ideo factum, ut *Tueri* pro *confervare* capiatur, ut hic.

Conftantiae) Conftantia gravitatem fequitur, ut inconftantia levitatem: recte igitur gravitas primum, deinde conftantia nominata eft, ut etiam ep. 6. lib. II.

Serviendum] Quid eft, *fervire conftantiae*? exfequi ea, quae conftantia poftulat, nihil contra committere.

Quod allaturа eft ipfa diuturnitas] Eamdem fententiam Sulpicius in ipfo Cicerone confolando ufurpavit, ep. 5. lib. IV. *Nullus* (inquit) *dolor eft, quem non longinquitas temporis minuat, atque molliat: hoc te exfpectare tempus, tibi turpe eft, ac non ei rei fapientia tua te occurrere*. Et Cicero ep. 28. lib. VII. & epift. 11. ad Attic. lib. XII. Quod autem hic *Diuturnitas*, paullo poft, & epift. 18. lib. VII. dixit, *Dies*: Sulpicius autem, *Longinquitas temporis*.

Praecipere] Paullo poft, *Anteferre* & *Repraefentare*: ad Att. lib. X. *Non praecipiam, fed exfpectabo confilium*.

Confilio prudentiaque] Paullo poft, *ratione*.

Mulier] Vim diuturnitatis exemplo mulierum oftendit, quas ratio non confolatur: quod fi muliebrem luctum dies minuit; multo magis minuet in viris, qui confilio prudentiaque praeftant: quod igitur futurum eft, cur non ratio repraefentet?

Repraefentare) Repraefentat is, qui, quod aliquanto poft facturus eft, ftatim facit.

Benevolentiffimi atque amiciffimi] Etfi *benevolentia* pro amore loquitur; quia nemo fere cuiquam, nifi quem amet, bene velle beneque cupere videtur: proprie tamen *benevolus* ab amico, & *benevolentia* ab amicitia differt: quod hic locus oftendit, & ille lib. I. de Finib. *Quos tu paullo ante cum memorit e, tum etiam amice & benevole collegifti*. Et in Oratione pro Oppio, cuius teftimonio utitur lib. IX. Quinctilianus: *O amorem mirum! o benevolentiam fingularem!* ad Appium ep. 9. lib.

lib. III. major amoris vis quam benevolentiæ demonstratur: *Nihil est* (inquit) *quod studio, & benevolentia, vel amore potius effici non possit.*

EPISTOLA XVII.

P. SEXTIO P. F.) Vix opinor, ac plane non opinor, hunc esse P. Sextium, pro quo exstat Ciceronis oratio, qui C. Antonii primum consulis, deinde Macedoniæ proconsulis quæstor fuit. Cur ita existimem, occurrunt hæc, primum, fuisse illum quem Cicero defendit, Lucii filium, non Publii: ut indicat inscriptio epist. 6. lib. V. neque in eo libri veteres a recentioribus vulgatis dissentiunt, nec dubito, quin Tiro, qui patroni sui Ciceronis epistolas in volumina retulit, utrique Sextio in litterarum inscriptione prænomen patris, ut internoscerentur, addiderit, quoniam utrique prænomen & nomen idem esset. Altera causa est, quod ille P. Sextius L. F. Romæ fuit usque ad initium belli civilis, & inter eos, qui cum imperio essent, nominatur: ut patet in epist. 16. ad Att. lib VII. & ad eumdem epist. 15. lib. VIII. & hic Publii filius ante civile bellum videtur abfuisse; cum enim ait Cicero, nullas ideo se litteras ad eum misisse, quia priora tempora in ruinis reip. jacuerint, quis non eo conjiciat, Sextium ante ruinas reipubl. id est, ante civile bellum, abfuisse? Tertio loco illud pono, hic Sextius P. F. quo tempore hanc Cicero epistolam scripsit, exsulabat, judicio damnatus: quod ex iis verbis intelligo: *Posteriora autem me a scribendo tuis injustissimis atque acerbissimis incommodis retardarunt.* Et infra semel & iterum illius judicii fit mentio; hæc autem epistola, cum illa verba intueor, *Proxime comitiis ædilitiis meo*, scripta mihi videtur paullo post Alexandrinum bellum, quo tempore Cicero, qui Brundisii diu jacuerat, concessu Cæsaris in urbem rediit. At ille Sextius L. F. quem Cicero ante civile bellum luculenta, quæ exstat, oratione defendit, non modo non statim post Alexandrinum bellum, sed etiam post devictos in Hispania Pompeii liberos lege Pompeia causam dixit: testem habeo epist. 47. lib. XIII. ad Attic. Appianus quidem Sextium quemdam lege Pompeia de ambitu ante belli civilis tempora damnatum, auctor est lib. II. Bell. Civ. Sed is omnino esse non potuit, neque hic P. Sextius P. F. quem diximus post Alexandrinum bellum esse damnatum; neque ille L. F. qui paucis ante Cæsaris necem mensibus lege Pompeia est accusatus. Aut igitur est alius P. Sextius, præter hos duos; aut Appianus errore temporum, quo peccat sæpe, lapsus est, quippe qui in eo ipso loco damnatos eodem, quo Sextium, tempore absentes Milonem & Gabinium dixerit: in quo dupliciter peccat, primum, quia neque Milo, neque Gabinius absentes, verum præsentes damnati sunt; deinde, quod Gabinius non Pompeio tertium consule, ut ille ait, sed anno superiore, Calvino & Messalla Coss. damnatus est: quod cognoscitur ex Dionis historia lib. XXXIX. de Milone autem *præsente*, ex oratione pro illo habita, & Pediano interprete. Concludamus igitur, aut duos esse P. Sextios, aut in hujus epistolæ titulo mendum esse, & P. Sextio, fortasse legendum, ut est in antiquo Maffei libro: aut P. Sittio, cum in alio item antiquo libro *P. Sitti*, legatur, ubi est in impressis *P. Sextii*, quod alii quoque viderunt: sed quia hunc esse P. Sextium, pro quo exstat oratio, sibi jam persuaserant, ideo mendosum esse veterem librum existimarunt.

In ruinis reipub. arsisisque) Cum & resp. civili bello, & simul bonorum civium auctoritas concidisset; priora enim vocat tempora, quæ statim civile bellum consecuta sunt.

Jacuerunt) Id est, ego jacui per illa tempora, mœrore scilicet afflictus.

Posteriora) Accessit postea, ne scriberem, altera causa, quod abhorrebat animus a scribendo, cum incommoda tua cogitarem injustissima atque acerbissima.

Injustissimis) Quia damnatus erat injuste: ideo subjungit illa, cum eo tempore invidia annonæ, inimici non solum tui, verum etiam amicorum tuorum, iniquitas totius judicii, multaque alia reipubl. vitia plus, quam causa

causa ipsa veritasque, valuissent.

Acerbissimis] Quid enim acerbius, quam carere patria, liberis, propinquis, amicis, praesertim eum, qui non suo delicto, sed judicum exsulet injuria.

Incommodis] Exsilio, in quo multa perferuntur incommoda.

Tuam virtutem] Etsi Virtus a Viro dici putatur, tamen etiam adolescentes a virtute laudantur: itaque infra Sextii filii virtus quater nominatur.

Ego te] Saepe narrationem ordiitur ab hoc pronomine, ut ep. 9. lib. I. *Ego me, Lentule, initio rerum atque actionum tuarum*. Et iterum paullo post: *Ego si ab improbis & perditis civibus rempubl. teneri viderem*. Et tertio, aliquanto post: *Ego, cui mihi non illa magna gratia esset*. Sic in epist. 6. lib. V. *Ego tua gratulatione commotus*. Et epist. 3. lib. X. *Ego, Plance, necessitudinem constitutam habui cum domo vestra ante aliquanto, quam tu ex natus*. Et ad Att. ep. 14. lib. I. *Ego enim, quam diu senatus auctoritas mihi defendenda fuit*. Quae sunt omnia narrationum initia.

Proximis temporibus illis] Patet verborum sententia, sed ignota historia. Hoc alii opinati sunt ad Sextium, pro quo exstat oratio, pertinere, & significari tempus illud, quo C. Antonius, Macedonia male administrata, in judicium vocatus est: quod ejus quaestor Sextius, quasi criminum conscius & particeps, accusatus sit: ego jam satis videor probasse, alium hunc esse P. Sextium: praeterea, quod omnino leve non est; quanquam non hac una ratione nititur opinio nostra; nulla plane cujusquam criminis aut invidiae in Sextium concitatae mentio fit in ep. 6. lib V. cum Antonii tamen accusatio nominetur.

Invidiam] *Invidiam* pro infamia saepe usurpat Cicero: de quo diximus in ep. 1. lib. I.

Cum in tui familiarissimi judicio ac periculo tuum nomen conjungeretur] Vide existimari posse, causam de vi nunc significari, in qua Cicero Sextium reum ornatissima, quae exstat, oratione defendit; nam & Milo, Sextii familiaris, eodem tempore de vi reus fuit, quo spectare aliquis putaverit illa verba, quae sunt in oratione pro Sextio: *Quo modo in hoc genere praesidii comparati accusas Sextium, cum idem laudes Milonem?* Et in Vatinium: *Quaero cum in rep. administranda T. Annio cum P. Sextio consiliorum omnium socius fueris; (id quod non solum honorum, verum etiam improborum judicio declaratum est; est enim utrique vestrum eadem causa, & eodem crimine) qui possis eos, quos crimine conjungis, [illegible] disjungere?* Hinc oriri conjectura potest, hunc esse P. Sextium, pro quo legitur oratio; mutavi tamen in sententia de Sextiis duobus; & hunc statuo non esse illum, cui Cicero de se in tribunatu pl. optime merito, de vi postea in judicium adducto, gratiam cumulate retulit patrocinio suo. Nam illud minus me movet: *Cum in tui familiarissimi judicio, ac periculo tuum nomen conjungeretur*; non enim ideo Sextium Cicero defendit, quod ejus nomen in ejus familiarissimi judicio ac periculo conjungeretur; sed quod suo proprio crimine, proprio etiam accusatore Albinovano, (nam Milonem P. Clodius aedilis accusavit) in judicium vocaretur; itaque cum judicium Milonis accusatione ad populum Clodio partium impetu & contentione disturbatum esse Cicero ad Q. Fratrem scripsisset, subjungit haec, quasi de alia re: *Ad IV. Id. Sextius ab indice Cn. Nerio Pupinia de ambitu est postulatus, & eodem die a quodam M. Tullio de vi; & quemquam utrique de vi, non tamen ad eosdem judices, nec ab iisdem accusati sunt, sed Milo ad populum*. Ut in epist. 3. ad Q. Fratrem: *Sextius autem ad praetorem & judices ab ipso praetore delatus; & ille, ut dixi, accusante Clodio; hic M. Tullio Albinovano*. Alii, Tuum crimen, non Tuum nomen, utrumque recte.

Proximo reditu adventu meo] Post Pharsalicam pugnam Cicero, ipse veniam nactus, in Italiam rediit; ad urbem tamen, non nisi confecto Alexandrino bello, venia jam impetrata se contulit: ostendunt hoc epistolae lib. XI. ad Att.

[illegible]] Rationem Sextii defendendi absentis, ut opinor: nam, si Cicero eum Romae vidisset, non attulisset perpetuam tam longi temporis excusationem: quod fecit ini-

initio epistolæ: ex quo liquet, Sextium non modo post damnationem, sed etiam aliquanto ante ab urbe abfuisse.

Invidia summa iudicii non solum tui] Cum ei propter annonam, quod frumentum fortasse in ædilitate vili pretio vendidisset, non modo ejus inimici, verum amici etiam inviderent. Non est inusitatum Ciceroni duobus uti genetivis casibus, ut in lib. de Senect. *Quid de P. Licinii Crassi & pontificii & civilis juris studio loquar?* Et lib. II. de Nat. Deor. *Iis artibus, quarum judicium est oculorum.* Et Phil. XIV. *Cujus imbecillitatem animi virtus, & spes victoriæ confirmavit.*

Valuissent] Quia damnatus est.

Publio tuo] Filio.

Hortorque, precorque] Hortationi sæpe adduntur preces: vide epistolam sequentem, & primam lib. I.

Hominem te & virum] Ab homine sapientiam, a viro fortitudinem postulat; est enim emphasis in *Virum*: ut in epistola sequenti: *Te colliges, virumque præbeas.* Et Phil. II. *Ille vir fuit; nos quidem contemnendi.* Et in quadam ad Atticum epistola: *Si vir esse volet, præclara συνωδία.* Et in Bruto: *Vidi Mitylenis virum, & vidi plane virum.*

Communem] Non quod omnes damnentur iniustis judiciis, sed quod quilibet damnari possit, præsertim ubi concurrant hæc, invidia multorum, iniquitas judicii, reip. vitia; Ideo sequitur: *Quem neque vitare quisquam nostrum potest.*

Incertumque] Ut communis est casus, quia cuivis potest incidere: sic incertus, quia ne sibi incidat, præstare & efficere nemo potest. quæ enim sequuntur verba, *Vitare*, & *Præstare*, illud ad communem casum, hoc refertur ad incertum.

Dolori] Ex injusta calamitate suscepto.

Fortunæ] Addidit, *Fortunæ*, ut eum culpa liberaret.

Clariis] Athenis maxime, quæ in civitate, qui præter ceteros virtute & rerum gestarum gloria florerent, in exsilium nullo crimine mittebantur. Sic Miltiades, Themistocles, Aristides, Cimon, pulsi sunt; exæquari enim omnes, nec eminere quemquam utile visum est in libera civitate.

Fortissimis atque optimis] Non dubito, quin de fortissimo viro Themistocle, atque aliis nonnullis rei bellicæ fama clarissimis, de optimo autem Aristide cogitarit, quem ob insignem justitiam ostracismo ejectum esse, Plutarchus & Æmilius Probus narrant.

Ea re rep. carere] Eadem ratio in duabus epistolis, quarta & sexta lib. VI.

Cepisse] Etsi, *Testimonium accipere*, dixit Cicero in Verrem: tamen hic malim, *Dedisse*: quod verbum eo magis placet, quia congruit optime cum eo quod dictum est, *Debitum ejus virtuti*, & *Dare testimonium* frequens loquendi modus apud Ciceronem, ut epist. 18. lib. XIII. *Judicii mei testimonium ei libenter dedi.* Et lib. III. de Leg. *Tam præclarum mihi dedisti judicii tui testimonium.* Et alibi.

Virtuti] Ad probitatem atque animi præstantiam, non ad doctrinam refero; & paullo post: *Virtutem, virtutem, industriam.*

Refugium] Hujusce nominis vim in prima ad Lentulum epistola jam ostendi.

Industriam] Non enim se, ut multi adolescentes, languori & ignaviæ dedidit.

Tuam esse, tecum esse duces] Nam, si doles, quod tali filio careas: minus dolebis, si illius virtutem, ubicumque erit, tuam esse, tecum esse duces.

Animi tui confirmatio] Hoc & satis per se patet, & explanatur sequentibus verbis; interdum tamen venit in mentem de mendo suspicari, cum in omnibus antiquis libris, quibus quidem nunc utor, scriptum videam: *Animi tui consolatio*

Injuria] Non jure damnatum Sextium, dixit jam in eo loco: *Invidia summa*; & in eo: *Multis fortissimis atque optimis viris, injustis judiciis, tales casus incidisse.*

Ego] Promittendi officii locus, quo maxime solemus uti ..., extreme fere datur epistolæ: cujus exemplum in his tribus consolatoriis, superiore, & hac, & sequenti.

Epi-

EPISTOLA XVIII.

NOn *hortor solum*) De hoc verbo diximus in epist. 1. lib. 1. & in proxima superiore.

Rogo atque oro) Humilitas in *orando* major est, quam in *rogando*: unde *adorare*. *Orare* etiam est caussam agere, unde *orator*, ac tunc, ratione finis idem est quod *rogare* & *petere*, quamquam actio diversa: qui enim rogat, & qui orat, & qui petit, impetrare aliquid cupiunt, & omnes petunt: sed petitio *rogantis* cum solis precibus est; *orantis*, cum rationibus & precibus; unde *orator*, qui rationibus interdum, ita causa postulante, preces adiungit. petenti neque preces neque rationes necessariæ sunt: quæ si adduntur, tum vel *rogare* proprie dicitur, vel *orare*; si non adduntur, *petere* simpliciter.

Te colliges) Ne iterentur eadem, videat lector ea, quæ de hoc loquendi modo diximus in epist. 9. lib. 5. ad eum locum, *Collegi ipse me*, & *cum ipsa quasi rep. sum collocutus*.

Virumque praestas) Vt dolori fortiter ac fortunæ resistas, quemadmodum virum decet, eadem sententia in epistola superiore: novum loquendi genus, vide illud epist. 18. lib. 11. *Qui se dignum se majoribus suis praebuerit*.

Dedit) Dedit hominum studia, honores, existimationem.

Abstulit) Non dicitur id auferri, quod petentes non impetramus, sed quod possidentes amittimus: itaque non ad repulsam, sed ad condemnationem hoc refero; aufert autem condemnatio patriam & convictum amicorum.

Homines novi) *Homo novus* & *nobilis* opponuntur, qua de re dictum est pluribus verbis in epist. 7. lib. 1.

Plurimi) Quibus damnatio patriam abstulit.

Tu vero) Hæc tota sententia mire valet ad consolandum, a tribus deducta fontibus, a præsentibus bonis, a spe futurorum, ab ejus innocentia.

Fortunas) Quæ si abessent, incommodum augeretur exilii.

Ex literis) Quas damnatus non amisit.

Necessitudine & benevolentia conjunctissimos) Amplificatio. nam & amoris caussa, & amor, & summus amor tribus verbis ostenditur.

Ais Arbitrarer) Apte consolatur, qui & amico minuit opinionem præsentis mali; & id ipsum tamen non diuturnum fore pollicetur, quod utrumque Cicero præstat, cum enim de levissimo Fabii incommodo jam dixisset; de spe reditus, tamquam minime dubia, subjunxit: fortasse quod eum judices non exilii perpetui, sed aliquot annorum pœna damnassent, alioqui cur illi promitteret Cicero facultatem vivendi cum suis?

Judicium) Hoc si attendimus, de Fabii damnatione dubitare non possumus.

Ex tam multis) Hoc adjunxit, ne Pompeio, quo tertium consule, & fortasse ex legibus ab eo latis, illa judicia facta erant, injustitiæ maculam inuraret; cum enim cogeretur judicium improbare, quo Fabius damnatus erat; callide & amico velificatus est, & Pompeii tamen dignitatis rationem habuit.

Vna sententia) Quæ Fabium sententiæ damnarunt, una tantum plures fuere, quam quæ absolverunt.

Eaque dubia) Quia condonatum omnium potentiæ judicium existimatur: de judicum enim integritate non constat, non tuo, inquit, delicto; sed unius potentia ad gravium sententiarum numerum accesserit. Et hic Pompeio parcit tribus modis; non enim dicit, *Eaque corrupta*, sed, *Eaque dubia*: nec, *Potentia Pompeii*, sed, *potentiae alicujus*: nec, *Condemnatum sit*, sed *Condemnatum existimetur*.

Molestiam) *Incommodum* appellavit supra, notandum hoc genus ad copiam.

Quam levissime ferre) Quam tamen ipse non levissime ferebat: dixit enim in prima epistolæ parte, *Nullam rem gravius jamdiu tuli, quam incommodum tuum*, sed illud, ut dixi, quasi consolandi gratia posuit.

Et qui esse debet) Hoc addit, quia licet exspectari soleat exitus promissæ rei, tamen exspectatur magis, cum promittitur id, quod debetur.

Era-

EPISTOLA XIX.

Rufo) Cognomen hoc esse L. Mescinii, Ciceronis antea quaestoris in Cilicia, jampridem existimavi, adductus in hanc opinionem epistolae sequentis: in qua tum de rationibus agitur ab eo referendis, quod quaestorii muneris erat, tum etiam ejus frater M. Mindius nominatur: is idem L. Mescinii frater appellatur in epist. 26. lib. XIII. Nunc lector opinionem confirmavi meam vetere argenteo nummo, ita inscripto, L. MESCINIVS RVFVS, is nummus est apud virum doctissimum, Episcopum Ilerdensem, Antonium Augustinum. Alterum postea nummum praestans vir Latina & Graeca lingua, omnique liberali doctrina perpolitus, Fulvius Ursinus mihi ostendit. De Mescinio autem quaestore non solum in epist. 26. lib. XIII. cujus proxime testimonio sum usus, verum etiam in epist. 4. lib. XVI. & in ad Atticum fit mentio, alter Ciceronis quaestor, qui secum in provinciam ivit, C. Caelius fuit, is ad quem scribit ultimam epistolam libri secundi.

Quod mihi ostenderas) Pro, *significaveras*, ut infra: *si feceris id, quod ostendis*, & epist. 1. lib. I. *Crassus in urbe se acerrimum tui defensorem ostendit*, & epist. 8. lib. IX. *Est, meum flagitare, quamvis quis ostenderit, ne populus quidem solet, nisi concitatus.*

Liberius judicium) Nam in provincia officio quaestorio adductus videri poterat eum studiose colere, cum praestare quaestor praetori suo debeat, quidquid officio potest, nec in eo liberum judicium sit. Confecta vero provincia, liberum judicium datur, & verus animi sensus apparet necessitudine quaestoria solutus.

Meo consilio) Quod eo non accesserim, quo me venturum putaveras. Fortasse propius ad ea loca se Cicero contulerat, unde tutior commodiorque in Graeciam transitus daretur: dicit enim in extrema epistola: *si semel placebit, statim ad me venire.*

Cepi fructum & judicii & officii tui) Id est, fructum attulisti & judicii & officii tui: declarasti non dubiis argumentis & judicium & officium tuum.

Judicii) *Judicium* prius, deinde *officium* nominavit, eumdem igitur in afferenda utriusque causa ordinem servat, contra vero in epistola ultima lib. XV. *Habes*, inquit, *de Caelo judicium & consilium meum; consilium, quod hortandi causa scribo; judicium, quod de ingenio ejus valde existimandi bene.*

Fortes ac boni viri) *Fortes*, qui pericula mortemque ipsam pro patria contemnant; *boni*, qui recte sentiant, honestumque rebus omnibus anteponant: significaverat Mescinius, velle se ad Pompeium transire, &, quoniam in bellum euntibus adversa multa proponuntur; quae tamen fortem bonumque virum a sententia non deterrent: ideo, quasi ut currentem incitaret, imitationem in eo laudat fortium ac bonorum virorum.

Officii) Erga me, pro nostra necessitudine.

Consilium captum) Eamdem cum Pompeio, reipubl. causam tuenti, subire fortunam constitui.

Semlio) Atticum tamen, anceps animi, saepe litteris consuluit, quid sibi agendum censeret, certior enim in Caesaris castris victoria videbatur, ad extremum, pudore victus, ad bellum civile, tamquam ad pestem ante oculos positam, profectus est, quade re sic epist. 6. lib. VI. *Valuit apud me plus pudor meus, quam timor, veritus sum deesse Pompeii saluti, cum ille aliquando non defuisset meae, itaque vel officio, vel fama bonorum, vel pudore victus, ut in fabulis Amphiaraus, sic ego prudens & sciens ad pestem ante oculos positam sum profectus.*

Si feceris id quod ostendis) Si mecum eris, ut scripsisti, quodcumque consilii cepero.

Magnam habebo gratiam) Tamquam id mea causa feceris.

Timori) Quod ea timueris, quae bellorum natura fert.

Mihi) Optanti, ut mecum sis.

Quid rectum sit, apparet; quid expediat, obscurum est, ita tamen, ut, si nos ii sumus, qui esse debemus, id est studio digni & litteris nostris, dubitare non possimus, quin ea maxime conducant, quae sunt rectissima) Iisdem fere verbis in epist. 2. lib. IV. eamdem explicat sententiam: *ei, quid rectissimum sit,*

sit, quærimus, perspicuum est: si, quid maxime expediat; obscurum. Sed ii sumus, qui profecto esse debemus, ut nihil arbitremur expedire, nisi quod rectum honestumque sit: non potest esse dubium, quid faciendum nobis sit.

Et studio digni & litteris nostris) Litteris enim optime vivendi præcepta traduntur: quæ qui non observat, studio & litteris, quibus operam dat, indignum se præbet.

Quæro te) Ita in impressis: sed in antiquis *quæ te*: aut *quæ te*: quomodo legitur in libro Petri Bembi, Cardinalis omni laude cumulati, & in libro Mediceæ bibliothecæ: docti locum diligentius considerent: ego hoc notare mei officii esse duxi.

Si simul placebit) Mecum ire ad Pompeium.

Sin idem placebit atque eodem) Sin & tibi placebit idem quod mihi, & ut eodem proficiscamur; nec tamen rationes tuæ ferent; ut statim navigare mecum in Græciam possis.

Omnia) Quæ statuero & de discessu, & de tempore.

Amicissimum indicabis) Non potuit modestius petere, & plane servat id, quod dixerat: *Non enim dimittam pudorem in rogando meum.*

EPISTOLA XX.

SI ad me misisses) Si mihi significasses, eo te venisse, quo antea constitueras. *Mittere ad aliquem*, interdum est non solum misso nuncio, sed missis etiam litteris aliquid significare: ut ad Tironem epistola 9. lib. XVI. *Curio misi, ut medico honos haberetur; & tibi daret, quod opus esset,* qua de re scripserat jam ad eumdem his verbis: *scripsi ad Curium, quod dixisset, daret, medico ipsi puto aliquid dandum esse, quo sit studiosior.* Significatio autem per nuncium: non per litteras facta, illa est in epist. 8. lib. XI. *Eo tempore Polla tua misit, ut ad te, si quid vellem, litterarum darem, cum quid scriberem, non haberem.*

M. Tullius scriba meus) Ciceronis libertus, fortasse Laurea cognomento, cujus egregios versus, in Ciceronis Academiam scriptos, recitat Plinius lib. XXXI. cap. 2. quod si quis dixerit hunc esse M. Tullium Tironem, qui & ipse, libertate donatus, patroni prænomen & nomen assumsit: nego: quia Tiro libertus est postea, quam e provincia ad urbem Cicero rediit: at ille scriba, qui rationes in provincia tractavit, libertus omnino fuit. Scribas enim servos non fuisse, ex eo constat, (ut alia, quæ multa occurrunt, argumenta præteream) quod Romanis omnes nominibus appellatos videmus.

In rationibus duntaxat referendis) Quas M. Tullius scriba ad ærarium retulerat, ex more: nam in oratione in Pisonem: *Rationes*, inquit, *ita sunt perscriptæ scite & litterate, ut scriba, ad ærarium qui eas retulit, &c.* Interea Cicero proconsul, quia cum imperio erat, spe triumphandi extra urbem manebat nec introiit, nisi post Pharsalicam pugnam, abjecta demum triumphi spe.

Jus vetus, & mos antiquus) Cum lege Julia nondum lata, rationes in provincia non relinquebantur, tunc enim eas ad urbem rectores provinciarum cum suis quæstoribus conferebant.

Pro conjunctione nostra necessitudinis) De qua vide epistola ult. lib. II. & XXVI. lib. XIII. & in Divinatione, & pro Plancio.

Lege Julia) A C. Julio Cæsare in primo consulatu lata, vide epist. 17. lib. II.

Relinquere rationes in provinciis) Apud duas civitates, ut infra.

A meo servo scriba) Dixi jam scribarum ordinem e civibus Romanis fuisse: quare *servus* hic appellatur, non quia serviret, (jam enim liberi hominis prænomine & nomine, *M. Tullius* dictus est) verum memoria præteriti temporis, quo apud Ciceronem in servitute fuerat. & fortasse ita locutus Cicero, ut ipsa referret Rufi verba, exprobrantis, quod rationes ita Cicero ad ærarium retulisset, ut a servo suo scriba eas accepisset.

Majorem tibi habere non possum) Quia totum scribam meum tibi tradidi.

Quam rem ipse mihi) Quia permisi, ut rationes rerum, absente me, conficerentur; nec ad eas postea quidquam, præter lectionem, adhibui.

Et honestum & utile) Notanda copia; supra enim dixit : *Nihil eam fecisse sciratem, quod esset contra aut rem aut existimationem tuam* .

Cui potius id negotii darem, quam darem) Sic omnes quos ego viderim, scripti libri, tribus exceptis, duobus M. Antonii Maffei, tertio, quem vir doctissimus idemque omnium humanissimus, Ioan. Vincentius Pinellus, emptum ex Leonici Thomai bibliotheca mihi dono dedit : in iis non est, *Quam darem*, sed, *Quam tibi*, quod mihi tamen (ut, quod sentio, dicam) subabsurdum, atque etiam falsum videtur ; non enim id ei Cicero negotii dedit, sed scribae suo : cui deinde Rufus fratrem suum adjunxit: quare crediderim illud, *Quam darem*, sive, *Quam tibi*, abundare, additum ab imperito, qui putaret id per se consistere non posse, *Cui potius id negotii darem*, quod ita consistit, si subaudiatur, *Quam Tullio scribae meo* . Adjuvat opinionem nostram Maffei liber, in quo tantum illud est, *Cui potius id negotii darem* : in margine autem, Quam tibi .

Quae nobis maxime videbantur) Ob utriusque dignitatem. Strabo lib. XVI. ait eas ob concordiam sorores vocatas, & utramque conditam a Seleuco Nicatore, Apameamque de uxoris ejus nomine, Laodiceam ex matre nuncupatam, idem lib. XII. vocat eas Phrygiarum urbium maximas.

Consolatas) Sic antiquus liber Fulvii, & duo Maffei, & Mediceus : alius, *Consultas* : tres, *Consolatas* : unus Maffei, *Consolidatas*, quod mihi non placet : primum offendor insolentia verbi, deinde, quaenam ista consolidatio esse potuit ? *Confignatas*, mallim, aut, *Conlatas* ; nam eas cum quaestore conferri in provincia oportere, & conlatas jam esse, dixit. Fero tamen, *Consolatas*, non solum quia sic est in tribus antiquis libris ; verum etiam quia pro, *Absolutas*, accipi potest : ut a, *Consolatas*, ita differat, quemadmodum differt, *Absolvere*, a *Perficere* ; unde lib. II. de Nat. Deor. *In omni natura necesse est absolvi aliquid, aut perfici* .

De Volusio quod scribis) Volusius, multa nomine, magnam pecuniae vim publice debebat, eam pecuniam Valerius periculo suo exigendam a Volusio susceperat, praedesque dederat : quos puto Ciceronis legatum & praefectum fuisse : id enim sequentibus verbis indicatur. Videtur autem Cicero, cum rationes conficeret, Volusium liberare voluisse, & a praedibus multam amovere, ut eorum fortunis consuleret ; quod ejus consilium & factum infra demonstratur : contra Rufus Valerium quidem, & praedes liberare, sed nomen illud a Valerio ad Volusium transferre cupiisset ; quod Cicero ex amicorum, praecipueque Camilli hominis peritissimi sententia, fieri non potuisse demonstrat : aut enim Valerii mancipiis praedes teneri, qui se pecuniam illam, a Volusio debitam, curaturos jam promiserant : aut si praedes liberandi essent, Volusium quoque simul oportere liberari ; quod utrumque ut fieret, rationem a se initam esse infra Cicero dicit.

Non est id rationum) In rationibus id fieri non poterat : huic rei, quam te voluisse video, locus in rationibus non fuit.

C. Camillus) Is, opinor, quem, ut sibi amicissimum, nominat in ep. 20. lib. IX. & epist. 14. lib. XIV. & ad Atticum ep. 5. lib. V. & ad eumdem epist. 16. & 23. lib. XI.

Praedes) Varro lib. V. dissimiles ait esse *Praedem*, *Vadem*, *Sponsorem* : & *Praedem* esse, qui, a magistratu interrogatur, in publicum ut praestet ; a quo, & cum respondet, dicitur *Praes*. Sic & Festus : *Praes*, inquit, *est is, qui populo se obligat, interrogatusque a magistratu, si praes sit, respondet, Praes* .

H-S XXX.) Scutati nongenti.

XIX.) Scutati quingenti septuaginta.

Curata) Pro Volusio debitore.

Mancipiis) *Manceps* dicitur, qui aliquid conducit, aut suo periculo faciendum exigendumve redimit ; quod in Volusiana pecunia Valerius, datis praedibus, fecerat.

Ex quo, reliquum quod erat) Praeter id, quod curatum esse dixit Valerii mancipis nomine ; quod in rationes relatum non esse, laita de Volusio prædibusque liberandis ratione, infra significat; reliquum nescio quid vel Volusius ipse, vel pro Volusio Valerius solverat: quod in rationibus perscriptum, Cicero ad ærarium retulit.

In rationibus retulit) *Referre in rationes*, & *in rationibus*, diversa sententia dicitur: *in rationes*, cum nomen aliquod in conficiendis rationibus inter cetera nomina perscribitur. *in rationibus*, cum aliquid una cum reliquis rationibus ad ærarium refertur.

Quod minime tamen laboro) Hoc dixit, ne prudentiæ laudem appetere videatur: quod vanitatis est. Congruit cum hoc loco præclarum illud in epistola ad Catonem lib. XV. *Si quisquam fuit umquam remotus & natura & magis etiam, ut mihi quidem sentire videor, ratione atque doctrina ab inani laude & sermonibus vulgi; ego profecto is sum. Testis est consulatus meus, in quo, sicut in reliqua vita, fateor ea me studiose secutum, ex quibus vera gloria nasci posset: ipsam quidem gloriam per se numquam putavi expetendam.* In epistola tamen ad Dolabellam, lib. IX. *Sum*, inquit, *avidior etiam, quam satis est, gloriæ.* Et pro Archia: *Iam me vobis, judices, indicabo; & de meo quodam amore gloriæ, nimis acri fortasse, verumtamen honesto, vobis confitebor.*

Legatum meum præfectumque) Alii legunt, *Præfectumque Q. Leptam*, nos olim sustulimus, *Q. Leptam*, auctoritate quidem veteris libri, sed multo etiam magis ratione adducti. Cur enim Cicero præfecti sui nomen ponat, legati prætermittat? quasi vero ad alienum & ignotum hominem scriberet, non ad quæstorem suum, qui & legatos, & præfectum fabrum, & universam proconsulis Ciceronis cohortem optime noverat. Præterea res hic agitur Rufo notissima, de qua etiam ipse ad Ciceronem scripserat: ut ei prædum Valerianorum nomina significari, nequaquam necesse fuerit. Unde igitur præfecti nomen huc irrepsit? Notum est hominibus emendandi peritis, quanta sit facta labes in optimis libris eorum inscitia, qui cum libros describerent, verba interpretantis a studiosis adjecta non agnoscentes, omnia permiscebant, eodem errore, ut opinor, inter verba Ciceronis receptum est, *Q. Leptam* cum nescio quis, eum in Cilicia præfectum fabrum cum Cicerone fuisse, ex epist. 7. lib. III. didicisset, adscribere legati nomen non potuit; quia conjicere facillimum non erat, quis ex quatuor cum præfecto præs Valerii fuisset, quatuor autem fuisse Ciceronis legatos, Q. Fratrem, C. Pontinium, M. Anneium, L. Tullium, ex epist. 4. lib. XV. & aliis cognoscitur. Accedit auctoritas veterum duorum librorum, unius Vincentii Riccii, quo sum usus adolescens, ut eo tempore in Scholiis meis testatus sum; alterius, quo nunc utor, M. Antonii Maffei, a quo abest præfecti nomen; tertius est apud me liber, cujus in margine scriptum video, *Q. Leptam*: cum a continuatione verborum Ciceronis absit.

Maxima calamitate levatos) Ex his verbis conjicio, inter prædes Valerianos legatum & præfectum fuisse: nam & infra dicit: *Ut multa tam gravis Valerianis prædibus depelleretur, a me iniata ratio est.*

Non deberent esse obligati) Caussam non addit: sed hoc puto ad æquitatem potius, quam ad jus referri; prædes enim qui sunt, omnino tenentur, nisi satisfacit is, pro quo prædes facti sunt: verum æquitatis videtur esse, consulere fortunis eorum, qui humanitate adducti pro aliquo se obligarunt, eoque magis, si cives & amici sint? id ut fieret, ita rationem Cicero inivit, ne quid tamen populus amitteret, quod infra quasi gloriatur.

Tanto officio meo) Cum populi Romani res ageretur, quam curare debet proconsul.

Tanto etiam periculo) Si quid enim scriba erraret in rationibus, aut improbe committeret, non in eum, sed in proconsulem, cui mandata populi res est, culpa conferretur.

Cum id ne rescisset quidem) Cum id, non modo me non jubente, sed etiam insciente, in rationes retulisses. *Rescisset*, dixit, quia scriba prius ea scribebat, quam in tabulas referret; nec

nec referebat, nisi cum proconsule communicasset.

Prudentia, cum rem a me non insipienter excogitatam quidem putas) Sic plane in omnibus meis veteribus libris, duobus exceptis, in quibus est, *Non insipienter quidem excogitatum*: & uno, a quo abest *Non*. Verum ne sic quidem locus mendo vacat, non magna mutatio fiet, si legatur, *Ne insipienter quidem excogitatam*; nam quod nonnulli legunt, *Non insipienter excogitatam, ne cogitatam quidem putas*: id ego, quod ad sententiam attinet, non improbo: sed, quia plus additur, quam emendandi moderata ratio postulet, malui notam apponere indicem errati, quam ex fallaci & lubrica conjectura, immodico praesertim additamento, librum immutare.

Mulcta tam gravis) Reorum damnatorum alibi est *mulcta*, hic & praedum & mancipis Valerii, ut quidam arbitrantur, ut mihi videtur, praedum tantum: quod enim a mancipe solvitur, qui de publico aliquid redemit, id ego *mulctam* dici posse vix crediderim: quippe cum sit ea non inopinata solutio: praestat enim, quod & promisit, cum redimeret, & omnino se praestaturum putavit. At praes promittit ille quidem pro alio: fore tamen, ut ipse dependat, neque putat, &, si acciderit, moleste fert: quare nomen *mulctae* in praedes recte convenit, qui solvunt inviti, magistratu cogente, sicuti qui a judicibus damnantur: in ipsum Valerium non cadit, qui cum solvit, praeter opinionem nihil facit. Hoc ideo dixi, ne quis miretur dissentire me ab iis, qui proxime pro, *T. Mario* legunt *T. Valerio*: ut de mulcta *Valerio* quoque mancipi depellenda dicatur. Ego enim unum ex praedibus arbitror fuisse T. Marium, & Ciceronem hoc dicere, initam a se rationem, non modo ut legatus ejus & praefectus, quibus praecipue cavere deberet, verum etiam ut ipse T. Marius, qui de sua cohorte non esset, maxima calamitate levaretur.

Non solum probant, sed etiam laudant) Multa probamus sine laude, ut ea, quae recte communiter fiunt: laudamus autem nihil, quod idem non probemus, & in quo praecipua quaedam virtutis & ingenii significatio non eluceat.

Cum populis suum servaret) Ita fortunis consulere tot vel amicorum vel civium, ut populo tamen nihil adimeret. Apparet ingenium Ciceronis, qui rationem inierit, qua cum satisfaceret humanitati, depellenda amicis & civibus tam gravi mulcta, honori tamen suo, re populo conservata, non deesset. *Populi autem esse* dicebatur, & erat, quod in aerarium, ex quacumque re collectum, inferebatur: unde, *Cavere populo*, valet, cavere, ne quid aerarium detrimenti patiatur. Livius lib. VII. *Tarda nomina & impeditiora inertia debitorum, quae facultatibus, aerarium, mensis cum aere in foro positis, dissolvit; ut populo prius caveretur.*

Tot vel amicorum vel civium) Communi quodam jure cum civibus, proprio cum amicis conjungimur: itaque priore loco amici, deinde cives nominantur: amici autem ac necessarii Ciceronis, legatus & praefectus, qui tamen iidem cives erant; cives vero tantum, non etiam amici, T. Marius, Valerius, Volusius.

Nam de eo loquor) Particula, *Nam*, saepe lectorem commode traducit ad diversam sententiam: ut hic, & infra: *Nam de H-S centum millibus*. Et epist. 9. lib. I. *Nam de Appio, quod scribis, sicut de Caesare, te non reprehendere: gaudeo tibi consilium probari meum*. Et epist. 1. lib. VII. *Nam quid ego te athletas putem desiderare?* Et ad Attic. epist. 10. lib. III. *Nam quod me tam saepe, & tam vehementer objurgas*. Et eodem libro epist. 15. *Nam quod purgas me, &c.* *Logeum* fuisse fanum arbitror, in quo pecuniae deponerentur: ubi pecunia quoque illa, in provincia Ciceronis exacta, a Rufo quaestore jussu Ciceronis deposita est, auctore Pompeio. Infra res eadem attingitur.

Auctore) Hortante, & suadente; quod videtur ideo Pompeius fecisse, ut ea pecunia ipse postea uti posset, quemadmodum usus est. *Aliter*, liber Mediceus, mendose: *Auctore*, mei omnes.

Agnovi) Non negavi: confessus sum, id quod res erat, meo jussu esse depusipositam. *Agnoscere* dicimur, quod verum fatemur esse: epist. 4. lib. IV. *Illam partem excusationis, qua te scribis, orationis paupertate, iisdem verbis epistolas saepius mittere, nec agnosco, nec probo.*

Tua] Quae ad Rufum ex administratione provinciae, salvis legibus, pervenerat: nam illa, qua Pompeius est usus, populi fuit.

Quam tu] Nullus omnino liber antiquus, quem ego viderim, habet: *Quam tu*; sed alii, *Quam tum*; alii, *Quam tamen*; alii, *Tamen quam*, & post, *Deposuerat*, omnes habent, non, ut in impressis, *Deposueras*: quocirca valde suspicor de mendo: non enim placet: *Tua, quam tu deposueras*; quid? non illam quoque deposuerat, quam abstulit Pompeius?

Sextius] Nominatur inter Pompeianos, qui cum imperio fuere initio civilis belli, epist. 15. ad Attic. lib. VIII. Nec dubito, quin eam pecuniam Pompeio mandante acceperit, ut ea deinde in bello ex ipsius voluntate, id est, contra Caesarem uteretur.

Sed hoc ad te nihil intelligo pertinere] De populi pecunia loquitur, a Pompeio sumta, non de illa, quae Rufi fuerat, de qua non diceret: *Hoc ad te nihil intelligo pertinere*. Non est, inquit, quod labores de hac pecunia, quam a te jussu meo depositam, Pompeius accepit; quid enim tua refert? cum exstet S.C. quo constat, cui data sit, exstent tuae meaeque litterae, quibus constat, cui data sit. Timebat scilicet Rufus, ne quando ejus pecuniae rationem reddere cogeretur, quia Cicero in rationibus non adscripsisset eam suo jussu a Rufo esse depositam: qua de re questus erat per litteras Rufus.

Monumentis testata, cui data] Hoc explanatur proxime sequentibus verbis: *monumenta* enim sunt S.C. & litterae Ciceronis & Rufi: data vero pecunia P. Sextio significatur; si modo ita legendum est, de quo subjungam, quid sentiam.

P. Sextio] Non hic agitur de pecunia Rufi, qua usus erat Sextius, sed de publica, jussu Ciceronis deposita: quam in rationibus omissam questus erat Rufus. Itaque legi malim, si modo per veteres libros liceat, *Pompeio*: quem usum ea pecunia esse, paullo ante dictum est. Opinor enim pro, *Pompeio*, aliquem scripsisse, P. brevitatis causa, imperite scilicet; cum haec littera praenomen indicet, non gentem: inde alium, quia praenomen illud per se consistere non posse intelligeret, & Sextium paullo ante nominari animadverteret, addidit, *Sextio*. Corrumpi autem invicem haec nomina, *Pompeius*, & *Publius*, librariorum culpa contractam scribendi rationem sequentium, ex epistola quoque nona lib. I. cognovimus; nam in eo loco, *Cum, ut laudaret P. Sextium, introisset in urbem*: veteres libri aliquot habent, *Ut laudaret Pompeium Sextium*: nonnulli, *Ut laudaret Pomp. Sextium*: ex quo patet, rudes antiquitatis librarios accepisse hoc praenomen, P. pro nomine Pompeii.

Non adscripsi] In rationibus in quibus hoc tantum scriptum erat, pecuniam a Rufo depositam. Rufus autem illud adscribi, quod verum erat, voluisset, depositam a se Ciceronis jussu, ita fore ratus, ut, quocumque casu illa pecunia periisset, aut in quemcumque usum esset erogata, ipse omni periculo & cura liberaretur.

Tua nihil referret] Quia certissimis & gravissimis monumentis testata jam ista pecunia erat, cui data esset, quo S.C. quibus tuis, quibus meis litteris.

Referendum] Hinc apparet, provinciae rationes & a proconsule, & a quaestore separatim referri solitas esse; quod opinor lege Iulia, quae jam nominata est, sancitum esse.

Idem ipse sentio] Ut addas in illius pecuniae mentione, quod ego non addidi, depositam a te esse meo jussu.

Discrepabunt] Hic aliquis objiciat: immo discrepabunt; cum idem non erit in utriusque rationibus. Futilis objectio: non enim in eo discrepant rationes, cum aliquid in alteris omittitur; sed cum adversantur ea, vel dissentiunt, quae in utrisque scripta sunt; &, ut silentio nec affirmatur quidquam, nec negatur; ita, quod scriptum non est, ab eo quod scriptum, discrepare non videtur.

Quod ego quidem non addidi] Medi-

tatus

eruta liber, *Quod ego qui non addidi*; mendoſe: quid mirum? liber mendo nullus vacat: ſed ex multis depravatis unus ut corrigatur, opera dari ſolet: emendatiores hic libri quatuor, Sigicelli unus, alter Fulvii Urſini, duo Maffei: habent enim, *Quod ego quidem non addidi*.

Nec cauſa eſt, cur negem) Juſſu meo illam pecuniam a te depoſitam, cauſam, cur neget, non eſſe dicit, ut oſtendat abeſſe periculum, de quo Rufus metuere videbatur, ne quando ejus pecuniæ, quæ Pompeius olus erat, ratio exigeretur, cum inſtare videretur mutatio temporum, commoto civili bello.

Et tu velles) Negari a me: obſequerer voluntati tuæ, vel ſi quid eſſet cauſæ, cur negarem, id eſt, etiam ſi moleſtiam aliquam ex ea pecunia timerem.

H-S. nongentis millibus) Scutatorum noſtratium xxvii. millibus.

Sive frater tuus) M. Mindius, qui rationes cum ſcriba confecerat.

De lucro) De ſano: ſupra.

Parum gratioſum eſt) Sic libri veteres quinque: alii, *Gaviſum eſt*: utrumque mendoſum; nam, *Gratioſum*, de inanimatis rebus non dicitur: ſed *gratioſi homines* appellantur. Nec, *Gaviſum eſt*, politus litteris quiſquam probaverit. Medicæus liber, *Graviſum*. Corrado placuit, *Gravem viſum*: nobis olim, *Proviſum*: quod nec a *Graviſum* longe diſtat, nec ſententia caret; nam in eo dicit parum eſſe proviſum, quia cum pecunia illa deponeretur, additum non erat deponi juſſu Ciceronis proconſulis: de quo ſupra.

Referendis) Quo modo, *referendis*, cum & ſupra relatas jam eſſe dixerit, & infra idem ſignificet? Accipio, *Referendis*, pro in relatione rationum, dum rationes referuntur: ut præſenti tempore utatur Cicero ob eam cauſam, quia corrigere aliquid etiamnum in relatis jam rationibus licebat: propterea ſubjunxit, *Quid per leges liceat*; quæ verba demonſtrant, non eſſe ademptam corrigendi facultatem, ſed corrigi non omnia licere: itaque Ruſo videndum, quid a Cicerone petat: nihil enim contra leges impetraturum.

Cum S. C. non ſim uſus) Videtur Cicero temporis aliquanto plus decreto ſenatus habuiſſe ad rationes referendas, quam legibus: quo tamen tempore uti noluit, ſed rationes confeſtim retulit juſtis de cauſis, ut ſupra dixit, metu ſcilicet exorientis belli civilis.

Quid per leges liceat, conſiderandum eſt) Modeſte ſignificat, velle quidem ſe aliquid corrigere in rationibus ex Rufi voluntate, ſed ita, ne quid amicitiæ cauſa contra leges committat.

Te vero in pecunia exacta ita efferre, ex meis rationibus relatis non oportuit) Libri aliquot ſcripti, etiam Medicæus, *pecuniæ exactæ*: nonnulli, *Iſta efferre*. Placet idem, quod olim, *Pecunia exacta*, non eadem tamen ſententia, quæ olim placuit; non enim illud, *Te efferre*, ſignificare nunc arbitror iracundiam Rufi, qua ſit elatus, quod Cicero pecuniæ ab illo exactæ mentionem nullam in rationibus referendis feciſſet; verum ad erogatam a Ruſo pecuniam refero, cum ſciret, eam ſcriptam eſſe in rationibus jam relatis. Ut in exacta, inquit, pecunia ita efferres, ita erogares, ex meis rationibus relatis non oportuit: id eſt, per meas rationes tibi non licebat. Hanc noſtram opinionem adjuvare videntur & ſuperiora verba: *De eo mihi quid per leges liceat, conſiderandum eſt*; & quæ ſequuntur proxima: *Niſi quid me fallit: ſunt enim alii peritiores*. Exactæ pecuniæ plus conſumſerat Rufus, quam ſcriptæ rationes, præſertim jam a Cicerone relatæ, paterentur: id cum in rationibus Ciceronis, ut cum ſuis conſentiret, corrigi vellet; de eo quid ibi per leges liceat, conſiderandum Cicero reſpondet: non indicat non licere. ſubjungens *Non oportuit*; atque in hac opinione poſſum, inquit, falli: ſunt enim alii peritiores. Ut Rufum quodam modo conſoletur.

Aut etiam velle) Etiam ſi tua non interſit.

Si ullo modo facere poſſim) Id eſt, ſi per leges liceat.

De beneficiis) Proconſules, proprætores, atque etiam, ut hic locus indicat, quæſtores, cum ad urbem a provinciis revertissent, eorum nomina post relatas rationes ad ærarium deferebant, quorum studium fideique opera usi essent. Hi autem erant ex iis, quos secum in provinciam duxerant: qui *deferri in beneficiis* dicebantur; quod eorum virtus ac fides reip. profuisset: in quo erat eorum, qui deferebant, ambitio quædam, ostendendis non modo suis, verum aliorum quoque beneficiis in remp. Detulerat igitur Cicero, non exspectato quæstore, suos contubernales, præfectos, tribunos mil. quosdam autem non detulerat, ut centuriones & tribunorum mil. contubernales, de quibus ait rem esse in integro, si Rufus eos deferre velit. Morem hunc ostendit oratio pro Archia: *In beneficiis ad ærarium delatus est a L. Lucullo prætore, & consule.* Et pro Balbo: *In prætura, in consulatu præfectum fabrum detulit.*

Tribunos mil.) Duodecim; seni enim creabantur in singulis legionibus, ut Polybius docet; legiones autem duas, qui consularis erat exercitus, in provincia Cicero habuit: quod ipse ad Atticum scribit epist. 15. lib. V. & Plutarchus idem narrat in ejus vita. Tribunos mil. primo tres fuisse, qui singulis tribubus, a Romulo institutis, præessent; deinde sex; interjecto tempore sedecim; postremo 24. ut seni essent in singulis legionibus, Livius, Polybius, alii declarant. Creati primum ab iis, qui exercitibus præessent, mox populi suffragio: ut interdum tamen, in apparatu maximi belli, consulum prætorumque arbitrio deligerentur: postremo teste Pediano, partem eorum imperatores facere, qui *Rufuli* vocabantur, partem populus, qui *Comitiati*. Idem ex Festo, licet mutilato, colligi tamen videtur posse: qui etiam Rufulorum nominis, omissam a Pediano & aliis, causam ponit, quod Rutilius Rufus de eorum jure legem tulisset.

Præfectos) Equitum. Vide epist. 17. lib. II. ne repetatur eadem.

Contubernales) Nobiles adolescentes cum consulibus, & proconsulibus, & prætoribus etiam, ut rerum usu mature instruerentur, in provincias exibant. Pro Cælio: *Profectus est in Africam Q. Pompeio contubernalis.* Pro Plancio: *Adolescentulus cum A. Torquato profectus in Africam, sic ab illo dilectus est, ut & contubernii necessitudo, & adolescentuli modestissimi pudor postulabat.* In Bruto: *Qui se illi contubernalem fuisse dicebat.* Suetonius de Cæsare: *Stipendia prima in Asia fecit, M. Thermi prætoris contubernio.* In urbe etiam contubernales erant consulum: Cicero in consulatu, quem peregit in urbe, contubernales habuit; unde illud in ea pro Sulla: *Lucius ille Torquatus, cum esset meus contubernalis in consulatu.*

Ratio me fefellit) *Ratio* hic pro opinione, quam ratiocinatio peperit, accipitur.

Triginta diebus deferri necesse esse, quibus rationes retulissem) Non vulgaris loquendi modus; est enim, *Triginta diebus, quibus rationes retulissem*; pro, triginta diebus, postquam rationes retulissem. Tempus deferendi trecesimo die a relatis rationibus definiebatur. Constat ex hoc loco, relatas prius ad ærarium rationes, quam deferrentur ii, qui bene de rep. meriti essent.

Necesse esse) Lege Julia jubente: quæ significatur etiam paullo post.

Res est in integro) Licet tibi eos deferre.

Genus enim horum beneficiorum) Deferendis centurionibus, & tribunorum mil. contubernalibus certum diem lex non definiebat: tribunis autem mil., præfectis, & contubernalibus, de quibus facta paullo ante mentio est, spatium triginta dierum.

H-S centum millibus) Sestertiorum tribus millibus.

Memini) Ergo ab eo tempore dies intercesserant multi; quo licet intelligere, non statim Ciceronem, postquam ad urbem rediit, hanc epistolam scripsisse.

Myrina) Libri duo, Sigicelli, & Fulvii, habent, *Smyrnæ*, reliqui, *Myrinæ*: utraque nota urbs, Smyrna in Ionia, Myrina in Æolia: quis potest divinare, ex utra scripserit Rufus suas literas? Smyrna quidem navigenti in Italiam Meteinio propinquior & commodior.

Non mei errati, sed mi) Erratum in rain rationibus, antea scripserat Rufus: quod nisi corrigeretur, H-S centum millia sibi esse de suo persolvenda; rescripsit Cicero, corrigi non posse, quia rationum exemplum in provincia deposuerat, a quibus discrepare non oportet eas, quae ad aerarium relatae essent: sed tamen ei pro suis facultatibus benigne commodaturum. aliquanto autem post scripsit Rufus eas litteras, quibus Cicero nunc respondet.

Fratris tui, & Tullii) Qui rationes, absente Cicerone, confecerant: supra.

Decessimus) Sic omnes, quos viderim, veteres libri; a quibus olim discedendum putabam, & legendum, unius litterae mutatione, *Decessemus*: nunc me ipse revoco, & ita statuo, syncopen esse non posse in iis verbis, quorum in praeteritis ultima syllaba est, *si*: ut *Credo*, *Cessi*, *Cessissem*, non *Cessem*; eodemque modo in compositis, *decedo*, *recedo*, *incedo*, *discedo*, *concedo*: antea *decessissemus* legebatur.

Credo) Ita loquitur ut de re non recenti, quae potuit, spatio interjecto, effluere ex memoria.

Pro animi mei voluntate) Ut eram animatus, pro animi mei sensu. Eodem modo *animus velit* dicitur: ut Varro lib. V. L. L. *Animus ita est, ut paullo temporis perveniat, quo volt*. Et in orat. post red. ad Quir. *In studiis vestris tanta animorum declarata est voluntas*. Et Lucretius lib. II. *Ex animique voluntate id procedere primum*. Idem lib. IV. *Ergo animus cum sese ita commovet, ut velit ire*. *Judicium animi*, lib. II. de Orat. & lib. III. bis.

Facultatum) Hoc nomen late patet: itaque dixit Cicero lib. I. de Invent. *Facultates sunt, aut quibus facilius fit, aut sine quibus aliquid confici non potest*. Et pro Rabirio: *Quae si in illo minime fuissent, tamen pro tuis facultatibus maxima putarentur*. Et in Partitionibus, vires, animus, copiae, opes, tempus, locus, *Facultatum* nomine comprehenduntur: *Facultatum*, ait, *infirmatio aut vires, aut animum, aut copias, aut opes abfuisse demonstrabit, aut alienum tempus, aut locum non idoneum*. Sumuntur & pro occasionibus commodorum, ut epist. 15. ad Att. lib. I. *Expones, quas facultates aut provincialium, aut urbanorum commodorum & aliis temporibus, & me ipso consule praetermiseris*. Transferuntur ad significationem rei familiaris, ut epist. 13. lib. II. ad Att. *Velim consideres, ut sit, unde nobis suppeditentur sumtus necessarii; si quas habuimus facultates, eas Pompeio detulimus*. Et in Verrem lib. II. *Solebat ab adolescentia paullo studiosius haec compararet, supellectilem ex aere elegantiorem & Deliacam, & Corinthiam, tabulas pictas, etiam argenti bene facti, prout Thermitani hominis facultates ferebant, satis*.

Quam tum habebamus) Distat igitur hoc tempus ab eo non parum, quo rediit ex provincia: cum & hic, *Tum* & proxime dixerit, *Memini*, & *Credo*; nec vero dubie significat, ad armarem esse deductam, amissa spe facultatum, quam ante habuerat.

Obligatum) Deberi sibi a Cicerone mutuam pecuniam ex litteris ab eo antea humanissime scriptis, Rufus ostenderat.

Molesto) Quia pecuniam a debitoribus poscunt, quae propter belli difficultatem expedita non est: propterea dixit Caesar lib. III. Bell. Civ. *Cum fides tota Italia esset angustior, neque creditae pecuniae solverentur; constituit, ut arbitri darentur; per eos fierent aestimationes possessionum, quanti quaeque earum ante bellum fuissent, atque eae creditoribus traderentur*.

Pervenisset) Ex administratione Ciliciensi; de qua pecunia sic epist. 17. lib. II. *Omnis pecunia ita tractatur; ut praeda a praefectis; quae autem mihi attributa est, a quaestore curetur*.

Ephesi) Urbs Ioniae nobilis fuit, extra Ciceronis provinciam, cui praefuit, Cicerone proconsule, Q. Thermus; ut patet epist. ad Att. 13. & 14. lib. V.

Apud publicanos) Ciceronis amantissimos, eique carissimos: erant enim equestris ordinis: quem ordinem consul cum senatu in gratiam reduxerat. Vide illud in epist. 8. lib. I. *Ordinem conjunctissimum*; & ad Att. epist. 15. & 16. lib. I.

H-S XXII) Parva summa, scutati MXX. itaque legendum opinor, *Bis & vi-*

& vicies, ut est in epist. 1. lib. XI. ad Attic. *In cistophoro in Asia habeo ad H-S. bis & vicies*; loquitur de hac Ephesi deposita pecunia; nam Ephesus in Ionia, quæ regio est Asiæ; sunt autem bis & vicies, sestertium xxvi. millia.

Omnem) Partem potius, quam omnem: nam Cicero partem exegit, & apud Egnatium trapezitam deposuit, ubi tutius fore videbatur; hoc duæ ad Atticum scriptæ epistolæ, secunda & tertia lib. XI. declarant; in prima scripserat hæc Cicero: *In cistophoro in Asia habeo ad H-S bis & vicies*. In secunda: *Ex ea*, inquit, *pecunia, quæ fuit in Asia, partem dimidiam fere exegi; tutius videbatur fore ibi, ut est, quam apud publicanos*. In tertia sic: *Pecunia apud Egnatium est: sit a me, ut est*. Deinde subjunxit eodem in loco: *Etsi ego rebus omnibus: quod is quoque in angustiis est, qui cum sumus; cui magnam dedimus pecuniam mutuam, opinantes nobis, constitutis rebus, eam rem etiam honori fore*. Et ad eumdem epist. 13. ejusdem libri: *Si quas habuimus facultates, eas Pompeio tum, cum id videbamur sapienter facere, detulimus*. Quare fictam excusationem attulit Cicero tempori serviens, tum ut de H-S centum millibus Rufum consolaretur exemplo jacturæ suæ: tum etiam, ut ei, mutuam pecuniam, tamquam ex promisso debitam, poscenti, justius negare videretur.

De H-S. centum millibus) Quæ Rufus ærario debebat, ex relatis a Cicerone rationibus; sed erratum scripserat, idque corrigendum: rescripsit Cicero corrigi non posse: verum se de suo, quantum posset, ei commodaturum.

Cibariis) Publice datis.

De mea liberalitate) Cum aliqua exprobratione dictum.

Mihi expensa tulisses) Mihi commodasses.

Æstimationem accipere) Possessionem æstimatam accipere pro pecunia mihi commodata. Hic locus videtur indicare scriptam hanc epistolam Cæsare iterum & Servilio iterum coss. post latam a Cæsare legem de æstimandis possessionibus, quanti quæque ante civile bellum fuissent; ut debitoribus consuleretur: quorum erat iniqua conditio, jacentibus prædiorum pretiis: quod fere solet in bellis evenire; dicebantur autem possessiones illæ, *æstimationes*, ut epist. 16. lib. IX & ep. 18. ejusdem libri. Rufus, cum Cæsar consulatum secundum, in quo legem illam tulit, iniit, post illud tempus, quo Cicero ad Pompeium in Græciam transiit; (nam, Cæsare in Hispania contra Pompeii legatos bellum gerente, Cicero transiit, ut ex epist. ultima lib. X. ad Attic. intelligitur) Cicero autem hanc ad Rufum epistolam in Italia scripserit; quod indicant primæ epistolæ verba, & multo etiam magis illa, quæ in extremo fere sunt: *Cum Tullius tuus redierit, mittam eum ad te*: ratio persuadet, hanc epistolam & ante secundum esse scriptam Cæsaris consulatum, & ante profectionem Ciceronis in Græciam. *Æstimationem* igitur accipio pro possessione æstimata, non ea lege Cæsaris, quæ lata nondum erat, sed ut æstimabantur res, quas inopes a pecunia debitores creditoribus dabant. Sic & Livius loco jam citato, lib. VII. *Tarda nomina, & impeditiora inertia debitorum potius, quam facultatibus, aut ærarium, mensis cum ære in foro positis, dissolvit, aut populo prius caveretur; aut æstimatio æquis rerum pretiis liberavit*.

Scindi) Varie dixit, hic quidem *Scindi*; alibi *Conscindi*, ut epist. 18. lib. VII. &, *Conscriptio*, epist. 10. lib. X. ad Atticum.

EPISTOLA XXI.

Ita mihi commoda omnia, quæ opto, contingant) Verbum *Commoda*, video esse in omnibus veteribus libris præter unum, qui fuit olim Hieronymi Ferrarii, nunc est Caroli Borromæi Cardinalis: in eo est, *Commoda*, non, *Commoda*; quod olim probavi; cum & Plautus in Trin. similiter dixisset: *Ita commoda, quæ cupio, eveniant*. Nonnulli, *Commoda*, putarunt abundare; quorum non displicet opinio; ne tamen tot librorum consensus repudietur, videndum etiam atque etiam, an probabilis aliqua senten-

ten-

tentia elici possit, nullo nec deleto verbo, nec mutato. Ita mihi, inquit, ea, quæ opto, contingant omnia communia, ut vehementer velim, id est: ita te rerum omnium, quas opto, participem habeam, ut esse tecum vehementer velim; nam ad verbum, *Communia*, subaudio, *Tecum*; ut sit: ita mihi tecum communia, quæ opto, contingant omnia. Occurrit alia sententia, quam non occultare consilium est. Ita mihi res omnes publicæ, quales opto, contingant; nam, *Communia*, & *Communes res*, pro publicis rebus accipi, nemo (ut opinor) dubitat; idque vel hoc uno constat exemplo, quod observavimus epist. 8. lib. I. *Ex eodem de toto statu rerum communium cognosces, quæ quales sint, non facile est scribere*. *Communem quoque rem*, dixit epist. 27. lib. VII. *Communium fortunarum*, epist. 12. lib. V. Hoc totum ad eruditorum hominum judicium refero; nam ipse nihil affirmo; tantum enitor, ut veterum librorum auctoritatem conservem.

Etenim, tum esses major) Aliis placet, *Ut enim*, pro *Etenim*; quia sic habent plerique veteres libri; solœcismi species apparet; quid refert? inquiunt; quam multa præterea hujusce generis in Cicerone deprehenduntur. His itaque responderi videtur posse, solœcismum, si modo libri veteres in eo consentiunt, ferendum; sin aliter, tollendum. Itaque, cum habeam duos veteres libros, unum M. Antonii Maffei, quo etiam olim, commodante ejus fratre Bernardino Cardinali, usus sum: alterum Fulvii Ursini, in quibus diserte legitur, *Etenim*, libenter aufero solœcismum, & integritatem Cicerone dignam restituo.

Et virorum, & civium bonorum) Differre putantur *bonus vir*, & *bonus civis*; quam distinctionem ostendimus ep. 9. lib. I. in eo loco: *Exemplo quem bonum virum semper habuisset, bonum civem esse pateretur*.

Jucundorum) Bonitas, jucunditas, amor, causæ sunt, cur amemus, unaque esse cupiamus; propterea dixit, *Bonorum*, *Jucundorum*, *Amantium mei*; quæ tria conjungit in epistola etiam 24. lib. IX. *Mone te, quod pertinere ad beate vivendum arbitror, ut cum viris bonis, jucundis, amantibus tui vivas.*

Hominum) *Vir*, & *Homo* differre, pauci nesciunt; hic tamen, *Hominum*, potuit omitti, ut omissum est loco proxime recitato ex epistola ad Pætum, sed additum est ob interpositam civium mentionem; nam, si esset omissum, ad cives illa referrentur, *Jucundorum, & amantium mei*: cum sit aptius, *Jucundorum hominum, & amantium mei*.

Erat nemo, quicum essem libentius, quam tecum; & pauci, quibuscum æque libenter) Satis modesta ratio captandæ benevolentiæ, non enim omnibus Mescinium, sed Mescinio neminem anteferet, comparat paucos. Ita vitatur illa, quæ veritati fidem detrahit, ὑπερβολή.

Alii interierunt) Insignes quidem, & consulares, M. Calpurnius Bibulus, L. Domitius Ahenobarbus, L. Cornelius Lentulus, P. Lentulus; prætereа, C. Curio tribunicius.

Alii absunt) Aberant consulares duo, P. Scipio, Pompeii socer, qui bellum in Africa contra Cæsarem gerebat, & M. Marcellus, qui post Pharsalicum prælium, cum spe vincendi simul abjecta certandi etiam cupiditate, voluntarium Rhodi aut Mitylenis exsilium sibi delegerat; aberat & M. Cato prætorius, qui cum Scipione causam Pompeianam acerrime tuebatur; nec Romæ tunc erant M. Brutus, nec Ser. Sulpicius, ille Galliæ, hic Græciæ præpositus: ut ep. 6. lib. VI.

Mutati voluntate) Non eodem, quo antea in Ciceronem animo, temporibus mutati, & victoria Cæsaris.

Necessario) Est enim Cæsaris familiaribus inserviendum, temporis causa.

Frequentant domum meam) Sic lib. I. Off. *Si domus alio domino solita est frequentari*. Et, *Frequentare ludos*, lib. I. de Invent. Alio modo, *Celebratur domus*, epist. 5. lib. II. ad Q. Fratrem.

Ad summum) *Summum* epist. 1. lib. II. *A te vero bis terve summum, & eas perbreves, accepi*; & *ad summum* dicitur Ciceronis exemplo.

Per-

Perfugio) Hoc verbum interdum solum Cicero affert, ut hic: interdum conjungit, ut epist. 15. lib. V. *Litteris uter affidue: quid enim aliud facere possum? sed nescio, quo modo ipsae illae excludere me a portu & perfugio videntur.* Et pro Archia: *Perfugium ac solatium adversis haec studia praebent.* Perfugium autem litterae sunt duobus modis: vel quod eas dum tractamus, molestias obliviscimur; vel quod animus, praeceptis utilissimis conformatus, humana omnia, praeter honestum, contemnit, nihil praeter culpam extimescit. De fructu autem quem afferunt litterae, vide epist. 3. lib. IV. & epist. 13. lib. V. & epist. 2. & 3. lib. IX.

Conscientia consiliorum meorum) Saepe hanc sententiam usurpat. epist. 3. lib. IV. epist. 1. & 4. & 6. & 10. & 13. & 21. lib. VI. & epist. 3. lib. VII. quae recitare longum est: indicare loca, & quasi digitum ad fontem intendere, unde hauriant, qui copiae student, satis duco.

Nisi invidisset is) Pompeium, opinor, designat; a quo se proditum, contra datam fidem, saepe queritur.

Me enim amabas) Mea causa illum non amabas, cujus invidiam perfidiamque nosses.

Beatus esset) Hoc dicit: Si mecum ad tuendam libertatem contendisset, neque perniciosam reip. cum Caesare societatem coiisset: non modo viveret, sed beatus esset, & cum eo omnes boni. De Caesare autem, & victore jam, & a quo veniam paullo ante impetraverat, haec, ut, opinor, scribere non auderet; nec invidit ei Caesar, qui semper popularis fuit, & ab urbe multos annos abfuit, dum in Gallia bellum gereret, sed Pompeius, qui parem sibi Ciceronem in senatu non ferret.

Nullius enim) Epist. 3. lib. VII. *Notum*, inquit, *tibi esse consilium meum esse volui; ut primum scires, me numquam voluisse plus quemquam posse, quam universam remp. postea autem quam alicujus culpa tantum valeret unus, ut obsisti non posset, me voluisse pacem.*

Arma) Caesaris.

Quae semper timueram) Epist. 3. ad Attic. lib. X. *Praeclare*, inquit, *conscientia sustentor, cum cogito me de rep. aut meruisse optime, cum potuerim, aut certe numquam, nisi divine, cogitasse; eaque ipsa tempestate eversam esse remp. quam ego XIV. annis ante prospexerim.*

Quem ego idem effeceram) In consulatu; epist. 9. lib. I. *Non offendes eundem bonorum sensum, Lentule, quem reliquisti: qui confirmatus consulatu nostro, nonnumquam postea interruptus & afflictus ante te consulem, recreatus abs te totus est, nunc ab iis, a quibus tuendus fuerat, derelictus.* Eodem illud spectat ex epist. 15. lib. I. ad Att. *Tuear, ut possum, illam a me conglutinatam concordiam.*

Quavis tuta conditione) Quavis, modo tuta: epist. 6. lib. VI. *Causa belli orta est: quid ego praetermisi aut monitorum, aut querelarum? cum vel iniquissimam pacem justissimo bello anteferrem.* Et ad Attic. epist. 5. lib. VII. *Ego is sum, qui illi concedi putem utilius esse, quod postulabat, quam signa conferri: sero enim resistimus ei, quem per annos decem aluimus contra nos.* Et ad eumdem ep. 11. lib. VIII. *Pro me tuli, me nihil malle, quam pacem; non quin eadem timerem, quae illi: sed ea bello civili leviora ducebam.* Et ad Pompeium: *Mea semper quae fuerit sententia, primum de pace vel iniqua conditione retinenda, deinde de urbe, meminisse te arbitror.*

Horum Africanorum) Africani belli, quod inter Caesarem, & Scipionem, ac regem Jubam gestum est.

Quid interfit, non sane intelligo) Causam infra exponit: quia non multum inter victores interfuturum putat. De Pompeianorum crudelitate, si vicissent, vide epist. 9. & 14. lib. IV. & ep. 6. lib IX.

Inter victorias non multum interfuturum) Item ep. 3. & 4. lib. VI. item ep. 9. & 4. lib. IV. & ep. 6. lib. IX.

Infitiam) Vrbe carebat Marcellus, haec illi, ut opinor, a Caesare poena imposita, quia Pompeium initio belli secutus esset; nam, quin hoc tempore fuerit in Italia, dubitandum non est; cum subjungat Cicero: *Ad te veniam brevi.* Infitiam igitur, quod urbe immerito careret, sic ad Caecinam, eadem causa exsulantem, ep. 5. lib.

lib. VI. *Nocere non potest in tam bonis civibus tam acerba injuria*. Et ep. 10. lib. VI. *Injuriam temporum*.

Cum tuam summam humanitatem, tum etiam tuas litteras) Naturam & doctrinam laudat: quarum altera efficiat, ut paratiore animo Mescinius injuriam ferat; altera, ut humana omnia, cum absit culpa, ne putet in malis esse numeranda.

Sicut omnes fere) Quod reprehendere coeperat, excusat multorum exemplo; nam, *Fere*, dixit, ne omnino superiorem ejus mollitiem excusaret.

Vita ingenua) Quam nunc tempora eripiunt; quod enim sentimus, eloqui libere & ingenue non licet.

Beata & libera) Nunc miserrima & serviente.

Nullum sensum) De quo tamen dubitare visus est in ep. 16. sed orationem tempori accommodat.

Si me diligis) Dubitatio videtur, quæ nulla tamen est; valet enim, pro amore in me tuo, pro eo, quantum me diligis; & in extrema epistola: *Me velim*, inquit, *ut facis, diliges*; qui locus ex hac dubitationem tollit.

Serviat) Et *Servire*, & *Inservire*, & *Indulgere*, & *Obsequi valetudini*, dicitur: epist. 9. 17. 18. ad Tironem lib. XVI.

PAVLLI MANVTII
COMMENTARIVS
IN
EPISTOLAM I.
LIBRI VI.

A. *Torquato*) Manliae gentis, patriciae, antiquissimae: patriciam autem & Cicero hanc gentem fuisse ostendit in oratione pro Sulla; verum & plebejos fuisse Manlios idem testatur in Phil. I. *Propter unius*, inquit, *M. Manlii scelus, decreto gentis Manliae, neminem patricium M. Manlium vocari licet*. Nisi haec dixit habita ratione sui temporis; cum & patricii & plebeji essent Manlii; non quod eo tempore, quo Manlius Capitolinus damnatus est, Manlii duorum generum essent. Livius quidem lib. VI. hoc Manliae gentis decretum memorat, omissa patriciae mentione. *Torquati* cognomen a *Torque* natum, quem Gallo singulari pugna victo detraxit T. Manlius: qua de re Livius lib. VII. Gellius lib. IX. cap. 13. Cicero lib. I. de Fin. & Tusc. IV. & de Offic. lib. III. Hunc Manlium vocat optimum virum epist. 1. ad Att. lib. I. Transiit ante Ciceronem in Graeciam ad Pompeium, ut in ep. 7. ad eumdem lib. IX. Africam videtur administrasse post praeturam; nam consul numquam fuit; leguntur enim haec in oratione pro Plancio: *A. Torquato prafectus in Africam, sic ab illo gravissimo, & sanctissimo, atque omni laude & honore dignissimo viro dilectus est, ut & contubernii necessitudo, & adolescentiae modestissimi pudor postulabat*.

Tanta perturbatio est omnium rerum, ut suae quemque fortunae maxime paeniteat; nemoque sit, quin ubi sit, quam ibi, ubi est, esse malit) Infra eadem sententia, epist. 4. *Tempus est hujusmodi, ut suam quisque conditionem miserrimam putet, & ubi quisque sit, ibi esse minime velit*. Hic advertendum, quater in primis hujus epistolae comprehensionibus repetitum, *Nisi*, *Tamen*: in quo si quis hodie nostrum offenderet, excusari vix posset.

Quisquis) *Quisquis*, pro *Quisque* interdum veteres usurparunt, ut hic ipse Tusc. V. *Ut quidquid objectum est, quod modo a natura non sit alienum, eo contenti non quaerant amplius*. In Verrem lib. IV. *Ita odorabantur omnia; et, ubi quidquid esset, aliqua ratione invenirent*. Plautus Trinummo: *Sic unum quidquid singillatim & placide percontabere*. Lucretius autem saepissime.

Oculi augent dolorem) Oratorie modo sensum oculorum auget, aurium imminuit, modo contra; nam ep. 9. lib. IV. aurium sensu plus doloris, quam oculis percipi dixit: quia Marcello reditum suadebat: hic, ut absentem Torquatum consoletur, oculis augeri dolorem ait. Et epist. 4. *In malis*, inquit, *oculis acerbius est videre, quam audire*. Et ep. 13. lib. IV. *Non audio solum, quod ipsum esset miserum, sed etiam video, quo nihil est acerbius, eorum fortunas dissipari*.

Intueri coguntur) Quo dolor fit acerbior; audire autem, qui non vult, non cogitur: itaque potest avertere cogitationem a miseriis.

Nec avertere a miseriis cogitationem sinunt) A consuetudine enim oculorum animum abducere, difficillimum est.

Multarum rerum desiderio) Quas cum rep. perdiderimus.

Cum magna molestia tuos usque desideres) Liberos in primis: de quibus epist. 4. *Reliquum est, ut te angat, quod absis a tuis tam diu: res molesta,*

pra-

præsertim ab illa parte, quibus nihil potest esse fœstivius.

Aut præcipuam aliquam fortunam postulare, aut communem recusare) Sic epist. 15. lib. IV. *Non debeo aut propriam fortunam & præcipuam postulare, aut communem recusare.*

Agitare animo) Tribus modis hoc verbum ad eamdem sententiam accommodatur, *Agitare animo*, *Agitare in mente*, *Agitare* simpliciter: primus hoc in loco modus ostenditur, & pro Fonteio: *Vos & sæpius eamdem rem animis agitare, & diutius unoquoque de teste cogitare potestis*. Alter lib. I. de Nat. deor. *Habet nihil aliud, quod agitet in mente*. Tertius in Verrem: *di hoc unum agitare cœperis, esse aliquod genus cognatæ pecuniæ*.

Ut non adhibeas in consilium cogitationum tuarum desperationem aut timorem) Ut in tuis cogitationibus locum desperationi aut timori nullum tribuas: id est, ut neque de reditu desperes, neque saluti tuæ timeas.

Qui in te adhuc injustior, quam tua dignitas postulabat, fuit) Cæsarem significari manifestum est: de quo paullo mitius epist. 4. *Ejus enim, qui tardior in te levanda fuit, quam fore putaramus, non est mihi dubia de tua salute sententia*.

Non magna) Affirmant duæ negantes particulæ, sed ita, ut aliquid imminuant; plus enim erat *magna* signa, quam, *Non non magna*.

Nec tamen is ipse) Cur salutis amittendæ timore angamur, cum is ipse, a quo servari volumus, eodem timore vacare non possit? Augurium Ciceronis brevi Cæsaris interitus comprobavit.

Omnium bellorum exitus incerti) Utrius partis victoria sit futura, incertum est: epist. 4. *Omnia belli Martis communis, & semper incerti exitus præliorum*. Et Phil. X. *Ut concedam incertos exitus esse belli, Martemque communem*.

Ab altera) Si Cæsar vicerit in Hispania.

Sejunctum ab omnium interitu) Aut simul omnes victoris clementia servabimur; aut ejusdem ira peribimus, epist. 4. *Istud cuivis facile est docere, aut præcipue te dolere nihil debere*.

Ab altera) Si vicerint Pompeiani.

Numquam timuisse) Licet a bello discesseris. *Numquam*, dicit, ut significet nec antea, bello scilicet Africano, timuisse Torquatum a Pompeianorum victoria.

Quasi consolationis loco) Non plane consolationis loco: quia, cum patria, quæ nobis rerum omnium carissima debet esse, periclitetur; minus angi privatis incommodis debemus: itaque communis periculi recordatio, quasi quædam consolatio videtur esse. Hujus generis illud est in epistola sequenti: *Misera est illa quidem consolatio, tali præsertim civi & viro, sed tamen necessaria, nihil esse præcipue dolendum in eo, quod accidat universis*.

Multa dicunt) Quæ ad consolandum valent: significat ea, quæ insignes Philosophi de sedando luctu conscripserunt: quorum sententias postea Cicero, amissa filia, in sua scripta transtulit, ægritudinis leniendæ caussa: eorum nomina recitat Divus Hieronymus in Epitaphio Nepotiani: *Legimus*, inquit, *Crantorem, cujus volumen ad consolandum dolorem suum secutus est Cicero: Platonis, Diogenis, Clitomachi, Carneadis, Possidonii ad sedandos luctus opuscula percurrimus; qui diversis ætatibus diversorum luctum vel libris, vel epistolis minuere sunt conati: ut etiam, si illorum areret ingenium, de illorum posset fontibus irrigari*.

Vereor, ne consolatio nulla possit vera reperiri) Mei veteres libri, *Ulla*, omnes habent: sed *Nulla*, requirit sententia; nam *Vereor* cum simplici negatione conjunctum, usurpatur in rebus, quas accidere nolimus, ut *Vereor ne filius pereat*: cum gemina vero negatione, in rebus, quas accidere vellemus: ut, *Vereor ne filius non recte vivat*: volumus enim filium recte vivere. Interdum, quod idem valet, pro gemina negatione utimur, *ut*, hoc modo: *Vereor ut filius recte vivat*; quare videatur aut legend. hic: *Vereor ut consolatio ulla possit vera reperiri*; aut: *Vereor ne consolatio nulla possit vera reperiri*; nam & paullo post cum dicit: *Vereor ne nefas sit dicere*, hoc significat, nefas sit dicere; sic igitur, si dicas: *Vereor ne consolatio ulla possit vera reperiri*: hoc significes, consolatio aliqua posse vera reperiri, quod

quod a Ciceronis mente discrepat; nullam enim ait sibi videri esse consolationem tanti mali, præter illam, &c. Vide, quæ de hoc verbo, *Vereor*, diximus in ep. 1. lib. II.

Quantum in cujusque animo roboris est atque nervorum) Non enim omnes, qui præteritam vitam æque laudabiliter traduxerint, æque conscientia sustentantur; sed ut quisque firmo, aut infirmo animo est, ita majorem aut minorem a conscientia consolationem capit; quo spectat illud in ep. 4.

Quæ tamen, si possis eam suscipere, maxima est.

Satis est) Ergo felicitas non ab iis rebus, quæ ab aliis, aut a fortuna dantur, sed a nobis est: quæ Stoicorum fuit opinio, ut Acad. lib. I. sed Aristoteles Eth. lib. I. & Polit. lib. VII. adjunxit externa bona.

Bene beateque vivendum) *Bene vivit*, qui cum virtute vivit: *beate*, cui nihil omnino deest; addidit enim *Beate*, quia *recte vivere*, non idem est cum beate vivere, quod Ethic. lib. I. ad Eudemum scripsit Aristoteles. Nobilitas enim, proles, opes, divitiæ, amici, vires etiam corporis & pulcritudo ad beatitudinem conferunt, sine quibus tamen licet bene vivere, quod virtutis est.

Vereor, ne eum, qui se optimorum consiliorum conscientia sustentare possit, miserum esse nefas sit dicere) Interrogandi notam sententiam alii concludendam putant, quibus assentirer, si legeretur, *Vereor*; quomodo autem nunc est, elicitur hoc: fortasse nefas est eum appellare miserum, qui se optimorum consiliorum conscientia sustentare possit; nam ut, *Non vereor ne*, negationem significat, ut illud ep. 7. lib. II. *Non vereor, ne quid timide, ne quid stulte facias*, idem est, ac si dicas, nihil te timide, nihil stulte facturum confido. Et epist. 12. lib. V. *Non vereor, ne assentatiuncula quadam tuam gratiam videar aucupari*; ut igitur qui dicit, *non vereor ne*, negat, non affirmat; sic qui ait, *vereor ne*, affirmat potius, quam negat: timet enim aliquid futurum, quod nollet. Quocirca, *Vereor ne nefas sit dicere*, valet, opinor esse nefas, vel, fortasse nefas est dicere. Minime igitur necessaria est nota illa interrogantibus usitata. Neque vero, *Non vereor*, legendum est, ne sine causa discedamus ab antiquis libris.

Optimorum consiliorum) Cum dixerit, *Bene sentire, recteque facere*, videtur hic addere debuisse, *Atque salutarium*, sed nobilius posuit, nec alterum, licet omitteret, exclusit.

Miserum) Non enim eo te miserum puto, quia resp. miserrima est, cum te possis optimorum consiliorum conscientia sustentare.

Victoriæ præmiis ductos) Ut Pompeianos quosdam, de quibus epist. 6. *Visa est auctoritas mea non tam a Pompeio (nam is movebatur) quam ab iis, qui duce Pompeio freti, peropportunam & rebus domesticis & cupiditatibus suis belli victoriam fore putabant.* Hanc rem & Cæsar attigit lib. I. de Bell. Civ.

Officium) Epist. 5. lib. IX. *Secuti sumus non spem, sed officium.*

Qui neque cum id faciebamus, tam eramus amentes) Hæc particula, *Neque*, hic habet vim quamdam, non sæpe usitatam; subauditur enim, *non modo*, ut sit, *non modo nunc, sed neque tum*. Simpliciter ep. 15. lib. IX. *Neque ego aliter accepi.* Et epist. 4. ad Attic. lib. I. *Neque id neglexi.*

Si id evenit) Ut vinceremur.

Ingredientibus nobis in causam) Publicam causam suscipientibus contra Cæsarem, senatui dicto non audientem. Eamdem sententiam posuit ep. 12. in eo loco: *Cum tu viderem te in hoc ipsum bellum esse ingressum, non solum victor beatus, sed, etiam si ita accidisset, victus ut sapiens esses.* Nec dissimiliter in epist. 6. *Sin propter incertos exitus, eventusque bellorum posse accidere, ut vinceremur, putasses, non debere te ad secundam fortunam bene paratum fuisse, adversam ferre nullo modo posse.*

Cadere animis) *Cadimus animo*, & *Cadit animus*, utrumque enim dicitur, in Lælio: *Nec debilitari animos, aut cadere patitur.* Et Tusc. I. *Simul animus cum re concidit.* Et Phil. III. *Allato nuncio de quarta legione, mente concidit.*

Præstandum) *Præstare culpam* dicitur, qui culpam vitat: hoc præstare debemus, reliqua ne curemus, non enim præstanda nobis sunt, quia malum in una culpa situm est.

Per-

Perditis rebus omnibus) Hoc refertur ad illud: *Reliquum est, ut te excitet commune periculum reip.* Hoc, inquit, ideo dixi, ut intelligas, vel si omnia interierint, virtutem tamen sustentare te ipsam posse. Quanta igitur cujusque virtus, tantam ille ab ipsa virtute consolationem capit, quod supra dixit: *Quantum in cujusque animo roboris est atque nervorum, tanta consolatio est*. Atque haec virtus, hoc robur, hi nervi sunt eorum, qui se optimorum consiliorum conscientia sustentare possunt. Quod autem hic, *Perditis rebus*, infra dixit, *Perdita rep.* & in epistola sequenti, *Remp. funditus interire*; & ibidem paullo post: *Sin omnino interierint omnia*; & ep. 21. *Eversis omnibus rebus*; & epistola ult. libri superioris, *Fortunam funditus eversam*. Contrarium est, *Salvis rebus*, ep. 1. lib IV.

Quicumque status est futurus) Infra: *Nec dubitare debes, quin aut aliqua resp. sit futura, qui esse debes, aut, perdita, non afflictiore conditione, quam ceteri*. Idem in epist. seq.

Atque haec mihi sciscitanti veniebant in mentem) Eleganter interdum a particula *Atque* sententiam ordimur, ut proxime, *Atque haec ex pertinet oratio*. Et epist. 4. *Atque utebar familiarissime Caesare*. Et ad Terentiam ep. 4. lib. XIV. *Atque ego, qui te confirmo, ipse me non possum*.

Desperationem) Cum de rep. desperabam, & res ad arma deduceretur.

[illegible] improbissimam) Pugnari nolebam: cupiebam quamvis iniqua conditione pacem: epist. 4. & 6. & libro superiore, epist. ult.

Multo ante confirmatas per adversarios suos) Cum Pompeius iterum consul operam dedit, ut Caesari Galliarum administratio in alterum quinquennium prorogaretur, de quo in epist. 6. ipsum Pompeium consulem pugnasse dicit. Et ad Attic. epist. 3. lib. VIII. de Pompeio: *Istum in remp. ille aluit, auxit, armavit: ille legibus per vim & contra auspicia ferendis auctor: ille Galliae ulterioris adjunctor: ille gener: ille in provincia propaganda: ille absentis in omnibus adjutor*. Eadem dixit in Phil. II.

Pilis & gladiis, non consiliis neque auctoritatibus) Sic epist. 7. lib. IV. *Nam enim iis rebus praestabamus, quibus valere poteramus, consilio, auctoritate, causa, quae erant in nobis superiora; sed lacertis & viribus, quibus pares non eramus.*

De jure publico disceptari) De ipsa rep. contendi: sic epist. 4. lib. IV. *Posteaquam armis disceptari coeptum est de jure publico*. Et epist. 14. ejusdem libri: *Quanto periculo de jure publico disceptaretur armis*.

Neque ego divinabam) Futura non videbam; sed, ne acciderent, timebam.

Eventu atque exitu) Exitus eventu, non eventus exitu posterior est; nam ultra eventum exitus est: ultra exitum nihil omnino.

Id futurum quod evenit) Fore, ut Caesar vinceret.

Exploratius promittere) Non plane promittere, sed exploratius, quam de victoria Pompeii: hoc quidem exploratius, quam illud, promittere, divinare tamen plane non poteram.

Iis rebus) Consiliis, auctoritatibus, causa: paullo ante, & ep. 7. lib. IV.

Militum robore) Epist. 3. lib. VII. de Pompeio: *Signa tirone & collectitio exercitu cum legionibus robustissimis contulit*.

Sed in illum animum) Tale illud Sulpicii: *Noli imitari malos medicos; qui in alienis morbis profitentur se tenere medicinae scientiam, ipsi se curare non possunt*.

Philargyrus) Liberti cognomen, quod in servitute nomen [illegible] fuerat; valet autem, *Amator argenti*.

Suspensi) Exspectatione eventus; pugnabatur enim in Hispania: itaque dixit supra: *Cum omnium bellorum exitus incerti sint*, &c. Et epist. 6. *Videmur intelligere, aut diuturnum bellum fore*.

In ea urbe) Athenis. Pro Flacco: *Adsunt Athenienses, unde humanitas, doctrina, religio, fruges, jura, leges ortae, atque in omnes terras distributae putantur*. Et lib. I. de Orat. *Athenae omnium doctrinarum inventrices*, ep. 4.

Nata & alta) In Bruto: *Videsne, ut in ea ipsa urbe, in qua & nata & alta sit eloquentia, quam ea sero prodierit in lucem?* Veteres ab *Alo* & *Altum*, & *Altum* deducebant. Priscianus, & Diomedes.

Ratio

Ratio et moderatio vitæ) Ob doctrinam, religionem, jura, leges; ideo putabantur Athenæ in tutela Minervæ.

Ser. Sulpicium) Græciæ præpositum a Cæsare: epist. 6. *Brutum Galliæ præfecit, Sulpicium Græciæ*: vide, quæ diximus epist. 12. lib. IV.

Benevolentia & sapientia) Quæ sapienter in re nostra dicuntur ab amicis, creduntur facilius, & magis movent, quam si dicantur ab alienis: ideo conjunxit cum sapientia benevolentiam: epist. 4. in extremo.

Auctoritatem & consilium) Omnino cavendum civile bellum, cujus initia cernebantur, Sulpicius consul censuit: epist. 4. lib. IV. *Assensi*, inquit, *cognoscebam, quæ esset tua in hoc pestifero bello cavendo & prædicendo sententia*; & quæ sequuntur.

Togati potius potentiam quam armati victoriam subissemus) Simile illud in epist. 6. *Nolo hunc existimare, ea me scripsisse Pompeio, quibus ille si paruisset, esset hic quidem clarus in toga, & princeps, sed tantas opes, quantas nunc habet, non haberet.* Subissemus, inquit, potentiam, ut rem gravem, sed victoria tamen leviorem: ideo in epist. 4. *Cupiebam quamvis iniqua conditione pacem.* Et in ultima superioris libri: *Quavis tota conditione pacem accipere malui, quam viribus cum valentiore pugnare.*

Quam necesse fuit) Amorem suum declarat, ac studium confirmandi Torquati, cum plura etiam fortasse scripserit, quam necesse fuit; simul illum tacite laudat, quasi virtus ejus minus multa desideraret: hoc ipsum dicit in epistola tertia; addita, quam hic omittit, ratione, cur fuerit longior: *Superioribus* (ait) *litteris, benevolentia magis adductus, quam quod res ita postularet, fui longior; neque enim confirmatione nostra egebat virtus tua.* Et epist. 4.

Illa, quæ majora sunt, brevius exponam) Rerum diversarum connexio, in qua laborare multos video, vulgare non requirit ingenium: hic Cicero a consolatione doloris ad promissionem auxilii percommode transit, nam, cum dixisset, *Hæc longiora*, subjunxit, *Illa majora*, sic epist. 3. *Sed hæc consolatio levior, illa gravior.* Et ad Appium epist. 10. lib. III. *Atque hæc domestica: quid illa tandem popularia?* Et ad Cassium, epist. 2. lib. XII. *Sed hæc tolerabilia: illud non ferendum, quod est, qui vestro anno consulem filium suum futurum putet.* Et Phil. II. cum objicienti Antonio, civile bellum ejus culpa natum esse, copiose respondisset, transitum ita quælivis ad aliam rem, vix ut interrupta narratio videatur, hoc modo: *Sed hæc vetera, illud vero recens, Cæsarem meo consilio interfectum.* Hujus generis innumerabilia fere occurrunt. Sed fastidium vitemus, & hæc sibi quisque, quod nos olim facere consuevimus, notet in legendo.

Neminem) Quia perierat Cn. Pompeius, & P. Lentulus, quorum opera restitutus ab exsilio fuerat.

Quibus tantum debebam, quantum tu intelligis) Plus scilicet, quam tibi; sed, cum eos belli casus eripuerit, nemo, cui plus quam tibi debeam, superest, epist. 4. *Benevolentiam tuam ergo me imitabor, merita non assequar.*

Belli casus eripuit) *Mors eripuit*: de iisdem dixit, epist. 13. lib. IV.

Qui sim) Epist. 9. *Eodem tempore, eademque causa nostrum utrumque cecidit.* Et epist. 13. *Eadem causa opes meas fregit, quæ tuam salutem in discrimen adduxit.* Et in ultima hujus libri: *Quid possim, nescio, vel potius me parum posse, sentio.*

Studium certe) Si consilio & opera prodesse tibi non multum potero, studio certe numquam deero.

EPISTOLA II.

H*Fuerit*) Persistit in translatione, quia dixerat *Gravitate*.

Varietate) *Varietatem* non vocat mutationem causæ; quia scilicet modo timuissent homines, modo sperassent; sed quod varietas fuerit inter causam Torquati, & voluntatem opinionemque hominum; propterea quod, cum ei reditum in Italiam Cæsar concessisset, ut infra ostendemus, fore speraverunt homines, ut paullo post redeundi quoque in urbem facultas ei permitteretur, in quo se difficilem Cæsar præbuit.

Aditus) Sperare se aliquid ostendit:

nam,

nam, *Adhuc*, varietatis illius, quam proxime nominavit, quasi terminus videtur. . .

Aut volebant, aut opinabantur) *Contra voluntatem, & praeter opinionem*, dixit epist. 2. lib. III.

Pro malis temporum) Si rem ipsam spectes, moleste ferendum videtur: si tempora consideres, quae pessima sunt, mihi crede, non est cur moleste feras. Epist. 28. lib. XIII. *Pro horum temporum perturbatione*. *Pro malis rebus*, epist. 14. lib. XII. ad Att. Alibi: *Ut in malis, ut in perditis rebus*.

Armis urgeri remp. sempiternis) Ut in armis de jure publico semper disceptetur, sicut adhuc quidem disceptatur.

Positis) Infra addidit, *Abjectis, aut detractis*, hic *Positis*, communiter pro omnibus usurpatum est.

Funditus interire) Amissa libertate: quod accidit: numquam enim postea suum jus resp. recuperavit.

Si arma ponebant) Non loquitur de victoria armis parta, sed de conditionis diuturnitate: id est, si armis res agetur, hoc enim ad illud respondet: *Necesse est armis urgeri remp. sempiternis*. De victoria vero statim subjungit.

Recipereris) Recipiebatur, quia, licet in urbem redire non posset, in Italia tamen ei licebat esse. Hoc etiam e postremis epistolae verbis colligitur: *Ut, aut quo scribam, aut quo veniam, scire possim*; nam, si extra Italiam Torquatus esset; non diceret Cicero, *Quo veniam*. Praeterea, Torquatum in Tusculano fuisse, ejusque causam Dolabellae a Cicerone commendatam, ut scilicet ejus reditum in urbem a Caesare ex Hispania redeunte impetraret, licet intelligere ex epist. 9 lib. XIII. ad Att. *Commode*, inquit, *ad me venit, cum haberem Dolabellam, Torquatus: humanissimeque Dolabella, quibus verbis secum egissem, exposuit: quae diligentia grata est visa Torquato*. Et ad eundem epistola 20. *Torquato nostra officia grata esse, facile patior: eaque augere non desinam*. Et epist. 21. *Quid possum a Torquato, nisi aliquid a Dolabella?* Et epist. 27. *Cum Dolabella vivendum esse istis diebus, video: quod nisi me Torquati causa teneret, satis erat dierum, ut Puteolos excurrere possem*. Atque illae ad Atticum epistolae, Caesare ex Hispania, devictis jam Pompeii liberis, redeunte, scriptae sunt: haec vero ad Torquatum, adhuc pugnante: id quod perspicuum satis est: haec tamen una, confecto jam bello, & concessa Torquato manendi in Italia, non in urbem veniendi, potestate, scripta videtur esse, ideoque rejicienda in extremum locum.

Conditione) Quod inter utramque partem de ponendis armis conveniat.

Victoria detractis) Alterutra parte vincente, ita ut bellum nullum supersit.

Respiraverit) Quia non amplius armis urgebitur resp. quod si victoria, detractis armis, civitas respiraverit; bonitas in eo & clementia indicari videtur, in quo Caesari, qui secunda jam fortuna usus erat, Cicero assentatur, quamquam Pompeii partes afflictae nondum penitus erant.

M. Antonius) Orator ille summus, qui loquitur in oratoriis libris.

Jam mortem timebat) Ante Marii, & Sullae bellum, quo in bello ipse est interfectus.

Suspicabatur) Ex discordiae principiis, hoc significatur initio lib I de Orat. nam de sermone inter Scaevolam, Antonium, & Crassum habito, sic ait: *Quo quidem in sermone multa divinitus a tribus illis consularibus Cotta & commemorata & deplorata accepimus; ut nihil incidisset postea civitati mali, quod non impendere illi tanto ante vidissent*.

Tali praesertim civi & viro) Qui in hoc genere consolationis indigere deberet, probitate & virtute meritus est. *Civem*, & *Virum* saepe conjungit Cicero, ut epist. 15. lib IV. ad Att. *O virum, o civem!* & alibi.

Necessariis) Quid enim praeterea consolari possis?

In his prope verbis) Non his proximis, quibus de omnium rerum interitu locutus est, sed illis superioribus, ab eo loco, *Necesse est aut armis urgeri remp. sempiternis*: quibus aliquid eum, quod speret, habere ostendit: nam, tribus propositis, si arma valeant, si omittantur, si funditus intereant omnia; ex primo, liberat cum timore, ex altero, spem haberet recuperandi fortunas & dignitatem, tertium si eveniat, praecipuum dolorem adimit in eo, quod accidat universis. Ergo, cum subiungat hic: *Projecta vita, fit mihi lenior, intelligo, te aliq in hoc re, quod speres:* ad superiora illa respexit.

Nos) Dum de iure publico dimicatur.

Aliquo) Positis armis, aut abdicatis, aut detractis, de quo supra.

Quo meum) Erat igitur, ut dixi, Torquatus in Italia, nec tamen prope urbem: nam aut ille ad Ciceronem, aut ad illum Cicero, cum praesertim hoc tempore extra urbem esset, omnino accessisset, non fuisse autem in urbe Ciceronem, cum hanc epistolam scripsit, nec Torquatum prope urbem, ostendunt superiora illa verba: *Quod absim ab urbe; ut, qui ad te proficiscantur, scire non possim.* Postea vero Torquatus propius urbem accessit: ut recitata iam ea epistolis ad att loca demonstrant.

EPISTOLA III.

QVum quid res ista postularet) Idem dixit epist. 1.

Neque erat ea mea causa) Meae res eo loco erant: id erat meorum rerum status.

Harum rerum) Quae geruntur in Hispania.

Idem animus) Victoriam insolentem & crudelem fore, infra.

Viaro animo) *Certe animo*, dixit epist. 12. lib. V.

Qualis eventus) Epist. 19. lib. X.

Nec vero quidquam video, quod non idem te videre certo sciam) Epist. 21. lib II. *Non enim tam ingenii tui; quod ipse videam, te id ut non putem videre.*

Quem exitum acies habitura sit, divinare nemo potest) Epist. 1. *Cum omnium bellorum exitus incerti sint.* Epistola 4. *Cum omnes belli Mars communis, & cum semper incerti exitus praeliorum sint; tum hoc tempore ita magnae utrimque copiae, ita paratae ad depugnandum esse dicuntur, ut, utercumque vicerit, non sit mirum futurum.*

Belli exitum) Belli finem, quod in epistola sequenti dixit: *Nunc tantum videmur intelligere, non diuturnum bellum.*

Si id minus) De belli exitu, quem propinquum esse arbitror, falli fortasse possum. de ipsa certe victoria, qualis futura sit, minime fallor.

Qualis futura. Quid significet, indicant inferiora verba: *Ita vivere, ut non sit vivendum, miserrimum est:* quibus verbis amissio pristinae dignitatis, legum interitus, & victoris insolentia atque crudelitas ostenditur.

Si id vel ante acciderit) Si acciderit mors.

Ita enim vivere, ut non sit vivendum, miserrimum est) Epist. 3. lib. VII. *Ubi non sis, qui fueris, non esse, cur velis vivere.*

Mori autem nemo sapiens miserum duxit, ne beatus quidem) Miseriam in morte nemo sapiens constituit, sed in turpi vita: quod si ne beato quidem mori miserum est, quanto minus nobis in iis miseriis, quae post bellum impendent, epist. 16. lib V. *Ut ea non dicam, quae saepissime & legi, & audivi, nihil mali esse in morte.*

In ea es urbe) Athenis, epist. 1. & 4.

Parietes ipsi) Cum sapientes multi Athenis de contemnenda morte disputaverint.

Levis est consolatio ex miseriis aliorum) In epistola superiore: *Misera est illa quidem consolatio, tali praesertim civi & viro, sed tamen necessaria, nihil esse praecipue cuiquam dolendum in eo, quod accidat universis.*

Aut eorum qui dissenserint) Desideratur omnino aliquid; designari enim duo genera hominum, ex eo, quod sequitur, manifestum est: in antiquis libris non est alterum illud membrum, *Aut eorum qui senserint*, quod ex ingenio additum videtur. Duo veteres libri habent, *Quam quamvis eorum qui dissenserint*, quod sincerum existimarem, nisi sequeretur: *Alteri dimicant, alteri victorem timent.* Qui enim ab armis discesserant, victorem Caesarem timebant, contra quem pro Pompeio iam pugnaverant; itaque in epistola sequenti: *Nemo est*, inquit, *qui non cogitet, quam sit metuenda iratus victor armatus.*

Cum omni careas culpa) Saepe in consolationibus hanc sententiam usurpat,

vide

vide epistolam sequentem & primam, ne multa ejusdem generis afferentes lectorem obruamus.

Sensu omni careat) Amitti sensum in morte, & hic affirmat, & in epistola sequenti: quod dubitare visus est epistola 16. lib. V. Aristoteles quoque non satis in eo suam sententiam aperuit.

Rursus) Quia rursus de morte philosophari coepit, quasi veniam petit, cum ad eum scribat, qui Athenis, ut paulo ante dixit, ea vel plura, vel ornatiora a doctissimis ac sapientissimis viris audire possit, qui hæc igitur ad te, noctuam scilicet Athenas mittit. Adagium inde ortum, quod Athenis nummi percuterentur cum imagine noctuæ: noctuæ igitur Athenis multæ, quia nummi multi, epist. 3. lib. IX. & ult. lib. II. ad Q. Fr. & interpres Aristophanis.

EPISTOLA IV.

NOn diuturnum bellum) Quod in Hispania cum Pompeii liberis Cæsar gerebat; de quo dixit in epistola proxima: *Belli exitum video*.

Non quo, sed quod difficilis erat conjectura) Mendosus, & fortasse mutilus locus; nec opem ferunt antiqui libri, unus Fulvii habet sic: *Puto bene quo ego certe sciam, sed quod difficilis erat conjectura*. Alter: *Putabam non quo modo, sed quod difficilis erat conjectura*. Reliqui omnes, ut impressum est. Ego hic ingenio nihil assequor, quod probem.

Cum sit belli Mars communis) Incerta semper victoria est, unde illud in oratione pro Milone: *Adde casus, adde incertos exitus pugnarum, Martemque communem; qui sæpe spoliantem jam & exsultantem evertit, & perculit ab abjecto*. Et pro Sextio: *Nimium communem Martem, belloque casum metuens*. Et Phil. X. *Ut incertum, incertos exitus esse belli, Martemque communem*. De hoc genere ornamenti sic lib. III. de Orat. *Gravis est modus orationis, & sæpe sumendus: ex quo genere sunt hæc, Martem belli esse communem, Cererem pro frugibus, Liberum appellari pro vino, &c.*

Magna utrimque acies) Pompeianæ majores; nam in eo libro, quem de bello Hispaniensi vel Hirtius, vel Oppius conscripsit, hæc sunt: *Sunt acies XIII. aquilis constitutæ, quæ lateribus equitatu tegebantur, cum levi armatura millibus sex. præterea auxiliares accedebant prope alterum tantum, nostra præsidia LXXX. cohortium, & octo millibus equitum.*

Ut, utercumque vicerit, non sit mirum futurum) Hic locus contrarii superioris loci sententiam demonstrat.

Inter victorias) Hoc & in proxima epistola, & in superioris libri ultima; sed hic ratio subscribitur.

Alteros) Pompeianos.

Propemodum) Non plane, sed propemodum: quia, cum belli civilis initio Pompeiani crudeliter otiosis minati essent, inde licuit conjicere, quales in victoria futuri essent. Vide epist. 6. lib. IX.

Iratus victor armatus) Iratus iis, qui Pompeium secuti essent. *Victor*: quia victoria, etiam si ad meliores venit, tamen eos ipsos ferociores impotentioresque reddit; ut, etiam si natura tales non sint, necessitate esse cogantur; multa enim victori eorum arbitrio, per quos vicit, etiam invito facienda sunt. *Armatus*: nam depositis armis, ira defervescit, & ad lenitatem animus paulatim delabitur; arma vero qui adhuc retinet, victoria recenti, facile iis ad cædem utitur. Ab irato, a victore, ab armato quid non timendum?

Præter illam, quæ summa, si possis eam suscipere, maxima est) Hæc est illa consolatio, de qua dixit epist. 1. *Præter illam, quæ summa est, quantum in quoque animi roboris est atque nervorum, ea est uti possit*. Non enim omnes ii, qui recte vixerint, æque conscientia sustentantur: sed qui fortiores animo sunt, eo majorem a conscientia consolationem capiunt; oratio est igitur magis aut minus conscientia, pro cujusque animo.

Eventus nostri consilii) Quia victi sumus.

Consilium) Quia pro rep. arma sumsimus, epist. 1. *Quoddam nobis officium justum, & pium, & debitum reip. nostræque dignitati videbatur*. Et epist. 5. lib. IX. *Consilii nostri, ut si eos quidem, qui id secuti non sunt, non pœniteret, nobis pœnitendum putarem, &c.*

 Ad

Ad ferendum) Moderate: quod proxime dixit; est enim hic, *Ferre*, pro tolerare.

Ejus) Cæsaris.

Qui tardior in te levando fuit) Ep. 2. *Qui in te adhuc injustior, quam tua dignitas postulabat, fuit.*

Non est mihi dubia de tua salute sententia) Epist. 1. *Signa dedit animi erga te mitigati.*

De aliis) De Pompeianis, si vicerint, eamdem sententiam posuit in epist. 1. *Ab altera victoria tibi periculum nullum esse perspicio; ab altera te ipsum numquam timuisse certo scio.* Et epist. 3. *Si arma valebunt; nec eos, a quibus discesseris vereri debes, nec eos, quos adjuvisti.*

Quid sentiam) Cum tu quoque sentias idem, quod ego, ab iis tibi timendum non esse.

Pueris) Manlia natis; nam, ut est in oratione pro Plancio, A. hic Torquatus uxorem habuit T. Torquati, fratris sui patruelis, filiam; feminas autem generis nomine appellari solitas, quis jam nescit?

Festivius) Festivitas laudari solet in pueris, epist. 10. ad Att. lib. I. *Puer festivus Sositheus decesserat.* Et pro Flacco: *Materiale suo festivus filius.* *Festivus* autem est, qui sermone, & adspectu hilaritatem excitat, & *Festivam librorum copiam* dixit Cicero, quam cum videret, lætabatur. & *festivam picturam* in Paradoxis.

Ut antea ad te scripsi) Initium significat epistolæ primæ.

Acerbius est videre quam audire) Epist. 1. *Oculi augent dolorem, qui ea, quæ ceteri audiunt, intueri coguntur, nec avertere a miseriis cogitationem sinunt.* Et ep. 13. lib. IV.

Ad omnes casus subitorum periculorum magis objecti sumus) Vide ingenium, diverso modo in re diversa argumentatur; nam hic ad leniendum Torquati desiderium, urbanam vitam subitis periculis objectam esse ait: at, cum ad Marcellum scriberet, quem Romam redire cupiebat, tutiorem esse probat in urbe vitam, quam in externis alienisque locis: *Magna* (inquit) *gladiatorum est licentia: sed in externis locis minor etiam ad facinus verecundia.*

Objecti) Propositi, ut epistola 16. lib. V.

Littera) Vide epistolam 3. lib. IV. & epist. 15. lib. V. & epistola 6. hujus libri, & epist. 2. & 3. & ult. libro IX.

Longinquitas temporis) Epist. 5. lib. IV. *Nullus dolor est, quem non longinquitas temporis minuat atque molliat.* Et epist. 16. lib. V. *Quod allatura est ipsa diuturnitas, quæ maximos luctus vetustate tollit, id nos præcipere consilio prudentiaque debemus.* *Quod est dies allatura, id consilio anteferre debemus; neque exspectare temporis medicinam, quam repræsentare ratione possimus.* Et epist. 11. ad Attic. lib. XII. *Consolationum multæ viæ, sed illa rectissima, impetret ratio, quod dies impetratura est.* Et epist. 28. lib. VII. *Me non ratio solum consolatur, quæ plurimum debet valere; sed etiam dies, quæ stultis quoque mederi solet.*

Quanto fuerim dolore, meministi) Offendi scio Latinæ linguæ rudes hoc loquendi genere: quasi mendosum sit, *Quanto fuerim dolore*: sincerum autem, *Quanto fuerim in dolore*: quia scilicet non dicatur, *Ego sum lætitia*, sed, *Ego sum in lætitia*. Apte vero & apposite, quis enim hoc negat, *Ego sum lætitia, dolore, spe*, Latine non dici? at illud quis negare potest, *Ego sum magna lætitia, magno dolore, magna spe*, recte & eleganter dici? Discant igitur uti similibus exemplis, ubi refellere aliquid, aut probare conantur, nec tam facile consensum auctoritatemque veterum omnium librorum contemnant.

Ceteris) Qui pacem improbabant: non, *Ceteris*, omnibus: nam Servius Sulpicius, Marcus Marcellus, & alii pacem suaserant, epist. 1. 2. 3. 7. 9. lib. IV.

Quamvis iniqua conditione) Epistola ultima superioris libri: *Quavis tamen conditione pacem accipere malui, quam viribus cum valentiore pugnare.* Et epist. 6. lib. III. & in epistola ad Pompeium lib. VIII. ad Attic. *Mea quæ semper fuerit sententia, primum de pace, vel iniqua conditione retinenda, meminisse te arbitror.* Et ad Attic. epist. 5. lib. VII.

Casu factum) Ut viderim plus, quam

quam ceteri : id est, ut Cæsar vicerit : quod ego metuens, cupiebam quamvis iniqua conditione pacem.

Si jam vivere ad exitum vitæ) Si quis mihi vitam eripiat. Non loquitur de naturali morte; sequitur enim: *Vetat in eo vim timere*.

Nec ab ea rep. avellar, qua carendum esse doleam) Eadem consolatio in epist. 17. lib. V. *Illud etiam te vere scriberem, eo te rep. carere, in qua neminem prudentem hominem res ulla delectet*. Et infra ep. 6. *Experiorem etiam, quemadmodum hic, & quanta in turba, quantaque in confusione rerum omnium viveremus; minus est enim, minore desideria perdita repub. carere, quam bona*.

Sine ullo sensu) Earum rerum quæ accidunt in vita. Infra, & epist. 3. *Ubi non ero, sensu omni carebo*.

Ætas & acta jam vita) Epist. 20. *Diu viximus, & id ætatis jam sumus*.

In eo) In morte, a qua non longe absumus.

Vim) Quæ a victoribus possit afferri.

Is vir) Cn. Pompeius, tribus triumphis clarus. Argumentum a casibus clarissimorum virorum: quo etiam usus est epist. 6. *Commemorarem* (inquit) *non solum veterum, sed horum etiam recentium vel ducum vel comitum tuorum gravissimos casus; levat enim dolorem communis quasi legis & humanæ conditionis recordatio*.

Ii viri) M. Bibulus, P. & L. Lentulus, L. Domitius, Ap. Claudius, alii.

In illo ipso quod timetur) In morte: sic ad Attic. epist. 11. lib. X. *Vitam miseram, majusque malum, tamdiu timere, quam est illud ipsum, quod timetur*.

Dolor nullus) Amisso sensu, paullo ante, & epist. 3.

Benevolentia) Vide initium superioris epistulæ.

Servium) Sulpicium, qui Achaiæ præerat.

Athenis) Urbe ejus imperii & jurisdictionis, epist. 1.

Prudentissimi) Epist. 1. *Qui te profecto & benevolentia, & sapientia consolatur*.

Tua virtute) Quando Servius discessit, cujus te benevolentia & sapientia valde levabat. Ne tamen omnem in uno Sulpicio Torquati consolationem sitam fuisse ostenderat, ideo dixit, *Ut soles*, ita eum debita virtutis laude non privavit: quam tamen ei, ut in ep. 6. legitur, Philargyri sermo ademerat. Et quod hic, *Virtute tua*, in epist. 6. *Firmitudine animi*, dixit.

Studio & diligentia tua) Studium est animi: diligentia re ipsa præstatur.

Benevolentiam tuam erga me imitabor; merita non adsequar) Epistol. 8. lib. I. dixit: *Minus facimus, quam debemus*. Et epist. 4. ejusdem libri: *Si vitam pro tua dignitate profundam, nullam partem videar tuorum meritorum adsecutus*. Merita Torquati significantur & in ep. 1. in extremo: *Ego*, inquit, *habeo, cui plus quam tibi debeam, neminem*. *Adsequi* plus est, quam *imitari*: imitatur enim is, qui post sequitur: adsequitur autem, qui ad eum, quem sequebatur, jam pervenit: utriusque verbi vim plane Cicero expressit lib. I. de Leg. *In historia* (inquit) *puerile quiddam consectatur: ut unum Clitarchum, atque quemquam præterea de Græcis legisse videatur, eum tamen velle dumtaxat imitari: quem si adsequi posset, aliquantulum ab optimo tamen abesset*.

EPISTOLA V.

CÆcinæ) Cognomen est Liciniæ gentis, ut ostendit Plinius lib. XX. cap. 18. Cæcina vero ex Etruria Romam venit, ut epistola sequenti, & oratione pro illo habita, quæ exstat, intelligitur, & videtur hoc accepisse cognomen a Cæcina, Volaterrani agri fluvio, quem nominat Plinius lib. III. cap. 5. nam & Cæcinam Volaterranum, idem Plinius appellat lib. X. cap. 24. & Tiberius prænomen a Tiberi fluvio deductum crediderim, & Aufidius atque Aternius, quæ Romanarum gentium nomina fuere, & a fluviis Aufido & Aterno, non Aufido, qui est in Apulia, apud quem natus est Horatius Poeta, sed eo, qui fluit ad Pomptinas paludes. Aternus autem, qui hodie *Pescara* dicitur, Vestinos dividit a Marrucinis, ortus in agro Amiternino. Hujus Cæcinæ uxor *Cæsennia* nominatur in oratione, quæ illum moriens ex deunce & semuncia heredem reliquit. Cæcina, & unica a stir-

bo, & secunda syllaba producta, ut Torcina, Catelina, Arvina, Spurina, Herminia: quibus Romanos cognominibus usos sunt. Id trium quoque veterum lapidum testimonio comprobatur.

Filium tuum] Non e Cæcinia natum, sed ex priore uxore: quod ex oratione licet conjicere.

Video autem fore gavisuri] De hoc genere ornamenti, quod fit verbo repetito, diximus epist. 1. lib. I in eo: *Si qui sunt, qui regis causa velint, qui pauci sunt*; Hujus generis & illud est epist. 17. lib. IX. *Fiet quodcumque volent qui valebunt: valebunt autem semper arma.*

Quantum valeam] Parum se valere ostendit ep. 1. *Qui sim hoc tempore intelligo*; & epist. 13 lib. IV. ut alia loca omittantur, quæ multa sunt.

Liber] Quo Cæsarem laudabat, ut epist. 7. nam ille, quo maledixit, antea scriptus erat.

Custoditur] Scripserat enim Cæcina epist. 7. *Filius, ut audio, pertimuit, atque injuria, si liber exisset; quando non tam interest, quo animo scribatur, quam quo accipiatur; ne ea res inepte mihi noceret.* Et in ejusdem epistolæ clausula: *Peto a te, ne liber exeat; aut ita corrigas, ne mihi noceat.* Nec dubito, quin hæc epistola post illam scripta sit.

Non mihi sumo, ut plus ipse prospiciam, quam te videre atque intelligere mihi persuaserim] Solet, cum de futuris rebus loquitur, arrogantiæ suspicionem vitare, communicata prudentiæ laude cum eo, ad quem scribit, ut ep. 16. lib. II. *Nec tam sum ignarus aciem ingenii mei, quid ipse videam, te id ut non putem videre.* Et epist. 3. hujus libri: *Nec vero quicquam video, quod non idem te videre certo sciam.*

Quia fieri potest, ut tu ex perturbatione animo cogites] Simili excusatione Sulpicius epist. 5. lib. IV. avertit a se culpam arrogantiæ, cum Ciceronem consolari vellet: *Quæ* (inquit) *mihi in mentem venerunt, decrevi brevi ad te perscribere: non quo ea te fugere existimem; sed quod forsitan, dolore impeditus, minus ea perspicias.*

Ex natura rerum] Quia nihil violentum esse diu potest.

Temporum] Civilium: *Rerum hoc natura & civilium temporum non patitur*, ut in epistola legamus.

Tam bona causa] Suscepta pro communi libertate.

Injuria] Sic ad Mescinium ep. ult. superioris libri: *Intelliges, quam fortiter injuriam feres*: ep. 10. lib VI. bis.

Quam extra ordinem de te ipso habemus] Præcipuam, non eamdem quam habemus de aliis, qui patria carent. Hic quæro, quibus causis adductus Cicero spem haberet extraordinariam de Cæcina: non enim ob ingenium & virtutem, quæ paullo post nominantur, spem de ipso præcipuam repererat: sed illa dixit ad eam spem accedere, quam extra ordinem jam habebat. Itaque aliæ causæ, præter ingenium & virtutem, quærendæ sunt, quæ spem extraordinariam efficerent: quæ quoniam occurrunt nullæ, dicendum est, cum Cicero scripsit, *Quam extra ordinem de te ipso habemus*, significasse eam ipsam spem, quam haberet ob illius ingenium & virtutem, non ullam, quæ sine ingenii & virtutis accessione extraordinaria esset, ut hoc dixerit: accedunt ad spem, ut extraordinaria sit, ingenium & virtus: accedunt autem præter illa, quæ tibi sunt cum aliis communia. Est omnino inconsequens & obscura locutio: ex quo vereor, ne corrupte totus hic locus legatur. At fieri tamen potest, ut ita scripserit Cicero, & inciderit in vitium, quod Græci ἀνανταπόδοτον appellant. Cujus generis nonnulla cum in reliquis ejus scriptis, tum in libris maxime contra Verrem deprehenduntur, quæ Pedianus adnotavit.

Dignitatem & virtutem tuam] Nota dignitas est, virtus autem dupliciter accipitur, pro quadam naturæ præstantia, etiam sine doctrina, & pro ipsa doctrina: pro naturæ præstantia hic & in oratione pro Archia: *Multos homines excellenti animo ac virtute fuisse, & sine doctrina, naturæ ipsius habitu prope divino, per se ipsos & moderatos & graves exstitisse fateor: etiam illud adjungo, sæpius ad laudem atque virtutem naturam sine doctrina, quam sine natura valuisse doctrinam.* Doctrina vero virtutis nomine paullo post demonstratur, in eo: *Propter eximium ingenium summamque virtutem.* Vide ep. 4. lib. IV & ep. 27. lib. XIII

Accedunt tuæ præcipuæ] Hæc ego libenter, atque etiam quæ sequuntur,

Pro-

Propter eximium ingenium summamque virtutem, parenthesi superiore includerem, ut post communia multorum ornamenta, statim praecipua Caecinae subjicerentur. Sed hoc videtur fieri non posse propter illud, *ad eam spem*: quod ad aliquod verbum referri necesse est. Omnino carere locum mendo vix crediderim: aut, si modo vacat, erit ex eo genere, quod Pedianus habere soloecismi speciem, in Cicerone interdum notavit.

Mehercule] Cum ex veteribus libris alii, *Mehercule*, alii *Mehercules*, habeant, malui *Mehercule*, ipsius Ciceronis auctoritate commotus, apud quem in Orat. ita scriptum est: *Pomeridianas quadrigas, quam Postmeridianas, libentius dixerim, & Mehercule, quam Mehercules.*

Cujus in potestate sumus) Ep. 7. lib. IV.

Cogitare deberes, te fore in ejus ipsius, quem fugeres, potestate. Varie summam Caesaris potestatem ostendit, duobus quidem modis in ea, quam proxime appellavimus, epistola: *Penes quem est potestas*, &c. *Qui tenet remp.* in epistola vero octava ejusdem libri: *Qui omnia tenet*; in nona: *Omnia delata ad unum sunt*; in decimatertia: *Qui plurimum potest.*

Ex ipso bono tuo) Caecinae ingenio in epistola sequenti: mirifice ingeniis excellentibus, quale est tuum, delectatur.

Violatum] Quia Caecina in Caesarem scripserat, epist. 7. & Suetonius, ubi de Caesaris moderatione ac clementia loquitur: *A Caecina*, inquit, *criminosissimo libro laceratam existimationem suam civili animo tulit.*

Quod ipsum leniter] Haec ipsa ira, quam commovit in Caesarem liber tuus, quotidie sedatur.

Natus] Patre nobilissimo; ut in epistola sequenti.

Cognitus) Durior est conditio spectatae virtutis, quam incognitae, inquit M. Brutus in epistola ad Ciceronem. Simile illud ep. 6. lib. I. *Praesta te eum, qui mihi a teneris, ut Graeci dicunt, unguiculis es cognitus.* Nec alienum est ab hac sententia, quod legitur ep. 14. lib. IX. *Nec licet quisquam tibi jam, tantis rebus gestis, non tui similem esse.*

Vetustas nostri amoris] Quippe cum etiam ejus patre familiarissime sit usus; vide ep. 66. lib. XIII.

EPISTOLA VI.

Multorum multorum & studiorum peritum) Epist. 66. lib. XIII. Caecinam appellat hominem omnibus secum studiis officiisque conjunctissimum. Hic vel studia litterarum significantur, ut epist. 15. lib. V. *Vetustas, amor, consuetudo, studia paria*: vel etiam studia in remp. quia fuerat uterque in praesidiis Pompeii, pro causa optimatum, id est reip. Antea legebatur, *hi studiorum, & periculo*: placuit eorum sententia, qui, *studiorum paritum*, ope aliqua veteris libri repoluerunt.

Sed tamen vereor] Etiamsi deesse tibi non debere intelligas officium meum; tamen vereor, ne litterarum a me officium requiras.

Perpulissent] Clodiana tempora significat; nec magis ipsum Clodium, quam Caesarem, Pompeium, Crassum tacite carpit: qui omnes, pulso Cicerone, facilius aditum sibi ad pessima quaeque patefieri posse crediderunt: vide orationem pro Sextio.

Qui illam cadere posse, stante me, non putarent] Major in privato cive virtutis fieri significatio non potest, quam si fortunam illius cum reipub. fortuna conjunctam esse dicamus. quod de Camillo Romana, de Epaminonda Graeca prodit historia: illo in exsilium pulso, urbem a Gallis captam, restituto, liberatam: hoc viro Thebanos imperasse, qui antea servierant; mortuo, iisdem servire coactos, quibus antea imperaverant. Eandem laudem tribuit libertates Alcibiadi [illegible]. Id est: *Non putarent, stare eam posse, nisi de medio tollerent.* Quam sententiam aut imitari voluit Cicero gloriae suae favens, aut Lucretius fortasse legendi consuetudine, vel etiam ingenii felicitate quadam, in eam inciderit, cum & haec scripsit, & illa in ep. 2. lib. VII. *Cum un in rep. in meo capite discrimen esset habiturum, magnum quiddam spectavit, nec*

Sua sponte, sed eorum auxilio, qui, me stante, stare non poterant.

In quo tu eras] Negotiationis fortasse caussa; nam epist. 1i. *Constitium, inquit, primo, quid ipse tibi accideret, in Sicilia ne subsisteres, an ut ad reliquias Asiaticae negotiationis proficisceres.* Nec dubito, quin eamdem negotiationem significet, cum ad Servilium, qui Asiae praeerat, Caecinam his verbis commendat: *Te ergo atque oro, ut eum in reliquiis veteris negotiationis colligendis juves.*

Gloriose] Quid gloriosius, quam ab universis rep. revocari, promulgantibus omnibus, referente consule, comitiis centuriatis, ordinibus hominibusque incumbentibus? quod ipse gloriatur epist. 9. lib. I. maximeque in orationibus post reditum.

Celeri] Rediit post menses xvii. nam videtur discessisse extremo mense Martio, ut ex epistolis ad Att. lib. III. cognoscitur: in urbem autem anno sequenti est ingressus pridie non. Sept. quod indicat epistola prima lib. IV. ad eumdem; nam quod Plutarchus & Appianus eum rediisse decimo sexto exsilii mense dixerunt, fortasse non ad tempus, quo urbem intravit, sed ad illud, quo in Italiam venit, spectarunt.

Haruspice] Divinandi ratio ab Etruscis in urbem inducta: lib. I. de Divin. & lib. II. de Nat. Deor. & Valerius Max. lib. I. cap. 1.

A patre] Epistola ad Furfanum, infra, & epist. 65. lib. XIII.

Monumentis atque praeceptis] Non significat libros, nam de his proxime subjungit: *Plurimum a doctrina studio*; quid igitur? monita ipsa & documenta; epist. 1. lib. IV.

Nostrorum temporum varietate] Exsilio miserrimo, & reditu gloriosissimo. Nam varietas temporum & adversam, & secundam fortunam significat epist. 29. lib. XIII. *Nota tibi sunt varietates meorum temporum, in omni genere & honorum & laborum meorum, & animus, & opera, & auctoritas, & gratia Capitonis praesto fuit.*

In his tam obscuris rebus] Cum ex nimia Caesaris potentia, cujus auctor adjutorque maxime Pompeius fuit, civile bellum, & ea, quae acciderunt, futura praedixi.

Monuisse Pompeium] Phil. 2. *Mea illa vox est nota multis, Utinam, Cn. Pompei, cum C. Caesare societatem aut numquam coisses, aut numquam diremisses.*

Pompeium faciebam plurimi] Ep. 15. lib II. *Cogitem hominem esse capiens pro Pompeio emori possum.* Et ep. 2. ad Attic. lib. VIII. *Pro Pompeio libenter emori possum; facio pluris omnium hominum neminem.*

Fidem Pompeio] Ut fides amicitiae debita postulabat: epist. 15. lib. II.

Salutare utrique] De Pompeio vere dictum, qui civili bello vitam amiserat. Sed ait, *Salutare utrique*, quod ad utriusque salutem spectaret; utrique enim amicus erat: quod proxime dixit.

Providerim] Non est hic, *Providerim*, pro perspexerim, ut epist. 4. *Interdum conjectura possis propius accedere, cum res est ejusmodi, cujus exitus provideri possit*: sed pro, operam dederim, ne accideret, quod sequentibus verbis ostenditur. Sic epist. 10. *Quae sunt in secundis temporibus urgentur, & consiliis nostris providebimus.*

Hunc] Caesarem.

Ea me suasisse Pompeio] Quae suaserit, ipse exponit Phil. 2. his verbis: *Duo tempora inciderunt, quibus aliquid contra Caesarem Pompeio suaserim: unum, ne quinquennii imperium Caesari prorogaret; alterum, ne pateretur ferri, ut absentis ejus ratio haberetur: quorum si utrumvis persuasissem, in has miserias numquam incidissemus.*

Tantas opes] Tantam potentiam. Opes enim non plane divitiae sunt, sed totum illud, quo valemus. Epist. 13. lib. IV. *Aliorum opibus casu mersis sustentabam.*

Eandem] A Pompeio, cui lege Trebonia in quinquennium utraque Hispania, Crasso vero Syria data erat. Epist. 11. lib. XVI. *Feruntur omnino conditiones ab illo, ut Pompeius eat in Hispaniam.* Caesar lib. I. Bell Civ. Plutarchus, Appianus, Dio, alii.

Civile bellum nullum omnino fuisset] Nam Caesar conditionem hanc ferebat, velle se, si Pompeius in Hispaniam iret, in urbem venire, & praesentem petere consulatum, non absentem, ut ei lex concedebat, ipso Pompeio tertium consule adnitente lata; ep. 11. lib.

lib. XVI. & Cæsar lib. I. de Bel. Civ. & alii.

Rationem haberi absentis) Permitti, ut absens Cæsar consulatum petere posset.

Non tam pugnavi ut liceret) Non ego, ut hoc liceret, pugnavi, (nam ipse Pompeius tertium consul, ut liceret, pugnaverat atque effecerat) sed ut, quoniam jam licebat, ejus ratio haberetur. Cur enim, quod populus jusserat, non probarem? Hac de re Suetonius hoc modo: *Cæsar senatum litteris deprecatus est, ne sibi beneficium populi adimeretur, aut ut ceteri quoque imperatores ab exercitibus discederent.* In epistola ad Cæsarem, lib. IX. ad Attic. *Judicavi te eo bello violari, contra cujus honorem, populi Romani beneficio concessum, inimici atque invidi niterentur.*

Ipso consule) Ipso Pompeio tertium consule; epist. 3. ad Att. lib. VIII. *Tertio consulatu contendit Pompeius, ut decem tribuni pl. ferrent, ut absentis ratio haberetur; quod idem ipse sanxit lege quadam sua.* Et Suetonius in Cæsare: *Cum senatus unum consulem, nominatimque Cn. Pompeium fieri censuisset, egit cum tribunis pl. collegam se Pompeio destinantibus, id potius ad populum ferrent, ut absenti sibi, quandocumque imperii tempus expleri cœpisset, petitio secundi consulatus daretur: ne ea causa maturius, imperfecto adhuc bello, decederet.*

Pugnante) *Contendit*, dixit in epist. 3. lib. VIII. ad Attic. in tertia vero ad eumdem lib. VII. *Cur*, inquit, *tantopere pugnatum est, ut de ejus absentis ratione habenda decem tribuni pl. ferrent?* Est autem plus, *Pugnante*, quam *Adnitente*. Epist. 32. lib. VII. *Pugna si me amas, ut senatusconsulto contendas meo non esse.*

Populus jusserat) Jubet populus, decernit senatus; & *jubere* populus dicitur, cum legem a magistratu latam, suffragiis comprobat; jusserat autem populus, ferentibus decem tribunis plebis.

Causa belli orta est) Cum Pompeius & ejus amici rationem absentis Cæsaris in petitione consulatus haberi nollent; Cæsar, quod ei populus dederat, id servari vellet.

Cum vel iniquissimam pacem justissimo bello anteferrem) Idem epist. 4. hujus libri, & ultima superioris libri, & ad Att. epist. 14. lib. VII. *Ad pacem hortari non desino: quæ vel injusta utilior est, quam justissimum bellum.*

Nam ii maluerunt) Respondit Pompeius ad conditiones Cæsaris honorifice & large: sed ejus amici armis disceptari maluerunt; epist. 11. ad Att. lib. VIII.

Rebus domesticis) Ob æs alienum: cujus dissolvendi spe, civile bellum exoptabant. Videtur significare L. Lentulum consulem, P. Scipionem Pompeii socerum, Faustum Sullæ filium, Libonem, quem Sext. Pompeii socerum Dio vocat. De Lentulo sic Cæsar lib. I. Bell. Civ. *Lentulus æris alieni magnitudine urgetur.* De Scipione, Fausto, Libone epist. 11. lib. IX. ad Attic. *Quid tu illic Scipionem, quid Faustum, quid Libonem prætermissurum sceleris putas? quorum creditores convenire dicuntur.* Eosdem notat epist. 3. lib. VII. *Maximum æs alienum amplissimorum virorum.*

Cupiditatibus) Honorum opumque comparandarum: cum se præfuturos exercitibus ac provinciis existimarent.

Quiescente me) Rebus gerendis interesse Cicero noluit. Epist. 7. lib. IV. *Neque tu multum interfuisti rebus gerendis: & ego id semper egi, ne interessem.* Epist. 11. lib. XVI. *Ego adhuc magis negotium suscipere nolui; quo plus apud illum meæ litteræ, cohortationesque ad pacem valerent.* Et epist. 11. ad Attic. lib. VII. *Ego negotio præsum non turbulento: vult enim me Pompeius esse, quem tota hæc Campana, & maritima ora habeat ἐπίσκοπον.* In epistola ad Cæsarem lib. IX. ad Att. *Sumptis armis, belli nullam partem attigi.*

Potui) Quoad sermones bonorum, me reprehendentium, sustinere potui; epist. 1. ad Attic. lib. IX. *Audio bonis viris hanc consiliationem nostram non probari, multaque in me & severe, in conviviis tempestivis quidem disputari.* Et ad eumdem epist. 2. ejusdem libri: *Fœdum est, nec tam ut belli, quam ut fugæ socii simus: nec enim ferre potero sermones istorum, quicumque sunt: non sunt enim certe, ut appellantur, boni.*

Pudor

Pudor meus) Epist. 3. lib. VII. *Pudori malui famaeque cedere, quam salutis meae rationem ducere.*

Quam timor) Exitii mei: cum imparatum Pompeium, Caesarem paratissimum ab iis rebus, quibus victoria quaeritur, viderem. Epist. 1. *At mihi alterutrum de eventu atque exitu rerum promittendum esset, id futurum quod evenit, exploratius possem promittere.*

Aliquando) Cum ab exsilio me restituit.

Officio) Patriae debito; epist. 1. *Quoddam nobis officium justum, & pium, & debitum reipub. nostraeque dignitati videbatur.* Et epist. 3 lib. VII. *Si mansurum in Italia; moveare, ut officio deessem: si profectus essem ad bellum; periculum te meum commoveret: pudori tamen malui famaeque cedere, quam salutis meae rationem ducere.*

Fama bonorum) Ne vituperarer a bonis; quid boni de me sentirent ac loquerentur, laboravi: eoque in Graeciam ad Pompeium transivi. Paullo post, *Fama populi Romani* eadem sententia dixit.

Ut in fabulis Amphiaraus) Poetae fingunt, vatem Amphiaraum, cum videret se interiturum, si ad bellum Thebanum iret, latitasse, uxore tantum conscia: eam, accepto monili aureo, virum indicasse: itaque coactum ire cum ceteris, hiatu terrae absorptum. Diodorus Siculus lib. V. Pausanias, Statius, alii. Cicero lib. I. de Invent. & in Verrem. Servius in illud Virg. lib. VI.

—— *Moestamque Eriphylen*
Crudelis nati monstrantem vulnera cernit.

Ad pestem ante oculos positam) Quia fore videbam, ut Pompeius vinceretur. In oratione pro Marcello: *Tantum apud me grati animi fidelis memoria valuit; ut nulla non modo cupiditate, sed ne spe quidem prudens & sciens tamquam ad interitum ruerem voluntarium.*

Ex alitis volatu, aut e cantu sinistro oscinis) Sic omnes mei veteres libri, & Cicero, cum hac ipsa de re loqueretur, lib. I. de Divinat. *Cilicum*, ait, *& Pisidarum gens, & Pamphylia, volatibus avium cantibusque, certissimis signis, declarari res futuras putant.* Et ibidem lib. II. *Quae est natura, quae volucres huc & illuc passim vagantes efficiat, ut significent aliquid, & tum vetent agere, tum jubeant, aut cantu, aut volatu?* Festus quoque, ubi de volucribus auspicium facientibus loquitur, semel in verbo, *Alites*, iterum in *Oscines*, *volatum* appellat. Nec Cicero umquam, aut alius quisquam ex iis, quorum scripta exstant, aliter, quam *Volatum*, vocavit. Nec vero *Involare*, idem est quod *volare*, sed intro *volare*; ut hoc particulare verbum in alitem auspicium volatu facientem non conveniat; quae non *intro* ut modo, ut auspicium faciant, sed *involant* etiam, aut *praetervolant*; nec mihi quidem occurrunt involatuum exempla: nec dubito, si modo sunt, quin rara admodum sint. Cum igitur ad antiquorum librorum auctoritatem accedat consuetudo Latini sermonis, *Volatu*, placet; *Involatu*, probare vix possum. Venio ad sententiam. Alitum volatu, & oscinum cantu, aut tripudiis auspicium fieri veteres opinabantur, avesque ab alitibus distinguebant: ut aves essent, quae ore canentes auspicium facerent, alites, quae volatu. Festus: *Oscines aves Appius Claudius esse ait, quae ore canentes faciant auspicium, ut corvus, cornix, noctua: alites, quae alis ac volatu, ut buteo, sanqualis, aquila, immusulus, vulturius. Picus autem Martius Feroniusque, & Parra, & in oscinibus, & in alitibus habentur.* *Cantu sinistro*, pro laeto, & prospero, dixit Festus: *Sinistrae aves, sinistrumque est sinistimum auspicium, id est quod sinat fieri.* Varro lib. V. epistolicarum quaestionum ait: *A deorum sede cum in meridiem spectes, ad sinistram sunt partes mundi exorientes, ad dexteram occidentes; factum arbitror, ut sinistra meliora auspicia, quam dextra, esse existimentur.* Idem fere sentiunt Sinnius Capito, & Cincius. Est apud Varronem lib. VI. de Ling. Lat. *Quae sinistra sunt, bona auspicia existimantur, a quo dicuntur comitia aliudve quid dici avi sinistra. Inde notum, ut, quaecumque boni ominis essent, etiamsi a dextra contigerint, sinistra tamen vocarentur.* Cicero lib. II. de Divinat. *Haud ignoro, quae bona sint, sinistra nos dicere, etiamsi dextra sint.* Exempla habemus lib. III. de Legib. *Avi sinistra dictus, populi magister esto.* Et in Plauti Pseud.

& Plaut. *Omnes ordine sub signis ducam, legiones meas avi sinistra, auspicio liquido*. Et hic: *Cantu sinistro opinor*; non enim de cantu a laeva tantum parte exaudito accipiendum est, verum de omni prospero cantu sive a laeva, sive a dextra fieret; cum omnia prospera, ut dixi jam, vocarentur *sinistra*. Oscines erant picus, cornix, corvus, at picus, & cornix a laeva, corvus porro a dextra consuadent. Et Cicero lib. IV. de Divin. *Cur aliis a dextra, aliis a laeva datum est avibus, ut ratum auspicium facere possint?* Quare cum hic de prospera Caecinae fortuna Cicero auguretur, nec sinister cantus auspicium prosperum semper ostendat, sic intelligendum, quasi dixerit: nec e cantu prospero earum avium, quae oscines ab auguribus vocantur; earumque dextrae aliae cantu, aliae laevo felicem promittunt.

Ut in nostra disciplina est] Ut augures nostri appellant. Hoc enim pertinet ad vocabulum, *Oscines*: nam & lib. II. de Nat. Deor. *Aves quasdam*, inquit, *& alites, & oscines, ut nostri augures appellant*. Erat enim augur Cicero, epist. 4. lib. III. epist. 4. lib. XV. & alibi.

Tripudiis solistimis] Lib. II. de Divin. *Quia cum pascuntur aves, necesse est aliquid ex ore cadere, & terram pavire, Terripavium primo, post Terripudium dictum est; hoc quidem jam Tripudium dicitur. Cum igitur offa cecidit ex ore pulli, tum auspicanti tripudium solistimum nuntiatur*. Festus autem: *Puls potissimum datur pullis in auspiciis: quia ex ea necesse est aliquid decidere, quod tripudium faciat; id est terripavium; pavire enim ferire est: bonum enim augurium esse putabant, si pulli, per quos auspicabantur, comedissent, praesertim si eis edentibus aliquid ab ore decidisset; sin autem omnino non edissent, arbitrabantur periculum imminere*. Et alio loco: *Solistimum Ap. Pulcher in auguralis disciplinae lib. I. ait esse tripudium, quod avi excidit ex ore, quod illa fert*. Livius lib. X. *Cum pulli non pascerentur, pullarius auspicium mentiri ausus, tripudium solistimum consuli nuntiavit*.

Somniis] Sic omnes libri scripti, & quos olim vidimus, & quibus nunc utimur; in uno tantum ita scriptum est, ut de *somniis*, & *somniis* legi posse videatur; quibus enim literis constant, totidem in utroque verbo sunt; porro, cum duobus modis animi sine ratione & scientia, motu ipsi suo soluto & libero incitentur, uno furente, altero somniante, ut inquit Cicero lib. I. de Divinat. non video, cur somniorum mentionem collamus, cum praesertim de divinatione agatur.

Vel obscuritatis, vel erroris] Non enim aperta plane sunt, & in iis interpretandis erratur saepe.

Mitis clemensque natura] Suetonius de Caesare: *In ulciscendo natura lenissimus: moderationem vero clementiamque tum in administratione, tum in victoria belli civilis, admirabilem exhibuit*. Et Plinius lib. VII. cap. 25. *Caesari proprium & peculiare clementiae insigne, qua usque ad poenitentiam omnes superavit*. Similiter Plutarchus, & omnes historici; Cicero etiam ipse in orationibus pro Marcello, Ligario, Deiotaro.

Querelarum tuarum] Querebatur de sua calamitate, Caesarem laudabat potius, quam accusabat; nam hic non prior Caecinae liber, quem *criminosissimum* vocat Suetonius, verum alter significatur, de quo in epistola superiore, & in ea, quae post hanc legitur; in qua partem harum querelarum licet animadvertere.

Ingeniis excellentibus delectatur] Epist. 5. *Auctore sum praecipue, propter eximium ingenium summamque virtutem; cui auctoritas his, cujus in potestate sumus, multum tribuit: neque ut pristinam publicam temporis in isto fortuna fuisset, nisi ea ipse bono suo, quo delectatur, servatum putaret*. Et epist. 8. lib. IV. *Favet iis, qui omnia sunt, favet ingeniis*.

Justis & officio incensis, non inanibus aut ambitiosis voluntatibus] Epist. 12. *Valeat apud Caesarem non tam ambitiosa rogatio mea, quam necessaria*.

Femeria] Qua pro Caecina supplicabat. Infra: *Te, hominem in parte Italiae minime contemnenda notissimum*.

Sustinere causas posse multorum] Negari multis posse.

Insitus]

Insectatus) Quia non solum arma in eum tulisti, sed libro etiam acerbissimo maledixisti.

Eodem fonte se haustuum intelligit laudes suas, e quo sit leviter aspersus) Facere putat, ut eum laudes, cum accusaveris antea.

Leviter aspersus) Immo vehementer vituperatus: nam illum librum criminosissimum appellat Suetonius. Cicero autem, ut ipsum Caesar minime veniae impetrandae, non valde laesum ab eo Caesarem ostendit, & laudationem accusatione majorem exspectari; propterea de familibus dixit, *Hausturum*, quo verbo copia demonstratur, de probris, *Leviter aspersus*.

In parte Italiae minime contemnenda) In Etruria: de qua Virg. lib. X.

Gens illi triplex, populi sub gente quaterni.

Facile omnium nobilissimum) In extrema oratione pro Caecina: *Moleste*, inquit, *hominem singulari pudore, virtute cognita, & spectata fide, amplissimum hominem totius Etruriae nomen in utraque fortuna cognitum multis signis & virtutis & humanitatis.*

Fama populi Romani) Opinione & sermone omnium. Sic supra: *Vel aspectum, vel fama hominum, vel pudore videor.*

Armatum nostris, quem parcere) Hoc saepe obiicit Pompeio: ep. 8. lib. IV. & ep. 3. lib. VII. & ad Attic. ep. 15. lib. VII. *Nunc flagitiose armatos cum militibus, non in pecunia.*

In ejus personam) In ipsum Pompeium.

Cassium) C. Cassium, qui postea in eum cum M. Bruto conjuravit.

Legavit) Legatum suum esse voluit, venia data superioris temporis: epist. 15. lib. XV. *In eam partem profici, ut consiliis interesses.*

Galliae praeesset) Quod eo majus beneficium fuit, quia Brutus praeturam nondum gesserat, gessit autem biennio post, Caesare V. & Antonio Coss. Galliae, quam tenuit, Cisalpinae: nam in Oratore: *Vos Galliae*, inquit Cicero, *commutem non ardet incendio: in qua frueris ipse te, cum in Italiae luce versaris*: epist. 10. 11. 12. 13. lib. XIII.

Sulpicius) Vide, quae diximus ep. 12. lib. IV.

Cui maxime succensebat) Epist. 4. lib. IV. & Suetonius.

Nimium hoc natura) Quae postulat, ut in causa pari eadem sit omnium conditio.

Nec manenti, nec mutata ratio feret) Sive status hic erit, sive mutabitur; in patriam redibis. Moneo lectorem ea mei consuetudine, in omnibus, quos nunc habeo, veteribus libris esse, *Manenti*, uno excepto, in quo est, *Manens ratio*: quod magis probo.

In causa pari) Hoc dicit, quia, cum & ipse, & Cassius, & Brutus, & Marcellus in praesidiis Pompeii fuissent, & iis tamen Caesar ignovisset, aequum videtur, ut Caecinae quoque, qui fuerat in eadem causa, iisdemque castris, veniam a Caesare impetret.

Eadem sit) Eadem sit, quae nostra.

Nefariorum scelerum condemnati) Maxime significat eos, quos lege Pompeia de ambitu damnatos Caesar restituit: epist. 4. ad Att. lib. X. Suetonius, Caesar lib. III. de Bell. Civ. Ad hanc rem illud spectat in ep. 19. lib. XV. *Caesar habet damnatos, quem quo illo nobis utilitas.*

Illa consolatione) Qua tamen utitur per insinuationem.

Posse mederi ut vinceremur) Simile illud est epist. 1. *Quod neque tam id faciebamus, tam summas speraremus, ut exploratam nobis esset victoria*: & quae sequuntur.

Quanta delectationi in rebus adversis litterae) Epist. 12. *Posui a litteris in secunda fortuna delectationem* dixit, *in adversa salutem*. Item epist. 3. lib. IV. & ep. 3. lib. IX.

Non solum veterum) Ut Coriolani, Camilli, & aliorum, qui, cum duces bello clari fuissent, postea exsulaverant.

Horum etiam recentium vel ducum vel comitum) Duces, vel comites in bello civili significat: quorum alii perierant, alii exsulabant. Idem scripsit ad Torquatum, epist. 4. *Postremo in vita, vel etiam ei vel hoc bello acciderunt, ut impendentia videamus, & eamdem fortunam, si non tulerit, viriliter.*

Externos claros viros) Hannibalem, Lycurgum, Solonem, Themistoclem, Aristidem, alios, qui procul a patria,

tria, de qua meriti erant optime, vivere cuncti sunt.

Quasi legis) Vere enim lex non est, sed ideo lex videtur, quia pertinet ad multos.

Humanae conditionis) *Cum omnes homines ea conditione nascantur, ut omnibus fortunae telis propositi vita sit.* Ad Titium epist. 16. lib. V. & ad Fabium, epist. 18. ejusdem lib. *Qua conditione omnes homines, & quibus temporibus nati sumus, cogites.*

Quemadmodum his) Consolatio ducta a miseria civitatis: ut ad Sextium, epist. 17. lib. V. *Illud utinam ne vere scriberem, ea te republ. carere, in qua neminem prudentem hominem res ulla delectet.* Et epist. 1. hujus libri, ad minuendum Torquati desiderium: *Hoc*, inquit, *tempore Romae esse, miserrimum est.* Et epist. 4. *Nos quod Romae sumus, miserrimum esse duco.*

Hoc genere nihil opus est) Est in orationis artificio, quae se dicit velle praetermittere, ea dissimulantem breviter exponere: quo genere saepissime usus est Cicero, hic quidem egregie, ab eo loco: *Quae, si quid addubitarem, non potius averrere, quam illa consolatione, qua facile fortem virum sustentarem. te, &c.* ita, dum rejicere videtur quasi non necessaria, collegit callide quatuor argumenta, quae dolorem levent, unum ab incerto bellorum eventu & ancipiti fortuna ductum; alterum, a conscientia facti; tertium, a conditione communi; quartum, a miseria civitatis.

Perspicio) Opinione certior est sensus, & spem saepe fallit eventus: quod in sensibus accidere vix potest: ideo, cum dixisset, *Ut spero*, subjunxit, *Vel potius ut perspicio*: tamquam de re praesenti & oculis proposita: nam de fortuna dixisset, *Ut perspicio*; quemadmodum ep. 3. lib. IV. *Multo ante, tamquam ex aliqua specula, prospexi tempestatem futuram*: & alibi.

Imaginem animi & corporis tui) Cum omnes filii parentibus cari, tum ii maxime, qui corpore non & animo referunt: itaque in epist. 3. ad Q. Fratrem, lib. I. *Quid quod eo tempore desidero filiam? qua pietate, qua modestia, quo ingenio? effigiem oris, sermonis, animi mei.* Hoc quoque pertinet ad consolandum Caecinam, qui filium haberet sui simillimum.

Constantissime) Qui patriae adversam fortunam constanti animo ferat.

Ex dextra) Qua statim, si vellet, uteretur: sic epist. 9. *Universum studium & benevolentiam ad te defero.*

Familiares quidem ejus sic uti omniores) Familiares Caesaris, Pansa, Hirtius, Balbus, Oppius, Matius, Postumius: epist. 12.

Valebo tibi) Repetitio ejusdem verbi quiddam venustatis habet: ep. 11. lib. II. *Quidquid erit, tibi erit.* Et ep. 18. ejusdem lib. *Sin quid offenderis; sic totum, tibi nihil offenderit.*

Firmitudinem animi) *Virtute* dixit ad Torquatum, epist. 4. in extremo.

EPISTOLA VII.

Tibi liber) Is, de quo epist. 5. Itaque patet, illam post hanc fuisse collocandam: hanc autem post eam, quae sequitur, in qua Cicero scripsit: *In Siciliae angiro commorandum*: cui respondit in hac Caecina: *De Asiatico itinere, ut imperasti, feci.* Hic liber cum laude Caesaris, Ciceronisque scriptus erat, ut infra perspicuum est. illum alterum, quo Caesari maledixerat, ante pugnam Pharsalicam Caecina composuit: quo se duriorem in venia danda Caesar praebuit.

Quo animo scribatur) Vel haec verba scriptum esse librum cum laude Caesaris demonstrant.

Inepte) Imprudentia nostra: cum hoc damnum vitare licuerit libro comprimendo.

Stili) Quia scripserim contra Caesarem.

Commendum) Mediceus liber, *Commendum*: mei, *Commendandum*: alius, *Commentatum*.

Scriptura) Et hic & paullo post pro *scripta* posuit: & ep. ult. lib. XV.

Timore) Veteres libri, *Litera*.

Stultitiae fama mulctetur) Qui stulte aliquid commisit, fama illi poena est, & stultus esse dicitur. Quidam libri, *Stultitiae*.

Corrigitur) Non punitur, quod pertinet ad crimina, sed corrigitur, quasi levi culpa. Neque congruunt, *Exsilio corrigitur*: sed erat proprium,

Exsi-

Exsilio puniatur; verum dedita opera cum leni verbo acerbum nomen conjunxit, ut inde perspicuum faceret, quam inique secum ageretur, & quam esset in ea re fato singulari, cujus error corrigeretur exsilio.

Summi criminis) Et hoc aliqua cum ironia atque indignatione dixit; quasi levissimum sit crimen, si quis adversario maledicat armatus; id quod proxime non crimen, sed errorem vocavit.

Vota victoriæ suæ) Pro victoria imperatores vota fecisse, Livius, & alii sæpe dixerunt; sed privatim vovere alii quoque solebant.

Immolaret) Festus: *Immolare est mola, id est, farre molito, & sale, hostiam fusam spargere.*

Omnino ætate) Hic etiam, non modo in bellis.

Prius) Quia vota non cogitat, quæ in ipsum ab adversariis facta sunt.

Multa deos venerati; *Multa*, adverbii loco posuit, ut Virgilius Georg. lib. IV.

—— *Et spiritus oris*
Multa reluctanti obstruitur ——

Sic locutus idem Cicero de Nat. Deor lib. III. & pro Murena: Topicorum vetere initio: *Cum*, inquit, *mihi mecum multa sæpe ...* Gellius lib XIII. cap. 21.

Scripsi de te) Timui, quia scripsi de te, quamquam parce, ne Cæsar offenderetur.

Non revocavi me ipse) Non revocavi me sponte, sed refugi metu.

Genus hoc scripturæ) Cum alterum laudamus; nam cum alteri maledicimus, aut cum nos ipsos laudamus, minus liberum est.

Atque etiam) Vetus Maffei liber, *Etiam*: quod olim probavimus, reliqui sibi omnes, *Latum*. Sed coniecturam nostram aliis quoque placuisse, nunc video.

Alterum laudare) Quod ego feci: nec tamen id mihi liberum fuit.

De quo quidquid detraxeris) Si perfecte alterum non laudes.

Infirmitati) Ingenii.

At ... tibi gratius opportuniusque acciderit) Fortasse gratius tibi erit, ac melius cadere videbitur, quod parce te laudaverim, metu scilicet refugiens; nam, quod egregie præstari non potest, id vel non attingere oportet, vel saltem quam parcissime facere.

Sustinui) Licet hoc scripturæ genus ... esse debeat, ego me tamen sustinui.

Minui) Ut parcius te laudarem.

Sustuli) E libro.

Ne posui quidem) Quæ, nisi metus impedidet, jure ac merito tuo posuissem.

Quemadmodum igitur, ... grandes, &c.) Comparationes Poetis potius, quam soluta oratione scribentibus, conveniunt. Demetrius, cum de longioris vitio similitudinis præciperet, hæc subjunxit: [illegible] Id est: *Hæc enim non jam similitudinum speciem habent, sed Poeticarum comparationum; hujusmodi autem comparationes neque facile in soluta oratione, neque sine cautione plurima uti oportet.* Idem alio loco minui docet comparationibus gravitatem illam, quam Græce vocant [illegible]. [illegible] *Comparationes gravitati non conveniunt propter prolixitatem. Cujusmodi illud est*: Quemadmodum canis generosus incaute in aprum irruit [illegible] *enim, & elegantia quædam in hisce apparet. Gravitas autem deficeret vehemens quid, & contentum; & similis est jaculis, quæ e propinquo feriunt.* Videndum igitur, an satis apte comparationem hanc Cæcina in epistolam induxerit; quamquam & Ciceronem hoc nonnumquam fecisse constat.

Non pœnæ metu) Non enim timenda est laudanti pœna, sed offensio tamen quædam ejus, qui laudari fortasse non vult.

Animum) Quo modo animum affici atque angi meum putas, ubi hæc secum ipse cogitat?

Loqui-

Loquitur) Animus cogitat, lingua loquitur, sed quia cogitata animi loquitur, ideo quod est linguæ, ad animum transfertur.

Hæc probabis) Et hoc & quæ sequuntur, usque ad illud, *Quid faciet?* ea sunt, quæ secum loquitur animus.

Non offendo) Ipsum Cæsarem.

Cum porro offendam) Aliquem, non ipsum Cæsarem; absurdum enim esset id, quod sequitur: *Quid si non vult?* nam cur dubitet in re notissima? quasi vero offendi quisquam velit. Sed opponit Cæcina, *laudare aliquem*, *Offendere*; non quo in utroque vereatur, ne Cæsarem lædat.

Armati stilum) Stilum ejus, qui scripsit armatos.

Victi & nondum restituti quid faciet) Quo modo persequetur stilum victi, & nondum restituti?

In Oratore) Sic inscripsit librum, in quo formam perfecti oratoris expressit; epist. 18. *Oratorem meum a te probari, vehementer gaudeo: mihi quidem sic persuadeo me quidquid habuerim judicii de dicendo, in illum librum contulisse &c.*

Cavere sibi per Brutum) Cum hæc scribis: *Testificor me a te rogatum, & recusantem, hæc scripsisse esse nefarium, volo enim mihi tecum commune esse crimen*: ut, *si sustinere tantam quæstionem non potuero, injusti oneris impositi tua culpa sit, mea excepti.*

Veterem meam) Exstat Ciceronis oratio pro Cæcina.

Sentire cogeris) Multo, inquit, magis mihi esse timendam intelligo, quam tu in Oratore tuo timuisti.

Calumnia timoris) Calumniator ea fingit, quæ vera non sunt, itidem timor sæpe falsa proponit: ut recte, propter similitudinem, *Calumnia timoris* dici possit.

Cæca suspicionis tormento) Cum non videam, quo consilio gratiam a Cæsare inire possim, & incerta suspicione torquear, metuam, ne offendam potius eum, quam mihi reconciliem.

Ad alieni sensus conjecturam) Male agitur cum eo, cui scribenti cogitandum est, non quod ipse probet, sed quid alii probaturi sint, in quo sequitur non judicium suum, sed conjecturam de alio sensu.

Evadere) Ita scribere, ut animus acquiescat. *Evadere* dicit, tamquam ex difficultate.

De Asiatico itinere) Petieras a Cicerone consilium Cæcina, quid sibi esses auctor, in Sicilia ne subsisteret, an ut ad reliquias Asiaticæ negotiationis proficisceretur, respondit Cicero: *In Sicilia censeo commorandum*; quod se facturum Cæcina confirmavit: vide epistolam sequentem, quæ tamen ante hanc scripta est. Postea tamen in Asiam Cæcina profectus est, fortasse reditu in patriam desperato; nam ep. 66. lib. XIII Cicero eum Servilio commendans: *Te rogo*, inquit, *atque oro, ut eum in reliquiis veteris negotiationis colligendis juves.*

De nobis) De reditu nostro in patriam.

Vel studio) Quo sæpe impeditur ingenium; est enim *studium*, vehemens quædam animi affectio & propensio ad aliquam rem.

Capiatur) Translatum verbum, pro, *ad voluntatem nostram traducatur*; sumus enim in potestate nostra, quæ cupimus.

Ejus omnes) Familiares, qui nominantur epist. 12. & significantur epistola 6.

Nisi forte, aut in misereo nimis stulte) Ideo stulte, quia dixit, *Sed totum tuum esse*, moleste enim, qui in calamitate est, petere debet.

In amicitia nimis impudentem) Videndum enim, quid amico oneris imponamus.

Suæ vitæ conferendo) Excusat petitionem suam tribus modis, primum, quod Cicero, quibus rebus gaudeat, quibus capiatur Cæsar, optime omnium intelligat: deinde, quod apud ipsum Cæsarem ejusque familiares omnes gratia valeat: postremo, quod laborare pro amicis consueverit. Hæc dispersa parum attenduntur: collecta, & sub oculos subjecta legentium, copiam in simili argumento non exiguam pariunt.

EPISTOLA VIII.

Largi) Romanæ gratiæ cognomen.

Tibi præstituto esse) Ne ultra tibi esse liceret in Sicilia.

Balbus) L. Cornelius Balbus, Gaditadictatum, pro quo exstat Ciceronis oratio, hic abiectis Cæsaris negotiis procurabat, epiſtola ult. ad Att. lib. XIII. *orationes, opinor cum Balbo*, quo loco fuerit apud Cæsarem cum C. Oppio, Cæsaris ipsius ad utrumque declarat epiſtola, quæ legitur lib. IX. ad Att. De Balbis vide infra, epiſt. 12.

Oppius) C. Oppius Cæsaris legatus Africano bello, ut in libro legitur, qui de eo bello ſcriptus eſt, exſtat ejus, & L. Balbi epiſtola ad Ciceronem lib. IX. ad Att. & Ciceronis ad eum lib. XI.

Huic meæ rogationi potius non continuo reſponderunt) Nihil deeſt, ut quidam putarunt; nam, *Potius*; refertur ad illa ſuperiora. Cum ſueſſent, aut polliceri, aut etiam negare: quorum neutrum fecerunt, ſed potius huic meæ rogationi non continuo reſponderunt.

Re aut impetrata, aut, quod ſpero, aliqua ratione confecta) Utroque modo elicitur ſententia: ſed in alteram partem ut propendeam, facit auctoritas veterum librorum; vult enim Cæcinam ſperare, ſi res non impetrabitur, ſaltem eo aliquo modo ad exitum perducatur: quid autem, dicit aliquis, ſi res non impetratur, ſperare poterat? ut in Italia fortaſſe poſſet eſſe, modo ne ad urbem accederet, nam de Sicilia jam impetratum erat. At illud optabilius, ut reditus in urbem impetraretur. Quis negat? ſed ego opinionem ad verba, quam verba ad opinionem, accommodare malo. Proferat aliquis veterem librum, in quo videam, *Re aut impetrata, quod ſpero*: tum facile & libenter aſſentiar.

T. Furfano Poſtumio) Uſitatius erat, *T. Poſtumio Furfano*, ut cognomini nomen præponeretur: tamen & cognomen interdum nomini anteponitur, ut epiſt. 8. lib. II. & epiſt. 1. lib. VII. *Gallus Caninius*, & *C. Criſpus Salluſtius* in libro vel Hirtii, vel Oppii, de bello Africano, non ſemel nominatur: item *Gallus Fabius* epiſt. 12. lib. VIII. ad Att. & epiſt. 47. lib. XIII. ad eundem. Sunt, qui legant, *T. Furfanio Poſtumo*: ego malo, *Furfano Poſtumio*, teſtimonio fretus veterum librorum: &, quod ignoti *Furfanii*, *Poſtumii* notiſſimi, adde quod *Furfanus* appellatur epiſt. 15. ad Att. lib. VII.

Quæ mihi veniunt in mentem, &c.) Vide eamdem ſententiam in epiſt. 8. lib. V. in extremo.

EPISTOLA IX.

Patre ejus) De quo epiſt. 6. & lib. XIII. epiſt. 66.

Virtutibus meorum conjunctiſſimus non ſolum officiis amicitiæ, ſed etiam ſtudiis communibus) Non dubito, quin eadem ſtudia & officia ſignificet epiſt. 66. lib. XIII. cum ſit: *Hominis omnibus meorum ſtudiis officiiſque conjunctiſſimi*.

Neceſſe fit) Sic in uno vetere libro: reliqui omnes, *Neceſſe eſt*, utro modo legas, parvi refert.

Reliquum eſt, ut, cum cognorim) Qui petit, ſpem impetrandi ſi oſtendit, eo ipſo impetrat facilius; probitatis enim & humanitatis commemoratio benevolentiam gignit.

EPISTOLA X.

Vel caſus potius) Minuitur culpa, cum a voluntate in caſum transfertur: hoc artificio utitur Cicero quaſi conſolandi gratia; nam ſi conſilio Trebianus Cæſarem læſiſſet; recuperandi fortunas & dignitatem ſpes eſſet infirmior: ſin autem caſu excuſationem aliquam inveniret, injuria.

Magno dolori fuit) Refertur ad illud, *Sempérque feceram*. Magno dolori autem, quia de victoria veſtra deſperabam; nec putavi, cum integri pares non fuiſſemus, fractos ſuperiores fore.

Recuperes) Antea, *Recuperis*: non *recuperes*, aliquot jam annis emendavimus, & impreſſimus, liber vetuſtus habet, *Reciperes*. Et in aliis etiam exemplaribus *I* litteram pro *V* ſæpiſſime reperias.

Cres eſt) Et hoc ad illud alterum ſpectat, *Quanti te faciam*, ſingulis enim ſingulare reddere, confirmandæ ſententiæ cauſa, Cicero ſolitus eſt.

Caſus mei) Cum patria pulſus lege Clodia ſum, hoc ad illud perti-

net, a

nat, *Quanti me a te fieri intellexerim*: ita cum tria proposuerit, tria subjunxit.

Postumuleno) Cognomen Romanæ gentis: & *M. Postumulenus Secundus* nominatur in antiquissimo lapide quadrato, quem vidi in ædibus Rainucii Farnesii Cardinalis, hujus generis nomina sunt, *Volusenus*, *Aviolenus*, *Vibienus*, *Labienus*, *Nasidienus*, *Cosidenus*, *Varienus*.

Thrusa) Nomen servi, cognomen liberti.

Quantum in ea rep. de qua ita meritus sum) Vide idem iisdem fere verbis epist. 13.

Qui fuisti) Fuisti autem & omni honoris gradu amplissimo dignissimus, & ordinis tui facile princeps.

Ordinis tui) Equestris; nam, si senatorii fuisset, *Ordinis nostri*, dixisset: cum ipse Cicero senator esset; ideo & *Dignissimus* dixit, tanquam de equite, iis honoribus digno, quos qui adepti sunt, non jam equestris, sed senatorii ordinis dicuntur esse.

Eademque de causa) Quod pro Pompeio contra Cæsarem arma sumsimus. *De*, valet *propter*: ut apud Terentium, in Eun. *Expiet nec amat de fidicina istac*.

Tanquam ex reliquiis) Non enim pristinam recuperavi dignitatem: sed quasi reliquias quasdam servo. *Imago veteris meæ dignitatis*, dixit epistola 13.

Familiarissimi ejus) Quos nominat epist. 12.

Culsi devinxi) Quia, cum olim in eos officia conferebam, fore aliquando tempus divinare non poteram, ut eorum ope indigerem. *Culsi* igitur, ob hæc tempora, quæ præter opinionem meam consecuta sunt.

De tuis fortunis) Quarum partem amiserat, epist. 11.

In quo sunt omnia) Hanc maxime curemus: de fortunis minus laborandum, in hac enim omnia sunt. Videtur significare, fortunas omnino recuperari non posse, quod comprobatur epist. 11.

Ad te defero) Epist. 6. *Et pollicitus sum, & detuli*.

Ut nihil existimem esse tam difficile) Vide similem sententiam in ep. 11. lib. V.

Tali enim tempore aut consolari amicorum est, aut polliceri) Similis sententia in epist. 13. in principio, & lib. IV. epist. 13.

Injuriam temporum) Temporibus assignat, quod humanum est: ut in epistola proxima, quod consilii fuit, in casum confert. Hæc derivatio culpæ cautionem habet, ne lædatur is, qui quo animo sit, magni refert in utramque partem. Epist. 21. lib. V. *Injuriam* appellat: item epist. 5. lib. VI. nulla temporum aut hominis cujusquam mentione facta.

Magnum fructum studiorum optimorum capis) Docent enim hoc maxime litterarum studia, nihil esse curandum præter culpam.

Idque ut facias) Non refero hoc ad proxima, sed ad superiora illa verba, *Magnum fructum*, &c.

Simul & illud) Iam incipit aliquid polliceri: ut ad conscientiam vitæ ante actæ spes etiam accedat futuræ incolumitatis.

Rerum & exemplorum) Usum rerum & doctrinam significat: quod utramque vitæ genus Trebianus coluisset, τὸ πρακτικὸν, ex Dicæarchi præcepto, καὶ τὸ θεωρητικὸν, a Theophrasto laudatum.

Plus etiam, quam vellem) Ob incommoda, quæ sustinui.

Qui plurimum potest) Cæsar: epist. 13. lib. IV. sic locutus est. Eamdem sententiam epist. 7. lib. IV, tribus modis expressit: *Eà penes quem est potestas*: *Ita late patet ejus potestas, ut orbem terrarum complexa sit*: *Is qui tenet remp.* Dixit etiam: *Qui omnia tenet*: *Cujus dominatu totus mundus nititur*: *Ad quem unum omnia delata sunt*: epist. 8. 9. ejusdem libri.

Delabi ad æquitatem) Æquitas a summo jure discedit: summum jus persequebatur Cæsar, cum eos, a quibus læsus erat, ulciscebatur: quod si non tantum injuriam, qua ipse esset affectus, verum alia quoque simul cogitaret, verbi causa, qui Pompeium secuti essent, alios id amicitiæ dedisse, alios reipubl. quod eam crederent in Pompeii ac consulum castris esse: præterea, satis eos jam dedisse pœnarum; pertulisse incommoda, quæ bellorum exitus ferret, caruisse patria, liberis, fortunis; nec posse talibus viris remp. carere diutius, hæc si cogitaret, delaberetur ad æquitatem, nec summo, ut antea, jure agendum putaret.

Ad verum naturam) Ut homo hominem tueatur ac diligat. Odisse enim & lædere, violentum quiddam est, non ex rerum natura; epist. 6. *Rerum hoc natura & civilium temporum non patietur*.

Ipsa causa) Dixi jam epist. 1. lib. I. *Causam* interdum id vocari, quod ad aliquem pertinet; ut, *Pompeii causa justior, quam Cæsaris*.

Cum rep.) De hac spe, quæ ab ipsa reviviscente rep. capi posset, vide infra epist. 12. *Sic*, inquit, *ut antea sic scribere ad te, magis ut consolarer fortem virum atque sapientem, quam ut exploratam spem salutis ostenderem, nisi eam quam ab ipsa rep. cum his ardor restinctus esset, sperari oportere censerem*. Et epist. 13. lib. IV. *Fatum illa, quæ minimam nunc quidem potest, sed possit accessio est, respub. quæscumque vires habebit, ab iis ipsis, quibus tenetur, de te propediem (mihi crede) impetrabit*.

Quo jam) Ex quo lenius ac liberalius sunt.

In temporum inclinationibus) Opportunitates temporum vel parva ad impetrandum sæpe adjuvant; qua de re vide epist. 16. lib. II.

Levandi) Qui juvat, idem dolore levat, vel, *Levandi*, calamitate exsilii.

Proclivior) Facilius: quia per clivos facile descenditur. Sic Off. lib. II. *Dictu quidem est proclive*. Et in Lælio: *Amicitiæ remedium esse debet, & ad amorem comitatem facilitatemque proclivior*. In Tusculana tamen quarta: *Non in bonis virtus, quod alii ad alia bona sunt aptiores, facultas nominetur; in malis, proclivitas, ut significet lapsionem*.

Quod est in uno te) Hoc ipsi præstare non possumus, in te uno situm est.

Quæ sunt in fortuna) Præsentem ejus calamitatem ad fortunam refert, & eam non fore perpetuam ostendit, cum ait, *Temporibus sagatur*: id est, ratio temporum moderabitur: nos autem, quantum consilio licebit, occurremus.

Epistola XI.

Dolabellam) P. Cornelium Dolabellam, antea Ciceronis generum, de quo supra diximus, divortium jam cum Tullia fecerat, quo tempore scripta est hæc epistola: id licet conjicere ex epist. 23 ad Attic. lib. II. quæ scripta est ante bellum Africanum: hæc vero ad Trebianum omnes post id bellum; nec vero simul cum affinitate diremta amicitia est, (nisi si temporum causa simulatum est) exstant Ciceronis epistolæ lib. IX. ad Dolabellam insigni cum amoris argumento. & hæc ipsa, prodesse Ciceroni gratiam Dolabellæ apud Cæsarem in amicorum negotiis demonstrat.

Non deserrem eius periculis) Bis eum Cicero, ante filiam suam ei collocatam, in capitis periculo defenderat, epist. 10. lib III.

Quam gratias agere) Respuit enim verus amor gratiarum actionem.

Vere facere poteris) Quia maxime gaudeo impetrata salute tua; ideo, si mihi gratulaberis; jure & vere facies: nam, *vere gratulari*, est, cum causa gratulari, ut in epistola sequenti.

Virtus) Antea cognita, hic *Virtus* non fortitudinem, non doctrinam, sed præstantiam quamdam in magnis rebus demonstrat; nominatur autem simul cum dignitate, ut in epist. 5. quo loco *Virtutis* nomen eadem significatione usurpatur.

Dignitas) Trebianus, ut ex epist. 9. intelligitur, equestris ordinis fuit: dignitas tamen ei, tamquam honor cum ordine conjunctus tribuitur, & in eadem epistola, & in hac.

Est tuæ sapientiæ magnitudinisque animi) *Sapientiæ*, ut anteponendam rei familiari dignitatem judices; *magnitudinis animi*, ut illam jacturam negligas fortiterque feras. Utramque conjunxit & epist. 5. lib I. cum ait: *Tuæ sapientiæ magnitudinisque animi est, omnem amplitudinem & dignitatem tuam in virtute atque in rebus gestis tuis, atque in tua gravitate positam existimare*.

Vestorius) Puteolanus, de quo sæpe fit mentio in epist. ad Att.

Ad me scripsit, te mihi maximas gratiam

tina agro) Erat igitur Trebianus ubi Vestorius, & fortasse Puteolis, quia Puteolanus Vestorius.

Facile patior) De hoc genere loquendi satis dictum est epist. 9. lib. I. & ep. 7. lib V.

Ea prudentissima cuique) Similem sententiam vide ep. 13. lib. II. Confirmantur nostra consilia, cum sententiae prudentibus fideliterque suadentibus idem videri.

EPISTOLA XII.

A*Mpio Balbo*) Videtur is esse, ad quem scribit epist. 29. lib. X. quod si ita est, collocari illam epistolam ante hanc oportuit; ut ex utriusque cognosceretur argumento. Idem commendatur epistola 70. lib. XIII. Quatuor Balbos invenio, unum hunc Ampiae gentis, alterum Atiae, qui Iuliam, C. Caesaris sororem, in matrimonio habuit, ex qua genuit Atiam, Augusti matrem; duos reliquos Gadibus natos, & civitate Romana donatos, Corneliae gentis: quorum alter Balbus major, alter minor, eius fratre genitus, vocatus est; major est, qui nominatur inter Caesaris amicissimos in hac ipsa epistola, & in ep. 8. 19. & in 5. 7. 18. lib. VII. & in 17. lib. IX. pro quo exstat egregia Ciceronis oratio, primus in Oceano genitorum consulatum est adeptus, ut ait Plinius lib. VII. cap 43. Minor Balbus ex Africa triumphavit, ut idem Plinius lib. V. cap. 5. Strabo lib. III. Solinus nominatur a Cicerone epist. 11. lib. VIII. ad Attic. a Pollione epist. 32. lib. X.

Frangi) Cognita veritate.

Ad aequitatem animi) In qua sunt, qui dolore vacant.

Tui caritate) Mea in te caritas cogebat, ut apertius tuam causam agerem, quam permittere videbatur fortuna nostra. Infra: *Nihil est a me inservitum temporis causa*.

Vidi, cognovi, interfui) Tribus verbis, nulla copula interpolita, vis summa perficitur, tale illud pro Milone: *Est haec, judices, non scripta, sed nata lex, quam non didicimus, accepimus, legimus; verum ex natura ipsa arripuimus, hausimus, expressimus*. Et Phil. 14. *Majores nostri vexavit, fudit, occi-dit*. Interdum & quatuor verbis, ut in Catilinam: *Abiit, excessit, evasit, erupit*.

Satis opportune) Cum eorum gratia & auctoritas magno nobis emolumento & fuerit antea, & esse possit.

Cum ab illo dissenserint) Ep. 9. lib. I. *dis enim te existimare volo, me, cum a vobis, meae salutis auctoribus, dissenserim, ornatum esse, cujus officiis me tam esse devinctum, non solum confiteor, sed etiam gaudeo*.

Pansa) C. Pansa, Vibiae gentis, ut mei testantur duo veteres argentei nummi, consul fuit cum A. Hirtio, anno post Caesaris necem I. tribunatum gesserat Sulpicio & Marcello coss. ut indicat Caelius in epistola lib. VIII. cujus initium est: *Etsi de rep. Mutinensi pugna tuis nuntiis acceptis*. *Bononiae periit*, ut ait Appianus. Vide epist. 30. lib. X. & epist. 33. ejusdem libri, & Phil. XIV. & Dionem lib. XLVI. Huius in se benevolentiam summam non hic modo, verum & in Phil. VII. Cicero declarat his verbis: *Quamquam non ab ineunte illius aetate usus, consuetudo, studiorum etiam honestissimorum societas, similitudoque conjunxit: ejusdemque autem incredibilem observantiam belli civilis periculis perspexi non modo salutis, sed etiam dignitatis meae*.

Hirtius) Pansae collega in consulatu, qui eodem in praelio occisus est. Homo novus, ut Cicero etiam noster fuit: atque hoc illi exprobravit M. Antonius epistola illa, quae est in Phil. XIII. *Acerbissimum est*, inquit, *esse te, A. Hirti, ornatum esse beneficiis Caesaris, & talem ab eo relictum, qualem ipse miraris*. Et Cicero, ad excusandam ejus novitatem, ita scripsit in quadam ad illum epistola: *Cum nobilitas sit nihil aliud, quam cognita virtus, quis in eo, quem veterascentem videat ad gloriam, generis antiquitatem desideret?* Dio unum fuisse ait e filiis proscriptorum a Sulla, & a Caesare ad honores elatum. Huic Cicero, post divortium Terentiae, sororem sibi in matrimonium offerenti, respondit, se Philosophiae simul, & uxori operam dare non posse: auctor divus Hieronymus lib. 1. ad Iovinianum.

Balbus Oppius) Vide, quae diximus epist. 8.

Matius] Virum doctissimum appellat epist. 15. lib. VII. Ejus habemus disertissimam epistolam lib. XI.

Postumius] Caesaris & hic familiaris: fortasse is, qui Siciliae praefuerat, ep. 8. vel qui epist. 10. lib. XIV. ad Attic. nominatur.

Plane ita faciunt] Ad illud refertur, *Me proximum habeant*, ut sit: hoc ita multis officiis praestant, ut, amorem singularem mihi declarent.

Pro me] Pro salute mea: veteres libri omnes, quos inspicere soleo dubiis in locis, habent, *Per me*; nec displicet. Egerat Cicero per familiares Caesaris, amicos suos, non per se ipsum, cujus auctoritas & gratia non erat ejusmodi, ut aliorum incolumitatem deprecari posset: ita porro in Ampii salute impetranda ei satisfecerant amici ejus omni sedulitate atque officio, ut vix ipse Cicero, si auctoritate & gratia pari fuisset, agere potuisset. *Agere* autem *per aliquem*, est, alicujus opera uti, & in epist. 9. dixit: *Agam per me ipse & moliar*. Quocirca videndum, an rectius sit, *Per me*, quam *Pro me*; nam, nec libenter discedo ab antiquis libris, nec hic quidam, ut discedam, sententia postulat.

Molitum] *Moliri* est, sine proposito aliquid agere, epist. 9.

Nihil est a me inservitum temporis causa] Hoc est, quod paullo ante dixit: *Egi tuam causam apertius, quam tempora nostra ferebant*.

Non minus auctoritate, quam gratia] Gratia adolescentes valere possunt, auctoritate non possunt; nam auctoritas quaedam existimatio est parta rebus egregiis, in quibus gravitas & consilium enituerit.

Cimber autem Tillius] Sic placet, ut alii emendarunt; licet veteres aliquot libri *Tullius* habeant.

Mihi plane satisfecit] Hic locus ostendit, Cimbrum inter Caesaris familiares fuisse: quod si quis ambigit, Senecam legat lib. III. de Ira, qui ait eum Caesaris partium civili bello defensorem acerrimum fuisse. Postea conjuravit in Caesarem, primasque partes in eo necando suscepit. Suetonius, Plutarchus.

Nec tam amiciti-se, quam ut officia] Sic epist. 6. *Credas multorum justis & officio incensos, non inanibus aut ambitiosis voluntatibus*. Et in oratione pro Ligario: *Video causam tegumiium valere plus apud te, quam preces, ab iisque te, moveri maxime, quorum justissimum dolorem videas in petendo*.

Quas quia Cimber habebat] Videtur fuisse Cimber Ampii propinquus.

Diploma] Litterae Caesaris obsignatae, reditum Ampio & incolumitatem dantes.

Tubam belli civilis] Quo cives ad bellum, ut ad praelium vocari milites solent. Tale illud Phil. VII. *Bellicum me cecinisse dicunt*.

Quibus non gaudeant) Ob direpta, vel parvo emta proscriptorum bona.

Recepit] *Recipere* plus est, quam promittere, epist. 18. lib. XIII. & epist. 8. lib. V. *Qui enim in se recipit, praestaturum se promittit*. Epist. 41. lib. XIII. dixit: *Confirmo & spondeo*.

Eppuleia] Vxoris, nam Ampia, filia: quia feminae generis nomine appellabantur. Fulvii liber unus, *Appuleia*: reliqui omnes, *Eppuleia*: quorum consensu moveor: licet *Eppuleiae* gentis mentionem alibi non viderim: *Eppiam* quidem exemplis non paucis cognitam habemus.

Nisi eam, quam] Quam spem ab ipsa repub. sperari oporteret conferrem. Omnino durius videtur, *Sperare spem*; itaque Lambinus legit, *Nisi ejus*: ut sit, ejus salutis.

Ab ipsa repub.] Quae, belli ardore extincto, jacentem bonorum causam sublevabit. Sic epist. 10. *Causa*, inquit, *ea est, ut jam simul cum rep. quae in perpetuum jacere non potest, necessario reviviscat atque recreetur*. Et in epist. 13. lib. IV. *Quae minimum quidem potest, sed possit necesse est*.

Cum recordatere te] Tacita cohortatio ad constantiam: commemorantur enim ea, quae sapientiam & animi magnitudinem pariunt.

In repub. esse versatum] Hoc dicit, quia diuturna reipubl administratione prudentia comparatur: qua qui praediti sunt, adversis casibus minime franguntur.

In ipsa dissensione] In belli civilis initio. Itaque jam ab eo tempore, quae acciderunt, suspicari ac divinare poinipotuisti: cur igitur mirarer constantiam tuam in iis rebus, quarum eventum aliquanto ante prospexeram?

Sed etiam, si ita accidisset, victus et sapiens esses) Libri aliquot veteres: *Sed etiam ut, si ita accidisset, victus & sapiens esses*. Alii: *Sed etiam ut, si ita accidisset victus ut sapiens esses*, quos ita sum secutus, ut primum *Ut*, induxerim, tamquam non necessarium. Sententia similis epist. 1. *Si id evenit, quod ingredientibus nobis in eumdem propositum fuit accidere posse; non debemus ita cadere animis, quasi aliquid evenerit, quod fieri posse numquam putaverimus.* Et epist. 6. *Sin propter incertos exitus eventusque bellorum, posse accidere, ut vinceremur, putasses; non debere te ad secundam fortunam bene paratum fuisse, adversam ferre nullo modo posse.*

Memoriæ prodendis) Amplius hic historiam scribebat.

Similem probes) Eadem sententia in epist. 1. lib. I. ad Q. Fratrem: *Tuberonem arbitror, cum scribat historiam, multos ex suis annalibus posse deligere, quos velit & possit imitari.*

Ad hoc) Quæ communia sunt: quando illa propria jam effugisti.

Quæ secundis rebus delectationem modo habere videbantur, nunc vero etiam salutem) Idem epist. 4. lib. IV. & ep. 2. 3. lib. IX.

EPISTOLA XIII.

TAli tuo tempore) Exsulabat Ligarius, quod in Africa in Pompeianis partibus fuisset: vide orationem.

Aut consolandi aut juvandi tui causa) Epist. 13. lib. IV. *In quo debebat esse aut promissio auxilii alicujus, aut consolatio doloris tui.* Et epist. 10. hujus libri: *Tali tempore aut consolari amicorum est, aut polliceri.*

Et frontem & voluntatem) Sentiebat, in eum non fore Cæsarem duriorem: quid autem ejus causa vellet, re potius quam verbis, se esse declaraturum, infra dicit.

Res) Epist. 10. *Ipsa causa ea est, ut jam simul cum rep., quæ in perpetuum jacere non potest, necessario reviviscat.*

Dies) Quæ omnia minuit ac mollit: epist. 5. lib. IV. epist. 16. lib. V. epist. 28. lib. VII.

Opinio hominum) Quia videt bene homines de te sentire; nec putare, diutius cum huic iræsci causæ oportere.

Mitiorem) *Durum* & *Mite* opponuntur. *Mitiorem* igitur subjunxit, quia *Duriorem* dixerat.

Ex Africa nuntios) De Pompeianis in Africa devictis.

Ipsum) Sua sponte, nemine supplicante, aut intercedente.

Diuturnioribus molestiis) Arma enim, semel in Thessalia superati, abjicere noluerunt.

Quantum in ea rep. de qua ita meritus sim) Idem epist. 9.

Eadem causa opes meas fregit, quæ tuam salutem in discrimen adduxit) Eadem de causa nostrum utrique cecidit: epist. 9.

Imago veteris meæ dignitatis) Ep. 9. *Reliquiæ pristinæ dignitatis* dixit. Et epistol. 14. lib IV. *Ne vestigium quidem ullum est reliquum nobis dignitatis.*

EPISTOLA XIV.

SI quisquam est timidus in magnis periculosisque rebus, semperque magis adversos rerum exitus metuens, quam sperans secundos; is ego sum) Ingenua culpæ confessio fidem facilius invenit in aliis rebus. Et est concinna figura: *Si quisquam est, is ego sum*: ut etiam epist. 4. lib. XV. *Si quisquam fuit umquam remotus, & natura, & magis etiam, ut mihi quidem sentire videor, ratione atque doctrina ab inani laude & sermonibus vulgi; ego profecto is sum.* Et lib. V. de Finib. *Si est quisquam, qui acute in causis videre soleat, quæ res agatur; is es profecto tu.*

Ad XI. Kalend. intercalares priores) Locus perdifficilis, & qui sine prolixa narratione explicari non posse videatur: quare, indagandæ & ostendendæ gratia veritatis, cogitavi olim quædam, quæ filio meo communicata, & cum eo accurate a me perpensa, peti possunt ab ejus libro de Quæsitis per epistolam.

Insignitatem & molestiam) Indignitas est & molestia, cum ad principem virum admitti, negotii causa, cupimus, ambulare diutius ante ostium, fictas causas afferente cubiculario, cogimur: sedes enim sæpe non vacant, quamquam nec sessio diuturna dignitatem habet; quod Cæsarem sensisse Cicero indicat epist. 1. lib. XIV. ad Attic. *Proxime*, inquit, *cum Sextii rogatu apud eum fuissem, exspectaremque sedens, quoad vocarer, dixisse eum: Ego dubitem, quin summo in odio sim, cum M. Cicero sedeat, nec suo commodo me convenire possit?*

Tuum tempus] Ita locutus est, ut causae ac temporis rationem haberet.

Sed etiam ex oculis & vultu] Potest enim esse ficta oratio: sed oculi sunt indices animi: itaque non tam facile mentiuntur, lib. III. de Orat. & in Oratore. Libro etiam tertio de Legibus: *Oculi*, inquit, *nimis arguti, quemadmodum animo simus affecti, loquuntur*. Et in ep. ad M. Antonium, l. XIV. ad Att. *Non solum ex oratione, sed etiam ex vultu, & oculis, & fronte, ut ajunt, meum erga te amorem perspicere potuisses*.

Hanc in opinionem discessi] Discedens in hanc opinionem veni.

Tranquilliora] Contrarium contrario reddidit: dixerat enim, *Turbulenta*.

EPISTOLA XV.

Tibi gratulor, mihi gaudeo] Omnino utriusque verbi vim vel hic locus ostendit latere: animadvertendus tamen lector est, interdum & ad nos ipsos gratulationem converti: ut epist. 11. lib. III. *Complexus igitur sum cogitatione te absentem, epistolam vero osculatus, etiam ipse mihi gratulatus sum*. Et in epistola ad M. Brutum: *De Cassio laetor, & reip. gratulor, mihi etiam, qui sententiam dixerim, ut Dolabellam bello Cassius persequeretur*. Marcellus quoque in epistula ad Ciceronem, lib. IV. *Hoc ego*, inquit, *mihi gratulor*.

EPISTOLA XVI.

Bithynicus] Pompeiae gentis: cui genti cognomen hoc dedit Bithynia devicta. Festus: *Rostrum tenentis juvenis est effigies in Capitolio, ephebi more Graecorum arenam ruentis exercitationis gratia: quod signum Pompeius Bithynicus ex Bithynia supellectilis regiae Romam deportavit*. Nominatur etiam in libro de Claris Orat. Q. *Pompeius Bithynicus*: sed eum puto hujus Bithynici patrem fuisse: nam illum inter mortuos oratores Cicero numerat in eo libro, qui scriptus videtur ante exitum Africani belli: hae autem & quae sequitur epistolae, scriptae sunt, nisi me conjectura fallit, post Caesaris necem. Hujus autem pater, qui nominatur in epistola sequenti, videtur is esse, qui Bithynici cognomen adeptus est; quod ut ita esse constet, ipsa recitabo verba Ciceronis, ex eo, quem proxime appellavimus, libro. *Q. Pompeius* (inquit) *A. F. qui Bithynicus dictus est, biennio, quam nos, fortasse major, summo studio dicendi, multaque doctrina, incredibili labore, atque industria: quod scire possum, fuit enim mecum, & cum M. Pisone cum amicitia, tum studiis exercitationibusque conjunctus: hujus actio non satis commendabat orationem, in hac enim satis erat copiae, in illa leporis parum*. Ejus filium, post Caesaris necem, Siciliae praepositum, Sext. Pompeius Magni filius occidit. Dio lib. XLVIII.

Theatro] Post Caesaris necem summa fuit Ciceronis auctoritas in civitate.

Internecivorum] Pro *moritorum*, dixit: alibi tamen *internecivi*, est morientium similitudine deducere.

EPISTOLA XVII.

Patris mei] Quem nominavit honorifice in Bruto, ut proxime ostendi.

Valuerunt, aut valeant] Valuerat Caesar, valebat Antonius, qui, quo anno Caesar periit, consul erat.

Conjunctiorem tecum esse] In Caesaris partibus fuisse Bithynicum, & ab eo etiam ornatum, haec verba demonstrant: quibus Appiani testimonium accedit de Sicilia ei a Caesare mandata.

EPISTOLA XVIII.

Fere] Q. Lepta, quo fabrum praefecto usus est Cicero proconsul in Cilicia; epist. 7. lib. III.

Simul accepi] Varius est hujus adverbii usus; dicitur enim, *Simul atque*, *Simul ac*, *Simul ut*, *Simul*: hic quidem, ut scripsi olim adolescens, omnes libri veteres, quos tunc videre potui, habebant, *Simul accepi*, non *simul atque accepi*, ut est in vulgatis libris: itidem nunc, inspectis omnibus libris, quos ab amicis contrahere potui, video consentire omnes cum iis, his, quibus olim usus sum; itaque discedendum a veteribus libris non censui, cum praesertim ita locutos esse non modo Terentium, Lucretium, Virgilium, Horatium, viderem; (nam sermo poeticus ab oratorio non nihil differt) verum etiam Ciceronem ipsum, ut in Acad. lib II. *Simul illisum inflexit, tamen agnoscimus*. Et de Fin. lib. III. *Simul autem cepit intelligentiam*. Omitto alia ejusdem generis exempla, quamquam, quibus hoc loquendi genus ignotum fuit, ii pro libidine saepe mutarunt *Simul* in *Simul atque*, vel *Simul ac*: in quo scripti libri, sublato mendo, veritatem restituunt.

Per codicillos) Vide, quae de Codicillis diximus epist. 12. lib. IV.

In lege) Quam Caesar, ubi Romam ex Hispania revertisset, ferre cogitabat: scripserat autem vel ipse ante quam iret in Hispaniam, vel, post profectionem, Balbus & reliqui familiares, ex ejus sententia: ut ipso in urbem reverso promulgaretur, & ferretur; nam, si lata fuisset, vel etiam promulgata, non a Balbo, quid in ea esset, Cicero quaesisset.

Decurionibus) Senatores vel coloniarum, vel municipiorum, *decuriones* vocabantur; & ut Romae ad senatum consules, ita in municipiis ad decuriones *quatuorviri*, in coloniis *duumviri* referebant. Ac nomine quidem ipso *decuriones*, decem tantum videntur: sed plures fuisse constat ex eo, quod in secunda agraria centum nominantur.

Qui haruspicinam fecerint) Pungebat bonos viros delata a Caesare haruspici Spurinae senatoria dignitas. Haruspicinam & extispicinam professiones artes esse, re vera non esse tradit Sextus Empiricus adversus Mathematicos cap. 14.

Pompeium) Cnaeum, Magni filium: qui, ad Mundam victus, paullo post interfectus est.

Paciaeci) L. Junii Paciaeci, Hispani hominis, Romana civitate donati: quod praenomen & nomen indicant; cognomen vero Hispanicum fuisse, satis constat: cum hodie quoque multi in ea provincia Paciaeci nominentur: de hoc in libro de bello Hispaniensi.

Illi XI. esse legiones) De copiis Pompeii sic in libro de bello Hispaniensi: *Erant aciei XIII. aquilis constitutae, quae lateribus equitatu tegebantur, cum levi armatura millibus sex: praeterea auxiliares accedebant prope alterum tantum*.

Oratorem meum) Librum de perfecto Oratore, quem Caecina nominavit ep 7. & ipse ep 20. lib. XV.

De dicendo) De ratione dicendi. Sic locutus lib. I. de Oratore: *Quid ineptius, quam de dicendo dicere?*

Tantundem) Imperite nonnulli scribunt *Tantumdem*; nam Priscianus l. I. admonet, *m* transire in *n*, sequentibus *d*, *t*, *c*, *q*, ut *eum eundem*, *tantum tantundem*, *idem identidem*, *num nunquam*.

Tulliae meae) Cum qua divortium fecerat Dolabella; paullo enim post mentio fit de prima pensione ab eo exigenda; eademque de re epist. 21. lib. XVI.

Partu) Ex partu Tulliam decessisse, Plutarchus auctor est; bis igitur peperit, semel ante pugnam Pharsalicam, cum in Graeciam ad Pompeium Cicero iturus esset; ut epist. ult. lib. X. ad Att. iterum, cum in Hispania Caesar contra Pompeii liberos pugnaret: quod hic locus ostendit.

Primam pensionem) Triennio, tribus pensionibus, post divortium dos reddebatur: quod tempus *annuam*, *bimam*, *trimam diem* vocabant: dotis exactionem, *anno*, *bimo*, *trimo die* celebrari vetuit Justinianus, ut est lib. V. Cod. Sic & Ulpianus & Pomponius locuti sunt; & ejus *pensionis* mentio epist. 23. lib. XI. ad Att.

Aedificia) Villae.

Domus) In Palatio; ep. 6. lib. V.

Ediscat) Aeschines: *Δει παιδας των ποιητων γνωμας μανθανειν, ιν' ανδρες χρωνται*. *Oportet, ut pueri poetarum sententias ediscant, quibus viri deinde utantur*. Isocrates quoque sententias Hesiodi laudat.

Της δ' αρετης ιδρωτα) Sic Medicaeus liber: reliquos versus non habet; recte: satis enim est, primis verbis locum indicare; quem saepe morem Cicero servavit. Hesiodi versus hi sunt:

Της δ' αρετης ιδρωτα θεοι προπαροιθεν εθηκαν
Αθανατοι· μακρος δε, και ορθιος οιμος επ' αυτην,

[illegible Greek verses]

Aut virtutem vero sudorem Dii praeposuerunt
Immortales : longa vero, atque ardua via est ad ipsam
Primoque aspera : ubi vero ad summum ventum fuerit,
Facilis deinceps est, quantumvis difficilis fuerit.

Simonidem etiam apud Clementem Alexandrinum lib IV. Stromatum, habitare virtutem in rupibus difficillimis, dixit.

Simul accepi) Vetustiorum librorum haec est lectio: cujus etiam Florentini meminerunt, sed quoniam saepe etiam libros manu scriptos esse corruptos intelligebant, neque de dictione *simul*, praeter codicum auctoritatem quidquam habebant quod sequerentur, vulgatam lectionem immutare non sunt ausi: nos non dubitamus, quin recte, *simul*, pro *simul ac*, in exemplaribus antiquis scriptum sit, cujus vocis ex iis, qui soluta oratione scripserunt, exempla non afferam: (nam si quis erit, qui locum ubique depravatum esse contendat, & pro *simul*, vel *simul ac*, vel *simul atque*, legendum dicat; quibus argumentis contra pugnabimus?) sed e Poetis, in quibus eam vocem in aliam mutari carminis ratio non patitur; dixit igitur Virgilius libro Georgicorum IIII. *Taygete simul os terris ostendit honestum Pleias, &c.* & Lucretius I. *Cui simul infula virgineos circumdata comtus*. Ex utraque pari malarum parte profusa est. Et Horatius epist. 10. lib. I *Vivo & regno, simul ista reliqui*; quibus in locis, *simul*, dictum esse pro *simul ac*, licet animadvertere.

P. VICTORIVS.

Simul accepi) Ita sane in Mediceo libro hic legitur: verumtamen quemadmodum postea animadvertimus, cum indicem epistolarum huius libri consuleremus, offendimus sic ibi scriptum esse, *Cicero Lepte. Simulatque accepi*. Quare statim ita in meo codice emendavi: non quod nesciam, (quod nonnulli me insimulant) *simul* etiam a bonis auctoribus sine *Ac* aut *Atque* crebro usurpari: frequens enim id est apud Poetas, & pueri omnes sciunt. Terentius etiam in Phormione inquit: *Hic simul argentum repperit*. Quin ipse potius nonnullis exemplis allatis docui, aliis in locis ita Ciceronem locutum fuisse: sed cum ex maiore parte illi in vulgatis codicibus aliter legerentur, nolui videri parum firmis uti testibus. Multa sunt autem, quae conceduntur Poetis, quibus, qui soluta oratione scribunt, abstinent.

EPISTOLA XIX.

Macula) Fortasse Pompeium Maculam, amatorem Faustae, L. Sullae filiae; de quo Macrobius lib. II. Sat.

Fjus Falernum) Villa in agro Falerno: de quo Plinius lib. XIV. cap. 6. *Falernus ager a ponte Campano laeva petentibus urbanam coloniam Sullanam, nuper Capuae contributam, incipit*. Sic Tusculanum, Albanum, Pompeianum, Cumanum, villae nomine sumto a propinquis oppidis, vel ab agro, ubi oppida olim fuerant.

Diversorio) Etsi *Divertere* verbum commune est, pertinetque ad omnia loca, sive aliena, sive nostra, ad quae de via deflectimus, paullo post discessuri: *diversorium* tamen appellari non solet, quocumque divertimus; aliquid enim habent proprium, quo differant, *diversorium*, *hospitium*, *taberna*, quam opinor cum *caupona* idem esse. *Diversorium* potest & alienum esse, quo divertimus amicitiae causa, nec pretio solvendo, nec diu mansuri; & nostrum, nostri commodi causa emtum, aut aedificatum; ne vel ad hospitem, cui molesti esse nolimus, vel ad cauponam divertere cogamur; itaque epistol. 23. lib. VII. *Multa libentius*, ait, *emerim diversorium Tarracinae, ne semper hospiti molestus sim*. *Hospitium* duabus rebus cum diversorio congruit, una, quod modo nostrum est, quo hospites excipimus; modo alienum, quo ipsi excipimur; altera quod gratuitum, duabus item discrepat; & quod sanctiora quaedam jura obtinet, unde *Hospitales dii*, *Hospitalis Jupiter*; & quod diuturnioris interdum commorationis est. *Hospitium* autem

autem Cicero in oratione pro Cluentio usurpavit pro iis, qui diversantur in caupona: *Hominem* (inquit) *multorum hospitum. A. Binnium quemdam, cauponem de via Latina, subornatis, qui sibi a Cicentio servisse eius in taberna sua manus allatas esse dicat*. Quo loco accepit *hospites* pro peregrinis, ut alibi quoque, non pro iis, quorum sancta jura sunt. *Taberna* & *caupona*, ut verba Ciceronis proxime recitata demonstrant, idem sunt inter se, non idem tamen cum *hospitio*, & *diversorio*; siquidem illa & amicos tantum, & gratis accipiunt: hæ vero amicum a peregrino non distinguunt, sed alienis etiam ignotisque hominibus quæstus gratia patent. Hoc tamen animadvertendum, *Tabernæ* significationem latius patere, quam *Cauponæ*; nam tabernarum plura genera, in quibus merces venduntur, ut *tabernæ librariæ*, orat. 2. in Antonium; *tabernæ sutrinæ*, apud Tacitum lib. XV. *argentariæ* etiam *tabernas* Livius appellavit lib. XXVI. non in quibus veniret argentum, sed pretio permutaretur, vel de manu, quod ajunt, in manum, vel ut alibi tantumdem redderetur: quod hodie quoque fit; nec dubium, quin iisdem in tabernis fenori pecunia daretur. *Tabernæ veteres* & *novæ*, circa forum, ex Plauto, Varrone, Cicerone, Livio, Plinio, cognoscuntur; ideo Plautus in Men. & in Truc. *diversoriæ* cognomen addidit, ut a reliquis tabernis distingueret. Sunt etiam *tabernæ*, humiles ædes, ex tabulis fere constructæ, in quibus pauperes habitant, unde Horatius: *Pauperum tabernas, regumque turres*. *Caupones* vendit ea tantum, quæ comeduntur, aut potantur.

Petrinum tuum) Villæ nomen, a vico Petrino, qui fuit in Sinuessano. Horatius epist. 15. lib. I. *Sinuessanumque Petrinum*.

Commorationis est, non diversorii) Ergo diversorii commoratio non est, quod supra ostendimus.

De curatione aliqua) Hac de re, ut opinor, sic epist. 45. lib. XIII. ad Att. *Balbum conveni: Lepta enim, de sua vi in curatione laborans, me ad eum perduxerat*.

Munerum regionum) Ex antiquis libris, & Suetonii testimonium, ipsa etiam sententia me hortatur, ut, *Regionum*, legam; ludi enim significantur, quos Cæsar, superatis jam in Hispania Pompeii liberis, per singulas regiones dare cogitabat: id quod e Suetonii cognoscitur historia. ne, ne quis, mentione a me regionum facta, contradicendi occasionem arripiat, quod ante Augustum divisa urbs non fuerit in regiones; ait enim de Augusto Suetonius hæc: *Spatium urbis in regiones vicosque divisit*: moneo lectorem, urbis *regiones* hic vocari quasdam urbis partes a locis, licet eorum certi fines nondum essent, qui postea statuti sunt ab Augusto, Italiam, Urbemque in regiones dividente; propterea & Suetonius dixit, ludos regionatim urbe tota a Cæsare, confectis bellis civilibus, datos esse. Aliis placet legere, *Munerum regiorum*: ut munera Cæsaris regis dicantur; quod nec improbo, nec tamen satis probo: licet *regem* appellari Cæsarem videam epist. 37. lib. XIII. ad Attic. non enim arbitror Ciceronem in ullis, præterquam ad Atticum, literis ausum esse *regem* Cæsarem appellare; sed Attico nihil occultat, sensus omnes aperit, fretus ejus amore, fide, summaque sapientia.

Balbum) Quæ Balbus & Oppius, absente Cæsare, agebant, ea solere illi rata esse, dictum est epist. 8.

Assequi nie) Sperabat ita se benevolentiam Cæsaris ex curatione consecuturum, ut intimorum in numerum perveniret.

Præter optatum) Quia excepta, te quoque nihil afferre.

Si modo ipsum sciret) Te ludos curasse; quod ignorare potest, in tanta majorum rerum occupatione.

Non accepisse) Hoc ipsum Cicero monet lib. II. Off. *Qui se* (inquit) *locupletes, honoratos, & beatos putant, hi ne obligari quidem beneficio volunt: quin etiam beneficium se dedisse arbitrantur, cum ipsi quamvis aliquod magnum acceperint*. Ejusdem generis illud in epist. ad M. Antonium, lib. XIV. ad Attic. *Literæ tuæ &c. me affecerunt, ut non dare tibi beneficium viderer, sed accipere a te ista petente*.

Nisi id videbimur in quo sit spes) In hac enim curatione spes ponenda non est;

est; nam, quod eo labore adsequi vis, nullo modo adsequere; aliquid igitur videbimus, unde sperare liceat, in eorum numerum, qui Caesaris intimi familiares sunt, posse te pervenire. Hanc ego loci huius esse omnino sententiam arbitror; ad eamque pertinent verba, quae sequuntur: *Non modo* (inquit) *non adspirandum, sed fugiendum arbitror, quidquid ejusmodi sit, ut, quod tu adsequi vis, id ex eo adsequi non queas.* Sunt quibus placeat, *Sperare*, non *Spero*: quod ita scriptum videant in Mediceo libro: qui si ubique esset emendatus, non tam saepe ab eo discederent. Illic quidem ut omittam eos libros, quibus olim usus sum, tredecim exemplaria, quorum nonnulla haud parum antiqua sunt, habent, *Spero*: quare, cum nec obscura sit sententia, nec libri veteres dissentiant, mutandum nihil statuo.

Asturae) Epist. 38. ad Attic. lib. XIII significat velle se Asturae Caesarem ex Hispania redeuntem exspectare.

EPISTOLA XX.

CN. *Plancii*) Pro quo exstat oratio.

Quod vitaveris) Toranius antea scripserat, velle se nescire quo accederet, ut advenientibus ex Hispania se offerret: quos ad impetrandam a Caesare salutem suam, conciliare sibi cupiebat.

Ne illud quidem non, quamvis subito) Sic veteres libri omnes, recte: nam duae negantes particulae, *ne non*, affirmant: quod ignorat nemo: quasi dixerit, & praeter illud, quamvis subito, cum certi aliquid audieris, te illinc posse proficisci. Mendo locus vacat, contra quam nonnullis visum est: modus tamen loquendi, *Ne illud quidem non* parum usu tritus; sed nec omnia Ciceronis ad hanc aetatem scripta pervenerunt; nec ea, quae singularia sunt, qualia & in Cicerone ipso, & in aliorum libris multa animadvertimus, damnare statim & ejicere, nostri judicii est.

Proficisci) Ad urbem, cum de tua salute certi aliquid audieris.

Nihil est praeterea) Improbat eam rationem, qua Toranius adductus de loci mutatione cogitabat; cur, inquit, advenientibus te offeras?

Chilone) Sic malo, ut est in Maffei libro, quam *Cilone*. *Chilo* cognomentum eorum fuisse, qui labris essent majoribus, Festus docet; nam a Graeco χείλος deducitur.

Ad recipiet ille se) Si Caesar ex Hispania redibit. Haec verba nondum Hispaniense bellum esse confectum demonstrant: quod e sequenti etiam epistola intelligitur.

Vel impediet, vel morabitur) Ne veniat, vel, ne cito veniat.

Ubi omnia scire possis) Ex litteris amicorum; non longe igitur Toranius aberat.

In hac causa) In eo, quod ad Pompeianos omnes, belli civilis causa exsulantes, pertinet; non enim interpretor, *In hac causa*, quae ad te unum pertinet.

Praeter communem casum civitatis) Praeter universae reipub. interitum, dixit in epistola sequenti, & ad Torquatum, ep. 1. idem scripsit: *Reliquum est* (inquit) *ut te id ipsum, quod ego quasi consolationis loco pono, maxime commoveat, commune periculum reipub.*

Ita vivimus, & id aetatis jam sumus) Egregie sententiam hanc explicavit epist. 4. *Adjuvat* (inquit) *etiam aetas & acta jam vita: quae cum cursu suo bene confecto jam delectatur, tum vetat in ea vim timere, quo nos jam natura ipsa paene perduxerit.*

Pietate) Vide epist. 1. lib. I.

P. VICTORIVS.

Te istinc posse proficisci) Hinc potissimum olim adnotavimus, in antiquis codicibus *Istim* pro *Istinc* legi, citavimusque multorum locorum testimonia, plura etiam nunc afferre possemus. Nam dum accurate versamus prisca exemplaria, in hanc vocem crebro incidimus, vel potius raro aliter scriptam animadvertimus. Addimus nunc ad ea *Illim* quoque pro *Illinc* non saepe positum in iisdem libris animadvertisse: nam lib. VII. ad Attic. in optimo illo sic legitur: *Isto magis exspecto, quid illim afferatur.* Accurate igitur considerandum, an hujus animadversionis auxilio locus Ciceroceronis in epistola ad Brutum emendari possit, sive ita adverbium hoc pronunciare, ac scribere veteres soliti sint, sive frequenter in eo exscribendo ab antiquis librariis, & eodem semper modo peccaretur, quod vix puto. Verba Ciceronis sunt a Quinctiliano adducta lib. V. *Veritus fortasse, ne nos in Catonem nostrum transferremus illi mali quid est, etsi argumentum simile non erat.* Arbitror igitur legendum: *Transferremus illim aliquid, etsi argumentum, &c.* Ut sit *Illim* pro *illinc*: nam in manuscriptis nonnullis *Est* non vidi: qua facilius hic locus nunc corruptissimus ita restitui potest: totam tamen rem arbitrio doctiorum permittimus. Animadvertimus postea Germanos in suo Quinctiliano, quem multis locis castigatum ediderunt, hunc etiam locum restituere conatos esse: nam ita scripserunt: *Transferremus illim mali quid: etsi, &c.* Nam quod *Est* sustulerunt, quodque *Illim* desiderari in hac sententia judicarint, nobiscum faciunt: non tamen ex reliquis duabus vocibus *Aliquid* componere; quod non minus desiderari videbatur, potuerunt.

EPISTOLA XXI.

C*ommemorabam*) Aliis, an sibi? sibi potius, & cogitatione, non voce; quasi diceret: memoria repetebam, in memoriam redigebam.

Solosne nos vidisse) Gratiae causa cum uno Toranio communicat hanc laudem; sed, quantum esset in civili bello mali, non soli viderant Cicero & Toranius, sed & Sulpicius, & Marcellus, & Varro; epist. 2. lib. IV. epist. 7. ejusdem libri, epist. 6. lib. IX.

Spe pacis exclusa) Quorundam Pompeianorum culpa, qui, Pompeio duce freti, peropportunam & rebus domesticis & cupiditatibus suis illius belli victoriam fore putabant; epist. 1. lib. IV. epist. 6. lib. VI. & epist. 3. lib. VII. & epist. 6. lib. IX.

Servitutem) Ob contumaciam & arrogantiam Pompeianorum; iisdem tamen crudelitatem tribuit epist. 9. 14. lib. IV. & epist. 6. lib. IX. & ultima l. VIII. & ad Attic. epist. 6. lib. XI.

Fortes illi viri & sapientes) Cum ironia dictum; *Fortes*, qui me timidum vocarent; *Sapientes*, qui de belli eventu nihil timendum judicarent.

Domitii & Lentuli) L. Domitius Ahenobarbus, & L. Lentulus consul.

Timidum) Cum pacem quavis tuta conditione cupiebam; epist. ult. lib. V. epist. 4. & 6. hujus libri.

Cum omnium rerum mors sit extremum) Horatius epist. 16. lib. I.

—— *Mors ultima linea rerum est.*

Hoc significat, mala omnia morte terminari, epist. 4. *Cum id imprudentes, in quo non modo dolor nullus, verum finis etiam doloris futurus sit.*

Salutem) Ipsius reip. cujus antea dignitas, bello autem civili salus etiam concidit; significat illud tempus, cum recipiendas, quas tulit Caesar, conditiones censuit, ne reip. salus, quando jam dignitas amissa erat, in discrimen adduceretur.

Voluisse) Quod consequi non potuit, ob nonnullorum pugnandi cupiditatem; epist. 6. *Victa est auctoritas mea, non tam a Pompeio, quam ab iis, &c.*

Sententia & voluntate) Utramque conjungit & epist. 13.

Praeter universae reipub. interitum) Praeter communem totius civitatis, dixit in epistola proxima.

Praesto semper futurum) Tale illud epist. 5. *A me vero tibi omnia liberisque tuis paratissima esse, confidas velim.*

EPISTOLA XXII.

R*emovit*) Removit: sic epist. 2. lib. V. *Ut eum ab illa mente deterrerent.*

Ipse egens rebus omnibus) Eadem sententia epist. 13. lib. IV. & alibi.

Plus conatum esse) Plus conatus esset muneris suscipere reipubl. causa, quam praestare posset, si post pugnam Pharsalicam bellum cum aliis renovare voluisset; quod non fecit, desperata victoria.

Quam quantum praestare potuisses) Post Pharsalicum praelium ideo nihil muneris suscipere voluisti, quod optime intelligeres, id praestari a te non posse, amissa prorsus vincendi spe.

Quae decere) Licet non optima.

Sed cum mi consilii, &c.) argumentum

tum hujuſmodi eſt : Si manſiſſes in bello, ut manſere multi ; tamen hortarer te, ut æquo animo fortunam tuam ferres, eaque vivendi conditione, quæ daretur, utereris : cum vero ſtatim victo in Theſſalia Pompeio, belli finem tibi ſtatueris eum, quem ipſa fortuna terminum noſtrarum contentionum eſſe voluiſſet ; multo magis hortari te debeo, ne mœrori te totum dedas, ſed incolumitati tuæ conſulas.

Voluiſſet) Quaſi ſuam tota de re voluntatem Pharſalico bello fortuna declaraſſet.

Parenti) Matri, non patri ; infra.

Qui ex te pendeat) Quorum incolumitas in tua ſita eſt.

Iis hoc tempore utere) Id enim tradidere ſapientiſſimi viri, Culpa qui careat, ei magnopere dolendum non eſſe.

Eorum deſiderium) Quo Domitium angi, videtur Cicero audiiſſe.

Si non aqua) Non dolere enim non poſſumus : ſed dolorem premere & vincere fortitudine poſſumus.

Ego, quid poſſim, neſcio) Epiſt. 1. Qui ſim hoc tempore intelligo.

Quæ tibi utilia eſſe arbitrabor) Explicat diverſis verbis eamdem ſententiam, quam paullo ante, cum dixit : *Quæcumque ſalute dignitatique tuæ conducere arbitrabor*.

PAVL-

PAVLLI MANVTII COMMENTARIVS IN EPISTOLAM I. LIBRI VII.

M. *Mario*) Arpinati: quod illa indicant verba: *Cum Oscos ludos vel in senatu vestro spectare possis*. *Marium Gratidium* nonnulli vocant, ut sit Gratidius ille, qui legatus fuit Q. Ciceronis; quod falsum puto; non enim & Mariae gentis & Gratidiae idem potest esse; aut igitur non is est; aut, si est, *Marius Gratidianus* appellari debet: & epist. 1. lib. I. ad Q. Fr. *Gratidiano* legendum, non *Gratidio*.

Dolor aliquis corporis] Tum ex podagra, qua laborabat, ut epist. 4. tum ex alio morbo: erat enim Marius & valetudine, & natura imbecillior: ut epist. 9. lib. II. ad Fr. nam, si de podagra sola loqueretur, *dolor aliquis pedum*, non *corporis* dixisset.

Infirmitas valetudinis] Sine dolore; infra: *Tu modo istam imbecillitatem valetudinis tuae sustenta, & tuere*.

Fortunae magis tribuo, quam sapientiae meae] Cum fortuna ratio non miscetur: &, quod a fortuna est, id praeter rationem esse, dixit Aristoteles; nam ratio est earum rerum, quae vel semper, vel plerumque sunt: fortuna vero earum, quae nec semper, nec plerumque; distinguit etiam fortunam & casum idem Aristoteles: sed, haec quia non sunt huius loci, omittuntur. Gratulor quidem tibi, ait Cicero, sed ita, ut te non laudem; unde enim abest consilium, ibi laus locum non habet.

Animo valuisse) Quasi animo aegrotent, qui ludos mirentur.

Modo ut) Sic epist. 11. lib XVI. *Videtur, si insanierit, posse opprimi, modo ut urbe salva*. Et Terentius in Andr. *Modo ut possim*. Et in Phorm. *Scies: modo ut tacere possis*.

Constiterit fructus otii tui] In isto otio non fueris otiosus; quod solitum dicere majorem Africanum, scripsit Cato, Numquam se minus otiosum esse, quam cum otiosus, nec minus solum, quam cum solus.

Pene solus) Cum te reliquerint ii, qui ad ludorum spectacula in urbem se contulerant.

Ex illo cubiculo tuo) Subaudi, prospectans ad ea loca, quae tibi perforasti, & patefecisti.

Stabianum] Plinius lib. III. cap. 5. *Campano*, inquit, *agro Stabiae oppidum fuere usque ad Cn. Pompeium & L. Catonem Coss. pridie Kal. Maii: quo die L. Sulla legatus bello sociali id delevit: quod nunc in villas abiit*.

Perforasti] Prospectum in Stabianum agrum aperuisti.

Seianum] Alii libri, *Senium*, vel *Senum*: quidam, *Sienam*: unus, *Seminii*; plerique, *Seianum*: quod placet; sunt enim loca hodie in agro Etrusco, *Stabianum* & *Seianum*, hodie quoque nominata: quamquam Seiani pauca appareant vestigia, nomen remansit.

Communes) Qui spectari solent ab omnibus: quid igitur mirum, si nihil novum spectantibus somnus irreperet?

Semisomni] Vel quia nihil novum, ut dixi, spectarent: vel etiam, quia matutino tempore; nam verbum *interea*, ad matutina referri tempora satis constat, ut eos dicat matutina tempora spectandis communibus mi-

mis

mis consumsisse, quæ Marius multo & sapientius & jucundius legendo traducebat.

Tute ipse] Quinque libri veteres, *Tibi ipse*: quod nonnullis placuit, ut Ciceroni magis usitatum. Ego utrumque probo.

Scilicet] Cum stomacho dixit.

P. Mæcius] Qui poemata a mimis in scena recitanda prius judicabat: est enim hic, ut opinor, P. Mæcius Tarpa, de quo Horatius in epistola ad Pisones:

—— Si quid tamen olim
Scripseris, in Mæci descendat judicis aures,
Et patris, & nostras.

Mæci, pro *Mæcii*. Quo loco inquit Porphyrio: *Mæcius perdiligens carminum fuit æstimator*. Et Sat. 10. lib. I.

Quæ nec in æde sonent certantia, judice Tarpa.

Ludi apparatissimi] De his ludis in oratione in Pisonem his verbis: *Instant post hominum memoriam apparatissimi magnificentissimique ludi; quales non modo numquam fuerunt, sed ne quo modo quidem fieri posthac possint, possum ullo modo suspicari*. Quo loco Pedianus: *Cn. Pompeii ludos*, inquit, *significat, quibus theatrum a se factum dedicavit; quibus ludis elephantorum pugnam primus omnium dedit in Circo*.

Honoris causa in scenam redierant] Vt ludos Pompeii honorarent, mimi veteres in scenam redierant, qui antea, ne quid ætatis vitio peccarent, in scena agere desierant: in his Galeria Copiola Emboliaria significatur, de qua Plinius lib. VII. cap. 48. *Reducta est*, inquit, *in scenam, C. Poppæo, Q. Sulpicio Coss. ludis pro salute divi Augusti votivis, annum CIV. agens: quæ producta fuerat tirocinio a M. Pomponio ædili pl. C. Mario, Cn. Carbone Coss. ante annos XCI. & a Magno Pompeio, magni theatri dedicatione, anus pro miraculo reducta*.

Deliciæ tuæ] Qui tibi in deliciis & amoribus est. Titus, Vespasiani filius, *amor ac deliciæ generis humani*, dictus est. *Deliciæ* quoque vocabantur, ut ait Plutarchus in Antonio, festivi servi, quibus maxime domini delectarentur.

Æsopus] Tragœdus; quem ex arte mimica HS ducenties filio reliquisse, Macrobius lib. III. Sat. prodidit: hujus lancem ita notat Plinius lib. X. cap. 51. *Insignis est in hac memoria Clodii Æsopi, tragici histrionis, patina DC HS taxata: in qua posuit aves cantu aliquo, aut humano sermone vocales, nummis VI. singulas coemtas*. Alibi cum laude a Cicerone nominatur.

Ut ei desinere per omnes homines liceret] Nemini enim placuit.

Si sciens fallo] Verba jurisjurandi per Iovem lapidem. *Lapidem enim silicem*, ut ait Festus, *tenebant juraturi per Iovem, hæc verba dicentes: Si sciens fallo, tum me Diespiter, salva urbe, arceque, bonis ejiciat, ut ego hunc lapidem*. Huc spectat illud lib. II. Acad. *Quam rationem majorum etiam comprobat diligentia: qui primum jurare ex sui animi sententia quemque voluerunt; deinde ita teneri, si sciens falleret*. Et hic epist. 12. *Quo modo tibi placebit Iovem lapidem jurare, cum scias Iovem iratum esse nemini posse?* Et Livius lib. XXI. *Eaque ut rata scirent fore, agnum læva manu, dextra silicem retinens, si falleret, Iovem ceterosque precatus deos, ita se mactarent, quemadmodum ipse agnum mactasset, & secundum precationem, caput pecudis saxo elisit*. Et lib. XXII. *Stricto super capita consultantium gladio, Ex mei animi sententia*, inquit, *juro, ut ego remp. non deseram, neque alium civem Romanum deserere patiar: si sciens fallo, tum me, Iupiter Optime Maxime, domum, familiam, remque meam pessimo leto afficias*. Et Gellius lib. I. cap. 21. *Iovem lapidem, quod sanctissimum jusjurandum est habitum, paratus ego jurare sum, Virgilium hoc numquam scripsisse*. Quibus locis mendum cognoscitur in historia Polybii lib. III. non enim διὰ λίθου, legendum est, ut Perotus interpres credidit, qui vertit, *Per lapidem*, sed Δία λίθον, id est, *Iovem lapidem*. Græca verba subscribam; ut hoc etiam testimonio perantiquus in fœderibus percutiendis jurandi mos comprobetur. *Ὀμνύειν Δία λίθον, κατά τι παλαιὸν ἔθος, ἐπὶ δὲ τούτῳ τὸν Ἄρη, καὶ τὸν Ἐνυάλιον. ἔστι δὲ τὸ, Δία λίθον, τοιοῦτον. λαβὼν εἰς τὴν χεῖρα λίθον ὁ ποιούμενος τὰ ὅρκια περὶ τῶν συνθηκῶν, ἐπειδὰν ὀμόσῃ δη-*

μοσίᾳ

[illegible Greek passage] *Romani Jovem lapidem* (jurarunt) *ex veteri quodam ritu : deinde Martem*, & *Quirinum patrem*. *Mos autem jurandi Jovem lapidem est hic. Vaticinio, qui jurejurando fœdus firmat, postquam fide publica juravit, lapidem in manu sumit, atque hæc dicit :* Si sciens fefellero, tum me Dii adjuvent ; sin sciens fefellero, tum ego, salvis ceteris omnibus in suis patriis, suis legibus, suis penatibus, sacris, sepulcris, solus exterminer, ut hic nunc lapis. *Et simul lapidem manu ejicit.*

Reliquos ludos) Quos cum sæpe videris ; quales hi fuerint, potes conjicere ; quamquam hi quidem hilaritatis minus etiam, quam mediocres ludi, habuerunt.

Sexcenti) Numerus finitus pro infinito : ut Asinius epist. 31. lib. X. *Sexcentis locis continentur a Lepido tabellarii* : & Cicero sæpe.

Muli) Troica præda onusti ; nam in Clytemnestra, Accii Poetæ tragœdia, ut ex Nonio cognoscitur, reditus ostendebatur Agamemnonis in patriam ab excisa Troja.

In Equo Trojano) Tragœdia Livii Andronici : nominatur & ep. 16. lib. VII. *In Equo Trojano scis esse in extremo : Sero sapiunt.*

Craterarum tria millia) Ex eadem præda. *Cratera aurata*, hic, & in Verrem : *Crateras ex ære pulcherrimos ex omnibus ædibus sacris Syracusis abstulit.* At *Crater cratera* apud Poetas, vas fuit & potorium, & quo diis libabatur.

Armatura varia) Pro genere armorum posuit, ut ep. 1. ad Att. lib. VI. *Cohortes habeo quadringenarias, nostra armatura triginta*. Et Hirtius de Bello Alexandrino : *Adjungit Cn. Domitius legioni XXXVI. duas a Dejotaro, quas ille disciplina atque armatura nostra complures annos constitutas habebat.*

Operam dedisti Protogeni) Legentem Protogenem audisti. Sic in Bruto : *Isocratis studia multum operæ dabam Q. Scævolæ*. Et ibidem infra : *Molonis Rhodio Romæ operam dedimus.*

Haud paullo plure) In exprimendis rebus perspicue majoribus, hoc Cicero delectatur genere loquendi, ut ep. 20. ad Attic. lib. VI. *Alexander, imperator haud paullo melior, quam aut tu, aut ego*. Et in Oratore : *Haud paullo melior scriptor Plato*. Et epist. 12. ad Att. lib. II. *Civis haud paullo melior, quam ipse noster.*

Non enim) Non connexio ejusdem rei, quasi causa exponatur superioris sententiæ, sed transitus est ad aliam, ut post : *Nam quid ego te athletas putem desiderare?*

Græcos) De ludis Græcis epist. 5. ad Attic. lib. XVI. *Memoria nescio quid efflaverat, commissionem Græcorum, frequentiam non fuisse : quod quidem me minime fefellit ; scis enim, quid ego de Græcis ludis existimarem*. Sed ludos illos Bruti prætoris absentis nomine, hos a consule Pompeio video datos esse : quo licet intelligere, ordinarios non fuisse, verum arbitratu magistratuum, ut Oscos etiam, communis lætitiæ causa dari solitos.

Oscos ludos) Tria ludorum genera Pompeius dedit, Latinos, Græcos, Oscos, diversos scilicet linguæ, sermone, & amictu : itaque Ennium gloriari solitum ait Gellius, tria corda se habere, quia tres linguas calleret, Latinam, Græcam, Oscam. *Osci a regione Campaniæ, quæ est Opica, vocati sunt*, ut inquit Festus. Oscum ludicrum levissimæ apud vulgum delectationis appellat Tacitus lib. IV.

Cum Oscos ludos vel in senatu vestro spectare possis) Duæ sunt causæ, quibus neque Græcos, neque Oscos ludos Marius desiderare debuerit : prior in ipsis ludis, quod indigni sint, qui a viro gravi doctrinaque expolito spectentur : altera non in ipsis ludis est, sed petitur extrinsecus : quia Osca verba Marius vel in senatu Arpinati audire posset ; (non enim Oscos ludos fieri in Arpinati senatu Cicero dicit, sed jocatur in Arpinatum sermonem linguam, Osca mistam propter vicinitatem) a Græcis autem alieno animo esset usque eo, ut Græcam viam, cum ad villam suam iret, libenter vitaret.

Asinias) Quos in theatro cernesse, Dio-

Dionis testimonio jam probavimus. Athleticum autem certamen Olympiæ Hercules invenit. Græce πένταθλον, Latine *quinquertium* dicebatur, quia certationes corporum essent, ut in Polluce legitur, quinque rebus, cursu, lucta, pugilatu, saltu, disco; idem πένταθλος dictus est Democritus Abderita, quod exercuisset physica.

Ipse) Dator ludorum.

Consistitur) Quia pauci eo certamine delectati.

Operam & oleum) Laborem & sumtum; oleo enim ungebantur athletarum corpora: id primo dictum in una re, de athletis scilicet, qui labore & sumtu exercitati, non interdum parum probarentur; deinde ad omnia similia translatum est, in quibus & operæ & sumtus jacturam factam esse constaret. Plautus in Pœn. *Et oleum & operam perdidi*.

Venationes) In quibus leones quingentos interfectos esse, auctor Plutarchus, & Dio lib. XXXIX.

Binæ per dies quinque) Binæ, quia mane datæ, post meridiem instauratæ sunt.

Homini polito) Si veteribus libris habenda fides est: in omnibus, & quos olim vidi, & quibus nunc utor, ita legitur: si de sententia laboramus, causæ nihil video, cur non placeat, *Homini politico*; valet enim viro gravi, & in rep. versato. Medicamus liber, *Homini polito*, quod est, eleganti.

A valentissima bestia) A leone.

Venabulo) Telum venantium, lato ferro. Virg. lib. IV. Æneid.

Transverberatur) Transjicitur.

Elephantorum) Quos XX. ut Plinius ait, vel, ut Dio, XIIX. Pompeius in Circo dedit.

Admiratio) Tantarum belluarum aspectu.

Quin etiam) Contrarium subjungitur; nam delectatio cum lætitia est, misericordia cum dolore.

Misericordia quædam) *Quædam*, dixit, quia proprie miseremur nostri similium, non belluarum. Causam hujus misericordiæ Plinius exponit his verbis lib. VIII. cap. 7. *Amissa fugæ spe, misericordiam vulgi inenarrabili habitu quærentes supplicavere, quadam sese lamentatione complorantes, tanto populi dolore, ut oblitus imperatoris ac munificentiæ honori suo exquisitæ, flens universus consurgeret, dirasque Pompeio, quas ille mox luit, imprecaretur*. Eadem fere Dio. Plutarchus hanc rem breviter attigit.

Ludis scenicis) Ludos scenicos vocat, Clytemnestram, & Equum Trojanum, itemque Græcos & Oscos ludos. Hic quæro; si ludi sunt inter dies festos, quod Macrobius lib. I. Sat. scriptum reliquit; & festi dies, iidem sunt nefasti, quod idem tradidit; qui potuit Caninii causam Cicero ludis scenicis, id est, nefastis diebus agere? nam judicia fastis tantum diebus fiebant: nefasti autem fastis oppositi. Non deest, quod respondeam. Ludi non omnes, sed anniversarii tantum inter dies festos fuere, ludi autem Pompeii non anniversarii, sed extra ordinem dati, cum theatrum templumque Veneris Victricis dedicaret: itaque per eos dies judicia fieri licuit. Exoritur altera quæstio: si ludos Cicero spectavit, quo modo Caninium defendit? Potuit ante meridiem defendere, post meridiem spectare.

Ne forte videar tibi non modo beatus, sed liber omnino fuisse) Ne tu me putes ludorum diebus, non dicam beatum, sed omnino liberum fuisse.

Dirupi) Præ labore, & contentione.

Galli Caninii) Quem Athenis postea vidit in Ciliciam proficiscens: ep. 8. lib. II.

Tam facilem) Facilem populum non habeo, quia non licet mihi a causis discedere: cogor enim defendere, quos nolim.

Ambitio) Causis enim agendis multorum sibi amicitias comparavit; quorum ope summos honores consecutus est: ut in Commentario Q. Ciceronis de Petitione Consulatus.

Vita nulla est) Prorsus injucunda vita est: ut mihi vivere non videar.

Neque enim fructum ullum laboris exspecto) Sic olim restitui, cum in omnibus antiquis libris viderem, sicuti nunc etiam video, *Ex his peto*.

Homines non optime de me meritos) Gabinium significat, quem rogatu Pompeii defendit, cum ab eo consule opse oppugnatum & ejectum esset. In Oratione pro Postumo, defensum a se Gabinium, ait, non tam ut Pompeio gratificaretur, quam ut hunc fide redisse videretur in gratiam. Ad Vatinium quoque spectavit, quem, Caesare contendente, reum defendit: epist. 9. lib. I. *De Vatinio*, inquit, *primum reditus intercesserat in gratiam per Pompeium; post autem, Caesaris, ut illum defenderem, mira contentio est consecuta*. Et ipse Vatinius, cum Ciceroni odio fuisset, mox eo se patrono absolutum, fatetur in epist. 9. lib. V. Et Valerius lib. IV. cap. 2. *Cicero, Gabinium repetundarum reum, summo studio defendit, qui eum in consulatu suo urbe expulerat: idemque P. Vatinium, dignitati suae semper infestum, duobus publicis judiciis tutatus est*. Et Quintilianus lib. II. c. 1. *Dixit Cicero pro Gabinio, & P. Vatinio, inimicissimis antea sibi hominibus, & in quos orationes etiam scripserat*. Divus etiam Hieronymus contra Rufinum recitat locum ex oratione Ciceronis pro Gabinio.

Et laudo vehementer, & probo) Vide illud epist. 20. lib. V. *Quem omnes non solum probant, sed etiam laudant*.

Lepore tuo) *Lepor* in verbis proprie dicitur, ad alia tamen transfertur, quae delectationem afferant: ut, *Homo summo lepore ac venustate affluens*. Et, propter cultum nitidumque lasciviorem, *lepidi & delicati pueri* vocantur Orat. II. in Catil. Et, *Lepide sit illa angustia*, epist. 3. ad Attic. lib. II. quod refertur ad jucunditatem eorum, qui ex angustis fenestris prospicerent.

Molestissimus) Hujus molestiae praecipuam causam dixit, quod eos etiam, quos nollet, defendere cogeretur.

Quibus si me relaxaro) Epist. 15. ad Attic. lib. XVI. *Si te occupatione ista relaxaris*.

Exsolvam) Non omnino occupationibus expediri, sed impediri minus vult; plus enim, *Exsolvere*, quam *Relaxare*; contraria vero, *Relaxare*, & *Astringere*, ut epist. 6. ad Attic. lib. XVI. *Pater, quidquid ego astrinxi, relaxat*.

Quid sit humaniter vivere) Non refero *Humaniter* ad eam virtutem, qua qui praeditus est, facilem se omnibus praebet, comiter excipit benignum, complectitur, vultu, verbis, re, neminem laedit: sed accipio *Humaniter*, pro jucunde simul & honeste, cum iis voluptatibus & studiis, quibus animus quidem remittitur, numquam tamen a virtute disjungitur. *Humaniter* & *Humane* dixit Cicero: sed usitatius esse *Humane*, & cum quadam licentia dictum *Humaniter*, sicut a Terentio in Andria *Duriter* pro *dure*, ostendit Augustinus in libro de Grammatica.

Istam imbecillitatem valetudinis) *Istam infirmam valetudinem*, dixit ep. 2. lib. XIV.

Sustentes) Apte & proprie: nisi enim sustinetur, quod imbecillum est, facile concidit.

Villas obire) Pro *adire*: quamquam voluptatis & studii plus est in *obire*, quam *adire*: ut cum alibi dixit, *Obire coenas, obire colonias*. Interdum valet exsequi.

Haec ad te pluribus verbis scripsi, quam soleo, non otii abundantia, sed amoris erga te) Dixi jam, similitudine locorum indaganda, copiam ali, & ingenium excitari: quare, si quid in hoc genere pro nostro instituto, studii operaeque ponimus, non irrita, ut opinor, nostra industria, sed cum aliquo fortasse studiosorum fructu collocatur. In epistolarum clausula solet excusationem Cicero aliquam afferre, vel quia longior fuerit, vel quia liberior in scribendo: prioris generis exemplum est hoc, & illud epist. 4. lib. VI. *Sed haec satis multa, vel plura potius, quam necesse fuit; fecit autem non loquacitas mea, sed benevolentia longiores epistolas*. Et epist. 10. lib. III. *Sed haec hactenus: pluribus enim etiam fortasse verbis, quam necesse fuit, scripta sunt*. Cato etiam epist. 5. lib. XV. excusationem quaesivit, quasi longior fuisset: *Haec* (inquit) *idcirco ad te contra consuetudinem meam pluribus scripsi, ut, quod maxime volo, existimes me laborare, ut tibi persuadeam me & voluisse de tua dignitate, quod amplissimum sum arbitratus; & quod tu maluisti, factum esse gaudere*. In posteriore genere sunt illa, ep. 4. lib. II. *Haec, quidquid attigi, non feci inflammandi tui causa, sed testificandi amoris mei*. Et epist. 3. lib. X. *Haec amore magis*

gis impulsus scribendo ad te protuli, quam quo te arbitrarer monitis & praeceptis meis egere; sciebam enim ex iisdem te haec haurire fontibus, ex quibus ipse hauseram: quare modum faciam. Hoc tantum significandum putavi, ut potius amorem tibi ostenderem meum, quam ostentarem prudentiam.

EPISTOLA II.

HOmo acutus) Cum ironia; minime enim acutus, qui mandat ei, ut aliquid emat, cui expediat illud venire quamplurimo.

Sed eo vidisti multum) Ergo non multum viderat in emtione mandanda: quod correxit pretio definito. *Videre* autem oculorum est proprium: sed ea vis, quae in oculis est ad cognoscendum, apta similitudine ad mentem, animum, ingenium cum laude transfertur: unde *acies mentis, animi, ingenii* dicitur: & *videre* aut *cernere animo, ingenio, conjectura, &c.* Epist. 16. lib II. *Non enim cognovi aciem ingenii tui, quod ipse videam, te id ut non putem videre.* Et ep. 4. lib. VI. *In quo prima illa consolatio est, vidisse me plus, quam ceteros, cum cupiebam quamvis iniqua conditione pacem.* Et epist. 28. hujus libri: *Vidisse mihi multum videris.* Et ep. 2. lib IX. *Tu enim ipse, qui & me, & alios prudentia vincis, omnia, credo, vidisti, nihil omnino te fefellit.* Et in Oratore: *Poeta qui dixit optimam, in qua esset longe posterum, vidit parum.*

Quo ne pluris emerem) Mandaverat enim Ciceroni Marius, ut vel suam venderet, vel aliorum coheredum partem emeret.

Qui meus in te amor est) Pro meo in te amore: epist. 20. lib. V. *Quod si mihi expensa ista HS centum tulisses: tamen, qua tua est suavitas, quique in me amor, nollem a me hoc tempore aestimationem accipere.* Et epist. 13. hujus libri: *Marium, ut, quae tua gloria est, puto te malle a Caesare consuli, quam inaurari.* Et epist. 3. lib VIII. *Qui, quae mea negligentia est, multos saepe dies ad te, cum hic eras, non accedebam; nunc, quotidie non esse te, ad quem accurrerem, discrucior.* Et epist 78. lib XIII. *Cognitum, per te ipsum, quae tua natura est, dignum tua amicitia atque hospitio judicabis.*

Confecissem) Transegissem, negotium absolvissem.

Licitatorem potius ponam, quam illud minoris veneat) Sic veteres aliquot libri: alii, *Illicitatorem*: nonnulli, *In licitationem*: vel, *In licitatione*; plerique, *In licitationem*: ut sit: conferam illud potius in contentionem licitantium, quam minoris veneat: non patiar illud minoris venire, quam quanti ut emerem, permisisti: ita neque contra mandatum tuum agam; non enim pluris emam, quam tu vis, & consulam utilitati meae; quia, minoris ne veneat, in licitationem ponam. Tota jocatio est, praeter illud primum, *Mandatum tuum curabo diligenter*: quod infra quoque, remoto joco iterat. *Ponere* autem cum accusandi casu alibi quoque dixit Cicero, ut Phil. III. *Longo intervallo in possessionem libertatis pedem ponimus.* Et lib. V. de Fin. *Quacumque ingredimur, in aliquam historiam vestigium ponimus.* Et ep. 3. ad Att. lib. V. *Apud Lentulum ponam te in gratiam.*

De Bursa) Hic est T. Munatius Plancus Bursa, frater L. Planci Oratoris, ad quem sunt Ciceronis epistolae lib X. tribunus pleb. anno proximo acerbissimis concionibus in invidiam rapere Milonem Ciceronemque conatus erat: eoque incitante plebs curiam incenderat: quo crimine anno sequenti, statim post depositum magistratum, lege Pompeia de vi damnatus est: epist. 1. lib. VIII. & Plutarchus in Pompeio & Catone, Dio lib. XL. & Pedianus. Restitutus a Caesare post victum Pompeium: qua de re sic Phil. XIII. *Sequuntur alii tribunitii, T. Plancus in primis: qui si senatum dilexisset, numquam curiam incendisset: quo scelere damnatus, in eam urbem redit armis, a qua excesserat legibus.* De hoc etiam Dio, Pedian. & alii.

Gaudere) Tum, quia de vi damnatus esset; tum etiam, quia Cicerone ipso accusante, Dio lib XL.

Hominis sordes) Ad vitia refertur: quibus inquinati homines contemnuntur ut sordes. In Pisonem: *O lutum, o sordes.* Ad Attic. epist. 16. lib. IV. *Iudicium sordes.*

Mer-

Mors inimici) Clodio a Milone interfecto.

Quam calamitate) Non tanti mihi est inimicorum exitium, ut eos perditos velim cum amicorum calamitate, quod accidit in Clodio; eum enim occidit Milo, & eo crimine calamitatem subiit exsilii.

Bonorum) Iudicum, qui Bursam damnaverant.

Contentionem) Summum studium pro salute Bursæ; nam *contentio* plus est, quam *studium* epist. 1. lib. I. *Sic egit causam tuam, ut neque eloquentia majore quisquam, neque gravitate, nec studio, nec contentione agere potuerit*. Et Epistola 9. ejusdem libri: *Cæsaris, ut illum defenderem, mira contentio est consecuta*.

Clarissimi) Pompeium significat; quem & epist. 8. lib. I. *clarissimum* vocat. *A fratre* (inquit) *adducor conjunctissimo, & hominem clarissimum abalienarunt*.

Potentissimi) *Contra tantas opes ejus*, dixit infra.

Oderam multo pejus hunc) Epist. 1. ad Attic. lib. XIV. *Non dubito, quin me male oderit*. Et M. Brutus in epist. ad Ciceronem: *Pati contumelias, pejus odero omnibus malis*. Phil. II. *Neminem veterani pejus oderunt*. Terentius in Adel. *Illud rus nulla alia de causa tam male odi*. Horatius: *Odi cane pejus & angue*.

Hunc defenderem) Reum; ingratus igitur: *In quo vitio nihil mali non inest*; ut epist. 9. lib. VIII. ad Attic.

Discrimen esset itaitura) Periclitatura esset: cum in mea salute reip. salus ageretur.

Horum concilio) Improborum omnium; non enim præcipue Cæsarem, Pompeium, Crassum notari crediderim, de quibus in oratione pro Sextio; nam hoc tempore Cæsari & Pompeio non vulgari Cicero conjunctus erat amicitia.

Qui me stante, stare non poterant) Perditis enim illorum consiliis adversabar acerrime: epist. 6. lib. VI. *Cum me e rep. expulissent ii, qui illam cadere posse, stante me, non putarent*.

Simiolus) Plane contemnendus, non homo, sed simiolus: homini enim simia quibusdam rebus similis: ep. 10 lib. V. *simius non semissis homo, contra me arma sumit*. Et Horatius Sat. ult. lib. I.

— *Quos neque pulcher*
Hermogenes umquam legit, neque simius iste.

In quem invehebatur) Quem injuriis afficeret: in hoc verbo illud notandum, duo participia, *invehens* ab agente verbo, *invectus* a patiente deductum, tempore magis, quam significatione, differre. Phil. II. *Cæsar in senatu, aperte in te invehens, questus est*. De Nat. Deor. lib. I. *Maritimus Triton pingitur natantibus invehens belluis*. Ejusdem generis illud est in Bruto: *Cujus in adolescentiam, per medias laudes quasi quadrigis vehentem, transversa incurrit misera fortuna reip*.

Emissarium) Qui meorum invidorum arbitrio & voluntate in me emitteretur, similitudine lacuum, quibus, cum volumus, aqua emittitur: ep. 18. lib. XVI.

Contra tantas opes ejus) Contra contentionem potentissimi viri Pompeii: qui cum, imperii causa, ad urbem esset, Plancum per tabellas absens laudavit. Dio lib. XL. idem confirmat Plutarchus in Catone; quamquam in Pompeio non ab ipso absente, sed a præsente laudatum esse Plancum significat: ait enim. [illegible] *Ipse* (Pompeius) *cum laudari reos lege vetuisset, ad laudandum Plancum progressus est*.

A quo ipsi lecti judices erant) Pompeius duas tulit judiciarias leges, unam in secundo consulatu, ut e censu amplissimo e centuriis aliter, quam antea, lecti judices, æque tamen ex illis tribus ordinibus, de quibus L. Aurelius Cotta prætor legem tulerat, res judicarent, de qua Pedianus: alteram in tertio consulatu, quam Velleius nominat, ut essent certi, quos ipse legit; hos enim & Velleius lib. II. & Plutarchus in Pompeio nominant: vide Cælii epistolam lib. VIII quæ incipit: *Est de rep.* quo loco trecenti tantum judices appellantur. Lectionem autem illam consulis Pompeii fuisse, non Velleii modo, sed Ciceronis etiam testimonio cognoscitur: sunt enim hæc in oratione pro Milone, in extremo: *Vestram virtutem, ju-*

stitiam, fidem, mihi medius, is maxime probitas, qui in judicibus legendis optimum & sapientissimum quemque legit. Idem ostendit Pedianus in ejus orationis argumento.

Nisi tis dolori meus fuisset dolor] Susceptus ex multis Planci injuriis: qui me animi causa, in quem inveheretur, delegerat. Non dissimile illud Phil XIV. *Dolorem fronte non potuit doloris mei*; sic enim eum locum distinguo.

Nos his multitudine & celebritate judiciorum, & novis legibus ita distinemur, ut quotidie vota faciamus, ne intercaletur] *Celebritate*, ob magnitudinem rerum, quæ judicabantur. *Novis legibus*, quas proximo superiore anno Pompeius Magnus, tertium consul, tulerat: duas nominat Pedianus, unam de vi, qua Clodium ejectum esse in consilium diximus, alteram de ambitu, qua Hypsæum damnatum Plutarchus in Pompeii vita videtur indicare.

Vota faciamus] Vota facit is, qui se aliquid cum honore Dei facturum ita promittit, si, quod optat, ex animi sententia successerit.

Ne intercaletur] Ne dierum interpositione tempus protrahatur. Indicat hic locus, pontifices intercalare solitos arbitratu suo; nam si annus hic esset intercalaris ex instituto Numæ, frustra Cicero vota faceret, ne intercaletur; metuebat igitur, ne intercalaretur extra ordinem; quod idem timuit in administratione Ciliciæ epist. 13. 21. ad Attic, lib, V. Contra sequenti anno C. Curio tribunus pl. ut diem haberet longiorem ad ea perficienda, quæ pro Cæsaris causa cogitabat, intercalare cupiebat; quod quia non obtinuit, a senatu ad populum transfugit, & pro Cæsare loqui cœpit, ut ait Cælius ep. 9. lib, VIII.

Epistola III.

P*Ersæpe mihi cogitanti*] Narrationem ordiri interdum solet a quodi casu, ut lib. I. de Orat. *Cogitanti mihi, Q. frater, & memoria vetera repetenti, perbeati fuisse mihi videri solent, &c.* Et epist. ad Att. lib. II. *Kalendis Januarii mihi Antium, & gladiatores M. Metelli cupide relinquenti, venit obviam tuus puer.* Et ad eumdem epist. 14. ibidem: *Cenanti mihi, & jam dormitanti, pridie Kal. Maj. epistola est illa reddita.*

De communibus miseriis] Afflicta civili bello rep.

Tot annos] Initio sumto ab eo anno, quo Cæsar primum consul fuit; leges enim multæ contra majorum instituta, contraque libertatem publicam latæ sunt: quod postea res ipsa declaravit: itaque scripsit Cicero in quadam ad Axium epistola, quæ non exstat, sed a Suetonio nominatur in Julii vita, Cæsarem in consulatu confirmasse regnum, de quo ædilis cogitarat. Horatius anno ante, id est Metello Celere & Afranio coss. factum esse motum civilem ait, ode prima lib II. *Motum ex Metello consule civicum*: fortasse ob eam causam, quia Metello ipso consule in carcerem a Flavio tribuno pl. ducto, seditio commota est; epist 1. ad Att. lib. II. & Dio lib. XXXVII. Dixit igitur Cicero, *Tot annos*, ad originem belli civilis respiciens, non ad primum ejus belli annum, quo Lentulus & Marcellus consules fuere, quadriennio ante, quam hæc epistola scriberetur; nam de hoc tempore, *Tot annos*, opinor, non diceret.

Ut video] Spes enim fortunæ melioris nulla superesse videbatur, devicta jam duobus præliis Pompeianorum causa, Pharsalico primum, deinde Africano.

Soles in mentem venire illius temporis] Modo cum genetivo, modo cum nominandi casu dixit Cicero, *In mentem venire*: de Finibus lib. V. *Venit mihi Platonis in mentem*. Pro Amerino: *Venit mihi in mentem oris tui*. At ep. 17. lib. II. *Quæ mihi veniebant in mentem*.

Proximo] Anno primo civilis belli ut infra patet, ex mentione consulum Lentuli & Marcelli, quo modo igitur, *Proximo*? cum sit hic tertius belli civilis annus; nimirum, cum fuga fuisset cum Mario, *Proximo*, dixit de postremo inter eos habito sermone.

Prope fuisti] Villam & Marius habebat in Pompeiano; epist 4.

Sollicitum te habebat] Sollicitabat. Sic locutus ep. 16 lib. II.

Tum officii, tum etiam periculi mei] Hoc explanatur sequentibus verbis.

Si me-

Si mansissem in Italia) Profecto in Græciam Pompeio.

Officio) Erga remp. & Pompeium de me bene meritum.

Ut non explicarem, quid esset optimum factu) Utilitas enim cum honestate pugnabat: epist. 2. lib. IV. *Et, quid rectissimum sit, quærimus; perspicuum est: si, quid maxime expediat; obscurum.* Et epist. 19. lib. V. *Est res profecto maxima; quid rectum sit, apparet: quid expediat, obscurum est.*

Pudori tamen malui famæque cedere) Epist. 6. lib. VI. *Vel officio, vel fama bonorum, vel pudore victus, ut Amphiaraus in fabulis, sic ego prudens & sciens ad pestem ante oculos positam sum profectus.*

Neque magnas copias) Non magnas, cum Cicero in Græciam venit; magnas autem postea, conjuncto Scipionis exercitu, & multorum auxiliis. Cæsar ipse lib. III. Bel. Civ. in exercitu Pompeii ait fuisse millia XLV. præterea evocatorum circiter duo millia, & cohortes sex. Plutarchus in Cæsare, peditum XLV. millia in Pompeii numerat exercitu, equitum septem millia: vide illa verba epist. 7. lib. IV. *Neque copias Cn. Pompeii, nec genus exercitus probare.*

Neque bellicosas) Tirones & collecticio exercitu; quod infra dicitur, & epist. 7. lib. IV. ep. 24. lib. X.

Ducem) Pompeium, belli ducem.

Reliquos) Maxime P. Scipio, Pompeii socer, Syriæ proconsul: de cujus infinita rapacitate, vide quæ scripsit Cæsar lib. III. Bell. Civ.

Crudelitas) Ep. 14. lib. IV. & ep. 6. lib. IX. & ep. 19. lib. XV. & ep. 6. lib. XI. ad Attic.

Æs alienum) Hoc significatur ep. 6. lib. VI. in eo loco: *Qui, duce Pompeio freti, perspopertinam & rem domesticam & impudentissimas suis illius belli victoriam fore putabant.*

Amplissimorum virorum) Præsertim L. Lentuli consulis, P. Scipionis, Pompeii soceri, Fausti Libonis; de Lentulo Cæsar lib. I. Bel. Civ. *Lentulus æris alieni magnitudine, & spe exercitus, ac provinciarum, & regum appellandorum largitionibus movetur.* De tribus reliquis, epist. 9. lib. IX. ad Att.

Præter causam) Ille enim in castris Pompeii resp. & libertas defendi videbatur.

Semper) Etiam ante quam iretur ad arma, epist. 1. lib. IV. & epist. 11. lib. XVI.

Valde abhorrerent) Vel superbia quadam, qui parem sibi Cæsarem ferre non possent; vel quia certam de victoria spem susceperat, confisus exercitum se habiturum multis partibus majorem exercitu Cæsaris.

Quondam pugna) Ad Dyrrachium facta: ex qua Pompeius imperator est appellatus. Cæsar lib. III. Bell. Civ.

Nullus imperatoris fuit) Nihil egit egregio imperatore dignum.

Tironum & collecticio exercitu) Collectitio exercitu belli civilis initio. Tusc. II. *Tantum interest inter novum & veterem exercitum, quantum experti sumus.*

Robustissimis) Quorum nonnulli per novem annos in Gallia pugnaverant.

Victus) In Pharsalia.

Turpissume) Utpote qui & amissis castris, & solus fugerit.

Nec potui) Eadem in sententia fuit, M. Marcellus, ad quem Cicero epist. 7. lib. IV. ita scripsit: *Tuum consilium nemo potest non maxime laudare, quod cum spe vincendi simul abjecisti certandi etiam cupiditatem.*

Integri) Nondum adversa pugna fracti: translatio; firmiora enim sunt integra, quam fracta.

Iubam) Mauritaniæ regem, ad quem Scipio, Pompeii socer, post Pharsalicum prælium confugit, epist. 6. lib. IX. *Quasi antiqui fuerit, non etiam ad bestiarum auxilium confugere, quam vel mori, vel cum spe si non optima, at aliqua tamen vivere.* Hic est ille Iuba, de quo Cæsar triumphavit, ejusque filium, qui postea inter scriptores doctissimos, ut ait Plutarchus, connumeratus est, & ad Caium Augusti filium, teste Plinio, de Arabiæ rebus libros conscripsit, in triumphum duxit, admodum infantem.

Aut capiendus tamquam exsilio locus) Quod M. Marcellus & alii fecere. *tamquam exsilio*, non proprie exsilio: nam exsules damnati legibus patria carent: qui vero patria caret, sed non legibus damnatus, is non exsul, sit, sed tamquam exsul est: in epistola tamen ad Marcellum 8. lib. IV. dixit, *hunc aptissimum esse etiam ad consolandum locum*: quasi exsilium sit, adspectu patriæ frui non posse: & hic, paullo post, simpliciter exsilium appellavit: *Ex omnibus* (ait) *iis, quæ dixi, incommodis, nihil tolerabilius exsilio*.

Aut consciscenda mors voluntaria) Quod M. Cato, audita Cæsaris Africana victoria, Uticæ fecit: unde illi cognomen Uticensi. Consciscere mortem, e sex incommodis ultimum posuit, serviens videlicet causæ suæ, qui discesserit ab eo bello, in quo nihil prosperum exspectari posset, adversa omnia imminerent: alibi tamen præclaram vocat Catonis mortem, quam sibi ille consciverat voluntariam, ep. 18. lib. IX.

Nolles aut non auderes) *Nolles*, quia turpe: *non auderes*, metu potestatis.

Committere) Quod Cicero fecit, statim a pugna Pharsalica in Italiam reversus.

Præsertim innocenti) Hac de re præclare disputat in Paradoxo adversus Clodium, a quo exsul appellatus erat.

Cum meis) Propinquis & amicis.

Si quidquam) Correctio: quasi omnia plane sint in unius potestate.

Etiam in meis esse malui) *Etiam*, vim quamdam indignationis & doloris habet: quasi dixerit: omnia sunt in unius potestate, nihil cujusquam præterea: hoc tamen cum scirem, in meis esse malui. Particula *In*, sejungere videtur ab illo possessionem, quam tribuebat particula *Cum*; nam, *Cum meis*, rei possessæ significationem habet: *In meis*, fructum potius, quam possessionem, demonstrat. Venustas non abest: Cum meis non ero, quia nihil cujusquam est: at in meis ero; quod in malis aliquod solatium afferre.

Si nulla, tamquam in exsilio) Epist. 8. lib. IV. *Si sit aliqua resp., in ea te esse oportere; sin autem nulla, hunc tamen aptissimum esse etiam ad consolandum locum*.

Multæ causæ) Amissio libertatis, dignitatis, honestatis, amicorum, omnium denique rerum, quæ, resp. stante, jucundissimæ fuerant.

Vetus est enim) A veteribus dicta sententia: epist. 3 lib VII. *Ita vivere, ut non sit vivendum, miserrimum est*.

Sustentor) Literæ sustentant, aberrante animo a dolore, & memoria calamitatum: rerum gestarum gloria solatium affert in miseria, cum recordamur, non omnia tamen erepta nobis esse, manere gloriam, mansuramque post obitum etiam, ab omni tutam injuria.

Mihi vivo numquam) Morbo tantum, perturbata memoria, vivis eripi scientia potest: manente memoria, non potest.

Tum reip.) Cujus consulebam saluti, cum pacem suadebam.

Quempiam) Aut Cæsarem, aut quemvis alium. Epist. ultima lib. V. *Ego sum, qui nullius vim plus valere volui, quam honestum otium*.

Alicujus culpa) Pompeius notatur: cujus affinitate Cæsar, quæ voluit, pro sua potentia consecutus est: quod sæpe queritur Cicero in epistolis ad Atticum, & hic epist. 1. & 5. lib. VI. & Cælius epist. 14. lib. VIII. & omnes historici.

Vero) Quis hoc de Cæsare dici non videt?

Ut obsisti non posset) Quis enim obsisteret habenti robustissimas legiones, nec petenti, nisi quod jam ei, latis legibus, populus concesserat? ut etiam honestæ causæ speciem quamdam ostenderet.

Me voluisse etiam vel. non. &c.) Ita hunc locum distinximus, qui antea male distinctus erat.

Reliquiis omnibus) Facere finem belli; pacem enim, victo Pompeio, suasi: quæ non probata, usus ipse meo consilio sum. Epist. 6. lib. IX. *Eram nobis privati, quasi quidquam de nostra salute decrevissemus, quod non idem illis censuissemus*.

Rhodum aut Mitylenas) Quo se, tamquam ad liberas civitates nonnulli ex Pharsalico prælio, qui se victori nollent, aut non auderent committere, contulerunt, epist. 7. lib IV.

Sed, quia longius fiebat) Epist. 8. lib. IX. *Sed, cum in tardius fieret*.

Vitam

Vituperatorem meum) Crimini dabant, quod a bello diſceſſiſſet. Eodem modo *Amatorem tuum*, dixit epiſt. 5. libro IX.

Cum meo interitu nihil fuerit reip. profuturus) Hoc interponit, ut ſuſpicionem timoris avertat; ne videatur ob vivendi cupiditatem boni civis officio defuiſſe. Mortem, inquit, non timui: ſed cum ea nihil eſſet reip. profutura, mori cur maluiſſem, quam vivere?

Si me audiſſent) Pacem ſuadentem, ſupra, & epiſt. 1. lib. IV. & 21. lib. VI.

Quamvis iniqua pace) Epiſt. 6. lib. VI. *Cum vel iniquiſſimam pacem juſtiſſimo bello anteferrem.*

Honeſte tamen viveremus) Hoc dicit, ne quis objiciat, eum turpiter vivere, non enim ſatis fuit, oſtendere, nihil reip. mortem ſuam fuiſſe profuturam; ſed vitam quoque ipſam nulla cum turpitudine conjunctam demonſtrat.

Nam cauſa) Honeſte igitur vivit, quicumque bene ſentit; nec honeſtatem vel afferunt arma, vel eripiunt.

EPISTOLA IV.

CUm Libone) Scriboniæ gentis, plebeja.

Tuo, vel noſtro potius) Similis loquendi modus epiſt. 2. lib. IX. *Caninius, idem tuus, & idem noſter.*

In Pompeianum) Villam ſuam, prope oppidum Pompeios.

Fratrem te ante veniturum) Erat enim & Marius in Pompeiano ſuo.

Hic) In vicinis prædiis, uterque enim villas habebat in Pompeiano, epiſt. 9. lib. II. ad Q. Fr. *Illorum prædiorum ſcito mihi vicinum Marium lumen eſſe.*

Vides) Ideo vides, quia Pompeianum prope Cumanum eſt, epiſt. 13. lib. II. ad Att.

Quam poſt) Diſſentio ab iis, qui, *multo poſt*, ſignificari putant; nam ſe brevi cum eo futurum, in extrema epiſtola Cicero demonſtrat.

Si quod conſtitutum) Libri aliquot veteres habent, *Si quid*; alii tamen, *Si quod*, quos ſequor; nam *conſtitutum*, tranſiit in naturam nominis: ut epiſt. 6. lib. XII. ad Att. *Quinto Cal. igitur ad conſtitutum.* Et pro Cæcina: *Qui ad conſtitutum experiundi juris gratia veniſſent.* Et pro Cælio: *Cum ſit iis confitendum, numquam ſe ne congreſſu quidem, & conſtituto cœpiſſe de tantis injuriis experiri.* Apparet, verbum juris eſſe. Si tu, inquit, curare podagram his diebus conſtituiſti; differ in alium diem, ut interea ſimul cœnare aliquanto hilarius poſſimus.

EPISTOLA V.

VIde, quam mihi perſuaſerim, &c.) Facilius impetratur, impetrandi ſpe propoſita; parit enim benevolentiam humanitatis commemoratio, quo hic artificio utitur Cicero.

Quocumque exirem) Legatione non frumentaria, ut nonnulli putarunt, ſed Hiſpanienſi, cum Pompeio proconſule: cui lege Trebonia, ut omnes hiſtoriæ narrant, utriuſque Hiſpaniæ adminiſtratio in quinquennium demandata erat.

Commoratio) Ad urbem; numquam enim Pompeius ivit in provinciam: quæ belli civilis origo fuit, epiſt. 6. lib. VI. *Eundum in Hiſpaniam cenſui; quod ſi feciſſet, civile bellum nullum omnino fuiſſet.* Hic autem de curatione frumentaria quî poteſt intelligi, cum ea jam ante biennium demandata Pompeio eſſet? nec ea res tam diuturnam Pompeii commorationem ferret: quin etiam frumenti comparandi cauſa, ivit Pompeius in Sardiniam & Africam, Marcellino & Philippo coss. ut epiſt. 9. lib. I. demonſtrat, at hæc ad Cæſarem, ſcripta biennio poſt, nondum ab urbe Pompeium diſceſſiſſe oſtendit. Præterea epiſt. 17. eamdem manifeſte rem attingens, ait: *Quod exiſtimes ſim me in provinciam exiturum.* Ire in provinciam non opinor diceret, ſi ad frumentariam curationem iturus eſſet.

Dubitatio) Verebatur, ne Clodius abſenti negotium faceſſeret. Eadem legatio ſignificatur epiſt. ult. lib. V. ad Attic. & epiſt. 1. lib. III. ad Q. Fr.

Exſpectare a te quo ſperaſſem a me) Plus eſt *exſpectare*, quam *ſperare*; nam in ſpe dubitatio videtur ineſſe aliqua, in exſpectatione nulla, parem igitur ſibi, quod ad juvandi Trebatii voluntatem attinet, Cicero Cæsarem facit: sic enim exorsus est epistolam; *Vide, quam mihi persuaserim, te me esse alterum*: superiorem autem in opibus agnoscit, quia longe majorem, cum utramque Galliam proconsul administraret, ornandi augendique Trebatii facultatem haberet.

Praclare] Liberaliter, epist. 8. lib. III. *praclaram hereditatem Appii* [illegible] vocat.

Mirificum] *Mirificus*, *mirus*, *mirandus*, *admirandus*, *mirabilis*, *admirabilis*, synonyma sunt.

Quasi] Quia, quod hominum est, ad eum transtulit, ideo, *Quasi*, dixit.

Testis opinionis mea] Cujus testimonio comprobaretur id, quod ego de te existimatam.

Sponsor humanitatis tua] Cui, tamquam sponsori, de tua credendum humanitate videretur.

Cum Balbo nostro] Hic est L. Cornelius Balbus, Gaditanus, Cæsaris & Ciceronis amicissimus, pro quo exstat oratio, pervenit Cæsaris beneficio ad maximas divitias, & consulatum postremo est adeptus. Plinius lib. VII. cap. 43.

M. Iteium] Antiquos libros inspexi multos, alii habent, *M. Iteium*: alii, *M. Iftium*: alii, *Mirtium*: alii, *Idfium*: quidam, *m. v. Fivium*, nonnulli, *M. Itfeium*: vel, *M. Itfium*: vel, *M. Infium*: vel, *M. Infeium*: vel, *M. Lifium*: vel, *M. Rufum*: alii aliter: nullus, *Orfium*: quod tamen nonnullis placuit, opinantibus eum esse, de quo in epist. 13. lib. II. ad Q. Fr. fit mentio, quæ de re scripsi olim tempora non congruere, nam hunc, qui nominatur in hac epistola, ivisse ad Cæsarem, constat, ante Trebatium, illum autem post; cum in ea sit epistola in extremo, *Trebatium ut valde amem, vehementer te rogo*. Hic a conjectura subsidium quærunt; & ajunt posse fieri, ut Orfius in Galliam antea sit profectus; deinde, sui negotii causa, vel ab ipso Cæsare missus Romam venerit; inde cum litteris Ciceronis ad Q. Fratrem in Galliam redierit: hæc facile possunt excogitari: sed nihil cogimur credere, nisi quod ratio persuadeat; nam illa verba quæ sunt in ea ad Q. Fratrem epistola, *Est tribunus mil. in exercitu vestro*, mihi quidem argumentum afferre non videntur, cur ille Orfius antea fuerit in exercitu Cæsaris: fortasse etiam contrarium significant; nam si fuerat antea tribunus mil. in exercitu Cæsaris, cur, quasi de homine ignoto, scriberet ad fratrem Cicero, *Est tribunus mil. in exercitu vestro*? quis putet a legato legionis Quinto ignoratum esse tribunum mil. cujuscumque legionis? Dicit igitur Cicero, ut opinor, hoc: venit ad Cæsarem tribunus mil. creatus. Non enim soli imperatores tribunos mil. creabant, ut iidem credunt; sed ea potestas populi quoque fuit. *Tribunorum militarium*, inquit Asconius, *duo genera; primum eorum, qui Rufuli dicuntur: hi in exercitu creari solent, alii sunt Comitiati; qui Roma comitiis designantur*. Idem legitur apud Festum, idem & a Livio lib. IX. significatur. Erat igitur Orfius e comitiatis, quo refellitur illud argumentum, non potuisse Ciceronem divinare tribunum mil. Orfium a Cæsare creatum iri: itaque antea creatum esse, & in exercitu fuisse.

Vel regem Galliæ faciam] Hoc non faciam; ergo id, quod cupis. Modus loquendi, cum vel hoc, vel illud promittentes, alterutrum nos facturos esse, credi volumus; excluditur enim difficilius.

Lepta delega] Video scriptum esse, *Diligam*, in quatuor antiquis libris, in aliis omnibus, *Delega*: utroque modo locus, ut arbitror, mendo non vacat: nec ipse mihi in conjectura satisfacio.

Sustulimus manus] Ob admirationem; manus enim tollere consuevimus, aliquid admirantes, in Acad. *Hortensius vehementer admirans, quod quidem perpetuo Lucullo loquente fecerat, ut etiam manus sæpe tolleret*. Catullus; *Admirans ait hæc, manusque tollens: Dii magni, salaputium disertum*.

Nescio quid] Sic malo, quam *Nescio quod*: idque videtur usus postulare Latinæ linguæ: utrumque habent veteres libri.

Non fortuitum, sed divinum] Fortuitis divina præstant, nam, quæ a fortuna sunt, ratione carent. Deum vero summa ratio est. Non igitur ca-

su,

se, inquit, accidisse videbatur, ut eo tempore litteræ mihi abs te darentur, cum de hoc ipso Trebatio cum Balbo nostro loquerer; sed ita, Deo volente, factum, ut opinio mea de tua erga me voluntate confirmaretur.

Invitatu tuo) *Invitatus*, *invitatio*; *permissus*, *permissio*; *concessus*, *concessio*; *consensus*, *consensio*; *discessus*, *discessio*: aliaque similiter dicuntur.

Per me) Non propter me, (non enim se ponit ut causam, quo spectetur) sed, mea opera & commendatione; ut sit ipse causa efficiens. Sic epistola 8. lib. XIII. *Magno me afficeris non modo lætitia, sed etiam gloria, si P. Sextius hominis maximi necessario per me satisfecerit*.

In meos) Non modo propinqui, sed amici etiam significantur, epist. 10. lib. XVI. de Curione non propinquo dixit: *Curio meus illum incitabat*; & epist. 3. de solis propinquis non scripsit illud: *Ego eum meis (si quidquam nunc cujusquam est) etiam in meis esse volui*.

Spondeo) Ita promitto, ut me sponsorem constituam, & in me ipsum recipiam, si secus acciderit: epist. 6. lib. I. ad Att. *Tulliola tuum munusculum flagitat, & me, ut sponsorem, appellat: mihi autem abjurare certius est, quam dependere*. Sponsor, præs, vas, in quo differant, ostendit Varro lib. V. de ling. Lat.

Vetere verbo meo) Quo antea usus eram in Milone commendando. Cum infra videam subjungi, *Sed more Romano*; &, *more Romano commendare*, sit exquisite laudare, & præstanti quodam uti genere commendationis: quod hic locus demonstrat; & ille in epist. 18. *Ego te Balbo more Romano commendabo*: facile possum conjicere, frigidum fuisse verbum illud Ciceronis, quod scriptum de Milone Cæsar luerat: itaque sequitur minime frigida laudatio: *Probiorem hominem, meliorem virum, pudentiorem esse neminem*.

De Milone) Hoc anno P. Clodium nondum occiderat Milo: qua porro in causa eum Cæsari Cicero commendaverit, suspicari difficile est. In magistratuum petitione, non puto, nam præturam non petiit Milo; sed, ea omissa, consulatum petiit Calvino & Messalla coss. cum ædilitatem gessisset biennio post tribunatum, id est, Pompeio & Crasso iterum coss. Fortasse igitur Milonem in aliqua contentione, quæ illi cum Clodio esset, tum Cicero commendavit. Nam Cæsar, licet absens, gratia & opibus in urbe plurimum valebat.

More Romano) Gravissime. Epist. 17. *Sic te ei tradidi, ut gravissime diligentissimeque potui*. Epist. 18. *Ego te Balbo more Romano commendabo*.

Quo modo homines non inepti loquuntur) Ineptorum igitur hominum est, frigide laudare: siquidem non inepti exquisite laudant.

Probiorem hominem, meliorem virum) Conjuncta notentur: *probus homo*, *bonus vir*, potius, quam, *bonus homo*, *probus vir*.

Pudentiorem) Epist. 7. *Multum in eo te frater adjuvabit meus, multum Balbus; sed, mihi crede, tuus pudor, & labor plurimum*.

Quod familiam ducit) Hoc non ad ipsum Trebatium refero, ut dicatur, suos habere sectatores, verum ad ejus excellentem in jure civili memoriam atque scientiam; cum enim laudare Trebatium Cicero cœpisset, adjunxit ea, quæ in ejus laudibus ita prima sunt, ut quasi familiam ducere & excellere videantur: laudatur enim, & necessaria in primis est in jurisconsulto memoria; sine qua scientia non consistit: nec tamen memoria sola laudem habet, sed ita, si cum intelligentia conjungatur: ex utraque enim fit scientia; itaque post memoriam adjunxit Cicero scientiam, ut optimum jurisconsultum describeret. Quod ad loquendi genus attinet, confirmatur exemplo lib. IV. de Fin. *Primum* (inquit) *illud vide, gravissimam illam vestram sententiam, quæ familiam ducit; honestum quod sit, id esse solum bonum; honesteque vivere, bonorum finem, communem fore vobis cum omnibus, qui in una virtute constituunt bonorum finem*. Et Phil. V. *Lucius frater ejus, utpote qui peregre depugnavit, familiam ducit*. Translatio ab iis, qui ceteros ducunt, quia potestate, aut honore, scientiave antecellunt.

In jure civili singularis memoria) Necessariam esse jurisconsultis memoriam, etiam, & eorum maxime propriam, ostendit lib. I. de Orat. cum ait: *In oratore autem acumen dialecticorum, sententiae Philosophorum, verba prope Poetarum, memoria jurisconsultorum, vox tragoedorum, gestus paene summorum actorum est requirendus.*

Tribunatum) Militum, qui, post consules & legatos, honor in castris erat maximus, & post eum praefectura equitum, de qua sequitur mentio: vide quae de tribunis mil. diximus epist. 10. lib V.

Certum nomen) Modestiam servat, quia nihil petit nominatim: & plus tamen petit, quam si nominatim peteret: quia nihil est, quod a Caesaris benevolentia & liberalitate exspectari non possit.

Peto) Repetit hoc verbum elegantiae caussa, similiter ut epist. 15. ad Att. lib. V. *Denique haec non desidero: lucem, forum, urbem, domum, vos desidero.*

Ulteriole) Quasi non omnino verae ac solidae gloriae sint insignia vel tribunatus, vel praefectura, sed aliquam tamen gloriae imaginem habeant.

De manu, ut ajunt, in manum tuam istam) Curam suam & cupiditatem ornandi Trebatii significat, quia, non contentus eo, quod dixerat, *Mitto ad te Trebatium*, subiungit, *Totum hominem tibi trado*: plus est enim tradere, quam mittere, idque etiam atque etiam magis exprimitur hoc addito, *De manu, ut ajunt, in manum tuam*; quod vero intulit, *Istam*, ex laude Caesaris benevolentiam quaerit; quod ipsum Trebatii caussa facit. Ingeniose autem, quia dixerat, *In manum tuam*, de victoria & fide subiunxit; manus enim & victoriam parit, & fidem promittit, quod utrumque ostenditur in oratione pro Deiotaro: *Per dexteram te istam oro, quam regi Deiotaro hospes hospiti porrexisti, istam, inquam, dexteram, non tam in bellis & in proeliis, quam in promissis & fide firmiorem.* Terentius de fide, in Andr. *Quod ego te per hanc dexteram oro, & ingenium tuum.* Nec ab re fides hic in Caesare laudatur: sed exigitur quodam modo, ut quem ad se mitti voluerit, eum pro sua fide tractet; scripserat enim: *Si vis tu, ad me alium mitte, quem ornem.*

Simus enim putidiusculi) Excusat se, quod in Trebatio commendando plura verba consumserit, quam Caesaris humanitas patiatur. *Putidum* appellat Cicero, in quo nimia diligentia reprehendi possit, ut de Orat. lib. III. *Nolo exprimi litteras putidius, nolo obscurari negligentius.* Et de Offic. lib. I. *Litteras neque exprimere, neque oppressisse, ne aut obscurum esset, aut nimis putidum.* Vidi scriptum in quibusdam antiquis libris, *Blandiusculi*: sed in plerisque, *Putidiusculi*: quod magis probo; & fortasse, *Blandiusculi*, glossema fuit.

Quam per te vix licet) Non vis me tam diligentem esse in eo commendando, quem & scis diligi a me non mediocriter, & vides mitti ad te invitatu etiam tuo; dixit autem, *Vix licet*: quod quasi medium est inter *licet*, &, *non licet*; ita excusat suam diligentiam, & eam tamen parum necessariam ostendit.

Verum, ut video, licebit) Accipies in bonam partem officium meum: non tibi molestiam afferet haec nostra, quamvis nimia, in Trebatio commendando diligentia.

P. VECTONIVS.

Quod familiam ducit) Hunc locum antea mendosissimum castigavimus, elegantissimum modum loquendi, pluribus Ciceronis exemplis adductis, explanavimus. Arcutant tamen nonnulli, quod existimarim Ciceronem dixisse, Trebatium ipsum ducere familiam: intelligique volunt (quod non reprehendo) inter alias Trebatii laudes hoc bonum, quod legum scientiam habeat, & in iure civili singulari memoria sit, praestare omnibus aliis ipsius bonis. Scio Ciceronem μεταφορικῶς alii- in loco hoc modo dicendi usum esse; ut in IV de Finib. (qui locus a me olim adductus est) cum inquit: *Sed primum illud vide, gravissimam illam vestram sententiam, quae familiam ducit, &c.*

EPISTOLA VI.

Legitima) Usitata, ut quæ lege sunt.

Cum aliquo insigni indicio meæ erga te benevolentiæ) Id, *More Romano commendare*, dicitur epist. 5. & 18.

Urbanitatis) Hic urbanitas non est virtus, sed pro rebus urbanis accipitur, quarum desiderio Trebatius laborare se significaverat; epist. 17. *Mihi interdum lenis in urbis urbanitatisque desiderio videbare*.

Quo consilio profectus es) Profectus erat eo consilio, ut benevolentiam Cæsaris assiduitate & virtute adipisceretur.

Medeæ) Hunc locum vir excellentis ingenii Angelus Politianus primus illustravit: nam illud, *Quæ Corinthum, arcem altam, habebant*; & *Matronæ opulentæ optimates*; & quæ sequuntur, recte vidit ex Ennio Poeta, verborum ordine omnino nihil immutato, esse sumta. Græcos etiam versus Euripidis, ab Ennio conversos, addidit: quos hic subscribere visum est:

Κορίνθιαι γυναῖκες, ἐξῆλθον δόμων,
Μή μοί τι μέμψησθ'. οἶδα γὰρ πολλοὺς βροτῶν
Σεμνοὺς γεγῶτας, τοὺς μὲν ὀμμάτων ἄπο,
Τοὺς δ' ἐν θυραίοις· οἱ δ' ἀφ' ἡσύχου ποδὸς
Δύσκλειαν ἐκτήσαντο, καὶ ῥᾳθυμίαν.

Corinthiæ mulieres, e domo egressa sum,
Ne me incusetis; multos enim vidi viros
Claros illustresque factos, partim peregre profectos,
Partim procul a patria alibi degentes; qui vero taciti domi manent,
Dedecoris ac pigritiæ notam sibi quæsisse.

Corinthum, arcem altam) Urbs ipsa, Achaiæ caput, quam cepit evertitque L. Mummius, Corinthus dicta, arx vero Acrocorinthus, quod editiore loco exstructa immineret urbi; hic tamen eodem, quo urbs, nomine appellatur; quia scilicet pars urbis est arx, & potest, quod in toto, idem in parte nomen usurpari. Medeam cum viro suo Iasone Corinthum exsulem devenisse demonstrat hic locus; & ex ipsa, quæ exstat Euripidis tragœdia cognoscitur; habitasse ibi diutius, Pindari significat interpres; nam, ἐν τῇ ᾠδῇ ιγ' τῶν Ὀλυμπ. ubi Xenophon Corinthius laudatur, ad illa verba, καὶ τὰν πατρὶ ἀντία Μήδειαν θεμέναν γάμον αὐτᾷ; interpres hæc affert: *Μηδείας μέμνηται, ὅτι ἐν Κορίνθῳ κατῴκει, καὶ ἔπαυσε Κορινθίους λιμῷ κατεχομένους, θύσασα Δήμητρι, καὶ νύμφαις Λημνίαις. Medeam meminit, eo quod apud Corinthum habitavit, Corinthiosque fame vexatos liberavit, cum Cereri, & Lemniis nymphis sacrificasset*. Alia quoque, ut Pindari verba explanet, adducit idem interpres, ut solet obscuris in locis esse varius: verum ea referri ad eamdem Medeam, de qua hic sermo est, mihi non videntur; nam Euripides, & eum secutus Ennius, venisse Corinthum Medeam exsulem, ostendunt: interpres autem ille Corinthum Æetæ, Medeæ patris, fuisse patriam ait, ideoque in laudibus Corinthi Medeam nominari; quod ego absurdum puto. Plutarchus etiam in Theseo, venisse Medeam Corintho Athenas, auctor est.

Habebant) Pro, *habitabant*. Plautus in Bacchidibus: *Quis istic habet?* Et Varro lib. IV. de ling. Lat. *Cispius mons, ubi æditimus habere solet*. Et Digestorum lib. VIII. tit. 2. *Quidam liberos, qui habet post horrea mea*.

Optimates) Nobiles principum virorum uxores: Optimatem Cicero describit in oratione pro Sextio, qui se ita gerit, ut sua consilia optimo cuique probet, quique nec natura improbus est, nec furiosus, nec malis domesticis impeditus; hic propter opes & claritatem familiæ dicuntur *Optimates*.

Manibus gypsatissimis) Verbum opinor Ennianum, pro *Candidissimis*; nam Ciceronem ita locutum, numquam crediderim; in hac quidem, quæ exstat, Euripidis Medea gypsatarum manuum nulla mentio.

Ne sibi vitio illæ verterent, quod abesset a patria) Quærit excusationem apud mulieres Corinthias Medea, quod egressa domo sit, id est quod patriam reliquerit: id enim sequentes duo versus indicant; utrum autem Euripidis verba, unde hoc Ennius transtulit, id ipsum significent, an erraverit Ennius,

nius, & eum fecutus Cicero, dubitare fortasse possit, e doctorum hominum sententia. Nos tamen, qui Ciceronem interpretamur, disputare de Euripidis mente non debemus: illud quidem *ἔξωθεν δόμων*, de patria, non de privatis aedibus, Ciceronem intellexisse, satis constat; quemadmodum & ep. 5 *Ut tum mris cumulus studiis & beneficiis quam ornatissimum domum redeatem*. Et ep. 17. *Domum redire properabas*. Et ep. 30. *Nec hortor, nec rogo, ut domum redeas*. Iam illud, *Domi scripsit, Domi militiaeque*, quam saepe dicatur, omnes norunt. Nec sane video, si, *ἔξωθεν δόμων*, de privatis aedibus accipiatur, cur matronas Corinthias Medea rogaret, ut sibi ignoscerent, quia eradiisset; cum earum nomine, ut prodiret, rogata iam esset. Apte vero dicitur: ne mihi vitio detis, quod ex patria discesserim; quando, idem qui fecere, multi gloriam sunt adsecuti; ut verbum *σεμνοὺς*, Ennius verterit, *Qui rem suam publicam bene gessere*: recte fortasse: cum *σεμνὸν*, tam ad laudem, quam ad infamiam referatur: ut exempla, non modo quae Suidas collegit, verum alia quoque non pauca demonstrant; nam quod in hoc ipso Euripidis loco, *σεμνοὺς*, idem Suidas accepit pro *ὑπερηφάνους*, id est, arrogantes: equidem, quod ad me attinet, sequor libentius veterem Poetam Ennium, quam recentiorem Grammaticum Suidam: cum praesertim Cicero noster, qui Euripidis verba & videre potuit, & opinor, vidit, Ennii sententiam probaverit.

Nam multi suam rem bene gessere, & publicam patria procul:
Multi, qui domi aetatem agerent, propterea sunt improbati.

Duo videntur esse versus: nec tamen, quae mensura sit, apparet: itaque vir acuti ingenii distinguendum ita censuit:

—— Nam multi suam
Rem bene gessere, & publicam patria procul:
Multi domi qui aetatem agerent, propterea
Sunt improbati. ——

in quo assentirer, nisi viderem scriptum esse in omnibus antiquis libris, *qui domi aetatem agerent*; non, *Domi qui aetatem agerent*: itaque tentare volui, an alia sit probabilior, id est ab antiquis libris minime dissentiens, distinguendi ratio: occurrit autem haec:

Nam multi suam rem bene gessere, & publicam
Patria procul: multi, qui domi aetatem agerent,
Propterea sunt improbati.

Primi versus pes secundus, *Ti suam*, spondeus est, more satis noto, ex tragicorum comicorumque consuetudine: in secundo versu extremam syllabam transfero ad mensuram tertii: quemadmodum dixit Virgilius lib. I. Georg.

Aut dulcis musti Vulcano decoquit humorem:

translata ad sequentem versum postrema syllaba: & Catullus:

Quaenam te mala mens, misselle Ravide,
Agit praecipitem in meos iambos?

Et Horatius in Oda secunda,

Uxorius amnis:

cum primam syllabam, *V*, transferri necesse sit ad superiorem versum: quod apud comicos & tragicos, quorum est maior licentia, usitatum fuisse, negari non potest. Nam illud in eodem versu, *Qui domi*: dactylum esse, nemo (opinor) ignorat: licet in verbo, *domi*, secunda syllaba produci soleat; hic enim idem accidit, quod in illo Virgilii versu Ecloga VIII.

Credimus, an, qui amant, ipsi sibi somnia fingunt?

quo loco non modo omittitur synaloephe, verum etiam quae sua natura producitur syllaba, ob sequentem posterioris verbi vocalem contrahitur, & fit dactylus, *An qui a*. Sic idem Poeta lib. I Georg.

Ter sunt conati imponere Pelio Ossam.

Et l. V. Aen.

Victor apud rapidum Simoenta sub Ilio alto.

Et lib. VI.

Nomen & arma locum servant: te, amice, nequivi
Conspicere, ——

Antiquior etiam Poeta Lucretius lib. V. dixit:

Pectora nervorum qui in orbi sancta tuetur.

Nam

Nec simplices modo vocales, sed diphthongi quoque naturam mutant, ut l. I. Georg.

Virgea Ilendoprie arcus .

Et lib. III. Æn.

Insulo Ionio in magno .

Cautio cavere) Cum jurisconsultus sis : jurisconsultorum enim est, aliis cavere. Idem supra epist. 10. *In re militari multo es cautior, quam in advocationibus.* Et epist. 3. lib. III. *L. Valerium jurisconsultum valde tibi commendo; sed ita etiam, si non est jurisconsultus; melius enim ei cavere volo, quam ipse aliis solet.* Et ad eumdem Trebatium in Topicis: *Te mihi meisque saepe cavisti.* Et Offic. lib. I. *Cavere in jure, consilio juvare, atque hoc scientiae genere prodesse quamplurimis, vehementer et ad opes augendas pertinet, et ad gratiam.*

Didicisti) A legibus & a jure civili.

In Britannia) Ivisse Trebatium, vel iturum cum Caesare in Britanniam, Cicero arbitrabatur; non ivisse constat ex epist. 10. & 14.

Ab essedariis) Iis, qui pugnant ex essedis: epistola sequenti: *Essedum aliquod suadeo capias.* Epist. 10. *Sperabam essedarium volaisti.* Et Caesar de Britannis ita loquitur lib. V. *Illi equitatu atque essedis, ad flumen progressi, proelium committere coeperunt.* Et paullo post: *Equites hostium essedariique acriter proelio cum equitatu nostro conflixerunt.* Videntur & apud Belgas esseda fuisse. Virgilius Georg. lib. III.

Belgica vel molli melius ferret esseda collo.

Romae quoque, ut peregrina per luxum saepe amamus, esseda utebantur ditiores. Phil. II. *Vehebatur essedo tribunus pl.*

Decipiaris) Turpe est jurisconsulto decipi; cum ipse, ne alii decipiantur, sua scientia praestare soleat: cave igitur, ne te laedant.

Qui ipse sibi sapiens prodesse nequit, nequidquam sapit) Quaerendum est, cujus Poetae Latini sit hic versus, ex quo Poeta Graeco translatus, ex qua fabula. Versus est Ennii: dixit enim Cicero lib. III. Offic. *Hoc est illa pernicies, quod alium bonum, alium sapientem existimant: ex quo Ennius, Nequidquam sapere sapientem, qui sibi ipsi prodesse nequiret.* Graecum autem Euripidis versum convertit Ennius, recitatum a Cicerone in epistola ad Caesarem lib. XIII. [illegible]. Ex Medea tragoedia sumtam esse hanc sententiam, quis dubitet? cum dicat Cicero: *Et, quando Medeam agere coepi, illud semper memento: Qui ipse sibi, &c.* Nunc scrupulus remanet, sane molestus & difficilis: nam in hac, quae exstat, Euripidis Medea non reperitur hic versus: ut necesse omnino videatur, vel ex altera ejusdem Euripidis Medea sumtum esse, vel duos Euripides fuisse, qui Medeam conscripserint. Duas fuisse ejusdem Euripidis Medeas diserte nemo dixit, quod equidem sciam: contra, potius unam fuisse, ostendit Suidas, cum de Neophrone ait: [illegible]. *Hujus dicunt esse Euripidis Medeam.* Praeterea, si duas idem scripsisset, notasset utramque inscriptione diversa, ut in Iphigenia fecit, & Sophocles in Oedipo, Aeschylus etiam in Prometheo. Interpres etiam Aristophanis in eo loco ejus comoediae, quae inscribitur, [illegible]: unam videtur legisse Euripidis Medeam, quae exstat; subjungit enim: [illegible]. *Nequaquam ex Euripidis Medea illa admirationes: Infelix ego, atque aerumnosa, quomodo perii!* Rursus, oritur conjectura de duabus, non modo, quia non est, ut dixi, versus hic in ea, quae nunc est in manibus, Medea; sed etiam quia Stobaeus Euripidem bis appellat in Medea; recitatque versus, qui ab hac absunt tragoedia, quam novimus, quos etiam subscribam:

[illegible]

Sopitus animus in malis multum videt.

Male vexatum vix solari se patitur magnanimum cor.

Et alio loco:

[illegible]

Sope

Sæpe educasse, quam dedisse exordium
Plus vincit, illecebrasque majores habet.

Latini quoque veteres Grammatici modo Ennii Medeam simpliciter, modo Medeam exsulem appellant; in quo quærendum, si sunt duæ Medeæ, utra sit, quæ vocatur Exsul. Sane Nonii testimonio Exsul videtur ea, quam ab Euripide scriptam habemus: quis enim non videt, duos illos versus,

Antiqua, herilis, fida custos corporis,
Quid sic tete extra ædes exanimata eliminas?

quos ex Ennii Medea Exsule recitat Nonius, ex illo Euripidis loco translatos esse?

Παλαιον οικων κτημα δεσποινης εμης,
Τι προς πυλαισι τηνδ' αγουσ' ερημιαν
Εστηκας, αυτη θρεομενη σαυτη κακα;

Ecce alium ejusdem Nonii de Medea Exsule, ab Ennio conscripta, testimonium:

Nam ter sub armis malim vitam cernere,
Quam semel modo parere.

Eadem sententia legitur in Euripide, his elata verbis:

Τρις αν παρ' ασπιδα
Στηναι θελοιμ' μαλλον, η τεκειν απαξ.

Accedit Probus, in Eclog. Virgilii antiquissimus, & idem eruditissimus interpres; is ex Ennii Exsule Medea adducit hos versus:

Juppiter, tuque adeo summe Sol, qui res omnes inspicis,
Quique tuo lumine, mare, terram, cælum contines, inspice
Hoc facinus; priusquam fiat, prohibe scelus.

Quod ex Euripide, mutatione quadam, Ennio usitata, conversum est: ait enim chorus:

Ιω γα τε, και παμφαης ακτις
Αελιου, κατιδετε, ιδετε, ταν
Ολομεναν γυναικα, πριν φοινιαν
Τεκνοις προσβαλειν χερ' αυτοκτονον.

Præterea videtur Jason post interfectum a filiabus, fraude Medeæ, Peliam, Thessaliæ regem, Corinthum una cum Medea profugisse, ibique aliquamdiu, tamquam exsulem vixisse: atque ipse queritur Medea, quod, se repudiata, Glaucam, Creontis filiam Corinthii regis, duxisset uxorem, factum suum excusat his verbis:

Τι τουδ' αν ευρημ' ευρον ευτυχεστερον,
Η παιδα γημαι βασιλεως, φυγας γεγως.

Medeæ quoque nutrix, initio fabulæ, exsilium heræ suæ nominat, hæc dicens:

Α'νδανουσα μεν
Φυγη πολιτων, ων αφικετο χθονα.

Et alibi. Argumentum igitur Medeæ, quæ exstet, post ipsius Medeæ fugam ex Thessalia, ortum videtur, ut exsul vere nuncupari possit. Quod si hæc Euripidis Medea, quam omnes norunt, Exsul est: cur eadem non vocatur Exsul a Donato & Prisciano, versus illos ex Ennii Medea recitantibus,

Utinam ne in nemore Pelio securibus
Cæsa cecidisset abiegna ad terram trabes,

& quæ sequuntur? Qui versus hanc aggredientibus legere occurrunt primi. Et quod Nonium appellatur Ennius in Medea, Exsulis cognomine prætermisso: verbaque illa ipsius Medeæ subjunguntur suos liberos ad complexum invitantis:

Salvete, optima corpora: cette manus vestras, measque accipite.

Quem locum ex illo Euripidis conversum esse, licet non plane Græcis Latina respondeant, satis liquet.

Προσειπειν βουλομαι. δοτ' ω τεκνα,
Δοτ', ασπασασθαι, μητρι δεξιαν χερα.

Quare in Exsulis Medeæ cognomine, modo addito, modo omisso, cum tamen eadem tragœdia significetur, valde concutior. Quod si obscura difficilique in re sententiam licet dicere: crediderim omnino, duas fuisse, quas converterit Ennius, Græce scriptas Medeas, non ab eodem Euripide, ut satis jam videor probasse; sed unam ab Euripide majore, quæ exstat, alteram ab Euripide minore, qui ex majoris fratre natus est: nam Suidas hæc prodidit: Ευριπιδης, τραγικος, του προτερου αδελφιδους, ως Διονυσιος εν χρο-

ἐν χρονικοῖς. δράματα αὐτῷ ταῦτα, Ὀρέστης, Μήδεια, Πολυξένη. *Euripides Tragicus, primus ex fratre natus, ut velut Dionysius in Chronicis. Ipsius Dramata hæc sunt, Orestes, Medea, Polyxena.* Et Cicero, cum illum versum Μισῶ σοφιστὴν, tribuit Euripidi, de posteriore alterius Euripidis Medea, quæ desideratur, locutus est: quam cum videret Euripidis nomine inscriptam, non quæsivit homo, ad maiora natus, duo ne, an unus fuisset Euripides; & utrum, quæ tunc erant duæ Medeæ, ab uno maiore Euripide, an a duobus factæ essent: satis habuit, Euripidem nominare, cuius erat ille versus. Sunt igitur duæ Medeæ Græce scriptæ, quarum alteram habemus integram; ex altera, quæ amissa est, versus quosdam, præter proxime nominatum, ponit Stobæus: duæ item Latinæ, utraque ab Ennio conversa; quarum ex priore sunt illi versus:

Nam multi suam rem bene gessere, & publicam patria procul.
Multi, qui domi ætatem agerent, propterea sunt improbati.

& illi, *Utinam, ne in nemore Pelio*:
& quos propterea jam recitavi; qui reperiuntur omnes in Euripidis Græca pervulgata. Ex posteriore autem, præter illum,

Qui ipse sibi sapiens prodesse nequit, nequidquam sapit;

qui de Græca, quam nobis ademit temporis injuria, translatus est, alii quoque sunt, ut ille apud Varronem & Diomedem,

Quis tu es mulier, quæ me insueto nuncupasti nomine?

& ille, quem idem Varro ponit:

Contempla, & Cereris templum ad lævam adspice.

& qui est in Nonio:

Sol qui candentem in cælo sublimat facem.

& qui apud eumdem:

Utinam, ne umquam mea de cordis cupido corde pedem extulisses.

& alio loco:

Fructus verborum aures aucupavit.

Item alibi:

Asta, atque Athenas, anticum, opulentum oppidum, contempla.

Qui versus cum in Ennii Medea nominentur, ab hac tamen Medea Græca, quæ integra legitur, absunt omnes. Hic posset aliquis credere, unam ab Ennio Medeam de Græco in Latinum sermonem translatam, alteram vero ab ipso confictam; ideoque versus illos non reperiri in Græca, quæ hodie in manibus est. Infirmat hanc opinionem illa ratio, quod in Ennii versus,

Qui ipse sibi sapiens prodesse nequit, nequidquam sapit,

tamquam versus Euripidis agnoscitur a Cicerone, ut supra docuimus. Medeam præterea scripsere inter Græcos Euphorion & Sophocles, de quibus Aristophanes Grammaticus: Πρῶτος, inquit, Εὐφορίων, δεύτερος Σοφοκλῆς, τρίτος Εὐριπίδης. *Primus Euphorion, secundus Sophocles, tertius Euripides.* Scripsit & Neophron; ex qua luculentos admodum versus, ex persona interfectura filios Medeæ, recitat Stobæus: item Melanthius, ut interpres Aristophanis demonstrat. De Latinis autem, præter Ennium, Accius Medeam fecit, secutus fortasse Euphorionem, aut Sophoclem, aut Neophronem, aut minorem etiam Euripidem; nam, ut apparet, maiorem, cujus tragœdiam habemus, in aliqua parte potuit imitari, in toto argumento certe non potuit: quippe cum hic a Glauce nuptiis & Medeæ ira; Accius autem a profectione Argonautarum suam tragœdiam sit exorsus: recitat enim Cicero lib. II. de Nat. Deor. versus illos Accianos de Argo navi, qua delecti heroes cum Iasone, vellus aureum petente, vehebantur:

—— Tanta moles labitur,
Tremebunda ex alto, ingenti sonitu, & spiritu:
Præ se undas volvit; vertices vi suscitat, &c.

Ex qua Accii tragœdia sint hi versus, Priscianus ostendit, quod omisit Cicero: ait autem esse ex Medea. Quartam tragœdiam de Medea scriptam a Pacuvio, ne quis credat; nam, etsi apud Nonium sæpe appellatur, *in Medea*: tamen ubique veteres libri habent, *In Medo*: quod esse rectius, minime dubito; fuit enim filius Medeæ Medus: tragœdiaque de eo a Pacuvio conscripta, Festus ter, Charisius bis, testimonium afferunt. Quod attinet ad nummensionem versus: ego nihil desidero: nec video caussam, cur nonnulli legere maluerint, *Prodesse non quit*: cum præsertim antiqui libri, quibus quidem utor, omnes sine ulla varietate habeant, *Nequit*. Est autem tetrameter catalecticus, e septem pedibus, & una syllaba, quæ trocheum, extremum pedem, sequitur, hoc modo, *Qui ip-* spondeus est; *se sibi*, tribrachus; *sapiens*, anapæstus; *prodes-* spondeus; *se nequit*, anapæstus; *nec quid-* spondeus; *quam sa-* trochæus; *pit*, ultima syllaba, propter quam Catalecticus dicitur versus; deest enim altera syllaba, quæ si adesset, octonarius esset integer, & diceretur Acatalecticus. Sunt, qui distinguunt, leguntque sic, *Qui ipsus sibi sapiens prodesse non quit, nec quidquam sapit*. Quos neque reprehendo, neque sequor: hoc tantum dico, me nondum in ullo vetere libro, *Ipsus*, pro *Ipse*, hoc in loco scriptum animadvertisse. Etiam illud confirmo, ubi ipsi legunt, *Non quit*, in meis antiquis esse, *Nequit*. At senarius esse non potest, si legatur, *Nequit*. Intelligo: & mutationis hanc opinor fuisse caussam. Sed in tragœdiis, aut comœdiis, non solis senariis locus est. Eodem modo lib. III. Off. dixit Cicero: *Ex quo Ennius, Nequidquam sapere sapientem, qui sibi ipsi prodesse nequiret*. Sic enim est in libro viri integerrimi, & incredibili quadam ingeniorum artium doctrina referti, Guilielmi Sirleti, non, *Non quiret*, ut ipsi dicunt esse in suis exemplaribus. Quod si ita esset in omnibus, non tamen admodum moveret; nec putarem, fracti & dissoluti versus testimonio, mutationem in versu integro [illegible] constituto, qualis est in hac epistola, faciendam esse. Quod ad sententiam attinet, similem animadvertimus apud Isocratem, ἐν τῷ πρὸς Νικοκλέα, [illegible]. *Qui nihil sibi prodest, nec alium efficere sapientem potest*.

EPISTOLA VII.

IN *Britannia*) Putas in Britanniam ivisse Trebatium, aut certe brevi esse iturum. Idem existimat epist. 8. non ivisse tamen cognoscitur ex epist. 10. & 14. & 16. & 17.

Nihil neque auri neque argenti) In epist. 17. lib. IV. ad Att. *Illud jam cognitum est neque argenti scrupulum esse ullum in illa insula, neque ullam spem prædæ, nisi ex mancipiis*.

Ad nos quamprimum recurras) Iocatur; nam omnino vult ab ipso Cæsare Trebatium exspectare omnia: quod ex epistolæ clausula cognoscitur.

Sin autem) Dubitatio videtur: sed affirmatio est per dubitandi speciem inducta; quasi dicat: Cum vero sine Britannia id, quod volumus, adsequi possimus; persice, &c.

Tuus pudor) Epist. 5. *Pudentiorem esse nominem*. Et epist. 17. *Sæpe etiam, id quod a te alienissimum est, subimpudens videbare*.

Imperatorem) De hoc nomine supra diximus: infra etiam imperator Cæsar vocatur, epist. 17.

Etiam opportunissimam) Rebus gerendis, & concilianda tibi imperatoris benevolentiæ.

Singularem) Vel totum, quo usus est in multis ad Cæsarem litteris, officium significat: vel illam notat epistolam, qua Cæsari Trebatium more Romano commendavit; ep. 5. & 10.

Unum timendum) Adsunt enim cetera; ep. 10. *Quia tu urgere istam occasionem & facultatem, qua melior numquam reperietur*. Similis sententia in ep. 17.

Ipse tibi defuisse) Epist. 9.

EPISTOLA VIII.

E *liberalitatis*) Plus in officio, quam studio, plus in liberalitate, quam officio, continetur.

Tribunatus) Militum: quem Cæsar honorem cum vacatione militarium onerum, Trebatio detulerat. Est autem, ut diximus jam, in castris prima dignitas consulis, altera legatorum, tertia tribunorum militum, quarta præfectorum equestrium turmarum, quinta centurionum, deinceps minorum ordinum.

Vacerra) Cognomen est Romanæ familiæ. Accusabo te, inquit, apud amicos tuos. Videntur fuisse jurisconsulti, Vacerra, Manilius, Cornelius, ut infra cognoscitur ep. 9.

Manilio) Epist. 10.

Cornelio) Q. Cornelio ep. 17.

Nihil audeo dicere) Ne magistrum ostenoffendam, reprehenso discipulo. A Cornelio jus civile Trebatius didicerat; ut, sine praeceptoris culpa, stultus esse non posset. Digest. lib. I. tit. 2.

Sapere) Tu autem stultus es: itaque nec magister videtur sapere; nam a sapientibus magistris insipientes discipuli fieri non solent.

Quid tu urges) Cur non urges: modus loquendi Ciceroni familiaris.

Occasionem & facultatem) Plus est *facultas*, quam *occasio*; nam facultas, posse rem fieri, demonstrat; occasio suadere videtur, ut fiat.

De illo Praciano jurisconsulto) Qui erat apud Caesarem gratiosior, ut videtur, quam Trebatius; cum ipsum Trebatium ei Cicero commendet. Praciorum gens Romae fuit, unde Pracilii; fortasse hic ex Praciis in aliam familiam adoptione transierat.

Gratias agere) Quia suo te juverit officio; quod cum ignoraret Cicero, subjunxit: *De eo quid sit, cura ut sciam*.

Vestras) Opinatur in Britanniam cum Caesare ivisse Trebatium, & ep. 7. non ivit tamen; ep. 10. 14. 16. 17.

Britannicas) Litterae nominantur a loco, unde dantur; unde *Olbienses epistolae*, ad Q. fratrem lib. II. *Epiroticae litterae*, ad Att. lib. XII. *Britannicae*, ad Q. fratrem lib. III.

EPISTOLA IX.

Hiematurus) Hiemabant legiones diversis in locis, ut commodius utiliusve putabat imperator; quod, Caesaris commentarios qui legerit, animadvertet.

Propter ejus occupationes) Soleo, quam maxime possum, ad antiquorum librorum testimonium opiniones meas accommodare. itaque olim, cum in nullo vetere libro hoc verbum, *Occupationes*, reperirem, desiderari Graecum aliquid, aut mendosum esse locum existimavi: quod etiam nunc arbitrarer, nisi viderem in quatuor veteribus libris diserte scriptum esse, *Occupationes*; idque rectum puto. Notae sunt autem, & nominantur saepe in his epistolis occupationes Caesaris Gallico bello, omnium maximo. Nam, quod a multis hoc verbum abest antiquis libris, non est, cur miremur: nota librorum varietas est; ex varietate autem, quod speciem veritatis majorem prae se ferat, id eligimus in emendando; si modo veritatem ipsam potius, quam conjecturas nostras, amamus. *Luctum* autem, quod verbum alii ex ingenio reposuerunt, in vetustis libris, cum paene innumerabiles viderim, nondum inveni. In duobus vetustissimis codicibus non est vox illa *occupationes*: sed ejus loco spatii aliquantum est relictum: ex quo credimus, a recentioribus, quorum imperitia depravati leguntur veterum scriptorum libri, vocem *occupationes* esse repositam. Nos, quid ea dictio, quam, in exscribendo librarius omisit, significare potuerit, adsequi conjectura non possumus: Graecam quidem vocem deesse crediderim. Id enim verisimilius est, quam Latinam: ut etiam alibi cognoscitur in ipsius Ciceronis scriptis, ubi Graecum desideratur ex scriptorum inscitia, qui cum id legere non possent, omittebant, relicto spacio, ut ab aliis aliquando reponeretur.

Ad Balbum) Ut ejus opera hiemaret cum Caesare. Id Cicero cupiebat, quo facilius in Caesaris familiaritatem Trebatius perveniret; nam & ep. 7. *Perfice*, inquit, *ut sis in familiaribus Caesaris*.

Tu tibi deesse noli) Idem monet epist. 7.

Plenior) Ditior: sic *Tenues* dicuntur ii, qui domesticam rem non habent.

Vacerra) Cum quo suaviter vivere solebat.

Quid constitueris) De mansione, vel reditu.

Cn. Octavius, an Cn. Cornelius quidem) Notat hominis ignobilitatem, cujus prope certum nomen ignoretur: propterea cum ironia subjunxit, *summo genere natus*: &, *Terrae filius*; quod in obscurissimi loci homines confertur: itaque epist. 11. lib. I. ad Att. *Huic*, inquit, *terrae filio nescio cui committere epistolam tantis de rebus non audeo*. Arnobius autem lib. VIII. sic de Saturno: *Terrae & Coeli filius, quod apud Italos esset ignotis parentibus, proditum: ut in hoditernum inopinato visos, Coelo missos; ignobiles & ignotos, Terrae filios nominamus*. Omitto, quae alii, ut adagium confirmarent, exempla conjecerunt; sunt enim in promtu. Lege in eumdem Octavium epist. 16. *Ore te, qui tu es?*

Crebro ad coenam invitet] Imperitum hominem carpit, qui crebro Ciceronem, summis honoribus functum, homo ignotus ad coenam invitaret, quia sciret esse Trebatii, communis amici, familiarem.

Non potuit] In quo habuit Cicero rationem suae dignitatis, quam non habebat, cum eum crebro invitaret, Octavius.

P. VICTORIVS.

Propter ejus occupationes] Accurate de hoc loco in nostris explicationibus disseruimus, & quomodo legi posset non inepte (ut arbitror) ex historia indicavimus: quare nihil ad ea quae tunc a me dicta sunt, addimus. Defendemus tantum ipsa ab argumentis, quae contra ea a nonnullis excogitata sunt. In duobus meis antiquissimis & optimis codicibus (in quibus illius vocis nullum vestigium manet) nihil spatii relictum est, quo recipi aut illa, aut alia possit, quemadmodum illi in suis relictum esse narrant. Quod Graecam potius vocem deesse credunt, quam Latinam, id parvam, aut nullam vim habet: quasi non saepe in scribendo dictio aliqua imprudentia praetermittatur, quemadmodum in optimis his etiam libris factum esse quandoque ostendimus. Graecas voces Latini librarii scientes omittebant, sermonis inscitia: sedem tamen illis, ac regionem, in qua collocari possent, relinquebant: quod hic factum non est, ut testimonio Medicei codicis, & alterius, non multo deterioris, comprobavimus. Addo etiam, in Latinis auctoribus quandoque voces Graecas abundare, non solum deesse: quod docuisse, ad id quod volumus probandum, accommodatum erit, & sua sponte etiam gratum esse debebit. Quinctilianus libro primo: *Nec quidem illo, ut tradunt, usque ex Philotheis frequenter usus. Turpe esse tacere, & Isocratem pati dicere.* Sic enim legi debet, non ut in omnibus impressis codicibus. Id autem & ratio docet, & vetera exemplaria confirmant. Versus autem, qui importune inculcatus erat, intelligi hic, non legi debet; interpretatur enim illum diligenter Quinctilianus, quod non faceret, si in suo libro posuisset. Eodem modo apud eumdem auctorem peccatum erat lib. VIII. Sic autem legi debet: *Neque alio Pisonis inventa sunt quaestio illa verba, quibus in illo pulcherrimo operum in Pisonem defendisse significat pluribus modis scripta.* Voces enim illae Graecae κακῶς χθὲς καὶ Ἱσπανιᾶ, intelligi debent, non adponi.

EPISTOLA X.

VAlde jurisconsultum videri] Hoc significaverant litterae Trebatii: in quo notat ejus ambitionem Cicero.

Aliquid sapere] Quasi nihil sapere Romae videretur, ubi peritiores plurimi essent.

Peritior te] Laudare videtur, & vituperat; nam in Britannia juris civilis nulla peritia: quis igitur eum laude dignum putet, qui sapere videtur inter stultos, aut esse doctus inter ignaros litterarum? ea demum vera laus est, cujus praestantia cognoscitur ex comparatione similium: itaque nec Homerus Achillem cum ignavo, sed cum omnium Trojanorum fortissimo Hectore commisit; & Virgilius certamen facit inter Aeneam, & Turnum; ut, superato Turno, cui primas fortitudinis partes tribuit, magis Aeneam extollat. Alterum igitur hoc est, in quo Trebatium tamquam imperitum irridet.

A te invitatus] Dupliciter hoc accipi potest; vel quod in suis litteris aperte jocatus erat Trebatius; vel quod magni te a Caesare aestimari dixerat: quo se ad ridendum esse invitatum Cicero demonstrat; quasi ejus gloriolam ridere merito posset: huic sententiae congruunt ea, quae statim sequuntur.

Video te etiam consultum] Id scripserat Trebatius: ideoque jocans Cicero respondit, intelligi te Caesari nostro valde jurisconsultum videri. Video & cum verbis actionem significantibus jungitur, ut, *video ad me venit, video se mihi obtulit*: cujus generis exempla satis patent, & cum verbis, quae patiendi notionem continent: quo modo dixit Cicero in Catilinam: *Qui* *si eum ferum imperii*, *ultro sibi a patriciis hominibus oblatam*, *neglexerunt*. Et Cæsar lib. V. Bell. Gall. *Ipse Cicero cum tenuissima valetudine esset*, *ne nocturnum quidem sibi tempus ad quietem relinquebat*, *ut ultro militum concursu ac vocibus sibi parcere cogeretur*. Et Terentius in Adelph. *Nisi si me in illo credidisti esse hominum numero*, *qui ita putant*, *Injuriam sibi ultro factam*, *si quam fecere ipsi*.

Occupationem) Venit in mentem nonnullis, legendum, *Occupationes*, contra veteres omnes libros, & consuetudinem Latinæ linguæ; nam *occupatio*, quamquam singulare nomen, multarum tamen rerum curam æque complectitur, ut *occupationes*; epist. 17. *Si quid te fortasse aliquando offenderit*, *cum illi aut occupationi*, *aut difficultati tarditas tibi erit visa*, *perferto*. Lib. V. epist. 12. *Potest mihi denegare occupatio tua*.

Adspirare non possunt) *Adspirare* pertinet ad ea, quæ consequi nequimus: epist. 24. lib. II. ad Attic. *Cæsar Vettium in Rostra produxerit*, *eumque in eo loco constituit*, *quo Bibulo consuli adspirare non liceret*. In Bruto: *Ne bellica laude adspirare ad Africanum nemo potest*. Eodem spectant reliqua Ciceronis exempla.

Ne frigeas in hibernis) Quia Trebatius hiemabat, hinc occasionem jocandi sumit Cicero. *Frigere* autem est, nihil agere: nam actio calefacit. Metuo, inquit, ne non optime tecum agatur; quandoquidem opera tua Cæsar in bello non utitur. Cœlius in epist. *Non dubito*, *Quod tibi supra scripsi Curionem frigere*: *jam calet*.

Camino luculento utendum censeo) Caminus non idem apud nos est, qui apud veteres; quæ enim quasi gula adscendentem e loco ignem excipit, & extra tectum educit innocentem, is *Caminus* a nobis appellatur: illi modo pro fornace, cui caminus Latine respondet, modo pro hypocausto, interdum pro igne usurpabant. De fornace Virg. lib. III. Æn.

—— *Ruptis flammam exspirare caminis*.

Juvenalis Sat. XIV.

Sed crescant quocumque modo, *majoraque fiant*,
Incude assidua, *semperque ardente camino*.

De hypocausto accepisse videtur Galenus lib. V. de Sanitate tuenda. De camino, quo homines calefiunt, hic Cicero; nam in castris ubi Trebatius erat, fornacibus aut hypocaustis milites usos esse, verisimile non videtur. Et Cato de Re Rust. *Aream domino*, *focum*, *januam maximam*. Eodem sensu Horatius Sat. V.

—— *Nisi nos vicina Trivici*
Villa recepisset, *lacrymoso non sine fumo*,
Udos cum foliis ramos urente camino.

Et epist. ad Bullatium:

Per brumam Tiberis, *Sextili mense caminus*.

De hoc tertio genere, quo caminus noster vocabulo saltem refertur, nec multa, nec ita pauca dicam, ut quæ antiquitate caruntur, aliqua ex parte cognitu esse possint. Loco & forma differebant a nostro; non enim, ut nunc, in excavato pariete, quo simul cum fumo ignis excipitur, sed, ut nonnulla videntur exempla, in medio cubiculo hiberno, quod conclave dicebatur, (nam in æstivis & exhedris focum non fuisse, colligitur ex Vitruvio lib. VII. cap. 3.) fieri solebant: propterea dixit Cato cap. 18. de Re Rust. *Focum purum circumversum*, *prius quam cubitum eat*, *habeat*. Quomodo enim circumverti focus posset, si fuisset, more nostro, in excavato pariete? nostri a lateribus vertuntur, a tergo nec possunt, nec opus est. Et cum ait Columella lib. II. cap. 1. *Consuescat rusticos circa larem domini*, *focumque familiarem semper epulari*; quid aliud significat, nisi larem & focum, circa quem epularetur familia rustica, medium in conclavi locum tenuisse? Nunc agatur de forma. Exitum ignis caminus antiquus non habebat; itaque molestia fumi vacare non poterat, nisi vel ligna urerent, quod Cato docuit, amurca illita, vel apertis fenestris uterentur: quorum alterum impensæ non minimæ: alterum qui ferri posset, cum per fenestras, hieme præsertim, frigori & ventis aditus pateret, non intelligo. Sed certe Horatius, *Lacrymoso non sine fumo*, cum dixit, exitu caminum caruisse demonstrat. Clarior hæc tota res fiat aliorum testimoniis: nam uno remanet obscurior. Columella lib. I. cap. 6. *Oleo, quod minus provenit, si congelatur, succurritur. Sed et calore naturali est opus, qui contingit positione caeli, et declinatione, ita non est opus ignibus, aut flammis, quoniam fumo et fuligine sapor olei corrumpitur.* Palladius quoque Columellam, ut videtur, imitatus, lib. I. cap. 20. de Cella loquens: *Olearia, si quis*, inquit, *maioris diligentiae studet, subiectis hinc inde vehiculis pavimentis suspendat, et ignem suggerat fornace succensa; ita pavimenti tepor olei cellam sine fumi nidore vaporabit, quo saepe infectum odore corrumpitur, et sapore.* Si caminus nostro similis fuisset, quo ignis cum fumo et fuligine excipitur, quid erat, cur ignem removerent, ne fumus et fuligo saporem olei corrumperent? Eodem loco subiungit Columella de utilitate camini, qui vinariis supponatur apothecis: *Apothecae recte superponentur his locis, unde plerumque fumus exoritur, quoniam vina celerius vetustescunt; quae fumi quodam tepore praecocem maturitatem trahunt.* Et lib. VIII. cap. 3. de Gallinariis: *Iuncta sint ea furno, vel culinae, ut ad avem perveniat fumus, qui est huic generi praecipue salutaris.* Quo modo ex culina, fumus in gallinarium transit, nisi quia per caminum adscensum ad superiora non habet? Confirmat idem subiungens paullo post: *Huic autem fenestra applicetur satis longa, ut per eam impediat praeterea aditus, et ab ea fumus perveniat in utramque cellam.* Iam fuligo non inhaeret hodie quidem tecto, sed camino; fit enim ex fumo: fumum autem caminus excipit. At Columella lib. XI. cap. ult. tectis tunc dicit inhaerere; nimirum quia fumus exitum non haberet: *Fuligo*, inquit, *quae super focos tectis inhaeret, colligi debet.* Et quoniam e fumo exitus non datur, sequitur ut nec igni: propterea culinam altam fieri in rustica villae parte, ut contignatio careat incendii periculo, iubet idem Columella lib. I. c. 6. Vitruvius quoque fumum et fuliginem in conclavibus, id est, in hibernis cubiculis, vitari non posse, lib. VII. c. 3. auctor est: *Camerarum* (inquit) *aliae sunt purae, aliae caelatae. Conclavibus, aut ubi ignis, aut plura lumina sunt ponenda, pura fieri debent, ut ea facilius extergeantur; in aestivis et exhedris, ubi minime fumus est, nec fuligo potest nocere, ibi caelata sunt facienda.* Et eiusdem lib. c. 4. *In triclinis hibernis non est utilis his compositio, nec megalographia, nec camerarum coronario opere subtilis ornatus: quod ea et ab ignis fumo, et ab luminum crebris fuliginibus corrumpuntur.*

Mucio] Iurisconsulto, de quo Digest. lib. I. t. 2.

Manilio] Et hic iurisconsultus erat. epist. 8.

Placeat] Sic infra, epist. 17. *Hoc, quemadmodum vos scribere soletis in vestris libris, Q. Cornelio videbatur.* Solebat enim iurisconsultorum opinio, praesertim in re dubia, aliorum testimonio comprobari; unde illa tit. Negot. gest. c. 9. *Idque et Labeo probat.* Et tit. ad legem Aquil. cap. 11. *Quod et Marcello videtur, et est probabilius.* Et tit. de Pecul. cap. 47. *Idque et Iuliano videtur.* Et tit. de in diem addict. cap. 13. Gellius quoque lib. VIII. refert: *Mucium, Brutum, Labeonem, Sabinum ita existimasse; ipse quoque idem probat* cap. 13, *et ita Labeoni et Nervae placet.* Et tit. de periculo, et comm. rei vend. c. 1. Trebatius ait: *Labeo contra, quod et verum est.* Et tit. locati et conduct. c. 19. *Et ita Servio, Labeoni, Sabino placuit.* Et tit. de aedilicio ed. cap. 17. *Caelius* (ait) *et Labeo probant.* Et tit. de adquirendo rerum domin. cap. 5. *Trebatio placuit.*

Sagis] *Sagum* vestitus militaris; itaque saepe in tumultu aliquo perturbationeque reipubl. togis depositis, saga in urbe sumta.

Satis valere] Plus habere negotii, quam vellem: hoc dicit propter allatum antea nuncium de hostibus in Britannia vehementer contra Caesarem pugnantibus.

Cautior] Cavere aliis iurisconsulti dicebantur: epist. 6. et lib. III. ep. 1.

Quam in advocationibus] Et hic notatur inscitia: quasi non optime Trebatius caveret iis, quorum esset advocatus. Quid autem *Advocatus* et *Advocatio* sit, Asconius ostendit his verbis: *Qui defendit alterum iudicio, aut patronus dicitur, si orator est; aut advocatus, si aut ius suggerit, aut prae-*

sen

spatium suum commodat amico; aut cognitor, si praesentis causam novit, & sic tuetur, ut suam. Idem alio loco: *Vel, ut consolentur, conveniunt advocati; vel, ut alterutri parti apud arbitros adsint; vel, ut ipsi judices in eum aliquem capiantur*. Epist. 11. *Ego omnibus, unde petitur, hoc consilii dederim, ut a singulis interregibus binas advocationes postulent*. Et epist. 14. *Minus multi jam, te advocato, causa cadent*. Posterior aetas ad causarum actiones hoc vocabulum transtulit. Tacitus in proœmio dialogi de Orat. *Horum*, inquit, *temporum diserti causidici, & advocati, & patroni, & quidvis potius, quam oratores, vocantur*.

In Oceano natare) Jocatur in Trebatii timiditatem, qui cum Caesare in Britanniam navigare noluerit.

Essedarios) Quorum impetum timuerat.

Ne andabatam quidem) Lusus fuisse genus, quo clausis oculis certaretur, existimo; nec tamen, lusisse antea, ut andabatam, Trebatium, & id a Cicerone significari, putemus. Sed hoc dicitur: antea spectare quidlibet volebas; nunc essedariorum spectaculum vitasti. Proverbium, *Ne andabatam quidem defraudare*, videtur in eos usurpari solitum, qui omnia cernerent, ut nihil iis, non si oculos quidem andabatarum more clauderent, occultum esse posset. Eodem modo dicitur in Trebatium, nullo eum spectaculo privari voluisse, quemadmodum andabatae, licet oculis clausis, tamen interdum ludentes defraudari non possunt. Usus est hoc proverbio duobus in locis D. Hieronymus, adversus Helvidium, & contra Jovinianum. Nonius Varronem appellat in Andabatis.

Quid agas) Hoc refertur ad illud, *De statu tuo*.

Quid exspectes) Quid commodi.

Putes) Hoc ad illud pertinet, quod proxime dixerat, *Consiliisque omnibus*.

Attraham) Plus est, quam, *vocem*.

Advolet) Et hoc plus, quam, *Veniam*.

Non modo hostes) Non dicam hostes: patet enim congressionem nostram esse jucundissimam, hostes autem formidabiles, & permolestos: sed ipsi Aedui, fratres nostri, quorum consuetudine delectamur. Aedui fratres populi R. cognita eorum fide, vocati sunt: ad Attic. epist. 17. lib I. *Aedui, fratres nostri, pugnant*. Tacitus lib. II. *Primi Aedui senatorum in urbe jus adepti sunt; datum id foederi antiquo, & quia soli Gallorum fraternitatis nomen cum populo Romano usurpant*. Plutarchus in Caesare.

Aut consolando, aut consilio, aut re juvero) Senarius integer, e Terentii Heautontimorumeno translatus in hunc locum; sic enim in ea fabula cum Menedemo loquens Chremes inducitur:

> *Istuc, quidquid est, fac me, ut sciam.*
> *Ne retice, ne verere, crede inquam mihi:*
> *Aut consolando, aut consilio, aut re juvero.*

Terentius porro, ut opinor, a Plauto, paucis immutatis, accepit: apud quem in Pseudolo, actu primo, ita loquitur Pseudolus servus:

> —— *Fac me certum, quid tibi est:*
> *Juvabo aut re, aut opera, aut consilio bono.*

Ad hunc Terentii versum respexit etiam epist. 6. lib IX. ad Attic. *Eripe*, inquit, *mihi hunc dolorem, aut minue saltem, aut consolatione, aut consilio, aut quacumque re potes*.

EPISTOLA XI.

RElinqueres) Ob interregna: quibus judicia jacebant, cum nullus, qui jus diceret, in urbe magistratus esset; nam interrex non juris dicendi causa creabatur, sed ut haberet comitia consulibus rogandis. Interregnum Romae primum fuit, cum, Romulo mortuo, nondum Numa rex creatus esset: inde factum, liberata regio dominatu civitate, ut, cum in annum sequentem extracta comitia essent, nec ulli creati curules magistratus, interrex habendorum comitiorum gratia proderetur. Livius, Dionysius, Plutarchus, alii.

Tot interregnis) Quot interregna fuerint eo anno, facile inveniet, qui Dionem & Pedianum attente legerit: quorum ille lib. XL. scripsit, eo anno, quo Calvinus & Messalla consulatum gessere, urbem sine magistratibus fuisse per sex menses: Pedianus autem interregni dies non plures quinque fuisse tradidit; sunt igitur hac ratione interregna XXXVI. in sex mensibus. Duo sunt praeterea, quae docet idem Pedianus, non omittenda, ut arbitror: unum interregem non nisi a senatoribus patriciis, & ipsum patricium, prodi solitum; quod & Cicero pro Domo sua dixit: alterum, ut ab eo, qui primus interrex esset proditus, comitia haberentur, moris non fuisse.

Desiderat) Vere; nam interrex jus non dicit: cessat igitur opera jurisconsultorum, & justitium in urbe tamdiu est, quamdiu interregnum. Hactenus Cicero vere & serio, reliqua jocans, ut infra, demonstrabo.

Unde petitur) *Unde petitur*, dicebatur is, a quo pecunia in judicio tamquam debita, petebatur; non enim *unde petitur*, & *debitor*, idem sunt; nam quia vel interdum non debita pecunia petebatur; vel petebatur ante, quam esset coepta deberi; propterea debitor dici non semper poterat is, unde petebatur; sed tum vere, cum pecuniam debebat. Atque hunc loquendi modum antiquis jurisconsultis, quorum scripta periere, familiarem arbitror fuisse; hodie quidem exempla habemus perpauca: quorum unum, ut mihi nunc in mentem venit, subjungam lib. I. de Orat. *Nobis in tribunali Q. Pompeii, praetoris urbani, primarius, homo ex numero disertorum postulabat, ut illi, unde peteretur, vetus atque usitata exceptio daretur, Cujus pecuniae dies fuisset? quod petitoris causa comparatum esse, non intelligebat.*

Binas advocationes postulent) Quasi beneficii loco; nam, cum interreges singuli per dies tantum quinque sint, nec dies omnes fasti sint, quibus tantum judicia fieri licet: non esset litigantibus incommoda conditio, si binas advocationes a singulis interregibus impetrare possent. Binarum autem advocationum mentio unam & alteram causae actionem significat, cum enim a patronis agitur causa, tunc adsunt advocati jurisconsulti, qui jus suggerant.

Satis ne tibi videor abs te jus civile didicisse) Hic ostenditur, superiora per jocum esse dicta: quia scilicet de industria Cicero ita locutus est, ut jus civile parum didicisse videretur, in quo autem haec deprehendi possit imperitia, quaerendum est: mihi videtur in eo, quod suadere se debitoribus dixit, ut binas advocationes ab interregibus postulent: quo quid imperitius? non enim is, qui pecuniam debet, sed is, cui debetur, a magistratu judicium postulat ejus exigendae pecuniae causa; deinde, quis tam rudis in foro, tam ignarus judiciorum est, qui nesciat ab interregibus advocationes peti non solere? quippe cum interreges non juris dicundi, sed tantum habendi comitia curam gerant. Mihi haec interim placebit sententia, donec meliora quis attulerit.

Hac signa) Signa, & indicia sunt, & statuae: hic jocus est in ambigua significatione.

In meo Tusculano) Quam villam signis ornaverat: epist. 23. & ad Attic. epist. 3. lib. I.

Consuli te a Caesare) Consuli dicuntur jurisconsulti, cum aliquis dubia in re quaerit, quid verum sit optimumve factu, in Bruto: *Et consulebitur plurimum Crassus, & dicebat*: epist. 13.

Tibi ab illo consuli) Tuis commodis Caesarem consulere. Iocus est in varia ejusdem verbi significatione. *Consulere aliquem*, & *alicui*, quid sit, vel hic locus declarat.

Perfer) Quasi gravem, quam Trebatius non libenter ferret.

Ego enim desiderium tui spe tuorum commodorum consolabor) Epist. 10. eadem sententia, verbis mutatis: *Sic nobis persuadeas velim, unum mihi esse solatium, quare facilius possim pati te esse sine nobis, si tibi esse id emolumento sciam.*

Sin ista sunt inaniora) Infra: *Sin ista frigebunt.*

Vae mehercule, &c.) Epist. 10. eadem sententia.

Colloquutio) *Congressio*, dixit epist. 10.

Omnes Samarobrivae) Non modo unos, sed omnes, quotquot esse possunt. Urbs in Gallia inter Belgas, ubi tum videtur cum Caesare fuisse Trebatius epist. 12. & 16. vide Caesarem lib. V.

Laberium) Qui timendus erat ut mimus: de hoc Suetonius in Caesare, & Macrobius lib. II. qui etiam praeciarus gos ejus senarios, vistum se a Publio mimo conquerentis, recitat. Ejus Mimi nominantur, quos reliquit, Rector, Salinator, Scriptura, apud Gellium, Aquæ, Aries, Augur, Caculi, Crevus, Tuscus, apud Charisium; Annales, Aquæ Caldæ, Aulularia, Bellum, Galli, Carcer, Catularium, Centenarium, Xa-pa, Cithera, Compitalia, Cropium, Finalia, Fullonica, Imago, Lacus Avernus, Macchus, Nuptiæ, Panilica, Paupertas, Primum, Seligitus, Sorores, Tuccra, Tuscus, Virgo apud Nonium. Horatius Laberii mimos non probat; ait enim Sat. ult. lib. II.

Nec tamen, hoc tribuens, dederim quoque cetera: nam sic
Et Laberi mimos, ut pulcra poemata, mirer.

Valerium) Non opinor significari Q. Valerium Catullum poetam, sed L. Valerium jurisconsultum, quem Cicero epist. ult. lib. I. & ep. 1. lib. III. commendat; magis enim credendum, cum *sodalem* Cicero vocet, eum significari, qui utrique familiaris erat, quam Catullum poetam, quem nec Ciceronis, nec Trebatii sodalem aut familiarem fuisse, quisquam scripsit. Præterea, vel notam prænominis, quod eis diversum fuit, *Lucius*, Valerio jurisconsulto, *Caius*, Valerio Catullo poetæ, adjungi oportuit; vel si modo poeta significabatur, cognomen apponi, quod jurisconsulto nullum fuit; aut etiam solum cognomen nominari: quod fecit Nepos in Attici vita, Quinctilianus lib X. Gellius lib VII. cap. 20. qui omnes Catulli non modo nomen, verum etiam prænomen omisere, solo cognomine contenti.

Mimo) Ad risum excitandum.

Persona) Ut in scenam inducuntur ab histrionibus personæ diversorum.

Britannici jurisconsulti) Ipsius Trebatii, qui noluerat in Britanniam cum Cæsare proficisci. Rideri igitur duabus causis poterat Trebatius: tum quia jurisconsultus in militiam iverat; cum ceteri suam in urbe, magna cum laude, scientiam exercerent; tum quia, cum in militiam ivisset, Cæsarem tamen ex Gallia in Britanniam transeuntem sequi noluerat: in hoc metus, in illo juris civilis inscientia describitur.

Non video) Non contemno, etsi jocor, ut soleo: ne me tamen putes hæc parvi facere.

Tuam dignitatem obtinebis) Istic eris cum ea, qua te decet esse, dignitate.

Honestatem) Honorem & existimationem: ut epist. 17. *Quæ ego tibi & jucunda & honesta præstabo*: sic *Honestus* pro honoratus, epist. 15. lib. II. *Cæsarem honestum esse cupio*.

Facultates) Paullo latius accipio, quam pro re domestica: ut Offic. lib. III. *Facultates & copiæ singulorum, divitiæ sunt civitatis*. Et epist. 2. lib. II. ad Att. *Illum miserum tuere meis opibus, si quæ sunt, iis, quibus tibi molestum non erit, facultatibus*.

Studio) Quo fit, ut te Cæsari vehementer commendemus.

EPISTOLA XII.

INdicavit) Litteris e Gallia missis.

Pansa) C. Vibius Pansa, qui consul postea fuit cum Hirtio.

Meus) Pronomen amorem indicans, ut *Curio meus*, epist. 10. lib. XVI. Epistolarum libri Ciceronis ad Pansam appellantur a Nonio, & Prisciano.

Tarentum) Mollem civitatem, nequitiæque deditam. Horatius II. Serm. sat. 4.

Pellicibus præliis jactat se molle Tarentum.

Athenæus lib. IV. solitos dicere Tarentinos ait, aliis laboriosam vitam, sibi voluptariam placere.

Et Titius) Sic antiquus liber, ex quo fortasse legendum, *Et Titus*: ut significetur T. Pomponius Atticus, Ciceronis familiaris, idemque Epicureus: alii libri varie, *Fatius*, *Fricius*, *Fricius*, *Ferius*, *Fabicerus*, *Ficicius*, *Fabrius*, in nullo, *Zeius*, esse video: quod aliis placuit, ex auctoritate veteris libri. Romanæ familiæ nomen esse potest: mihi tamen ignotum.

Cum omnia tua causa feceris) Ex Epicuri sententia. Pertinet ad hunc locum illud ex oratione pro Sestio: *Philosophus ascio quos præclare dicere*

aje-

ajebat : *sapientes omnia sua causa facere* ; *remp. capessere hominem bene sanum non oportere* ; *nihil esse praestabilius otiosa vita, & plena, & conferta voluptatibus*.

Non dicam] Hoc non habent mei duo veteres libri : & fortasse additum ex ingenio, sententia non requirente.

Fiducia, inter bonos bene agier? quis? Ita legitur in libro manu scripto. & sane crediderim, non aliter hunc locum esse scribendum, etsi priorem lectionem conservarim. Voces enim illae, ut & oportet, quae sunt in impressis, additae sunt ab imperito; qui locutionem parum integram crederet, cum alibi a Cicerone Iurisconsultorum formulam sine verbo citari non animadvertisset, ut de Offic. lib. III. *In fiducia* (inquit) *inter bonos bene agier?* codices enim vetusti non habent, ut & ibidem paullo post : *Cum dicitur, inter bonos bene agier : quidquam agi dolose, aut malitiose potest?* In Topicis etiam cap. 17. ubi eadem haec usurpantur verba, manuscripti codices ab impressa lectione dissentientes, nostram sententiam confirmant, quam etiam Romae doctissimis hominibus probavi.

Quis enim est, qui facit nihil, nisi sua causa] Et abest hoc totum a duobus antiquis libris; & mihi quidem satis frigidum videtur, jam cum superioribus formulae verbis qui cohaeret?

Communi dividundo] Titulus est apud jurisconsultos.

Iovem Lapidem jurare] Superiora in jurisconsultorum proprie, hoc in omnes communiter convenit : evenit enim, ut juremus fidei faciendae gratia, at Epicureis cur jurent, non est; deos enim iratos non timent, quos aiunt non curare mortalia, neque ipsos habere molestiae quidquam, neque cuiquam inferre. Hunc morem, Iovem Lapidem jurandi, satis ostendimus in illo loco, *Si sciens fallo*, epist. I. hujus libri.

Populo Vlubrano] Qui erat in Trebatii clientela, epist. 18. Vlubrae autem non colonia, non municipium, sed praefectura fuit, ut haec vetus inscriptio, ab egregio jurisconsulto, & cum humanitate, tum omni liberali doctrina politissimo, Ioanne Turtitiano ad me missa, declarat.

C. OFFVLL. C. F. COR.
RVFVS. PAGI. MAGISTRA
TVM, PRAEFECTVS. VLVBRAE
IVRE . DICVNDO.

Praefecturae autem jus Romanae civitatis habebant, Romanisque tum legibus, tum magistratibus utebantur, vel a populo creatis, vel a praetore urbano delectis.

Πολιτεύεσθαι] *Remp. administrari* : ut eadem de re dixit in oratione pro Sextio, sed hic maluit Graece loqui, fortasse ut ipsum Epicuri, Graeci hominis, verbum referret. Vide hac de re sententiam Epicureorum lib. III. de Orat.

Si plane a nobis defcis] Si non ficte, ut assentireris Pansae, sed vere & ex tua sententia Epicureus factus es.

A nobis] Qui Epicurei non sumus, & honestum rebus omnibus anteponimus.

Pansa offenderi] Epicuri sectam & instituta persequenti, epist. 19. lib. XV.

Commodum est] E re tua est.

Modo scribe] Si dixisset, *Modo scribas*, hortaretur : cum dicat *Modo scribe*, hortatur simul, & imperat.

Aliquando] Quasi hoc Trebatius aut numquam, aut non nuper, sed multo antea scripsisset, jam enim, ut prima epistolae verba significant, litteras mittere intermiserat.

Quid agas, & a nobis quid agi, quid fieri, aut curari velis] Quaeri potest, cum dixerit jam, *Agis*, cur subjungat, *Fieri*. Sciendum, non idem utrumque significare; nam *Agere*, quasi genus est; *Facere*, tamquam species, non enim, qui cogitat, aut loquitur, proprie dicitur facere, sed agere : cum tamen quidquid fiat, id etiam agi dicatur : qua de re subjiciemus verba Varronis ex lib. V. de Lingua Latina; quae significant actionis nomine tria comprehendi, cogitare, dicere, facere : *Actionum* (inquit) *trium primus cogitatus mentis; quod primum ea, quae sumus acturi, cogitare debemus; deinde tum dicere, ac postremo facere, de his nobis minime putat vulgus esse actionem cogitationem : tertium in quo, quid faci-*

facimus, id *maxime*, *sed & cum cogitamus, quid & in eam rem cogitamus, in mente agimus; & cum pronunciamus, agimus; itaque ab eo orator dicitur agere caussam; & augures augurium agere dicuntur, cum in eo plura dicant, quam faciant.* His verbis ostendit Varro, *agere*, genus esse; *facere* autem speciem. Idem infra, subtilius hæc distinguens, diversam utriusque verbi significationem demonstrat: *Tertium* (ait) *gradum agendi dicunt, ubi quid faciunt, in eo, propter similitudinem agendi, & faciendi, & gerendi, quidam error iis, qui putant esse unum; potest enim aliquis facere, & non agere; ut Poeta facit fabulam, & non agit; contra actor agit, & non facit, & sic a Poeta fabula fit, & non agitur; ab actore agitur, & non fit. Contra, Imperator, qui dicitur res gerere, in eo neque agit, neque facit, sed gerit, id est, sustinet. Proprio nomine dicitur facere a facie; quod rei, quam facit, imponit faciem; a qua facie discernitur, ut dici possit aliud esse vestimentum, aliud vas. Qui quid administrat cujus opus non extat, quod sub sensum non veniat; ab agitatu, magis agere, quam facere, putatur. Sed quod magis his promiscue, quam diligenter, consuetudo est usa; translaticiis utimur verbis, nam & quidem facere verba, dicimus, & qui aliquid agit, non esse inficientem.* Hæc Varro, quibus constat, & genus, & speciem esse posse, nec desunt generis exempla, de specie autem sic Cicero in epistola superiore: *Quid agis? ecquid fit?* Et lib. III. de Fin. *Est ejus generis actio quoque quædam, & quidem talis, ut ratio postulet agere aliquid, & facere eorum.* Et in Lucullo: *Idem in similibus actibus contingat; quorum omne opus est in faciendo atque agendo.* Et Terentius Adelph. act. 5. scen. 3. *Heu mihi, quid faciam? quid agam?* Et ibidem, scen. 5. *O Syre noster, quid fit? quid agitur?* Græci quoque *πράττειν* & *ποιεῖν* distinguunt, illud pro *agere*, hoc pro *facere* usurpantes, horum verborum differentia in artium quoque distinctione cognoscitur, aliæ enim vocantur *πρακτικαί*, cum post actionem opus non remanet, ut saltandi vel canendi scientia; aliæ *ποιητικαί*, cum opus remanet, ut quæ ab Aristotele ναυπηγική, & quæ χαλκευτική nominantur, quamquam Aristoteles videtur usurpasse *τὸ ποιεῖν ἀντὶ τοῦ πράττειν*, initio artis Poeticæ. Sed hoc ei usitatum est, verba paullo liberius accipere, vel antequam ea definierit; ut cum pro mutatione motum accepit Phys. lib. III. licet motus & mutatio non idem sint, quæ postea definivit lib. V. vel cum singulorum verborum exquisitam proprietatem sententia non requirit. Idem tamen Polit. lib. I. *Διαφέρει*, ait, *ἡ ποίησις εἴδει καὶ ἡ πρᾶξις . . . ὁ δὲ βίος πρᾶξις, οὐ ποίησίς ἐστι. Effectio & actio inter se specie differunt . . . . vita porro actio, non effectio est.* Et Rhetor. lib. I. Καὶ τὰς ἀρετὰς δὲ ἀνάγκη *ἀγαθὸν εἶναι· κατὰ γὰρ ταύτας εὖ τε διάκεινται οἱ ἔχοντες, καὶ ποιητικαὶ τῶν ἀγαθῶν εἰσι, καὶ πρακτικαί. Et virtutes necesse est, ut bonum sint; nam his bene afficiuntur, qui habent, & idoneæ ad bona efficienda sunt, & agenda.* Hanc distinctionem comprobat lib. II. cap. 18. Quinctilianus his verbis: *Cum sint artium aliæ positæ in inspectione, id est, cognitione & æstimatione rerum, qualis est Astrologia, nullum exigens actum, sed ipso rei, cujus studium habet, intellectu contenta, quæ θεωρητική vocatur; aliæ in agendo, quarum in hoc finis est, & in ipso actu perficitur, nihilque post actum operis relinquunt, quæ πρακτική dicitur, qualis est Saltatio; aliæ in effectu, quæ operis, quod oculis subjicitur, consummatione finem accipiunt, quam ποιητικήν appellamus, qualis est Pictura: fere judicandum est, Rhetoricen in actu consistere; hoc enim, quod est officii sui, perficit.* Quod igitur Cicero dixit, *Quid agis*, vel tamquam genus, vel tamquam speciem accipiamus hoc verbum: genus, ut se paratum ad omnia, quæ Trebatius vellet, ostenderet: quod apertius indicavit, dividendo mox genera in species, *fieri*, & *curari*: speciem, ut tribus verbis, agi, fieri, curari, tria diversa demonstrentur; aliud enim est, agi, & fieri; aliud curari, ut aliquid agatur, aut fiat. Tenuia fortasse videntur hæc, neque digna satis, in quibus elaboretur; nos, quod ad usum Latinæ linguæ pertineret, nihil umquam contemsimus; nec pœniteret consilii, nam si veteribus illis in scribendo

bendo similes esse cupimus ; ponderanda singula sunt, ut ex multis partibus, apte convenientibus, egregium illud, quod quærimus, universum fiat.

EPISTOLA XIII

ADeo ne me injustum existimasti) Simile principium epistolæ octave libri secundi : *Quid tu me hoc tibi mandasse existimas, &c.* Sic & Cælius non semel orditur libro octavo.

Primis litteris) Epistola decima septima : *Primorum mensium litteris tuis vehementer commovebar, &c.*

Satisfactionem) Excusationem : epistola decima secunda libri octavi : *Pastea quam illum, ne cui satisfacerer quidem, me dignum habere sensi*. Et epistola decimatertia libri octavi : *Quintus mihi per litteras satisfecit, multo adsentientibus verbis, quam cum accusabat*.

Teste) Cognomen Trebatii, epistola 21. 22.

Quæ tua gloria est) Quæ ambitio tua. Interdum gloriæ nomen pro inani quodam gloriæ studio sumitur.

Artificium tuum) Scientia juris civilis.

Non ex jure manum consertum) Enniani versus ex octavo Anuali, quos lib. XX. cap. 9. recitat Gellius, hi sunt:

Pellitur e medio sapientia ; vi geritur res.
Spernitur orator bonus ; horridu' miles amatur.
Haud doctis dictis certantes, sed maledictis,
Miscent inter sese inimicitias agitantes.
Non ex jure manum consertum ; sed mage ferro
Rem repetunt, regnumque petunt, vadunt solida vi.

Eosdem versus, ponit Cicero in oratione pro Murena, divus Augustinus epistola 8. lib. XV. Servius in ultima eclog. Virg. Illic, ait, non litibus, ut Romæ, sed armis res geritur : itaque metuo, ne fructum ex artificio tuo parvum capias. *Manum conserere*, & *Manu consertum vocare*, non idem esse, Gellius loco supra nominato satis ostendit : *Ex jure* (inquit) *manum consertum, verba sunt ex antiquis actionibus : quæ cum lege agitur, & vindiciæ contenduntur, dici nunc quoque apud prætorem solent*. Et infra : *De qua re disceptatur in jure præsenti, sive ager, sive quid aliud esset, cum adversario simul manu prehenderent ; correptio manus in re, atque in loco præsenti, apud prætorem ex XII. tabulis fiebat. Sed postquam prætores propagatis Italiæ finibus, profisci, vindiciarum dicendarum causa, longinquas res gravabantur ; institutum est contra XII. tabulas tacito consensu, ut litigantes non ex jure apud prætorem manum consererent, sed ex jure manum consertum vocarent ; atque profecti simul in agrum, de quo litigabatur, terræ aliquid ex eo, uti unam glebam, in jus in urbem ad prætorem deferrent, & in ea gleba, tamquam in toto agro, vindicarent. Idcirco Ennius, significare volens bellum, non, ut ad prætorem solitum est, legitimis actionibus, neque ex jure manum consertum, sed bello ferroque, & vera vi, atque solida usqui, videtur dixisse, conferens vim illam civilem & festucariam, quæ verbo diceretur, non quæ manu fieret, cum vi bellica & cruenta*. Hæc Gellius. Illud moneo, placere mihi, quod aliis quoque placuisse video, conjuncte legi, & unico verbo, *Manumconsertum* ; alioqui legendum videretur, *Manus consertum*, vel, *Manum consertum*. Si enim manus conserebatur, quod Gellius aperte demonstrat, certe, *Manum consertum*, id est, ad manum conserendam, ut Gellius idem interpretatur, non, *Manu consertum*, dici debuit. Est etiam vetus apud me liber, in quo legitur unico verbo, *Manumconsertum*.

Sed magis ferro) Abiicitur *s*, in *Magis*, metri causa, quod qui ignorabant, fecere, *Mage*, ut in Gellio, & in oratione pro Murena. In hac quidem epistola scripti libri omnes, nulla varietate, habent, *Magis*.

Et tu soles ad vim faciendam adhiberi) Nonnulli veteres libri, *Faciendam adhibere* mendose : factum enim ex *Faciendam*, *Faciendum* : & ut facile fuit, quod inclinare semel cœpit, mutatum est *Adhiberi* in *Adhibere* : ut esset, *adhibere faciendum ad vim*. Sic deformata maculis pulcherrima sententia suam venustatem amiserat : habet enim leporem hæc interrogatio, *Et tu soles ad vim faciendam adhiberi?* in quo in quo timiditatis arguitur Trebatius; qui, cum facienda vis esset, non adhiberetur, quod infra quoque demonstratur in iis verbis: *dum te non esse procacem in lacessendo*.

Neque est, quod illam exceptionem in interdicto pertimescas, quod tu prior vi hominibus armatis non veneris) Omnes antiqui libri, *Non veneris*, quod ideo dictum volui, ne quis propter obscuritatem sententiae, mutandi licentiam arripiat. *Interdictum* quid sit, docuere multi: est autem praetoris actio, cum aliquem in eam possessionem, unde vi dejectus est, restitui jubet, donec judicio planum fiat, uter possidere debeat: exceptionem tamen his fere verbis addere consuevit: *Nisi is, qui restitui postulat, prior vi hominibus armatis praesentem possessorem dejecit*. Iocatur hic Cicero cum Trebatio tamquam cum homine bellica certamina libenter vitante: Numquam, ait, ad te pertinebit illa exceptio, qua praetor in interdicto uti solet, quod tu prior vi hominibus armatis quemquam de possessione dejeceris; facit enim tua timiditas, ne quem prior laedas. Huic sententiae videtur illud, *Non veneris*, adversari; nam exceptio illa non solebat in eum fieri, qui prior vi hominibus armatis non venisset, sed qui prior venisset. Vidit hoc olim Bernardinus Rutilius, putavitque legendum, *Conveneris*. Alii postea non discedendum a veteribus libris, recte censuerunt: sententiam tamen Ciceronis non omnino (ut arbitror) sunt adsecuti; nam, quod ajunt Ciceronem hoc dicere, non esse Trebatio pertimescendam exceptionem illam, qua utuntur illi ad praetorem, qui cum confessi sint se dejecisse, clamant tamen se non interdicto teneri, nec debere restituere; nam se prius ab adversariis vi hominibus armatis dejectos esse: ego non arbitror exceptione illa eos ad praetorem uti solitos, qui aliquem de possessione dejecerant; sed ipsum praetorem, cum eum, qui dejectus erat, interdicto restitui juberet, excipere solitum esse, nisi is, qui postularet interdictum, prior vi hominibus armatis adversarium dejecisset: quod si probaretur, interdictum ei nullam opem ferebat; sed verus possessor, donec his ad extremum pervenisset, in suo statu permanebat. Non dubium est autem, cum ait Cicero, *Quod tu prior vi hominibus armatis non veneris*, usitata eum exceptionis verba recitare; sed particulam, *Non*, addit de suo, joci causa, & immutat exceptionis morem, ut Trebatio timiditatis notam inurat: quasi minime prior venisset vi hominibus armatis. Eadem licentia cum jocaretur, pervertit historiam Cicero, sive fabulam potius in epistola ultima lib. I. Nam cum dicturus esset, *Tamquam Vlysses cognosceris a tuorum nemine* (id enim Vlyssi contigit, nec eum, praeter canem, quisquam cognovit) repente mutavit, & dixit, *Tamquam Vlysses cognosces tuorum neminem*: ita, quod volebat, objecit ignobilitatem Valerio, & paucitatem propinquorum: quam objicere non poterat, si dixisset, *Cognosceris a tuorum nemine*. Cum haec legisset, admodum probavit egregius jurisconsultus, a recentiorum jurisconsultorum barbarie longe remotus, quemque multo pluris facio, moribus & probitate excellens, vetere mihi necessitudine conjunctus, Octavianus Pupulus Mediolanensis.

Non esse procacem) Hoc addit Cicero, quasi sensum exceptionis jam expressisset: quem tamen ostendimus joci causa esse immutatum.

Ego quoque) Licet jurisconsultus non sim; nam jurisconsultorum est, aliis cavere, epist. 6. & lib. III. epist. 1.

De nostris cautionibus) Pro, e nostris cautionibus. *Nostris*, inquit, jocans: quia jurisconsultorum cautiones erant: & oratorem cavere jurisconsulto, mirum videtur.

Treviros) Galliae populos, Rheno flumini finitimos: qui, accersitis Gallorum auxiliis, cum Labienum, Caesaris legatum, obsedissent, ab eo castris erumpente fusi fugatique sunt. Caesar com. lib. V.

Capitales) hastilia ferentes, caput petere solitos. Philip. V. *Ad quem dum Septimium, capitalem hominem, collegam suum, misisset*. Et de Fin. lib. IV. *Capitalis adversarius*. Iocatur hic Cicero in verbo *Capitales*, quia Romae triumviri capitales erant.

Mallem, auro, argento, aere essent) Tre-

Treviri erant, ut diximus, in Gallia: Treviri item Romæ, qui *Monetales* dicebantur, quia monetæ præerant, id est, auro, argento, æri, tum flando, tum feriundo; quod illa veterum nummorum inscriptio declarat, A. A. A. F. F. qua de re editam olim a nobis Petri Bembi, viri plane singularis, epistolam hic subscribimus.

PETRVS BEMBVS BERNARDINO SANDRO S.

Quod hodie mane quærenti tibi a me de illis Ciceronis ad Trebatium verbis: Treviros vites censeo: audio capitales esse: mallem auro, argento, ære essent; *respondi, jocum esse & multiplicem, & festivum; qui quidem jocus in antiquis & nummis & scriptoribus deprehenderetur; itaque quoniam eramus in via, ut neque libros, neque nummos haberemus, rejeci te in aliam diem; id, ne te diutius torqueam, est ejusmodi, ut joci causa, quod quidem Cicero ad illum scribens more suo fere semper facit, & Treviri, & capitales in ambigui genere sint posita; nam, cum videatur monere illum, ut vitet Treviros Galliæ populos, qui capitales bellicosique sint; ludit tum in Trevirorum, tum in capitalium verbo, erat enim Romæ magistratus, Triumviri capitales, qui etiam Treviri dicebantur, sed quoniam hoc ipsum Triumvirorum nomen iterum in ambiguo poni poterat, cum essent etiam apud Romanos Triumviri pecuniæ cudendæ; quos ita inscribebant,* A. A. A. F. F. *hoc est, Auro, argento ære flando, feriundo; jocatur iterum in hoc verbo, luditque Cicero, ut mihi quidem videtur, bellissime, addens, mallem Treviros istos esse pecuniosos, quam bellicosos; ut, Cæsare eos vincente, tu ditesceres: itaque infert, mallem esse Treviros auro, argento, ære, quam scilicet capitales. Triumviros autem Treviros solitos dici, Livius satis locuples esse testis potest; cujus sunt hæc in libro* XL. Colonia Gravisca eo anno deducta est in agrum Etruscum, de Tarquiniensibus quondam captum, quina jugera agri data Treviri deduxerunt, C. Calpurnius Piso, P. Claudius Pulcher, C. Terentius Histor. *Quod vero Triumviri pecuniæ sic, ut dixi, inscriberentur; est apud me nummus aureus pervetustus ita inscriptus,* C. PLOTIVS. III. VIR. A. A. A. F. F. *sunt & alii nummi aliorum nominum, ejusdem tamen tituli; quos inspicies, cum voles. Hæc ad te scripsi, cum domum redissem, & nummos ac libros sumsissem, amore tui admonitus. Vale. Pridie idus Jun.* M. D. XXXII.

EPISTOLA XIV.

C*Hrysippus*) Architectus, epist. 9. lib. XIV. ad Att.

Cyri) Et hic libertus fuit ab architectura nobilis, de quo epist. 9. lib. II. ad Attic. & epistola secunda lib. II. ad Q. Fratrem, hic obiit eo anno quo P. Clodius occisus est, ipsumque Clodium & Ciceronem reliquit heredem; ut ex oratione pro Milone intelligitur.

Libertus) Ergo & Cyrus Vettius, a quo nomen Chrysippus acceperat.

Scribere) Videtur loqui simpliciter; sed, ut soles, per jocum unico verbo duas res attingit; simul enim de jurisconsultorum scriptione significat: quod sequentibus verbis ostenditur: & Pomponius lib. II. circa finem de orig. juris: *Aut judicibus*, ait, *ipsi jurisconsulti scribebant; aut testabantur, qui illos consulerent*. Pro Murena: *Hanc urbanam militiam respondendi, scribendi, cavendi*. Scribebant formulas sponsionum, stipulationum, actionum, testamentorum etiam. Nam lib. II. de Orat. non longe a principio: *Si tu Scævola omnium testamenta scripseris*. Est igitur, ut *cavere*, sic *scribere*, jurisconsultorum.

Te advocato) Alibi *Advocatus* est is, qui præsentiam, ut ait Asconius, reo commodat: hic est is, qui per formulas præscripta litigandi forma, cavet iis, a quibus consulitur; unde illud in epistola 10. *In re militari multo es cautior, quam in advocationibus*.

Causa caderent) Litem amitterent: qui enim scriptis tuis freti litigabant, cadebant causa, nunc id non accidet: quia sic scribere oblitus es, nemo tuis in sua re scriptis utetur.

Æstivorum timor) Timor futuri belli, quod æstate renovabatur.

Debilitat) Sic afficit, ut litteras ad amicos mittere non possim.

Aliquid excogita) Cave tibi quoquo modo ab æstivorum periculo, ut cavisti ab sti ab essedariis Britannicis, cum in Britanniam transire noluisti.

Benevolentia) Cujus jura postulant, ut amicos de rebus nostris nos ipsi certiores faciamus.

EPISTOLA XV.

MOrosi) *Morosus* est, cui non placet id, quod placere debet: vel, qui plus, quam oportet, exigit ab aliquo: vel, qui non fert, quod ferendum videtur. In Oratore: *Usque eo difficiles ac morosi sumus, ut nobis non satisfaciat ipse Demosthenes*.

Ea quæ spero) Honestatem, & commoda, epist. 11.

C. Matii) Cujus exstat gravissima epistola lib. XI. Apud Cæsarem gratia valuit, ut epist. 12. lib. VI.

Dedissem) Quinctilianus lib. XII. cap. 6. ait Matium ante quæstoriam ætatem orasse. Columella lib. XII. cap. 4. & cap. 44. scripsisse eum de pistore, coquo, & cellario libros tres. A Gellio quoque & Macrobio laudari video doctrinam Cn. Matii. Sed ibi Cnæus, hic Caius nominatur: ut vel duo Matii fuerint, diverso prænomine, uterque in primis eruditus: vel, si unus fuit, mendum sit in alterutro prænomine.

EPISTOLA XVI.

IN *Equo Trojano*) Tragœdiæ nomen, sed utrum Livii Andronici, quem Nonius appellat in Opiscula, an Nævii, quem Macrobius lib. VI. Sat. ignoro.

Sero sapiunt) Subaudi, *Phryges*: qui, cum Helenam initio belli reddere noluissent, postea fractis jam suorum opibus, & spe salutis amissa, velle se eam reddere dixerunt: inde natum proverbium, de quo Festus.

Mi vetule) Amatorie per jocum.

Rebus suis) In quibus teneri se urbis desiderio, & cupere statim aliquid auferre, atque a bello discedere, scripserat Trebatius: id fuit primum argumentum, cur non sero, sed mature sapere visus est: alterum, quod in Britanniam ire noluit: tertium, quod Samarobrinæ diu mansit, nec ullam rei bellicæ partem attigit. Inde jocandi materiam Cicero sumsit.

Sat fatuus) Quia cum ivisset in Galliam eo consilio, ut Cæsaris benevolentiam obsequio officioque suo consequeretur, ita statim auferre ab eo pecuniam, & domum redire properabat, quasi non litteras commendatitias, verum syngrapham ad eum attulisset.

Non nimis φιλοθέωρον) Non valde cupidum spectandi: quia transire in Britanniam noluisti, neque spectare essedarios. Hic locus alio loco ep. 6. illustratur. Secutus autem sum Politiani correctionem: licet libri veteres, pro *Nimis*, *Mimus*, & pro φιλοθέωρον, *Quem Pilotheorum*, omnes habeant, uno tantum excepto, in quo est, *Non mimus philotheorum*, item ut esse in Medicæo libro Politianus idem scripsit. Jocans enim, ut solet, dicit, se Trebatium non reprehendere, quod non nimis spectandi cupidus fuerit, id est, quod in Britanniam profectus non sit, ut Essedarios spectaret. Tacite autem ut ignavum, & pusilli animi subaccusat, qui Cæsarem in Britanniam sequi ad bellum noluerit.

In hibernis injectus mihi videris) Hibernorum tempus nondum erat: sed hibernare Trebatius videbatur, quia se Samarobrina non commovebat: ep. 11. 12. & in hac in extremo.

Usquequaque sapere oportet) Ubique e quod tu facis, qui tibi optime caves, nec periclitari, quamquam sis in bello, de vita vis. Hujus adverbii usus autem semper est: exempla & palam sunt, & quædam Charisius quoque recitat, M. Catonis, C. Gracchi, Frontonis.

Telum) Summum est in sapientia præsidium. Serio videtur hoc dicere, sed jocatur; quasi dicat: Ne tu rationem tuendæ salutis tuæ optimam invenisti: &, quod alii telis assequuntur, id tu sapientia tua consequeris.

Non defuissem) Non negassem: obsecutus essem.

Quis tu es) Ineptum hominem significat: qui Ciceronem, cui ne notus quidem esset, ad cœnam invitaret: epist. 9.

Homo bellus) Lepidus, quo uti jucunde quivis possit. *Bellus* ad formam non refertur, sed ad quamdam venustatem, quæ amorem conciliat.

Abduxisses) Nondum a joco discedit; quam-

quamquam dixerit, *Facere jocum*; nam *Abduxisses*, viderer esse, tecum duxisses ut hominem bellum, voluptatis & laetitiae tuae causa: sed valet, ut hominem ineptum, quo minime delectamur. In hac autem similitudine, *Homo bellus est: vellem, cum meum abduxisses:* inesse quiddam sentio, quod capiat aures meas; nec id tamen, quale sit, explicare satis queo: cujusmodi multa sunt in Latina lingua, quae facilius imitari, quam docere. Huic loco respondere videtur ille epist. 28. lib. X. *Quam vellem ad illas pulcherrimas epulas me idib. Mart. invitasses: reliquiarum nihil haberemus.* Et ad Attic. ep. 22. lib. XV. *Gratulor nobis, Quintum filium exiisse: molestus non erit.*

In Italiam) Puto me jam dixisse, Italiam aliter jure naturae, aliter jurisdictione terminari: jure naturae, Alpibus; jurisdictione, Rubicone amne: ultra quem incipiebat Cisalpina Gallia; quae cum Transalpina & Illyrico erat in imperio Caesaris. Dixit igitur Cicero, *In Italiam*, id est, in Cisalpina Gallia, quo se Caesar quotannis ad conventus peragendos hieme conferre solitus erat, ipse enim Commentariorum suorum lib. I. in extremo de se ipso ita scripsit: *In citeriorem Galliam ad conventus agendos profectus est.* Et lib. II. item in extremo: *Legionibus in hiberna deductis, in Italiam profectus est.* Et lib. V. primis verbis: *L. Domitio, App. Claudio coss. discedens ab hibernis Caesar in Italiam, ut quotannis facere consuerat, legatis imperat, &c.* Et lib. VI. in extremo: *Ut instituerat, in Italiam ad conventus agendos profectus est.* Quibus exemplis utendum putavi, ut constaret, ab eodem Caesare modo citeriorem Galliam, modo Italiam vocari eam imperii partem, quae Alpibus & Rubicone amne contineretur.

Venturi sitis) Venerunt: ut Caesaris verba lib. VI. quae jam recitavi, demonstrant.

Stoici) Qui sapientis esse omnia confirmant: ut in Zenone Laertius ostendit. locus in Trebatium, qui nummosus esse possit sine nummis, more sapientum.

Caelo & terra frui) Fruuntur autem soli sapientes. Huc illud pertinet ex libro V. de Finib. *Paupertas si malum est, beatus esse nemo potest, quamvis sit sapiens. At Zeno eum non beatum modo, sed etiam divitem dicere ausus est.*

Postea videro) Modus loquendi, quo significamus, nondum nobis constitutum ac certum esse, quid aliqua de re sentiamus; simile illud epist. 25. *Petere duo nos, loquitur ista modo nemo: bene, male ne, videro.* Et in ep. 9. lib. IX. ad Att. *Si hic, qui rationem initium fecit, eadem ratione aget, fortiter, temperate, prudenter valde videro.* Et lib. I. de Leg. *Cui tamen ego assentiar in omnibus, nec ne, mox videro.*

Superbiam tuam) Non quod superbus esses, sed quod a nemine consuleretur; idem jocus ep. 10. lib. I. *Qui istinc nunc veniunt, partim te superbum esse dicunt, quod nihil respondeas; partim contumeliosum, quod male respondeas.* *Respondere* dicuntur jurisconsulti, cum iis, a quibus consuluntur, de jure ostendunt, qualis eorum causa sit, quid vitandum, aut agendum; unde in Bruto: *Rutilius magnum munus de jure respondendi sustinebat.* Et pro Murena: *Responsa jurisconsultorum.*

Sed tamen) Quamquam nemo te consulat; hoc tamen laetare, quod istuc veneris, ubi jus civile melius, quam tu, nemo calleat. locus est: nam quae laus, Samarobrinae bonum jurisconsultum videri? Ejusdem generis illud epist. 10. *Quod si in Britanniam quoque profectus esses; profecto nemo in illa tanta insula peritior te fuisset.* Et lib. I. epist. 10. *Ubi malis esse, ubi aliquo numero sis, quam istic, ubi solus sapere videare.*

P. VICTORIVS.

Tu tamen mi vetule) Restat nunc, ut Crinito, qui aliter hunc locum intellexit, respondeamus. Ipse enim contra Politiani emendationem *Philotheca* tuetur, multumque sibi in ea expositione placet, cum dicat etiam Politianum cum de hac re sermonem cum eo haberet, errorem suum agnovisse, libenterque in suam sententiam venisse: quod miror virum pertinacem in tam bona causa tam facile manus dedisse, si non animadvertisse alium intellectum habere verba illa Ciceronis, quibus nititur adversarius, & longe diversum ab eo, quem ille crediderit: nec

nec enim puto hoc Crinitum commentum esse. Sunt autem haec verba, quae Crinitus putavit pro se facere ad Q. Fratrem lib. II. De Rep. *Nimium te laetari aiunt, & meliorem civem esse, quam Philoctetam, qui accepta injuria, ea spectacula quaerebat, quae tibi acerba esse video*. Hanc autem illorum sententiam esse puto. Querebatur Quintus, Remp. eo tempore in magnis malis versari; valdeque de ejus miseriis animo cruciabatur: reprehendit hominem Marcus, quod tantum ei publica damna dolerent, & meliorem civem eum esse dicit, quam Philoctetam, qui accepta injuria a Graecis, in illas eos calamitates cecidisse gaudebat, quas Quintus in sua Rep. esse molestè ferebat. Desiderabat Philoctetes damna & infortunia Graecis, quia se in insula destitutum meminerat; Quintus vero etsi cum fratre graves aerumnas ob Remp. perpessus erat; tamen eum sciret eam multis malis conflictari, ut bonus civis, qui injurias patriae oblivisci debet, iniquo animo ferebat. Damnat igitur ejus consilium Cicero, nec debere illum ob id se nimis macerare ostendit, cum post tot accepta beneficia, nimis in ipsos ingrata Resp. fuisset, ut facile ferre debeat ejus naufragia. Quam sententiam persequitur ad Attic. scribens l. IV. in epist. cujus est initium: *Occupationum mearum*: Tam graves enim fuerant in Ciceronem inimicorum injuriae, & tam acerba exsilii memoria, ut cum se a Rep. destitutum fuisse recordaretur, non posset aliquando in eam satis placato animo esse. *Quaerebat enim spectacula*, intelligimus, laetitiam capiebat rem eo deductam, ut qui sibi damnum intulissent, poenas darent suae petulantiae, ut loquitur lib. 10. ad Attic. de Dionysio: *Ex homini non amico nostra incommoda, tanta praesertim, spectaculo esse nollem*. Id est, praebere illi voluptatem. Libenter enim, qui se male tractatos judicant, vident in adversa fortuna constitutos, quos sibi mali causam fuisse arbitrantur, eamque delectationem capiunt ex illorum infortuniis & miseriis; quam ex aliquo spectaculo capere homines consueverunt. Nihil igitur facit ad locum hunc in epistola Trebatii, locus ille ad Q. Fratrem. Nos autem utrumque quemadmodum intelligi debere credimus, pluribus verbis exposuimus: sed res, de qua tanta controversia exstiterat, non potuit brevius explicari.

EPISTOLA XVII.

Q*Vinto fratri*) Legato Caesaris in Gallia.

Gratias egi) Quod officiis te suis complectatur.

Levis) Quia cum ivisses ad Caesarem, ut honestatem augeres facultatesque tuas, redire statim ad urbem cupiebas.

Urbanitatisque) Non est hic *Urbanitas* eadem, quae epist. 7. lib III. in eo loco: *Homo summa prudentia, multa etiam doctrina, addo urbanitatem, quae est virtus, ut Stoici putant*. Nam hic pro rebus urbanis accipitur.

Piger) Quippe tribunatum contemseras; epist. 8.

Syngrapham) *Syngrapha* est, in qua scribimus, certam nos esse alicui pecuniam soluturos. Pro Murena: *Fregit ne tamquam ex syngrapha agere cum populo*.

Ad imperatorem) Ad Caesarem, a quo pecuniam tamquam e syngrapha debitam exigeres, & statim domum redires.

Alexandriam) Ut a Ptolemaeo, Alexandrino rege, pecuniam suam, ei Romae creditam exigerent. Jocatur Cicero in re vera; ut ex oratione pro Postumo, in qua etiam syngraphae in Albano Pompei factae nominantur, satis constat. Iidem Ptolemaei creditores significantur epist. 1. lib. I.

Nullum nummum) Aliquot etiam ex iis in vincula conjecti: & nudus egensque Postumus, qui non modo suam, sed amicorum quoque pecuniam expulso regi crediderat, e regno fugit: ut eadem docet oratio.

Si mei commodi rationem duceres) Quod Epicurei faciunt, qui suis commodis omnia metiuntur; epist. 12. & lib. III. epist. 9.

Augendum atque ornandum) Augendum, commodis; ornandum, honoribus.

In provinciam) In Hispaniam cum proconsule Pompeio; hac de re vid. epist. 5.

Ultro) Quod summi est amoris argumentum: itaque epist. 55. lib. XIII.

Cum,

Cum, inquit, *jamdiu diligerem M. Anrium; deque eo sic existimarem, ut res declarat; quod ultro ei detulerim legationem, cum multis petentibus denegassem*. Et in oratione pro Cælio: *Puteolani ea cum præsenti Cælio detulerunt, quæ multis petentibus denegarunt*.

Attulerim) Multis rebus potuit Cicero, si legatus cum Pompeio in Hispaniam ivisset, Trebatio consulere, quod ipse ait epist. 5. *Trebatium* (inquit) *cogitaram, quocumque exirem, mecum ducere; ut eum meis omnibus studiis & beneficiis quam ornatissimum domum reducerem*.

Mea mutata ratio) Mutavi consilium. Sic locutus epist. 5. lib. III. *Tua ratio postea est commutata*.

Honorificentissime) Epist. 9. lib. I. *Cæsaris humanitas ac liberalitas, brevi tempore & litteris, & officiis, perspecta nobis & cognita*. Et ibidem infra: *Commemoranda quædam & divina Cæsaris in me fratremque meum liberalitas*. Et ep. ult. lib. V. ad Att. *Perspice meam cum Cæsare suavissimam conjunctionem: qui quidem Quintum meum tuumque, dii boni, quemadmodum tractat honore, dignitate, gratia! non secus ac si ego essem imperator*.

Incredibilem) Commemorandam & divinam vocavit epist. 9. lib. I.

Fidem) Qui, quos semel in amicitiam suam recepit, numquam deserit.

Commendavi) Epistola 5.

Et tradidi) Plus est, quam *Commendavi*. Epist. 5. *Totum denique hominem tibi trado, de manu, quod ajunt, in manum istam tuam, &c.*

Gravissime) Gravissimis verbis, summum amorem ac studium declarantibus.

Diligentissimeque) Sic, ut nihil prætermiserim.

Accipis) Ita te est complexus, ut ego te graviter commendavi.

Nunc tu virum nactus) Epist. 7. *Imperatorem habes liberalissimum*.

Si me aut sapere aliquid, aut velle tua causa putas) Si me nec judicio falli, & fideliter tibi suadere existimas.

Difficultates) Quæ sit in ea re, quam consequi cupias.

Jucunda & honesta) Jucunda quædam sunt, ab honore sejuncta: ideo addidit, *Et honesta*: sicuti epist. 11. conjunxit honestatem & facultates. *Jucunda igitur & honesta*, pro utilia & honorifica: non enim hic *Honesta*, valet recta.

Præstabo) Aliter tamen scripsit ad Q. Fr. epist. 1. lib. III. *Trebatium* (ait) *ad Cæsarem misi: qui mihi jam satisfecit: si ipsi minus, præstare nihil debeo*.

Confirmando) Jam enim est instituta, commendatione mea gravissima ac diligentissima.

Uberioris provinciæ) Hoc est, quod Suetonius de Cæsare scriptum reliquit: *Ex omni provinciarum copia Gallias potissimum elegit, cujus emolumento & opportunitate idonea sit materia triumphorum*.

Æstatis) Ipsius Trebatii. Ep. 7. *Æstatem habes opportunissimam*.

Hoc si amiseris) Epist. 7. *Ut tibi unum timendum sit, ne ipse tibi defuisse videare*.

In vestris libris) Dixi jam solitos esse veteres jurisconsultos suæ sententiæ pondus addere, aliorum jurisconsultorum adscripto judicio: vide ep. 10. *Idem & Mucio, & Manilio placebat*.

Q. Cornelio) Trebatii magistro, ep. 8.

Labore) Militari, quem soles vitare tum pigritia, tum timore. Paullo ante hac ipsa epistola dixit: *Interdum piger, interdum timidus in labore militari*.

Non audiam) Gloriantem de rebus a te gestis. Festiva jocatio.

Qua spe aut conditione) Spe futuri, conditione præsentis commodi.

EPISTOLA XVIII.

Diversis temporibus) Eodem tamen omnes exemplo, ut infra cognoscitur.

Ceteras delectarunt) Hoc pendet usque ad illud, quod est infra: *Cetera belle; illud miror*.

Fortem) Non, ut antea videbare, timidum, ep. 17.

Æstuare) Æstus est commotio vel in igne, vel in aqua, vel, per translationem, in animo.

Tempore) Cum opus erit. *Tempore* & *Tempori*, duobus casibus dicitur: ut e Cicerone, Plauto, & aliis cognoscitur.

Vestræ cautiones infirmæ sunt) Tuum istic artificium tibi parum prodest: friget enim in bello jus civile, epist. 13.

13. *Tantum metuo, ne istuc artificium tuum tibi parum prosit*. Et ep. 16. *Qui istinc veniunt, superbiam tuam accusant, quod negent, te percontantibus respondere*. Occasionem dubitandi in verbo, *Cautionem*, nonnulli attulerunt, affirmantes in antiquis libris esse, *Cavsationem*. Ego in meis omnibus, qui sunt undecim, plane video scriptum, *Cautionem*.

Urbanum cautionum chirographi mei) Litteras commendatitias ad Cæsarem Græce scriptas mea manu: sic enim malo, quam, *Græcis mistas verbis*. *Cautionem* appellat, quod ita utilis ei futura esset illa commendatio, ut jurisconsultorum cautiones iis utiles esse solent, a quibus de jure consuluntur. Sic ep. 13. *Ut ego quoque*, inquit, *te de nostris cautionibus admoneam: Treviros vites, censeo*.

Gallici belli) Videtur jam absolutum esse bellum Britannicum: de quo in superioribus epistolis.

Ignavissimo cuique) Fortes enim rem gerunt: ignavi spectant, & singula notare solent: itaque narrantibus ignavis major habenda fides est, quam fortibus.

Cetera belle) Redit ad id, quod cœperat dicere, *In quibus me cetera delectarunt*.

Quis soles eodem exemplo) Miror, inquit, cum tua manu scribas, eodem exemplo plures a te epistolas mitti. Hinc licet conjicere, epistolas illas, quas Cicero se diversis temporibus accepisse dixit, eodem exemplo omnes fuisse.

In palimpsesto) *Palimpsestus* membrana fuit iterum abrasa, ut aliquid rursum in ea scriberetur; unam autem ex illis epistolis, non omnes in palimpsesto scripserat Trebatius.

Chartula) Palimpseston. Brevem epistolam fuisse constat, quæ scripta fuerat in palimpsesto.

Quam hæc scribere) Cum in hoc loco diversis temporibus innumerabiles prope inspexerim veteres libros, omnes tamen consentire animadverti; quo magis adducor, ut dissentiam a Bernardino Rutilio, qui primus legendum arbitratus est, *Quam hæc non scribere*. At sententia postulare negantem particulam videtur. Esto: quis præstabit, numquam falli nos in eo, quod videtur? quod si mutandum; quod facile concesserim: & ego ipse in emendandis libris uti conjectura interdum soleo: mutatio modica sit, quæque a litterarum similitudine non discedat: itaque crederem, non absurde legi posse, *Quam exscribere*; divinat enim Cicero, quod ex illa chartula deletum sit, exscriptum non esse: siquidem, qui scribit in palimpsesto, chartæ laborat inopia: itaque delere mavult, quam exscribere. Hæc ita opinabar, ut mihi ipse nec placerem valde, nec omnino displicerem. In scholiis suis sic notat ad hunc locum: *Quam hæc scribere*) Suspicor mendum subesse; mihi enim perobscurus est sensus, &, ut libere dicam, quod sentio, legendum crederem: *quam exscribere*, nulla propemodum mutatione facta. Depravationis enim origo, ut opinor, ea fuit: Describendis libris sæpe duos præficimus, qui legat & qui de legente excipiat, ut scilicet celerius & certius id munerit conficiatur: cum autem is qui legeret, protulisset *exscribere*, credidit scriptor *exscribere*, dictum esse: itaque fecit in libro; alius deinde errorem, quem per imprudentiam commissum debuit tollere, temeritate auxit, reposuitque una dictione in duas divisa *hæc scribere*, sensu, ut dixi, mihi perobscuro. Sunt etiam, qui addendum putent *non*, ut legatur *hæc non scribere*, a quibus æque dissentio. Quod si legatur *exscribere*, hoc dicet: Video te parum ditescere, cui charta desit, in qua tuas formulas aut aliud quid exscribas: ea enim si suppeditaret, numquam profecto ad nos in palimpsesto. Infert enim: *An hoc significas, nihil fieri, frigere te, ne chartam quidem tibi suppeditare?* Dixit autem: *quod delere malueris, quam exscribere*: per jocum significans, non habuisse Trebatium in quo exscriberet id quod delerat; itaque se mirari, quid fuerit in illa chartula: quasi moleste ferat id periisse; chartæ enim inopiam ostendit, cum scribat in palimpsesto. Idem error in 3. epist. 8. libri ad Atticum irrepserat. Ubi enim antea legebatur: *Stsem laureatam hæc ferre ex Italia*, nemo non videt legendum esse *efferre*.

Formulas) *Formulæ* sunt ea, quæ jurisconsulti litigantibus præscribunt, ne cauſa cadant : quæ *Cautiones* etiam dicuntur ; ſunt & quædam quaſi normæ judiciorum, æque omnibus obſervandæ, ut *formula fiduciæ*, epiſt. 12. & *Aquilii formulæ de dolo malo*, lib. III. Off. & *doni domini formula*, apud Plinium lib IX. cap. 59. Ex hoc genere non fuere Trebatii formulæ, ſed ex illo ſuperiore, cum ſcribebantur, hodieque ſcribuntur, clientibus in re controverſa.

Nam enim peto) Per jocum ſignificat, pluris eſſe epiſtolas ſuas, quam formulas Trebatii.

Frigere te) Nullum te iſtic fructum capere e ſcientia juris civilis. Epiſt. 11. *Sic enim iſta frigebant, recipias te ad nos*.

Suppeditare) Neutrum abſolutum, ut in oratione pro Scauro : *Utinam mihi ſuppeditet, quod pro M. Scauro dicam, quoniamque non modo mens, verum etiam oculi inciderint*. Et lib. I. Offic. *Studiose parare ea, quæ ſuppeditent & ad victum, & ad cultum*. Cum agendi vero ſignificatione notius eſt, quam ut exempla requirantur.

Tecum extulerie) Nam, ſi eam tecum non attuliſſes, ſine verecundia peteres : nunc, quia te pudor a petendo deterret, nihil accipis. Hæc quoque per jocum ; nam epiſt. 5. pudorem in laude poſuit, cum dicit : *Meliorem virum, pudentiorem eſſe neminem*. Et epiſt. 7. *Multum in eo te fortuna adjuvabit mea, multum Balbus, ſed, mihi crede, tuus pudor & labor plurimum*.

More Romano) Graviſſime & diligentiſſime ; epiſt. 5.

Mescinii Philemonis) Veteres libri nonnihil diſſentiunt : alii enim, *Metilli*, alii *Mesinii*, alii *Merrinii*, alii aliter habent ; ſuſpicatus ſum adoleſcens, neque nunc muto ſententiam, legendum eſſe *M. Æmilii Philemonis* : ut ſit libertus Æmiliæ gentis, & is fortaſſe, de quo Pedianus hæc in argumento orationis pro Milone : *Munatius Plancus tribunus pl. produxerat in concionem M. Æmilium Philemonem, notum hominem, libertum M. Lepidi*.

Iam audieram) Quia non longe aberant.

Fremitum) Cum ad ſalutandum patronum ſuum Ciceronem ire vellent honoris cauſa.

Clientium meorum) Clientes ſuos Trebatius, in Galliam proficiſcens, Ciceroni commendaverat ; ideo ſequitur : *Quos tu mihi conciliaſti*. Et epiſt. 12. *Quid fiet populo Ulubrano, ſi tu ſtatueris, πολιτεύεσθαι non oportere?*

Ulubris) Ulubræ, oppidum non celebre ; *vicum deſertiſſimum* appellat Porphyrio in epiſt. 11. lib. I.

Vim maximam) Maximum numerum ; nova ſignificatio.

Ranunculorum) Quia paludes Ulubris propinquæ. *Ranunculos* vocavit Ulubranorum incolas, jocans in Trebatii clientes.

Arrunthio) Sic ſcribitur hoc nomen in antiquis lapidibus.

Incertum) Cum in ea nihil ſcriptum eſſet, quod, ſi efferretur, nocere tibi poſſet.

Tam variis rebus) Geſtis a Cæſare in Gallia : quæ leguntur in ipſius Commentariis.

GVIL. CANTERI.

Quod *delere malueris, quam hæc ſcribere*) Difficilis admodum hic locus & corruptus videtur : quem nos cum explicuerimus, deinde emendabimus. Primum igitur Trebatius epiſtolam ad Ciceronem in palimpſeſto exararat, quam poſt in charta pura deſcriptam (nam in palimpſeſto etiam alia erant) ad Ciceronem daret. Ac ſimiliter Cicero feciſſe ſe, extrema epiſt. lib. IX. oſtendit, cujus hoc eſt initium : *Amabarrem hora nona, cum ad te harum exemplum in codicillis exaravi*. Hoc ergo cum feciſſet primum Trebatius, poſtea mutato deſcribendi conſilio, vel ignavia, vel avaritia impulſus, palimpſeſtum ipſum ad Ciceronem miſit, cum ea, quæ præter epiſtolam erant ibi perſcripta, deleviſſet ; id enim facere maluerat, quam hanc exſcribere. Nam hoc vult his verbis indicare Cicero. Iam quod ad ſcripturam attinet, primum qui tria hæc verba *quam hæc ſcribere* plane tollunt, imperitiſſime faciunt & audaciſſime ; ac ſi ſic licebit nobis, quidquid in Cicerone vel Poeta aliquo non adſequimur, tamquam nothum perſodere, faciliimam nobis ad omnium ſcriptorum explicationem ſternemus viam. Rectius longe Manutius quam

ego

exscribere legendum putavit: id quod tamen nondum prorsus verum est. Cur enim non potuerit Trebatius etiam quae exscripserat delere? Nos ita puto *hec exscribere*. Quemadmodum enim ille pro *exscribere* positum per imperitiam facile probat *hec scribere*, ut alibi *hec ferre*, pro *efferre*: ita nobis eadem ratione pro *hec exscribere* positum *hec scribere* satis verisimile videtur. Scripsisse autem veteres *ecscribere*, non *exscribere*, mihi quidem non sit dubium. Videntur enim illi ut x, ax, axs, sic etiam x, xc, xcs habuisse. De x & xcs constat: de xc testantur *ecferre*, *ecfodere*, & similia, quae sic in vet. cod. scribuntur. Posterior enim aetas concinnitati servivit, & *efferre* scripsit, ut & *afore* pro *abfore*. Similiter cum x littera pro cs uti coepissent, pro *ecfilia* scripserunt *exilia*, pro *ecfodio* quoque *exfodio*. Itaque non satis prudenter facere arbitror, qui *exsilium*, *exsilio*, &c. scribunt. Nam praeterquam quod pronunciationem videntur inducere longe difficillimam, litteram eamdem se bis scribere ponere non vident. Quod enim antiquitatem adducant, leve est, cum eadem etiam *vixsi* scripserit; & in aliis non raro peccarit, ut cum semper & *adiexsus* posuit, quae sunt in lib. omnium vetustissimis obvia. Quod enim ad *vixsi* attinet, primum fuit *vicsi* (quemadmodum *dicsit*, pro *dixit* alicubi reperitur) deinde cum littera x in usum venit, *vixi* fuit; quod qui non animadverterunt, *vixsi* fecerunt, ut nunc *exsilium*. Litteram porro x aliarum etiam cum s coniunctarum locum invasisse video: ut in *traxi* pro *trahsi*, *vexi* pro *vehsi*, in *pinxi* pro *pingsi*; *maximus* pro *magsimus*. Fuit enim initio *magissimus*, deinde *magsimus* vel *maxsimus*, tum *magsimus*; denique *maximus*. Iam quemadmodum cs in x, sic u in i, o in v; contraque i in u, & v in o fuit a posterioribus mutatum. Itaque illi *hec* dixerunt, nos *hei*; illi *servom*, nos *servum*; contraque illi *vi*, nos *vei*; illi *fecit*, non *feceit*. Quocirca minus attendar iis, qui *fabrica* volunt, & *benevolentia*, ac similia. Dandum enim aliquid est auribus & euphoniae, veterum exemplo, qui *maximus* pro *maxumus* dixere. Idem etiam in *tempora*, *impetu*, & similibus valere velim; sic enim & *quotiens* pro *quoniam* scribimus, nam fuit olim *quom iam*. Sed haec satis; quae breviter a nobis, contra multorum tamen sententiam, dicta studiosi examinent.

EPISTOLA XIX.

Praesenti tibi] In Tusculano; vide prooemium Topicorum.

Prope subegeram, ut tribuerem operi] Cum Trebatius disciplinam & rationem peteret inveniendorum argumentorum, hortatus est eum Cicero, vel ut Aristotelis Topica per se ipse legeret, vel ut a doctissimo quodam rhetore totam illam rationem acciperet. Hoc est, quod ait: *Prope subegeram*. Vide prooemium Topicorum.

Debere non potui] Id volui persolvere. Quod ab amicis petitur, id donec tribuimus, deberi a nobis dicimus: cum vero, id omnino a nobis tribuendum, significare volumus, deberi non posse dicimus: exemplum est hac ipsa de re in Topicorum prooemio & epist. 2. lib. IV. ad Attic. *Oratio iuventuti nostrae deberi non potest*. Et lib. III. de Orat. *An me tam impudentem esse existimatis, ut hoc praesertim maxume putem diutius posse deberi?* Et Tusc. II. in extremo: *Sed tibi hoc video non posse deberi*.

Aristotelica] Quod in eum librum praecepta Aristotelis multa transtulit; nonnulla tamen addidit de suo.

Ab ipsa urbe commonitus] Similiter epist. 11. lib. II. *Mihi magnae curae est aedilitas tua: ipsa dies me admonebat; scripsi enim haec ipsis Megalensibus*. Quo loco vide quae diximus.

Amantissimus tui] Vel quod Trebatius Veliae notus: vel quod ibi possessiones, a patre relictas, haberet.

Rhegio] Scribendum cum aspiratione: dictum enim ἀπὸ τοῦ ῥαγῆναι, ait Strabo, lib. VI.

Litteris] Ex ipsis tantum litteris, & quasi mero libro.

Non longe abieris] Non longe petantur exempla.

Doctorem tamen invenies] Qui doceat, & illustret ea, quae obscuriora sunt. Dixit iam: *Sin tibi quaedam videbuntur* de-

debentur obscuriora. Et cum negaverit ullam artem sine interprete, & sine exercitatione aliqua litteris posse percipi, hic pro interprete doctorem nominat: de exercitatione autem subiungit iis verbis: *Ut vero etiam ipsi tibi loci, proposita quaestione, occurrant, exercitatione consequere*. Veteres libri non consentiunt: duo habent, *Lumenque*, quos secutus sum: alii varie, *Vivumque*, *Vacuumque*, *Nonnumquam*. Omnino in omnibus libris MSis pro *lumenque* legitur *unumque*; ego tamen libentius legerim, *usumque*, id est, exercitationemque, ut dicat idem, quod supra, *nullam artem litteris, sine interprete, & sine aliqua exercitatione percipi posse*.

Per te) Sine ductore.

Ut certe) Si non omnia, hoc certe, ut intelligas, consequere. Notanda vis vocabuli, quam & Ter. indicat in Andr. *Atque aliquis dicet: nihil promoveris. Multum: molestus certe ei fuero, atque animo morem gessero.*

Ipsi loci) Sedes argumentorum. In Topicis: *Ut earum rerum, quae absconditae sunt, demonstrato & notato loco facilis inventio est: sic, argumentum aliquod pervestigare cum volumus, locos nosse debemus. Sic enim appellatae ab Aristotele sunt eae quasi sedes, unde argumenta promuntur: itaque licet definire, locum esse argumenti sedem; argumentum autem, rationem, quae rei dubiae faciat fidem.*

Nos te continebimus) Post oppressam remp. contulit se Cicero ad domesticas exercitationes, ne facultas dicendi, ante parta in foro, exaresceret: epist. 18. lib. IX.

Redierimus) E Graecia: cogitabat enim adesse Romae Kalendis Ian.

Salva ista) Res urbanas, quas pessime affectas relinquebat; ut in argumento ostendimus.

Rhegio) Unde discedens librum Topicorum Trebatio mittebat; dixit enim: *eum librum tibi misi Rhegio*.

EPISTOLA XX.

R*Ufio tuo*) Rufionem Trebatii gentilem fuisse, didici ex hoc antiquo lapide, qui est Romae ad portam Latinam: C. VIBIVS. C. F. MACER. C. TREBATIVS. RVFIO. FACIVND. CVRAVERVNT.

Aedificationem tuam) Aedificabat Trebatius in regione Lupercali proxima.

Lupercali) Locus, ubi lupa Romulum & Remum aluit infantes.

Heletem) Veteres libri omnes, *Heletem*: sed ex Strabone lib. VI. & epist. 6. lib. XVI. ad Att. apparet legendum esse *Heleten*.

Nobilem amnem) Quia Veliam ab eo nomen accepisse traditum est. Strabo.

Papirianam) Emtam de Papirio quodam a Trebatio, vel ab eius patre.

Lucum) Sunt, qui *Lucum* ideo male legi credant, quod neque luci capax esset privata domus: & luci, quia sacri, non sine scelere incidi possent. Utraque ratio parum firma; primum enim, lucum illum non intra aedes Trebatii, sed ante eas fuisse, licet existimare: deinde, ne Cicero putetur impie sensisse, qui eum a Trebatio caedi vellet; docet M. Cato, quo modo recte & sine piaculo caedi lucus possit. Quod attinet ad veteres libros; unum tantum vidi, in quo est, *Iucum*: reliqui omnes habent, *Iocum*: ex quo, *Lotum*, quidam legere maluerunt: quam conjecturam probare non possum, cum proxime sequatur, *A quo*: quod certe ad arborem lotum referri posse, nemo dixerit. Praeterea, luco magis quam unius arboris umbra vel forma teneri advenas, credibile est; quod ideo dico, quia sequitur, *A quo etiam advenae teneri solent*. Iam illud, *Multum prospexeris*, aptius pertinere arbitror ad lucum, quam ad arborem: magis enim prospectum lucus impedit, quam arbor: cum praesertim, *Prospexeris*, intelligendum videatur, e totis aedibus, non ex uno tantum cubiculo, aut una aedium parte.

Videbis) Pro, curabis: ep. 1. lib. V. ad Att. *Statius nuntiasset, ut prandium nobis videret*.

Diis juventibus) Sic locutus & in Phil. III.

Ante brumam) Cogitabat esse Romae Kalendis Ian. Phil. I. *Ea mente discessi, ut adessem Kalendis Ian. quod initium senatus cogendi fore videbatur*. Bruma dictus est brevissimus Decembris men-

se

fit dies, solis hiemale solstitium. Festus.

Nicaeis) Medici.

Absoluti) Velia.

Περι πολυφαγιας) *De edacitate*.

Docilem) In illo (opinor) libro documenta inerant, quo modo, incolumi valetudine, plurimum edi posset.

Increbrescit) Flare incipit vehementius; creber enim venti spiritus magis intendit vela, quam *rarus*. Quaestio est, utrum dici debeat, *Increbesco*, an *Increbresco*, & *Increbuit*, an *Increbruit*. Ego sequor similitudinem; nam quia *ruber* & *creber* eodem plane modo desinunt; & a *ruber* fit verbum *rubeo*; a cujus deinde secunda persona, addita syllaba *co*, fit *rubesco*: sic a *creber* deductum est inusitatum hodie verbum, *crebeo*; a cujus item secunda persona factum est *crebesco*, unde *Increbesco*; non enim me movent *nigresco*, & *macresco*: quia deducuntur a *nigreo*, & *macreo*; cum *rubesco* non a *rubreo*, sed a *rubeo* derivetur; & cum *rubesco* & *crebesco* majorem habeat similitudinem cum *increbesco*, quam cum ceteris verbis, quippe cum a simillimis nominibus, *creber*, & *ruber*, deducantur. Nam, quod ajunt viri docti, ideo scribendum, *increbresco*, quod a nominibus iis, quorum patrius casus exit in *ri*, ut *integri*, *foetri*, fiat *integrasco*, *foetrasco*: ostendi jam, sic excipi ab hac regula *increbesco*, ut excipitur *erubesco*. Quod autem iidem affirmant, *rubesco*, unde fit *erubesco*, non a *rubeo*, sed a *rubore* formari, ut *pallesco* a *pallore*, *putreo* a *putore*, *foetreo* a *foetore*, *candeo* a *candore*, *caleo* a *calore*: argumentum componitur ex dissimilibus; nam illa, *putreo* a *putore*, *foetreo* a *foetore*, *candeo* a *candore*, *caleo* a *calore*, similia sunt, & recte dicuntur: at *pallesco* a *pallore* non eodem modo recte dicitur; fit enim *pallesco* a *palleo*, *palleo*: & *palleo* a *pallore*: itidemque *rubesco* a *rubeo*, *rubes*: & *rubeo* a *rubore*.

Velia) Cum in Graeciam iret.

P. VICTORIUS.

Quamquam illa quidem habet locum, a quo etiam aliorum teneri soleat: quam amoena) Haec est in Mediceo scriptura: quae si aliquid in ea mendi est, ea parte est, quod non eo genere *lotum* appellat, quo aliae arbores appellari consueverunt, & quo hanc ipsam Virgilius in Culice appellavit:

— *Inter quas erat impia Lotos:*
Impia, quae socios Ithaci maerentis abegit.

Quam nefarium facinus lucum (dicatam alicui Deorum silvam) caedere veteres existimarint, necesse non est docere: pleni sunt hujus rei omnes Poetarum libri. Dionis tamen accurati historici testimonium adducemus, quod etiam utile esse poterit, quia sermo est de Turullio, cujus mentionem fecit in epistola ad Ciceronem C. Cassius his verbis: *Sequebatur classis altera, quam anno priore in Bithynia Tullius Cimber comparaverat, cui Turulius Quaestor praeerat*. Erat Turullius ex interfectoribus Julii Caesaris, qui in Asiam in Antonii amicitiam venerat, & eum in multis rebus impigre adjuverat: quem tamen ille rebus male gestis prodidit Augusto Caesari, ut ea ratione (si posset) sibi illum placaret. Illico autem Turullius trucidatus est: & cum in insula Co supplicio affectus esset, visum est hoc non sine consilio ac voluntate deorum factum esse. Nam non multo ante ille ad classem aedificandam Aesculapii lucum ibi inciderat, & ex ea materia naves fabricaverat. Verba Dionis: Και ειδας Πεπλιον Τυρυλλιον βουλευτην τε οντα, και σφαγεα εν Καισαρος γεγονοτα, ετι δε φιλικως οι συνοντα, εξεδωκεν αυτω. Καισαρ δε τον μεν Τυρυλλιον κατεσφαξε, και (ετυχε γαρ εν τη εν Κω εκ Ασκληπιου υλης ξυλα ες ναυτικον κεκομικως) ... *Postremo Publium Turullium, senatorem, qui fuerat inter Caesaris interfectores, quique familiariter ipso tum quidem utebatur, ei (Augusto Caes.) prodidit. Caesar autem Turullium interfecit, & (cum in insula Co ex luco Aesculapii ligna cecidisset ad naves fabricandas) aliquas numini poenas dedisse visus est, qui eo loci supplicio fuit affectus*.

EPISTOLA XXI.

Sillii) Ad quem sunt epistolae lib. XIII.

Sponsionem illam) Ne boni viri litibus injustis pro aliena libidine vexarentur; cogebatur & is, qui de aliqua re, tamquam sibi debita, verbi gratia de hereditate, litem intenderet, & is qui inficiaretur, promittere, se daturum, nisi judicio vinceret, certam pecuniam adversario: ut, eo metu injecto, reprimeretur litigandi libido. Hæc actio vocabatur *sponsio*: quia *Spondere* est promittere. Simile erat, non tamen idem, *sacramento contendere*; nam pecunia utrimque deponebatur apud pontificem: ut is, qui causa cecidisset, duplici damno afficeretur, primum amissæ litis, deinde pecuniæ litis causa depositæ: qui vicerat, suam pecuniam auferebat: victi pecunia in rebus divinis consumebatur. In sponsione similiter pecunia deponebatur; sed exitus non idem, qui in sacramento, erat; nam, qui sponsione vicerat, non modo sua, sed adversarii quoque pecunia potiebatur: in sacramento autem suam tantum pecuniam victor auferebat: victi redibat ad ærarium, ut ait Varro. Sed de sacramento infra, in epist. 31.

Sponsionem illam) Quæ sequitur, *Si bonorum Turpiliæ, &c.*

Nos) Silium. *Nos* dicit, tamquam ageretur de sua re.

Sine periculo) Quod enim is qui litem infert, probari a te posse putat, id in sponsione pronunciat: itaque videndum quibus verbis sponsionem faciat.

Si bonorum Turpiliæ possessionem Q. Cæpio prætor ex edicto suo mihi dedit) Hereditatem sibi a Turpilia relictam Silius ex edicto prætoris acceperat; vocatus in judicium a Turpilio propinquo, eamdem hereditatem repetente, quia Turpiliæ factionem testamenti fuisse negaret, sponsionem facere cogebatur: de qua consuluit peritissimos jurisconsultos, Serv. Sulpicium, & Ofilium: &, cum Trebatii quoque sententiam scire vellet, Ciceronis opera usus est. Videtur autem pro, *Si*, legendum *Ni*: ut ita sponderet Silius: Ni bonorum Turpiliæ possessionem Q. Cæpio prætor ex edicto suo mihi dedit, spondeo me daturum adversario tantum pecuniæ, quantum in sponsionibus promitti solet. Reliquæ quoque sponsiones eodem modo incipiebant, ut illa in Oratione in Pisonem: *Cum ego tum Caliminatem porta introisse dixissem, sponsione me, Ni Esquilina introisset, homo promtus lacessivit.* Et in Verrem lib. V. *Rubrius Apronium sponsione lacessivit, Ni Apronius dictitaret, te sibi in decumis esse socium.* Et alibi.

Servium) Sulpicium, principem jurisconsultorum, ut ait Cicero in Bruto.

Instituisset) Fecisset.

Factionem testamenti) Ius faciendi testamenti. Ita locutus in Topicis: & Digest. lib. XXVIII. tit. qui testamentum facere possunt, l. 3 *Testamenti factio*, inquit Labeo, *non privati, sed publici juris est.*

Ofilium) Clarum jurisconsultum, de quo Pomponius de origine juris.

Testa) Cognomen Trebatii: epist. 13. & 22.

Veneris) In urbe videtur fuisse Trebatius, extra urbem Cicero.

EPISTOLA XXII.

Illuseras heri inter scyphos) *Scyphus* vas potorium fuit. Tibullus eleg. 10. lib. I.

—— *Nec bella fuerunt,*
Faginus adstabat cum scyphus ante dapes.

Macrobius lib. V. Herculis ait poculum fuisse, ut Liberi patris cantharum: & Virgilium Græca poculorum nomina posuisse carchesia, cymbia, cantharos, scyphos. Scyphos aureos conviviis apponit Claudius Cæsar: vitreis in privata mensa Ciceronem ac Trebatium usos esse, credibile est. Incertæ mensuræ fuit: nam scyphus capaciores Horatius, & in Claudii vita Trebellius Pollio trilibres nominat duos Claudio a Galieno donatos: quo patet, minoris etiam mensuræ fuisse. Vasa autem vinaria mensuræ fuerunt vel certæ, vel incertæ: certæ, ut culeus, amphora, urna, congius, sextarius, hemina, cyathus: culeus capit amphoras vicenas, amphora urnas duas, urna congios quatuor, congius sextarios sex, sextarius heminas duas, hemina cyathos sex, cyathus unciam & besem; quæ si ad eorum vasorum, quibus hodie Romæ utimur, mensuram religantur; culeus barilium decem erit, qui fortasse veteris horæ Romanæ mensura fuit: amphora dimidium barilis capiet: urna quartam barilis partem: congius buccalia duo: sextarius tertiam partem buccalis: hemina fulietta duas tertias capit. Incertæ mensuræ dolium; unde in vasa minora vinum diffundebatur, quo usus commodior esset: nam dolia loco non movebantur: item cadus, seria, cupa, lagena, [si tamen a lagyno differt, quod Athenæus lib. XI. capere ait duodecim choas Atticas] præterea, cirnea, crater, scyphus, calix, cymbium, cululus, patera, cantharus, alia. Hostiis nostratibus Romæ olim non utebantur, sed vina doliis fictilibus asservabant: circa Alpes tantum, frigidissima cæli plaga, ligneis vasis, quæ circulis cingerentur, vinum condi solitum, Plinius ait: nam cupa lignea quidem, sed inter minora vasa videtur fuisse, quibus non diu custodiendum, ut doliis, sed assidue promendum, vinum reponeretur: quod illud Ciceronis in Pisonem declarat: *Panis & vinum a propola, atque de cupa*. Et illud Nævii apud Nonium: *Duas cupas mero plenas rediisse*; quamquam adversari videntur illa Plinii verba lib. XXIII. cap. 2. *Vini fæci tanta vis est, ut descendentes in cupas enecet*. Hinc enim licet opinari, magnum vas fuisse: nec dissentit Lucanus, cum ait:

Namque ratem vacuæ sustentant undique cupæ.

Vlpianus quoque dolia cum cupis simul nominat. Cupa vero a Catone nominata, diversum quiddam est.

Recte furti ageret] Haberet ne actionem adversus eum furem, qui furatus esset ante quam ipse heres esset, ideo enim dubitari potest, quia non videtur heres ea, tamquam sua, posse repetere, quæ nondum ad eum hereditario jure pervenissent. Sed controversiam tollunt Paulli verba, veteris jurisconsulti: *Si dominium* (inquit) *rei subreptæ quacumque ratione mutatum sit, domino furti actio competit, veluti heredi, & bonorum possessori, & patri adoptivo, & legatario*.

Bene potus] *Bene* pro valde, ut epist. 16. *Bene commentum*; & Afinius epist. 32. lib. X. *Bene pecuniosus*.

Sex. Ælium] Acutum hominem; unde ab Ennio *catus* vocatus est in illo versu:

Egregie cordatus homo, catus Ælius Sextus.

Lib. I. de Orat. ibidem lib. III. & in Bruto, & in Tusc. I. & Varro lib. VI. & Pomponius de Origine juris.

M. Manilium] Opinor hujus Manilii prænomen fuisse Manius, quod ita scribebatur, M' unde fluxit error, similitudine litterarum, & prænominis ignoratione. In fastis etiam Capitolinis, anno 604. video consulem esse M. Manilium; nominatur lib. I. de Orat. & ibidem lib. III. & in Bruto, & apud Pomponium de Origine juris, & alibi.

M. Brutum] Qui septem libros, ut ait Pomponius, reliquit.

Scævola & Testa] Trebatium suis cognominibus appellat. *Testa* enim vocatur epist. 13. & 21. *Scævola* vero ep. 14. ad Att. lib. IX. Jocatur Cicero, & post verbum *Scævola*, addit copulam *Et*; ut videatur de duobus loqui, cum de uno loquatur. Aut dic, P. Mucium significari, quem & lib. I. de Fin. cum Manilio & Bruto nominat, eosque vocat principes civitatis: nisi si Mucium Scævolam alium notat, de quo epist. 10.

EPISTOLA XXIII.

Tantum quod] Tempus indicatur proxime præteritum: quod alibi & ab ipso Cicerone, & a Terentio, *Commodum*, dicitur.

Aviani] Statuarii, qui nominatur epist. 2. lib. XIII. quo loco vide, quæ diximus.

Nomina se facturum] Accepti & expensi ratio in tabulas referebatur: quæ vocabantur *Nomina*: quia debitorum & creditorum nomina scribebantur. *Nomina* igitur *facere*, est, id quod Cicero pro hoc vel illo signo deberet, in tabulas referre.

Qua ego vellem die) Ut solverem quando vellem.

Tu, quæso, qui ego sum, esse te) Epist. 12. lib. III. *aufsipe paulisper partes meas, & eum te esse finge, qui ego sum*.

Plus annuo) Plus annua die : ep. 3. lib. XII. ad Attic. *Delegationem a mancipe annua die*.

Ad eam summam) Non pluris, quam volueram. In delectu enim & in pretio peccaverat Gallus. Infra: *Ne ego ista summa, &c.*

In omni judicio elegantissimum) Qui nihil vulgare, nihil abjectum, aut sordidum probare solitus es, quacumque de re judicas.

Manent Damasippus in sententia) Scripserat (opinor) Gallus, emturum ea signa Damasippum, si Ciceroni non placerent. Horatius Sat. 3. lib. II.

Insanit veteres statuas Damasippus emendo.

Ex istis emtionibus) E signis a te emtis; alia enim Cicero desideraverat.

Instituti mei) Quod est hujusmodi, ut omnia signa tanti non aestimem, quantum a te in ista quatuor erogatum est.

Isto quatuor aut quinque) Bacchas tres, Martem quartum, trapezophorum quintum.

Bacchas) Musarum sacerdotes.

Cum Musis Metelli) Cum signis Musarum, quae erant apud Metellum: fortasse Metellus ille Scipio.

Quid simile) Idem loquendi modus epist. 15. lib. IX. *Catulum mihi narras, & illa tempora: quid simile?*

Primum) Lector exspectat *deinde*: sed hic, ut etiam alibi, desideratur: sententiae tamen nihil deest; nam quae vis in *deinde*, eadem continetur in eo quod sequitur, *sed tamen*. Vide illud epist. 9. lib. II. *Primum tibi, ut debeo, gratulor*.

Tanti) Quanti emisti Bacchas istas.

Musis omnibus adprobantibus) Ipsae Musae, non aestimari se tanti, quanti a te istae Bacchae aestimatae sunt, non moleste ferrent. Joci genus est: *Ipsas ego Musas numquam tanti putassem: atque id fecissem Musis omnibus adprobantibus*. Similem in sententia venustatem quaesivit, cum dixit in libro de Consolatione: *Te omnium optimam doctissimamque adprobantibus diis immortalibus ipsis, in eorum coetu locatam, ad opinionem omnium mortalium consecrabo*. Et epist. 25. lib. XIII. *Causam tuam egi non invita Minerva; etenim eo ipso die senatus decrevit, ut Minerva nostra, custos urbis, quam turbo dejecerat, restitueretur*.

Saepe vidi) Non illa ipsa, quae Gallus emerat, sed similia Baccharum signa. Cum & noverim, inquit, optime Bacchas istas, & saepe viderim, nec tamen tibi, ut eas emeres, nominatim mandaverim: me non iis delectari, poteras facile suspicari.

Ea enim signa ego emere soleo, quae, ad similitudinem gymnasiorum, exornent mihi in palaestra locum) Quae sic in palaestra villae meae Tusculanae locum exornent, ut publicis in gymnasiis, praestantium virorum aut deorum signis locus idem exornari solitus est. *Gymnasium* & *Palaestra* diverso nomine rem eamdem significant; *gymnasium* enim dictum, quod in eo nudi homines luctarentur: *palaestra* vero ἀπὸ τῆς πάλης, id est, *a lucta*, nomen accepit. In hac tamen opinione non nihil conturbor, quod in ep. 8. lib. I. ad Attic. *palaestrae* & *gymnasii*, tamquam diversarum rerum, mentionem fieri video: *Si quid* (inquit) *ornamenti ejus loci, quem non ignoras, reperies, & maxime, quae tibi palaestrae, gymnasiique videbuntur esse*. Et Plautus in Rud. *Ex urbe ad mare huc prodimus pabulatum pro exercitio gymnastico & palaestrico*. Et in Amphitr. *Omnes plateas perreptavi, gymnasia, myropolia, Apud emporium, atque in macello, in palaestra atque in foro*. Rursus idem Plautus in Bacchid. *palaestram a gymnasio* non distinguit; ait enim: *Ante solem exorientem nisi in palaestram veneras, Gymnasii praefecto haud mediocres poenas penderes*. Et Quinctilianus lib. II. *Si quis palaestrae peritum, cum in aliquod plenum pueris gymnasium venerit*. Dubitatio tolletur, si patere latius *gymnasii* nomen, quam *palaestrae*, existimemus: ut *palaestra* gymnasii sit pars, in qua lucta exerceretur: *gymnasium* autem & palaestram, & alia loca complectatur: cum in eo disputetur etiam, & deambuletur, & alia fiant: ita nomen *gymnasii*, quamquam ab una re natum, ad alias producitur: *palaestrae* non item: neque hanc sententiam (ut opinor) exempla, quae attulimus, nem, infirmant; quis enim non intelligit, transire Ciceronem a parte ad totum, cum ait in epistola illa ad Atticum: *Quæ tibi palæstræ gymnasiique videbuntur esse?* Et hic cum inquit, *Exornare mihi in palæstra locum*; de gymnasii parte, lustis dicata, loqui videtur: in qua parte locum signis exornare cogitabat.

Æs alienum) Martis enim, & Saturni signa nihil prosperum promittere, astrologi confirmant: stulte, qui divinationem rerum futurarum, quæ soli Deo nota sunt, ad suam scientiam revocant.

Mercurii) Cujus astrum propitium putatur.

Feliciter) In emtione signorum: is autem feliciter transigit, qui rem expeditam parvo emit. Video esse, qui legendum putent, *Facilius*, pro *Feliciter*: ego, cur mutetur, caussam nullam video; nam & sententia satis aperta: & omnes libri veteres habent, *Feliciter*. Porro, quod ajunt, nullam felicitatem in hoc negotio reperiri potuisse: dixi jam, *Feliciter transigere*, quid sit. Felicitatem autem in emendis ab Aviano signis, non, ut iidem arbitrantur, in vendendis post emtionem, hic significari, nomen Aviani demonstrat, qui & supra tamquam venditor signorum appellatus est. Præfuisse Mercurium lucris, docet Plautus in Amphit. in principio.

Transigere possemus) Transactum jam erat, ut supra constat: convenerat enim de summa inter Gallum & Avianum: solutionis tamen dies definita non erat; sed scripserat Avianus, nomina se facturum, qua Cicero die vellet: dicit igitur, *Possemus*, in emtione: & præteritum tempus reducit ad præsens, ut si dicat: liceret nobis ab Aviano minoris emere, quam tu emisti.

Destinares) Assignaveras. Pro Sextio: *Quis locus jam non erat alicui destinatus in toto orbe terrarum?*

Trapezophorum) Qui mensam fert; veteres libri, *Trapezophoron*: sed Græce, Τραπεζοφόρον. & τραπεζοποιός, cum o in tertia syllaba, & γαζοφυλάκιον, ut in aliis similibus. Suidas.

Diversorium) De diversorio diximus epist. 19. lib. VI.

Tarracinæ) Vetus nomen *Anxur* fuit, recentius *Tarracina*. Livius lib. IV. *Anxur fuit, quæ nunc Tarracinæ sunt, urbs prona in paludes*. Plinius lib. III. c. 5. *A Circeiis palus Pomtina est, dein flumen Ufens, supra quod Tarracina oppidum, lingua Volscorum Anxur dictum*. Horatius tamen præter consuetudinem dixit:

Impositum saxis late candentibus Anxur;

versus commoditatem quærens ex antiquo nomine. Prius igitur nomen mutavit, deinde etiam locum, sed infra ætatem Horatii; nam cum dixit,

Millia tum pransi tria repsimus, atque subimus
Impositum saxis late candentibus Anxur:

perspicue demonstrat situm in monte Tarracinam fuisse. Et Porphyrio subjungit hæc: *Merito Repsimus, inquit, &, Impositum saxis: quoniam illis temporibus adhuc Tarracinensis urbs in altissimo monte erat, inde postea in æquiorem locum deposita est; ut non solum sint adhuc vestigia ædificiorum in monte, sed & murorum*. Tacitus lib. XX. municipium vocat.

Exhedria) Loca in porticibus, ubi sedentes disputare soliti erant. Vitruvius & Cicero. *Exhedra* tamen muliebri genere, usitatius; sed, *Exhedrium*, inde factum, ὑποκοριστικῶς.

Nova) Ergo erant & vetera, in porticula, ut hæc, sed in porticu ampliore, id est, in Xysto, qui nominatur ep. 6. lib. I. ad Att.

Arcessantur) Si differunt *Arcessere*, & *Accersere*, ut Charisio & Diomedi placet; omnino hic legendum *Arcessantur*, non *Accersantur*; sin autem sequimur eos libros, qui vetustate excellunt, unicum dicemus esse verbum *Arcessere*, duplici significatione, pro accusare, & pro vocare, vel vocatum ire. Mihi quid statuam, non liquet; nam & Charisii ac Diomedis auctoritate moveor, quos de verbo *Accersere*, non somniasse credibile est, sed veteres libros vidisse, in quibus ita scriptum esset: & rursus antiquissimis exemplaribus quæ nunc habemus, multum tribuo: consentiunt enim ubique omnes in verbo *Arcessere*: ut eam rationem omittam, quod *Arcesso* unde formetur, apparet: *Accerso* autem unde ducatur, non video; nam si deduceretur ab *Accio*; *Accesso* esset, non *Accerso*; præterea, quæ signi-

significatio ponitur a Grammaticis in verbo *Accerso*; eadem mihi videtur esse posse in *Arcesso*; nam, qui accusat, alterum vocat in judicium, quod si credimus; non ab *Arceo*, quod nihil ad vocandum pertinet, potiusque contrarium ostendit, sed ab *Accio*, vel *Adcio*, deductum *Arcesso*, mutatione secundæ litteræ, arbitrabimur.

Pseudo-Damasippum) Damasippi similem, qui omnino ea signa emat: quod se Damasippus factorum ostenderat, sic Pseudo-Cato, lib. I. ad Attic. & Pseudo-Philippus, lib. II. de Leg.

Vel cum jactura) Vel si minoris vendenda sint, quam tu emisti.

De domo) Tibi prope me conducenda.

Profecti fueras) Ab urbe in Arpinatem agrum, unde redierat paullo ante, quam has litteras daret; itaque dixit initio litterarum: *Tantum quod ex Arpinati veneram*.

Niciæ) Grammatico: epistola 10. lib. IX. & Suetonius de Claris Grammaticis.

Cassio) Cum infra soror ejus *Licinia* nominetur; possumus opinari, vel *Crasso* legendum; quia Crassi Liciniæ gentis, & feminæ gentilitio nomine appellabantur; vel sororem ejus quidem Liciniam, germanam tamen non fuisse: ut fratres quoque dicuntur, qui patrueles, consobrinive sunt: itaque mutatio necessaria non putetur.

Quæsivi de mea Tullia) Ep. 6. l. III. *Quæsivi ex Phania*.

Per Liciniam se egisse) Si potestas tradendæ domus penes Liciniam fuisset, non dixisset Cicero, *Per Liciniam*, sed *cum Licinia*. *Per Liciniam* autem *agere*, est Liciniæ opera uti, ut cum alio agat, nimirum cum ejus fratre Cassio, earum ædium domino, quas Licinia habitabat: quæ tamen, quod ad ipsam attinebat, audere se negabat, absente & insciente viro migrare.

Dexius) Sic in vetustioribus libris, alii recentiores varie, *Dextus*, *Dessus*, *Dixi*. Dexiorum gentem nondum habeo cognitam.

Vitæ victusque nostri) Non est satis, una vivere: sed communis victus auget vitæ jucunditatem. Epist. 24. lib. IX. *Moneo te, ut cum viris bonis, jucundis, amantibus tui vivas: nihil est aptius vitæ, nihil ad beate vivendum accommodatius: nec id ad voluptatem refero, sed ad communitatem vitæ atque victus, remissionemque animorum*. Conjungi hæc solent, ut lib. I Off. *Vitæ victusque communis in amicitiis viget maxime*. Et ad Att. *Nunc plane nec ego victum nec vitam illam colere possum*. Et in Bruto: *Tuditanus omni vita atque victu excultus atque expolitus*.

Plane accedit hæreo) Fortasse, quod paries communis esset: vel quod ædes illæ ita Ciceronis ædibus vicinæ, ut ad eum percommode Gallus ire posset.

Migrare) In eas ædes.

Expedier) Vt hanc domum habeas.

EPISTOLA XXIV.

VEstigia) *Video*, subauditur.

Vel proxime) Hoc ipsum, quod proxime de Tigellio fecisti, vestigium est amoris tui. De particula *Vel* pro veluti, diximus ep. 13. lib. II.

De Tigellio) M. Tigellio Hermogenis liberto, quod Hermogenis cognomen indicat, est enim is, de quo Horatius Sat. 9. lib. I.

Invideat quod & Hermogenes, ego canto: & Sat. 2. 3. 10. quibus locis ostenditur, quod hæc quoque declarat epistola, Tigellium, canendi arte præstitisse. Quid autem de Tigellio scripserit ad Ciceronem Gallus, cognoscitur ex epistola 47. lib. 13. ad Attic. *De Tigellio* (ait) *si quid novi: qui quidem, ut mihi Gallus Fabius scripsit, μέμψιν ἀναφέρει mihi quandam iniquissimam, me Phameæ defuisse, cum ejus causam recepissem, &c.*

Cipius, opinor, olim) Recte addit *Opinor*, veritus ne erraret in nomine: nam *Cippium* nominat Festus in hujus adagii mentione, *Non omnibus dormio*: libri veteres plerique habent, *Citius*, vel *Cisius*: nonnulli *Cepio*.

Olim) Ante Lucilium Poetam. Festus.

Non omnibus dormio) Qui hoc dixit, dormire se simulabat, quo liberius uxor mœcharetur. Servo autem pocula clam auferente, *Non*, inquit, *omnibus dormio*. Festus, & Plutarchus ἐν τῷ ἐρωτικῷ.

Non omnibus servio) Quibusdam, apud Cæsarem gratiosis, temporum causa sersa servio: non omnibus tamen servire volo: quorum in numero Tigellius est.

Olim) Stante rep.

Regnare) Cum ita floreret gratia & auctoritate ob eloquentiam ac virtutem, ut regnare videretur. Pro Sulla: *Hic ait se illud regnum meum ferre non posse*.

Dojeroor) Ep. 20. lib. IX. & ep. 47. ad Att. lib. XIII.

In lucris pono) Simile illud ep. 47. ad Att. lib. XIII. *Est bellum, aliquem odisse liberum*.

Pestilentiorem patria sua) Tigellii patria Sardinia: de cujus pestilenti caelo illud argumento est in ep. 3. lib. II. ad Q. Fr. *Quamquam est hiems, tamen Sardiniam istam esse cogites*. Et Martialis:

Nulla fata loco possis excludere, cum mors
Venerit, in medio Tibure Sardinia est.

Addictum) Studiosum esse capillo eorum versuum, quos contra me scripsit Calvus Licinius, more Hipponactis Poetae: de quo vide Plinium lib. XXXVI. cap. 5. & Solinum.

Calvi Licinii) Hic est C. Licinius Calvus, Ciceronis primum inimicus; quia patrem suum Licinium Macrum praetor damnaverat, ut ait Plutarchus & Valerius Maximus; deinde etiam amicus, ut ex epistola ult. lib. XV. cognoscitur.

Praeconio) Ironia; nam acerbissimum poema significat, simile Hipponactis versibus. Idem Calvus in C. Caesarem famosa scripsit epigrammata, ut in Suetonio legimus.

Phamea) Liberti, cujus nepos Tigellius: libertorum autem cognomina Phameas, & Hermogenes; quae prius nomina servorum fuere.

Ipsius quidem causa) Non propter Tigellium ejus nepotem, sed ipsius causa.

Erat enim mihi sane familiaris) Scribit ad Atticum eadem de re ep. 47. lib. XIII. nec se adductum familiaritate suscepisse causam Phameae significat, sed quia petenti sibi consulatum pollicitus erat per Atticum, si quid opus esset, quod tamen non repugnat: nam ex ejus officii memoria familiaritas exorta.

Sibi operam dare) Causam cognoscere, patronos audire de controversia disputantes.

De P. Sextio) Quem ante multos annos reum de vi defenderat; accusabatur hoc tempore lege Pompeia, ut ep. 47. lib. XIII. ad Atticum ostendit: utramque autem de ambitu, an de vi, (nam de utroque crimine Pompeius tertium consul legem tulit) mihi nondum liquet: suspicor tamen de ambitu potius, quam de vi; nam Sextium, qui Pompeianus fuerat in bello civili, & in patriam, venia a Caesare impetrata, redierat, ausum deinde esse vim ullam facere, credibile non est: de ambitu autem fortasse postulatus, quia consulatum petens pecuniam contra leges dederit: praetor enim fuerat ante bellum civile; lictoresque in bello habuerat, post bellum etiam beneficio Caesaris, ut supra diximus.

In consilium iri) Cum judices, de reo sententias laturi, in unum coeunt, *ire in consilium* dicuntur, non enim eunt in consilium, ut causam audiant, sed ut, cum audierint, sententias ferant: id adeo ex oratione C. Titii, qua legem Fanniam suasit, potui intelligere. *Veniunt* (inquit de judicibus) *in comitium tristes: jubent dicere, quorum negotium est, narrant, judex testes poscit: ipsus it minctum, ubi redit, ait se omnia audivisse: tabulas poscit: literas inspicit: vix prae vino sustinere palpebras, eunt in consilium, ibi haec oratio: Quid mihi negotii est cum istis nugatoribus?* Haec Macrob. recitat. Idem cognoscitur ex oratione pro Cluentio; nam, audito Scamandri accusatore Canutio ejusque defensore Cicerone, judices ivere in consilium, ut de reo pronunciarent. Et infra, ubi de judicio agitur Oppianici. Item in oratione pro Quintio: *Cum audiret causam judex Aquilius, Quaeso, inquit, tibi instat Hortensius, ut eat in consilium; a me postulat, ne dicendo tempus absumam, queritur, priore patrono causam defendente, numquam perorari potuisse; non patior istam manere suspicionem, nec rem judicari sinit.*

Necesse erat) Cur necesse esset, ostendit epist. 47. ad Att. lib. XIII. *Sic enim*, inquit, *dies illorum judiciorum praestitutos fuisse*. Lex Pompeia praefiniebat eos dies, quibus causam agi egi oporteret: vide Pedianum in argumento Milonianæ.

Nullo modo me facere posse cum vellem) In voluntate obsequendi, facultatem deesse. Similiter locutus epist. 12. lib. XI. *Sæpe ad eum scripsi, non potuisse, cum cupiissem, sermones hominum sustinere.* Nec dissimile illud in oratione pro Flacco: *Nihil dixit, quod læderet eum, cum cuperet.* Videndum tamen, an rectius hoc sit: *Nullo modo me facere posse: quem vellet alium diem si sumsisset, me ei non defuturum.* Sic enim habent quatuor veteres libri: & eadem de re sic plane scripsit Cicero ad Att. epist. 47. lib. XIII. *Respondi*, inquit, *non ignorare eum, quid ego deberem Sextio: quem vellet alium diem si sumsisset, me ei non defuturum.* Moveor etiam quod antiquum librum, in quo sit, *Cum vellem*, nullum vidi: alii enim habent, *Quem vellem*: alii, *Quem vellent*: nonnulli, *Quem vellet*, quod ego sincerum existimo; nec tamen statuo quidquam, nisi consentientibus eruditis.

Nepotem) Tigellium.

Vellerem) Sic habet unus omnino vetus liber: reliqui omnes, *Vllerem*: si, quid sententia postulet, attendimus, legendum putabimus, *Cantorem*; nam excelluisse Tigellium in cantu, Horatii testimonio jam probavimus: fuisse autem ob eam caussam Cæsaris familiarissimum, cum idem Horatius ostendit in his versibus:

—— *Sardus habebat*
Ille Tigellius hoc: Cæsar, qui cogere posset,
Si peteret per amicitiam patris atque suam, non
Quidquam proficeret. ——

tum vero hæc ipsa demonstrant, paulo ante dicta: *Observor a familiarissimis Cæsaris omnibus, præter istum.*

Habes Sardos venales) locum quæsivit in Phamea patria, ex usitato proverbio. Sardinia enim a Ti. Sempronio primum consule capta, mancipiorum maximus numerus Romam est advectus, & ex eorum vilitate natum est adagium, *Sardi venales*. Livius lib. XLI. & in lib. de Viris illustribus. Habes, inquit, de Phamea & Tigellio; vides quam non merito uterque mihi succenseat: & nimirum, quod de Sardis venalibus dici solitum est, alium alio nequiorem esse, id in Phameam eiusque nepotem Tigellium, qui & ipsi Sardi sunt, conferri potest. Hoc Cicero festive significat, cum ait: *Habes Sardos venales, alium alio nequiorem.* Mentionem facit hujus proverbii Festus, & Plutarchus in Probl. & is, qui scripsit de Viris Illustribus. De Phamea vero, deque hac re tota, vide ep. 47. lib. XIII. ad Att. De Tigellio sic Horatius sat. 3. lib. I.

Omnibus hoc vitium est cantoribus, inter amicos
Vt numquam inducant animum cantare rogati;
Injussi numquam desistant. Sardus habebat
Ille Tigellius hoc. Cæsar, qui cogere posset,
Si peteret per amicitiam patris, atque suam, non
Quidquam proficeret: si collibuisset, ab ovo
Vsque ad mala citaret, Io Bacche, modo summa
Voce, modo hac resonat, quæ chordis quatuor ima.
Nil æquale homini fuit illi: sæpe, velut qui
Currebat, fugiens hostem: persæpe, velut qui
Iunonis sacra ferret: habebat sæpe ducentos,
Sæpe decem servos, &c.

Quid mirum igitur, qui hoc ingenio fuerit, tam vario, tam inconstanti, si is, præsertim qui gratiosus apud Cæsarem esset, facile adductus est, ut Ciceroni, quasi nepotem suum destituisset, irasceretur?

Istius Salaconis iniquitatem) Salaconem vocat, vel propter superbiam, vel propter mollitiem, aut utramque. Superbiam e Suida cognovimus, qui ait eum, cum esset pauper, se divitem simulasse: mollitiem ex Aristophanis interprete: nam, cum Poeta in comœdia, quæ Σφῆκες inscribitur, dixisset, Τρέφειν σε διασαλακωνίσαι, subjunxit, ὑβρίσαι, καὶ διαθρύψαι. οἱ δὲ, διασαλακωνίσαι, ἀπὸ τοῦ Σαλάκωνος μαλακοῦ, ὡς Αὐτολύκου πατρός. Qui autem διασαλακωνίσαι seu salaconizare dicuntur, id nomen mutuantur a Salacone molli & luxuriose vivo, *vo*, *Autolyci patre*. Hesychius: Σαλάκων, ὁ προσποιούμενος ἀλαζών. Σαλακωνία, ἡ ἐν πενίᾳ ἀλαζονεία. Σαλακωνίζειν, σαλακωνεύοντι [illegible] μετὰ θρύψεως βαδίζειν. ὁ δὲ Θεόφραστος σαλάκωνα φησιν εἶναι τὸν δαπανῶντα εἰς ἃ μὴ δεῖ. *Σαλάκων, pauper jactabundus*. *Σαλακωνία, ostentatio in paupertate*. *Σαλακωνεύειν, σαλακωνίζειν dicuntur ii, qui in delitiis nimium fuerint effusi*. *Σαλακωνίζειν, qui molliter, & effeminate incedunt*. *Theophrastus ait, Salaconem esse, qui nimios sumtus profundit, ubi non est opus*.

Catonem tuum) Non modo Gallus, sed & Cicero scripsit de laudibus Catonis Uticensis, ut patet ex epistolis ad Atticum, ex Oratore, ex lib. II. de Divinat. ex Tacito lib. IV. Plutarcho in Cæsare, & Cicerone, Gellio lib. XIII. cap. 19. Macrobio lib. VI. Lactantio lib. I. cap. 2. Scripsit & eius sororis filius, M. Brutus, ut epist. 46. lib. XIII. Contra Catonem vero, Ciceroni respondens, scripsit Cæsar libros duos, eosque Anticatones inscripsit, testis Cicero in epistolis ad Atticum, Plinius epist. lib. III. Quinctilianus, Iuvenalis, Gellius lib. XIII. cap. 19. Suetonius, Plutarchus in Cæsare, & Cicerone, & Servius Honoratus in Virgilium. Hirtius quoque Cæsaris amicus, in eodem argumento ingenium exercuit: ut epist. 44. lib. XII. ad Att.

EPISTOLA XXV.

QUod epistolam conscissam doleo) Familiare principium epistolæ, ut epist. 13. 33.

Mones) Ne jocemur in Cæsarem; sequitur enim: *Vereris, ne videamus γέλωτα σαρδώνιον*.

Ne, si) Omnes libri veteres. *Nisi*, verbum tamen, *Vereris*, postulat, *Ne*.

Si istum habuerimus) Si Cæsar dominabitur.

Rideremus γέλωτα σαρδώνιον) Risus cum dolore conjungatur. Adagium in eos usurpatum, qui specie boni, malum sustinent; origine ducta vel ab herba, quæ nascitur in Sardinia, & gustata mortem affert, ita mutato morientium vultu, ut ridere videantur: vel a Sardone regione, in qua senes annum LXX. prætergressi Saturno immolabantur, ridentes a ridentibus: vel etiam quod apud Sardoniam gentem parentes ætate confecti a filiis prope fossam, in qua sepeliendi erant, fustibus cæsi, atque præcipites dejecti, cum risu perirent. Vide librum Adagiorum.

Heus tu) Huc animum converte, hoc attende, audi me monentem.

Manum de tabula) Omittamus, quod cœptum est: ne scribamus, quod Cæsaris animum lædat. Sumtum a pueris pingendi artem discentibus proverbium, qui magistro absente, aliquid in tabula pingunt: magistro veniente manum de tabula statim tollunt; ne deprehensi verberentur: ideo jocatus est Cicero in magistri nomine, cum revera non magistrum, qui docet, sed Cæsarem significet: qui dictator erat, id est, magister populi. Festus.

Adest) Reversus ab Hispaniensi bello.

Vereor, ne in Catonem. Cato in nos) Vereor, ne nos in Catonem scribamus, id est, eum scriptis nostris laudemus; (*scribere in aliquem*, non in malam tantum, sed in bonam quoque partem accipi, exemplis intelligitur) Cato autem exitio nobis sit, Cæsare nos, quod eius inimicum laudemus, male mulctante. Liber Maffei & Fulvii Ursini sic habent: alii autem, *In Catonium Catoninus*: ut sit: Vereor, ne Cæsar Catonis deditos in Catonium demittat. *Catonium* autem pro tristi exitu possumus accipere, qualis Catonis fuit, qui sua se manu interfecit.

Ab eo loco) Ab eo loco, in quo scripserat Fabius, *Cætera labuntur*, usque ad finem ita graviter scripta erat epistola Fabii, ut nihil posset melius.

Apella) Liberto litterato, ut Tiro Ciceronis.

Duo nos) Pro, *duos*: ut Virgilius:

Si duo præterea tales Idæa tulisset
Terra viros. ——

Bene, malene) Sic unus omnino vetus liber: reliqui, *Bene, malene*, magis placet *Ve*, quam *Ne*: ut sit: *Bene, vel male*,

Vide-

Videro) Nondum statuo: mihi nunc incertum est: idem loquendi modus epist. 16.

Quidquid est, nostrum est) Sive bene, sive male loquimur, dissimiles aliorum sumus: nemo enim præter duo nos isto modo loquitur.

Urge) Perge isto modo, quantum potes.

Nec transversum unguem, quod ajunt, a stilo) Subaudi, *discedas*. Ad Att. lib. XIII. *A recta conscientia transversum unguem non oportere discedere*. Et Acad. lib. II. *Ab hac regula mihi non licet transversum, ut ajunt, unguem discedere*. Plautus in Aulul. *Fac istuc loco digitum transversum, aut unguem latum si excesseris*. *Latum* & *Transversum* idem est. Dicitur autem eodem sensu, *unguem*, *digitum*, *pedem non discedere*, pro minimum discedere. In hac epistola tribus adagiis usus est Cicero, *Ridemus γέλωτα σαρδάνιον*, *Manum de tabula*, *Nec transversum unguem, quod ajunt, a stilo*, quod in alia, ut opinor, non fecit. Proverbiis autem locus magis videtur esse, cum ad familiares familiariter scribimus; nam ad spectatos viros, in re præsertim gravi, sententiis quidem proverbiorum similibus, ut Homeri aliorumve Poetarum versibus, sæpe utitur Cicero: quæ vero proverbia vere & plane sunt, ea non ita frequenter attingit, arbitratus fortasse Romanæ gravitatis non esse proverbia inculcare: cum Græci, minus de gravitate laborantes, aliter senserint; nam Demetrius: Κάλλος, ait, epistolis [illegible] καὶ κοινόν. *Venustatem conciliant crebra adagia; Adagium siquidem res quædam est popularis, & communis.*

Dicendi opifex) Qui studet bene dicere, id agat prius, ut bene scribat. Stilus autem, quo scribebant veteres, lib. I. de Orat. laudatur his verbis: *Stilus, optimus & præstantissimus dicendi effector ac magister, neque injuria; nam, si subitam & fortuitam orationem commentatio & cogitatio facile vincit, hanc ipsam profecto assidua ac diligens scriptura superabit*. Infra vero: *Stilus ille tuus, quem tu vere dixisti perfectorem dicendi esse ac magistrum, multi sudoris est*. Et lib. III. *Stilus & alia, & hoc maxime ornat ac limat*.

Aliquantum jam etiam noctis assumo) Cum dicat, *Jam etiam*, apparet epistolam scriptam esse in exitu æstatis, vel ineunte autumno, cum noctes incipiunt jam esse longiores, atque illud, *Magister adest*, quod de Cæsare dictum est, indicare videtur scriptum esse mense Sextili; nam epist. 46. ad Attic. lib. XIII. *Cæsar*, inquit, *adest*: illam vero scriptam Sextili mense, cognoscitur ex ea quæ proxima antecedit. *Aliquid jam noctes te adjuvabunt*, scripsit ad Sulpicium epistola 4. lib. IV.

P. VICTORIVS.

Locus in Bruto depravatus est, ubi hoc sermone, *afferre domo*, *depromere domo*, usus fuerat, cum causam redderet, cur veteres numeris usi non essent, alia autem ornamenta orationis mature usurpassent; inquit enim: *Itaque translata, aut facta, aut juncta verba facile sunt cognita, quia sumebantur e consuetudine, quotidianoque sermone: numerus autem non domo depromebatur, neque habebat aliquam necessitudinem aut cognationem cum oratione*. Ideo, inquit, oratio veterum numero caruit, quia unde numeros discerent, non habebant: fuit enim res operosa & difficilis: præterea necessitas non cogebat illos uti numeris, quemadmodum sæpe cogit uti verbis translatis, aut factis, aut junctis, cum propria & usitata non sunt: non depromebatur domo: non accipi poterat a consuetudine, domesticoque sermone, sed a doctoribus petere necesse erat, vel potius diuturna accurataque observatione notare. In cunctis impressis *modo depromebatur* legitur: quæ perversio alios quoque Ciceronis locos occupavit. Annus est, cum hoc animadvertimus, cumque non multis post diebus Petrus Bembus Romam proficiscens hac iter faceret (vir summo studio, ab omnibus atque uno ore semper laudatus, numquam tamen satis laudatus) nosque in itinere illum salutassemus, me autem ille humanissime accepit, familiariterque mecum diu locutus est: orto sermone de studiis litterarum, & Ciceronis scriptis, dixi me putare hunc locum ita legi debere, & alterum etiam in oratione

tione de Haruspicum responsis, quam prava quaedam labes, quae tamen omnes intellisset, laedabat; atque ita laedabat, ut splendidissimum lumen orationis obtineret: *Ne id quidem sentis, coniventia iis eo oculos abesse tui aspiciendos fuisse, quam hos flagrantis foreris*. In cunctis autem impressis *Os* mendose legitur: sunt enim antithesis, respondetque *Hos* superiori voci *Illos*, *Flagrantis* autem dictioni *Coniventis*: neque enim est, ut imperiti crediderant, generandi casus: neque pertinet ad *Arteris*, sed ad *Oculos*. Nam pro Caelio etiam Cicero inquit, *Nam flagrantia oculorum*: cum de eadem muliere loqueretur: & Catullus, *Flagrantia lumina Ariadnae*, Thesei amore correptae, appellavit. *Hos* autem, & *Illos* saepe dixisse Ciceronem cum contrariis contrariis redderet, declarat etiam locus hic, qui ab ipso quoque adducitur, cum de hoc ornatu orationis loqueretur in Oratore: *Confer nunc hanc pacem cum illo bello; hujus Praetoris adventum cum illius Imp. victoria; hujus cohortem impuram cum illius exercitu invicto; hujus libidines cum illius continentia: ab illo qui cepit conditas, ab hoc qui constitutas accepit captas dicetis Syracusas*. Sed non fuit in his confirmandis tantopere laborandum, cum eos doctissimo, ac maximi judicii viro probaverimus: visus est enim illis delectari, & non parum industriam nostram laudavit.

EPISTOLA XXVI.

EX *intestinis*] Alvo profluente, dolor interdum fit in intestinis.

Mea opera) In forensibus caussis.

Probarem) Persuaderem.

Febrim) *Febrim*, *Tussim*, *Sitim* accusativo in *Im* exire, cetera vero omnia in *Em*, scripsit Plinius in libro de dubio sermone. & Charisio credimus; quod equidem miror; nam, hanc regulam non valere, exemplo Virgilii admonemur dicentis: *Turrim in praecipiti stantem*, non *Turrem*.

Tuum officium) Ut me viseres.

Abs te requiri) Questus erat Gallus, Ciceronem officio defuisse, quod ipse ab eo exspectasset.

Tam quod Epicurum, &c.) Non dubito, quin *Quod*, rectius legatur, quam *Quod*. Timet omnes morbos, sed eam maxime, quo laborantem Epicurum Stoici vituperabant, quia diceret angi se vesicae viscerumque doloribus. Epicuri verba lib. II. de Fin. recitantur ex ejus epistola ad Idomeneum. Tanti autem morbi aderant vesicae & viscerum, ut nihil ad eorum magnitudinem posset accedere. Δυσουρίας vade, stranguriam Graeco verbo; δυσεντερίας, tormina Cicero vocat Tusc. II. de Epicuro loquens.

Fidiculis) Quae δυσεντερίαν gignit.

Sibi molesta esse) Cum ipsi dolorem non esse malum dicerent: quod si non malum, cur molestum? Epicurus tamen illa quidem sibi esse molesta, nec tamen vinci se dolore, aut succumbere dicebat; itaque deridens eum Cicero: *Particulam*, inquit Tuscul. II. *si in terminibus & in stranguria sua probat*. Et in eadem supra: *Epicurus ea dicit, ut mihi quidem risus captare videatur; affirmat enim quodam loco si uratur sapiens, si crucietur: exspectas fortasse, dum dicat: patietur, perferet, non succumbet: in Phalaridis tauro si erit, dicet; quam suave est hoc, quam hoc non curo. Ergo, se quidem sentire vim doloris, ajebat Epicurus, non tamen succumbere, & ex memoria suorum inventorum consolationem capere*. Cur igitur (dicet aliquis) eum dolori non succumbentem, Stoici male accipiebant? vel quia caussas eorum morborum spectarent, unius edacitatem, alterius etiam turpiorem intemperantiam: quo in utroque culpa aegrotantis agnoscitur: vel quia ne queri quidem eum de magnitudine doloris oportere dicerent: siquidem index molestiae querela est.

Turpioris intemperantiae) Veneris immodicae, quamquam δυσουρίας medici ad aliam caussam referant.

Pertimueram) Alvi enim profluvium saepe exulceratio viscerum cum sanguine consequitur.

Loci mutatio) Tusc. IV. *Loci mutatione, tamquam aegroti non convalescentes, saepe curandus est*.

Senescentis) Iam enim decem dies ex intestinis laboraverat. Epist. 6. lib. IV. *Hoc tam gravi vulnere, etiam illa, quae consanuisse videbantur, recruduerunt*.

Remisso) In Bruto: *Cum remiserant dolo-*

dolore pedum, non decrat in causis.

Lex sumtuaria, quæ videtur ἀκροωρία attulisse) Cum ipse dicat, *Terra nata, quæ lege excepta sunt*, significare videtur Liciniam legem, de qua lib. II. c. 24. Gellius hæc scripsit: *lex Licinia, cum certis diebus centenos æris impendi permisisset, nuptiis ducenos indulsit, ceterisque diebus statuit æris tricenos; cum & carnis aridæ, & salsamenti certa pondera in singulos dies constituerit; sed, quidquid esset natum e terra, vite, arboreque, promiscue atque indefinite largita est.* Macrobius quoque Sat. lib. III. eadem Licinia lege, quod ex terra, vite, arboreve natum esset, exceptum ostendit. Omnino post Liciniam & Sulla dictator sumtuariam legem, &, Sulla mortuo, aliam Lepidus consul tulit, ut iidem Gellius & Macrobius litteris mandarunt: sed in neutra nominari video terra nata. Cogitavi, num eadem sit lex, de qua in epistola 15. lib. IX. *Domum si habebo; in denos dies, singulos sumtuariæ legis consferam.* Et epist. ult. ejusdem libri: *Epulamur una non modo non contra legem, si ulla nunc lex est, sed etiam intra legem.* Sed opinari aliquis possit, diversas esse leges, & hanc (ut dixi) Liciniam esse, illam vero Juliam, a C. Cæsare dictatore post bellum Africanum latam; de qua sic epist. 7. lib. XIII. ad Atticum: *Venisse a Cæsare narrabat litteras; hoc scribere, sibi certum esse Romæ manere: causamque eam adscribere, ne se absente leges suæ negligerentur, sicut esset neglecta sumtuaria.* Mihi tamen hoc argumentum non satis certum videtur; non enim ex iis verbis, a Cæsare potius quam a quovis alio latam esse legem illam sumtuariam, licet conjicere. Addo illud, quod Suetonius, cum ait; *Legem præcipue sumtuariam exercuit*, latorem ejus legis Cæsarem non ostendit, sed custodem & observatorem acerrimum. Nec vero eam legem prætermissuros fuisse Gellium & Macrobium, cum ceteras omnes sumtuarias nominarent, verisimile est. Objici tamen potest Dionis testimonium: cujus hæc sunt lib. XLIII. Τα αναλωματα των εν τελει οντων, και πλειστον δι' ασωτιαν εξηρημενων, ουκ εν τω νομω μονον εσημηνατο, αλλα τω εργω ισχυρως εν φυλακη εποιησατο: id est; *Sumtibus ditiorum, quos maxime luxus auxerat, non solum in lege modum statuit, sed et etiam observari vehementer voluit.* Quod ego sic interpretor: Cæsarem veterem legem correxisse, non ipsum novam tulisse; aut, si tulit, observatam esse usque ad Augustum dumtaxat; deinde exolevisse, Augusto novam ferente, quam Gellius appellat: ideoque nec a Gellio, nec a Macrobio nominatam. Esto; tulerit sumtuariam legem dictator Cæsar: tamen hæc esse non potest: siquidem scriptam esse hanc epistulam aliquot annis ante civile bellum, perspicue demonstrat cooptatio Lentuli in augurum collegium; est enim hic Lentulus Lentuli Spintheris filius, qui consul filium creari augurem voluit, ut ait Dio lib. XXXIX. idem colligitur ex orationis pro Sextio extrema parte. Nec vero me illa verba minimum movent: *Neque iis, qui mea opera uti volebant, probarem me non valere.* Suam enim operam Cicero post civile bellum in forensibus caussis vel nemini, vel certe paucissimis præbuit. Huc spectat illud epist. 3. libro IV. *Postea quam illi arti, cui studueram, nihil esse loci neque in curia, neque in foro viderem, omnem meam curam atque operam ad Philosophiam contulissem.* Et epist. 6. ejusdem libri: *Nihil in foro agere libebat.* Et epist. 18. lib. IX. *Sublatis judiciis, amisso regno forensi, ludum quasi habere cœpi.* Et in eadem paullo post: *Ipse melior fio, primum valetudine, quam intermissis exercitationibus, amiseram: deinde, ipsa illa, si qua fuit in me, facultas orationis, nisi me ad has exercitationes retulissem, exaruisset.* Et epist. 20. ejusdem libri vitam suam ita describit, ut nihil se temporis dare judiciis & foro, non obscure significet. Præterea libri ejus tam multi de Philosophia post oppressam remp. scripti, satis indicare videntur, agendis eum caussis impeditum non fuisse. Quod vero dictum est a me, fieri posse, ut paucis quibusdam Cicero suam operam in foro navaverit; ideo dictum, quia in epist. 24. video P. Sextium ab eo defensum esse; quod etiam epist. 47. l. XIII. ad Attic. scriptum est; nam Ligarii & Deiotari

tari coenam non in foro, sed intra privatos parietes ad unum Caesarem egit.

Antiquitatem] Frugalitatem.

Ea mihi fraudi fuit] *Ea* videtur abundare, nec tamen abundat, valet enim ad indicandum; ut epistola 28. lib. XIII. *Illud, quod supra scripsi, id tibi confirmo*. Idem observavimus in Tuscul. I. & I. II. de Nat. Deor.

Fraudi fuit] Non decepit me, sed mihi nocuit; nam *Fraudem* pro poena & damno veteres interdum usurpabant, Ulpiano teste: quod Ciceronis etiam declaratur exemplis, epist. ultima lib. V. ad Att. *Ut gratis Brundisi, C. ut arae Salaminiis, neve qui eis dedisset, fraudi esset*. Et epist. ult. lib. VII. ad eumdem: *Ego me ducem in civili bello, quoad de pace ageretur, negavi esse; non quia rectum esset; sed quia, quod multo rectius fuit, id mihi fraudem tulit*. Et Philip. V. *Censeo, ut iis, qui in exercitu Antonii sunt, ne sit ea res fraudi, si ante Kal. Febr. ab eo discesserint*.

Terra nata] Ut herbas, fungos, & similia, nam aves, pisces, quadrupedes, terra ipsa non nascuntur, sed generantur.

Helvellas] Holera minuta: ut ait Festi mutilator Paullus.

Cenis auguralibus] Augures sacerdotium ineuntes, collegis coenam dabant lautam in primis atque opiparam. Varro lib. III. cap. 6. *Primus pavones cenae augurali ponis posuisse dicitur Q. Hortensius*. Eadem *Aditialis* coena vocabatur; nam Plin. lib. X. cap. 20. *Pavonem*, ait, *cibi gratia Romae primus occidit orator Hortensius aditiali coena sacerdotii*.

Apud Lentulum] Corneliae gentis patriciae, ejus Lentuli filium, ad quem scribuntur epistolae lib. I. is adoptione transiit in gentem Manliam, ut augur fieri posset; vetabat enim lex duos ejusdem gentis augures fieri; & erat eo tempore, cum auguratum petiit hic Lentulus, augur Faustus Cornelius, Syllae dictatoris filius: itaque facta legi fraus est. Dio lib. XXXIX.

Διάῤῥοιαν] Profluvium alvi.

Muraenis] Muraena duplex est, marina, & fluviatilis: marina, sine pinnis, parvis branchiis, ut ait Theophrastus, serpens, non natans, extra minutis distincta maculis, intus aristis valde obsita, ore ut anguillae, in summo collo, veterum experimentis: quod genus & C. Caesar triumphalibus coenis dedit, ut ait Varro lib. III. de Re Rust. eumque secuti Plinius & Macrobius; & Cicero videtur hic muraenam, ut suavissimum piscem, nominare. Fenestella etiam primum in mensa locum muraenis tribuit: *Tripatinium* (inquit) *appellabatur summae coenarum lautitiae; una erat muraenarum; altera luporum; tertia myxonis*. Nobis molestiam affert aristarum multitudo: veteres artem callebant aristas detrahendi, quod vocabant *Exossare*; unde Plautus in Amphitr. *Mirum*, inquit, *ni hic me quasi muraenam exossare cogitat*. Arcessebantur ad Romanas piscinas ab usque freto Siculo, quod ibi essent omnium optimae. Graece πλωτας, Latine *flutae* appellatae; quod in summo supernantes, ut ait Macrobius, torrefactae sole, curvare se & in aquam mergere non possent. Recitat idem Macrobius ex libro Varronis, qui inscribitur Gallus, qui hodie non exstat, haec verba: *in Sicilia quoque* (inquit) *manu capi muraenas flutas, quod hae in summa aqua prae pinguitudine fluitent*. Exeunt interdum in siccum, ut auto sertus edant: coire eas cum viperis, vulgo creditum est: sed Aristoteles, & Andreas, ab Athenaeo nominatus, hanc opinionem confutarunt. Fluviatilem a marina Dorion apud Athenaeum distinguit: ait enim, unam dumtaxat ei spinam esse; quo signo, & praeterea versibus Ausonii in Mosella scriptis adducor, ut eum existimem piscem, qui *Lampreda* dicitur, *Mustela* etiam a veteribus nuncupata.

Quaeque per Illyricum, & per stagna binominis Istri,
Spumarum indiciis caperis mustela natantum,
In nostrum subvecta fretum; ne lata Mosellae
Flumina tam celebri defraudarentur alumno.
Quis te naturae pinxit color! atra superne
Puncta notant tergum, quae lutea circuit iris.

Labitur caeruleus perducit tergora fucus.
Corporis ad medium fartim pinguescis: at illinc
Usque sub extremam squalet cutis arida caudam.

Fluviatilium duo genera, unum, quod e mari subit flumina: quo de genere loquitur Ausonius: atque hae quidem majores lampredae sunt; quas nonnulli myrum antiqui existimarunt: est enim & subrufus, suavitate inferior. Alterum genus in fluminibus & nascitur, & degit. Quod autem de fluviatilibus, idem de lacustribus, dico; eadem enim sunt, his notis a marinis muraenis diversae, primum, quod latas habent maculas in atro tergo, os infra rostrum, pinnas, & branchias, has quidem septenis foraminibus inclusas, illas non ab utroque latere, quibus ut remis alii pisces utuntur, sed in extremo dorso: itaque nec serpunt, ut marinae, quia pinnas habent: nec natant, ut reliqui pisces; quia non habent eas in lateribus, sed feruntur, & corporis impetu, & nonnihil tamen pinnis adjuvantibus.

Vitis] Antequam Cicero in Tusculanum iret.

Nausearem] Ob cruditatem ex beta & malva.

EPISTOLA XXVII.

Gallo] Alii credunt, hunc esse Q. Fabium Sangam, qui, de conjuratione Catilinae, quae ab Allobrogibus acceperat, ad Ciceronem detulit: ego illi cognomen Gallo fuisse non arbitror: itaque libentius crediderim, hunc esse P. Sextium, pro quo exstat oratio, cui cognomen fuerit Gallo. Fuisse enim hoc Sextiae gentis cognomen, intelligitur ex oratione pro Milone, ubi ita scriptum est: *Servium, quod est in fundo T. Sextii Galli.* Tribunatum autem plebis & petiisse Sextium Ciceronis restituendi causa, & pro ejus salute gessisse, ex ipsius Ciceronis oratione notissimum est: quod item de Fabio Sanga dici non potest; neque enim is, quo tempore Cicero exsulavit, tribunus fuit: quod facile cognoscitur ex oratione post reditum in Senatu habita: in qua nominantur octo tribuni pl. quorum studio atque opera Cicero sit in patriam restitutus, T. Milo, P. Sextius, C. Sextilius, M. Cispius, T. Fadius, M. Curtius, C. Mescinius, Q. Fabricius; nulla Q. Fabii Sangae mentio fit. Addo illud & hunc exsulasse Gallum, quod illa verba declarant, *Ait fore, ut te Caesar restituat*; & P. Sextium, quem opinor eundem esse cum Gallo; accusatum enim video epist. 24. & ad Att. ep. 47. lib. XIII. damnatum autem conjicio ex epist. 1. lib. XIV. ad eumdem, sunt vero illa verba: *Ut iste ipso in genere, in quo aliquid posse vis, te nihil esse cogar fateri*: optime in Sextium conveniunt, qui salibus delectabatur; nam epist. 32. *Ais enim, ut ego discesserim, omnia omnium dicta, in his etiam Sextiana, in me conferri.* Quod vero infra dicitur: *Si falsa fuerunt, quae tu ad me detulisti*, quis non putet significari ea, quae Sextius, C. Antonii consulis quaestor, ad Ciceronem consulem de ipso Antonio, consule suo, detulit? sic enim in oratione pro eodem Sextio habita: *Quaestor C. Antonii, collegae mei, fuit sorte, sed societate consiliorum meus: impedior nonnullius officii, ut ego interpretor, religione, quo minus exponam, quanta ad me detulerit.*

Non licere] Non enim habes, cur me accuses.

Non debebas] Propter amicitiam.

Ego enim te in consulatu observaram] Verba ex epistola Galli. *Observare*, minus est, quam *colere*. Phil. II. *Cultus sum a te, tu a me observatus in petitione quaesturae*. Est autem *Observare*, cum ad aliquem honoris officiive causa saepe accedimus: quod & locus indicat ex Philipp. II proxime recitatus, & illud in epist. 1. lib. I. ad Attic. *Observat L. Domitium maxime*. Observamus & animo; ut cum dicimus: *Mea in te benevolentia & observantia*.

Restituat] Ab exsilio.

Mea causa periisse] Ut restitueres me: quod Sextius in tribunatu maxime curavit: vide Orationem pro ipso.

Intercessorem non quaereres] Me non rogares, ut pro te apud Caesarem interterrederem; tribunorum enim intercessio est. loquitur Cicero in ambiguo verbo: quæ dicitur [illegible].

Negas me audere, quod sentiam, libere dicere) Contigit hoc Cæsare dominante: epist. 9. lib. IV. *Dicere fortasse, quæ sentias, non licet.*

Me rogares) Per litteras: epist. 1. lib. XIV. ad Att. *Cum dertii rogatum apud eum fuissem.* Quibus ex locis exsulasse Sextium constat; rogavit enim Sextius absens Ciceronem, ut de suo reditu Cæsari supplicaret.

Parum fortiter) Ex hoc intelligitur, Gallo primum roganti Ciceronem negasse.

Isto ipso in genere) In acutis dictis.

Purgassem) Excusationem attulissem, cur de tuo reditu cum Cæsare non egissem.

Quæ fecisti) In tribunatu, de meo reditu.

Quæ scripsisti) Quæ exprobrasti.

Liberi sunt) Catilinæ conjuratione patefacta, atque oppressa.

Tibi liberum non visum) Negas enim me audere, quod sentiam, libere dicere.

Detulisti) De C. Antonii consulis tui consiliis.

Quid mihi populus R. debeat) A me servatus.

P. VICTORIUS.

Miror cur me accuses) Initium hujus epistolæ valde mihi dubium est, & sane major ejus pars brevitate sua obscurior: nam mordacibus est amarisque dictis referta, quæ quanto magis concise argutèque pronunciantur, tanto magis pungunt, perturbantque eum, in quem dicta sunt. Suspicor verba illa: *Ego enim te in consulatu observaram*, non esse Ciceronis: sed repetita ab eo ex epistola Galli; quibus Gallus ipse suam in Ciceronem observantiam illi exprobraret, cum quereretur, se tunc ingrate ab eo destitutum esse, cum ipse semper in illum fuerit officiosissimus: solemus enim in ira, ea, quæ acerbe in nos dicta sunt, & animo nostro valde hæserunt, cum stomacho sæpius pronunciare, & etiam ea quæ perspicue falsa sunt, & leviter possumus repellere, cum risu repetere; quemadmodum hic (ut opinor) facit. Suspicor autem ea potius Galli esse; nam nec Gallus Cos. fuerat, ut ea de illo a Cicerone dici possint: nec verisimile est dicere Ciceronem, se, dum Consul esset, Gallum observasse; nec enim rectum est, nec decet ita loqui eum, qui in tanta dignitate fuerit, privatum se hominem observasse, nisi pro *observaram*, *conservaram* legas; tunc enim pulcre conveniret, & possent omnia credi esse Ciceronis verba. Illius enim personæ optime congruunt, ut ipse Cicero potius queratur de ingrato animo Galli: quod tamen, præterquam quod in cunctis MSis *Observaram* est, parum etiam procedit; nam ex inferioribus verbis perspicitur potius repetere Ciceronem, quæ Fabius dixisset, eaque falsa ostendere, quam ipse querelam instituere. Colligitur autem manifesto pluribus modis initium fecisse expostulandi Fabium; & ex fine epistolæ intelligimus, si diligenter verba illa attendimus, Ciceronem hujus opera usum in patefacienda conjuratione Quare possumus credere Fabium dixisse se illum in consulatu observasse: nobis satis visum est (nec tamen non necessario id factum videtur) in tanta veri ignoratione suspiciones nostras indicasse: rem ut invenimus, ita incertam relinquimus. Parvum omnino est, in quo Mediceus codex ab impressis discrepat: *Plebei* enim paullo post non *Plebis* habet, quod tamen nos hic admonere voluimus; nam meminimus Priscianum dicere sic inveniri a recto *plebes* genitivum casum, qui adducit etiam locum hunc Sallustii in primo Historiarum, *Plebei tribunitiam potestatem*: quare potuit etiam Cicero usurpasse.

Miror cur me accuses) Si semel, aut in tam longa oratione, aut sententiis aliis in locis Cicero ubi de Sextio agit, ipsum Gallum appellasset, acutissimi, ac diligentissimi viri sententiam valde probarem, quam tamen nulla in re accuso. Quod communem opinionem, non recentiorum modo, sed etiam veterum quorumdam sequutus, in hac re aliquantulum deceptus sim (si aliquis in ea error est) non me pudet. Qui enim post superiores duas ad Fabium Gallum missas, statim duas collocarunt, videntur & ipsi eumdem esse hunc, & illum Gallum existimasse. Me certe semper obscuram hanc epistolam putasse, & nihil certi ad illa statuere ausum esse, priora mea scripta declarant. Nam illius partem & ipsam hujusce mendi, qua nostros fallere potuisset, me non inutiliter interpretatum esse, nemo infi ciabitur. Ne autem aliorum industriæ invideamus, volumus afferre locum ex epistolis ad Q. fratrem, qui suspicionem illam acutissimi hominis adjuvat; aperit enim multo ante obscuras simultates inter Ciceronem, & P. Sextium fuisse, quæ postea (si de his cum illo Cicero expostulat) eruperint: *Ulque fecimus præter hominum opinionem, qui nos ei jure succensere putabant, ut humanissimi, gratissimique & ipsi, & omnibus videremur: itaque feci mus.* Et infra: *Quo tibi ego scribis, quod me de retinenda Sextii gratia litteris sæpe admonuisti.*

EPISTOLA XXVIII.

Curii: Hic est ille Curius, qui nominatur epist. 17. & 50. lib. XIII. & epist. 1. 6. 9. 14. lib. XVI. & ad Attic. epist. 2. 3. lib. VII. & epist. 5. 6. lib. VIII.

Memini, quod mihi desipere videbare) Cum in undecim scriptis libris videam esse Quod non Cum, ut est in impressis; testimonium antiquitatis contemnendum non putavi; & Quod restitui, delevi Cum. Porro, quia mutationis fortasse causam attulit inscientia Latinæ linguæ; cum inusitatum videretur, *Memini, quod videbare*; non patiar hunc loquendi modum posthac, quasi barbarum & sordidum, rejici, & afferam illa, quæ tum apud Ciceronem, tum apud alios, Romani sermonis observatione, collegi: ac primum a nostro Cicerone ordiamur. Epist. 40. lib. XIII. *Si ulla unquam apud te mea commendatio valuit; quod scio multas valuisse plurimum; hæc ut valeat, rogo.* Et epist. ult. lib. IX. ad Attic. *Aliquando sententiam meminerimus, ut nihil unquam, nisi id, quod minimum vellem, spiritum reliquum esse.* Ad eumdem epist. 4. lib. X. *Cum scripsisses, quod me cuperes ad urbem venire.* Lib. I. de Leg. *Cum enim genus humanum societatem inter se esse intelligatur; illud extremum est, quod recte vivendi ratio meliores efficit.* Offic. lib. I. *Illud etiam animadverto, quod, qui proprio nomine perduellis esset, is hostis vocaretur.* Lib. II. *Videndum illud etiam, quod, si opinionem jam tempore defenderis, in illo uno, aut forte in libertis ejus mutuas gratias.* Et Cælius epist. 6. lib. VIII. *Illud mihi occurrit, quod inter postulationem & nominis delationem uxor a Dolabella discessit.* Præterea Varro lib. I. de Re Rust. *Cato, gradatim proponens, alium alio agrum meliorem dicit esse: & quod sit primus, ubi vineæ possunt esse bono vino, & multo; secundus, ubi hortus irriguus.* Et lib. II. *Facile est, quod habeant conservam in villa.* Livius autem lib. XLII. *P. Licinius consul & C. Cassius jussit: primum, quod bellum senatus Perseo jussisset: deinde, quod veteres centuriones quamplurimos ad id bellum scribi censuisset.* Idem lib. XLV. *Quam feliciter remp. administraverim, & quod duo fulmina domum meam per hos dies perculerint, non ignorare vos, Quirites, arbitror.* Suetonius in Vespasiano: *Recordatus super cœnam, quod nihil toto die cuiquam præstitisset.* Omnium autem antiquissimi, Plautus, & Cato Censorius, ille in Asinaria: *Equidem, inquit, jam scio, filius quod amet meus.* Et in Trinummo: *Minus quindecim dies sunt, quod pro his ædibus minas quadraginta accepisti a Callicle.* Cato autem in epistola ad Marcum filium, quam Plinius lib. XXIX. cap. 1. recitat: *Dicam (inquit) de istis Græcis, Marce fili, quid Athenis exquisitum habeam; & quod bonum sit, eorum litteras inspicere, non perdiscere.*

Cum istis) Cum Græcis. Patris enim Curius negotiabatur: ut infra, & epist. 17. lib. XIII. & alibi.

Cum quidem hæc urbs) Τραχέως, ex indignatione orta & dolore libertatis amissæ; nam civitas quidem corruptis moribus, & statu reip. mutato, desiit esse quæ fuit: urbs tamen eadem remanet. Hinc apparet, ipsa de civitate quid Cicero sentiat:

cum

cum in urbem quoque, sensu carentem, invehatur.

Nedum Patre] Nisi vis, quæ latet in singulis verbis perfecte cognoscatur, tota profecto frigebit elucutio: quare, si nonnulla, quæ videri possunt humiliora, prosequimur, æquus lector ignoscere debebit. *Nedum*, hanc vim habet, ut neget semper, nunquam affirmet; non enim dicere: *Dilige familiares omnes tuos, nedum te*: quod esset affirmantis; nam hoc diceretur: non solum te, sed familiares etiam tuos omnes diligo. Proprie vero sic: *Is ne propinquos quidem suos amat, nedum te*. Huc spectant omnia Ciceronis exempla: quorum duo tantum, præter hoc ad Curium, quod satis patet, afferemus. In Rullum: *Homo privatus vix facile sese contineat: nedum isti non conquisituri sint aliquid sceleris*. Pro Domo: *Tamen in scelere religio non valeret: nedum valeat id, quod, &c.* Audiamus Terentium in Heaut. *Satrapes si siet amator, nunquam sufferre ejus sumptus queat: nedum tu possis*. Nec aliter Sallustius in Cat. *Secundæ res sapientium animos fatigant: nedum illi, corruptis moribus, victoriæ temperarent*. Verum videtur opponi posse Ciceronis exemplum in epist. 14. lib. VII. ad Attic. *Tu, quoniam quartanam cares, & nedum morbum removisti, sed etiam gravedinem, te vegetum nobis in Græcia siste*. Sed hic locus aliter legitur in antiquis libris; itaque, si quis eius utatur testimonio, parum probabit. Legitur autem hoc modo: *Tu, quoniam quartana cares, & novum morbum removisti*. Quod ipsum carere mendo, non equidem affirmaverim: sed id, quod nunc agitur affirmo, *Nedum* in illo non vidisse me vetere libro.

Vidisse multum] Si consilio hæc potius, quam casu, reliquisti. Vide in extrema epistola, & epist. 30.

Prope desperatis his rebus] Appropinquante se civili bello.

Sapiens] Propter consilium; non enim redire vis.

Beatus] Qui multis rebus, quibus nos caremus, tranquillo animo fruare.

Cui liceret] Tibi licebat hinc abire: nobis idem non licet.

Ubi nec Pelopidarum] *Pelopidas* vocat malos cives, qui remp. armis oppresserant. Subjungit autem, *Nosti cetera*: quia non est integer Poetæ locus: verba omnia ponuntur epist. 30. *Cupio*, inquit, *aliquo pervenire, ubi nec Pelopidarum nomen, nec facta audiam*. Et epist. 11. lib. XV. ad Att. *Esse ut antea quidem dubitavi, tamen non eo minus, evolare hinc, idque quamprimum, ubi nec Pelopidarum facta, neque famam audiam*. Nec dubito quin huc respexerit, cum dixit Phil. XIII. *Moveri sedibus huic urbi melius est, atque in alias, si fieri possit, terras demigrare, unde Antoniorum nec facta, nec nomen audiat, quam, &c.*

Idem consequimur] Abdo enim me in bibliothecam, ne Pelopidarum nomen, aut facta audiam.

Salutationi amicorum] Salutandis amicis, mane videlicet: nam epist. 20. lib. IX. *Hæc est nunc vita nostra: mane salutamus domi & bonos viros multos, sed tristes, & hos lætos victores: qui me quidem perofficiose & peramanter observant: ubi salutatio defluxit, litteris me involvo: aut scribo, aut lego.*

Quasi avem albam] Quasi novum quiddam: proverbium ex eo natum, quia raræ aves albæ.

Abdo me in bibliothecam] *Litteris me involvo*, dixit epist. 20. lib. IX.

Opera efficio tanta] Ne quis ex hoc loco putet, scripta alicujus quæ dicuntur, eadem *Opera* dici posse, nam *opus* generale nomen est earum rerum, quæ post operam & industriam remanent: epist. 18. lib. XVI. *An pangis aliquid Sophocleum? fac opus appareat*. Et epist. 4. ad Attic. lib. II *Curabo, ut hujus peregrinationis tibi opus exstet*.

Senties] Iudicabis.

Ex meis libris] Cum diceres, non eum me esse, qui viderer in meis libris.

Tum] Ante bellum civile, sed rep. jam desperata.

Non solum suis erga me, sed etiam meis erga se] Alii, hunc locum esse mancum in omnibus, quos ipsi viderint, paullo antiquioribus libris, affirmarunt: nos integrum videmus esse in omnibus, quos habemus.

Diu] Epist. 5. lib. IV. *Nullus dolor est, quem non longinquitas temporis mi-*

minuat atque molliat. Et ep. 14. lib. V. *Quid alienius est ipsa dictatura, quae maximos luctus vetustate tollit*.

Communem rem) Rempublicam. Sisenna Hist. lib. IV. *Quoniam Sabini feruntur vovisse, si rei communis meliore loco constitisset, se rei sacrum facturos*.

Nunc quidem) Quomodo res habet, ut nunc quidem est.

In eo) In Caesare.

In cujus potestate omnia sunt) Hoc varie dicit epist. 7. 8. 9. 13. lib. IV.

Id ipsum) Ut in ejus potestate essent omnia.

Nostra culpa) Epist. 6. lib. IX. *Hoc in voluntate fuerant*.

Ad prima redeo) Ad primam epistolae partem, in qua dixit, eum se vidisse multum, cum in Graeciam se contulit; se beatum esse, qui abesset, non modo sapientem: quam sententiam iteravit sequentibus verbis: *Sapienter haec reliquisti, si consilio; feliciter, si casu*. Epist. 10. lib. I. ad Att. *Ut ad prima illa redeam*.

Feliciter, si casu) Si non ideo discessisti, quod haec putares eventura. *Casum* & *Consilium* opponunt: ep. 2. lib. V. *Hujus ego temeritati si virtute atque animo non restitissem, quis esset, qui me in consulatu non casu potius existimaret, quam consilio fortem fuisse?* Potest igitur felicitas esse in aliqua re sine consilio, in omni re non potest.

EPISTOLA XXIX.

Sum enim χρήσει μὲν tuus, κτήσει de Amici nostri) *Usu quidem tuus, possessione autem Attici*. Eamdem sententiam lepide expressit Lucretius lib. III.

Vitaque mancipio nulli datur, omnibus usu.

Mancipium) Possessio ipsa, & (ut ita loquar) jus dominii.

Quod quidem si inter senes coemptionales venale proscripseris) Non opinor hoc dici: si me Atticus, mancipium suum, venale proscripserit inter senes, qui coemunt; sed, inter senes, qui coemptiones faciant; aliud est enim coemere, aliud coemptionem facere: coemere notam habet significationem: coemptionem facere, est, cum mulier in manum viri conveniit solemni quadam stipulatione, qua se invicem coemebant: quo facto, sibi invicem succedebant: ut etiam domestica sacra mulierum tamen, non virorum, interirent; non enim vir in mulieris potestatem, sed mulier in potestatem viri coemptionis jure transit: itaque amittit paterna sacra: qua de re Iurisconsultos Cicero exagitat in Oratione pro Murena: *Mulieres* (inquit) *omnes propter infirmitatem consilii majores in tutorum potestate esse voluerunt: hi invenerunt genera tutorum, quae potestate mulierum continerentur: sacra interire illi noluerunt: horum ingenio senes ad coemptiones faciendas interimendorum sacrorum causa reperti sunt; in omni denique jure civili aequitatem reliquerunt, verba ipsa tenuerunt*. Et quia in aliquibus libris exempli causa id nomen invenerant, putaverunt omnes mulieres, quae coemptionem facerent, Caias vocari. Quod si quis roget, quinam sint hi senes, quos ait Cicero, coemptionum faciendarum causa, jurisconsultorum ingenio repertos: dicam esse tutores illos, quibus patres familias eam potestatem testamento reliquerunt, ut filiae suae, cum nuberent, coemptionem sine eorum auctoritate facere non possent: id colligere licet ex oratione pro Flacco, in qua sunt haec: *In manum*, inquit, *convenerat. Nunc audio. Sed quaero, usu, an coemptione: usu non potuit; nihil enim potest de tutela legitima sine omnium tutorum auctoritate diminui; coemptione: omnibus ergo auctoribus, in quibus certe Flaccum fuisse non dices*. Ad hoc spectat illud, quod lib. I de Orat. scriptum est: *Nam neque illud est mirandum, qui quibus verbis coemptio fiat, nesciat, eumdem ejus mulieris, quae coemptionem fecerit, causam posse defendere*. In eam igitur coemptionem, tutorum omnium, ut ostendimus jam, consensu & auctoritate fieri solitam, jocari Curius voluit, cum de se, tamquam mancipio, vendendo loqueretur, ad verbum autem potius, quam ad sententiam, respexit; nam revera coemptio illa a mulieribus facta, nihil ad coemptionem mancipiorum attinebat. Livius lib. XL in extremo:

Sta-

Scaptio ne hoc, contionali sane, assignaturos putarem finitimos populos?

Egerit non multum] Lucri parum fecerit: in quo seipsum Curius modeste extenuat; quasi vilis sit contemnenda sit Attici possessio, fructus autem Ciceronis magni pretii; subiungit enim: *At ille nostra praedicatio quanti est?*

Quod sumus, quod habemus, quod homines existimamur, id omne abs te habere] Simile illud Planci epist. 24. lib. X. *Quod vivit Antonius hodie; quod Lepidus una est; quod exercitus habent non contemnendos; quod sperant; quod audent; id omne Caesari acceptum referre possunt*. Et illud Ciceronis ep. 12. lib. I. ad Attic. *Se, quod esset Senator, quod civis, quod liber, quod viveret, nihil acceptum referre*. Nec dissimile illud Philipp. II. *Senatui si placuit, ut esset meum, qui mihi non ut parenti gratias ageret, qui mihi non vitam suam, fortunas, liberos, remp. referret acceptam*.

Sulpicii successori] Acilio: quod e sequenti epistola cognoscitur.

De meliore nota] Diligentissima translatio a doliis, quibus diversae inurantur notae, ut internoscantur vina. Eodem modo Catullus ad Manlium:

> *Quare, quod scribis Veronae turpe Catullo*
> *Esse, quod hic quisquam de meliore nota*
> *Frigida deserto tepefecit membra cubili*.

Tuis praeceptis] Hac epistola Curius non respondet superiori Ciceronis epistolae: in qua praeceptum nullum est eiusmodi, ut ad urbem Curius redeat; sed potius, ut Patris maneat. Praeceptis igitur aliarum literarum, quas ad eum Cicero scripserat ante bellum civile: nam postea mutatis temporibus, sententiam mutavit: unde illud in epistola proxima: *Memini, quid mihi displicere videbatur, quod cum istis potius viveres, quam nobiscum*.

Nostras] Fortunas nostras. Patris enim negotiabatur, epist. 17. & 50. libro XIII.

Desiderare] Aliquot enim annos vixerat Patris, & ibi suas res ita constituerat, ut sine viderentur.

Toto] Concedente Sulpicio proconsule.

Duos parietes de eadem fidelia dealbare] Putabat Atticus Curium esse omnino suum, & fructu, & mancipio: haec epistola aliter ostendit: vendicat enim se Ciceroni Curius, & videtur duorum simul esse velle, usu quidem Ciceronis, mancipio autem Attici. Adagium est a fabris natum, duos vel plures etiam unica fidelia parietes dealbantibus.

Tironemque meum] Patris aegrum Tironem Curius familiariter cognoverat, epist. 1. 6. 7. lib. XVI. & ad Att. ep. 2. 3. lib. VII.

EPISTOLA XXX.

Ego vero] Initio epistolarum, *Vero*, a secundo loco positum, vel negationem demonstrat, ut hic; vel assensum, ut epist. 6. lib. IV. epist. 5. lib. IX. epist. 12 22. lib XVI.

Iam te nec hortor] Ut hortabar antea. Respondet ad eam partem epistolae Curii, in qua scripserat: *Quo facilius tuis praeceptis obtemperare possimus, atque ad urbem iubentes videre*.

Nec Pelopidarum nomen, nec facta audiam] Senarius ex vetere Poeta cum aliqua varietate in ep. 11. lib. XXV. ad Attic. sic pronunciatus: *Nec Pelopidarum facta, neque famam audiam*. Ad hunc versiculum spectavit in illa sententia in Antonium, Phil. 13. *Moveri fratribus suis huic urbi melius est, atque in alias, si fieri posset, terras demigrare, unde Atreidarum nec facta, nec nomen audiat, quam illos intra haec moenia videre*.

Audire tolerabilius est, quam videre] Epist. 1. lib. VI. *Oculi augent dolorem, qui ea, quae ceteri audiunt, intueri cogunt, nec avertere a miseriis cogitationem sinunt*.

In campo] Martio, ubi comitia habebantur.

Hora iucunda] Scire oportet, dierum plura genera fuisse, vel ab exortu solis ad exortum, ut Babyloniis; vel ab occasu ad occasum, ut Athenienlibus, vel a meridie ad meridiem, ut Umbris; vel a luce ad tenebras, ut vulgo; vel a media nocte ad mediam, ut Aegyptiis, & Romanis quem Pli-

Plinius, Gellius, Macrobius civilem diem vocant. Hic dies, lucem tenebrasque complexus, XXIV. horarum fuit, sic, ut lucem duodenæ semper, totidemque noctem horæ metirentur, diurnæ circa solstitium longissimæ, nocturnæ brevissimæ, contra vero circa brumam. Erat igitur initium civilis diei, post mediam noctem: quod quamquam luce careret, *mane* tamen Cicero per jocum appellat, a similitudine vulgaris diei, cujus initium *mane* dicitur: *Consulem*, ait infra, *hora septima renunciavit, qui usque ad Kal. Jan. esset, quæ erant futuræ mane postridie.* Et Virgilius lib. VI.

—— Torquet medios nox humida cursus:
Et me sævus equis oriens afflavit anhelis.

Aliud igitur erat, diem nominare, ut Kalendas, nonas, idus: aliud horas, ut primam, secundam, tertiam: qui diem nominabat, spatium illud horarum XXIV. quod a media nocte ad mediam proximam est, totum complectebatur: qui horam non a media nocte, id est ab initio civilis diei, numerabat, sed ab ortu solis, unde vulgaris dies incipit, & occasu definit, quod spatium fuit, ut diximus, duodecim horarum, quacumque anni parte: inde licet intelligere, cum dicitur *hora secunda*, non eam horam significari, quæ post mediam noctem, sed eam, quæ post solis ortum secunda est; ea vero si ad horarum nostrarum consuetudinem referatur, quæ pridie Kal. Jan. quindecim fere sunt ab oriente sole ad occidentem, incidit in horæ tertiæ dimidium; nam, ut hora secunda sextam partem notat duodecim veterum horarum: sic tertiæ dimidium sexta pars est nostrarum quindecim: eadem ratione, quæ septima a Cicerone nominatur, nobis incipit ab octavæ dimidio, definit in tertia nonæ parte. Sic Martialis cum dixit,

Incipit extructos frangere nona toros;

ea veteres hora cœnare solitos demonstrat, quæ post ortum solis nona, ante occasum quarta esset, æstate pariter & hieme. Inde fluxit ante cœnam prandendi mos, post cœnam comissandi; ut cibus tamen in prandio levis & facilis caperetur: quod Plinii junioris ad Marcum epistola testatur; comissatio autem honesta parum habebatur.

Comitiis quæstoriis) Ut quæstores anni sequentis crearentur, comitia, Quintili mense fieri solita, in mensem Decembrem ideo protracta erant, quia Cæsar abfuerat, Hispaniensi bello impeditus: post reditum autem triumphare prius voluit, quam haberet comitia. Ex hoc loco, nisi fallor, licet intelligere, postrema omnium comitiorum quæstoria fuisse: quæ enim supersunt, cum hæc ultimo anni die habeantur?

Institutis) A Cæsare, cum jam consularia habuisset, quibus ipse, & M. Antonius designati consules erant.

Q. *Maximi*) Q. Fabii Consulis: quem Suetonius *trimestrem consulem* vocat: quia Cæsar, ex Hispania reversus, abdicavit, eumque cum Trebonio consulem suffecit. Plutarchus in Cæsare, & Tacitus lib. XIX.

Illi) Qui erant in campo.

Dicebant) Cum illum putarent vivere.

Posita esset) Ut interesset comitiis.

Ille autem) Cæsar consul, collega Q. Maximi, qui tunc mortuus est: habebat autem ideo Cæsar comitia, quia consul priore loco creatus erat, quod quia Ciceroni quoque contigerat, ut ipse gloriatur in oratione contra Pisonem, propterea consularia comitia habuit, quibus Murenam consulem renunciavit: quod oratio pro ipso Murena habita declarat.

Comitiis tributis) Creabantur comitiis tributis minores magistratus, ædilis pl., quæstor, tribunus pl., ædilis cur. centuriatis autem majores, prætor, consul, censor: utraque a consule haberi solita, & locus hic, & epist. 3. lib. IV. ad Att. declarat.

Auspicatus) Quando auspicatus, si hora secunda instituit comitia? ante lucem scilicet: nam post mediam noctem auspicari licebat: exorto autem sole id agebant, super quo auspicati erant: auspicatique esse, & egisse eodem die dicebantur. Hunc ego morem jam ex Gellio & Macrobio cognoveram: sed accessit postea Plinii junioris testimonium in epistola ad Marcum,

cum, in qua scripsit hæc de avunculo suo: *Lucubrare a Vulcanalibus incipiebat, non auspicandi causa, sed studendi statim, a nocte multa, hieme vero ab hora septima, vel, cum tardissime, octava, sæpe sexta.* Iam, Metellus Nepos consul, ædilitia comitia habiturus, in campum ante solis ortum veniebat, ut auspicaretur primum, deinde, orto sole, comitia haberet, epistola 3. lib. IV. ad Attic.

Comitiis] Ut in locum Fabii consulem sufficeret in paucas horas.

Consulem] C. Caninium Rebilum, qui Cæsaris legatus bello Gallico fuerat.

Hora septima] Post exortum solem.

Renunciavit] Qui consul comitia habebat, sequentis anni consules renunciabat; pro Murena: *Quæ precatus sum a diis immortalibus, judices, more institutoque majorum, illo die, quo auspicato comitiis centuriatis L. Murenam consulem renuntiavi.*

Neminem prandisse] Consul enim renunciatus est hora septima, id est, post horam prandii: quæ a cœna non minus tribus horis distabat.

Somnum non viderit] Posteriores enim sex horæ noctis, habita civilis diei ratione, pertinent ad Kal. Ian. id est ad sequentis anni consules: priores vero, qui pertinent ad pridie Kal. qui consulatus ultimus dies est, insomnes ab occupato præsertim consule ducuntur: itaque perbelle Cicero, jocum quærens, brevitatem consulatus ad vigilantiæ laudem convertit. Vide Macrobium lib. II. Sat. Plut. in Cæsare, Dionem lib. XLIII. Tacitum lib. XIX.

Philosophiæ portum] A quo qui absunt, jactari eos assidue rerum humanarum fluctibus necesse est.

Mancipio & nexu] Hic locus Boetii verbis explanabitur: qui cum illud in Topicis Ciceronis interpretaretur. *Abalienatio est ejus rei, quæ mancipi est, aut traditio alteri nexu, aut in jure cessio, inter quos ea civili jure fieri possunt.* hæc subjunxit: *Omnes res, quæ abalienari possunt, id est a nostro ad alterius dominium transire, mancipi dictæ sunt. Mancipi vero res veteres appellabant, quæ ita abalienabantur, ut ea abalienatio per quandam nexus solemnitatem fieret. Nexus vero est quædam juris solemnitas, quæ fiebat eo modo,* quo in Institut. Caius exponit, cujus hæc verba sunt: *Mancipatio est imaginaria quædam venditio: quod ipsum jus Romanorum est civium; eaque res ita agitur: adhibitis non minus quinque testibus, civibus Romanis, puberibus, & præterea alio ejusdem conditionis, qui libram æneam teneat, qui appellatur libripens, is, qui mancipium accipit, æs tenens ita dicit: Hunc ego hominem ex jure Quiritium meum esse ajo: isque mihi emtus est hoc ære, æneaque libra: deinde ære percutit libram, idque æs dat ei, a quo mancipium accipit, quasi pretii loco. Quæcumque igitur res lege XII. tabularum aliter nisi per hanc solemnitatem abalienari non poterat.* Plura Sigonius in Cive Romano.

Acilius] Hic est Sulpicii successor, cui commendari Curium optabat, epistola 29.

In Græciam] Cui præfuerat Sulpicius. Epist. 6. lib. VI. *Cassium sibi legavit: Brutum Galliæ præfecit, Sulpicium Græciæ.* Alibi provinciam Sulpicii Cicero vocat Achaiam, ut ep. 4. lib. IV. ep. 26. 28. lib. XIII.

Cum legionibus] Non enim omnes in provincias ibant cum legionibus.

Maximo meo beneficio est] Maximum a me beneficium habet: ut cum dicitur, *Summo ingenio est*: & ep. 3. lib. III. ad Frat. *Cicero tuus nosterque summo studio est Pæonii sui rhetoris.* Quæ si quis diversis judicat, accipiat Ego, pro, *Vivis*. Locum certe simillimum, qui hunc maxime confirmat, ostendemus; nam Phil. VIII. ita dixit Cicero: *Negat se illi amicum esse debere; cum suo magno esset beneficio, venisse eum contra se.*

Judicio capitis] Judicium capitis illud est, quo damnatus vel civitatem, vel libertatem amittebat; nam vita non nisi perduellionis crimine adimi poterat: qua de re affatim diximus in libro nostro de Legibus.

Rebus salvis) Aut, repub. incolumi, ut epist. 1. lib. IV. *Utinam, Servi, salvis rebus, colloqui potuissemus inter nos.* Et Acad. lib. II. *Deli scisse multos accepimus, salvis rebus illis, qui gallinas alere permultas quæstus causa solerent.* Aut, *Rebus salvis*, nullo suo damno: est enim absolutum.

Quam

Quam ille cum acceperit, ecquid tibi gratissimum sit] Nonnulli veteres libri, *Quo modo acceperit, & quid*: alii, *Quando acceperit, quid*. Mihi omnino rectius videtur, *Cum acceperit, ecquid*; nam pro *Cum*, scribebant veteres, *Quom*: unde factum, *Quo modo*, eodemque errore ab *Ecquid*, fluxit, *Et quid*.

EPISTOLA XXXI.

ÆQuo animo vel iniquo te] Epist. 7. lib. V. *Nulla re tam laetari soleo, quam meorum officiorum conscientia; quibus si quando non mutuo respondetur, apud me plus officii residere facillime patior*.

Non fuisse accesse] Quia discessurus esses.

Propter res tuas ita contractas] Nam, si dispersa ac dissipata eius negotia fuissent, indiguisset opera Sulpicii proconsulis; sed ea, cum discessum cogitaret, iam contraxerat.

Nec caput, nec pedes] Habeant: proverbium est; quae enim coacta in unum sunt, carere capite & pedibus videntur.

Exaruisse] Defecisse, extinctam esse. Ad Paetum epist. 18. lib. IX. *Ipsa illa, si qua fuit in me, facultas orationis, nisi me ad has exercitationes retulissem, exaruisset*. In Bruto: *Celeriter orationes exaruerunt, vix jam ut appareant*. Translatio ab agris, qui cum exaruere, fruges non ferunt.

Veterem urbanitatem] Quatuor nominibus epist. 15. lib. IX. urbanitatem appellat, *salem*, *leporem*, *facetias*, *festivitatem*.

Veterem] Qui excelluere olim ii, qui nominantur in eadem epist. C. Lelius sapiens, Africani minoris amicissimus, Lucilius Poeta satyricus, L. Crassus orator, Granius praeco: praeterea is, qui lib. II. de Orat. disputat de ridiculis, aequalis Crassi C. Iulius Strabo.

Pomponius noster] Atticus utriusque amicissimus; nam epist. 29. dixit Curius: *Sum enim χρήσει μὲν tuus, κτήσει δὲ Attici nostri*.

Suo jure] Quis, cum excellat facetiis, hanc suo potest hanc sibi laudem vindicare, idque dicere, quod interdum dicis, & vere dicis, exaruisse veterem urbanitatem, nisi nos pauci gloriam illam breviter & acute dictorum, qua praeter ceteros olim floruere Athenienses, retineamus.

Gloriam antiquam Atticam] Haec verba non carent festivitate quadam: & velle Cicero videtur, dum loquitur de urbanitate, non inurbanus esse.

Gloriam antiquam Atticam] Magnifica verba sunt: nec tamen laudatur quidquam, praeter sales; blanditur igitur Cicero, dum humilem rem extollit, Curio simul & Attico, qui salibus mire delectabantur. Fortasse etiam ipsa Attici verba refert: quod si ita est, hoc ipso jocatur: quasi Atticos gloriam antiquam Atticam in ridiculis poneret, & eam crederet per tres homines posse retineri; sales autem Attici omnibus praestabant: quamquam Cicero, ut assentaretur Paeto, Romanos praefert, epistola 15. lib. IX.

Ergo is tibi, nos ei succedimus] Cum hoc satis constet, veterem urbanitatem amissam esse, nisi nos eam pauci revocemus: sequitur illud, ut primus in ea tibi locus, Attico secundus, mihi tertius debeatur: epist. 2. lib. VII. ad Att. *Nativam ait esse in Curio urbanitatem*.

Ne tantum semen urbanitatis una cum rep. intereat] Urbanitas ipsa exaruit, semen tantum remanet; veni igitur, saltem ut semen conservetur: tantum ne semen ipsum amittatur. Sunt qui pro *tantum*, legant *Tamen*: mei decem antiqui libri, duoque praeterea Fulvii Ursini, *Tantum*, habent: nec insulsa, ut mihi videtur, elicitur sententia, est autem lapsus ab uno verbo ad alterum facillimus: quia *Tantum*, quandoque scribitur sic, *Tm*: *Tamen*, sic, *Tn*.

EPISTOLA XXXII.

VOlumnio] Hic est P. Volumnius Eutrapelus; qui Cytheridem mimam dilexit, epist. 26. lib. IX. Praefectum fabrum Antonii fuisse civili bello, Nepos ait in Attici vita: Sulpicio & Marcello coss.

Sine praenomine] Praenomen ei Publio fuit: vide in Attici vita.

Vole-

Volumnio senatore] Cui Lucio cognomen fuit. Varro de Re Rust. lib. II. c. 4. Constat autem ex hoc loco, Volumnium hunc, ad quem scribit Cicero, equitem fuisse, non senatorem.

Εὐτραπελία] Festivitas, lepor, urbanitas: unde illi cognomen Eutrapelo, epist. 26. lib IX. ad Att. ep. & lib. XV. Phil. XII. Plutarchus in Bruto *mimum* vocat.

Salinarum mearum] Suos sales vocat *Salinas* per jocum, quasi diceret, *Possessio*. Infra: *Urbanitatis possessionem quibusvis interdictis defendamus*. Salinae autem loca sunt, ubi sal fit. Plinius lib. XXXI. cap. 7.

Procuratores] Et hic jocatur. Solent enim procuratores absentium res defendere.

Ut ego discesserim] Iturus in provinciam. Ergo scripta est epistola paullo post, quam Cicero proconsul in Ciliciam profectus est, id est M. Marcello, Ser. Sulpicio coss.

Dicta] Ioca, quae & *Dicteria* vocata, scripsit ad Cornelium Nepotem: ut apud Macrobium lib. II. legitur.

Sestiana] P. Sextii, pro quo extat oratio: vide quae diximus epistola 27.

In me conferri] Mea dici: ut ex meo nomine insulsis quoque dictis accedat auctoritas.

Dictorum meorum] Macrobius lib. II. *Animadverto duos, quos eloquentissimos antiqua aetas tulit, comicum Plautum, & oratorem Tullium, eos ambos etiam ad jocorum venustatem caeteris praestitisse. Cicero quantum in ea re valuerit, quis ignorat, qui vel liberti ejus libros, quos is de patroni jocis composuit, quos quidam ipsius putant esse, legere curavit?* Non multo post haec subjungit: *Jocos hoc genus veteres nostri Dicteria dicebant: testis enim Cicero, qui in libro epistolarum ad Cornelium Nepotem secundo sic ait: Nostri, cum omnia, quae dixissemus, dicta essent, quae facete, & breviter, & acute locuti essemus, ea proprio nomine appellari Dicteria voluerunt.*

Sua sponte] Sua venustate: etiam si non diceretur, hoc Ciceronis est.

Tamen sal est in urbe] Ita habeti sunt homines ingenio, ut, quod invenustum prorsus est, venustum tamen esse videatur.

Ἀναφρόδιτον] Quod Venere caret, venustatis expers, nomen a Venere deductum, quae Graecis Ἀφροδίτη nuncupatur.

Venustum] Quinctilianus lib. VI. c. 3. *Venustum, inquit, venustum esse, quod cum gratia & venere dicatur.*

Ἀμφιβολία] Ambigua oratio: cum ad sententias diversas eadem verba accommodari possunt: ut illud epist. 20. lib. XI. *Te dixisse laudandum adolescentem, ornandum, tollendum.* Et lib. II. de Orat. *Perpusillum rogabo.* Quod referri potest & ad perpusillum testem, & ad perpusillam interrogationem. Et illud Neronis de Claudio: *Desisse enim inter homines morari.* Et:

Aio te, Aeacida, Romanos vincere posse.

Ὑπερβολή] Superlatio, vel exsuperantia, cum sententia supra veritatem extollitur: ut in suasione legis Maniliae: *Plura bella gessit, quam caeteri legerunt; plures provincias confecit, quam caeteri concupiverunt.* Et Virgilius:

Qui candore nives anteirent, cursibus auras.

Fit etiam minuendi gratia, ut *Testudine tardior*.

Παραγραμμα] Agnominatio: cum unius litterae mutatio diversam significationem affert: ut pro *Tiberius Claudius Nero*, *Biberius Caldius Mero*. Et lib. II. de Orat. *Pamus deambulatum. Quid opus fuit de? Immo vero, quid opus fuit te?* Et Philip. XIII. *Cum in gremiis mimarum mentum mentemque deponeres.* Et Afranius apud Gellium: *Qui non modo venustus, sed invenustus quoque sit.* Et Terentius in Andr. *Inceptio est amentium, haud amantium.*

Παρὰ προσδοκίαν] Praeter exspectationem: ut illud epist. ult. lib. IX. *An tu id melius, qui etiam in Philosophum irriseris? cum ille, si quis quid quaereret, dixisset, cenam te quaerere a mane dixeris? ille baro te putabat esse quaesiturum, unum caelum esset, an innumerabilia.* Simile illud lib. II. de Orat. *Dic de L. Manlio. Virum bonum, inquit, egregiumque civem esse arbitror.*

Mire

Mire delectat Horatius Sat. 1. lib. II. cum dixisset:

—— Scaeva vivacem crede nepoti
Matrem: nil faciet sceleris pia dextera:

intulit:

Sed mala tollet anum vitiato melle cicuta.

Similiter Cicero pro Scauro apud interpretem Horatii Porphyrionem: *Libertus patronum non occidit, sed duobus digitulis gulam oblisit*. Hoc de genere sic Cicero. *Natura nos delectat error noster: ex quo cum quasi decepti sumus exspectatione, ridemus*. Et alio loco: *Ex his omnibus nihil magis ridetur, quam quod est praeter exspectationem: cujus innumerabilia sunt exempla*.

Per Antonii personam) Legerem, *C. Julii*. Is enim libro secundo de oratore loquitur de ridiculis. Nisi si quis lapsum memoria Ciceronem dicat, quod vix credibile videtur: salibus enim excelluisse non M. Antonium, sed C. Julium, optime noverat: nec ita multo ante libros de Oratore composuerat, ut personarum partes oblivisci deberet: cum praesertim eos ipsos, quos in oratoriis libris loquentes induxerat, omnes, nullo errore, commemoret epist. 19. lib. XIII. ad Att.

Ευτεχνα) Artificiosa, hoc verbum complectitur *ἀμφιβολίαν*, *ὑπερβολήν*, [illegible], [illegible], & cetera, quibus risus excitatur.

Sacramento contendas mea non esse) Vel pecunia deposita litiges, ut probes mea dicta non esse. Similiter Catullus ad Fundum: *Quovis Sabinum pignore esse contendunt*. Sacramentum quid sit, Varro lib. V. docet his verbis: *Ea pecunia, quae in judicium venit in litibus, Sacramentum a sacro. Qui petebat, & qui infitiabatur de aliis rebus, uterque quingenos aeris ad pontificem deponebant: de aliis rebus item certo alio legitimo numero assum, qui judicio vicerat, suum sacramentum a sacro auferebat: victi ad aerarium redibat*. Festus paullo latius: *Sacramentum*, inquit, *aes significat, quod poenae nomine penditur, sive quis interrogatur, sive contenditur: id in aliis rebus quinquaginta assium erat, in aliis rebus quingentorum, inter eos, qui judicio inter se contenderent, qua de re lege L. Papirii tribuni pl. sanctum est his verbis: Quicumque praetor posthac factus erit, qui inter cives jus dicet, tres viros populum rogato: iique tres viri sacramenta exigunto, judicantoque, eodemque jure sunto, uti ex legibus, plebiscitisque fieri exigere, judicare, esseque oportet. Sacramenti autem nomine id aes dici coeptum est, quod & propter aerarii inopiam, & sacrorum publicorum multitudinem consumebatur in rebus divinis*. Hunc morem attigit Asconius in Orat. 3. contra Verrem. *Cum in rem aliquam* (inquit) *agerent litigaturi, & poenas se sacramenti peterent, poscebant judicem, qui daretur post trigesimum diem*. Cicero lib. I. de Orat. *Agerent tecum lege Pythagorei omnes, atque Democritici, reliquique in jure civili homines in dicendo & graves: quibuscum tibi justo sacramento contendere non liceret*. Valerius Max. lib. VII. cap. 7. *Sacramento cum adolescentulo contendere ausi non sunt*. Ibidem cap. 8. *Aphronia cum fratre sacramento contendere noluit*.

Quererris) Questus erat Volumnius dominari in judiciis, absente Cicerone, homines infantissimos.

Mater laboro meum) Quam de tuenda salinarum possessione, id est, de dictis meis, ut agnoscantur, laboro: de judiciis non item.

Traherentur pedibus) Vel si mala illis omnia eveniant, non laboro. Epist. 14. lib. IV. ad Attic. *Fratrem meum, & te si habeo, per me isti pedibus trahantur*.

Vel Selius) Non bonus orator.

Ac liberum) Ergo liberum non esse, opinio fuit: ideo dixit, *Ut posset probare*, quasi rem difficilem.

Interdictis) Quia possessio praetoriis interdictis defendi solebat; propterea, cum ageret de possessione urbanitatis defendenda, judiciale verbum lepide usurpavit.

Te unum) Qui omnes urbanitate vincis.

Te fugere) Quia falsas laudes non agnoscis.

Illa) De Curionis tribuni pl. ingenio ad novitatem propenso; quod postea res ipsa comprobavit: nam Caesaris caussam oppugnavit primum, deinde defendit, epist. 6. lib. VIII.

Nam

Nostrum illum amicum) C. Curionem, tribunum pl. in locum Servii designatum: ut epist. 4. lib. VIII Iure autem Cicero verebatur, ne non satis gravem Curio se praeberet in tribunatu; levissime enim ab optimatum caussa ad Caesarem transiit: ut epist. 6. lib. VIII. & epist. 13. lib II.

Gravitatis) Quam non habuit, ep. 6. lib. VIII. & epist. 13 lib. II.

In amoribus) In deliciis.

Quamvis is me ingrata sit) Dicit hoc propter iniquam aestimationem rerum suarum: vide epist. 2. lib. IV. ad Att.

Dolabellam) P. Cornelium Dolabellam, postea Ciceronis generum.

Redde meum) Epist. 19. lib. XVI. *Demetrium redde nostrum*.

Desi) Amori illius erga me.

Non videre nimium laborare) Cum valde tamen laborem.

EPISTOLA XXXIII.

DEclamationibus nostris) Cur se ad declamandum Cicero contulerit, caussa exponitur in epist. 18. lib. IX.

Nihil jam) In arte oratoria.

Dissimus) Etiam si aliquid simus.

Gregalibus) Sociis, praestantibus viris, civili bello amissis. Pro Domo: *Catilinae gregales*. De Harusp. Resp. *Neque Clodius, neque quisquam de gregalibus ejus*.

Emisimus) Loquitur de libris suis.

Pennigero, non armigero in corpore) Non dubium est intelligi de avibus, quas Philoctetes configebat tardus celeres, stans volantes. Alii tamen, *Pinnigero*, legere maluerunt, contra Quinctiliani sententiam, qui *Pinnas* de avibus dici non vult. *Pennigero* etiam est in meis veteribus libris. Lib. V. de Fin. *Philoctetes cum cruciaretur non ferendis doloribus, propagabat tamen vitam aucupio sagittarum; configebat tardus celeres, stans volantes; ut apud Accium est; pennarumque contextu corpori tegumenta faciebat*. Ingemiscebat Cicero, quod ingenium suum non, ut antea, in agendis caussis, aut in tuenda rep. sed in declamationibus illis exerceret.

Exasperimus) Translatum verbum, quia dixerat, *Concursum*; qui enim concurrentes occupationes ita excipit, ut ab iis ne posternatur, instans atque ab omnibus concessam facultatem habet in otium discedendi.

Multam salutem & foro dicam, & curiae) Relinquam forum, & curiam: neque caussas in foro agam, neque sententiam in senatu dicam: quae mihi antea curae erant. Modus loquendi de Graeco fonte derivatus, epist. 8. lib. VIII. ad Atticum: Πολλὰ χαίρειν τῷ καλῷ dicens, pergit Brundisium. Plato in epistola ad Perdiccam, & in Critone, Euripides, alii.

Communibus nostris amatoribus) Similiter dixit, *Amatorem meum*, epist. 15. lib IX.

Cassius) C. Cassius, qui postea Caesarem occidit.

Dolabella) Qui & ipse declamare solitus erat audiente Cicerone: itaque discipulus vocatur epist. 7. 14. 18. lib. IX. vide Quinctilianum lib. XII. cap. 11.

Meis aequissimis utuntur auribus) Libenter eos audio declamantes.

Opus est huc) Ad haec nostra studia requirimus judicium & doctrinam etiam.

Limatulo & politulo) Translatio ab operibus, quae limantur primum, deinde etiam poliuntur, ut magis placeant.

Interioribus) Reconditis, non vulgaribus. Epist. 10. lib. III. & in Bruto: *Erant in eo plurimae litterae, nec eae vulgares, sed interiores quaedam & reconditae*.

Meis) Quibus ego maxime delector; amoribus & deliciis meis.

Verecundiorem me in loquendo facis) Iocari Ciceronem non dubito: cum ipse potius, eloquentia longe omnibus antecellens, maximeque litteris interioribus instructus, verecundiores alios in loquendo faceret.

Judicatum) Deliberatum, constitutum.

Patitur) Mihi optanti concedat.

Volo) Vel si ipse non optem.

Deponere illam personam) Caussas non agere, nec in senatum venire. Supra: *Multam salutem & foro dicam, & curiae*. Translatio ab histrionibus, qui

qui varias personas suscipiunt, & modo senem agunt, modo juvenem, modo herum, modo servum: epist. 3. lib. V.

Iam) Cupiditatem indicat haec particula personae deponendae.

Probavi) Ut histriones populo se probant, cum suas egregie partes agunt: ita me ego Caesari satis jam probavi; cum & in senatum venerim, & causas apud eum egerim, ut pro Deiotaro, pro Ligario.

Ac me totum in litteras abdere) Epistola 20. lib. IX. *Litteris me involvo.*

Ne pluribus legerem) Quamquam obscura sententia est, consensum tamen omnium antiquorum librorum non video, cur contemnam. *Perinvitus*, pro *Pluribus*, placeret, si vel unius libri veteris testimonio comprobaretur, aut si mutatio quam minima fieret: quod in conjecturis probare maxime soleo; nam, quod ad sententiam attinet, recte opponerentur, *Perinvitus legerem*, *Gratissimas fore*.

PAVLLI MANVTII
COMMENTARIVS
IN
LIBRI VIII.

Ante quam Cælii epistolas interpretemur, vitam ejus brevi oratione complecti non alienum putavimus. Ac primum, de honoribus, quos gessit; tum de ejus eloquentia; tertio loco, de moribus; postremo de obitu; quæ vel Cicero in suis libris, vel antiquissima litera loquuntur, agendum videatur.

M. Cælius Russus, plebeji generis, patre equite R. Puteolis natus, sumta virili toga, id est annum ætatis ingressus XVII. a patre continuo ad Ciceronem deductus est, nondum prætorium, sed eloquentiæ jam & probitatis opinione clarum: a quo etiam *lectissimus adolescens* appellatus est libro quarto in Verrem, qui de Signis inscribitur. In illo ætatis flore cum artibus honestissimis erudiretur, M. Crassi domum frequentavit, postea fuit assiduus cum Cicerone prætore candidatumque assectatus est in petitione consulatus; anno sequenti iterum petenti consulatum Catilinæ studuit; tribunatum pl. gessit, Pompeio tertium consule; Milonemque ob necem P. Clodii de vi reum, studiosissime defendit: qua de re sic in oratione pro Milone: *Cæli vidistis populum Romanum, concionem gladiis disturbatam; cum audiretur sententia M. Cælius tribunus pl. vir fortissimus, & in suscepta causa firmissimus, & bonorum voluntati & auctoritati senatus deditus, & in hac Milonis sive invidia, sive fortuna, singulari, divina, & incredibili fide.* In libro de Claris Oratoribus: *Cælius, quam diu auctoritati meæ paruit, talis tribunus pl. fuit, ut nemo contra civium perditorum popularem turbulentamque dementiam a senatu, & a bonorum causa steterit constantius.* Nominant & Appianus & Dio tribunum pl. quamquam apud utrumque mendose legitur *Cæcilius*. Ædilis curulis fuit L. Paullo & C. Marcello coss. prætor C. Cæsare II. & P. Servilio coss. Orto civili bello, quæstor in Africa fuit C. Curionis, ut apud Cæsarem lib. II. Civ. Bel. scriptum est.

Eloquentiæ in primis operam dedit, locumque inter summos oratores consecutus est: itaque & Cornelius Tacitus, & Quinctilianus inter eos oratores, qui novissimis reip. temporibus maxime floruerint, Cælium referunt, sua cuique tributa laude, Ciceroni, Cæsari, Cœlio, Calvo, Bruto, Asinio, Messallæ. Cælii tamen scripta paullo asperiora, & antiquitatem redolere visa sunt, de quo sic Tacitus in dialogo de Oratoribus: *Galbæ, & Carbonis aridi, impoliti, rudes, & informes, & quos utinam imitatus non esset Calvus, aut Cælius, aut ipse Cicero.* Et aliquanto post: *Quid ex Cælianis orationibus? nempe hæ placent, in quibus nitorem & altitudinem horum temporum agnoscimus. Sordes autem verborum, & hians compositio, & inconditi sensus redolent antiquitatem, nec quemquam adeo antiquarium puto, ut Cælium ex ea parte laudet, qua antiquus est.* Item infra: *Apud nos Cicero ceteros eorundem temporum disertos antecessit. Calvus autem, & Asinius, & Cæsar, & Cælius, & Brutus, sic jure & prioribus, & sequentibus anteponuntur; nec refert, quod inter se specie differunt, cum genere consentiant: at tristior Calvus, numerosior Asinius, splendidior Cæsar, amarior Cælius, gravior Brutus, vehementior, & plenior, & valentior Cicero, omnes tamen eandem sanitatem eloquentiæ ferunt.* Quinctilianus autem hæc lib. X. *Multum ingenii in Cælio, & præcipue in accusando, multa urbanitas; dignus vir, cui & mens melior, & vita longior contigisset.*

Sub-

Subjungit paullo post in eodem libro: *Quid auferret, vim Cæsaris, asperitatem Cælii, diligentiam Pollionis, judicium Calvi quinam in locis assumere?* Et lib. XI. Cælii verba recitat ex oratione, quam de vi reus pro se ipso habuit: de qua & Suetonius meminit in libro de Claris Rhetoribus, & Festus mentionem facit. Illa quoque notavimus apud eumdem lib. XII. *Vim Cæsaris, indolem Cælii, subtilitatem Calidii, gravitatem Bruti, acumen Sulpicii, acerbitatem Cassii; diligentiam Pollionis, dignitatem Messallæ, sanctitatem Calvi.* Sed audiamus Velleium historiæ suæ libro: *Dum* (inquit) *in acie Pharsalica Africaque de summa rerum Cæsar dimicat, M. Cælius, vir eloquio animoque Curioni simillimus, sed in utroque perfectior, nec minus ingeniose nequam.* Plus tamen ei facultatis in accusando fuisse, quam in defendendo, Quinctilianus ostendit lib. VI. cum ait, M. Cælium, quia melius objiceret crimina, quam defenderet, bonam dexteram, malam sinistram appellari a Cicerone solitum esse; idque confirmat ipse Cicero his verbis in libro de Claris Oratoribus: *Cælii actionem & splendida, & grandis, & eadem in primis faceta, & perurbana commendabat oratio: graves ejus conciones aliquot fuerunt, acres accusationes tres, eæque omnes ex reip. contentione susceptæ: defensiones, etsi illa erant in illo meliora, quæ dixi, non contemnendæ tamen, saneque tolerabiles.* Tres ejus accusationes, quas Cicero appellat, fuere, prima in C. Antonium de majestate, qui consulatum cum Cicerone gesserat: secunda in Sempronium Atratinum de ambitu: & utramque significat Cicero in oratione, qua eum defendit: tertia, ut opinor, in C. Lælium; ut ex Quinctiliani verbis, quæ lib VI. leguntur, mihi videor posse conjicere. Scripsit etiam concionem de aquis, quam Frontinus lib. II. de Aquæ ductibus nominat, eam fuisse non dubito contra aquarios & tabernarios: nam ipse epist. 9. *Nisi ego*, inquit, *cum tabernariis & aquariis pugnarem, veternus civitatem occupasset.*

Mores in eo minime cum ingenio conferendi. Iracundissimum appellat Seneca lib. III. de Ira. Quinctilianus ait: *Dignus vir, cui & mens melior, & vita longior contigisset.* Cicero: *M. Cælium prætereundum non arbitror; quæcumque ejus in exitu vel fortuna, vel mens fuit.* Nequam & prodigum fuisse, ex his Velleii verbis intelligitur: *Cælius, cum ne a diis quidem servari posset; quippe pejor illi res familiaris, quam mens erat; in prætura novarum tabularum auctor exstitit.* Eodem pertinent illa Quinctiliani lib. I. *Etymologia habet aliquando usum necessarium, quoties interpretatione res, de qua quæritur, eget: ut cum M. Cælius se esse hominem frugi vult probare, non quia abstinens sit, (nam id ne mentiri quidem poterat) sed quia utilis multis, id est fructuosus, unde sit dicta frugalitas.* Impudicum & lascivum ostendit oratio Ciceronis. Saltandi artem diligenter didicit, ingenuis indecoram atque inhonestam; itaque reprehendit eum Scipio Æmilianus in oratione contra legem judiciariam Ti. Gracchi, cujus hæc verba lib III. Sat. recitat Macrobius. *Docentur præstigias inhonestas: cum cinædulis, & sambuca, psalterioque eunt in ludum histrionum: discunt cantare, quæ majores nostri ingenuis probro ducier voluerunt: eunt, inquam, in ludum saltatorium inter cinædos, virgines puerique ingenui. Hæc cum mihi quisquam narrabat, non poteram animum inducere, ea liberos suos nobiles homines docere: sed, cum ductus sum in ludum saltatorium, plus medius fidius in eo ludo vidi pueris virginibusque quinquaginta, in his unum, quod me reip. maxime miseritum est, puerum bullatum, petitoris filium non minorem annis duodecim, cum crotalis saltare, quam saltationem impudicus servulus honeste saltare non posset.* Idem in eodem libro sic: *Uno eodemque tempore tribus nobilissimis civibus, non modo studium saltandi, sed etiam, si diis placet, peritia, qua gloriarentur, fuit; Gabinio consulari, Ciceronis inimico; & M. Cælio, noto inter turbas viro, quem Cicero defendit; & Licinio & Crasso, Crassi ejus, qui apud Parthos extinctus est, filio.* Inconstantis ingenii fuit, primum tribunus pleb. quo anno P. Clodius a Milone occisus est, optimatum partem defendit, qua de re sic Cicero in Bruto: *Talis tribunus pleb. fuit, ut nemo contra civium perditorum popularem turbulentamque dementiam a senatu, & a bonorum*

causa

mersa stirpis constantius. Mox, orta inter Cæsarem & Pompeium discordia, neutram in partem inclinare visus est. Id significat Cicero epist. 15. lib. II. Tu vero (inquit) non vides te justas dissidendi causas mihi videri esse, quia & novus sis, & pene amicus es. Deinde, mutata sententia, Cæsaris ad partes transiit, ex quo illud Ciceronis in Bruto: Hic cum summam voluntatem bonorum ædilis curulis factus esset, nescio quomodo discessu meo discessit a sese, ceciditque postea, cum eos imitari cœpit, quos ipse perverterat. Profectum ad Cæsarem cum C. Curione, ut eum ad civile bellum incitaret, scripsit Dio lib. XLI. Demum a Cæsare ipso descivit; idque cum ipse declarat epist. ultima lib. VIII. tum vero Velleius his verbis: Ascito Annio Milone, qui, non impetrato reditu, Julianis partibus infestus erat, in urbe seditionem, aut magis occulte bellicum tumultum movens, primo summotus a rempubl. mox consularibus armis auctore senatu circa Turios oppressus est. Cæsar autem planissime lib. III. de Bello Civ. cujus verba subscribemus: Eodem tempore M. Cælius Rufus prætor, causa debitorum suscepta, initio magistratus tribunal suum juxta C. Trebonii prætoris urbani sellam collocavit; & si quis appellavisset de æstimatione, & de solutionibus, quæ per arbitrum fierent, ut Cæsar præsens constituerat, fore auxilio pollicebatur: ab hoc profectus initio, ne frustra ingressus turpem causam videretur, legem promulgavit, ut sex pensionibus sine usuris, credita pecunia solvantur. Cum resisteret Servilius consul, reliquique magistratus; & minus opinione sua efficeret; ad hominum excitanda studia, sublata priore lege, duas promulgavit; unam, qua mercedes habitationum annuas conductoribus donavit; aliam tabularum novarum: impetuque multitudinis in C. Trebonium facto, & nonnullis vulneratis, eum de tribunali deturbavit: de quibus rebus Servilius consul ad senatum retulit; senatusque Cælium ab repub. removendum censuit. Hoc decreto eum consul senatu prohibuit, & concionari conantem de Rostris deduxit: ille, ignominia & dolore permotus, palam profecturum se ad Cæsarem simulavit, clam nunciis ad Milonem missis, qui Clodio interfecto, ejus nominis erat damnatus; atque eo in Italiam remeato, quod magnis muneribus datis, gladiatoriæ familiæ reliquias habebat, sibi conjunxit.

De obitu sic idem Cæsar in eodem loco: Cælius profectus, ut ipse sibi dictitabat, ad Cæsarem, pervenit Turios, ubi, cum quosdam ejus municipii sollicitaret, equitibusque Cæsaris, Gallis, atque Hispanis, qui eo præsidii causa missi erant, pecuniam polliceretur, ab his est interfectus. Et Velleius: In urbe seditionem, aut magis occulte bellicum tumultum movens, primo summotus a rempubl. mox consularibus armis auctore senatu circa Turios oppressus est. Dio autem lib. XLII. eadem fere quæ Cæsar, de ejus defectione & nece prodidit. At Epitome Liviana his verbis lib. CXI. M. Cælius Rufus prætor, cum seditiones in urbe concitasset, novarum tabularum spe plebe sollicitata, abrogato magistratu, pulsus urbe, Miloni exsuli, qui fugitivorum exercitum contraxerat, se conjunxit: uterque cum bellum molirentur, interfecti sunt.

P. VICTORIUS.

Epistolas M. Cælii existimamus nos studiosos animadvertisse, quam in vulgatis codicibus mendosæ, & corruptæ essent: cum autem non eamdem integritatem in his vetustum codicem invenerimus, quam in Ciceronis epistolis, illum retinere vidimus; etsi multis partibus melior illis sit; deserti ea ope non potuimus ea sanare vulnera, quæ apparent. Quidquid tamen boni potuimus, fecimus, multa quæ trunca, & mutila credimus, nulla nota adposita, reliquimus: nec enim unum, aut alterum locum signare voluimus, reliquos nobis suspectos transire, ne videremur illos nostro judicio confirmasse, & probasse. Quod si eundem, quibus parum confidimus locis, signum adponere voluissemus, infinitum fuisset, & quædam fortasse propter hujus duriorem, & asperiorem stilum immerito a nobis damnata essent, quæ recte se haberent. Fatemur igitur noluisse nos hoc periculum subire: eruditis suum in hoc judicium relinquimus: nostrum in re tam dubia & incerta non interponimus. Qui a melioribus codicibus ad-

Julii majorem operam hic navare potuerint, magno nos sibi beneficio obligabunt: ipsi de quibusdam, & iis quidem majoris momenti eorum quæ immutavimus, rationem, qua docti id fecimus, afferemus.

EPISTOLA I.

Discedens) Vnde? ab ipso Cicerone; quem in provinciam euntem prosecutus erat; sic proficiscentem Appium in Ciliciam, sic Valerium Cicero prosecutus est; ut epist. 10. lib. III. & epist. 6. lib XIII. ipse Cælius hoc iter significat, subjungens: *Romam cum venissem*. *Decedere* autem simpliciter accipit Cælius pro *discedere*, ut epist. 10. *Mei officii est*, *meminisse*, *qua obtestatione decedens mihi*, *ut prorsus fieri*, *mandaris*. Vsitatius tamen est de magistratibus e provincia decedentibus: licet privatis quoque accommodetur, ut in oratione pro Quintio: *Decedit ex Gallia Romam Nævius*.

Data opera paravi) Studiose paravi: operam dedi, studium adhibui, ut pararem, qui sic omnia colligeret, atque in commentarium referret, ut verear, ne tu meam sedulitatem nimis etiam diligentem existimes. *Argutum* enim veteres interdum vocabant, quod summam diligentiam argueret; id cognoscitur ex epist. 5 lib. VI. ad Attic. *Velim*, inquit, *obvias mihi litteras quam argutissimas de omnibus rebus crebro mittas*. Et lib. 1 de Divin. *Argutissima exta*, *quæ maxime significant*. Libro autem III. de Legib. *Oculi nimis arguti*, *quod arguant*, *& quasi loquantur*, *quemadmodum animo affecti simus*. *Manus minus arguta*, lib. III. de Oratore, quasi minus affectuosa, quæ non subsequi digitis, neque verba exprimere videatur.

Curiose) *Curiosi* sunt, quorum nimia, &, ut Cæliano more loquar, ita arguta sedulitas est, ut vel minima quæque curent.

Deprecor) *Deprecari* interdum est, precari, ut aliquid habeamus, ut *pacem deprecari*. Epist. 24. lib. 12. &, *Te locum fratris deprecatur*; epist. 7. lib. IV. interdum contra, ne habeamus, ut *deprecari exsilium*, *pœnam*, & similia: quod Ciceroni, & aliis frequentissimum est.

Delegavi) Mihi a te legatum. Est enim *Delegare*, non, simpliciter aliquid alicui mandare, sed id mandare, quod is, qui mandat, facere ipse debebat; hoc significant loca Ciceronis a me diligenter observata; in Oratione pro Domo: *Delegavi*, inquit, *amico locupletiori*. Et epist. 3. lib. XII. ad Att. *Delegationem a mancipe*. Et ibidem, epist. 13. *Balbi regia conditio delegandi*. Et lib. II. de Orat. *Quæ nunc ad me delegare vis*, *ea semper in te eximia & præstantia fuerunt*.

Tua memoriæ dare operam) Ea tractare, quæ tui me oblivisci non sinant; amici enim causa, qui aliquid agit, ejus memoriæ operam dat.

Edicta) Consulum & prætorum.

Fabulæ) In scena recitatæ. In Bruto: *Docuit primus fabulam Livius*.

Quod exemplum) *Exemplum* est imago rei; vocat igitur *exemplum* commentarium rerum urbanarum, quod in eo quasi quædam civitatis imago esset.

Molestiam exhiberem) Sic epist. 30. lib. XII. *Nolo impudens esse*, *nec mihi molestiam exhibere*.

Minus commode) Minus apte, non ut oportet; sic lib. I. de Oratore: *Oratio incommode scripta*.

Existimatio) Opinio, ut in Oratione pro Cælio: *Nam*, *quod de pietate dixistis*, *est quidem ista nostra existimatio*, *sed judicium certe parentis*; *quid nos opinemur*, *audietis ex juratis*: *quid parentes sentiant*, *lacrymæ matris*, *squalor patris*, *luctusque declarat*.

Vt nunc est) Pro, quomodo nunc se res habet; ita locutus est Cic. ad Atticum, epist. 4. lib. VII. & ad eundem epist. 28. lib. XII. Similiter ad eundem epist. 2. lib. XIII. *Quo modo nunc est*. Et Acad. IV. *Vt quidem se nunc causa habet*. Terentius autem in Heaut. *Vt dici tempus est*.

De comitiis transpadanorum) Vt quatuorviri, qui summus erat in municipiis magistratus, crearentur. In Gallia transpadana, Cæsaris provinciæ parte, Latinæ coloniæ erant omnes, jure Latii (ut Pedianus docet) lege Pompeia accepta. Cæsar iis jam ante, quam ædilis esset, civitavirtatem dari voluit; de quo Suetonius his verbis: *Colonias Latinas, de petenda civitate agitantes, adiit; & ad audendum aliquid concitasset, nisi consules conscriptas in Ciliciam legiones paulisper ob id ipsum retinuissent.* Hoc autem anno, quo Caelius hanc epistolam scripsit, in municipiorum formam transpadanas colonias redigi, creatis quatuorviris, qui erant idem in municipiis, quod Romae consules, aut studuit Caesar, aut studere creditus est; municipia vero civitatem sine suffragio primis temporibus, hoc tempore suffragii jus cum civitate habebant. Hujus rei vestigium exstat epist. 2. lib. V. ad Att. *Erat*, inquit, *rumor de transpadanis, eos jussos quatuorviros creare: quod si ita est, magnos motus timeo.* Hac tota de re Sigonius egregie lib. III. de Antiquo Iure Italiae.

Cumarum tenus) Cumas usque pervenerunt, ultra progressi non sunt: ultra Cumas nihil de transpadanorum comitiis auditum est.

Auditionem accepi) Durior & horridior interdum Caelius est in explicanda sententia; quis enim sic loquatur, *Ne tenuissimam quidem auditionem de ea re accepi*, pro, nihil prorsus audivi? fortasse hoc illud est, cur in eo sordes verborum Tacitus appellat, & subjungat, *Amarior Caelius*: & Quintilianus asperitatem ei tribuat in dicendo.

Marcellus) Consul cum Sulpicio. Iam erumpebat inter Caesarem & Pompeium discordia, sero nimis opes Caesaris timente Pompeio: qui proximo anno consul tertium pugnaverat, ut absens Caesar consulatum petere posset, contra quam legibus cautum erat: epist. 6. lib. VI. & ad Att. epist. 1. lib. VII. & epist. 3. lib. VIII.

De successione Galliarum) Ut Caesari ante legitimum diem succederetur; erat enim hic octavus Caesaris annus in administratione Galliarum, imperio decem annorum ei concesso; quinquennio uno lege Vatinia, ipso Caesare cum Bibulo consulatum gerente; altero lege Trebonia, Pompeio & Crasso coss. quam Pompeii & Crassi legem, quod eam ex consulum voluntate Trebonius tribunus pl. tulerat, Hirtius vocat lib. VIII. Belli Gal. *Marcellus* (inquit) *proximo anno cum impugnaret Caesaris dignitatem, contra legem Pompeii & Crassi retulerat ante tempus ad senatum de Caesaris provinciis.*

In Kal. Iun.) S. C de Galliis, non Kalendis Iun. sed pridie Kal. Oct. referente Marcello, factum, nuntiat Ciceroni Caelius; epist. 2.

Distulit) Epistola sequenti: *Marcelli impetus resederunt, non inertia, sed, ut mihi videbatur, consilio.*

Sermones repressi) Cum, cum statim de Galliis relaturum, homines loquerentur. *Sermones retundere*, dixit epist. 6. Sed, *Reprimere*, Ciceronianum est; epist. 8. lib. III.

Offendisti) Ostendit eum Tarenti, & cum eo decem dies fuit; epist. 2. lib. VIII. & epist. 6. lib. V. ad Att.

Aliud sentire, & loqui) De simulatione Pompeii, epist. 5. lib. I. & epist. 9. lib. IV. ad Attic. & ultima l. III. ad fratrem: *Velit, nolit, scire difficile est.*

Perscribam) Perscribere noluit Ciceroni; rescripsit enim: *Cum Pompeio nullis in aliis, nisi de repub. sermonibus versatus sum: quae nec possunt scribi, nec scribenda sunt. Tantum habeto, civem egregium esse Pompeium & ad omnia, quae providenda sunt in repub. & animo, & consilio paratum.*

Susurrationes) Incertis auctoribus; nam, si quid esset certius, susurrationes non essent, quae paucorum sermones sunt, sed rumores inter omnes. Paullo post: *Haec inter paucos secreto narrantur.*

Apud Bellovacos) Cum quibus hoc anno bellum Caesar gessit. Hirtius lib. VIII. Bel. Gal.

Neque haec incerta) Neque tamen haec, quae sunt incerta, vulgo jactantur, sed narrantur inter paucos, male in Caesarem animatos. Paullo ante: *Susurrationes dumtaxat veniunt.*

Vulgo jactantur) Quibus de rebus dissipatus rumor est, eae res vulgo jactari dicuntur. Livius lib. IX. *Ob haec vulgo jactata populus Romanus bellum fieri Aequis jussit.* Et lib. XXXVIII. *Iactatus sermonibus est apud Romanos.* Eodem verbo in eadem sententia Caesar usus lib. I. de Bel. Gall. Suetonius autem saepissime.

Quos tu nosti] Cæsaris inimicos, Bibulum, Catonem, Domitium, præcipuos optimatum duces contra Cæsaris Pompeiique potentiam: quamquam Pompeius, qui Cæsaris opes auxerat, easdem sero timens, de revocando ex Galliis Cæsare cum optimatibus cœperat cogitare.

At Domitius] L. Domitius Ahenobarbus, consularis, acerrimus Cæsaris adversarius. In prætura conatus est, quæ consul Cæsar egerat, infirmare: quod cum obtinere nequivisset, biennio post consularis candidatum palam minatus est, consulem se effecturum, quod prætor non potuisset, ademturumque ei exercitus: quo metu Cæsar operam dedit, ac perfecit, ut, detrudendi Domitii causa, Pompeius & Crassus consulatum peterent. Suetonius.

Manum ad os apposuit] Eorum more, qui secreto aliquid narrant. Subaudiendum videtur, *quum hæc liberius narret*.

Subrostrani] Infimi ordinis homines, sub Rostris versari soliti. Livius humillimam plebem, forensem factionem, ac turbam vocat lib. IX.

A Q. Pompeio] Rufo, Sullæ dictatoris ex filia nepote, P. Clodii familiarissimo; tribunus pl. anno proximo cum T. Munatio Planco & C. Sallustio collegis, inimicissimas de Milone, ob Clodii necem, conciones habuerat, Ciceroni etiam, quod Milonem defenderet, invidiam concitarat: damnatus est ipse primum, deinde Plancus, quod eorum concionibus incensa plebs, Clodii corpore in curiam illato, curiam ipsam cremasset: quo igne Porcia quoque basilica flagravit: ex quo non modo Sex. Clodium ejus auctorem seditionis, verum & multos ex factione Clodiana, præcipue vero Q. Pompeium, & T. Plancum lege Pompeii Magni de vi condemnatos esse, Dio, Pedianusque declarant. Illud quasi ἐν παρέργῳ addam, Latinam Dionis versionem emendandam, in qua Pompeius hic Sullæ sororis filius vocatur: cum dixerit Dio, Σύλλα θυγατριδοῦς, id est Sullæ ex filia nepos; idque Pedianus, & epitome Liviana lib. LXXVII confirmat; pater ejus, Q. Pompeii Rufi, Sullæ in consulatu collegæ, filius in seditione a tribuno pl. P. Sulpicio excitata, occisus est.

Baulis] Ubi Romanis exsulibus per leges licebat esse; hoc enim jus, teste Polybio, fœderatæ civitates habebant, in quibus fuisse Bauli videntur, cum ab eo Neapolis, Præneste, Tibur, propinqua Baulis oppida, nominentur.

Embaeneticam facere] Ἐμβαίνειν est navem conscendere: Ex quo, *Embaeneticam facere*, pro conscendendi artem exercere: maritima fortasse mercatura victum sibi Pompeius exsul comparabat, ad inopiam relactus, ut ex eo, quod sequitur, liquet, *Ut ego misererer ejus esurire*. Sunt, qui malint, *Embaticam*: ut maritimum Pompeii latrocinium significetur: ἀπὸ τοῦ ἐμβαίνειν: unde ἐμβάτης, sicut ἐπιβάτης, & ἀναβάτης. & inde ἐμβατικὴν potius, quam ἐμβαινετικήν. Turnebus legebat, *Epinetikam*, a verbo πεινῆν, quod est esurire: ut Q. Pompeium dicat esuriendi artem facere.

Ut ego misererer ejus esuriri] Ita misertus est, ut eum in judicio adversus Corneliam, ejus matrem, defenderit: quod eo laudibus fuit, quia Q. Pompeius, hoc ipso Cælio accusante damnatus, exsulabat. Vide Valerium Maxim. lib. IV. cap. 2.

Ho. mendacio ut defungeremur] Pro, *Defungereris*: amoris enim causa, quod unius Ciceronis erat, sibi quoque communicat, ex vetere proverbio, *Amicorum omnia communia*. Defungitur autem is, qui evadit, & periculo liberatur. Pro Roscio Amerino, pro Sextio: & Virgil. lib. VI.

O tandem magnis pelagi defuncte periclis.

Optavi, igitur, ut defungeremur, ut tuti jam essemus ab omnibus, si quæ tibi impenderent pericula: ut hoc mendacium finis & quasi defunctio esset omnium periculorum.

Plancus tuus] Ingenio Cælius fuit ad vocamdum proclivi: quod & Quintilianus animadvertit in ejus orationibus, & omnes, quæ nunc leguntur, ab eo scriptæ ad Ciceronem epistolæ demonstrant. *Tuus*, hic dixit, cum ironia: quod Plancus Bursa Ciceronis esset inimicissimus, nec injuria. quod eo accusante (ut Dio tradidit) de vi condemnatus esset. Vel, *Tuus*,

quod

quod Ciceronem, in quem inveheretur, delegerat. Operæ pretium est legere, quæ de eo ad Marium scripserit, epist. 7. l. VII. & epist. 10. lib IX. & Philippica XIII. Frater fuit L. Planci oratoris, ad quem sunt Ciceronis epistolæ, & ipsius ad Ciceronem, lib X. Pedianus in argumento Milonianæ.

Ravennæ) Vmbrorum colonia fuit, Strabone teste lib. V. in Gallia cispadana, quæ Cæsaris provinciæ pars fuit; extra Italiæ terminos; nam Galliæ provinciæ initium ad superum mare Ravenna fuit, ad inferum Luca, ipsa quoque colonia, ut ostendit V. lleius. Vt igitur Q. Pompeio Baulis, in fœderata civitate, sic Planco Ravennæ, quæ colonia Latina fuit, non civium Romanorum, esse licuit. Latinæ enim coloniæ suis legibus, iisdem scilicet, quibus vetus Latium, Romanæ vero Romanis utebantur.

Congiario) Munere; nam, quia congii mensura muneri populo primis temporibus datum est; hinc ad omnia munera, etiam pecuniaria, *Congiarii* nomen transiit. Quod Ciceronis, Suetonii, Plinii, aliorum exempla significant.

A Cæsare) Quod L. Planci frater esset, Cæsaris in Gallia legati: lib. I. & V. de Bel. Gal.

Nec beatus) Quod æris alieni tantum antea contraxisset, ut, accepto magno congiario, minime tamen abundaret. Locupletem interdum *beatum* & Cicero, & alii appellant.

Nec bene instructus) Tantum abest, ut beatus, ut nec bene instructus sit. Erat igitur similis duorum exsulum, Ciceronis inimicorum, conditio; cum illum esurire, hunc bene instructum non esse, Cælius dicat.

Politici libri) Sex libri, in quibus formam Cicero expressit eius reipubl. quæ ut apud Augustinum in libris de Civitate Dei scriptum animadverti, a secundo bello ad Ti. Gracchi tribunatum, id est ad Africani minoris interitum floruerat: ipsumque Africanum cum C. Lælio, M. Manlio, P. Furio Philo, consularibus viris, disputantem de optimo statu civitatis induxit; probavitque ceteris rebus publicis ideo Romanam antecellere, quod ex triplici genere, regio, optimatum, populari, temperata, nullam neque domesticæ iustitiæ, neque bellicæ rei partem desideraret: cum in singulis generibus aliquid inesset vitiosum, quod exitium civitatibus afferre posset: consusis autem omnibus, perfectum quiddam existeret, quo reipub. salus & incolumitas conservaretur. Appellat eos, de Optimo Civitatis Statu, in primo de Legibus: de Optima Republ. in tertio. Scripsit eos ab exsilio restitutus, post Appium & Domitium coss. in extrema epist. 9. lib. I. ubi sua scripta commemorat, nullam omnino de his libris mentionem facit: puto, quod absoluti non essent: institutos enim eo anno, videtur indicare epist. 5. lib. III. ad fratrem. Horum librorum fragmenta, quasi tabulas naufragio dispersas collegit diligentissime, natus ad illustrandam antiquitatem, omnique prorsus ingenii ac probitatis laude cum ipsa antiquitate conferendus, merito mihi & sua virtute, & singulari erga me studio carissimus, Carolus Sigonius; cuius etiam industriæ atque doctrinæ non solum argumenta eiusque de rep. libri, sed etiam obscurorum locorum, quicumque in omnibus Fragmentis, doctiorem luminque requirebant, explanationem verissimam ac disertissimam debemus.

Omnibus vigent) Attico maxime: ad quem epist. 1. lib. VI. Cicero ita scripsit: *Ego libris, tamquam praeditus, me ipse coërcui: quos tibi tam valde probari gaudeo*. Et ad eumdem, epist. 3. ibidem: *Reliqua plena adhuc & laudis & gratiæ, digna iis libris, quos tu dilaudas*.

EPISTOLA II.

CUM Fere, inquam) Quod inopinata res acciderat, quam vix Cicero credititurus esset, qui Messallam corruptis pecunia comitiis factum esse consulem plane nosset, ab admiratione orditur.

Me repraesentante) Sic aliquot antiqui libri: alii, *Me repraesentare*: nonnulli, *Me prehensante*: quod non displicet. Putat aliquis, *Matre prehen-*

fasse : quæ fuit soror Hortensii oratoris ; ego nihil affirmo.

Pronunciatum est) Latis sententiis, pronunciabat ex lege prætor : quod judicum major pars judicasset ; majore sententiarum numero vel absolvebatur, vel condemnabatur reus : si par erat, nihilominus absolvebatur : quod oratio docet pro Cluentio. Ex pronunciatione igitur prætoris, absolutum sententiis omnibus Messallam, cognitum est.

Ordinibus) Aurelia lege, quam Hortensio & Metello coss. tulit L. Aurelius Cotta prætor, tres ordines judicare cœperunt, senatores, equites, tribuni ærarii : cum equites antea lege Cornelia L. Sullæ per annos decem turpiter judicassent. Pedianus, & in nostro de Romanis legibus libro copiose.

Vide modo inquit) Dum nimis amat brevitatem Cœlius, obscurat sæpe sententias : quod in Thucydide vitium Cicero notavit. Videtur tamen fingere dicentem Ciceronem : *Vide modo, Cœli ; mea de Messalla bene homines existimant ? nam ejus pater inamicus?* Respondet Cœlius : *Non acherantico, &c.*

Validissime) Pro, *Validissime* ; nam, *Valde* fit a *Valide*. Vnicum adhuc invenimus exemplum, quod recitat Charisius ex divi Hadriani orationum XII. *A vobis* (inquit) *P. C. peto & impetratum validissime cupio, ut proxime imaginem Augusti argenteum potius clypeum, sicut Augusto, ponatis.*

Ad dolendum) Vt ejus vicem dolerem, eique dolorem meum vultu & vestitu declararem : quod officium amicitia postulat.

Captus) Vt iis, qui capiuntur, itidem mihi, rei novitate, & hujusce non exspectato judicii eventu, perculsus affectusque animus est : prorsus me stupor oppressit.

Corripuerunt) Reprehenderunt ; sic locutus epist. 9.

Relictus lege Licinia) De ambitu absolutus, cui pœnam irrogabat Licinia lex.

Majore periculo) Elapsus enim priore judicio non sua innocentia, sed judicum sordibus, accusabitur de corruptis judiciis, majore periculo, quam de ambitu : damnatum ostendit epistola quarta.

Postridie ejus absolutionis) *Postridie ejus diei*, dixit Sulpicius epist. 12. lib. IV. & Cæsar lib. I. Bel. Gal. *Postridie ludos*, Cicero ad Atticum : *Postridue*, pro Postridie, Plautus : *Postridie*, simpliciter Cicero.

Theatrum Curionis) Non erit hujus theatri, quod in funebri patris munere Curio dedit, injucunda cognitio ; sic enim a Plinio describitur lib. XXXVI. c. 15. *Theatra duo juxta fecit amplissima, e ligno, cardinum singulorum versatili suspensa libramento : in quibus utrisque, antemeridiano ludorum spectaculo edito, inter sese aversis, ne invicem obstreperent scenæ, & repente circumactis, ut contra starent, postremo jam die discedentibus tabulis, & cornibus inter se coeuntibus faciebat amphitheatrum, & gladiatorum spectacula edebat.*

Hortensius) Quo defendente impunitatem Messalla erat adsecutus ; avunculum ejus fuisse, & Valerius ostendit lib. V. cap. 9. & Plutarchus in Sulla.

Vt summo gaudio gauderemus) Vt sua lætitia lætaremur ; sic & *Saltare saltationem*, in oratione Scipionis Æmiliani contra Ti. Gracchum, apud Macrobium lib. III. Sat. & *Dolere dolorem*, & similia.

His tibi) Pro, *Tunc* ; nam *Tibi*, ornamenti causa positum, ut epist. 2. lib. IX.

Tonitruum) Cum e strepitu, fremitu, clamore quiddam tonitrui simile fieret.

Rudentem) Rudere, asinorum more, homines solent, cum aliquem contumelioso ludibrio vexant.

Sibilus) Cum & ruderent simul, & exsibilarent Hortensium ; fortasse autem, *Rudentem sibilus*, ideo conjunxit Cœlius, quod illud Pacuvii memoria teneret, *Rudentisibilus*, notatum a Varrone lib. IV. de Lingua Lat. antiquitatem enim paullo etiam magis, quam decuit, imitari Cœlio placuit ; quod a Tacito, & Quintiliano reprehensum videmus.

Intellus e sibilo) Ingredientes in theatrum sibilo excipiebantur ii, de quibus bene populus non existimaret ; de quo in Oratione pro Sextio : *Qui*

ramen-

tenuerit, & fremitu populi territus & derisus, plenissimo senatu litem, fateri eum merito videri necesse est. Et ad Attic. epist. 19. 21. lib II.

Vicisse) Obtinuisse, ut Messalla absolveretur.

Marcelli) Consulis.

Impetus) De successore Cæsari in Galliis mittendo: epist. 1.

Resederunt) Quieverunt, sedati sunt. *Timor animi resedit*, in Tusculana III.

Consilio) Quod adversari suis consiliis alterum consulem Sulpicium cum intelligeret, exitum rei desperaret; ait enim in Iulio Suetonius: *Summa ope Marcello restitit, partim per Ser. Sulpicium, alterum consulem, partim per intercessores tribunos.* Et epitome Liviana lib. CVIII. *Contentiones inter consules de successore C. Cæsari mittendo.* Hirtius autem lib. VIII. de Bello Gallico: *Cum de Cæsaris provinciis Marcellus ad senatum retulisset, frustra eum discessionem faciendam frequens reliquit.* Cicero etiam epist. 1. 2. 3. lib. IV. ait, *eum destitutum pene in consulatu fuisse.*

Incertissima est existimatio) Penitus ignoratur, qui consules futuri sint.

Ego) Petebat hoc anno Cælius, & obtinuit ædilitatem.

Nobilem) C. Hirrum, qui nondum ædilicius auguratum cum Cicerone consulari petere ausus erat.

Nobilem agentem) Non vere nobilem, sed qui se nobilem fingeret.

M. Octavius) Qui cum Cælio ædilis curulis videtur creatus; epist. 21. lib. V. ad Att.

Cn. F.) Patris nomen addit, ut eum Cicero agnoscat; ex quo patet de eo dici, non de Hirro, *Nobilem agentem*.

C. Hirrus) Lucceiæ gentis; nominatur in senatus consulto, epist. 8.

Propter Hirrum) Cujus repulsæ nuncium avide a te exspectari scimus: cur? quia Ciceronis competitor fuerat in auguratu; epistola sequenti, & 9.

Pantheras) Quas e Cilicia mitti a Cicerone cupiebat, ut eas populo suis ludis daret. Hinc ludos ædiles dabant, Megalesia, & Romanos: in quibus varia bestiarum genera, maximeque si possent, insolita, quo populus jucundiore spectaculo frueretur, offerebant; in iis pantheræ fuere, Africanæ, & Græcæ, id est, ex iis regionibus advectæ, quarum incolæ Græce loquerentur: in quibus Cilicia, Ciceronis provincia fuit; ideo epist. 6. *Turpe*, inquit, *tibi erit, pantheras Græcas me non habere*; epist. 4. 6. 8. 9. & epist. 11. lib. II. & epist. ultima lib. V. ad Att. prima lib. VI. ad eumdem.

Syngrapham Sittianam) Ex qua exigeretur a Sittio pecunia, quam in ædilitatis impensas Cælius erogaret; epist. 4. 8. 9.

Commendo) Ne solutio differatur.

EPISTOLA III.

EST *ne*) Quam acuto atque urbano Cælius ingenio fuerit, ex epistolarum principiis intelligitur: illis enim aliquid omnia fere habent. Est ne? inquit: non id præsto, quod tibi discedenti promiseram, quod tu fore negabas, ut crebro litteras mitterem?

Vici) Quasi contentio fuerit inter eos, cum Cælius de litterarum crebritate affirmaret, Cicero negaret.

Delectem otiolum meum) Qua ratione, quod vacui temporis conceditur, jucunde traducam, non habeo. *Otiolum* vocavit, ut occupationes ostenderet suas, de quibus etiam in epist. 1.

Vacanti) Non occupato, *cum vacarem a negotiis, cum vacuus essem*, sic Cicero in epist. 30. lib. XII.

Id otii tempus) Id temporis, dum otiosus eram.

Sed Romæ) Ut non mihi soli, sed universæ civitati, te absente, solitudo videatur esse.

Et, qui, quæ mea negligentia est, multos sæpe dies ad te, cum hic eras, non accedebam, nunc, quotidie non esse te, ad quem accurram, discrucior) Plautina sententia in Capt. *Tum denique homines nostra intelligimus bona, Cum, quæ in potestate habuimus, ea amisimus.*

Curat) Argute; nam, quia cum Cicerone coram de Hirro jocari, ejusque ineptias ac stultitias ridere cupiebat, ideo, *Curat*, inquit, *Hirrus*, ut [illegible]. Plus autem est *Curat*, quam *Facit*, aut *causa est*: quasi dicat: in hac petitione ita multa agit inepte, ita stulte, ut curare de industria videatur, ut ego tecum sim, quo illum ridere possimus.

Auguratus) Augur Cicero fieri noluit ante exilium suum: reversus in patriam, ne calamitas dignitatem ejus minuisse videretur, studuit quam ornatissima senatus populique Romani de se judicia interponere: quod ipse ad Catonem scribit epist. 4 lib. XV. Augur autem in locum P. Crassi, Marci filii, a Parthis interfecti, creatus est Plutarcho teste: nominatus, de more a duobus auguribus, Pompeio Magno & Q. Hortensio oratore, Philippica II. & in Bruto; qui fuit annus urbis DCC. Domitio & Messalla coss.

Nam mea) Nam mea quidem causa ideo minus cupio, quam tua, quia, si aedilis fiam, fortasse cum locupletiore referam, id est, cum aliquo fiam, qui divitiis Hirrum superet; quod e re mea non erit; opibus enim certandum erit in sumtu ludorum. Aediles Cur. ludos dabant magnificentissimos, lib. II. Off. & pro Murena, & Valerius Max.

Hoc) Ut ille repulsam ferat.

Sed tanti) Tanti ne, dices, hoc est, ut si acciderit, propterea nobis tota vita risus deesse non possit? mehercule tanti est; ita enim multa, quae merito rideantur, quotidie committit, ut inde nobis perpetuam ridendi materiam capere liceat.

Eorum odia, quae Hirrum premunt) Si dixisset, *Ea odia*, usitate dixisset: cum vero dixerit, *Eorum*, Latini sermonis ratio, *Qui*, postulat potius quam, *Quae*. Sed est hoc Caelianum dicendi genus, id est plane durum & asperum, notatum etiam, ut jam ostendimus, a Quintiliano & Tacito. Eamdem soloecismi speciem agnosco in epistola sequenti, cum dixit: *In evitandis his consiliis, qui se intenderant adversarios in ejus tribunatum*. Quo in loco postulabat usus Latinae linguae, *In evitandis eorum consiliis*. Verum, qui ea legerit, quae de Caelii eloquentia, ante hujus libri interpretationem, ex antiquorum testimonio praefati sumus, accuratam a Caelio dictionem valde non exspectabit.

Sublevant) Licet Octavius gratia non valeat, non ideo tamen fit, ut ea, quae Hirrum premunt, odia minuantur: optabile solet esse, ut competitorem non gratiosum habeamus, quo facilius ad nos populi studium inclinet; hoc Hirro contigit, ut inops ab amicis & existimatione sit Octavius: nec tamen ideo, quae Hirrum premunt, odia levantur.

Ad Philotimi liberti) T. Annius Milo, quo tribuno pl. praeter ceteros adjuvante in patria ab exilio Cicero redierat, anno proximo de vi reus ob necem Pub. Clodii, cum legis poenam, id est exilium, bonorumque omnium publicationem timeret, cepit hoc, auctore in primis Cicerone, consilium, ut, si judicio damnaretur, quam damnationem publicatio bonorum sequebatur, ejus bona Philotimus, Terentiae Ciceronis libertus, in auctione emeret, ea conditione, ut si quando ipse recuperandi facultatem nactus esset, Philotimus restitueret, ipsique Philotimo tantum pro fide ac sedulitate, quasi mercedis loco Milo persolveret, quantum Cicero aestimasset; quod Caelius a se curatum scribit, Ciceronis, opinor, litteris rogatus, ex itinere missis; nam Brundusii cum esset, hac ipsa de re sic ad Atticum scripsit epistola 8. lib. V. *Romae acceperam litteras, Milonem meum queri per litteras injuriam meam, quod Philotimus socius esset in bonis suis; id ego ita fieri volui, de C. Duronii sententia, quem amicissimum Miloni perspexeram*. Et paullo post: *Philotimus, ut ego ei iterum dixeram, mihique ille receperat, ut sit in ratione Milonis in bonis*. Nunc ad Caelii verba veniamus.

Liberti) Terentiae Ciceronis uxoris epist. 4. & 5. lib. VI. ad Attic. & alibi.

Officium) In conservandis Milonis bonis magna fide ac sedulitate.

Bona Milonis) Ut Miloni restituerentur; quod & ad Atticum antea, ut ostendi, & (opinor) ad Caelium scripserat.

Dedimus operam) Tum, ut Ciceroni obsequeretur, id per litteras roganti: tum etiam, quia Milonem ipse diligebat: quem antea tribunus pl. de vi reum, ob necem Clodii defensit acerrime. Cicero pro Milone, Pedianus.

Quam honestissime) Fuit enim honestisnestissimam, ac maxime decuit, ab eo satisfieri Miloni absenti, id est ea restitui, quæ, cum Milonis damnati bona in auctione venirent, emerat. Sic lib. II Off. *Facillimeque, honestissime molestias deponi posse, si me ad Philosophiam retulissem.*

Massiliæ eram) Massiliæ exsulabat: Pedianus, Dio, & alii.

Rebusque necessariis) Ad quos Milo scripserat, ut a Philotimo sua bona redimerent, vide epist. 8. lib. V. ad Attic. ex qua epistola satis constat, ipsum etiam Ciceronem partem Milonis bonorum, emtam in auctione possedisse: de qua parte recuperanda non videtur Milo laborasse, vel amicitiæ causa; vel quod pecuniis, ut arbitror, non abundaret.

Æstimatio tua) Æstimaverat Cicero, quantum Philotimo, pro ejus fide ac sedulitate Milo daret: idque ipse Philotimo promiserat: itaque sic ad Atticum scribit: *Assuere, et ex fide, fama, reque mea videbitur.* Quo in loco vide quæ diximus in Commentario.

Aliquod σύνταγμα) Si Latine vertas, proprie σύνταγμα compositio est, a συντάττω; liber significatur accurate scriptus; nam ὑπόμνημα, Latine commentarius, ex tempore & sine studio conficitur. Epist. 44. lib. 12. ad Attic. *Ego hic duo magna συντάγματα absolvi*; quo loco duos Academicos, & quinque de Finibus libros indicat. Et Simplicius ἐν τῷ α τῶ ὑπομν· ὑπομνηματικὰ, καὶ συνταγματικὰ, ὧν εἶναι ὑπομνήματα.

Nomini non inepto) Cum joco dixit: quasi qui aliena industria sui nominis famam quærat, non ineptus omnino sit.

Monumentis) Scriptis; alibi, *litterarum monumenta*, *annalium monumenta*.

Exsiluere) Subauditur, *in mentem venit*: id est ideo venit huc in mentem, ut custaret aliquod e scriptis tuis, quod posteris etiam nostram amicitiam declararet.

Nostræ amicitiæ) Ut impetret, non, inquit, me gloriæ studium, sed testificandæ apud posteros amicitiæ nostræ cupiditas in hanc mentem adduxit.

Omnem nostri disciplinam) Omnem doctrinam scientiæ comprehendisti

Genere) Quod argumentum deligas, monendus non es: genus tamen id sit, quod nec a mea persona alienum videatur, & aliquid doceat, quo libentius legatur.

EPISTOLA IV.

MEssallam) De quo ep. 2. Cognomen a Messana capta: ideo scribitur geminata *l*, quod lapides Capitolini veteres, præterea nummi servant: idque postulat analogia. Sic enim a Messana deducitur *Messalla*, ut a Corona *Corolla*, Catena *Catella*, Fiscina *Fiscella*.

Condemnatum) Ideo dixit epist. 2. *Reliquos lege Licinia, majore esse periculo videtur.*

C. Marcellum) M. Marcelli, ut ait Suetonius, fratrem patruelem: quem nemo consulem exspectabat: ex quo illud in epist. 2. *De Comitiis consularibus incertissima existimatio est.*

M. Claudium) M. Claudius consul erat hoc anno cum Ser. Sulpicio: itaque nec in eum repulsa, nec accusationis mentio convenit; nisi si alium M. Claudium putemus intelligi: quod si ita esset, omnino distinguendi gratia, vel cognomen, vel patris prænomen, vel notam aliquam Cælius addidisset. Placet igitur, quod Corradus sensit, *Calidium*, pro Claudio, & *Galliis*, pro Gallis: ut sit M. Calidius Orator, a duobus fratribus Galliis accusatus: quod eo verisimilius videtur, quia ipse quoque eorum alterum, Q. Gallium accusaverat, quem Cicero defendit; constat ex libro de Claris Oratoribus, in quo sunt hæc: *Memini, cum Marcus Calidius in accusatione sua Q. Gallio crimini dedisset, sibi eum venenum paravisse, idque a se esse deprehensum.* Idem legimus in Valerio lib. VIII. cap. 10. Idem hic epist. 9. Cælius significat his verbis: *Calidius in defensione sua fuit disertissimus, in accusatione satis frigidus.* Sunt, qui legant, *A Galliis duobus*: & M. Claudium putent ab ulteriore & citeriore Gallia accusatum, in quo primum discedunt & a Medicæo, & plane a scriptis omnibus libris, in quibus est, *Duobus*, non *Dualus*: deinde nulla nituntur historia; nam si accusatur a provinciis, certe repetundarum; utrique igitur Galliæ præfuefuerit, necesse est; quod nemo prodidit: nec omnino cuiquam, ante C. Caesarem, administrationem utriusque Galliae mandatam existimo.

Postulatum) Reum factum: epist. 6, 8. 12.

A repulsa) Post repulsam consulatus; praetor enim Calidius fuerat Lentulo & Metello Coss. ut oratio demonstrat in senatu habita post reditum.

Postulatum) Fortasse de ambitu: siquidem post repulsam postulatus est.

Dolabellam) Corneliae gentis, patriciae; qui postea gener fuit Ciceronis. Accusavit Appium de ambitu epist. 6.

XV. *Virum*) XV. Viri custodiebant libros Sibyllinos, a Cumaea Sibylla, Prisco regnante, Romam allatos. *Fatales* vocabantur, quod fata, id est, immutabilem Iovis voluntatem, praedicerent: ad eos quasi ad Oraculum, XV. viri adibant, cum dii immortales publice consulendi essent: historiam Gellius lib. I. cap. 19. ex antiquis annalibus exposuit. Dio lib. XXXIX. Sacerdotes nominat custodes horum veriuum, Cicero interpretes, lib. I. de Divin. Quo in loco *decemviri*, non *quindecimviri*, appellantur; sed veritatem aperit distinctio; nam superioribus temporibus decemviri Sibyllinos libros custodiebant: Ciceronis aetate, atque etiam post aliquot secula quindecimviri: quod Ausonii Poetae in Grypho versibus constat:

Atque trifatidicae nomen commune Sibyllae,
Quarum tergemini fatalia carmina libri,
Quos ter quinorum servat cultura virorum,

Suetonius *fatales libros* vocat.

Lentuli Cruris) Hic est opinor, L. Lentulus Cruscellus, qui anno sequenti consul designatus est; potuit enim & *Crus* & *Cruscellus* indifferenter nominari.

Dejeciderat) In campum Martium, ubi comitiis creandis sacerdotibus lege Atia fiebant: cum eas potestatem T. Atius Labienus a collegiis ad populum transtulisset: qua tota de re diximus in libro de Legibus.

Nostri rebus) Quorum studia Caelius amicissimo suo Dolabellae adjuvit. *Nostri* autem, quia Caelius & Cicero equestri loco nati, id est, parentibus, qui supra equestris ordinis gradum, id est, ad Senatoriam dignitatem, numquam adscendissent.

Tribunum pl. designatum) Ergo comitia tribunitia ante praetoria & aedilitia fiebant; quae nondum esse facta, paullo post manifestum est. Ante consules etiam designabantur tribuni pl. quod epist. prima ad Attic. testatur: primique omnium magistratum inibant IV. Id. Dec. cum reliqui omnes magistratus Kal. Ian.

Condemnatum) De ambitu, quod tribunatum pl. largitione consecutus esset.

Magnum motum) Quod inquieto esset ingenio, & ab eloquentia paratus. Caelius tamen; eum propter amicitiam excusans, ait: *Qui cum, facilitateque ejus non norunt.*

Vt se fert ipse) Vt se ostendit, ut videtur.

Bonos & senatum) Quos primo tribunus pl. defendit: mox ad Caesaris partes transiit, corruptus, Appiano teste, amplius ∞ D talentis, epist. 6.

Vt nunc est) Sic Cicero ad Attic. *Si manebunt; &, ut nunc est, mansura videntur.*

Hoc scaturit) Quasi ebullit hunc rem, ut Servii locum obtineat. Proprie *solum scatere fontibus* dicitur; sed cum accusandi casu veteres interdum usi sunt. Plautus in Per. *Id tuus scatet animus.* Lucretius & cum genitivo usus est lib. V. *Terra scatet ferarum.* Similiter lib. V. de Fin. Cicero: *Dixerit hoc quidem Epicurus, semper beatum esse sapientem: quod quidem solet ebullire nonnumquam.*

Initium & causa) Ideo tribunatum pl. petit, ut contra Caesarem agat, a quo contemtus est; cum antea tribunatum minime cogitaverit; quod Cicero significat epist. 6. lib. II. in eo loco. *Cum te tribunum pl. iste annus fore non putarem.*

Infimarum hominum) Plebem sibi tribunusque pleb. Caesar adjuvit, quod intelligeret optimates cum Pompeio sentire. Epist. 14. *In hac discordia*, inquit, *video Cn. Pompeium, senatum, quique res judicant; secum habiturum; ad Caesarem omnes, qui cum timore, aut mala spe vivant, accessuros.* Quamquam

quam non infimos tantum homines, verum etiam sequentis anni consulem L. Æmilium Paullum magna pecuniæ vi, qua basilicam Æmiliam extruxit, ad suam causam traduxit.

Valde) Cum dixerit *non mediocriter*, cur subjungit, *Valde*? fortasse, ut magis augeat; ut cum dicebant, *vehementer etiam*, *atque etiam*.

Commendo) Majore impensa, Curionem tribuno pleb. cum eum quoque minime cum infimis conferendum sibi posset adjungere.

Perperam venisse cecidisse) Omnes libri veteres, etiam Mediceus, *Cecinisse*: unus tantum, *Cedisse*; placet, *Cecidisse*: ex more latine loquendi.

Usque eo) Videtur dictum pro *vehementer*.

Nihil consilio facit) Fuit enim ingenio turbulento, de quo Velleius: *Curio eloquens, audax, suæ alienæque & fortunæ, & pudicitiæ prodigus, ingeniosissime nequam, facundus malo publico; cujus animo, voluptatibus, vel libidinibus, neque opes ullæ, neque cupiditates sufficere possent*. Et Suetonius violentissimum tribunorum appellat.

Ratione & insidiis, &c.) Si vel unus suffragaretur antiquus liber, legerem libenter: *Ratione & consilio usus videretur in evitandis eorum insidiis*. Quo modo locutus est Cic. lib. VII. in Verrem: *Laboriosum itinerum facilem sibi & jucundum ratione consilioque reddidit*.

His consiliis) Cum sequatur Qui; rectius videretur, *Vetum consiliis*: quid agis? Cælianum est. Similiter dixit in proxima epistola: *Eorum edictis, quæ Hirrum premunt*; pro, Qui Hirrum premunt.

Adversarios) Postea cum ab optimatibus ad Cæsarem Curio descivisset, ita in gratiam rediere, ut Curionis maxime tribuni pl. opera auguratum Antonius obtinuerit, de quo in Philipp. II.

Lollius & Antonius) Cum de Cæsarianis loquatur, qui Curioni Cæsaris inimico, (ut quidem tunc aut erat, aut videbatur) in petitione tribunatus adversarentur, malim *Lælius*, pro *Lollius*; nam Lælii Pompeiani: quod ex libris Cæsaris de Bello Civ. cognoscitur. Antonius autem quæstor Cæsaris erat in Gallia, & post annum tribunus pl. acerrime Pompeianis Cæsarem oppugnantibus, restitit, intercessitque ne S. C. de Galliarum successione fieret. Nostram opinionem de *Lolliis* in *Lælios* mutandis adjuvat locus epistolæ 3. lib. V. nam ubi, *Lollium*, legitur, non desunt scripti libri, qui habeant, *Lælium*, errorem creante nominis similitudine, & quod notiores Lælii, quam Lollii.

In genus valentes) Pro, *ejus generis*. *Valentes* autem vocat, animo & vigilantia præstantes.

In diem) Designatis enim jam tribunis pleb. & consulibus, reliquorum creatio magistratuum duci valde non poterat.

Prætoriis) Prætoria comitia fieri statim post consularia solita sunt; sed obstitit nescio quid. Auspicia quidem impedimento esse non potuere: cum prætoria, ut lib. XIII cap. 14. docet Gellius, iisdem, quibus consularia, fierent; consularia vero facta jam essent.

Mea porro comitia quem eventum sint habitura) Sic antea in omnibus impressis: nos vocem, *Comitia*, sustulimus, quæ subintelligitur; ut etiam cum dicit: *Prætoriis moræ quædam inciderunt*.

Opinionem incredibilem) Optima signa vidimus propensæ in me, alienæ autem ab Hirro populi voluntatis.

Ædilium pl.) Qui ante curules ideo creabantur, quod quasi tribunorum pl. ministri ab initio essent instituti, ut Dionysius & alii testantur; quod si tribunorum pl. causa creati; consentaneum est, ut statim post eos crearentur, id est, ante consules, & reliquos magistratus.

Natæ sunt) Quia candidati, antequam sua comitia fierent, aliorum quoque magistratuum comitiis prensabant, ut populi voluntatem elicerent; qua perspecta, vel confirmarentur in spe, vel, si quid esse adversum intelligerent, aliqua ratione mederentur: propterea comitiis tribunitiis, qui candidati consulares erant, prensarunt Galba, Antonius, Cornificius: quod in epistola ad Atticum prima scriptum est. Sic igitur & Cælius Hirrusque cum ædilitatem curulem peterent, ædilium pl. tamen comitiis prensarunt.

Coelium Vinicianum) Adoptatum in Co-

Cœliam gentem; cum ex Vicinia natus esset. Verum, ne celem quod sentio, *Licinianum*, una tantum littera immutata, potius quam *Vicinianum*, legendum existimo, adductus in hanc opinionem primum hoc argumento, quod hic, qui de dictatore Pompeio cogitavit, varie nominatur, *Lucilius* a Plutarcho, *Vicinianus* ab Hirtio lib. IV. de bello Alexandrino, *Crassus Iunianus* ab ipso Cicerone ep. 8. lib. III. ad Q. fr. & in Sigonii vetere libro *Memmianum*, non *Vicinianum*, legi video; ut ipsa varietas mendi suspicionem afferat: deinde quod cum *Crassus Iunianus* a Cicerone appelletur, si *Crassus* Liciniæ gentis cognomen fuerit, licet intelligere, vel eum ex Licinia gente, vel in Licinianam adoptatum, unde Crassi cognomen acceperit. In Licinianum, qui potest? cum Cœlius appelletur: non enim duarum familiarum nomina simul ponuntur: ergo ex Licinia in Cœliam; ut fiat *Cœlius Licinianus Crassus*, vetere cognomine conservato: ut Scipionis cognomen retinuit is, qui Magni Pompeii socer una cum eo consulatum gessit; cum tamen, a Q. Cæcilio Metello Pio, ut Dio scripsit, adoptatus, ab adoptivo patre prænomen, nomen, cognomen sumsisset: itaque in S. C. quod Cœlius ep. 8. Ciceroni misit, *Q. Cæcilius Metellus Pius Scipio* vocatur, & M. Lucullus, Lucii Luculli, qui de Mithridate ac Tigrane triumphavit, frater consobrinus, qui consul fuit cum C. Cassio Varo, cum ex Liciniis in Terentios transiisset, vetere cognomine Lucullus, novo autem Varro nuncupatus est. Sed, ut novo prænomine semper, vetere abjecto, sic vetere cognomine non illi quidem semper, sed frequentius, quam novo, utebantur. Exemplo sunt, ne alios quæramus, ii duo, quos proxime nominavimus: quorum alterum semper Lucullum, numquam Varronem; alterum sæpissime Scipionem unico cognomine, interdum gemino Metellum Scipionem, numquam Metellum simpliciter vocatum meminimus. Accedit ratio temporum, ut idem esse videatur, qui nunc ædilitatem cum Hirro petit, & qui tribunus pl. cum eodem designatus est, in ea ad Quintum epistola. Ergo & hic, *Cœlium Licinianum*, non *Vicinianum*, & in epistola ad Quintum, *Crassum Licinianum*, non *Iunianum*, rectius legi crediderim. Æquis tamen judicibus tam hoc, cum omnia, quæ a nostra proficiscuntur industria, libenter committimus. Cum hæc scripsissem, ostendit mihi vir eruditissimus Fulvius Vrsinus nummum argenteum, in quo mentio fit Cœlii Viciniani: alterum, in quo P. Crassi Iuniani: fortasse potest hic esse P. Cœlius Crassus Iunianus, qui ex Iunia Crassorum gente adoptionis jure transierit in Cœliam.

Promulgatio de dictatore) Domitio & Appio coss. cum magnis candidatorum consularium contentionibus extracta in annum sequentem comitia essent, desperata prope modum concordiæ spe, ortus est de dictatore sermo: quod unicum difficillimis reip. temporibus remedium majores invenerant, nec dubium, quin Pompeius crearetur, honoribus & rerum gestarum gloria clarissimus, de quo sic ep. 8. lib. III. ad Fratrem: *Res prolata: ad interregnum comitia adducta: rumor dictatoris injucundus bonis. Pompeius plane se negat velle; antea ipse mihi non negabat; velit, nolit, scire difficile est*. Dictaturam tamen ab eo recusatam, Dio significat lib. XL. Appianus eum, suo more dissimulantem, verbis quidem dictaturam recusasse, reipsa cupiisse, lib. II. de Bell. Civ. narrat; idem & Plutarchus.

A bito dejecit) Subaudiendum, *ædilitate*: ut in oratione pro Murena, *Prætura dejectus*: & in Verrem, *Si me ædilitate dejecisset*. Hoc enim dicit: Cœlium Licinianum, cum petere cœpisset, revocata legis ab eo de dictatore promulgatæ memoria, statim ædilitate dejecit.

Infecuta est) Numquam ita Cicero loqueretur: quid enim hoc est? *promulgatio de dictatore dejectum magno clamore infecuta est*; cum hoc significet: primum populus ei petenti vulgo negavit; deinde magni clamores in eumdem consecuti. Et sane, cum hic Cœlius, qui *Lucilius* in Plutarchi Pompeio mendose, ut puto, nominatur, rogationem de dictatura Pompeio mandanda ferre conaretur, incurrit in odium civitatis; nec longe abfuit, quin magistratu se abdicare coactus sit. Plutarchus.

Non

Non faciendam) Alii, *Ad non faciendum*: eadem sententia. Dederunt, inquit, Cælio, cuncti flagitare Hirrum cœperunt, ne faceret, id est ne peteret ædilitatem; hæc est enim illa incredibilis opinio, quam proxime dixit sua comitia nacta esse ædilium pl. comitiis.

Flagitare) Historico more, pro *Flagitabant*.

Quod sperasti) Me designatum ædilem.

De illo, quod vix sperare ausus es) Non modo illum non esse designatum, quod sperasti, sed etiam, quod vix sperare ausus es, turpissime dejectum. Urbane & perfacete ad hunc locum Cicero respondit ep. 10. lib. II. lusit enim in verbo, *Illum*, &, cum eandem sententiam referret, inquit: *De te, quia, quod speraram de Hillo, (balbus enim sum) quid non putaram*. De Hillo, dixit, joco (ut opinor) duplici, nam & *Hirrum* balborum more, mutatione litterarum pronunciavit, & allusit ad Cælii verba, qui scripserat, *De illo*: pro quo retulit, *De Hillo*, quod a Græcis inter ea quæ risum excitant, παραγραμμα vocatur: epist. 32. lib. VII.

Ad Apollinis) Ἀττικισμός: pro, ædem Apollinis: ep. 1. lib. XIV. *Valerius ad me scripsit, quemadmodum a Vesta ad tabulam Valeriam ducta esses*. Et pro Milone: *Cum facibus ad Castoris, cum gladiis toto foro volitarent*.

De stipendio Cn. Pompeii) Quod legionibus persolveret, quas partim habebat in Hispaniis cum tribus legatis, Afranio, Petreio, Varrone; partim Arimini: sequitur enim paullo post, *Ariminum ad exercitum Pompeius erat iturus*: hac de re ep. 14. *Cæsari quoque decretum stipendium*, dixit ep. 7. lib. I.

Expensum ferre) Tradidit; nam, *Expensum ferre*, est, in tabulas referre, quod expensum ac datum alicui sit, sic in Philippica II. *Quis umquam inventus est, qui Antonio mille nummum ferret expensum?* Exemplorum alibi satis est.

C. Cæsari) Cum Cæsar in Gallia sæpe acie victor, majorem tamen motum, ut inquieta illius gentis nationis ingenia, multis de causis expectaret, ab Cnæo Pompeio proconsule petiit, quoniam ipse ad urbem cum imperio reip. causa maneret, quos ex cisalpina Gallia consulis sacramento rogavisset, ad signa convenire, & ad se proficisci juberet, quod Pompeius & reip. & amicitiæ tribuit. Hoc apud eum totidem verbis lib VI. de Bel. Gal. scriptum est. Hirtius autem sic lib. VIII. *Fit senatus consultum, ut ad bellum Parthicum legio una a Cn. Pompeio, altera a C. Cæsare mitterentur, neque obscure hæ duæ legiones uni Cæsari detrahuntur; nam Cn. Pompeius legionem primam, quam ad Cæsarem miserat, confectam ex delectu provinciæ, Cæsari tamquam ex suo numero dedit. Cæsar tamen, cum de voluntate adversariorum se expoliari nemini dubium esset, Cn. Pompeio legionem remisit*. Plutarchus etiam in Pompeio repetitam eam legionem ait simulatione belli Parthici, quod a Dione quoque lib. XL. traditum est.

Quo numero esset) Post C. Marium, sena millia peditum summum in legione numerus fuit, minor interdum; quod aliquam ob causam legio esset infrequentior; ideo facta mentio est, quo numero esset ea, quam Cæsari Pompeius commodaverat; sed in ea peditum sena millia fuisse, ex Plutarcho perspicuum fuit, qui M. Catonem de Pompeio questum esse narrat, quod sex millia militum ad Cæsarem sine senatus auctoritate in Galliam misisset.

Quo appeteretur) Quo numero tribui deberet, Sigonii liber unus, *Appeteret*: quod non placuit.

Coactus est) Nam ipse libenter simulabat: ideo non nisi coactus dixit, se ex Gallia legionem eam abducturum. Ep 5. lib. I. *Nosti hominis tarditatem & taciturnitatem*.

Sub mentionem) Post mentionem de ea legione factam.

Convicium) Efflagitationem; nam convicium non modo maledictum est, sed etiam vehementior sine intermissione postulatio; unde illud in ep. 10. lib II. ad Fratrem: *Epistolam hanc convicio efflagitarunt codicilli tui*. Et in oratione pro Archia: *Quæres a nobis, Gratti, cur tantopere hoc homine delectemur? quia suppeditat nobis, ubi & animus ex hoc forensi strepitu reficiatur, & aures convicio defessæ conquiescant*. *Convicio*, pro multis vocibus multoque clamore, dixit.

Obtre-

Obtrectatorum) Fortasse Cato, Bibulus, Domitius Ahenobarbus, Caesaris inimici, Pompeio ob eam causam obtrectabant, quod Caesari legionem de suo exercitu commodasset; non enim obtrectatores hic appellari Caesaris amicos, verisimile videtur: qui certe de removenda ab eo legione mentionem numquam intulissent.

Hoc est de provinciis) Glossema non puto; sed actione de provinciis Gallias quoque, actione autem de Galliis contineri simul & comprehendi provincias omnes, docet.

Placitum est) Antique, pro *Placuit*: ut, *Licitum est*, pro *licuit*: *Puditum est*, pro *puduit*. Cicero lib. IV. in Verrem: *Nego ullam picturam neque in tabulis, neque textilem fuisse, quin conquisierit, inspexerit, quod placitum sit, abstulerit*. Et D. Brutus epist. 1. lib. XI. *Placitum est mihi, ut postularem legationem liberam*. Et Pompeius in epistola ad consules, lib. VIII. ad Att. *Placitum est mihi, ut Brundisium ducerem hanc copiam*. Muliebri genere Terentius in Andr. *Postquam me amare dixi, complacita est tibi*. Eodem modo, *Puditum esset*, pro *puduisset*, dixit Cicero pro Flacco; & lib. II. de Fin. *Quam nec est veritum ponere*: pro, qui non veriti sunt ponere. Terentius in Andria: *Dum licitum est illi; dumque aetas tulit, amavit*. Quo loco Donatus, *Veteres*, inquit, & *Placitum*, & *Puditum dicebant; quae nos, placuit, puduit*.

Coram eo) Quo modo, coram eo, cum Pompeius, quia cum imperio erat, urbem introire non posset? Sciendum, eos qui cum imperio erant, petiisse interdum a senatu, & obtinuisse, ut salvis legibus ingredi urbem possent: itaque laudavit Sextium de vi reum, praesens Pompeius, cum judicium in foro fieret, Marcellino & Philippo coss. quo anno eum fuisse cum imperio, suscepta annonae cura, notum est, ep. 9. lib. 1. Nonnumquam etiam, ut iis qui ad urbem cum imperio erant, liceret interesse, extra urbem senatus habebatur, ut biennio post, belli civilis initio: quod a Caesare lib. 1. de Bel. civ. scriptum legimus.

Ariminum) Situm in extrema Italia, non ea, quam Alpes cingunt, qui naturae terminus est, sed ea, quam a Gallia cisalpina populus Romanus Rubicone fluvio distinxit: citra Rubiconem autem primum oppidum Romam euntibus, ultimum in Galliam, Ariminum occurrit.

Ad exercitum) Cujus ipse imperator erat: manebat enim ad urbem reipub. causa cum imperio: quod Caesar lib. VI. aliique tradiderunt: *Per legatos absens Hispanias administrabat, mandatas ei lege primum Trebonia in quinquennium, deinde altera, quam ipse tertium consul tulit, in alterum quinquennium prorogatas*. Dio lib. XL. Plutarchus, alii.

Factum iri) Usitatius erat, *Actum iri*: quo modo & ipse de eadem re locutus est epist. 9. *De provinciis*, inquit, *quod tibi scripseram, idibus Sextil. actum iri; interpellat judicium Marcelli consulis designati*. Nec paucis praeterea confirmatur exemplis.

Aut praefigere aliquid) Aut S. C. fieri de imperio iis, qui provincias obtinent, finiendo, idque potissimum Caesaris causa: aut a tribunis pleb. Caesarianis turpiter intercederetur: intercessum autem a quatuor tribunis pl. in ep. 8. demonstratur. Et cum ait, *Turpiter*, sentire se pro optimatibus indicat, sed mox in sequenti, cum aedilitatem gereret, se mutavit, vel Appii censoris odio, vel Curionis tribuni pl. amicitia, ep. 12. 13. 17.

Illam noctem) Ex qua intellectum est, vel transactum iri aliquid, vel tribunos pl. intercessuros esse.

Omare) Ergo & Caesarem: si senatus ei succedendum censuisset.

Senatui dicto audientem esse Pro, senatui parere. Sic pro Deiotaro, *Ut audiens dicto esset huic ordini*. Et Philippica VII. *Scilicet legatos ad eum misimus, non ut pareret, & dicto audiens esset huic ordini, sed ut conditiones ferret*.

Nihil exspecto) Proxime, se non exspectare nihil affirmavit his verbis: *Profecto aut transigitur aliquid, aut turpiter intercedetur*, quid igitur, an secum pugnat Caelius? diversa sententia est; nam hic ait, *Nihil exspecto*, pro, Caesarem senatui dicto audientem fore nequaquam puto.

Primam) Primi consules designati sententiam rogabantur: eorum autem prior, qui priore loco designatus erat;

Idem

ideo Marcellinus, consul designatus, primus sententiam rogatur ep. 1. L. II. ad Fratrem: secundo autem loco Philippus ejus collega, quod secundo loco designatus esset.

Syngrapha Sittiana] De qua diximus in ep. 2. ne sæpius eadem iterentur.

Valde pertinere] Ut pecuniæ ex ea syngrapha exactis alerentur, ac Romam deportarentur pantheræ, quas dare suis ludis anno sequenti Cælius cogitabat: vide ep. 9.

De pantheris] Epist. 2.

Cybiratas] Venandi peritam gentem, ep. 9. & ep. 1. lib. 6. ad Att.

Regem Alexandrinum] Ptolemæum, quadriennio ante a Gabinio Syriæ proconsule restitutum, diximus ep. 1. l. I.

Quid mihi suadeas] Forsitan curam sibi a senatu ejus regni invisendi, atque aliquamdiu procurandi mandari cupiebat.

Quis procuret] Procurabat Ptolemæi pueri, annum XIII. agentis, nutricius ejus, eunuchus, nomine Photinus, in cujus consilio Pompeius Magnus, cum Pelusium accessisset, necatus est. Cæsar lib. III. de Bel. civ. Appianus lib. II. de Bel. civ. Dio lib. XLI. Plutarchus in Pompeio.

Perspicies] Nec enim ei de regni statu difficilis cognitio erat, cum Ciliciæ præesset, cui propriè in conspectu Ægyptus est.

EPISTOLA V.

Finitimarumque regionum] Quas nonnumquam incurrentes Parthi vexabant; primam vero, quam, trajecto Euphrate, qui terminus Romani imperii fuit, invadebant Parthi, Syriam fuisse, ex epistolis 1. 2. 3. 4. cognoscitur: ceteræ vero regiones vel Romanis parebant, vel in eorum societate clientelaque erant, possessæ a regulis tyrannisque, aut suis legibus liberæ viventes.

Animi pendeo] In sollicitudine sum: notum loquendi genus. *Pendemus animis*, dixit Cicero Tusc. 1. sed usitatius, *animi*.

Si hoc moderari possemus] Si liceret nobis, quod ad Parthicum bellum attinet, ita rem moderari, & hoc modo corrigere, ut cum viribus copiarum nostrarum bellum æquaretur; nihil tam esset optandum. Dixit, *Hoc*, pro hac ratione, hoc modo: vel, *Hoc*, accusandi casu: id est, id quod mihi timorem injicit. Sigonii liber habet: *Hoc more moderari possemus, & pro viribus copiarum, &c.*

Triumphumque] Ad triumphum satis erat, hostium quinque millia una acie occidisse: de quo Valerius Max. lib. II. cap. 8. Respondit Cicero: *Vellet, tantum modo ut haberem negotii, quod esset ad laureolam satis.*

Gravem illam dimicationem] Cum omnes utrimque copiæ concurrerent.

Parthos] Pro Parthi, historico more: sic Livius sæpe & alibi, *Pœnos*, & *Romanos*, pro *Pœni*, *Romani*.

Vix unum saltum] Quia transire in provinciam Ciceronis Parthi conarentur. *Vix* autem, quia duas tantum legiones Cicero habebat, ut epist. 15. lib. V. ad Att. Plutarchus ait fuisse duodecim millia peditum, equites MMC. id quod ostendit, in singulis legionibus sena millia peditum fuisse, equitum autem numerum, uti crediderim, in Plutarcho vacare mendo; nam singulis legionibus trecentos adjunctos equites fuisse satis liquet, quod si accedant auxiliares, tantus tamen numerus non efficitur: nisi si, quod valere Parthos equitatu constabat, ideo numerus equitum auctus est.

Controversiam] Referente enim ad senatum Marcello consule de provinciarum successione, eo consilio, ut Galliæ Cæsaris eamdem conditionem subirent; videt Cælius, id quod evenit, intercessum iri a tribunis pleb. quia legitimum provinciæ Cæsaris tempus Vatinia primum, deinde Trebonia lege datum, expletum nondum esset. Quæ igitur intercessio, Galliarum causa S. C. de provinciis impediet, eadem, ne ceteris provincias obtinentibus succedatur, efficiet.

Quid facturus esset] Quem provinciæ decedens præficere velles: ep. 9. *Quantum divino, relinquendus tibi erit, qui provinciam obtineat; nam non expeditur successio: quando Galliæ, quæ habent intercessorem, in eamdem conditionem, quam ceteræ provinciæ, vocantur.*

Translatitia] Usitata, usu translata: ut ep. 8. lib. III. *Hoc vero*, inquit, *ex quo suspicio nata est, me exquisivisse aliquid, in quo te offenderem, translatitium est.*

Constituetur] In senatu: constituetur autem decreto generali de omnium provinciarum successione.

Erit] Tribunus pleb. amicus Caesari: ut intercesserunt quatuor, epist. 8.

Alias] Tribunus pl. Pompeii, id est optimatum fautor: qui cum impediri Gallias viderit, expediri reliquas non patietur: eo scilicet consilio, ut vel omnibus, qui provincias obtinent, vel nemini succedatur.

De omnibus provinciis] Consularibus, & praetoriis: de quibus consul M. Marcellus, primum de consularibus, mox de praetoriis, separatim verba fecit, epist. 8.

Plus biennium] Non fallitur; nunquam enim res, nisi civili bello, ad exitum deducta. *Plus biennium*, pro, *Plus biennio*; ut ep. 6. lib. VI. ad Att. *Plus annum provinciam obtinere*.

Mercetur] Passive, dixit, antiquo more; sic in Agraria 2. *Excipere nominatim agrum, qui publicus esse fateatur*.

Mea consuetudine] Id enim promisit epist. 1.

In quodam incilicia omnia] Sic Mediceus liber, & qui fuit Vbaldini. Sigonii unus, *In quodam incilitia omnia*: Ioannis Scalae, *In quodam omnia in Sicilia*: Masseorum, *In quodam vicilitiore omnia*. Mendum patet, nec displiceret, *In quodam incili jam omnia*: quod olim placuit. *Incilia* fossa sunt, in quas ex fossis aqua derivantur.

Adhaeserunt] In actione de provinciis, tamquam in quodam incili, urgente M. Marcello consule idem illud, quod antea, ut iis qui provincias obtinent, succedatur.

Vrget] Ergo, resedisse impetus eius, falso putavit Caelius. Id enim scripsit epist. 2. Et cum dicat, *Idem illud urget*; antea scriptum esse ab eo de hac Marcelli actione, & aliquot Caelii ad Ciceronem epistolas desiderari satis constat.

Neque adhuc frequentem senatum efficere potuit] *Neque*, hic usurpatur pro *Ne quidem*, hac sententia: Tantum abest, ut Marcellus S. C. efficere de provinciarum successione, ut ne senatum quidem adhuc frequentare potuerit; sic ep. 4. lib. IV. ad Attic. *Neque hoc neglexi*. Non dissimile illud epist. 10. lib. IX. *Quod autem epistola purgas te, non dissuasorem mihi emtionis Neapolitanae fuisse, sed auctorem commorationis urbanae: neque ego aliter accepi, intellexi tamen idem, &c.* Infrequenti autem senatu fieri S. C. leges vetabant; qua de re diximus ep. 9. lib. I in eo loco: *Mihi est senatus assensus, ut idibus Maii, frequenti senatu, de agro Campano referretur*.

Curio tribunus] Ex his verbis nondum esse designatum tribunum Curionem, conjicio.

Introiit] Introivit, neque solum anno postero, Curione tribuno, sed etiam eo, qui consecutus est, M. Antonio & Q. Cassio Longino tribunis pleb. qui S. C. de provinciis intercesserunt.

Quam facile nunc fit] *Nunc*, pro *tunc* ut futurum tempus repraesentet; quo magis rem oculis subjiciat; vel, *Nunc*, hoc in statu, cum Curio tribunus pleb. sit, & de provinciis agatur.

Impediri] Impedimento enim erant Caesariani Pompeianis, ne fiat S. C. de provinciarum successione: Pompeiani autem, nisi libere liceat de omnibus provinciis decernere senatui, reliquas impedient, ep. 5.

Qui sua causa, temp. non curent] Sic plane in plerisque antiquis libris: mihi videtur cum de uno Caesare sermo habeatur, legendum, *Curet*, nam is, sua potentiae causa, remp. non curabat. Adjuvat & confirmat opinionem nostram Fulvii Vrsini liber, in quo est, *qui sua cum resp. non curet*.

Superet] Supersit, reliquum sit: id est, quantum in hoc Caesar negotii sit habiturus. Sic lib. V. de Fin. *De eo, quod ipsa superat, aliis gratificari volunt*. Et ad Att. lib. XIII. *Si quid aere meo alieno superabit*.

EPISTOLA VI.

APpium] Quem e provincia Ciliciа redeuntem Dolabella, qui postea gener Ciceronis fuit, de majestate accusavit; quamquam & de ambitu postulatum esse, absolutumque utroque crimine, significant epi-

stolae

stolæ duæ, undecima & duodecima lib. III.

Dolabella) Corneliæ gentis patriciæ, qui ad plebem postea transiit, ut tribunus pl. fieri posset, quo in magistratu legem ferre de tabulis novis conatus est, ut ære alieno, quod gravissimum contraxerat, levaretur.

Reum factum) Fuit hoc apud Romanos in more positum, ut adolescentes, gloriæ comparandæ causa, viros nobiles, honoribusque functos, accusarent. Sic L. Crassus ille princeps in eloquentia C. Carbonem consularem, sic Cicero C. Verrem prætorium, sic M. Cælius ipse C. Antonium consularem, Ciceronis collegam, accusaverat; erat autem hoc Romæ gloriosum, propterea quod qui ab aliis rationem vitæ reposcerent, ii legem sibi ipsi innocentiæ, continentiæ, virtutumque omnium indicere viderentur; de quo præclare, ut omnia, Cicero noster in proœmio Actionis ultimæ in C. Verrem. *Reum facere*, non est accusare, sed postulare, id est, petere sibi actionem in aliquem; de quo plenius infra: pro Scauro: *Reus*, inquit, *est factus a Cæpione*, quod ab accusatione ipsa diversum esse, Asconius ostendit interpretatio.

Invidia) Adversa hominum voluntate; ut alibi.

Ad tribunal) Prætoris; crimen enim de majestate publicum fuit: publicis autem judiciis prætores præfuisse, ostendimus in libro de Legibus.

Triumphi postulationem abjeceras) Urbem enim nemo cum imperio introibat, præter eos, qui triumphabant; quorum causa lex ferebatur, ut imperium retinerent eo tantum die, quo triumphantes inveherentur: exemplis nota res est. Appius autem, abjecto triumphandi consilio, statim urbem ingressus est, ut obsisteret accusationi, Epist. 10. lib. III. *Illud plane moleste tuli, quod certissimum & justissimum triumphum hoc invidorum consilio tibi esse ereptum videbam.*

Retudit) Repressit, sedavit eorum sermones, qui de Appii damnatione loquebantur.

In te) Successore suo; qui si contuleris in eum studia & officia tua, proderis plurimum. Accusatus erat Appius ob ea, quæ in provincia contra majestatem populi Romani commiserat; itaque epist. 10. lib. III. *De me*, inquit, *sic existimes velim: Deos, promitto atque confirmo; me pro tua dignitate in hac provincia, cui tu præfuisti, regendo deprecatorie, laborandi propinqui, auctoritate cari hominis, ut spero, apud civitatem, gravitate imperatoris suscepturum officia atque partes.*

Tibi eum non esse odio) Minus est, quam, eum a te diligi; quasi dicat; cum in gratiam cum eo redieris; cum ejus filiarum una Cn. Pompeii filio, altera M. Bruto nupserit; hæc, ne tibi odio sit, efficiunt; amare autem fratrem inimicissimi tui non potes. Cicero, non eum modo a se diligi, sed valde etiam diligi, respondit epist. 13. lib. II.

In tua manu est) Cum eam provinciam, cui præfuit Appius, & unde testes in eum excitari possunt, administres.

Simultatem) Simultates Ciceroni cum Appio, inimicitiæ vero fuerunt acerbissimæ cum ejus fratre P. Clodio. *Simultas* autem & mediocre odium est, & simulatione tectum.

Ad illam summam veritatem) Sic antiqui libri, nec, opinor, mendose. Si legitimo, inquit, jure uti volueris, nihil pro Appio, nisi quod summa veritas, id est, summa justitia, præscribit, agendum tibi existimes; suspicionem tectæ reconciliatæ gratiæ fortasse aliquam dabis. Expressit Cicero aliis verbis eamdem sententiam epist. 12. lib. II. *Vetus* (inquit) *nostra simultas antea stimulabat me, ut caverem, ut ne suspicionem fictæ reconciliatæ gratiæ darem.* Ea de re sententiam egregiam recitat Hieronymus in Apologia adversus Rufinum ex Ciceronis Oratione pro Gabinio: *Ego eam omnes amicitias tuendas semper putavi summa religione & fide, tum eas maxime, quæ essent ex inimicitiis revocatæ in gratiam; propterea quod integris amicitiis officium prætermissum, imprudentiæ, vel etiam (ut gravius interpretemur) negligentiæ excusatione defenditur; post reditum in gratiam si quid est commissum, id non neglectum, sed violatum putatur, nec imprudentiæ, sed perfidiæ assignari solet.*

ipsum non satis apte cum Appii accusatione, cum publica vero judicio cum turpitudine aptissime connectitur. Sigonii liber, & alii, *Consepta omnia fœdera*; unus, *Conscripta*. Medicæus, *Consepta omnia fœdera*. Joanni Baptistæ Tilio placet: *Consepta*: quasi, munita; quod reos nemo condemnet; tuta igitur culpa, veluti septa mœnibus. Proxime dixit: *Hic nos omnes abjecimus*.

Consules) L. Paullus, C. Marcellus.

De feriis Latinis) Singulis annis in Albano monte, populi Romani Latinorumque conventu, sacrificium fiebat, distributa singulis populis immolatarum hostiarum carne. *Latiar* vocabatur, quod Latiali Jovi fieret: conventus autem ille, *Feriæ Latinæ*: quarum auctor Superbus rex fuit, uno iis die dicato. Post reges exactos alter additus: tertius post fœdus cum Latinis ictum, Sp. Cassio Consule, anno CCCXCVI. quartus. Dionysius, Livius, Plutarchus, Cicero, alii.

Nullum) Quibus de rebus ad senatum retulerunt, de iis nullum omnino senatus consultum factum est; nihil igitur auctoritate, nihil eloquentia valent. De feriis autem Latinis si senatus consultum fecerunt, usitatum est: non ideo probatur eorum diligentia.

Conglaciat) *Frigere* dicimus eos, qui nihil agendo tempus tradenunt; hoc magis est; nam glacie summum frigus indicatur; summa igitur Curionis ignavia: epist. 13. lib. II.

Nisi ego cum tabernariis & aquariis pugnarem) Aquarum publicarum cura ad ædiles curul. pertinebat; propterea Cœlius, qui ædilis curul. erat, cum tabernariis & aquariis, publicas aquas ad privatum usum convertentibus, pugnabat; qua de re Frontini verba ex l. I. de Aquæductibus recitabo, quæ magnam huic loco lucem afferunt: *Causa est*, inquit, *fraus aquariorum, quos aquas ex publicis ductibus in privatorum usum derivare deprehendimus; sed & plerique possessorum, & quorum agris aqua circumducitur, formas rivorum perforant: unde fit, ut ductus publici hominibus privatis vel ad hortorum usum subserviant, vel ad hiberna suspendant; ac de vitiis ejusmodi nec plura, nec meliora dici possunt*, quam a Cœlio Rufo dicta sunt in ea concione, cui titulus est, de Aquis: quæ nunc nos omnia simili licentia usurpata, utinam non per offensas probaremus: irriguos agros, tabernas, cœnacula, & corrupte ac denique omnes perpetuis salientibus instructas invenimus. Hæc Frontinus. *Aquarii* erant, quibus deducendi in urbem publicas aquas cura mandabatur: quod & recitata proxime, & illa præterea ejusdem Frontini verba lib. I. satis ostendunt: *Aquarii nostri partem maximam Crabræ semper in supplementum Juliæ vindicaverunt, etc. ut Juliam augerent, quam hauriebant largitudo compendii sui gratia*. Ab hac fortasse affectandæ & perducendæ aquæ similitudine dicti sunt *Aquarioli*, qui mulieres impudicas, ut ait Festus, affectarentur: & *Aquarioli* in stupris uxorum conniventes, ut aquarii in derivationibus aquarum publicarum. *Tabernarios* vocat Cœlius non omnes omnium mercium institores; verum eos tantum, quorum in tabernas cibi gratia homines divertunt; nam hi publicas aquas in usum suum convertebant. Differt autem *Taberna* ab *Officina* & *Apotheca*. *Officina* tempore prior est utraque; nam in ea fiunt, quæ postea vel in Apothecam custodienda, vel in tabernam vendenda deferantur. *Apotheca* est, quæ multas capit custoditque merces, ut deinde ad Tabernas missæ prostent venales; hodie, corrupto vocabulo ab apothecis nomen acceperunt ea loca, quæ a veteribus tabernæ, dicebantur. *Taberna* tantum habet, quæ minutatim venduntur: cui qui præest, *Institor* vocatur: qui autem apothecæ, *Mercator*; sunt & tabernæ, in quibus habitant pauperes; unde Horatius: *Pauperum tabernas regumque turres*.

Veternus) Morbus ex ignavia contractus, qui somnum inducit. Plautus in Men. *Nam tum veternus, aut aqua intercus tenet?* Et Virg. lib. I. Geor.

Nec torpere gravi passus sua regna veterno.

Epist. 17. lib. II.

Calefaciunt) Exercent, illato bello; nam ex bello motus, ex motu calor: epist. 10. lib. VII. *Vos nunc istic satis calere audio*. Et epist. 19. lib. VII.

ad

ad Attic. *Te ipsum calere puto*; cum animi perturbationem significaret.

Frigore) Otio: ex quo frigus inducitur, ut exercitatione corporis calor.

Potuit sine Parthis) Etsi frigemus hic, tamen calefieri vos a Parthis non optamus: commodum fuit vos esse sine Parthis, nullum vobis a Parthis negotium exhiberi.

Bibulus) Qui Syriae praeerat.

Amisit) De hoc detrimento sic ep. 20. lib. V. ad Att. *Bibulus in Amano cohortem primam totam perdidit. Sane plagam odiosam acceperat cum re, tum tempore*.

Sic) Potest aliter esse, sed nunciatum sic est.

Supra scripsi) Plures igitur dies hanc epistolam Caelius in manibus habuit.

Ferventissime) Vehementer; calere igitur eum, mirum non est. Sic epist. 7. *De Domitione ferventer loqui est coeptum*. Sic epist. 17. lib. X. *Ferventes literas*, pro vehementes, iracundiaeque impetu concitatos, dixit.

Concerpitur) Carpitur, movetur: a quo? a se ipso, suis actionibus pro Caesare, novisque legibus, viaria et alimentaria. Tales sordes verborum in Caelio damnavit antiquitas, quid enim hoc est, *Ferventissime concerpitur*?

De intercalando) De die producenda, ut ea, quae pro Caesaris causa cogitabat, commodius posset ad exitum perducere: sic enim Dio narrat lib. XL.

Non obtinuerat) A collegio pontificum; id enim Dionis ostendit historia: et intercalandi potestatem penes eos fuisse, qui fastis praeerant, Macrobius lib. I Sat. docet his verbis: *Dies ille, quo abundare annum diximus, eorum est permissus arbitrio, qui fastis praeerant; ut, cum vellent, intercalarent*. Et paullo post: *Fuit tempus, cum, propter superstitionem intercalatio omnis omissa est: nonnumquam vero per gratiam sacerdotum, qui cum publicanis proferri, vel imminui, consulto anni dies volebant, modo auctio, modo retractio dierum proveniebat*. Sacerdotes autem, quos Macrobius ait fastis praefuisse, pontifices fuere: quod Livii verba testantur lib. IX. *Civile jus* (inquit) *repositum in penetralibus pontificum, evulgavit; fastosque circa forum in albo proposuit, ut, quando lege agi posset, sciretur*. Et pontificem, cum intercalationem peteret, Curionem ipsum fuisse, ex Dione cognoscitur.

Transfugit) Deseruit optimates, quos antea defenderat: epist. 6.

Viariam) De sternendis muniendisque viis. Appianus.

Non dissimilem agrariae Rulli) Quid hoc sit, mihi videtur ab Appiano didicisse lib. II. de Bell. Civ. ut enim P. Servilius Rullus in ea lege, quam de agris dividendis in tribunatu ferre conatus est, hoc posuit, ut ipse primus decemvir, qui agros divideret, crearetur; item Curio, cum viariam legem ferret, eam sibi ipsi curationem in quinquennium petebat: quod per leges non licere, Cicero in Agraria II. declarat his verbis: *Quos decemviros creari vult? se primum: qui licet? leges enim sunt veteres; neque eae consulares; sed tribuniciae Liciniae atque Aebutiae, quae non modo eum, qui tulerit de aliqua curatione ac potestate; sed etiam collegas ejus, cognatos, affines excipit, ne iis ea potestas curatioque mandetur*.

Alimentariam) Fortasse de frumento plebi gratis dividendo, ut innumerorum hominum studia sibi compararet: quod antea quoque seditiosi tribuni pl. primum C. Gracchus, deinde Saturninus, postremo P. Clodius, Ciceronis inimicus, tentaverat. Oratio pro Sextio, epitome Liviana lib. LX. lib. I. ad Herennium, Pedianus.

Quae) Fortasse, *Qua*, ut alimentaria sua lege juberet Curio aediles metiri frumentum plebi.

Jactavit) Palam dictitavit se laturum esse.

Ponite me in gratiam) *In gratiam*, et *in gratia*, utroque modo dicitur: ep. 6. lib. VI.

Huic rei) Matrimonio Tulliae et Dolabellae.

Dignitatis tuae) Divisi jam: *significatio ulla si intercesserit, clarius, quam deceat, fiat*.

Aequitatis) Iniquior enim videberis, affinitate cum eo juncta, qui Appium, novum amicum tuum, in judicium vocet; suadeo igitur judicii tuam expectes.

Turpe tibi erit) Quem te mihi amicis-

micisalcissimum esse, & illic imperandi potestatem habere, omnes sciunt.

Cicero ...) Non modo provinciæ Ciceronis, verum etiam omnis Asiæ, non quam orbis terræ partem tertiam dicimus, sed ea, quæ regis Attali fuerat, Græce loquebatur: epist. 4. & 7.

EPISTOLA VII.

Felicitas) Re bene gesta in Amano monte, acceperas, opinor, Cælius eam Ciceronis epistolam, in qua scripsit hæc: *Cum meis copiis omnibus vexavi Amanienses, hostes sempiternos; multi occisi, capti, reliqui dissipati: castella munita, improviso adventu capta, & incensa: ita victoria justa imperator appellatus ad Issum*. Deinde sequitur de oppugnatione Pindenissi.

Risum) Lætitiam ob rem a te prospere gestam.

Aliqui) Pro, *Aliquis*: antique: ut epist. 18 lib. XII. *Quo iste, inquis, qui, Catilinæ Bassus cognomen*.

Publicanorum) Ejus societatis, quæ Asiana vectigalia redemerat; plures enim erant publicanorum societates, epist IX. lib XIII.

Nisi hæc ...) Lepida & urbana industria rerum, quæ scriptione parum digna videantur.

Cornificius adolescens Orestillæ filiam) Hic est fortasse ejus filius, quem Ciceronis collegam in augurata fuisse, inscriptio epistolarum ad eum lib XII. significat. Orestilla Catilinæ uxor fuerat. Sigonii liber: *Cornificius adolescentiorem ille sui filiam*. ego ex hac varietate, nescio quam vere, certe non longe ab antiquis vestigiis, hoc elicio: *Cornificius adolescentiorem Sullæ filiam sibi despondit*; altera enim Sullæ maior filia, Fausta, Miloni nupserat, quod ignorat nemo. ita de Cornificio intelligendum erit, ad quem sunt epistolæ lib. XII.

Paula) Raro quidem cognominibus mulieres utebantur: sed, numquam qui putarunt, plane falluntur: id quod, ut Plutarchi testimonium omittam, vel hic locus ostendit. Sullæ vero filiam, quam Miloni nuptam proxime diximus, quis nescit Corneliam fuisse, cum eadem tamen Fausta vocaretur? quid Orestilla, a Cælio & Sallustio, quid L. Terentia a Valerio Maximo, lib. VIII cap 2. nominata, nonne aperte cognomen est? nam a nominibus omnes appellatas, ut Valeria, Terentia, Tullia, satis inter omnes constat. Hæc vero Paulla eadem est, quæ Polla vocatur ep 8. lib. XI. quemadmodum ab aulla olla, sic a Paulla Polla.

Valeria) Cum sit soror Triarii, Valeriæ gentis esse eam oportuit

Triarii) Hic est P Valerius Triarius, qui Scaurum accusaverat Cicerone defendente. ejus Triarii filius, qui legatus L. Luculli bello Mithridatico male rem gesserat. Sed hic eloquentia valuit, & in Bruto præclare laudatur his verbis: *Me quidem admodum delectabat etiam Triarii in illa ætate plena litteratæ senectutis oratio: quanta severitas in vultu, quantum pondus in verbis: quam nihil non consideratum exibat ex ore*. Libro etiam de Finib. I. testimonium ei doctrinæ tribuitur. Periit civilibus armis: quod in eodem Bruto legitur.

D. Bruto) Qui cum M. Bruto, & C. Cassio Cæsarem occidit.

Nondum retulerat) Nondum renuleraт, ad quos referendum erat, de novis nuptiis; nam de divortio retulisset, antequam fieret. Si ita legatur, subintelligi poterit, *diem*, sed mihi non displicet amicissimi mei conjectura, qui ita legendum putat, *mundum retulerat*; mundus autem muliebris qui sit, exponit Livius lib. XXXIV. *Munditiæ (inquit) ornatus, & cultus, feminarum insignia sunt, hunc mundum muliebrem appellarunt majores nostri*.

Minime vellem) In amici igitur domo.

Imperatorem) Quem de adulterio percunctari cum non deceat, mihi tamen, inquit, Cælius per jocum, hoc non displicet Imperator: quod illum, parta de Amanienibus victoria, Cicero appellatus erat

EPISTOLA VIII.

Tusum, Rufum) Iterat Rufi nomen; ut indicet magis, de quo loquatur; quasi hoc dicat, Rufum illum, qui tibi tam jucundus est, nec ab-

abest jocus. Hic Rufus, quod habuerit cum Vestorio controversiam, ut infra quoque licet conjicere, vocatur *Rufio Vestorianus* epist. 14. ad Attic. lib. XIV. nominatur etiam epist. 2. ad eumdem lib. VI.

Mel) Sic appellamus ea, quibus mire delectamur. Plautus in Curc. *Si abdomen, haud recusem, quin mihi male sit, mel meum.*

Delicias tuas) Sic locutus epist. 1. lib. VII. *Deliciae tuae, noster Aesopus.*

Calumniam tulisse) Ad accusandum descendisse. Infra: *Cum calumniam jurasset.*

Maximo plausu) Omnibus adprobantibus; cum laetarentur, quod accusaret accusatorem suum.

Tulisse) Pro, *Detulisse*: accusasse de calumnia, praesertim accusatorem suum, unde sequitur: *Nemini hoc deferre munusculum maluit, quam suo accusatori.*

M. Tucc. accusatorem suum, &c.) Hujus loci sensum, etsi obscurissimus est, tamen declarare conabimur. Reorum causae ordine agebantur: cum qua tempore prior fuerat, ejus prior item locus erat; excipiebantur tamen eae causae, quae cum causis jam judicatis conjunctionem aliquam habebant, ut earum quasi appendices quaedam viderentur: ejusmodi enim causis, etiam si post multas alias delatae essent, tamen primus locus erat constitutus; itaque in oratione pro Cluentio: *Fabricium* (inquit) *reum statim fecit, ut quae ei locus primus constitueretur, propter causae conjunctionem, impetravit.* Propter causae conjunctionem, inquit, quum Fabricii causa eadem erat, quae Scamandri, qui antea condemnatus erat. Et infra in eadem oratione: *Apud eosdem judices reus est factus Oppianicus, cum in duobus praejudiciis jam damnatus esset: ab iisdem autem judicibus locus ei primus est constitutus.* Hoc ideo factum est, quod Oppianici causa conjunctionem habebat cum Fabricii, & Scamandri causa, quos judices jam damnaverant. Excipiebantur etiam causae de vi, quae primo loco agebantur, omissis aliis causis, quae tempore priores fuerant: sic Milonis causa, quod erat de vi, extra ordinem est acta: sic M. Caelius, cum Atratini patrem de ambitu reum fecisset, de vi postea accusatus, causam ipse prior dicere coactus est. Sic etiam C. Sempronius cum a M. Tuccio esset accusatus, & causam suam eo anno nollet agi (forte quod ex iis, qui tunc judices erant, aliquos se habere inimicos intelligeret) accusavit accusatorem suum lege Plotia de vi, eo consilio, ut, interposita extraordinaria causa, tempus tereretur, & suae causae judicium, cum ejus agendae spatium non esset, in annum sequentem necessario rejiceretur. *Extraordinarius* autem *reus* is dicebatur, cujus causa non ordine, ut aliae causae, sed primo loco semper ageretur: & inde *extraordinariae causae*, quae statim ante omnes causas agerentur, ut cum erat de vi, vel conjunctionem habebat cum aliqua causa antea judicata.

Lege Plotia de vi) Causae de vi ante alias extra ordinem agebantur, quod etiam ex oratione pro Caelio, quem de vi accusatum Cicero defendit, satis liquet. Fuere autem de vi leges duae, una tribunicia Plotia, altera consularis Lutatia, de quibus in libro nostro de Legibus.

Dubium enim ... non erat) Non erat ei dubium, quin condemnaretur, quod ut effugeret, de accusando accusatore suo consilium cepit, eoque crimine, quo causam ab eo extra ordinem dicendam videbat, sperabat enim, eo damnato, prorsus omni se periculo omnique molestia liberatum.

Deferre ... accusatori) Neminem accusare maluit, quam suum accusatorem. Sic locutus epist. 13

Subscriptorem) Erant, qui subscriberent accusantibus, opemque ferrent, ut reus omnino damnaretur. Cicero in Divinat. in Verrem, pro Cluentio, epist. 1. lib. III. ad Fratrem.

[illegible]) Ita eum oratione exagito, ita vero, ut Vestorii quoque mentionem faciam, cum quo negotii quiddam Sempronio fuisse, cognoscitur ex epist. 2. lib. VI. ad Attic.

Fabulam) Non, fictam rem; quales fabulae sunt, sed quod tamquam fabula, rideri possit.

Tibi pro beneficio dederit) Collatum in te beneficium existimari voluerit.

Si quid injuriae suae esset, quod Ve-

storius

stoxius teneret) Cum sit hujus loci mihi quidem perdifficilis intelligentia, a duobus veteribus libris, uno Sigonii, altero meo, discedendum non putavi: ut sit, quo nisi conjectura possit, si quis ingenio veritatem vestigare voluerit, quod si ex his verbis aliquam omnino cogar elicere sententiam, interpretabor hoc modo: Tibi pro beneficio dedit, si quid esset injuriis tuis, id est, si quid esset suo damno suaque injuria, quod Vestorius teneret, quasi ademptum tibi aliquid, et teneri a Vestorio diceret, quod ab ipso ejus injuria haberet. Nam ut, *Injuria*, interdum adverbii loco ponitur, ut, *Injuria facis hoc*: sic videtur pronomen addi posse, ut dicatur, *Injuria mea facis hoc*: quemadmodum *Ingratiis*, et *Ingratiis tuis*, *Merito*, et *Merito meo* veteres dicebant. Paullo asperius hoc est, aliquis dicet, quis negat? verum hanc asperitatem Caelius amavit: ut in ejus vita jam ostendimus. Tres praeterea minime certores libri pro, *Si quid*, habent, *si quod*: duo, *quae Vestorius*. Quod autem pro, *Injuriis suis*, in quo veteres quidem scripti libri omnes consentiunt, nonnulli reposuere, *Iuris sui*, commentitium suspicor, et eo magis, quod iidem, *Injuriis suis*, esse in suo illo pervetere libro, editis antea, ut ipsi vocarunt, castigationibus indicaverant: nec tamen hujus postea mutationis causam ostenderunt.

Turbare) *Turbare*, et *Conturbare*, decoctorum est: nec desunt apud Ciceronem exempla, epist. 7. lib. IV. ad Attic. et in oratione pro Plancio.

Quod non venderet cuiquam) *Quisquam*, tribus modis videtur usurpari: cum dubitamus, ut, *si quisquam ita sentit*: cum negamus, ut, *nec quisquam putet*: cum interrogamus, ut, *quisquam tam impudens reperietur?* Caelius tamen hic neque dubitat, neque negat, neque interrogat, sed affirmat, et puto veteres ita locutos, quorum scripta sine delectu Caelius imitatus est, confirmatur hoc exemplum altero Aemiliani Scipionis exemplo: cujus verba, ex oratione contra legem Judiciariam Ti. Gracchi a Macrobio recitata cum legerem, hoc animadverti: *Haec cum mihi narraret quisquam, non poteram animum inducere, ea liberos suos nobiles homines docere*. Liber Sigonii habet, *Quoquam*; orta occasione mendi, quia priscis temporibus *Quoiquam*, pro *Cuiquam*, scribebatur.

Nemo) Seipsum intelligit, Servilii causam defendentem.

Invidia) Cum invisus esset omnibus. Sigonii liber, *Maxime qui nobis traditus erat invidiae*. Minor igitur mutatio fieret, si legeretur hoc modo: *Maximeque nobis traditus erat invidiae*, etsi video sententiam claudicare: sed in Caelio ferenda sunt omnia.

Laterensis) Juventiae gentis.

Postulante) Non accipio pro, *accusante*; nam accusator Servilii in causa repetundarum Pilius fuit, non Pausanias. *Postulante* igitur est, petente, ut agere liceret contra eos, ad quos ea pecunia pervenisset, unus fortasse fuit de creditoribus Servilii, aut etiam amicus; qui, excusata ejus inopia, postularet a praetore, ut, ad quos erepta Servilio pecunia pervenisset, quaereretur, quando Servilius ipse solvendo non esset; quod impetratum a praetore non est, non quod aequum non esset, verum quia Servilius ei odio erat; confirmat enim Caelius his verbis, quod proxime dixerat: *Maxime nobis traditus erat invidiae*. Licuisse autem per leges in causa repetundarum agere adversus eos, ad quos ea pecunia pervenisset, Cicerone teste probabimus: *Est* (inquit in oratione pro Rabirio) *haec causa, quae ea pecunia pervenerit, quasi quaedam appendicula causae judicatae, atque damnatae, sunt lites aestimatae A. Gabinio, nec praedes dati, nec ex ejus bonis, quanta summa litium fuisset, a populo recepta: lex aequa est: jubet lex Julia persequi ab iis, ad quos ea pecunia, quam is ceperit, qui damnatus sit, pervenerit, si est hoc novum in lege Julia, sicuti multa sunt severius scripta, quam in antiquis legibus, & sanctius judicata; fiat etiam consuetudo hujus generis judiciorum nova. Sin hoc totidem verbis translatum caput est, quod fuit non modo in Cornelia, sed etiam ante in lege Servilia: per deos immortales, quid agimus, judices, aut quem hunc morem novorum judiciorum in remp. inducimus? erat enim haec consuetudo nota vobis quidem omnibus, sed, si usus magister est opti-*

optimus, mihi debet esse notissimus, accusavi de pecuniis repetundis: judex sedi: praetor quaesivi: defendi plurimos: nulla pars, quae aliquam facultatem dicendi afferre posset, non mea fuit: ita contendo, neminem unquam, quo ea poenis promisisset, causam dixisse, qui in aestimandis litibus appellatus non esset. Venit etiam in mentem, *Positionem*, de accusatore Pausania dictum esse. quia sequitur, *Nobis potentius*: quod si ita est, bis de repetundis postulatum Servilium dicemus, primum a Pausania, & damnatum; licet hic de exitu judicii mentio nulla fiat; sed ex his verbis intelligitur, *Quo ea poenis promisisset*; quae actio damnationem profecto consequitur: deinde a Pilio: quod judicium nondum esse factum, manifeste infra demonstrant ea verba, *De repetundis, saucius, Pilio traditur*; sed adversatur ea ratio, quod, si accusatus esset antea de repetundis, abiisset in exsilium; nec alterum de eodem crimine judicium exspectasset.

Attici uxori] Cujus uxor Pilia fuit, saepe in epistolis ad eum nominata.

Ferventer] Valde, non frigide: ut epist. 9. *Ferventissime concupiit*.

Loqui] Passionem tribuit verbo, actionem potius requirenti. Sed antiquum fuit. Id est Caelianum.

Quo orato projicitur] Qua fama valde commotus est Appius, usque eo, ut eumdem Servilium de praevaricatione accusarit.

Appius minor] Duos fratres Claudiae gentis nominat Pedianus in argumento orationis pro Milone, filios C. Clodii, qui Publ. Clodii frater fuerat, utrique praenomen Appio fuit; sed, ut internoscerentur, *Appius major*, & *Appius minor*, aetatis ratione habita, vocabantur, ut feminae, antequam nuberent, cum duae sorores essent, *major* & *minor* appellabantur: itaque duas Octavias, majorem, & minorem, Suetonius nominat in Augusto. Pediani verba sunt haec: *Postulaverunt apud Pompeium, familiam Milonis exhibendam, duo adolescentuli, qui Appii Claudii ambo appellabantur, qui erant C. Claudii filii, qui frater fuerat Clodii*. De quibus infra quoque idem Pedianus mentionem facit. Quaero igitur, cum duo fuerint Appii fratres, major & minor, C. Clodii filii, primum, cur neuter eorum patris praenomine sit usus: deinde, cur uterque Appius eodem praenomine? Verisimile est, adoptatos esse ab eorum patruo Ap. Claudio, qui Ciliciam rexit ante Ciceronem, & ab eo praenomen accepisse, quod fieri solitum est; deinde, ut distinguerentur, majorem, & minorem esse nominatos. Accedit ad hanc rationem altera, ut ego arbitror, aliquanto firmior, quod in hac epistola vivere patrem eorum Caelius ostendit: infert enim: *Quid, si nefarias patris confessiones audisses*? at eorum patrem naturalem C. Claudium jam decessisse, Pedianus videtur significare, cum dicat: *Qui erant C. Claudii filii, qui frater fuerat Clodii*. Ex quo sequitur, ut de patre adoptivo sit intelligendum, qui cum & ipse Ap. Claudius vocetur, quemnam putamus esse, praeter Appium illum, qui consul cum L. Domitio fuit, & post consulatum Ciliciam administravit? Nec mirum videatur, eodem praenomine duos fratres esse usos: nam hoc usitatum in gente Claudia, ex historia cognovimus. Appius enim Claudius, cognomento Caudex, qui consulatum gessit anno U. C. CDLXXXIX, frater fuit Appii Claudii Caeci, teste Gellio lib XVII. Video etiam apud Liv. lib XXXIIII. duos Labeones fratres eodem praenomine appellari.

Ex bonis paternis] A patre suo datum Servilio, ejus accusatori, ut praevaricaretur.

Diceret] Aut hoc abundat, cum, *Iudices*, dixerit: aut mendosum videtur: cum *Dicat*, ad verbum *Iudices*, rectius accommodetur.

Depositum] Ab Appio patre, quod Servilio daretur, si praevaricatus esset; in quo spem locabat absolutionis suae. Sigonii liber, *Positum*.

H-S LXXXI] Prorsus hoc depravatum suspicor; nam neque satis magna conficitur pecunia ad emendam praevaricationem: & perfectum potius numerum in veterum libris nominatum animadverti, ut potest ex ignoratione antiquarum notarum fluxisse mendum, & factum esse LXXXI. ex eo, quod fortasse fuit, CCCIↃↃↃ, quae sestertiorum erunt centum millia, id est nummum nostratis tria millia duca-

tatodatorum, quamquam ne hæc quidem corrupto accusatori merces pro rei magnitudine satis ampla mihi videtur.

Amentiam) Qui flagitium aperiat patris sui, a quo reo indicet datam Servilio pecuniam, ut prævaricaretur.

Actiones) In persequenda accusatione: quid enim stultius, quam in consilium mittere eosdem illos judices, qui litem æstimarant?

Nefarias) Nefas enim, pecunia salutem emere, accusatore corrupto.

Mittit in consilium) Post auditam cognitamque causam, ut sententias de Servilio ferrent: cum eos rejicere deberet, ut suspectos. Mittebat judices in consilium accusator, ut hic, & pro Cluentio: *Cur enim, cum in consilium iretur, Cluentius & Cannutius abesse patiebantur? cum in consilium mitterent, Stalenum judicem, cui pecuniam dederant, non requirebant?* Et apud Valerium Max. lib. VI. cap. 2. *Cn. Piso, Manilii accusator, interrogavit Pompeium, cur se quoque non accusaret: Da, inquit, vades reip. te, si postulatus fueris, civile bellum non excitaturum: jam de tuo prius, quam de Manilii capite in consilium judices mittam.* Prætoris quoque mittentis in consilium judices, exemplum habemus in Asconio: *Cato prætor* (inquit) *in consilium de calumnia accusatorum misit.*

Qui litis æstimarant) Qui de repetundis judicaverant. In causis enim repetundarum lites æstimabantur: ut, quantum a reo damnato esset exigendum, cognosceretur. Hinc licet intelligere, accusatum Appium patrem a Servilio de repetundis, eoque prævaricante absolutum; nec dubito, quin repetundarum crimen ob Sardiniam avare administratam objectum Appio sit: nam eam prætor rexerat: quod apud Plutarchum in Cæsare legimus. Judices autem, qui eum absolvissent, numquam omnino accusatum ab Appio minore Servilium damnassent: ne, si prævaricationem crederent, suum de Appii absolutione judicium damnare viderentur: quem absolutum propter innocentiam videri volebant, non quod Servilius prævaricator causam prodidisset. Stulte igitur Appius minor eos judices in consilium misit, ut sententias de Servilio ferrent. Hic ne quis miretur, quod, cum dixerit postulatum a Pilio Servilium de repetundis, judicium factum de prævaricatione prius, quam de repetundis, demonstret; nam prævaricationis causa tamquam appendix est rei judicatæ: itaque extra ordinem statim agitur. Qui autem de repetundis, iidem de corruptis judiciis judicabant: & ad crimen corrupti judicii prævaricatio pertinuit. Itaque mirum non est, qui judices in Appii causa repetundarum fuerant, eosdem in Servilii prævaricationis causa sedisse. Pro Cluentio: *An, ut prævaricaretur? jam id quoque ad corrumpendum judicium pertinet.* Et in eadem infra: *Fidiculanius quid fecisse dicebatur? accepisse a Cluentio HS ccc. cujus erat ordinis? senatorii: qua lege in eo genere a senatore ratio repeti solet? de pecuniis repetundis.* Quod autem, *Litis*, pro *Lites*, scriptum sit, antiquæ consuetudinis est. Priscianus lib. VII. *Lites*, & *Litis*: Cicero in frumentaria: *Sedasti etiam litis illorum.*

Laterensis leges ignorans pronunciavit, quid singuli ordines judicassent) Cum ex tribus ordinibus, qui res judicabant, duo Servilium absolvissent, unus condemnasset, universorum autem judicum æquo numero sententiæ fuissent, Laterensis, qui ordines, non sententias respiceret, absolutum credidit, seque eum in tabulas dixit absolutum relaturum. Postea cum in lege reperisset, non ex ordinum numero, sed e judicum majori parte, vel absolvendos, vel condemnandos esse reos: non retulit, ut dixerat, in tabulas absolutum, ordinum judicia perscripsit. Fusius autem explicabimus, propterea quod obscurior est sensus, ita ut eum pauci viderint, nemo certe ostenderit: non enim in quo Laterensis Prætor deceptus sit, animadverterunt; quod nos pluribus verbis, ut etiam tardiores intelligant, ostendemus. Judicia penes tres ordines erant: qui quidem tres ordines ex senatoribus, equitibus, Tribunis ærarii constabant; fieri autem poterat, ut quem duo ordines absolvissent, unus condemnasset, is tamen non absolutus, sed condemnatus judicaretur hoc modo: Sint in consilium sena-

senatores XXVI. equites XXV. Tribuni ærarii XXIV. ex senatoribus absolvunt reum XIV. condemnant XII. ex equitibus absolvunt XIII. condemnant XII. ex Tribunis ærariis absolvunt IV. condemnant XX. si ex ordinum numero judicaretur reus, absolutum appareret, quippe cum ex tribus ordinibus absolverint duo, senatorius, & equester. Cum autem lex, quod judicum major pars judicarit, id jus ratum esse velit; condemnatum reum, nemo est, quin videat, cum sententias graves habuerit XLIV. absolutorias XXXI. Prætor autem Laterensis cum ex more pronunciare deberet, quot sententiis absolutus, quot esset condemnatus reus, leges ignorans, de numero judicum nihil, de ordinibus, quid singuli judicassent, pronuntiavit, ac se in tabulas absolutum dixit relaturum. Postea cum lege perspecta, erratum intelligeret; dubius animi, quid ageret; quod neque contra legem, neque contra id, quod pronuntiarat, vellet facere; neque absolutum, neque damnatum retulit; tantum ordinum judicia perscripsit; ex quo paulo post infert Cœlius: *Sic nunc neque absolutus, neque damnatus Servilius, de repetundis saucius Pilio tradetur.*

Æquo numero] Æquo sententiarum numero reus absolvebatur; habendam scilicet humanitatis rationem veteres illi legum latores censuerunt; ut, in re dubia, ad misericordiam inclinatio fieret: testem habeo Ciceronem in Oratione pro Cluentio: *In consilium, inquit, ituri erant judices triginta & duo: sententiis decem & sex absolutio confici poterat.* Confirmat in Mario Plutarchus: *Παραδόξως ἀπέφυγεν, ἴσων τῶν ψήφων γενομένων.* Hoc Laterensis ignorans, cum absolutum Servilium ob sententiarum paritatem pronunciare deberet, non pronunciavit absolutum, neque de sententiarum numero mentionem fecit, sed cum tres ordines, senatus, equites, tribuni ærarii lege Aurelia judicarent, ordinum judicia exposuit; quibus absolutum Servilium, hæc infra verba demonstrant, *Pro absoluto Servilius haberi coeptus*, in quo geminus Laterensis error agnoscitur, primum, quod æquo sententiarum numero absolvi reum ignoravit; deinde, quod in absolvendo, aut condemnando habendam ordinum rationem arbitratus est; ut, quem ordines duo absolvissent, aut damnassent, is absolutus, aut damnatus putaretur. cum non intelligeret accidere posse, ut a duobus ordinibus absolutus reus, tamen damnaretur, ex universo sententiarum numero, quarum major pars vel salutem reo, vel pœnam afferebat; exempli gratia, senatores reum absolvant, item equites, sed utrique paucis sententiis: tribuni ærarii omnes, aut plerique condemnent: quis non videt absolvi reum, si ordinum potius quam sententiarum, ratio ducatur? contra tamen accidit: nam sententiæ numerabantur, separatim quidem primo cujusque ordinis. sed ut mox summa fieret ex omnibus; quarum majorem numerum vel absolutio rei, vel calamitas consequebatur. Quod ne putetur a conjectura ductum, quæ sæpe, tamquam in lubrico posita, ad falsa prolabitur; præclarum contra ordines (ut ita loquar) pro sententiis habemus exemplum in utilissimo Pediani commentario, in quo damnatus a duobus ordinibus L. Saufeius, ex numero tamen sententiarum impunitatem adsequitur: verba recitemus: *Defenderunt Saufeium M. Cicero, M. Cælius, obtinueruntque, ut una sententia absolveretur; condemnaverunt senatores decem, absolverunt octo: condemnaverunt equites novem, absolverunt octo: sed ex tribunis ærariis decem absolverunt, sex condemnaverunt.* Alterum succurrit exemplum in epist. 5. lib. II. ad fratrem; nam de Sext. Clodio absoluto significans: *Tres*, ait, *ei sententiæ tantum in consilio defuerunt.* Subjungit autem: *Senatorum urna copiose absolvit: equitum adæquavit: tribuni ærarii condemnarunt.* Ex quo patet, si ordines considerentur, dubium esse judicii exitum; cum unus absolvat, alter condemnet, tertius æquo sententiarum numero nihil decernat: numeratis autem senatorum ac tribunorum sententiis, (nam equitum pares fuere) vicit tribus sententiis ea pars, quæ absolvebat: qui senatores fuere: dixit enim, *Senatorum urna copiose absolvit.* Quid ipse Cælius non idem ostendit verbis ex legis capite uno & centesimo mo recitatis? *Quod eorum judicum major pars judicarit, id jus ratumque esto.*

Ut solent] Ut solent praetores, postea quam, quid judices senserint, pronunciarunt.

Non redigam] Antiqui moris ignoratione sententia nobis obscuratur; absolutionem quidem significari e sequentibus verbis intelligo.

Pro absoluto] Cum eum ab ordinibus absolutum praetor pronunciasset.

Legis] De judiciis.

In tabulas] In quas reorum omnium absolutiones, damnationesque referebantur.

Absolutum non retulit] Primum ex ordinum judiciis Laterensis absolvendum Servilium putaverat; mox infelicium suam deprehendit, lecto legis capite 101. in quo, numerandas judicum sententias, plane cognoscebatur, omissa ordinum mentione: sed hic etiam lapsus est, opinatus idem non absolutum Servilium, quia judicum pars major pro eo non judicasset, cum par sententiarum numerus ad absolvendum sufficeret.

Ordinum judicia perscripsit] Haerebat Laterensis: pronunciaverat jam ab ordinibus absolutum Servilium; ex quo referre in tabulas absolutum oportuit. Rursus, cum eum a majore judicum parte non esse absolutum videret, putavit se contra legem facere, si absolutum scriberet: itaque, ne vel contra suam pronunciationem, vel contra legem committeret (cum ex pronunciatione absolvendus, ex lege damnandus ei videretur) neque absolutum, neque damnatum in tabulas retulit; scripsit, quid singuli ordines judicassent.

Postulant] De repetundis; nam eodem crimine postulare non licebat.

Transegit] Vel amicus Laterensis fuit Laelius, cum quo de absolvendo Servilio consilium cepit, vel ipsius Servilii patronus.

Relaturum] In tabulas absolutum.

De repetundis fenatine] Sanctius, si laesae judicio praevaricationis, (siquidem neque absolutus, neque damnatus est) de repetundis accusandus Pilio tradetur.

Nam, de divinatione] Causam exponit, cur, cum ab Appio & Pilio postulatum Servilium dixisset, unum postea Pilium nominarit. Quod ad divinationem, inquit, attinet, Appius contendere cum Pilio non est ausus, uter accusatorem Servilium deberet. Divinatio dicebatur oratio, in qua de accusatore deligendo disputabatur; vel quod non de facto, sed de futuro conjectura quaereretur; vel quod injurati judices in ea causa sederent, &, quod vellent, pro sententia de utroque possent; vel quod res ageretur sine testibus, & sine tabulis, & his remotis, argumenta sola sequerentur judices, & quasi divinarent; sic enim putavit Asconius, cum Ciceronis Divinationem in Verrem explanaret; videndus & Gellius lib. II. cap. 4.

Cum calumniam jurasset] *Jurare calumniam* est, jurejurando profiteri se accusatorem, in causa tamen haud quaquam justa. Livius lib. XXXIII. *Romanos in Hannibalem, & ipsos causam alii quaerentes, instigabant; itaque, diu repugnante Scipione Africano, quia putabat ex dignitate sua ducere, subscribere odiis accusationibusque Hannibalis, & factionibus Carthaginiensium inserere publicam auctoritatem; nec satis habere bello vicisse Hannibalem, nisi velut accusatores calumniam in eum jurarent, ac nomen deferrent: tandem pervicerunt, ut legati Carthaginem mitterentur, qui apud senatum eorum arguerent, Hannibalem cum Antiocho rege consilia belli faciendi inire.* Pedianus in commentario Corneliana: *Hic illud praeterit, cum jurasse dixit, fraudi privatim, & iterum legatum fecisse, cum in Cornelium calumniam juravit.* Supra quoque in hac ipsa epistola; *Calumniam maximam plane edisse*, pro ad accusandum descendisse.

Servilius] Propinquus M. Servilii.

Emissario est factus] In antiquo libro Mediceae bibliothecae, & in duobus praeterea Petri Bembi, & Ubaldini Bandinelli, legitur, *Emissa constio factus*; fortasse corrigendum, *Emissario, & Tertia factus*: ut existimat amicissimus meus. Tertiam autem & libertam, & amicam Clodianam fuisse, in qua gente erat Appius, ostendit Asconius, ubi in orationem pro Milone illum locum explanat: *Hac insidiis Pompejo est*: quamquam ibi tantum de Damione Clodii liberto loquitur; sed Damionem Tertia gen-

gentis fuisse ostenditur in lib. IV. ad Attic. epist. 3. Itaque hic Cœlius, de Appio loquens: *Accusator*, inquit, *est a quidem suo emissario. Sex. Tettio*; nam cum, *Sextius* antiqui significare volebant, vel *Sex.* scribebant, vel *S.* ita patebit & vera lectio & sententia, quo quidem eo magis inclino, quod etiam in libro pervetere Caroli Sigonii scriptum video, *Omissa restitutio*: ut in hac varietate augeatur mendi suspicio, & ad veritatem indagandam quasi latior via patebat.

Recte hunc per hunc) Præclare componuntur hi duo: cum emissarius eum ipsum reum faciat, a quo in alios emitti solitus erat. *Par gladiatorum*, dixit Cicero de Optimo Genere Oratorum: quam vocavit *compositionem* epist. 8. lib. II.

Eum) Cæsarem.

Post Kal. Mart.) Pugnare videtur hic Cœlii locus cum Ciceronis loco ep. 3. lib. VIII. ad Attic. in quo Pompeium M. Marcello consuli, finienti provincias Gallias Kal. Mart. restitisse, diserte scriptum est. Nec tamen aut Cœlium, aut Ciceronem mentiri, credibile est; de Pompeii potius levitate & inconstantia cogimur suspicari, qui, cum restitisset Marcello consuli, contra Cæsarem agenti, postea cum eodem Marcello convenerit de successore Cæsari mittendo: epistola quidem hujus libri decima, hoc sensisse ostenditur, ne S. C. ullum fieret, quod eo erat, ne Cæsari succederetur, contra Marcelli consulis relationem.

Auctoritas perscripta) Auctoritates dicebantur senatus consulti, nomina senatorum, qui scribendo adfuissent, quod auctoritatem & quasi pondus adderent senatus consulto. *Perscripta* autem, non *Præscripta* mihi placere ostendi jam ep. 2. lib. V. in eo loco: *Illud senatus consultum ea præscri[illegible] est*

Auctoritas) Sic liber Sigonii & alii: mihi potius arrideret, *Auctoritate*, cum & Cœlius proxime dixerit, *Auctoritas perscripta*, & Cicero lib. III de Oratore. *Eamdem, id quod in auctoritate perscripta exstat, scribendo adfuisse.*

In æde Apollinis) Senatus habebatur vel in sacris ædibus, vel in templis non sanctis, ut in Curia Hostilia: templorum enim alia sancta, alia non sancta, ut ait Varro lib. VI. de lingua Latina.

Scribendo adfuerunt) Imminutum est, & subaudiendum, *senatus consulto*; sic enim tunc loquebantur: exempla vide epist. 6. lib. XV. epist. 1. lib. VII. ad Att. de Oratore lib. III. Integrum autem posuit, *Senatus consulto scribendo Lamiam adfuisse*, epist. 29. lib. XII. *Ponere ad scribendum*, pro, *Ponere adfuisse scribendo*, dixit ep. 15. lib. IX. Lampridius in Heliogabalo: *Mater ejus cum venisset vocata ad consulum subsellia, scribendo adfuit*: id est, S. C. conficiendi testis.

L. Domitius Cn. F.) Scitu dignum est, quod in Nerone scripsit Suetonius: *Perseveraverunt* (inquit) *omnes in eodem cognomine; ac ne prænomina quidem ulla, præterquam Caii & Lucii, usurparunt, eaque ipsa insigni varietate, modo continuantes, unumquodque per trinas personas, modo alternantes per singulos: nam primum, secundumque, ac tertium Ahenobarborum Lucios, sequentes rursus tres ex ordine Cneos accepimus: reliquos non nisi vicissim, tum Lucios, tum Cneos.* Hic autem, qui scribendo adfuit, consul fuerat cum Appio Claudio, Cæsaris inimicissimus, quem prætor abeuntem consulatu, quem adversus auspicia legesque gessisse existimabatur, ad disquisitionem senatus vocavit: mox consul imperatorem ab exercitibus Gallicis retrahere tentavit, successorque ei per factionem nominatus, principio civilis belli ad Corfinium captus est, unde dimissus, Massilienses, obsidione laborantes, cum adventu suo confirmasset, repente destituit: acieque demum Pharsalica occubuit: vir neque satis constans & ingenio truci, quippe qui, consultante Cn. Pompeio de mediis, ac neutram partem sequentibus, solos censuit hostium numero habendos. De hoc, ut oratore, Cicero sic in Bruto: *L. Domitius nulla ille quidem arte, sed Latine tamen, & multa cum libertate dicebat.* Cneus autem pater ejus, hic nominatus, is est, qui in tribunatu pontificibus offensior, quod alium, quam se, in patris sui locum cooptassent, jus sacerdotum sufficiendorum a collegiis ad populum transtulit: ac in consulatu, Allobrogibus Arvernisque supe-

superatis, elephanto per provinciam vectus est, turba militum quasi inter sollemnia triumphi prosequente. In hunc dixit Licinius Crassus orator, non esse mirandum, quod aeneam barbam haberet, cui os ferreum, cor plumbeum esset. Haec Suetonius. Addit Pedianus, ab eo tribuno pl. quod in augurum collegium a M. Scauro, principe civitatis, cooptatus non esset, diem ei dictam ad populum, & multam irrogatam, quod eius opera sacra multa populi Romani deminuta esse diceret. Notatur ut perfidus a Valerio Max. lib IX. cap 6. quod Bituitum, regem Arvernorum, per colloquii simulationem arcessitum, hospitioque exceptum, vinxisset, ac Romam nave deportandum curasset, quod an vere scriptum sit a Valerio, potest ambigi; cum Livius lib. LXI. Q Fabium, Domitii successorem, adversus Bituitum feliciter pugnasse tradiderit; idemque Orosius lib. V. cap 14. scriptum reliquit.

Ahenobarbus) Ut distinguatur a Calvinis; nam, ut idem Suetonius in eodem loco *Ex gente Domitia duae familiae claruerunt, Calvinorum, & Ahenobarborum. Ahenobarbi auctorem originis, itemque cognominis habent L. Domitium; cui rure quondam revertenti iuvenes gemini, augustiore forma, ex occursu imperasse traduntur, nunciare senatui ac populo victoriam, de qua incertum adhuc erat; atque in fidem maiestatis adeo permulsisse malas, ut e nigro rutilum aerique assimilem capillum redderent, quod insigne mansit & in posteris eius: ac magna pars rutila barba fuerunt.* Confirmatur idem a Plutarcho, in Pauli vita, de huius origine cognominis. Quod autem, *Ahenobarbus*, non, *Aenobarbus*, maluerim scribere, si quis lapides Capitolinos inspexerit, non mirabitur. Deductum videtur non ab, *aeneus*, *aenea*, *aeneum*, sed ab *ahenus*, *ahena*, *ahenum*, quod Gellius, aspiratione inter duas vocales interiecta, scribere veteres consuevisse demonstrat lib. II. c. 3.

Q. *Caecilius*) Hic est Scipio ille, Magni Pompeii socer, eiusdemque in tertio consulatu collega, qui afflictas Pharsalico praelio partes Pompeianas, in Africa rursus ope Iubae regis excitavit, victusque a Caesare, ne victoris in potestatem veniret, ipse sibi mortem conscivit. Transiit autem a Corneliis in Caecilios, assumto patris adoptivi cognomine Pio, quod eum Q. Metellus Pius, Numidici filius, Pontifex Max. adoptaverat; id quod in Dionis historia legimus lib. XL. Hunc Cicero *Nasicam* vocat ep. 1. lib. II. ad Attic. quod eius patris maiorumque cognomen fuerat. Dio eodem libro. Idem tamen vetere cognomine, quod a naturali patre acceperat, *Publius* appellatur interdum, ut a Cicerone in oratione pro Domo, & in epitome Liviana, & apud Appianum. Pater autem eius, ut eodem loco Dio scripsit, fuerat Scipio Nasica, avus item Nasica, quem nominat Cicero in Bruto.

Villius) Antiqua familia, primis fere temporibus a Livio nominata. *Annales* dicti, ab eo, qui legem tulit, quo anno magistratus capere liceret. Villium Annalem Cicero etiam memorat in oratione pro Fundanio, apud Priscianum lib. VI. Antea in omnibus impressis, *Iulius*: primi nos reposuimus, *Villius*.

Pom.) Tribus Pomptina fuit; nam ex XXXV. tribubus aliquam (ut inquit Pedianus) necesse erat, cuiuscumque esset ordinis, civis Romanus obtineret. is autem ostendebatur a praenomine suo, a nomine, (nomine autem familia significatur) a patris praenomine, a tribu, a cognomine, ut Philippica IX. *Ser. Sulpicius Q. F. Lemonia Rufus*. Lemonia enim tribus est ablativi casus: ut si, *ex Lemonia*, ut inquit Asconius, in lapidibus autem antiquis fere semper, in libris aliquando prioribus tantummodo litteris significari tribus animadvertas, ut in hoc S. C. ubi enim legitur, *Pom.* sciendum est *Pomptinam* intelligi: ubi *Pop.* *Popiliam*; ubi *Pup.* *Pupiniam*, ubi *An.* *Aniensem*: quod cum antea non esset exploratum, alii pro *An. Capito*, duabus vocibus coniunctis legebant *Ancapito*: Bernardinus autem Rutilius in suis adnotationibus credidit, antiquas notas fuisse, quae significarent, *Avi nepos*, in quo quam deceptus sit, non attinet dicere: si enim ab avo ostendendus aliquis erat, non ab eius nomine, sed a praenomine ostendebatur; sed incidit in errorem, quia tribum Aniensem non agnovit, quae duabus modo

modo litteris, ut iam dixi, scripta fuerat: quae me ratio movit, ut ubi, *Pupbirrus*, uno tantum verbo antea legebatur, duobus in nostro libro scriberem, *Pup Hirrus*, id est Pupinia Hirrus; tribus enim ante cognomen ponebatur, ut & hic, & alibi licet videre. Quoniam autem hanc tribuum cognitionem non ita facilem esse perspicimus, (nam & Volaterranus, & Alexander, qui dies Geniales scripsit, & alii, quos non necesse est commemorare, parum videntur in suis libris earum numerum & nomina tenuisse) studiosis non fore prorsus inutile, aut iniucundum arbitramur, si, quae in hanc rationem dispersa in veterum monumentis leguntur, coacta huc afferamus: quae cum olim scripsissem adolescens, cum haec nova videbantur; nunc eadem, correctione quadam, brevissime colligam.

Fuerunt igitur Romanae tribus omnino xxxv. quarum nomina infra scripsimus, & scriptores aliquot, qui de iis locuti sunt, apposuimus, ut inde facilior earum ac certior unicuique cognitio sit.

Æm. vel Æmi. Æmilia. Cicero ad Att. lib. II. Livius lib. XXXVIII. antiquae urb. inscr. 75.

Ani. Aniensis. Cicero pro Plancio, Livius lib. X. antiquae urb. inscr. 160. 175. & in lib. Petri Appiani de inscriptionibus antiquis totius orbis, 91.

Arn. vel Arnien. Arniensis. Cicero in Agraria 2. in Rullum, Liv. lib. VI. & lib. XXIX. ubi corrupte legi putamus *Narniensis*; nam lapis antiquus, quem Vulsiniis in templi parietibus vidimus, expressam Arniensis mentionem continet.

Cla. Claudia. Livius lib II. Virg. l. VII. Dionysius Halic. lib. V. antiquae urb. inscr. 75. 84. 114. liber Appiani CDLXXIX.

Clu vel Clust. Clustumina. Cicero pro Plancio, pro Balbo, antiquae urb. inscr.

Col. Collina. Varro lib. IV. de ling. Lat. Plin. lib. XVIII. cap. 3. Festus, antiquae urb. inscr. 27. 99. 120. liber Appiani CX.

Cor. Cornelia. Livius lib. XXXVIII. antiquae urb. inscr. 19.

Esq. vel Exq. Esquilina. Varro l. IV. de ling. Lat. Plinius lib. XIX. c. 5. Festus, antiquae urb. inscr. 75. Est praeterea in aedibus viri optimi, valdeque eruditi, Gentilis Delphinii Romani, fragmentum antiqui lapidis cum hac tribu.

Fab. Fabia. Horatius epist. 6. lib. I. Suetonius in Augusto, antiquae urb. inscr. 61. 73. 74. 76. & Petri Appiani lib. LXII. LXVI. CCCXXXV. CCCXLIII. D.

Fal. Falerina. Livius lib. IX. in libro Appiani CV. CXX. & Neapoli antiquus lapis est ita inscriptus:

A. PISTORIO. C. F. FAL. FIRMO. AEDILITIIS. CVRATORI. OPER. PVBLICOR.

item Iosephus ἐν τῷ τῆς Ἰουδαϊκῆς ἀρχαιολογίας λόγῳ ιγ', κεφαλῇ ζ'.

Gal. Galeria. Liv. lib. XXVII. Plinius lib. VII. cap. 49. (etsi pro *Galeria* legitur *Oneriae*: sed corrigendus locus est ex antiquo libro avunculi mei Francisci Asulani) & antiquae urb. inscr. 80. 141. 159. liber Appiani XIV. XV. XVI. XIX. XXI. XXII.

Hor. vel Horat. Horatia. Scriptum in libris de hac tribu nihil est: in lapidibus tamen saepe nominatur; deductam satis constat a vetere familia patricia, ut alias non paucas.

Lem. Lemonia. Cicero pro Plancio, Phil. IX. Festus, antiquae urb. inscr. 91. 151.

Mae. Maecia: hanc in antiquis lapidibus duobus invenimus: C. OCTAVIO. C. F. MAEC. VRAC. C. MENENACIO. MAEC. ROMANO. in libris quinquies nominatam observavimus, a Tullio lib. IV. ad Att. epist. 14. a Livio lib. VIII. & XXIX. a Valerio Max. lib. II. cap. 4. a Festo.

Men. Mentina. Cicero lib. XIII. ep. fam. Iosephus ἐν τῷ τῆς Ἰουδαϊκῆς ἀρχαιολογίας λόγῳ ιγ', κεφαλῇ ζ'. cum quibus lapides tres consentiunt:

C. VALERIO. C. F. MEN. HELVIO. MARCIANO.

A. MVNIO A. F. MEN. AVGVRINO.

C. CATIO. C. F. MEN. BALBO. C. CAVIVS. C. F. MEN. GALLVS.

& hic epist. 9. lib. XIII. Puto tamen hanc tribum fuisse *Menenia*m potius, quam *Mentina*m, & corruptum esse Iosephi locum, deducetur enim ab antiqua familia patricia, ut aliae esse, Æmilia, Claudia, Cornelia,

nelia, Fabia, Horatia, Papiria, Sergia, Veturia, nam Publilia nomen accepit a plebeja gente.

OVF. Oufentina. Livius lib. IX. Festus: antiquæ urbis inscr. 86. 133. in libro Appiani XXVII. XXVIII XXX LI. LXIII LXXI LXXIX LXXXIV. LXXXV. LXXXVI. & in lib. Veronensium antiquitatum hic: Q. AVFIDIVS Q. F. OVF. LVCVLLVS.

PAL. vel PALAT. Palatina. Cicero in Verrem Pedianus XVIII. Varro lib IV. de ling. Lat. Plinius lib. XVIII c. 3 Livius lib. XX. Festus: antiquæ urbis inscr 19. 34 39. 62. 116. 155. 176. liber Appiani XVII. XXII. XXXIV LXIV.

PAP. vel PAPIR. Papiria. Livius lib VIII. Festus: antiquæ urbis inscr. 74. 115.

POB Publilia, quæ deinde Poblilia scripta est, sicuti ex Publius Poblius factus est: reperitur in lapidibus & PVB. & PVBL. & PVBLIL. & POB Livius lib. VII. antiquæ urb. inscr. 10. liber Appiani CCLII. & in libro Veronensium antiquitatum sæpe. Exempla Poblilia, per o scriptæ, quinque habemus, duo in antiquæ urb. inscr. 66. 81. tria in App. lib. LXV. CV. CCCLII. Puto hanc esse, quam Festus Popilliam nominat: de qua Valerius lib IX. cap. 10. liber Appiani CCXCVII.

POL. Pollia. Livius lib. XXIX. Valerius Max. lib. II. cap 4. & lib. IX. cap. 10. antiquæ urbis inscriptiones 110. 113. 147. liber Appiani XVIII.

POM vel POMP. Pomptina. Cicero ad Atticum lib. IV. Livius lib. VII. Festus: antiquæ urb. inscr. 114. 177. liber Appiani CXLI. CDLXXXIV.

PVP. Pupinia. Cicero ad Q. fratrem lib. III. Livius lib. XXVI. Festus: duo antiquorum lapidum exempla exstant, alterum Capuæ, D. VIBIDI D. F. PVP. NIGRI, alterum Patavii, FLAVIO. C. F. PVP.

QVI. vel QVIR. Quirina. Cicero pro Quintio. Asconius LXI. Festus, antiquæ urb. inscr. 15. 34. 44. 115. liber Appiani XIV. XVII. XVIII. XIX. CIII.

ROM. Romilia. Cicero in Verrem, idemque in Agraria I. Asconius XVIII. Varro lib. IV. de ling. Lat. Festus, Servius in comment. 3. Æneidos, antiquæ urbis inscr. 165. in libro Veronensium antiquitatum 51. L. GALLIO. L. F. ROM. Est etiam Ferrariæ semifractus lapis, in imis summi Templi parietibus instratus, in quo ita scriptum vidimus, ... F. ROM.

SAB. Sabatina. Livius libro VI. Festus, lapis antiquus Romæ in ædibus eximii Cardinalis Carpensis, CN. CORNELIO, CN. F. SAB. RVFO, MANCIPI VIÆ APPIÆ.

SCA. vel SCAP. vel SCAPT. Scaptia. Livius lib. VIII. Suetonius in Augusto, Festus. Lapidis antiqui exemplum Romæ exstat in regione Pantheonis; C. AVRELIVS. C. F. SCA. SEVERVS, & item aliud, C. GRANTANIVS. SCAPTIA. MACER.

SER. vel SERG. Sergia Asconius LXI. antiq. urb. inscr. 61. 63. 85. 155. est etiam in eodem lib. LXIII. quatuor litteris Serg.

STEL. Stellatina. Livius lib. VI. antiquæ urb. inscr. 110. & duabus litteris, ST. 239.

SVB. Suburana. Varro lib. IV. de lingua Lat. Cicero etiam in Agraria I. quo in loco videtur corrupte legi, *Ab Ocriculana*: cum in quinque antiquis libris legatur, *Ab usura nam*, unde mihi orta conjectura est, legi posse, *a Suburana*, mutatione levi nulla. Plinius lib XVIII. cap. 3. Festus, antiquæ urb. inscr. 117. & alibi.

TER. Terentina. Cicero pro Plancio: Livius lib. X. antiquæ urb. inscr. 140. 199. liber Appiani 105. 336.

TRO. vel TROMEN. Tromentina. Festus. Livius etiam lib. VI. scripsit, *Tromentina*, ut opinor, non, ut impressum est, *Pomptina*: antiquæ urb. inscr. 207. liber Appiani XVI. CLXXVII. & in lapide, qui Cajetæ est, L. ATILIO. L. F. TROMEN.

VELEN. Velentina, pro Plancio.

VEL. Velina. Cicero ad Att. lib. IV. & in Bruto. Horat. epist. 6. lib I. Persius, antiq. urb. inscr. 162. liber Appiani XIX.

VET. Veturia, hoc lapide notata, C. CASSIVS. C. F. VET. & hoc, SEX. AFVSTIVS. SEX. F. VET. & hoc, SEX. CALPVRNIVS. SEX. F. VETVRIA.

VOL. vel VOLT. vel VOLTIN. Voltinia.

nia. Cicero pro Plancio, antiq. urb. inscr. 155. & in antiquo lapide, qui est Venetiis in turri S. Vitalis, CN. NVMERIVS. CN. F. VOLTVRNA: est & quatuor litteris VOLT. in Appiani lib. CDLXXXIV. alibi VOLTIN. & integrum VOLTINIA.

Ex hoc numero quatuor tantum urbanæ fuerunt, Palatina, Esquilina, Collina, Suburana, in quas (ut inquit Plinius) transferri ignominiæ esset, dictæ a partibus urbis, in queis habitabant, reliquæ omnes rusticæ, laudatissimæ, eorum, qui rura haberent; quæ proprie ingenuorum erant; cum urbanæ libertinorum essent: ut in Asconio, & in epitome Liviana lib. XX. Asconium autem, ubi illud in Verrem explanat, V. & XXX. *tribus*, cur de nominibus Sabinarum plures tribus esse factas dixerit, mirari non satis possum; cum a Sabinis non tribus, sed curiæ nomina acceperint, ut inquit Livius lib. I. & Sex. Pompeius.

C. Luccius) *C. Lucius* antea legebatur in omnibus vulgatis libris; quod etiam in antiquis video scriptum esse: verum non indiligenter a nobis observata Romanorum nominum ratio mendum olim patefecit; non enim duo prænomina, *Caius*, & *Lucius*, simul esse possunt: & omnino familiæ nomen posteriore loco requiritur: nec video, quid commodius pro *Lucius*, reponi possit, quam *Lucceius*, quod cum mihi placuisset multis abhinc annis, postea cum ab aliis probatam esse conjecturam nostram intellexerim, confirmor aliquanto magis in vetere sententia.

Hirrus) Et cognomen *Hirrus*, & prænomen *Caius*, indicant eum esse, quem suum in ædilitate competitorem nominavit Cælius ep. 2. Et, ut aliud ex alio, suspicor, quem legimus *Vibillium Hirrum* apud Cæsarem lib. I. de Bel. Civ. mutandum esse in *Lucceium Hirrum*. Hic in sequentibus senatusconsulti partibus, quibus intercessum est, non adfuit scribendo fortasse quod aliter sentiret, aut ne Cæsarem offenderet; in quem fieri præjudicium videret: ideoque etiam intercessum est.

Curio) Tribunus pl. designatus: quo tempore favere Pompeio contra Cæsarem videbatur: idque tum historiæ narrant: tum etiam argumento est, quod adfuit scribendo senatusconsulto, pro optimatibus, id est pro Pompeio contra Cæsarem facto: adesse enim scribendo soliti sunt, qui senatusconsultum fieri vellent, quod ostendit ep. 6. lib. XV.

Capito) Cognomen est & gentis Ateiæ, ut hic, & epist. 29. lib. XIII. cognoscitur; & Fonteiæ, testimonio Plutarchi & Horatii; quorum ille in Antonii vita Fonteium Capitonem, hic eumdem sat. 5. lib. I nominat.

M. Marcellus consul) Nam Sulpicius collega æquior in Cæsarem fuit, nec ei ante absolutum decem annorum spatium, Vatinia primum, deinde Trebonia lege datum, succedendum putavit, ne causa belli civilis oriretur. Itaque, cum ad eum scriberet Cicero ep. 1. lib. IV. *Cognoram*, inquit, *jam absens, te, &c. mala multa ante providentem, defensorem pacis, & in consulatu tuo, & post consulatum fuisse*. Et epist. 2. ejusdem libri: *Omnia utriusque consilia ad concordiam spectaverunt*. Et epist. 3. *Absens cognoscebam, quæ esset tua in hoc pestifero bello cavendo & prædicendo sententia: & ipse adfui primis temporibus tui consulatus, cum accuratissime monuisti senatum, collectis omnibus bellis civilibus, ut & illa timerent, quæ meminissent, & scirent, cum superiores, nullo tali exemplo antea in rep. cognito tam crudeles fuissent, quicumque postea remp. oppressisset armis, multo intolerabiliorem futurum. Quare meminisse debes, eos, qui auctoritatem & consilium tuum non sunt secuti, sua stultitia occidisse, cum tua prudentia salvi esse potuissent*. Legimus etiam in Suetonio: *M. Marcello consuli Cæsarem restitisse, partim per Ser. Sulpicium alterum consulem, partim per intercessores tribunos pl.*

V. F.) Usitatus loquendi modus in ostendenda relatione. nam V. F. quod est, *verba facit*, idem valet, quod *retulit*, apud Frontinum de aquæ ductibus.

De provinciis consularibus) Ut succederetur iis, qui consulares provincias obtinebant: quod generale videbatur: sed provincia Cæsaris utraque Gallia maxime petebatur: duas autem rem quotannis provincias iis decerni, qui consules fuissent, lex Sempronia jubebat: qua de re fit mentio in orationibus pro Domo, & de Provinciis, & epist. 7. lib. I. Retulit igitur primum consul Marcellus de consularibus provinciis, non de omnibus universe, prior relatio valuit, quia nemo intercessit: ex quo factum est senatus consultum: de uno dixit Cælius, *Senatus consultum, quod tibi misi, factum est*; posterior autem relatio, tres partes complexa, quas paulo post ostendemus, infirmata fuit: quia singulis partibus tribuni pl. intercessissent, ideo factum de iis senatus consultum non est, (non enim hoc nomen ad ea senatus decreta pertinet, quibus interdicitur) sed senatus tantum auctoritas remansit: quæ quid a senatusconsulto differat, demonstratum est epist. 2. lib. I.

D. E. R. I. C.] *De ea re ita censuerunt*. Sic enim Probus interpretatur: eædem litteræ in senatus consultis a Frontino recitatis in libello de Aquæductibus leguntur, & apud hunc nostrum oratione VIII. in Antonium: *Quod Opimius consul verba fecit de rep. de ea re ita censuerunt*.

L. Paullus] Hic initio consulatus acerrime Cæsaris causam oppugnavit: ut legitur epist. 11. postea silentium Cæsari vendidit, acceptis M. D. talentis: Plutarchus in Cæsare; nota etiam ex aliis historia. Ad hunc epistolam Ciceronis habemus lib. XV.

C. Marcellus] Patruelem fuisse M. Marcelli consulis, ait Suetonius, Dio, patruelis fuerit, an frater, ambigit: ad hunc etiam scripsit Cicero lib. XV. Est autem is, qui Octaviam, Octavii, postea felicissimi Romanorum imperatoris, sororem in matrimonio habuit, ex qua Marcellum suscepit, eum, quem primo adolescentiæ flore extinctum, Virgilius celeberrimo carmine deploravit.

Iniissent] Inibant Kalendis Jan. quod institutum est anno urbis DCVII. cum inissent antea Kalendis Mart.

A. d. ex I. Kal. Mart.] Sic est in tribus meis antiquis libris, & in uno Sigonii, & in Mediceo. Suspicor tamen locum non carere mendo, & legendum fortasse, *A. d. ex Kal. Mart.* vel potius, *Ex a. d. Kal. Mart.* quod valet, *Ex ante diem Kal. Mart.* nam veteres consuevisse dicere, *Ex ante diem*, non, *Ante diem ex*, animadverti: exempla subjungam, epist. 17. lib III. ad Att. *Nuncii nobis tristes*, [illegible] *ex ante diem non. Jun.* Varro lib. I. de Re Rust. *Ex ante diem VII. id. Febr. ex ante diem VII. id. Maji, ex ante diem III. id. Sext. ex ante diem III. id. Nov.* Livius lib. XLV. *Supplicatio pro concione populi indicta est ex ante diem v. id. Oct.* cum eo die in quinque dies. Accedit Colotiani lapidis testimonium.

M. ÆMILIVS. M. ANTONIVS. IMP. CESAR III. VIR. R. P. C.
EX. A. D. V. K. DEC. AD. PR. K. IAN. SEX.

Ut alias omittam veteres inscriptiones, quas in unum collegit Aldus filius, Quod autem, *Ex a. d. Kal. Mart.* malo legere, quam, *Ex a. d. I. Kal. Mart.* infirmis in eo rationibus moveri non arbitror; Kalendas enim Martias omnino designari, non I. Kal. Mart. ex eo, quod proxime supra dictum est, intelligitur: *Perspecta Cn. Pompeii voluntate in eam partem, ut eum decedere post Kal. Mart. placeret*. Maxime autem confirmat opinionem nostram id, quod sequitur paucis interjectis verbis: *Neve quid prius ex Kal. Mart. neve quid conjunctim referretur a consulibus*. Idem dies, eadem res epist. 3. lib. VIII. ad Attic. ostenditur: *M. Marcello consuli finienti provincias Gallias Kal. Mart. restitit*. Quod attinet ad modum loquendi, *Ante diem*, valet *Ad*: non enim hoc loquendi genere mutatur is dies, qui deinde nominatur: itaque quod est epist. 22. lib. XII. *Ad XIII. Kal. Jan. senatus frequens mihi est assensus*: in Phil. XIV. est: *Memoria teneatis, me ante diem XIII. Kal. Jan. principem revocandæ libertatis fuisse*. Et epist. 5. lib. XVI. qui dies sequitur nonas Nov. appellatur *ante diem VIII. id. Nov.* quem VIII. id esse constat. Gellius quoque lib. XV. cap. 28. Ciceronem dixit esse natum *ante diem III. non. Jan.* is vero dies III. *non. Jan.* vocatur epist. 5. lib. VII. ad Att. Sæpe autem imperiti librarii, cum *a. d.* non intelligerent, scripserunt *ad.* quod mendum irrepsit in libros brum, in lapides non potuit; nec multorum utemur testimonio: unum vidimus apud familiarem nostrum, virum optimum & eruditissimum, Fulvium Vrsinum, ita inscriptum:

CN. CINNA. MAGNO
L. VALERIO. VOLESO COS.
A. D. IIII. K. APRILIS
A. D. MONVMENTVM SOCIORVM
IN. CONVENTV. HABENDO. CVRATORES
C. PETRONIO. C. F. PAL. VARIA. ACTVM. EST
ET. ITA. DECREVERVNT. LOCVM. L. SEMPRONI
D. L. HILARI. ET. QELAS. V. DARE ADSIGNARE
C. PETRONIO. C. F. PAL. VARIA. CVRATORI
OB. PIVM. OFFICIVM. INDVSTRIAM. ERGA SOCIOS
EIVS. MONVMENTI. ET. SOCIVMQ. EVM. ASCIVERE.

Quia in suo magistratu futura essent) Cum proxime dictum sit, *Cum magistratum inissent*, cur addatur, *Quæ in suo magistratu futura essent?* quasi esset ignotum Kal. Mart. in eorum magistratu futuras. Plane hoc suspicor ex margine libri, interpretationis loco appositum, irrepsisse in verba S. C. valde enim mendose totum hoc S. C. in antiquis libris, etiam in Mediceo scriptum est.

Referrent) Retulit Marcellus: Paullus, a Cæsare emtus, tacuit.

Ex Kal. Mart.) Ex his verbis liquet paullo ante legendum esse, *Ex ante diem Kal. Mart.* non, ut mendose scriptum est in omnibus antiquis libris, *A. d. ex a. Kal. Mart.*

Conjunctim) Cum enim plura simul ad senatum referebantur, non facile omnia senatus major pars comprobabat: ita sæpe fiebat, ut una res repudiata reliquas, quæ omnino placerent, impediret; nam, cum diceret senator, *Divide sententiam*, ut de singulis rebus referretur, orta contentione dies consumebatur, lege permittente senatoribus, quæ quisque de re vellet, quamque diu vellet, dicere. Itaque Festus inter impedimenta senatusconsulti numerat hoc in verbo *Numera*, cum senatus divisionem postulabat capitum rerum, quæ referebantur.

Utique ejus rei causa) Antiquum est, *Utique*, pro, *& ut*, ideoque in senatusconsultis ex vetere consuetudine usurpatum. Phil. IX. & 14. in utriusque extremo. Sic & Piso apud Gellium lib. VI. cap. 9.

Dies comitiales) Per quos haberi senatum leges vetabant: epist. 2. lib. II. ad Quintum fr. *Consecuti sunt dies comitiales, per quos senatus haberi non poterat.* Et eodem libro, epistola XII: *Comitialibus diebus, qui Quirinalia sequuntur Appius interpretatur, non impediri se lege Pupia, quo minus habeat senatum.* Ad Lentulum autem, epist. 4. lib. I. iidem dies significantur his verbis: *Senatus haberi ante Kal. Febr. per legem Pupiam, id quod scis, non potest.*

Qui eorum) Qui senatorum. Sic infra: sic locutus & Livius lib. XXVIII. & Cato c. 145.

In ccc. judicibus) Dixi jam, tres ordines lege Aurelia, senatum, equites, tribunos ærarios judicasse; sed omnes senatores, qui judicabant, a judiciis in senatum convenire, ideo senatus voluit, ne per infrequentiam, quod sæpe accidit, fieri S. C. non posset; certum enim senatorum numerum faciendo S. C. lex definiebat, Festus, & Dio; quorum testimonio hac ipsa de re jam usi sumus. Judiciis autem implicari tenebantur senatores multi; itaque ille, qui scripsit ad C. Cæsarem de rep. ordinanda, cujus exstat epistola, cum Sallustii fragmentis edita: *Duobus*, inquit, *rebus confirmari posse senatum puto: si numero auctus per tabellam sententiam ferret, tabella obtentui erit, quo magis animo libero facere audeat: in multitudine, & præsidii plus, & usus amplior est; nam fere his tempestatibus, alii judiciis publicis, alii privatis suis atque amicorum negotiis implicati, haud sane reip. consiliis adfuerunt: neque eos magis occupatio, quam superba imperia distinuere.* Trecentos autem ordinis senatorii judices Plutarchus nominat in Graccho: sed hoc tempore trecenti sexaginta, electi a Pompeio tertium consule judicabant: docet hoc Velleius lib. II. & Plutarchus in Pompeio. Itaque miror trecentos duntaxat nominatos, nisi si perfecti numeri potius, quam imperfecti, placuit appellatio: ut in Pisonem dixit Cicero, *Quadraginta annis*,

annis, pro triginta *sex*, quo loco Asconius ulitatum ait fuisse Ciceroni, ut, omissa subtiliore annorum computatione summatim tempus comprehenderet: recitatque illa in Catilinam: *Vicesimum jam diem patimur hebescere aciem horum auctoritatis*: cum octavus decimus dies esset. Aut igitur falsum judicum numerum hac ratione tueamur: aut deesse LX. censeamus: ut omnino sint, qui a Velleio & Plutarcho nominantur, certa.

Sex) Malim, *Hos*, ut omnes a judiciis abducti adessent in senatu. Sic infra locutus: *Quos eorum ex S.C. cum imperio in provincias proprætores mitti oporteret, eos sortito in provincias mitti placere*.

Adducere) Et sententia, & Latini sermonis usus, *Adducere*, videtur probare, non, ut habent omnes etiam scripti libri, *Addicere*.

Ad populum plebemve) Ad plebem ferre, non ad populum, tribunus pl. dicebatur, quia jus convocandi patricios non habebat: ad populum autem consules & prætores, quibus omnes cives edicto convocare licuit. Livius libro secundo, Gellius lib. X. capite 20.

Lato opus esset) Contracte scribebant hoc totum, S. Q. D. E. R. A. P. P. V. L. O. E. quod Probus explanabat: *Si quid de ea re ad populum plebemve lato opus esset*. Sic Livius lib. XLIV. *Senatum consulerent, si quæ re consulto opus esset*.

Tribuni pl.) Horum causa additum est, *Ad plebem*.

Deinceps) Post eos, anno sequenti; nam eodem anno, præter eos legem ferre nemini licuit, non ædilibus, non quæstoribus, non aliis magistratibus.

I.V.) Antiquus Sigonii liber, *I.N.* ex quo mihi venit in mentem, non incommode legi posse, *I.N.* cum inflexis duabus illis litteris I. & N, ut hoc significetur, *Intercessum*; nam, quæ sequuntur ejusdem relationis capita, continent quidem senatus adprobata, sed, tribunis pl. intercedentibus, senatus consulti vi & nomine caruerunt; cum enim senatus decrevisset, ut L. Paullus & C. Marcellus Coss. ex ante diem Kalend. Mart. de provinciis consularibus ad senatum referrent, cavere voluit, ne quis moram afferret; adjunxitque alterum caput, si quis impedisset, eum contra remp. facturum. Tertium caput fuit de minuendo Cæsaris exercitu, honesta præscriptione, ut a bello discederent emeriti milites, quique causas, cur missi fieri deberent, ostendissent. Quarto capite quasi præjudicium fiebat de Galliis Cæsari adimendis: quippe cum senatus Ciliciam, quæ consularis erat, prætoriam faceret, ut duæ tantum reliquæ consulares, Gallia, & Syria, in sortem conjectæ, iis, quibus obvenissent, traderentur: quod ita factum est. Verum hæc singula debilitavit ac sustulit intercessio. Primum caput valuit, ut anno sequenti de provinciis consularibus ad senatum referretur: eam intercessionem necessariam Cæsaris amici non putarent, qui non huic senatus consulto, quo actio de provinciis consularibus sequentis anni consulibus mandabatur, sed ei potius, quod sequentes consules de successione provinciarum postea facerent, intercedendum intelligerent.

Qui potestatem habeat) Tribunos pl. maxime designat, quorum erat intercessio: quanquam licuisse omnibus intercedere, qui eadem potestate, qua ii, qui S.C. facerent, majoreve essent, scripsit Gellius lib. XIV. cap. 7.

Intercedendi, impediendi) Satis erat, *Impediendi*: quo uno verbo & intercessio, & quidquid impedimento potest esse, continetur; nam & paullo post subjunxit, *Qui impedierit*, non *Qui intercesserit, impedierit*: itaque suspicatus quandoque sum, *Intercedendi*, abundare. Sed hoc & dubium est, & parvi refert: itaque magnopere nec affirmo, nec, si quis contra velit disputare, contenderim: liberum cuique judicium relinquatur.

Quamprimum ad senatum referri) A quo quamprimum referri? an ab eodem, quo referente hoc decernitur? at is jam retulerat, senatusque censuerat, ut sequentis anni consules ex ante diem Kal. Mart. de consularibus provinciis ad senatum referrent: de ceteris autem provinciis, id est, de Cilicia, deque ista reliquis provinciis, quas prætorii pro prætore obtine-

ne-

nerent, cum ab eodem M. Marcello relatum esset, decretum est quod infra legitur: quare hoc de sequentis anni consulibus accipio, non ut quamprimum, cum magistratum inissent, sed quamprimum post Kal. Mart. de quo die facta mentio est in priore relatione, ad senatum referrent.

Contra remp. fecisse) Hoc in senatus consultis versiculo utebantur, ut ab impediendo deterrerent.

Huic S.C.) Senatus consulti partes *senatus consultum* vocat, ut *legem* pro legis capite in Oratione pro Cluentio.

Cornelius) Plebejus, cum sit tribunus pl. Patricii vero Cornelii, Lentuli, Scipiones, Dolabellæ, alii: plura diximus epist. 1. lib. I.

C. Vibius Pansa) Antea, *Italus*, mendose: qui consul, mortuo Cæsare, fuit cum A. Hirtio.

Stipendia emerita) Emeriti stipendiis milites dicebantur qui per annos decem militassent: tuncque sacramento exsolvebantur, ut operibus militiæ vacarent.

Causas) Ut morbum, infirmitatem valetudinis, aut aliquam rei domesticæ difficultatem; quas ob causas abesse domo non liceret. Livius lib. XXXIV. *Cum milites, qui in legionibus urbanis erant, frequentes tribunos pl. adissent, uti causas cognoscerent eorum, quibus aut emerita stipendia, aut morbus causæ esset, quo minus militarent.*

Hunc) Qui hoc censuit ac decrevit.

Ratio habeatur) Cura suscipiatur.

Authoritatem perscripsi) Hæc quale fuerit, jam ostendimus: iterare eadem non placet.

De ea re) De intercessione.

Referri) A consulibus, prætoribus, tribunis pl. quibus eorum videretur.

In Ciliciam) Si habetur eorum ratio, qui provincias obtinent, Cilicia consularis est, cum a viro consulari Cicerone administretur: ideoque non in hoc S.C. sed in eo, quod de provinciis consularibus factum est, nominari debuit: verum, quia fit prætoria, cum decernat senatus, ut in eam proficiscatur qui prætor, non qui consul fuerit; propterea in hoc S.C. rejecta, ad reliquas provincias, quas prætorii obtinebant, aggregatur. Erat enim potestas senatui, quas vellet, in provincias mittendi, sive consulares, sive prætorios: &, in quas prætorii mittebantur prætoriæ; in quas consulatu functi, consulares provinciæ vocabantur: id ex hoc ipso primum cognoscitur S.C. quo prætorius, non consularis in Ciliciam, cui præerat hoc anno Cicero consularis, mittitur: deinde confirmatur oratione de provinciis, potuit tamen tribunus pl. hanc potestatem eripere senatui, & consularem provinciam lata rogatione ab homine consulari ad prætorium transferre: quod objicit Clodio Tullius, factumque extra ordinem queritur in oratione pro Domo. Sed ut redeam ad Ciliciam, cogitanti mihi, cur prætoria nunc fiat, quæ consularis antea fuerat, administrata per annos aliquot a tribus consularibus, Lentulo, Appio, Cicerone, visum est hoc a Pompeianis astuto consilio factum, ut consularium provinciarum numeros, una exempta, fieret angustior; eoque certior spes esset adimendi Galliæ Cæsari: cum duas tantum consulares provincias lege Sempronia decerni per senatum oporteret: quod orationes pro Domo, & de Provinciis, & Cæsar lib. I. de Bel. Civ. docet: Consulares autem, id est, a consularibus hoc anno administratæ, quatuor essent, Hispaniæ, Cilicia, Galliæ, Syria: (nam Macedonia, a quo tempore L. Pisoni consulari Q. Ancharius prætorius successit, prætoria fuit) nec in Hispanias mitti quisquam posset, cum eas lege Trebonia consul iterum Pompeius in quinquennium, postea que tertium consul altera lege in alterum quinquennium, ut ait Dio, vel, ut Plutarchus, in quadriennium accepisset: reliquæ tres erant; e quibus duas tantum decerni oportuit lege Sempronia: inventa ratio est, ut ex tribus una tolleretur; prætoriamque senatus Ciliciam facere conatus est. Sed tribuni pl. Pompeianorum arte cognita intercesserant. Post alterum tamen annum, Lentulo & Marcello Coss. hoc arbitror senatum consultum, spreta tribunorum pl. intercessione, renovatum, Ciliciamque prætoriam esse factam: enim apud Cæsarem lib. I. de Bel. Civ. mentionem fieri video de provinciis duabus consularibus, Gallia, & Syria, in locin sortem conjectis, quarum Gallia L. Domitio, Syria Scipioni obvenit: quamquam in eo loco de una tantum Gallia ulteriore intelligendum; nam citeriorem senatus pratoriam fecit. Id ex epist. 11. ad Tironem lib. XVI. cognovi, scribente Cicerone, ulteriorem Domitio Galliam, Considio autem, quem scimus consulem non fuisse, citeriorem obtigisse.

IIX. reliquas provincias) Pratoria octo provinciæ sunt, Macedonia, Ionia, Asia, Sicilia, Sardinia, Bithynia, Creta: octavam opinor fuisse Mauritaniam: cujus partem Iuba rex possidebat: alteram partem Romanis paruisse cur non putem? cum Cæsar lib. I. de Bello Civ. ita scripserit: *Ad senatum refertur, tota ut Italia delectus habeatur, Faustus Sulla pro prætore in Mauritaniam mittatur.* Africæ vero partem illam, in qua Carthago fuit, Pompeio cum utraque Hispania traditam esse, Plutarchus narrat. Pontus cum Bithynia, Corsica cum Sardinia conjungebatur.

Prætorii proprætore) Cum imperio tamen omnes: quod belli gerendi causa necessarium fuit: de quo Cæsar his verbis lib. I. de Bel. Civ. *In reliquas provincias prætorii mittuntur: neque exspectant, quod superioribus annis acciderat, ut de eorum imperio ad populum feratur.* Et hic proxime sequitur: *Neque in provincia cum imperio fuerunt.* In vulgatis, *Prætorii proprætore*, fortasse legendum, *Prætorii pro prætoribus*: quod postulare videtur usus Latinæ linguæ: & a contracta scribendi ratione manare mendum facile potuit.

Collegium primum) Significantur qui proxime prætores fuerunt: qui, si præteriti numerentur, primi occurrunt; aliter tamen, *Proximum*: quomodo locutus est infra.

In numerum) Novem, qui proficiscerentur in octo provincias prætorias, & unam Ciliciam, quæ hoc anno regebatur a Cicerone consulari.

Confirmationem) Ut considerarent homines, velle Pompeium potentiæ Cæsaris obsistere, contra quam antea fecerat: nam anno proximo tertium consul contenderat, ut decem tribuni pl. legem ferrent, ut absenti Cæsari consulatum petere liceret: quod antiquis legibus interdictum erat.

A. d. Kal. Mart.) Quo die primum ut sequentis anni consules de provinciis consularibus referre inciperent, senatus decreverat: ut e S. C. proxime recitato cognoscitur.

Sine injuria) Fieret enim injuria, si ante Kal. Mart. quem diem relationi primum senatus concesserat, de provinciis consularibus, in quibus erant Galliæ, statueret; jam enim ostendi, cum de successione consularium provinciarum referretur, duas tantum significari Gallias, & Syriam, cupientibus optimatibus Hispaniarum imperium Pompeio conservari; Cæsaris autem opes, ademptis Galliis, imminui.

Se non dubitaturum) Quod hominibus confidentiam attulit; his enim verbis animo se contra Cæsarem egregie paratum ostendebat.

Intercederent) Intercessum est a Curione tribuno pl. quod iniquum videretur, ei successorem mitti ante tempus: epist. 13.

Hoc nihil interesse) Ostendit, si quis intercesserit S. C. quod anno sequenti de provinciis consularibus factum iri constabat, id Cæsaris opera factum iri: quod idem fore, ac si Cæsar parere senatui nollet; jam enim antea conjecerat illam vocem in disputando, omnes oportere senatui dicto audientes esse: epist. 4.

Inquit alius) Tentabant senatores Pompeii potentiam his interrogationibus; cum ejus voluntatem, naturali simulationis involucro tectam, elicere vellent.

Exercitum habere) Et Gallias retinere cum exercitu, & eodem tempore consul designari: quod anno proximo, ipso Pompeio tertium consule pro Cæsare pugnante, populus jusserat.

Clementer) Leniter & placide; opponi enim a Cicerone video *clementer*, & *iracunde*, lib. II. de Fin. *Vis tu*, inquit, *clemens sum in disputando, tamen interdum soleo subirasci.* Non enim Pompeius iracunde respondit, quamquam interrogaretur satis arroganter; cum non esset ad iracundiam natura propensus.

Fustem mihi impingere) Quod esse turpissimum nemo negabit: tale igi-

tur

tur quiddam Cæsar commisisset, si & consul esse, & exercitum retinere vellet; qui enim consul esse vult, exercitum dimittit, privatusque urbem ingreditur. Improbat hic Pompeius eam legem, quæ ut ferretur, anno proximo consul ipse operam dederat, ut absentis Cæsaris in petitione consulatus ratio haberetur: ep. 6. lib VI.

Esse negotium] Esse, quod ageret cum Cæsare, id est, contra Cæsaris voluntatem.

Ut aut maneat] In Galliis, prorogato ultra decennium imperio: quod si concederetur, nolle se consulatum petere affirmabat, nec absentis sui rationem haberi; quod tamen ei lex dederat: Sin hanc Pompeiani conditionem recusarent, eumque omnino vellent non modo expleto decennio, lege concesso, sed etiam ante, decedere, ipse pariter hoc, ut iniquum, recusabat; ferebatque alteram conditionem, ut, si consul designatus esset, tum decederet: utraque autem conditione Cæsar imperii perpetuitatem quærebat, qui verebatur id, quod inimicos ei minari solitos Tranquillus refert, ne simul ac privatus esset, ob res in consulatu contra leges moremque majorum actas in judicium vocatus opprimeretur. Tranquillus sic: *Timuisse dicunt, ne eorum, quæ primo consulatu adversus auspicia, legesque, & intercessiones gessisset, rationem reddere cogeretur: cum M. Cato identidem, nec sine jurejurando, denuntiaret, delaturum se nomen ejus, simul ac primum exercitum dimisisset: cumque vulgo fore prædicerent, ut, si privatus redisset, Milonis exemplo, circumpositis armis, causam apud judices diceret: quod probabilius facit Asinius Pollio, Pharsalica acie cæsos profligatosque adversarios prospicientem, hæc eum ad verbum dixisse referens: Hoc voluerunt: tantis rebus gestis C. Cæsar condemnatus essem, nisi ab exercitu auxilium petiissem.* Idem confirmat Cælius epist. 14. cum ait: *Cæsari persuasum est, se salvum esse non posse, si ab exercitu recesserit.*

Hoc anno] Quo anno? an hoc, quo scribitur epistola? non petebat Cæsar, neque legitimus his erat ad petendum annus: cum inter duos consulatus decem anni interponerentur: quod a Sulla dictatore ad Cæsarem dictatorem servatum est, excepto anno, cum, ob seditiones domesticas, Pompeius tertium consul sine collega creatus est. Ergo, *Hoc anno*, interpretor, eo, qui & imperii Gallici, & post primum consulatum Cæsari decimus erat: quo quidem anno, quia necesse erat, ut e Galliis decederet consulatus petendi causa, quem absentibus petere non licebat; ideo curaverat atque effecerat, ut decem tribuni pl. Pompeio III. consule legem ferrent, ut absentis Cæsaris in petitione consulatus ratio haberetur: atque hoc Pompeius ipse, ignarus ea lege sibi perniciem strui, vehementer laboravit: epist. 6. lib. VI. & 3. lib. VII. ad Att.

Cedere non posse] Fortasse non assequetur, quod vult: nihil tamen, cum bene de rep. sentiat, suæ dignitatis amittet.

Curio] Designatus tribunus pl. tunc quidem, ut videbatur, bene erga remp. animatus: de quo scriptum est epist. 4. *Ut spero, & volo, & ut se fert ipse, bonos & senatum malet.* Postea tamen Cæsaris causam ita defendit acriter, ut auctor in primis & origo belli civilis extiterit.

Suo munere negotium imposuit] Quia benignus & liberalis Curio fuit in Cælium, negotium ei, id est, gravem curam ludorum dandorum suo munere imposuit. Similiter Plautinus ille senex in Trin. *In benignitate hoc repperi negotium.*

Ad ludos] Quos jam Curio dederat patri mortuo: itaque, cum Africanis amplius non egeret, donavit eas Cælio ædili curul. designato ad sequentis anni Romanos ludos.

Africanae] Donavit ei Curio decem Africanas pantheras, & decem Græcas, id est, e Cilicia missas a Patischo. Africanas hic tantum Cælius nominat, quia formosiores: utrasque in epistola nona.

Potuit supersedere] Sic antiqui libri, non, ut impressi, *Supersederi*: oportuit, inquit, supersedere a ludis dandis; nam *Potuit*, pro oportuit, interdum Cicero dicit, ut epist. 9. lib. II. ad Att. *Omnis hic in rep. est conversio, & itineri omnium, quem potuit.* Et ad eundem epist. 15. ejusdem lib. *Primis interesti, ut me, nihil ad se pertinere.*

Ero

Arſtiarum) Pantherarum.

Syngrapham) De qua epiſt. 2. 4. 6. 11.

Pertinerat) Miſerat eos Cælius, ut e ſyngrapha Sittiana pecuniam exigerent: epiſt. 4. & 6.

P. VICTORIUS.

Sequitur inſcriptio antiqua, quæ pertinet ad notam P. Victorii n. 41.

C. IVLIVS CÆSAR IIII. SINE CON-
LEGA DIC.
V. F. Q. FABIVS MAXIM. C. TRE-
BONIVS C. F. C. CANINIVS C.
F. IVLIVS CÆSAR DICT. IV. M.
ÆMILIVS M. EQ.
C. IVLIVS CÆSAR V. M. ANTONIVS
M. F.
V. F. P. CORNELIVS P. F.
C. VIBIVS C. F. PANSA.
A. HIRTIVS A. F.
C. IVLIVS CÆSAR.
Q. PEDIVS Q. F.
V. F.
C. CARRINAS C. F.
P. VENTIDIVS. P. F.
ÆMILIVS. M. ANTONIVS.
EX A. D. V. K. DEC. AD PRID.
K. SEXT.
MVNATIVS. L. F. M. ÆMILIVS
M. F.
ANTONIVS P. SVLPITIVS CEN.
LVSTR. N. F.
ANTONIVS.
P. SERVIVS. P. F.
N. DOMITIVS M. F.
C. ASINIVS CN. F. V. F.
L. CORNELIVS. L. F.
V. F. P. CANIDIVS.
P. F. L. SESTIVS.
P. F. L. M. CLAVDIVS. M. F. LAP.
L. MVNATIVS.
PAVL. ÆMILIVS.
Q. ÆMILIVS LEPID. MLO.
M. APVLEIVS SEX. F. P. SI
C. SENTIVS SATVR. Q. LV.
V. F. M. VINVCIVS P. F.
P. CORNELIVS C. F. CN. C.
C. FVRNIVS C. F. C. IV.
CL. L. DOMITIVS CN. F. P. CO.
V. F. L. TA.
M. DRVSIVS L. F. L.
M. LICINIVS M. F.
TI. CLAVDIVS TI. F.
M. VALERIVS M. F.
V. F. C. VALGIVS C. F.
C. CANINIVS.

EPISTOLA IX.

Hirrum tractaſti) Iocoſum & familiare principium, de Hirri repulſa in ædilitate curuli.

Quam facile) Cum ſuperaverim.

Quam ne contentionis quidem minimæ fuerit) Hirrum deiicere, ne minimæ quidem contentionis fuit.

Tuum competitorem) In augurata: epiſt. 3.

Riſus fuit) Riſus movet: quia civem bonum ludit, & agit ea, quæ ante repulſam non agebat: quaſi aliam ex repulſa mentem ſumſerit.

Ludit) Quaſi ludendo repræſentat: nam, ſi bonus vere civis eſſet, iam antea ſignificationem aliquam dediſſet: itaque non agit ſerio, ſed ludit.

Contra Cæſarem) Ut bene ſentire videatur; nam optimatibus, id eſt, univerſo fere ſenatui, inviſus erat Cæſar, quod extraordinaria ſemper appetiiſſet imperia.

Sententiis dixit) Ut ei quamprimum ſuccedatur; nec exſpectandum cenſet.

Corripit) Reprehendit: eodem verbo uſus eſt epiſt. 2.

Curionem) Cur obiurgat Hirrus contra Cæſarem ſententias dicens, bene de rep. ſentientem Curionem, & hoc quidem tempore Cæſaris inimicum? fortaſſe, quia Cælium Curio ſumme diligeret.

Obiurgitat) Pro *Obiurgavit*: ut, *Iuratus*, pro iuravit: & *Rebellatus*, pro *Rebellaviſſe*, dixit Valerius Maxim. lib. IX. cap. 10. Interdum tamen orta mihi de mendo ſuſpicio eſt: quod fortaſſe ſcripſerit Cælius: *Obiurgat: ſcilicet hac repulſa ſe mutavit*: &, *Scilicet*, unica ſcriptum littera *S*; occaſionem dederit loci depravandi; omnes tamen libri veteres in, *Obiurgitat*, conſentiunt: itaque poteſt antiquum eſſe & ideo Cælianum.

In foro) Cuius in ea parte, quæ *Comitium* vocabatur, iudicia fiebant.

Cauſam) Pro *cauſas*.

Sideralis) Quia facilis eſt in recipiendis cauſis.

Raro poſt meridiem) Et ante meridiem, & poſt, cauſæ agebantur: epiſt. ult. lib. II. ad Fratrem: *Poſt meridiem Vatinium aderam defenſurus*.

Hirri autem patrocinio ita pauci utebantur, ut raro post meridiem causam ageret.

Senserem) Epist. 4.

Pansam) Impedit, ob affinitatem: nam erat Octaviae maritus, quae neptis fuit Iuliae, Caesaris sororis: initio etiam civilis belli, cum provinciarum sortitio fieret, privato consilio praeteritus est, quasi propensior esset ad Caesaris causam, lib. I. comm. de Bel. Civ.

Desgenui) De quo scripsit epist. 4. Sigonii liber habet, *Desguenio*.

In Kal.) Septembris; quo tamen die factum non est S. C. sed pridie Kal. Octobr. ut indicat epistola proxima.

Ne frequentiam quidem) Tantum abest, ut Kal. Sept. consules de provinciis ad senatum retulerint, ut ne frequentem quidem senatum cogere potuerint: infrequenti autem senatu fieri senatus consultum non licebat: qua de re diximus epist. 9 lib I.

Ne profligatum quidem) Plus est, quam *coeptum*: minus, quam *confectum*; cognoscitur exemplis, nam epistola 10. lib. XII. *Profligato*, inquit, *bello, ac paene sublato, renovatum bellum gerere conamur*. Et Tusc. V. *Profligata iam haec, & paene ad exitum adducta quaestio est*. In oratione autem de Provinciis: *Si in Capitolium invehi victor cum illa insigni laurea gestiret, ut tamen operiret ab eadem illa omnia, a quo profligata sunt, confici nollet*. Est igitur *Profligatum*, quod in eadem oratione *Afflictum* Cicero vocavit: *Quid est*, inquit, *cur Caesar in provincia commorari velit; nisi ut ea, quae per eum afflicta sunt, perfecta reip. mandentur?*

Causa) Hoc verbum & a Sigonii libro, & ab aliis nonnullis abest.

Integra) Falsum. Nam pridie Kal. Oct. factum est S. C. de provinciis consularibus: nisi si, *Integra*, vere dictum ideo putemus, quia nihil in eo S. C. de successione provinciarum decretum est, sed in annum sequentem actio illa translata.

Relinquendus) Reliquit C. Caelium quaestorem; epist. 15. lib. II. & ad Attic. epist. 6. lib. VI.

Intercessorem) Intercedetur enim ab aliquo tribuno pl. cum de successione consularium provinciarum, quarum una erunt Galliae, S. C. fiet.

In eamdem conditionem) Ut, quemadmodum in ceteras provincias, sic in Gallias successor mittatur.

Vacatur) A Pompeianis, quorum factio in senatu dominabatur.

Pansam) Hominem venandi peritum; epist. 11. lib. II

Curioni) Quas populo ostenderet funebribus ludis, quos patri mortuo reversus e provincia dedit, Calvino & Messalla coss.

Multis partibus plures) Multo plures; vide epist. 2. lib. I

Et alias Africanas) Nam Graecas miserat Patiscus: ut ex epist. 9. intelligitur. Varro lib. III. Rei Rust. *Nos minus feminam spectaculum, quum in circo maximo aedilium, non sine bestiis Africanis cum sint venaticari*. Daturus erat Caelius aedilis cur. ludos Romanos in circo: aliquin pantheris Africanis non eguisset; docet enim Plinius lib. VIII. cap. 17. vetus fuisse S. C. ne liceret Africanas in Italiam advehere: contra tulisse ad populum Cn. Aufidium tribunum pl. permisisseque Circensium gratia importare.

Praedia rustica) *Praedium* generale nomen est rerum possessarum vel in urbe, vel extra; ideo distinguuntur cum dicimus, *praedia urbana, praedia rustica*. Caelius hic urbanis rustica, tanquam fructuosiora videtur anteferre: quae sunt haec, arva, vineta, prata, oliveta, silvae, namque enim, etsi a silvis differunt, e silvis tamen & pratis constant: itaque partim caeduntur, ut silvae; partim armentis, ut prata, pabulum praebent: *urbana* vero *praedia* sunt domus, areae, horti, & quidquid omnino soli, aut in solo aedificatum, intra pomerium possidetur.

Cybiratas) Apud quos pantherae capiebantur, epist. 4.

Seorsim) Nam, si coniunctim ludi darentur, minor utriusque sumtus. C. Caesar & M. Bibulus, aediles curules, communi sumtu ludos dederant: alii separatim. Dio lib. XXXIX.

A Collega) Qui non nominatur, sed M. Octavium puto, cum & Hirrum repulsam tulerit; & Caelium Vicinianum promulgatio de dictatore dejecerit, eis: alios praeterea competitores, quod quidem ex his epistolis cognosci liceat, non habuit.

Omnia) Quæ ad ludos pertinent.

Impetrabis] *Impetrare sibi* dicitur is, qui quod libenter non agit, agere tamen constituit: ut epist. 12. *Cum homo avarus, ut eo solveret, sibi imperare non posset.* Et ad Attic. epist. 24. lib. II. *Quod me mones de vultu, & orationis ad tempus accommodandae esse difficile est, tamen imperavi mihi, si mea quicquam interesse putarem.* Et Terentius in Eun. *Imperavi egomet mihi, omnia assentari.*

Majorem partem) Pro, *Ex majore parte*: ut epist. 15. lib. IX. *Mihi licere, res his non omnino quidem, sed magnam partem relinquere.* Et alibi saepius. Et Cæsar lib. IV. de Bel. Gal. *Maximam partem lacte atque pecore vivunt.* Et Lucretius lib. III.

Non minimam partem mortis formidine aluntur.

Ad Sittianam syngrapham] Ut e syngrapha Sittiana pecuniam istic exigant.

Nullam spem] Alii, *ullam spem*, quod videtur apertius, hoc modo: *Puto etiam, si ullam de pantheris mihi spem ostendes, me isto missurum alios.* Sigonius tamen libet habet, *Nullam*; quod ita defendi potest: puto, licet nullam adhuc de pantheris mihi spem ostenderis, me isto missurum alios.

Feridium] Commendatitiæ litteræ, pro negotiorum varietate, varias quoque partes easque modo plures, modo pauciores habent; sed usitata, & quasi legitima, cum aliquid aut aliquem commendamus, tria sunt; commendationis causa; rei narratio; memoria animi & gratæ voluntatis vel ab eo, qui commendatur, vel a nobis etiam ipsis promissio. Commendationis causa hic est illa: *Amici mei filium bonum, & strenuum adolescentem*: rei narratio: *Agros, quos fructuarios habent civitates; vult tuo beneficio immunes esse*: memoriæ animi promissio: *Gratos & bonos viros tibi obligaris.*

Equitem Romanum) Non omnes equites dicebantur equites Romani, sed ii tantum, qui equo publico merebant, in centurias descripti: quod duæ in Antonium orationes, sexta & septima, declarant; qui enim equo privato militabant, equites quidem erant, sed nec equites Romani, nec equestris ordinis vocabantur. Societates autem publicanorum, quæ multæ erant, quia multorum locorum vectigalia separatim locabantur, ex equitibus Romanis constabant; & erat equestris ordo senatoribus dignitate proximus, annulo aureo & equo publico a plebe distinctus: quocirca dedit vir Cœlius commendandi causam ab honestate; cum Feridium equitem Romanum appellavit.

Bonum & strenuum) Quia bonitati laus debetur, ea fit major, cum ad bonitatem accedit industria: recte igitur, *Bonum & strenuum*, conjuncta sunt; est autem *strenuus*, promtus & industrius in agendo.

Agros, quos fructuarios habent civitates) Ita legitur in duobus vetustis libris, Io. Scalæ, & in libro Petri Bembi, etiam in uno Caroli Sigonii; itaque nihil muto, cum sit aperta sententia.

Quos fructuarios habent civitates) Qui civitatibus annuum vectigal pendunt.

Facile) Cum imperium habeas.

Honestum) Fortasse, quia vectigal magnum non est, alioqui, cur honestum sit, imminuere vectigalia civitatum, non intelligo.

Gratos & bonos viros) Patrem, & filium.

Favonium) Civem optimum, M. Catonis imitatorem, qui, C. Trebonio tribuno pl. legem ferente de Syria Crasso, utraque autem Hispania Pompeio in quinquennium mandanda, acerrime cum Catone restiterat. Dio libro XXXIX. Ædilis fuit Calvino & Messalla coss. ut Plutarchus in Catone significat, itaque hic annus, quo scripta est epistola, ad petendam præturam, quæ biennio interposito, ædilitatem sequebatur, et legitimus erat, petiit autem, & obtinuit, propterea Velleius, Pompeio, post Pharsalicam pugnam fugienti, comites ait fuisse duos Lentulos consulares, & Favonium prætorium. Eodem pertinent, quæ sequuntur, *a columnariis præteritum*: nam, *præteriri*, est repulsam ferre: ut in oratione pro Plancio: *Populus non numquam dignos præterire solet.* Et Tusc. V. *Cum sapiens & bonus vir suffragiis præteritur.*

Quod

Quod si quis dixerit, incertum esse, utrum hoc anno, an sequenti prætor Favonius creatus sit, quia, cum Velleius eum prætorium appellavit, prætorem quidem fuisse ostenderit, præturæ tamen annum in dubio reliquerit: ita respondebimus, transeunti in Græciam Pompeio magistratus eos, qui bene de rep. sentire viderentur, comites fuisse: quos cum nominari videamus epist. 6. lib. IX. ad Attic. consules duos, & tribunos pl. nulla cujusquam prætoris mentione facta, satis constat Favonium, quo anno Pompeius Italiam reliquit, id est, Lentulo & Marcello coss. prætorem non fuisse: ex quo sequitur, fuisse anno superiore, Paullo & Marcello coss. ideoque designatum Sulpicio & Marcello, quibus consulatum gerentibus Cælius hæc scripsit. Favonium hunc usque ad triumviratum Octaviani, Antonii, Lepidi vitam perduxisse, ostendit Suetonius his verbis in Augusto: *Ceteri, & in his M. Favonius, ille Catonis æmulus, cum catenati producerentur, imperatore Antonio honorifice salutato, hunc fœdissimo convicio coram prosciderunt.* Ejusdem in eo libertas agnoscitur, quod a Valerio scriptum est lib. VI. cap. 2. *Nam Pompeio candida fascia crus alligatum habenti, Non refert, inquit, qua in parte corporis sit diadema: exigui panni cavillatione, regias ejus vires exprobrans.*

A calumniariis) Non est prætoritus a calumniariis, sed a viris bonis: quorum numerus minor est. *Columnarios* dici puto viles & improbos homines, qui ad columnam Mæniam in judicium sæpe vocarentur. Vide Pedian. in Divin. & orationem pro Cluentio. Nam qui, *Columnariis*, contra veteres omnes libros legendum existimarunt, eorum jam explosa sententia est.

Non fecit) Prætorem.

Aperte) Distinxit.

Conjiciam esse) Subaudiendum *Velle*, in epistola proxima, quæ tamen post hanc scripta est: *Quid si & consul esse, & exercitum habere volet?*

Tamen) Tamen in sententia, quam dixit, non omnino inimicus Cæsari visus est.

Senatorium dixit) In senatu extra urbem habito: nam in urbe Pompeio, qui erat cum imperio, esse non licebat: quod & Cæsar scripsit libro I. de Bell. Civ.

Nullum hoc tempore S. C. faciendum) Opinor huc esse, quod queritur Cicero epist. 3. lib. VIII. ad Attic. *Pompeium M. Marcello consule suadenti provincias Gallias Kal. Mart. restitisse.*

Scipio) Pompeii socer, nominatus in S. C. *Q. Cæcilius Metellus Pius Scipio*, quod a Metello Pio esset adoptatus; epistola proxima.

Galliis) Nominatim: quod iniquum erat; itaque pridie Kal. Oct. de provinciis consularibus, non de Galliis nominatim, S. C. factum est, epist. 7. De hac autem sententia Scipionis audierat Cicero, cum ad Atticum ep. 20. lib. V. ita scripsit: *Nihil tamen, quid Kalendis Mart. futurum sit.*

Balbum Cornelium) Gaditanum, Cæsaris amantissimum, pro quo exstat Ciceronis oratio.

Cum Scipione) Gentiles enim erant.

Calidius) Eloquentia clarus, de quo epist. 4.

Defensione) Cum accusaretur a Galliis duobus; epist. 4.

Accusatione) Cum accusaret Q. Gallium, Cicerone defendente: ut est in libro de Claris Oratoribus.

EPISTOLA X.

C. *Cassii*) Quæstoris M. Crassi a Parthis interfecti: qui reliquias exercitus Antiochiam reduxerat; epist. 10. libri lib. II. *Cassius noster feliciter ab Antiochia hostem rejecerat.* Et epist. 18. lib. V. ad Attic. *Parthi*, inquit, *Euphratem transierunt, duce Pacoro, Orodis regis Parthorum filio, cunctis fere copiis. Cassius in oppido Antiochia cum omni exercitu.* Et epist. 20. ejusdem libri: *Rumore adventus nostri, & Cassio, qui Antiochia tenebatur, animus accessit, & Parthis timor injectus: itaque eos cedentes ab oppido Cassius insecutus, rem bene gessit; qua in fuga, magna auctoritate Osaces dux Parthorum vulnus accepit, eoque interiit paucis post diebus.* De hac victoria significatur in epist. 14. lib. XV. accedit Velleius lib. II. Justinus lib. XLII.

Deiotari) Gallogræciæ regis; qui amicitiam ac societatem populi Romani, quam diu vixit, studiosissime coluit,

solvit; in hoc autem Parthico tumultu cum omnibus suis copiis ad Ciceronem accessit; ad Attic. epist. 20. lib. V. & ep. 1. lib. VI.

Euphratem] Terminum imperii Romani.

Per Commagenen) Asiæ regionem, quam Euphrates interfluit; ep. 1. lib. XV. *Regis Antiochi Commageni legati primi mihi nunciarunt, Parthorum magnas copias Euphratem transire cœpisse*. Et in eodem libro, epist. 3. 4.

Provinciam nostram] Nam Commagene non erat populi Romani, sed regis Antiochi. Syriam significat; quod ex epist. 1. lib. XV. & ad Attic. ep. 18. lib. V. cognoscitur.

Quam paratus ab exercitu] Quam, non auget hic, sed minuit; ut paullo post; *Nos autem aut non erit istic bellum, aut tantum erit, ut vos, aut successores, parvis additis copiis, sustinere possint*. Et epist. 7. lib. X. *qua scripta est, auctoritas, tantam vim habet, ut magis iratorum hominum studium, quam constantis senatus consilium esse videatur*. Dixit igitur, *Quam paratus*, pro, quam male paratus; quod ostendit sequentibus verbis, *Si paratior ab exercitu esses*. Sic locutus Plancus epist. 8. lib. X. *Cum ab omni re sumus paratiores*. Et Cicero epist. 4. libro XV. *Adolescens & equitatu, & peditatu, & pecunia paratus*.

Si paratior ab exercitu esses] Fretus enim exercitu, cum Parthis prælium committeres.

Necessitas) Tua, recedendi ob exiguitatem copiarum.

Pompeium) Qui erat ad urbem cum imperio, decreta illi in quinquennium utraque Hispania.

Mittendum] Ad bellum Parthicum.

Ab urbe non removendum] Ut esset reip. præsidio. Hoc sentiebant ii, quibus jam tum suspecta erat Cæsaris potentia: itaque Cicero, cum audiisset Pompeium in Hispaniam iturum, scripsit ad Appium his verbis epist. 8. lib. III. *Ut tu ad me scribis de omni reip. statu: de quo jam sollicitus eo magis, quod ex tuis litteris cognovi Pompeium nostrum in Hispaniam iturum*.

Cæsarem] Qui bellum in Gallia gerebat.

Consules] Huius anni, M. Marcellum & Ser. Sulpicium.

Ex senatus consulto) Nemo putat, privatos ad bellum Parthicum ex S. C. tantum esse mittendos, verum rogationem ad populum ferendam esse; sicuti lata erat antea de belli Mithridatici cura privato Pompeio demandanda; exstat pro ea lege, quam Manilius tribunus pl. tulit, Ciceronis oratio. Privatos opposuit Pompeio & Cæsari, qui extra urbem imperium habebant, & consulibus, qui in urbe.

Ne illud S. C. fiat) Quod interdum, in tumultu bellico, fieri solitum est.

Ut paludati exeant] Non tam ipsi, quam alii fortasse, quibus Parthicum bellum senatus mandandum decerneret: hanc sententiam quæ proxime sequuntur verba confirmant. *Paludamentum* vestis ducum in bello, & ad bellum ex urbe proficiscentium. epist. 17. lib. XV. vide Festum.

Contumeliose) Esset enim eorum contumelia, si ad bellum ire nollent, & ad alium res transferretur.

Sive negligentia, sive inertia est] Distinguit, ut diversa; *negligentia* enim voluntatis est, *inertia* etiam inscientiæ: unde illud epist. 20. lib. XII. *Laborassem; me tua ignavia, etiam inertiam afferret*.

In eam opinionem) Male enim audiebat avaritiæ nomine, Plutarchus in Bruto.

Arabes] Qui cum essent finitimi, nunnunquam in populi Romani provinciam impetum facere soliti sunt; epist. 8. lib. III. *De Parthis quod quæris, fuisse nullos puto*. Arabes qui fuerunt, admixto Parthico ornatu, dicuntur omnes revertisse.

Velificatus) Assentando gratificatus; ut enim vela navium ad ventorum aspirationes aptantur, sic orationem sæpe nostram ad aliorum voluntatem accommodamus.

Alieni] Cassio, cujus litteras, cave, gratiæ causa tuarum litterarum testimonio confirmes.

Referret] Reipubl.

Retinuisse) Quod si faceres, nec dignitati tuæ, nec reip. consuleres.

Ante Kalend. Jan.) Quo die novi con-

consules inito magistratu de republ. referent.

Nosti Marcellum, quam tardus) Sic locutus epist. 1. lib. IV. *Rem vides, quo modo se habeat.*

Hac causa) Deliberabitur, quis ad Parthicum bellum eat.

Tantum erit) Ejusmodi erit; nam hic, *Tantum*, minuendi vim habet, non augendi: vide epist. 7. lib. I. *Tantum vim habet.*

Institutum) Cum inierit magistratum; nunc enim erat designatus tribunus pl.

Paullus) Consul designatus.

De Provincia) Cæsaris, quam omnino ei adimendam dictitabat: nondum scilicet a Cæsare MD. talenta, quibus addictus est, acceperat.

Occursurus) Intercedet enim S. C. tribunus pl. erat: quod ex epist. 18. lib. XV. ad Attic. liquet: ad hunc sunt epistolæ duæ lib. X.

Plures) Accessit Curio, ingenti mercede a Cæsare corruptus: quo nemo pro Cæsaris causa stetit audacius.

Fiant hos) Quos ostendi; scripsit enim proxime de Parthico bello, de consule Paullo, tribunis pl. Curione & Furnio.

Ad actiones) Ad actiones Curionis hoc adde, de agro Campano: præter cetera, Curio illud aget sequenti anno, ut ager Campanus, ante Cæsaris adventum, ex ipsius Cæsaris lege dividatur: qua de re satis copiose dictum est epist. 9. lib. I. ad eum locum: *Ut de agro Campano frequenti senatu referretur.*

Laborare) Dividatur, nec ne.

Valde nolle) Non placet a verbo, *Negant*, pendere verbum *Nolle*; durius enim videtur: *Negant Pompeium valde nolle*; pro, *Pompeium ajunt valde velle*. Libentius interpretor, Pompeium ajunt valde nolle, id est, nolle divisionem omitti; ne, si non dividatur, vacuus advenienti Cæsari pateat, & ab eo vel ipsius militibus, vel plebi dividatur. Nam, quod ex verbo, *Negant*, affirmativam elicio, novum non est: consideretur illud epist. 15. lib. VII. ad Attic. *Plerique negant Cæsarem in conditione mansurum; postulataque hæc ab eo interposita esse, quo minus, quod opus esset ad bellum,*

a nobis pararetur. Et illud ep. 30. lib. XII. ad Cornificium: *Noli impudens esse, nec mihi molestiam exhibere*. Sed est apud me vetus liber, a quo *Nolle*, abest: nec displicet; fiet enim hæc sententia: Negant Cæsarem laborare, Pompeium autem valde: ut ex eodem verbo, *Negant*, primum negatio, deinde etiam educatur affirmatio. Cupiisse autem Pompeium dividi statim agrum Campanum, satis intelligitur e sequentibus verbis: *Ne vacuus advenienti Cæsari pateat*. Divisoribus enim gratiæ plurimum adquirebatur apud eos, qui possessuri erant.

Prorogatur) Ut annua tantum provincia sit administratio; quod ab eo Cicero petierat ep. 7. 8. 10. lib. II.

Tui consilii) Tu statue, quid agendum tibi sit, velis ne in provincia remanere, an finito anno discedere contra senatus voluntatem.

Tempus) Propter bellum Parthicum; quo urgente, discedendum non videtur ante, quam succedatur. Epist. 17. lib. II. *Quin ad diem decedam, nulla causa est, præsertim sublato metu Parthico.*

Senatus) Facto S. C. de prorogandis provinciis, quod Cicero timebat; de biennio quidem sensit Hortensius, ut est in epist. 8 lib. III.

Mei officii est) Ego, quod est officii mei, præstabo.

Decedens) Pro, *discedens*, cum iret Cicero in provinciam. Sic epist. 1. *Quod tibi decedens pollicitus sum.*

Fieri) Provinciæ tempus prorogari.

EPISTOLA XI.

CVrio) Tribunus pl.

Comitiales) Dies: quibus agere cum populo licebat.

Reipsa mihi) Quo modo? auspiciis: dum enim servabatur de cælo, quæ spectio vocabatur, agere cum populo non licebat, de cælo autem servabant, non augures, sed magistratus: quod Cicero demonstrat in II. Philippica. & Varro apud Nonium. Consules igitur, alter ambove, de cælo servabant, ne Curio comitialibus diebus agere cum populo posset; erat autem hæc impediendi perniciosis tribunobunorum rogationibus preclara & utilis admodum reip. ratio : qua etiam Lentulus Marcellinus consul adversus leges C. Catonis tribuni pl. usus est; de quo sic epist. 6. lib. II. ad frat. *Consul est egregius Lentulus, non impediente collega : dies comitiales eximit omnes. Sic legibus perniciosissimis obsistitur ; maxime Catonis*. Dies agendi cum populo, in eadem epistola infra vocat Cicero.

Negabat) Vt par pari referret, consules de calo servabant, ne Curio posset agere cum populo : Curio intercedebat, ne decernerentur supplicationes.

Paulli) Consulis, nondum a Caesare corrupti.

Acceptus esset boni) Paullus consul, ne quid Curio agere cum populo posset, de calo servabat : quem Curio furorem appellabat : & ex ea sibi illata injuria hoc se bonum adeptum dicebat, quod justam haberet caussam impediendi, ne quid decernere senatus posset ; quod si senatus consultum de supplicationibus fieri pateretur, amittere sibi videbatur bonum illud, quod furore Pauli adeptus esset.

Praevaricator) Proditor.

Causae publicae) Quia, cum ei comitiales eriperentur, nec agere cum populo posset, impediri ac laedi caussa publica videretur : cujus se patronum profitebatur, oppugnante Paullo.

His) Quae postulari solent.

Non offeret) Exceptis iis, quae Ciceroni decernerentur.

Spem) Quasi nihil reip. prodessent, aut a diis immortalibus minime curarentur. Non est igitur, quod Marcello magnopere gratias agas, qui Curioni promisit, se in hunc annum nullis praeterea supplicationibus usurum, non quo facilius de tuis impetraret, sed quia spem omnino in istis supplicationibus non haberet.

Non editurum) Supplicationes.

Dicendo dicturum) Vt diem dicendo consumeret, ne S. C. fieri posset, quo de more diximus ep. 4. lib. I.

Prensimus) Rogavimus ; ductum ab eo, quia prendimus, & prensamus, (utroque enim modo loquebantur veteres) a quibus impetrare aliquid cupimus.

Non male non fecit) Sigonii liber, *Non male fecit*, quod neque probo, neque condemno. Vide locum ep. 9. lib. I. *Non male praemiis*.

De hostibus) Non dabantur supplicationes nisi ob justam victoriam, caesis hostibus certo quodam numero : ideo Cicero ep. 10. lib. II. *Victoria justa*, inquit, *imperator appellatus apud Issum*. Id confirmat ipse Caelius, cum subjungit, potuisse Hirrum impedire, si, ut numeraretur, postulasset. Quis autem caesorum numerus obtinendis supplicationibus sufficeret, praecise scriptum non inveni : unum hoc dicam, si mille hostium caesi essent, Ciceronis aetate satis fuisse, id ex iis Ciceronis verbis Phil. II. cognoscitur : *Si quis Hispanorum aut Gallorum mille, aut duo millia occidisset, non eum hac consuetudine, quae increbuit, imperatorem appellari frustrat?* Triumphum quidem, qui supplicationes fere sequebatur, nisi qui quinque millia hostium una acie excidisset, nemini per leges impetrare licuisse Valerius lib. II. cap. 3. tradidit, sed hoc etiam, ut opinor, depravavit ambitio. Quidam *Hostiis* legunt : quam recte, alii judicent : ego sequor & historiae testimonium, & antiquos libros, Sigonianum, & meum.

Posset eum impedire) Falso igitur Cicero illud scripserat epist. 10. lib II. *Victoria justa imperator appellatus sum*. De eadem re ep. 1. lib. VII. ad Attic.

Vt numeraretur) Vt ostenderetur, quo caesi hostes numero essent. Assentior amicissimo meo, qui legendum putat, *numerus daretur* ; subintelligitur autem *hostium in praelio caesorum* ; *hostibus* enim paulo ante lego ex codice Bernardini Maffei, non, ut quidam volunt, *hostiis*.

Catoni) M. Porcio Catoni, optimo viro, cujus in sententiam, Cicerone consule factum erat S. C. de Catilinae sociis in carcere necandis ; is praetor fuerat L. Domitio, App. Pulcro coss. repulsam tulerat in petitione consulatus, quo anno Serv. Sulpicius & M. Marcellus designati sunt, id est biennio ante, quam haec epistola scriberetur.

Assensus est) Licet iratus esset, ut ad Atticum Cicero scripsit, cujus verba proxime recitavi : iratus autem, quia superatus esset ab eo in petitione auguratus, ep. 3. & 6. hac de re

sio

sic in eadem epistola: *Ceterum Hirrum mihi placare: possis. Habes summam: habeo Silvium: ad eos ego contra scripsi, & ad ipsum Hirrum; locutus enim erat cum iis, commode se potuisse impedire, sed noluisse; assensum tantum esse Catoni, amicissimo meo, cum is honorificentissimam in me sententiam dixisset; nec me ad se ullas litteras misisse, cum ad omnes mitterem.*

De te & locutus honorifice) Particulam, *Et*, supervacaneam esse cur non putem? spirat tamen, ut in Caelio, cujus χαρακτὴρ a purissimo & ornatissimo Ciceronis sermone quam longe distet, omnes intelligunt; quod etiam critici veteres, quorum testimonia jam recitavimus, facile indicarunt. Quod Caelius significat, hoc est: De te licet locutus honorifice, tamen non decreverat supplicationes: laudavit enim Cato Ciceronem in sua sententia, supplicationem non decrevit: cur ita senserit, exponit ipse in epistola, quae exstat lib. XV cui Cicero respondens, dicit, *se tanti facere Catonis illam laudationem, ut eam ne nullam triumpho esse conferendam existimet*. Et ad Atticum, epistola 1. lib. VII. confirmat idem his verbis: *Triumphum video, nisi reip. tempora impedient, εὐπόριστον. Judico autem cum ex litteris amicorum, tum ex supplicatione; quam qui non decrevit, plus decrevit, quam si omnes decrevissent triumphos: ei porro assensus est unus, familiaris meus, Favonius; alter iratus, Hirrus. Cato autem & scribendo adfuit, & ad me de sententia sua jucundissimas litteras misit, sed tamen gratulans mihi Caesar de supplicatione triumphat de sententia Catonis: nec scribit quid ille sententiae dixerit, sed tantum, supplicationem eum mihi non decrevisse.*

Non decrevit) Quid caussae fuit, cur non decreverit, cum & amicissimus esse videretur, & res supplicatione dignas Cicero gessisset, justa victoria imperator apud Issum appellatus? obstitit invidia; cum nobiles homines, ex antiquissimis orti familiis, novum hominem Ciceronem in principibus quidem esse facile paterentur, altius autem evolare nequaquam vellent: quod in epistolis interdum queritur Cicero, & aperte quidem ad Attic. lib. VII. ep. 2. his verbis: *Cato in me turpiter fuit malevolus: dedit integritatis, justitiae, clementiae, fidei mihi testimonium, quod non quaerebam: quod postulabam, negavit. Itaque Caesar iis litteris, quibus mihi gratulatur, & omnia pollicetur, quo modo exsultat Catonis in me ingratissimi injuria? at hic idem Bibulo dierum viginti: ignosce mihi, non possum haec ferre, nec feram.* Et ad eumdem ep. 3. ejusdem libri: *Bibulum cum ornarit Cato, declaravit iis se solis non invidere, quibus nihil, aut non multum ad dignitatem posset accedere.*

Favonius) Catonis imitator, aedilis curulis hoc anno.

Assensi) Cato sententiam dixerat: assensi sunt Hirrus & Favonius, sententiam non dixerunt.

Pro cujusque natura & instituto) Pertinet hoc ad Catonem hominem severissimum, naturaque & continentissime valde parcum in tribuendis honoribus.

His) Non Catoni, qui sententiam dixit honorificam, sed Hirro & Favonio, qui sententiam quidem non dixerunt, sed voluntatem ostenderunt pro sententia, cum Catoni assensi sint, vel his tribus nominatis, quibus hoc nomine debentur gratiae, quod voluntatem dumtaxat ostenderunt non decernendae supplicationis, pro sententia vero, ut omnino non decerneretur, pugnare noluerunt, cum impedire tamen possent: quae si recipitur interpretatio, mihi quidem satis probata, distinguendum erit hoc modo: *Voluntatem ostenderunt, pro sententia, cum impedire possent, non pugnarunt.*

Tamen) Pro *saltem*, ut ep 31. lib. VII. *Veni igitur, quaeso, ne tantum semen urbanitatis una cum rep. intereat.*

Cum impedire possent) Si, ut numeraretur, postularent.

De suorum dierum cursu) Iratus enim Paulo consuli, qui comitiales ei dies eripiebat, induxerat animum supplicationes omnes impedire.

Furnius) Tribunus pl. Ciceronis cupidissimus, ep. 14. lib. XV. & ad Att. ep. 18. lib. XV. is est, ad quem leguntur epistolae aliquot lib. X.

Lentulus) Cum Lentuli essent multi, summa inter Ciceronem & P. Lentulum Spintherem amicitia facit, ut de Spinthere accipiendum existimem.

Circumierunt) Prensarunt, ambierunt; qui enim ambit, circumit: ut ipsa verbi compositio declarat.

Balbi

Balbi Cornelii) Gaditani, ep. 6.

Si aliter fecisset) Si supplicationes Ciceronis impediisset.

Caesari) Cui se addixerat, accepta ingenti mercede.

Ejus fidem in suspicionem adduxit) Cum diceret, ei cavendum esse, ne ficte reconciliatus cum Caesare videretur, si Ciceronis honorem impediisset, quem sciret a Caesare non vulgariter diligi.

Decernat) Non equidem is sum, qui divinationibus, praesertim quae sola conjectura nitantur, facile adquiescam: veruntamen, ubi nec sententia repugnat, & mutatio levis est, cur libertatem ingenii eripiam? Hoc quidem in loco, qui nunc in manibus est, cum antiqui libri plerique haberent, *Decreat*; nonnulli, *Deseruit*; alii aliter; ex hac varietate sum adductus, ut probarem, *Decernat*: quae sententia, nunc exponam. L. Domitius Ahenobarbus, & P. Scipio, Pompeii socer, uterque Caesaris inimicus, cum inique ferrent transigi de supplicationibus Ciceronis, easque Curionis tribuni pl. intercessione cuperent impediri; simulatione benevolentiae supplicationes decreverunt, ut ea re Curionem, omnibus Pompeianorum actionibus acriter adversari solitum, ad intercedendum elicerent. Accedit Caeliani sermonis consuetudo, paullo supra ante dictum est, *Nec decernit supplicationem*. Et in Verrem dixit Cicero, *Decresset*.

Hac re) Quod supplicationes decernerent.

Ad intercessionem evocandam) Ut Curionem, optimatibus infensum, ad intercedendum elicerent.

Interpellantibus) Crebro instantibus, ut supplicationes decernerentur.

Venustissimo) Pulcherrime, ductum a Venere, cui pulcritudinem fabulae Poetarum tribuunt.

Adhuc est) Addidi verbum *Est*, ex antiquis libris, adprobante sententia: Adhuc, inquit, de provinciis contentio est.

Ante idus Nov.) Ante tempus ei decem tribunorum lege concessum.

Nostri) Optimates.

Nunc mysti) Imbecillitas eorum significatur.

Scena rei totius) In scena dantur fabulae. Caelius transfulit ad significatio-

nem rerum omnium, de quibus contentio esset: ut, quemadmodum scena fabulas, item id, quod dictum est, omnia contineat.

Quod illi aequum putet) Aequum putabat, senatui dicto audientem Caesarem esse, de quo sic ep. 4. *In disputando conjecit illum vocem Cn. Pompeius, omnes oportere senatui dicto audientes esse*. Eodem spectat illud in ep. 8. *Dicis hoc nihil interesse, utrum Caesar senatui dicto audiens futurus non esset, an pararet, qui senatum decernere non pateretur*. Specie igitur probabilis & aequa erat actio Pompeii: sed iniquum contra videbatur populi beneficium, Caesari lege tribunorum, sine causa eripi: quod tamen senatus decrevit, Pompeii ejusque amicorum studio.

Consulem designari prius) Quod Caesar cogitabat; ideoque ferri legem a decem tribunis pl. voluerat, ut ejus absentis in petitione consulatus ratio haberetur.

Accipitur satis male) Contumeliose & acerbe tractatur.

Secundus consulatus) In quo Pompeius iterum consul operam dederat, auctorque fuerat, ut Trebonius tribunus pl. de Galliarum imperio Caesari in alterum quinquennium prorogando legem ferret; quod beneficium nunc idem Pompeius conabatur eripere, cum eum ante idus Nov. vellet decedere.

Exagitatur) Reprehenditur. Sic epistola 1. lib. I. *Rebus palam a consularibus exagitatis, & in summam invidiam adductis*.

Caesar defraudetur) Ab amicis: ne cogatur ante legitimum diem decedere.

Sententiam) De provinciis.

Ludorum explosiones) Quos populus oderat, eos ad ludorum spectacula accedentes excludebat: de iis in commentario scripserat Caelius, praeterea de funeribus, & levia quaedam, quae ipse ineptias fatetur esse.

De Sittiano negotio) De syngrapha Sittiana, epist. 2. 4. 6. 7.

Vos) A quibus exigenda pecunia est; nam syngrapha Sittiana facultatem dabat exigendae pecuniae.

Tamquam procurator) Eo studio, quo solent ii, qui aliena negotia procurant.

Agas)

Agas) Ecsi patet sententia, de mendo tamen suspicor, cum in omnibus antiquis libris *Agres*, non *Agas*, scriptum esse viderim. Omnes etiam pro *Quando*, habent *Quom*: id est, *Cum*: quod veteres usurpabant pro *Quoniam*, vel, *Quando*.

EPISTOLA XII.

PVdet) Non semper culpam sequitur pudor. Vir bonus a vitio sic abhorret, ut alienis etiam flagitiis pudore afficiatur, neque solum cum ea cernit, sed etiam cum audit. Pudet, inquit Cælius, quod ita ingratus in me fuerit, ita se turpiter & inique Appius gesserit. Vel: Pudet me tibi confiteri, & queri de injuriis Appii; cum eum tibi antea laudaverim.

Quia magna mihi debeat beneficia) Odii caussam ponit beneficia sua: vere scripsisse; nam debitor creditorem non amat, adspectum quasi maerens fugit: putat enim se, cum beneficia non referat, non amari: quæ opinio facit, ut nec ipse amare possit. Porro qui non amat, quavis non malo re, sed suspicione etiam adducitur, ut odisse incipiat; qua tamen labe non inficitur animus boni viri, qui alios ex ingenio suo metitur: nec putat ullius commodi præmiive spe beneficium tribui; mercatura enim quædam esset, non liberalitas. Improbi autem sæpe benigni sunt, non modo ut eamdem gratiam recipiant, sed ut aliquid etiam, fenerantium more, lucrentur.

Sibi imperare) *Imperare sibi* dicitur, qui aliter agere ita solitus est, ut non libenter a consuetudine discedat. Appius autem avarus: ideo sibi, ut beneficia solvat, imperare non potest. Sic locutus epist. 6. *Impera tibi: hoc cura*.

Collegium) Augures, (erat enim Appius augur) ut aliquid contra Cælium molirentur. Alii ex conjectura parum necessaria, contra veteres omnes libros legendum putant, *Collegam*, id est Pisonem censorem: quod hoc tempore censuram gerebat Appius.

Domitio) Qui cum eo consulatum gesserat.

Hoc munusculum deferri Cn. Pompeio) Negotium dare Pompeio, ut me accusaret. Nisi hoc dicit Cælius, quid aliud significet, non video. Scrupulum tamen injicio: primum, verisimile non videtur ita desipere Appium, ut Cn. Pompeium, virum gravissimum, principem civitatis, qui cum imperio ad urbem erat, adduci posse ad suscipiendam accusationem existimet: deinde, *munusculum deferre*, non est apud Cælium accusandi curam committere, sed accusare: ut epist. 7. *Neminem hic deferre munusculum maluit, quam suum accusatorem*. Postremo, genus loquendi, etsi multa in Cælio dissimulanda non ignoro, tamen hoc quidem ferre vix possum: *Impetrare a me non potuit, ipsum reprehenderem*; quis enim non videt, *Ut*, desiderari? Quæ cum intueor, libenter ad eam deducor conjecturam, ut hoc modo legendum & distinguendum putem: *Hoc munusculum deferre, Cn. Pompeio ipsum reprehenderem: ut ab eo deprecarer injuriam*, &c. Nec tamen hanc opinionem nihil adjuvat scriptus liber, qui est apud me, in quo est, *Ut ab eo*, non, ut vulgo leguntur, *Et ab eo*. Erit autem, *Munusculum deferre*, accusare: quo sensu usurpatum etiam est, ut dixi, epistola 7. Quod si quis libros typis impressos malit adprobare; accipiat, *Reprehenderem*, non pro *Objurgarem*, quod absurdum hic quidem esset, sed pro, *Prenderem*: id est rogarem, ut accusandi consilium abjiceret.

Quid ergo est) Quasi aliquis eum interroget: hoc tibi faciendum non putasti, quid igitur fecisti? Et videtur hoc loquendi genus post negationem, id est, ubi quid improbavimus, inferri. Non placuit mihi, ait Cælius, injuriam ab Appio deprecari; quid igitur placuit? aliquot communes amicos, testes meorum in illum meritorum. Sic Livius lib. XLIV. *Non sum is, qui non existimem admonendos duces esse: imo eum, qui de sua unius sententia omnia gerat, superbum judico magis, quam sapientem. quid ergo est? primum a prudentibus, & proprie rei militaris peritis, & usu doctis monendi imperatores sunt*.

Tamen) Ab ipso quidem ut injuriam

etiam deprecarer, impetrare a me non potui. tamen feci, ut amicus alloquerer.

Quasi aliquid] Praeclara, nisi fallor, emendatio: mendum autem, quod in vulgatos libros irrepsit, sententiae peperit ignoratio; nam, *Quasi aliquid*, valet, quasi hoc aliquid futurum esset: quod tamen apud Appium esse nihil tenui. Praeterea scriptum ita video in vetere Sigonii libro; quidam, *Quasi aliquem amicis*, malunt: in quo & ab antiquis libris, &, ut puto, a Caelii mente discedunt.

Amicis locutus sum] De Appii injuria, usurpat & Cicero hoc verbum cum dandi casu epist. 1. lib. VI. ad Att. *Hoc non notarem tum, cum Democrito tuo locutus sum*. Et Plautus in Men. *Loquere*, inquit, *mihi tuum nomen*.

Ne cui satisfaceret quidem) Satisfacit, qui se verbis excusat. Exempla sunt epist. 13. lib. VII. *Hic tu me etiam insimulas, nec satisfactionem meam accipis*. Et Philip. II. *Acceperam Caesaris litteras, ut mihi satisfieri pateretur a te*. Et Caesar lib. I. Bell. Civ. *Per tribunos mil. egerunt, uti Caesari satisfacerent*. Et alibi.

Collega ejus) L. Pisoni, contra quem exstat Ciceronis oratio: is censuram cum Appio gerebat. Caesar lib. I. Bel. Civ. Dio lib. XL.

Amicitiam tuam) Quia Cicero ejectus a Clodio, consentiente consule Pisone, postea, ut ulcisceretur injuriam, orationem habuit de consularibus provinciis, ut Piso e Macedonia, quam proconsul regebat, revocaretur; quod senatus decrevit.

Simius] Sic Cicero epist. 2. lib. VII. *Hic simiolus me, in quem invehereris, delegerit*. Et epist. 10. lib. V. Et Horatius Sat. 10. lib. I. Serm.

—— Quos neque pulcher
Hermogenes umquam legit, neque simius iste.

Vultum subire) Quod supplicii est. Ita in peroratione pro Quintio: *Denique ipsius inimici vultum superbissimum subiit*.

Iracunduit) Pro *excanduit*; vehementi commotus est iracundia, quo motu vultus excandescit. Alii, *Scanduit*. Ego librum Sigonii, & meum sequor, & omnino magis placet, *Iracunduit*, quam *Scanduit*; quid enim est, *Scanduit*? tolerabilius erat, *Canduit*: quod ad iratorum vultus pertinet. verum, *Iracunduit*, si habeo comprobatum testimonio duorum librorum, quid nodum in scirpo quaeram?

Hanc speciem simultatis) Quod eum in infamiam vocarem ficta simultatis causa.

Palam Sectium] Nihil muto: videant tamen eruditi, an sit rectius, quod memini adolescens in scholiis nostris, *Palam Servium*, quem Cicero nominat, ut accusatorem, lib. II. ad Frat. epist. 2. & Caelius ipse paullo post: *Vix hoc erat Pola elocutus*.

Inire cum Domitio consilia] Consilia capere, simul considerare, epist. 24. lib IX. *Consilia sunt inita de me*. Et Livius lib. VI. *Consilia inire cum grege coepit*.

Compellari] Arcessi, in judicium vocari. Ad Att. epist. 2. lib. II. *Nigidium minari, in concione se judicem, qui non fuerit, compellaturum*. Et Philip. III. *Fratris mei filium compellare edixit*. Et Suetonius in Julio: *In carcerem conjicit Novium quaestorem, quod compellari apud se majorem potestatem passus esset*.

Dicere non poterant] Nihil erat, quod objicere mihi possent.

Summis Circensibus] Extremis diebus Circensium ludorum meorum: binos enim ludos aediles curules dabant, Megalenses, & Romanos, ut ostendit Dio lib. XXXIX. & Pedianus in commentario Corneliano: hic de Romanis intelligendum, qui dabantur in circo mense Sept. per quinque dies: quod fasti dierum veteres demonstrant. Scripta enim epistola paullo ante, quam Cicero e provincia decederet: cum dicat Caelius in clausula, *Respecto te valde, & cupio quamprimum videre*; nam Cicero decessisse videtur mense Octobri: quod ex epist. 3. ad Tironem, lib. XVI. licet conjicere. Megalenses autem initio anni dabantur, id est multis mensibus ante Romanos: inquit enim Cicero epist. 11. lib. II. *Mihi magnae curae est aedilitas tua; ipsi dies me admonebant: scripsi enim haec ipsis Megalensibus*. Praeterea cur de Megalensibus accipiam, cum non in circo, sed in Palatio darentur? de qui-

quibus Cicero in oratione de Haruspicum Responsis: *Quid ego de illis ludis loquar, quos in Palatio nostri majores ante templum, in ipso Matris magnae conspectu Megalensibus fieri celebrarique voluerunt?* Idem Livius confirmat lib. XXXVI.

Lege Scantinia] De nefando marium concubitu, quae poenam irrogabat decem millia nummum. Quinct. lib. IV. cap 7. Capitale crimen postea fecit Julia lex, epist. 14. Juvenalis Satyra 6. Suetonius in Domitiano.

Pola clamitus] Vix hoc Pola Servius accusator dixerat. Antea, *Perclamitus*: ego cum in antiquis libris viderem, *Pola locutus*, legendum putavi, *Pola clamatus*, posset etiam, *Pola locutus*: id est, vix Pola dixerat Appius cupere se mihi accusatorem ponere; nam & paullo ante Caelius cum dandi casu idem verbum conjunxit, *Amicis*, inquit, *locutus sum*. In vetusto codice, qui est Florentiae in Medicea bibliotheca ita legitur, ut impressimus. Hujus lectionis alii quoque meminerunt, sed eam minus integram existimarunt, ostendi, ut opinor, in voce *Pola*, quod eam se alibi vidisse non meminerant: est autem ea Servii accusatoris cognomen, de quo ad Q. Fratrem epistola penultima II. libri, his verbis: *Vereor, ne homo teter, & ferus Pola Servius ad accusationem veniat.* Vix igitur (inquit Caelius) hoc elocutus erat Pola, Appium scilicet & Domitium summis Circensibus ludis meis lege Scantinia me postulandum curare: cum ego eadem lege Appium Censorem postulavi. Ac (ut, quod sentio, libere dicam) supra quoque ubi legitur *palam Servium*, legendum potius *Palam Servium* crediderim. Sed hoc est conjecturae. Manu scripti enim libri, quos & Venetiis, & Romae vidi multos, *palam*, ut est in impressis habent omnes, a quibus dissentire non temere debemus.

Quod melius caderet] Quam censorem, qui moribus praeest, & magister morum appellatur, lege Scantinia in judicium vocare.

A populo, & non infimo quoque] Addidit, *Non infimo quoque*, ut ostenderet, nobiles etiam homines id probasset qui, licet populi nomine comprehendantur, permixti tamen in multitudine non satis internoscuntur.

Fama] Cum increbresceret, censorem, corrigendis moribus praepositum, tam turpi crimine postulari.

Capi sacellum, in domo quod est, ab eo petere] Censorum erat curare, ut sacella non in domo cujusquam essent, sed populo paterent: itaque Livius lib. XL. ubi loquitur de Lepido & Fulvio censoribus: *Complura*, inquit, *sacella, publicaque loca occupata a privatis, ut paterent, essentque populo, curarunt*. Caelius autem ut ostenderet, Appium censorem officio suo deesse, petere coepit ab eo, ut sacellum in domo privata ne relinqueretur: cujus rei cura Appii, qui censor erat, esse debuerat. Sed libentius intellexerim de sacello, quod ipse Appius occupasset: ex quo gravior ei concitata esset invidia, occupatis rebus a censore, quas censor ab aliis occupatas, populo restituere deberet.

Amplius quadragiata mansi] Quid est hoc? an, *Quadragiata litteras*? Latinum non est; *quadragenas* enim *litteras*, potius quam *quadragiata*, & *quadraginta epistolas* potius, quam *quadragenas*, Latini sermonis consuetudo postulat: nisi si scripserit Caelius XL. ex quo imperitus librarius descripsit, *quadragiata*: verum quid haec attinet colligere, cum in antiquo Sigonii libro diserte scriptum sit, *Quadraginta diebus misse*? quamquam in verbo *Missi*, librarius peccavit; quod meis liber aliique corrigunt.

Suis Domitio diem timuit esse] Similiter locutus epist. 14. *Suis Appium censorem hic ostenta facere?* Sed cum obscura sententia sit, tum ita discrepant inter se veteres libri, ut obscuro per se loco, majores etiam tenebras offundant. In uno meo scriptum est hoc modo, *Diem timere est exspectatio valde, & quam primum*, in uno Sigonii, *Diem tu morare exspecto, & quamprimum*: in altero ejusdem: *Timor est exspecto valde & quamprimum*. In nullo quidem vidi *Timeri esse*.

Proinde] Pro, *Perinde*: quod saepe Terentius & Lucretius usurparunt.

Dolore] Meas, tuas autem ulcisci solere.

Ulyssi] Mirus enim contra Clodianos

nam Milonis defensor in tribunatu fuerat: quod significat Cicero epist. 9. lib. II. *Te* (inquit) *mi Rufe, diligo, quem mihi fortuna dedit amplificatorem dignitatis meæ, ultorem non modo inimicorum, sed etiam invidorum meorum.*

EPISTOLA XIII.

Viri medius fidius optimi) Dolabellæ, a quo uxorem discessisse, scripsit epist. 9. is postea cum Tullia divortium fecit: quod & ex epistolis ad Atticum, & ex consolatoria Sulpicii lib. IV. cognoscitur.

Sibi parum utilis) Temeritatis Dolabellam arguit, quod Appium accusasset: id ex ea, qua Cicero respondit, epistola licet intelligere.

Laudare Tulliæ) Cicero respondit his verbis epist. 15. lib. II. *Dolabellam a te gaudeo primum laudari, deinde etiam amari; nam ea, quæ speras, Tulliæ meæ prudentia temperari posse, scio cui epistolæ tuæ respondeant.*

Lautum) Pulcrum, egregium.

Intercessionis) Curio intercesserat, ne S.C. fieret de successione provinciarum: de ea intercessione consules ad senatum retulerant, ut decerneretur, quid agendum, contemnenda ne intercessio, an eius habenda ratio more maiorum. Censuit senatus intercessioni parendum.

Exitum) Quia valuit intercessio, contra quam M. Marcellus senserat.

Ex S. C.) Eo, quod misit Cælius cum epist. 7. in quo ita scriptum est: *Si quis huic S. C. intercesserit, senatui placere, auctoritatem perscribi, & de ea re ad senatum populumque referri.*

Primusque) Cur prima? fortasse studio & opera C. Marcelli consulis, ejus patruelis.

Marcelli) Qui consul fuerat anno proximo.

Agendum cum tribunis pl.) Ut intercessio tolleretur.

In alia omnia iit) Frequens a Marcello dissensit: probavit igitur Curionis intercessionem: atque hoc reprehendit Cicero his verbis epist. 7 lib. VII. *Senatum bonum putas, per quem sine imperio provinciæ sunt? numquam enim Curio sustinuisset, si cum eo agi cœptum esset*; quam sententiam senatus sequi noluit: de hoc genere loquendi vide, quæ diximus epist. 2. lib. I.

Stomacho est scilicet Pompeius Magnus) Dixi olim, *Scilicet Pompeius*, mihi videri esse glossema ad verbum *Magnus*: nec aliter nunc videtur.

Ita languenti) Pompeii hoc erat ingenium, ut voluntatem suam occultaret: stomachi vitium transtulit Cælius ad animum Pompeii nihil in rep. probantis, quippe qui neque Cæsarem in Gallia diutius manere vellet, nec suam tamen voluntatem satis auderet ostendere: quandoquidem, ipso auctore in secundo ac tertio consulatu, duæ leges latæ fuerant, una de Galliarum imperio in alterum quinquennium prorogando; altera, ut in petitione consulatus absentis Cæsaris ratio haberetur.

Transierant illuc) Id probaverant.

Ut ratio esset ejus habenda) Hoc totum ita legitur in antiquis libris: *Ut ratione ejus habenda, qui exercitum, neque provincias traderet*: quod ita mendosum est, ut omnis mihi quidem ad correctionem aditus intercludatur: relinquo non invitus, quod alii quærant; sententia quidem hæc videtur esse: Transierant senatores in alia omnia, id est, probaverant Curionis intercessionem, improbantes M. Marcelli sententiam; tamquam ratione illius habenda, qui neque exercitum, neque provincias traderet. Hoc, ut dixi, arbitror significari; sed addere verbum, *Neque*, contra veteres libros non audeo: nisi si, ut est omnino asper durusque Cælii sermo, scriptum ab eo putemus: *Qui exercitum neque provincias traderet*; pro, *Qui neque exercitum, neque provincias traderet*: ut, *Neque*, tam ad *exercitum*, quam ad *provincias* referatur. Venit etiam in mentem, hoc dumtaxat a Cælio scriptum: *Transierant illuc, ut ratione ejus habenda*: glossam autem esse id, quod sequitur, additam ab interpretante pronomen illud, *Ejus*: cum hoc pronomine Cælius Cæsarem significare solitus sit: dixit enim epist. 7. *Perspecta Cn. Pompeii voluntate in eam partem, ut eum decedere post Kalend. Mart. placeret*: eum Cæsarem significet, minime tamen antea nominatum.

Iratus sit, cum cognoscet) Unus Sigonii liber, & meus: *Laterno est iste*, *eum cognoscam*: alter eiusdem, *Laterna, eum iste cognoscam*: itaque subesse vitium suspicor.

Futurum) Video, quid dicatur: sed ex ingenio emendatum existimo; nam veteres omnes libri, *Futurus*, habent: quod videtur ad Pompeium referri.

Si aes non esset) Sic antiqui libri: mutilus locus est, aut certe depravatus.

Vos simus divites) Quorum interest maxime rempubl. in suo statu permanere.

Animam agebat) In enim vita crebro spiritus ducitur, & reducitur: id veteres, *agere animam*, dicebant. Tuscul. I. Et *agere animam*, & *efflare* dicimus. Plautus in Trin. per similitudinem dixit: *Res cum jam animam agebat, tum esse effusam oportuit*. Livius, *Trahere animam* dixit, lib. III. ab Vrbe: *Mortuus Æbutius erat Romanus consul, collega ejus Servilius exigua in spe trahebat animam*.

EPISTOLA XIV.

ARsacem capere) Servius in VI. Æn. haec scripsit: *Omnes reges Albani ab Silvio, filio Aeneae & Laviniae, Silvii sunt dicti: sicut Romani Imperatores, Augusti vocantur; Aegypti, Ptolemaei; Persae, Arsacidae*. Est igitur Arsaces, generale nomen regum omnium apud Parthos, deductum ab eo, qui Parthorum regnum primus constituit; hoc quidem tempore Parthorum rex erat Orodes, nominatus epist. 1. lib. XV. & 18. & 21. lib. V. ad Att. ut historicae omittam. Sed de Arsace rege, & de reliquis, qui ei successerunt, quae collegimus ex Iustino lib. XLI. & XLII. fortasse hic adscribere operae pretium fuerit. Arsaces, vir incertae originis, sed virtutis egregiae, solitus latrocinio & rapto vivere, regnum apud Parthos primus constituit, cum aliarum antea gentium regibus paruissent: ita, non minus memorabilis Parthis, quam Persis Cyrus, Macedonibus Alexander, Romanis Romulus, matura senectute decessit: cujus memoriae hunc honorem Parthi tribuerunt, ut omnes deinde reges suos Arsacis nomine appellarint. Huic successit filius, & ipse Arsaces dictus. Tertius Parthis rex fuit Pampacius, & ipse Arsaces cognomine, ut reliqui omnes reges: sicuti Romani, Caesares Augustosque cognominarunt. Pampacio successit filius Phraates: Phraati, frater ejus Mithridates, qui Parthorum imperium a monte Caucaso, multis populis in ditionem redactis, usque ad flumen Euphratem protulit; nec minor Arsace proavo, gloriosa senectute decessit. Ei successit Phraates filius: Phraati patruus ejus Artabanus: Artabano Mithridates filius, cujus res gestae Magni cognomen dedere. Quo, propter crudelitatem, a senatu Parthico ejecto, regnum occupavit frater ejus Orodes; qui fratrem suum Mithridatem, ultro se in potestatem ejus tradentem, in conspectu suo trucidari jussit: hic est Orodes ille, qui M. Crassum cum filio & omni exercitu Romano delevit: cui successit filius Phraates ex pellice, a patre vivo rex constitutus; qui statim & patrem ipsum, & fratres triginta trucidavit, Augusto imperante.

Seleuciam) Regiam Parthorum, a Nicatore Seleuco exaedificatam, uno ex ducibus Alexandri, quem Arsaces devicit, ut Ammianus lib. XXIII. prodidit. Seleucias tres, Pieriam, ad Euphratem, ad Belum, Ptolemaeus facit.

Oculi doluissent) Sic apud Terentium in Phormione: *Vin' primum hodie facere, quod ego gaudeam, Nausistrata, & quod tuo viro oculi doleant?*

In repulsa) Cum auguratum peteret, in locum Hortensii mortui, quem augurem fuisse, & Philipp. II. & prooemium libri de Claris Orator. demonstrat.

Comitia) Non centuriata, sed tributa: quod ex Philipp. II. & aliis praeterea locis intelligitur; augures enim hoc tempore populus creabat, lege lata a T. Atio Labieno, tribuno pleb. antea creabantur ab ipso collegio: diximus cupiose in libro de Legibus.

Studia) Et quidem tanta, ut multi postea de vi condemnati sint: quia nimis Antonii studiosi fuissent.

Necessitudinem secuti) Officium, inquit, perpauci praestiterunt: amicitiae habita ratio est; verum hoc ita Caelius implicavit, ut ex ipsis non non facile verbis exprimatur; nam,

Ne-

Necessitudinem secuti, non est unde pendeat, nisi referatur ad, *Perpauci*: quod si sit, perpauci videbuntur necessitudinem secuti: cum tamen contraria sit sententia; constat enim dici, Perpaucos officium praestitisse, quia plerique necessitudinem secuti sint.

Ne familiaritatem quidem suam] Notat ingenium Domitii, cui familiares etiam odio essent.

Per injuriam] Quod sibi, viro consulari, M. Antonius, qui nondum tribunatum pl. adeptus erat, in auguratu praelatus esset.

Ereptum] Id quod petebat, auguratum.

Cujus ego auctor fuerim] Quid mirum? cum amicissimus Curioni esset Caelius, Curio autem vehementer Antonio faveret: quod ei objicit Cicero Philipp. II. *An*, inquit, *tum es factus augur, unam tribum sine Curione ferre potuisses? cujus etiam familiares de vi condemnati sunt, quod tui nimis studiosi fuissent*. Plutarchus etiam, Curionis praecipue opera, tribunatum hoc anno gerentis, Antonium augurem creatum narrat.

Gavisus sum doluerunt] Epist. 2. dixit, *Gaudium gauderemus*.

Vatumque me studiosissimum Antonii] Me potissimum Antonii studiosiorem, quam ipsius fuisse: de Antonio, augure creato, legimus in Philipp. II. apud Hirtium lib. VIII. de Bello Gallico: apud Plutarchum in ejus vita, & hic ep. 12. lib. XII. suum collegam Cicero appellat.

Ipse Cn. Domitius] Lucii filius, de quo illa superiora scripta sunt. Docet Suetonius, Domitiam gentem duobus tantum praenominibus usam esse, Lucio, & Caio: huic autem, qui Saturninum accusavit, Lucii, qui cum App. Claudio consul fuerat, filio, quem in auguratu repulsam esse passum Caelius ostendit, praenomen fuisse Cnaeo, ex Dione cognoscitur.

Reum fecit] *Reum facere*, non est, in judicio accusare; sed, postulare. Sic epist. 6. dixit, *Appium a Dolabella reum factum*, cum de postulatione intelligeret, ut ibidem patet.

Superiore a vita] Alii legunt, *Superiore vita*, non diversa sententia; ego, ne discedam a veteribus libris, in quibus est, *Superiore ea vita*, legendum duxi, *Superiore a vita*.

Nunc in exspectatione est] Ubicumque scriptos libros, praesertim & multos, & vetustiores dissentire video ab impressis; operae pretium puto, lectorem admoneri; nam, etsi perspicue patet sententia: videndum tamen ejus ne sit, qui librum composuit, an eius qui descripsit, aut emendare conatus est. Hic antiqui libri, quos quidem ego viderim, omnes, in omnibus verbis aliter habent, atque in vulgatis legitur: *Non*, pro *Nunc*: *In* non habent: *Exspectationem*, pro *Exspectatione*: *Inest* pro *est*.

Sex. Peducei] Amicissimus Pomponii Attici fuit. Nepos in Attici vita, Cicero in epistolis.

Absolutionem] Significat, cum nocentissimus esset, tamen absolutum: quo exemplo bene sperandum omnibus reis.

Necesse est] Non enim erat inter Pompeium & Caesarem necessaria, sed voluntaria contentio.

Rerum potiuntur] Auctoritate, gratia, opibus in civitate plurimum possunt, alii pro Caesare, alii pro Pompeio sentientes: sic locutus ep. 8. lib. I.

Consulem aliter fieri] Aut non peti a Caesare consulatum, aut a praesente peti, exercitu & Gallis successori traditis, Pompeius volebat.

Se salvum esse non posse] Timebat, ne privatus in judicium vocaretur ab inimicis, ob ea quae consul contra auspicia intercessionesque pro sua potentia fecerat. Suetonius.

Ambo exercitus tradant] Aequa conditio videbatur: sed hoc sperabat Caesar, dimissis ab ipso & a Pompeio exercitibus, se tamen, cum vellet, facile suos milites, qui cum eo per tot annos vixerant, revocare posse, quod Pompeio de suis, novo delectu coactis, non item sperare licuit: & ob hanc fortasse causam, (ut alii significant) oblatam a Caesare conditionem Pompeius recusavit. Hirtius lib. VIII. de Bell. Gall. *C. Curio tribunus pleb. cum Caesaris causam dignitatemque defendendam suscepisset, saepe erat senatui pollicitus, si quem timor armorum Caesaris laederet, & quoniam Pompeii domina-*

 tio

tio atque arma aut minimum terrorem fuum inferrent, discederet uterque ab armis, exercitumque dimitteret: fore eo facto liberam & sui juris civitatem, neque hoc tantum pollicitus est, sed etiam per se discessionem facere coepit: quod ne fieret, consules amicique Pompeii jusserunt. Id etiam ad senatum a Cæsare scriptum esse, & hanc ab eo, post belli civilis initia, conditionem esse delatam, ipse demonstrat lib. I. de Bell. Civil. *Proficiscatur* (ait) *Pompeius in suas provincias; ipsi exercitus dimittantur; discedant in Italia omnes ab armis; metus e civitate tollatur*. Idem confirmat Appianus, Plutarchus, & alii.

Illi amores) Qui fuerunt inter Cæsarem & Pompeium, præsertim post nuptias Iuliæ, Cæsaris filiæ, Pompeio collocatæ.

Invidiosa) Invisa, quam improbarunt omnes boni.

Se erumpit) Sic liber Sigonii, & recte: ut cum proximo verbo *Recedit*, congruat: nam si, *Erupit*, legatur, ut est in plerisque antiquis libris, reponendum erit, *Recidit*, pro *Recedit*, contra veterum librorum auctoritatem. *Erumpit*, & *Erumpit se*, veteres dicebant. Cæsar lib. II. Bell. Civ. *Portis se foras erumpunt*. Virg. lib. I. Georg.

> *Aut ubi sub lucem densa inter nubila sese*
> *Diversi erumpent radii*.

Et lib. IV. ibidem:

> *Et caput, unde altus primum se erumpit Enipeus*.

Et lib. III. Æn.

> *Interdumque atram prorumpit ad æthera nubem*.

Lucretius lib. IV.

> *Tandem ubi se erupit nervis conjecta cupido,*
> *Parva fit ardoris violenti pausa parumper*.

Accius Epigono, apud Nonium: *Impotiens stupiditate erumpit se, impos consilii*. *Erumpere stomachum*, dixit Cicero ad Att. lib. XVI epist. 3. *Ego arcano uno vis nir, sed, si me amas, hilaris & hoc accepris; ne in me stomachum erumpant, cum sint tibi irati*. Et Terentius Eun. *Iam ne erumpere licet hoc mihi gaudium?* Sic, *Emergit*, & *Emergit se*, probavit antiqua consuetudo. Cicero de Harusp. Resp. *Tum se emergit, & fletur illus*. Nepos in Attici vita: *Quibus ex malis ut se emerserat*.

Non reperio) Respondit ad hanc sententiam Cicero his verbis ep. 15. lib. II. *In rep. non valde te jactas: districtus enim mihi videris, quod & homo civis, & bonus amicus es*.

Quod non dubito) Modus loquendi, parum fortasse animadversus; nam, Quod, valet *sed*: ut epist. 4. lib. XIV. *Quod utinam minus vitæ cupidi fuissemus*. Et Phil. X. *Quod qui ab illo abducit exercitum; & respectum pulcherrimum, & præsidium firmissimum adimit reipubl*. Et Cæsar lib. II. Bell. Civ. *Quod ubi hostes viderunt ea*. Et lib. III. *Quod cum esset animadversum, conjunctam esse flumini*. Varro lib. VI. Ling. Lat. *Quod cum dicunt conspicionem, addunt contuitionem*. Livius lib. XLI. *Quod cum milites consulis imperio dicto audientes esse diceret, cum is more majorum, secundum vota in Capitolio nuncupata, lictoribus paludatis profectus ab urbe esset*. Plinius lib. XVIII. cap. 23. *Quod ut hoc quoque meam determinemus*.

Cum hominibus his) Cum Pompeianis.

Causam illam) Cæsaris, extraordinariam potentiam quærentis, qui senatui dicto audiens esse nollet.

Non homines) Amabat enim Curionem, Antonium, Dolabellam Cæsaris causam acerrime tuentes: de Antonio paullo ante in hac ipsa epistola: de Curione sæpe: de Dolabella epist. 13.

Id melius statuere, quod tutius sit) Quemadmodum ipse statuit.

Quique res judicant) Iudices, quos Pompeius tertium consul CCCLX. legerat: supra. Docemur exemplis, veteres dixisse Qui res judicarent, cum judices significarent: lib. II. de Orat. Phil. 1. & 5. & Q. Cicero in de petitione consulatus, & Pedianus in Pisonem.

Qui cum timore aut mala spe vivunt) Qui vel judicia metuant ob delicta, vel hoc reipubl. statu nihil sperent. Idem Cicero confirmat epist. 3. lib. VII. ad Attic. *Hoc* (inquit) *video, cum homine audacissimo, paratissimoque negotium esse, omnes damnatos, omnes ignominia minis effectos, omnes damnatione ignominiaque dignos illos facere, omnem illam urbanam ac perditam plebem, omnes qui ære alieno premuntur.*

Scis Appium censorem hic ostenta facere) Modus loquendi, cum aliquid vix credibile significamus; epist. 13. *Scis Domitio diem timori esse?* Et epist. 4. lib. VIII. ad Attic. *Salvum C. Atium Pelignum aperuisse Antonio portas, cum esset cohortes quinque, Q. Lucretium inde effugisse scis?* Epist. 9. lib. IX. ad eumdem: *Lentulum nostrum scis Puteolis esse?* Censor Appius fuit cum L. Pisone, anno Urbis DCCIII. epist. ult. lib. III. Dio lib. XL. de Divin. lib. I. & in Declamatione in Sallustium. Ostenta facere videbatur, cum bonum virum simularet; signis enim ac tabulis qui summopere delectetur, is si alios ab eiusmodi studio ac sumtu deterreat, non ostentum est? Appium autem signa & tabulas, ornamentum quod superfuit in fanis, & communibus locis, tota e Græcia atque insulis omnibus abstulisse, scripsit Cicero in Oratione pro Domo; & in eadem paullo post *furem* appellat: *Imaginem* (ait) *meretricis, a fure sublatam, a sacrilego collocatam.*

De agri modo) Sic malui, contra veteres omnes libros, quam, *De agris modo*; quam enim sententiam habet, *De agris modo*? at si legamus, *De agri modo*, hoc significabitur, egisse acerrime Appium censorem de moderanda agrorum possessione: quod majorum memoria fecerant C. Licinius & L. Sextius tribuni pl. lege lata de agrorum modo, ne quis ultra D. jugera agri possideret. Livius lib. VI. & Epitome lib. LVIII. Eamdem rem significat, & eodem modo locutus est Varro lib. I. de Re Rust. *Licinii Stolonis* (inquit) *majores de modo agri legem tulerunt*. Cicero etiam in epistola ad Atticum lib. XIII. *de modo agri* mentionem facit, ut alia ejusdem & aliorum exempla prætermittam.

De ære alieno) Fortasse, ne debitores usuris exhaurirentur: cui malo iidem tribuni pl. proxime nominati, lege mederi conati sunt, hoc modo, ut, deducto de capite quod usuris pernumeratum esset, id, quod superesset, triennio æquis portionibus persolveretur. Livius lib. VI.

Acerrime agere) Non, ut legem ferat: neque enim jus ferendi leges censores habebant: quod etiam diximus in libro de Legibus; sed, ut auctoritate censoris sumtus moderetur, qui fiunt in signa & tabulas; agrorum autem possessionibus modum faciat: quibus de rebus acerrime Appius agebat in senatu, ut consules referrent: ad Att. epist. ult. lib. VI.

Censuram lomentum aut nitrum esse) Censuram ita sordes posse aut obtegere, ut *lomentum* rugas tollit, aut eluere, ut *nitro* e vestibus eluuntur maculæ: id est, putat se censuræ diligentia & severitate infamiam posse tollere eorum vitiorum, quibus antea se turpiter inquinavit. Phil. I. *Ut quisque sordidissimus videbitur, ita libentissime severitate judicandi sordes suas eluet.* Maculas autem nitro tolli solitas, vel illud Hieremiæ Prophetæ indicat, cap. 2. *Si laveris te nitro, & multiplicaveris tibi herbam borith: maculata es in iniquitate tua coram me, dicit dominus Deus.* Quem locum attingens B. Hieronymus epist. 47. *Cavendæ*, inquit, *maculæ, quæ nullo nitro, secundum Hieremiam, nulla fullonum herba elui potest.*

Viscera aperit) Tantum abest, ut veterem de suis vitiis opinionem hominum deleat, ut eam hac severitate vehementius etiam commoveat.

Apud Drusum) Livium Drusum, prætorem, quo nemo magis contra legem Scantiniam commisit. Fortasse is est, qui epist. 16. lib. IV. ad Attic. nominatur; & cui Livia, quæ Augusto postea nupsit, mater fuit.

Appium) Male audientem earum rerum causa, de quibus acerrime agit.

Curio) Tribunus pl.

Remissi de stipendio Pompeii) Hoc tempore optimatibus & Pompeio acerrimus Curio erat adversarius: intercedebat igitur, ne S. C. fieret de stipendio Pompeii legionibus persolvendo: epist. 4.

Parthicum bellum) Crasso enim cum legionibus Romanis cæso, finitimis Romanorum provinciis Parthi minabantur: contra quos vel Cæsar, vel Pompeius, qui rei bellicæ gloria emiminebant, mittendus videbatur, ep. 8. & epistola ultima lib. VII. ad Attic.

Iudicabit) Quasi armorum judicio ac sententia dirimentur eorum discordiæ. Meus liber habet, *Vindicavit*: unus Sigonii, *Vindicavit*.

Sine summo periculo) Nec obscura est, nec absurda sententia: diligenter tamen considerandum censeo, cur in omnibus plane veteribus libris pro *Summo*, scriptum sit, *Suo*, ex quo nonnullis arbitror conjecturam esse ortam, *Tuo* legendum esse, quod est in quibusdam libris Transalpinis.

Iucundum) Nullum inter cives jucundum bono viro certamen esse potest, vel si sine periculo sit: sed loquitur Cælius ex ingenio suo.

EPISTOLA XV.

INeptiorem) Qui nihil prudenter, nihil strenue agat. Et sane belli civilis initio multa Pompeius peccavit, sed illud maxime quod urbem reliquit, dissentiente Cicerone, qui scripsit hæc ad Tironem epist. 11. lib. XVI. *Urbem reliquimus; quam sapienter, aut quam fortiter, nihil attinet disputare*. Et ad Marcellum epist. 7. lib. IV. *Idem etiam illa vidi, neque te consilium civilis belli ita gerendi, neque copias Cn. Pompeii, nec genus exercitus probare, semperque summe diffidere: quo in sententia me quoque fuisse, memoria tenere te arbitror*. Ad Att. autem lib. VII. ducem nepuerperant, id est imperitum militandi, vocat Pompeium, & sæpe queritur de urbe relicta.

Tumultus turbas) Is enim rempub. perturbavit, cum ex Cæsari conaretur eripere, quæ ut ei triburentur, idem in secundo tertioque consulatu laboraverat atque effecerat. Tumultum illum domesticum & Cicero *Turbas* appellavit epist. 10. lib. XVI.

Tum augur) Contemnens enim Cæsarem ejusque legiones, dicerat id, quod Plutarchus litteris mandavit: *Cum terram Italiæ pede pulsabo, scatebunt peditum equitumque copiæ*, quod cum non præstitisset, allato nuncio de Cæsaris adventu, omnibus in urbe trepidantibus, Favonius ad Pompeium conversus: *Nunc*, inquit, *terram pede pulsa, &, quas promisisti, copias cogo*.

Acutiorem in rebus gerendis) Summam Cæsaris in omnibus bellis vigilantiam ac celeritatem vel inimici ejus laudare cogebantur: & Cicero ipse, cum Pompeio faveret, Cæsari esset infensus, tamen illud scripsit ad Att. lib. VIII. *Hoc tepas horribili vigilantia, celeritate, diligentia est plenum*. Et ad eumdem lib. VII. *Cum Amicus audacissimo paratissimoque negotium esse video*. Ad Tironem autem epist. 10. lib XVI. *Numquam improbi cives habuerunt paratiorem ducem*.

In victoria temperatiorem) Hoc dicit, quia Cæsar, Corfinio capto, omnibus pepercerat, in iis Domitio Ahenobarbo, inimicissimo suo: quod ante demonstratum est. Plutarchus, Appianus, Dio, ipse Cæsar lib. I. de Bel. Civil. & alii.

Durissimis & frigidissimis locis) Circa Corfinium, in Pelignorum regione situm.

Teterrima hieme) Quid hieme teterius, ob imbres, nives, procellas, frigora, viarum difficultates, agri vastationem?

Ambulando) Pompeianorum notat ignaviam; cum Cæsaris milites bellum, quasi ludendo, ambulando confecerint.

Confecerunt) Loquitur de bello Corfiniensi; nam Pompeius, nondum victus, Brundusium se cum exercitu contulerat.

Malis orbiculatis) Optimo alimento. Laudantur a Varrone lib. I. de Re Rust. & Columella lib. V. Confirmat idem epist. 17. *Nostri milites facile algore & esurie consuescunt*.

Iam, inquis, gloriose omnia) Dices: Iam vobis omnia gloriose successerunt.

Ad me nihil pertinet) Me nihil tangit, minime delectat, dixit enim: *& di sciunt, quam sollicitus sim*: ne videatur optimatum caussam, quam Cicero probabat, libenter oppugnare, ideoque subjungit: *Quæ tibi exponere, nisi convenio, non possum*.

Expulisset ex Italia) Quod fecit. Cæsaris autem nomen hic subaudiri, satis constat; ut epist. 19. lib. VI. *In quo*

quo ille se dedisse beneficium putabit, & epist. 6. lib. IX.

Confectum) Pulsum Italia Pompejum.

Nisi molais) Quasi se in Cæsaris potestate, vel expellere Pompeium Italia, vel Brundisii maritimis terrestribusque copiis circumsedere.

Pereo m, si minime causa est) Peream, nisi maxima causa est.

Dispupio) Vehementer cupio. Plautinum verbum, quo etiam Catullus usus est.

Quas solet fieri) Qui enim vehementer amant inter se, tantam adspectu mutuo jucunditatem percipiunt, ut cetera sæpe obliviscantur omnia.

Sed tamen) Quamquam, ad urbem venire, tua maxime causa, discupiam; tamen casu quodam factum est, ut retro ad Alpes versus ire cogar.

Quodnam ob scelus) Quid ego commisi, quod est meum delictum, cur ire nunc, quo minime vellem, cogar? Quasi hoc peccati alicujus pœna sit.

Ad Alpes versus) Ita veteres loquebantur. Cæsar lib. VI. Bel. Gal. *Labienum cum legionibus tribus Oceanum versus proficisci jubet*. Sallustius in Jugurthino: *Metellus animadvertit fugam ad se versum fieri*. Hirtius de Bello Africano: *Sallustium prætorem ad Cercinam insulam versus cum parte copiarum ire jubet*. Livius lib. I. *In lapide ad meridiem versus consedit*. Festus: *Eam partem Esquiliarum, quæ jacet ad Vicum patricium versus*.

Adeo) Ob eam caussam; nec enim aliud hic, *Adeo*, videtur significare.

Intemelii) Intemelium oppidum Plinius citra Alpes constituit, & inter Ligurum gentes nominat, lib. III. cap. 5.

Verna) Olim verna; nunc autem Intemelii cum præsidio erat. *Vernæ* sunt servi, ex ancillis nati.

Cohortibus) Pro, *Cum cohortibus*. Sic enim interdum locutos esse veteres animadverti. Quidam legunt, *Cum cohortibus*: quibus fortasse assentirer, si, *Cum*, in ullo antiquo libro reperirem. Sed additum fortasse a rudibus Latinæ linguæ, quos offenderet minus observata loquendi ratio. Exempla aliquot afferam. Cicero Philippica ultima: *His viginti cohortibus, nullo equitatu, restiteris*. Livius lib. I. *Egressus omnibus copiis partem militum locis circa densa obsitis virgultis obscuris subsidere in insidiis jussit*. Id lib. XLI. *Eodem decem navibus C. Furius, duumvir navalis, venit*. Et Q. Curtius lib. IV. *Vadere pervenit, ubi exceperunt eum Græcorum quatuor millia, quibus ad Euphratem contendit*.

Se Domitii male dant) Videtur significare: Domitii omnes male se habent: quoniam & Domitius Ahenobarbus paullo ante Corfinii captus erat a Cæsare. Sed hoc loquendi genus, *Se Domitii male dant*, inusitatum & asperum est.

Quondam ipse sadenatus) Ante multos annos in omnibus vulgatis libris legebatur, *Ipse catenatus*. Octavius Pantagathus, vir bonis omnibus ob insignem probitatem & doctrinam jure carissimus, cultus a me semper optimi parentis loco, legendum primus existimavit, *Psecade natus*: ut significaretur Bellienus verna. *Psecas* enim ancilla est: *vernas* autem non esse, qui ancillis nascantur, jam diximus. Si Bellienus (ait Cælius) ancilla natus, Domitium comprehendere & strangulare non dubitavit: quid Cæsari, Venere prognato, in vestro Domitio faciendum fuit? Commendat igitur, ac valde probat Pantagathi opinionem antithetorum gratia; (nam Cælius Cæliano illo more, hoc est perargute, *Psecade natus*, & *Venere prognatus*, opposuit) confirmat veterum librorum auctoritas, in quibus fere omnibus est: *Ipse sadenatus*: ut, una detracta litterula, i, suus loco nitor, suaque reddatur integritas. De Psecade si quis exempla quærit, Juvenalem legat Sat. 6. & Ovidium lib. III. Met.

EPISTOLA XVI.

Exanimatus) Translato verbo dolor incredibilis ostenditur. Ep. 15. lib. IX. *Miraris me tanto perturbatione valetudinis tuæ graviter exanimatum fuisse?*

Tuis litteris) Quæ non exstant: multas enim periisse constat. Tiro liber-

bentur, quas reperit, in volumina retulit; quæ ad ætatem nostram pervenerunt.

Aperuisti) Non perscripsisti, quid esset quod cogitares: significationem tamen quandam ostendisti.

Per fortunas meas) Vsurpatur hic loquendi modus cum dolore, aut certe cum summa cupiditate obsecrantis, ut epist. 1. lib. XIV. *Per fortunas miseras nostras, vide, ne puerum perditum perdamus*. Et ad Attic. epist. 20. lib. III. *Per fortunas iuvandus, ut facis*. Et ad eumdem epist. 11. & 13. lib. V.

Ne quid gravius de salute tua consulas) Ne quid statuas, quod saluti tuæ non expediat.

Qualis futura esset) Explanat hoc id, quod sequitur, *Nihil, nisi atrox & ferum, cogitat*. Huic sententiæ respondit Cicero his verbis, epist. 16. lib. II. *Nec me iste terrent, quæ mihi a te ad timorem fidissime atque amantissime proponuntur*.

Eandem rationem fore Cæsari) Ita lenem fore Cæsarem in salute adversariis tribuenda, ut fuit in conditionibus de pace: tulerat enim illam conditionem, ut ipse, & Pompeius exercitus traderent, epist. 14.

Iratus senatui) Quia non obtinuisset, ut legati ad Pompeium de pace mitterentur: & quod, quascumque res agere instituerat, L. Metellus tribunus pl. intercedens, omnes impedierat: de quo scripsit Cæsar lib. I. de Bel. Civ. & Plutarchus in eius vita.

Exiit) Vrbe, iturus in Hispaniam contra Pompeii legatos, ipso iam Italia pulso.

Intercessionibus) L. Metelli tribuni pl. de quo sic lib. I. de Bel. Civ. *Subiicitur L. Metellus tribunus pl. ab inimicis Cæsaris, qui hanc rem distrahat: reliquasque res, quascumque agere instituerit, impediat; cuius cognito consilio, Cæsar, frustra diebus aliquot consumptis, ne reliquum tempus amittat, infectis iis quæ agere destinaverat, ab urbe proficiscitur*. Intercessionis caussam, quam referre Cæsar in suis Commentariis noluit, exponit Dio lib. XLI. quod, cum ferretur lex, ut promere pecuniam ex ærario Cæsari liceret, intercessit L. Metellus tribunus pl. qui cum intercessionem videret, ærarii ianuam custodire cœpit. Sed milites, effracta sera, aditum ad pecuniam Cæsari dederunt. Plutarchus Cæsarem obsistenti Metello, ne pecuniam ex ærario sumeret, mortem minitatum esse tradit. Subscribit Appianus, nec aliter Cicero epist. 4. lib. X. ad Att. *Iracundia elatum* (inquit) *voluisse occidi Metellum*.

Si mihi tu, si filius unicus) Hanc partem, miserabiliter scriptam, non sine magno fletu lectam esse a duobus pueris Ciceronibus Attico significavit his verbis lib. X. epist. 9. *Lacrymas autem mihi interdum multiplicat, praetereaque, ut de Hispaniis exspectemus. M. Cœlii quidem epistolam, scriptam miserabiliter, quo hoc idem obsecrat, ut exspectarem, ne fortunas meas, ne unicum filium, ne meos omnes tam temere proderem, non sine magno fletu legerunt pueri nostri*.

Domus) *Domum* posuit pro domesticis: ut epist. 12. lib. IV. ad Att. *Domus te tota salutat*.

Si aliquid apud te sum) Rogo te pro eo, quanti apud te sum.

Gener tuus) Dolabella, qui apud Cæsarem erat.

Vt rem teneam) Caussam Cæsaris. Verum in hoc verborum ambitu desiderari aliquid videtur. Sed Cœlius rationes persequitur, verborum structuram non attendit.

Saluti nostræ) Meæ, & Dolabellæ.

Impiam cupiditatem) Nam, si cupimus eam victoriam, in qua salus nostra posita est; simul perniciem cupimus eorum, qui Pompeium sequuntur, quorum in numero si fueris, cogemur impie cupere contra salutem tuam.

Quod offensus fuerit) Si vereris, ne, in Italia si remanseris, Pompeium offendas: cogita, te, cum nondum ad eum transieris, hac tua cunctatione iam offendisse: quidquid esse poterit apud eum offensæ, id subiisti, qui cunctatus es, nec ad eum statim accessisti. Quod hic Cœlius, idem Atticus existimavit, ut ad eum epist. 2. lib. IX. scriptum est.

Videram) Cæsarem.

Du-

Dubiis rebus) Cum adhuc Pompeius in Italia consisteret.

Fugatos) Iam in Graeciam Pompeius fugeret.

Parum optimatem esse) Parum officio fungi boni civis.

Quid optimum sit) Quid tuae tuorumque saluti plurimum conduceret.

Totum) Ne omnino ad Pompeium transeas.

De Hispaniis) Ejecto Italia Pompeio, statim ad urbem, deinde in Hispanias contra ejus legatos profectus est Caesar.

Hoc) Velle te ad Pompeium navigare.

Have) *Have*, matutina salutatio fuit; *Salve*, vespertina: ut in Hadriano scripsit Dio.

Ad te litteras misisses) Misit: quae sunt lib. X. epist. ad Att.

Optimatium) Ciceronem reprehendentium, quod Pompeium & consules, id est ipsam remp. deseruisset. Vide epist. 16. lib. VIII. ad Att. & ep. 2. lib. IX. ad eumdem.

Insolentiam) Quorumdam Caesarianorum, qui, quasi jam parta victoria, ita se insolenter efferent, ut ferre vix posses. Cicero respondit: *Nulli non modo stomachi mei, sed etiam oculorum in hominum insolentium indignitate fastidium*, ep. 16. lib. II.

Iactationem) Qui se insolenter jactant, quasi devictis Pompeii partibus.

Vacuum a bello) Idem suasit gener ejus Dolabella; ep. 9. lib. IX.

Dum haec decernuntur) Dum haec armis dijudicantur, ad exitum perducuntur. Sic Virgilius, *Decernere bello*.

Quae jam erant confecta, id si feceris) Libri veteres inter se dissentiunt, locum emendavimus ex altero ejusdem epistolae exemplo, epistolis ad Attic inserto lib. X.

Caesarem non offendes) Qui etiam ad Ciceronem scripsit, nihil ei neque honestius, neque tutius esse, quam ab omni contentione abesse. Ad Attic. libro X. *Quanto aequior, quam Pompeius, qui ea urbe discedens in senatu dixerat, eodem se habiturum loco, qui Romae remansissent, & qui Caesaris in castris fuissent*. Caesar lib. I. de Bel. Civ.

EPISTOLA XVII.

E*Rgo me potius*) Indignatio. Ergo, inquit, ita accidit, quod nunc vehementer doleo, ut, cum tu ad Pompeium profectus es, ego in Hispaniis potius cum Caesare, quam Formiis fuerim; nam omnino tecum in Graeciam navigassem. a Formiis autem ora maritimae praefuerat Cicero; ut epist. 11. lib. XVI.

In Hispaniis) In qua contra Pompeii legatos, Afranium, & Petreium, Caesar bellum gesserat: epist. proxima, *Me secum*, inquit, in *Hispaniam ducit*.

Ap. Claudius) Caelii inimicissimus, epist. 12.

In ista parte) In qua tu es. Verum totus hic locus obscuratus mendo. Mediceus liber: *Quod utinam aut Ap. Claudius in ista parte, C. Curio*; unus Sigonii: *Cum Curio*: cetera eodem modo, alter ejusdem: *Vt C. Curio*: cetera eadem. Tres mei; *Quod utinam aut Ap. Claudius in ista parte prohibuisset, aut C. Curio*. In tanta perturbatione videant eruditi homines, an emendare locum possint; ego ne conari quidem audeo: varietatem antiquorum exemplarium fideliter ostendi.

C. Curio) Caelii familiaris: ut ep. 7. *Fuerat ejus quaestor Caelius in Africa, cum ibi acie Curio periit*. Caesar lib. II. Bel. Civ.

In hanc partem causam) Sic & Mediceus liber, & quidem alii: meus unus, *Partem causam*: Sigonii, *Parte causam*: alter ejusdem, *Partem causa*: quod sententia non respuit.

Imposuit) Collocavit.

Iracundia & amore) Iracundia in Appium, amore in Curionem. Iracundiae vitio laborasse Caelium, venuste docet Seneca lib. III. cap. 8. de Ira: *Caelium oratorem* (inquit) *fuisse iracundissimum constat. cum quo, ut ajunt, coenabat in cubiculo lectae patientiae cliens: sed difficile erat illi, in copulam conjecto, rixam ejus, cum quo cohaerebat, effugere: optimum judicavit, quidquid dixisset, sequi, & secundas agere. Non tulit Caelius assentientem, sed exclamavit: Dic aliquid, ut duo simus.*

Tu

Te porro) Sic lego ex duobus antiquis libris, nisi si, *Se tu porro*, placet: ut geminato pronomine major ostendatur iracundia; in quo liber Petri Pagani cum Mediceo consentit.

Ariminum venissem) *Arimini*, habet unus Sigonii liber. Placuit *Ariminum*, ut est in altero ejusdem, atque etiam in meo: postulat enim sententia, & usus Latinæ linguæ, *Ariminum* potius quam *Arimini*. Veteres aliquot libri, in quibus est Mediceus, habent, *Venissent*: mendose.

Neque mihi consuluisti) Nullam mei curam suscepisti: ep. 2. lib III. *Prospicies & consules rationibus meis*. Fortasse scripsit Cælius *Mi*, non *Mihi*, quod ideo dico, quia tum in Mediceo libro, tum in ceteris omnibus, *Me*, scriptum est. *E* autem & *I*, quam facile commutentur, periti antiquitatis intelligunt.

Quod diffidam huic causæ) Quod belli exitum timeam: quod vereri mihi veniat in mentem, ne Cæsar a Pompeio vincatur.

Satius est) Melius est, præstat. Ad Att. lib. VII. *Video cum altero vinci satius esse, quam cum altero vincere*.

Vestra crudelitatis) Minatus enim erat Pompeius, ab urbe discedens, hostium se loco habiturum esse, qui in Italia remansissent; atque hanc Pompeianorum crudelitatem Cicero significat ep. 9. lib. IV. *An tu* (inquit) *non videbas mecum simul, quam illa crudelis esset futura victoria?* Et ep. 14. ibidem: *Sed ii vicissent, ad quos ego, pacis spe, non belli cupiditate adductus accesseram; intelligebam tamen, & iratorum hominum, & cupidorum & insolentium quam crudelis esset futura victoria*. Et epist. 6. lib. IX. *Victoriam etiam illorum timebam, ad quos venerāmus; crudeliter enim otiosis minabantur*. Et ep. 6. lib. XI. ad Att. *Omnes, qui in Italia remanserant, hostium numero habebantur*. Legimus idem in Cæsare lib. I. Bel. Civ.

Feneratores paucos) Victoriam Pompeii timentes, quia præter ceteros pecuniis abundarent.

Nec homo, nec ordo) Latius patet *Homo*, quam *Ordo*: itaque satis erat, *Homo*; aut dicendum fuit, *Nec ordo, nec homo*: sed excusat Cælium iracundia, qua perturbatus hæc scripsit.

Nisi Pompeianus) Omnes antiqui libri, etiam Mediceus, *Nisi est Pompeianus*.

Plebs) Cum populi nomen plebem quoque contineat, & de populo sequatur mentio, miror hic plebem nominari: & omnino mendum olere locus videtur: quam suspicionem auget varietas veterum librorum: tres habent, *Porro*: cum quibus Sigonianus unus consentit: alter habet, *Pius*: unus, *Pius*: Mediceus, *Pius*. Hic ego me non explico: exitum fortasse reperiet aliorum industria; quod si mutare liceat, malim *Patres*, quam *Plebs*: ut senatores eos, qui, neutram in partem animo propensi, in urbe remanserant, opera sua Pompeianos factos esse dicat: tum de populo subjungat. Nec temeraria mutatio videri potest, si ex *Porro*, fiat *Patres*, præsertim adjuvante sententia.

Populus) Popularis maxime Cæsar fuit, optimates adversarios habuit.

Vester esset) Populum sibi Cælius addixit promulgatis legibus, una, qua mercedes habitationum annuas conductoribus donabat; altera de tabulis novis. Cæsar lib. III. Bel. Civ.

Reliqua exspectes) Valde hic & ab impressis, & inter se dissentiunt scripti libri. Mediceus, & duo præterea, *Reliquos exspectant*: alii, *Reliqui exspectant*, *Reliqua exspectant*, *Reliquos exspectant*. Mihi non displicet, *Reliqua exspectent*: ut dicat Cælius, populum reliqua exspectare, id est, ut aliquam ipse Cælius in urbe seditionem commoveat.

Acutum tamen me Catonem) Sic Mediceus liber; sic reliqui fere omnes: mendose: tamen lectorem vestigio saltem veritatis fraudandum non putavi: ut eruditis hominibus liberior ac facilior conjectura detur, cognito veterum librorum testimonio. *M. Catonem*, pro *Me Catonem*, est in uno Sigonii libro.

Doloris) Hujus doloris causam Dio narrat lib. XLII. quod Cæsar Trebonio prætori urbanam jurisdictionem mandasset, quam Cælius sperabat.

Indignitatis) Quod suæ dignitatis rationem Cæsar non habuisset, Trebonio prælato.

Istic) In Græcia; nam post bellum Hispa-

Hispaniense, quo confecto statim Cæsar in Græciam contra Pompeium navigavit, hanc epistolam scriptam esse constat.

Quod firmissimum est) Ex parte Cæsaris. Mediceus liber, & alter Petri Pagani, &c., non *est*, in quo si consentirent reliqui, legendum & distinguendum sic arbitrarer: *quod firmissimum? nec vestras copias non novi*; id est, nec vestras copias ignoro, minime cum nostris conferendas. Verum duo libri habent, *Est*: quod placet.

Depugnare) Plus est, quam *Pugnare*; auget enim, *De*, in compositione.

Facile) Nullo incommodo.

Algere & esurire) Quæ diuturnis bellis perferri necesse est. Cæsaris autem milites novem annos, Cæsare imperatore, in Gallia pugnaverant. Respondet hoc illis verbis ep. 15. *Nostri milites, qui durissimis & frigidissimis locis, teterrima hieme, bellum ambulando confecerunt, malis orbiculatis esse pasti videntur.*

Confecerunt) Parvi refert, utrum, *Confecerunt*, an, ut est in tribus antiquis libris, *Consueverunt*, legatur. Callimum potius videtur, *Consuerunt*; amat enim Cælius, ut in sententiis brevitatem, sic in verbis contractionem: itaque ep. 11. *Decrerat* maluit, quam *Decreverat*.

VARIÆ LECTIONES
IN
V. VI. VII. ET VIII. LIBROS EPISTOLARVM
CICERONIS.
LIBER QVINTVS
EPISTOLA I.

NEc absentem ludibrio læsum iri) *Vid. Not.*

Debebat vel familiæ nostræ dignitas) *MSS.* debebat tamen vel familiæ nostræ dignitas.

Vel meum studium erga vos remque publicam satis sublevare) *V. c. N. Scalf.* vel meum erga vos remque publicam studium sublevare.

Nec majorum nostrum clementiæ administrassis) *Al.* administratis. *Vid. Not.*

Te tam mobili in me meosque animo esse non sperabam) *V. c. N. Scalf.* esse mob. i. m. m. a. es. n. s.

A rep. abducet) *V. c. N. Scalf.* ab rep. abducet nec separabit. *MS. prim. Grav.* ab rep. abducet.

EPIST. II.

A te propinquos tuos, quibus negare non potuisses) *MSS. nonnulli*, a te propinquos, quibus negare potuisses.

Dispertitum officium fuisse) *Grut.* dispartitum of. f.

Quandoque in errore versatus essem) *MSS. & edd.* quandoque in mærore versatus essem. *Vid. Not.*

Non injucunda, sed mediocris) *Al.* non jucunda sed mediocris.

Mediocris quidem est risus consecutus) *Sic MSS. Grav. & aliorum edd.* mediocris quidem est ris. cons.

In errorem meum) *MS.* merorem. *al.* mœrorem. *al.* honorem.

Quod me abs te cupisse laudari) *Al.* quod me ab te cup. laud.

Tibi ipse levior videar esse) *Al.* tibi ipse lenior videar esse.

Nihil dico de sortitione vestra) *MSS.* sortione. *al. MSS.* sortitione nostra.

Quod ea præscriptione est) *Sic MSS. al.* quod ea perscriptione est.

De reconciliata nostra gratia) *Al.* de reconciliata gratia nostra.

Quæ numquam imminuta est) *Vid. Not.*

Primum hoc velim existimes) *MSS.* primum velim hoc existimes.

Ut mihi ignoscas) *Sic Pall. omnes Grut. Pith. Vat. Grav. prim. edd. Vict. & principes Ven. vulgo*, peto ut mihi ignoscas.

Nihil me etiam tecum de tui fratris injuria conqueri) *Al.* nihil me etiamnunc tecum d. t. f. i. c.

Ab injuria deterrerent) *Sic MSS. al.* deterrerent. *al.* detinerent. *Ad marg. Pal. quint.* provocerent. *edd.* detraherent.

Quod te audisse certo scio) *Vid. Not.*

In aliquo magistratu) *Vid. Not.*

Quod populus idem magna voce) *Lamb.* quod populus item.

Ut de illa mente desisterem) *Al.* ut ab illa mente desisterem.

In concione dixerat) *Al.* dixerat in concione.

Dicendi ipsi potestatem fieri non oportere) *Grav. prim. & secund. et Palat. quart. quint.* adiciendi. *Palat. sec.* abiciendi. *prim. & Grut.* ad dicendi. *Amstelodam.* addiciendi. *Palat. tert.* ad dicendum ipsi. *Mentel. vulgatam tuetur*, dicendi ipsi p. f. n. o. *Vid. Not.*

Et magistratus ac senatum trucidare) *In edd. desideratur* &.

A. d. tertium Nonas Jan.) *MSS. duo*, ad tertium quoque Non. Jan.

Quis esset qui me in consulatu non casu) *MSS.* quis esset qui in consulatu me non casu.

Sin autem aliquid impertivit) *MS.* sin autem impertivit aliquid.

Si humanitas appellanda est) *MSS.* si humanitas appellanda 'st. *MS. Grev.* si humanitas appellanda sit.

Nulla est a me umquam) *MS.* nulla 'st a me umquam.

Addam & illud etiam) *Sic MSS. vulgo*, addam illud etiam.

Vt Senatusconsulto) *Al.* ut SC.

Quia tuus frater erat) *MSS.* quia tuus frater est. *al.* quia tuus frater.

Tuo, atque exercitus tui auxilio) *MSS.* tuo tuique exercit. auxilio.

In ejusm. causa versatum fuisse) *Vid. Not.*

Me ut tibi amicissimum esse intelligeres) *MSS. nonnulli*, me autem tibi amicissimum esse laboravi.

De nostra benevolentia detraham) *Sic MS. Grev. & aliorum. edd.* de nostra benevolentia detraheretur. *sec. Pal.* d. n. b. detrahat.

Epist. III.

Vt sunt leves ab ejusmodi homine) *Al.* u. s. l. hujusmodi homines. *al.* leves ab hujusmodi hom. *Vid. Not.*

Tametsi bis eum invitum servavi) *MSS.* tametsi eum invitum servavi.

De meis rebus) *Sic MSS. omnes quos Gebhardus & Grev. vidit. vulgo edd.* de me meisque rebus.

Ad Lollium perscripsi) *Al.* ad Lollium perscripsi. *al.* praescripsi.

De rationibus provinciae) *Sic MSS. edd.* de rationibus etiam provinciae.

Epist. IV.

Itaque ad te litteras statim misi) *MSS. nonnulli*, itaque litteras statim misi.

Quam in senatu habuisses) *MSS. quinque*, quam in senatum habuisses. *Palat. quart.* quam senatu habuisses. *Grevii vero*, *Mentel. Amstelodam. codd.* stant pro vulgata.

Ad te scribere sum conatus) *Al.* ad te scribere sum conatus.

Vt tum mecum serves potius) *Vid. Not.*

Propter arrogantem crudelitatem) *Pal.* per arr. cr. *al.* propter arrogantiam & crudelitatem.

Alienas ut contra temp. confirmes) *Pal. sec.* alienas vero ut c. t. c.

Revocare tempus omnium reservandorum) *Sic quatuor Palatini*, *quatuor quos Grev. vidit*. *Vict. Gebh. edd. al. edd. & unus Mamm. MS.* revocare tempus omnium conservandorum.

Epist. V.

Non quo eas intelligerem) *Al.* non quod eas intell. *Grev. cod.* non quos eas intell.

Mirum nemini videri debeat) *Sic MSS. ed.* mirum nemini videri debet.

Nullam mihi abs te relatam esse gratiam) *Al.* a te. *MSS. duo*, nullam mihi abs te relictam esse gratiam *l unus*, redditam.

Tu es optimus testis) *MS. prim. Grev.* tu optimus testis.

Contra enim esse aliquid abs te profectum) *MS.* contra enim esse aliquid abs te perfectum. *al.* confectum.

Ne forte id ipsum verbum ponam) *MSS. duo*, ne forte jam ipsum verbum ponam.

Quod abs te aiunt falso in me solere conferri) *Vid. Not.*

Ceteri existimant) *Sic Vat. tres Pall. Grev. prim. Vict. ed. al.* ceteri existimeant.

Multo majus meum studium) *MS.* multo majus studium meum.

Sin ingrata esse sentiam) *V. c. Lambin.* si autem ingrata esse sentiam.

Vt tibi ipse insanire videar) *MS.* ut tibi ipsi ins. v.

Si quid in te residet amoris) *Al.* si quid residet in te amoris.

Id omne in Pomponii) *MS. Pal.* id esse in Pomponii.

Hoc mihi nihil gratius facere potes) *Al.* hoc mihi gratius facere nihil potes.

Epist. VI.

P. Sextio L. F. Proquaestori) *Al.* P. Sestio. *al.* P. Sextio L. F. Proq.

Men-

Mentel. L. Flacco Cos. *al.* Publio L. F. Procos. *alius*, P. L. Lucii filio. *al.* Publio Procos.

Cum ad me Decius librarius venisset) *Sic MSS. vulgo*, cum ad me Decius librarius tuus venisset. *Pal. tert.* cum ad me Decius de tuis librariis. *al.* cum ad me Decius libertus tuus venisset.

Q. Fufium) *Al.* C. Fufium.

Cogerem potius mihi credere) *Al.* cogerem mihi potius credere.

Emi eam ipsam domum xxxv.) *Alii.* emi eam ipsam domum millibus nummum tricies quinquies. *Mentel.* emi eam ipsam domum xxxv. millibus fraticiis. *Antiq. codex quem Corr. vidit.* emi eam ipsam domum duobus xxxv. *Vid. Not.*

Si quisquam recipiat) *Vid. Not.*

Me excludunt) *Al.* excludunt me.

Aperte vindicem conjurationis oderunt) *Pal. quart.* aparte v. c. o.

Nec putant ei nummos deesse) *Pal. tri.* nec putant eos nummos deesse.

Omnino semissibus magna copia est) *Al.* homini semissium. *Vid. Not.*

Ut bonum nomen existimer) *Sic MSS. vulgo*, ut bonum nomen adeptus existimer. *barbare.*

EPIST. VII.

Quantum ego semper omnibus) *MS.* quantum e. s. o.

Si quando non mutuo responderet) *Sic Vatic. tert. Palat. Struv. Grav. prim. Amstelod. MSS. prim. Vill. Gebh. edd. vulgo* mutuo. *al.* si quando mutuo non resp.

Parum mihi adjunxerint) *Sic MSS. Vet. Pal. quart. Grav. prim. Amstelod. Vill. Vulgo* adjunxerunt.

Nos inter nos conciliatura) *Struvch.* nos inter nos consiliatura.

Ac ne ignores) *MSS. tres*, at ne ignores.

Quod vererere) *Sic Vatic. duo Pall. Grut. MSS. Villar. & Gebhard. edd. sed Palat. tert. Struvch. Amstelod.* quod verere. *Grav. prim.* quodve verebare, *Mentel.* verebare, *ut edd.*

Me non multo minorem quam Lælium) *Sic MSS. vulgo*, me non multo minorem quam Lælius fuit. *Vill. edd. & Vet. MS.* tamen non multo minorem quam Lælium.

Facile & in rep. & in amicitia adjunctum esse) *Sic MSS. vulgo*, facile tibi & in rep. & in am. adj.

EPIST. VIII.

Omnes tui scripserint) *Sic MSS. Grav. prim. Pal. prim. Vatic. vulgo*, omnes tui perscripserint.

Quod silentio posset preteriri) *MS.* quod silentio possit præteriri.

Quanta numquam antea ulla in causa) *Grut.* quanta nunquam antea nulla in causa. *v. c. & edd.* quanta nulla antea causa.

Ut florentissimis tuis rebus) *Al.* ut in florentissimis tuis rebus.

Mea perspici posset) *Pal. tert.* mea prospici posset.

Non repentina aliqua voluntate aut fortuito) *MS.* ac fortuito.

Neque meam tibi observantiam) *Al.* neque tibi meam observantiam.

Si quæ interciderunt) *Sic MSS. edd. vero*, si qua interciderunt.

Non tam re quam suspicione violata) *Sic optimi MSS. vulgo*, non tam re quam suspicione violenta.

Is enim tu vir es) *MS.* is enim vir tu es.

Tribuendum esse nobis putes) *Al.* tribuendum nobis esse putes. *al.* tribuendum nobis putes.

Etiamsi multi mecum contendent) *MSS. nonnulli*, e. m. m. contenderent. *unde Lamb. conjicit*, contenderint.

Quos quidem ego ambo) *Sic MSS. vulgo*, ambos.

In Marco benevolentia impari) *Al.* in Marco benevolentia pari.

Sanctissime esse observaturum diligentissimeque esse facturum) *Sic tres Pall. Vatic. Grut. Grav. prim. Amstelodam. ed. Vill. Gebh. vulgo*, sanctissime esse observaturum, diligentissimeque facturum. *Sic Mentel. Palat. vero quart. & Struvch.* sanctissime observaturum, diligentissimeque esse facturum.

Hoc ad te scribere) *MSS. duo*, hæc ad te scribere.

Sin autem quidpiam aut a te essem admonitus) *Sic MSS. vulgo*, sin quidpiam aut a te esse admonitus.

Frustra ad me detulisset) *Al.* ad me frustra detulisse.

Hospitum, clientium) *Vet.* hospitium,

rium, clientium. *al.* hospitum, clientum.

Meo labore minuatur) *Pal. quint.* in eo lab. m.

EPIST. IX.

Vatinius Imp.) *Sic MSS. vulgo*, P. Var. Imp. *Vid. Not. Amstelodam.* Antonius Imp.

S. V. B. E. E. V.) *Al.* si vales bene est, ego valeo.

Clieus advenit) *Al.* ad te venit. *Vid. Not.*

Qui pro se causam dicier vult) *Sic MSS. al.* qui pro se causam dicere vult.

Malivolorum) *Al.* malevolorum.

Obtrectationes & invidias) *Al* obtr. & injurias.

Suscipe me totum) *Vat.* suscipe me me totum.

Atque hoc quidquid est oneris) *MS.* atque quidquid est oneris.

Tibi tuendum ac sustinendum putes) *MS.* tibi tuendum sustinendum puta.

Obtrectatores invenire) *MS.* inveniri.

Non meo quidem mehercules merito) *Sic Vat. Pal. prim. Vict. ed. al.* mehercule. *& sic Grev. lib. prim.*

Si qui forte fuerit) *Sic Grev. prim. & Vict. ed. vulgo*, si quis forte fuerit.

De rebus nostris gestis) *Sic MSS. vulgo*, nostris de rebus gestis.

Tuus servus anagnostes fugitivus) *MS. prim. Grev.* tuus servus au annos ert fugitivus. *Amstelod.* tuus servus ana nalles fugitivus.

Cum Vardaeis esse) *Grev. lib. prim.* cum Vardaei se esse. *Amstelodam.* cum Hardaeis, *al.* Vardaeis. *al.* Vardaeis. *Pal. prim.* Varda eis.

Nisi si in Dalmatiam aufugerit) *Sic Vatic. Palat. prim. Grev. Amstelod. Vict. ed. vulgo*, nisi in Dalm. auf. *Grev. prim.* ni in Dalm. auf.

A. d. v Idus Quintiles) *Al.* ad tertium Idus Quintilem. *MS. prim. Grev.* L. D. V. I. D. Quintiles. *Amstelodam.* L. D. V. L. D. Quintiles.

Ex castris Narona) *Grev. prim.* ex castris Narbona.

EPIST. X.

S. V. B. E. E. V.) *Al.* Si vales bene est, ego quidem valeo.

Quid illinc ejecit) *MS.* quod illuc ejecit.

Sed tamen non desistam) *Al.* & tamen non desistam.

De Catilio nescio quid ad me scripsisti) *MS.* de Calidio nescio quid ad me scripsisti.

Apage te cum nostro Sexto Servilio) *Grev. prim.* ea peragite cum nostro Sexto Servilio. *Amstelod.* Apagete cum nostro Servilio.

Hujusmodi causas recipitis) *Pal. quart.* hujusmodi causas vos recipitis.

Hominem unum omnium crudelissimum) *Duo MSS.* hominem unum hominum crudelissimum.

Qui tot ingenuos, matres familias) *Sic MSS. Grev. prim.* qui tot ingenuos patres familias. *vulgo*, qui tot ingenuas matres familias, *quod & in recentioribus exstat MSS.*

Arripuit, disperdidit) *Al.* rapuit, d.

Simius non semissis homo) *Sic MSS. Palat. prim.* simius non semissis homo. *Grev. prim* seminis nun semissis, *Amstelodam.* simius non semissis homo. *al.* si minus non sanus sit. *al.* si minus non servus sit. *vulgo*, simul vero semissis homo.

Et eum bello cepi) *Tres MSS.* & eum bello cepit.

Quae tu mi imperas) *Sic Palat. & Grevii primus, ut & Vict. ed. vulgo*, quae tu mihi imperas.

Actiones expostulant) *Al.* actione expostulant. *Vid. Not.*

Si mehercules Appii os) *Al.* si mehercule Ap. os.

In cujus locum suffectus sum) *MSS. nonnulli*: in cujus locum effectus sum.

In ea maxima spes est) *Sic MSS. vulgo*: in eo maxime spes est.

Nam si hoc exspectandum est) *Sic Vatic. Grev. prim. Medic. vulgo*, nam si hoc expectandum sit.

In omnes partes) *Sic MS. Grev. al.* in omnis partis. *al.* in omneis parteis.

Vale. Data Nonis Decembribus, Narona) *MS. Grev.* Vale. D. N. D. Narbona. *Amstelodam.* Vale D. N. Decem.

Narona. alii, Vale. Nonis Decembribus, Narona.

Epist. XI.

Grata tibi mea eſſe officia] *Al.* grata tibi eſſe officia mea.

Habuiſti modo gratiam] *Al.* gratiam modo habuiſti.

Cum Sura noſtro] *MS.* cum Surra noſtro.

Non laborioſa mihi, & honeſta videbantur] *MSS.* non laborioſa mihi, ſed honeſta videbantur.

Duces eum captivum in triumpho] *MSS.* duces eum captum in triumpho. *al.* duces eum in triumpho captum.

Dalmatis dii male faciant] *Duo MSS.* Dalmaticis dii male faciant. *al.* Dalmatias d. m. f.

Epist. XII.

L. Luccio] *Al.* Lucio.

Quæ nunc expromam abſens] *Al.* q. n. exponam abſens. *Vid. Not.*

Quod etſi mihi ſæpe oſtendis te eſſe facturum] *Duo MSS.* quod & mihi oſtendis eſſe facturum te ſæpe.

Celerrime res noſtras] *Palat. prim.* celeres rumores.

Neque enim me ſolum] *Sic Vatic. Vill. alii*, non enim me ſolum.

Vel ut auctoritate teſtimonii] *Sic Vill. al.* ut vel auctoritate teſtimonii.

Vivi perfruamur] *MS.* divini perfruamur.

A te pæne eſſe perfectam] *Al.* pæne a te eſſe perfectam.

Quin te admonerem ut cogitares] *MSS. quart. Pall. Grut. Amſtelod.* admonerem cogitare. *ſed Grev. prim. & Mentel. ſtant pro vulgata.*

Cum reliquis rebus] *Sic Vat. Grev. prim. aliique. MSS. edd.* cum ceteris rebus.

Tu quoque item civilem] *Duo MSS.* tu quoque ita civilem.

Exterοrumque bellis ſejungeres] *Pal. quart.* exteriuſque bellis ſejungeres. *tert. & quint.* exterοrumque bellis non ſejungeres.

Quam impudenter faciam] *Grev. prim. & alii MSS. duo*, quam imprudenter.

Non tantopere videntur] *Vatic.* non tanto opere videntur.

Ut ornes ea vehementius etiam, quam fortaſſe ſentis] Etiam *deſideratur in prim. Pal.*

A quo te deflecti] *Al.* a qua te affici. *Vid. Not.*

Et ſi me tibi vehementius commendabit] *Quatuor MSS.* ſi me tibi vehementius commendabit. *Amſtelod.* eaque ſi me t. v. c.

Quam concedat veritas, largiare] *Sic MS. Vatic. Medic. Grev. prim. pluresque alii, vulgo*, quam concedit veritas larg.

Quod ſi te adducemus] *Pal. quart.* quod ſi te adduceremus.

Erit ut mihi perſuadeo] *MSS.* erit mihi perſuadeo: *ſed antiquus Grev. pro vulgata ſtat, quam male mutavit Gebhard.*

Digna facultate & copia tua] *MS.* d. f. & copia.

Civilium commutationum ſcientia] *MS.* civilium commutatione ſcientia. *al.* civilium commutationum ſententia.

Ut conſueſti] *Al.* ut conſueviſti.

In legendo ſcripto retinere poſſit] *Al.* in leg. ret. p. *Vid. & Not.*

Caſus alienos ſine ullo dolore intuentibus] *MS.* caſus autem alienos ſ. u. d. i.

Non cum quadam miſeratione delectat] *Duo Pall.* non cum quadam delectatione miſeras. del. *al. MSS.* non cum miſeratione quadam del. *al.* non cum quadam commiſeratione del.

Qui tum denique ſibi avelli jubet ſpiculum] *MS. prim. Grev.* quin tum denique ſ. a. ſ. *Pal. prim.* qui cum denique ſ. a. j. ſ.

Poſtea quam ei percontanti] *Tres Pall.* poſtquam ei percontanti. *al. ſcribunt* percunctanti. *Grev. prim.* percuntanti.

Cujus ſtudium in legendo non erectum] *MS. Pal.* cujus ſtudium non rectum. *duo al.* exceptum. *Scriverius.* erectum. *unde Urſinus conjicit* Erechthei.

Themiſtocli fuga redituque retinetur] *Grev. prim.* Themiſtocli fugam redituumque retinetur. *Amſtelod.* Themiſtocli fuga redituque retinetur. *al.* Themiſtoclis fuga. *Pal. prim.* Themiſtocles fuga. *pro* retinetur, *Scriverius. Grut. Palat. quint.* tenetur. *Vid. Not.*

Ete-

Eamdem orde ipse consilium ordinaturet non exponerj *MS.* etiam ordo n. a. m. n. r.

Iucundissima lectione videatur] *Pal. Amstelod.* aliique *MSS.* vulgo jucundissime. *Grev. prim.* [illegible].

Quae mihi acciderit optarim] *Sic MSS. Pal. Grev. prim.* vulgo, quod mihi acciderit optarim.

Qui quid sit nescias] *Grev. prim.* quidquid nescias *Pal.* [illegible] *Grev. & sec. Pal.* [illegible] qui scis nescias. *MSS.* qui quid sis nescias [illegible] quidquid scis nescias.

Atque illi artifices] *M.* atque illi artifices.

Nihilo sint obscuriores *Vulgo*, nihilo sunt obs. *Vid. Not.*

Nec minus est Spartiates Agesilaus ille perhibendus] *MSS. Grev. prim.* aliique, [illegible] neque enim minus est Spartiates ille Agesilaus perhibendus, [illegible] et probandus.

Omnes imagines omnium statuasque superavit] *MSS.* vulgo, omnes imagines hominum &c.] *Vid. Not.*

Quare si id [illegible]] *Pal.* quare quia si [illegible].

Sicut Timoleonti a Timaeo] *Pal.* [illegible] sicut ille dicit Timoleonti a Timaeo.

Sed etiam auctoritate clarissimi & spectatissimi viri, & in rep. maximis gravissimisque causis cogniti atque in primis probati] *Steuech. ed.* [illegible] *Pall. Grev.* sed etiam auctoritas clarissimi & spectatissimi, & in resp. m. g. c. c. a. i. p. probati viri.

Ut mihi non solum praeconium] *MS.* ut non mihi solum praeconium.

Atque te res impulerit] *Sic Vid. MS Grev. aliique, vulgo*, si qua te res [illegible] si qua te res impulerint.

Haec sunt in hoc genere] *MS.* haec sunt in eo genere.

Et verecundius ipsi de se scribant] *MS Grev. prim. Pal.* [illegible] vulgo, & ut verecundius ipsi de se scribant.

Si quid reprehendendum est] *Sic MSS. Grev. prim. Pal.* [illegible] vulgo, si quid forte reprehendendum est.

Accedit etiam ut minus [illegible]] Sic desiderant in *MS.* [illegible]

Coronas imposuerint victoribus] *Sic MSS.* duo *Pall.* Steuech. *Grev. prim.* vulgo, coronas imposuerint victoribus.

Magna voce pronunciarent] *M.* pronunciarent.

A te id [illegible]] *Pal. MSS.* vulgo, a te id [illegible].

Et ea quae habes [illegible] praesertim, utique diliges] *MS.* [illegible] & ea quae habes in mente [illegible] & ea quae habes perpetuis [illegible], noctes diliges.

EPIST. XIII.

Summam benevolentiam conjunctam pari prudentia] *MS.* summam benevolentiam pari prudentia conjunctam.

Erat aliquantum labefactata] *M. e. a.* labefacta.

Itaque hoc fortiorem me puto] *V. c.* atque hoc fortiorem me puto.

Cum illa valent] *M.* cum illa valeant.

Itaque hoc etiam fortiorem] *Vid. Not.*

Alterum minus spe ulla teneri] *M.* alterum longe minus.

Excruciatumque esse lacerari] *M.* excruciatumque omne esse lacerare.

Omnis est abjiciendus dolor] *MS.* omnes abjiciendus dolor.

Ferimus etiam in omnibus desperatione fortius] *M.* v. e. in omnibus d. f. *Vid. Not.*

Viribusque etiam & valitudine] *Sic MSS.* etiam *Grev. prim.* vulgo, valetudo.

EPIST. XIV.

Si vales bene est, valeo sicut soleo] *M.* si vales bene est, ego valeo sicut soleo.

Paululum tamen etiam deteriae] *MS.* paulo tamen etiam deterius.

Roma quia posses non fuisti, quam directissimus] *Vid. Not.*

Non modo miseris his temporibus] *MS.* non modo miseris temporibus.

Qui nunc requiem quaeras] *M.* qui nunc requiem quaerit, *MS.* qui non requiem quaerit.

Ipsum laudibus illustres] *M.* & te ipsum laudibus illustres.

Sic autem sicut hic dum eras [illegible] & tristitia te tradidisti] *M.* sic autem sicut hic dum eras, & lacrymis se tristitia se tradidisti. *Vide Not.*

 Lo-

Doleo quia doles te angere] *MS. Grev. prim.* doleo quod dolere se tangere. *al.* quia doles te angeris.

Non possum te non, si concedis quod sentimus ut liberius dicamus, non accusare] *Sic Vatic. Pall. prim. & quint. Grev. primus, nisi quod hic non ponat male post*, non possum te si non concedis. *vulgo*; nec possum te, si concedis, quod sentimus, ut liberius dicamus, non accusare. *alius MS.* si concedas.

Tu solus aperta non videbas] *Palat. quart.* tu solus aperta videbas.

Occultissima perspicis) *Palat. tert.* stultissima perspicis.

Tu non intelligis] *Sic MS. pr. Grev. vulgo*, intelliges.

Quas elevare tua te prudentia postulat] *MSS. duo*, quas allevare t. t. p. p. *al.* quas elevare te tua prudentia postulat.

Quod si non possumus aliquid proficere suadendo] *Prim. Palat.* quod si non possimus aliquid p. s.

Gratia contendimus) *MS.* gratia contendemus.

Et ad convictum nostrum redeas] *MS.* ad convictum nostrum redeas.

Me conturbent] *MS.* me conturbant.

Epist. XV.

Remedia esse debebant) *MSS. aliquot*, r. e. debeant.

Quorum alii occiderunt) *MS.* q. a. occiderant.

Alii nescio quo pacto obduruerunt] *MS. Grev. prim.* alii nescio quo pacto obduruerunt.

Tecum vivere possem, equidem & maxime vellem) *Vid. Not. MS. prim. Grev.* t. v. p. e. & permaxime vellem.

Vetustas, amor, consuetudo] *Sic MSS. Grev. prim. Amstelodam. Mentel. alii. edd.* vetustus est amor, consuetudo.

Quod vinculum quasi est nostræ conjunctionis] *Pal. sec.* consuetudinis. *Vid. Not.*

Possumus ne igitur esse una) *Pal. tert.* possum ne igitur non esse una?

Nec mehercule intelligo] *Quinque MSS.* ne meh. i.

Quid impediat) *Palat. quart.* nunc quid impediat.

Vicini in Tusculano) *MS.* vicini Tusculano.

Ipsæ illæ excludere me a portu) *MSS.* illæ ipsæ excludere me a portu.

Et perfugio] *MSS. duo*, & refugio

Quod in ea vita maneam] *MS.* quod in vita mea.

Propagatio miserrimi temporis) *MS.* propugnatio. *al.* properatio m. t.

Hic tu ea me abesse urbe miraris] *MS.* hic tu mea m. a. u. m. *Al.* hic tu me ea a. u. m.

Nihil delectare posse) *MS.* delectari.

Propter quotidianos motus) *Al.* metus.

Epist. XVI.

Etsi unus ex omnibus minime sum ad te consoland.) *Sic MSS. Grev. pr. aliique, vulgo*, etsi nunc ex omnibus minime sum ad te consoland.

Ut consolatione ipse egerem] *Pal. quar.* consolatione ipse eguerim.

Tanto in tuo mærore] *Al.* in tanto tuo mærore.

Consolatio pervulgata quidem illa) *Al.* pervulgata consolatio.

Homines nos ut esse meminerimus) *MS.* ut homines nos esse meminerimus.

Neque esse recusandum) *Grut. & tert. Pal.* neque recusandum.

Quos nullo consilio vitare possimus) *Al.* possumus.

Nihil accidisse nobis novi] *MS.* nihil accidisse novi nobis.

Memoriaque litteris proditæ] *Sic MS. al.* memoriaque & litteris proditæ.

Illum dolorem posse universum) *Nonnulli MSS. omittunt*, posse.

In qua si resideat sensus] *Nonnulli MSS.* & quasi resideat sensus.

Quam mors ducenda sit) *MS.* quam mors dicenda sit.

Sin sit amissus] *MS. prim. Grev.* sin ita amissus.

Nullo modo mihi quidem deceptus) *Vid. Not.*

Hoc gravissimo & pestilentissimo) *MSS. duo, & Gebhard. ed.* hoc gravissimo, pestilentissimo anno. *al.* hoc gravissimo ac p. a.

A diis immortalibus ereptus) *Vid. Not.*

Ex his miseriis) *MS.* ex iis miseriis.

Ne

Ne quid iis quos amasti] Ms. ne quid his quos am.

Ex amatore tuo diminutum] Al. deminutum.

Relinquetur enim simplex illa iam cura doloris tui] Ms. relinquetur enim s. i. c. d. t.

Miseria maloque secunditas] Palat. prim. secundus. Ioan. Gulielmus colligit repetendum deminutum.

Liberis amissis] Ms. si liberis amissis, al. filiorum.

Tam imbecillo mulier animo] Ms. tam imbecillo mulier animo.

Lugendi modum fecerit] Ms. f. m. fecerat.

Consilio auctoritate] Al. consilio auctoritate.

Quam repraesentare ratione possimus] Ms. quam repraesentare nobis ratione possimus, al. quam repraesentare ratione possumus.

Officio tamen esse functum] Pal. Grut. Ursin. & Fab. functurum.

EPIST. XVII.

P. Sittio P. F.] MSS. prim. Palat. & prim. Grav. P. Sittio Publii Filio, deinceps hic sine nota P. F. ut in plerisque aliis locis.

Tuum crimen coniungeretur] Vid. Not.

Ut potui accuratissime] Al. quam potui accuratissime.

Tuamque causam tutatus sum] Pal. prim. causam tutatus sum.

Cumque eo tempore] Ms. quumque eo t.

Ut communem incertumque casum] Vid. Not.

Prudentem hominem res aliis defendant] Vid. Not.

Debitum eius virtuti videre testimonium non capisse] Vid. Not.

Ne refricarem meis litteris desiderium] Grav. prim. ne refrigerarem meis litt. d.

Tecum esse ducas] Palat. tecum ducas.

Et nos ceterique] Grav. prim. ut nos ceterique.

Et maxime animi tui conscientia] MSS. & maxime animi tui conscientia, vel, maxime etiam tua conscientia. Vid. Not.

Et si illud adiungas] MS. & illud adiunges.

Filii tui monitio] Al. admonitio.

Neque ad consolandum, neque ad levandum dolorem] Prim. Grav. aliique libri, neque ad consolandum, neque ad levandam fortunam.

EPIST. XVIII.

Te colligas] Ms. ut te colligas.

Quibus temporibus mali fuerint] MSS. al. fuerint.

Cumque magnam facultatem sis habiturus] Alii MSS. alii, quoque m. f. habiturus sis.

Ut quod una sententia] Ms. itaque una sententia.

Potentia alicuius condonatum] MSS. potentia alicuius condonatum, potentia ipsi & in alii Pal. & pr. Grav. non pro existimatione Pal. prim. existimentur.

Quam levissime feras] Al. quam levissime ferre.

EPIST. XIX.

Cicero Rufo] Alii, Cicero S. D. Rufo. pr. Grav. M. Cicero Rufo.

Magis id perspexi] Palat. sec. magis id perspexi.

Hoc te studiosiorem] MSS. duo, hoc studiosiorem.

Litterae admodum delectarunt] Al. delectarunt.

Cum abire eo voluisses ad praesid] Ms. ad praesidium.

Non quo celandus esses] Al. non quod celand. esses.

Quasi quaedam admonitio videtur] Ms. quasi quaedam admonitio.

Quare tu] MSS. qua re tu. Vid. Not.

Sin idem placebit atque eodem] Al. sin idem placebit atque eodem modo, al. sin idem placebit, sin non eodem modo, non.

Nec continuo poteris] Grav. prim. nec continuo poteris.

EPIST. XX.

Quo modo potuissem] duo MSS. al. quoque modo potuissem.

Venire voluisses] Prim. Grav. venire voluisses.

Convenire me noluisti] Al. convenire me noluisti, al. commonere me noluisti, al. convenire me vol.

al. commovere me vol.

Si ad me misisses) *Sic Grev. primus, aliique multi. al. vero*, si ad me venisses. *Vide Not. al.* si ammonuisses. *nonnulli legunt*, admonuisses.

Dein si) *Al.* deinde si.

Tribui tibi tantum) *Sic MSS. prim. Grev. Medic. tres Pall. vulgo*, tribui tantum.

Numquam me pœnitebit) *Sic MSS. Pal. Medic. Grævii prim. ed. Vid. alii*, numquam pœnitebit.

Totum enim scribam meum) *Al.* Tullium enim scribam meum.

Non habui cui potius id negotii darem, quam cui dedi) *Alii*, non habui cui potius id negotii darem quam dedi darem. *Pal. quart. & prim.* non habui cui potius id negotii darem, quam tibi. *Vid. Not.*

Rationes confectas & consolidatas) *Sic Pal. quint. unus Mafsei, & Lambini omnes. prim. Grev. & Palat. quart.* consolatasque. *Medic.* & consolutas. *Palat. prim.* solutas. *al.* collatas. *al.* consignatas. *Vid. Not.*

Pro latis haberem) *Alii*, pro relatis haberem.

Quamobrem de Volusio quod scribis) *Al.* de Volulio quod scribis.

Ad Volusium transferri nomen) *MSS. V.* traferri nomen.

A Valerio non potuisse) *Al.* ipsique Val. n. p.

Erat enim nobis curata pecunia) *MS.* erat enim cauta nob. pec. *MS. pr. Grev.* erat enim curata nobis pec. *Pal. prim. & Amstelodam.* erat enim curata nobis. *Pal. quint.* erat enim curatum. *Palat. quart.* nobis curatum. *Grævii primus* erat enim nobis curata. *latet aliquid.*

Quod minime tamen laboro) *Grev. prim.* quod maxime tamen laboro, *sed ind. illum erit, & eadem manu superscriptum*, minime.

Mediocris etiam prudentiæ) *Palat. prim.* & mediocris etiam prud.

Legatum meum præfectumque. maxima) *Al.* legatum meum præfectumque Q. Lepram maxima. *al.* legatum meum præfectumque Lepram. *Pal. quart.* l. m. p. Leppiam maximam. *Amstelodam.* l. m. p. Q. Lepram maxima.

Diligentiæ, quod existimes) *Palat. prim. & Amstelodam.* diligentiaque qui existimas.

Tanto etiam periculo nec scisse me quidquam) *Pal. quint.* tanto etiam periculo nec fecisse me quidquam.

Ne recitavisset quidem) *Al.* recitasset.

Ne cogitatam quidem putes) *Al.* putas.

Et ut multa tam gravis) *Vid. Not.*

Nam de Luceeio) *Al.* Lucretio. *al.* Logeo.

Ut tua, quam tu deposueras, Sextius) *Sic MSS. al.* ut tua, quam tum deposuerat, Sestius. *Amstelodam.* ut tua quam tamen deposuerat Sestius. *Pal. quart.* quam tua tamen quam deposuerat Sext. *quint.* ut tua tamen quam disposuerat Sextius. *alii*, quam tum deposueras tu tuis. *al.* quantum, *al.* ut tua, quam tamen deposuerat Sestius.

Sed hæc ad te nihil intelligo pertinere) *Al.* sed hoc ad te nihil intelligo pertinere.

Cum id te video desiderare) *Sic Vatic. Vict. ed. al.* quando id te video desiderare. *al.* quoniam id te video desiderare.

Addes enim tu) *Al.* addes etiam tu.

Quod ego quidem non addidi) *MSS.* quod ego qui non addidi. *Vid. Not.*

Quod de legato parum gavisum est) *Al.* cum de Logeo parum gratiosum est. *al.* quando de logio parum gratum est. *al.* quando de logio parum ratum visum est. *al.* qu. de Logeo parum gravisum, *vel* gavisum, *vel* gratiosum.

Te certe in pecuniæ exactu ita esferre) *Palat. liber*, te pecuniæ exactæ ista esferre. *Pal. quart. & quint.* te certe in pecunia exactæ ista referre. *al. MSS.* te certe in pecunia exacta ista referre. *Grævii prim.* te certe in pecunia exactu ita esferre. *Lamb. ed.* te certe pecuniæ ab te exactæ rationem referre.

Si ullo facere modo possim) *Sic prim. Grev. al.* si ullo modo facere possim.

A te Myrina litteras esse allatas) *MSS. al.* a te Smyrna litteras esse allatas. *prim. Pal.* Myreina. *Pal.* Myrna. *quint.* Mirna. *Grev. prim. Amstelodam. Mentel.* Mirina. in *Grævii* tamen non primo scribebatur marina, sed emendatum ab eodem, ut videtur, manu, mirina.

Ex provincia decessimus) Sic omnes MSS. sed edd. ex provincia decessidemus.

Sed neque tum me) MSS. non habent tum me. prim. Grev. sed neque me. Mentel. sed ne tamen me.

Sestertium XXII millia) MSS. HS. XXII.

Quod ego sive aequo animo, sive iniquo fero) Edd. quod ego sive aequo animo fero, sive iniquo.

E p i s t. XXI.

S. D. L. Mescinio) Sic prim. Palat. prim. Grev. aliique. Victorius Mescino. al. S. D. L. Mesinio.

Videndi mei te summa cupiditate affectum esse) MSS. te summa cupiditate affectum esse videndi mei.

Ita mihi omnia, quae opto, contingant) Vid. Not.

Ut enim cum esset maior & virorum) Al. etenim cum esset major & virorum. Vid. Not.

Mihi solitudinem non jucundiorem esse) Al. mihi non solitudinem jucundiorem esse.

Excepto uno, aut summum altero) Al. excepto uno aut ad summum altero.

Praeterea conscientia etiam consiliorum meorum) Al. praeterea etiam conscientia c. m.

Quemadmodum tu facillime potes evolvere) Prim. Grev. quemadmodum t. f. p. explicare.

Meorum civium causa) Al. meorum causa civium.

Ego sum, qui nullius vim) Strut. ego sum is qui nullius vim.

Qui nullius vim plus valere) MS. qui nullius plus valere, al. qui nullius plus valere vim. Pal. secund. qui nullius vim valere.

Quavis tuta) MSS. quavis tota. al. quamvis tota.

Sed & haec & multa alia coram) Al. sed haec & multa alia coram. Grev. pr. sed & haec multa alia coram.

Nisi exspectatio) Grev. prim. ni exspectatio.

Videtur enim mihi res) Al. v. e. res mihi.

Mea non nihil interesse) Al. non nihil mea interesse.

Non longe abesse a consiliis) Vid. Not.

Est enim res jam in eum locum adducta) Al. est enim res ipsa jam i. e. l. a.

Qui dubiis rebus forsitan fuerit infirmior) Al. qui forsitan dubiis rebus f. i.

Quem etiam tuae superiores litterae confirmarunt) Al. q. e. superiores tuae l. c.

Quibus intellexi) Al. ex quibus intellexi.

Qui vita ingenua, in beata & libera civitate) Pal. sec. qui in vita ingenua, & in beata civitate vixissemus. al. q. v. i. & in beata civitate & libera.

Sed funditus eversam fortunam) Al sed etiam funditus eversam fortunam.

Contemnere debeamus) Al. debebamus.

Quod sit horribile aut pertimescendum) Grev. prim. quod sit inhonorabile ac pertimescendum.

Tam infirma valetudine) Pr. Graevii, aliique vetusti codd. tam infirma valitudine. & sic semper.

LIBER SEXTVS

E p i s t o l a I.

Ut suae quemque fortunae maxime poenitet) prim. Grev. ut suae quaeque fortunae m. p.

Quin ubivis, quam ibi ubi est, esse malit) Pall. quart. quint. quin ubivis, quam ubi est, esse malit. Grev. prim. quin ubi usquam ibi ubi est esse malit.

Quin hoc tempore bono viro Romae esset) Pal. tert. Grut. quin hoc tempore bono Romae esse.

Quo maxime te confici audio) MS. quo

quo te maxime confici audio.

Deſperationem aut timorem) *Grut.* deſperationem & timorem.

Quod quidem ſejunctum ſit ab omnium interitu *prim. Pal.* quod quidem vinctum ſit ab omn. in. *Pal. ſec.* quod quidem ſe victum ſit a. o. i.

Certe ſcio) *Vid. Not.*

Tamen vereor ne conſolatio ulla poſſit vera reperiri) *Sic MSS. ſed Vett. MS. Vid. Grut. et Manut. ed.* tamen vereor ne conſolatio nulla poſſit vera reperiri. *Pall. duo*; vereor ne conſolatio ulla poſſit eſſe vera etiam periri præter illam.

Quantum in cujuſque animo roboris eſt atque nervorum) *MSS.* quantum in cujuſque animo eſt roboris atque nervorum.

Recteque facere) *MSS. duo*, recte facere.

Ad bene beateque vivendum) *MSS* ad bene beate vivendum. *Totus locus in primo Grævii ſic legitur*, ſi enim bene ſentire voluerimus, recteque facere, ſatis eſt atque beate vivendum

Vereor ne eum, qui ſe optimorum conſiliorum conſcientia ſuſtentare poſſit) *Al.* non vereor ne e. q. ſ. o. c. c. ſ. p. *Vid. Not.*

Videbamur ſequi, ne cum id faciebamus) *Vid. Not.*

Quare ſi id evenit) Quare *in nonnullis codd. deſideratur*.

Quod fieri poſſe numquam putarimus) *Sic Vict. Pal. tert.* quod fieri poſſe putaverimus numquam. *Græv. prim. & duo Pall.* quod fieri poſſe numquam putaremus.

Quam ratio & veritas præſcribit) *Al. lib.* quam ratio & rei veritas præſcribit. *al.* qua ratio & virtus præſcribit.

Atque hæc mihi ſcribenti) *Al.* atque hoc mihi ſcribenti.

Veniebant in mentem) *Sic MS. Græv. & Pal. prim. & quart. vulgo*, veniebat in mentem.

Neque auctoritatibus noſtris) *MS.* nec auctoritatibus noſtris.

Fore cum dicebam) *MS* fore tamen dicebam. *al.* fore cum docebam.

Si mihi alterutrum de eventu) *MSS.* ſi mihi alterutrum utrum. *al.* alterutrorum.

Exploratius poſſem promittere) *MS.* permittere.

Sed tu illum animum nunc adhibe) *V. c.* ſed tu nunc illum animum adhibe.

Quod mihi Philargyrus tuus) *Al.* quod mihi nunc P. t. *al.* quod mihi quidem P. t.

Philargyrus tuus) *Al.* Philargyrius tuus. *al.* Philargius. *ſic Græv prim. Palat.* 4.

Fideliſſimo animo) *MS.* fidiſſimo animo.

In urbe ea es, ubi nata & alta eſt ratio ac moderatio vitæ) *Al.* in ea urbe es, ubi nata & alta eſt r. a. m. v. *MSS. duo*, alita *pro* alta, eſt *deeſt in quibuſdam libris*. *Grævii primus*, in urbe ſubitata & alte ſtratio a. m. v.

Quem ſemper unice dilexiſti) *Tert. Pal.* quem ſemper unice dilexi.

Victoriam ſubiſſemus) *Alii*, ſibiiſſemus.

Cui plus quam tibi debeam) *Al.* cui plus debeam quam tibi.

Epist. II.

Valitudinis) *Sic MSS. vulg.* valetudinis.

Qua tamen jam paullum videor levari) *Sic MSS. vulgo*, qua tamen jam paullulum videar levari.

Me tui memoriam cum ſumma benivolentia tenere) *Sic MSS. vulgo*, me tui memoriam ſumma benevolentia tenere.

Verſata eſt adhuc tua cauſa) *MS.* verſata eſt tua cauſa

Nec eos a quibus receperis) *Vid. Not. Menarl.* n. e. a. q. receſſeris

Quos adjuviſti) *MSS.* quos adiviſti. *Vid. Not.*

Civitas reſpiraverit) *MSS.* reſpiravit.

Et dignitate tua frui tibi) *MSS.* & dignitate frui tibi.

Sin omnino interierint omnia) *MSS. quatuor*, ſin omnino interierit ut omnia.

Fueritque is exitus) *Tres MSS.* fueritque his exitus.

Jam tum timebat) *Pal. quart.* jam tum timebat.

Cum tantum inſtare malorum) *MS.* rum tantum inſtare malorum.

Miſera eſt illa quidem conſolatio) *Pal. MS.* miſera eſt illa conſolatio qui-

quidem. *Pal. sec.* misera est illa consolatio.

Quod accidit universis) *Sic MSS. vulgo*, quod accidat universis.

Quæ vis insit in his paucis verbis) *Duo MSS.* quæ vis sit in his paucis verbis.

Si attendes, quod facis) *MS.* si attendis, quod facis.

Sine meis litteris intelliges) *MS.* sine meis litteris intelligis.

Nihil quod aut hoc aut aliquo reip. statu timeas) *Sic MSS. vulgo*, nihilque q. a. h. a. a. r. st. t.

EPIST. III.

Quam quo res ita postularet) *Vid. Not.*

Hoc item tempore) *Sic MSS. vulgo*, hoc autem tempore.

Sive enim nihil tum opus fuit) *Al.* sive enim tum nihil opus fuit.

Quod non idem te videre certo scio) *Sic MSS. vulgo*, quod non idem te videre certo sciam. *al. pro* idem *legunt* item.

Alterum utrum vincere) *Sic MSS vulgo*, alterutrum vincere.

Qualis futura sit vel hæc) *Peck* qualis sit futura vel hæc.

Nihil ut mali videatur futurum) *Al.* nihil ut mali videatur esse futurum.

Si id vel ante acciderit) *Vid. Not. vulgo*, si id vel ante ceciderit.

Quod vel maximum ad timorem proponitur) *Ad non exstat in tert. Pal.*

Ita enim vivere ut tum sit vivendum) *Al.* ita enim vivere, ut non sit vivendum. *Vid. Not.*

Miserum duxit) *MSS.* miserum dixit

Ego tibi hoc confirmo) *Pal. sec.* ego tibi hoc sentio.

Maiore in discrimine esse) Esse *desideratur in Pal. quart.*

Quam quemvis aut eorum qui discesserint) *MSS. duo*, quam quemvis eorum qui discesserint. *Amstelod.* quam quemvis nostrorum, qui discesserunt. discesserunt *exstat quoque in prim. & sec. Pall.*

Aut eorum qui remanserint) *Hæc verba in omnibus MSS. desiderantur.*

Alteri dimicant) *Sic MSS. vulgo*, alteri enim dimicant.

Sed hæc consolatio levis est) *Sic Peck Grev. al.* sed hæc consolatio levis. *Grev. prim.* sed hæc levis est, illa gravior.

Angat ulla re) *Pall. duo*, tangat ulla re *Pal. quint.* aut angat ulla re. *Pal. quart.* aut angat illa re.

Qui ad te hæc) *Pall. duo*, quia hæc te.

Mihi tu, tui, tua omnia maxima) *Peck. cod.* mihi tu, tui, omnia tua maxima. *Pall. duo*, mihi tu tui tua omnia communia maxima.

EPIST. IV.

Cum est res ejusmodi) *Al.* cum res est ejusmodi

Cujus exitus provideri) *Al.* prævideri

Nunc tantum videmur intelligere) *Grev. cod.* nunc tantum videor intelligere.

Etsi id ipsum nonnullis videatur) *Tert. Pal.* etsi id ipsum nonnullas videatur secus. *Grev. prim.* etsi id ipsum non nullis videamur secus.

Non quo ego certo sciam, sed quod haud difficilis erat conjectura) *MSS.* non quo, sed quod difficilis erat conjectura. *Fulvii codex*, putabam quo ego certo sciam, sed quod difficilis erat conjectura. *al.* putabam non quo modo, sed quod difficilis erat conjectura. *edd. pro* sciam *habent* scirem, *pro* haud, non. *Figulinus ad primam editionem notat alias legi*, non quo scirem, sed quod non difficilis erat conjectura.

Incerti præliorum exitus sunt) *Al.* sint.

Ad depugnandum) *Al.* ad pugnandum. *al.* ad pugnam.

Utercumque vicerit) *Pal. tert.* ut utcumque vicerit.

Cum sit metuendus victor) *Vid. Not.*

Quem consolando levare debeam) *Sic MSS. Pal. prim. Grev. prim. Amstelodam. Mentel. vero & edd.* quem consolando levare debebam.

Communium malorum) *Pal. prim.* communium maiorum. *tert.* communium locorum magnorum.

Quaque ego quotidie magis utor) *semper in Grev. primo scribitur* cottidie.

A qua

A qua cum tantum abſumus) *Sic Vatic. Grev. prim. Viller. ed. al.* a qua quando tantum abſ.

Et cum præſtitimus) *Sic Vatic. Grev. prim. Vill. ed. al.* & quando præſtitimus. *al.* & quoniam præſt.

Quæ ad conſolandum) *Al.* quæ & ad conſolandum.

Quam fore putaremus) *Sic duo Pall. Grev. prim. Viller. Veart. aliique. vulgo,* quam fore putaramus.

De aliis autem non arbitror) *MSS. quidem*, de illis autem non arbitror,

Res moleſta, præſertim) *Sic MSS. optimi, vulgo*, res moleſta eſt, præſertim.

Vt ad te ſcripſi antea) *Al.* ut antea ad te ſcripſi.

Nos, quod Romæ ſumus) *MS.* nos & Romæ ſumus.

Quod in malis omnibus) *Al.* quod in omnibus malis.

Longinquitas temporis mitigavit) *Sτeuv. ed.* l. t. mitigat. *Amſtelod.* mitigaverit.

Quanto fuerim dolore) *MS.* quantum fuerim dolore.

Quamvis iniqua condiſione) *Al.* quavis iniqua conditione.

Non divinatione mea factum eſt) *Al.* non mea divinatione factum.

Tamen in hac inani prudentia laude delector) *Sic MSS. Vat. prim. Pal. & Grev. Grut. ed. prim. Vill. vulgo*, tamen hac inani p. l. d.

Cum id ſine ullo ſenſu futurum ſit) *MS.* cum id ſine me ſenſu futurum ſit.

Adjuvat etiam ætas) *MS.* adjuvat ætas.

Cum plus in metuendo mali ſit) *In MSS. duobus deeſt* ſit.

Quam in ipſo illo) *Al.* quam in illo ipſo.

Præſertim cum impendeat) *Al.* cum id impendeat, *al.* impendat.

Solitus ſit eſſe) *Al.* ſit ſolitus eſſe.

Cum familiariſſimi hominis) *MSS.* tum fam. hom.

Tu velim te, ut debes) *Vid. Not.*

Omnia diligenter curabo) *Duo MSS.* caveſabo.

E P I S T. V.

Quotieſcumque filium tuum video) *Duo MSS.* quotieſcumque filium tuum *pro* video *Vatic.* vidi.

Quotidie faciliorem mihi & meliorem) *Al.* feliciores.

Vt plus ipſe proſpiciam) *Edd.* plus ipſe reſpiciam.

Is temporum curſus) *MS.* is curſus temporum.

Quare ad eam ſpem quam extra ordinem, &c.) *Vid. Not.*

Sunt tibi etiam cum aliis communia) *Grev. prim.* ſunt tibi quoque cum aliis communia.

Propter eximium ingenium) *Palat. tert.* propter eximium valde ingenium.

Cui mehercule hic, cujus in poteſtate ſumus) *MSS.* mehercules.

In iſta fortuna fuiſſe) *Pr.k. cod.* in ipſa fort. f.

Se violatum putaſſet) *Sic Vill. Vat. Pr.k. al.* ſe violatum putaret.

Ita eductus, ita doctus es) *MSS.* ita educatus, ita doctus es. *Vid. Not.*

E P I S T. VI.

Vereor ne deſideres officium) *Al.* non vereor n. d. o.

Pro ſtudiorum & partium conjunctione) *Grev. prim. Mentel. tres Pall. Grut. Sτeuv.A.* pro ſtudiorum partium conjunctione. *al.* partum.

Quas tibi & jam pridem & ſæpe miſiſſem) *Vid. Not.*

Nunc, ut ſpero, brevi gratulabimur) *Grev. prim.* nunc ut brevi gratulabimur ſpero. *al.* nunc autem, ut ſpero, brevi gratulabimur.

Id argumentum epiſtolæ differo) *Sic MSS. vulgo*, differetur. *Amſtelod. & Grut.* in argumentum epiſtolæ differet. *Pal. tert.* in argumentum epiſtolæ differretur.

Quem minime imbecillum eſſe audio) *Sic Grev. prim. aliique. ed. prim. Pal. tert. Grut.* Sτeuv. imbecillem. *Amſtelod. & Mentel.* imbecilliorem.

Nec iis quidem verbis) *Sτeuv.* n. his q. v.

Et omni ſpe ſalutis orbatum) *Sic MSS. vulgo*, & jam omni ſ. ſ. o.

Qui illam cadere poſſe ſtante me non putarunt) *Pith.* qui illam cadere ſtante me poſſe non putarunt. putarunt *eſt in plurimis & antiquiſſ. codd. al.* putaverunt.

In qua tu eras, venerant) *Pith. Grut.*

Grev. tert. in qua tu eras, venerunt.

Audire te de glorioſo & celeri reditu) *Grev. prim.* audire de glorioſo & c. r.

Ne nos quidem noſtra divinatio fallet) *Sic MSS. vulgo* fallit.

Quam cum ſapientiſſimorum virorum monumentis) *Sic Grev. prim. Vat. Viſt. vulgo*, quam tam ſap.

Plurimoque, ut tu ſcis, doctrinæ ſtudio) *Sic MSS. vulgo*, plurimoque, ut ſcis, doctrinæ ſtudio.

Vnquam omnino ſefellit; *Pr. k. cod.* omnino unquam ſefellit.

Dicerem quæ ante futura dixiſſem) *Sic MSS. vulgo*, dicerem quæ antea futura dixiſſem.

Diſunctione civile bellum excitari) *Sic MS. prim. Palat. Vat. Villor. sed Grevii primus cum vulgatis*, disjunctione civile bellum excitari. *Palat. lib.* disjunctione enim c. b. e.

Atque utebar familiariſſime Cæſare) *Sic Vatic. duo Pall. Grev. prim. Viſt. aliique. vulgo*, atqui ut. *al.* atquin uteb.

Quæ præterea providerim) *V. c.* quæ poſtea providerim. *al.* prævidérim.

Cum ipſo conſule pugnante) *Sic MSS. Vat. Grev. prim. Viſt. vulgo*, quando ipſo conſ. pugnante. *prim. Palat.* quomodo ipſo conſule pugnante.

Cauſa orta belli eſt) *Sic Villor. & quatuor MSS. Grevii prim. cum vulg.* cauſa belli orta eſt.

Nam is movebatur) *Pal. tert.* nam his movebatur.

Suſceptum bellum eſt) *Pr. k. cod.* ſuſceptum eſt bellum.

Cum ille aliquando non defuiſſet meæ) *Al.* cum ille aliquando defuiſſet meæ.

Vt in fabulis Amphiaraus) *Sic MSS. vulgo*, ut in fabula Amphiaraus.

Quare cum ut augures) *Sic MSS. vulgo*, quare quando ut aug.

Debebit habere fidem noſtra prædictio) *Sic Vat. Pal. prim. Amſtelod. Grev. prim. Viſt. & Gebh. edd. vulgo*, debet habere fidem noſtra prædictio.

Non igitur ex aliſis involatu) *Tres MSS.* non igitur ex aliſis volatu. *Grev. prim.* ex aliſis in violatu.

Nec ex tripudiis ſoliſtimis) *Al.* nec e trip. ſol. *prim. Grev.* nec ex trepidis ſoliſtimis.

Aut ſomniis tibi auguror) *Sic MS. Vatic. Palatini*, ſoni vis. *Grev. prim.* ut ſomniis tibi auguror. *vulg.* aut ſomniis t. a.

Alteram duco a Cæſare ipſo, alteram e temporum civilium natura) *Sic Amſtelodam. prim. Pal. Grut. Grev. prim.* alteram dare Cæſare ipſo, a. e. t. c. n *alii duo MSS.* a. d. e Cæſare, a. e. temp. civ. n.

Præclaro ille libro) *Sic & Amſtelodam. Vide Notas. vulgo*, præclare illo libro.

Multorum juſſis & officio incenſo) *Al.* juſſis precibus & officio incenſis.

E quo ſit leviter adſperſus) *Pal. pr.* e quo ſit leniter adſperſus.

Homo eſt valde acutus) *Pr. k. prim. Pal. Grev.* homo eſt valide acutus.

Vel gratia, vel fama populi R. pareni) *Prim. Pal.* vel gr. v. f. p. R. par eſt.

Prohiberi repub.) *Vid. Not.*

Malos civis) *Sic prim. Pal. al.* malos civeis. *al.* malos cives.

Numquam niſi honorificentiſſime) *Edd.* qui numquam n. h.

Maxime ſuccenſebat) *MS.* ſuſcenſebat.

Non revertantur) *Pal. tert.* non reverterentur.

Adverſam ferre nullo modo te poſſe) *Sic prim. Palat. Vat. Amſtelod. Viſt. & Gebhard. ed. sed prim. Grev. aliique edd.* adverſam ferre nullo modo poſſe.

Quantæ delectationi in rebus adverſis) *Sic Amſtelod. Mentel. & quinque alii libri. Grev. prim. & edd.* quantæ delectationi.

Sed horum etiam recentium) *Sic MSS. edd. vero*, ſed & horum etiam.

Vt perſpicio) *Sic MSS. Vatic. prim. Pal. Viſt. aliique. vulgo*, ut proſpicio.

Vt cum firmitudine te animi, tum etiam ſpe optima ſuſtentes) *Vid. Not.*

EPIST. VII.

Quod tibi non tam celeriter liber eſt redditus) *Pr. k. cod.* quod tibi tam celeriter liber non eſt redditus. *Pal.* lib. traditus.

Cum non tam intereſt) *Sic MSS. vulgo*,

vulgo, quando non tam intereſt.

Ne ea res inepte mihi noceret) *Pal. tert.* ne ea res inepta noceret.

Cum præſertim adhuc filii parvus dem) *MSS. duo*, c. p. a. filii parvus debet.

Nam cum mendum ſcripturæ litura tollatur, ſtultitia fama mulcetur) *Pal. prim. Amſtelod. Ven. ed.* nam cum emendandum ſcripturæ littera tollatur, ſtultitia fama mulcetur. *Grev. prim.* nam cum commentum ſcripturæ littera tollatur, ſtultitiam multet. *Mentel.* nam cum mendum ſcripturæ litura tolleretur, ſtultitia fama mulſtetur. *Medic.* nam commendum ſ. l. t.

Nemo noſtrum eſt, ut opinor) *Sic MSS. vulgo*, nemo noſtrorum eſt.

Vt quamprimum Cæſar ſuperaretur optaret) *Sic Vatic. Grev. prim. duo Pall. Vict. vulgo* optarit.

Omnibus rebus felix eſt) *Peck. MS.* omnibus in rebus felix eſt.

Quid iraſcitur ei) *MS. Peck.* cur iraſcitur ei.

Qui aliquid ſcripſit) *MS.* qui ſcripſit aliquid.

Cum ignorit omnibus) *Al.* cum ignoſcat omnibus.

Non revocans me, ſed pæne refugiens) *MS. prim.* n. r. m. ſ. p. fugiens.

Incitatum atque elatum) *Quidam MSS.* latum.

Tamen cavendum eſt) *MS.* tum cavendum eſt.

Impeditum, ſe ipſum laudare) *Tert. Pal.* impediam ſ. i. l.

Ac neſcio an tibi gratius opportuniuſque acciderit) *Prim. Pal.* ac neſcio quam tu mihi fidem, an tibi gratius opportuniuſque acciderit *MSS. tres*, at neſcio an tibi gratius o. a *prim. Grev.* an neſcio an t. g. o. a.

Nam quod præclare facere non poteram) *Edd.* nam quod præſtare non poteram. *al.* n. q. præclare n p.

Secundum beneficium quam peritiſſime facere) *MS.* ſecundum beneficium eſt quam peritiſſime ſ.

Male hærentis) *Sic MSS. prim Pal. & Grev. vulgo* hærentis.

Tot malis cum vinctum, cum fractum ſtudium) *Vid. Not.*

Non omnia opera, ſed illius judicii) *Sic Medic. Pal. & Grev. prim.* multique alii veteres libri. *vulgo*, ſed ipſius judicii.

Quem putas animum eſſe, ubi ſecum loquitur?) *Prim. Grev.* quem putas animo eſſe, ut ſecum loquitur? *MS. Peck.* q. p. a. e. u ſecum loquetur?

Quid ſi hoc muto?) *Quinque MSS.* quid ſi hoc mitto? *Amſtelod.* quod ſi hoc mittu? *v. c. N. Scalſ.* quid ſi hoc omitto?

Age vero laudo aliquem. Num offendo? *Gr.*) *Vid. Not.*

Auges etiam tu mihi timorem) *Duo MSS.* auges tu etiam mihi timorem.

Vbi hoc omnium patronus facit) *Sic. MSS. vulgo*, facis.

Calumnia timoris) *Grev. prim.* calumpnia timoris.

Non ad ſuum judicium ſcribantur) *Peck.* non ad ſuum ſcribantur judicium.

Excellens ingenium armavit) *Sic MSS. vulgo*, excellens armavit ingenium.

Nos ſentimus) *Pal. prim.* non ſentimus.

Vides tempus veniſſe) *Grev. prim.* videas tempus veniſſe.

Nihil eſt, mi Cicero) *Peck.* nihil mi Cicero eſt. *Gruter.* nihil, mi Cicero, quod.

Filium meum exſpectes) *Pal. tert.* expertus es, *Grev. prim.* exſpectes.

Adoleſcens eſt) *Grev. pr.* adoleſcentis es.

Apud ejus omnis plurimum) *Prim. Grev. & prim. Pal.* ad ejus omnis plurimum.

Vnum tibi ſi perſuaſeris) *Sic MSS. al.* unum ſi tibi perſuaſeris.

Sed totum tuum eſt onus, perficies) *Prim. Grev.* ſed totum eſt onus, pernicies.

Aut in amicitia nimis impudenter) *Grev. prim.* aut inimicitia nimis imprudenter.

Nam quod ita conſuevisti) *Vid. Not.*

EPIST. VIII.

Quoad vellemus, eſſe uti liceret) *Pal. tert. Mentel.* quoad vellemus eſſe ita liceret. *Amſtelod. Grut. Venet. ed.* quod vellemus eſſe ita liceret.

Qui

Qui mihi consuessent) *Pal. prim. Grut.* qui mihi consuevissent. *Grev. prim.* qui mihi et cliuescente.

Huic meæ rogationi potius non continuo responderunt) *Sic MSS. vulgatæ edd.* huic meæ actioni, vel rogationi potius n. c. r. *al.* h. m. a. seu rogationi p. n. c. r.

Eodem die tamen ad me reverterunt) *MS* eodem tamen die a. m. r.

Mihi hoc dederunt) *Sic Grev. prim. Amstelod. Peck. Vict. ed. vulgo*, mihique hoc dederunt.

Vt esses in Sicilia) *Prim. Grev.* ut in siglia. *plerique alii libri, ut & Amstelodam. & Menel.* ut esses in Gallia. *hoc vitium unde autem sit aperit Grevii liber.*

Se præstaturos) *Sic MSS. vulgo*, se præstituros.

Litteræ a te mihi redditæ sunt) *Sic MSS. vulgo*, litteræ a te mihi sunt redditæ.

An ad reliquias Asiaticæ negotiationis) *MS.* an ut reliquias As. negot.

Re aut impetrata, aut, quod spero, aliqua ratione confecta) *Sic Amstelodam. Mentel. prim. & tert. Pal. Grut. Peck. sed Grev. prim.* re aut impetranda, quod spero, aut aliqua ratione confecta. *pro* confecta, *Stewech. habet* facta.

Magno opere) *Sic Vatic. & Vict. al.* magnopere.

T. Fusano Postumo) *Vid. Not.*

Erant enim omnes Mutinæ) Omnes *desideratur in Grev. MS.*

Cum tuis placuit) *Sic Vict. & Grev. prim. al.* quoniam tuis placuit.

Munere his gesti) *Al.* eis.

EPIST. IX.

Quod & spem magnam mihi afferebat summæ probitatis) *Al.* quod & spem mihi magnam aff. s. p.

Sed etiam studiis communibus) *Stewech.* studii communibus.

Vt non ullo cum homine coniunctius) *MSS.* ut nullo cum homine conjunctius. *Grev. prim.* ut non nullo c.

Vt cum cognorim pluribus rebus) *Al.* cognoverint pluribus rebus.

EPIST. X.

TREBIANO) *Al.* Trebatio, *al.* Trebelliano. *Vid. Not.*

Sum mihi ipse testis) *V. c.* ipse sum mihi testis. *al.* sum* mihi ipse testis.

Diutius in armis civilibus commorandi) *Palat. prim. & Gruter.* commorando.

Semper mihi magno dolori fuit) *Stewech.* semper mihi magno dolore fuit.

Recuperas fortunam) *MSS.* reciperas. *al* recuperaris. *al.* reciperes.

Quam tibi semper fuerunt casus mei) *Sic Vatic. Grev. prim. Victor. ed. vulgo*, quam tibi semper fuerint casus mei.

Postumuleno) *Al.* Postumio. *al.* Postumuleio.

Et Sestio) *Sic MSS. vulgo* Sextio.

Theudæ liberto tuo) *Sic MSS. vulgo* Teudo.

Totum me patefeci) *Al.* me totum patefeci.

Et hæc iis singulis sæpe dixi) *Sic Vatic. Grev. prim. Amstelodam. Victor. ed. vulgo*, & iis singula sæpe dixi. *al.* & hoc iis singulis sæpe dixi. *pro* iis *iidem libri* his.

Vt operam, consilium, rem, fidem meam) *Sic MSS. vulgo*, ut operam, studium, consilium, fidem meam.

Sibi ad omnes res parata pateat) *Sic MSS. nonnulli, alii* paratam *inter quos Grevii primus.*

Tum certe ordinis tui facile princeps) *Peck.* tum facile tui ordinis certe princeps.

Sed cum eodem tempore) *Sic Victor. Peck.* quiam, *vulgo* quando, *forte* quoniam.

Nostrum uterque cecidit) *Tert. Pal.* cedit.

Vt multis rebus intelligere potui) *Stewech.* ut multis rebus ipse intelligere potui.

Casu devincti) *Sic MSS. vulgo*, quasi devincti. *Amstel.* casu devicti.

Si quis mihi erit aditus) *Peck.* si quis aditus erit mihi.

In qua sunt omnia, agendi) *Prim. Pal.* agendo.

Ex eorum sermonibus) *MSS.* ex sermonibus eorum.

Sin-

Singula perſequi) *MS.* ſingula proſequi.

Sed magni mea intereſt) *V. c. N. &c.* ſed magis mea intereſt.

Antea miſiſſem ad te litteras) *Aliis initium hic eſt novæ epiſtolæ.*

Conſcientia factorum) *Pal. prim.* conſ. factorum ſuorum.

In quibus te ſemper ſcio eſſe verſatum) *Al.* in quibus te ſcio ſemper eſſe verſatum.

Eiuſdi atque etiam te hortor) *L. Lamb.* te etiam atque etiam hortor.

Tibi homini periti*ſſ*imo) *Pal. tert.* tibi homo periti*ſſ*imo.

Et in rebus atque usu) *Al.* at in r. a. u.

Tibi iſtam acerbitatem & injuriam non diuturne fore) *Vid. Not. al.* acerbitatem iſtam. *in Oxon. deeſt* iſtam.

Ipſa cauſa ea eſt) *Al.* ipſa cauſa eſt ea.

Aliquid ſit levius) *MSS. Grev. pr. duo Pal. Grut. Vict. ed.* levius ſit aliquid.

Quod eſt in uno te) *Strw.* quod eſt in viro.

EPIST. XI.

TREBIANO) *Al.* Trebatio.

Dolabellam antea) *Grev. & Palat. prim.* Dolabellam antea.

Alterum omnino non deſidero) *Pal.* alterum non omnino deſidero.

Alterum vere facere poteris) *Duo MSS. & Ven. ed.* alterum vero facere poteris.

Quid recuperaris) *Al.* recuperaveris.

Plus adquiſiſti) *Al.* adquiſiviſti.

Mihi valde grata eſt) *Strew.* valde mihi grata eſt.

Noſtrum amicum) *Victor.* amicum noſtrum.

EPIST. XII.

AMPIO S. D.) *Alii*, T. Ampio Balbo S. D. *Vid. Not.*

Ut nulla res ad æquitatem te animi poſſit poſtea extollere) *Al.* ut nulla res te ad æquitatem animi poſtea poſſit extollere.

Quam mea tempora ferebant) *Vid. Not.*

Fortuna ipſa debilitatam gratiæ) *MSS. omnes*, fortuna ipſa debilitatæ gratiæ. *paullo ante pro* vincebatur *Grev. MS.* vincebantur.

Quæ ad reditum, & ad ſalutem tuam pertinent) *Sic MSS. Pal. Vict. prim. Pal. Grut. Grev. aliique. vulgo*, quæ a. r. & ſalutem t. p.

Matius, Poſtumius) *Sic Venet. Pal. pr. Vict. ed. ordine Medic.* Macius. *Grev. prim.* Marcius *vulgo* Matius. *tres codd.* Poſtumius, Oppius, Matius.

Ut me unice diligant) *Streuch.* ut me unicum diligant.

Quod ſi mihi per me efficiendum) *Alii*, quod ſi mihi pro me efficiendum. *Vid. Not.*

Temporis cauſa) *Al.* cauſæ.

Qui valeret apud illum) *Sic Grev. prim. Amſtelod. Vict. ed aliique vulgo*, qui valet apud illum.

Valent tamen apud Cæſarem) *MSS. omnes*, valeat etiam.

Quam quia Cimber habebat) *Sic Venet. duo Pall. Grev. prim. Victor. ed. aliique. vulgo*, quas quia Cæſar habebat.

Diploma ſtatim non eſt datum) *Grev. prim.* deploma ſtatim non eſt datum.

Quem illi appellant) *Al.* & quam illi appellabant. *Vid. Not.*

Quaſi non gaudeant id bellum incidiſſe) *Grev. prim.* quaſi non doleant id bellum incidiſſe. *edd. quidam* bellum accidiſſe.

Occultius agendum) *Grev. prim.* inculcium ag

Id erit perbrevi) *Lamb.* perbreve.

Pania quidem mihi, gravis homo) *Pal.* Pania mihi gravis quidem homo.

Ablaturum diploma) *Grev. lib.* ablecturum diploma.

Minus enim te firmum, &c.) *Vide de hoc toto loco Notas.* Eppuleiæ tuæ, *al.* Appuleiæ t. *& pro* lacrymæque Ampiæ declar *al. leg.* l. ipſæ d.

Significant tuæ litteræ) *Sic Grev. prim. & Vict. ed. al.* ſignificant litteræ tuæ.

Cum a te abeſſent ipſæ) *Grev. prim.* cum ad te adeſſent. Ipſe.

In graviore te cura) *Pal.* in graviore cura te.

Fortem virum atque ſapientem) *MS.* fortem atque ſapientem virum.

Ut exploratam ſpem ſalutis) *Pall. prim. tert. Streuchian.* exploratæ ſpem ſalu-

salutis. *Gruterian.* explora te. *Pe.k.* exploravo: *unde Guilielm. suspicabatur leg.* exploratio. *Vid. Not.*

Nisi quam ab ipsa rep.) *Al.* nisi etiam quam ab ipsa rep. *Vid. Not.*

Cum his ardor restinctus) *Sic MSS. Pal. omnes, atque Grev. prim.* restrictius. *vulgo* extinctus.

Constantem ac paratum) *Al.* constantem atque paratum.

Sed etiam ut si ita accidisset) *MSS.* ut etiamsi ita accidisset, *vulgo*, sed etiam si ita accidisset.

Victus ut sapiens esses) *Tres MSS.* victus & sapiens esses.

Cum studium tuum consumas in virorum fortium factis memoriae prodendis) *Prim. Grev.* cum studium tuum cum summa virorum fortium memoriae factis propendis.

Te non timidissimum praebeas) *Sic & Grev. prim. Vid. Not.*

Nunc vero tantum te para) *Pe.k.* Nunc vero te tantum para.

EPIST. XIII.

Ligario) *MSS. nonnulli* Q. Ligario.

Scribere ad te aliquid) *Peck.* scribere aliquid ad te.

Adhuc id non feceram) *Al.* feci. *Vid. Not.*

Etiam sua natura mitiorem facit) etiam *deest in Pe.k.*

Quorum quidem virtus & pietas) *prim. Grev.* quorum quidem & virtute & pietate.

Et perpetua cura salutis tuae) *Sic MSS. al.* & perpetua salutis tuae cura.

Sed si tardius fit) *Sic prim. Grev. & Vict. ed. vulgo*, & si tardius fit.

A quibus se petat) *Amstelodam.* patant.

Placatius ferre) *Prim. Grav.* placatius fore.

Me tibi id affirmasse) *Al.* affirmare.

De qua ita sum meritus) *Al.* de qua ita meritus sum.

Opes meas fregit) *Pe.k.* opes fregit meas.

Tu fac habeas fortem animum, quem semper habuisti) *Prim. Grev.* tu fac h. f. a. q. semper habui,

Quod ea de rep. semper voluisti) *Prim. Grev.* quod ea R. P. semper voluisti.

Ut non modo nunc secunda sperare) *Al.* u. n. m. cum s. s. *MS.* u. n. m. nun s. s.

EPIST. XIV.

Me scito omnem laborem) *Sic MSS. vulgo*, me scito omnem summum laborem.

Nam si quisquam est timidus) *Al.* si quis est timidus.

Et, si hoc vitium est, eo me non carere confiteor) *Grev. prim.* & si hoc vitium sit, eo me car. conf.

Ad V Kal. intercalares priores) *Al.* ad II. Kl. intercalares priores. *Al.* ad VI. Kal. intercal. pr.

Conveniendi indignitatem) *MSS.* a. conveniendi dignitatem.

Quae tuum tempus postulabat) *Sic omnes MSS. vulgo*, quae tum tempus p.

Ex multis praeterea signis) *Sic MSS. vulgo* & multis praeterea signis: *unde Lambin.* & ex multis praeterea signis.

Perspicere potui) *Tres Pal.* prospicere potui. *Pe.k* potui perspicere.

Hanc in opinionem discessi) *Al.* hac opinione d.

EPIST. XV.

Et quid agas, quidque agatur) *Sic MSS. Grev. & Pal. prim. ut & mss. Grut. Pe.k. Vict. ed. vulgo*, quidque istic agatur.

EPIST. XVI.

Nullis ipsi officiis prosecuti sunt) *MSS. tres*, nullis ipsis officiis prosecuti sunt.

Contentus ero nostra ipsorum amicitia) *MSS.* contentus ero nostra in ipsorum amicitia.

Si nullum officium tuum apud me intermoriturum existimas; Tuum *deest in primo Palat.*

EPIST. XVII.

Velim mihi credas accidere id etiam) *MS. Grev.* velim mihi credas accidere id etiam.

Quo magis expectem promissum tuum) *MS. Mentel.* quo magis expectem promissum tuum, *in Mentel. ed. deest* tuum.

In

In litteris uteris) *Pe.k.* in litteris tuis uteris.

Nihil alienum necessitudine) *Sic MSS. vulgo*, nihil alienum a necessitudine nostra.

Aut valeant) *MSS. Grev. prim. & prim. Pal.* ut valeant.

Conjunctiores tecum esse) *Peck.* conjunctiores esse tecum.

Epist. XVIII.

Simul accepi) *Al.* simul ut accepi. *al.* simul ac accepi, *al.* simul atque accepi.

Qui hodie haruspicinam facerent) *Al.* qui hodie aruspicinam facerent

De Hispaniis novi nihil) *Al.* de Hispanis novi nihil.

Ad nos misit exemplum) *Sic prim. Grev. sed Pal. prim. Vatic. Grut. Victor.* ad vos misit exemplum.

Paciaeci) *Sic Pal. prim. Vatic. Vict. ed. in Grut. sed. est.* Paciaci. *Peck.* Patiaeii.

Illi undecim esse legiones) *Pall. prim. tert. Grut. Grev. prim. Amstelod.* illas undecim esse legiones. *Sutorch.* ipsas undecim esse legiones. *Peck.* in quo erat illas XI

P. Curtium) *Sic MSS. & Vict. al.* Q. Curtium.

Si Galba consponsor tuus) *Sic MSS. al.* si Balbus c. t. *Gr. t.* si Galba sponsor tuus.

Mihi ille considere) *Deest. in Peck.*

Jam tamen personare aures ejus) *Sic MSS. Vict. omisit* jam; *pro* tamen *Grev. prim.* in. *Amstelod.* jam enim, *Mentel.* jam parare aures.

Tulliae meae partus) Meae *deest in Peck.*

Ædificia mea me delectabant) *Sic MSS. vulgo*, delectant.

Sine ulla interpellatione versor) *Sic MSS. vulgo*, sine ullo interpellatore versor.

Epist. XIX.

Idoneum visum est diversorio) *Al.* deversorio.

Cetero qui mihi locus non displicet) *Sic Vatic. Pall. prim. ter. Grut. Peck. ed. Victor. sed vulgo*, ceterum is mihi quidem locus, *Grev. prim.* ceterum qui mihi locus, *Amstelod.* ceterorum qui mihi locus. *Mentel.* cetera quidem mihi locus.

Commorationis est) *Palat. tert. & Amstelodam.* commemorationis est.

Ut se convenire nolit) *Palat. prim.* convenire.

Ut mihi videtur) *Sic prim. & tert. Palat. Peck. Grut. Amstelod. Mentel. ed. Gebh. sed prim. Grev. cum veteribus edd.* ut mihi videris.

Tanta est intimorum multitudo). *Peck.* tanta est multitudo intimorum.

Aliquis potius effluat) *Al.* potius aliquis effluat.

Se dedisse beneficium) *Al.* se beneficium dedisse.

In quo sit species) *MSS. plurimi*, *& edd.* in quo sit spes, *Vid. Not.*

Asturae) *Peck.* Asture. *Grev. prim.* aditure. *Pal. prim.* Atture.

Quandoque veniat) *Grev. prim.* quando.

Epist. XX.

Toranio) *Sic Pal. pr. & Grev. prim. Grut.* Toranno, *tert. Pal.* Torano. *alii libri*, C. Trebatio.

Cn. Plancii) *Grev. prim.* Gn. Plancio.

Eo nunc ero brevior) *Peck.* fuero brevior.

Ne illud quidem non quantivis, subito) *Vid. Not.*

Te istinc posse proficisci) *MSS.* istim, *Vid. Not.*

Car advenientibus) *Vid. Not.*

Expeditissime conferas) *Grev. prim.* expeditissime confeceras.

Quod si recipiet ille se) *Peck. & Grut. MSS* quo se.

Cum multa accidere possunt) *Sic Pal. prim. Medic. & Grev. prim. Vict. & Gebh. edd. vulgo*, quoniam multa accidere possunt. *prim. Pal.* quum vel multa a. p.

Aliqua res) *Grut.* aliquot res.

Eum vel impediet) *Peck.* vel eum impediet.

Quod tibi timendum sit) *Sic Vatic. Med. aliique. vulgo* tibi *omittitur.*

Nobis accidant) *Sic prim. & tert. Pal. sic & Vict. alii*, nobis accident.

Te istinc ne temere commoveas) *V...* te istim ne t. c.

Epi-

EPIST. XXI.

Cum haec ad te scribebam) *Sic MSS. vulgo* scriberem.

Quem tam fortes) *Pal. prim.* quem tam fortes.

Eram plane) *Sic MSS. prim. & tert. Pal. Grut. Grav. prim. Victor. ed. al.* sic eram plane.

Nunc vero eversis) *Grav. prim.* nec vero everlis.

Quod licuerit) *Sic Pal. & Grav. pr. & Vict. ed. vulgo*, quod licuerit.

Hac amissa) *Pal. & Grav. prim. & Grut.* hac missa.

Cum recordere) *Lamb.* cum recordere.

Utinam liceat) *Pal. tert.* utinam liceat.

Inter nosque conferre) *Sic Vatican. Grav. prim. Medic. al.* interque nos conferre.

EPIST. XXII.

Ipse egens rebus omnibus) *Duo MSS.* ipse egens omnibus rebus.

Nunc etiam atque etiam multo desperatiora) *Al.* sed jam etiam m. d.

Pro vetere nostra conjunctione) *Sic MSS. al.* pro nostra vetere conjunctione.

Tua in me pari) *Sic MSS. Palat. prim. tert. Medic. Vict. ed. Grav. prim.* tua in me parte. *Al.* tua in me pariter.

Incolumitati tuae) *Al.* incolumitatique tuae.

Qui ex te pendent) *Pal. prim. tert. Grut.* qui te pendent. *Grav. prim.* qui expendent. *alii MSS.* qui de te pendent.

His hoc tempore utare) *Sic pr. Pal. & Grav. & Vict. ed. al.* iis hoc temp. ut.

Plurimisque officiis amisisti) *Prim. Grav.* plurimis officiis misisti. *al.* plurimisque officiis amasti.

At forti feras) *Pal. tert. & prim. Grav.* ac forti feras.

Vel potius me parum posse sentio) *Pal. tert.* vel prodesse me parum posse sentio. *Grut.* vel potius parum me posse sentio.

Sin autem tu minus scripseris) *Sic prim. Palat. & Grav. Grut. Medic. vulgo deest* autem.

Diligenterque curabo) *Sic prim. & tert. Pal. prim. Grav. Gruter. utrumque Medic. vulgo*, diligentiaque curabo.

LIBER SEPTIMUS

EPISTOLA I.

Si te dolor aliquid corporis) *Al.* aliquis. *Vid. Not.*

Contemnenda duxisti) *Pall. duo, & Grut.* contemnenda esse duxisti. *prim. Grav.* contemnenda. *&* valitudo *semper pro* valetudo.

Patefecisti Seianum) *Grav. prim. Medic. Pal. prim. Grut.* senum. *& hic ad unum* semnium. *prim. ed.* senium. *Pal. alter*, seni nuper eos dies.

Tibi ipse) *Al. Lamb.* tibi ipsi.

Ad arbitrium comparatas) *Al.* comparas.

Ea perpetienda) *Palat. sec.* percipienda.

Sp. Maecius) *Al.* P. Maevius. *Grut. & Vict. ed.* Metius.

In scenam redierunt) *Al.* in scenam. *Grav.* in coenam.

De scena decesse) *Sic prim. Palat. Vat. & Vict. ed. sed Grav. prim.* discessisse. *Al.* decessisse.

Ei delinere per omnes homines) Ei *deest in Pal. pr.*

Vox eum defecit in illo loco) *Sec. Pal.* decepit. *Al.* in eo loco.

Quid? ne id quidem leporis habuerunt) *Vid. Not.*

Tollebat omnem hilaritatem) *Sec. Pal.* tollebat omnem jucunditatem.

Operam dedisti Protogeni) *Secund.* operam dedisses Protogeni. *pr. Grav.* Protogeno tuo.

Vel in senatu nostro spectare) *Al.* vestro. *Grav. prim.* vel in senatu spectare.

Graecos ita non ames) *Sic MSS. Vatic. Medic. Grav. & Pal. prim. vulgo*, Graecos vero ita ames.

Homini polito) *Sic Med. Grav. pr. & qui Petrarchae manu scriptus est. vulgo*, politico.

Si videnda ſunt) *Al.* ſi videnda ſunt.

Qui hæc ſpectavimus) *MSS.* ſpectamus.

Extremus elefantorum dies fuit) *MSS.* elefantorum extremus dies fuit.

Atque opinio) *Sec. Palat.* atque optimo.

Dirupi pæne me) *MSS.* dirupi me pæne. *pr. Grav. & Steph. cod.* dirupi me pæne.

Artem deſinerem) *Al.* delererem.

Tecumque & cum ſimilibus noſtri) *Et in ſecundo Pal. deeſt.*

Cum antea tadebat) *Sec. Palat.* cum antea omnia tædebat. *Palat. prim.* cum antea decebat.

Cum & ætas) *In Grut. deeſt* &.

Quem nolebam non defendere) *Pal. ſec.* quem nolebam, defendere.

Fructum ullum laboris ex his expecto) *Sic Vatic. & Medic. Grav. prim. cod.* fructum ullum laboris exſpecto. *Pall. duo, Grut. quinque Guilielm. codd. prim. ed.* fructum ullum laboris ex his peto.

Hoc fero animo æquiore) *Al.* hoc fero æquiore animo.

Mecum ſimul lecticula concurſare) *Sic Pall. duo, Grut. Amſteldam. Grav. prim. Vict. & Venet. antiquiſſima editio. vulgo,* & mecum ſimul lecticula circumcurſare. *Pal. ſec. & Mentel.* & mecum noſtra ſimul lecticula concurſare.

Quadam epiſtola ſubinvitaras) *Sec. Pal.* quadam in epiſtola ſubinvitaras.

Ut ad te aliquid) *MSS.* ut aliquid ad te.

Hoc me tamen conſolor) *Sic Vatic. duo Pall. Grav. prim. aliique,* hoc me tamen conſolabor.

EPIST. II.

Illud venire quam plurimo) *Secund. Pal.* illuc venire quam plurimo.

Cum tuum pretium novi) *Sic Vict. ed. & Grav. prim. vulgo,* quando t. p. n. *al.* quoniam t. p. n.

Licitatorem potius apponam) *MSS.* in licitatorem potius ponam. *Pal. ſec.* in licitatore potius ponam. *Grut.* in licitationem potius ponam.

In me exſtitiſſe) *Al.* i. m. ſtetiſſe.

Clariſſimi & potentiſſimi) *Al.* ac potentiſſimi.

Vix veriſimile fortaſſe videatur) *Sic Vatic. Grav. prim. Vict. ed. al.* quod vix veriſimile fortaſſe videatur.

Diſcrimen eſſet habitura) *V. c.* aditura *Vid. Not.*

Nec ſua ſponte) *Sic MSS. optimi. al.* nec ſua quidem ſponte.

Niſi iis dolori) *Palat. ſec.* niſi in iis dolori.

In multitudine & celebritate) *Sic MSS. al.* multitudine & celebritate. *Vid. Not.*

Diſtinemus) *Grav. prim.* deſtinemur. *al.* detinemur.

Ne intercaletur) *Palat. ſec.* ut intercaletur.

EPIST. III.

In quibus tot annos verſamur, &, ut video, verſabimur) *V. c. N. S. eiſ.* quibus tot annos vexamur, & ut video etiam vexabimur.

Solet in mentem venire illius temporis) *V. c. N. S. eiſ.* ſolet in mentem venire illius temporis recordatio. *al.* ſ. i. m. v. illud tempus.

Quin etiam ipſum diem) *V. c. N. S. eiſ.* cum etiam ipſ.

A. d. III. Idus Majas) *Al.* ad III. Idus Majas.

Cum in Pompeianum veſperi veniſſem) *V. c. N. S. eiſ.* cum in Pompeianum veſperi conceſſiſſem.

Cogitatio cum officii) *Sic MS. prim. Grav. & Vict. ed. vulgo,* cogitatio tum officii.

Si proficiſcerer ad bellum) *Al.* ſin proficiſcerer ad bellum. *V. c. N. S. eiſ.* ſi ad bellum proficiſcerer.

Periculum te meum commovebat) *V. c. N. S. eiſ.* periculum te meum valde commovebat.

Me quoque ita conturbatum) *V. c.* perturbatum.

Quid eſſet optimum factu) *Sec. Pal.* quid eſſet optimum factum.

Famæque celere, quam ſalutis meæ rationem ducere) *MS.* quam famæ celere, quam ſalutis meæ celere rationem.

Non tam propter periculum, quam propter vitia multa) *Sec. Pal.* non tam propter periculum quam vitia multa.

Neque magnas copias neque bellicoſas) *V. c. N. S. eiſ.* primum neque magnas copias, neque paratas illas, neque bellicoſas.

De

De principibus loquor, reliqui) *Al.* reliquos.

Deinde in oratione ita crudeles) *V. c. N. Scelf.* deinde in opera omnes ita crudeles.

Vt ipsam victoriam horrerem) *V. c. N. Scelf.* ut ipse victoriam perhorrescerem.

Quid quaeris? nihil boni) *Pal. sec.* qui quaeris? nihil boni.

Cum ab ea sententia Pompeius valde abhorreret) *Gr. p.* cum ab ea sententia valde abhorreret.

Suadere institui ut bellum duceret) *V. c. N. Scelf.* suadere institui ut bellum produceret.

Hoc interdum probabat) *Palat. sec.* hoc interdum probat.

Coepisset suis militibus confidere) *Sec. Pal.* coepisset ex suis militibus confidere.

Nullus imperator fuit) *V. c.* nullius imperii fuit.

Signa tirone & collecticio exercitu) *Pal. sec.* signa tirone collectio.

Legionibus robustissimis) *Palat. sec.* fortissimis.

Hunc ego belli mihi finem feci) *MS.* hunc ego finem mihi belli feci. *V. c. N. Scelf.* tunc ego m. b. f. f.

Nec putavi, cum integri pares non fuissemus) *V. c. N. Scelf.* hac putavi cum i. p. n. f.

Aut consciscenda mors voluntaria) *V. c. N. Scelf.* tandem conscientia mors voluntaria. *Pal. sec.* aut consciscenda m. v. *al.* atque consciscenda fuisse.

Certe nihil fuit praeterea) *V. c. N. Scelf.* certi nihil fuit praeterea.

Ex omnibus autem iis quae dixi incommodis) *V. c.* ex omnibus autem iis, quae dixi aut incommodis.

Vbi nulla adiuncta est turpitudo) *Pal. sec.* adiecta est turpitudo.

Ego cum meis) *Pal. sec. v. c. N. Scelf.* ego cum eis.

Si quidquam nunc cuiusquam est) *Sic prim. Palat. & Graev. Vatic. Vict. ed. N. Scelf. v. c. al.* si quidquam nunc cuiuspiam est. *Pal. sec.* si quidquam non cuiusquam est.

Quae acciderunt, omnia dixi futura) *V. c. N. Scelf.* quae acciderunt omnia praedixi futura.

Non quo optima vivendi conditio esset) *Sic. MSS. prim. Graev. aliique. vulgo*, non quod optima v. c. e.

Aliqua fortuna reip.) *Sic MSS. al.* fortuna. *Vid. Not.*

Causa nulla visa est) *Pal. sec.* causa non ulla visa est.

Cur optarem multae causae) *Sic Graev. prim. Amstelod. aliique. vulgo*, causae deest.

Vetus est enim, ubi non sis qui fueris) *V. c. N. Scelf.* vetus est enim urbi, cum non sis qui fueris.

Praesertim cum habeam duas res, quibus me sustentem) *V. c. N. Scelf.* praesertim quid quod habeat duas res, quibus sustenter.

Haec ad te scripsi verbosius, & tibi molestus fui) *V. c. N. Scelf.* haec ad te scripsi verbosius & tibi molestius. *al.* etiam tibi molestior fui.

Omne meum consilium) *Al.* omne consilium meum.

Me voluisse etiam reliquis omnibus) *Vid. Not.*

Mihi ipsi finem fecisse) *MSS.* mihi ipse finem fecisse.

Si Rhodum aut Mitylenas contulissem) *Sic MSS. duo Pall. Graev. prim. Grut. Amstelod. Mentel. vulgo*, si me Rhodum aut Mitylenas contulissem.

Haec tecum coram malueram) *V. c. N. Scelf.* haec tecum malueram coram loqui.

Volui per literas eadem) *MS.* voluit p. l. e.

Si quando in vituperatores) *Vict. ed.* si cum in vituperatores.

Meos incidisses) *Al.* incidisses meos.

Si me audissent) *Palat. sec.* si audissent.

Honeste tamen viverent) *Al.* honesta.

Armis enim inferiores non causa fuissent) *Pr. R. & al. MS.* armis enim inferiores non causa fuissent.

EPIST. IV.

A. D. IX. Kal.) *Sic Graev. prim. aliique vetustissimi libri. al.* ad VIII. Kal. Iunias. *al.* ad IX. Kal. Iulias. *al.* ad VIII. Kal.

Cum Libone) *Grut. cod.* cum Libonae.

Sed faciam ante te certiorem) *Sic prim. Pal. & Vict. ed. Graev. prim.* sed faciam ante certiorem. *vulgo*, sed faciam te ante certiorem.

Sumus. Vides enim quanto post una sutori simus. Quare) *Voc. interjecta verba in Palatino primo & Grævii primo non leguntur, & debent omnino abesse.*

Si quod constitutum cum podagra habes) *Sic Pal. prim. aliique vulgo*, si quid constitutum cum podagra habes.

Fac ut in alium diem differas) *Sic MSS. vulgo*, fac in alium diem differas.

Epist. V.

Non modo in iis rebus, quæ ad me) *MSS.* non modo in his rebus, quæ ad me.

Sed etiam in iis) *Grut.* sed in iis. *Grav. prim.* sed etiam in his.

Ut eum meis omnibus studiis, beneficiis quam ornatissimum) *Sic MSS. vid. Not. vulgo*, ut eum meis communibus studiis & beneficiis quam ornatissimum. *Mentel.* ut enim meis omnibus studiis beneficiisque quam ornatissimum red.

Quam putaram) *Pal. sec.* quam putavi. *Grav. prim.* quam putarem.

Vide quid mihi sumserim) *Grut.* vide quid mihi viderim sumserim.

Quæ speraffet a me) *Sic Medic. Palat. prim. Grav. prim. Vict. ed. alii*, quæ exspectasset a me.

Neque mehercule minus ei prolixe de tua voluntate promisi) *Vict.* neque mehercule minus prolixe ei promisi de tua voluntate.

M. Orfium) *Vid. Not.*

Regem Galliæ faciam, vel hunc Leptæ delega) *Sic* Leptæ del. *Pol. & Grav. prim. Grut. Vatic. Steuvech. Pech. Victor. & aliæ priscæ edd. vulgo*, Leptæ legatum. *Polit. lib.* Lepta delegatum. *al.* R. G. f. ut hunc Leptæ delega. *Vid. Not.*

Ad me alium mitte) *Steuvech.* me ad alium mitte.

Nescio quod non fortuitum) *Sic Vict. Grav. prim. & Vatic. vulg.* nescio quid non fortuitum.

Omni tua comitate complectare) *Grut.* complectere. *sec. Pal.* complere.

De quo tibi homine hæc spondeo) *Grav. prim.* spondeas. *eadem tamen manus superscripserat* spondeo. *al.* hæc & hic spondeo.

Pudentiorem esse neminem) *Vid. Not. prim. Grav. cum vulg.* prudentiorem esse nem.

Quod familiam ducit) *Sic Grav. pr. Pal. alt. Vatic. Vict. ed. sed Palat. prim. Grut. et prim.* familia inducit. *vulgo*, familiaritatem ducit.

Singularis memoria) *Al.* singulari memoria. *Vid. Not.*

Neque præfecturam) *Deficit in Pal. sec.*

Et liberalitatem peto) *Pal. sec. Grut.* & libertatem peto.

Si tibi placuerit) *Pal. prim.* & si tibi placuerit.

Gloriolæ insignibus) *MSS.* gloriæ insignibus.

Tibi ita trado) *Sic Vat. Grut. prim. Grav. prim. & Vict. edd. vulgo* ita *desideratur*.

Simus enim putidiusculi) *Vid. Not.*

Epist. VI.

Cum aliquo insigni indicio) *Al.* judicio.

Virtute consequere) *Sec. Pal.* virtute persequere.

Quæ Corinthum arcem altam habebant) *Al.* quæ Corinthi arcem altam habebant.

Matronæ opulentæ) *Prim. Grav.* matronæ opulentas.

Manibus gypsatissimis) *Prim Grav.* ciptatissimis. *Vid. Not. v. c. N. Heins.* quibus illa manibus gypsatissimis sparsis persuasit.

Ne sibi vitio illæ verterent) *Al.* ne sibi illæ vitio verterent. *Grav.* ne sibi vitia illa verterent.

Multi qui domi ætatem agerent) *Sic Grav. prim. aliique edd. al.* multi domi qui ætatem egerunt.

Quando Medeam agere cœpi) *Grav. prim. & Grut.* quum Medeam agere cœpi. *al. lib.* quando cœpi agere Medeam.

Prodesse non quit) *Sic MSS. Vat. Vict. vulgo*, prodesse nequit. *Grav. prim.* qui ipse sapiens prodesse non quid nequidquam sapit.

Epist. VII.

Illud soleo mirari) *Al.* illud mirari soleo.

Quoties a Q. mihi fratre afferuntur) *Vid. Not.*

Esse-

Eſſedum aliquod ſuadeo capias) *Sic prim. Grav. Pall. duo, Vict. ed. al.* eſſedum aliquod ſuadeo rapias.

Sin autem ſine Britannia tamen aſſequi, quod volumus, poſſumus) *Al.* ſin autem ſine Britannia tamen aſſequi id quod volumus, poſſumus.

Multum te in eo frater adiuvabit) *Sic Grav. prim. aliique. vulgo*, multum enim te in eo frater adiuvabit meus. *Pal. ſec.* multa te adjuvabit in eo frater meus.

Imperatorem liberaliſſimum, aetatem opportuniſſimam, commendationem certe ſingularem habes) *Sic MSS. edd.* imperatorem liberaliſſimum habes, aetatem opportuniſſimam, commendationem certe ſingularem.

EPIST. VIII.

Nondum te ſibi ſatis familiarem) *MSS. recentiores*, nondum ſe tibi ſ. ſam.

Quam mihi gratum eſſet futurum) *MSS. duo*, quam mihi gratum eſſe futurum.

Cornelio nihil audeo dicere) *Al.* de Cornelio nihil audeo dicere.

Cum te ab eo ſapere didiciſſe) *Sic Grav. prim. & Vict. vulgo*, quando te a. e. ſ. d.

Didiciſſe profiteris) *Pal. ſec.* profiteris didiciſſe.

Qua melior nunquam) *Pal. ſec.* qua nulla umquam melior.

De illo Preciano) *Al.* Pratiano. *Grav. prim.* de illo Priciano.

Scribit enim ipſe mihi) *Al.* ſcribit etiam ipſe mihi.

Veſtras litteras Britannicas exſpecto) *Sic MSS. vulgo*, veſtras Britannicas litteras exſpecto.

EPIST. IX.

Iam diu ignoro quid agas) *Vid. Not.*

Propter eius * nihil ſum auſus ſcribere) *Al.* propter eius occupationes nihil ſ. a. ſ. *Vid. Not.*

Baſsara mortuo) *Al.* Vacerra mortuo. *Vid. Not.*

Cn. Octavius an Cn. Cornelius quidem tuus familiaris, ſummo genere natus) *Sic Pall. duo, Grut. e tert. prima*; *ſed Grav. prim.* Cn. Octavius, an & Cornelius quidem tuus, familiariſſimo genere natus. *Amſtelod.* Cn. Octavius ac Cn. Cornelius quidem tuus familiaris, ſummo genere natus. *vulgo*, Cn. Octavius tuus familiaris, ſ. g. n. *ed. Vict.* Cn. Octavius eſt tuus familiaris.

EPIST. X.

Eſt quod gaudeas te in iſta loca veniſſe) *Grut.* eſt quod gaudeas in iſta loca veniſſe.

Vbi aliquid ſapere viderere) *Grav.* ubi aliquid ſapere videar. *Grut.* videare.

Vltro te etiam arceſſitum ab eo) *Grut.* ultro te etiam accerſitum ab eo.

Non propter eius ſuperbiam) *MS.* non propter ſuperbiam eius.

Mehercule mihi non minori curae ſunt quam meae) Mihi *deeſt in duobus codd.*

Idem Mucio & Manilio placebat) *Sic Grav. prim. Grut. & Pal. ſecund. Vict. ed. vulgo*, idem & Mucio & M. pl.

Neque ſpectare eſſedarios) *Tres MSS. Guil.* neque exſpectare eſſedarios.

Ne andabatam quidem) *Grav. prim.* ne alebatam quidem. *Mentel.* ne analiatam quidem.

Simul de toto ſtatu tuo) Tuo *deſideratur in MSS.*

Vnum mihi eſſe ſolatium) *Pal. ſec.* te unum mihi eſſe ſolatium.

Si tibi eſſe id emolumento ſciam) *MSS. quidam*, ſi tibi id eſſe emolumento.

Qui te non Romam attraham) *Grut. & Pal. ſec.* qui te non Romam traham.

Qui non huc advoles) *Pal. ſec.* qui huc non advoles.

Aut te juvero) *Grav. prim.* tei juvere. *Pal. prim.* tei juvero. *Grut.* te juvere.

EPIST. XI.

Nunc eam certe relinqueres) *Stewech* nunc relinqueres certe eam.

Satisne tibi videor abs te jus civile didiciſſe?) Tibi *deeſt in aliquot MSS.*

Sed heus tu quid agis?) *Prim. Grav.* ſed heus tu quid agas?

Nequid fit?) *Vid. Not.*

Quam in meo Tuſculano) *Lambin.* quam quae in meo Tuſculano.

Quod ſi aut ſit, aut futurum putas) *Al.* quod ſi aut ſit, aut futurum putas.

Sin autem ista fuit inaniora) *Al.* sin ista sunt inaniora. *Palat. sec.* majora.

Omnes Samarobrivæ)) *Sic prim. & Vict. ed. & sic infra. al.* Samarobrinæ. *Grav. prim* Samarubivæ. *Amstelod.* Samaobrinæ. *Bratel.* Samarobinæ.

Si diutius frustra abfueris) *Sic Grav. prim. Vict. ed. alii*, sin frustra diutius abfueris.

Hæc ego non video) *Pall.* hæc ego enim non video.

Tibi hoc amicissimo animo præcipio) *Grav. prim.* tibi hoc amicissimo animo precor. *Strozz.* tibi hæc a. a. p. *in Gron.* deest hoc.

Facultates tuas augeas) *Pal. sec.* facultatem augeas.

E p i s t. XII.

Samarobrivam) *Al.* Samarobrinam.

Iam tum nobi non placebant *Grav. prim.* jam tum mihi complacebat.

Quod & Titius familiaris meus) *Grav. prim.* quid Zeus familiaris meus. *Amstelodam.* quod Eticius familiaris meus. *Vid. Not. Vell. & Manut.*

Cum omnia tua causa facias) *Al.* facies.

Non civium) *Hæc duo verba desunt in multis antiquis libris, in prim. Grav.* non civilium.

Illa erit formula) *MS.* erit illa formulæ.

Omnia voluptate sua metiuntur) *Grav. prim.* omnia voluntate sua metiuntur.

Si plane a nobis deficis) *Pal. prim.* si plane a nobis non deficis.

Modo scribe aliquando) *Sic MSS. vulgo*, modo scribas aliquando.

Et a nobis quid fieri aut curari velis) *Sic MSS. vulgo*, & a nobis quid agi, quid fieri, aut curari velis.

E p i s t. XIII.

Quam primis litteris perspiciebam) *Al.* proximis litteris perspiciebam. *al.* unis litteris perspiciebam.

Neque alia ulla fuit causa intermissionis epistularum) *Sic Pall. Gron. Grav. prim. Vict. ed. vulgo*, neque alia fuit ulla causa intermissionis litterarum.

Audi Testa mi) *Sic Pal. prim. Gron. Vict. vulgo*, audi mi Testa. *Grav. prim.* aut i a me.

Sic hoc est jucundum) *Deest in duobus codicibus.*

Nam ut audio istic) *Vrsin.* nam ita audio istic.

Non ex jure manu consertum, sed magis ferro Rem repetunt) *Sic MSS. vulgo addunt in edd.* Rem repetunt, regnumque petunt; vadunt solida vi.

Et tu soles ad vim faciendam adhiberi) *Sic MSS. vulgo*, & tu non soles ad vim faciendam adhiberi: *alii aliter, Vid. Manut. Not.*

Quod tu prior hominibus armatis veneris) *Sic MSS. al.* quod tu prior cum hominibus armatis veneris. *al.* quod tu prior vi hominibus armatis non veneris.

Sed ut ego quoque te aliquid admoneam de vestris cautionibus) *Sic MSS. alii*, sed ut ego quoque te aliquid de nostris cautionibus admoneam.

E p i s t. XIV.

Chrysippos Vettios) *Prim. ed. & prim. Pal.* Vestios. *Grav. prim.* ad tertias Nonas Mar. Chrysippus Vetius.

Salutem enim verbis tuis mihi nuntiarat) *Sic MSS. vulgo*, salutem enim mihi verbis tuis nuntiavit. *al.* tuis verbis.

Antequam plane ex animo tuo effluo) *Sic Pal. & Grav. prim. Gron. Vict. ed. vulgo*, effluam.

A te amari cum volumus) *Sic Palat. & Grav. prim. & Victor. ed. alii*, a te amari tum volumus.

E p i s t. XV.

Moleste ferebam antea) *MS.* moleste ferebam ante.

Quod scribis esse te istic) *Sic MSS. Pal & Grav prim Vict. ed. alii*, quod scribis te esse istic.

Sed hoc tamen malo ferre nos desiderium, quam te non ea, quæ spero, consequi) *Sic MSS. vulgo*, sed tamen hoc malo nos ferre d. q. t. n. e. q. s. c.

Cum vero in C. Matii) *Sic MSS. Vatic. Pal. prim. Gron. Vict. ed sed Gravii primus*, quam vero in C. Mucii. *vulgata*, quod vero in C. Matii.

Ep-

EPIST. XVI.

Mi vetule) *Edd. oculle*, mi Anmule.

Primas illas rabiosulas) *Sic MSS. Vatic. prim. Pal. & Grev. Vict. ed. vulgo*, primam illam rab.

Non nimis φιλοτέχνων) *Sic MSS. alii*, non minus quam Philoctetem, *Gr. Vid. Not.*

In hibernis injectus) *MS.* invectus. *Vid. Not.*

Cum me aliquoties invitaret) *Prim. Pal.* cum me aliquotiens invitaret.

Quis tu es?) *MS.* tu quis es?

Mehercules) *Al.* mehercule.

Id verum Romano more locutus sit) *Edd.* id verum Romano m. l. s.

Bene nummatum te futurum) *MS.* bene te nummatum futurum.

Omnes esse divites) *Sic Grev. & Palat. prim. vulgo*, omneis e. d.

Terra frui possint) *Edd.* possunt.

Postea videro) *Edd.* videbo.

Qui istinc veniunt) *Pal. prim.* venerint. *Item*, venerunt.

Est quod gaudeas) *Stewech.* est quo gaudeas.

Samarobrine) *Var.* Samarobrivæ.

EPIST. XVII.

Quinto fratri) *Edd.* Quincto fratri.

Primorum mensum litteris) *Sic MSS. vulgo*, mensium.

Quod a te alienissimus & subimpudens videbare) *Sic MSS. vulgo*, quod a te alienissimum est, subimpudens videbare.

Syngrapham ad Imperatorem) *Pal. prim.* singrapham ad Imperatorem.

Venisset Alexandream) *Al.* Alexiam. *al.* Alexandriam. *V. Not. Grev. prim.* Alexandrinam.

Nummum adhuc nullum) *Al.* nullum adhuc nummum. *Grev. prim.* nummum adhuc ullum.

Cum te ex adolescentia tua in amicitiam) *MSS. nonnulli*, cum te ex adolescentiam tuam in am. *Vid. Not.*

Itaque quod opinatus sum me in provinciam exiturum) *MSS. prim. Pal. Grut.* itaque e quo ad opinatus sum.

Quæ ad te ultro attulerim) *MS.* quæ ad te ultimo attulerim. *al.* detulerim.

Et tibi & verbis & re ostendit) *Sic Vatic. & Victor. ed. vulgo*, & tibi verbis & re ostendit. *Grev. prim.* & tibi verbis & rebus ostendit.

Hunc tu virum nactus) *Prim. Grev.* hunc virum tu nactus.

Quæ ego tibi & jucunda & honesta præstabo) *Sic Amstelod. prim. ed. vulgo*, quæ ego tibi honesta & jucunda præstabo. *Grev. prim.* quæ ego jucunda & honesta præstabo.

Neque ætatis magis idoneum tempus) *Lamb. fert.* neque ætatis magis idonea tempus.

Si hoc amiteris) *Sic prim. Palat. & Grev. vulgo*, si hoc amiseris.

Te esse ullum umquam reperturum) *Prim. Pal.* te esse nullum umquam reperturum.

In Britanniam te profectum non esse gaudeo) *Vid. Not.*

EPIST. XVIII.

Quam fructuosissimus tibi sit) *Sic Vict. ed. vid. Not. Amstelodam.* tam studiosissimus tibi sit. *Mercerl.* ut iste civis a me discessus tam tibi sit quam mihi.

Vestræ cautiones) *Medic. & Grev. prim.* vestræ cautiationes.

Græculam cautionem) *Grev. prim.* cautiationem. *Amstelod.* cautionem.

Chirographi mei) *Pal. prim.* cyrographi mei.

Quis solet eodem exemplo) *Grev. prim.* quis soleas eodem exemplo. *id.* pluteis *pro* pluteis, *ut & Pal. prim.*

Quid in illa charta fuerit) *Liber Guiliem.* quid in ima charta fuerit. *prim. Grev.* quid in illa chartula fuerit.

Quod delere malueris) *Grut.* quod delere debueris malueris.

Nisi forte tuas formulas) *Leg.* ni forte tuas formulas.

Non enim puto te meas epistolas delere) *Prim. Grev* non enim putato meas ep. del.

Cum ad vos proficisceretur) *Grev. prim.* proficisceretur.

Eram enim abiturus) *Prim. Pal. & Grev. Grut. Ven.* eram enim affuturus.

Scripsi in Pomtino) *Prim. Grev. Grut. Vat. Vict. vulgo*, in Pontino.

Ad villam Metilii Philemonis devertissem) *Sic Pal. prim. Vatic. Vict. ed. vulgo*, divertissem. *& sic Grev. prim. & Amstelodam.* at *&* Philomonis *pro* Philemonis.

Fremitum clientium meorum) *Sic Grev. prim. cum vulgatis; alii Pal. prim. & Ven. ed. prim.* clientum.

Honoris mei causa vim maximam ranunculorum se commosse) *Pal. pr.* vim maximam ranunculorum honoris mei causa secum mosse. *Grut.* raniculorum.

De Pomtino) *Sic prim. edit. Vatic. Grut. prim. Grev. Vict. Ven. vulgo*, de Pontino.

Epistolam tuam) *Hic nonnullis nova epistolæ initium.*

Ab L. Aruntio) *Al.* Arruntio.

Præsertim tam novis rebus) *Al. p.* tantis novis.

Epist. XIX.

Vide quanti apud me sis) *Palat. prim.* Vide quam apud me sis. *Grev. prim.* vide ne quanti apud me sis.

Et si jure id quidem) *Sic Grut. prim. Pal. Ven. Vict. ed. sed Grev. prim.* ut si jure id quidem. *vulgo*, & jure id quidem.

Non enim te amore vinco) *Sic prim. Pal. Amstelodam. Vict. ed. vulg* ti *cum Grev. prim.* non enim amore te vinco.

Id absenti debere non potui) *Sic Amstelod. & alii. Pal. & Grev. prim.* id absentem debere non potui. *Grut.* id absente debere non potui. *al.* id absenti delere non potui.

Topica Aristotelea) *Sic Vatic. Grev. prim.* copia Aristotelea. *alii cum vulgatis*, Aristotelica.

Plenissime rem illa scribi) *Sic MSS. Pal. prim. Grev. pr. Grut. Vict. & prim. edd. aliique v. c. vulgo* planissime.

Percipi posse) *Unus Guilielm.* percipi non posse.

Nam jus civile vestrum) *Unus Guilielm.* num jus civile nostrum.

Doctorem tamen unum quem desiderant) *Vid. Not.*

Quamquam tu) *Al.* quin tu.

V. Kal Sext) *Sic MSS. vulgo*, Vale V. Kal. Sext.

Epist. XX.

Rufio) *MSS. nonnulli*, Rufus. *al.* Rubius. *alius Guilielmii codex pro* Rufio, medius fidius *legit* Rufio Bassus.

Ut si esset unus e nobis) *Prim. Grev.* ex nobis. *F. Urbni codex*, ut si esset unus homo ex nobis.

Velia non est vilior) *V. c.* Velia non est mihi vilior.

Tamen istuc malo) Tamen *deest in prim. Grev.*

Tu si me audies) *Al.* tu tamen si me audies.

Neque Halesem) *Prim. Pal.* neque Haletem. *prim. Grev.* neque Ablesem. *duo Guiliem.* neque Alesem.

Habet locum) *Al.* locum. *al.* lacum. *prim. Grev.* lutum. *Manut. ed.* lucum.

A quo etiam advenæ teneri solent) *Al.* in quo etiam advenæ teneri solent.

His præsertim temporibus) *MSS.* iis p. t.

Deinde tuam domum) *Sic MSS. vulgo*, deinde etiam tuam domum.

Amœno loco) *Sic MSS. vulgo*, amœnoque loco.

Meaque negotia videbis) *In nonnullis libris deest* videbis.

Ego a Sexto Fadio Niconis discipulo) *Grevii prim. & plurime edd.* Fabio. *pro* Niconis *vero alii libri* Miconis.

Νικωνος περι πολυφαγιας) *Prim. Pal.* ΓΙΚΙ.ΝΟ ΠΕΡΙ ΠΟΛΥ. *Grev. prim.* ne irconoem LΓIIIO *&* qua aliæ. *in Amstelodam. vetitle ejt lectus. Margini adjectum erat*, Niconis de voracitate. *in Mezzel.* περι πολυφαγιας η βιμαχ γ ας.

Balbus noster) *Prim. Grev* Balbus noster. *prim. Pal.* Bassus vester.

Ventus increbescit) *Sic Grev. prim. aliique. vulgo*, increbrescit.

Epist. XXI.

Nos sine periculo facere posse) *Sic MSS. sed edd. & Grev. prim.* non sine periculo facere posse.

Possessionem Q. Cæpio) *Prim. Pal. prim. Grev. Grut* possessionemque Cæpio.

Ofilium) *Al.* Ofilium. *MSS.* officium.

Vt se & caussam suam) *Al.* ut se causamque tuam.

Etiam atque etiam rogo) *Edd. omnium addunt* Vale.

EPIST. XXII.

Posset ne heres) *Prim. Pal.* possene heres.

Furti recte agere) *Edd.* recte furti agere.

Scaevolae & Testae) *Al. codd.* Scaevola Testa. *al.* Scaevula.

EPIST. XXIII.

Tantum quod ex Arpinati veneram) *Sic MSS. Pall. Vatic. Pe.k. Graevii prim. aliique, vulgate edd.* tantum ex Arpinati veneram.

Aviani) *Graev. prim. aliique plures* Aniani.

In quibus hoc inerat) *Sic MSS. Pall. Vatic. Graev. prim. Amstelod. Vict. ed. vulgo*, in quibus hoc erat.

Ac tamen ista ipsa) *Sic MSS. vulg.* attamen illhac ipsa. *Pal. prim.* hae tamen ista ipsa.

Tanti ista quatuor aut quinque sumsisti) *Pal. prim. & Graev. prim. Amstelod.* tanti ista quatuor aut quinque sumsisse.

Bacchas istas cum Musis Metelli comparas) *Sic MSS Pall. prim. Graev. prim. aliique plurimi. vulgo*, sed Bacchas istas c. M. M. c.

At pulchellae sunt) *Graev. prim.* at pulcherrimae.

Cum Avianio) *Sic prim. Pal. Vatic. Vict. ed. sed vulgati & Graev. prim. aliique* Aviano.

Ego habebo scilicet) *Pal. prim Amstelod. & Graev. uno*, ego habeo scilicet.

Ne ego multo libentius) *Pall. & Graev.* ne ego multo libentius.

Tarracinae) *MSS.* Taracinae.

Aviani familiarem) *Vat.* Avianii fam.

Exhedria mihi quaedam nova sunt) *V. c.* exedria quaedam mihi nova sunt. *Graev. prim.* Exedria m. q. n. s. *uno Gulielm.* ex Hadria m. q. n. s.

Quando arcessantur) *Sic Pal. prim. ab. codd. vulgati tamen & Graev. primus*, quando accersantur.

Mandabam meae Tulliae) *Sic prim. Pal. & Graev. prim. vulgo*, mandatam meae Tulliae.

Per Liciniam) *Prim. Pall. & Graev. ac non Vict. ed.* per Licinium.

Cassium uti non ita multum sorore. ea porro negat se audere) *Al.* Crassum u. n. i. m. sorore, eam porro negare s. a. *prim. Graev.* Cassium uti non ita multum sorore mea porro negare se audere. *Pal. prim.* sororem eam porro negare se audere, eam *quoque habet Vat. & Vict. ed.*

Decius) *Sic MSS. Pal. prim. Graev. bini. Amstelod. vulgo* Decius.

Migrare) *Pal. prim.* magrare.

Est mihi gratissimum) *Graev. prim.* est mihi gravissimum.

Tanti a te aestimatam) *Graev. prim. Vat. Vict. ed.* tantum a te aestimatam. *Pal. prim.* tantum a te extimatum.

Sed ne vivam) *Palat. prim.* neu viam. *Graev. prim.* sed ne ut viam.

Si quid egero faciam, &c.) *Vid. Not.*

Si tibi videtur) *Sic Pall. prim. Vatic. Graev. prim. aliique. vulgo*, si tibi videbitur.

EPIST. XXIV.

Vel proxime de Tigellio) *Sic MSS. vulg.* de Tigellio perspexi. *Sensi* .. *Graev. prim.* de Tigellio.

Cipius (opinor) olim) *Vid. Not.*

Quae est haec servitus) *Pal. prim.* quae est haec servitus.

Vide quid succenseat) *Pal. prim.* inde quid succ.

Plancii caussam receperam) *Sic Pal. prim. Graev. prim. Vatic. Vict. ed. aliique. vulgo* susceperam.

De P. Sestio) *Sic MSS. vulg* Sextio. *& sic Graev. prim.*

Nullo modo me facere posse, cum vellem) *Al.* nullo modo me facere posse, quem vellet. *Vid. Not.*

Sed bonum unctiorem) *Al.* vitiorem. *al.* auctorem. *Vid. Not.*

Vt mi videbatur) *Sic Graev. prim. & Vict. ed vulgo*, ut mihi videbatur.

Catonem tuum mihi mitte) *Al.* cantorem t. m. m.

EPIST. XXV.

Cicero S. D. M. Fabio Gallo) *Sic MSS. vulgo*. Cicero M. Fabio Gallo S. D.

Sol-

Salva eſt, domo peres) *Sic Medic. & Grav. prim. al.* ſalva eſt domi, petes.

Ne, ſi iſtum habuerimus) *Medic.* niſi iſtum habuerimus. *Amſtelod.* niſi iſtum haberemus.

Vereor ne in Catonium Catoninos) *Vid. Not.*

Secreto hoc audi, tecum habeto) *Grav. prim.* ſecreto hoc audi, id tecum habeto. *Vid. Not.*

Præter duo nos) *Sic MSS. vulgo*, duos nos.

Bene malene) *MS.* bene maleve.

Vrge igitur) *Al.* urgeo.

Ne tranſverſum unguem) *Sic Grav. prim. alii*, nec tranſverſum unguem. *Vid. Not.*

Atque equidem aliquantum) *Al.* atque ego equidem aliquantum. *al.* atqui ego quidem.

Epist. XXVI.

Cum decimum jam diem graviter ex inteſtinis) *V. c.* cum jam decimum diem graviter, *&c. al.* ex inteſtino legunt.

Neque iis, qui mea opera uti volebant, me probarem non valere) *Sic prim. Pal. Grav. edd. Vict. Venet. Gravii prim. omittit iis. vulgo*, neque iis, q. m. o. u. v. probarem me non valere.

Tum in quod Epicurum tuum Stoici male accipiunt) *MSS. prim. Pal. Grav. Grut. Amſtelod.* tum quod Epicurum tuum Stoici male accipiunt; *vulgo*, tum in quo Epicurum tuum Stoici male accipiunt.

Sibi moleſta eſſe) *Al.* moleſta eſſe.

Fungos, heluellas, herbas omnes) *Prim. Grav.* fungos vel viles herbas omnis.

Videar cupiſſe conſiſtere) *Sic Vatic. Amſtelod. Grav. prim. cum vulgatis*, ut videatur cupiſſe conſiſtere; *idem pro* hodie *legit* eo die. *Vid. Not.*

A beta & a malva deceptus ſum) *Sic Grav. prim. Medic.* a beta etiam & a malva deceptus ſum. *Amſtelod.* a bleta etiam malva deceptus ſum.

Cogito commorari) *V. c.* cogito morari.

* Epist. XXVII.

Cicero S. D. Gallo) *Sic Grav. prim. al.* C. S. D. Fabio Gallo, *al.* Seſtio Gallo.

Ego enim te in Conſulatu obſervaram) *Sic MSS. al.* obſervaveram.

Multa tu quidem dicis) *MS.* multa ut quidem dicis.

Tribunatum plebei) *Sic MSS. vulgo* plebis.

Mea cauſa petiiſſe) *Sic MSS. vulgo* petiiſſe.

Negas me audere quod ſentiam dicere) *V. c.* negas me quod ſentiam audere dicere. *Grav. prim.* ſententiam.

Cum impudenter me rogares) *Prim. Pal. Vet. Vict.* cum parum pudenter. *Vid. Not.*

Ut iſto ipſo in genere) *V. c.* ut ipſo iſto in genere.

Non enim ingrata mihi ſunt) *Sic MSS. vulgo*, non enim mihi ingrata ſunt.

Quid tibi ego debeo?) *Sic MSS. vulgo*, quid ego tibi debeo?

Si vera) *Sic MSS. vulgo*, ſin vera.

Tu es optimus teſtis quid mihi populus Romanus debeat) *Pall. Grav. Amſtelodam. edit. prim.* tu es optimus teſtis mihi populus R. debeat. *ſed Grav. prim. ſtat pro vulgata.*

Epist. XXVIII.

M. Cicero S. D. Curio) *Sic MSS. vulgo*, M. T. C. M. Curio S. D.

Cum mihi deſipere videbare) *Pal. prim.* quod mihi deſipere videbare.

Peloponneſus) *Prim. Pal.* Peloponeſus.

Paetu) *Grut.* Patera.

Et vidiſſe mihi multum videris) *Al.* & vidiſſe multum videris.

Qui hinc abſis) *MS.* quod hic abſis.

Nunc eſſe beatus poteſt) *Pal. prim.* nunc beatus eſſe poteſt.

Quanta fortaſſe tu ſentias) *Al.* quanta tu fortaſſe ſenties.

Intellexi enim ex tuo ſermone quodam) *In prim. Grav. deeſt* ex enim.

Cum maeſtitiam meam & deſperationem) *Meam in nonnullis libris deſideratur.*

Dicere te) *Te non extat in aliquot libris.*

Quæ non ſolum ſuis erga me) *Prim. Pal.* quæ non ſolum, ſed etiam a meis erga te.

Ita

Ita rem communem esse dilapsam) *Sic MSS. vulgo*, ita communem rem esse dilapsam.

In cujus potestate omnia sunt) *MS.* in cujus potestate sunt omnia.

Ad primam redeo) *Ven.* ad primam redeo.

Vale) *Non extat in MSS.*

EPIST. XXIX.

Si inter senes coemtionales venale proscripserit) *Prim. Grav.* si inter senes coemtionales perscripserit. *Pal. prim. Sertorh. Pe-k. edit. prima*, si inter senes contionales. *Grut.* si inter nos senes coemtionales ven. *alius vetus lib. Hutam.* inter vos concionales, *al. u. c. Egnat.* inter vos senes, *Medic.* inter nos simes coemtionales.

Quod simus, quod habeamus, quod homines existimemur) *Gruter.* quod simus, habeamus, quod homines existimemur. *Grav. duo, & Amstelod.* quod sumus, quod habeamus, q. h. e.

Id omne abs te habere) *Grav. prim.* id omnes abs te habere.

Sulpicii successori nos de meliore nota) *MS.* Sulpicii nos successori d. m. n. *alius eadem*, de meliori nota.

Teque ad ver lubentes videre) *Al.* teque ad urbem lub. vid. *prim. Grav.* teque ad ludentes videre. *Amstelodam.* teque ad ver libenter vivere. *in Gruter. & Mentelliano hæc verba* teque ad ver lubentes videre, & nostra desigere, deportareque tuto possimus *desiderantur. sed in Grav. secundo plane ita scriptum est, ut pro se ferunt editiones.*

Sine cura errare) Sine *non est in Pal. primo.*

Duo parietes) *Sic MSS. Vid. Not. vulgo*, duos parietes.

EPIST. XXX.

Quin hinc ipse evolare cupio) *Prim. Grav.* quin huc ipse evolare cupio. *Grut.* evolari.

Ne tu) *Prim. Grav.* nec tu.

Multo ante providisse) *Pal. prim. m. a.* praevidisse.

Quamquam hæc etiam audita acerba sunt) *Sic MSS. al.* quamquam enim hæc e. a. a. s.

Fuit enim mirifica vigilantia) *In Pal. prim. deest* enim.

Non enim ades) *MS.* non enim ades. non.

Cujus eum proprium te esse) *Sic prim. Grav. & Vill. vulgo*, cujus quando proprium te esse.

Mancipio & nexu) *Palat. prim. & Grav. prim.* mancipio & nero.

Meum autem usu) *Prim. Pal. & pr. Grav.* meo autem usu.

Contentus isto sum) *Prim. Pal. & prim. Grav.* contentus istorum.

Id enim est cujusque proprium) *Sic MSS. al.* id enim cujusque proprium est.

Quo quisque fruitur atque) *Al.* quo fruitur quisque.

Sed hæc aliis pluribus) *Prim. Grav.* sed hoc pluribus.

Atilius qui in Græciam) *Duo Guilielm.* Attilius. *Gruter.* Acilius. *Grav. prim.* Agilius.

Maximo meo beneficio est) *Sic MSS. antiquissimi vulgo*, maximo meo beneficio est affectus.

De te diligentissime scripsi) *V. c.* diligentissime de te scr.

Eamque epistolam cum hac conjunxi) *Prim. Grav. & Pal.* eamque epistolam cum hac epistola conjunxi.

Quomodo acceperit) *Grut. Amstelod. Ven.* quando acceperit.

Et quid tibi pollicitus sit) *Prim. Grav.* & quid sibi pollicitus sit.

EPIST. XXXI.

Quod cum uterque nostrum) *Sic prim. Grav. & Viller. ed. vulgo*, quod quando uterque nostrum.

Acilio non fuisse necesse meas dari litteras) *Sic prim. Grav. & Vill. ed. al. MSS.* Atilio.

Sulpicii tibi operam) *Sertorh.* Sulpicii tibi opera.

Propter res tuas ita contractas) *V. c.* propter tuas res.

EPIST. XXXII.

Ευτραπελία litterarum) *MSS. duo*, epigramma litterarum.

Sestiana) *Al.* Sextiana.

Non resistis?) *MSS.* non ne resistis?

Ut cognosci sua sponte possent) *Prim. Pal.* ita ut cognosci sua sp. p.

Ut nihil tam sit ἀκαλόφωνον) *sic MSS. vulgo*, ἄκαιρον.

Sit vel Selius tam eloquens) Sit *deest in Grut.*

Selius) *Al.* Sgiius. *al.* Cælius.

Se liberum) *Jansonk.* se te liberum.

Sed mehercules extra jocum) *Sic MSS. vulgo*, mehercule.

Id cum ipsius causa, est mihi, ut scis, in amoribus) *Amstelod.* est enim, ut scis, mihi in majoribus. *Vid. Not.*

Amare non desinam) *Sic MSS. vulgo*, amare tamen non desinam.

Cum instituisti) *Sic MSS. al.* quando tu instituisti.

Dolabellam) *Prim. Pal. & pr. Grev.* Dolabellam.

Quem ego perspicio tu judico) *Prim. Grev.* quem ego perspiciar tu judicio. *duo Guilielm.* q. e. p. tu video.

Quo quidquam desit) *Sic prim. Grev. Pall. & Victor. ed. vulgo*, quod quidquam desit.

Epist. XXXIII.

Mi suavissime Volumni) *Grev. prim.* mi suasum mi Volumni. *Pal. prim. & Grut.* mihi sua visum est Volumni.

Gregalibus illis amissis) *Al.* emissis.

Pinnigero non armigero) *Sic MSS. vulgo*, pennigero.

Apud Accium) *Al.* apud Attium.

Abjecta gloria) *Pall. & Grev. prim.* abjecta a gloria.

Quamquam venis) *Sic prim. Grev. Pall. Grut. Vict. vulgo*, quamquam venies.

Quas si nt volumus exceperimus) *Al.* excluserimus.

Communibus nostris amatoribus) *Amstelod.* omnibus nostris amatoribus. *Vid. Not.*

Opus est hac limatulo ac polito tuo judicio) *Sic MSS. vulgo*, politulo. *Vid. Not.*

Interioribus litteris meis) *MSS. duo*, interioribus meis litteris.

Ne perinvitus legerem) *MSS.* ne pluribus legerem. *Vid. Not.*

Ac velim posthac sic statuas) *Prim. Pal.* at velim posthac sic statuas.

LIBER OCTAVVS

Epistola I.

Quod tibi decedens pollicitus sum) *Sic MSS. vulgo*, quod tibi decedenti pollicitus sum.

Ne tibi nimium arguta hæc sedulitas videatur) *Al.* ne tibi arguta nimium.

Sed ipsum volumen) *Prim. Grev.* id ipsum volumen.

Nescio quojus otii esset) *Vid. Not.*

Quæ existimatio secuta, quæque de eo spes est) *Sic Pal. tres prim. Grev. nisi quod pro quæque quoque in illo sit, prim. & Vict. edd. vulgo*, quæ existimatio consecuta, quæque de eo spes.

Comamim tenus) *Al.* Comum t.

Quod ad Cæl. attin.) *Al. ap. Curvad.* Q. a Cæsare.

Quod opinor certe factum est) *Sic Vatic. Pall. quart. quint. Grev. prim. & edit. Victorii, Amstelod.* quod opinor certe est factum. *Pal. prim. Grev. sec. ed. prim.* quod opinor certe factum esse, *vulgo*, quod opinor certe factum.

Circumsederi) *Sic MSS. vulgo* circumsideri.

Palam secreto narrantur) *Vid. Not.*

At Domitius, cum manus ad os apposuit) *Prim Grev.* addo micius cum ad eos apposuit. *Pall. tres ac ed. prim.* aut Domitius. *v. c. Polit.* apud Domitius.

Et te urbe ac foro toto maximus rumor fuit a Q. Pompeio in itinere occisum) *Vid. Not.*

Rhodiis embaneticam facere) *Vid. Not.*

Vt ego misererer ejus esuriei) *Pal. & Grev. prim. Amstelod. edit. prisc.* ut ego misererere ejus esurire. *Pal. quart.* misererer exicare. *quint.* exicare.

Plancus quidem tuus Raventii est) *MSS.* Plancus quidem tuus Ravennæ est.

Omnibus vigent) *Pal. prim.* omnibus vigens.

EPIST. II.

Me repræſentante) *Al.* matre prehenſante. *vel*, me reprehenſante. *Vid. Not.*

Et ſingulis in uno quoque ordine) *Sic Ampl. Vatic. prim. Villor. ed. ſed Grav. edit*, ſed ſingulis in unoquoque ordine. *Vid. Not.*

Viſe modo, inquis) *Al.* videſne rogo? *Vid. Not.*

Tam præter opinionem) Tam *deeſt in prim. Grav.*

Obſtupui) *Vet. & Vill. ed.* obſtipii.

Relictus lege Licinia) *Al.* relictus legi Liciniæ.

Poſtridie ejus abſolutionem) *Vid. Not.*

Rudentum ſibilis) *Al.* ſibilus. *al.* ſibulis. *al.* ridentium. *al.* rudentium ſibilus.

In totam vitam quoivis) *Sic prim. Grav. vulgo*, cuivis.

In nobilem agentem) *Sic MSS. vulgo*, ignobilem egentem.

Quod ad Pantheras attinet) *Pr.k.* quod Pantheras attinet, ſyngrapham. *Grav. prim.* quod Pantheras attinet, rego.

Syngrapham Sittianam) *MS.* pyngrapham.

Qui has litteras tibi dedit) *Sic Vatic. Pr.k. Grav. prim. ed. Vill. vulgo*, reddet.

EPIST. III.

Tibi ſæpe, quod negaras) *Al.* tibi ſæpe, quod me negaras.

Quod negaras diſcedens curaturum tibi) *Sic Vatic. Pr.k. Grav. prim. ed. Villor. vulgo* tibi emiſiſti.

Huc eo diligentius factito) *Al.* facio.

Vacanti negotium erat) *Pr.k. & Grav. prim.* vapanti negotium erat.

Quæ mea negligentia eſt) *Prim. Grav.* & quique mea facta negligentia eſt.

Mea, ſi ſic, forſitan cum locupletiore referam) *Al.* me, ſi ſic, ſi forſan c. l. r. *Vid. Not.*

Sed tanti? ſed mehercule, non multum M. Octavius eorum odia) *Vid. Not.*

Qui tibi iſtuc) *Vatic. & prim. Grav.* quid tibi iſtuc.

Aliquod ex tam multis tuis monumentis) *Vatic. & prim. Grav.* aliquid ex tam multis tuis m.

Quod noſtræ amicitiæ memoriam poſteris quoque prodat) *Prim. Grav.* quod in noſtræ amicitiæ memoriam poſteris quod quam prodat. *Pr.k. ed.* amicitiæ noſtræ.

Tu cities, qui omneai noſti diſciplinam) *Vid. Not.*

EPIST. IV.

Poſtulatum a Galliis duobus) *Al.* condemnatum a Galliis duobus.

A Galliis duobus) *Al.* a Gallis duobus.

Lentuli Cruris) *Al.* Lentuli Suræ, *duo Gulielm. lib.* Lentuli a curis, unde iſte fuit a coriis, quia coriata erant comitia.

At qua ſpe) *Prim. Grav.* atque ſpe.

Et Hercules, niſi noſtri equites) *Prim. Grav.* et mehercules in noſtriſque. *al.* & me Hercules. *varie legitur pro* equites, quæ, qua, æque.

Acutius) *Al.* ac totius.

Tribunum plebis deſignatum) *Prim. Grav.* deſignatum tribunum plebis.

Incitis multis) *Prim. Grav.* incitis multis.

Bonos & ſenatum malet) *Al.* bonos ſervatos malet. *al.* bonos ſerv. mallet.

Hujus autem voluntatis initium & cauſa eſt) *Vid. Not.*

Qui ſolet infimorum hominum) *Prim. Grav.* infirmorum hominum.

Qua in re mihi videtur illud perquam venuſte cecidiſſe) *MSS.* cecinisse.

In evitandis conſiliis) *Al.* in evitandis iis conſiliis. *al. edd.* in evitandis eorum conſiliis.

Confectis omnibus) *prim. Grav.* interfectis omnibus.

Quem eventum ſint habitura) *Prim. Grav.* quæ me ventum ſint habitura.

M. Cœlium Vinicianum) *Al.* M. Cœlium Viciniaanum. *al.* M. Cœlium Titianum. *Vid. Not.*

Quam deſiderarmus olim) *Prim. Grav.* quam deſideramus olim.

Promulgatio de dictatore ſubito) *Prim. Grav.* promulgatio deleſtatore ſobito. -

Inde Hirrum cunctis aut non faciendum

dum flagitare) *Vid. Not.*

Quod vix sperare ausus es) *Duo Guilielm.* quod vix sperare visus es. *prim. Grev.* quod vix sperari ausus est.

Quo numero esset, quo appeteretur) *Sic MSS. Vid. Not.*

Cum ex Gallia coactus esset dicere Pompeius se legionem abducturum) *Grev. prim.* cum Pompeius esse in Gallia coactus est dicere Pompeius se legionem adducturum.

Inde interrogatus de successione) *Al.* inde interrogatus est d. s.

Profecto aut transigeretur aliquid, &c.) *Vid. Not.*

Ut Cibyratam accessus) *Sic Vill. ed. prim. Grev. ut* Ciburatas. *sic* Sulla & Sylla *scribitur.*

Curesque ut mihi vehantur) *Prim. Grev.* vesutur.

Quomodo regnum illud se habeat) *Sic Vill. ed. & prim. Grev. vulgo*, quomodo regnum illud te se habeat.

EPIST. V.

Animi pendeo) *Prim. Grev.* animis pendeo.

Nam si hoc moderari possemus) *Al.* n. s. h. modo.

Tamquam nihil derogatum sit ei) *V. c.* tamquam nihil abrogatum sit ei.

De omnibus provinciis decernere) *Prim. Grev.* discernere.

In his triciis moretur) *Guilielm. ed.* in historicis *prim. Grev.* in histricis.

Quod si anno praeterito Curio tribunus) *Prim. Grev. & Manut. ed.* hoc si praeterito anno Curius tribunus. *edd.* quod si hoc anno praeterito Curio tribunus.

Et eadem actio de provinciis introivit, quam) *Prim. Grev.* & eadem actio de provinciis, ut quam. *vulgo*, & eadem actio de provinciis introibit.

Quam facile nunc sit omnia impedire) *Sic Vill. ed. & prim. Grev. vulgo*, quam facile tunc sit omnia impedire.

Et quam hoc Caesari, qui sua causa remp. non curet, speret, non te fallit) *Vid. Not.*

EPIST. VI.

Quo facto retudit sermonem) *Sic Vill. ed. vulgo* retulit. *prim. Grev.* & tulit.

Quam velis eum obligare) *Prim. Grev.* quam eam velim obligare.

Cum quo simultas non fuisset) *Prim. Grev.* cum quo si simultas non fuisset.

Nunc si ad illam summam veritatem) *Vid. Not.*

Uxor a Dolabella discessit) *MSS.* uxor e Dolabella discessit.

Unum illud monere te possum) *Prim. Grev.* unum illud te monere possum.

Porro significatio ulla si intercesserit) *Prim. Grev.* porro significatio ulla intercesset.

Neque ille tacere eam rem poterit) *Al.* neque enim ille tacere.

Si Parthi vos nihil calfaciant, nos hic frigore frigescimus) *Prim. Grev.* si Parthi vos nihil calfaciunt, nos nihil se gore frigescimus. *al.* si P. nos nih. calf. nos hic frig. se. *vel* nos nihil frig.

Hic omnia jaceant, potuit sine Parthis) *Prim. Grev.* hic omnia jaceant, putavit. Sine Parthis Bibulus &c.

Quod tibi scripsi supra) *Prim. Grev.* sibi.

Curionem frigere) *Grev. prim.* Curionem valde frigescere. *Vid. Not.*

Ferventissime concerpitur) *Al.* f. concerpitur.

Levissime enim) *Sic MSS. vulgo*, bellissime enim.

Legem viariam non dissimilem agrariae Rulli) *Prim. Grev.* legem variam non dissimilem agitare, &c.

Quas iubet aediles metiri) *Sic prim. Grev. vulgo* quas.

Cum priorem partem epistolae scripsi) *Sic MSS. vulgo*, cum priorem epistolae partem scripsi.

Confirmo me in gratia) *Sic MSS. al.* in gratiam.

De Dolabella integrum tibi reserves) *Reg.* Dolabellam integrum tibi reserves.

Aequitatisque opinioni hoc ita facere expedit) *Sic MSS. vulgo*, aequitatisque opinioni te hoc ita facere expedit.

Panthera Graecas) *Sic prim. Grev. aliique. vulgo*, Pantherarum greges.

EPIST. VII.

Quam cito tu istinc decedere cupias) *MS.* idem.

Rem

Rem gessisti) *Pr. Grav.* rei gessisti.

Metus aliquis perturbet) *Sic prim. Grav. alii*, metus aliqui perturbent.

Cornificius adolescens Orestillæ filiam) *Al. vet.* adolescentiorem Syllæ filiam, *MS Argen.* Cornificius adolescentiorem ille tibi filiam. *prim. Grav.* Cornificius adolescentior est, ille filiam tibi desponsit. *al.* adolescentior est, ille tibi filiam.

Divortium sine causa) *Al.* devortium sine causa.

Nondum retulerat) *Medic.* nondum retuleras. *prim. Grav.* non modum retuleras.

EPIST. VIII.

Etsi de rep. quæ tibi scribam habeo) *Al.* etsi multa de rep. quæ tibi scribam habeo.

Quod magis te gavisurum putem) *Sic prim. Grav. vulgo*, quo m. t. g. p.

Scito C. Sempronium Rufum, Rufum mel) *Prim. Grav.* sit C. Sempronium Rufum, mel.

Calumniam maximo plausu tulisse) *Prim. Grav.* calumpniam m. p. t.

Quæris, qua in causa) *Vat.* quæris quæ in causa. *al.* quæris an causa. *Vid. Not.*

M. Tercium accusatorem suum) *Pr. Grav.* M. tium accusatorem suum.

Reum lege Plotia) *Prim. Grav.* rerum lege Plotia.

Ad subsellia rei occurro) *Pr. Grav.* ad subsellia regi occurro. *al.* accurro.

Vestorium quoque) *Al.* Nestorium quoque.

Si quid injuriis suis esset quo Vestorius teneretur) *Med. & prim. Grav.* si quod injuriis suis esset, ut Vestorius teneret. *al.* quod Vestorius teneret. *Vid. Not.*

Quod Pilius necessarius Attici nostri de repetundis eum postulavit) *Prim. Grav.* quæ Pilius Attici nostri repetundis eum postulavit.

Magna illico fama surrexit) *Pech.* magis i. f. f.

De damnatione ferventer loqui coeptum est) *Prim. Grav.* de damnatione *in aliis libris omittitur* est.

Quo vento projicitur Appius minor) *Prim. Grav.* quo vento proicitur Apius miror.

Vt implicet pecuniam) *Pr. Grav.* impicet. *Vid. Not.*

Prævaricationisque causa diceret depositum) *Al.* divinationisque causa diceret depositum. *prim. Grav.* prævaricationisque causa diceret depositum. *al.* positum.

Imo si actionem, stultissimisque de se, nefarias de patre confessiones audisset) *Sic prim. Grav. alii & vulgo* aisset. *Vid. Not.*

Quid singuli ordines judicassent) *Lamb.* quod singuli ordines judicassent.

Ad extremum, ut solent, non redigam) *Sic MSS. vulgo*, ut solet, ait, referam.

Pro absoluto Servilius haberi coeptus) *Lamb.* coeptus est.

Quod eorum judicium) *Antuerp. ed.* quod eorum judicium.

Id jus ratumque esto) *Prim. Grav.* id jus juratumque esto. *Pech.* id jus curatumque esto.

Postulante rursus Appio) *Pr. Grav.* postulantur Apio. *semper* Apius *scribit iste liber*.

Cum L. Lollio transegisset) *Sic MSS. prim. Grav.* cum Lucio Lollio transegisset. *vulgo*, cum L. Lollio transegit.

Et se relaturum dixit) *Al.* se relaturum dixit.

Cum calumniam jurasset) *Al.* vitasset. *prim. Grav.* calumpniam.

A quodam suo emissario Titio) *Vid. Not.*

Sæpe re dilata) *Sic MSS. al.* sæpe relata.

Plane perspecta Cn. Pompeii voluntate) *Pr. Grav.* plane perfecta G. N. Pompeius voluntate in eam partem.

Vt eum decedere post Kalendas Martias placeret Senatusconsultum, quod tibi misi, factum est, auctoritatesque perscriptæ. S. C. auctoritates. Pridie Kalendas Octobreis in æde Apollinis scrib. affuerunt) *Prim. Grav.* ut eum decedere post Kal. Martias placeret, senatus auctoritas p. Kal. Octob in æde Apollinis scripta adfuerunt. *Pech.* scribæ affuerunt. *Vat. Vict.* scrib. adfuerunt.

L. Domitius, Cn. Filius, Ahenobarbus) *Al.* Aenobarbus. *prim. Grav.* L. Domitius G. N. Fabius Metellus.

Quirina) *Prim. Grav.* Quirini.

L. Ate-

L. Ateius L. F. An. Capito) *Al.* Ateius & *prim. Grev. al.* , Ancapito.

L. Paulus) *Al.* C. Paullus.

Ex a. d. n. Kal. Mart.) *Al.* ad ex Kal. Mart.

Neve quid conjunctim de ea re referretur , *Prim. Grev.* neve quid junctum d. e. r. r.

Ut cum de ea re ad senatum referretur a Coss.) *Prim. Grev.* ut cum de ea re a. s. r. a. consulibus , q. e. *in Pith. est* , *& infra repetitur* .

Eorum qui in eo. judicibus essent) *Al.* qui eorum. *al.* eorum quin.

Sea adducere liceret) *Prim. Grev.* ses addurere liceret.

Si quid ea re ad populum , ad plebemve lato) *Al. Vict. ed. vulgo* , si quid de ea re ad populum plebemve lato. *pro* lato *aurelli codd.* referri.

Quod ii non tulissent , uti , quicumque deinceps essent ad populum plebemve ferrent) *Hac verba desiderantur in primo Grevii , absorpta fort e praecedente periodo , quae iisdem verbis finitur. vulgo* , quod ii non tulissent , uti quicumque deinceps essent , ferrent.

I. V.) *Al.* L. V. *al.* S. C. A.

Scribendo adfuerunt) *Prim. Grev. Pith.* scripta adfuerunt.

Quo minus de repub. ad senatum referri , senatusque consultum fieri) *Prim. Grev.* quominus de R. P. Q. P. ad senatum referre , senatumque fieri passe. *Medic.* quo minus de Rep. Q. P. ad senatum referri.

Qui impedierit , prohibuerit) Prohibuerit *in antiq. desideratur. Vid. Not.*

Eum senatum existimare contra rempublicam fecisse) *Pr. Grev.* tum senatum existimari contra remp. fecisse.

De ea re ad senat. populumque referri) *Med. lib.* de ea rep. ad hanc ordinem referri. *Grev. prim.* ad senatum populumque referre.

L. Vinicius) *MSS.* L. Vicinius.

C. Vibius Pansa) *Pr. R.* C. Iulius Pansa.

Aut causas) *Sic Vict. & prim. Grev. vulgo* aut *omittitur*.

Et de ea re ad senatum populumque referri) *Vid. Not.*

Huic senatusconsulto) *Prim. Grev.* huic senatoc. *al.* huic SC.

In octo reliquas provincias) *Sic prim. Grev. Vict. ed. vulgo* , in octo rel. p. *al.* inque octo rel. prov.

Qui in eas provincias proficiscerentur) *Al.* profecti essent.

Potuit supersedere) *Prim. Grev.* potuit superstedere.

Sittianamque syngrapham tibi commendo) *V. c.* Sitianam quoque syngrapham tibi commendo.

Epist. IX.

Quam ne contentionis minima fuerit) *Prim. Grev* quam ne contentionis minimum fuerit.

Curionem prorsus non mediocriter objurgatus , hac repulsa se mutavit) *Pr. Grev.* Curionem prorsus non mediocriter objurgat , ac repulsa se mutavit. *Pr. R.* prorsus Curionem n. m. objurgatus hac r. s. m. *al.* a Curione prorsus n. m. o. h. r. s. *al.* Curionis prorsus *&c.*

Agit causas liberales) *Prim. Grev.* agit causam liberalis *al.* agit causam liberaliter. *& a. c.* liberalius.

In Kl. rejectum ne frequentiam quidem efficere potuerant) *Prim. Grev.* in Kl rejecta e.t. ne frequentiam quidem efficere potuerant. *edd.* in Kl. rejecta causa est, ne f. q. e. p.

A. d. iv. Non. Septemb.) *Prim. Grev.* ad iii. Non. Septemb.

Ne profligatum quidem quidquam) *Sic MSS. vulgo* , ne promulgatum quidem quidquam erat. *alii* , ne profligatum quidem quidquam.

In proximum annum transferetur) *Prim. Grev.* transferretur.

Non expeditur successio) *Sic prim. Grev. aliique & Vict. ed. vulgo* , non expedietur successio.

Ut ad hunc adventum te parares) *Prim. Grev.* praeparares.

Patischum Curioni) *Prim. Grev.* Parthis cum Curione.

Cibyratas) *Vulgati errore* Cybir.

Amabo te , impera tibi hoc cura. Soles libenter , *etc.*) *Vid. Not.*

Hoc est imperandi & mandandi) *Pr. Grev.* hoc est imperandi & amandi.

Si ullam spem) *Sic prim. Grev. aliique , nonnulli* , si nullam spem.

Feridium) *Al.* Feridium.

Frustuarios habeat) *MSS.* frustuarios haber.

Habent civitates) *Al.* Cibyratae.

Favo-

Favonium) *Pall. duo*, Favilum. *quart.* Frivolum.

A columnariis præteritum) *Al.* pertritum. *al.* a columnariis.

hum non fecit) *V. c.* eum nihili fecit.

Pompeium tuus aperte, Cæsarem & provinciam tenere cum exercitu, & consulem esse) *Vid. Not.*

Conjunctim referretur) *Pech.* conjunctum referretur.

Questum esse cum Scipione) *Sic Pal. prim. & Vict. ed. vulgo*, conquestum esse cum Scipione.

In accusatione satis frigidus) *Al.* sane frigidus.

EPIST. X.

Sane quam litteris C. Cassii) *Pr. Palat. & Amstelod.* sane quoniam litteris G. Cæsaris.

Cis Euphratem) *Prim. Pal. & Amstelod.* Euphratem.

Profectas per Commagenen) *V. c.* esse profectas per Commagenem.

Dignitati tuæ periculum afferret) *Prim. & quint. Palat. Pech. & Amstelod.* dignitatis tuæ periculum afferret.

Hæc quomodo acciperent) *Eid.* hoc quomodo acciperent.

Alius ab urbe Pompeium non removendum) Pompeium *in vulgatis omittitur*.

Cæsarem cum suo exercitu) *Pech.* Cæsarem cum exercitu suo.

Ut paludati exirent) *Al.* & p. e.

Senatui renuntiasse) *Amstelod.* senatui renuntiasset.

Ne aut velificatus alicui diceris) *Pall. prim. quart. Pech. Amstel. prim. & Gebh. edd.* ne aut bellificatus. *Palat. quint.* belificatus.

Aut aliquid, quod referret scire, reticuisse) *V. c.* conticuisse. *Amstelod.* aut aliquid quidem referretur sciret reticuisset.

Parum efficax sit) *Amstelod.* parum partim e. s.

Itemque Servium, quam cunctator) *Pech. Amstelod. & Gebhard. ed.* itemque Servius, quam cunctator.

Cujusmodi putas hoc esse?) *Prim. Pal. Pech. Amstelod.* cujusmodi putas hoc esse?

Qui id, quod nolint) *Al.* nolunt.

. Frigide agunt) *Pech.* ajunt.

Novis magistratibus) *Pech.* a nobis magistratibus. *Amstelod.* nobis magistratibus.

Sin autem non erit istic bellum) *Al.* s. a. aut n. e. i. b. *Pech.* sin certum sit aut non erit istic bellum.

Inde ut aliquid Pompeio tribuat, quidvis) *Lambin.* deinde ut aliquid Pompeio tribuat. *al.* quodvis *pro* quidvis.

Plores suspicari) *Pech.* pluris s.

Præparata multa scio) *Pech.* præparata multa esse scio.

Quæcumque acciderint verterentur) *Pech.* verterent.

Illud addo, ad actionem C. Curionis de agro Campano) *al.* illud addo, actionem C. Curionis de agro Campano.

Pompeium valde nolle) *Sic pr. Pal. Amstelod. Vict. v. ed. vulgo*, Pompeium valde velle.

EPIST. XI.

Comitiales eripiebantur) *Al.* concioness eripiebantur.

Ne quod furore Paulli adeptus esset boni) *Al.* ne si quid f. P. a. e. b. *al.* adeptum. *al.* ne quod favore Paulli adeptus esset boni. *Vid. Not.*

Confirmarunt consules) *Prim. Palat. Pech. Amstelod.* & confirmavit consul.

Se his supplicationibus) *Amstelod.* esse his supplicationibus. *prim. Pal.* iis supplicationibus.

Spem in istis supplicationibus) *Al.* se spem in istis supplicationibus.

Qui de te locutus honorifice) *Vid. Not.*

Non decrerat) *Sic Amstelod. & alii vet. codd. vulgo*, non decreverat.

Tertius ad hos Favonius) *Amstelod.* certius ad hos Favonius.

Tum ejus fidem in suspicionem adduxit) *Palat. Amstelod. prim.* cum ejus fidem in suspicionem adduxit. *Pech.* cum e. f. i. s. adduxi.

Nec deerant quidem, qui utique transfugi volebant) *Prim. Palat.* deferant quidem qui inique transfigi volebant. *Amstelod.* deferant quidem qui inique transfigi volebant. *Lambin. ed.* nec deerant quidem, qui id numquam transfigi volebant. *al.* nec deerant qui iniqua tr. v.

In unam causam omnis contentio

conjecta est de provinciis : in quam adhuc incubuisse cum senatu Pompejus videtur, ut Cæsar Id. Novembr. decedat) *Editiones Manutii*, in unam causam omnis contentio conjecta est : de provinciis inquam adhuc est. Incubuisse cum senatu Pompeius videtur, ut Cæsar ante Id. Nov. decedat. *In Amstelodam. etiam scribitur*, de provinciis adhuc est, *& mox idem*, ut Cæsar Idus non decedat.

Cæsarem Consulem designari prius) *Amstelod. & edd. Grob. & Victor.* Cæsarem Cos. design. prius.

Si intercessorem, quod videntur, reformidarint) *Sic Victor. Amstelodam. & Pal.* si intercessorem, quod videntur, reformidarunt. *vulgo*, reformidabunt. *alii sic distinguunt & legunt*, defendet intercessorem : si, quod videntur, r.

E quo tu, quæ digna sunt, selige) *Vict.* ex quo tu *&c.*

Denique malo in hanc partem errare) *Vid. Not.*

Epist. XII.

Postea quam vero comperi) *Pal.* compleat. *Amstelod.* coperi.

Mihi inimicissimo homine) *Vox* homine *abest a veteri codice*.

Ipsum reprehenderem) *Amstelodam.* ipsum reprehendere. *al.* Pompeio r tum ipsum reprehendente.

Vitam mihi debere putaram) *Sic prim. Palat.*

Tum quidem aliquot amicis, qui testes erant meorum in illum meritorum) *Vid. Not.*

Postquam rescit) *Al.* postquam rescivit.

Incanduit) *Al.* excanduit. *al.* scanduit. *al.* canduit.

Accessere palam Servium) *Palat. prim. & Victor. ed.* accessere palam Servium. *Amstelodam.* accessere palam Servium.

Ulla lege) *Al.* illa l.

Qua dicere non poterant) *Al.* qui dicere. *al.* q. objicere n. p.

Summis Circensibus ludis meis) summis *deest in veteri codice*.

Lege Scantinia) *Al.* Caninia.

Amplius quadraginta mansit) *MS.* amplius quadraginta diebus mulit. *vulgati*, amplius quadraginta dies mansit. *Vid. Not.*

Domitio diem timori esse) *Al.* idem timori.

Exspecto te valde) *Victor.* te exspecto valde.

Proinde doleas) *Al.* perinde doleas.

Et ulcisci tuas solere) *Sic prim. Palat. Vict. al.* & tuas ulcisci solere.

Epist. XIII.

Ætate jam sunt decursa) *Al.* decussa. *Amstelod.* deconsa.

Pudore Tulliæ) *Al.* & prudentia Tulliæ.

Sublatum iri) *Al.* sublatum.

Qui agendum cum tribunis plebis) *Peck.* quæ agendum cum tribunis pleb.

Stomacho est scilicet Pompeius Magnus) *Prim. Palat. & Amstelod.* stomachus est scilicet P. M. *Lamb.* stomacho est Magnus nunc ita languenti.

Vix id quod sibi placeat, reperiant) *Sic Palat. prim. & Vict. al.* reperiat. *Amstelod.* vix id quod sibi placeant, reperiant.

Ut ratio esset ejus habenda qui neque exercitum neque provincias traderet) *Al.* tradere vellet. *MS.* ut ratione ejus habenda, qui exercitum, neque provincias tradere. *Amstelodam.* ut ratione ejus habenda, qui exercitum neque provincias tradidera. *Victor.* ut nec ratio esset ejus habenda.

Quemadmodum hoc Pompeius laturus sit, cum cognoscat, quidnam reipubl. futurum sit) *Al.* cum se cognoscat. *al.* qu. h. P. L. sit, cognoscam q. r. f. s. *Amstel. Sigon. & Manut.* quemadmodum Pompeius laturus iste, cum cognoscam quidnam reip. futurus sit.

Si aut non possit) *Hæc in Amstelod. & aliis v. codd. desunt.*

Epist. XIV.

Arsaceo capere) *Peck.* Arsacem capere.

Seleuciam expugnare) *Prim. Pal.* & Seleuciam expugnare. *al.* Seleuceam expugnare.

Ut ne familiarem quidem suum quemquam tam oderit) *Sic MSS. Peck. prim. Pal. Amstelod. Vict. ed. al.* quempiam. *vulgo*, ut ne familiarem quidem suum, quem nosti, tam oderit.

Ca-

Cujus ego auctor fuerim] *Pr.k.* cujus ego a. f.

Superiore a vita] *Sic Amstelod. Palat. prim. Pr.k. aliique sed Vict. ed.* superiore vita. *Vid. Manut.*

Quod judicium nunc in exspectatione] *Amstelod.* quod judicium exspectationem. *Al.* quod judicium non exspectationem. *Vid. Not.*

Me unquam pacem non videre] *Sic MSS. vulgo*, me etiamnum pacem non videre.

Quo propius ea contentio] *Pr.k.* quod propius e. c.

Quam fieri necesse est] *V. c.* quam videri necesse est.

Quod Cn. Pompeius constituit] *Vict. ed.* quo Cn. Pompeius constituit.

Sic illi amores] *Sic Vatic. prim. Palat. Vict. ed. Amstelod.* Siciliam mores.

Invidiosa conjunctio] *V. c.* & ingens conjunctio.

Non ad occultam recidit obtrectationem] *Sic Amstelod. Palat. prim. Vict. ed. vulgo*, non ad occultam recidit obtrectationem.

Sed ad bellum se erupit] *Sic Pr.k. Amstelod. aliique vulgo*, sed ad bellum erumpit. *al. tamen omissa particula*, sed bellum erumpit. & bellum se erupit.

Neque meorum rerum quod consilii capiam] *Sic MSS. vulgo*, neque meorum rerum quid c. capiam.

Neque dubito quin te quoque] *Victor. & Amstelod. MS. aliique*, quod non dubito.

Et gratia & necessitudo est] tam causam. *Vid. Not.*

Sine armis cernetur] *Al.* cernatur. *al.* certetur.

Omnino satis spatii sit) *Liber MS.* omnino satis patebit.

Ad eligendam partem. Prope] *Al.* ad eligendam partem tutiorem. Prope. *prim. Pal. Amstelod. & ed. Ven.* ad eligendas utrisque copias, & eligendam partem. Prope. *v. c.* ad eligendas partes. Prope.

Lomentum aut nitrum esse) *Al.* vitrum. *Vid. Not.*

Nam sordes eluere vult, venas sibi omnes & viscera aperit] *Vid. Not. monstra hic sunt tum in aliis libris, tum in Amstelodamensi*, nam sontestrulentasei sibi: omnia & viscere aperit.

Quid putem futurum) *Prim. Pal. & Amstelod.* quod putem futurum.

Ferrum & vis judicabit) *Sic. prim. Pal. Amstelod. Vict. ed. vulgo*, ferrum & vis vindicabit.

Si sine summo periculo) *Prim. Pal. Amstelod. aliique libri fere omnes*, si sine suo periculo. *Vid. Manut.*

Spectaculum parabat] *Al.* parabit.

E P I S T. XV.

Nunc tibi nostri milites) *Al.* num tibi n. m.

Malis orbiculatis esse pasti videntur? Quid jam, inquis? gloriose omnia: si scias) *Alii*, m. o. p. videntur? quid? jam, inquis, g. o. s. s. *alii*, m. o. e. p. videntur? Quid jam, inquis, gloriosum? Imo si s. *Vid. Not.*

Si scias quam sollicitus sim] *Amstelod. & Manut. ed.* si scias quam sollicitus sum.

Cum expulisset ex Italia Pompeium] *Pr.k. pr. Pal. & Amstelod.* Pompeius.

Nisi si maluit Pompeius Brundusii circumsideri] *Vid. Not. al.* nisi maluit.

Quod te videre, & omnia intima conferre discupio) *Sic MSS. vulgo*, nisi quod te videre & o. i. c. d. *Palat. ed.* qui te videre & o. i. c. d.

Sed tamen quoniam ob scelus) *Pr.k.* sed tum quam hoc scelus. *Amstelod.* sed tamen quam ob scelus.

Adeo quod Intimelii in armis sunt] *Sic MSS. vulgo*, ideo quod Intimelii in armis sunt.

Nobilem illi Cæsaris hostem) *Sic Pr.k. Amstelod. aliique. vulgo* illic. *Vid. Not.*

Comprehendit & strangulavit) *Al.* apprehendit & strangulavit.

Eo cum quatuor cohortibus mihi] *Sic Victor. Lambin.* eo nunc cum quatuor cohortibus. *Manut. & MSS.* eo nunc cohortibus mihi. *Amstelod.* eo nunc cohortibus mihi.

Vellem quidem Venere prognatus. *Vid. Not.*

In vestro Domitio] *Pr.k.* in nostro Domitio.

Quantum Pseradle natus] *Vulgo*, quantum ipse senatus in hoc habuit. *Vid. Not.*

Ero-

EPIST. XVI.

Neque non tamen quale esset) *Vid. Not.*

Iratus senatui exiit) *Al.* iratus senatu exiit. *prim. Pal. Peck. Amstel.* iratus senatui exilit. *al.* exiliit.

Tibi caræ sunt) *Peck. aliique* caræ sunt.

Quorum fortunas non debes velle conturbare) *Al.* eorum fortunas n. d. v. c.

Te subisse) *Sic Vatic. Amstelod. aliique. vulgo*, te prius subisse.

Parum optimatem esse) *Plerique veteres libri*, parum adoptatum esse.

De Hispaniis agamus) *Sic Vict. vulgo* de Hispania.

Simul atque have mihi dixit) *Alii*, ase, *al.* hæc, *vulgo* hanc. *Vid. Not.*

Eo demittas) *Al.* eo dimittas.

Si te aut voces optimatium commovent) *Al.* si te verba aut voces optimatum commovent.

Quæ cum confeceris, si ego) *Al.* quæ cum tu feceris. *al.* quæ cum erunt confecta. *al.* quæ iam erunt confecta. id si feceris. *Pelis. MSS.* quæ tamen cum feceris.

EPIST. XVII.

Quam Formiis) *Al.* quam Formias. *Vid. Not.*

Cum tu profectus es) *Pal. pr.* quam tu profectus es. *al.* antequam tu.

Quod utinam et Appius Claudius in ista parte C. Curio, cuius amicitiæ me paullatim in hanc perditam causam imposuit) *Vid. Not. & Manut.*

Iracundia & amore) *Al.* iracundia timore. *al.* iracundia & timore.

Tum tu porro) *Medic. & alius MS.* tu tu porro.

Ariminum venissem) *MS.* Arimini. *Medic.* Ariminum venissent.

Neque mihi consuluisti) *MSS. omnes.* neque me consuluisti.

Timor vestræ crudelitatis) *Peck.* timor nostræ crudelitatis.

Nisi Pompeianus) *Medic.* nisi est Pompeianus.

Iam effeci) *Prim. Palat. & Amstelod.* jam effeci.

Vt maxime plebs) *Amstel.* ut maxime prior. *Vid. Not. Manut.*

Reliquias exspectant) *Al.* reliquos exspecta. *Vid. Not. Manut.*

Vincere coegero) *Al.* v. coegere.

Irritavi in me Catonem) *Amstelod. & Med.* Arruntanum me Catonem. *al.* Arruntanium me C.

Nec hæc adhuc mihi videmini intelligere) *Sic Amstelodam. al.* hæc omittunt.

Quam sumus imbecilli) *Sic Peck. & Vatic. sed Amstelod. & vulgati*, qua sumus imbecilli.

Nullius præmii spe faciam) *Sic Peck. Vict. et Amstelod. vulgo*, nullius præmii spe facio.

Indignitatis causa) *Al.* indignationis causa.

Quod firmissimum est) *Peck.* quod firmissimum est hæc: *Amstelodam. & alii*, quod firmissimum hæc. *vid. Manut.*

Conservarunt) *Al.* conservarunt.

FINIS TOMI II. EPISTOLARUM AD FAMILIARES.

www.ingramcontent.com/pod-product-compliance
Lightning Source LLC
Chambersburg PA
CBHW031939290426
44108CB00011B/611
* 9 7 8 3 7 4 1 1 8 3 6 4 5 *